PANTHÉON LITTÉRAIRE.

LITTÉRATURE ITALIENNE.

POLYGRAPHIE.

OEUVRES COMPLÈTES

DE

N. MACCHIAVELLI.

—

I.

IMPRIMERIE ET FONDERIE D'ÉVERAT ET Cᵉ, RUE DU CADRAN, 16.

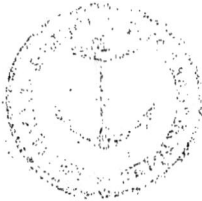

OEUVRES COMPLÈTES

DE

N. MACCHIAVELLI

AVEC UNE NOTICE BIOGRAPHIQUE

PAR J. A. C. BUCHON.

TOME PREMIER.

OUVRAGES HISTORIQUES. — OUVRAGES RELATIFS A L'ART MILITAIRE.
OUVRAGES PHILOSOPHIQUES ET POLITIQUES.

PARIS

AUGUSTE DESREZ, ÉDITEUR

RUE SAINT-GEORGES, 11.

M DCCC XXXVII.

A

E. A. FL. WH.

SUR LES LISIÈRES BOISÉES DU KENTUCKY.

L'ESPRIT LUI PLAIT,

L'IMAGINATION L'ENTRAINE,

LA RAISON LUI PARAIT UNE GRACE DE PLUS.

RÉUNIES DANS UN SEUL ÉCRIVAIN,

CES QUALITÉS EN FERONT SON AUTEUR FAVORI.

ÉGALEMENT ÉPRISE DES APRES BEAUTÉS DE LA NATURE,

ET DES MERVEILLES DE L'INTELLIGENCE HUMAINE,

SON AME RÊVEUSE ET FIÈRE

AIME A SE REPORTER PAR LE SOUVENIR,

A L'OMBRE DE SES GRANDS BOIS,

SUR LE BORD DE SES GRANDS FLEUVES,

AU MILIEU DE SES GRANDES SAVANES FLEURIES ET SOLITAIRES,

SANS CESSER D'ADMIRER AVEC UNE JOIE NAIVE

LE GÉNIE DE LA CIVILISATION,

QUI VIENT DONNER UNE VIE PLUS FÉCONDE A SES CHERS DÉSERTS,

ET QUI, RÉCHAUFFÉ AU SOUFFLE DE LA LIBERTÉ DANS L'ANCIEN MONDE,

PROMET AUX SCIENCES, AUX LETTRES, AUX ARTS,

A TOUT CE QUI PERFECTIONNE L'HOMME,

A TOUT CE QUI L'AGRANDIT,

A TOUT CE QUI LE SOUTIENT,

UN ÉCLAT TOUT NOUVEAU, AUSSI VIF QUE DURABLE.

HOMMAGE D'UN AMI,

J. A. C. BUCHON.

Mercredi, 28 juin 1837.

NOTICE

SUR

NICOLAS MACCHIAVELLI,

NÉ A FLORENCE EN 1469, — MORT LE 22 JUIN 1527.

Nicolas Macchiavelli naquit à Florence, le 9 mai 1469, de Bernard Macchiavelli, jurisconsulte et trésorier de la Marche d'Ancône, et de Bartolomée Nelli, tous deux issus des plus nobles races d'Italie. Par son père, Nicolas Macchiavelli remontait aux antiques marquis de Toscane jusqu'en 850; par sa mère, aux anciens comtes de Borgo-Nuovo; et depuis l'établissement de ces deux familles à Florence, elles avaient constamment été en possession des premières charges de la république. Mais la fortune dont devait hériter Macchiavelli ne répondait ni à l'antiquité ni à l'illustration de sa race. Destiné de bonne heure aux affaires publiques, il reçut une éducation propre à développer en lui les facultés dont il était doué. La république de Florence venait de recouvrer sa liberté lorsqu'en 1494, à peine âgé de vingt-cinq ans, il entra dans les affaires publiques sous l'égide du savant Marcello Virgilio, que sa qualité de professeur de littérature grecque et latine n'empêchait pas d'être un des hommes d'état les plus habiles de cette époque. Quatre ans après, en 1498, il fut nommé secrétaire du gouvernement de la république, appelé le Conseil des Dix. Dès ce moment jusqu'au retour des Médicis, pendant l'espace de quatorze ans, il fut employé dans un grand nombre de missions importantes. Cette première partie de sa vie fut consacrée tout entière aux affaires. Sa supériorité comme écrivain et penseur ne se manifesta que dans la correspondance particulière qu'il entretint au sujet de ses négociations avec le gouvernement, et il y montre partout une admirable sagacité. Ce ne fut qu'après le retour des Médicis que, rejeté de la vie publique, il chercha à calmer l'ennui et la fatigue de ses loisirs, en dirigeant l'activité de son esprit sur les travaux littéraires. Sa vie peut ainsi se partager en deux époques, celle des affaires que nous connaissons par sa correspondance, celle des lettres qu'ont illustrées ses écrits.

« Tant qu'il avait été homme d'état, dit M. Avenel dans ses excellentes remarques sur Macchiavelli, les devoirs de son emploi à Florence, ses missions auprès de divers princes étrangers l'occupèrent presque tout entier; il ne permit qu'à la poésie d'apporter quelques distractions aux affaires; et le premier de ses ouvrages, son poëme intitulé *Decennale primo*, fut composé en 1504; le poëte en donne lui-même la date précise dès les premiers vers. Il avait alors trente-cinq ans. Le grand siècle poétique du Dante et de Pétrarque était depuis longtemps éteint [1]; l'aurore de cet autre grand siècle de l'Arioste et du Tasse laissait poindre à peine quelques naissantes clartés, lorsque le secrétaire florentin se mit à chanter les malheurs de sa patrie, *labores italicos*, comme il le dit lui-même dans une dédicace latine. Le *Decennale primo* est donc une histoire versifiée de l'Italie, de 1494 à 1504, époque pleine de faits historiques et de lamentables catastrophes, qui fut épouvantée par de grands forfaits et illustrée par de grands caractères, qui marque enfin pour l'Italie les temps néfastes de la perte de son indépendance. Le poëme de Macchiavelli n'est qu'une espèce de chronique où il n'y avait point de place pour les inventions de l'imagination, mais dont les vers ont une couleur de poésie assez originale. Il respire la haine de la domination étrangère et l'amour exalté de l'indépendance de son Italie bien-aimée. La pensée grave, l'expression nerveuse,

---

[1] C'est un fait d'histoire littéraire peu connu, mais fort remarquable, qu'au temps de Macchiavelli Dante avait perdu en Italie, hors la Toscane du moins, toute sa popularité; et ce n'était pas chose facile d'en trouver un exemplaire. « Vous m'avez fait chercher un Dante par » toute la Romagne, et c'est à grand'peine que je suis » parvenu à me procurer le texte, mais je n'ai pu avoir » la glose. » C'est Guicciardini qui écrivait cela à Macchiavelli en 1525.

l'humeur sarcastique révélaient dans le poëte le publiciste qui, plus tard, devait fouiller si profondément dans les misères du cœur humain, et aussi le poëte comique qui se préparait à les livrer à la risée du théâtre. Macchiavelli, qui semblait affecter la couleur austère du style dantesque, avait aussi employé le rhythme sévère du grand Alighieri, la *terza rima*. Le jeune Arioste, qui n'était connu que par quelques poésies lyriques, et qui avait fait dans ce même rhythme l'essai d'un poëme abandonné depuis, n'avait pas donné à l'*ottava rima* cette grâce qui l'a rendue si populaire, et dont, plus qu'aucun autre, lui et le Tasse ont à jamais consacré la forme poétique. Une seconde *décennale*, qui faisait suite à la première, et qui devait reproduire, dans un style et sous des formes poétiques, les événements arrivés de 1504 à 1514, n'a jamais été achevée. Macchiavelli a également laissé imparfait un autre poëme intitulé l'*Ane d'or*. Il serait difficile d'apercevoir, dans les huit chants qui existent de ce poëme, l'idée principale et le plan du poëte. C'est une allégorie dont on ne saisit pas toujours le sens; et les allusions, charme de la malice contemporaine, sont perdues pour nous. On sent que la verve du poëte se plaît à exhaler la satire et jette avec libéralité un sel âcre et mordant. Nous aurons cité presque toutes les œuvres poétiques de Macchiavelli lorsque nous aurons encore nommé cinq ou six petits poëmes : l'*Occasion*, ingénieuse allégorie imitée d'un ancien; la *Fortune*; l'*Ambition*; l'*Ingratitude*, où de belles idées morales sont revêtues de belles expressions poétiques, où le sentiment d'une douleur profonde semble demander justice à la postérité des chagrins dont ses contemporains navraient le poëte; une *Sérénade*, amoureuse imitation de la fable de *Vertumne*, d'Ovide; enfin des *Chants de carnaval*, où, sous la figure de diables, d'ermites, de charlatans, le poëte introduit des personnages à la pensée licencieuse, à la parole satirique. Il y a, en général, dans les vers de Macchiavelli, plus de raison que d'imagination, plus de pensée que de poésie, plus d'énergie que de verve. Il semble rechercher avec quelque soin l'imitation du Dante; il aurait sans doute voulu être lui-même, si la poésie eût été le travail de sa vie, comme elle n'en a été que le délassement. Aussi, quoique tous ces poëmes soient semés de remarquables beautés, le nom du secrétaire florentin, si grand parmi les publicistes, se serait perdu dans la foule des poëtes, si Macchiavelli n'eût fait une comédie. Mais la *Mandragore* peut être placée à juste titre à côté de ce que l'art de la comédie a produit de plus admirable dans tous les temps et dans tous les pays. Si sa beauté n'était déshonorée par la licence, nous oserions affirmer qu'il n'est rien de plus parfait, ni dans Aristophane, ni dans Shakespeare, ni dans Molière; et, ce qu'il y a de plus étonnant, c'est que

ce chef-d'œuvre peut être considéré, par sa date, comme la première des comédies modernes, comme marquant à la fois, chose inouïe! la renaissance du théâtre comique et sa perfection. C'est une question d'histoire littéraire non résolue et curieuse pourtant, que de fixer la date précise de la composition de *la Mandragore*. Cette date est difficile à établir, parce qu'à cette époque il n'existait ni théâtre permanent [1] ni troupe de comédiens complète; quelques bateleurs parcouraient les villes et représentaient des farces, mais non des comédies de l'ordre de la *Mandragore*. Une pièce de théâtre était lue à quelques amis, jouée (lorsqu'on parvenait à la jouer) par des académiciens du pays, auxquels se réunissait quelquefois un acteur en renom, devant une société choisie; c'était l'entretien et le plaisir de quelques hommes littéraires, c'était fête de princes; ce n'était ni l'affaire ni le passe-temps du public; et la date authentique de la première représentation de plus d'une pièce n'est due qu'au hasard d'une anecdote. La plupart des critiques italiens qui se sont occupés de *la Mandragore* pensent qu'elle fut composée vers 1514; Ginguené, qui les a suivis, adopte cette date et en donne pour garantie quelques paroles du prologue, qui se rapporte bien en effet au temps de la disgrâce de Macchiavelli, mais qui, sans nul doute, fut écrit assez longtemps après la pièce. M. Artaud, dans le livre récent qu'il a publié sous le titre de *Macchiavelli, son génie et ses erreurs*, dit : « Il est certain que la comédie de *la Mandragore* fut composée vers 1514 et achevée en 1515. » Les critiques n'ont pas remarqué que la date de *la Mandragore* se trouve dans la comédie elle-même. L'un des personnages principaux explique, dès la première scène, que l'action se passe dix ans après l'expédition de Charles VIII en Italie; or, l'invasion du roi Charles eut lieu en 1494; la comédie fut donc composée vers 1504. Une seconde preuve, fournie encore par Macchiavelli, confirme celle-ci. *La Clizia*, autre comédie du secrétaire florentin, a été écrite en 1506; cette date est également précise et fixée par le même événement, événement ineffaçable dans tout cœur patriote, car il marquait, nous l'avons dit, la triste et fatale époque de la domination étrangère en Italie. « Il y a *douze ans* (dit un personnage de *la Clizia*), que le roi Charles passa par Florence. » Or, on parle dans *la Clizia* et de *la Mandragore* et du moine qui y joue un rôle important, comme de choses connues de tout le monde. Nicomaque propose à sa femme d'avoir re-

[1] « Je n'ai pas trouvé à Florence de théâtre permanent plus ancien que celui de la cour des Médicis, dit des *Ufizj*, parce qu'il faisait partie de ce vaste édifice. La date de sa fondation est fixée, par le Baldinucci, à l'an 1585. »
(*Osservatore Fiorentino.*, I, 182.)

cours, pour arranger une querelle de ménage, au frère Timothée, confesseur de la famille. « C'est, ajoute Nicomaque, un petit saint qui a déjà fait certain miracle. — Quel miracle? demande la femme. — Comment, quel miracle? Ne sais-tu pas que, par son intercession, madame Lucrezia, femme de messer Nicia Calfucci, est devenue grosse, de stérile qu'elle était auparavant? » Il semble qu'on ne peut guère trouver une preuve plus directe; et l'auteur de la *Storia critica de' teatri*, Napoli Signorelli, présente à cette occasion une conjecture qui peut passer pour une certitude. Nous trouvons encore dans la pièce un nouvel indice qu'elle n'a pu être composée ni en 1514 ni en 1515. « Sans cela (dit Callimaco vantant sa drogue, scène 6, acte II) là reine de France serait stérile. » Or, en 1514, Anne de Bretagne était morte; Louis XII, qui épousa en troisièmes noces Marie d'Angleterre, le 9 octobre, mourut presque aussitôt après son mariage, le 1er janvier 1515. Son successeur, François 1er, n'était marié que depuis très-peu de temps à Claude de France, âgée à peine de quinze ans. Les paroles que Macchiavelli a mises dans la bouche de son personnage se rapportent évidemment à Anne de Bretagne, mariée à Louis XII en 1499, et qui, à l'époque que nous assignons pour la composition de *la Mandragore*, en 1504, avait deux jeunes enfants, Claude et Rénée. Si *la Mandragore* a été composée en 1504, elle a précédé *la Calandra* qui, selon Tiraboschi, savant historien de la littérature italienne, fut représentée à la cour du duc d'Urbin un peu avant 1508, et lorsque l'auteur venait à peine de l'achever. Quant aux deux premières comédies de l'Arioste, *la Cassaria* et *I Suppositi*, il est incontestable qu'elles ont la primauté de date, mais elles étaient encore complétement ignorées en 1504. Composées vers 1494, lorsque l'Arioste était encore écolier, elles n'obtinrent la réputation qu'elles méritent que vingt ans plus tard environ; à cette époque elles furent jouées à Ferrare où le duc fit bâtir un théâtre exprès pour ces représentations. La cour des princes de la maison d'Este se livrait alors avec passion aux plaisirs du spectacle; l'Arioste, qui était de cette cour, et que son *Orlando*, bientôt achevé, plaçait déjà au premier rang des poëtes du temps, ne voulut pas produire sous leur première forme ces ébauches d'écolier, et il les mit en vers. C'est alors seulement que la renommée de ces deux comédies s'étendit au-delà de Ferrare et qu'elles durent être connues de Macchiavelli. Mais lors même que *la Mandragore* ne viendrait, dans l'ordre des temps, qu'après *la Cassaria*, *I Suppositi* et *la Calandra*, elle serait de beaucoup la première par rang de mérite. Les charmantes comédies de l'Arioste et du cardinal Bibbiena ne sont toujours au fond que des imitations de la comédie latine, imitations beaucoup plus perfectionnées, sans doute, que l'*Anfitrione* pris de Plaute par le Collenuccio, que le *Timone misantropo* mis en scène par le Bojardo, et d'autres essais du temps; mais enfin ce sont toujours des intrigues d'esclaves, des tours d'escroquerie, compositions dont l'ensemble conserve la physionomie antique, et qui sont à *la Mandragore* ce que *l'Étourdi* est au *Misanthrope*. La grâce et l'esprit du dialogue, quelque idée ingénieuse de scène, les traits épars de mœurs modernes, les à-propos d'une piquante satire et le style éminemment florentin de *la Calandra*, appartenaient seuls en propre aux auteurs. *La Mandragore*, au contraire, est comme la création de la comédie moderne; c'est le monde pris sur le fait, ce sont les hommes de la ville transportés sur le théâtre. Il n'y a plus rien là d'Athènes ni de Rome; c'est l'Italie au quinzième et au seizième siècle; c'est cette société dont le moine était la base et le pivot, où tout se faisait par son entremise ou avec sa permission; c'est ce mélange unique de mauvaises mœurs et de pratiques dévotes; c'est la crédulité sans la foi; c'est un moine qui ne voudrait pas manquer à dire matines, mais qui a bien voulu passer la nuit à favoriser un adultère, et qui conseillera sans scrupule l'avortement d'une jeune fille, pourvu que sa madone y gagne une robe neuve qui donnera la vogue à ses miracles. C'étaient là des choses vulgaires, car personne n'était scandalisé de leur peinture. Qui donc aurait pu en être blessé, quand la pièce plaisait au pape? qui aurait pu trouver trop licencieux ce qui n'effarouchait pas la pudeur du sacré collége. Molière ne put qu'à grand'peine réussir à faire jouer *Tartufe* devant la cour d'un prince laïc, et ce fut à la cour du chef de la religion catholique, devant une assemblée de prélats et de cardinaux, que, sans nulle difficulté, Macchiavelli exposait son moine. Molière avait eu grand soin de dire et de répéter : « C'est un hypocrite que je vous montre »; il avait mis dans sa pièce un personnage sincèrement religieux et spécialement chargé de faire opposition à ce trafiquant de religion. Dans Macchiavelli nulle de ces précautions; il a peint librement son Frère Timothée dans sa nature de moine, sans nous dire qu'il y en eût de moins mauvais. Il n'y a rien de forcé ni d'arrangé dans ce personnage; c'est la vérité, la naïveté mêmes. Frère Timothée est tout moine des pieds à la tête, comme M. Purgon est tout médecin; et comme M. Purgon tue ses malades sans scrupule, pourvu qu'il les tue dans les règles, comme il trouve les raisons médicales les plus merveilleuses pour donner raison à ses âneries, de même Frère Timothée a des arguments dévots et une logique de couvent qui peuvent tout autoriser. Il ne fait qu'une seule distinction entre les actes : ceux qui rapportent quelque chose au couvent et ceux qui ne rapportent rien; le profit est le thermomètre de

a.

sa conscience, et tout est bien quand sa marchandise, *la mia mercanzia*, c'est sa propre expression, trouve son débit. Et Frère Timothée se considère comme un modèle sur qui les autres moines devraient prendre exemple; il regarde en pitié les frères moins habiles qui s'endorment dans une oisive indifférence. Que leur demande-t-il? de bonnes œuvres? vraiment, il n'est pas si dupe! Ce sont, à ses yeux, de mauvais moines, parce qu'ils ne songent pas à l'essentiel de leur métier, à l'achalandage de leur sainte boutique. Ils ne mettent plus dans leur église des ex-voto en manière d'appât pour en attirer d'autres; ils ne font plus à leur madone des processions qui entretiennent sa renommée; ils ne s'embarrassent plus de donner à leurs saints des habits frais et dorés qui en font des saints de bonne maison et qu'on aime à fêter; ô gens de peu de cervelle! Voilà le moine de Macchiavelli, et celui-là c'est le type de tous les autres; le poëte a pris soin de nous le dire lui-même : *Oh fratri! conoscine uno e conoscili tutti.* « Qui en connaît un les connaît tous. » Telle est la peinture qui faisait pâmer d'aise la cour de Rome. La religion elle-même abandonnait le moine à la risée publique; le pape s'en amusait le premier; Léon X riait des moines de Macchiavelli comme Louis XIV des marquis de Molière; chacun livrait son monde. Un fait qui n'est pas hors de vraisemblance et qui a été établi par les contemporains, c'est que le sujet de *la Mandragore* était une histoire véritable arrivée à Florence :

> *Un nuovo caso in questa terra nato,*

comme dit un vers du prologue. Il paraît que les spectateurs du temps de Macchiavelli savaient fort bien qui étaient le Frère Timothée, le docteur Nicia Culfucci, Lucrezia et Callimaco. Paul Jove dit formellement : que le comique de Macchiavelli était si divertissant que les citoyens qui étaient représentés dans sa pièce, quoique mordus au vif, prirent eux-mêmes le parti d'en rire : *Ut illi ipsi ex persona cité expressâ, in scenam inducti cives, quamquam oræaltè commorderentur, totam inustæ notæ injuriam civili lenitate pertulerint (Elogia, c. 55)....* On ne sait pas au juste la date de la première représentation de *la Mandragore*; cette comédie fut jouée à Florence par les académiciens et les jeunes gens de la ville. Dès ce temps-là, toute ville de quelque importance en Italie avait une ou plusieurs de ces académies si connues par leur désignation bizarre et où chaque membre s'enrôlait avec une espèce de sobriquet qui devenait son nom littéraire. Ces académies, composées de tout ce qu'il y avait alors de lettré dans la société, propageaient avec toute l'ardeur d'un plaisir nouveau le goût des solennités théâtrales, et les académiciens faisaient eux-mêmes les frais des représentations dont ils étaient les ordonnateurs et les acteurs. Les atellanes que jouaient les

académiciens de Sienne eurent assez de célébrité pour piquer la curiosité de Léon X, qui fit venir à Rome ces académiciens-acteurs. Il fit venir aussi à Rome ceux qui avaient joué *la Mandragore*, et il y prit tant de plaisir qu'à son passage à Florence, en 1515, il voulut la revoir encore. La correspondance de Macchiavelli fait aussi mention d'une représentation solennelle qui dut avoir lieu au commencement de 1526. F. Guicciardini, ce grand historien qui plus tard devait être le continuateur de Macchiavelli dans l'histoire de Florence, était alors son ami. Fort avant dans la faveur des Médicis, il avait été nommé par Léon X gouverneur de Modène. Clément VII, cousin de Léon, l'avait continué dans cette charge. Ce fut là que Guicciardini voulut donner une représentation de *la Mandragore*; et on peut se figurer ce qu'il fallait alors de soins et de peines pour arriver à la représentation d'une pièce de théâtre, lorsqu'on voit la correspondance de Macchiavelli et de Guicciardini, occupée, durant plus de huit mois, de cette grande affaire. Les *canzoni* ou intermèdes, que le poëte avait composés exprès pour cette représentation, devaient être exécutés par la Barbera, chanteuse alors en grand renom à Florence, et dont Macchiavelli parle beaucoup dans ses lettres. « La Barbera doit être en ce moment à Modène (écrit-il à Guicciardini à la fin d'une longue épître toute remplie des grands intérêts de la politique), et, si vous pouvez lui être agréable en quoi que ce soit, je vous la recommande, car elle m'occupe beaucoup plus que l'empereur [1]. » Le métier de la Barbera était d'aller de ville en ville, accompagnée de chœurs qu'elle tenait à ses gages et avec lesquels elle exécutait les intermèdes dans les représentations dramatiques, dont le goût était devenu une véritable passion en Italie. Sans compter une traduction fidèle de *l'Andrienne* de Térence, Macchiavelli a laissé trois autres comédies; l'une intitulée *Clizia*; l'autre, dont le manuscrit s'est trouvé sans titre [2], est écrite en vers; une troisième, en prose et également sans titre [3], offre encore une peinture de moine et un tableau de mœurs italiennes fort remarquable. C'est encore ici la société livrée au moine. C'est une comédie dans le même genre que *la Mandragore*, bien inférieure sans doute sous le rapport de l'art, mais encore complétement différente de ce que faisaient alors l'Arioste et le cardinal Bibbiena, et surtout de ce qu'avaient fait les auteurs des ébauches qui les avaient de-

---

[1] Macchiavelli touchait alors à sa cinquante-septième année, et mêlait encore aux sérieuses méditations les distractions frivoles.

[2] On la trouvera dans notre second volume sous le titre de *l'Entremetteuse Maladroite*.

[3] Elle est aussi insérée dans notre second volume, où elle porte le titre de *Frère Alberigo*.

vancés. La composition, moins ingénieuse, moins profonde que dans *la Mandragore*, est encore plus obscène; la plaisanterie, moins spirituelle, est plus effrontée; les caractères, moins originaux, sont également naturels, mais cette nature est plus commune et ne porte pas la même empreinte de génie. C'est surtout dans la peinture du moine que cette infériorité est frappante. Néanmoins c'est là encore une création de Macchiavelli; c'est la comédie telle qu'il l'a conçue dans *la Mandragore*, et où il n'a imité des anciens que la forme du drame [1]. *La Clizia*, au contraire, se rapproche beaucoup plus du genre des comédies de ce temps-là; c'est une imitation, quelquefois une copie de *la Casina*, l'une des pièces les plus licencieuses de Plaute, qui lui-même l'avait prise du poëte grec Diphile. La comédie en vers [2] est la moins bonne de ses comédies. C'était une pensée bizarre, et qui devait nuire à la vérité qu'on aime à la scène, de placer dans Rome païenne une action destinée à reproduire les mœurs de Florence au quinzième siècle. Le poëte vous jette au milieu de personnages qui demeurent dans *la Voie sacrée*, qui se promènent au *Forum*, qui vont au *temple de Vesta*, qui se marient sous l'invocation de *Junon*, qui portent la tunique et la toge, le peplum et la prétexte; et puis ces mêmes personnages, Romains par l'habit, sont Italiens par les mœurs. Voilà des freluquets qui courent les églises pour y lorgner les dames, pour y nouer des intrigues; voilà de jeunes coquettes qui s'amusent à regarder aux fenêtres du matin au soir, qui sont en quête de nouvelles et de sérénades, et ne s'occupent qu'à préparer leur rouge et à broder leurs gants. L'action est lente, mal imaginée et mal conduite, dénuée d'incidents ingénieux et platement dénouée. On ne s'attend

---

[1] Cette comédie, qui est restée longtemps inconnue, a été attribuée par quelques-uns à *Francesco d'Ambra*, poëte comique, un peu postérieur à Macchiavelli, qui a laissé d'excellentes comédies d'intrigue, et dont les ouvrages sont remplis de cette grâce florentine qui ravit les Italiens. Mais il est reconnu maintenant qu'elle est bien réellement l'ouvrage de Macchiavelli, et elle a toujours été imprimée dans ses œuvres depuis l'édition de 1769 (Venise).

[2] L'éditeur des œuvres complètes de Macchiavelli, publiées en 1826 (Florence), pense que cette comédie pourrait bien être le premier ouvrage de théâtre régulier, écrit en vers, dont puisse se vanter l'Italie. « Fontanini, dit-il, attribue cet honneur à l'*Amicizia*, de Jacopo Nardi; Apostolo Zeno affirme, au contraire, que le *Timone* de Bojardo, a précédé l'*Amicizia*; mais ni l'un ni l'autre de ces savants critiques ne connaissaient cette comédie de Macchiavelli. Si elle eût été découverte de leur temps, ils l'auraient certainement prise en grande considération dans l'examen qu'ils ont fait de cette question de primauté controversée parmi les savants. » Cette comédie a paru pour la première fois dans l'édition de 1796 (Florence).

pas que les vers de Macchiavelli soient plus chastes que sa prose. Cette dernière comédie est pleine, comme les trois autres, de libertés qui feraient rougir notre scène, aujourd'hui qu'on l'a si bien accoutumée à ne plus rougir. Il faut s'affliger de cette obscénité de l'action, de cette licence de la pensée; mais rien ne saurait être plus instructif pour la connaissance des mœurs de l'époque que de voir des pièces telles que *I Suppositi*, *la Calandra*, et surtout *la Mandragore*, représentées sans nul scrupule devant les femmes élégantes de la cour de Léon. Toutes les comédies de ce temps-là parlaient sur le même ton de liberté effrontée; une comédie décente eût été alors une incompréhensible exception. Un des poëtes comiques qui a porté plus loin la licence, L. Dolce, dit tout naïvement dans le prologue d'une de ses comédies (*Il Ragazzo*): « Pour peindre fidèlement les mœurs de maintenant » il faut des paroles et des actions obscènes. » On sait que La Fontaine a tiré un de ses contes de *la Mandragore* de Macchiavelli. Le sujet de la comédie est raconté dans la nouvelle avec cette malice, cet abandon, cette grâce négligée qui font le charme du premier de nos conteurs. La Fontaine a trouvé le secret d'ajouter quelques traits ingénieux au chef-d'œuvre de l'auteur florentin; et cependant il y a toujours, entre les deux ouvrages, la distance qui doit séparer une admirable comédie d'un joli conte. »

Mais et ces pièces diverses, et ces drames piquants, et l'amusante nouvelle de *Belfégor*, composée pendant cette première époque de sa vie, n'étaient qu'un délassement au milieu des affaires publiques les plus importantes. Sa correspondance nous montre le véritable travail de sa pensée.

« Les circonstances malheureuses dans lesquelles son pays avait été placé, dit un critique distingué [1], durant la plus grande partie de sa vie publique, étaient de nature à favoriser le développement des talents diplomatiques. A partir du moment où Charles VIII descendit des Alpes, tout le système de la politique italienne fut changé. Les gouvernements de la Péninsule perdirent leur indépendance. Tirés de leurs anciennes orbites par l'attraction des grands corps qui s'approchaient d'eux, ils devinrent de simples satellites de la France et de l'Espagne. C'était l'influence étrangère qui terminait toutes leurs discussions intérieures ou extérieures. Les contentions des partis opposés n'avaient pas lieu, comme jadis, dans l'enceinte du sénat, ou sur la place publique, mais dans le cabinet de Louis et de Ferdinand. Dès lors la prospérité des états italiens dépendait bien davantage de l'habileté des agents qu'ils envoyaient au dehors, que de la conduite de ceux

---

[1] M. Macauley dans la revue d'Edimbourg.

qui menaient les affaires du dedans. L'ambassadeur italien avait à remplir des fonctions plus difficiles que de transmettre des ordres de chevalerie,
ou de présenter des voyageurs à la cour près de laquelle il résidait. Il était l'avocat, le défenseur des
premiers intérêts de sa patrie, un espion revêtu d'un
caractère inviolable. Au lieu de protéger la dignité
de ceux qu'il représentait, par des manières réservées et un langage équivoque, il s'empressait de se
plonger dans toutes les intrigues qui agitaient les
cours barbares près desquelles il était accrédité.
Il cherchait à découvrir, à flatter les faiblesses
du prince. Il devait gagner la maîtresse, corrompre le confesseur, supplier, menacer avec mesure, profiter de tous les caprices, endormir tous
les soupçons, tout voir et tout supporter. Quelque
loin qu'eût été poussé l'art de la politique italienne,
les circonstances d'alors exigeaient l'emploi de
toutes ses ressources. Macchiavelli fut chargé à plusieurs reprises de cette tâche difficile. Il conclut des
traités avec le roi des Romains et le duc de Valentinois. Il fut deux fois ambassadeur à la cour de
Rome, et trois fois à celle de France. Il s'acquitta,
avec une grande dextérité, de ces différentes missions, et de quelques autres d'une importance secondaire. Ses dépêches forment une collection très-
amusante et très-instructive. On n'y trouve pas ce
jargon mystérieux des pièces diplomatiques de nos
jours, espèce d'argot convenu entre les fripons
politiques. Les narrations sont claires et bien écrites;
les observations sur les hommes et sur les choses,
spirituelles et judicieuses. Les conversations y sont
rapportées d'une manière animée et caractéristique.
Nous nous trouvons en présence des hommes qui,
pendant vingt années fécondes en événements,
réglèrent les destinées de l'Europe; nous enten-
dons leurs conversations particulières; nous voyons
leurs gestes familiers; il est curieux de reconnaître, dans des circonstances que la dignité de
l'histoire néglige, la violence mêlée de faiblesse
et la ruse impuissante de Louis XII; la passion
malheureuse qu'avait pour la gloire ce Maximilien, à la fois emporté et timide, opiniâtre et
inconstant, toujours pressé et toujours en retard;
l'énergie hautaine qui donnait de la noblesse aux bizarreries de Jules II; les manières pleines de douceur et de grâce qui cachaient l'ambition insatiable,
les implacables inimitiés de Borgia. Il est impossible
de ne pas s'arrêter un instant au nom de cet homme
dans lequel la moralité politique des Italiens de son
temps se trouve, en quelque sorte, personnifiée, mais
réunie à quelques-uns des traits plus énergiques du
caractère espagnol. Dans deux occasions importantes,
Macchiavelli fut admis dans son intimité; d'abord
lorsque, avec une habileté vraiment infernale, Borgia

venait d'obtenir le plus grand de ses succès, en prenant dans un même piège et en frappant du même
coup ses plus formidables rivaux; et ensuite, quand,
épuisé par la maladie, et accablé par des malheurs
qu'aucune prudence humaine n'aurait pu prévenir,
il se trouvait prisonnier du plus mortel ennemi de
sa maison. Ces entrevues entre l'homme d'état pratique, considéré comme le plus habile de son siècle,
et le plus grand homme d'état spéculatif de la même
époque, sont racontées très au long dans la correspondance, et en forment la partie la plus curieuse.
D'après quelques passages du *Prince*, et probablement aussi d'après quelques vagues traditions,
plusieurs écrivains ont cru que ces deux hommes remarquables avaient eu ensemble des rapports plus intimes que ceux qui ont réellement existé. L'ambassadeur a été accusé d'avoir conseillé les crimes de
ce tyran artificieux et sans pitié; mais les documents
officiels prouvent que leurs relations, quoique en apparence amicales, étaient au fond tout à fait hostiles. Il n'est pas douteux, cependant, que l'imagination de Macchiavelli et ses idées politiques n'aient
été fortement influencées par ses observations sur le
caractère et la destinée de cet homme extraordinaire, qui, malgré tant d'obstacles, avait fait une si
haute fortune; qui, lorsque les jouissances corporelles présentées sous d'innombrables formes ne
pouvaient plus réveiller ses sens flétris, trouva un
stimulant plus durable et plus énergique dans sa
soif inextinguible du pouvoir et de la vengeance;
qui rejeta la pourpre romaine dont il était revêtu,
pour devenir le premier général de son temps; qui,
élevé dans une profession pacifique, composa une
brave armée de la lie d'une population sans courage; qui, après avoir obtenu la souveraineté, en
détruisant ses ennemis, obtint la popularité en brisant ses instruments; qui avait commencé à employer, de la manière la plus utile, ce pouvoir qu'il
s'était procuré par des voies infâmes, et ne tolérait,
dans la sphère où s'exerçait son despotisme, d'autre
spoliateur et d'autre tyran que lui-même; qui, enfin, succomba au milieu des malédictions et des regrets d'un peuple dont son génie avait fait l'admiration et l'épouvante, et dont, peut-être, il aurait
été le sauveur. Quelques-uns des crimes de Borgia, qui nous paraissent les plus odieux par les
raisons que nous avons déjà dites, n'affectaient
pas de même un Italien du quinzième siècle.
Des sentiments patriotiques pouvaient aussi déterminer Macchiavelli à regretter la perte du seul
homme capable de défendre l'indépendance de
l'Italie contre les spoliateurs confédérés à Cambrai.
Le désir de l'expulsion des oppresseurs étrangers,
et de la restauration de cet âge d'or qui avait précédé l'invasion de Charles VIII, agitait, à cette
époque, le cœur de tous les Italiens. Le génie étendu

mais déréglé de Jules II, s'en occupait sans cesse. Il partageait l'attention du frivole Léon X, avec son amour de la chasse et son goût pour les plaisirs de la table, pour les manuscrits et les tableaux. Ce furent ces projets qui déterminèrent la généreuse trahison de Morone, rendirent une énergie passagère à l'âme faible du dernier des Sforza, et entretinrent, pendant quelque temps, une ambition honorable dans le cœur faux de Pescaire. La férocité et l'insolence ne faisaient pas le caractère distinctif des Italiens. S'ils étaient trop indulgents pour les barbaries commises dans un grand but sur des victimes désignées, c'était avec dégoût qu'ils détournaient les yeux de barbaries gratuites. Les farouches étrangers qui les commettaient, non contents de subjuguer, voulaient aussi détruire; ils trouvaient un plaisir diabolique à raser des villes superbes, à égorger des ennemis désarmés, à suffoquer, par milliers, une population sans armes, dans les cavernes où elle s'était réfugiée. Telles étaient les scènes qui venaient, chaque jour, exciter l'horreur d'un peuple, parmi lequel jadis tout ce qu'un soldat avait à craindre dans une bataille rangée, c'était la perte de son cheval ou les frais de sa rançon. L'intempérance grossière des Suisses, la rapacité des Espagnols, la licence des Français qui méconnaissaient toutes les lois de l'hospitalité, de la décence et même de l'amour, la cruauté sans but, commune à tous ces barbares les avaient rendus l'objet de l'exécration générale dans la Péninsule. Les richesses accumulées pendant plusieurs siècles de prospérité et de repos se détruisaient rapidement. La supériorité intellectuelle du peuple opprimé lui rendait plus dure sa dégradation politique. Les arts, la littérature commençaient à cacher leur décadence sous une prodigalité d'ornements sans goût. Le fer n'avait pas encore pénétré jusqu'au cœur. Le temps n'était pas venu où la main du peintre perdrait son adresse, et où la lyre du poète serait suspendue aux roseaux des rives de l'Arno. Toutefois, un œil pénétrant pouvait voir que le génie et la science ne survivraient pas longtemps à l'état de choses qui leur avait donné naissance, et que les grands hommes dont le talent répandait du lustre sur cette triste période avaient été formés dans des jours plus heureux, et ne laisseraient pas d'héritiers. Macchiavelli sentait profondément les malheurs de sa patrie, et la pénétration de son esprit lui en avait indiqué la cause et le remède. C'était le système militaire de la nation italienne qui avait détruit sa valeur et sa discipline, et qui en avait fait une proie facile pour les spoliateurs étrangers. Le secrétaire de la république de Florence conçut, en conséquence, un projet pour abolir l'usage des troupes mercenaires, et pour y substituer une milice nationale. Les efforts qu'il tenta pour exécuter ce grand dessein devraient seuls suffire pour faire honorer son nom. Quoique ses fonctions publiques et ses habitudes fussent pacifiques, il étudia avec persévérance la théorie de la guerre et ses détails les plus minutieux. Le gouvernement florentin entra dans ses vues; on créa un conseil de guerre, et des levées furent ordonnées. L'infatigable ministre allait de ville en ville, pour surveiller l'exécution de son plan. Sous plusieurs rapports, l'époque était favorable à ce projet. La tactique militaire avait éprouvé une grande révolution; la cavalerie n'était plus considérée comme constituant seule la force d'une armée. Les heures que les occupations ordinaires d'un citoyen n'absorbaient pas, quoique insuffisantes pour en faire un bon cavalier, pouvaient en faire un utile fantassin. La crainte du joug étranger, du pillage, des massacres, pouvait aussi triompher de cette répugnance pour la vie militaire, que l'industrie et les loisirs des grandes villes avaient également concouru à produire. Pendant un certain temps, ce grand projet parut devoir réussir. Les nouvelles troupes manœuvraient convenablement sur le terrain. Macchiavelli voyait le succès de son plan avec une satisfaction paternelle, et il commençait à croire que les armes de ses compatriotes pourraient un jour faire refluer les barbares sur le Rhin et sur le Tage; mais le torrent de la mauvaise fortune se précipita de nouveau sur Florence, avant que les digues destinées à le contenir eussent été suffisamment préparées. Cette ville avait cependant joui pendant quelque temps d'un bonheur relatif. La famine, la peste et le glaive avaient dévasté les fertiles plaines et les belles cités du Pô. Toutes les malédictions, fulminées jadis contre Tyr par les prophètes, semblaient être retombées sur Venise. Les marchands déploraient déjà la ruine de leur grande cité; le moment semblait s'approcher où le Rialto se couvrirait d'herbes marines, et où le pêcheur sécherait ses filets dans l'arsenal désert. A quatre reprises différentes, Naples avait été conquise et reconquise par des tyrans également indifférents à son bien-être, et également avides. Florence n'avait eu qu'à se soumettre à des extorsions, à acheter et à racheter sans cesse, à un prix énorme, ce qui lui appartenait; à remercier pour le mal qu'on lui faisait, et à s'excuser de ce qu'elle était dans son droit. Mais elle fut enfin privée des douceurs de ce lâche repos. Ses institutions politiques et militaires furent anéanties du même coup. Les Médicis revinrent de leur long exil, à la suite des conquérants étrangers. On abandonna les plans de Macchiavelli, et ce grand citoyen fut récompensé des services qu'il avait rendus à sa patrie, par la pauvreté, la prison et la torture. Mais l'homme d'état déchu n'avait pas renoncé à son projet, et il s'en occupait encore au milieu de ses infortunes. Afin de le défendre contre quelques objections, il écrivit ses sept livres sur *l'Art de la* guerre. Cet excellent ouvrage a la forme d'un dialogue; les opinions de l'auteur sont mises dans la bouche de Fabrice Colonna, l'homme le plus puissant des états de l'Église, et officier très-distingué au service du roi d'Espagne. Il s'arrête à Florence, en se rendant de la Lombardie dans ses domaines. Il est invité, avec quelques amis, à un dîner chez Cosme Ruccelaï, jeune homme accompli, dont Macchiavelli déplore d'une manière touchante la fin prématurée. Après un élégant festin, les convives vont s'abriter dans un bocage du jardin, contre les ardeurs du jour. L'attention de Fabrice est arrêtée par la vue de quelques plantes rares. Son hôte lui dit que, quoique ces plantes fussent devenues rares, elles étaient communes autrefois; que les auteurs classiques en font souvent mention; et que son père, comme d'autres Italiens, s'amusait à pratiquer les anciennes méthodes de jardinage. Fabrice témoigne alors le regret que ceux qui dans ce dernier temps affectaient les habitudes des anciens Romains ne les imitassent que dans des bagatelles. Cela conduit à une conversation sur la décadence de la discipline militaire et sur le moyen de la restaurer. L'institution de la milice florentine est habilement défendue, et plusieurs moyens d'en améliorer les détails sont indiqués. Les Suisses et les Espagnols étaient alors considérés comme les meilleurs soldats de l'Europe. Le bataillon suisse se composait de piquiers, et ressemblait beaucoup à la phalange macédonienne. Les Espagnols, comme les soldats romains, étaient armés d'épées et de boucliers. Les victoires de Flaminius et de Paul-Émile sur les rois de Macédoine semblent prouver la supériorité des armes employées par les légions. La même expérience avait produit le même résultat à la bataille de Ravenne. Dans ce terrible conflit, les vieilles bandes d'Aragon, abandonnées par tous leurs alliés, s'étaient frayé un passage au plus épais des lances impériales, et avaient effectué leur retraite dans le plus grand ordre, en présence de la formidable gendarmerie de Gaston de Foix et de l'artillerie d'Este. Fabrice, ou plutôt Macchiavelli, propose de combiner les deux systèmes, d'armer les premiers rangs avec la pique, pour repousser la cavalerie, et les autres avec l'épée, comme pouvant servir plus généralement dans toutes les occasions. Dans le cours de l'ouvrage, Macchiavelli professe la plus haute estime pour l'art militaire des Romains, et le plus profond mépris pour les maximes qui avaient eu la vogue parmi les généraux italiens de la génération précédente. Il préfère l'infanterie à la cavalerie, et les camps retranchés aux places fortes. Il voudrait qu'on substituât des mouvements rapides et des engagements décisifs aux opérations lentes et dilatoires de ses compatriotes. Il attache peu d'importance à l'invention de la poudre. Il ne paraît même pas supposer qu'elle dût produire quelque

changement dans la manière d'armer et de disposer les troupes. Cette erreur, comme le constate le témoignage unanime des historiens, était unanime parmi ses contemporains; elle résultait de ce que l'artillerie, alors mal construite et mal servie, quoiqu'elle eût de l'utilité dans les siéges, en avait fort peu sur le champ de bataille. Nous ne nous expliquerons pas sur la tactique de Macchiavelli; mais le livre dans lequel il l'expose est certainement très-curieux. C'est un excellent commentaire sur l'histoire de son temps. La grace, l'esprit, la clarté du style, l'éloquence et la chaleur de certains passages, sont faits pour plaire même aux lecteurs qui ne s'intéressent pas au sujet. Le *Prince* et les *Discours sur Tite-Live* furent composés après la chute du gouvernement républicain. Le premier est dédié au jeune Laurent de Médicis. Cette dédicace semble avoir excité plus d'aversion contre Macchiavelli, parmi ses contemporains, que les doctrines qui rendirent plus tard son nom si odieux. Elle fut considérée comme une apostasie politique. Le fait est cependant, que Macchiavelli, désespérant de la liberté de Florence, était disposé à soutenir tous les gouvernements qui pouvaient protéger son indépendance. L'intervalle qui séparait une démocratie d'un despotisme, Soderini et Laurent de Médicis, semblait s'évanouir quand il était comparé à la différence qui existait entre l'ancien et le nouvel état de l'Italie; entre la sécurité, l'opulence et le repos dont elle avait joui sous ses précédents gouvernements, et la misère dans laquelle elle avait été plongée depuis l'année fatale où les tyrans étrangers étaient descendus des Alpes. La noble et pathétique exhortation qui termine le *Prince*, montre quels étaient, à cet égard, les sentiments de Macchiavelli. Le *Prince* expose les progrès d'un prince ambitieux; les *Discours* ceux d'un peuple ambitieux. A un homme d'état moderne, la forme des *Discours* paraîtrait puérile. Au fond, Tite-Live ne mérite point de confiance comme historien, alors même qu'il peut disposer de nombreux moyens de connaître la vérité. Sa première *Décade*, à laquelle Macchiavelli a borné son commentaire, ne doit guère inspirer plus de foi que la chronique des rois bretons antérieurs à la conquête des Romains; mais le publiciste florentin n'a emprunté à Tite-Live que quelques textes qu'il aurait aussi bien pu choisir dans la *Vulgate* ou le *Decameron*. Toutes les réflexions lui appartiennent. Quant au genre d'immoralité qui a rendu le *Prince* impopulaire, et qu'on retrouve presque au même degré dans les *Discours*, il faut moins en accuser Macchiavelli que son siècle. Toutefois, nous ne pouvons nous dissimuler que c'est une grande tache, et qu'elle diminue beaucoup le plaisir qu'à d'autres égards ses écrits doivent procurer à tout esprit éclairé. Il est impossible de concevoir un esprit plus sain et plus vigoureux que celui que ces ouvrages indiquent. Les qualités de l'homme d'état actif et celles de l'homme d'état spéculatif s'y trouvent réunies et combinées d'une manière vraiment admirable. Les connaissances positives de Macchiavelli dans les affaires n'avaient point diminué son aptitude aux généralisations; elles n'avaient servi qu'à leur donner ce caractère pratique qui les distingue si complétement des vagues théories de la plupart des philosophes politiques. Tout homme qui connaît le monde sait qu'ordinairement il n'y a rien de plus inutile qu'une maxime générale. Presque toutes sont des lieux communs; et, lorsqu'elles sont spirituelles et piquantes comme celles de La Rochefoucault, elles sont bonnes seulement à servir d'épigraphes à un livre. Mais les préceptes de Macchiavelli sont dans une catégorie très-différente; et c'est, selon nous, en faire le plus grand éloge, que de dire qu'ils peuvent être d'une utilité incontestable dans beaucoup de circonstances de la vie réelle. Sans contredit il y a des erreurs dans ses ouvrages; mais ce sont des erreurs qu'un écrivain placé dans la situation de Macchiavelli pouvait difficilement éviter. Elles résultent pour la plupart d'un seul défaut qui se reproduit dans tout son système. Dans ses théories politiques, il avait considéré beaucoup plus profondément les moyens que le but. Le grand principe, que les lois et les sociétés n'existent que pour augmenter le bonheur individuel, n'avait pas été encore suffisamment reconnu. La prospérité du corps politique, indépendamment de celle de ses membres, paraît être l'unique objet du publiciste florentin. De toutes les erreurs politiques, c'est probablement celle qui a eu les conséquences les plus funestes. L'état social dans les petites républiques de la Grèce, les rapports de dépendance mutuelle où se trouvaient leurs citoyens, et la sévérité des lois de la guerre, tendaient à encourager une opinion qui, dans des circonstances semblables, pouvait à peine être considérée comme une erreur. Les intérêts de chaque individu étaient étroitement unis à ceux de l'état. Une invasion détruisait les vignobles et les champs ensemencés du citoyen; une victoire doublait le nombre de ses esclaves; une défaite pouvait le rendre esclave lui-même. Des causes semblables à celles qui avaient agi si puissamment sur les dispositions des Grecs n'eurent pas moins d'influence sur le caractère plus timide des Italiens. Ils étaient également divisés en petites communautés politiques. Chaque individu était fortement intéressé au bien-être de la république dont il était membre; il participait à sa richesse, à sa pauvreté, à sa honte, à sa gloire. Cela était vrai surtout du temps de Macchiavelli. De simples particuliers possédaient d'immenses fortunes mobilières. Les conquérants du nord avaient mis la

disette sur leur table, l'infamie dans leur lit, le feu sous leur toit et le couteau sur leur gorge. Il était naturel qu'un homme qui vivait à une époque telle que celle-là s'exagérât l'importance des mesures qui peuvent rendre une nation formidable, et qu'il s'occupât peu de celles qui en auraient augmenté la prospérité intérieure. Rien n'est plus remarquable, dans les réflexions politiques de Macchiavelli, que la sincérité qu'elles annoncent. Cette sincérité n'est pas moins visible quand il se trompe que lorsqu'il a raison. Jamais il n'avance une opinion qui soit fausse, en se laissant séduire par sa nouveauté, parce qu'il peut la revêtir d'une expression brillante, ou la soutenir par un sophisme ingénieux. Ses erreurs s'expliquent toutes ou par les circonstances dans lesquelles il se trouvait. Il ne les a pas cherchées; elles étaient, pour ainsi dire, sur sa route, et ne pouvaient guère être évitées. Les écrits politiques de Macchiavelli tirent un intérêt particulier du sentiment profond qu'il témoigne chaque fois qu'il touche un sujet qui lui rappelle les infortunes de sa patrie. Il est impossible de concevoir une situation plus douloureuse que celle d'un grand homme obligé d'assister à l'agonie d'un grand peuple; d'être témoin de ces alternatives d'exaltation et d'accablement qui précèdent la dissolution; de voir tous les signes de vitalité disparaître un à un, et la mort s'emparer successivement de toutes les parties du corps social. Telle fut la triste destinée de Macchiavelli. Quoiqu'il ne fût pas resté étranger à l'immoralité politique de son siècle et de son pays, il paraît qu'il était plutôt impétueux et austère, que souple et artificieux. Quand la dégradation de Florence fut complète, renonçant aux formes méticuleuses de ses compatriotes, il ne fut plus le maître de contenir son dépit; il l'exhalait dans tous les écrits qu'il publiait. Afin de se consoler des malheurs de l'Italie, il aimait à se rappeler son ancienne gloire. Le souvenir des faisceaux de Brutus, de l'épée de Scipion, de la gravité de la chaise curule, des pompes sanglantes des sacrifices triomphaux, se reproduit sans cesse sous sa plume. Il voudrait rétrograder dans le passé, et se retrouver à cette époque mémorable où huit cent mille Italiens se levèrent, comme un seul homme, au bruit d'une invasion gauloise. On dirait qu'il respire l'âme de ces fiers patriciens qui oublièrent les liens les plus chers de la nature, dans l'accomplissement de leurs devoirs publics; méprisèrent également l'or et les éléphants de Pyrrhus, et reçurent, avec une physionomie impassible, la nouvelle des désastres de Cannes. Ces sentiments ne se faisaient pas seulement apercevoir dans les écrits de Macchiavelli; il les manifestait aussi dans ses conversations. On raconte que, renonçant à toute bienséance sociale, il se livrait aux accès d'une gaité cynique et amère,

il trouvait un plaisir cruel à faire sentir à ses concitoyens leur avilissement et à leur reprocher leur
honte ; il les poursuivait partout de ses durs sarcas-
mes. Le vulgaire ne pouvait comprendre quelles émotions profondes se cachaient sous cette gaîté feinte et
sous ces folies d'un sage. Il reste à parler de ses compositions historiques. La *vie de Castruccio Castracani* ne mérite pas d'être rangée dans cette
classe. Peu de livres auraient pu être plus inté-
ressants qu'un récit judicieux de la vie de cet illustre souverain de Lucques, le plus éminent de
ces princes italiens qui, comme Pisistrate et Gé-
lon, exerçaient un pouvoir qu'on sentait plutôt
qu'il n'était aperçu ; car il reposait sur la faveur
publique et sur les grandes qualités de ceux qui
en étaient dépositaires, et non sur les lois ou la
prescription. Un ouvrage semblable nous aurait fait
connaître la nature de cette espèce de souveraineté
si singulière et si mal comprise, que les Grecs nommaient Tyrannie, et qui, modifiée à quelques égards
par le système féodal, reparut dans les républiques
de la Lombardie et de la Toscane. Malheureusement
l'ouvrage de Macchiavelli manque tout à fait de
fidélité : ce n'est qu'une fiction, comme la nouvelle
de *Belphégor*, mais beaucoup moins divertissante.
Le dernier ouvrage de ce beau génie fut l'*Histoire
de Florence* ; elle avait été écrite par l'ordre du
pape qui, comme chef de la maison de Médicis,
était alors souverain de Florence. Les caractères de
Cosme, de Pierre et de Laurent de Médicis, y sont
tracés avec une impartialité et une liberté également
honorables pour l'écrivain et pour son protecteur.
Les misères et les humiliations, la dépendance, ce
pain de l'exil si dur et si rempli de gravier, comme
dit le Dante, n'avaient pu dompter l'âme de Macchiavelli. D'un autre côté les séductions de la plus
haute dignité n'avaient point corrompu le cœur généreux de Clément VII. Cette histoire ne paraît
pas être le fruit de beaucoup de recherches, elle est
très-certainement inexacte, mais elle est élégante,
vive, pittoresque, plus qu'aucune autre dans la langue italienne. Au fond, elle appartient plutôt à la
littérature ancienne qu'à la littérature moderne ; elle
est dans la manière d'Hérodote et de Tite-Live, et
non dans celle de Davila et de Clarendon. A tout
prendre, cependant, elle donne une idée plus vraie
et plus fidèle des mœurs nationales que d'autres
histoires plus exactes. Une exactitude minutieuse
est souvent acquise aux dépens de qualités plus es-
sentielles, et les portraits les plus ressemblants sont
souvent ceux où il entre un peu d'exagération.
Les lignes indifférentes sont négligées ; mais les traits
caractéristiques sont reproduits avec vigueur, et
laissent une impression durable dans la mémoire.»

Ce n'était pas sans un extrême regret que Macchiavelli s'était vu forcé de renoncer à la vie politi-

que pour se consacrer à la vie littéraire ; mais, aussitôt l'entrée des Médicis à Florence, un décret du
8 novembre 1512 prononça la destitution du secrétaire florentin et sa radiation du tableau des
employés de l'état. Il avait pris une part trop active
à la résistance du parti populaire, et ses talents en
faisaient un ennemi trop puissant pour que le vainqueur ne le poursuivît pas de sa haine. Une conspiration tramée contre les Médicis servit de prétexte à la
persécution des hommes les plus considérables qui
avaient montré leur opposition à l'usurpation des
Médicis, et Macchiavelli fut impliqué dans la conspiration ; arrêté, jeté dans un cachot et appliqué
à la torture ; sur le chevalet il protesta de son innocence ; mais c'était moins le conspirateur que l'on
voulait punir que l'homme d'état que l'on voulait,
par la crainte, forcer au silence.

A peine délivré de sa prison, Macchiavelli se retira dans une petite propriété qu'il tenait de sa famille. Une lettre curieuse écrite par lui à son ami
Francesco Vettori, qui lui était resté attaché quoiqu'il
fût lui-même dans le parti des Médicis, montre avec
quelle impatience Macchiavelli supportait le calme
de cette vie monotone et jette un nouveau jour sur son
caractère impétueux.

San-Casciano, 10 décembre 1515.

A FRANCESCO VETTORI, A ROME.

« MAGNIFIQUE AMBASSADEUR,

« Les grâces divines ne furent jamais tardives[1] !

» Je fais cette réflexion à propos de votre lettre,
» car il me semblait que j'eusse, non pas perdu, mais
» égaré vos bonnes grâces. Vous avez très-longtemps
» gardé le silence avec moi, et je cherchais quelle en
» était la cause. Je faisais peu de compte de toutes
» les raisons qui me venaient à l'esprit ; seulement
» j'imaginais que la disposition à m'écrire s'était
» éloignée de vous, parce qu'on vous avait mandé
» que je n'étais pas bon gardien de vos lettres ; et je
» savais qu'excepté Philippe et Paul aucun autre
» ne les avait vues de mon consentement. Votre
» dernière du 25 passé m'a enfin consolé. Je suis
» charmé de voir avec quel ordre et quel calme vous
» exercez votre office, et je vous encourage à conti-
» nuer ainsi, attendu que celui qui perd ses aises
» pour les aises d'autrui perd les siennes, tandis
» qu'on ne lui sait pas gré de celles des autres ; et,
» puisque la fortune veut faire toute chose, il faut
» la laisser agir, se tenir tranquille, ne pas la fati-
» guer, et attendre le temps où elle laisse quelque

[1] Vers de Pétrarque dans le Triomphe de la Divinité, v. 13.

» chose à faire aux hommes. Alors il sera bien à
» vous de vous livrer à plus de soins, de veiller da-
» vantage aux affaires, et à moi de partir de ma
» campagne et d'aller vous dire : Me voilà ! Je ne
» puis cependant, malgré tout mon désir de vous
» remercier de cette manière, faire autre chose
» pour le moment que de vous raconter ici par le
» menu quel est mon genre de vie présente; et, si
» vous jugez qu'il puisse soutenir le parallèle avec
» la vôtre, j'en serai d'autant plus satisfait de celle
» que je mène.

» Je me tiens dans ma campagne, et, depuis nos
» derniers événements, je n'ai pas été, en cousant
» les journées les unes au bout des autres, plus de
» vingt jours tout ensemble à Florence. Jusqu'ici j'ai
» chassé aux grives de ma propre main. Levé avant
» le jour, j'ajustais les gluaux; je partais de chez
» moi avec un paquet de cages sur le dos, ressem-
» blant à Géte[1] quand il revient du port avec les
» livres d'Amphitrion. Je prenais au moins deux
» grives et au plus sept. C'est ainsi que j'ai passé
» tout septembre. Cependant ce divertissement,
» quoique peu agréable et bizarre, m'a manqué à
» mon grand déplaisir, et je vous dirai quelle est
» ma vie actuelle.

» Je me lève avant le soleil et je m'en vais dans un
» bois, à moi, que je fais couper. J'y passe deux
» heures à revoir l'ouvrage du jour précédent et à
» couler mon temps avec des bûcherons, qui ont tou-
» jours quelque nouvelle dispute en main, soit en-
» tre eux, soit avec leurs voisins. Au sujet de ce
» bois, j'aurais à vous dire mille belles choses qui
» me sont arrivées, et avec Frasino de Fanzano,
» et avec d'autres qui en voulaient avoir. Frasino,
» par exemple, en envoya prendre une certaine
» quantité de cordes, sans me rien dire; et, lors du
» paiement, il voulut me retenir dix livres qu'il
» prétend que je lui dois depuis quatre ans, parce
» qu'il me les a gagnées à la cric[2] dans la mai-
» son d'Antoine Guicciardini. Je commençai à
» faire le diable. Je voulais accuser comme voleur
» le voiturier qui avait été envoyé; mais Jean Mac-
» chiavelli s'interposa et nous mit d'accord. Baptiste
» Guicciardini, Philippe Ginori, Thomas del
» Bene et certains autres citoyens, au moment où
» cette tramontane soufflait, m'en demandèrent
» chacun une corde. J'en promis à tous, et j'en en-
» voyai une à Thomas. La moitié de celle-là re-
» tourna à Florence, attendu qu'elle devait être par-
» tagée entre lui, sa femme, sa servante et ses fils.
» Cela ressemblait fort à Saburro[3], quand le

jeudi, avec ses garçons, il bâtonne son bœuf.
» Voyant donc que je n'y gagnais rien, je dis aux
» autres : Je n'ai pas de bois. Ils en ont fait la
» moue, et particulièrement Baptiste qui additionne
» ce chagrin avec les scènes de Prato.

» Sorti du bois, je m'en vais à la fontaine, et, de
» là, à mon appareil d'oiseleur, un livre sous le
» bras, ou Dante, ou Pétrarque, ou même quelque
» poëte de moindre rang, comme Tibulle, Ovide
» ou semblables. Je lis leurs amours et leurs ten-
» dresses passionnées; je me rappelle les miennes,
» et je me complais quelque temps dans cette
» pensée.

» Je me rends de là, sur le chemin, à l'hôtelle-
» rie; je cause avec ceux qui passent; je leur de-
» mande des nouvelles de leur pays; j'entends
» différentes choses; je remarque différents goûts
» et diverses imaginations des hommes. Cepen-
» dant arrive l'heure du dîner. Avec ma bri-
» gade je mange des aliments que ma pauvre cam-
» pagne et mon chétif patrimoine me fournissent.
» Après avoir mangé, je retourne à l'hôtellerie.
» Là, pour l'ordinaire, je trouve l'aubergiste, un
» boucher, un menuisier et un chaufournier.
» Avec eux je m'encanaille tout le jour à Cricca, à
» Tric Trac; et puis naissent mille disputes, mille
» dépits accompagnés de paroles injurieuses, et le
» plus souvent c'est pour un quattrion; et, néan-
» moins, on nous entend crier de San-Casciano.
» Vautré dans cette vilenie, j'empêche mon cerveau
» de se moisir; je développe la malignité de ma for-
» tune, satisfait qu'elle me foule aux pieds de cette
» manière, pour voir si elle n'en aura pas de honte.

» Le soir venu, je retourne à la maison, j'entre
» dans mon cabinet. A la porte, je me dépouille de
» cet habit de paysan plein de boue et de saleté;
» je me revêts d'habillements propres et d'éti-
» quette; et, ainsi décemment vêtu, j'entre dans
» les anciennes cours des hommes antiques. Ac-
» cueilli par eux avec amour, je me remplis de cette
» nourriture, la seule qui me convienne et pour la-
» quelle je suis né. Je ne crains pas de m'entretenir
» avec eux et de leur demander raison de leurs ac-
» tions. Ceux-là, pleins de politesse, me répondent.
» Je n'éprouve pendant quatre heures aucun en-
» nui; j'oublie toute peine; je ne redoute pas la pau-
» vreté, et la mort ne m'épouvante plus. Je me
» transporte tout entier en eux. Et comme Dante
» dit que :

» Il n'y aura pas de science si on n'a retenu ce qu'on a
» entendu. »

» J'ai noté ce dont j'ai fait un capital dans leur
» conversation et composé un ouvrage des *Princi-*
» *pautés*, où je m'enfonce le plus que je peux, pour
» connaître plus profondément ce sujet. J'examine
» ce que c'est qu'une principauté; combien il y en

[1] Valet de comédie.
[2] Espèce de Brelan.
[3] Probablement le nom d'un boucher qui allait les jeu-
dis au marché aux bœufs, qui se tient encore à San-Casciano.

» a d'espèces ; comment on les acquiert, comment
» on les perd ; et, si jamais quelqu'un de mes ca-
» prices vous a plu, celui-là ne devrait pas vous
» déplaire. Je devrais être agréable à un prince, et
» surtout à un prince nouveau. Aussi, je l'adresse
» à la Magnificence de Julien. Philippe Casa-Vec-
» chia a vu mon traité et pourra vous instruire en
» détail, et de la chose en soi, et des raisonnements
» que j'ai tenus avec lui ; et moi, toutefois, je l'étu-
» die et je le corrige.

» Vous voudriez, magnifique ambassadeur, que je
» laissasse ma vie actuelle et que j'allasse jouir de la
» vôtre. Je le ferai de toute façon ; mais ce qui me re-
» tient maintenant, ce sont certaines choses que
» j'aurai terminées dans six semaines. Ce qui me
» rend incertain, c'est que près de vous, sous ce
» Soderini, je serais forcé, en arrivant, de les vi-
» siter et de leur parler. Je craindrais qu'à mon re-
» tour, en croyant descendre à ma maison, on ne
» me fît descendre chez le Barigel [1], parce que,
» quoique cet état ait de solides fondements et une
» grande sûreté, cependant il est nouveau, et par
» suite soupçonneux, et nous ne manquons pas de
» *Saccenti* [2] qui, pour faire comme Paul Bertini,
» mettraient les autres à un bon écot et me laisse-
» raient le payer. Je vous prie de me sauver de cette
» peur, et, dans ce cas, je viendrai, dans le temps
» dit, vous trouver de toute manière.

» J'ai parlé avec Philippe de mon opuscule (*le
» Prince*) ; je lui ai demandé s'il était bien de le
» donner ou de ne pas le donner, et, dans le cas où
» il serait sûr de le donner, s'il conviendrait que je
» le portasse ou que je l'envoyasse [3]. Ne pas le don-
» ner me faisait penser naturellement que Julien
» ne le lirait pas, et que cet Ardinghelli [4] se fe-
» rait honneur de ce dernier de mes travaux. La
» nécessité qui me poursuit me pousse à le donner
» parce que je me consume, et je ne puis demeurer
» longtemps ainsi sans que la pauvreté me rende
» méprisable. Je désirerais que ces seigneurs Médi-
» cis commençassent à m'employer, quand ils ne
» devraient d'abord que me faire rouler une pierre.
» Si je ne gagnais pas leur bienveillance, je me
» plaindrais de moi ; et, par cette production, si
» elle était lue, on verrait que, des quinze années
» que j'ai passées à étudier l'art du gouvernement, je
» n'en ai rien perdu à dormir ni à jouer ; et chacun
» mettrait du prix à se servir de celui qui aurait ac-
» quis de l'expérience aux dépens d'autrui. On ne
» devrait pas douter de ma foi, parce que l'ayant
» toujours gardée, je ne dois pas apprendre à la

» rompre. Celui qui a été fidèle et bon quarante-
» trois ans (c'est mon âge) ne saurait changer de
» nature ; mon indigence atteste ma fidélité et ma
» bonté. Je désirerais donc que vous m'écrivissiez
» ce que vous pensez sur cette matière, et je me re-
» commande à vous. Soyez heureux.

» NICCLÒ, MACCHIAVELLI. »

« Sept ans, dit M. Avenel, s'étaient écoulés
depuis le retour des Médicis, lorsque Laurent mourut en 1519. Cette mort fut un grand événement pour
Florence, qui tourna tout de suite ses regards vers
la liberté. Léon X, n'ayant pas de successeur à
donner à son neveu et voulant cependant conserver
dans Florence l'autorité de sa famille, demanda à
Macchiavelli de lui exposer ses vues sur les institutions qu'il convenait d'établir pour la prospérité de
l'état. C'est un monument très-curieux que le mémoire écrit à cette occasion par Macchiavelli, et qui
est recueilli dans ses œuvres sous le titre de *Discours au pape Léon X*. L'embarras de Macchiavelli,
qui veut une république, conseillant un prince qui
veut une monarchie, se trahit dans vingt endroits ;
et la morale du temps se manifeste sans aucune pudeur dans les conseils de fraude que le publiciste
donne au pape. Macchiavelli déclare d'abord que la
république seule est possible dans Florence, puis il
se hâte d'ajouter : « Votre Sainteté verra comment,
dans mon projet de république, non-seulement je
conserve son autorité tout entière, mais je l'augmente même. » Et un peu plus bas : « Si j'examine
ces diverses institutions, tandis que V. S. et monseigneur le cardinal (le frère de Léon X) existent encore, j'y vois *une monarchie véritable* ; car vous
avez l'initiative des lois, et je ne sais ce qu'un chef
peut désirer de plus dans un état. » En outre Macchiavelli attribue exclusivement aux deux Médicis
la nomination à la magistrature des soixante-cinq,
à celle des deux cents, et à celle de *Balìa*. Et quant
aux magistratures inférieures, dont il réserve la nomination au peuple, représenté par le *conseil des
mille*, Macchiavelli dit formellement à Léon X qu'il
pourra également faire choisir ceux qu'il jugera à
propos : « Et pour que vos partisans fussent certains d'être mis dans les bourses [1] lorsqu'il serait
question d'aller aux suffrages dans le conseil, V. S.
pourrait désigner huit scrutateurs qui, *dépouillant
les votes en secret, pourraient faire tomber le choix
sur ceux qu'ils voudraient*. » Il est impossible de
s'exprimer en termes plus clairs. Mais, comment le
peuple florentin, que Macchiavelli représente jaloux
de sa liberté, se serait-il accommodé d'une telle su-
percherie ? et comment Macchiavelli pouvait-il la

---

[1] En prison.

[2] Intrigants qui veulent savoir les affaires des autres.

[3] Julien était alors à Rome, ainsi que Vettori.

[4] Nicolas Ardinghelli, *savant dans les lettres grecques
et latines*, mort cardinal à Rome en 1547.

[1] Les bourses servaient à l'usage auquel nous employons
les urnes.

conseiller, je ne dis pas loyalement, ce qui ne l'inquiétait guère, mais logiquement, après avoir montré, quelques pages auparavant, que l'un des vices
qui avaient contribué à la chute de l'ancien gouvernement de Florence, c'était « que le peuple n'avait
point dans le gouvernement la part qui lui appartenait... et que les scrutins se faisaient de manière
qu'il était facile d'y introduire la fraude. » Qui Macchiavelli veut-il tromper ici ? Cet opuscule est-il un
leurre pour Léon X, ou pour le peuple de Florence ?
Nous craignons bien que ce ne soit encore, comme
le livre du *Prince*, une espèce de pétition pour
avoir une place. Ce qu'il y a de certain, c'est qu'il
est fort difficile de se faire une idée nette de cette
république dérisoire, ou, si l'on veut, de cette monarchie frauduleuse dont Macchiavelli esquisse ici le
plan. L'embarras d'un écrivain qui, par pudeur, ne
veut pas déguiser ouvertement un sentiment qu'on
lui connaît, et, par complaisance, ne veut pas
l'exposer ouvertement, peut seul expliquer ce singulier discours, que Ginguené juge peut-être avec
trop de faveur lorsqu'il dit que c'est « un mémoire
plein de sens et d'adresse. »

» Après la mort de Laurent, Macchiavelli trouva
un peu plus d'accueil auprès des Médicis; le cardinal Jules, frère de Léon X, qui s'était placé à la tête
du gouvernement de Florence, proposa à notre publiciste d'écrire l'histoire de sa patrie, et lui donna
un traitement pour ce travail. Si l'histoire de Florence, payée par les Médicis, n'est point l'ouvrage
d'un lâche flatteur des Médicis, elle n'est pas non
plus celui d'un énergique défenseur de la liberté
de la Toscane; Macchiavelli y fait preuve d'a-
dresse plus que de courage; s'il n'a pas flétri les
défenseurs de la liberté, il n'a pas non plus flétri ses oppresseurs. Nous savons gré à Macchiavelli recevant des appointements du cardinal Jules
de Médicis, qui devint bientôt le pape Clément VII,
de n'avoir point ménagé le gouvernement des papes,
et d'avoir dit une partie de la vérité sur les Médicis.
Nous apprenons de lui-même les capitulations qu'il
faisait avec sa conscience d'historien; il écrivait,
en 1524, à Guicciardini alors au service de Léon X :
«Étant sur le point d'aborder certaines particularités,
j'aurais besoin de savoir de vous, si je ne cours pas
risque de déplaire, soit en rehaussant, soit en ra-
baissant les événements. Toutefois je tâche de me
conseiller moi-même, et de faire en sorte que, tout
en disant la vérité, personne ne puisse se plaindre
de moi. » Il n'est pas difficile de deviner ce que peut
être une véracité si prudente, et de quelle manière,
en racontant des faits presque contemporains, on
parvient à contenter tout le monde. Nous l'avons
dit, Macchiavelli avait du respect pour la vérité,
mais il avait en même temps beaucoup d'égard pour
la faveur des Médicis, et pour le traitement que lui

valait son histoire, et il n'était pas homme à sacrifier l'argent au devoir. Cependant les fonctions
d'historien sont une espèce de sacerdoce qu'il faut
exercer sans salaire pour en éloigner jusqu'au soupçon. On dira peut-être qu'il est plus méritoire
encore de mettre sa sincérité aux prises avec son
intérêt et de faire triompher la sincérité; mais il
est peu de courages qui puissent avoir la confiance
de s'exposer à un tel héroïsme. Macchiavelli ne devait pas le tenter plus qu'un autre; car, malgré l'idée
que se fait ordinairement de cet homme le commun
des lecteurs, personne n'est moins austère, et ceux
qui l'ont bien étudié savent qu'avec une élévation de
pensée et un génie rare dans tous les siècles Macchiavelli avait toute la corruption et toute la sou-
plesse du sien. Au reste, on voit dans la dédicace à
Clément VII que Macchiavelli n'était pas lui-même
sans inquiétude sur le jugement qu'on porterait de sa
franchise, et l'on peut se convaincre qu'il craignait
l'accusation de flatterie, par le soin même qu'il met à
la prévenir. Macchiavelli, ne voulant point laisser paraître aux yeux du pape l'embarras où il se trouvait,
lui promet d'achever sa tâche : « Je poursuivrai mon
entreprise, disait-il, à moins que la vie ne m'é-
chappe, ou que V. S. ne m'abandonne.

» Mais ni ces jeux de l'imagination, ni les graves travaux de l'esprit, ni les distractions d'une vie dissolue,
ne pouvaient remplir cette âme où la nature avait fait
tant de place; l'exercice des emplois était pour Macchiavelli une seconde nature; il avait besoin et de l'activité qu'ils exigent, et de l'aisance qu'ils procurent,
et de l'importance qu'ils prêtent. Être quelque
chose dans l'état était pour lui comme une condition
d'existence; aussi, dès qu'après la mort de Laurent
il trouva les Médicis un peu plus favorablement disposés pour lui, il saisit avidement l'occasion de rentrer dans les emplois. Après neuf ans de repos, son
début ne fut pas magnifique, les huit de pratique [1]
l'envoyèrent en mission auprès des frères mineurs
assemblés en chapitre à Carpi, en 1521. Il s'agissait, selon les lettres de créance, de procurer une
nouvelle splendeur à l'ordre, et, pour cela, d'obtenir
de ces moines qu'ils fissent du domaine de Florence une province à part et séparée du reste de la
Toscane. Il est assez curieux de voir Macchiavelli
recevoir les instructions diplomatiques d'un frère
Hilarion, qui lui trace la conduite qu'il doit tenir
dans cette grave négociation. Et, comme pour ajouter au burlesque de sa mission publique, les consuls de

---

[1] *Les huit de pratique (otto di pratica),* qu'on appelait aussi *la Seigneurie,* formaient une commission de
gouvernement, chargée de l'administration supérieure de
l'État, sous la direction des Médicis. Ils remplaçaient à
peu près les *dix de Balia* du temps de la république.

l'art de la laine le chargèrent en même temps de la mission particulière de leur procurer un frère prêcheur pour le carême. Rien n'est plus divertissant que de voir le sérieux avec lequel Macchiavelli rend compte de sa mission au cardinal Jules de Médicis, tandis qu'il en fait l'objet de mille bouffonneries dans sa correspondance intime avec Guicciardini. Celui-ci, qui était gouverneur de Modène pour le pape, lui envoyait, pour rire, des courriers qui arrivaient coup sur coup et à bride abattue. « Surtout, écrivait Macchiavelli à Guicciardini, qu'il » ne cesse de courir et qu'il arrive ici essoufflé et » tout en eau, afin que tout le monde en soit stupé- » fait. Agir ainsi, c'est me faire honneur. Vous » augmenterez l'estime que l'on a pour moi dans » la maison, en faisant en sorte que les messagers » se multiplient. Vous saurez qu'à l'arrivée de votre » courrier, et en le voyant me saluer jusqu'à terre, » et me dire qu'il avait été envoyé exprès en toute » hâte, chacun se leva soudain, avec un air si res- » pectueux et un si grand fracas, que toute la mai- » son manqua d'aller sens dessus dessous. On s'em- » pressa de me demander s'il y avait quelque chose » de nouveau. » Et Macchiavelli de leur faire mille contes sur l'empereur, les Suisses et le roi de France : « de sorte que chacun restait bouche béante et le bon- » net en main. Tandis que j'écris, ils forment un » cercle autour de moi ; ils sont émerveillés de me » voir griffonner aussi longtemps, et me regardent » comme un possédé ; et moi, pour ajouter à leur » étonnement, j'arrête ma plume, je me rengorge ; » et alors ils ouvrent une grande bouche, qu'ils ou- » vriraient plus grande encore, s'ils pouvaient de- » viner ce que je vous écris. »

« Ce petit tableau est tracé de main de maître, et la touche du poëte comique s'y fait vivement sentir ; mais il est triste de voir Macchiavelli le héros d'une telle pasquinade. Voilà jusqu'où était déchu l'homme qui avait jadis négocié les intérêts de l'Europe à la cour de France, à celle de l'empereur, et auprès des papes. Ambassadeur burlesque, il jouait à la diplomatie. La mission chez les franciscains de Carpi ne remit point Macchiavelli dans la carrière des places. On le voit, après comme avant, continuer avec toute la persévérance d'un solliciteur ses démarches auprès des serviteurs du pape, pour obtenir des emplois qu'on lui refuse avec la même persévérance. Sadoleto, le secrétaire de Clément VII, lui écrivait en 1525, de la part de Sa Sainteté, « qu'il prît pa- » tience, qu'il fallait attendre encore un peu. Atten- » dez donc, ajoute le secrétaire, et, s'il arrive quelque » chose qui mérite que vous nous en informiez, écri- » vez-le-moi, afin que je le fasse voir à S. S., pour le » décider à prendre une meilleure résolution. » En attendant, Macchiavelli se résigna à faire encore une fois de la diplomatie pour *les consuls de l'art de la laine*, qui l'envoyèrent à Venise, avec une lettre de créance et des instructions signées d'eux, à l'effet de réclamer la réparation d'un vol fait au préjudice de trois négociants de Florence. C'étaient ces patrons de Macchiavelli qui trouvaient que leur envoyé s'amusait un peu trop au dépens de leur bourse.

» Cependant de grands événements se préparaient ; Charles-Quint était devenu la terreur de l'Italie, et la France s'était déjà unie aux Vénitiens et au pape contre les Impériaux. Peu rassuré par cette alliance, Clément VII craignait à la fois pour Rome et pour Florence. Dans la première de ces villes, il était en querelle avec la puissante famille des Colonna ; quant à Florence, elle était fatiguée de l'insolente et rapace tyrannie des trois cardinaux qui gouvernaient au nom du jeune Hippolyte, fils de Julien de Médicis, enfant de douze ans que le pape avait placé à la tête de la république. Dans ces pressantes nécessités, on eut enfin recours à la vieille expérience de Macchiavelli. On songea à réparer les fortifications de Florence, et l'auteur du traité de l'*Art de la Guerre* fut chargé de surveiller cette opération. On a recueilli dans ses œuvres la *relation* de la visite qu'il fit sur le terrain avec les ingénieurs. Il fut ensuite envoyé trois fois en mission par le gouvernement de Florence auprès de Guicciardini, alors lieutenant du pape à l'armée confédérée. Macchiavelli, qui approchait alors de soixante ans, retrouvait au milieu de ces travaux tout le feu de la jeunesse et du patriotisme ; il s'indignait à la fois et de la lâcheté de ses compatriotes, et de la barbarie des étrangers ; il parlait de tracer un plan de fortification si fort qu'il donnât du courage *même à un peuple tel que le nôtre*, disait-il. Il répète sans cesse, dans cette partie de correspondance avec Guicciardini, les expressions de sa haine contre les Impériaux. « On voit de tous côtés, lui écrivait-il » un jour, combien il serait facile de chasser tous ces » brigands de ce pays. Au nom de Dieu, ne laissons » pas perdre une semblable occasion... *Liberate diu- » turnâ curâ Italiam ; extirpate has immanes belluas, » quæ hominis, præter faciem et vocem, nihil ha- » bent.* » Ces cris du patriotisme ne furent pas entendus ; Rome fut saccagée par les soldats du connétable de Bourbon. Cette catastrophe fut pour Florence le signal d'une révolution nouvelle ; la haine contre les Médicis éclata sans obstacle ; on détruisit le gouvernement établi par Clément VII, et les statues de ce pape tombèrent devant celles de la liberté que, trois ans plus tard les Médicis devaient revenir à leur tour briser pour jamais. Dans cette courte agonie de la république, l'énergie du peuple florentin reverdit un instant ; *les bandes de l'ordonnance*, cette célèbre conscription créée jadis par Macchiavelli, détruite presque aussitôt par les Médicis, se levèrent avec enthousiasme; il n'était plus temps. La lutte dura deux ans à peine; l'héroïsme dut fléchir enfin sous la force; mais du moins la liberté toscane tomba dans le sang, et les armes à la main. Macchiavelli, qui, au moment de la prise de Rome et de la seconde expulsion des Médicis, était employé à l'armée des confédérés, revint à Florence. Il y fut accueilli comme un partisan du gouvernement déchu. On oublia ses anciens services pour ne se souvenir que de son empressement auprès des Médicis; on ne lui tint même pas compte des longs refus qu'il avait subis. La liberté est jalouse; elle ne pardonnait pas à Macchiavelli la cour qu'il avait faite aux oppresseurs. On l'avait vu pousser aux dernières limites de la prudence ses précautions pour ne point blesser les Médicis, jusque-là qu'une des raisons qui l'avaient empêché d'aller à Rome pour solliciter lui-même le pape, c'était la crainte d'être obligé de visiter la famille de l'ancien gonfalonier de Florence, avec laquelle il avait été lié [1]. On l'avait vu rechercher l'amitié et le patronage des hommes les plus dévoués aux Médicis et particulièrement de F. Vettori et de Guicciardini, qui bientôt devaient prendre une part active et sanglante à l'établissement définitif de la tyrannie [2]. Macchiavelli faisait alors si peu d'ombrage aux Médicis, que, bien qu'il fût un des membres les plus assidus et les plus distingués de la société qui se réunissait dans les jardins Rucellaï, à l'époque où une nouvelle conspiration contre les Médicis se trama parmi ces jeunes Florentins, dont plusieurs eurent la tête tranchée, Macchiavelli ne fut pas même soupçonné. On conçoit qu'un homme pour qui les tyrans avaient si peu de méfiance ne devait pas inspirer beaucoup de confiance aux amis de la république. De plus, quoique le livre du *Prince* ne fût pas imprimé, des copies en avaient été répandues; et, malgré toute la peine que se donna Macchiavelli pour les supprimer (si nous en croyons le témoignage de Varchi), ce livre s'éleva contre lui comme un terrible anathème; car Macchiavelli ne songea pas lui-même à ces subtils

arguments qu'on a imaginés depuis pour le défendre. Le dédaigneux oubli de ses concitoyens rendus à la liberté fut pour Macchiavelli un cruel châtiment; il conçut une douleur d'autant plus profonde, que peut-être il devina que cet arrêt de ses contemporains serait celui de la postérité. L'indifférence des Médicis l'avait désespéré, l'indifférence de ses concitoyens le tua; quelques semaines après le rétablissement de la république il était descendu dans la tombe. »

Macchiavelli mourut le 22 juin 1527 de violentes douleurs d'entrailles. Une lettre de son fils Pierre Macchiavelli, adressée à François Nelli son cousin, professeur à l'université de Pise, nous donne quelques détails à ce sujet :

P. MACCHIAVELLI A F. NELLI.

« Très-cher François,

» Je ne puis retenir mes larmes en remplissant » le triste devoir de vous annoncer que Nicolas » notre père est mort le 22 de ce mois des suites de » douleurs d'entrailles occasionnées par une mé- » decine qu'il avait prise le 20. Il a confessé tous » ses péchés au frère Mathieu, qui ne l'a point aban- » donné jusqu'au moment où il a cessé de vivre. » Notre père, comme vous savez, nous a laissés » presque dans l'indigence. Lorsque vous revien- » drez à Florence j'aurais beaucoup de choses à » vous dire de vive voix; mais je suis tellement » pressé que je n'ai que le temps de me recomman- » der à vous.

» Votre parent.

« Pierre Macchiavelli. »

On possède encore les deux testaments qu'il fit à des époques différentes : l'un, du 22 novembre 1511, lorsqu'il était encore secrétaire de la république; le dernier, du 27 novembre 1522, à une époque où il était depuis un an sans emploi.

Les dispositions qu'il renferme relativement au partage des biens du testateur ne peuvent être sans intérêt, et ne seront pas un des traits les moins précieux à ajouter au portrait de Macchiavelli. Après un legs de peu d'importance à l'église et à la fabrique de *Santa-Maria del Fiore*, il laisse à Mariette, son épouse chérie, pour lui tenir lieu de sa dot :

« 1° Un bien de campagne avec la maison et ses » dépendances, ainsi que les terres qui en font par- » tie, sis dans l'état de Florence, arrondissement » de San-Casciano, paroisse de *Sant'-Andrea in* » *Percussina*, et nommé *la Strada*, ainsi que tout » le mobilier qui s'y trouvera à la mort du testateur;

---

[1] « Ce qui me tient un peu en suspens, c'est que les Soderini sont à Rome, et que, si je venais, je serais forcé de les visiter et de leur parler. » Lettre citée plus haut

[2] « Ce furent eux, dit M. de Sismondi, qui versèrent le sang et qui confisquèrent les biens des plus vertueux citoyens, qui réduisirent à un exil perpétuel ceux qu'ils feignirent d'épargner, qui ruinèrent par des taxes arbitraires ceux qui avaient montré de l'attachement à la liberté..., et qui, pour maintenir leur autorité par la terreur, prirent à leur solde deux mille des Lands-Knechts qui avaient assiégé Florence. » Tels étaient les hommes avec qui Macchiavelli entretint une correspondance assidue, et d'intimes liaisons durant l'interrègne de la liberté, et pendant qu'il sollicitait la faveur des Médicis restaurés,

» 2° une maison bâtie à l'usage du régisseur de la
» terre, et placée sur le grand chemin; 3° une autre
» petite maison où se trouvent deux canaux néces-
» saires pour faire la vendange; 4° tout le linge,
» les habits de drap et de soie, les bagues et autres
» bijoux à son usage; 5° pendant la durée de sa vie
» et de son veuvage, la jouissance de la maison du
» testateur, jouissance qui lui sera commune avec
» celui des héritiers auquel la propriété en aura été
» léguée; et 6° enfin, le lit, avec tous ses acces-
» soires, qui se trouve dans la chambre placée au-
» dessus de la salle de ladite maison.

» Il donne à Bartholomée sa fille, outre les fonds
» qu'il vient de placer sur l'état pour former sa dot,
» toutes les pièces de toile entières ou coupées, qui
» se trouveront dans la maison à la mort du testateur,
» ainsi que tout le linge fait ou sur le point de l'être.
» Il y ajoute un petit bois situé dans la paroisse de
» Sainte-Marie de l'Impruneta, et nommé *Vallato*.
» Ce bois est destiné à sa dot, au cas où elle se
» marie; et si les héritiers du testateur, ou l'un
» d'entre eux, donnent à Bartholomée deux cents
» florins d'or pour sa dot, le bois deviendra la pro-
» priété de celui ou de ceux qui les auront payés.
» Il laisse enfin à sa fille, jusqu'à ce qu'elle soit
» mariée, pour sa nourriture et son habillement,
» trois florins d'or par an qui lui seront payés par
» l'un des héritiers.

» Il institue ses héritiers: Bernard, Louis, Guido
» et Pierre, ses fils, et tous les autres enfants mâles
» légitimes et naturels qui viendraient à naître; et,
» pour éviter les désordres qui pourraient provenir
» de la communauté des biens, il les partage entre
» eux de la manière suivante:

» 1° Il donne en partage à Bernard, son fils aîné,
» un bien de campagne appelé *le Poggio*, sis dans
» la paroisse *Sant'-Andrea in Percussina*, avec les
» chênes, arbres, vignes et tous les autres biens et
» dépendances, ayant pour limites d'un côté le che-
» min vicinal, de l'autre dame Lucrezia, veuve de
» Pierre del Rosso; du troisième, la propriété de
» dame Antonia de' Macchiavelli; du quatrième,
» la rivière de *Grève*; du cinquième, le domaine de
» *Fossato*; du sixième, le bois de Caffaggio; et du
» septième enfin, l'église de *Sant'-Andrea*, ainsi
» que tout ce qui, de ce côté, se trouve dans *la
» Macchia de' Bracchi*, qui va de Fontalla jusqu'au
» bois de Caffaggio, et depuis la vigne de Fontalla
» jusqu'au fossé où commence la portion de Louis.
» Il y ajoute un petit champ placé près de *la Grève*,
» plus les deux cinquièmes du bois de Sorripa, sis
» dans la même paroisse et possédé en indivis par
» ladite dame Lucrezia, et enfin un petit plant d'o-
» liviers, situé dans la même paroisse, au lieu
» appelé *Valassi*.

» 2° Louis reçoit pour sa part le bien de campagne

» appelé *Fontalla* ou *Ferme-Neuve*, un bois de chê-
» nes nommé *Caffagio*, le bois des *Grotte*, dans la
» même paroisse, limité d'un côté par le chemin de
» Rome, de l'autre par ladite dame Lucrezia, du
» troisième par Fossato, du quatrième par lesdits
» domaines de *Poggio* et *delle Vigne*, avec le champ,
» les grottes, l'aire, le lavoir et la fontaine qui lui
» fournit l'eau; plus la moitié de la maison située
» sur le chemin de Rome, dans laquelle sont établis
» huit canaux pour la vendange, qu'il possédera
» par indivis avec Bernard, auquel le reste de la
» maison appartiendra.

» 3° La portion de Guido se compose de la maison
» de Florence, avec un petit bâtiment sur le der-
» rière, sis dans la paroisse de Sainte-Félicité; plus,
» d'une maison servant d'auberge et d'une autre
» servant de boucherie, sises toutes deux dans la
» paroisse de *Sant'-Andrea in Percussina*, sur le
» chemin de Rome.

» 4° Pierre enfin reçoit de son père un bien de
» campagne situé également dans la paroisse de
» *Sant'-Andrea*, à l'endroit appelé Monte Pagliano,
» ayant pour limite d'un côté le chemin public
» nommé Grogoli, et des trois autres le domaine de
» Fossato.

» Outre ces dispositions particulières, le testateur
» en prescrit de générales, portant que, s'il lui nais-
» sait d'autres enfants, ils auront une portion des-
» dits biens dont le partage serait fait entre eux de
» nouveau; qu'après la mort d'un des héritiers
» quelconques il aurait pour successeurs ses fils
» mâles légitimes et naturels, et les fils de ses fils,
» jusqu'à la génération la plus reculée; que, dans
» le cas où une des branches viendrait à s'éteindre,
» les biens retourneraient aux survivants, ou à
» leurs fils de mâle en mâle et de degré en degré,
» ne regardant la jouissance des biens qu'il leur
» accorde que comme un fidéi-commis; leur défen-
» dant, sous aucun prétexte, de les aliéner, tant
» entre vifs que par testament, et ne leur permet-
» tant pas de les louer pour un plus long espace
» que cinq ans; et si l'un d'entre eux en agissait au-
» trement, il veut que ce bien retourne à ceux qui
» ne se seraient pas écartés de ses volontés, et qui
» auraient succédé de la manière dont il l'a pres-
» crit, entendant que, s'ils ne les ont pas rachetés
» dans l'espace d'une année, ces biens demeureront
» la propriété des autres héritiers.

» Et si Bernard et Louis voulaient habiter la mai-
» son de Florence donnée à Guido, et que ce der-
» nier y consentit, ils seront tenus de lui payer un
» loyer raisonnable; et si, à la mort du testateur,
» la dot de Bartholomée n'avait pas encore été pla-
» cée sur les fonds de l'état, les héritiers seraient
» dans l'obligation d'avoir soin qu'elle lui soit comp-
» tée; et il donne enfin à chaque héritier particu-

» lier, les bestiaux appartenant à chacun des do-
» maines qui lui sont échus, ainsi que tout ce qui
» pourrait être dû par les fermiers de ces biens.

» Il institue tutrice et curatrice de ses fils mineurs,
» dame Mariette, sa femme, et veut que, jusqu'à ce
» que chacun ait atteint l'âge de dix-neuf ans, elle
» administre leurs biens, sans que nul d'eux puisse
» en exiger aucun compte, qu'elle accepte ou non
» la tutelle; et dans le cas où ils exigeraient qu'elle
» leur rendît raison de sa gestion, il lui laisse le
» montant des récoltes et des revenus annuels qu'elle
» aurait perçus; et lorsque l'un des héritiers aura
» atteint sa dix-neuvième année, il entrera soudain
» dans la jouissance des biens qui lui ont été assi-
» gnés. »

Les restes de Macchiavelli furent déposés dans la
sépulture de sa famille, dans l'église de Sainte-
Croix. Ils restèrent, pendant plus de trois siècles,
ignorés du plus grand nombre de ses concitoyens, jusqu'à ce que, l'an 1787, le grand-duc Léopold lui fit
ériger un monument en marbre dans cette même
église, auprès de ceux de Galilée et de Michel-Ange.
Ce monument représente la muse de l'histoire, tenant dans une main les attributs qui la caractérisent,
et appuyée de l'autre sur un médaillon où se trouve
le buste de Macchiavelli. Sur le corps du tombeau
on lit l'inscription suivante :

Tanto nomini nullum par elogium.

NICOLAUS MACCHIAVELLI

Obiit, anno A. P. V. MDXXVII.

De tous les ouvrages de Macchiavelli, aucun, à
l'exception de *l'Art de la Guerre,* publié par les Jun-
tes, en 1521, et peut-être la *Mandragore,* ne fut
imprimé de son vivant; ce ne fut que longtemps
après sa mort qu'on imprima les éditions complètes
de ses ouvrages; voici la liste des principales.

Éditions complètes.

1550. — Genève ou Rome, sans date, 1 v. in-4°,
connue sous le nom de la Testine.

Elle a servi de guide aux suivantes:

1584. — Palerme.

1726. — La Haye.

1768. — Par Prault, à Paris, sous la fausse date de
Londres, 8 v. in-12.

1767. — Le Dr Fossi, bibliothécaire de la Bibl. Ma-
gliabecchiana et directeur des archives
diplomatiques, publia pour la première
fois les dépêches relatives aux missions

de Macchiavelli. On ignorait jusque-là
qu'il eût rempli des missions importantes auprès de plusieurs états de l'Europe.

1769. — Venise. 8 v. in-8°.

1772. — Londres. 4 v. in-4°.

1782. — Lord Nassau Clavering fait imprimer la première *édition complète de Macchiavelli.*
Le bibliothécaire Manni avait refusé obsti-
nément de rechercher dans la bibliothèque Strozzi qui lui était confiée. Il avait
nié qu'il y eût aucun ouvrage de Macchiavelli. Lorsque cette bibliothèque fut mise
en vente, on trouva un manuscrit autogra-
phe; et à l'aide d'autres découvertes, on
fut en état de pouvoir donner un volume
supplémentaire. Lord Nassau Clavering
préféra donner une nouvelle édition de
tous les ouvrages anciens et nouveaux.

1796. — 8 v. in-8°. Florence, (moins la correspondance diplomatique et familière);
elle servit de modèle aux éditions suivantes :

1796. — Ferrare. 6 v. in-8°, sous la date de
Philadelphie.

1804. — 10 v. in-8°. Milan.

Enfin, la plus complète est la suivante :

1813. — Piatti. 8 v. in-8°, enrichie de 42 lettres
inédites, et dépêches.

Reproduite dans :

1819. — Brescia. 11 v. in-16.

1820. — Silvestri de Milan. 9 v. in-12. de la Bibliothèque des classiques italiens.

1831. — Florence, chez Passigli et Borghi. 1 v.
in-8°, compact à deux colonnes, formant
le 5e volume de la *Bibliothèque Portative
du Voyageur :* édition complète et très-
correcte.

Les divers ouvrages de Macchiavelli ont plusieurs
fois été traduits en français. Vers l'année 1796, Toussaint Guiraudet publia la traduction la plus complète
faite jusqu'alors, sur l'édition de Livourne, 1796;
mais un grand nombre de morceaux ont été retrou-
vés depuis, et M. Periès publia en 12 vol. in-8°,
chez Michaud, une traduction tout à fait complète
et comprenant tous les morceaux littéraires, politiques et historiques anciens et nouveaux.

J'ai reproduit ici pour les morceaux historiques
ou anciennement connus et pour les légations
contenues dans l'édition de 1796, la traduction de
Guiraudet, en la corrigeant dans ce qu'elle avait
d'inexact et d'imparfait.

Aucun des ouvrages littéraires proprement dits n'avait été traduit par Guiraudet. Un écrivain habile, M. Avenel, aussi familier avec la langue qu'avec l'histoire de l'Italie moderne, à bien voulu se charger de la traduction des deux premières comédies la *Mandragore* et la *Clizia*. Je me suis servi pour les deux autres de la traduction de Périès.

Quant aux morceaux en vers et à celles des missions qui ont été retrouvées depuis la traduction de Guiraudet, M. Michaud a bien voulu m'autoriser à reproduire aussi la traduction de Périès.

Aucun écrivain n'a excité plus que Macchiavelli une violente polémique entre ses détracteurs et ses défenseurs. Le plus curieux, incontestablement, des ouvrages écrits sur ce sujet est la réfutation du *Prince* par le roi de Prusse, Frédéric II. Cet ouvrage a été souvent réimprimé et se retrouvera nécessairement dans les œuvres de Frédéric II et des auteurs de son temps. Je n'ai pas cru devoir établir, dans les œuvres de Macchiavelli même, un champ de bataille où on venait l'attaquer. Un seul ouvrage m'a paru devoir être joint à ses œuvres, c'est un traité resté inédit parmi les manuscrits de de la bibliothèque du roi, n° 7409, et portant le titre de : *Apologie pour Machiavelle en faveur des princes et des ministres d'état*. C'est un petit in-folio d'un écriture de la fin du XVIIe siècle. L'auteur est un écrivain habile, et son ouvrage méritait d'être tiré de l'oubli. On le retrouvera à la suite de cette notice.

J. A. C. BUCHON.

FIN DE LA NOTICE SUR MACCHIAVELLI.

APOLOGIE

POUR MACHIAVELLE

EN FAVEUR DES PRINCES ET DES MINISTRES D'ÉTAT.

PRÉFACE.

Il semble que Machiavelle soit l'autheur[1] et la source de tous les crimes, de touttes les malices, et de touttes les impiétés qui se commettent dedans la politique, puisqu'il est le seul auquel on impute tous les maux qui s'y font, et touttes les perfidies qui se rencontrent dans le gouvernement des affaires publicques. Ses maximes ne sont point nouvelles, elles sont aussi vieilles que le temps et les estats; il en cotte les faits et les exemples, oultre que les histoires les plus approuvées, et les livres les plus sacrés luy sont garents de la doctrine qu'il propose, et de tout ce qu'il met en avant. Il n'enseigne rien de particulier ny d'inouy, mais raconte seulement ce que nos prédécesseurs ont fait, et ce que les hommes d'anjourd'huy practiquent utilement, innocemment, et inévitablement. Il fait plus voir la tromperie des grands qu'il ne l'augmente, et ne l'approuve; et pour descouvrir leurs fourbes, leurs injustices, et leurs surprises, il ne les conseille pas pour cela, mais donne les moiens de s'en garder, et de s'en deffendre aux occasions. Si la vertu n'estoit aussi puissante, et aussi bien receue que le vice et la mauvaise foy, il auroit sans doutte changé et de stil et de langage; mais parlant de la vie et des actions des meschants, pour les descrire et les représenter véritablement comme elles sont, il n'a pu se servir d'aultres moiens, ny emprunter d'aultres raisons que les leurs, ne debvant encourir aucun blasme pour estaller les crimes d'aultruy sans les authoriser; autrement tous les historiens seroient coupables de ceste mesme faulte, et les casuistes

mériteroient ce mesme reproche, et ceste mesme condamnation, puisque leurs livres et leurs escripts ne sont remplis que de blasphèmes et de péchés, qui font horreur à Dieu, aux hommes, et à la nature. Quand le psalmiste roial dit que : « l'insensé dit en son cœur qu'il ny a point de Dieu[1] » ; ce n'est pas pour enseigner l'atheïsme qu'il avance ceste proposition, mais pour monstrer l'aveuglement de ceux qui ne reconnoissent point leur créateur, ny leur rédempteur. Et si Machiavelle fait voir que l'impie abuse de la religion; que le perfide n'a point de foy; que l'ambitieux n'a point de bornes; que le trompeur n'a point de lois que ses interests; que les tirans sont plus tost des bourreaux, que non pas des rois ny des pères du peuple; il ne conclut pas pour cela que touttes sortes de princes et de politiques vertueux et craignans Dieu, en doibvent faire de mesme; au contraire il abhorre l'irreligion, il rejette la perfidie, il ne peult souffrir l'ambition desréglée, et condamne partout le vice, la cruauté, et la tirannie. Il blasme[2] et déteste la calomnie et la mesdisance avec plus d'aigreur et de sévérité, que non pas les pères de l'église les plus austères, et les plus retenus; il eslève la piété[3] et la religion par dessus touttes choses; il en fait la base[4] et l'unique appuy des roiaumes, et des estats; et monstre[5] par un discours chrestien et pieux que les Romains n'ont aggrandi et conservé leur empire que

[1] Dixit insipiens in corde suo : Non est Deus. Psal. 13, vers. 1.

[2] Discours sur Tite-Live, liv. 1, ch. 8.

[3] Ibid., liv. 1, ch. 11.

[4] Ibid., liv. 1, ch. 12.

[5] Ibid., liv. 1, ch. 13.

[1] J'ai conservé soigneusement l'orthographe du manuscrit original.

par elle. Il veult que les crimes [1] et les forfaits soient punis exactement et rigoureusement, quelque grande recommandation et quelque mérite que le délinquant puisse avoir d'ailleurs, condamnant le meurtre qu'Horace commit sur sa sœur qui pleuroit la mort des Curiaces qu'il venoit de tuer à la teste de deux armées puissantes. Il soustient, [2] contre l'opinion de Plutarque et de Tite-Live, que la vertu a plus favorisé l'empire Romain, que non pas la fortune; il ordonne des peines [3] contre les injures, et tesmoigne qu'il ne les peult souffrir en façon que ce soit; il veult que les vainqueurs [4] soient modestes et discrets dedans leurs victoires; il deffend et protège puissamment [5] la liberté des peuples, et la conservation de leurs biens et de leurs priviléges. Bref il n'y a rien de religieux dedans la morale, rien de sainct dedans la politique, ny rien de sacré et de révéré parmy les hommes, qu'il ne presche et qu'il ne conseille avec ferveur, justice et équité. Si ses escripts sont souillés des faultes d'aultruy, et si l'on veult prendre ce qu'il accuse et ce qu'il condamne pour ce qu'il enseigne et qu'il approuve, il ne fault pas que ce desréglement le rende plus coupable ny plus odieux pour cela. Que si peut-estre tous ses préceptes, et touttes ses maximes ne sont conformes à celles de tant d'esprits bas et imprudens qui se meslent de donner des règles et des advis qu'ils n'entendent point, luy mesme se justifie, et répond à ces contemplatifs, disant: [6] « Plusieurs » ont escript des livres pour instruire un prince, et » le ramener à une perfection en touttes vertus, » comme a fait Xenophon en l'institution de Cyrus. » Il y a aussi plusieurs philosophes, et aultres qui » par leurs escripts ont formé des figures et des idées » de monarchies et de républiques, dont il ne s'en » vid jamais au monde de semblables, parce qu'il y » a une très-grande différence de la façon dont le » monde vit, à celle dont il debvroit vivre. Qui donc » se voudroit amuser aux formes de monarchies et » républiques en méprisant ce qui se fait et louant » ce qui se debvroit faire, il apprendroit plus tost » sa ruine que sa conservation; laissant donc en » arrière tout ce qu'on a imaginé de la perfection » d'un prince, et nous arres ans à ce qui est vray, » et sujet à estre pratiqué par expérience, je » dis, etc. » Estant certain que c'est une chose entièrement ridicule de former des souverains imaginaires, d'instruire des fantosmes, de bâtir des estats chimériques, et de projetter des lois qui sont aussi peu receues que peu conues et peu practiquées parmy

les hommes. Nostre foible nous suit partout; nos deffaults ne nous abandonnent point; les intérests nous possèdent, en quelques lieux et en quelque estat que nous soions; l'erreur est toujours avec nous, et toutte la perfection de nos actions gist à estre moins meschants que ceux qui nous regardent, et qui le sont plus que nous. Machiavelle, qui est né dedans un siècle le plus corrompu, et dedans un païs le plus abondant pour lors en exemples de perfidie, de lascheté, d'impiété et de tous les aultres vices que l'histoire ait jamais remarqué, ne parle en ses escripts que des choses dont il a esté tesmoing, et n'apporte quasi point d'aultres preuves pour les authoriser, que ce qu'il a veu; il les représente comme elles se sont passées, mais non pas comme elles se debvoient faire. Le comique Philoxene estant interrogé [1] pourquoy il avoit accoustumé de représenter les femmes tousjours mauvaises, et de blasmer sans cesse leur humeur en touttes ses comédies, veu que Sophocles, excellent poëte tragique, les despeignoit tousjours bonnes, gentilles, et aggréables, ne faisant aucun acte publique où il ne leur donnat quelque éloge et quelque titre de gloire; respondit: que luy les descrivoit telles qu'elles estoient, et que l'autre les représentoit telles qu'elles debvoient estre. Ainsi nostre autheur descript les princes et leurs ministres tels qu'ils sont, mais non pas tels qu'ils debvroient être; il les considère comme des hommes et non pas comme des anges; il les contemple dedans leur chute et non pas dedans l'estat de leur innocence; il connoit que le monde n'est qu'un brigandage; il en descouvre le mal, et ne le flatte point; il enseigne comme il fault vivre sur la terre pendant que nostre misère nous y attache, sans mettre en jeu les choses de l'aultre monde qui sont tellement réglées sans nous, et avant nous, que nous n'y pouvons rien que le respect et l'obéissance. Quantité d'esprits bourrus et délicats de leur propre foiblesse ne pouvant supporter la naifveté de notre autheur, faschés de leur laideur et de leurs deffaults particuliers, prenans l'espouvente et s'allarmans d'eux mesmes, se sont imaginés qu'ils cacheroient et couvriroient leur honte et leur difformité, en taschant de rompre et de[l]casser le miroir et la glace qui les représentoient; et pour ce faire ont emploié tous leurs efforts, tous leurs soings, et touttes leurs veilles pour condemner les escripts de ce grand homme, sans justice, sans raison, et sans fondement quelconque; et ce avec tant de chaleur, de haine, et de passion, qu'ils se sont plus descriés eux-mesmes que celuy qu'ils ont voulu blasmer, puisqu'ils n'ont descouvert que leur ignorance, et leur calomnie, plus tost que l'erreur et le poison dont ils veu-

[1] Discours sur Tite-Live, liv. 1, ch. 28.
[2] Ibid., liv. 2, ch. 1.
[3] Ibid., liv. 2, ch. 26.
[4] Ibid., liv. 2, ch. 27.
[5] Ibid., liv. 3, ch. 5.
[6] Prince, ch. 15.

[1] Erasme, Apophthegmes.

lent altérer et corrompre la doctrine de cest incomparable et prudent politique. La pluspart de ses adversaires sont plus malades et plus dignes de compassion que celuy qu'ils prétendent descrier. Quelques pédants s'accusent de n'avoir point sceu le latin, comme si Platon, Aristote, Plutarque, Seneque, Tacite, et tous les plus excellens escrivains de l'antiquité, avoient conu aultre langage que celuy de leur païs, ny escript en aultre langue qu'en celle qui leur estoit naturelle, et qu'ils avoient apprise de leurs nourrices, de leurs domestiques, et du commun peuple. Ce ne sont pas les langues estrangères qui nous font sages et prudents, c'est nostre propre raison qui nous rend tels. Si ceux qui ont fait les premiers livres eussent esté de ce sentiment, nous serions encore plus ignorans de beaucoup que nous ne sommes pas, et serions privés de tant de beaux ouvrages qui nous ont estés laissés si liberalement. Si Machiavelle a fait ses livres de soy mesme, sans les coppier sur d'aultres autheurs plus grands latins que luy, mais moins pénétrans, c'est en quoy il est plus admirable, et plus digne de gloire d'y avoir si heureusement et si utilement réussi; pour n'estre pas en grec, ils ne laissent pas d'estre plus suivis, plus recherchés, et plus nécessaires que ceux de Platon, d'Aristote, et de Xénophon, qui sont plustost des méditations politiques, que des règles et des maximes d'estat qu'on puisse mette en practique; ils sont bons dedans les chaires, les cloistres, et les cabinets, et ceux de nostre accusé dedans les mains des rois, des princes et des souverains. Philippe de Commines, surnommé le Tacite François quoy qu'il n'aie jamais sceu pas un mot de latin, dit en son *Histoire de Louis XI* [1] que d'ordinaire il se trouve auprès des princes quelques clercs, ou gens de robbe longue qui y sont bien seans quand ils sont bons, et bien dangereux quand ils sont meschans; lesquels à tous propos ont une histoire, dont le meilleur qui s'y puisse trouver se trouveroit bien de mauvais sens; voulant dire par là, que les moines et les gens lettrés qui se rencontrent auprès des princes, et qui s'y font escouter, altèrent ou desguisent ordinairement les choses les plus saines, les plus pures, et les plus justes. Quand on met un scrupule en l'âme d'un roy, sa conscience n'en est pas meilleure, ny son estat plus conservé pour cela; il est aisé de remarquer les inconvéniens, mais de les guérir et de les appaiser, c'est ce que chacun ne peult pas. Les souverains agissent tout aultrement que le commun peuple; leurs actions n'entrent en parallele qu'avec elles mesmes; si elles n'avoient quelque chose de plus noble, de plus parfait, et de plus

relevé que celles des auttres hommes, leurs qualités seroient leur honte, leurs grandeurs descouvriroient leur bassesse, et leur empire ne serviroit qu'à les mettre à la gehenne et dans la servitude. Il n'y a point de livres où les princes soient moins flattés, ny leur pouvoir moins altéré, que dans ceux de ce Florentin; et ceux qui taschent de les supprimer, et de les arracher des mains qui tiennent les sceptres, et qui manient les couronnes, ce sont des ennemis des rois, des conseillers infidèles, et des gens qui prétendent à l'authorité souveraine, parce qu'ils veulent la ruiner, ou du moins la partager en la corrompant. Je ne veux point justifier partout cest Italien, ny disputer s'il a bien et régulièrement parlé de l'histoire, des bonnes lettres, des diversités de gouvernemens, des règles générales de la politique, et de ses maximes les plus ordinaires et les plus communes, mais seulement de celles qu'on dit estre contre la piété et la religion, faisant voir en mesme temps jusqu'où se peut s'étendre la vertu des princes et des monarques, et comme ceux qui condemnent partout ce rare esprit ressemblent à ce Fauste, manichéen dont parle saint Augustin qui soutenoit avec autant d'impudence que d'opiniastreté, qu'après avoir leu tout l'Ancien Testament, il n'y auroit trouvé aucun passage, ny aucun prophetie qui parlast du fils de Dieu; ce qui fit dire à ceste grande lumière de l'église pour toute response [1] : » c'est qu'il ne comprend pas, et si quelqu'un me » demande pourquoi il ne comprend pas, je répon- » drai, c'est qu'il lit avec un esprit de résistance, » avec un esprit ennemy. » Ainsi ceux qui blasment nostres autheur, et qui le font plus noirs que leurs robbes et leurs humeurs, ce sont gens qui ne l'entendent point ou bien qui le lisent avec un œil esblouy et chassieux, avec un esprit ennemy et préoccupé, et avec un desir d'y trouver des crimes qui n'y sont point, pour avoir sujet de censurer les choses qu'il conseille et qu'il suggère avec innocence, justice, et équité. Il n'y a point d'estats ni de souverainetés qui n'aient des autheurs qui leur sont suspects, et qu'ils n'approuvent point; touttes sortes de livres ont leurs ennemis, quelques bons et quelques sacrés qu'ils soient; les Mahomeltans haïssent la Bible avec autant d'aversion que nous faisons leur Alcoran; les François, les Espagnols, et les Allemands en veulent à Machiavelle à cause qu'il est Italien; les Italiens et les Espagnols condemnent Bodin, Lanoue, et Du Moulin, parce qu'ils sont François; et les François ne peuvent souffrir Mariana, Bellarmin, Suarès, ny Sanctarelle

[1] Voyez Philippe de Commines, dans cette collection du Panthéon.

[1] Quia non intelligit. Et si cur non intelligat quispiam quærierit, respondebo : quia inimico, quia averso animo legit. (Saint Augustin. *De la foi contre les Manichéens*, ch. 58; contre Fauste, liv. XVI, ch. 14.

d'autant qu'ils sont estrangers, et qu'ils veulent nostre estat, ou comme ceux de leurs païs, ou suivant les maximes qu'ils méditent dans leurs cabinets, s'attachans plus à la spéculation, ou à la complaisance des princes qu'ils veulent gaigner, que non par au désintéressement et à la practique qui est le but et la seule perfection de touttes les pensées politiques.

J'aurois pu traitter ce sujet plus amplement, plus naïfvement, plus librement et plus fortement si j'avois voulu; mais ny le temps présent, ny ma qualité, ny ma condition ne me le permettent point, en m'en ostent entièrement la liberté. Et comme les lois de la bienséance et de la modestie deffendent de se monstrer nud et descouvert à touttes sortes de personnes, aussi la raison et la discrétion m'empescheront d'exposer au public ce qui doibt estre réservé pour les plus sages, et ce qui n'appartient qu'aux mieux sensés et aux plus clair-voians, dont le nombre est, et a tousjours esté assés petit et assés rare, comme chacun sçait. Encore que les hommes semblent apporter tous leurs soings, et emploier touttes leurs veilles et leurs travaux à la queste et à la recherche de la vérité; néantmoins s'ils la trouvent, ils ne la peuvent souffrir, et à moins que de leur estre favorable, ils la mesprisent et la rejettent entièrement, comme si elle debvoit s'accommoder à nos esprits, et non pas nos esprits à ce qui est de sa lumière et de sa connessance. Je sais bien qu'il m'en faudra dire qui ne plairont point, encore qu'elles n'offencent personne, mais parce qu'elles favorisent l'innocence de celuy pour qui j'écris, et les actions des princes que je révère, et que sans doutte elles donneront ottcinte à l'ignorance et à la calomnie de ceux qui les condemnent. Et l'advocat, et la partie, et tous ceux qui ont intérest en la cause seront également criminels, et témérairement blasmés par une foule de petits juges aveugles, suspects, et passionnés, dont j'appelle devant les plus sages et les mieux sensés, fondé sur les raisons que je vas desduire, et sur ceste seule déclaration, que : Ami de Platon, je suis plus ami encore de la vérité [1].

[1] Amicus Plato, sed magis amica veritas.

MAXIMES

BLASMÉES ET CONDEMNÉES PAR DIVERS AUTHEURS

DANS LES OEUVRES DE MACHIAVELLE.

LIVRE PREMIER

Contenant celles qui sont dans ses Discours sur Tite-Live.

MAXIME I.

Qu'il est permis d'usurper et conquérir des estats par la force des armes.

MAXIME II.

Que le prince doibt entretenir les séditions et dissentions parmy ses sujets, pour le bien de son estat.

MAXIME III.

Qu'il fault apaiser les séditions et émotions populaires par la force et la violence.

MAXIME IV.

Que la cruauté qui tend à bonne fin n'est pas blasmable, et que celle qui profite est louable.

MAXIME V.

Qu'il fault suivre la religion par raison d'estat, quoyque fausse et erronée, comme son principal appuy.

MAXIME VI.

Qu'il faut accommoder la religion à l'estat, pour le bien et la conservation d'iceluy.

MAXIME VII.

Que l'église romaine apporte la confusion dedans ses états [1].

MAXIME VIII.

Qu'il faut faire et envoyer des colonies nouvelles en un païs nouvellement conquis.

MAXIME IX.

Que la religion chrestienne a rendü les hommes lasches et moins généreux que les Païens.

MAXIME X.

Qu'il est permis de tromper pour le bien de l'estat, et pourveu qu'on en profite.

MAXIME XI.

Que les nouveaux plaisirs ne font oublier les vieilles injures. Qu'une injure receu ne s'oublie jamais.

MAXIME XII.

Qu'un prince doibt tenir pauvres ses sujets pour les contenir en obéissance.

MAXIME XIII.

Qu'il est permis de fausser sa foy pour le bien de l'estat et le salut de la république.

LIVRE SECOND

Contenant celles qui sont dedans son Prince.

MAXIME I.

Qu'il faut exterminer les princes et grands seigneurs d'un païs nouvellement conquis.

MAXIME II.

Qu'un prince doibt accommoder les vices et les vertus à son estat.

MAXIME III.

Qu'il est plus à propos qu'un prince soit avare que libéral et prodigue.

MAXIME IV.

Que le prince se face plustost craindre qu'aimer.

MAXIME V.

Qu'un prince doibt joindre la force du lion avec la finesse du renard.

MAXIME VI.

Dissimuler pour bien régner.

MAXIME VII.

Qu'il suffit au prince d'estre vertueux en apparence, et non pas en effet.

MAXIME VIII.

Que les princes doibvent entretenir des ennemis pour faire paresstre leur vertu et leur grandeur.

MAXIME IX.

Qu'un prince dobit préférer son conseil à tous aultres.

MAXIME X.

Que la justice de la guerre est dans son utilité.

[1] Le manuscrit que je publie ici est imparfait, et finit à la quatrième page manuscrite de cette septième maxime. Je n'ai pu trouver la suite.

APOLOGIE

POUR MACHIAVELLE

EN FAVEUR DES PRINCES ET DES MINISTRES D'ESTAT.

LIVRE PREMIER

Contenant les Maximes qui sont dans ses Discours sur Tite-Live.

MAXIME I.

Qu'il est permis d'usurper et conquérir des estats par la force des armes.

Machiavelle dit : « Les francs fondateurs sont » ceux que peste, guerre, ou famine a chassé de » leur contrée, et les a contraint de chercher terre » nouvelle, en laquelle ils entrent par force d'ar- » mes, et se mettent en possession des villes qu'ils y » trouvent, comme fit Moïse, sinon ils en édifient, » comme fit Enée ; (Machiavelle en ses Discours po- » litiques sur Tite-Live, liv. 1, chap. 1.)

Encore que touttes les choses de la terre semblent estre sujettes au commerce des hommes, et qu'il n'y en ait point qui ne puissent trouver leur pris et leur juste valeur ; néanmoins voulans flatter leur ambition, et donner quelque couleur à leur vanité, ont voulu s'en figurer qui ne relevent point de ceste nécessité, affin de s'acquérir par ce moien plus de créance parmy les peuples, et donner plus d'es- clat aux dignités dont ils empruntent et leur pou- voir et leur authorité. La souveraineté est ceste seule pièce qui ne s'estime point à pris d'argent ; c'est elle qui fait mépriser la vie, plus toust que sa diminution (1), quoy qu'elle soit le principe et le fondement de son estre ; c'est elle qui des hommes en veult faire des Dieux, puisque quantité de rois et d'empereurs se sont faits adorer pour tels, et que les plus sages et les plus modestes n'ont pas refusé la qualité de divins, non plus que celle de leurs lieutenans parmy les peuples. Les princes se disent maistres des biens et de la vie de leurs sujets, comme Dieu seul de leurs personnes et de leurs conscien- ces ; ils jugent absolument et souverainement comme luy ; ils mettent leurs volontés en exécution sans en estre comptables à qui que ce soit ; ils font tout ce qu'ils veulent par provision. Ce sont des hommes dieux en apparence, et souvent des dé- mons et des tirans en effect, nonobstant touttes leurs gardes, touttes leurs forces et touttes leurs puissances passagères, ne laissent pas d'estre esclaves en soy, et peut estre devantage que leurs sujets (1) : « De mesme que les hommes sont » gouvernés par des roys, aussi les roys sont » gouvernés par le desir de la domination. » Le titre glorieux de roy, qui aultrefois se donnoit à la vertu, ou aux mérites, ou à la beauté, s'est enfin rendu héréditaire presque partout où les hommes se laissent gouverner ; et non content des bornes qu'il trouve en sa naissance, il veult les aggrendir de mesme que ses souhaits, comme si la force et l'am- bition luy donnoient autant de droit sur les terres d'aultruy, que le hazard et la bonne fortune luy en ont acquis dedans les siennes, le faisant naistre roy avant qu'il le sache, et le recompensant auparavant que l'avoir mérité. Voilà comme ceste aveugle donne les riches et véritables couronnes à ceux qui ne les ont pas gagnées et qui ne les connessent point, pour réserver celles de laurier, de feuilles et de fleurs qui meurent en peu de temps, à ces testes glorieuses qui ont vieilly à la conservation de l'es- tat, et qui ont justement acquis par leurs travaux, ce dont ils n'ont que l'ombre et l'apparence.

Néant moins, puisqu'il en va ainsi, et que l'usage nous enseigne que les plus justes prétensions des princes et des souverains, ne sont que les plus lon- gues possessions de leurs usurpations, tant anciennes

---

¹ Occidat, modo imperet.

¹ Nam sicut hominibus reges, ita regibus dominandi desideria dominantur. (Sid. Apolinar., lib. 11, epist. 18.)

que nouvelles; il semble qu'ils n'aient pas moins de droit de les aggrandir, que leurs prédécesseurs en ont eu de les entreprendre et de les commencer; c'est pourquoy, pour ne point m'estendre sur les guerres justes ou injustes qui se font, et dont nous parlerons ailleurs, quand Machiavelle, dit: que les francs et libres fondateurs, sont ceux que peste ou famine ont chassé de leur pais, et les ont contraint de chercher où ils puissent s'establir, soit par les armes comme fit Moïse, ou en se batissant des villes comme fit Enée; il ne dit rien que de commun avec tous les politiques qui croient estre plus religieux que luy. Et prenant Moïse seul pour exemple de ceux qui se sont servy de la force et des armes, on ne peult le blasmer en cela sans condamner les actions de cest esleu de Dieu, et desmentir l'escriture saincte qui nous les donne pour justes et légitimes; non plus qu'Esnée qui s'en fit bastir à ses propres despens pour luy servir de retraite et à tous ceux qui voudroient estre tesmoings de son bonheur, et compagnons de sa fortune. Les Vénitiens ont trouvé dedans ces fuittes, et l'imitation de ce dernier exemple, et l'establissement de la république la plus célèbre et la mieux gouvernée de la terre; parce qu'abandonnans et quittans les isles Adriatiques (1) pour éviter la rage et la fureur des Goths et des Vendales, ils se jettèrent et retirèrent sur les rochers où ils sont maintenant, qui auparavant estoient déserts, abandonnés, et n'appartenoient à personne.

Quand les papes mettent les royaumes et les souverainetés en interdit, et qu'ils les adjugent aux plus forts, et à ceux qui ne cherchent que des prétextes pour s'aggrandir; ils ne donnent souvent aultres tiltres de ces usurpations que celuy de leur haine et de leur indignation, faisant un acte de justice et de piété des conquestes qui les vengent, et qui destruisent leurs ennemis.

Si les animaux ont ce privilége de pouvoir chercher leurs retraittes et leur conservation dans les bois et les déserts, à plus forte raison les hommes parmy les ondes et les rochers, et principalement quand c'est pour en produire de si bons effets. Si Moïse est innocent de prendre les villes par le feu, le fer et les flammes, Enée, quoyque païen, ne le sera pas moins d'en faire bastir de toutes nouvelles, pour rendre habitables des païs qui ne l'estoient point, et cultiver des terres ingrattes qui ne servoient de rien.

Et pour justifier plus plainement comme nostre autheur ne conseille point les choses que la calomnie de ses adversaires emprunte de ses escripts, voicy comme il parle des usurpations violentes et tiranniques, et comme il les distingue de celles qu'il

permet en la maxime que nous examinons : « Je sais » bien, dit-il [1], que de condition privée on peut » parvenir au principat, par quelque vitieuse et » damnable voie, comme fit Agatocles quand il se » fit roy de Siracuse, luy qui estoit fils d'un potier de » Sicile; » et un peu après il ajoute, parlant des mauvais moiens dont il se servit por maintenir sa royauté; « or, on ne doibt pas appeler vertu, que de » tuer ses citadins, trahir ses amis, estre sans foy, » sans pitié, et sans religion; qui sont peut estre » moins pour acquérir seigneuries, mais non pas avec » gloire ny réputation; et la brutale cruauté d'Aga-» tocles, et sa nature inhumaine, accompagnée d'in-» finis aultres vices, ne permet point qu'il soit mis au » nombre des vertueux et des princes magna-» nimes. »

Que veult-on de plus exprès et de plus formel, pour faire voir comme il rejette toutes sortes de mauvais moiens pour parvenir aux souverainetés? Que diront ses accusateurs, quand ils verront qu'il condamne si rigoureusement Agatocles, disant qu'il estoit sans vertu, sans foy, sans pitié et sans religion; que ses actions ne méritent ny gloire ny réputation; que sa cruauté est brutale, sa nature inhumaine, et sa vie souillée de tant de vices qu'il ne mérite aucun rang parmy les princes magnanimes et vertueux? S'il permet les conquestes, et l'aggrandissement des royaumes, il veult que ce soit avec prudence, et de plus avec justice et raison; voicy ses termes [2] : « véritablement c'est chose fort naturelle et ordinaire » que de désirer d'estendre et amplifier ses limites; » et quand les hommes le peuvent et l'entreprennent, » ils en sont grandement louables, ou pour le moins » non repris; mais s'ils ne le peuvent, et néant-» moins l'entreprennent, à toutte heurte, là est l'er-» reur, le blasme et la témérité. »

Ceste maxime est fondée sur ce principe et sur ceste vérité : que les princes n'ayans rien que ce qu'ils ont usurpé, les plus fort font la loy aux plus foibles, et prennent ce qui est à leur bienseance, parcequ'ils croient juste ce qui est utile [3], et que les estats n'ont aultres bornes que leur propre conservation, mais au préjudice de celle de leurs voisins. Salomon qui avoit la practique aussi grande que la théorie, et qui dans ses escripts, n'est point sujet au desadveu, comme il l'a esté en quelques-unes de ses actions, dit : que la grandeur et la dignité d'un roy paroit au grand nombre et en la grande quantité de son peuple et de ses sujets; et que la honte et l'ignominie du prince vient du petit

---

[1] Disc. sur Tite-Live, liv. 1, chap. 6.

[1] Le Prince, chap. 8.
[2] Le Prince, chap. 5.
[3] Quidquid valdè utile est, id fieri honestum, etiam si anteà non videretur.

nombre de ses citoiens [1]. Ce que le jésuite Sà en ces notes sur ce passage, accomodé à l'opinion de Machiavelle, disant : La honte d'un prince est de ne sçavoir pas par sa sagesse augmenter son royaume [2]. Moïse avoit dit auparavant lui, parlant d'un royaume conquis : « tu pilleras pour toi et tu mangeras le » butin de tes ennemis que l'éternel ton Dieu t'aura » donné [3]. »

Le maistre des politiques, Tacite, dit : que c'est le propre d'un particulier ou d'un père de famille de garder son royaume, mais que faire la guerre pour conquérir celuy d'aultruy, c'est l'honneur et la gloire d'un grand roy [4]; qui est la remonstrance que Tridates fit à son frère le roy des Parthes luy disant : qu'aux éminentes fortunes, le plus puissant estoit estimé avoir le plus de droit [5]. C'est pourquoi les Gaulois interrogés par les Romains; quel droit ils avoient sur le païs de Toscane, respondirent fièrement : qu'il pendoit à la pointe de leurs espées et que tout appartenoit aux plus forts [6]; ce que Sénèque, avec son humeur douce et religieuse semble advouer, quand il dit : tout ce qui ne pouvoit résister par la force, devint la proie de plus fort [7].

Un des célèbres politiques de nos jours [8] dit que, depuis qu'un prince a quelque chose de l'aultruy par le droit des armes ou aultre tiltre, pour peu qu'il soit coloré, il n'est pas bien conseillé de le rendre. C'est la maxime de tous les princes, et n'y en a point de si conscientieux qui voulut blesser mortellement son estat pour accommoder son voisin. Un prince puissant, belliqueux, et paisible ne pense qu'à l'estendue de sa frontière, et n'en void les bornes qu'au bout de son espée. Ennodius, paranymphant le roi Théodoric, lui dit : « tout ce qui » n'augmente pas l'empire [9] te semble le diminuer. L'orateur grec rapporte en l'une de ses oraisons [10], que les Spartes mettoient toutte leur gloire et tous leurs soings en l'accomplissement de leur estat et de leur

république. Les roiaumes ressemblent à ces animaux qui cessent de vivre, quand ils cessent de croitre. Par ainsi quand les princes sont saisis de quelque chose, il n'en fault plus rien espérer que par la mesme voie qu'on l'aura laissée perdre, parce que, comme ils ne prennent rien pour eux, aussi ne rendent-ils jamais quoyque ce soit à ceux qu'ils ont une fois despouillés Cyrus dit dans Xénophon : que c'est une loi éternelle parmi les hommes que le vaincu desire l'argent et les biens du vainqueur [1]; ce qu'Aristote souscript quand il dit que : c'est une loi sanctionnée par le consentement commun, que les prises faites dans la guerre appartiennent à celui qui s'en est emparé [3]; opinion que Clément Alexandrin soustient dans le premier livre de ses tapisseries; et le jurisconsulte Caïus excuse comme une maxime qu'ils practiquent inviolablement, tant à cause de son utilité que crainte qu'en restituant à un, tous les aultres mescontans ne viennent à leur demander la mesme grace, oultre qu'ils sçavent trop bien ce qu'un grand consul et un savant homme d'estat leur enseigne depuis tant de siècles que : si les princes vouloient se conformer aux lois de la justice, et rendre à chascun tout ce qu'ils lui ont enlevé par la force et les armes, ils seroient obligés de revenir à leur pauvre maison et leur première pauvreté [4]. C'est pourquoy, quand les Volsces demandèrent au nom de Rome les choses qu'ils avoient perdues en guerre, Titus Largius opinant dans le sénat, dit : « Nous aultres Romains nous pensons que les prises faites par nous dans la guerre sont honnetes et légitimes, et rien ne peut nous engager à abolir par une sotte concession ces monumens du courage, en les rendant à ceux mesmes dans les mains desquels il ont été anéantis par la force. Ce seroit vraiment une grande honte que de perdre par foiblesse ou stupeur des avantages conquis par la force et le courage. Pompée respondit à Antiochus [5], qu'il n'étoit ny juste ny raisonnable de donner un roiaume à celuy qui n'avoit sceu le conscerver.

MAXIME II.

Que le prince doilt entretenir les divisions et séditions parmy ses sujets, pour le bien de son estat.

Machiavelle dit. « Je dis que ceux qui blasment » si fort les séditions de Rome, reprennent à mon

---

[1] In multitudine populi dignitas regis, et inpaucitate plebis ignominia principis. (Prov., c. 14, v. 28.)

[2] Ignominia principis, quia nescit prudentiâ augere imperium. (Sà, Hist.)

[3] Deuteron., ch. 20, v. 14.

[4] Sua retinere, privata domus : de alienis certare, regiam laudem esse.

[5] Id in summa fortuna, æquius quod validius. (Tac., Annal. liv. 15, c. 1.)

[6] Respondent Galli ferociter se in armis jus ferre, et omnia virorum fortium esse. (Tit.-Liv., lib. 5.)

[7] In prædam validioris quidquid non resistebat, abductum. (Senec. sur la colère, liv. 2, ch. 9.)

[8] Mathieu, dans ses *Remarques d'estat.*

[9] Minui æstimas, quod non crescit imperium. (Ennodius, in panegyr. Theodor. reg.)

[10] Isocrat., orat. panathen.

[1] Xénophon. Cyrus. Voyez le Panthéon.

[2] Aristote, Polit., liv. 1.

[3] Leg. Nat. de Acquir. dominio.

[4] Si principes justitiam sequi velunt ac suum cuique restituere quod in et armis occupaverint, ad casas et egestatem reversuros. (Cicer. lib. 3. de Rep.)

[5] Denis d'Halicar. lib. 7.

[6] Justin, lib. 40.

» advis ce qui a esté cause de sa liberté, et regar-
» dent plus au bruit, tempestes et crieris, qui se
» font en tel cas, qu'au singulier proffit qui en vient. »
Et un peu après. « Considerés moy de prés ces
» esmeultes, vous verrés qu'elles n'ont en elles force
» de violence prejudiciable au bien commun; au
» contraire que c'est ce qui contraint de faire nou-
» velles lois et ordonnances au proffit et avantage
» de la liberté publicque. » Adjoutant incontinent
après : « Je dis que chacune ville doibt bailler au
» peuple quelque moien pour descharger sa cholère,
» et contenter un peu son ambition, mesmement
» celles entre aultres qui se veulent aider et servir
» de leur peuple ès affaire d'importance, comme
» on faisoit à Rome. » Et concluant son discours il
dit : « Partant, si ces esmeultes furent occasion de
» la création des tribuns, on les doibt priser et louer
» grandement, veu que par ce moien le peuple
» eut part au gouvernement; et de là en avant la
» liberté romaine fut mise en meilleure garde, en
» la main de ces officiers nouveaux. » (Machia. en
ses disc. sur Tite-Live, liv. 1. Chap. 4.)

Il ne fault que sçavoir lire pour conestre si Machiavelle, par ceste maxime et ce raisonnement, enseigne et soustient qu'un prince doibt entretenir les
séditions et les dissentions parmy ses sujets pour le
bien de son estat, sans s'en rapporter à la calomnie
et mauvaise foy du président Gentillet [1] qui, en ses
discours contre ceste autheur, rapporte ses parolles
tout aultrement qu'elles ne sont, les accommode à
la passion de sa censure, et les altère et corrompt
pour favoriser le dessein qu'il a de donner atteinte
à ce grand et judicieux politique, auquel il preste
des erreurs pour avoir sujet de les refuter. De quoy
l'on s'estonnera d'autant moins, quand on sçaura
qu'estant l'un des principaux réformateurs préten-
dus de l'église orthodoxe, et un fauteur des plus
considérables de ceux qui, pour contenter leur
caprice et favoriser la douceur et le libertinage de
leur religion, aiment mieux accommoder l'escripture
saincte à leurs opinions, que non pas soumettre
leurs esprits à l'infaillibilité de son sens et de ce
qu'elle contient [2]. C'est une chose honteuse à un
homme de ceste condition, et à tous ceux qui le suivent en ce poinct, de noircir de la sorte la vérité par
tant d'impostures, et l'innocent de tous les crimes
que la malice lui suggère; et parce qu'on veult que
cest autheur soit suspect partout, on veult aussi
qu'il erre partout, affin qu'il soit condamné en
tout ce qu'il a fait et enseigné. Quand nous parlerons
par la bouche de nos ennemis, et que nous leur

confierons les choses qui nous regardent, très-assurément nous serons toujours coupables, nos parolles
seront des blasphèmes, nos raisons ne seront que
mensonges, nos conseils seront toujours criminels, et
toutes nos actions porteront leur censure avec
elles. Tesmoing cest Anti-Machiavelle, qui au lieu
sus-allégué rapporte ainsi la maxime de l'adversaire
qu'il contredit. « Je dis contre l'advis de plusieurs,
» (dit maistre Nicolas) que les dissentions et sédi-
» tions civiles sont bonnes et utiles, et qu'elles ont
» esté cause que Rome est montée en ce hault degré
» d'empire qu'elle a esté, etc. » Voiés, je vous prie, la
différence qu'il y a de ceste copie à l'original que
nous avons fidellement rapporté icy devant; le
président Gentillet et tous ses adhérans font dire à
ce grand politique : qu'il soustient, contre l'adois de
plusieurs, que les dissentions et séditions civiles sont
bonnes, parce qu'elles sont cause que Rome est
montée à ce hault degré d'empire qu'on nous la des-
peint; auquel cas ceste maxime ne seroit pas seulement sotte et ridicule, mais incertaine et tout à fait
dangereuse, parce que ce seroit vouloir establire les
souverainetés où elles trouvent ordinairement leurs
ruines. et chercher un estat tranquille, stable et permanent dans l'inconstance, le flux et reflux continuel d'une populace dont les escueils ne sont pas
moins à craindre que ceux d'une mer agitée par
l'impétuosité des vents les plus contraires et les plus
périlleux. Ce seroit vouloir faire un monarque sans
sujets, puisque les séditieux n'en reconnoissent
point, et que le peuple, pendant ces désordres, n'a
point d'ennemy plus suspect ny plus odieux que
celuy qui se voudroit dire son prince, et son seigneur absolu; Où, tout au contraire, nostre
autheur remarque seulement avec prudence et
jugement, après tous les plus fameux politiques
qui ont escript devant luy : que les séditions et
émotions populaires contre leur ordinaire, ont
estés plus profitables à l'empire romain, que nuisibles et dommageables; qui est une chose de fait,
et non pas de conseil; ne les considérant pas en
soy simplement, mais par ce seul effet singulier,
et par les événemens favorables qu'elles ont causé
fortuitement ; comme de faire establir des loix nouvelles qui estoient nécessaires, et accorder des priviléges dès longtemps desirés, pour l'utilité du peuple,
et l'avantage de la liberté publicque. Et pour user
des propres termes de ce grand homme. « Si ces
» esmutte [1] furent cause de la création des tribuns,
» on les doibt louer et priser grandement, veu que par
» ce moyen le peuple eut part au gouvernement, et de
» là en avant la liberté romaine fut mise en meilleure
» garde en la main de ces officiers nouveaux. » Par où

[1] Anti-Machiavelle, Part. 3, chap. 31.

[2] Captivantes intellectum ad obsequium fidei. Saint
Paul.

[1] Disc. liv. 1, chap. 4.

l'on voit qu'il n'establit point une maxime, mais raconte une histoire, et qu'il ne parle que pour la liberté du peuple en particulier, luy qui estoit secrétaire de la république de Florence, et qu'au lieu de vouloir faire un tiran, et un prince remplis de désordre et de confusion, comme le veulent persuader ses critiques et ses censeurs, il veult faire un père du peuple et un chef de police qui traitte et favorise ses sujets, non pas comme ses esclaves, mais comme ses concitoiens et ses propres enfans; ne conseillant en façon qui ce soit d'establir ny chercher la tranquillité des estats sur des fondemens si ruineux et si hazardeux, mais faisant voir seulement, par forme d'estonnement, comme de si mauvaises causes ont produit tant de bons effets dans la monarche des anciens Romains; n'y aiant pas eu dix bannis et encore moins d'exécutés à mort pendant tous ces troubles par l'espace de trois cents ans; ains au contraire ont mis le peuple en liberté, luy ont augmenté et conservé ces priviléges, et l'ont rendu considérable dedans l'appuy de l'estat, ce qui ne se trouve point dedans les empires tiranniques et violens, où l'esclavage est pour les sujets, et l'authorité souveraine pour les seigneurs dominans.

Et pour faire connestre en termes plus exprès comme il rejette et désapprouve les divisions et les émotions populaires, il ne fault que voir combien il estime la prudence des tribuns du peuple qui appaisèrent celle qui se préparoit contre Coriolanus; lequel exemple il emprunte à Tite-Live [1], et le rapporte en ses discours sur la première décade; et comme il blasme et condamne au chapitre suivant, celle que Manlius Capitolinus fit à Rome contre Camille, pour contenter sa haine, et satisfaire à sa jalousie. Dans son livre second [2] il monstre et soustient qu'il n'y a que la division qui ruine et qui fasse perdre les villes et les provinces. Et dans le dernier [3] il fait un chapitre exprès pour prouver ceste vérité. Voicy le tiltre qu'il lui donne : *Comme une cité divisée se doibt unir, et comme l'opinion est fausse, que pour conserver une ville, il la falle tenir en partialité et division;* donnant avis aux maistres et gouverneurs des places [4], de fuir comme un rocher les armes tumultuaires. Et pour condemner ce désordre dans tous les endroits de ses escripts, voicy comme il en parle dans son Prince [5] : « On ne me » fera jamais croire, dit-il, que les divisions valent » rien, au contraire, il fault nécessairement que les » villes divisées soient soudainement destruittes. » Demandés maintenant au président Gentillet, et à ceux

qui l'ont cru avec plus de foy qu'il n'en mérite, et qu'il n'en donne à l'escripture sainete mesme, en quel endroit des œuvres de Machiavelle il a trouvé; que, contre l'advis de plusieurs, il dit que le prince doibt entretenir les séditions et dissentions parmy ses sujets pour le bien de son estat.

Il est bien vray qu'en l'un de ses discours sur Tite-Live [1], il escript : que les inimitiés d'entre le peuple et le sénat ont esté cause du bien de Rome, pour les lois qui en naissoient toujours à la fin, au grand avantage de la liberté publique; mais ceste maxime est si généralement receue et approuvée, qu'il n'y a point de politique qui ne la conseille et qui n'ordonne de la pratiquer mesme dans les maisons particulières et bien réglées, pour le proffit et l'utilité de la famille. Grégoire, plus librement que Machiavelle, quoyque moins réprouvé, dit : « Il est impossible de trouver une république dans le sein de laquelle ne germent pas l'envie et les disputes; le désordre des citoyens a mesmes contribué au salut d'une république. Ainsi la république romaine s'est conservée par les querelles des tribuns avec les patriciens, Sparte par celle des Éphores avec les rois. » Ce qu'il fault reduire, comme fait nostre autheur en cest endroit, à l'émulation et jalousie que les corps et les officiers ont les uns contre les aultres pour un bien publique, mais non pas aux divisions et dissentions générales qu'ils forment et qu'ils pratiquent, se rallians et s'unissans tous ensembles pour former un parti, faire sédition dedans l'estat, et se rebeller contre le prince légitime et naturel; qui est tomber dans le sens de Tacite qui enseigne [2] : que rien ne sert plus les princes contre les sujets, que quand ils ne s'entendent pas sur les résolutions à prendre [3]; et la raison du philosophe moral est : qu'une communauté de gens étant semblable à une voûte, qui ne peut subsister si les pierres ne se serrent et se joignent touttes en une; ainsi, quand les chefs du peuple sont divisés, ils ne peuvent rien entreprendre contre le souverain ni contre ses estats, tesmoing la guérison de nos dernières barricades des années 1648, 1649 et suivantes : la société humaine est semblable aux pierres qui se soutiennent l'une par l'autre [4]. L'axiome politique dit : Si

---

[1] Disc. liv. 1, chap. 7 et 8.

[2] Disc. liv. 2, chap. 25.

[3] Disc. liv. 3, chap. 27.

[4] Disc. liv. 3, chap. 26.

[5] Disc. chap. 20.

[1] Disc., liv. 1, chap. 57.

[2] Non licet invenire rempublicam quæ non alat invidiam et contentionem; civium discordia nonnunquam reipublicæ saluti profuit. Sic conservata aliquandiù respublica romona, dissidentibus tribunis cum patriciis et Lacedemoniorum ephoris cum regibus. (Grégor de Republ. L. 23.)

[3] Nihil principi adversùs subditos utilius quam, c. 9. num. 8. Si in commune non consulant. (Tac. vie d'Agric.)

[4] Societas hominum fornicationi lapidum simillima, quâ casurâ nisi civicem obstarent, hoc ipso continetur. (Senec. Ep. 97.)

tu veux régner, divise [1]. Caton dans son particulier semoit toujours quelques petits différends parmy ses domestiques [2], se défiant d'une intelligence trop grande et trop parfaite, et qui peut estre les feroit tous accorder sur le poinct de le tromper. Ceux qui ont quelque chose à gouverner sçavent ce qui en est par une expérience qui surmonte les raisons les plus fortes et les plus solides.

MAXIME III.

Qu'il faut apaiser les séditions et émotions populaires par la force et la violence.

Machiavelle dit : « Il n'y a remède plus certain » à desmesler un trouble populaire, et ranger la » commune ignorance à la raison, qu'un person- » nage grand, plein d'authorité et de révérence, » lequel viendra fendre la presse, et se mettre » au milieu d'eux. (Machiav. en ses Disc., liv. 1, chap. 54.)

Ceste maxime porte sa justification avec soy; et si nostre autheur en ce rencontre n'est du sentiment des autres, c'est que ses conseils sont trop doux, et les remèdes qu'il suggère plus benins et moins caustiques que ceux que nous trouvons ordonnés partout ailleurs. Ceux-là mesme qui l'accusent de violence, allèguent en leurs escripts ses exemples, et se servent de son authorité pour monstrer comme il fault appaiser les séditions à l'amiable, et par belles parolles s'il est possible; comme fit François Soderin, évèque de Volterre, celle qui s'esleva de son temps dedans la ville de Florence; et cest aultre dont parle Virgile quand il dit :

« Qu'à ce moment se présente un homme respecté par sa piété et son noble caractère, on se tait et on l'écoute l'oreille attentive [3]. »

Et quand il permettroit les remèdes plus violens, lorsque les remonstrances et les exhortations n'y font rien, je ne crois pas qu'il y ait un politique assés ignorant pour y trouver à redire, quand la nécessité le requiert, et qu'il est impossible de l'appaiser aultrement; c'est de quoy tous les escrivains sont d'accord, aussi bien les religieux que les impies, les moines que les hérétiques, et les contemplatifs que les ministres d'estat.

Nous lisons dans l'escripture saincte que Coré, Dathan, et Abiron s'estant rebellés, et causé une sédition parmy le peuple d'Israël contre Moïse leur gouverneur, furent engloutis tout vifs dedans la terre; et que les deux cent cinquante qui offroient

de l'encent pour eux, avec quatorze mille sept cent des rebelles, furent tous bruslés, et ce par les prières de Moïse : « Et dès qu'il eut achevé de prononcer » toutes ces paroles, la terre qui estoit sous eux » se fendit; et cette terre s'entrouvrit les engloutit » avec leurs familles, et tous les hommes qui étoient » à Coré, et tous leurs biens. Ils descendirent donc, » eux, et tous [1] ceux qui leur appartenoient, vivans » dans le gouffre; et la terre les couvrit; et ainsi ils » périrent au milieu de l'assemblée. » Le peuple crut tellement, et conut si bien que Moïse estoit cause de ceste punition rigoureuse et sanglante, que le lendemain il en murmuroit haultement, et luy en fit des reproches si sensibles, qu'il fut contraint de se retirer, et de se sauver avec Aaron son frère dedans l'Arche d'alliance [2].

Si Moïse qui est le politique sans reproche, et duquel on doibt imiter les actions, aussi bien qu'adjouter foy à ses paroles, nous a laissé cest exemple pour nous en pouvoir servir dans la nécesité, s'il est permis d'imiter les bonnes choses, et ceux qui les font sans injustice, pourquoy les souverains, qui ne sont point immédiatement appuiés du ciel au poinct qu'il l'estoit, et qui n'ont aultre secours que celuy qu'ils tirent de leur authorité, n'en feront-ils de mesme en cas de besoing, et lorsque la rage tient la place de l'amour, et la rebellion celle de l'obéissance et de la subjection, quelle apparence qu'une populace aveuglée soit capable de conduitte et de raison, lors mesme qu'elle luy est le plus suspecte? quelle apparence que ceux qui la fuient et qui la violentent, la puissent escouter et regarder quand elle se présente pour les condemner? quelle apparence que ceux qui veulent la troubler, puissent laisser calmer leurs esprits agités? et quelle apparence que des furieux se puissent arrester que par la rigueur et la violence? le peuple n'obéit que par crainte en sa plus grande tranquillité, et s'il ne craignoit les peines et les supplices, il banniroit sans doute les sages des républiques, aussi bien que la prudence de sa conduitte, et la vertu de ses actions.

Nonobstant ceste mauvaise humeur et ceste brutalité naturelle, je ne veux pas pour cela qu'on le traitte tousjours comme il le mérite en sa rencontre. Je me range à l'advis de nostre autheur, et ne quitte point celuy de Tacite qui veut qu'on tasche d'appaiser par remonstrances et bons conseils les séditions qui ne font que naistre [3]. Pour à quoy parvenir il fault envoyer des gens éloquens et bien disans qui puissent persuader les nations, et qui aient assés d'adresse et de créance pour adoucir et flatter la

---

[1] Regnare si vis, divide.
[2] Plutarque, Vie de Caton.
[3] Tunc pietate gravem et meritis si forte virum quem Conspexere, silent, arrectisque auribus adstant.

[1] Nombres, ch. 16, vers. 31, 52, 53.
[2] Nombres, ch. 16, vers. 41, 42, 43.
[3] Incipiens et nondum adulta seditio, melioribus consiliis flectitur. (Tacit, hist., lib. 1.)

populace [1]. Et ne fault pas que le prince y alle luy mesme légèrement, il vault mieux que son authorité demeure entière, et comme en réserve pour un dernier remède [2]; que si la sédition s'augmente et se renforce, il fault alors y appliquer des remèdes plus fermes et plus puissans, et si on ne veult pas obéir, avoir recours à la force et aux armes [3].

Voilà en peu de mots tout ce qui se peult dire de plus remarquable et de plus important sur ce sujet; et ceux qui en rapportent davantage pour enfler leurs escripts, ne font qu'amplifier et allonger ce que Tacite en dit avec plus de poid que de paroles, et font autant de chapitres dedans leurs livres, que ce grand historien rapporte de mots, pour exprimer en une ligne, ce qu'ils ne font pas dans des volumes entiers.

MAXIME IV.

Que la cruauté qui tend à bonne fin n'est pas blasmable, et que celle qui profite est louable.

Machiavelle dit : « Le premier poinct qui s'offre à » deschiffrer, c'est le mauvais exemple qu'on dira » que Romulus donna à son peuple dès le commen- » cement de son regne quand il tua Remus son » frère, et encore depuis fut consentant à la mort » de Titus Tatius Sabinus, avec lequel il avoit » partagé le roiaume; et sembleroit qu'il eut très- » mal procédé d'apprendre à ses sujets d'entrée à » vouloir maistriser et n'endurer (comme ils doib- » vent) de ceux qui par raison ne voudroient leur » accorder et souffrir touttes leurs complexions et » volontés. Quant à moy je serois bien d'opinion que » tels actes n'estoient bons, à les prendre simplement, » mais qu'il fault regarder à quel fin il le faisoit; » car c'est une maxime générale et certaine, qu'il » n'est pas possible de bien commencer une ré- » publique ny d'y mettre entièrement nouvelle » police, s'il y a plus d'un entrepreneur qui s'en » mesle; il fault qu'il n'y ait qu'une personne et » un seul esprit à tout faire, régler et disposer. » A ceste cause le fondateur qui aura le cœur bon, » qui ne tendra à ses fins, mais au proffit et utilité » de sa république, qui ne songera à eslever soy et » sa maison, mais son roiaume seulement, il tas- » chera, s'il est sage, de gagner l'authorité totale, » et ne sera digne de réprehension aucune s'il fait » quelque exploit extraordinaire pour y parvenir. » C'est bien raison que si pour ce regard il estoit

[1] Facundia adsit, mulcendique vulgum artes, et authoritas. (Tac. hist., lib. 1.)
[2] Malo ut integra authoritas tua, majoribus remediis servetur. (Ibid., l. 1.)
[3] Fortioribus remediis utendum. (Id., Annal., l. 1.)

» accusable, que par l'effect qui en sortiroit il fust ex- » cusable, j'entends si l'effet en estoit bon, et tel » que celuy de Romulus, car la violence qui tout » gaste et destruit est grandement à reprendre, non » pas celle qui tend à mieux ranger les choses et les » remettre sus. »

Et peu après : « Quant est de Romulus à sçavoir » s'il est du nombre de ceux qui méritent excuse en » ce cas, et si ce fut par zèle qu'il eut au bien pu- » blic, et non par ambition, qu'il commit ces meur- » tres et ces violences, assés le montra-il après le » coup, quand il establit un sénat par lequel il se » conseilloit en touttes ses affaires, et auquel il laissa » la délibération de la guerre et de la paix, se réser- » vant seulement l'authorité de l'assembler quand » bon lui sembleroit, et l'ordonnance et disposition » du camp et de la bataille.» Un peu après : « Je » pourrais alléguer infinis exemples que chacun sçait, » de Moïse, Licurgue, Salomon, et aultres fon- » dateurs de roiaumes et républiques; lesquels se » faisoient de l'authorité entière et absolue, pour » mieux former et establir leur nouvelle police. » Puis finissant ce chapitre et concluant son discours, il dit : « Il fault donc se résoudre, qu'il convient » qu'un homme soit seul pour bien ordonner une » république, et que Romulus mérite plus de » louange, que de deshonneur et de blasme de la » mort de Remus et de Tatius. » (Machiav. en ses Discours politiq. sur Tite-Live, liv. 1, chap. 9.)

C'est icy où l'opinion fait voir une partie de ce qu'elle peult sur les esprits des hommes; c'est icy aussi où la calomnie fera preuve de sa haine contre l'innocence et la vérité. Tous les imposteurs de Machiavelle, et tous ceux qui prétendent s'acquérir la gloire qu'ils taschent de luy desrober, veulent en conséquence de ce discours, tirer ceste conclusion fausse et supposée : que le prince ne se doibt pas mettre en peine d'estre réputé cruel et inhumain, pourvu qu'il vienne à bout de ses desseins, et qu'il se face obéir, à cause que la cruauté qui tend à bonne fin et qui profite est tousjours louable, sans apporter aucune exception ny modification quelconque; ne considérans pas que dans ce discours nostre autheur propose deux choses à juger contre ce qu'ils mettent en avant; la première, sçavoir si l'action de Romulus qui tua son frère pour le bien de l'estat, et qui consentit à la mort de Titus Tatius Sabinus pour une mesme fin, est digne de quelque excuse, et se peult pallier en quelque façon; la seconde, si la violence qui tend à mieux régler les choses, à les remettre sus et à les restablir n'est pas permise, et exempte de blasme et de reproche.

Pour ce qui est de Romulus, premier autheur et fondateur de ce grand empire romain, il est certain qu'il ne pouvoit concevoir une chose si haulte, et encore moins l'entreprendre, sans estre particulièrement assisté de quelque puissant génie qui jusqu'à maintenant n'a pas trouvé son semblable, pas seulement qui en approche. Sur ce principe aussi merveilleux que véritable, on pourroit justement et moralement conclure que : touttes les actions de cest homme, et toutes les choses qu'il debvoit exécuter pour faire réussir l'ornement du monde, et bastir le siége où l'église et la religion rendent aujourd'hui leurs oracles avec tant d'esclat et de majesté depuis seize siècles, et davantage [1], ne pouvant estre inspirées que d'enhault, et que lui n'estant que l'instrument des merveilles qu'il debvoit produire, et qu'agissant plus par des ressorts secrets et inconnus que par soy mesme, et par ses propres mouvemens, il n'estoit responsable de ce qu'il faisoit qu'à celui qui lui suggéroit; et en lui obéissant, les hommes, de qui il ne despendoit point, ne le pouvoient accuser ny blasmer équitablement. Les amoureux, dedans ces violences d'esprit, et dans ces inspirations fortes et pressantes qui ne leur sont point volontaires, jouissent des priviléges de l'innocence, et y trouvent le pardon de leurs crimes, de leurs rapts, et de leurs violences mesme, quand leur transport est véritablement connu. Les prophètes qui ont condamné tant de roys, et qui ont fulminé sur leurs testes autant d'imprécations que de malheurs et de malédictions, n'agissoient point très-assurément à l'ordinaire des aultres hommes; et pour avoir suivy l'esprit qui les gouvernoit, ils ont mérité le ciel, le nom de saints et la gloire éternelle. Le prophète Balaam, qui fit tous ses efforts pour maudire le peuple d'Israël à la prière de Balak, roi des Moabites, et qui par trois diverses fois se mit en debvoir de le faire, n'en put jamais venir à bout, parce que sa bouche n'estoit pas sienne, que ses parolles ne despendoient point de luy, et que ceste action n'estoit pas en sa puissance [2]. Les entousiamés ont liberté de dire et de faire tout ce qu'il leur plaist impunément; nous ne sommes pas responsables de ces grandes passions, ny garands de ces mouvemens surnaturels. Moïse voiant un Égyptien qui battoit un Hebreu, aiant regardé autour de luy si quelqu'un le guettoit point, et voiant qu'il n'y avoit personne qui en put estre témoing, le tua de sang froid [3], puis cacha le corps dedans du sable, comme si le bien ou le mal de nos actions ne se trouvoit point en elles-mesmes, mais saulement dedans les yeux et l'opinion de ceux qui les jugent comme il leur plaist. Si Moïse commit ce meurtre de son propre mouvement, comme luy

[1] Ces mots prouvent que l'auteur écrivait dans la dernière moitié du XVIe siècle.

[2] Et Balaam dit à Balak : Ne dois-je pas prendre garde de dire ce que l'Éternel aura mis en ma bouche? (Nombres, ch. 23, v. 12.)

[3] Exode, ch. 2, v. 11 et 12.

mesme n'en rend aucune raison dans son histoire, il n'y a personne qui le puisse exempter d'avoir failly, ny d'avoir fait une action lasche et meschante, de tuer un homme qui ne luy disoit mot, et qui ne se donnoit pas garde de luy e. De sorte que pour le justifier en ce poinct, et mettre son honneur à couvert, il fault prendre la chose de plus hault, et la laisser moraliser à chacun comme il luy plaira; estant vray néantmoins que ceste action est la première de celles qu'il fit en qualité de fondateur de la république des Juifs; en quoy Romulus le suivit et l'imita, pour establir celle des Romains, qui ne lui redoibt rien en grandeur, saincteté et miracles.

Romulus qui avoit entrepris le plus hault dessein et l'ouvrage le plus glorieux qui fut jamais, aima mieux la ruine et la perte de son propre frère que celle d'une chose si importante et si utile à tout l'univers. Son honneur auroit esté trop grand d'avoir esté l'autheur de tant de merveilles, sans y laisser quelque tache et quelque contrepoid pour balancer un chef-d'œuvre qui aultrement ne se pourroit payer, ny assez reconnestre, pas seulement assez admirer. Puis qu'un homme en debvoit estre la source, et un homme païen, il faloit qu'il y eut de la faulte, et quelque chose à redire; et si le destin n'y en vouloit point, il debvoit employer un Dieu, non pas pour faire un nouveau monde, mais pour en faire le chef, et y placer le throsne de l'empereur des hommes, du vicaire de Jésus-Christ et du gouverneur de l'Église que nous suivons.

Machiavelle ne fait pas icy une règle générale, ordinaire et fondamentale de l'action de Romulus, comme ses adversaires luy imposent avec trop d'erreur et de calomnie; mais examine seulement comme on en peult juger, non pas par la rigueur d'une conscience délicatte et timorée, mais par les régles que la justice et l'équité ne refusent point au bien et à l'avancement de l'estat, et d'une chose si rare et si merveilleuse. Il tasche de sauver l'innocence de ce grand homme, et voudroit bien que l'autheur d'une si noble entreprise ait toutte la gloire de son costé pour paier sa réputation d'une partie de ce qu'on luy doibt. Il considère icy l'intérêt public, et le préfère au particulier quelque grand qu'il puisse estre, estant vray que Romulus n'a fait mourir son frère, que pour ne pas estouffer l'empire romain, et qu'il a post-posé le non estre d'un aultre soy mesme, qui pourtant estoit mortel et périssable, à celuy d'un nombre infiny de grands hommes, et d'un miracle qui ne peult plus périr qu'avec le monde, ny trouver sa ruine que dedans les cendres et le néant de toutte la terre; blasmant grandement et précisément ceste action en soy, et n'en cherchant la justification que dans l'utilité publique, par ceste raison politique qui veult, que : « tout ce qui est trèsntile devienne honneste , lors mesme que cela ne sembleroit pas ainsi auparavant [1], » et suivant en cela le sentiment de Sénèque, qui dit : « qu'il y a des crimes que l'événement et la suite des temps rend honnestes et glorieux [2]; ce qu'il confirme encore ailleurs en adjoutant : qu'un crime heureux et avantageux mérite d'estre appelé vertu [3], et d'en porter le nom aussi bien que les effets, puisque ce sont les choses et non pas les parolles qui doibvent estre louées ou blasmées [4]; avouant nettement : que la violence est odieuse de soy, mais non pas quand est nécessaire pour conserver le tout au préjudice de ses parties les plus petites et les moins considérables [5]. Et le chirurgien n'est poinct estimé cruel, quand, pour conserver le corps, il couppe un bras, une jambe ou quelqu'autre partie inutile et corrompue. Moïse qui n'agissoit que par les ordres exprès de Dieu, n'en faisoit pas moins quand la nécessité l'y obligeoit; il punit sévèrement sa sœur [6] et lui envoia la lèpre, non pas pour l'avoir troublé dedans son estat, comme fit Remus Romulus, mais pour avoir seulement trouvé à redire avec son frère Aaron de ce qu'il avoit espousé une femme estrangère et païenne. Machiavelle ne dit pas que Romulus ait bien fait d'en user de la sorte, mais il dit avec justice, prudence et équité : qu'il mérite plus de louange que de blasme, d'avoir moins considéré le salut et la conservation de son frère que non pas l'establissement, la grandeur et l'accroissement de cet incomparable empire romain, l'honneur et la gloire du monde. De plus, les hommes ne font jamais rien sans y mesler quelque chose de l'humanité, n'estant pas en leur pouvoir d'en faire sans qu'il y ait quelque deffault et quelque chose à redire, particulièrement quand ils entreprennent qui semblent surmonter leurs forces et la portée de leur vertu. C'est ce que Tacite a bien conu, disant : « tout grand exemple a quelque chose d'auguste, par ce qu'il retombe sur chacun en particulier dans l'intérêt de l'utilité publique [7]; ce que l'escripture saincte exprime en ces termes : « toutes nos justices sont comme le linge le

plus souillé [1]; » et la règle ordinaire et si triviale, porte: une extrême justice est une extrême injustice [2].

Je ne veux point icy répéter les raisons particulièresque nostre auheur rapporte pour justifier sa proposition, mais dire en un mot seulement, que si Romulus semble estre excusable de la mort de son frère, il ne le sera pas moins du consentement qu'il apporta à celle de Titus Tatius Sabinus, qu'il avoit fait compagnon de sa grandeur, de son authorité et de sa fortune. Il n'y a rien de si fréquent dans l'histoire prophane et sacrée, ny rien de plus commun chés toutte sorte d'autheurs, que ce vieux, mais véritable proverbe : que le ciel souffriroit plustost deux soleils, qu'un mesme sceptre et une mesme couronne en deux testes et en deux personnes. Aussitost que Salomon eut succédé au roiaume de David son père, il fit tuer par Banaias [3] capitaine de ses gardes, Adonias son frère aisné, crainte qu'il ne taschast de le desposséder, comme il avoit fait du vivant de David; puis en fit faire autant à Semei parent de Saül, pour oster toutte semence de conjuration. Joram, roi de Judée, à son advénement à la couronne, fit mourir tous ses frères [4], et tous les princes qui leur estoient affectionnés. Ptolomée roy d'Egypte, surnommé Philopator, tua son père [5], sa mère, et un sien frère pour assurer son throsne. Triphon qui estoit tuteur du jeune Antiochus roi de Sirie, tua ce prince [6] pour s'emparer de son estat. Ptolomée, gendre de Simon chef et conducteur du peuple judaïque, et qui avoit esté fait gouverneur de la ville de Jierico par Simon son beau-père, ayant dessein de s'emparer de la principeauté des Juifs, tua son beau-père et deux de ses enfants pendant qu'ils disnoient avec luy dedans Jierico, ou ils estoient allés pour le voir.

L'histoire profane ne manque point de ces exemples, non plus que la sacrée. Jules César aiant envoyé à Phraates roy des Parthes [7] une Italienne nommée Thesmusa, ce roy la mit au commencement au rang de ses concubines, puis par succession de temps, la beauté excellente de ceste fille le transporta tellement qu'il la prist à femme légitime, aiant déjà eu un fils d'elle nommé Phraataces. Ceste reine nouvelle persuadoit au roy tout ce qu'elle vouloit; et pour faire succéder son fils au roiaume des Parthes, fit tant auprès de luy qu'il esloigna ses enfans légitimes pour plaire à ceste traistre flatteuse, si bien que Phraataces se voiant seul à la maison, impatient de régner, complotta avec sa mère de tuer Phraates,

---

[1] Quidquid valdè utile est, id honestum fiat, etiamsi anteà non videretur. (Cic. de Offic. l. 3.)

[2] Honesta quædam scelera successus facit. (Senec. Hippolyte.)

[3] Prosperum ac felix crimen virtus vocatur. (Idem, Hercules Furens.)

[4] Non speciosa dictu, sed usu necessaria sequi oportet (Quint. Curt.)

[5] Necessitas magnum imbecillitatis humanæ patrocinium, omnem legem frangit. (Senec. Declamat., l. 7.)

[6] Nombres, ch. 12, v. 8 et 10.

[7] Omne magnum exemplum habet aliquid ex iniquo, quod contra singulos, utilitate publicâ rependitur. Annal., l. 14, c. 0.)

[1] Isaïe, c. 64, v. 6.

[2] Summum jus, summa injuria.

[3] Rois, l. 3, c. 2, v. 24, 25.

[4] Rois, l. 3, c. 2, v. 46.

[5] Paralip. l. 2, ch. 21, v. 4.

[6] Macchabée, l. 1, c. 13, v. 51.

[7] Josèphe, hist. anc. des Juifs, l. 18, c. 5, dans la coll. du Panthéon.

ce qu'il fit; et dit-on que cest inhumain abusoit de sa mère mesme, affin de se souiller du sang et de l'un et de l'aultre, et se rendre aussi noir par la passion d'un amour desreglé que par celle de regner injustement.

Tarquin le superbe, qui a esté le dernier roy des Romains, aima mieux faire assassiner son pere Servius Tullius, pour s'emparer de la roianté [1], que d'attendre qu'une mort juste et naturelle luy fist avoir ce qui ne luy pouvoit manquer. Et sa femme Tullia qui l'esgaloit en tonttes ses meschancetés, se hastant pour aller saluer son mari en qualité de roy, fit passer son chariot pardessus le corps tout sanglant de son père, quoyque les chevaux espouvantés de ce spectacle en eussent horreur, et qu'ils refusassent d'y marcher, crainte de violer et de profaner ce que l'ambition de ses enfans avoit malheureusement mesprisé. Herode ne pardonna pas à trois de ses fils qu'il fit mourir avec les innocens [2]; ce qui donna occasion à César Auguste de dire qu'il valoit mieux estre le pourceau d'Herode, que son enfant. Soliman, empereur des Turcs, fit coupper la teste à son fils Mustapha, et la jetter au millieu de son armée, parce qu'elle l'avoit reçu avec trop d'acclamation.

Dom Juan d'Autriche aiant adverti Philippe II roy d'Espagne [3] que le seul héritier de sa couronne don Carlo, son fils, s'estoit ligné contre luy et son estat, avec les protestans d'Allemagne, les estats de Flandre, la reine d'Angleterre, et le roy de Dannemarck, pour s'esclaircir de ceste perfidie entra de nuit luy mesme en la chambre de ce prince, et l'aiant trouvé saisy de deux pistolets derriere le chevet de son lit, et de plusieurs papiers qui faisoient voir les intelligences qu'il avoit avec ses ennemis, luy donna des gardes, puis la prison et enfin la mort, apres neant moins avoir assemblé son conseil de considerer pour deliberer de quelle peine il debvoit punir ce forfait. Comme chacun opinoit diversement sur ce genre de crime, le roy prenant la parolle dit : que par la loy de nature il aimoit plus son fils que soy mesme, mais que par celle de Dieu, le salut de son fils marchoit devant; puis leur demanda, si reconnessant le mal que l'impunité, en la dissimulation des faultes de son fils apporteroit, il pouvoit en sureté de conscience luy faire pardon, sans estre responsable et coupable des malheurs que sa clemence pourroit causer. A ceste parolle ses théologiens hausserent les espaules, et dirent, la larme à l'œil : que le salut de son peuple luy debvoit estre plus cher que celuy de son fils, et qu'il faloit pardonner les pechés, mais que tels crimes, comme

monstres abominables, debvoient estre estouffés. Sur quoy le roy l'abandonna à leur justice. Et ces inquisiteurs, pour les practiques qu'il avoit eues avec les ennemis de sa religion, le declarerent heretique; puis pour avoir conspiré contre la vie de son père, le condamnèrent à la mort; semblant par ceste distinction de crime trop scholastique et trop inhumaine, vouloir perdre l'ame de ce prince en l'accusant d'hérésie, aussi bien que son corps en le convaincquant d'un parricide prémédité. Ainsi le roy fut l'accusateur, et ces docteurs les juges; et nonobstant qu'il fust la partie il ne laissa pas de signer ce jugement, pour monstrer qu'il aimoit mieux perdre son fils unique et tout ce qu'il avoit de plus cher au monde, que de voir ses estats troublés et son peuple à la veille de sa ruine; suivant la maxime que l'on fait dire à nostre autheur : « que la cruauté qui tend à bonne fin n'est pas blasmable et celle de Flavius Vopiscus, que : « c'est une grande gloire à » un prince mourant d'avoir plus aimé l'estat que » ses enfans [1]. »

Finissons ces exemples qui sont sans nombre, mais non pas sans estonnement, avec ce cruel et espouvantable d'Abimelech qui tua septante de ses frères pour se faire prince du peuple [2], et Athalie qui pour s'emparer de l'empire de Judée extermina toute la race royale [3]. Le poëte Lucain, en deux petits vers a dit tout ce que l'on sçauroit remarquer et moraliser sur ceste jalouse ambition de régner : nous en avons dit quelque chose dedans nostre première maxime, adjoutons seulement les paroles que nous proposons :

« Il n'est nulle confiance pour des associés à la » royauté! tout pouvoir est jaloux du partage [4]. »

Jamais on ne verra deux rois assis sur le mesme throsne; et quand ce miracle, ou plustost ce desordre arrivera, il fault que l'un ou l'aultre périsse, et qu'il laisse la place libre et entière à son compagnon, quelque bonne mine qu'il luy face.

Pour résoudre et justifier la seconde partie de ceste maxime, il fault advouer que la brutalité des hommes est si grande et si ordinaire, et que la malice et perfidie qui se trouve en eux est si indomptable et desreglée, qu'il est comme impossible de les pouvoir mettre en leur debvoir aultrement que par la rigueur et la violence, n'y aiant rien de plus certain, que jamais tiran, quelque cruel et inhumain qu'il ait pu estre, n'a employé ny le fer ny les tourmens qu'auprès de rebelles, des mutins et de ceux qui ont refusé de lui obéir, les esprits tranquils et raisonnables n'aians jamais fait naistre la pensée de punir

[1] Florus, lib. 1, c. 7.
[2] Bodin in Method., c. 6, § Regia potestas.
[3] Mathieu, Hist. de Henry IV, liv. 1, narrat. 4, sect. 13.

[1] Ingens gloria morientis principis, rempublicam magis amare quam filios. (Tacit.)
[2] Juges, c. 9.   [3] Rois, liv. 2, c. 11.
[4] Nulla fides regni sociis, omnisque potestas Impatiens consortis erit. (Lucan.)

des innocens qu'on ne conoit point, ny d'abattre et de s'opposer à des gens qui se sousmettent aveuglement et qui ne résistent point; mais comme dedans les grands estats, il y a tousjours des esprits qui ne peuvent plier, et qui mettroient tout à feu et à sang s'ils avoient autant de pouvoir que de cœur et de mauvaise volonté; à quoy le prince, qui a la force et la justice en main, ne fera-t-il mourir ces insolens, tant pour conserver sa propre personne, que pour maintenir le repos et la tranquillité parmy son peuple et ses sujets? « Il fault, dit nostre autheur [1], des fortes et violentes médecines ès maladies qui sont griefves et difficiles à guérir; » ce qu'il semble avoir emprunté de Tacite, qui dit : qu'on ne sçauroit oster les vieilles et invétérées maladies des corps, que par des remèdes aspres et violens [2]; et « le seigneur est réputé ignorant, dit le mesme Machiavelle [3], ou bien lasche et pusillanime qui ne chastie les délinquans en telle sorte, qu'ils ne puissent jamais remettre sus un tel mesfet; » qui est ce que Tacite conseille, disant : que le châtiment peut plus que l'affection pour gouverner la multitude [4]; ce que les casuistes approuvent par ceste décision de conscience que les princes tuent les malfaicteurs, non parce qu'ils sont leurs maistres, mais parce qu'ils sont les gardiens de la paix et de la tranquillité publique [5]. Ce qui fait voir combien il est expédient et nécessaire que le prince despouille la clémence et la miséricorde tant si naturelle à l'homme, pour emprunter la rigueur et la justice qui ne doibt point abandonner celuy qui prend le soing, et qui est chargé du repos et de la tranquillité publique. Et ne fault point flatter tant d'esprits rebelles et indomptables : les remontrances les irritent, et l'impunité fait qu'ils s'imaginent qu'ils sont innocens, ou bien qu'on n'oseroit les punir. Ce qui a fait trouver cest expédient à nostre autheur [6]; que l'on doibt apprivoiser les hommes par une certaine douceur, ou bien les destruire et les appauvrir entièrement; parce qu'ils se vengent volontiers des offenses légères, demeurans en leur entier; et des griefves ils ne peuvent pas, quand on leur a osté le pouvoir et le moyen; tellement que les injures faictes à l'homme doibvent estre en sorte qu'elles ne soient sujettes à crainte de la vengeance; disant ailleurs [7], que : qui lira la Bible avec sens et considération, verra que

Moïse fut contraint, pour establir et confirmer ses lois et ordonnances, tuer hommes infinis, qui par une pure envie s'opposoient à ses desseins; adjoutant en son Prince [1] : qu'il appert par la saincte histoire de la Bible, que tous les prophètes qui ont eu puissance de contraindre sont venus au-dessus de leurs réformations; et les autres qui n'estoient garnis que de la simple parolle et prédication, ont esté martirisés et bannis; parce que la nature du peuple est variable et fort facile à se laisser persuader du commencement quelque nouvelle doctrine, mais il est extremement malaisé de l'y arrester et contenir à perpétuité : par ainsi il est nécessaire de se fortifier en sorte que, quand ils cesseront de croire, on leur remette leur foy par la force, Moïse, Cyrus, Romulus, Theseus n'eussent jamais pu faire observer longuement leurs constitutions, si la contrainte de la main armée leur eust defailly. Joachim, grand prestre et sacrificateur de Hierusalem, vient exprès en Bethulie avec tous ses prestres pour voir Judith, et la congratuler du meurtre qu'elle avoit commis en couppant la teste à Holofernes pour le bien et la conservation de sa patrie; et au lieu de s'estonner de voir des mains si delicattes, capables d'un si cruel assassin, et des yeux remplis de tant d'amour, autheurs d'une mort si sanglante, il la bénit et la loua en luy disant : « Tu es la gloire de Jerusalem, la joie d'Israel, l'honneur de notre peuple, parce que tu as fait un acte viril [2]. »

Si la cruauté nécessaire, utile, et profitable au public a si bonne grace entre les mains d'une femme si belle, et trouve le ciel pour approbateur de son action, à plus forte raison entre celles du prince qui s'en sert et ne l'emploie qu'à l'extremité, comme un dernier remède et pour empescher de plus grands maux; estant plus juste et plus raisonnable que quelques uns perissent que non pas tout un estat [3]. Scipion Ammirato dans ses Discours politiques sur Tacite dit [4] : que tout ainsi que ce ne seroit pas justice de laisser la vie par une sotte et dangereuse miséricorde à un homme qui auroit justement mérité la mort; de mesme aussi, on ne peult pas appeler cruauté, d'user de rigueur contre un peuple qui n'est pas digne de pardon.

Mais comme il n'y a regle si generale qui n'ait ses temperamens et ses exceptions, ny chose si utile et si necessaire dont on ne puisse abuser quand on veult; aussi ne fault-il pas que la cruauté soit si ordinairement et si coustumierement exercée, qu'on ne puisse quelquefois s'en despartir, et donner quel-

---

[1] Disc. sur Tite-Live, liv. 1, c. 58.
[2] Ne corporis quidem morbos veteres et diù auctos, nisi perdura et aspera coerceas. (Tacit., Annal. lib. III.)
[3] Ib., liv. 2, c. 25.
[4] In multitudine regendâ plus pœna quam obsequium valet. (Tacit.)
[5] Lessius, de Justitiâ et Jure.
[6] Le Prince, ch. 5.
[7] Discours, liv. 5, ch. 30.

[1] Le Prince, ch. 6.
[2] Judith, ch. 13 et 15, v. 10 et 11.
[3] Melius est ut pereat unus quam unitas. (S. August.)
[4] L. 7, Disc. 7.

que chose aux lieux, aux temps, aux personnes et aux circonstances des affaires Voicy comme nostre autheur en parle. Les cruautés, dit-il [1], sont bien ou mal exercées. Or, on ne les peult estimer bien exercées (s'il est permis de dire bien du mal) quand elles se commettent une seule fois comme par nécessité de s'assurer, taschant à se mettre hors de plus grand inconvénient; et cela fait que l'on n'y persiste plus; mais au contraire, l'on s'efforce à faire ressortir ce mal à l'augmentation du bien public. Les mal exercées sont celles qui du commencement, encore qu'elles soient petittes, croissent plustost avec le temps qu'elles ne se diminuent; si bien qu'il est à remarquer à ceux qui occupent les souverainetés par mauvais moiens, comme Agatocles, qu'il fault expedier d'abord toutes les cruautés qui sont à faire, pour n'avoir plus l'occasion d'y retourner si souvent; si bien qu'en ne les reiterant plus, les sujets se puissent apprivoiser avec lui par espace de temps, s'insinuans envers eux par gratieux et amiables traittemens. Estant vray que les offences se doibvent commettre ensemble tout à un coup, à celle fin qu'estan moins souvent senties, elles irritent moins aussi; et fault au rebours faire les plaisirs peu à peu par plusieurs fois, pour les, reiterant, en imprimer mieux la saveur dans le courage de ceux que tu gratifies. »

L'on peult voir par ce discours que Machiavelle ne conseille la cruauté ny en gros, ny en destail, mais seulement comme il en fault user quand elle est nécessaire, et que tous les aultres remèdes sont inutiles; fondant sa maxime générale sur ces parolles [2] : que la violence qui gaste tout, et qui destruit, est grandement à reprendre, non pas celle qui tend à mieux ranger les choses, et les remettre sus.

Chacun sçait combien la tirannie de Domitian l'empereur fut terrible [3] au sénat, à la noblesse, aux grands seigneurs et gouverneurs de l'empire romain; et néant moins après sa mort les peuples et les provinces s'en louerent extremement, parce qu'il ne se trouva jamais officiers ny magistrats plus entiers que de son temps, de crainte et de peur qu'ils avoient d'estre chastiés. Le roy Achab aiant sauvé la vie à Benadas, roy de Sirie, au lieu de le faire mourir, Dieu luy fit dire qu'il avoit cautionné aultruy laissant vivre le meschant, et que cela luy cousteroit la vie [4]. La premiere et principale science du medecin docte et experimenté, est de conestre le

mal du malade; la seconde de descouvrir le remede convenable a la maladie, d'autant que s'il n'est propre et suffisant, il irrite plustost le mal qu'il ne le soulage; et s'il est trop fort et trop violent, il fait mourir celuy qu'il pensoit guerir. Le prudent politique en doibt faire de mesme; et comme c'est le debvoir du sçavant médecin de travailler à la guerison des maladies du corps, c'est l'office du sage politique de s'emploier à remedier à celle de l'esprit, usant de remedes salutaires et opportuns aux infirmités qui arrivent aux villes et cités, prenant garde néant moins qu'ils ne soient pas plus aigres ny plus fascheux, que les maux qui se presentent à guerir. C'est l'advis que donne Tacite en ce rencontre, blasmant Cneus Pompeius, d'avoir pratiqué le contraire pendant son consulat [1].

L. Quintius disoit de la ville de Rome, qu'il la voioit frappée de telle maladie qu'elle ne pouvoit estre guerie avec des remedes communs et ordinaires; c'est pourquoy Scipion Ammirato [2], adversaire et censeur de Machiavelle, dit : qu'il est raisonnable que le prince que Dieu a choisy et establi pour pasteur et guide du trouppeau, soit le medecin de ses douleurs et de ses infirmités, lesquelles il pourra guerir, ou avec le fer, ou avec le feu, la corde, ou aultres moiens plus doux et plus moderés, suivant la nature et la qualité du mal; « car il est certain, dit nostre autheur [3], qu'il fault aultre regime et maniere de vivre à un corps malade et indisposé, qu'à celuy qui est sain et bien temperé, et qu'estoffe diverse ne reçoit pareille teinture ny façon. »

Encore que ces exemples et ces authorités témoignent assés l'utilité de la cruauté, aussi bien que la nécessité, et qu'elles exemptent de blasme et d'injustice ceux qui n'en rejettent point l'usage, néant moins voions comme Machiavelle, contre l'imposture et la calomnie de ses adversaires, veult que son prince ne s'en serve jamais, si faire se peult, et comme il luy conseille [4] de tenter toutes aultres voies, auparavant que d'en venir à ceste extremité; voicy ses propres termes : « Je dis que le prince sur touttes choses se doibt faire estimer pitoiable, et non cruel, pourvu que par ce moien il entretienne son peuple en fidelle union et obeissance; car, usant seulement de cinq ou six exemples de cruelle rigueur, où il sera necessaire; il ne laissera pour cela d'estre jugé autant et plus clement que ceux lesquels par leur pitié mal mesurée souffrent pulluler mille abus en leur terre, qui donnent matiere à des meurtres et voleries sans fin dont toutte la republique est inte-

[1] Le Prince, ch. 8.
[2] Disc., liv. 1, ch. 9.
[3] Tranquill., in Domitianum.
[4] Et le prophete lui dit : « Ainsi a dit l'Éternel : Parce que tu as laissé aller d'entre tes mains l'homme que j'avois condamné à l'interdit, ta vie répondra pour la sienne, et ton peuple pour son peuple. (Rois, liv. 1, ch. 10, v. 42.)

[1] Gravior remediis quam delicta erant. (Tacit., Annal. lib. III, cap. 5.)
[2] Disc. sur Tacite, l. 3, ch. 5.
[3] Disc. sur Tite-Live, liv. 1, ch. 18.
[4] Le Prince, ch. 6.

ressée, où les executions rigoureuses d'un prince ne viennent qu'à l'interest de quelques particuliers. Dedans ses discours politiques sur Tite-Live, il est encore plus retenu, et se range entierement du costé de la douceur, disant[1] : «Vray est que je jugerois le prince trop malheureux qui ne pourroit assurer sa couronne par luy usurpée contre le vouloir du peuple, sinon en usant de continuelles rudesses, inhumanités et cruautés extremes ; parce que tant plus il en fera, d'autant plus il empirera son marché, pour ce qu'il augmentera le nombre de ses ennemis, et achevera d'irriter ceux qui l'estoient des-jà ; en effect le mieux sera qu'il tasche de gaigner le cœur du peuple.» S'il plaint la rigueur et la cruauté dedans un prince tiran, a plus forte raison dedans un legitime, et qui doibt estre le pere de son peuple ; comme quand il dit[2], que: «Certainement un prince ne sçauroit pis faire que de tenir ses sujets en perpetuelle crainte de tourmens et de peines extraordinaires ; car quand les hommes sont en doubte que le mal leur arrive, ils taschent par tous moiens de se sauver, tant qu'aucunesfois ils jouent au desespoir et entreprennent choses merveilleuses, ne se soucians quoy qu'en arrive, pourvu qu'ils eschappent ; par quoy le meilleur est de n'user point qui s'en peult passer, de si grande cruauté. Que si c'est par necessité, il fault le faire à un coup sans tant traisner, et soudain rassurer le monde, et luy donner à entendre que tout est fait, et qu'il ne craigne plus. Ce qui a fait dire à un auttre politique Italien après luy[3] : que c'est une espece de pitié de faire promptement mourir un criminel digne de mort, sans le laisser languir longtemps. Et tous deux ont emprunté ceste pensée de celui qui en fournit à tous les escrivains et qui debite celle ci en ces termes avec sa grace ordinaire : «une cruauté veritable est de trainer les chastimens en longueur, et c'est une sorte de pitié que de tuer vite[4] : »

Qui voudra voir comme nostre autheur prefere la douceur à la rigueur, la clemence à la cruauté, et la pitié à l'inhumanité, qu'il voie deux chapitres qu'il a faits tout entiers sur ce sujet, dans le troisieme livre de ses Discours politiques sur Tite-Live[5].

MAXIME V.

Qu'il faut suivre la religion par raison d'estat, quoyque fausse et erronée, comme son principal appuy.

Machiavelle dit : « Quiconque veult maintenir un roiaume en son entier, il doibt sur touttes choses penser de la religion, qu'elle ne se passe, et que peu à peu ne vienne en non chaloir. Car le signe que l'on peult avoir de la perdition d'un pais, c'est quand on voit que Dieu s'y oublie, et son service.» Et un peu après : « Que le roy donc qui aura desir de sauver son roiaume, visite les fondemens de sa religion, et prenne bien garde qu'il n'en vienne faulte; lors sans peine il tiendra ses sujets en veneration et saincteté, et par ceste bride les rangera à la raison, et fera d'eux ce qu'il voudra. Voire, s'il survient quelque chose, fausse ou non (c'est tout un pourveu qu'elle tourne en la faveur et avantage d'icelle) qu'il consente, qu'il y donne les mains; et le fera s'il est sage, et s'il entend raison ; c'est d'où sont venus tant de miracles au monde. (Je parle des religions perverses.) Les princes prudens les soustenoient et confirmoient, par quelques moiens qu'ils fussent faits et forgés; après eux nul ne faisoit difficulté de croire, à Rome y en avoit à revendre.» Et peu après : «Plut-il à Dieu que les princes chrestiens en fissent ainsi ; j'entend qu'ils gardassent aussi bien leur religion telle qu'elle leur fut premierement baillée ; leurs roiaumes et républiques s'en porteroient un peu mieux qu'elles ne font. Vraiement c'est un mauvais signe pour eux, de voir que les contrées les plus prochaines de l'Eglise romaine, sont celles qui ont le moins de religion, tellement que, qui revisitera son commencement, et considerera comme le present usage y retire, sans point de faulte il jugera incontinent, que nous ne sommes pas loing de nostre fin, ou de quelque grande punition divine. — (Machiavelle en ses Discours politiques sur Tite-Live, liv. I, chap. 12.)

Jamais les hommes ne se sont si bien ny si generalement accordés que dedans l'establissement de la religion ; et jamais aussi ils n'ont trouvé un sujet parmy eux qui leur causa tant de biens et tant de maux tout ensemble ; ny qui leur procura tant de troubles et tant de tranquillité par un mesme moien. Il n'y a peuples si barbares, ny si mal policés qui n'exercent quelque chose de religion et qui n'aient des ceremonies particulieres pour le faire conestre et pratiquer[1]; et par là se justifie le consentement universel. Mais pour sçavoir qui a la meilleure, la plus pure, la plus saincte, c'est icy que les haines, les guerres, les persecutions, les martires, et les cruautés trouvent leur sujet, et la cause generale de tous les desordres de la terre. Chacun combat pour la sienne[2], personne n'espargne ny ses biens, ny son rang, ny sa vie pour la faire valoir; on met icy le souverain bien pendant la vie, et le repos de conscience dedans la mort ; et on croit meriter le ciel

---

[1] L. 1, ch. 16.
[2] Ibid., ch. 45.
[3] Scip. Amirato, Disc. sur Tacite, liv. 8, disc. 1.
[4] Senec., des Bienfaits, liv. 2, ch. 5.
[5] Discours sur Tite-Live, ch. 19 et 20.

[1] Nulla gens est, neque tam serva, quæ non, etiam si ignoret qualem deum habere Deceat, tamen habendum sciat. (Cic. de Legib., lib. 1.)
[2] Religionem suam cuique videri optimam, ut qua plerumque non ratione sed affectu divideretur. Legat. ad Caium.

pour avoir disputé qui en auroit le plus de conessance, et qui seroit celuy qui l'iroit embrasser le premier et le plus devotement.

Sur ceste verité non contestée, il fault tirer ceste consequence infaillible : que la religion est le plus commun, le plus certain et le principal appuy de l'estat. Et avant que de nous engager plus solidement, non pas à prouver, mais à discourir sur ce sujet, conformement au sentiment de nostre autheur, il fault, pour suivre son ordre et son raisonnement, distinguer en six poincts, ce qu'il a dit cy dessus, pour les examiner les uns après les aultres, comme il s'en suit :

1. Que la religion est l'appuy des estats.

2. Que le mespris de la religion est la ruine des estats.

3. Que la religion tient les sujets en bride, et les contient dans le debvoir.

4. Que ce n'est pas à faire aux princes temporels de juger de la religion, ny de la reformer.

5. Qu'il accuse les princes chrestiens de moins de religion que les paiens.

6. Qu'il se plaint de ce que la religion se corrompt et s'altere tous les jours, au lieu de s'augmenter, et de se perfectionner.

1. Que la religion est l'appuy des estats.

Que la religion soit l'appuy des estats, l'experience et le sens commun nous obligent à le croire ; tous les autheurs en sont d'accord, et s'ils l'estoient aussi bien de l'essence comme du nom, les schismes et les divisions seroient aussi rares, que les heresies sont ordinaires, sans nombre, et sans esperance de les voir jamais obelier sans un miracle très particulier et très puissant. Et pour poursuivre nostre poinct, non pas en theologien, mais en politique, laissant à ces premiers la conessance de la nature et de ce qu'elle est, voyons ce que son nom peult faire et comme il est utile et reveré parmy les hommes. Platon l'appelle le boulevard de la puissance et des lois et le lien de toute bonne discipline. Plutarque dit que c'est le ciment de toute societé et le fondement de la legislation. Philon le juif luy donne cest eloge et dit qu'elle est : l'attrait le plus efficace et le lien le plus indissoluble de la bienveillance et de l'amitié. Cyrus dans Xenophon, attribue à la religion le respect et l'obeissance que ses sujets luy rendoient. Cicéron dit que : sans elle il ne peult y avoir de foy, de societé, et de justice parmi les hommes [1]. C'est pourquoi les empereurs romains ont fait une querelle commune du mespris de la religion et ont interessé tous les hommes à en rechercher la vengeance et la punition. [2] Elle n'est point contraire

à la police, puisqu'elle est la police mesme, et que ceux qui n'en ont point conseillent aux auttres de s'en servir comme d'un remede excellent pour captiver le peuple et tenir toutes choses calmes dedans la republique et les faire reussir heureusement. Rien n'a sur la multitude un empire plus efficace que la religion [1], dit l'historien d'Alexandre-le-Grand ; et Tite-Live ajoute que si on examine bien toutes choses, on trouvera, que ceux qui ont honoré les dieux ont vu toutes leurs affaires prosperer, ceux qui les ont meprisés ont vu tout tourner contre eux [2].

Monsieur Capel, advocat general au parlement de Paris, dans une harangue qu'il fit en l'an 1555 [3], loüant François Ier de ce qu'il avoit eu soing de la religion, remonstra et fit conestre, que les roiaumes et républiques des anciens paiens qui avoient eu soing de bien faire observer leur religion avoient prospéré en toutte felicité, parce que, disoit-il, encore que leur religion fut fausse, et qu'ils vécussent en erreur et tenebres, ils ne laissoient pas de reussir heureusement, à cause que l'estimant bonne et vraie, ils l'avoient en singuliere reverence et recommandation ; ce qu'il a pris de Polybe et de saint Augustin qui dit, en ses livres de la *Cité de Dieu*, que l'empire des Romains avoit été aggrandi par Dieu parce qu'ils respectoient la religion bien que fausse [4]. Bodin remarque [5] qu'elle est si importante et si puissante que non-seulement elle conserve les estats, mais les fait acquérir ; et beaucoup sous le prétexte seul de religion ont envahi les plus grands roiaumes, comme ont fait les Arabes, les Perses, les Maures et les pontifes romains. Et l'empereur apostat, qui est celui qui n'en conessoit point que celles qu'il se forgeoit, assure et afirme que tout de même que la pieté et la religion sont les plus grands des biens, l'impieté est le plus grand des maux [6].

Et parce que les actions des hommes sont inconstantes, leurs resolutions vaines, leurs desseins suspects, et leurs lois incertaines et sujetes à desadveu ; ceux qui ont apporté la religion parmi eux, et qui en ont fait la base et le fondement de leurs estats, les ont fait authoriser du ciel, quelques vertueux qu'ils aient pu estre, tesmoing Moïse ; et après luy les paiens ne pouvans meriter ceste grace, ont tasché de la feindre, et de persuader à leurs sujets

---

[1] Pietate sublata, fides etiam et societas humani generis et una excellentissima virtus justitia tollitur. (Cic., lib. 1, de Nat. Deorum.)

[2] Volumus esse publicum crimen quia quod in religio-

nem divinam committitur, in omnium fertur injuriam (Cod. de Hæreticis, lib. 4, § 1.)

[1] Nulla res efficacius multitudinem regit quam superstitio. (Quinte-Curce, liv. 5.)

[2] Invenies omnia prospera evenisse sequentibus Deos, adversa sperantibus. (Tite-Live, liv. 5.)

[3] Papon. Arrests, liv. 1, tit. 2, arrest 8.

[4] Auctum à Deo imperium romanum, quod corde illis fuisset, quamvis falsa, religio. S. Aug., de Civit. Dei.

[5] Bodin, Méthode, ch. 6.   [6] Julien, Epist. 52.

qu'elle ne leur avoit point esté refusée, non plus qu'aux veritables législateurs. Solon, Licurgue, Numa, Mahomet, et quantité d'aultres sont de ce nombre; et l'empereur Caligula [1], qui fut l'un des plus grands mespriseurs des dieux dont nous aions conessance, pour contrefaire l'homme de bien, et s'authoriser davantage, faisoit courir le bruit qu'il parloit souvent avec Jupiter, et qu'il avoit grande familiarité avec Castor et Pollux qu'il disoit estre ses freres; se glorifiant aussi d'avoir bonne accointance avec la lune, et de coucher avec elle comme avec une deesse; voulant par ces artifices persuader au peuple, que non-seulement il estoit fort desvot, et religieux, mais aussi que par le moien de ceste grande privauté qu'il avoit avec les dieux, il participoit à la divinité, et estoit de leur conseil.

C'est hipocrite sçavoit bien ce que dit Aristote [2]: que le pouvoir des rois consiste en la religion, à cause que les sujets qui se persuadent que leur prince craint vraiment Dieu, ne peuvent pas s'imaginer qu'il leur face injustice; et la crainte qu'ils ont de desplaire an Dieu qu'ils s'imaginent luy estre favorable, fait qu'ils sont plus souples, plus humbles, et plus obeissans. Et sans aller chercher des authorités plus loing, voions comme en parle nostre autheur [3] qu'on publie si malicieusement pour son ennemy et son destructeur. « Si j'avois à estre juge, dit-il, lequel de Romulus ou de Numa auroit plus fait de bien à Rome, Numa l'emporteroit; car où la religion est bien plantée l'on y met aisement les armes; mais où elles sont seules receues, la religion ne peult bonnement trouver accès.» Et peu après : «C'est mon opinion que la religion instituée par Numa fut l'une des causes principales de la grande félicité de Rome, car d'elle vient le bon ordre; le bon ordre fit la bonne fortune; de la bonne fortune procedent les heureuses issues de leurs magnanimes entreprises. Et j'ose dire que, tout ainsi que l'estime que l'on fait de l'honneur divin et l'entretien de la foi maintient les républiques en bon ordre, aussi le mespris d'icelle est cause de leur derniere ruine.»

Où trouvera-on un passage plus avantageux et plus exprès pour la recommendation de la religion chez tous les pères de l'Eglise que celuy-là? Lequel de tant de censeurs en a parlé en meilleurs termes, et plus religieusement? Et sans s'arrester à la traduction dont nous nous servons, qui est la seule qui se desbitte en France, sous le nom de Gaspard d'Auvergne, encore que le sieur de Vingtemille, dans l'histoire généalogique de sa maison, dise en estre le premier traducteur, Machiavelle ne dit pas qu'il fault suivre la religion par raison d'estat, mais les cere-

monies seulement, à cause que le peuple est extremement amateur et jaloux des choses qu'il a accoutumé de practiquer dans ses devotions, quoy que souvent elles soient très-ridicules, et touttes remplies de superstition; n'y aiant rien de plus certain qu'il conseille dans tous ses livres de porter le peuple à la religion, à quelque pris que ce soit, les plus rudes et les plus brutaux d'une façon, les plus opiniastres et les plus arrestés d'une aultre, et les plus raisonnables et les mieux sensés comme ils l'entendent; monstrant dedans le chapitre suivant par divers exemples qu'il rapporte, comme les Romains s'en servoient pour regler leur ville, pour commencer et poursuivre leurs entreprises, et pour appaiser les séditions et emotions populaires.

C'est l'avis que le sage et prudent Mecenas donna à Cesar Octavian, disant : «Honorez Dieu en tout temps et en tout lieu, selon les mœurs de votre patrie, et forcez tout le monde à lui rendre le mesme culte. Poursuivez de votre colère et de vos châtimens tous ceux qui voudront implanter chez vous des religions estrangeres, car en introduisant de nouveaux dieux etrangers on attire beaucoup de monde à user des lois estrangeres : d'où les congrégations les reunions, les conciabules qui sont des obstacles à l'action de tout gouvernement [1].

Sarius, à l'année 1566, dit que le roy d'Espagne voulant faire recevoir en ses estats des Pays-Bas le concile de Trente, cela causa une telle sedition que toutte ceste province en pensa perir. Aristote enseigne que : le culte de la divinité nous est inspiré par la nature, et que la forme de ce culte appartient à la loi [2]. «C'est pourquoi, dit Ciceron, il est d'un homme sage de defendre les institutions des ancêtres et de conserver les ceremonies religieuses [3].» Toutte l'histoire des Machabées confirme ceste doctrine, puis qu'au plus fort de leurs martires, ils s'ecrioient : «Nous sommes prests à mourir plustost que de violer la loi de Dieu admise par nos ancetres [4]. »

Le roy Numa avoit telle créance et telle assurance en la religion, que quelqu'un venant lui donner advis que les ennemis s'apprestoient contre luy, respondit : « Et moy, je sacrifie aux dieux;» voulant dire par la qu'estant bien avec eux, il n'avoit rien à craindre. L'empereur Théodose dit : « Entre tous les soings que nous avons de la republique, il n'y en a point qui nous touche tant, ny qui soit si propre à la majesté imperiale, que la garde et l'observance de la religion, parce qu'en la conservant elle sert de porte et d'entrée à toutte la felicité et prosperité de

---

[1] Sueton. in Caligula, c. 51. Dion. in Caligula.
[2] Aristote, Polit., liv. 5, c. 11.
[3] Disc., liv. 1, ch. 11.

[1] Dion. Hist., lib. 52.
[2] Aristot., Rhet., lib. 5.
[3] Lib. 5 de Divinat.
[4] Macchab., lib. 2, cap. 7.
[5] Novella de Judœis.

l'empire. Les empereurs Théodose et Valentinian disoient[1] : que la fermeté et stabilité d'un estat despend de la réligion, et que ces deux choses sont si estroitement unies et liées par ensemble, qu'elles croissent et diminuent par ensemble aussi. L'empereur dit, en ses edicts et ordonnances[2], qu'elle est la base, le fondement, et la protectrice de l'empire romain, et la mere eternelle et immortelle de son sceptre et de sa couronne.

2. Que le mespris de la religion est la ruine des estats.

S'il est vray, comme il n'en fault pas doubter, que la religion est l'appuy des estats, il fault par une mesme necessité conclure, qu'il n'y a rien qui les ruine ny qui les altère davantage que de la mespriser et de n'en faire aucun cas. Aussi tost que les enfans d'Hely et de Samuel commencerent à la négliger[3], ils virent en mesme temps la ruine de leurs roiaumes et la perte de leurs provinces; c'est pourquoy Dieu dit a Salomon, qui pourtant n'en fit pas bien son profit : « Pour toi, si tu marches devant moi, comme David ton pere a marché, dans l'intégrité et dans la droiture de ton cœur, en faisant tout ce que je t'ai commandé, et si tu gardes mes statuts et mes ordonnances ; alors j'affermirai le trône de ton roiaume en Israel à jamais, comme j'en ai parlé à David ton pere, disant : Il ne te manquera point de successeur qui soit sur le trône d'Israel. Mais si vous vous detournez de moi, vous et vos fils, et que vous ne gardiez pas mes commandemens et mes statuts que je vous ai proposés, et que vous vous en alliez, et que vous serviez d'aultres dieux et que vous vous prosterniez devant eux, je retrancherai Israel de la terre que je leur ai donnée, et je rejeterai loin de moi ceste maison que j'ai consacrée à mon nom ; et Israel sera la raillerie et la fable de tous les peuples. Et pour ce qui est de ceste maison qui aura esté tant élevée, quiconque passera près d'elle sera estonné et siflera, et on dira : Pourquoi l'Eternel a-t-il ainsi traité ce pays et ceste maison? Et on répondra : Parce qu'ils ont abandonné l'Eternel leur Dieu, qui avoit tiré leurs peres hors du pays d'Egypte, et qu'ils se sont attachés à d'aultres dieux, qu'ils se sont prosternés devant eux et qu'ils les ont servis. C'est pour cela que l'Eternel a fait venir sur eux tout ce mal[4]. »

Aussitost qu'Adam eut mesprisé la religion et les commandemens de son Dieu, aussitost il perdit la souveraineté qu'il avoit sur touttes les creatures, qui en mesme temps se rebellerent contre luy, et depuis luy furent toujours contraires et ne le conurent plus que pour lui resister.

Après la propre authorité du dispensateur des roiaumes et du pere de la verité, ce seroit chose inutile d'en emprunter des hommes, puisqu'elles ne persuadent qu'autant que la raison le peult permettre, ou celle-cy ne reçoit plus de difficulté quand elle est une fois prononcée. Et pour faire voir comme elle se fait reconnestre et advouer, chés les païens aussi bien que près de ceux qui embrassent et qui suivent la vraie religion, les histoires profanes en font foy, et Pausanias assure[1], qu'auprès de Mantinée, cité d'Arcadie, estoit un temple consacré à Neptune, dont l'entrée estoit interdite aux hommes; et pour cela n'y avoit point d'aultre garde sinon quelques petites cordes de laine posées au dessus de la porte, lesquelles causoient telles craintes et fraieurs que ce lieu en estoit rendu fort reveré. Arriva néant moins qu'Aegipte, fils de Hippore, roy d'Arcadie, homme de peu de religion, sans respect et reverance, couppa ces cordelettes; et comme il entroit dedans le temple, les ondes de la mer en sortirent si impetueusement qu'elles l'avenglerent du tout, dont peu après il mourut après avoir perdu les yeux; et ce miracle fut d'autant plus grand et merveilleux, que la mer estoit esloignée de plus de trois milles. Le mesme autheur au livre précédent[2] dit : qu'en la ville de Cabire, en Beotie, un mille près de Thebes, y avoit un temple desdié à Ceres, auquel personne n'entroit que les seuls Cabiriens, advant que Mardoine, capitaine de Xercès, y estant entré avec son armée pour le piller, fut en un moment surpris d'une telle fureur, que luy et ses trouppes se precipitant des montagnes et rochers en bas moururent tous miserablement. Cambise, fils de Cirus, envoya cinquante mille hommes pour ruiner le temple de Jupiter Hammon ; lesquels par une soudaine tempeste et orage, furent tous couverts de monceaux de sable avant qu'y estre arrivés, et perirent ainsi malheureusement sans avoir executé leur pernicieux dessein. Aule-Celle raconte[z] que tous ceux qui estoient avec A. Cepion, consul, qui pilla l'or du temple de Toulouse, où il y avoit cent dix mille marcs d'or, et cinq millions de marcs d'argent, moururent tous, et touttes leurs familles, dedans l'an ; et n'y en eut pas un qui emportast une seule piece en sa maison. Les Romains aiant pris Carthage, quelqu'un despouilla la statue d'Apollon d'une robbe d'or qu'elle avoit sur le dos; mais les mains de celuy qui avoit commis ce sacrilege se trouverent couppées et attachées à ceste mesme rob-

[1] Saint Cyprien, Ep., 27.

[2] Evagrius, liv. 5, ch. 14. Novell. 4 de Episcopis et Clericis.

[3] Rois, liv. 1, ch. 2.

[4] Rois, liv. 2, ch. 9, v. 4, 5, 6, 7, 8, 9.

[1] Pausanias, liv. 10.

[9] Pausanias, liv. 9.

[z] Liv. 5, ch. 7.

be. Brennus, capitaine des Gaulois, estant entré par force dans le temple d'Apollon, en Delphes, et l'aiant mis à sac, fut surpris de tant de rage et de fureur qu'il se tua luy mesme.

Il fault absolument que ces punitions soient vraies, ou bien dire qu'il n'y a point de Dieu, puisqu'il est le seul qui peult resister à la violence des princes, et qui peult les chastier en reprimant leurs insolences, et les mespris qu'ils font des choses qu'ils doibvent reverer. Et ne fault pas regarder si ce sont des temples de faux dieux ou d'idoles; mais que ceux qui les adorent les tenant pour veritables et tout divins, font un sacrilege de ne les pas reconestre pour tels, et sont aussi criminels que leur volonté est meschante et coupable [1].

Les Romains, qui ne debvoient rien en quoy que ce soit aux autres nations, ne faisoient gloire néantmoins que d'avoir une republique plus religieuse qu'aucune aultre; de quoy un de leurs consuls fait foy, quand il dit : « Ce n'est pas parce que les Romains l'ont emporté par le nombre sur les Espagnols, par la vigueur sur les Gaulois, par la finesse sur les Carthaginois, par les beaux-arts sur les Grecs, par le bon sens domestique et naturel sur les Italiens et les Latins eux mesmes; mais c'est par leur pieté et leur respect pour les dieux, par cette sagesse qui nous fait voir que tout est regi par les dieux immortels, que nous surpassons tous les peuples et toutes les nations de la terre [2]. »

5. *Que la religion tient les sujets en ordre et les contient dans le debvoir.*

La religion n'est pas seulement necessaire de soy, mais encore pour contenir dedans le debvoir et l'obeissance ceux que nous avons à gouverner et qui sont en nostre puissance; n'y ayant rien qui tienne davantage les sujets en bride et en subjection que sa consideration, et le respect qu'ils luy portent; estant vray que les hommes seroient les plus indomptables de tous les animaux [3], si la crainte de Dieu ne s'opposoit à leurs rebellions et aux violences dont ils sont capables. Ce remede est louable, legitime et glorieux, c'est le plus doux et le plus puissant de tous, c'est l'unique qui n'est point controllé et qui est le plus universellement approuvé; ceux mesmes qui le mesprisent, lui obeissent : et si l'intérieur desment l'exterieur, qu'importe au prince? il n'est point responsable de nos

pensées, c'est nostre affaire, nous sommes les maistres et les ministres de nostre salut; c'est assés qu'il soit obei; il suffit que la republique soit en bonne union, et que les mauvais exemples en soient bannis. Les rois qui sont les lieutenans de Dieu en terre n'ont que les corps et les actions des hommes en gouvernement; ce maistre des maistres s'est reservé les consciences, à cause qu'il n'y a que luy qui les connoisse, et qui ne peult estre trompé. Le mal que nous pensons ne nuict à personne qu'à nous mesmes. Que si nous le mettons à effect et que nous offencions nostre prochain, pour lors la justice des hommes ne le laissera pas impuny. Et comme les peines et les supplices retardent et font cesser les mauvais desseins, pour empescher qu'on n'en fomente on oppose la religion et la crainte de Dieu pour servir d'obstacle aux mauvaises pensées; et par ce moien l'on persuade aux sujets, que ce n'est pas seulement assés de ne point faire de meschantes actions, mais mesme qu'il ne fault pas avoir le desir d'en faire, qui est le plus hault poinct de perfection auquel l'humanité sçauroit atteindre. Cyrus dit dans Xénophon [1] : que la seule religion fait que les sujets vivent bien entre eux et qu'ils n'entreprennent rien contre le prince, et affirme que la religion et la crainte de Dieu sont les seuls sentimens qui puissent conserver l'homme dans l'état de société [2].

Il n'est pas moins superflu de discourir icy davantage pour prouver une chose dont personne ne doubte, et dont les effects sont plus communs et plus certains que les raisons qu'on sçauroit prester à la verité qui l'accompagne; qu'il est utile et necessaire de venir à la quatrieme partie de ceste maxime, qui est celle qu'on dit authoriser touttes sortes de religions, favoriser la superstition, et mettre en credit les faux miracles, contre l'intention de nostre autheur qui n'enseigne aultre chose, sinon qu'il n'appartient pas aux princes temporels de juger de la religion au fond, encore moins de la reformer, qui n'est pas le sentiment de la plus part de ses adversaires, qui ne se trompent pas moins en cest endroit qu'ils ont fait presque en tous les aultres.

4. *Que ce n'est pas à faire aux princes temporels de juger de la religion ny de la reformer.*

Il ne fault pas estre grand theologien ny grand politique, pour conestre et sçavoir que Machiavelle accommode icy la religion aux esprits bas et grossiers de la populace, pour ne pas les obliger à davantage qu'ils ne peuvent; sachant bien qu'ils ne sont pas capables d'une plus pure et plus relevée, qu'il n'y a rien entre eux qui ne soit alteré et corrompu,

[1] Qualiacumque putantur numina pejerata, à vero numine vindicari; punitur, quia tanquam Deo fecit; opinio illum suâ obligat pœnâ. (Senec., de Benef., lib. vii, cap. 7.)

[2] Cic., Orat. de Aruspic. Respond.

[3] Naturâ est contumax animus humanus et in contrarium atque arduum nitens, (Senec., de Clem.)

[1] Xénophon, l. 8, dans la collection du *Panthéon*.

[2] Lactance, de la colère de Dieu, dans la collection du *Panthéon*.

et qu'ils ne se laissent conduire que par l'erreur et l'opinion commune, et non par la verité la plus saine et la plus entiere. Et ceux qui disent que de ce raisonnement particulier qui ne regarde que l'ignorance et la stupidité du peuple, il prétend en faire une regle generale, et une maxime fondamentale, se trompent et luy imposent très assurément, parce qu'il fait voir le contraire par la conclusion de son discours, où il declare nettement son sentiment en ces mots : « Cependant les chefs et capitaines romains sçavoient bien combien en valoit la marchandise; » comme s'il vouloit dire, le peuple le veult ainsi, le bien de l'estat le requiert, il n'est pas capable de plus de pureté, l'action est plus indifferente que criminelle; le peuple veut estre trompé, eh bien! qu'il le soit; desapprouvant au fond ceste procedure, puisqu'il ne veult pas que les chefs et conducteurs qui doibvent estre plus sages et mieux sensés, en soient touchés; mais seulement la populace qui ne veult que de l'extérieur, et qui jamais ne peolt accorder son sentiment avec la raison, et la verité des choses. Et s'il semble vouloir dire qu'il fault suivre indifferemment touttes sortes de religions, il ne mesprise pas la bonne pour cela; mais seulement, dans une nécessité d'estat aussi permise que politique, il conseille au prince de s'accommoder à l'humeur de ses sujets qui ne sont pas tous d'accord en ce poinct, comme le grand nombre des differentes nous fait voir; sachant trop bien, et advouant trop clairement le pouvoir qu'elle a, puisque, vraie ou fausse, elle peult tout de soy, mais non en soy dans les esprits de ceux qui en abusent; à cause qu'ils ne la conessent point. Il suppose plustost qu'elles sont touttes bonnes, qu'il ne les mesprise; estant vray que dans celles de la terre, voire mesme dedans la chrestienne et catholique que l'on croit exempte d'erreur et d'impureté, on y a toleré et y souffre-t-on encore dés faux miracles, et des adorations idolâtres, pour la satisfaction du peuple, et pour ne le point effaroucher ny troubler dedans ses devotions; sans que pourtant on les approuve au fond, mais seulement leurs effects et la bonne intention de ceux qui sont ainsi pieusement abusés. Chacun sçait que dedans l'Eglise romaine on adore plus de clous de Jesus-Christ qu'il n'y en a, et comme les papes ont renvoié ceux qui vouloient esclaircir ceste affaire, leurs disans qu'ils les adorassent comme ils avoient accoustumé faire. Ainsi ceste maxime ne peult estre mesprisée dedans une bonne police, parce que la verité en seroit plus dangereuse et dommageable que n'est pas une ignorance innocente, puisqu'on juge des actions de l'ame par l'ambition, et qu'il est plus avantageux de bien faire par des moiens qui n'ont rien d'impie ny de mauvais qu'une erreur indifferente, que de perdre et

de ruiner les choses les plus sainctes et les plus sacrées, pour en vouloir monstrer et descouvrir le secret à des esprits qui n'en sont pas capables. Le peuple n'aiant aultre guide que la religion qu'il se forme, et qu'il veult accommoder à ses caprices et à ses sentiments erronés; et non pas à ce qu'elle est, n'y aiant plus de Moise pour faire des miracles veritables en touttes rencontres, il faut bon gré mal gré tolerer ceux qui ne sont qu'apparens, puisqu'ils font les mesmes effects, que c'est pour une mesme fin, et qu'ils ne buttent qu'a contenir le peuple, et le ranger à son debvoir.

Ne disons donc plus que Machiavelle veult soustenir par ceste maxime l'erreur et la fausseté de la religion, ny qu'il prétend faire aller de pair celle qui est vaine et erronée, avec la pure et véritable. Quand il dit que les princes souffrent les faux miracles pour augmenter la devotion des peuples, aussi bien que leur union, il tesmoigne assés qu'il ne les approuve pas puisqu'il les appelle faux, oultre qu'il dit qu'il n'entend parler que des religions paiennes, et de celles où les hommes se font des dieux dès qu'ils veulent.

Gregoire, dans sa Republique, voulant censurer ce discours de nostre autheur, le confirme entierement. Voici ses propres termes [1] : « Je sçais que Machiavelle, c'est homme pernicieux, ce coquin, ce sacrilege, a escrit que le prince doit essayer de faux miracles parmi le peuple afin d'augmenter la devotion du peuple. » Et un peu après aiant blasmé ceste maxime, Gregoire dit, tant la verité est forte et puissante : «Aultre chose est de parler des princes paiens qui n'avoient aucune religion prouvée et pouvoient chercher à inspirer au peuple celle que bon leur sembloit; et aultre chose des princes chrestiens qui ne doivent, comme tout le reste du peuple chrestien, avoir qu'un seul Dieu, une seule foi, un seul bapteme; » qui est le propre sens de Machiavelle, qui s'explique assés clairement pour faire voir l'imposture et la mauvaise foy de ses adversaires.

Après tout, pour parler chrestiennement, et avec la modestie qui doilt accompagner nostre zele, et nostre consession, qui est l'homme assés remply de vanité, d'orgueil, et de présomption, qui puisse croire qu'il peult faire un acte d'une vraye et parfaitte religion, sans quelque meslange de foiblesse humaine et de superstition? ceste entreprise est trop temeraire et trop relevée pour nous. Dieu regarde plus nostre intention, que nos actions; elles sont bien faittes si elles sont bien pensées; elles sont trop materielles et trop corrompues pour en venir là. Quand nous croions bien faire, et que nous taschons qu'il en soit ainsi, c'est beaucoup pour un homme;

[1] Gregor. de Republic., lib. 15, ch. 12, Num. 21.

parce que nous ne pouvons d'aucune manière connestre les veritables raisons des choses. Le peuple avec toutte son ignorance est plus sage que les philosophes, parce que, bien qu'il se trompe dans le choix de la religion, il n'oublie pas entièrement l'excellence de sa nature et de sa condition [1]. »

D'accuser Machiavelle de conseiller à son prince de tolerer touttes sortes de miracles dans son estat, pourveu qu'ils se facent à son avantage, c'est le blasmer d'estre de l'advis des peres de l'Eglise, et de tous les moines qui se sont reservé la conessance de ces misteres et de ces secrets; parce que si le prince ne reçoit indifferemment tous les miracles qui se font, il faudra necessairement qu'il les examine avant que de les approuver et d'y adjouter foy, et ainsi entreprendre par dessus son pouvoir, et plus que l'obeissance et la submission qu'il doibt à sa religion ne luy permettent.

Le jesuite Contzen, en ses Politiques contre Machiavelle [2], nous enseigne formellement, appuyé de la doctrine des pères, ce que nostre autheur ne dit qu'en passant. Voici ses regles et ses préceptes, et comme il commence son chapitre : *Principi tuenda veræ religionis cura commissa est, instituenda tamen aut innovanda, nulla est omnino potestas. Quapropter, et hoc sedulò attendat princeps, ut ipse religionem veterem non innovet; nec ullos nomine reformationis cudat articulos; non enim est arbiter religionis, sed discipulus. Discat et non faciat religionem; teneat animo usque ostendat, pietatem colendam, non esse politicis edictis perplexam reddendam; audiat sanctum Cyprianum [3]; nec hoc, frater carissime, sine scripturæ divinæ auctoritate proponimus, ut dicamus certà lege ac propriâ ordinatione divinitus cuncta esse disposita; nec posse quemquam contra episcopos et sacerdotes usurpare sibi aliquid quod non sit sui juris et potestatis. Nam et Core, et Dathan, et Abiron, contra Moysem et Aaron sacerdotem sacrificandi sibi licentiam usurpare conati sunt, nec tamen, quod illicitè ausi sunt, impune fecerunt.* Puis faisant voir le danger qu'il y a de changer et de vouloir reformer ce qui passe parmi le peuple pour vraie et parfaicte religion, il conclut en ces termes : *Religio mutata rempublicam aut turbat, aut mutat; cum enim vehemens sit stimulus religionis, multique sint qui vetera deserere, etiam morte propositâ nolint, multarum indignatio, omnium discordia oritur; et quia in Germaniâ, lege quâdam, principes religionem suo arbitrio moderantur, hinc tanta est religionum varietas ac ignorantia, ut penè nulla religio supersit.* Et Grégoire prouvant ceste mesme chose

par l'exemple de l'Angleterre, dit : *Amisit religionem Anglia, dum reges ejus quidam voluerunt sibi religionis omnimodam usurpare potestatem et dici caput ecclesiæ.* Ainsi Contzen concluant son discours, dit : *Omnis mundus agnoscat, religionis à principum opinione pendentis, non ullam esse constantiam.*

Ribadeneira, qui est un autre jesuiste espagnol, dans le *Prince chrestien* qu'il a fait contre nostre politique, a dit encore davantage que Contzen, celuy cy n'aiant fait qu'un chapitre sur ce sujet et l'aultre trois entiers où il ne parle d'aultre chose, estant bien aise de me servir de l'auctorité de ces écrivains plustost que d'aucune aultre, à cause qu'ils croient estre les arbitres de la foy et les oracles de la religion, quand ils sont une fois appuyés de leur saincte inquisition. Pour donc verifier et faire voir comme le prince n'a pas plus de droit de connestre et de s'informer des secrets de la religion que le peuple, et comme il n'y peult aultre chose que la faire observer telle qu'il la trouve sans connessance de cause, il dit [1] : *Principes custodes sunt divinæ legis non interpretes; ministri sunt ecclesiæ, non judices; gladium portant, ut hæreticos, perduelles, sacrilegos et quotquot persequuntur aut ecclesiæ pacem turbant, suppliciis coerceant; sed in rebus ecclesiasticis nec legum latores sunt, nec divinæ voluntatis explanatores aut internuntii.* Et pour preuve de son dire, il rapporte l'exemple de l'empereur Severe qui deferoit tellement aux augures et prestres de sa loy [2] qu'il leur abandonnoit entierement et souverainement tout ce qui dependoit de la religion, jusques à là mesme qu'il leur permettoit de changer et de reformer ce que luy-mesme avoit fait touchant cela. Le roy Ozias voulant brusler de l'encens sur l'autel, comme faisoit le grand prestre, pensant par là faire une action agreable à Dieu, le pontife lui dit [3] : « Ce » n'est pas à son office, mais celui du prestre d'offrir » l'encens à Dieu; » ce qu'ayant mesprisé et continuant son sacrifice, Dieu lui envoya la lepre et le fit sortir du temple. Saül, pour avoir voulu sacrifier, au préjudice du souverain pontife, fut cause que Dieu transfera son roiaume en une aultre lignée et que ses enfans en furent privés.

Le pape Gélase [4] escrivant à l'empereur Anastase, dit : *Nosti, clementissime fili, quod sicut præsideas humano generi, dignitate rerum terrarum, tamen præsentibus colla submittis, atque ab eis causas tuæ salutis expectas; subditè debere cognoscis religionis ordine potius quàm præesse : nosti itaque inter hæc ex illorum te pendere judicio, non illos ad tuam redigi posse voluntatem.*

Et saint Ambroise [5] en l'une de ses epistres :

[1] Lactance. *Institut. divines*, liv. 5, ch. 10, p. 503, dans le *Panthéon*.

[2] Contzen, *Polit.*, liv. 2, ch. 16, § 1, 2, 5, 4.

[3] Saint Cyprien, épître 70.

[1] Ribadeneira, *Princeps christianus*, ch. 9.

[2] Lamprid. in Alexand. Severo. [3] Paralipp., lib. 2, c. 26.

[4] Gélase, épître à Anastase. [5] St Ambroise, épître 32.

Si conferendum est de fide, sacerdotum debet esse ista collatio, sicut factum est sub Constantino, augustæ memoriæ principe, qui nullas leges ante præmisit, sed liberum dedit judicium sacerdotibus.

Tous les historiens sacrés ne peuvent assez louer le vieux Valentinien empereur, de ce que jamais il ne voulut prendre connoissance aucune des choses qui concernoient la religion, disant qu'elles n'estoient point de son pouvoir ni de sa jurisdiction : *dicebat enim potestatis suæ fines excedere* [1]. C'est pourquoi comme il estoit un jour très-humblement supplié de vouloir permettre qu'on assemblast un concile pour le bien de la foy et de la religion, il respondit : *Mihi qui unus è numero laïcorum sum, non licet me ejus modi negotiis interponere; ideò sacerdotes et episcopi, quibus hæc curæ sunt, seorsum per se ubicunque ipsis liberum fuerit convenient* [2]. L'empereur Honorius reprend l'empereur Arcadius son frere de ce qu'il s'entremettoit d'appaiser la divison qui estoit à Constantinople entre les évesques sectateurs de Theophile et ceux de saint Jean Chrysostome, luy disant : *Si quid de causâ religionis inter antistites ageretur, episcopale oportuerit esse judicium; ad illos enim divinarum rerum interpretatio, ad nos religionis spectat obsequium* [3].

Que si les princes et les rois assistent quelquefois aux conciles et s'y trouvent en personne, ou des ambassadeurs pour eux, ce n'est que pour les authoriser et non pour deliberer des choses qui s'y proposent. Le jeune Theodose, neveu de l'empereur Honorius, dans la lettre de creance qu'il donna au comte Candidian pour assister de sa part au concile d'Ephese, declare qu'il n'entend pas qu'il prenne connoissance quelconque des choses qui regarderont la foy et la religion : *Igitur Candidianum præclarissimum religiosissimorum domesticorum comitem, ad hanc vestram synodum abire jussimus, sed eâ lege et conditione, ut cùm quæstionibus et controversiis quæ circà fidei dogmata incidunt, nihil quidquam commune habeat; nefas enim est, qui sanctissimorum episcoporum catalogo adscriptus non est, eum ecclesiasticis negotiis et consultationibus se immiscere* [4].

L'empereur Marcian, declarant pourquoy il se trouvoit au concile de Calcedoine, dit : *Nos ad confirmandam fidem non ad ostendendam virtutem, exemplo Constantini imperatoris, adesse synodo excogitavimus* [5].

Theodose roy des Goths, qui suivoit la religion des Ariens, assistant au quatrieme synode qui se tint à Rome du temps du pape Simmachus, ne voulut jamais prendre aucune connessance des choses de la religion qui s'y decidoient, au contraire respondit : *Synodalis esse arbitrii, in tanto negotio sequenda præscribere, nec aliquid adesse præter reverentiam, de ecclesiasticis negotiis pertinere* [1].

Saint Chrysostôme en l'une de ses homelies, faisant remonstrance aux rois sur ce sujet, dit avec sa chaleur ordinaire : *Maneto intrà tuos terminos, ó rex; alii enim sunt termini regni, alii sacerdotii. Hoc regnum illo majus est; ille quidem et quæ sunt in terris sortitus est administranda; cæterum sacerdotii jus è superius descendit. Regi ea quæ hic sunt commissa sunt, mihi cœlestia. Regi corpora commissa sunt, sacerdoti animæ; major hic principatus. Propterea rex caput submittit manui sacerdotis.*

Nous avons traité ceste question à fond dans un autre ouvrage plus ample et plus estendu [2].

Après tant de preuves si irreprochables, et si formellement concluentes en faveur de nostre autheur, pourquoy ne dira-il pas qu'un prince sage, modeste et chrestien doibt recevoir et tolerer tous les miracles qui se font dans son estat, pourveu qu'ils ne luy soient point dommageables et nuisibles, présumant toujours bien de touttes ces choses, et laissant juger de leurs impostures et de leurs deffauts à ceux qui s'en reservent le pouvoir, suivant le conseil de saint Paul qui dit [3] : « Pour amener captives touttes les pensées et les soumettre à l'obeissance du Christ. » Un autheur françois dont les escripts ne sont point à mespriser [4] enseigne que l'on peult honnestement dissimuler en matiere de religion pour une bonne fin, suivant Platon, qui dit en ses loix, que ce n'est pas chose indigne de la gravité et probité d'un legislateur d'user de telle sorte de mensonge, luy estant assés de persuader au peuple ce qui luy est bon, utile et necessaire; n'estant pas deffendu de tromper les gens maltraittables, faschieux et difficiles à gouverner, grossiers et superstitieux, craintifs et estonnés, et de les induire à quelque superstition pour venir à bout d'un louable dessein, ou pour renger par la bride de religion ceux qu'on ne peult avoir par amour, ny par force, qui est le plus fort moien que nous aions pour retenir les plus farouches et les plus indomptables; car comme dit Sabellic : « il n'y a rien qui plus facilement retienne le peuple que la superstition; ny qui soit de plus grande efficace pour esmouvoir à l'intention et

---

[1] Nicephore, liv. 11, ch. 50. — Sozom. liv. 6, ch. 7. — Ruffin, liv. 1, ch. 2.

[2] Baron, in anno 564. [3] Baron, in anno 404.

[4] Acta Ephes. Concil. — St Cyrille, tom. IV, epist. 17.

[5] Baron, in anno 451.

[1] In Actis concil. dist. 17. § ad hoc. Sigon. lib. 16, *de occident imper.*

[2] Le nom de l'auteur du traité publié ici étant inconnu, nous ne pouvons savoir de quel ouvrage il est question.

[3] Epitre 2 aux Corinth., ch. 10, v. 5.

[4] Geryon. Leçons, t. 5, l. 4, ch. 10.

opinion que l'on veult regir et conduire [1]. De ceste façon ont usé les plus grands et advisés legislateurs et les plus experimentés capitaines du monde. Et adjoutant les exemples aux advis et conseils, après en avoir rapporté quantité, il dit au chapitre suivant [2] : « Voila comme les braves capitaines font aisement leur proffit de la superstition du peuple, pourveu qu'eux mesmes ne tombent en ce vice; » qui est la mesme doctrine que celle que nostre autheur desbitte. Au contraire, les plus sages et les plus advisés la fomentent et la favorisent autant qu'ils peuvent pour le bien et l'utilité qu'ils en reçoivent; et n'ont garde de l'empescher ny de la troubler, encore qu'ils sachent ce qui en est, comme ces capitaines romains, puisque c'est le moien le plus assuré et le plus certain pour manier et gouverner la populace; d'où vient que, non seulement ils augmentent et authorisent celle qui est desjà dedans les esprits; mais encore quand il est besoing en font, et en inventent de nouvelles, comme Scipion, Sertorius et plusieurs aultres.

Appius se plaignant au peuple de l'insolence des tribuns de la commune, et feignant qu'ils estoient la cause que les auspices et les aultres choses concernant la religion se negligeoient et se corrompoient tous les jours, dit : *Eludant nunc religionem. Quid enim est si pulli non pascentur? si ex caveâ tardiù exierint? si occinuerit avis? Parva sint hæc; sed parva ista non contemnendo, majores nostri hanc rempublicam fecerunt* (Tite-Live.)

Contzen dedans ses Politiques met la superstition au rang des stratagemes de guerre et permet de s'en servir pour tromper son ennemy; à plus forte raison pour contenir son amy et empescher que le peuple ne se perde et ne se ruine [3]. *Superstitione hostium multi ad sua commoda usi sunt; unicum solum adferam hoc loco exemplum, quod insignem superstitiosorum miseriam mirificè ostendit. Panarmus et Gonispus, Messeni, equis pulchris, tunicis albis, purpureis lacernis, in castra Laconum profecti, ab illis sunt putati Castor et Pollux; multos occiderunt, et superstitioni illuserunt, atque inde ad suos incolumes redierunt;* qui est se servir de la religion, quoique vaine et fausse, pour le bien et l'utilité de l'estat, conformément à l'opinion de nostre autheur : *Illi venia digniores*, dit Bodin [4], *quod superstitione præstat, quam impietate obligari, et falsam, quam nullam habere religionem.*

De plus, puisque les princes ne sont pas juges capables ny compétens pour conestre l'imposture ou la verité, la fourbe ou la vérité des miracles, et qu'il n'y a personne qui ne croie sa religion la meilleure et la plus veritable de touttes (tesmoing les anciens Romains qui accusoient les chrestiens d'erreur, d'idolatrie et de superstition [1], croians estre les seuls au monde exempts de ces deffauts), et que nous sçavons qu'il se rencontre partout des cœurs et des courages assés grands et assés genereux pour souffrir le martir en touttes sortes de religion; pourquoy n'adjouterons nous pas foy aux choses que nous voions, et ne croirons pas ce qui se fait à nos yeux? Si nous blasmons les miracles des aultres, ils n'en font pas moins des nostres; ils adjoutent la mesme creance aux leurs qu'ils feroient à ceux que nous faisons, s'ils estoient de nostre party et de nostre communion; si nous les appellons imposteurs, ils nous appellent sorciers et magiciens; si nous disons qu'ils sont idolastres, ils nous accusent de sacrilege. Sainct Augustin, et Salvian meditans sur ceste contrainte, et tenans leurs jugemens en suspens disent : qu'ils peuvent errer, mais qu'ils ne peuvent pas estre heretiques, puisque c'est l'opinastreté et non pas l'ignorance qui fait les reprouvés. Et Josephe dit [2] : qu'il est convenable que les sages demeurent constans en leurs propres lois, quant à la pieté, sans injustement reprendre celles des aultres. Quant à moy, dit-il ailleurs [3], certes, je ne voudrois pas faire un jugement temeraire sur les lois d'aultry; car nostre bonne coustume est de plustost garder et observer les nostres, que d'accuser ou reprendre celles des aultres, ny de se mocquer ou vituperer ceux qui des aultres nations sont estimés dieux; nostre législateur Moise appertement et expressément nous l'a deffendu, pour la reverence de l'adorable appellation de Dieu qui leur est attribuée, pour ce que nous ne nous entremettions de blasmer, vituperer, ny reprendu, ny les dieux, ny les lois estrangeres; qui est la mesme chose que l'empereur Justinien escrivit au roy Theobaldus : *Cum divinitas multas patiatur religiones esse, nos unam non audemus imponere; retinemus enim legisse, voluntariè sacrificandum esse Domino, non cujusquam cogentis, imperio* [4]. C'est la foy et la creance qui fait tout. Ils ont dessein d'adorer aultre chose que ce qu'ils reverent, et peut être sont-ils innocens, parce qu'ils sont mal instraits et qu'ils ne connestent pas leur faulte et leurs crimes.

Josephe qui croit plus aux miracles de Moise, qu'à ceux du sauveur du monde, non content de doubter si la mer Rouge se fendit et se separa naturellement ou divinement pour luy faire passage, et aux enfans d'Israel, adjoute encore : que celle de Pamphilie en fit autant aux Macedoniens qu'Alexan-

---

[1] Nulla res multitudinem efficacius regit, quam superstitio. (Quint. Curt. l. 4.)

[2] Geryon, Leçons, t. 5, l. 4, c. 11.

[3] Contzen, Politic., l. 10, c. 58, § 7.

[4] Bodin, in Method., c. 4.

[1] Tacit., *Annal.*, l. 15.

[2] Contre Appion, l. 2, dans la collection du *Panthéon*.

[3] Dans son *Apologie*.

[4] Cassiod. Epist., l. 10, Ep. 26.

dre le Grand conduisoit à la guerre[1]. Il assure aussi[2] que dedans son païs, et de son temps, la manne y pleuvoit ordinairement, comme elle faisoit du temps de Moïse, miraculeusement. Rabbi Moises d'Aegipte, dit[3] : que les miracles de Moïse se pouvoient faire naturellement, comme les grenouilles et les sauterelles qui s'engendrent de putrefaction, d'eau, et de poudre, comme nous voions ès chaleurs d'esté tous les jours devant nos yeux, et que la mer se peult separer et diviser par la violence des vents, comme on voit arriver souvent par les tempestes; et qu'il n'y a rien si aisé que de trouver des eaux par des artifices humains. L'empereur Vespasian estant en Judée guerit un aveugle avec son crachat[4]; et un auttre qui avoit une main seiche dont il ne se pouvoit servir. Suetone adjoute[5] que ce mesme prince guerit un impotent et paralitique d'une cuisse. Spartian[6] escript en la vie de l'empereur Adrian, qu'une femme aveugle recouvra la veue en luy baisant les genoux; et un aveugle né semblablement en le touchant seulement; et que par mesme moien Adrien perdit la fievre qu'il avoit. L'empereur Antonin faisant la guerre contre les Marcommanes impetra[7] de la pluie du ciel du dieu Mercure; et Capitolin parlant de la mesme chose, dit: que pour obtenir ceste pluie, il eut recours à une religion estrangere[8].

De dire que ces miracles sont faux et improuvés à cause qu'ils sont faits par les paiens, c'est ce qui surpasse la conessance des hommes, puisque les Juifs mesmes doubtent de ceux de leur patron; que les chrestiens ne nient point qu'il n'y ait des imposteurs parmy les leurs, et que l'Eglise confesse que les plus meschants sont capables d'en faire. Et pour monstrer en gros que tout le raisonnement de ceste quatrieme partie est fondé sur les lois et les maximes ecclesiastiques qui portent : que le prince temporel ne doibt point juger des choses divines et surnaturelles : que les papes s'en reservent la conessance; que les bons et les meschants, les chrestiens et les paiens sont capables de ces merveilles, le pape Alexandre[9] prohibet venerari reliquias, etiam eorum qui miracula facere dicuntur, nisi de vitâ eorum approbatio habita fuerit à sede apostolicâ. Mali quippe interdum miracula faciunt; ideò non omnis qui miracula facit pro sancto haberi debet, nisi habitâ priùs inquisitione probitatis ejus[10]. En un mot Machiavelle ne parle icy que des miracles qui se faisoient parmy les paiens et les infidelles;

souhaitant autant de zele et de ferveur dedans les ames des princes chrestiens, et d'amour et d'affection pour leur religion, que ces pauvres aveuglés en avoient pour la leur. Et de ceste plainte nous faisons la cinquieme section de ce discours, qui n'est pas moins religieuse : qu'il est necessaire de faire voir combien il est veritable, que les princes chrestiens ont moins de religion que non pas les paiens.

5. *Que les princes chrestiens ont moins de religion que les paiens.*

Il faut avoir aussi peu de conessance des mœurs des hommes, que de ce qui est necessaire à leur salut, pour ignorer que les infidelles et particulierement les Ægyptiens et les anciens Romains, estoient plus religieux, plus devots, et plus pieux mille fois, que ne sont les princes chrestiens de maintenant. Le grand saint Léon parlant de la republique de Rome, et comme elle surpassoit touttes les aultres en religion, aussi bien qu'en force et en grandeur dit[1] : *Hæc autem civitas ignorans suæ provectionis authorem, cùm penè omnibus dominaretur gentibus, omnium gentium erroribus serviebat, et magnam sibi videbatur assumpsisse religionem, quia nullam respuebat falsitatem.*

Ils n'agissoient en touttes leurs actions qu'à la faveur d'une divinité particuliere; touttes leurs entreprises n'estoient que l'execution de leurs augures et de leurs oracles; ils avoient des dieux tutelaires de touttes choses, et s'ils adoroient mal, il n'en sçavoient rien, ce n'estoit pas leur dessein. Leur intention estoit toutte auttre; elle tendoit à la reconessance d'un Dieu tout puissant. S'ils l'eussent mieux connu, ils n'en eussent pas esté plus religieux pour cela, mais mieux instruits seulement. Parmy tant de dieux, ils cherchoient l'unique et le veritable; et s'ils en faisoient de tant de sortes, c'est que, de touttes les graces et de touttes les faveurs qu'ils recevoient du ciel, ils en faisoient autant de déités particulieres; et au lieu de sçavoir distinguer les attributs de Dieu à la façon des chrestiens, ils en divisoient l'essence; et d'un puissant en touttes choses, ils en faisoient plusieurs pour chaque espece en destail. Les juifs en faisoient quasi de mesme quand ils disoient; le Dieu d'Abraham, le Dieu d'Isaac, le Dieu de Jacob, le Dieu de la guerre, le Dieu des armées, le Dieu de la paix, le Dieu de Pharaon, le Dieu d'Elie, le Dieu des gens, le Dieu d'Israel, le Dieu des dieux; et mille aultres qualités particulieres qui se voient partout le vieux et le nouveau testament. Et comme les paiens n'avoient qu'une conessance grossiere et confuse de la religion judaïque, aussi ont-ils fait des dieux tutelaires de telles ou telles familles et maisons, du Dieu d'Abraham, du Dieu d'Isaac, du Dieu de Jacob, et des aultres,

---

[1] Josephe. *Hist. anc. des juifs*, l. 2, c. 7. Collection du Pantheon.

[2] *Ibid.*, l. 3, c. 4.

[3] Rabb Moises de Egypto.

[4] Tacite. Annal., l. 20.

[5] Sueton. in Vespas., l. 9.

[6] Spartian. in Adrian.

[7] Dion. in Marc Antonin.

[8] Capitolin. in Marc Antonin.

[9] Teneamus et Quæst. 4.

[10] Can. venerabilis, de Testibus.

[1] Leo Magnus, *de sanctis Apost. Petro et Paulo.*

où au contraire les princes chrestiens, pour ne point estre accusés d'idolatrie ny de superstition, n'en reconessent quasi point du tout, laissant les choses comme ils les trouvent. La nature leur est une bonne et sage maistresse qui ne peult mancquer dedans ses ordres et ses operations. Touttes les choses se suivent necessairement; qu'est il besoing de demander au ciel ce qu'il ne nous peult refuser, et dont la suitte des temps nous fera jouir? La pieté est trop basse pour un homme de cœur, c'est un divertissement reservé aux bonnes femmes, qui ne sont pas capables de choses plus grandes; c'est assés que nous croions un Dieu; il a assés souffert pour nous; les merites de la passion sont infinis. Quel avantage tireroit il de sa mort et de ses tourmens, si nous n'estions sauvés comme il nous l'a promis. Il est vray que tant de grimaces sont assés inutiles, et que ce n'est pas le grand nombre de ceremonies qui fait les bonnes religions; neant moins si en fault il quelqu'une. Nostre culte despend du dehors aussi bien que du dedans; nos consciences nous y obligent; l'utilité de l'estat le desire, et nostre propre salut le veult absoluement. La police est elle gardée parmy la religion chrestienne, comme elle l'estoit dedans la paienne? où est la pureté et la modestie des vestales dedans nos cloistres? où sont les peines et les chastis de ceux qui violent leurs vœux et qui se rient de leurs sermens? Plut à Dieu, dit Machiavelle, et tous les plus moderés avec luy, que les princes chrestiens gardassent aussi bien leur religion telle qu'elle leur fut premierement baillée, que les païens faisoient la leur; leurs roiaumes et républiques s'en porteroient un peu mieux qu'elles ne font.

6. *Il se plaint de ce que la religion se corrompt et s'altère tous les jours, ou lieu de s'augmenter et de se perfectionner.*

Ce grand politique reconessant que la religion s'altere et se corrompt tous les jours de plus en plus, après qu'il l'a souhaittée toutte pure, et telle que Jesus-Christ et ses apotres nous l'ont enseignée, il se plaint avec raison de voir que les contrées mesme les plus voisines de l'Eglise romaine, sont celles qui en ont le moins, et qu'au lieu de s'augmenter et de se perfectionner de plus en plus elle s'altere et se corrompt tousjours davantage, ce qu'il prend pour une marque de nostre fin prochaine, ou pour le sujet de quelque punition divine.

Les Italiens ressemblent en cela aux enfans d'Israel, qui estoient plus enclins à l'idolatrie que les païens mesmes, quoy qu'ils vissent continuellement devant leurs yeux des miracles nouveaux et à souhait. On s'accoutume à tout; la presence des choses les fait négliger, il n'y a que la non jouissance en credit parmy les hommes; et nous voions quasi tous les vieux saincts sans vertu, sans miracles et sans

adorateurs par la canonisation des derniers ver

Si ceste plainte venoit d'une auttre bouche de celle de Machiavelle, on la feroit passer p un oracle et pour une pensée qui n'auroit pas m d'authorité que celles qui viennent des peres de l glise et de nos reformateurs les plus zelés. Elle n point nouvelle; il y a longtemps que sainct Bern en a dit davantage, et de telle sorte que le pape d' jourd'hui, Innocent X [1], a pensé mettre au rang livres deffendus les ouvrages de celuy qu'on app devot par excellence, et que toutte l'eglise reve pour un grand sainct. Et Isocrate, longtemps aupa vant, tout esblouy qu'il estoit, parlant au roy Nicoc dit: *Religionem quam à majoribus accepisti conser solemneque et pulcherrimum sacrificium et cult maximum existima, si ipse sis optimus et justiss mus; major enim spes est ejusmodi boni aliquid à d impetraturos quàm qui vias delubraque ædifica*

Tertulian en plusieurs endroits de ses livres re cherit sur cet avis, et se plaint de voir la religion alterée et si corrompue, mesme dedans sa source lorsqu'elle ne faisoit quasi que de naistre, qu'à pei s'en peut il consoler; il ne l'appelle que l'omb et la figure de ce qu'elle a esté, et semble voul dire qu'elle est si dissemblable à soi mesme qu' ne peut quasi plus la reconnoistre: *Adversus omn novitates hoc pravi dicatum sit: id esse verius quo cumque prius. In omnibus veritas imaginem anteced postremo similitudo succedit* [2]. Il n'y a que la natu partout. Ce n'est pas orner un beau visage q de le charger de plastre; c'est mettre un masq trompeur et fragile en la place d'une beau naïfve et véritable. La religion de nos peres n'est pas celle que nous avons, ils avoient moins de c remonies et de plus de pieté; ils avoient moins de lo de conscience, et estoient moins meschans; i avoient moins de grimaces, et faisoient plus d'effect ils sçavoient croire, et n'estoient point hippocrite ils practiquoient mieux la vertu, qu'ils n'en sçavoie le nom; ils ne portoient point d'habits de moine et estoient très religieux; ils n'avoient point leurs livrées, parce qu'ils estoient tous d'une mesm confrairie. Ce sont des caprices de l'inconstanc humaine et de la presomption des hommes qui veu lent supprimer les lois du createur, pour mett celles des creatures en leur place. Nous faisons aus peu les choses que Dieu nous commande, comm nous avons peine de trouver celles qu'on nou ordonne de l'escripture saincte. La religion est de cendue jusques à nous, comme les eaux qui s'élo

[1] Innocent X occupa le siége pontifical de 1644 à 165 C'est donc dans l'espace compris entre ces onze anné qu'a été écrit l'ouvrage publié ici.

[2] Tertullien à Praxède, liv. 4, contre Marcion, et d *Prescriptions*, dans la collection du *Panthéon*.

gnans de leurs sources se brouillent et se troublent tousjours davantage, tant plus elles s'esgarent et qu'elles vont en avant. Et quoy qu'on nous ait adverty de bonne heure de prendre garde à ce desordre, nostre obeissance n'a pas esté assés grande, ny nostre zele assés constant pour ne point s'escarter de ceste première pureté evangelique. Il y a longtemps que la faute est faite, tesmoing l'ordonnance des empereurs Gratian, Theodose, et Valentinian, qui dit : *Cunctos populos quos clementia nostra regit imperium in tali volumus religione versari quam divum Petrum apostolum tradidisse Romanis, religio usque adhuc ab ipso insinuata declarat, quamque pontificem Damasum sequi daret, et Petrum Alexandriæ episcopum, virum apostolicæ sanctitatis; hoc est, ut secundum apostolicam disciplinam, evangelicamque doctrinam Patris et Filii et Spiritus sancti, unam deitatem sub pari majestate et sub pia trinitate credamus*[1] : ce bel edict addressé au peuple de Constantinople fait le commencement de tout le code de l'empereur Justinian, et le nostre le debvoit imiter en cela.

MAXIME VI.

Qu'il faut accommoder la religion à l'estat pour le bien et la conservation d'iceluy.

Machiavelle dit : « Comme les Romains exposoient les auspices à leur proffit, les enfraignoient au besoing par discretion, et punissoient ceux qui indiscretement le faisoient. » Voilà le titre du chapitre, et voicy le raisonnement : « Vous avés cy dessus entendu que les augures estoient les principaux pilliers de la foy des paiens, maintenant je vous veux advertir plus fort, et dire un mot qui semblera incroiable : que si Rome s'est bien portée, ça esté en partie par eux; aussi en estoit elle autant soigneuse, que de police qu'elle eut. Ils n'entreprenoient chose aucune sans les avoir premierement consultés, etc. » Et un peu après : « Neantmoins quand le capitaine et general d'armée, tout calculé et consideré, voioit la fortune luy rire, et qu'en sorte du monde la victoire ne lui pouvoit eschapper des mains, nonobstant les deffenses et contredits des poulaillers, ils prenoient le temps. Ce luy estoit assés de se justifier qu'il ne l'avoit fait en despit de Dieu, ny en mespris de la religion; comme fit Papirius consul en la bataille qu'il eut contre les Samnites, lesquels depuis ne purent jamais se relever. Luy voiant son cas certain, et que rien ne luy pouvoit oster l'heur et l'honneur de la journée, avant que marcher et desploier au vent les bannieres, voulut bien s'en conseiller aux poulets qui pour lors ne daignerent beccher. Touttefois le maistre poulaillier, comme bien advisé, et ne voulant empescher l'occasion de bien faire, ny refroidir le chef et les soldats si deliberés

[1] Cod. *de summa Trinitate, tit. 1, leg. 1.*

de frapper, fit son rapport que si, en suitte de quoy ils donnerent la bataille, etc. » Et peu après. « Ainsy besongna Papirius discrettement, faisant, nonobstant la religion, ce qu'il voioit estre à faire par raison, donnant ordre qu'il ne sembla qu'elle y fut violée, ny les dieux offensés. » Et un peu après, concluant son discours, dit : « Or debvés-vous sçavoir que les Romains connoissent assés qu'en valloit la marchandise, mais ils en usoient seulement à ce que leurs gens d'armes, quand il faudroit mettre la main à l'œuvre, ne doubtassent de rien, mais tinssent la chose toutte assurée comme si Dieu leur eut dit de sa bouche. Aussi voit on qu'avec ceste opinion et confiance ils faisoient merveille; et rien ne leur estoit impossible. » — (Machiavelle en ses *Discours sur Tite-Live*, liv. I, chap. 14.)

Voicy la maxime qui a mis tous les devots en allarme C'est icy le lieu où nostre autheur s'est acquis le surnom d'impie; c'est icy l'endroit qui descouvre l'ignorance et la calomnie de ses adversaires, et voicy le discours qui fait voir leur malice, et son innocence; estant vray que tous ceux qui le condamnent et qui jurent que tout est perdu pour avoir mis ceste histoire en avant, ne sçayent ce que c'est, ny d'estat ny de religion, encore moins comme ce grand homme peult et doibt conclure par un raisonnement si solide et si veritable. Pour moy, si j'avois quelque chose à reprendre dedans ses escripts, ce seroit de n'avoir pas approfondi ceste matiere comme il pouvoit, comme la plus utile et la plus necessaire de tout un estat, parce qu'elle est la plus delicatte, et la seule où les plus esclairés ne voient goutte, et que les plus grands escrivains n'ont point encore clairement ny suffisamment examinée ny decidée. Les Romains ne sont pas les seuls qui ont accommodé la religion à l'estat; ceste maxime est aussi vieille que le monde. Et puisque la religion n'est qu'un milieu entre Dieu et les hommes, qu'importe si on s'en sert de la sorte pour mettre bien les sujets par ensemble, sans les esloigner de Dieu et de ceux qui les representent? Quand on les unit par ce lien, on joinct leurs cœurs et leurs vœux pour faire des prieres, et des sacrifices communs au Createur. Dieu s'est fait homme pour communiquer avec nous, et tascher de se faire conestre à nos yeux et à nos esprits, et nous ne voulons pas que le prince le face quelque fois pour entretenir ses sujets dedans cest amour et ceste union eternelle. Ce n'est pas la religion qui fait les hommes bons et pieux, mais ce sont les actions sainctes et vertueuses qui donnent ces qualités à la religion. *Nihil sane ad istam pertinet civitatem*, dit saint Augustin[1], *quo habitu vel more vivendi, si non est contra divina precepta, istam fidem quâ pervenitur ad*

[1] Saint Augustin, *Cité de Dieu*, l. 19, ch. 19.

Deum, quisque sectetur; inde ipsos quoque philosophos quando christiani fiunt, non habitum vel consuetudinem victus quæ nihil impedit religionem, sed falsa dogmata mutare compellit. Ce n'est point la religion qui fait la conscience, mais bien la conscience qui fait la religion; celle cy n'a que l'apparence, et l'aultre a les effects; ceste derniere n'est qu'un nom de parade, et la premiere est le signe et le thresor de toutes les vertus. Nostre satisfaction vient de nous mesmes, c'est auprès de nous qu'il la fault chercher; celle qui vient d'aultruy est mandiée, et ne fait rien à nostre avantage, à nostre gloire, ny à nostre contentement. *Qui gloriatur, in domino glorietur,* dit l'apostre [1]; et sainct Augustin authorisant nostre raisonnement, dit, expliquant ce passage [2]; *multi gloriantur de operibus, et invenis multos paganos propterea nolle fieri christianos, quia quasi sufficiunt sibi de bonâ vitâ suâ :* n'ayant n'y qualité exterieure, ny tiltre d'honneur quel il puisse estre qui puisse aller de pair avec une saincte, genereuse et veritable preud'hommie.

Avant que de m'engager plus avant dans la preuve et la justification de ceste maxime, il fault satisfaire à mon dessein, et faire une partie de l'apologie de nostre autheur, qui est le maistre de l'impieté, l'horreur du monde, l'ennemy de Dieu et de tout ce qui le regarde, si on s'en rapporte à la calomnie de ses reformateurs, et à la censure de leurs escripts. Pour moy je ne vois point qu'il enseigne qu'il fault accommoder la religion à l'estat, qu'il en face sa servante et son esclave, ny qu'il mette en avant contre la vraie et la veritable, la moindre petite proposition, pas mesme un soupçon qui puisse causer aucun scrupule dans un esprit qui doibt conestre les choses dont il veult juger. S'il dit que les Romains en ont usé de la sorte; dit il pour cela que les princes chrestiens en doibvent faire de mesme? où est la presomption du crime qu'on luy impose? puisque leur religion n'estoit que de police, pourquoy ne pouvoient ils pas l'accommoder au bien et au gouvernement de leur estat ? *Nullam certam religionem habent, quam vellent aut poteant subditis persuadere,* dit un des savans hommes du dernier siècle [3]. Machiavelli enseigne-il seulement que ces grands politiques l'aient pu faire sans blasme et sans sacrilege? et parce qu'il n'authorise pas ceste façon de faire parmy les païens, on veult luy faire croire qu'il la presche, qu'il la conseille, et qu'il la persuade aux princes chrestiens à cause qu'il leur raconte. Quand on veult perdre un innocent, il fault que ses accusateurs luy prestent les crimes qu'il n'a point, et qu'ils affirment qu'ils ont veu

en luy ceux là mesmes qu'ils retiennent en eux, et qu'ils inventent pour faciliter sa condamnation. Mais comme ce procès est par escript, et qu'il est entre les mains de tous les hommes, je crois, pour la descharge de ce rare esprit, que ceux qui prendront la peine de le bien voir et de l'examiner avec attention, conestront qu'il est moins coupable que ses parties adverses; parce qu'il n'est point chargé des choses qu'on luy impose, comme sont ses medisans, qui feignans de les condemner en ses escripts, les enseignent et les desbitent dedans les leurs, avec l'art du mensonge et la methode de la calomnie. Un Italien sectateur de Tacite, et censeur de Machiavelle, dit [1], et son traducteur après luy, parlant de ceste maxime; qu'il ne voit pas que les Romains l'aient pratiquée ny que nostre autheur le face voir par ses escripts; en quoy il se trompe doublement, comme nous le justifierons par tout ce discours, tesmoignant néant moins en faveur de nostre accusé : qu'il n'a pas si mauvaise opinion de luy que les aultres qui le deschirent avec tant de passion, et si peu de justice et de raison.

Je ne sçais pourquoy on fait un blaspheme et un sacrilege de dire que la religion se peult accommoder à l'estat, puisque ces deux choses sont si estroittement liées par ensemble, qu'il n'y a point d'estat sans religion, ny de religion sans estat; oultre qu'il est vray que l'une n'est que la police interieure, et l'autre l'exterieure; que la premiere regarde Dieu et les consciences, et la seconde les hommes, et leurs actions purement morales. Et quoy qu'on puisse dire, que le premier monde, c'est à dire, ceux qui ont esté devant le deluge, ont vescu sans elle, et n'en avoient point d'aultres que la preud'hommie, ny d'autre police que la naturelle, et nonobstant cela n'ont pas laissé d'avoir des saincts, des patriarches et des eslens; de plus les republiques estant faittes devant elle, elles ont le droit d'aisnesse, et l'avantage de leur ancienneté; estant vray que les hommes ont esté plus de deux mille cinq cents ans sans la conestre; et n'estoient pas moins vertueux ny moins parfaits que ceux qui s'en chargent et qui s'en embrouillent si fort la cervelle. Tesmoing ce qui est dit d'Abraham. *Amicus autem Dei Abraham pater noster appellatus est, antequam circumcisionem acciperet et antequam sabbata et antequam legem aliquam divinæ constitutionis sciret. Amicus autem factus est non quidem circumcidendo se, sed credendo in Deum* [2].

Ce qui est conforme à la pensée de saint Paul, qui dit que la loy de Moïse seule n'estoit pas suffisante au salut. *Neminem justificari ex operibus legis, sed ex*

---

[1] St Paul, 2 aux Corinth., c. 10, v. 17.
[2] St Augustin. Préface du psaume 51.
[3] Grégoire, de Repub., lib. 6, c. 12. Num. 21.

[1] Ammirato, Disc. sur Tacite, l. 2, ch. 5.
[2] Abdias, Hist. des Apôtres, l. 4.

fide in Christum[1]. C'est comme saint Thomas expliqué ce passage [2], et tous les theologiens après luy; adjoutans que l'eglise et sinagogue des Juifs n'estoit pas la mere de tous les fideles, mais de quelques particuliers seulement, c'est à dire de ses sectateurs et de ceux pour qui elle avoit esté faitte.

Multi fideles, dit Bécan[3], *extra sinagogam salvabuntur*, *ut Ninivitæ*; comme atteste sainct Matthieu quand il dit [4], *viri Ninivitæ surgent in judicio cum generatione istâ*, *et condemnabunt eam*, *quia pænitentiam egerunt in prædicatione Jonæ*; et qu'il est constant et certain que beaucoup de paiens qui ne suivoient la religion des Juifs pouvoient estre sauvés. C'est la doctrine de l'apostre qui dit: *in Christo Jesu nec circumcisio est aliquid*, *nec præputium*, *sed observatio mandatorum Dei*.

Outre ces raisons nous avons encore les exemples de ceux mesmes de qui nous tenons les premiers fondemens de la religion, qui, nous la donnant, nous ont appris en mesme temps comme pour un plus grand bien elle pouvoit s'accommoder à l'estat. Ceste maxime est un des premiers traits de l'addresse politique de Moise, qui aiant espousé une paienne, nommée Sephora, fille de Jetro, prestre des Madianittes, en eut deux garçons qu'il ne fit pas circoncire, encore que la coustume des Juifs l'y obligeast, qui gene alement parlant estimoient ceste ceremonie necessaire à salut, depuis qu'Abraham l'eust establie; et ce seulement à cause qu'il estoit parmy des idolatres, et qu'il craignoit que sa femme et son beau pere ne le trouvassent pas bon; qui estoit justement accommoder la religion à l'estat, et au païs dans lequel il vivoit; ce qu'il n'auroit pas fait si en consci'nce il ne l'avoit pu, luy qui estoit l'éleu de Dieu, et celuy qu'il avoit choisy pour delivrer son peuple de captivité et luy enseigner la religion qu'il vouloit establir. Et ne fault pas dire, comme font quelques uns, que ceste action desplut à Dieu, comme il luy tesmoigna quand un ange vint à luy sur le chemin, qui faisoit semblant de le vouloir tuer, l'empeschant d'avancer, tant que sa femme eut elle mesme circoncis l'un de ses enfans avec une pierre qu'elle rencontra, après quoy elle s'en retourna avec eux toutte remplie de crainte et de fraieur, puisque, selon sainct Augustin et Théodoret[5], l'ange ne luy apparut point pour faire faire ceste circoncision, mais pour obliger sa femme seulement à s'en retourner, affin qu'elle ne luy apportast aucun empeschement dans l'execution du hault dessein qu'il alloit entreprendre[6]; outre que l'es-

cripture saincte nous apprend et nous atteste bien clairement, que tant s'en fault qu'il ait desplu à Dieu en cela, que Marie, pour en avoir murmuré auprès d'Aaron son frere, en fut severement punie de lepre[1].

Ce grand maistre de la police et de la republique des Juifs n'a pas commencé tout seul; son frere Aaron, souverain pontife et sacrificateur de la loy, a renchery sur luy, sans qu'il conste que Dieu l'en ait jamais repris ny chastié, pour nous faire voir combien la bonté du createur est infinie, de s'abbaisser et de s'accommoder ainsi à la faiblesse et à l'ignorance humaine, demandant plustost nos cœurs, que nos grimaces et nostre exterieur.

Dieu aiant fait venir Moise pour lui dire ses volontés et luy donner les deux Tables de la loy[2], le peuple vo ant qu'il demeuroit trop et qu'il n'en avoit point de nouvelle, annuié d'une si longue absence, alla trouver Aaron son frere qui estoit grand sacrificateur, et celuy que Dieu avoit ordonné luy-mesme pour estre compagnon de Moise, et luy dit: « Fais nous des dieux qui aillent devant nous, qui nous guident, et qui nous conduisent, puisque nous ne sçavons pas ce qu'est devenu Moise, qui semble ne nous avoir tirés d'Egypte que pour nous abandonner. » Aaron craignant de les irriter, et de les porter à quelque sedition, s'accommodant à leur humeur et à leur idolatrie, pour les appaiser et les tenir dedans le devoir, leur dit: « Apportés moy les pendans d'oreilles d'or de vos femmes et de vos filles. » Ce qu'aians fait, Aaron les fit fondre et en fit un veau d'or qu'ils adorerent incontinent, disans: « O Israel, voicy l s dieux qui t'ont delivré de la captivité d'Egypte[3]. » Aaron voyant l'affection que ce peuple avoit pour ce veau d'or, se servant de l'occasion, luy dressa un autel[4], et fit publier haultement par la voix d'un crieur public: « Demain se celébre la feste du Seigneur[5]. » Et le lendemain offrirent des holocaustes et des sacrifices, puis passerent le reste du jour en festins, en jeux, et en rejouissances. Ce qui fut cause que Dieu fit incontinent descendre Moise de la montagne pour aller mettre ordre à tout ce qui se passoit dedans le camp des Israelites. Où estant arrivé, après avoir reduit en poudre ce veau d'or, il demande à Aaron pourquoy il avoit souffert, voire mesme authorisé une si grande et si honteuse idolatrie[6]. « Pour moy, dit Aaron, je souhaite autant que je puis que mon seigneur ne s'en offence point; pour toy, tu sais comme ce peuple est naturellement enclin au mal, et particulierement à l'idolatrie[7]. Ils m'ont demandé des dieux pour les mener et les conduire en ton absence[3]; je leur en ay accordé un pou empescher

[1] Ép. aux Rom. et aux Galates.
[2] S. Thom. 1. 2. Quæst. 92, art. 2, 3, 4.
[3] Becan., Anal. 9, c. 5. Quæst. 5; et c. 6, quæst. 4.
[4] S. Matthieu, c. 12, v. 41.
[5] Theodoret., lib. 1, quæst. 15 in Exod.
[6] Num. c. 6, v. 1, 9, 10.

[1] S. Augustin., t. iv, 1. 2, quæst. 12 in Exod.
[2] Exod., c. 52.
[3] Ibid.
[4] Ibid., c. 52, v. 4.
[5] Ibid., v. 5.
[6] Ibid.
[7] Ibid.
[8] Ibid.

une rebellion generale, et peut estre une sédition, très grande et très dangereuse.

Quelle moralité, quelle instruction, quelle excuse peut-on tirer de ceste procedure, si non qu'il fault croire certainement qu'Aaron n'idolatroit point de soy, puisqu'il ne conste pas que jamais il en ait esté repris; mais seulement qu'il souffroit touttes ces inventions pour s'accommoder à la violence de ceste populace, aimant mieux relascher quelque chose de sa vertu ordinaire, et se rendre complice de ce mal qu'il croioit necessaire, que de hazarder la ruine entiere de ce peuple mutin, qui peut estre se fut rebellé, et dissipé tous les desseins de Moïse, comme ils l'en menaçoient assés souvent. Qu'ainsi ne soit, quand ce merveilleux conducteur prie Dieu de vouloir pardonner ce peché à son peuple, il ne met pas Aaron au nombre de ceux qui ont failly; et quand Dieu les chastie, il n'est point au rang des criminels[1]. Il n'y eut que le peuple de puny pour avoir adoré le veau d'or qu'Aaron leur avoit dressé, mais comme contraint de ce faire, estant certain que Dieu ne demande que l'interieur aux hommes, et qu'il ne reprend rien à touttes ces mines estudiées et forcées.

Samson, contre le gré de ses père et mère, voiant une belle Philistine, quoyque paienne la voulut espouser; et l'eut en mariage, encore que la religion de son pais luy deffendit de s'allier avec des estrangeres, et des gens qui n'estoient point circoncis[2]. Le peuple ne conoit point les mouvemens secrets que Dieu envoie aux princes, ny les moiens dont il se sert pour les faire agir pour le bien et l'utilité de leur estat.

Jacob qui a esté l'homme de Dieu, en moins de huit jours espousa les deux filles de Laban, idolatres et paiennes, et leur permettoit d'adorer les idoles qu'elles avoient avec elles, pour conserver la paix dans sa maison; ce qu'il tolera onze ans entiers. Et nonobstant cela, Dieu s'appele luy mesme : « le Dieu de Jacob mon serviteur, mon favory et bien aimé[3]. » Et si un prince chrestien tolere ou dissimule quelque petite chose pour la tranquillité et la conservation d'un roiaume entier, c'est un impie, c'est un sacrilege, c'est un homme perdu.

Salomon, qui sera honoré autant de temps que le monde durera, pour sa sagesse incomparable et sa grandeur sans pareille, ne se contenta pas d'espouser la fille de Pharaon, roy d'Egipte, et de luy permettre d'idolatrer dans son propre palais; mais encore eut ceste mesme complaisance pour touttes ses aultres femmes, non pas pour conserver son estat, mais seulement pour meriter de plus en plus leurs caresses, et ne point perdre leurs bonnes graces qui luy estoient trop cheres et trop sensibles; s'imaginant

sans doubte qu'il n'y avoit pas plus de mal de revereer leurs idoles, que d'adorer leur beauté innocemment et passionnement, comme il faisoit tous les jours.

Quand le roy des Assiriens s'empara de la terre des Israelites, et qu'il la remplit de ses sujets et des colonies nouvelles qu'il avoit amenées avec soy, ces peuples qui estoient idolatres, voulant continuer leur faussé religion dans ce roiaume, avec la mesme liberté qu'ils faisoient au leur, furent devorés la plus part par des lions qui les deschiroient et les mettoient à mort; de quoy le roy estant adverty, ordonna qu'on fit venir les prestres des Israelites pour les instruire en la vray foy; après quoy ils se mirent à adorer le Seigneur, sans pourtant negliger leurs idoles, suivant leurs anciennes coustumes; ce que le roy fut contraint de souffrir pour ne point troubler l'estat. Et semble de plus que Dieu ne l'ait point improuvé ny trouvé mauvais, puisqu'il dit : *Fuerunt igitur gentes istæ, timentes quidem Dominum, sed nihilominus et idolis suis servientes*[1]; n'y aiant point d'apparence que Dieu ait voulu declarer si nettement et si clairement que les Assiriens estoient peuples craignans Dieu, encore qu'ils servissent et sacrifiassent à leurs idoles; donnant ceste idolatrie à l'humeur du peuple, à la necessité de l'estat, à la police generale du roiaume, et à la coustume de leurs pères, comme luy-mesme le tesmoigne, disant : *Nam et filii eorum, et nepotes, sicut fecerunt patres sui, ita faciunt usque in præsentem diem*[2].

Hemor, prince de Sichem, sachant que son fils et l'heritier de sa terre avoit forcé Dina, fille de Jacob et sœur des douze patriarches, se resolut, pour les appaiser et reparer ceste injure, de la demander pour femme, leur offrant de la dotter richement et superbement. Mais comme ils ne voulurent entendre à ce mariage à cause de la contrarieté de religion, et que leur loy leur deffendoit de s'allier avec des estrangers paiens et idolatres, ils luy promirent neant moins que, s'il vouloit se faire de la leur, ils entendroient à son alliance, et escouteroient ses propositions. Sur ces belles parolles et sur ces esperances, Hemor se fit circoncir et tous ses sujets en un jour, croiant qu'il accompliroit ce mariage, et que par là il gaigneroit le cœur et la volonté de Jacob et de ses enfans; mais au contraire, Simon et Levi, freres de Dina, se servant de l'occasion, entrerent par force dedans la ville le troisieme jour après la circoncision, lorsque les plaies faisoient le plus de douleur, tuerent le prince et passerent tous ses sujets au fil de l'espée. Ainsi le pauvre seigneur de Sichem, quoy qu'il se fut fait juif, tant pour conserver son estat, que pour suivre la vraie religion, et s'allier avec eux, fut neant moins traitté de la sorte par les enfans de Jacob, qui en furent severe-

[1] Exod., c. 52, v. 55. [3] Deus Jacob. (Genes., c. 29.
[2] Judic., c. 4, v. 4.

[1] Rois, 1, 4, v. 41. [2] Ibid.

ment blasmés par le bon pere quand il sceut leur procedure. *Quibus patratis audacter, Jacob dixit ad Simeon et Levi : turbastis me, et odiosum fecistis me Chananœis et Pheresœis habitatoribus terræ hujus* [1].

Jeroboam roy d'Israel, craignant que ses sujets ne le quittassent, et ne le missent à mort pour suivre Roboam roy de Juda [2], s'il leur permettoit d'aller faire leurs sacrifices et prieres en Hierusalem qui en estoit la capitale ; après s'estre conseillé là dessus, il leur fit dresser deux veaux d'or, puis leur dit : Enfans d'Israel, n'allés plus en Hierusalem ; voicy vos dieux qui vous ont tirés de la captivité d'Egipte : *Excogitato consilio, fecit duos vitulos aureos, et dixit eis ; Nolite ultra ascendere in Hierusalem ; ecce dei tui* [3], *Israel, qui te eduxerunt de terrâ Ægypti*; accommodant ainsi la religion à l'humeur de ses sujets pour conserver son roiaume, comme Gregoire remarque en sa *République* [4], et Menoch dans ses *Institutions Politiques* [5].

Jason, pour se conserver dans la charge de grand prestre et sacrificateur des juifs [6], sacrifia avec les Gentils, et favorisa leur religion en tout ce qu'il put au prejudice de la sienne : *Quæ adminicula,* dit Menoch [7], *ad stabiliendum sibi principatum sacerdotum fore putavit.*

Achaz roy de Juda, pour se concilier l'amitié du roy des Assiriens, et faire en sorte qu'il ne luy fit point la guerre, voire qu'il le protegeast contre le roy de Sirie et celuy d'Israel, sacrifia à la mode des Gentils, et consacra son propre fils, le faisant passer par le feu : *Insuper et filium suum consecravit, transferens per ignem secundum idola gentium. Immolabat quoque victimas et adolebat incensum in excelsis et in collibus, et sub omni ligno frondoso; et misit nuntios ad regem Assyriorum dicens: Servus tuus et filius tuus ego sum; ascende et salvum me fac de manu regis Syriæ, Et de manu regis Israel, qui consurrexerunt adversum me* [8], ce qui le mit à couvert luy et son roiaume.

Cirus roy de Perse aiant conquis le roiaume de Babilone [9] où les Juifs estoient en captivité, les mit tous en liberté et les renvoia à Hierusalem pour y rebastir le temple, et vacquer à leur religion sans aucun trouble ; mesme leur rendit les vaisseaux d'or et d'argent de leur temple, encore qu'il fut paien, voulant par la se conserver ce grand empire nouvellement acquis, tolerant une religion, et des ceremonies qu'il n'approuvoit point puisqu'il ne les suivoit pas.

Saül estant repris par Samuel d'avoir sacrifié aux idoles crainte de perdre son roiaume [10], ne luy donne aultre justification de son action, sinon qu'il a esté contraint de ce faire, voiant que le peuple l'abandonnoit et que les Philistins s'approchoient pour le combattre : *Quia vidi quod populus dilaberetur à me, necessitate compulsus, obtuli holocaustum* [1]; la version hebraique porte ; *vim mihi feci, ut scilicet,* disent les interprettes, *contra voluntatem meam, et tuum præceptum sic sacrificarem*; et Sà, en ses nottes, dit sur ce passage : *Feci reclamante conscientia, vincens animum dictantem non faciendum hoc.* « Si je me suis ainsi accommodé à la religion de mes ennemis, ce n'a esté que par force, la necessité m'a contraint ; la conservation de mon estat le vouloit ainsi ; à moins que d'estre roy je ne l'aurois pas fait ; j'ay cru que je pouvois un peu m'escarter, pour empescher la ruine et le debris de tant de peuples innocens qui sont sous moy, et qui ne sont aucunement coupables des desseins, ny du gouvernement de leur prince. »

Sainct Jerosme l'une des principales lumieres de l'Eglise, et le plus clairvoiant dedans les faits et les actions des Hébreux, tient pour saine et veritable l'opinion de ceux qui avoient soustenu devant luy, que Jehu, roy d'Israel, avoit utilement et innocemment feint qu'il estoit idolatre de Balaal, pour mettre son estat en repos [2]. Le texte pur de l'escriture saincte semble y estre formel, quand il dit : *Dixit autem Dominus ad Jehu : quia studiose egisti quod rectum erat, et placebat in oculis meis, et omnia quæ erant in corde meo fecisti contra domum Achab* (du quel il tua les septante deux fils), *filii tui usque ad quartam generationem sedebunt super thronum Israel* [3]. Et Mariana annotant ce passage, dit : *Bonus dominus; opera bona quamvis imperfecta, et aliis maculis fœda, præmiat tamen;* excusant et authorisant l'idolatrie de Jehu, parce qu'elle tendoit à un grand bien, et qu'il n'y a si grand deffaut qui n'ait son contre poison, et qui ne se puisse effacer par une vertu encore plus grande, puisque c'est la fin de l'action qui fait juger de l'intention de celui qui la met en pratique.

Presque tous les roys d'Israel, et quelques uns de ceux de Juda ont suivi l'idolatrie pour soulager leurs sujets, et causer le bien et l'utilité de leur estat. L'ancien testament et les autheurs profanes de son temps ne nous apprennent aultre chose, sinon que la religion estoit plus de police que de debvoir, et que par ainsi on l'accommodoit au bien et à l'avancement de l'estat, selon que les occasions et les necessités presentes le requeroient.

Le nouveau testament a ses exemples aussi, qui ne seront pas de moindre authorité, puisque le sauveur du monde mesme et le maistre des rois, non content de les enseigner, les a très exactement practiquées pour introduire sa loy, establir son empire et reduire ses creatures au poinct d'obeissance et de

---

[1] Genes., c. 34, v. 30.
[2] Rois, liv. 3, c. 12.
[3] Ibid, v. 28.
[4] Lib. 13, c. 11, num. 8.
[5] Lib. 2, c. 2.
[6] Machab., lib. 2, c. 4.
[7] Instit. polit., l. 2, c. 2.
[8] Reg., lib. 4, c. 16.
[9] Esdras, l. 1, c. 1.
[10] Rois, l. 1, c. 13, v. 11, 12.

[1] Reg. l. 1, c. 13, v. 11 et 12.
[2] S. Hier. in 2. ad Galat.   [3] Reg., l. 4, c. 10, v. 30.

submission qu'il desiroit d'elles. Les moins instruits dedans la religion sçavent, qu'encore bien que Jésus-Christ soit venu au monde pour abolir la loy des Juifs, et ruiner touttes leurs ceremonies, néant moins ne le voulant pas faire de puissance absolue, comme il pouvoit, s'accommoda à leurs façons de faire, et pour agir en homme, comme il en avoit pris la forme, practiqua avec la Vierge sa mere presque tout le temps de sa vie des choses qu'il n'approuvoit point, puisqu'il vouloit les ruiner et les abolir. Les evangelistes sont tous d'accord que le huitieme jour après qu'il fut né[1], il se fit circoncire comme un Juif, quoy qu'il en fut le destructeur; et quarante jours après la vierge et sainct Joseph le porterent dedans le temple de Hierusalem pour satisfaire à deux lois de Moïse, l'une pour purifier la mere, et l'aultre pour offrir les deux tourterelles pour rachepter les premiers nés; et ne quitta leur religion et leurs ceremonies que le trentieme an de son aage, lorsqu'il se fit baptiser dedans le Jourdain par sainct Jean Baptiste[2]. Et par ainsi demeura dedans la loy des Juifs tout le temps de sa vie, à la reserve des quatre dernieres années. Mesme depuis son baptesme, estant en Galilée, aiant gueri un lepreux en le touchant, luy commanda très expressement de ne le dire à qui que ce soit, mais au contraire d'aller trouver le prince des prestres de la loy, de se monstrer à luy, et d'offrir le sacrifice que Moïse avoit commandé de presenter pour la guerison de ceste maladie: *Vide nemini dixeris; sed vade, ostende te sacerdoti, et offer munus quod præcepit Moyses in testimonium illis*[3]. En ce mesme temps il fut de rechef en Hierusalem pour celebrer la feste de Pasques[4] avec les aultres Juifs, tout baptisé qu'il estoit. Bien plus, quand il se transfigura sur la montagne de Thabor[5], en la presence de sainct Pierre, sainct Jacques, et sainct Jean, tous trois apostres et ministres de sa loy, incontinent Moise et Helie se trouvans la, parlerent et consulterent avec luy, sans que ces trois apostres aient aultre part en ceste conference secrette qu'un estonnement qui leur troubla tous les sens, encore qu'ils fussent les principaux de ceux dont il pretendoit se servir pour abolir la loy des Juifs; et ne sçurent quoy que ce soit de tout ce qui se passa en ceste assemblée; et ne virent pas seulement disparestre ny Moise, ny Helie; au contraire, Jesus-Christ en descendant la montagne avec eux, leur commanda de ne point parler de ceste vision tant qu'il seroit mort et ressuscité, ce qu'ils firent.

Le mesme sauveur assista à l'inconu à la feste des Tabernacles en Hierusalem avec les aultres Juifs: *Ascendit ad diem festam non manifestè, sed quasi in occulto*[1]. «Dinant chés un Pharisien qui l'avoit invité, il se mit à table sans laver ses mains[2], à cause que la loy des Juifs ne le permettoit pas; de quoy le Pharisien fut fort scandalisé, et luy en fit reproche. Il assista à la dedicace du temple establie par Judas Machabée en la ville de Hierusalem.

Encore que les exemples seuls du redempteur du monde suffiroient pour monstrer que ce n'est point un crime ny un sacrilege d'accommoder la religion à l'estat pour un plus grand bien, il fault néant moins s'estendre davantage là dessus, tant à cause de l'importance du sujet, qu'à cause qu'on ne sçauroit apporter trop de lumiere ny trop d'authorités pour appuier une chose à laquelle tout le monde donne atteinte, et qu'on tasche de renverser a cause qu'on n'en cognoit point la grandeur ny la necessité.

Plusieurs peres grecs et latins remarquent, et Tertulian des premiers, que sainct Pierre et sainct Paul ont simulé dedans l'observation de la loy, et qu'ils ont sceu accommoder la religion qu'ils preschoient avec tant d'ardeur, au dessein qu'ils avoient de l'establir, comme ils ont fait si glorieusement. Voici comme il en parle[1]: *Si reprehensus est Petrus, quod cum connexisset ethnicis, postea se à convictu eorum separabat personarum respectu, utique conversationis fuit vitium, non prædicationis: non enim ex hoc alius Deus quam creator, et alius Christus quam ex Mariâ, et alia spes quam resurrectio annuntiabantur. Sed respondendo quasi pro Petro, ipsum Paulum dixisse: factum se omnibus esse omnia, Judæis Judæum, non Judæis non Judæum, ut omnes lucrificaret. Adeo pro temporibus et personis et causis committebant, quemadmodum si et Petrus reprehenderet Paulum, quod prohibens circumcisionem circumciderit ipse Timotheum...*« Si on trouve à redire que sainct Pierre ait quelquefois mangé et conversé avec les païens, et que puis après il s'en soit abstenu, crainte d'irriter les chrestiens, ce n'est qu'un deffault de conversation, et non pas une erreur de la religion qu'il enseignoit; Dieu ne laisse pas d'estre nostre createur pour cela, ny le Christ fils de Marie; et l'esperance que nous avons de la resurrection n'est point perdue ny diminuée par ceste communication; et si mon zele et mon affection peult quelque chose à la justification de ceste action, et de celle de sainct Paul qu'on accuse de s'estre accommodé à l'humeur et aux façons de faire de ceux avec lesquels il conversoit, faisant le Juif avec les Juifs, et n'en tesmoignant rien à ceux qui ne l'estoient pas, je puis respondre et asseurer que ceste complaisance ne provenoit que du desir qu'il avoit de gaigner et les cœurs et les ames tout ensemble; et que les uns et les aultres sçavoient

---

[1] S. Luc., c. 2, v. 21.
[2] S. Matth., c. 8, v. 4.
[3] S. Matth. c. 8, v. 4.
[4] S. Matth., c. 6, v. 4.
[5] Ibid. c. 17. — S. Marc, c. 9. — S Luc, c, 9.

[1] S. Jean, c. 7, v. 10.
[2] S. Luc, c. 7.
[5] Tertull., de Præscrip. adv. hæret., c. 23 et 24; et lib. 1, contra Marcion., c. 20.

prendre leur temps; qu'ils regardoient bien à qui ils avoient à faire; qu'ils faisoient semblant d'approuver des choses qu'ils condamnoient en eux mesmes, et que souvent ils censuroient celles qu'ils venoient de faire, comme fit sainct Paul qui deffendoit la circoncision au mesme temps qu'il venoit de circoncire Timothée qu'il destinoit pour instruire les juifs à la foi chrestienne. » C'est pourquoy, dit le mesme Tertulien, sainct Paul se rendant tout pour tous, et s'accommodant à l'humeur d'un chacun affin de les attirer à soy plus facilement, il peut aussi de son costé donner cest advis à sainct Pierre, de faire des choses qu'il n'approuvoit pas, et que mesme il ne conseilleroit pas : *Et tamen cum ipse Paulus omnibus omnia fieret, ut omnes lucraretur, potuit et Petro hoc in consilio fuisse, aliquid aliter agendi quam docebat*[1].

Sainct Hierosme, en l'une de ses epistres[2], trouvées parmy celles de sainct Augustin, soustient par diverses raisons l'opinion de Tertulian, disant que sainct Paul n'a pas moins simulé en ses actions que sainct Pierre qu'il reprenoit; voicy comme il en parle[3].Considerons un peu si sainct Paul qui reprend sainct Pierre, n'en a pas fait autant pour le moins, quand il a circoncis Timothée pour plaire aux Juifs, encore qu'il ne fut que fils d'une veufve juifve et d'un pere gentil. O Paul, sainct apostre qui avés blasmé la simulation en sainct Pierre, à cause qu'il se retiroit d'avec les Gentils pour la crainte des Juifs; pourquoy avés vous, contre vostre opinion et la doctrine que vous enseigniés, contraint Timothée qui estoit fils d'un Gentil, et qui par consequent suivoit la religion de son pere, de se circoncire, luy qui n'estoit pas Juif, puisque depuis tant de temps il ne l'avoit pas fait? Vous me respondrés que c'estoit à cause des Juifs qui estoient en ces quartiers là. Vous donc qui scavés vous pardonner en la circoncision de vostre disciple venu d'entre les Gentils, pardonnés aussi à sainct Pierre vostre ancien ce qu'il pourroit avoir fait pour crainte des Juifs fideles. Vous tondites vostre teste conformement à la loy des Nazareens[4]. «Mais ces choses sont petittes et dignes d'excuse au regard de celles qui suivent, où il fait semblant d'observer la loy. O Paul, je vous interroge encore la dessus. Pourquoy avés vous rasé vostre teste? pourquoy avés vous esté nuds pieds? pourquoy avés vous offert des sacrifices aux ceremonies des Juifs? et pourquoy y a-t-il eu des hosties immolées pour vous selon la loy?»Vous me respondrés : que c'estoit pour ne pas scandaliser ceux qui d'entre les Juifs n'avoient pas cru en la parolle que vous annonciés. Vous avés donc contrefait le Juif pour gaigner les Juifs. Sainct Jacques, et les aultres

prestres vous ont enseigné ceste simulation : et neantmoins vous n'avés pu eschapper, lorsque s'estant esmu une sedition et vous sur le poinct d'estre tué, vous fustes pris par le tribun, crainte que les Juifs ne vous fissent mourir comme simulateur et destructeur de la loy. Ainsi nous apprenons que sainct Pierre et sainct Paul pour l'apprehension qu'ils avoient des Juifs ont egalement feint d'observer les commendemens de la loy. Avec quel front donc, et avec quelle assurance sainct Paul condamne-il les choses que luy mesme a practiquées, et en les practiquant approuvées[1].» Tout ce discours est tiré de sainct Jerosme mot à mot, qui le conclut en disant : que nous pouvons user pour une bonne fin des cérémonies des Juifs quoy que condamnées, voire mesme celles des paiens, comme fit Jehu, lequel il continue de louer, comme nous avons remarqués cy devant, pourveu neant moins que cela se face par une simulation utile et necessaire.

L'évesque Consentius, fort approuvé par sainct Augustin, dit : que sainct Pierre et sainct Paul ont utilement feint d'observer les ceremonies des Juifs, encore qu'ils les crussent abolies et deffendues depuis la mort de Jesus-Christ. Ce qui a fait dire au pape Adrien VI, que l'on peult celer la foy en contrefaisant une fausse religion; opinion que Gregoire de Valence appuie fortement, disant qu'on peult feindre et simuler les choses de la foy. Et Marule de Spalate soustient qu'on peult faire un mensonge honneste au jugement des sages, en ces propres termes[2] : ça esté quelque fois une grande pieté, et une prudence insigne aux saincts personnages apostoliques, hommes et femmes, de dissimuler, feindre, et mentir, estant vray qu'on peult simuler expressement une religion fausse ou idolatre sans encourir aucun blasme de mensonge, comme fit sainct Pierre quand il dit qu'il ne conessoit point Jesus-Christ qu'il venoit de quitter. »

Pourquoy donc les roys et les souverains qui sont les oingts du Seigneur, et les lieutenans de Dieu en terre, ne pourront ils pas faire comme ces grands saincts pour conserver les estats qu'ils tiennent du ciel et maintenir leurs peuples et leurs sujets dans l'union, la concorde et l'obeissance qu'ils doibvent. Je ne veux point qu'ils facent les idolatres, ny que pour de petittes choses ils mettent en jeu la religion. S'il fault qu'ils l'accommodent à leurs desseins, il fault aussi que ce soit avec tant d'addresse et de prudence que personne ne s'en apperçoive, et qu'ils soient les seuls qui conessent leur foible, pendant que les sujets goutteront et jouiront du bien et de l'avantage qu'ils reçoipvent d'une chose dont la cause leur est inconnue.

Nicephore dedans son histoire ecclesiastique

---

[1] Tertull., l. 4, contra Marcion., c. 3.
[2] S. Hier., ep. 11, apud, div. August., t. 11, ep. 11, c. 3, 4.
[3] De Act. Apost., c. 16, v. 13.
[4] Act. Ap., c. 8, v. 18.

[1] Ad Galat., c. 2, v. 11.
[2] L. 4, Rerum memorab., c. 4.

raconte [1], que Theophile Alexandrin donna l'ordre de prestrise a Sinesius, philosophe platonicien, encore qu'il ne fut entierement instruit ny converty à la loy catholique, et qu'il ne crut point la resurrection des morts, advouant pourtant tous les aultres poincts; ce qu'il fit, dit il : *Eo quod christiani maximè cupidi conversionis tanti hominis, non nihil remiserunt de summo jure, ut eum et si minimè adhuc amplexatum omnia fidei dogmata, sacris initiarent;* se relaschans de la rigueur des lois en faveur de ce grand personnage qui pouvoit estre extremement utile à l'estat et republique ecclesiastique.

Après la mort de l'empereur Carus on publia dedans la ville de Rome un edict contre les chrestiens [2], qui leur deffendoit d'achepter, ny de vendre quoy que ce soit, ny de moudre, ny d'aller à l'eau, sans avoir au prealable sacrifié aux idoles qu'on leur dressa en tous les lieux qu'ils avoient affaire; et pour les obliger de satisfaire à ceste ordonnance il y avoit des gardes partout, qui ne leur permettoient de prendre, ny de se servir d'aucune chose necessaire à la vie, sans premierement avoir presenté de l'encens à ces faux dieux; ce qu'ils estoient contraints de faire, et d'accommoder ainsi leur religion à celle de ces paiens et de ces infideles pour pouvoir subsister dedans l'estat, et conserver leurs biens et leurs vies, sans qu'on les accusast de s'estre rendus coupables ny idolatres pour cela.

Julian l'apostat fit semblant d'estre chrestien [3], et menoit une vie toutte religieuse pour pouvoir succeder à l'empire romain; auquel il ne fut pas plus tost parvenu, qu'il leva le masque, et se rendit le fleau et le persecuteur très cruel des sectateurs de Jesus-Christ.

L'empereur Tibere voulant de son authorité souveraine mettre le fils de Dieu au nombre des aultres dieux pour les avoir tous favorables [4], le senat s'y opposa et l'empescha de ce faire, à cause des lois de Romulus ou des douze tables, qui deffendent aux Romains d'adorer d'aultres dieux que ceux du païs; en suitte de quoy Ciceron ordonne dans ces lois, que pas un citoien n'ait des divinités à part, et n'en adore en sa maison aucuns nouveaux ou estrangers, que premierement ils n'aient esté receus par authorité publique.

Philon le juif parlant de Cesar Auguste, dit [5]: *Tam sanctè sacra nostra coluit, ut penè omnium domesticorum ejus dona extent in templo nostro, in quo mandavit quotidiana mactari holocausta suis sumptibus Deo sacrata Altissimo; quæ sacra in hodiernum diem peraguntur durabuntque perpetuo, monumentum vero virtutum imperatoriarum.* Ceste histoire nous fait voir comme l'empereur s'accommodoit à la religion des Juifs, et les Juifs a celle de l'empereur; celui cy faisant faire des sacrifices à un Dieu qu'il ne reconnoissoit point, et ceux là recevant contre l'ordre de leurs lois, les sacrifices d'un paien, crainte qu'on ne les ruinast entierement.

Ils en firent bien davantage, au rapport d'un de leurs sacrificateurs [1] à Alexandre le Grand, auquel ils permirent de sacrifier dedans leur temple, de mesme façon qu'auroit fait leur grand prestre; ce qu'ils souffrirent d'autant plus librement qu'ils craignoient que, l'en empeschant, il les ruineroit et leur temple aussi.

Nous lisons dedans les Machabées [2] qu'Heliodore, general de l'armée du roy Seleucus, sacrifia dedans le temple de Hierusalem.

Emanuel, roy de Portugal, aiant donné terme et jour certain aux Juifs et aux Mores de son roiaume pour se faire baptiser, s'ils n'aimoient mieux en sortir, ou estre faits esclaves [3], et Ferdinand et Isabelle, rois de Castille, aiant fait mourir tous ceux qu'ils purent attrapper dans leurs estats, et ce environ le temps auquel Mahomet avoit emporté d'assaut la ville de Constantinople et renversé l'empire des Grecs; or comme non seulement Constantinople, mais aussi toutte la Thrace estoit presque deserte à cause des saccagemens faits par les Turcs, et que les Grecs avoient esté partie tués, partie menés esclaves de tous costés, pour repeupler le païs, Mahomet fit publier un edict, par lequel il laissoit à chacun sa religion libre, moiennant un certain tribut annuel. Les Juifs esmus du bruit de ceste franchise dont ils ne pouvoient jouir entre les chrestiens, se retirerent à grosses trouppes dedans la Grece avec touttes leurs familles, et leurs moiens; et tient on qu'ils y passerent au nombre de cent mille personnes et plus; ce que voiant le sultan des Turcs, il disoit souvent : qu'il s'estonnoit de l'imprudence des princes chrestiens qui aimoient mieux chasser à leur grand prejudice, que de retirer et conserver à leur avantage ceste grande multitude d'hommes, qui pouvoient leur servir comme d'esclaves en beaucoup d'affaires profitables, en leur donnant la vie seulement.

Jean Paleologue, empereur de Constantinople, craignant que le Turc ne le vint attaquer comme il s'y disposoit avec de grands preparatifs de guerre, cherchant de l'appuy et du secours de tous costés, s'advisa de faire une guerre de religion de celle que le sultan luy preparoit; ce qui le fit resoudre de venir en personne à Ferrare accompagné du patriarche de Constantinople et des plus sçavans hommes de son eglise, pour assister au concile general qui s'y tenoit, et qui depuis fut achevé a

---

[1] Niceph., l. 14, c. 55.
[2] Concil. general., t. I, in notis ad vitam Gaii papæ.
[3] Amm. Marcell., l. 21, 22.
[4] Camerarius, *Meditat. hist.*, v. 1, l. 3, c. 9.
[5] Phil. *Legat. ad Caium Cæsarem.*

[1] Joseph. *Hist. anc. des juifs*, l. 11, c. 8.
[2] Machab. l. 2, c. 5, v. 55.
[3] Cameras. *Meditat. histor.*, v. 1, l. 5, c. 9.

Florence dont il porte le nom[1]. Estant arrivé là le pape Eugene IV, qui y estoit en personne, le receut le plus civilement et le plus honnestement qu'il put, luy tesmoignant la joie qu'il avoit, et qu'une si celebre assemblée recepvroit de voir l'eglise grecque réunie a la latine, ce que l'on desiroit depuis tant de temps. Après plusieurs conferences tant d'estat que de religion, il fallut parler des poincts controversés entre les deux eglises, et entre aultres du purgatoire, de la procession du Sainct Esprit, et de la transubstantiation, de la primauté du pape, et de sa puissance absolue dedans l'Eglise, que les Grecs nioient entierement, comme ils firent voir par l'apologie qu'ils publierent au concile de Basle, qui fut le commencement de celuy cy. Neantmoins pressés d'accorder quelque chose, et de remporter quelque fruict de leur voiage, ils donnerent les mains seulement pour ce qui estoit de la procession du Sainct-Esprit, advouans ce que l'eglise romaine en croit. Le pape non content de ce seul article, voiant que cest empereur avoit affaire de luy, le pressa tant et d'une sorte et d'une aultre, qu'il le porta à consentir avec tous ceux de la trouppe, à la reserve d'un seul nommé Ephesin, qu'ils advoueroient touttes les choses desniées jusques à present, à condition neantmoins qu'il n'en seroit point parlé dedans le traitté d'union qu'ils feroient entre eux. Le Saint-Pere voiant qu'il ne pouvoit les porter à tout ce qu'il eut bien desiré, dit qu'il se contenteroit pourveu qu'on inserast dedans leur accord et traitté ce seul article, de l'adveu qu'ils faisoient du purgatoire. Paleologue qui sentoit que ses interests le pressoient, et croiant par là obliger le pape à le secourir contre son ennemy, ne put pas refuser une chose qu'il ne faisoit que par maxime d'estat. Ceste grande difficulté ainsi terminée, en l'an 1459, les Grecs s'en retournerent en leur païs, s'assurans que le secours que Sa Saincteté leur avoit promis les suivroit de près. Mais comme il ne vint point, et que le Turc s'empara de leur empire quatorze ans après, sans aucune assistance de l'eglise romaine, contre ce qu'on leur avoit fait esperer, ils revocquerent et revocquent encore tous les jours tout ce que la necessité de leurs affaires leur avoit fait accorder en ce concile, et ne reconessent aultre chef de l'eglise que leur patriarche, nonobstant l'accord et l'union sus dite. Ainsi nous voions comme adroitement ils avoient sceu accommoder la religion a la necessité de leur estat, sans que les catholiques puissent les blasmer d'aultre chose que de ne l'avoir pas fait assés longtemps.

Sisenand, roy d'Espagne, ne trouvoit point de pretexte meilleur, ny plus advantageux que celuy de la religion[1]; qui estoit encore le voile dont Chintila et Ervig avoient accoustumé de couvrir et de desguiser leurs actions.

L'empereur Charles Quint sçavoit si bien accommoder la religion à l'estat, qu'il suivoit tous jours le costé le plus favorable; son armée estant pleine d'Allemands presque tous lutheriens, auxquels il permettoit l'exercice libre de leur religion, de chanter des psaumes, et de faire prescher leurs ministres, au grand estonnement de tous les catholiques. Luy mesme dedans l'assemblée generale d'Ausbourg mit un dangereux temperament à certains articles tirés des coustumes de l'une et l'autre religion et en fit un estrange meslange. Oultre cela il permit encore le mariage aux prestres, et aux laics la communion sous les deux especes, contre l'institution de l'eglise qu'il suivoit; et tout cela pour le bien, le repos, et la tranquillité de son empire.

Un celebre et genereux chancelier d'Angleterre, dans une histoire qui n'a rien de fabuleux que le nom[2], raconte, sous le nom d'Eutopie qu'il donne au roy et au roiaume de la Grande Bretagne, que ce prince voiant que ses sujets estoient en divisions et dissensions perpetuelles, jusqu'à s'entre tuer les uns les aultres pour le fait de la religion, ordonna qu'à l'advenir chacun suivroit celle qu'il croioit la plus pure et la plus legitime, sauf aux uns et aux aultres de vaincre l'opiniastreté de ses concitoiens par bonnes preuves et vives raisons, leur deffendant d'en plus venir aux mains, aux factions, ny aux monopoles, à peine d'estre chassés et bannis du roiaume, comme perturbateurs du repos publicque.

Le prince souverain du Jappon qu'on appelle Quabacondono, aultrement Taricosama, fit un edict general[1] contre tous ceux qui preschoient la religion chrestienne dedans son estat, et qui taschoient d'y en establir une aultre que celles de ses peres, et de ses predecesseurs. Le fondement de ceste ordonnance n'estoit aultre, que le peril qu'il y a de souffrir l'establissement d'une nouvelle religion[4], puisque telles nouveautés sont les vraies semences et racines des revoltes et rebellions, lesquelles s'eslevent courageusement quand une fois le peuple est persuadé que la religion en laquelle le prince les fait vivre est fausse et impie. Le roy du Jappon estimant que tout ce qui estoit hors les termes de la religion, estoit hors les intentions de ses dieux, se souvenant comme les aultres princes des terres neuves avoient esté traittés par la negligence qu'ils avoient montrée en l'introduction de ce changement, adjouta à ses deffenses de grandes peines à ceux qui feroient profession de la foy chrestienne[5],

---

[1] Acta concil. Florent. — Chalcondil., *Hist. des Turcs*, l. 6, 7. — Chemnit. in concil. trident., fol. 552. — Dupleix, *Hist. de France*, t. III, article Louis XII.

[1] Mariana, *Hist. d'Esp.*
[2] Thomas Morus, *Utop.*, l. 2.
[5] P. Matthieu, *Hist. de Henri IV*, lib. narrat. 5, sect. 9.
[4] Platon, l. 10, *des lois*.
[5] *Ibid.*

qui l'enseigneroient et y seroient enseignés, qui baptiseroient et seroient baptisés.

Basilius Camarexus, pour pouvoir plus aisement parvenir au patriarchat de Constantinople[1], s'obligea par escript de sa main, qu'il executeroit et feroit tout ce que l'empereur Andronicus auroit aggreable, et s'opposeroit courageusement à tous ceux qui y trouveroient a redire.

Paul Jove atteste et raconte[2], que de son temps un Grec nommé Demetrius sacrifia dedans l'amphitheatre de la ville de Rome, un taureau à la mode des païens, pour faire cesser la peste, au veu et sceu de Sa Saincteté, sans qu'il fut repris ny chastié de son idolatrie. Et ce sacrifice fut estimé très sainct et très puissant par la populace, à cause qu'incontinent après, la maladie, qu'on n'avoit pu chasser par les prieres des chrestiens, commença à s'adoucir et diminuer après des vœux infideles et que nous estimons sacrileges. Pourquoy, je vous prie, le pape accommodoit-il ceste idolatrie à sa religion, et pourquoy souffroit-il qu'on invocquast des dieux qu'il condemne, sinon pour donner ce contentement au peuple, et permettre quelque chose à leur superstition.

Et sans chercher des exemples plus loing, que ne font pas nos moines aujourd'hui pour accroistre leurs maisons, pour enrichir leurs couvents, et pour avoir un ascendant sur tous les esprits de la terre? Aux mieux sensés et à ceux qui conessent leurs artifices et leurs menées, ils advouent librement que la plus part de leurs actions ne sont que momeries et piperies qui sont aussi estudiées qu'elles leurs sont utiles et nécessaires; et aux simples et idiots qui sont en plus grand nombre, ils donnent des preceptes qu'ils ne font pas, et leur conseillent mille et mille choses qu'ils ne practiquent point. Ils leurs persuadent qu'on ne va plus en paradis sans un cordon de sainct François; les aultres sans un scapulaire; d'aultres sans un rosaire; et que sans estre habillé de leurs livrées on n'y est pas receu ny conu. Ce qu'ils ont tellement evangelisé, qu'on n'enterre plus maintenant les hommes qu'avec des chapperons vrais tesmoings de leur vie passée, et les femmes mariées qu'avec des habits de moine; et les faict on suivre par huit ou dix enfans qui crient après leur pere, nonobstant la robbe, les vœux, et le celibat que ces vestemens desnotent. A quoy bon ces desguisemens? à quoy bon ces grimaces? et pourquoy tant de bigarrures? si non pour maintenir l'estat monastique, et faire subsister leur besace et leur petite republique. Les apostres nous ont-ils enseigné cela? les peres de l'Eglise le conseillent-ils? les conciles generaux en ont-ils jamais parlé? leurs fondateurs mesmes en ont-ils laissé un seul mot par escript dedans leurs regles et leurs constitutions?

eux mesmes l'approuvent-ils? tant s'en fault, puisque les plus habiles s'en meslent si peu, et qu'on laisse d'ordinaire le gouvernement de touttes ces choses aux plus simples et aux plus ignorans d'entre eux.

Il n'y a jamais eu d'eglises ny de nations, quelles elles soient, qui n'aient accommodé la religion, soit la leur, soit celle des autres, au bien, à la gloire, et à l'avancement de leurs estats; puisqu'il est si constant qu'il n'y en a pas une qui ne tente à une mesme fin, qui est de chercher son salut en la conessance et en l'adoration d'un dieu createur et sauveur des hommes; les ceremonies, qui sont touttes exterieures, n'estant que de la police, et de l'usage du pais d'où l'on est. Les Juifs permettoient aux Gentils, païens, et estrangers de venir adorer, sacrifier, et faire des vœux dedans leur temple[4]. *Gentiles sane adorabant, immolabant, vota solvebant, et suscipiebant in templo hierosolymitano; quin et producebant in medium scientissimos morum patriorum sacerdotes* dit Joseph[2] *qui testarentur omnes eorum majores exterarum gentium seu gentilium sacrificia accepisse:* tesmoing c'est Heliodore dont il est parlé dedans les Machabées[3]; et ce que sainct Jean dit par ce passage[4]: *Erant autem quidem Gentiles qui ascenderant ut adorarent in die festo;* ce que les Juifs souffrirent librement et impunement, mesme s'en glorifioient comme atteste Rabbi Maimonides[5], quand il dit: *Si Gentilis afferebat sacrificia pacifica, offerenda ea erant velut holocausta, quoniam cor ejus erat versus Deum et de cultu ejus inde constabat;* ce que sainct Paul approuve et confirme, disant[6]: *Quid enim dum omni modo, sive per occasionem, sive per veritatem Christus annuntietur; et in hoc gaudeo, sed et gaudebo; scio enim quia hoc mihi proveniet ad salutem;* et Mariana paraphrasant ce passage dit: *Quid mea refert? modo Christus annuntietur, non curo quo animo id faciam.* Sainct Justin demande si Socrate et Heraclide n'ont pas esté chrestiens, estant doués de tant de vertus morales; sainct Clement dit qu'ils ont pu estre justifiés, par la grande conessance qu'ils avoient de la philosophie; et sainct Epiphane que, *Sine lege mosaicâ et evangelicâ, solâ lege naturæ, multos fuisse justificatos et salvatos.* Sainct Hierosme met Senesque au nombre de nos saincts; voici ses paroles[7]: *Lucius Annæus Seneca continentissimâ vitâ fuit; quem non ponerem in catalogo sanctorum, nisi me epistolæ illæ provoca-*

---

[1] Nicetas Achoniates, *Vie d'Andronic.*
[2] Paul. Jov. Histor. l. 21.

[1] Scaliger, *Animadv. in Euseb.*, num. 2077, pag. 178.
[2] *Hist. anc. des Juifs*, l. 2, c. 17.
[3] Machab. l. 2, c. 5, v. 25.
[4] S. Jean., c. 2, v. 20.
[5] Rabbi Maimonid.
[6] Ad Philipp., c. 1, v. 18, 19.
[7] S. Hieron. in Prolog. epist. Paul. ad Senecam et Senecæ ad Paulum.

reni, quæ leguntur à plurimis, Pauli ad Senecam, et Senecæ ad Paulum ; et sainct Paul escripvant a Seneque finit son epistre par ces mots : Vale, devotissime magister.

Jamais les Hebreux n'ont esté qu'ils n'aient parmy eux des païens et des estrangers, qui estoient pieux, gens de bien, et très vertueux, comme nous apprenons des Actes des Apostres touchant Corneille de Cæsarée, centenier des bandes italiennes, qui est appelé par le Sainct-Esprit [1], religiosus ac timens Deum, cum omni domo suâ.

Et les Juifs ne sont pas les seuls qui ont ouvert leur temple aux païens et estrangers pour y faire leurs prières ; les chrestiens en faisoient de mesme en la primitive eglise où la charité estoit plus grande, la religion moins bigarrée, mais plus pure et plus fervente. Ils les recevoient dedans leurs eglises [2], et tous ceux qu'on instruisoit à la foy, et qui n'estoient point encore baptisés ; et leur permettoient d'entendre leur messe jusqu'a l'offertoire, tant que le diacre disoit à haulte voix : Cathecumini, energumeni, pœnitentes exeant in pace ; « que les catechisés, possedés, et penitens sortent en paix. » Et presentement parmy les Juifs, depuis la destruction du temple de Hiérusalem, Rabbi Maimonide dit [3] : Gentilibus licet holocausta offerre Domino quocumque locorum, modo aram sibi extruant ; sed nobis nefas est illis opem præstare aut procuratores agere ; quoniam nimirum vetitum est nobis offerre extra atrium ; at verò fas est nobis indicare illis et docere quomodo offerre debeant Domino Deo Benedicto. Et pendant que leur religion fleurissoit le plus, et qu'elle estoit en son plus grand lustre, ils traittoient les païens et infidèles qui venoient sacrifier avec eux [4], comme ils faisoient les femmes qui avoient leurs menstrues, et celles qui n'estoient point encore purifiées de leurs couches ; ou bien comme les hommes qui avoient quelque flux de semence, ou qui avoient touché quelques corps morts, sans les mespriser davantage pour cela.

Procope nous apprend [5] que l'empereur Justinien fut blasmé des plus sages et des plus prudens ; quod Samaritas vi ac minis ad christianam religionem compulerit ; à cause des grands malheurs, et des grands inconveniens qui s'en ensuivirent, et qu'il rapporte dedans son histoire. Le concile de Tolede deffend formellement ces violences [6] : Præcipit sancta synodus nemini deinceps ad credendum

vim inferre ; cui enim vult Deus miseretur, et quem vult indurat ; ce qui est conforme à ce que dit sainct Paul [1] et Tertulian après luy : Lex nova non se vindicat ultore gladio. Sainct Athanase est de ce sentiment, et Salvian declare de bonne grace, en beaux termes et avec une grande submission d'esprit, ce qu'il en pense en parlant des arriens [2] : Hæretici sunt, sed non scientes ; apud nos sunt hæretici, apud se non sunt ; non in tantum se catholicos esse indicant, ut nos ipsos titulo hæreticæ pravitatis infament. Quod ergo illi nobis sunt, et hoc nos illis ; errant ergo, sed bono animo errant, non odio, sed affectu Dei ; honorare se Dominum atque amare credentes. Quamvis non habeant rectam fidem, illi tamen hoc perfectam Dei æstimant caritatem, et qualiter pro hoc ipso falsæ opinionis errore in die judicii puniendi sint, nemo potest scire, nisi judex. Interim idcirco eis, ut reor, patientiam Deus commodat, quia videt eos, etsi non rectè credere, affectu tamen piæ opinionis errare. Et sainct Augustin, ceste rare lumiere de l'Eglise, discourant avec sa charité ordinaire de l'erreur et de l'aveuglement des manicheans, duquel il avoit esté si longtemps possedé, dit des parolles dignes d'un juge sans passions et qui a plus d'amour que de haine, et plus de compassion que d'aversion [3] : Illi sæviant in vos qui nesciunt cum quo labore verum inveniatur, et quàm difficilè caveantur errores ; illi in vos sæviant qui nesciunt quàm rarum et arduum sit carnalia phantasmata piæ mentis serenitate superare ; illi in vos sæviant, qui nesciunt quantâ difficultate sanetur oculus interioris hominis ut possit intueri solem suum ; illi in vos sæviant qui nesciunt quantis gemitibus et suspiriis fiat ut ex quantulacunque parte possit intelligi Deus ; postremò illi in vos sæviant qui nullo tali errore decepti sunt, quali vos deceptos vident ; ego autem sævire in vos omninò non possum, quos sicut me ipsum illo tempore ita nunc debeo sustinere, et tantâ patientiâ vobiscum agere, quantâ mecum egerunt proximi mei, cum in vestro dogmate rabiosus et cæcus errarem.

Il y a bien plus de gloire de tendre la main à un aveugle, que de le pousser pour le précipiter plus brusquement. Nous ne nous conessons pas nous mesmes, et nous voulons juger comme il nous plait des actions des aultres. A peine sçavons nous quelle est la nature de l'ame d'un ver de terre, et nous entreprenons de juger souverainement de la conscience de nostre prochain ! Nous n'avons que l'ignorance et la temerité ; nous sommes tous bouffis de presumption et d'orgueil ; pourvu que nous sachions accuser les aultres, nous croions estre assés vertueux et assés innocens. La vertu ne se mesnage point de

---

[1] Actes des Apôtres, c. 10, v. 2.

[2] Genebrad, de la Lithurgie apost., p. 1, c. 14. — Tertull. des Prescript. — Concile de Carthage, 4, c. 54. — Distinct. 1, de Cons. c. 61.

[3] Rabbi Maimonid.

[4] Selden, de jure naturali et gentium juxta discipl. Hebr., l. 5, c. 4, 6.

[5] Procop., Hist.

[6] Concil. tolet., c. de Judæis, dist. 45.

[1] Epist. ad Rom., c. 8, v. 15.

[2] Salvian., de Provid.

[3] St. August., Conf.

la sorte. Tant plus nous en ostons aux aultres, et tant moins en reste-il pour nous. Elle ne change point de main; elle n'est sujette ny au traficque, ny aux violences, ny aux surprises des hommes. Si nous n'en trouvons auprès de nous, personne n'est capable de nous en prester.

Pour achever l'examen de ceste maxime avec les philosophes et les theologiens, il fault sçavoir qu'Aristote ne met pas la religion au rang des vertus, et que les theologiens qui sont ses protecteurs ne l'estiment guere davantage, puisqu'ils n'en font qu'une vertu morale. *Communis est sententia religionem esse virtutem moralem;* dit un très grand theologien espagnol[1], et le cardinal Cajetan adjoutant ses opinions à celles de sainct Thomas son patron, dit que la justice legale est preferable à la religion [2]; et sainct Thomas avec ce sectateur prefere la misericorde à la religion, fondé sur ce passage de sainct Matthieu qui dit[3], après le prophete Osée[4]: *Misericordiam volo, non sacrificium.* Le quel passage Suarez explique en ces termes[5]: *Malo misericordiæ opera, quam religionis;* adjoutant aussi que l'obeissance luy est preferable, à cause qu'il est porté dedans les livres des Rois [6]: *Melior est obedientia quam victimæ;* et que la pénitence et la prudence la doibvent preceder; si bien qu'elle tiendra le dernier rang entre les vertus, et particulierement entre les theologales; de quoy tous ses propres adorateurs, qui sont les theologiens, sont d'accord entre eux, disant: qu'il n'y en a que trois qui sont: Foy, Espérance et Charité, du nombre desquelles la religion n'est pas, et ne peut pas estre, parce, dit Suarez après sainct Thomas, qu'il faut, pour estre vertu theologale, *ut in Deo nitatur tanquam in objecto formali, et quod nos immediatè convinciat Deo ut ultimo fini et primo principio*: ce que ne fait pas la religion, selon la doctrine de ces messieurs.

Ainsi, si la religion n'est tout à fait qu'une vertu morale; si la justice, la misericorde, l'obeissance, la penitence, et la prudence luy sont preferables; si Dieu n'est pas son principal objet, et si elle ne nous attache point immediatement à luy comme à son principe et à sa fin; s'il est vray aussi, comme on n'en peult doubter, que le prince n'est point obligé, pas mesme le moindre de ses sujets, a la practique exacte et à l'observation rigoureuse de touttes ces vertus; estant certain qu'il n'y a point de justice parmy les hommes sans quelque meslange d'injustice; point de misericorde entiere; point d'obeissance sans repugnance; point de penitence

sans froideur, ny de prudence sans erreur; à plus forte raison il pourra se relascher quelque fois dedans la religion, comme la derniere de touttes, mais pourtant la plus necessaire et la plus utile quand elle est bien sagement appliquée. De plus, n'estant qu'une vertu morale, et ne regardant pas Dieu comme son objet formel et sa derniere fin, il fault du moins qu'elle tende à la conservation de l'estat, et qu'elle serve à son repos, à son bien, et à son accroissement, affin qu'elle ne soit point inutile et sans effect parmy les hommes.

Les mesmes theologiens enseignent [1]: qu'il n'y a point d'hommes au monde qui ne puissent faire naturellement des actes de religion, sans aucune grace speciale et particuliere de Dieu, la loy de nature estant suffisante pour cela; adjoutans de plus [2], qu'absolument parlant on n'est pas toujours obligé de preferer la religion aux aultres debvoirs; à cause que ses actes n'estans que de conseil, et les aultres de precepte et de necessité, il fault sans doubte qu'ils soient preferés comme dit est. De plus le precepte affirmatif de la religion, qui n'est pas seulement humain, mais divin aussi, n'oblige que quand d'aultres debvoirs et circonstances, qui souvent le font cesser, ne se rencontrent pas[3]: *Tunc præceptum istud cessat sæpe et desinit obligare pro tali tempore: propter obligationes alias justitiæ vel pietatis occurrentes: vel quia illa magis urgent, et obligatio religionis potest in aliud tempus differri: vel quia stantibus talibus obligationibus aut circumstantiis, deest materia apta ad colendum Deum, quia non vult Deus coli bonis alienis, sed propriis, nec cum alterius injuriâ vel damno gravi.* Ainsi nous voions comme cest autheur celebre, et approuvé par la sainte inquisition d'Espagne, conclut clairement et precisement: qu'il ne fault pas tous jours preferer le debvoir de la religion à tant d'aultres obligations que nous debvons au bien et à l'avancement de nostre prochain; à cause que le souverain bienfacteur des hommes ne veult pas estre reconnu ny adoré aux despens d'aultruy en façon que ce soit; à plus forte raison le prince, qui est dans son estat ce que Dieu est au ciel, qui est le pere et le gardien de ses sujets, et qui ne doibt rien avoir de plus cher ny de plus recommandable que leur bien et leur avancement, pourquoy ne pourra-il quelquefois, quand la necessité le veult ainsi, accommoder la religion à l'estat, et suivre en cela l'opinion des theologiens, qui enseignent si formellement, que *obligatio religionis potest in aliud tempus differri propter obligationes justitiæ vel pietatis occurrentes*; puisqu'il le peult faire en conscience, quand la justice et la charité qu'il doibt au proffit et à l'utilité de ses sujets le veult ainsi.

---

[1] Suarez, *de Virtute et Statu Relig.*, t. 1, l. 8, num. 6.
[2] Cajetan, t. II. quæst. 50, art. 4.
[3] S. Matth., c. 9 et 12.
[4] Osée, c. 6.
[5] Suarez, *ibid.*, c. 9., num. 6.
[6] Reg. l. 1, c. 11.

[1] Suarez, *de Virt. et Stat. Relig.*, l. 2., c. 1, num. 5, 6.
[2] *Id.*   *Ibid.*   l. 5, c. 4, num. 20.
[3] *Id.*   *Ibid.*

Maintenant que tout est en guerre et en desordre, quand on munit les places, qu'on rempare et fortifie les villes, qu'on abbat les eglises qui nuisent aux citadelles, qu'on remplit de terre celles qui peuvent deffendre les assiegés, et incommoder les ennemis, qu'on travaille à la campagne pour mettre les maisons à couvert les jours de festes, et pendant les solemnités les plus grandes de l'année; tout cela n'est ce pas accommoder la religion à l'estat? Quand le siege est devant une ville, que l'assaut general se donne de tous costés, que l'assaillant fait bresche partout, en un jour de Pasques, comme il est souvent arrivé, et que pour le repousser chacun abandonne les eglises et les commandemens de communier, pour se trouver sur les remparts, que les religieux quittent leurs cloistres et leurs breviaires pour prendre les armes, que les nonnaines ouvrent leurs grilles et jettent leurs voiles pour porter la terre aux retranchemens; toutes ces choses se font elles sans accommoder la religion à l'estat? nous n'avons qu'un seul exemple dedans toutte l'histoire tant sacrée que profane, des Juifs qui se laissent attacquer et prendre leurs villes en un jour de sabbat, pour ne s'estre pas voulu deffendre crainte de le violer; encore est-il extremement blasmé, et tellement condamné que jamais depuis personne ne l'a suivy ny practiqué.

Le pape Urbin VIII, par une bulle du mois de septembre 1642, a cassé et aboly la pluspart des festes de l'année par une consideration purement politique, accommodant la religion à l'estat. En voicy le motif principal. *Clamor pauperum frequens ascendit ad nos, grandem multitudinem festorum, ob quotidiani victus laboribus suis comparandi necessitatem, sibi valde damnosam conquerentium*; et à cause que leur trop grand nombre empesche que les manœuvres ne gaignent leur vie si facilement qu'ils feroient en travaillant tous les jours, il fault les abolir pour cela, comme si la nourriture corporelle estoit preferable à la spirituelle, et qu'elles n'aient esté instituées que pour incommoder le peuple et retarder son gain et son trafic. Si les pauvres forcés rencontrent quelque avantage en ce changement, les volontaires, qui sont les moines mendians, n'y trouveront pas leur compte, puisque la quantité des festes, des indulgences et des confrairies est la seule chose qui fait subsister leur cuisine et bouillir leur marmitte. Voilà comme on hausse et comme on rabaisse la devotion des hommes, comme on l'estend et comme on la restraint, selon l'humeur de ceux qui s'en reservent la direction. Et pour ne pas approffondir davantage ce nouveau changement, ny entreprendre la deffense des saincts qui se verront oubliés, disons seulement pour retourner a nostre sujet, que quand on dit que le prince peult accommoder la religion a l'estat on ne dit pas pour cela qu'il le doibve, ny qu'il le puisse faire en toutte

sortes de choses indifferemment; il fault que ce soit pour un bien important à tout l'estat. Et ne peult pas le faire pour soy mesme; l'estat n'est point sien; l'estat n'est point à ses sujets; et les uns et les auttres n'en ont que l'usage: *Domini est terra et plenitudo ejus* [1]; c'est Dieu qui en est le souverain, c'est luy qui en est le maistre; et c'est luy seul qui en peult disposer comme il luy plaira.

Je demanderois volontiers à tous ces grands zelateurs de la religion, et à ces mespriseurs aveuglés du bien public, comme ils voudroient faire, pour faire en sorte de destascher tellement les interets de la religion d'avec ceux de l'estat, et ceux de l'estat d'avec ceux de la religion, que l'un puisse agir independamment de l'aultre, et sans s'espauler l'un l'auttre. Les hommes sont tous et dedans la religion et dedans la police. La religion ne peult subsister sans la police, ny la police sans la religion, puisqu'ostant la police vous ostés les hommes, et qu'ostant les hommes, vous ostés la religion, du moins celle dont nous parlons. Nous voulons faire les anges en une chose, et les bestes en l'aultre. Nostre nature n'est pas telle; elle est moienne entre l'une et l'aultre; et fault, bon gré malgré, que nous en passions par là. Nous sommes si sots, si lasches, et si inconstans, qu'il semble que nous n'agissions que pour desadvouer ce que nous faisons; et nous sommes si injustes et si ennemis de nous mesmes, que nous condamnons le plus souvent nos propres actions et les faisons criminelles, encore que de soy elles ne le soient aucunement. Nous ferons toujours beaucoup, quand la religion accompagnera nos desseins et nos actions, soit en les gouvernant, soit en les espaulant. Il me seroit aisé de faire icy le contemplatif, et d'estaller quantité de belles meditations sur la pureté et la perfection de la religion, et de montrer quelle elle debvroit estre; mais je ne parlerois point de celle des hommes, ny de celles des anges, puisqu'elle a esté defectueuse; il faudroit m'attacher à sa source, et tascher de descouvrir quelque chose de ses merveilles dedans son autheur, et dans celuy qu'elle a pour l'object de son culte et de ses adorations. Je parle à des hommes; nostre vie est plus en l'action qu'en la speculation il fault voir ce que nous pouvons faire, et non pas ce que nous aurions à desirer, puisque nous ne sommes pas responsables ny garands de l'impossible, ny des choses qui ne sont point en nostre puissance.

Puis donc que ceste maxime et ceste necessité est aussi vieille que la religion, et que de temps en temps elle s'est practiquée sans blasme et sans reproche par tous les plus grands saincts de l'ancien testament; puisque le sauveur du monde l'a confirmée par ses actions, en ruinant la religion qu'il avoit espaulée depuis sa naissance; et que les deux apostres qui ont vu le souverain gouvernement de tous les hommes, l'ont jugée si utile et si necessaire en la practiquant; puisque l'escriture saincte, les conciles, les docteurs de l'Eglise, les theologiens et canonistes la permettent; puisque les historiens les plus approuvés, et les politiques les mieux receus, tant sacrés que prophanes, sont d'accord de son usage legitime; en un mot, puisque les bons et les meschans, les saincts et les impies, les rois et les tirans, l'ont confirmée par tant de preuves et tant d'exemples sans nombre, je crois qu'il est impossible de s'esgarer à la suitte de tant de guides si clairvoians, et qu'il n'y a pas moins d'ignorance et d'opiniastreté de les vouloir desdire, que de sottise et de vanité de pretendre donner des lois aux aultres, n'estant pas capable d'en recepvoir pour soy.

MAXIME VII.
Que l'église romaine apporte la confusion dedans ses estats.

Macchiavelle dit : « Le mal que les papes qui se sont oubliés de leur dignité, et qui n'ont gardé comme ils debvoient les statuts, canons, et saincts decrets de la primitive Eglise, ont faict à l'Italie, c'est qu'ils ont esté cause qu'elle est tousjours depuis demeurée en division, n'estant pas le moien de faire valoir un païs de le partager, et de le mettre en quartiers. S'il n'est à un seul seigneur, comme est la France et l'Espagne, jamais il ne profite. » Et un peu après. « Ainsi c'est pour ce desmembrement et ceste division que la pauvre Italie est en ce piteux estat, descouppée et desmembrée miserablement. A cause qu'elle tient bien ce qu'elle a, et n'est pas assés forte pour conquerir le reste, la pauvre terre est maintenant la proie des rois estrangers et de tous ceux qui y viennent avec des trouppes; tant de bien nous a faict l'eglise romaine. Qui ne le croira et en voudra voir l'experience, qu'il face en sorte qu'elle aille en Suisse pour quelle y transporte son siege tout tel qu'il est, et il verra bientost que le train de ceste cour très saincte fera plus de desordre en ce païs, faisant comme elle a accoustumé de faire, qu'aultre chose qui leur pust arriver. » — (Machiavelle en ses Disc., liv. 1, chap. 12.)

Il fault avoir l'humeur bien noire, et l'imagination bien desreglée pour pouvoir se persuader que Machiavelle enseigne dedans ce discours, que l'eglise romaine apporte le desordre et la confusion dedans ses estats; et fault avoir les yeux bien malades pour se representer des choses qui ne sont point, et l'esprit bien maling et bien preoccupé pour condemner un homme sur les crimes qu'on luy impose. Quand la passion nous aveugle, voilà où nous en sommes reduits. Et par ce que chacun entend dire que ce grand homme est l'autheur de tous les maux de la terre, chacun tasche au prejudice de son innocence, de le faire passer pour tel; et ceux qui ne l'ont pas leu, ny peut estre jamais veu, sont ceux là mesmes qui y trouvent touttes les mauvaises doctrines dont on le charge, et qui puis après donnent sujet à leur medisance et legereté d'attacquer celuy qu'ils ne conessent point, et qu'ils entendent encore moins. Quoyqu'il en soit, ou qu'ils l'aient leu, ou qu'ils ne l'aient pas consideré, ils sont tousjours blasmables et suspects de calomnie, parce qu'ils luy font dire des choses qui ne sont pas, et qu'ils condamnent un different qu'ils ne justifient pas.

Quand nostre autheur fait voir que la religion est le plus puissant appuy de l'estat, et qu'il dit avec tant de verité : que le desmembrement de l'Italie ne vint en partie qu'à cause du peu d'estat que les Italiens en font, il parle comme un sainct, et non comme un impie. Ses propres paroles en font foy; et ne fault que sçavoir lire pour voir ce qui en est. Il considere l'Italie en ce discours, non pas comme un bien ecclesiastique, mais comme le domaine d'un prince souverain, ou de plusieurs; il ne touche point aux regles ny aux constitutions de l'Eglise, mais seulement aux maximes purement humaines et politiques qui s'y practiquent; et s'il donne quelques atteintes aux papes, ce n'est qu'à leurs personnes, et non à leur qualité ny à leur authorité apostolique. Il n'en veult qu'à ceux qui ne gardent pas comme ils doibvent les statuts, canons et saincts decrets de la primitive eglise, pour conclure comme il fait qu'il n'y a rien qui . . . .

(Ici se termine le manuscrit; je n'ai pu retrouver la suite.)

FIN DE L'APOLOGIE POUR MACHIAVELLE.

OEUVRES COMPLÈTES

DE

NICOLAS MACCHIAVELLI.

─── ◦◦◦ ───

OUVRAGES HISTORIQUES.

─── ◦◦◦ ───

HISTOIRE DE FLORENCE.

─── ◦◦◦ ───

DÉDICACE

À

NOTRE TRÈS-SAINT ET BIENHEUREUX PÈRE ET SEIGNEUR,

CLÉMENT SEPTIÈME,

SON HUMBLE SERVITEUR

NICOLAS MACCHIAVELLI.

BIENHEUREUX ET TRÈS-SAINT PÈRE,

Votre Sainteté, avant d'être parvenue au rang suprême qu'elle occupe aujourd'hui, m'ayant chargé d'écrire les choses exécutées par le peuple florentin, j'ai employé tous les soins et tout le talent qu'ont pu me départir la nature et l'expérience, pour satisfaire à sa volonté. Parvenu à ces temps où la mort du ma-magnifique Laurent de Médicis a changé la face de toute l'Italie, les événements qui se sont depuis succédé exigent, par leur grandeur et leur élévation, d'être traités dans un style plus noble et plus pompeux. J'ai donc jugé convenable de resserrer dans un seul volume tout ce que j'ai écrit jusqu'à cette époque, et de le présenter à Votre Sainteté, afin qu'elle commence du moins à jouir des fruits dont elle a semé les germes, ainsi que de mes travaux. En le lisant, Votre Sainteté, après avoir contemplé l'affaiblissement de l'empire romain d'Occident, verra par combien de désastres, et sous combien de princes l'Italie, pendant plusieurs siècles, éprouva des révolutions dans son gouvernement ; elle verra comment le souverain pontife, les Vénitiens, le royaume de Naples et le duché de Milan, obtinrent les premiers un rang et un empire dans cette contrée ; elle verra comment sa patrie, s'étant, par ses dissensions mêmes, affranchie du joug des empereurs, resta divisée, jusqu'au moment où elle commença à se gouverner à l'ombre de votre maison.

Votre Sainteté m'a particulièrement imposé le devoir d'écrire les grandes choses qu'ont exécutées ses ancêtres, de manière à montrer que je fus sans cesse éloigné de toute flatterie ; car, autant elle aime à entendre une louange vraie sortir de la bouche des hommes, autant les éloges mensongers et donnés par complaisance lui déplaisent. Mais je crains bien qu'en parlant de la bonté de Jean, de la sagesse de Côme, de l'humanité de Pierre, de la magnificence et de la prudence de Laurent, Votre Sainteté ne pense que j'aie transgressé ses ordres. Il me sera facile de me laver de ce reproche auprès d'elle et de ceux à qui mes récits pourraient déplaire s'ils étaient peu fidèles. Ayant trouvé les mémoires de ceux qui, en différents temps, ont écrit leur histoire, remplis de leurs louanges, je devais ou les montrer tels que je les voyais, ou garder un envieux silence. S'ils ont caché sous leurs plus belles actions une ambition contraire, comme on le dit, à l'utilité commune, moi, qui ne l'y ai point découverte, je ne suis point forcé d'en parler. Aussi, dans le cours de ma narration, je n'ai jamais voulu couvrir une action blâmable d'un prétexte honorable, ni obscurcir un fait digne de louange sous le prétexte qu'il fut exécuté dans une vue qui ne l'était pas.

Toutes les parties de mon histoire laissent voir combien je suis éloigné de l'adulation, particulièrement dans les harangues publiques et dans les discours privés, prononcés d'une manière soit directe soit indirecte, dans lesquels, en conservant et les expressions et l'esprit du personnage qui les prononça, j'ai su manifester, sans aucune réserve, tout son caractère. Je fuis partout, avec scrupule, les paroles haineuses, comme peu convenables à la dignité et à la vérité de l'histoire. Quiconque examinera mes écrits sans prévention ne pourra donc m'accuser de flatterie, surtout s'il considère avec quelle brièveté j'ai parlé du père de Votre Sainteté. Sa vie trop courte en est la cause : elle ne lui permit pas de se faire connaître, et je ne pus l'illustrer par mes écrits ; mais ses œuvres sont assez grandes et assez magnifiques, puisqu'il a donné le jour à Votre Sainteté. Ce bienfait l'emporte dans la balance sur toutes les actions de ses ancêtres, et lui procurera plus de siècles de renommée que sa mauvaise fortune ne lui a ravi d'années d'existence.

Je me suis donc efforcé, Très-Saint Père, de satisfaire tout le monde, en évitant d'altérer la vérité, et peut-être personne ne sera content. Mais, quand cela serait, je ne m'en étonnerais pas ; car, à mon avis, il est impossible de ne point blesser beaucoup de monde en écrivant les événements contemporains. Néanmoins j'entre avec confiance dans la carrière, plein de l'espoir que, honoré et soutenu jusqu'à ce jour par la bienfaisance de Votre Sainteté, je suis encore aidé et défendu par son jugement, comme par une légion armée. C'est donc avec le courage et la confiance qui m'ont soutenu jusqu'à présent dans mes écrits, que je poursuivrai mon entreprise, à moins que la vie ne m'échappe, ou que Votre Sainteté ne m'abandonne.   N. MACCHIAVELLI.

PREFACE.

Lorsque je projetai d'écrire les choses exécutées au dedans et au dehors par le peuple florentin, mon dessein était de commencer mon récit à l'année 1434 de l'ère chrétienne, temps auquel la famille des Médicis, par les vertus de Côme et de Jean son père, acquit dans Florence plus d'autorité qu'aucune autre. Je présumais alors que Messer Leonardo d'Arrezzo et Messer Poggio, deux excellents historiens, auraient raconté en détail tout ce qui avait précédé cette époque. Ayant lu ensuite avec soin leurs écrits, pour voir la marche et l'ordre qu'ils avaient suivis dans leurs récits, afin de procéder comme eux et d'obtenir, pour l'histoire que j'entreprenais, les suffrages des lecteurs, j'ai trouvé qu'ils n'avaient rien négligé de ce qui concerne les guerres soutenues par les Florentins contre les princes et les peuples étrangers, mais qu'ils ont entièrement passé sous silence une partie de ce qui a rapport aux discordes civiles, aux inimitiés domestiques, et aux sentiments qui en sont dérivés, et qu'ils ont glissé si rapidement sur le reste, que leur histoire ne peut donner au lecteur ni utilité ni plaisir. Je crois que ce qui les a déterminés à écrire ainsi, c'est que ces événements leur parurent si peu importants qu'ils les jugèrent indignes d'être transmis à la mémoire, ou qu'ils craignirent d'offenser les descendants de ceux auxquels ils auraient lieu, dans leurs narrations, d'adresser des reproches. Ces deux motifs, qu'ils me permettent de le dire, me paraissent tout à fait indignes d'hommes aussi supérieurs. Si quelque chose plaît ou instruit dans l'histoire, c'est le récit des événements domestiques; si quelque leçon est utile aux citoyens qui gouvernent les républiques, c'est la connaissance de l'origine des haines et des divisions, afin que, rendus sages par le péril d'autrui, ils puissent maintenir la concorde. Si les exemples tirés de l'histoire d'une république nous intéressent, ceux que nous lisons dans nos propres annales nous touchent bien davantage, et nous sont bien plus profitables. Si,

dans une république quelconque, les divisions furent remarquables, celles qui sont survenues dans Florence le sont au plus haut degré. Dans la plupart des républiques dont la mémoire nous a été conservée, il n'a fallu qu'une seule révolution, qui, selon les circonstances, a suffi pour accroître la cité ou pour la renverser; mais Florence, non contente d'un changement, en a vu plusieurs s'opérer dans son sein.

À Rome, comme chacun sait, après que les rois en eurent été chassés, la discorde naquit entre les nobles et le peuple, et la république se maintint dans cet état jusqu'à l'époque de sa destruction. C'est le sort qu'éprouvèrent Athènes et toutes les républiques qui florissaient dans ce temps. Mais, à Florence, ce furent d'abord les nobles qui se divisèrent entre eux; puis les nobles et le peuple; et, en dernier lieu, le peuple et la populace : il arriva même plusieurs fois que le parti demeuré vainqueur se divisa en deux nouveaux partis. De ces divisions naquirent autant de meurtres, d'exils, d'extinctions de familles qu'on en vit jamais naître dans aucune des villes dont l'histoire a gardé le souvenir. Aucun exemple, à mon gré, ne prouve mieux la puissance de notre cité, que celui de nos dissensions, qui auraient suffi pour anéantir un état plus grand et plus puissant, tandis que Florence parut toujours y puiser de nouvelles forces. Le courage et l'énergie de ses citoyens, leur ardeur à travailler à leur propre grandeur et à celle de la patrie, étaient telles, que le petit nombre de ceux qui échappaient à tant de désastres contribuait bien plus à sa gloire par leur vertu, que n'avait pu lui être funeste la rigueur des événements qui avaient détruit une si grande quantité de ses citoyens. Si Florence eût été assez heureuse pour avoir secoué le joug de l'Empire, pour trouver une forme de gouvernement qui eût maintenu la concorde dans son sein, je ne sais quelle république, soit moderne, soit ancienne, lui eût été préférable, tant elle se serait illustrée par ses vertus guerrières et son industrie. A peine avait-elle chassé de ses murs cette foule de Gibelins dont toute la Toscane et la Lombardie furent inondées, que, dans la guerre contre Arezzo, et un an avant l'affaire de Campaldino, on vit les Guelfes, de concert avec ceux qui n'avaient point été bannis, tirer du sein de Florence même, et parmi ses propres citoyens, douze cents hommes d'armes et douze mille fantassins. Plus tard, dans la guerre contre Philippe Visconti, duc de Milan, forcés de déployer les ressources de leur industrie et non celles de leurs armes, qui se trouvaient alors détruites, on vit les Florentins, durant les cinq années que dura cette guerre, dépenser trois millions cinq cent mille florins; et, lorsqu'elle fut finie, non contents de la paix, et comme pour faire parade de la puissance de leur cité, aller mettre le siège devant Lucques. Je ne puis donc concevoir pour quel motif ces divisions seraient indignes d'être racontées en détail. Si ces illustres écrivains ont été retenus par la crainte d'offenser la mémoire de ceux dont ils avaient à parler, ils se sont trompés, et ont fait voir qu'ils connaissaient bien peu l'ambition des hommes et le désir qu'ils ont de perpétuer le nom de leurs aïeux et le leur. Ils n'ont pas voulu se rappeler que beaucoup de ceux à qui l'occasion échappe d'acquérir un nom par des actions louables s'efforcent encore de l'obtenir par des actions blâmables. Ils n'ont pas considéré que les faits auxquels quelque grandeur semble attachée, tels que ceux qui ont pour objet le gouvernement et les affaires d'état, de quelque manière qu'on les exécute, quel que soit leur résultat, semblent toujours procurer à leur auteur plus d'honneur que de blâme.

D'après ces considérations, je changeai d'avis, et je résolus de commencer mon Histoire à l'origine de notre cité. Comme mon intention n'est pas d'empiéter sur l'ouvrage d'autrui, je ne décrirai spécialement que ce qui s'est passé dans l'intérieur de la cité jusqu'en 1434, et je ne parlerai des événements du dehors qu'autant que cela sera nécessaire pour l'intelligence des affaires du dedans. Passé l'an 1434, je parlerai en détail de l'une et de l'autre partie; et, pour que cette Histoire soit mieux comprise à chacune de ses époques, je dirai, avant de m'occuper de Florence, par quels événements l'Italie fut asservie par les maîtres qui la gouvernaient alors.

Toutes ces choses, relatives tant à l'Italie en général qu'à Florence en particulier, feront la matière de quatre livres: le premier racontera succinctement toutes les révolutions de l'Italie qui suivirent la chute de l'empire romain jusqu'en 1434; le second s'étendra depuis l'origine de la ville de Florence jusqu'à la guerre qui eut lieu contre le pape après l'expulsion du duc d'Athènes; le troisième se terminera en 1414, à la mort du roi de Naples Ladislas; dans la quatrième, nous arriverons à l'année 1434; et, à partir de cette époque, nous décrirons exactement tous les événements qui se sont passés au dedans et au dehors de Florence jusqu'au temps où nous vivons.

HISTOIRE

DE FLORENCE.

LIVRE PREMIER.

Les peuples qui habitent les régions septentrionales situées au-delà du Rhin et du Danube, nés dans un pays salubre et favorable à la population, deviennent souvent si nombreux, qu'une partie d'entre eux est forcée de quitter le sol paternel pour aller chercher de nouvelles demeures dans d'autres contrées. Lorsqu'une de ces provinces veut se décharger du superflu de ses habitants, on en forme *trois divisions*. Chacune d'elles se compose proportionnellement d'un nombre égal de nobles et de non nobles, de pauvres et de riches. Ensuite celle qui est désignée par le sort est obligée d'aller chercher fortune. Les deux autres divisions, allégées de celle-ci, jouissent paisiblement des biens que leur offre la patrie.

Ce furent ces peuplades qui détruisirent l'empire romain. Les empereurs eux-mêmes leur en fournirent l'occasion, lorsque, abandonnant Rome, siége antique de l'empire, pour se retirer à Constantinople, ils en affaiblirent la partie occidentale, plus éloignée alors de leur surveillance, et plus exposée aux déprédations de leurs ministres et aux invasions de leurs ennemis. Et certes, pour renverser un si puissant empire, cimenté du sang de tant d'hommes illustres, il ne fallait pas moins que tant de lâcheté dans les princes, d'infidélité dans les ministres, de force et de persévérance opiniâtre dans les assaillans. Il n'eut point à lutter contre une seule peuplade; ce fut un grand nombre de nations qui conjurèrent sa ruine.

Les premiers qui vinrent de ces climats du Nord, attaquer l'Empire, après les Cimbres vaincus par Marius, citoyen romain, furent les Visigoths, nom correspondant dans leur langue à celui de Goths occidentaux dans la nôtre. Après quelques combats livrés aux confins de l'Empire, ils restèrent pendant long-temps établis sur les bords du Danube, avec la permission des empereurs. Quoiqu'ils fissent à diverses reprises, et sous différents prétextes, des tentatives contre les provinces romaines, ils furent cependant toujours réprimés par la puissance des empereurs. Théodose fut le dernier qui remporta sur eux une glorieuse victoire. Forcés de se soumettre à son autorité, ils ne placèrent plus de roi à leur tête; mais réduits à se contenter de la paie qu'il leur accorda, ils vécurent sous son gouvernement et combattirent sous ses drapeaux.

Après la mort de Théodose, les temps changèrent comme le prince; ses fils Arcadius et Honorius héritèrent de son empire, mais non de ses vertus et de sa fortune. Théodose avait confié à trois gouverneurs les trois parties de l'Empire: Rufin avait l'Orient; Stilicon, l'Occident; et Gildon, l'Afrique. Lorsque ce prince fut mort, ils pensèrent, non à les gouverner, mais à s'en rendre les maîtres. Gildon et Rufin échouèrent et périrent dès le commencement de leur entreprise. Stilicon sachant mieux cacher ses desseins, chercha d'un côté à gagner la confiance des nouveaux empereurs, et de l'autre, à troubler tellement leurs états, qu'il lui fut plus facile dans la suite de s'en emparer. Afin d'irriter les Visigoths contre eux, il leur conseilla de ne les plus stipendier comme de coutume. Ne jugeant point encore ses ennemis assez forts pour mettre le désordre dans l'Empire, il en fit assaillir les provinces par les Bourguignons, les Francs, les Vandales, les Alains, peuples venus aussi des régions septentrionales pour chercher de nouvelles habitations.

Privés de leurs subsides, les Visigoths, pour être plus en état de venger cette injure, choisirent Alaric pour roi, attaquèrent l'Empire, et après beaucoup de chances diverses, ravagèrent l'Italie, prirent Rome et la livrèrent au pillage.

Après cette victoire, Alaric mourut, et Ataulfe lui succéda. Il épousa Placidie, sœur des empereurs, et, pour prix de cette alliance, il convint d'aller secourir la Gaule et l'Espagne, provinces assaillies par les Vandales, les Bourguignons, les Alains et les Francs, excités par les motifs dont il a été parlé ci-dessus. Il en résulta que les Vandales, maîtres de cette partie de l'Espagne appelée Bétique, ne pouvant résister aux vigoureuses attaques des Visigoths, furent engagés par Boniface, gouverneur de l'Afrique au nom de l'Empire, à venir s'emparer de cette province. Il agissait ainsi par la crainte que la rébellion à laquelle il s'était livré ne fût connue de l'empereur. Les Vandales, pour les raisons déjà rapportées, suivirent avec plaisir cette entreprise, et s'emparèrent de l'Afrique sous la conduite de Genseric, leur roi.

Pendant ce temps, Théodose, fils d'Arcadius, était monté sur le trône impérial. Peu occupé des affaires d'Occident, il fut cause que ces peuplades pensèrent à s'assurer la possession de leurs conquêtes. Ainsi les Vandales dominaient en Afrique, les Alains et les Visigoths en Espagne; les Francs et les Bourguignons, non-seulement envahirent la Gaule, mais encore donnèrent leur nom aux con-

trées qu'ils occupèrent. L'une s'appela donc la *France*, l'autre la *Bourgogne*.

Leurs succès excitèrent de nouvelles peuplades à la destruction de l'Empire. D'autres peuples, appelés les Huns, s'emparèrent de la Pannonie, province située de ce côté-ci du Danube, et qui de leur nom s'appelle aujourd'hui *Hongrie*. Assailli de tant de côtés, l'empereur, pour diminuer le nombre de ses ennemis, commença à traiter, tantôt avec les Vandales, tantôt avec les Francs. Il ne fit par là qu'ajouter au désordre, en augmentant la puissance des Barbares, et affaiblissant celle de l'Empire.

L'île de Bretagne, nommée aujourd'hui Angleterre, ne fut point à l'abri de tant de désastres. Les Bretons craignant le voisinage de ces peuples qui s'étaient emparés de la France, et ne croyant point l'empereur en état de les défendre, appelèrent à leur secours les Angles, peuples de Germanie. Les Angles, conduits par Vortigern, leur roi, se chargèrent de l'entreprise, les défendirent d'abord, puis les chassèrent de l'île, s'y établirent, et de leur nom l'appelèrent Angle-terre. Les Bretons expulsés de leur patrie se sentirent animés d'une audace indomptable, née de la nécessité; et eux qui n'avaient pu défendre leur propre pays crurent pouvoir s'emparer de celui d'autrui. Suivis de leurs familles, ils traversèrent la mer, se rendirent maîtres de la contrée qui en était la plus voisine, et l'appelèrent de leur nom, Bretagne.

Les Huns, possesseurs de la Pannonie, comme nous l'avons dit plus haut, s'étant réunis à d'autres peuples nommés Gépides, Hérules, Thuringiens et Ostrogoths, c'est-à-dire Goths-Orientaux, se mirent en mouvement pour chercher de nouveaux pays. Comme ils ne pouvaient pénétrer dans la France, défendue par les Barbares, Attila, leur roi, les conduisit en Italie. Peu de temps auparavant, ce prince, pour régner seul, avait fait mourir son frère Bleda; ce qui l'avait rendu si puissant qu'Andaric, roi des Gépides, et Velamir, roi des Ostrogoths, n'étaient plus en quelque sorte que ses sujets. Arrivé en Italie, Attila mit le siège devant Aquilée, et y resta deux ans sans trouver d'autre obstacle. Pendant ce siége, il ravagea tout le pays aux environs, en dispersa les habitants, ce qui donna naissance à la ville de Venise, comme nous le dirons en son temps. Après la prise et la ruine d'Aquilée et de plusieurs autres villes, Attila marcha vers Rome. Les prières du pontife arrêtèrent son bras destructeur. La vénération qu'il lui inspira eut tant de pouvoir sur son esprit, qu'il sortit d'Italie, et se retira en Autriche où il mourut. Alors Velamir, roi des Ostrogoths, et les chefs des autres nations, prirent les armes contre Erric et Euric, ses fils, tuèrent l'un, et forcèrent l'autre à repasser le Danube avec les Huns, et à retourner dans leur patrie. Les Ostrogoths et les Gépides se fixèrent en Pannonie, les Hérules et les Thuringiens sur la rive gauche du Danube. Lorsque Attila eut quitté l'Italie, Valentinien, empereur d'Occident, songea à réparer ses ruines. Pour la défendre plus commodément contre les Barbares, il transféra son siége de Rome à Ravenne. Les calamités auxquelles avait été livré l'empire d'Occident avaient souvent engagé l'empereur, résidant à Constantinople, à en accorder à d'autres la possession, également dispendieuse et remplie de dangers. Souvent aussi les Romains, se voyant abandonnés, créaient pour eux-mêmes un empereur chargé de les défendre ; ou quelqu'un usurpait l'empire de sa propre autorité. Ce fut ainsi que Maxime s'en empara après la mort de Valentinien, et contraignit l'impératrice Eudoxie à l'épouser. Née du sang impérial, elle ne put supporter son mariage avec un simple citoyen, et, pour se venger de cet outrage, elle excita secrètement Genseric, roi des Vandales, maître de l'Afrique, à passer en Italie, en lui faisant connaître la facilité et l'avantage de cette conquête. Attiré par l'espoir du butin, il arriva sur-le-champ ; trouvant Rome abandonnée, il la pilla, y resta quatorze jours, prit encore et livra au pillage plusieurs autres villes d'Italie, et, chargé de butin ainsi que son armée, il retourna en Afrique.

Après la mort de Maxime, les Romains, revenus dans Rome, créèrent empereur Avitus, leur concitoyen. Après une longue suite d'événements, tant en Italie qu'au-dehors, et la mort de plusieurs empereurs, Zénon parvint au trône impérial de Constantinople, et Oreste et Augustule son fils, à celui de Rome, dont ils se

rendirent maîtres par artifice. Pendant qu'ils travaillaient à s'y maintenir par la force, les Hérules et les Thuringiens fixés, comme nous l'avons dit, après la mort d'Attila, sur la rive gauche du Danube, se liguèrent ensemble et entrèrent en Italie sous la conduite d'Odoacre, leur chef. Les lieux qu'ils abandonnèrent furent occupés par les Lombards, ayant à leur tête leur roi Godogus. Ces peuples, venus aussi du nord, furent, comme nous le dirons en son lieu, le dernier fléau de l'Italie. Odoacre entra donc en Italie, et défit et tua Oreste près de Pavie. Augustule prit la fuite. Après cette victoire, Odoacre, au lieu du nom d'empereur, prit celui de roi de Rome, afin que cette ville vit changer tout à la fois la puissance et le titre de ses maîtres : de tous les chefs de ces peuples qui couraient alors le monde, il fut le premier qui s'établit en Italie. Soit par crainte de ne pouvoir s'y maintenir contre les secours que l'empereur d'Orient pouvait facilement y envoyer, soit par d'autres raisons inconnues, ses prédécesseurs l'avaient dépouillée, puis ils avaient cherché d'autres pays pour y fixer leur demeure.

Voici les princes qui gouvernaient alors l'ancien empire des Romains. Zénon régnait dans Constantinople, et donnait des lois à tout l'empire d'Orient ; la Mœsie et la Pannonie étaient soumises aux Ostrogoths ; la Gascogne et l'Espagne aux Visigoths, aux Suèves et aux Alains ; l'Afrique, aux Vandales ; la France, aux Francs et aux Bourguignons ; l'Italie, aux Hérules et aux Thuringiens. Le sceptre des Ostrogoths était passé dans les mains de Théodoric, petit-fils de Velamir. Allié de Zénon, empereur d'Orient, il lui écrivit qu'il paraissait injuste aux Ostrogoths, ses sujets, de n'avoir qu'une domination inférieure à celle de tous les autres peuples, quoiqu'ils leur fussent supérieurs par leur bravoure, et qu'il lui était impossible de les tenir resserrés dans les limites de la Pannonie. Il ajoutait que, se voyant obligé de leur laisser prendre les armes pour aller chercher de nouvelles terres, il voulait auparavant l'en informer, afin qu'il pût prévenir ces irruptions, en leur accordant quelque pays où ils dussent à sa bienveillance une existence plus aisée et plus honorable. La peur, et le désir de chasser Odoacre d'Italie, furent cause que Zénon permit à Théodoric d'aller l'y attaquer, et de se mettre en possession de cette contrée. Il partit à l'instant de la Pannonie, y laissant les Gépides, ses amis, entra en Italie, tua Odoacre et son fils. A l'exemple de ce prince, il prit le titre de roi d'Italie, fixa son siége à Ravenne pour les mêmes motifs qui avaient déterminé auparavant Valentinien à y habiter. Théodoric se montra un homme supérieur et dans la guerre et dans la paix ; toujours victorieux, il employa les intervalles de ses triomphes à combler de bienfaits les villes et les peuples qui lui étaient soumis. Il distribua les Ostrogoths dans différentes contrées avec leurs chefs, chargés de les commander pendant la guerre, et de maintenir l'ordre parmi eux pendant la paix. Il agrandit Ravenne, rétablit Rome ; et, à l'exception des emplois militaires, il confia aux Romains toutes les autres fonctions. Il contint dans leurs limites, sans recourir à la force, mais par sa seule autorité, tous les rois barbares possesseurs de l'Empire : il construisit des villes et des forteresses entre la pointe de la mer Adriatique et les Alpes, pour fermer plus facilement le passage aux nouveaux Barbares qui voudraient attaquer l'Italie. Si tant de vertus n'avaient pas été souillées à la fin de sa vie par quelques cruautés fondées sur des soupçons de crimes d'état, telles que la mort de Simmaque et de Boëce, personnages vénérables, sa mémoire serait entièrement digne de tous les éloges. Sa valeur et sa bienfaisance délivrèrent, non-seulement Rome et l'Italie, mais encore toutes les autres parties de l'empire d'Occident des calamités continuelles que leur avaient fait souffrir tant d'inondations de Barbares pendant un si grand nombre d'années ; elles respirèrent enfin et virent renaître un peu d'ordre et de bonheur.

En effet, il n'y avait pas eu, pour l'Italie et pour ses provinces livrées aux incursions des Barbares, de temps plus malheureux que ceux qui s'écoulèrent depuis Arcadius et Honorius jusqu'à ce prince. Si l'on examine quel préjudice les changements de souverain ou de gouvernement, non par une force étrangère, mais seulement par les discordes civiles, causent dans une république ou dans un royaume ; si l'on reconnaît que quelques innovations suffisent

souvent pour renverser des états, même les plus puissants, on pourra facilement s'imaginer combien l'Italie et les autres provinces romaines souffrirent à cette époque. Elles changèrent non-seulement de prince et de gouvernement, mais encore de lois, de mœurs, de manière de vivre, de religion, de langage, d'habillement et même de nom. Ces calamités furent telles, qu'à les considérer non en masse, mais isolément, sans les voir ni en supporter le fardeau, la pensée seule suffit pour épouvanter l'homme le plus ferme et le plus courageux. Plusieurs villes leur durent leur ruine, leur origine, leur agrandissement. Aquilée, Luni, Chiusi, Popoloni, Fiesole et plusieurs autres furent du nombre de celles qu'elles détruisirent. Parmi celles qui s'élevèrent, on compte Venise, Sienne, Ferrare, Aquilée et beaucoup d'autres forts et châteaux qu'il serait trop long de nommer. Celles qui, de petites qu'elles étaient, devinrent considérables, furent Florence, Gênes, Pise, Milan, Naples et Bologne. Il faut y joindre la ruine et le rétablissement de Rome. Plusieurs autres villes éprouvèrent le même sort par divers accidents.

Au milieu de ces ruines et de ces peuples nouveaux, il se forma des langues nouvelles, telles que celles que l'on parle en France, en Espagne, en Italie. Mêlées avec la langue maternelle des Barbares et l'ancienne langue des Romains, elles composent un langage nouveau. Outre cela, non-seulement les provinces, mais encore les lacs, les fleuves, les mers, les hommes ont changé de nom. La France, l'Italie, l'Espagne sont remplies de dénominations nouvelles, entièrement différentes des anciennes. Sans parler de tant d'autres, les noms de Pô, de la Garda, d'Archipel, ne ressemblent en rien à ceux qu'ils ont remplacés. Les hommes prirent les noms de Pierre, Jean et Matthieu, au lieu de ceux de César et de Pompée.

Le changement le plus important fut celui de la religion. L'opposition entre l'habitude de la croyance ancienne et l'autorité des miracles de la nouvelle, fit naître des troubles et des dissensions très-considérables. Si toutefois la religion chrétienne eût été une, et n'eût pas éprouvé de division, il en serait résulté moins de désordres. Mais celles qui existèrent entre l'église romaine, l'église grecque et celle de

Ravenne, entre les hérétiques et les catholiques, ne firent qu'accroître les malheurs communs. L'Afrique en est une preuve : elle eut beaucoup plus à souffrir du zèle des Vandales pour l'Arianisme, que de leur avarice et de leur cruauté naturelle. Vivant au milieu de tant de persécutions, les hommes portaient dans leurs regards l'image de l'effroi de leur ame. Outre les maux infinis dont ils étaient accablés, plusieurs n'avaient pas même la consolation de pouvoir recourir à Dieu, l'espoir de tous les malheureux; car le plus grand nombre, ne sachant lequel il devait implorer, périssait misérablement, privé de tout secours et de toute espérance.

Théodoric mérita de grands éloges en faisant le premier cesser tant de maux. Son règne de trente-huit ans rendit une telle prospérité à ce pays, qu'on n'y trouvait plus de traces de ce qu'il avait souffert anciennement. Mais la mort l'ayant enlevé, et Atalaric, né d'Amalazonte sa fille, étant monté sur le trône, la fortune, qui n'avait pas encore déchargé toute sa colère, replongea en peu de temps l'Italie dans ses premières infortunes. La mort d'Atalaric suivit de près celle de son aïeul. Le sceptre resta dans les mains de sa mère. Elle fut trahie par Théodat, qu'elle avait appelé auprès d'elle pour l'aider à gouverner son royaume. Ce traître, après l'avoir fait périr, s'empara de la royauté. Ces crimes l'ayant rendu odieux aux Ostrogoths, l'empereur Justinien conçut le courageux espoir de le chasser d'Italie. Il confia cette entreprise à Bélisaire, vainqueur de l'Afrique, qu'il avait remise sous le joug impérial après en avoir expulsé les Vandales. Bélisaire se rendit maître de la Sicile, passa de là en Italie, et prit Naples et Rome. Les Goths attribuant ces revers à leur roi Théodat, le tuèrent, choisirent à sa place Vitigès, qui, après quelques combats, fut assiégé et pris dans Ravenne par Bélisaire. Ce général, avant d'avoir complété sa victoire, fut rappelé par Justinien, et remplacé par Jean et Vitale, qui n'avaient ni sa valeur ni ses autres qualités. Les Goths reprirent courage, nommèrent pour leur roi Ildovade, gouverneur de Vérone. Il fut assassiné, et Totila lui succéda. Celui-ci défit les troupes de l'empereur, reconquit la Toscane et Naples, et repoussa les généraux presque à l'extrémité des états que Bélisaire avait su recouvrer. Justinien sentit alors la nécessité de renvoyer ce général en Italie; mais celui-ci y étant revenu avec peu de forces y perdit plutôt sa première réputation, qu'il n'y en acquit une nouvelle. En effet, pendant qu'il était à Ostie avec ses troupes, Totila prend Rome de vive force sous ses yeux, et, voyant qu'il ne pouvait ni l'abandonner sans péril, ni la conserver, il la détruit en grande partie, en chasse le peuple, emmène avec lui les sénateurs, et, sans s'embarrasser de Bélisaire et de son armée, il va avec la sienne dans la Calabre, à la rencontre des troupes qui venaient de Grèce au secours de ce général. Bélisaire voyant Rome abandonnée, forme une entreprise digne de lui. Il entre dans cette ville ruinée, et, avec toute la diligence possible, il relève ses murailles et y rappelle ses habitants. Mais la fortune s'oppose au succès de ce projet si digne d'éloges. Justinien, attaqué en même temps par les Parthes, rappelle Bélisaire. Docile aux ordres de son souverain, il quitte l'Italie, et laisse cette province à la discrétion de Totila. Ce roi prit Rome une seconde fois, mais ne la traita pas aussi cruellement que la première : il songea plutôt à la rétablir, touché par les prières de S. Benoît, auquel sa vertu donnait alors une grande considération.

Cependant Justinien ayant fait un traité avec les Parthes, projetait d'envoyer de nouvelles troupes au secours de l'Italie. Il en fut empêché par les Esclavons, nouveaux peuples septentrionaux, qui avaient passé le Danube et attaqué l'Illyrie et la Thrace. Totila s'empara donc de presque toute l'Italie : mais après la défaite des Esclavons, Justinien y envoya, à la tête d'une armée, l'eunuque Narsès, homme très-habile dans le métier des armes. Arrivé en Italie, il battit et tua Totila. Ceux des Goths qui échappèrent à cette déroute se réfugièrent dans Pavie, où ils choisirent Téias pour roi. Narsès, de son côté, prit Rome, puis livra bataille à Téias, auprès de Nocère. Ce roi fut vaincu et périt. Cette victoire éteignit totalement le nom des Goths en Italie, où ils avaient régné soixante-dix ans, depuis Théodoric jusqu'à Téias.

Aussitôt que l'Italie fut délivrée des Goths,

Justinien mourut, et Justin, son fils, lui succéda. Ce prince, par le conseil de Sophie, son épouse, rappela Narsès et mit Longin à sa place. A l'exemple des autres, Longin fixa son séjour à Ravenne, et en outre il donna une nouvelle forme au gouvernement de l'Italie. Il n'établit point de gouverneurs de provinces, comme l'avaient fait les Goths, mais il plaça dans toutes les villes et les lieux de quelque importance des chefs auxquels il donna le nom de *ducs*. Dans cette distribution, il n'accorda pas plus de distinctions à Rome qu'aux autres villes. Après lui avoir enlevé ses consuls, son sénat, noms qui s'y étaient conservés jusqu'à cet instant, il la soumit à un duc qu'on y envoyait de Ravenne chaque année, et qui s'appelait duc de Rome. Il donna le nom d'*exarque* à celui qui résidait à Ravenne et gouvernait toute l'Italie au nom de l'empereur. Cette division facilita la ruine de l'Italie, et procura aux Lombards une occasion plus prompte de l'envahir. Narsès, plein de ressentiment contre l'empereur qui lui avait ôté le gouvernement de cette province, conquise au prix de son sang; plus indigné encore de ce que, non contente de son rappel, Sophie y avait encore ajouté des expressions injurieuses, en disant qu'elle voulait lui faire reprendre la quenouille avec les autres eunuques; Narsès, dis-je, persuada à Alboin, roi des Lombards, qui régnait alors en Pannonie, de venir s'emparer de l'Italie.

Les Lombards, comme on l'a vu plus haut, étaient entrés dans ces pays voisins du Danube, que les Hérules et les Thuringiens avaient abandonnés, lorsque leur roi Odoacre les mena en Italie. Y étant restés quelque temps, et Alboin, homme féroce et audacieux, étant devenu leur roi, ils passèrent le Danube, et défirent en bataille rangée Comundus, roi des Gépides, maître de la Pannonie. Alboin s'empara de cette province, et épousa Rosmunde, fille de Comundus, qui s'était trouvée parmi les prisonniers. Poussé par son naturel barbare, il fit du crâne de Comundus une tasse dans laquelle il buvait en souvenir de cette victoire. Narsès, avec lequel il s'était lié d'amitié pendant la guerre des Goths, l'ayant engagé à passer en Italie, il abandonna la Pannonie aux Huns que nous avons dit être retournés dans leur patrie après la mort d'Attila, et se rendit en Italie. La trouvant divisée en tant de parties, il s'empara en peu de temps de Pavie, Milan, Vérone, Vicence, de toute la Toscane et de la majeure partie de la Flaminie, appelée aujourd'hui Romagne. Des conquêtes si rapides et si étendues lui faisant croire qu'il était déjà vainqueur de toute l'Italie, il donna un grand festin à Vérone. Dans l'ivresse du vin et de la joie, il fit présenter à la reine Rosmunde, placée à table en face de lui, le crâne de Comundus rempli de vin, en disant assez haut pour qu'elle pût l'entendre, qu'il voulait que dans une si vive allégresse, « elle bût avec son père ». Cette parole fut comme un coup de poignard dans le cœur d'une fille; elle résolut de s'en venger. Instruite qu'Almachilde, noble lombard, jeune et entreprenant, était l'amant de l'une de ses suivantes, elle convint avec celle-ci qu'elle lui procurerait secrètement le moyen de recevoir Almachilde dans son lit à sa place. Ce jeune homme était venu au rendez-vous en un lieu obscur, et, croyant y avoir trouvé son amante, il se conduisit avec Rosmunde comme il l'eût fait avec elle. La reine alors se fit connaître, et lui donna le choix ou de tuer Alboin et de posséder à jamais elle et le trône, ou d'être mis à mort par ce prince pour avoir déshonoré son épouse. Almachilde consentit à assassiner Alboin; mais l'un et l'autre, après avoir accompli leur dessein, voyant qu'ils ne réussissaient point à se rendre maîtres du royaume, craignant même que les Lombards ne vengeassent par leur mort celle d'Alboin qu'ils aimaient, s'enfuirent, avec le trésor royal, à Ravenne, où Longin les accueillit honorablement.

Pendant toutes ces traverses, l'empereur Justin mourut, et Tibère son successeur, occupé de la guerre contre les Parthes, ne pouvait secourir l'Italie. Ce moment parut favorable à Longin pour se créer roi des Lombards et de toute l'Italie par le moyen de Rosmunde et de son trésor. Il lui communiqua son projet et lui persuada de faire périr Almachilde, et de l'épouser. Elle y consentit, prépara une coupe de vin empoisonnée, et la présenta elle-même à Almachilde, qui se trouva avoir soif au sortir du bain; à peine en eut-il bu la moitié, qu'il éprouva des douleurs convulsives dans les entrailles, et en devinant bien la cause, il força

Rosmunde à boire le reste. Ainsi, en peu d'heures, l'un et l'autre mourut, et Longin fut privé de l'espérance de devenir roi. Les Lombards cependant s'étant rassemblés à Pavie, dont ils avaient fait le siége principal de leur domination, élurent pour leur roi Cléphon, qui rebâtit Imola ruinée par Narsès, s'empara de Rimini et de presque tout le pays jusqu'à Rome ; mais il mourut dans le cours de ses victoires.

Ce prince fut si cruel non-seulement envers les étrangers, mais encore envers les Lombards, que ceux-ci, effrayés de la puissance royale, ne voulurent plus établir de rois. Ils choisirent entre eux trente ducs qu'ils chargèrent du gouvernement. Ce changement fut cause que les Lombards ne se rendirent jamais maîtres de toute l'Italie, et que leur domination ne s'étendit pas au-delà de Bénévent. Des villes de Rome, Ravenne, Crémone, Mantoue, Padoue, Monselice, Parme, Bologne, Fayence, Furli, Cesène, les unes se défendirent contre eux pendant un certain temps, les autres ne furent jamais en leur pouvoir ; l'absence d'un chef unique les rendit moins propres à la guerre, et lorsqu'ils eurent rétabli l'autorité monarchique, le souvenir de la liberté dont ils avaient joui quelque temps les rendit moins obéissants et plus disposés aux discordes intestines. Ce motif ralentit d'abord leurs victoires, et finit par les faire expulser de l'Italie. Telle était la situation des Lombards, quand les Romains et Longin convinrent avec eux que chacun déposerait les armes et jouirait de ce qu'il possédait.

A cette époque, les souverains-pontifes commencèrent à avoir plus d'autorité qu'ils n'en avaient eu précédemment. Les premiers successeurs de saint Pierre s'étaient concilié le respect par la sainteté de leur vie et par leurs miracles. Les exemples de leurs vertus propagèrent tellement la religion chrétienne, que les princes furent obligés de s'y soumettre pour faire cesser les troubles qui régnaient alors. L'empereur ayant donc embrassé le christianisme, et quitté Rome pour se retirer à Constantinople, il en résulta, comme nous l'avons dit au commencement, que l'empire romain marcha vers sa décadence, et l'Église romaine vers son agrandissement. Néanmoins, jusques à la venue des Lombards, l'Italie entière étant soumise aux empereurs ou aux rois, les souverains-pontifes n'acquirent en ces temps d'autre autorité que celle que leur attirait la vénération pour leurs vertus et leur science. D'ailleurs ils obéissaient aux empereurs ou aux rois, qui en firent mourir quelques-uns, et en employèrent d'autres comme leurs ministres. Théodoric, roi des Goths, en plaçant son siége à Ravenne, leur donna les moyens d'acquérir plus d'importance dans les affaires d'Italie. Rome ne possédant plus alors de prince dans ses murs, les Romains étaient plus disposés à recourir au souverain-pontife et à lui obéir. Néanmoins la puissance ne s'accrut pas encore beaucoup. L'Église de Rome parvint seulement à faire reconnaître sa prééminence sur celle de Ravenne. Mais les Lombards étant venus en Italie, et l'ayant soumise en grande partie, fournirent au pape un motif pour mettre plus d'activité dans ses projets d'agrandissement : car étant en quelque sorte devenu chef de Rome, l'empereur de Constantinople et les Lombards avaient tant d'égards pour lui, que les Romains, par sa médiation, se lièrent avec eux et avec Longin, non comme sujets, mais comme deux peuples égaux. Fidèles à leur plan, les papes, tantôt amis des Lombards et tantôt des Grecs, voyaient s'accroître leur influence.

C'est à cette époque et sous Héraclius que commença la ruine de l'empire d'Orient. Les Esclavons, dont nous avons fait mention ci-dessus, attaquant de nouveau l'Illyrie, s'en rendirent possesseurs, et de leur nom l'appelèrent Esclavonie. Les autres parties de l'Empire furent assaillies d'abord par les Perses, ensuite par les Sarrasins, sortis d'Arabie, sous les ordres de Mahomet, et enfin par les Turcs. L'Empire perdit la Syrie, l'Afrique, l'Égypte, et sa faiblesse ne laissa plus au pape l'espoir d'y trouver un refuge contre l'oppression. D'un autre côté, l'accroissement de la puissance des Lombards fit sentir au pape qu'il devait chercher un nouvel appui, et il eut recours aux rois de France. Il arriva donc que toutes les incursions et les guerres que les Barbares firent dans la suite en Italie furent en majeure partie suscitées par les papes. Ce furent eux qui les appelèrent le plus souvent. Cette politique dure encore de notre temps, ce qui entretient la désunion et l'état de faiblesse de l'Italie. Aussi l'histoire des événements arrivés depuis ces temps jusques à nos jours ne montrera plus les progrès de la décadence de l'Empire qui est déjà à son comble, mais ceux de la puissance des pontifes et des autres princes auxquels l'Italie fut soumise depuis, jusques à l'arrivée de Charles VIII. L'on verra comment les papes, en n'employant d'abord que les censures, puis en y mêlant la force des armes et les indulgences, se firent craindre et respecter ; comment le mauvais emploi de ces moyens leur a fait perdre l'un, et les a mis pour l'autre à la discrétion d'autrui.

L'ordre de ma narration me ramène à l'élévation de Grégoire III au pontificat, et d'Astolphe à la royauté des Lombards. Au mépris des traités faits avec le pape, ce prince lui déclara la guerre, après s'être emparé de Ravenne. Grégoire, comme il a été dit plus haut, n'espérant plus aucun secours de la faiblesse de l'empereur de Constantinople, et ne voulant point se fier à la parole des Lombards, parce qu'ils y avaient manqué plusieurs fois, eut recours au roi de France.

C'était alors Pepin II, qui, de seigneur d'Austrasie, était devenu possesseur de ce trône, moins par son mérite que par celui de Charles Martel son père, et de Pepin son aïeul. Ce fut ce Charles Martel qui, étant gouverneur de ce royaume, livra, près de Tours, sur les bords de la Loire, cette bataille mémorable où les Sarrasins perdirent plus de deux cent mille hommes. Sa réputation et sa valeur acquirent ensuite ce sceptre à Pepin son fils. Le pape Grégoire, comme on l'a dit, lui envoya demander du secours contre les Lombards. Pepin le promit, en lui exprimant le desir de le voir d'abord, et de lui rendre ses devoirs en personne. Grégoire passa donc en France, et traversa les terres des Lombards ses ennemis sans qu'ils l'en empêchassent, tant était grand le respect que l'on avait pour la religion ! Le roi fit une réception honorable à Grégoire, et le renvoya en Italie avec ses armées qui assiégèrent les Lombards dans Pavie. Forcé par la nécessité, Astolphe sollicita la paix : les Français la lui accordèrent, à la prière du pape qui ne voulut point la destruction de son ennemi, mais sa conversion.

Dans cet accord, Astolphe promit de rendre à l'Église toutes les terres dont il s'était emparé ; mais les troupes de Pépin étant rentrées en France, Astolphe ne remplit point sa promesse. Le pape eut de nouveau recours à Pepin qui lui envoya une seconde fois une armée en Italie, défit les Lombards, prit Ravenne, et, contre le gré de l'empereur grec, la donna au pape, ainsi que toutes les autres terres qui dépendaient de son exarchat : il y joignit de plus le pays d'Urbin et la Marche.

Pendant qu'on livrait ces terres au pape, Astolphe mourut, et le Lombard Didier, duc de Toscane, prit les armes pour se rendre maître du royaume ; il promit son amitié au pontife, et lui demanda du secours : il en obtint assez pour l'emporter sur les autres princes. Didier fut d'abord fidèle au traité, et exécuta la remise des terres assurées au pontife par Pepin. Il ne vint plus d'exarque de Constantinople à Ravenne, et cette ville se gouverna d'après les ordres du souverain-pontife.

Pepin mourut, et eut pour successeur Charles son fils, auquel ses actions éclatantes firent donner le surnom de Grand. Théodore Ier était parvenu au pontificat ; il se brouilla avec Didier qui l'assiégea dans Rome, ce qui l'obligea à implorer le secours de Charles. Ce prince passa les Alpes, assiégea Didier dans Pavie, le fit prisonnier lui et ses fils, et les envoya en France. Il alla visiter le pape à Rome, y déclara que le pape, vicaire de Dieu, ne pouvait être jugé par des hommes ; et le pape, uni au peuple romain, le proclama empereur. C'est ainsi que Rome recommença à posséder un empereur d'Occident ; au lieu que jusque-là les papes se faisaient confirmer par les empereurs dans leur dignité, l'empereur commença alors à avoir besoin du pape pour son élection. L'Empire perdait son pouvoir ; l'Église en profitait, et par ces moyens son autorité s'étendait toujours de plus en plus sur les princes temporels.

Les Lombards étaient en Italie depuis 252 ans, et ne conservaient plus d'étranger que le nom. Charles, voulant rétablir l'ordre dans cette contrée, du temps du pape Léon III, leur permit d'habiter dans les lieux où ils avaient été élevés, et de donner leur nom à cette province qui s'appela Lombardie. Afin qu'ils respectassent le nom romain, il voulut que toute la partie de l'Italie située dans leur voisinage, et soumise à l'exarchat de Ravenne, s'appelât Romagne. Outre cela, il créa roi d'Italie son fils Pepin, dont la juridiction s'étendit jusques à Bénévent : le reste était possédé par l'empereur grec, avec lequel Charles avait fait un traité.

A cette époque, Pascal Ier fut élu pontife : ce fut alors aussi que les curés de Rome, qui avaient l'avantage d'être placés plus près du chef de l'Église catholique, et d'assister à son élection, prirent le nom de cardinaux, afin de relever leur puissance par un titre éclatant. Ils se rendirent si considérables, surtout après avoir exclu le peuple romain de l'élection du pape, que le choix tomba rarement sur quelqu'un qui ne fût pas pris dans leur sein : ainsi ils donnèrent pour successeur à Pascal Ier Eugène II, du titre de Sainte-Sabine. Lorsque l'Italie fut dans les mains des Français, elle vit changer en partie la forme de son gouvernement, par l'augmentation de la puissance temporelle des papes et par l'introduction qu'ils y firent des noms de comte et de marquis, comme Longin, exarque de Ravenne, y avait institué celui de duc. Après quelques autres pontifes, Osporco, romain, parvint au pontificat. Le peu de dignité de son nom lui fit prendre celui de Sergius, ce qui donna lieu à l'usage où sont les papes de changer de nom à leur élection.

Dans cet intervalle la mort avait enlevé Charles. Louis son fils lui succéda. La mort de ce dernier donna lieu à tant de discordes entre ses enfants, que sous ses petits-fils l'empire fut enlevé à la maison de France et transféré en Allemagne. Le premier empereur de cette nation se nomma Arnould.

La famille de Charles, outre l'empire, perdit encore l'Italie par ses dissensions. Les Lombards reprirent leurs forces et molestèrent les Romains et le pape, qui, ne sachant plus à qui recourir, se vit forcé de créer roi d'Italie Bérenger, duc de Frioul. Ces événements inspirèrent aux Huns qui se trouvaient en Pannonie la résolution d'attaquer l'Italie. Ils en vinrent aux mains avec Bérenger, mais furent forcés de retourner dans cette province, qui de leur nom s'appelait aussi Hongrie. Romain était

alors maître de l'Empire grec, qu'il avait enlevé à Constantin, lorsqu'il était général de ses troupes. Son usurpation ayant soulevé contre lui la Pouille et la Calabre qui obéissaient alors à l'empire d'Orient, comme nous l'avons dit ci-dessus, celui-ci, indigné d'une telle rébellion, permit aux Sarrasins de passer dans ces contrées. Ils y vinrent, s'en rendirent maîtres, et tentèrent d'enlever Rome d'assaut. Les Romains, voyant Bérenger occupé à se défendre contre les Huns, mirent à leur tête le duc de Toscane, Albéric, dont la bravoure les sauva de la fureur des Sarrasins. Ceux-ci ayant levé le siége, construisirent une forteresse sur le mont Gargano, d'où ils dominaient la Pouille et la Calabre et désolaient le reste de l'Italie. Assaillie vers les Alpes par les Huns, et vers Naples par les Sarrasins, cette contrée était alors en proie aux plus grands malheurs. Cette douloureuse situation dura plusieurs années sous trois Bérenger qui se succédèrent l'un à l'autre. Le pape et l'Église étaient sans cesse agités par ces troubles, et privés de tout secours par la division des princes occidentaux, et l'impuissance des empereurs d'Orient. La ville de Gênes et toutes ses côtes furent ravagées par les Sarrasins, ce qui donna naissance à la grandeur de Pise, où réfugièrent beaucoup de malheureux chassés de leur patrie. Ces événements eurent lieu l'an 951 de l'ère chrétienne. Othon, duc de Saxe, fils d'Henri et de Mathilde, homme prudent et de grande réputation, étant parvenu à l'empire, le pape Agapet le pria de venir délivrer l'Italie de la tyrannie des Bérenger.

Les états de l'Italie étaient alors ainsi distribués : la Lombardie était soumise à Bérenger III et à son fils Albert; un ministre de l'empereur d'Occident gouvernait la Toscane et la Romagne; la Pouille et la Calabre obéissaient en partie à l'empereur grec, et en partie aux Sarrasins; Rome choisissait tous les ans parmi les nobles deux consuls qui la gouvernaient selon l'ancienne coutume; on y joignait un préfet qui rendait la justice au peuple; un conseil formé de douze membres envoyait chaque année des recteurs dans les lieux qui dépendaient des Romains. Le pape avait plus ou moins d'autorité dans Rome et dans toute l'Italie, selon le crédit dont il jouissait auprès des empereurs ou des autres princes qui y étaient les plus puissants. L'empereur Othon vint donc en Italie, enleva aux Bérenger le sceptre qu'ils y possédaient depuis cinquante-cinq ans, et rendit au pape toute sa dignité. Cet Othon eut un fils et un petit-fils de son nom qui occupèrent successivement le trône impérial.

Grégoire V, chassé par les Romains sous Othon III, appela à son secours ce prince qui vint en Italie et le rétablit dans Rome. Alors ce pontife, pour se venger des Romains, leur enleva la nomination de l'empereur et la donna, l'an 1002, à six princes de l'Allemagne : trois évêques, ceux de Mayence, de Trèves et de Cologne; et trois princes séculiers, ceux de Brandebourg, du Palatinat et de Saxe. Après la mort d'Othon III, les électeurs choisirent pour empereur Henri, duc de Bavière, qui fut couronné douze ans après par le pape Étienne VIII. Henri et Siméonde son épouse vécurent avec beaucoup de sainteté, comme on le voit par le grand nombre de temples qu'ils construisirent et dotèrent, parmi lesquels se trouve celui de San-Miniato près de Florence. Henri mourut l'an 1024; il eut pour successeur Conrad de Souabe, auquel succéda Henri III. Celui-ci vint à Rome, destitua les trois papes qui formaient un schisme dans l'Église, et fit élire Clément II qui le couronna empereur.

Le gouvernement de l'Italie était alors partagé entre le peuple, les princes et les envoyés de l'empereur, sous la direction du plus considérable d'entre eux, nommé chancelier. Parmi les princes, le plus puissant était Godefroi, époux de la comtesse Mathilde, fille de Béatrix, sœur d'Henri III. Ils possédaient à eux deux Lucques, Parme, Reggio, Mantoue, avec tout ce qui s'appelle aujourd'hui patrimoine de l'Église. L'ambition du peuple romain inquiétait alors beaucoup les souverains-pontifes. Il s'était d'abord servi de l'autorité de ceux-ci pour s'affranchir de la domination impériale. Lorsque ce peuple se fut saisi du pouvoir dans Rome, et y eut fait les réformes qu'il jugea convenables, il devint tout à coup l'ennemi des papes, auxquels il fit souffrir plus de mauvais traitements qu'ils n'en avaient essuyé de la part d'aucun autre prince chrétien. Pendant que ces pontifes faisaient trembler l'Occident par leurs censures, ils avaient à lutter contre la rébellion du peuple romain. Chaque parti travaillait de son côté à détruire la réputation et l'autorité du parti opposé.

A l'exemple de Grégoire V, qui avait ôté aux Romains le pouvoir de nommer l'empereur, Nicolas II, parvenu au pontificat, leur ôta celui de concourir à la nomination du pape, et voulut que cette élection ne se fît plus que par les cardinaux. Il ne s'en tint point là : d'accord avec les princes qui gouvernaient la Calabre et la Pouille, par les motifs dont nous parlerons bientôt, il contraignit tous les officiers envoyés par les Romains dans les lieux de leur juridiction à rendre obéissance au pape, et en destitua quelques-uns.

Après la mort de Nicolas II, il s'éleva un schisme dans l'Église. Le clergé de Lombardie ne voulut point obéir au pape Alexandre II, élu à Rome, et nomma Cadolo de Parme antipape. Henri, qui haïssait la puissance pontificale, conseilla au pape Alexandre d'abdiquer, et aux cardinaux de venir en Allemagne pour créer un nouveau pontife. Il en résulta qu'il fut le premier prince auquel l'importance des armes spirituelles se fit sentir. Le pape assembla un concile à Rome et priva Henri de l'empire et de la royauté. Quelques villes de l'Italie suivirent le parti du pape, d'autres celui de l'empereur. De là l'origine des Guelfes et des Gibelins, comme si l'Italie, délivrée des incursions des Barbares, dût être déchirée par des dissensions intestines. Henri, excommunié, fut forcé par ses peuples, l'an 1080, à venir en Italie demander pardon au pape, à genoux, nu-pieds. Le pape et Henri furent bientôt brouillés de nouveau. L'excommunication fut encore employée. L'empereur envoya son fils, du même nom que lui, à Rome, avec une armée. Ce prince, secondé par les Romains, ennemis du pape, assiégea ce pontife dans la forteresse; mais Robert Guiscard étant venu de la Pouille à son secours, Henri ne l'attendit point, et s'en retourna en Allemagne. Malgré cette retraite, les Romains s'opiniâtrèrent à ne point céder; de sorte que Rome fut de nouveau saccagée par Robert, et réduite au même état de ruines dont l'avaient tirée les soins de plusieurs pontifes. Comme ce fut ce Robert qui fonda le royaume de Naples, il ne me paraît point superflu de parler en particulier de sa conduite et de son origine. Lorsque la division se fut introduite entre les héritiers de Charlemagne, comme il a été rapporté plus haut, elle donna occasion à de nouveaux peuples du nord, appelés Normands, de venir attaquer la France. Ils s'emparèrent du pays qui, de leur nom, s'appelle aujourd'hui *Normandie*. Une partie de ces peuples vint en Italie dans le temps qu'elle était infestée par les Bérenger, les Sarrasins et les Huns : elle se saisit de quelques places de la Romagne, et s'y maintint par sa valeur pendant ces guerres. De Tancrède, l'un des princes normands, naquirent plusieurs fils, entre autres Guillaume, surnommé *Férabac*, ou *Bras de Fer*, et Robert appelé Guiscard. La principauté était échue à Guillaume, et les troubles avaient cessé dans cette partie. Néanmoins, les Sarrasins étaient maîtres de la Sicile, et faisaient chaque jour des excursions sur les côtes de l'Italie. C'est pourquoi Guillaume convint avec le prince de Capoue et celui de Salerne, et avec le Grec Melorus, gouverneur de la Pouille et de la Calabre, au nom de l'empereur, d'attaquer la Sicile, et de partager également le butin et le pays conquis, s'ils étaient victorieux. L'entreprise réussit; ils s'emparèrent de la Sicile, et les Sarrasins en furent chassés. Après cette victoire, Melorus fit venir secrètement des troupes de la Grèce, prit possession de l'île au nom de l'empereur, et ne partagea que le butin. Ce procédé mécontenta Guillaume; mais il attendit un moment plus favorable pour le témoigner, et quitta la Sicile avec les princes de Salerne et de Capoue. Lorsque ceux-ci se furent séparés de lui pour retourner chez eux, Guillaume ne revint point dans la Romagne, mais il marcha avec ses troupes vers la Pouille, s'empara tout à coup d'Amalfi, et bientôt après, malgré les forces de l'empereur grec, il y joignit presque toute la Pouille et toute la Calabre, provinces qui étaient sous la domination de Robert Guiscard son frère, du temps de Nicolas II. Comme il avait eu beaucoup de démêlés avec ses neveux pour la succession de ses états, il eut recours à l'autorité du pape pour les terminer. Le pontife s'y prêta volontiers, désirant se concilier Robert, afin qu'il le défendît contre les empereurs allemands et contre l'insolence du peuple romain. Ses vues furent remplies, comme nous l'avons déjà

montré, lorsque ce prince, appelé par Grégoire VII, chassa Henri de Rome et en soumit les habitants à ce pontife. Robert eut pour successeurs, Roger et Guillaume ses fils, qui unirent à leurs états Naples et toutes les terres depuis cette ville jusqu'à Rome. Ils y ajoutèrent aussi la Sicile, dont Roger se rendit maître. Mais Guillaume, allant ensuite à Constantinople pour épouser la fille de l'empereur, fut attaqué par Roger et dépouillé de ses états. Ce dernier, enorgueilli d'une telle conquête, se fit d'abord appeler roi d'Italie; mais ensuite il se contenta du titre de roi de la Pouille et de la Sicile, et fut le premier qui donna un nom et une forme à ce royaume qui se conserve encore dans ses anciennes limites, quoiqu'il ait souvent changé de maîtres, issus de maisons et même de nations différentes. La race des Normands étant éteinte, ce royaume passa aux Allemands; de ceux-ci aux Français, puis aux Aragonais, et aujourd'hui il est possédé par des Flamands.

Urbain II était parvenu au pontificat : haï dans Rome, et ne se croyant point en sûreté au milieu des divisions auxquelles l'Italie était en proie, il forma une grande et noble entreprise: il se rendit en France avec tout son clergé; et, ayant réuni à Clermont en Auvergne une nombreuse assemblée, il lui adressa un discours contre les infidèles, et enflamma tellement les esprits, que l'on se détermina à aller en Asie combattre les infidèles. Cette entreprise, et toutes celles du même genre, furent dans la suite nommées *croisades*, parce que tous ceux qui y prirent part portaient une croix rouge sur leurs armes et sur leurs vêtements. Les chefs de celle-ci furent Godefroi, Eustache, Baudoin de Bouillon, comtes de Boulogne, et un Pierre l'Hermite, célèbre par sa sainteté et sa prudence. Beaucoup de rois et de peuples y contribuèrent de leur argent, et plusieurs particuliers firent cette guerre sans recevoir aucune rétribution; tant était grand alors le pouvoir de la religion sur l'esprit des hommes, excités par l'exemple de ceux qui en étaient les chefs!

Les commencements de cette entreprise furent glorieux; car toute l'Asie mineure, la Syrie et une partie de l'Égypte, tombèrent sous la puissance des Chrétiens. Elle donna naissance à l'ordre des chevaliers de Jérusalem, qui règne encore aujourd'hui, et occupe l'île de Rhodes, le seul rempart qui soit resté contre la puissance des Mahométans. On vit aussi naître en ce temps l'ordre des Templiers, que sa mauvaise conduite précipita bientôt vers sa destruction. A diverses époques il survint des événements divers qui donnèrent de la célébrité à plusieurs nations et à plusieurs particuliers. Les rois de France et d'Angleterre allèrent en personne seconder cette entreprise. Les républiques de Pise, de Venise et de Gênes y acquirent une grande réputation. Leurs armes y eurent une fortune diverse, jusqu'au temps de Saladin. Ce chef des Sarrasins, ayant pour lui sa valeur et les divisions des Chrétiens, finit par leur enlever toute la gloire qu'ils avaient acquise au commencement, et après 90 ans, ils furent chassés de ce lieu, qu'ils avaient eu le bonheur de recouvrer avec tant de gloire.

Pascal II succéda au pape Urbain, et Henri V parvint à l'empire. Il feignit d'être uni d'amitié à ce pontife, et se rendit à Rome; là, il emprisonna ce pape ainsi que tout son clergé, et il ne lui rendit la liberté que lorsqu'il en eut obtenu le pouvoir de disposer des églises de l'Allemagne comme il le jugerait à propos. En ce temps, la comtesse Mathilde mourut, laissant tous ses états à l'Église. Après la mort de Pascal II et d'Henri V, plusieurs papes et plusieurs empereurs se succédèrent, jusqu'à ce que la papauté échût à Alexandre III, et l'empire à Frédéric de Souabe, surnommé Barberousse.

Les pontifes avaient eu en ce temps beaucoup de difficultés avec le peuple romain et avec les empereurs. Elles s'accrurent encore sous le règne de Barberousse. Ce prince excellait dans la guerre; mais il était si rempli d'orgueil qu'il ne pouvait souffrir d'être obligé de se soumettre à des déférences envers le pontife. Cependant, lors de son élection, il vint à Rome pour s'y faire couronner, et s'en retourna paisiblement en Allemagne. Ces dispositions pacifiques ne furent pas de longue durée. Il repassa en Italie pour soumettre quelques rebelles de la Lombardie, dans le temps où le cardinal de St-Clément, romain d'origine, se sépara du pape Alexandre, et fut promu à cette dignité par quelques cardinaux. Lors de cet événement, Barberousse se trouvait campé devant la ville de Crême. Alexandre se plaignant à lui de l'anti-

pape, il répondit qu'ils vinssent l'un et l'autre le trouver, et qu'il jugerait alors auquel des deux appartenait le pontificat. Cette réponse déplut à Alexandre qui, voyant Frédéric disposé à favoriser l'anti-pape, l'excommunia, et s'enfuit auprès de Philippe, roi de France.

L'empereur cependant poursuivait la guerre en Lombardie : il prit et ravagea Milan, ce qui engagea Vérone, Padoue et Vicence à se liguer contre lui pour la défense commune. Sur ces entrefaites l'anti-pape mourut, et Frédéric mit à sa place Gui de Crémone. Pendant que le pape était absent, et que l'empereur était embarrassé dans la guerre de la Lombardie, les Romains avaient repris quelque autorité dans leur ville, et faisaient rentrer dans l'obéissance les pays qui leur avaient été soumis auparavant. Ceux de Tusculum n'ayant pas voulu reconnaître leur pouvoir, ils marchèrent en foule contre eux; mais ceux-ci, aidés par Frédéric, firent un tel carnage de l'armée romaine, que Rome, depuis ce temps, ne redevint jamais ni peuplée ni riche. Le pape Alexandre retourna dans cette ville, croyant y trouver sa sûreté, comptant sur l'aversion des Romains pour Frédéric, et sur les ennemis que cet empereur avait en Lombardie. Mais ce prince, mettant de côté toute autre considération, alla assiéger Rome. Alexandre ne l'y attendit point; il se retira auprès de Guillaume, roi de la Pouille, héritier de ce royaume depuis la mort de Roger. La peste força Frédéric à lever le siége et à s'en retourner en Allemagne. Les cantons de la Lombardie, qui étaient conjurés contre lui, construisirent une place forte qui fut le siége de cette guerre, et qui leur servit à battre Pavie et Tortone, attachées au parti impérial. Ils la nommèrent Alexandrie, en l'honneur du pape Alexandre, et pour mortifier Frédéric. L'anti-pape Gui mourut, et fut encore remplacé par Jean de Fermo, qui résidait à Montefiascone, et était soutenu par le parti de l'empereur. Le pape Alexandre s'était rendu à Tusculum, dont les habitants l'avaient appelé à leur secours contre les Romains. Il y reçut les députés que lui envoyait Henri, roi d'Angleterre, pour se justifier d'avoir eu aucune part à la mort du bienheureux Thomas Becket, évêque de Cantorbéry, comme il en avait été publiquement accusé. Le pape envoya deux cardinaux en Angleterre pour s'instruire de la vérité des faits. Quoique ceux-ci ne trouvassent point le roi évidemment coupable, cependant, à cause de la grandeur de la faute, et pour n'avoir point honoré ce prélat comme il le méritait, ils ordonnèrent à ce prince, pour pénitence, de convoquer tous les barons du royaume et de se justifier par serment en leur présence. Ils y ajoutèrent l'ordre d'envoyer sur-le-champ à Jérusalem deux cents soldats avec la solde d'une année, de s'engager à s'y rendre lui-même avant trois ans, avec le plus grand nombre de troupes qu'il pourrait rassembler, d'annuler tout ce qui s'était fait dans ses états au préjudice de la liberté ecclésiastique, et de permettre à chacun de ses sujets d'appeler en cour de Rome lorsqu'il le voudrait. Henri consentit à tout, et un si grand roi se soumit à un jugement auquel un simple particulier rougirait aujourd'hui de se soumettre. Néanmoins, tandis que le pape exerçait une si grande autorité sur les princes éloignés, il ne pouvait se faire obéir dans Rome, ni obtenir des Romains la permission d'y demeurer, quoiqu'il promît de ne s'y mêler que du gouvernement ecclésiastique : tant il est vrai que les fantômes font plus d'impression de loin que de près !

Frédéric revint en ce temps en Italie. Pendant qu'il se préparait à faire une nouvelle guerre au pape, ses prélats et ses barons lui firent entendre qu'ils l'abandonneraient s'il ne se réconciliait point avec l'église. Il se vit donc forcé d'aller à Venise rendre ses hommages respectueux au pape. Ils y firent la paix ensemble, par un traité dans lequel le pontife priva l'empereur de toute autorité dans Rome, et nomma pour allié du saint-siége Guillaume, roi de Sicile et de la Pouille. Frédéric, ne pouvant vivre sans faire la guerre, passa en Asie, pour décharger contre Mahomet une ambition qu'il n'avait pu satisfaire contre le vicaire de Jésus-Christ. Arrivé près du fleuve Cidnus, et excité par la limpidité de ses eaux, il s'y baigna, et en mourut. Ainsi ces eaux rendirent plus de service aux Mahométans que les excommunications aux Chrétiens, car celles-ci ne firent qu'enchaîner son orgueil, les autres l'anéantirent. Frédéric étant mort, le pape n'eut plus qu'à vaincre l'opiniâtreté des Romains. Après beaucoup de discussions sur la création des consuls, il fut

convenu que les Romains les éliraient selon leur ancienne coutume, mais qu'ils ne pourraient entrer en fonction avant d'avoir prêté le serment de fidélité à l'Église. Cet accord fit fuir l'anti-pape Jean sur le mont Albano, où il mourut peu de temps après.

Guillaume II, roi de Naples, venait de terminer sa carrière. Comme il n'avait laissé qu'un fils naturel nommé Tancrède, le pape avait le projet de s'emparer de son royaume. Les barons s'y opposèrent, et voulurent que Tancrède montât sur le trône. Célestin III, qui occupait alors le saint-siége, désirant retirer ce royaume des mains de Tancrède, fit élever à l'empire Henri, fils de Frédéric, et cela à condition qu'il rendrait à l'Église les terres qui lui appartenaient. Pour faciliter la réussite de ce dessein, il fit sortir du cloître Constance, fille déjà âgée de Guillaume, et la donna pour femme à Henri. Ce fut ainsi que le royaume de Naples passa des Normands, ses fondateurs, aux Allemands. L'empereur Henri VI, aussitôt qu'il eut terminé les affaires qu'il avait en Allemagne, vint en Italie avec Constance son épouse, et un fils de quatre ans nommé Frédéric : il se rendit maître du royaume de Naples sans beaucoup de difficulté ; car Tancrède était déjà mort, et n'avait laissé qu'un enfant en bas âge, appelé Roger. Henri mourut peu de temps après en Sicile. Frédéric, son fils, fut roi de Naples ; et Othon, duc de Saxe, obtint l'empire par la médiation du pape Innocent III. A peine Othon eut-il été couronné empereur, que, contre l'opinion commune, il se déclara l'ennemi de ce pontife : en conséquence, il s'empara de la Romagne et se disposa à attaquer le royaume de Naples ; mais le pape l'excommunia : alors son parti l'abandonna, et les électeurs conférèrent la dignité impériale à Frédéric, roi de Naples. Ce prince vint à Rome pour y être couronné. Le pape s'y refusa, craignant sa puissance et désirant l'éloigner de l'Italie, comme il en avait éloigné Othon. Frédéric irrité passa en Allemagne, où il vainquit Othon après une longue guerre. Dans cet intervalle, la mort enleva Innocent, qui entre autres monuments remarquables avait fait édifier l'hôpital du Saint-Esprit, à Rome.

Il eut pour successeur Honorius III, sous lequel naquirent les ordres de S. Dominique et de S. François, en 1218. Ce pontife couronna Frédéric, auquel Jean, descendu de Baudoin, roi de Jérusalem, qui était encore avec le reste des Chrétiens en Asie, et qui portait ce titre, donna sa fille en mariage avec ce titre pour dot. De là vient que les rois de Naples prennent aussi le nom de rois de Jérusalem.

Tel était alors l'état politique de l'Italie : au lieu de consuls, les Romains créaient tantôt un sénateur, tantôt plusieurs, revêtus de la même autorité que ces anciens magistrats. La ligue faite contre Barberousse entre les villes de la Lombardie existait encore. Ces villes étaient Milan, Brescia, Mantoue avec la majeure partie des cités de la Romagne, et Vérone, Vicence, Padoue et Trévise. Crémone, Bergame, Reggio, Parme, Modène et Trente suivaient le parti de l'empereur. Les autres villes et châteaux de la Lombardie, de la Romagne et de la Marche Trévisane s'attachaient tantôt à l'un, tantôt à l'autre, selon les circonstances. Du temps d'Othon III, un nommé Ézelin vint et resta en Italie, où il eut un fils du même nom. Celui-ci, devenu riche et puissant, s'attacha à Frédéric II, qui s'était, comme on l'a dit, déclaré l'ennemi du pape. Ce prince, par son moyen, prit Vérone et Mantoue, détruisit Vicence, s'empara de Padoue, défit l'armée de la ligue, puis marcha vers la Toscane. Pendant ce temps, cet Ézelin avait soumis la Marche Trévisane. Il ne put enlever Ferrare, défendue par Azon d'Est et par les troupes que le pape avait en Lombardie. Lorsque le siége en fut levé, le pape la donna en fief à son défenseur Azon d'Est, dont les descendants la possèdent encore.

Frédéric s'arrêta à Pise, désirant se rendre maître de toute la Toscane. En cherchant à reconnaître ses amis et ennemis dans cette province, il y sema tant de dissensions qu'il fut cause de la ruine de toute l'Italie. On vit alors se multiplier les factions des Guelfes, partisans de l'église, et celles des Gibelins, partisans de l'empereur. Ce fut à Pistoia que l'on entendit, pour la première fois, ces dénominations. Frédéric II, sorti de Pise, attaqua les terres de l'Église, et y causa toutes sortes de ravages. Le pape, n'ayant pas d'autres moyens de se défendre, publia contre lui une croisade, comme l'avaient fait ses prédécesseurs contre

les Sarrasins. Frédéric II, pour ne pas courir le risque d'être abandonné en un instant, comme cela était arrivé à Frédéric Barberousse et à d'autres de ses ancêtres, prit à sa solde un grand nombre de Sarrasins. Afin de se les attacher et de s'en faire, en Italie, un rempart qui ne craignît point les foudres du Vatican, il leur donna Nocère, place du royaume de Naples, qui, leur assurant une retraite, les mettait dans le cas de le servir avec plus de confiance. Innocent IV parvint au pontificat : craignant Frédéric, il se retira à Gênes, et de là en France, où il tint à Lyon un concile auquel ce prince résolut de se trouver. Il en fut empêché par la révolte de Parme, dont il ne put venir à bout ; ce qui l'engagea à passer en Toscane, de là en Sicile, où il mourut, laissant en Souabe Conrad son fils légitime, et dans la Pouille un fils naturel, nommé Mainfroi, qu'il avait fait duc de Bénévent. Conrad vint en Italie pour se mettre en possession du royaume. Arrivé à Naples, il y perdit la vie. Il ne restait de lui que Conradin, enfant en bas âge, qui se trouvait en Allemagne. Comme tuteur de ce jeune prince, Mainfroi saisit d'abord les rênes de cet état ; puis, répandant le bruit que Conradin était mort, il monta lui-même sur le trône, malgré le pape et les Napolitains, qu'il força à consentir à son usurpation.

Pendant que ces choses se passaient dans le royaume de Naples, de grands mouvements s'élevèrent dans la Lombardie entre les Guelfes et les Gibelins. Les premiers avaient pour eux un légat du pape, et les seconds, Ézelin, maître de presque toute la Lombardie, au-delà du Pô. Padoue s'étant révoltée contre cet Ézelin pendant cette guerre, celui-ci fit périr douze mille de ses habitants, et mourut lui-même avant qu'elle fût terminée, n'ayant encore que trente ans. Après sa mort, tous les pays qu'il possédait recouvrèrent leur liberté. Mainfroi, roi de Naples, se montrait comme ses prédécesseurs, ennemi de l'Église, et tenait le pape Urbain IV dans des alarmes continuelles. Pour le soumettre, ce pontife publia contre lui une croisade, et alla attendre ses troupes à Pérouse. Voyant qu'elles arrivaient lentement et en petit nombre, il pensa qu'il fallait des secours plus efficaces pour vaincre Mainfroi ; il se tourna du côté de la France, et nomma roi de Sicile et de Naples Charles d'Anjou, frère de Louis IX, souverain de ce royaume, et l'engagea à passer en Italie pour s'en mettre en possession.

Mais avant que Charles vînt à Rome, le pape mourut. Ce fut sous le pontificat de Clément IV, son successeur, que ce prince arriva à Ostie avec trente galères, ayant donné ordre au reste de ses troupes de venir par terre. Les Romains, pendant son séjour dans leur ville, lui donnèrent le titre de sénateur pour le disposer favorablement à leur égard; le pape l'investit du royaume de Naples, à la charge de payer à l'Église, chaque année, cinquante mille ducats, et statua par un décret qu'à l'avenir ni Charles, ni aucun autre possesseur de ce sceptre, ne pourraient y joindre la couronne impériale. Charles marcha contre Mainfroi, le défit et le tua près de Bénévent, se rendit maître de la Sicile et de tout le royaume. Mais Conradin, auquel cet état appartenait par le testament de son père, vint attaquer Charles en Italie avec les troupes nombreuses qu'il avait rassemblées en Allemagne : il lui livra bataille à Tagliacozzo, fut d'abord mis en déroute, puis saisi dans sa fuite, sans être reconnu, et mis à mort.

L'Italie fut tranquille jusqu'au pontificat d'Adrien V. Charles étant à Rome, la gouvernait en sa qualité de sénateur. Le pape ne put supporter sa puissance, se retira à Viterbe, et engagea l'empereur Rodolphe à marcher en Italie contre ce prince. Ainsi les pontifes, tantôt par zèle pour la religion, tantôt par ambition personnelle, ne cessaient d'attirer en Italie des étrangers, et d'y susciter de nouvelles guerres. Lorsqu'ils avaient élevé un prince, ils s'en repentaient, méditaient sa ruine et ne voulaient point qu'un autre possédât cette contrée que leur faiblesse ne leur permettait pas de posséder eux-mêmes. Les princes les craignaient parce que le combat et la fuite leur procuraient également l'avantage, à moins qu'ils ne fussent surpris par quelque ruse, comme cela arriva à Boniface VIII et à d'autres, que les empereurs trompèrent par de fausses apparences d'amitié.

La guerre que Rodolphe faisait au roi de Bohême, l'empêcha de se rendre en Italie. Adrien mourut, et eut pour successeur Nicolas III, de la maison Orsini, homme entreprenant et ambitieux. Ce pontife chercha tous les moyens de diminuer la puissance de Charles. Il fit en sorte que l'empereur Rodolphe se plaignît de ce que ce prince tenait un gouverneur dans la Toscane en faveur du parti des Guelfes, qu'il avait rétabli après la mort de Mainfroi. Le roi de Naples céda aux plaintes de l'empereur, retira ses gouverneurs, et le pape y envoya un cardinal, son neveu, pour gouverner cette province au nom de l'empire. L'Empereur reconnut cette marque d'honneur en restituant à l'Église la Romagne, qui lui avait été enlevée par ses prédécesseurs; et Berthold, de la famille Orsini, en fut fait duc par le souverain-pontife. Se croyant assez puissant pour tenir tête à Charles, ce pape le priva de l'office de sénateur, et ordonna par un décret qu'on ne pourrait plus, dans Rome, revêtir de cette dignité aucune personne de sang royal. Il projetait encore d'enlever la Sicile à Charles; et, pour y réussir, il forma avec Pierre, roi d'Aragon, des intrigues secrètes, qui eurent leur effet sous son successeur. Il voulait encore faire deux rois de sa maison, l'un en Lombardie, l'autre en Toscane, afin qu'ils défendissent l'Église contre les Allemands qui auraient envie de pénétrer en Italie, et contre les Français qui étaient maîtres du royaume de Naples. La mort l'enleva au milieu de ses projets. Ce fut le premier pape qui dévoila ouvertement son ambition personnelle, et qui travailla à procurer aux siens des honneurs et des richesses, sous prétexte de contribuer à l'agrandissement de l'Église. On n'avait point encore entendu parler des neveux ou des parents d'aucun pontife, mais à l'avenir l'histoire en sera remplie; on y verra même de leurs enfants. Il ne manque plus aux pontifes, qui ont tâché jusqu'à présent de leur procurer des principautés, que d'essayer de leur assurer à l'avenir la succession à la papauté. Il est vrai que les principautés formées par eux n'ont eu jusqu'ici qu'une courte durée, parce que le plus souvent les pontifes eux-mêmes ont peu vécu, et qu'avant de cesser de vivre, ou ils n'avaient point achevé l'ensemencement de ces germes, ou les avaient laissés avec de si faibles racines, qu'au premier vent ces faibles plantes ont péri, privées de la sève qui leur avait donné vie.

Martin IV succéda à Nicolas III. Né Français, il soutint le parti de Charles. Ce prince reconnaissant envoya ses troupes dans la Romagne révoltée contre le saint-siége. Pendant qu'elles assiégeaient Forli, l'astrologue Gui Bonatti les fit attaquer par le peuple, dans un point qu'il avait désigné, de manière que tous les Français y furent pris et tués. Ce fut en ce temps que s'effectua la conjuration tramée par Nicolas III et Pierre, roi d'Aragon. Les Siciliens assassinèrent tous les Français qui se trouvaient dans leur île, dont ce prince se rendit maître, disant qu'elle lui appartenait par sa femme Constance, fille de Mainfroi. Charles mourut au milieu des préparatifs qu'il faisait pour recouvrer la Sicile les armes à la main. Charles II son fils, fait prisonnier en Sicile pendant cette guerre, n'obtint sa liberté qu'en promettant de revenir dans sa prison, si, dans l'espace de trois ans, il n'obtenait point du pape l'investiture du royaume de Sicile pour les rois d'Aragon.

L'empereur Rodolphe, au lieu de venir en Italie pour y rétablir la puissance impériale, y envoya un ministre chargé de rendre la liberté à toutes les villes qui voudraient se racheter. Plusieurs acceptèrent cette condition, et, devenues libres, changèrent leur forme de gouvernement. Adolphe de Nassau succéda à l'empire, et Pierre de Mouron, nommé Célestin, au pontificat. Ce pape, rempli de sainteté, et qui avait vécu ermite jusqu'à son élévation, abdiqua au bout de six mois, et eut pour successeur Boniface VIII. Le Ciel, qui savait que les Français et les Allemands devaient un jour abandonner l'Italie, et la laisser tout entière entre les mains de ses propres enfants, éleva dans Rome deux familles très-puissantes : les Colonna et les Orsini, dont la grandeur et la proximité du trône devaient tenir en état de faiblesse l'autorité pontificale, afin que les papes trouvassent au dedans des obstacles à l'affermissement et à l'exercice de leur pouvoir, lorsqu'ils n'en éprouveraient plus du dehors. Boniface qui le sentait bien travailla à l'extinction des Colonna ; il les excommunia, et alla jusqu'à publier une croisade contre eux. Ils en souffrirent à la vérité, mais beaucoup moins que l'Église elle-même, parce que ces armes

qu'elle avait employées avec succès pour la défense de la foi, s'émoussèrent lorsque l'intérêt personnel voulut les diriger contre les chrétiens. Ainsi le désir de donner un trop libre cours à leur ambition, affaiblit insensiblement les pontifes. Boniface dépouilla encore de leur dignité deux cardinaux de cette famille. Sciarra, d'une famille du même nom inconnue avant lui, fuyant déguisé, fut pris par des corsaires catalans, et mis à la rame. Reconnu depuis à Marseille, il fut envoyé à Philippe, roi de France, que Boniface avait excommunié et privé du royaume. Ce prince, considérant que dans une guerre ouverte contre les souverains-pontifes, il ne pouvait que perdre ou courir de grands dangers, eut recours à la ruse ; et, feignant de vouloir rentrer en paix avec le pape, il envoya secrètement Sciarra en Italie. Arrivé à Agnani, où était le pape, Sciarra rassemble ses amis pendant la nuit, et fait prisonnier Boniface. Le peuple d'Agnani le délivra peu de temps après ; mais il fut si sensible à cet affront, qu'il en mourut de dépit. Ce pontife avait institué le jubilé, l'an 1300, et ordonné qu'il se renouvelât tous les cent ans.

Les factions des Guelfes et des Gibelins causèrent alors beaucoup de désordres. Les empereurs, en abandonnant l'Italie, furent cause que plusieurs villes devinrent libres, et que plusieurs aussi furent subjuguées par des tyrans. Le pape Benoît rendit le chapeau aux cardinaux Colonna, et fit rentrer Philippe, roi de France, dans les faveurs de l'Église. Clément V, successeur de Benoît, né en France, y transporta le siége pontifical, l'an 1305. Charles II, roi de Naples, mourut dans cet intervalle, et Robert son fils lui succéda. L'empire était entre les mains de Henri VII de Luxembourg, qui vint à Rome pour s'y faire couronner, quoique le pape n'y fût point. Son voyage fit naître de grands troubles dans la Lombardie, par le rappel qu'il fit de tous les bannis Guelfes ou Gibelins ; car ces deux partis s'expulsant tour à tour, les guerres continuelles désolèrent cette province sans que l'empereur pût y remédier. Ce prince quitta la Lombardie et se rendit à Pise par la route de Gênes. Là, il tâcha d'enlever la Toscane au roi Robert : ne réussissant point dans ce projet, il passa à

Rome. Les Orsini, aidés du roi Robert, l'en ayant chassé peu de jours après son arrivée, il revint à Pise, pour faire alors plus sûrement la guerre à la Toscane, et l'arracher des mains du roi Robert; il la fit attaquer par Frédéric, roi de Sicile. Mais lorsqu'il espérait s'emparer en un instant de la Toscane, et dépouiller le roi Robert, la mort l'enleva, et Louis V, de Bavière, fut appelé au trône impérial.

Sur ces entrefaites, Jean XXII fut élu pape. Sous son pontificat, l'empereur ne cessa de poursuivre les Guelfes et l'église qui fut défendue en grande partie par le roi Robert et par les Florentins. De là naquirent toutes les guerres des Visconti contre les Guelfes en Lombardie, et de Castruccio de Lucques contre les Florentins, en Toscane. Mais comme ce fut la famille des Visconti qui donna naissance au duché de Milan, une des cinq principautés qui dans la suite gouvernèrent l'Italie, il me semble convenable d'en reprendre l'histoire de plus haut.

Lorsque le desir de se défendre contre Frédéric Barberousse eut donné naissance à la ligue Lombarde, la ville de Milan, relevée de ses ruines, fit cause commune avec elle pour se venger des injures qu'elle avait reçues. Cette ligue mit un frein à l'ambition de Barberousse, et ranima pendant quelque temps le parti de l'église dans la Lombardie. Au milieu de la tourmente causée par les guerres qui suivirent, il s'éleva dans Milan une famille très-puissante, nommée de la Torre, dont le crédit alla toujours croissant, tant que les empereurs n'eurent qu'une faible autorité dans cette province. Mais Frédéric II étant passé en Italie, et les entreprises d'Ezelin ayant rendu puissant le parti des Gibelins, l'esprit de cette faction gagna toutes les villes. A Milan, on distingua parmi ses partisans, les Visconti qui chassèrent de cette ville la famille de la Torre; mais le traité entre l'empereur et le pape la fit bientôt rentrer dans sa patrie. Lorsque le pape eut transféré sa cour en France, Henri de Luxembourg, venu en Italie pour se faire couronner à Rome, fut reçu dans Milan par Mafféo Visconti et Guido de la Torre, qui étaient alors chefs des familles de ce nom. Mafféo projeta de se servir de l'empereur pour expulser Guido de cette ville. L'entreprise lui parut facile,

parce que celui-ci était d'une faction opposée à l'empire. Profitant du mécontentement que les désordres des Allemands excitaient dans le peuple, il animait chacun par ses adroites insinuations, et l'excitait à prendre les armes pour secouer le joug de l'oppression imposé par ces Barbares. Quand il crut avoir bien assuré le succès de son dessein, il fit naître du tumulte par l'un de ses affidés: aussitôt le peuple prit les armes contre les Allemands. Au moment où ces troubles éclatèrent, Mafféo, ses fils et ses partisans se trouvèrent armés, et coururent à l'empereur accuser ceux de la famille la Torre d'en être les auteurs, et de vouloir saisir cette occasion de le dépouiller pour se rendre agréables aux Guelfes d'Italie, et dominer dans cette cité où ils ne pouvaient supporter de n'être que de simples particuliers. Ils assurèrent à ce prince, qu'il pouvait être sans inquiétude, parce qu'ils étaient en état, avec leur parti, de le garantir de toute atteinte. Persuadé de la vérité de ce que lui disait Mafféo, Henri réunit ses forces à celles des Visconti, attaqua Guido de la Torre et les siens, répandus dans plusieurs quartiers de la ville pour y apaiser la sédition. Ils tuèrent sur-le-champ ceux qu'ils purent atteindre: les autres furent dépouillés de leurs biens, et exilés. Mafféo demeura donc comme souverain dans Milan; il eut pour successeurs de son autorité, Galeazzo et Azzo, qui furent ensuite remplacés par Luchino et Jean: ce dernier devint archevêque de cette ville. Luchino, mort avant lui, laissa deux fils, Bernabo et Galeazzo. De celui-ci, décédé peu de temps après, il resta Jean Galeazzo, appelé comte de Vertus, qui, ayant fait périr par surprise Bernabo son oncle, après la mort de l'archevêque, se trouva seul prince de Milan, et fut le premier qui porta le titre de duc. Il laissa deux fils, Jean-Marie Ange que le peuple de Milan fit mourir, et Philippe que cette mort rendit seul maître de l'état. Ce Philippe n'ayant point laissé d'enfants mâles, cette principauté passa des Visconti aux Sforza, et par les moyens et les causes que nous développerons en leur temps.

Mais reprenons le fil de notre histoire au point où nous l'avons quitté. L'empereur Louis, désirant donner du crédit à son parti, et se faire couronner, vint en Italie. A son passage à Mian, pour avoir un moyen de tirer de l'argent es Milanais, il feignit de vouloir leur rendre a liberté, et mit en prison les Visconti qu'il élivra ensuite par l'entremise de Castruccio de ucques. Afin de semer plus facilement le rouble dans l'Italie, ce prince arrivé à Rome, t anti-pape Pierre de la Corvara, dont le cré- it, joint aux forces des Visconti, lui donnait espoir d'abaisser la faction qui lui était op- osée dans la Toscane et la Lombardie. Mais astruccio mourut, et cette mort fut le com- mencement de sa ruine. Lucques et Pise se évoltèrent contre lui. Cette dernière ville en- oya l'anti-pape, prisonnier, au pape qui ré- dait en France. L'empereur voyant donc ses ffaires désespérées en Italie, retourna en Al- magne. A peine était-il parti, que Jean, roi e Bohême, vint en Italie, appelé par les Gibe- ns de Brescia, et se rendit maître de cette lle, ainsi que de celle de Bergame. Comme le ape avait consenti à cette expédition, quoi- u'il feignît le contraire, le légat de Bologne la vorisait, pensant que c'était un bon moyen our empêcher l'empereur de revenir en Italie. ette conduite changea la face des affaires de ette contrée; car les Florentins et le roi Robert, oyant que le légat secondait les entreprises des ibelins, devinrent les ennemis de tous ses par- sans et de ceux du roi de Bohême. Sans au- un égard aux partis Guelfes ou Gibelins, plu- eurs princes s'unirent à eux; entre autres les isconti, ceux de la Scala, Philippe Gonzague e Mantoue, ceux de Carrara et ceux d'Est. Le ape les excommunia tous; et le roi, redoutant ette ligue, alla chercher des forces plus con- dérables dans ses états. Les y ayant ramenées, rencontra encore beaucoup d'obstacles: dé- oûté alors de cette entreprise, il repartit, au rand déplaisir du légat, pour la Bohême, près avoir seulement laissé garnison à Reggio t à Modène, et confié Parme à Masilio, et à ierre de Rossi, qui étaient très-puissants dans ette ville. Après son départ, Bologne s'unit à ette ligue, et les confédérés partagèrent ntre eux les quatre villes encore attachées au arti de l'église, dont ils convinrent de céder, arme à la maison de la Scala, Reggio aux Gon- ague, Modène à la maison d'Est, et Lucques ux Florentins. Mais l'exécution de leurs pro- ts sur ces villes entraîna plusieurs guerres qui

furent dans la suite terminées en grande partie par les Vénitiens. Il paraît peut-être extraor- dinaire qu'ayant fait mention de tant d'événe- ments arrivés en Italie, nous ayons différé si long-temps à parler des Vénitiens, dont la ré- publique, par son rang et sa puissance, doit occuper la première place parmi les autres états de l'Italie. L'étonnement cessera en voyant les causes qui y ont donné lieu; en conséquence, je reprendrai les choses d'assez loin pour met- tre le lecteur au fait de l'origine et des com- mencements de cette république, et des raisons qui firent qu'elle s'immisça si tard dans les af- faires de l'Italie.

Lorsque le roi des Huns, Attila, fit le siége d'Aquilée, les habitants de cette ville lui op- posèrent une longue résistance. Désespérant enfin de leur salut, ils se sauvèrent, em- portant avec eux leurs effets sur plusieurs rochers inhabités à la pointe de la mer Adria- tique. Ceux de Padoue, se voyant si près de l'incendie, craignirent qu'Attila ne vînt les attaquer, lorsqu'il aurait vaincu Aquilée; ils portèrent donc aussi ce qu'ils avaient de plus précieux sur le bord de cette mer, en un lieu nommé Rive-Haute ou Rialto, y envoyèrent leurs femmes, leurs enfants et leurs vieillards, réservant la jeunesse pour défendre leur ville. Les habitants de Monselice et des col- lines des alentours, frappés du même effroi, allèrent aussi chercher un refuge sur les ro- chers du golfe Adriatique. Attila ayant pris Aquilée, ravagé Monselice, Vicence, Vérone et Padoue, les habitants de cette dernière ville, et les plus considérables de ces contrées s'éta- blirent dans les lagunes voisines de Rive-Haute ou Rialto. Tous les peuples de la province an- ciennement appelée Venitia, chassés par les mêmes fléaux se réfugièrent aussi dans ces marais. Forcés par la nécessité, ils aban- donnèrent ainsi des pays fertiles et riants, et se retirèrent en des lieux stériles, d'un as- pect horrible, et privés de toutes les commodi- tés de la vie. Mais le concours nombreux des réfugiés rendit bientôt ces lieux propres à être habités, et même agréables. Pendant que l'Ita- lie était en proie à tant de malheurs, ils vécu- rent en sécurité à l'abri des lois et du gouver- nement qu'ils s'étaient donnés; ils virent même bientôt s'accroître leur crédit et leur puissance.

Plusieurs habitants des villes de Lombardie, chassés surtout par les cruautés de Clefi, roi des Lombards, augmentèrent encore de beaucoup la population et les forces de la nouvelle ville. Lorsque Pepin roi de France, vint, à la prière du pape, expulser les Lombards de l'Italie, cette cité obtint une place dans le traité que ce prince fit ensuite avec l'empereur grec. Il y fut stipulé que le duc de Bénévent et les Vénitiens seraient indépendants de l'un et de l'autre, neutres, et en pleine jouissance de leur liberté.

La nécessité qui avait réduit les habitants de Venise à demeurer au milieu des eaux, les contraignit aussi à chercher sur mer l'existence et les ressources que la terre ne pouvait leur procurer. Naviguant de tous côtés avec leurs vaisseaux, ils remplissaient leur ville de marchandises diverses, dont le besoin y attirait une affluence continuelle de marchands de tous les pays. Durant plusieurs années, ils ne pensèrent à d'autres conquêtes que celles qui pouvaient faciliter leur commerce. Ce fut dans cette vue qu'ils se procurèrent beaucoup de ports en Grèce et en Syrie. Les services que leurs bâtiments rendirent aux Français, pour leur passage en Asie, leur valurent en récompense l'île de Candie. Tant qu'ils furent fidèles à ce plan de conduite, redoutés sur mer, respectés en Italie, ils furent le plus souvent choisis pour arbitres des différends qui s'y élevaient: comme il arriva dans la contestation entre les confédérés, au sujet des villes qu'ils s'étaient partagées; elle fut soumise à la décision des Vénitiens, qui adjugèrent Bergame et Brescia aux Visconti. Mais s'étant dans la suite rendus maîtres de Padoue, Vicence, Trévise, puis de Vérone, Bergame, Brescia et de plusieurs autres villes de la Romagne et du royaume de Naples, ces mêmes Vénitiens, enflammés du désir de dominer, ajoutèrent tellement à l'idée qu'on avait de leur puissance, qu'elle inspira de la crainte, non-seulement aux princes de l'Italie, mais encore aux souverains placés au-delà des monts. Ils conjurèrent contre cette république, et lui enlevèrent en un jour l'empire qu'elle n'avait obtenu qu'en beaucoup d'années et à grands frais. Quoiqu'elle en ait reconquis une partie dans les derniers temps, comme elle n'a pu recouvrer ni sa réputation ni ses forces, elle se trouve, ainsi que les autres princes de l'Italie à la discrétion de l'étranger.

Benoît XII était parvenu au pontificat. Croyant avoir perdu en entier l'Italie, et craignant que l'empereur Louis ne s'en rendît maître, il résolut de chercher à s'attacher les usurpateurs des terres dépendantes de l'empereur, afin qu'ils eussent des raisons de craindre l'empire et de s'unir au saint-siége pour la défense de l'Italie. En conséquence, il déclara, par un décret, tous les tyrans de la Lombardie, possesseurs légitimes des places qu'ils avaient usurpées. Sur ces entrefaites ce pontife mourut, et Clément VI lui succéda. L'empereur voyant avec quelle libéralité le pape avait donné les terres de l'empire, et ne voulant pas être moins généreux du bien d'autrui, confirma dans leurs usurpations, tous ceux qui avaient envahi les domaines de l'église, à condition qu'ils les posséderaient sous la protection de l'autorité impériale. Par cet acte, Galeotto, Malatesti et ses frères devinrent souverains dans Rimini, Pesaro et Fano; Antoine et Montefeltro dans la Marche et dans le duché d'Urbin; Gentile de Varano dans Camerino; Guido de Polenta dans Ravenne; Sinibaldo Ordelaffi dans Furli et Césène; Jean Manfredi dans Faënza; Louis Alidosi dans Imola. Il en fut de même de plusieurs autres places; de sorte que de toutes les terres de l'église, il n'en resta plus que bien peu sans prince particulier. Cette division affaiblit la puissance de l'église jusqu'au pontificat d'Alexandre VI, qui, de notre temps, rétablit son autorité par la ruine des descendants de tous ces petits souverains. Lorsque l'empereur fit ces concessions, il se trouvait à Trente et paraissait vouloir passer en Italie. Ces événements firent naître beaucoup de guerres en Lombardie. Les Visconti en profitèrent pour se rendre maîtres de Parme.

Vers ce temps, Robert, roi de Naples, mourut, et ne laissa que deux petites-filles nées de Charles, son fils, dont la mort avait de beaucoup précédé la sienne. Il institua l'aînée, nommée Jeanne, héritière de son royaume, et voulut qu'elle épousât André, fils du roi de Hongrie, son petit-fils. Peu de temps après cette union, Jeanne fit mourir André et se maria avec un autre Louis, prince de Tarente, son cousin. Louis, roi de

Hongrie, passa en Italie à la tête d'une armée, pour venger la mort de son frère André, et chassa de leur royaume la reine Jeanne, ainsi que son mari.

Il arriva alors à Rome un événement mémorable. Nicolas de Lorenzo, greffier dans le quartier du Capitole, expulsa les sénateurs de Rome. Décoré du titre de tribun, il se fit chef de la république romaine, et lui rendit son ancienne forme de gouvernement. Il s'acquit une telle réputation de justice et de vertu, que non-seulement les pays voisins, mais encore l'Italie entière, lui envoyèrent des ambassadeurs. Les anciennes provinces, voyant cette renaissance de Rome, relevèrent la tête; et, guidées les unes par la peur, les autres par l'espérance, lui rendirent des honneurs. Malgré sa grande réputation, Nicolas perdit courage dès le commencement. Indigne d'une place dont le fardeau était au-dessus de ses forces, il s'enfuit secrètement sans y être contraint par personne. Il se réfugia auprès de Charles, roi de Bohême, élu empereur par ordre du pape, au mépris de Louis de Bavière. Ce prince, pour se rendre agréable au pontife, lui envoya Nicolas prisonnier. Peu de temps après, un nommé François Baroncelli, suivit l'exemple de Lorenzo, s'empara du tribunat dans Rome, et en chassa les sénateurs. Pour réprimer son audace, le moyen le plus prompt qui s'offrit au pape fut de délivrer Lorenzo et de l'envoyer à Rome, revêtu de la dignité de tribun. Il y reprit en effet l'autorité, fit mourir François; mais les Colonna étant devenus ses ennemis, il fut lui-même mis à mort peu de temps après, et les sénateurs furent réintégrés dans leurs fonctions.

Cependant le roi de Hongrie retourna dans ses états après avoir banni la reine Jeanne du royaume de Naples. Mais le pape, qui préférait le voisinage de cette princesse à celui du roi de Hongrie, vint à bout de lui faire restituer son royaume par ce prince, à condition que Louis, son mari, se contenterait du titre de prince de Tarente, et ne porterait pas celui de roi. On était alors dans l'année 1350. Le pape, jugeant que l'intervalle de cent ans, fixé par Boniface VIII pour le jubilé, pouvait se réduire à cinquante, publia une bulle à ce sujet. Les Romains, en reconnaissance de ce bienfait, consentirent à ce

qu'il envoyât à Rome quatre cardinaux pour réformer l'état de l'église, et y établir des sénateurs de son choix. Ce pontife accorda aussi à Louis de Tarente le titre de roi de Naples. Sensible à cette grace, la reine Jeanne céda sa ville d'Avignon à l'église.

La mort de Luchino Visconti, arrivée vers ce temps, rendit Jean, archevêque de Milan, seul maître de cette ville. Plusieurs guerres qu'il soutint contre la Toscane et contre ses autres voisins, lui acquirent beaucoup de puissance. Il eut pour héritiers ses neveux Bernabo et Galeazzo. Ce dernier mourut peu de temps après, laissant un fils, Jean Galeazzo, qui partagea cet état avec Bernabo son oncle.

Le trône impérial était alors occupé par Charles IV, roi de Bohême, et le saint-siége par Innocent VI. Ce pontife envoya en Italie Egidio Alvarès, cardinal espagnol, dont l'habileté rendit à l'église sa considération, non-seulement dans la Romagne et dans Rome, mais encore dans toute l'Italie. Il reconquit Bologne, dont l'archevêque de Milan s'était emparé, força les Romains à obéir à un sénateur étranger qui leur serait donné tous les ans par le pape, fit des traités honorables avec les Visconti; il battit et fit prisonnier Jean Hawkwood, Anglais, venu dans la Toscane avec quatre mille hommes de sa nation, pour secourir les Gibelins.

Urbain V, successeur d'Innocent VI, instruit de tant de victoires, résolut de visiter l'Italie et Rome. L'empereur Charles vint aussi y passer quelques mois, puis il retourna dans son royaume, et le pape revint à Avignon. Le cardinal Egidio étant mort, Grégoire XI, successeur d'Urbain V, vit l'Italie replongée dans ses anciennes dissensions par les peuples ligués contre les Visconti. Il y envoya d'abord un autre légat avec six mille Bretons, y vint ensuite lui-même, et rétablit dans Rome le saint-siége, en 1376, après 71 ans de séjour en France.

Ce pontife étant mort, Urbain VI fut élu en sa place. La légitimité de cette élection fut attaquée bientôt après par dix cardinaux réunis dans la ville de Fondi, où ils choisirent Clément VII. Ce fut en ce temps qu'éclata la révolte des Génois contre les Visconti, sous le gouvernement desquels ils avaient vécu pendant plusieurs années. L'Ile de Tenedos fut, entre ces mêmes Génois et les Vénitiens, très-considérables qui divisèrent toute l'Italie. On y vit pour la première fois de l'artillerie, nouvel instrument de guerre découvert par les Allemands. Les Génois eurent l'avantage pendant quelque temps; ils tinrent plusieurs mois Venise assiégée, mais à la fin de la guerre, cette ville reprit la supériorité. La paix se conclut en 1381, par la médiation du souverain-pontife.

La reine Jeanne favorisait le pape schismatique : Urbain VI, pour l'en punir, engagea Charles de Duras, descendant des rois de Naples, à venir prendre possession de ce royaume. Il vint en effet, s'en rendit maître, et la reine s'enfuit en France. Le roi de France, indigné, envoya Louis d'Anjou en Italie pour aider Jeanne à recouvrer ses états, chasser Urbain de Rome, et y établir l'autorité de l'anti-pape. Louis mourut dans le cours de cette entreprise, et ses troupes, mises en déroute, retournèrent dans leur patrie. Le pape alla à Naples où il fit emprisonner neuf cardinaux pour avoir suivi le parti de la France et de l'anti-pape; il se brouilla ensuite avec le roi qui lui avait refusé la principauté de Capoue pour un de ses neveux. Feignant néanmoins d'attacher peu d'importance à ce refus, il lui demanda la ville de Nocera pour y fixer son séjour, s'y fortifia et y forma le projet de dépouiller Charles de son royaume. Ce prince vint assiéger Nocera; le pape s'enfuit à Gênes où il fit mourir les cardinaux qu'il y tenait prisonniers, de là il se rendit à Rome, où il créa vingt-neuf cardinaux pour relever son autorité.

Cependant Charles de Duras, roi de Naples, alla en Hongrie dont il devint roi, et où il mourut peu de temps après, laissant à Naples sa femme avec Ladislas et Jeanne ses enfants. Dans le même temps, Jean Galeazzo Visconti avait fait périr Bernabo son oncle, et s'était emparé de la souveraineté entière de Milan. Peu satisfait d'être devenu duc de toute la Lombardie, il voulait encore étendre sa domination dans la Toscane; au moment où il croyait toucher à son but et se faire couronner roi d'Italie, la mort l'enleva.

Boniface IX avait succédé à Urbain VI, et l'anti-pape Clément VII, mort à Avignon, fut remplacé par le pape Benoît XIII. L'Italie était alors inondée de soldats anglais, allemands,

bretons, dont une partie y avait été conduite par ces princes qui y étaient venus à diverses époques, et l'autre y avait été envoyée par les papes pendant leur séjour à Avignon. Ce fut avec ces troupes que les princes d'Italie guerroyèrent, jusques à la formation d'une compagnie de soldats italiens, portant le nom de St-Georges. Cette compagnie, formée par les soins de Louis de Cento, né dans la Romagne, montra une valeur et une discipline qui firent bientôt passer la réputation des troupes étrangères à celles de l'Italie, dont les souverains de cette contrée se servirent ensuite dans les guerres qui s'élevèrent entre eux. Les différends du pape avec les Romains l'engagèrent à se retirer à Scesi, où il resta jusques en 1400, année du jubilé. Les Romains, désirant alors son retour, afin de profiter des avantages de cette institution, consentirent de nouveau à recevoir un sénateur étranger, nommé par lui, et permirent à ce pontife de fortifier le château St-Ange. Revenu à ces conditions, Boniface IX ordonna, pour enrichir l'église, qu'à la vacance de chaque bénéfice, la chambre apostolique toucherait une année du revenu.

Quoique Jean Galeazzo, duc de Milan, eût laissé en mourant deux fils, Jean-Marie Ange et Philippe, son état fut en proie à beaucoup de divisions, pendant lesquelles le premier périt, et le dernier fut enfermé dans la citadelle de Pavie. Après y avoir été détenu quelque temps, il dut sa délivrance à la fidélité et à la vertu du châtelain de ce fort. Du nombre de ceux qui envahirent des places possédées par leur père, fut Guillaume de la Scala, banni de sa principauté de Vérone, et réfugié auprès de François de Carrara, seigneur de Padoue, qui l'aida à la recouvrer. Il n'en jouit pas long-temps, car ce même François le fit empoisonner, et s'empara de cet état. Ceux de Vicence, qui avaient vécu en sûreté sous les Visconti, redoutant alors la grandeur du seigneur de Padoue, se donnèrent aux Vénitiens qui lui déclarèrent une guerre dans laquelle ils lui enlevèrent d'abord Vérone, puis Padoue elle-même.

Dans cet intervalle Boniface IX mourut et fut remplacé par Innocent VII. Le peuple romain supplia ce pontife de lui rendre ses forteresses et sa liberté; sur son refus, il appela à son secours Ladislas, roi de Naples. D'après un accord qu'ils firent ensuite, le pape revint à Rome; la crainte du peuple lui avait fait quitter cette ville pour se réfugier à Viterbe, où il nomma Louis, son neveu, comte de la Marche. Innocent VII mourut ensuite, et Grégoire XII fut élu, à la charge d'abdiquer aussitôt que l'anti-pape consentirait à suivre son exemple. Cédant aux instances des cardinaux qui voulaient tâcher de mettre fin au schisme, l'anti-pape Benoît se rendit à Portovenere, et Grégoire à Lucques. On délibéra beaucoup, mais on ne conclut rien; de sorte que les cardinaux de l'un et l'autre pape les abandonnèrent; Benoît se retira en Espagne, et Grégoire à Rimini.

Les cardinaux de leur côté, secondés par Balthasar Cossa, cardinal et légat de Bologne, convoquèrent un concile à Pise. Ils y élevèrent au pontificat Alexandre V qui excommunia sur-le-champ le roi Ladislas, et donna l'investiture du royaume de Naples à Louis d'Anjou; puis, de concert avec les Florentins, les Génois, les Vénitiens et le légat Balthasar Cossa, ils attaquèrent Ladislas, et lui enlevèrent Rome; mais, dans la chaleur de cette guerre, Alexandre mourut, et eut pour successeur Balthasar Cossa qui prit le nom de Jean XXIII. Ce pontife vint de Bologne, où il avait été élu, à Rome; il y trouva Louis d'Anjou avec l'armée que ce prince avait amenée de la Provence. Ladislas fut attaqué par eux, et mis en déroute : le défaut de guides les empêcha de poursuivre leur victoire; de sorte que Ladislas, ayant repris de nouvelles forces, en peu de temps reconquit Rome. Le pape s'enfuit à Bologne, et Louis en Provence. Désirant trouver le moyen de diminuer la puissance de Ladislas, ce pontife contribua à faire élire empereur Sigismond, roi de Hongrie, l'engagea à passer en Italie, et s'aboucha avec lui à Mantoue. Ils convinrent d'assembler un concile général, afin d'opérer dans l'église une réunion qui la rendît assez puissante pour résister aux forces de ses ennemis.

L'église était alors divisée entre trois papes : Grégoire, Benoît et Jean; ce qui lui enlevait beaucoup de son autorité et de sa considération. Constance, ville d'Allemagne, fut choisie, contre le gré du pape Jean, pour y tenir le concile. Quoique la mort du roi La-

dislas eût fait cesser les motifs qui avaient décidé le pape à travailler à la formation de ce concile, il était engagé de manière à ne pouvoir plus refuser de s'y rendre. Arrivé à Constance, peu de mois après l'ouverture du concile, il reconnut, mais trop tard, son erreur; il voulut prendre la fuite : il fut arrêté, mis en prison, et forcé d'abdiquer. Grégoire, l'un des anti-papes, abdiqua aussi, par l'organe de son envoyé. Benoît, l'autre anti-pape, refusant de l'imiter, fut condamné comme hérétique. Enfin, abandonné de ses cardinaux, il fut aussi contraint de prendre ce parti, et le concile éleva à la dignité pontificale Oddon, de la famille des Colonna, nommé depuis Martin V. L'église fut ainsi réunie, après avoir été divisée pendant quarante ans entre plusieurs pontifes.

Philippe Visconti était alors renfermé, comme nous l'avons dit, dans la citadelle de Pavie. Fazino Cane, profitant des dissensions de la Lombardie, s'était emparé de Verceil, d'Alexandrie, de Novare, de Tortone, et avait amassé beaucoup de richesses. Étant mort sans enfants, il laissa ses états à Béatrix, sa femme, et engagea ses amis à lui faire épouser Philippe. Celui-ci, devenu puissant par ce mariage, reconquit Milan et toute la Lombardie. Ensuite, pour reconnaître de si grands bienfaits, à la manière ordinaire des princes, il accusa Béatrix d'adultère, et la fit mourir. Parvenu ainsi à un très-haut point de puissance, il commença à méditer une guerre contre la Toscane, suivant les desseins de Jean Galeazzo son père.

Ladislas, roi de Naples, avait, en mourant, laissé à Jeanne, sa sœur, son royaume avec une armée nombreuse commandée par les premiers et les plus fameux condottieri de l'Italie. Parmi ses chefs on distinguait au premier rang Sforza de Cotignola, capitaine de grande réputation. Dans cette classe de guerriers, la reine affectionnait particulièrement un nommé Pandolfello qu'elle avait élevé. Pour se soustraire aux soupçons infamants que sa conduite avec cet homme faisait naître, elle épousa Jacques, comte de la Marche, issu du sang royal de France, à condition qu'il se contenterait du titre de prince de Tarente, et lui laisserait le titre et les fonctions de la royauté. Mais à peine ce prince est-il arrivé à

Naples, que les soldats le proclament roi ; de là, entre le mari et la femme, beaucoup de dissensions et de combats dont les succès furent variés ; enfin la reine demeura maîtresse du royaume. Elle devint ensuite ennemie du souverain-pontife ; Sforza, pour la réduire à la nécessité d'implorer son secours, renonça à son service au moment où elle s'y attendait le moins. Désarmée en un instant, et n'ayant pas d'autre ressource, elle eut recours à Alfonse, roi d'Aragon et de Sicile, et l'adopta pour fils. Elle prit à sa solde Braccio de Montone, capitaine aussi renommé que Sforza, et ennemi du pape, auquel il avait enlevé Pérouse et quelques autres places dépendantes de l'église. La paix se fit ensuite entre le pontife et la reine. Le roi Alfonse, craignant qu'elle ne le traitât comme elle avait traité son mari, cherchait adroitement à se rendre maître des forteresses. L'esprit rusé de Jeanne le prévint, et elle se fortifia dans la citadelle de Naples. Des soupçons qui allaient toujours croissant, ils en vinrent aux armes. La reine, avec le secours de Sforça rentré à son service, vainquit Alfonse, le chassa de Naples, et le priva de son adoption qu'elle accorda à Louis d'Anjou. De là, guerres nouvelles entre Braccio qui avait suivi le parti d'Alfonse, et Sforza attaché à celui de la reine. Dans le cours de ces hostilités, Sforza se noya en passant le fleuve de Pescara ; et la reine, laissée encore une fois sans défense, allait être dépouillée de son royaume, si elle n'eût pas été secourue par Philippe Visconti, duc de Milan, qui contraignit Alfonse à retourner en Aragon. Abandonné par Alfonse, Braccio ne perdit point courage ; il suivit son entreprise contre la reine, et mit le siège devant Aquila. Le pape, jugeant qu'il n'était point de l'intérêt de l'église de laisser s'accroître la puissance de Braccio, prit à sa solde François, fils de Sforza. Celui-ci alla à la rencontre de Braccio, auprès d'Aquila, le défit et le tua. Il ne resta de lui qu'un fils nommé Oddon, auquel le pape laissa la principauté de Montone, après lui avoir enlevé Pérouse. Cet Oddon périt bientôt après en combattant dans la Romagne pour les Florentins ; de sorte que des compagnons d'armes de Braccio, le plus célèbre qui resta fut Nicolas Piccinino.

Jusqu'à l'époque indiquée pour ce premier livre, il ne reste à traiter d'autre sujet de quelque importance, que les guerres des Florentins et des Vénitiens avec Philippe, duc de Milan. Mais le récit détaillé de ces guerres sera compris dans l'histoire particulière de Florence. Le fil de notre narration nous ayant conduit si près de cette époque, je ne veux point aller plus loin. Je me contenterai de rappeler brièvement quel était alors l'état politique et militaire de l'Italie.

Les principaux états étaient ainsi partagés : la reine Jeanne II avait Naples, la Marche d'Ancône, le patrimoine de St Pierre et la Romagne. Une partie de leurs places obéissait au pape, les autres étaient occupées par leurs vicaires ou par des tyrans, comme Ferrare, Modène et Reggio par ceux de la maison d'Est ; Faënza par les Manfred ; Imola par les Alidosi ; Furli par les Ordelaffi ; Rimini et Pesaro par les Malatesti, et Camerino par ceux de Varano. La Lombardie était partagée entre le duc Philippe et les Vénitiens ; car tous les possesseurs d'états particuliers avaient été détruits, excepté les Gonzague qui étaient seigneurs de Mantoue. Les Florentins étaient maîtres de la majeure partie de la Toscane. Lucques et Sienne avaient seules leurs lois particulières ; la première, sous l'autorité des Guignigi, et la seconde, avec entière jouissance de sa liberté. Les Génois, tantôt libres, tantôt asservis aux rois de France ou aux Visconti, ne jouissaient d'aucune considération, et étaient placés au rang des moindres principautés. Toutes celles que nous venons d'indiquer comme occupant le premier rang, n'étaient plus défendues par des troupes tirées de leur propre sein. Le duc Philippe, renfermé dans son palais, ne se laissait point voir, et faisait la guerre par ses lieutenants. Lorsque les Vénitiens voulurent tourner leurs armes du côté de la terre ferme, ils se dépouillèrent de celles qui leur avaient acquis tant de gloire sur mer, et, à l'exemple des autres états de l'Italie, ils employèrent des troupes étrangères. Le pape, auquel sa profession religieuse interdisait celle des armes, et la reine de Naples, en sa qualité de femme, faisaient par nécessité ce que les autres avaient fait par un choix préjudiciable à leurs intérêts. Les Florentins étaient forcés de suivre cet exemple. Leurs fréquentes divisions ayant détruit la noblesse, cette république laissée entre les mains d'hommes élevés dans le commerce, ut obligée de suivre la fortune et les volontés es autres. Il n'y avait donc plus en Italie que des etits princes, ou des hommes sans consistance, ui portassent les armes. Ce n'était point le dé- ir de la gloire, mais celui de la richesse ou de ur propre sûreté qui les faisait prendre aux remiers. Les seconds, nourris dans ce métier ès leur enfance, et n'en sachant pas d'autre, y herchaient le moyen de s'élever par la fortune u par la puissance. Entre ceux-ci, les plus élèbres alors étaient Carmignola, François forza, Nicolas Piccinino, élève de Braccio, gnolo de la Pergola, Lorenzo de Micheletto ttenduli, le Tartaglia, Giacopaccio, Ceccolino e Pérouse, Nicolas de Tolentino, Guido To- ello, Antoine de Pont ad Era et plusieurs autres emblables. Leur nombre, augmenté par ces etits princes dont on vient de parler, l'était ussi par les barons romains, les Orsini, les olonna, par les autres seigneurs et les gen- lshommes du royaume de Naples et de la ombardie. Unis par une espèce de confédé-

ration, adonnés à la profession des armes, ils s'en étaient fait un art qu'ils exerçaient, le plus souvent, de manière à prolonger leurs guerres et à les rendre à peu près égale- ment nuisibles à l'un et à l'autre parti. Ils réduisirent enfin la profession des armes à un tel degré d'abjection, que tout capitaine d'une capacité ordinaire, possédant seulement quel- ques étincelles des antiques vertus guerriè- res, leur aurait fait perdre toute leur ré- putation, au grand étonnement de l'Italie que son peu de sagesse et de prévoyance avait réduite à les honorer. Chaque page de mon histoire offrira donc le tableau de ces prin- ces fainéants, et de ces pitoyables armées. Avant d'en venir là, je dois, selon la promesse que j'en ai faite d'abord, raconter l'origine de Florence, exposer avec exactitude quel était en ce temps l'état de cette cité, par quelles voies elle y était parvenue au milieu de tant d'orages qui ont désolé l'Italie pendant dix siècles.

LIVRE SECOND.

Parmi les usages marqués au coin de la grandeur, qui font admirer les républiques t les autres gouvernements de l'antiquité, t dont il ne nous reste aujourd'hui que le souvenir, on distingue celui de fonder en out temps des villes et des places fortes. En ffet, il n'est rien de plus digne d'un bon rince et d'une république bien ordonnée, i de plus utile à une province que de con- truire de nouvelles villes où les hommes puis- sent trouver une retraite commode, soit pour se défendre, soit pour se livrer à l'agriculture. Les anciens pouvaient le faire facilement : étant dans l'usage d'envoyer dans les pays vaincus ou abandonnés, de nouveaux habitants auxquels ils donnaient le nom de colonie, non- seulement cette coutume faisait naître beau- coup de villes, mais encore elle assurait aux vainqueurs la soumission des vaincus, peuplait les lieux déserts, et maintenait dans les pro-

vinces une sage répartition de leurs habitants. Ceux-ci jouissant alors d'une existence plus aisée, la population augmentait, et avec elle les moyens d'attaque et de défense. La destruc- tion de cet usage par l'administration vicieuse des républiques et des principautés modernes, a causé l'affaiblissement et la ruine des pro- vinces ; car il peut seul donner de la stabilité aux empires, et entretenir partout, comme nous l'avons dit, une abondante population. Une colonie placée par un prince dans un pays dont il vient de s'emparer, lui assure sa conquête ; c'est une forteresse et une garde qui lui répon- dent de la fidélité de ses nouveaux sujets. Sans cette sage pratique, une province ne peut être complètement remplie d'habitants, et ceux-ci ne peuvent conserver entre eux une égale répar- tition, car tous les lieux n'y sont pas également salubres et fertiles. Il résulte de-là, que les hommes abondent dans un endroit et manquent dans l'autre. Si l'on ne sait point remédier à cette inégale distribution, la province dépérit, parce que le défaut d'habitants en rend une partie déserte, et l'autre est appauvrie par leur trop grand nombre.

La nature ne pouvant remédier à ce désordre, il faut appeler l'art à son secours. Les pays malsains cessent bientôt de l'être, lorsqu'une multitude nombreuse vient tout à coup les habiter. En cultivant la terre ils la rendent salubre, et leurs feux purifient l'air. La nature seule ne peut jamais rendre ces services; Venise nous en offre la preuve : située dans un lieu bas et marécageux, elle dut la salubrité dont elle jouit promptement à la grande affluence de ses habitants. Pise, à cause de la malignité de son air, ne fut jamais complètement habitée avant le ravage de Gênes et de ses côtes, par les Sarrasins. Il y eut alors dans cette ville un nombreux concours des malheureux chassés de leur patrie; ce qui la rendit peuplée et puissante.

Lorsque l'on n'envoie point de colonies, il est plus difficile de conserver les conquêtes; les pays abandonnés ne peuvent se peupler, et ceux qui ont trop de population ne sont point délivrés de cette surcharge. Voilà pourquoi plusieurs parties du globe, et surtout de l'Italie, sont devenues désertes, si on les compare aux temps anciens. Cela vient de ce qu'il n'y a dans les princes aucun amour de la véritable gloire, et dans les républiques, aucune institution qui soit digne d'éloges. L'antiquité dut à ses colonies la naissance de beaucoup de villes nouvelles, et celles qui existaient déjà en reçurent leur agrandissement, telles que Florence fondée par Fiésole, et augmentée par les colonies.

Il est très-vrai, comme le rapportent le Dante et Jean Villani, que la ville de Fiésole, située sur la cime d'une montagne, désirant rendre ses marchés plus fréquentés, et donner plus de facilités à ceux qui voudraient y apporter leurs marchandises, les avait placés dans la plaine entre le pied de la montagne et le fleuve de l'Arno. Je pense que ces marchés furent la cause des premières constructions faites dans cet endroit par les commerçants, afin de s'y procurer des abris commodes pour leurs marchandises : ces abris devinrent avec le temps des maisons habitées, qui se multiplièrent beaucoup, lorsque les victoires des Romains sur les Carthaginois, eurent

rassuré l'Italie contre les invasions de peuple étrangers. Les hommes ne restent dans une po sition pénible qu'autant qu'ils y sont forcés pa la nécessité. La peur de l'ennemi qui fait re chercher un asile fortifié, quoique désagréa ble, n'a pas plus tôt cessé, que le désir des com modités de la vie invite à s'établir dans de lieux plus faciles et plus agréables. La sûreté que la puissance de la république romaine pro cura à l'Italie, put sans doute multiplier les ha bitations dont nous venons de parler, au poir d'en former un bourg appelé dans le commen cement bourg de l'Arno. Ensuite s'alluma l flambeau des guerres civiles, d'abord entre Ma rius et Sylla, puis entre César et Pompée, en fin entre les meurtriers de César et les vengeur de sa mort. Sylla et ensuite ces trois autres c toyens de Rome qui se partagèrent l'empir après avoir vengé la mort de César, envoyère à Fiésole des colonies qui s'établirent en tout o en partie, dans la plaine, auprès de ce bour qui avait déjà une certaine étendue. Il en reç un tel accroissement d'édifices, de population et toutes les parties de l'ordre civil y furent bien réglées, qu'il put être compté parmi le cités de l'Italie. Mais les opinions varient su l'origine du nom de Florence. Selon quelque uns, il vient de Florinus, l'un des chefs de l colonie; d'autres prétendent que dans le com mencement on ne l'appelait point Florence mais Fluence à cause de son voisinage du fleuv de l'Arno; et ils s'appuient du témoignage d Pline, dans lequel on lit : « Les Fluentins habi tent près du fleuve de l'Arno ». Cette preuv pourrait être fausse, parce que Pline indiqu dans ses textes la situation des Florentins, point du tout le nom qu'ils portaient. Ce mo Fluentini doit être un mot corrompu, car Fron tin et Tacite, qui écrivirent à peu près dans l même temps que Pline, se servent des noms d Florence et de Florentins. Dès avant Tibère elle était soumise aux mêmes formes de gou vernement que les autres cités d'Italie. A rapport de Tacite, des députés de Florenc vinrent demander à cet empereur de n'êtr point obligés à laisser noyer leurs pays pa les eaux de la Chiana. Il n'est pas proba ble que cette ville eût en même temps deu noms. Je crois donc qu'elle s'appela toujour Florence.

Quelle que soit l'étymologie du nom de cette ville et la cause de son origine, elle prit naissance sous l'empire des Romains; et dès le temps des premiers empereurs, elle commença à être citée par les écrivains. Lorsque Rome était en proie aux incursions des Barbares, Florence fut ravagée par Totila, roi des Ostrogoths. Charlemagne la releva de ses ruines, deux cent cinquante ans après. Depuis cette époque jusques à l'année 1215 de Jésus-Christ, elle partagea le sort de ceux qui dominèrent en Italie. Soumise d'abord aux descendants de Charlemagne, elle le fut ensuite aux Bérenger, et enfin aux empereurs allemands, comme il a été dit dans le tableau général du premier livre. Dans cet intervalle, retenus par la puissance de leurs dominateurs, les Florentins ne purent ni s'agrandir, ni faire aucune action mémorable. Cependant en l'année 1010, le jour de S. Romulus, fête solennelle de Fiésole, ils prirent et détruisirent cette ville; ce qu'ils firent ou du consentement des empereurs, ou en profitant de ces intervalles de liberté qui avaient lieu entre la mort d'un empereur et la nomination de son successeur. Lorsque l'autorité des papes se fut accrue en Italie, aux dépens de celle des rois d'Allemagne, toutes les terres de cette province furent moins soumises à leur souverain. Au temps d'Henri III, en 1080, l'Italie se partagea ouvertement entre cet empereur et le saint-siége; mais les Florentins, malgré cette division, restèrent unis jusques en 1215. Ils obéissaient au vainqueur, et ne montraient d'autre ambition que celle de se conserver.

Les maladies qui attaquent le corps humain sont d'autant plus dangereuses qu'elles sont plus tardives; il en est de même de celles du corps politique. Florence fut d'autant plus tourmentée par les factions de l'Italie, qu'elle leur avait fermé plus long-temps toute entrée dans son sein. La cause de ces premières divisions, publiée par le Dante et par plusieurs autres écrivains, est très-connue : je crois cependant devoir la rapporter en peu de mots.

Les familles les plus puissantes de Florence étaient celles des Buondelmonti, et des Uberti, puis celles des Amidei et des Donati. Dans celle des Donati, une dame veuve et riche avait une fille d'une grande beauté. Son dessein était de lui faire épouser Buondelmonte, jeune cavalier, chef de la famille dont il portait le nom. Soit négligence, soit qu'elle crût qu'il serait toujours temps, elle n'avait encore découvert ce dessein à personne, lorsqu'elle apprit que Buondelmonte allait épouser une fille des Amidei. Très-mécontente de cet engagement, la veuve Donati espéra que la beauté de sa fille pourrait l'aider à le rompre avant la célébration des noces. Voyant un jour Buondelmonte qui s'avançait seul vers sa maison, elle descend suivie de sa fille, se présente à lui au moment où il passait, et lui dit : « Je suis vraiment fort aise du choix que vous avez fait d'une femme, quoique je vous eusse réservé ma fille ». Entr'ouvrant la porte, elle la lui fit voir. Ce jeune homme frappé de sa rare beauté, et considérant que du côté de la naissance et de la fortune, elle ne le cédait en rien à celle qu'il avait choisie, s'enflamma d'une telle passion pour elle, qu'il répondit aussitôt, sans penser à la parole qu'il avait donnée, à l'affront qu'il ferait en la rompant, et aux fâcheuses suites que cette rupture pourrait entraîner : « Puisque vous me l'avez réservée, je serais un ingrat en ne l'acceptant pas, lorsqu'il en est temps encore » ; et il l'épousa effectivement sans délai.

Cette nouvelle remplit d'indignation la famille des Amidei et celle des Uberti, unies par des alliances. Assemblées avec plusieurs de leurs autres parents, elles décidèrent qu'on ne pouvait sans se déshonorer, ne pas venger une telle injure, et que la mort seule de Buondelmonte était capable de l'expier. Quelques-uns firent des représentations sur les malheurs qui pourraient en résulter ; mais Mosca Lamberti répliqua que celui qui pensait à trop de choses n'en concluait aucune, et ajouta cette sentence proverbiale : *A chose faite il faut bien qu'il y ait commencement*. On chargea donc de cet assassinat, Lamberti, Stiatta Uberti, Lambertuccio Amidei et Oderigo Fifanti. Ceux-ci s'enfermèrent le jour de Pâques, dès le matin, dans la maison des Amidei, située entre le vieux pont et l'église de Saint-Étienne. Buondelmonte, croyant sans doute qu'il était aussi facile d'oublier une injure que de renoncer à une alliance, ce jour-là même au moment où il passait le pont sur un cheval blanc, fut assailli à l'une des extrémités, près d'une statue de Mars, et mis à mort. Cet assassinat divisa toute la ville. Les uns s'unirent aux Buondelmonti, les autres aux Uberti. Comme ces familles avaient beaucoup de maisons, de lieux fortifiés et d'hommes à leur service, elles combattirent pendant plusieurs années, sans que l'une parvînt à chasser l'autre. Sans mettre fin à leurs dissensions par la paix, elles avaient recours à des trèves, et reprenaient ou suspendaient le cours de leurs hostilités, selon les circonstances.

Florence fut en proie à ces calamités jusqu'au temps de Frédéric II. Ce prince, étant roi de Naples, crut pouvoir accroître ses forces aux dépens de l'église; et, pour affermir sa puissance dans la Toscane, il favorisa les Uberti et leurs partisans, et les aida à chasser les Buondelmonti. Notre ville fut alors divisée en Guelfes et en Gibelins, comme l'était depuis long-temps toute l'Italie. Il ne me paraît point inutile de faire mention des familles qui suivaient l'un et l'autre parti. Les Guelfes avaient pour eux les Buondelmonti, les Nerli, les Rossi, les Frescobaldi, les Mozzi, les Bardi, les Pulci, les Gherardini, les Foraboschi, les Bagnesi, les Guidalotti, les Sacchetti, les Manieri, les Lucardesi, les Chiaramontesi, les Compiobbesi; les Cavalcanti, les Giandonati, les Gianfigliazzi; les Scali, les Gualterotti, les Importuni, les Bostichi, les Tornaquinci, les Vecchietti, les Tosinghi, les Arrigucci, les Agli, les Sizi, les Adimari, les Visdomini, les Donati, les Pazzi, ceux de la Bella, les Ardinghi, les Tedaldi et les Cerchi. Du côté des Gibelins, on comptait : les Uberti, les Manelli, les Ubriachi, les Fifanti, les Amidei, les Infangati, les Malespini, les Scolari, les Guidi, les Galli, les Cappiardi, les Lamberti, les Soldanieri, les Cipriani, les Toschi, les Amieri, les Palermini, les Migliorelli, les Pigli, les Barucci, les Cattani, les Agolanti, les Brunelleschi, les Caponsacchi, les Elisei, les Abati, les Tedaldini, les Giuocchi et les Galigai. En outre plusieurs familles du peuple s'unirent à l'un ou à l'autre parti suivi par ces familles nobles. Ainsi presque toute la cité fut agitée de cet esprit de faction. Les Guelfes, après leur expulsion, se réfugièrent dans les terres du Val-d'Arno, où ils avaient une grande partie de leurs châteaux forts, et s'y défendirent le mieux qu'ils purent contre leurs ennemis. Mais lorsque Frédéric fut mort, des hommes d'un rang moyen dans Florence et qui avaient du crédit parmi le peuple, pensèrent qu'il valait mieux rétablir l'union entre les citoyens de cette ville que de consommer sa ruine en y entretenant la discorde; ils firent si bien que les Guelfes revinrent, promettant d'oublier le passé, et que les Gibelins les reçurent en déposant leurs soupçons contre eux. Etant enfin unis, ils jugèrent ce moment favorable pour se donner une forme de gouvernement qui leur assurât la liberté et les moyens de se défendre avant que le nouvel empereur eût pris des forces.

La ville fut divisée en six quartiers; ils choisirent douze citoyens, deux dans chaque, et leur en confièrent le gouvernement. Ils les nommèrent *Anciens*, et statuèrent qu'ils seraient changés tous les ans. Pour ôter tout prétexte aux inimitiés qui naissent de l'exercice des fonctions judiciaires, ils établirent deux juges étrangers; l'un s'appela *Capitaine du peuple*, l'autre *Podestat*, et ils furent chargés de prononcer sur tous les différends en matière civile et en matière criminelle. Il n'existe de stabilité dans aucune institution politique, si l'on ne pourvoit à la défense de l'état. Ils formèrent donc vingt compagnies dans la ville, et soixante-six dans les campagnes; ils y enrôlèrent toute la jeunesse avec ordre à chacun de se rendre en armes sous son drapeau, dès qu'il y serait appelé par le Capitaine ou par les Anciens. Ils varièrent les enseignes de ses compagnies, selon la diversité des armes. Les arbalétriers en portaient une différente de celle des *Pavoiseurs*. Le jour de la Pentecôte, chaque année, on distribuait en grande pompe des enseignes aux nouveaux soldats, et on donnait de nouveaux officiers à toutes les compagnies. Pour rendre leur armée plus imposante, et assigner à chacun un lieu où, en cas d'échec, l'on pût se rallier pour faire encore tête à l'ennemi, ils imaginèrent de construire un grand char, traîné par deux bœufs couverts de rouge, et sur lequel on plaçait un étendard rouge et blanc. Lorsqu'ils voulaient mettre leur armée en campagne, ils conduisaient ce char dans le marché neuf, et le consignaient avec beaucoup de solennité entre les mains des chefs du peuple. Pour donner plus d'éclat à leur entreprise, ils avaient une cloche appelée à Florence *Martinello*, dont le son se faisait entendre sans interruption pendant un mois avant que leurs armées sortissent de la ville. Leur but étoit d'avertir l'ennemi de se préparer à la défense. Telles étaient alors la magnanimité et la grandeur d'âme de ces hommes, qu'ils regardaient comme trompeur et digne de blâme, celui qui surprenait son ennemi à l'improviste, tandis qu'on loue aujourd'hui une pareille action comme un trait de courage et de prudence ! Ils conduisaient aussi cette cloche à l'armée, et s'en servaient pour donner l'ordre de monter les gardes et de faire les services usités en temps de guerre.

Ce fut par ces institutions civiles et militaires que les Florentins fondèrent leur liberté. Il serait difficile d'imaginer à quel degré de force et d'autorité, Florence parvint en peu de temps. Non-seulement elle domina dans la Toscane, mais elle fût placée au rang des premières villes de l'Italie. Elle serait arrivée au comble de la gloire, si elle n'eût été déchirée par des factions toujours renaissantes. Les Florentins vécurent sous ce gouvernement pendant dix ans, et forcèrent dans ce laps de temps, les villes de Pistoia, d'Arezzo et de Sienne à se liguer avec eux. En revenant de Sienne avec leur armée, ils prirent Volterra, détruisirent quelques forteresses et en ramenèrent les habitants à Florence. Ces entreprises se firent toutes par le conseil des Guelfes, dont le crédit l'emportait de beaucoup sur celui des Gibelins, soit parce que la conduite hautaine de ces derniers pendant leur gouvernement sous Frédéric, les avait rendus odieux au peuple, soit parce que le parti du saint-siége était plus aimé que celui de l'empire. Les Florentins espéraient, du secours de l'église, la conservation de leur liberté qu'ils craignaient de perdre sous la domination de l'empereur.

Les Gibelins, se voyant sans autorité, ne pouvaient rester tranquilles, et n'attendaient que l'occasion de ressaisir les rênes du gouvernement. Ils crurent l'avoir trouvée, lorsqu'ils virent Manfredi, fils de Frédéric, devenu maître du royaume de Naples, après avoir beaucoup abaissé la puissance de l'Église. Afin d'arriver à leur but, ils nouèrent avec ce prince des intrigues secrètes, mais qu'ils ne purent cependant dérober à la sagacité des Anciens. Ce conseil cita les Uberti qui,

au lieu d'obéir, prirent les armes, et se fortifièrent dans leurs maisons. Le peuple indigné s'arma, et, secondé par les Guelfes, il força ces rebelles à quitter Florence et à se réfugier à Sienne avec tous les Gibelins; là, cette faction implora le secours de Manfredi, roi de Naples. Les troupes de ce prince, dirigées par Farinata, de la famille des Uberti, livrèrent bataille aux Guelfes sur la rivière d'Arbia, et en firent un tel carnage que ceux qui purent échapper à cette déroute se réfugièrent à Lucques, et non à Florence dont ils croyaient la perte certaine.

Manfredi avait envoyé aux Gibelins le comte Jordano pour commander leurs troupes. Ce général, qui jouissait en ce temps d'une assez grande réputation dans le métier des armes, se rendit à Florence avec les Gibelins, après cette victoire. Il soumit cette ville à Manfredi, cassa les magistrats, et détruisit toutes les institutions qui portaient quelque empreinte de liberté. Ces outrageantes innovations faites avec peu de prudence, excitèrent l'indignation générale, et portèrent au plus haut degré la haine du peuple contre les Gibelins, ce qui entraîna avec le temps leur ruine entière. Le comte Jordano, obligé de retourner à Naples, laissa le comte Guido Novello, seigneur de Casentino dans Florence, comme vicaire au nom du roi. Novello réunit les Gibelins à Empoli : chacun fut d'avis dans cette assemblée, que, pour maintenir la puissance des Gibelins en Toscane, il fallait détruire Florence qui n'était propre, à cause de l'attachement du peuple au parti des Guelfes, qu'à relever l'autorité de l'église. Il ne se trouva ni citoyen, ni ami qui s'opposât à cette cruelle résolution prise contre une ville si distinguée, à l'exception du seul Farinata de la famille des Uberti, qui osa prendre ouvertement sa défense, et qui, sans égard pour l'avis contraire, déclara : « qu'il n'avait essuyé tant de fatigues » et bravé tant de dangers, qu'afin de pouvoir » habiter dans sa patrie ; qu'il n'entendait » point en ce moment renoncer à l'objet de » ses désirs, ni rejeter les présents de la » fortune ; qu'il serait au contraire l'ennemi » non moins déclaré de ceux qui formeraient » de pareils projets, qu'il l'avait été des Guelfes eux-mêmes ; que si quelqu'un d'entre

« eux redoutait sa patrie, celui-là pouvait tra-
» vailler à sa ruine; mais que quant à lui il es-
» pérait la défendre avec autant de valeur qu'il
» en avait montré pour en chasser les Guelfes. »
Farinata était un homme de grand caractère,
excellent guerrier, chef des Gibelins, et fort
estimé de Manfredi. Son autorité fit renoncer
à ce projet, et cette faction chercha d'autres
moyens pour conserver la sienne.

La ville de Lucques, intimidée par les menaces du comte Novello, renvoya les Guelfes
qui s'étaient réfugiés dans son sein. Ils se
retirèrent à Bologne, d'où ils furent appelés
par les Guelfes de Parme, contre les Gibelins qu'ils vainquirent par leur bravoure, et
dont ils reçurent en récompense les possessions. Devenus puissants par les richesses et la
gloire qu'ils s'étaient acquises, ils envoyèrent
par des ambassadeurs offrir leurs services
au pape Clément qu'ils savaient avoir invité
Charles d'Anjou à venir enlever à Manfredi
son royaume. Ce pontife les reçut comme
amis, leur donna même son étendard que les
Guelfes portèrent toujours depuis à la guerre,
et dont les Florentins se servent encore aujourd'hui.

Charles enleva depuis à Manfredi le royaume
et la vie. Les Guelfes de Florence ayant contribué à ses succès, leur parti en devint plus fort, et
celui des Gibelins plus faible. Ces derniers qui
gouvernaient Florence, de concert avec le
comte Guido Novello, pensèrent qu'il était à
propos de s'attacher, par quelque bienfait, ce
peuple qu'ils avaient d'abord accablé de toutes
sortes d'outrages. Mais ce remède, qui leur
eût été salutaire s'ils l'eussent employé avant
que la nécessité les y forçât, offert trop tard
et à contre cœur, non-seulement ne leur fut
d'aucun avantage, mais encore accéléra leur
ruine. Ces Gibelins crurent néanmoins regagner l'amitié du peuple et l'associer aux intérêts de leur faction, en lui rendant une partie
des honneurs et du pouvoir qu'ils lui avaient
enlevé, et en choisissant dans son sein trente-
six citoyens qui devaient, avec deux nobles
appelés de Bologne, réformer le gouvernement de Florence. Aussitôt que ceux-ci furent
réunis, ils distribuèrent toute la ville par corps
de métiers, placèrent à la tête de chaque corps
un magistrat chargé de lui rendre la justice; ils

lui donnèrent en outre une bannière sous laquelle tout homme devait venir se ranger en
armes, quand le besoin de la cité l'exigerait.
Ces corps de métiers commencèrent par être
au nombre de douze, sept majeurs et cinq
mineurs; ces derniers s'élevèrent jusques à
quatorze, ce qui en forma en totalité vingt et
un, tels qu'ils existent aujourd'hui. Ces trente-
six réformateurs firent encore d'autres réglements pour le bien public.

Le comte Gudo ordonna de lever un impôt
sur les citoyens pour nourrir les soldats; mais
il trouva tant d'opposition, qu'il n'osa employer la force pour le faire payer. S'apercevant qu'il avait perdu son autorité, il se réunit aux chefs des Gibelins, et ils résolurent
d'enlever au peuple, par la violence, ce que
leur imprévoyance lui avait accordé; mais lorsque les trente-six assemblées se crurent en mesure pour employer la voie des armes, ils firent
sonner l'alarme. Les Gibelins épouvantés se retirèrent dans leurs maisons, et les bannières des
corps de métiers parurent à l'instant, suivies
de beaucoup de gens armés. Cette troupe, apprenant que le comte Guido était avec son
parti dans le quartier Saint-Jean, marcha droit
à la Trinité, et mit à sa tête Jean Soldanieri;
de son côté, le comte, lorsqu'il sut où était le
peuple, alla le trouver. Celui-ci ne songea
point à éviter le combat, mais s'avançant vers
son ennemi, il le rencontra dans l'endroit où
est aujourd'hui la loge des Tornaquinci. Le
comte fut repoussé et perdit beaucoup de
monde. Son esprit égaré par la peur lui fit
craindre que l'ennemi ne vînt l'assaillir pendant
la nuit, et ne le tuât au milieu de ses soldats
battus et découragés. Cette idée lui fit tant
d'impression que, sans chercher un autre
moyen, il préféra devoir son salut à la fuite
qu'à un combat, et se retira à Prato avec ses
troupes, contre l'avis des chefs de son parti.
Aussitôt qu'il fut en lieu de sûreté, la peur se
dissipa; il reconnut son erreur; et, voulant
la réparer dans la matinée, il reprit, dès la
pointe du jour, la route de Florence avec ses
troupes, afin de rentrer de vive force dans
cette ville qu'il avait lâchement abandonnée.
Son projet échoua, parce que le peuple qui
aurait eu beaucoup de peine à l'en faire sortir, l'empêcha facilement d'y pénétrer. Triste

t couvert de honte, il s'en alla à Casentino, et les Gibelins se réfugièrent dans leurs maisons à la campagne. Le peuple victorieux résolut, suivant les conseils de ceux qui désiraient le bien de la république, de rétablir l'union dans Florence, et d'y rappeler tous les citoyens absents, Guelfes ou Gibelins.

Les Guelfes rentrèrent donc dans leur patrie après six ans d'expulsion. On y reçut aussi les Gibelins après leur avoir pardonné ce qui venait encore de se passer. Il resta néanmoins un vif ressentiment contre eux dans l'esprit du peuple, qui se souvenait de leur domination tyrannique, et dans celui des Guelfes qui ne pouvaient oublier leur bannissement; ce qui fit que l'un et l'autre parti ne demeura point en repos. Telle était la situation de Florence, lorsque le bruit se répandit que Conradin, neveu de Manfredi, arrivait de l'Allemagne avec une armée pour conquérir le royaume de Naples. Cette nouvelle remplit les Gibelins de l'espoir de ressaisir leur autorité; et les Guelfes, pensant à se mettre en sûreté contre les projets de leurs ennemis, demandèrent du secours à Charles, pour résister à Conradin s'il les attaquait à son passage. L'envoi des troupes de Charles rendit les Guelfes insolents, et les Gibelins en furent tellement effrayés, qu'ils prirent d'eux-mêmes la fuite deux jours avant leur arrivée.

Après le départ des Gibelins, Florence réorganisa son gouvernement; on choisit douze chefs qui devaient rester deux mois en fonction. Ils ne furent point appelés *Anciens*, mais *Bons-Hommes*. On plaça auprès d'eux un conseil de quatre-vingts citoyens, nommé *Credence*. On y en joignit un autre de cent quatre-vingts membres pris dans le peuple, trente par chacun des six quartiers. Ces deux conseils unis à celui des Bons-hommes, se nommèrent le *conseil-général*. On en forma encore un de cent vingt membres tiré du peuple et de la noblesse. Celui-ci fut chargé de mettre à exécution tout ce qui avait été délibéré par les autres conseils, qui se concertaient avec lui pour la distribution des offices de la république. Cet ordre de choses étant établi, les Florentins fortifièrent encore le parti Guelfe par des magistratures et d'autres institutions, afin qu'ils eussent plus de moyens pour se défendre contre

les Gibelins. Les biens de ceux-ci furent divisés en trois parts. L'une fut confisquée au profit du public, l'autre fut assignée aux magistrats de quartier appelés les *Capitaines*, la troisième fut donnée aux Guelfes en dédommagement des pertes qu'ils avaient essuyées. Pour maintenir le règne de cette faction en Toscane, le pape créa le roi Charles, vicaire impérial dans cette contrée. Ce nouveau gouvernement soutenait la réputation des Florentins au-dedans par leurs lois, et au-dehors par leurs armes, lorsque le pape mourut. Après deux années de contestations, Grégoire X fut élu. Ce pontife, qui avait séjourné long-temps en Syrie, et y était encore lors de son élection, étranger aux intrigues des factions, n'en faisait point autant de cas que ses prédécesseurs. Passant à Florence pour se rendre en France, il pensa qu'il convenait à un véritable pasteur d'y rétablir la bonne intelligence. Il fit donc si bien que les Florentins consentirent à recevoir les syndics des Gibelins pour travailler à leur retour; mais la peur empêcha ceux-ci de revenir, malgré le succès de la négociation. Grégoire X, irrité contre cette ville, qu'il accusait d'être la cause de leur refus d'y rentrer, lança sur elle un décret d'excommunication, qui ne fut levé que par son successeur Innocent V.

Nicolas III, de la famille des Orsini, parvint à la dignité pontificale. Toute puissance devenue considérable en Italie, était redoutée des papes, lors même qu'ils avaient contribué à son agrandissement. Leurs efforts pour l'abaisser faisaient naître dans ce pays beaucoup d'agitation et des changements continuels. La crainte d'un état puissant en faisait élever un faible, dont le même motif faisait bientôt méditer l'abaissement. Ce fut cette politique qui enleva le royaume de Naples à Manfredi pour le donner à Charles, dont elle projeta la ruine dès qu'elle commença à le craindre. Guidé par elle, Nicolas III vint à bout d'ôter à Charles, par le moyen de l'empereur, le gouvernement de la Toscane, où il envoya au nom de ce prince, Latino son légat.

Le sort de Florence était alors assez déplorable. La noblesse guelfe, devenue insolente, ne craignait plus les magistrats. Chaque jour il se commettait des meurtres et d'autres violences dont les auteurs restaient impunis, parce qu'ils étaient protégés par quel-

ques nobles. Les chefs du peuple s'imaginèrent que le rappel des bannis serait propre à
réprimer ces excès ; ce qui donna occasion
au légat de remettre l'union dans cette ville.
Les Gibelins y rentrèrent; et au lieu de douze
personnes chargées du gouvernement , on statua qu'il y en aurait quatorze , sept de chaque
parti, au choix du pape, et dont les fonctions
seraient d'une année. Florence fut régie de cette
manière pendant deux ans , jusqu'au pontificat
de Martin IV, Français d'origine. Ce pape rendit au roi Charles toute l'autorité dont Nicolas
III l'avait dépouillé. Aussitôt les factions se réveillèrent en Toscane. Les Florentins s'armèrent
contre le gouverneur impérial , changèrent le
gouvernement pour en exclure les Gibelins,
et mettre un frein à la licence des grands. On
était en l'année 1282. Depuis que l'on avait donné
aux corps de métiers les places civiles et militaires, ils avaient acquis beaucoup de considération. Usant de leur autorité, ils remplacèrent
le conseil des quatorze par un autre de trois
membres, et décidèrent que ceux-ci, nommés
Prieurs, gouverneraient pendant deux mois,
et seraient choisis dans l'ordre de la noblesse
ou du peuple, pourvu qu'ils fussent marchands
ou artisans. Cette première magistrature fut
ensuite de six membres, afin qu'il y eût un
délégué de chaque quartier. Ce nombre fut
conservé jusqu'en 1342, époque à laquelle celui
des quartiers fut réduit à quatre, et celui des
prieurs porté à huit. Les circonstances l'avaient
quelquefois fait porter à douze dans cet intervalle. Cet établissement amena , comme on
le voit dans la suite, la ruine des nobles, parce
que le peuple les exclut , d'abord pour différentes raisons, puis sans aucun prétexte. Ils y
contribuèrent eux-mêmes par leurs divisions;
car, en cherchant à se nuire les uns aux autres,
ils se perdirent tous. On donna à ces magistrats un palais pour y fixer leur résidence.
L'usage avait été jusque-là de tenir dans les
églises les assemblées des magistrats et des
conseils. On releva encore leur dignité en y ajoutant des huissiers et d'autres officiers. Quoiqu'ils n'eussent dans le commencement que le
nom de prieurs, pour les honorer davantage on
les décora dans la suite du titre de *Seigneurs*.
Les Florentins furent tranquilles chez eux pendant quelque temps. Ils en profitèrent pour faire

la guerre à ceux d'Arezzo qui avaient chassé d
leur ville les Guelfes, et remportèrent sur eu
une victoire complète à Campaldino. Florenc
croissant en population et en richesses, il paru
nécessaire d'agrandir l'enceinte de ses murs
On lui donna l'étendue qu'elle conserve encor
aujourd'hui. Son ancien diamètre ne conte
nait que l'espace qui va du Vieux-Pont à S
Laurent.

Les guerres au-dehors et la paix au-dedan
avaient, en quelque sorte, éteint dans cette vill
les factions guelfes et gibelines ; il n'y resta
plus que cette espèce de fermentation qui sembl
exister naturellement dans tous les états, entr
les grands et le peuple. Celui-ci voulant êtr
gouverné par les lois, et les autres se mettr
au-dessus , il est impossible que l'accord règn
entre eux. Ce ferment de discorde n'éclat
point, tant que l'on craignit les Gibelins ; ma
lorsqu'ils furent abattus, elle se manifesta dan
toute sa force. Chaque jour quelqu'un du peu
ple était insulté. Les magistrats et les lois n
pouvaient venger ces injures, parce que ch
que noble, soutenu par ses parents et ses amis
se défendait contre le pouvoir des prieurs c
du capitaine. Animés du désir de mettre u
terme à ces abus, les chefs des corps de mé
tiers arrêtèrent que chaque *Seigneurie*, en en
trant en charge, nommerait un gonfalonie
(ou officier) de justice, choisi parmi le peupl
qui aurait à ses ordres un corps de mille hom
mes, enrôlés sous vingt bannières, avec leque
il serait prêt à protéger l'exécution des lo
toutes les fois qu'il en serait requis par elle o
par le capitaine. Ubaldo Ruffoli, le premier él
déploya l'étendard contre la maison des Ga
letti qu'il détruisit, parce que l'un d'eux ava
tué en France un homme du peuple. Les dis
sensions violentes et continuelles des nobles, le
uns contre les autres, rendirent aux chefs de
corps de métiers cette magistrature facile
établir. Les nobles ne firent attention à ce pou
voir dirigé contre eux que lorsqu'ils virent
premier exemple de son effrayante sévérité. I
en furent d'abord intimidés; mais ils reprirer
bientôt leur insolence, parce qu'ayant toujou
quelqu'un des leurs parmi les membres de
seigneurie, ils venaient aisément à bout d'em
pêcher le gonfalonier de remplir son devoi
De plus , l'offensé ayant besoin de témoin

our appuyer son accusation, il ne s'en trou-
ait pas qui osât déposer contre les nobles. De
orte que Florence retomba bientôt dans les
mêmes désordres : le peuple était exposé aux
mêmes injures de la part des grands, parce
que la justice se rendait lentement, et que ses
arrêts n'étaient point exécutés. Il ne savait plus
quel parti prendre, lorsque Giano de la Bella,
d'une noblesse très-ancienne, mais ami de la liberté de Florence, encouragea les chefs des
corps de métiers à y introduire une nouvelle
réforme. On ordonna d'après son conseil que le
gonfalonier siégeât avec les prieurs, et eût quatre mille hommes sous ses ordres. On statua en
outre que les nobles ne pourraient être membres de la Seigneurie; que les complices seraient
soumis à la même peine que le coupable; que
la voix publique suffirait pour mettre en cause.
Ces lois, appelées réglements de justice, acquirent au peuple beaucoup de considération,
et firent à Giano de la Bella beaucoup d'ennemis : il était odieux aux grands, qui voyaient
en lui le destructeur de leur puissance; ceux
du peuple qui étaient riches, jalousaient son
autorité qui leur paraissait trop étendue. Ces
dispositions défavorables éclatèrent à la première occasion.

Un homme du peuple étant venu à périr dans
une rixe où se trouvaient plusieurs nobles, sa
mort fut attribuée à Corso Donati, l'un d'eux,
comme au plus audacieux. Il fut arrêté par le capitaine du peuple; et de quelque manière que la
chose se passât, soit qu'il fût innocent, soit que
le capitaine n'osât le condamner, il fut absous. Ce
jugement déplut tellement au peuple qu'il prit
les armes, courut à la maison de Giano de la
Bella, le pria de faire exécuter les lois dont il
était l'auteur. Giano qui désirait la punition de
Corso, n'engagea point les Florentins à déposer
leurs armes, comme plusieurs pensaient qu'il
devait le faire, mais il leur conseilla d'aller demander justice à la Seigneurie. Le peuple, en-
flammé de colère, se croyant offensé par le
capitaine, et abandonné par Giano, s'en alla
non au palais de la seigneurie, mais à celui du
capitaine, s'en rendit maître, et le livra au pillage. Cet acte de violence déplut à tous les citoyens. Ceux qui désiraient la perte de Giano
l'accusaient d'en être seul la cause. Un de ses
ennemis étant devenu membre de la Seigneu-

rie, il fut accusé auprès du Capitaine d'avoir
soulevé le peuple. Pendant qu'on instruisait son
affaire, le peuple prit les armes, courut à sa
maison, et lui offrit de le défendre contre les
Seigneurs et contre ses ennemis. Giano ne voulut ni éprouver les faveurs populaires, ni mettre
sa vie à la discrétion des magistrats, parce
qu'il craignait la malignité des uns et l'inconstance des autres. Pour ôter tout prétexte à ses
ennemis de l'outrager, et à ses amis de nuire à
leur patrie, il résolut de s'éloigner, et de quitter
cette ville qu'il avait délivrée de la servitude des
grands, en s'exposant à tous les dangers. Il se
soumit à cet exil volontaire, afin de faire cesser
l'envie, et de délivrer les citoyens des craintes
qu'ils avaient conçues contre lui.

Après le départ de Giano, un prompt espoir de
recouvrer leur dignité s'empara des nobles. Reconnaissant que leurs divisions avaient causé leur
malheur, ils se réunirent, et envoyèrent deux
d'entre eux à la Seigneurie qu'ils croyaient bien
disposée en leur faveur, pour la prier de tempérer en quelque sorte la rigueur des lois faites contre eux. Cette demande ne fut pas plus tôt connue, que les esprits de la multitude s'agitèrent
dans la crainte que les Seigneurs n'y acquies-
çassent. Au milieu des désirs des nobles et des
soupçons du peuple, on en vint aux armes : les
nobles se fortifièrent dans trois endroits : à
S. Jean, au Marché-Neuf, et à la place de
Mozzi. Ils avaient à leur tête trois chefs : Fo-
resé Adimari, Vanni de la famille des Mozzi,
et Géri Spidi. Les gens du peuple s'assemblèrent en très-grand nombre sous leurs bannières, au palais des seigneurs qui habitaient alors
près de S. Procul. Comme les intentions de la
Seigneurie étaient suspectes au peuple, il envoya six des siens pour partager avec elle le
gouvernement. Lorsque l'on se préparait au
combat, des personnes de la noblesse ainsi que
du peuple, et quelques religieux recommandables par leurs vertus, se mirent entre les
deux partis pour tâcher de les pacifier. Ils rappelèrent aux nobles, « que leur hauteur et leur
» manière de gouverner avaient porté le peu-
» ple à leur enlever les emplois honorables, et
» à faire des lois contre eux; que prendre les
» armes en cet instant, pour reconquérir par
» la force ce qu'ils s'étaient laissés enlever par
» leur désunion et leur conduite répréhensible,

» c'était vouloir ruiner leur patrie , et rendre
» leur position plus fâcheuse. Ils leur repré-
» sentèrent que le peuple l'emportait de beau-
» coup sur eux , par le nombre , les richesses
» et la violence de son ressentiment ; que cette
» noblesse par laquelle ils se croyaient supé-
» rieurs aux autres, n'était, quand on en ve-
» nait à manier le fer, qu'un vain nom et une
» arme impuissante pour se défendre contre
» tant d'ennemis. » D'un autre côté, ces médiateurs répétaient au peuple : « qu'il n'était
» point prudent de porter à l'extrême le désir
» de la victoire, ni de réduire les hommes au
» désespoir, parce que celui qui n'espère plus
» le bien ne craint point le mal ; qu'ils devaient
» se rappeler que Florence était redevable à
» cette noblesse de la gloire qu'elle avait ac-
» quise dans les combats ; qu'il n'était donc ni
» convenable ni juste de la persécuter avec
» tant d'acharnement ; que les nobles consen-
» taient à n'être point admis dans la magistra-
» ture suprême, mais ne pouvaient souffrir que
» les nouvelles lois donnassent à chacun le pou-
» voir de les chasser de leur patrie ; que l'on
» devait mitiger ces lois, et les engager, par
» ce moyen, à déposer les armes ; et qu'il ne
» fallait point se fier sur le nombre pour ten-
» ter le sort d'une bataille, parce que l'on avait
» souvent vu la plus petite armée triompher de
» la plus nombreuse. »

Dans le peuple, les avis étaient partagés :
plusieurs voulaient que l'on en vînt aux mains.
Ils disaient que l'on serait un jour réduit à ce
parti extrême ; qu'il valait mieux le prendre
sur-le-champ que d'attendre que les ennemis
fussent plus puissans ; que si l'on croyait les satisfaire en mitigeant les lois, il faudrait y
consentir ; mais que leur orgueil était si grand
qu'ils ne déposeraient jamais les armes, à
moins qu'ils n'y fussent contraints par la force.
Beaucoup d'autres plus sages et d'un esprit
plus paisible pensaient qu'il n'y avait pas de
danger à tempérer la rigueur des lois, mais
qu'il y en avait un très-grand à engager le
combat. Leur opinion prévalut, et il fut décidé
que l'on aurait besoin de témoins pour accuser
les nobles.

Chaque parti mit bas les armes, mais conserva son ressentiment, et chercha à se fortifier
en élevant des tours et faisant d'autres pré-

paratifs de guerre. Le peuple réorganisa le
gouvernement , et diminua le nombre des seigneurs, parce qu'ils avaient été favorables aux
nobles. Les principaux de ceux qu'il conserva,
furent les Mancini, les Magalotti, les Altoviti, les
Peruzzi, et les Cerretani. L'état étant ainsi réglé,
on construisit, en 1298, un palais pour loger la
Seigneurie avec plus de magnificence et de sûreté. On y ajouta une place, en rasant des
maisons qui avaient appartenu aux Uberti. On
commença en même temps les prisons publiques. Ces édifices furent finis en peu d'années.
Notre ville remplie d'habitants , de richesses,
et au comble de la gloire, ne fut jamais dans
une position plus élevée et plus heureuse. Elle
avait dans son sein trente mille citoyens capables de porter les armes , et soixante-dix mille
dans la campagne. Toute la Toscane reconnaissait son pouvoir, comme sujette ou comme alliée. Quoiqu'il y eût entre les nobles et le peuple quelques plaintes et quelques soupçons, ces
nuages passagers ne produisaient point de tempête fâcheuse, et chacun vivait en paix. Cette
union, si elle n'eût pas été troublée par des
discordes intérieures, n'aurait eu rien à craindre du dehors. Florence en était venue au
point de ne plus redouter ni l'Empire, ni ceux
qu'elle avait bannis ; ses forces pouvaient tenir
tête à tous les états de l'Italie ; mais elle se fit
de ses propres mains le mal que les étrangers
ne pouvaient lui faire.

Parmi les familles de Florence les plus
puissantes par leur richesse, leur noblesse et
le nombre d'hommes dont elles disposaient,
deux étaient surtout distinguées, les Donati et
les Cerchi. Voisins à la ville et à la campagne , ils avaient eu quelques différends qui
n'avaient pas été assez graves pour en venir
aux mains. Peut-être n'auraient-ils pas eu de
suites bien considérables , si de nouvelles causes n'eussent augmenté leur ressentiment. La
famille des Cancellieri était une des premières
de Pistoia. Loré fils de Guillaume, et Geri
fils de Bertacca, tous les deux de cette maison, jouant un jour ensemble, se disputèrent ; il arriva même que Geri fut blessé
légèrement par Loré. Cet accident fit de la
peine à Guillaume ; mais il augmenta le mal,
en croyant y remédier , par un témoignage de
regret et de soumission. Il commanda à son

fils d'aller trouver le père du blessé, pour lui faire ses excuses. Loré obéit. Cette démarche honnête n'adoucit point l'esprit inflexible de Bertacca. Il fit saisir Loré par ses gens, pour lui marquer plus de mépris, et lui fit couper la main sur une mangeoire, en lui disant : « Retourne à ton père, et dis-lui que les blessures se guérissent par le fer, et non par des » paroles. » Cette cruauté irrita tellement Guillaume, qu'il fit prendre les armes aux siens pour en tirer vengeance. Bertacca de son côté se disposa à se défendre. La division fut non-seulement dans cette famille, mais encore dans toute la ville de Pistoia. Un des ancêtres de ces Cancellieri avait eu deux femmes. L'une s'appelait Blanche, ce qui fit donner au parti formé par ceux qui descendaient d'elle le nom de *Blancs*. Par opposition, les autres se nommèrent le parti des *Noirs*. Ces deux partis furent long-temps en guerre. Leurs combats entraînèrent la perte de beaucoup de familles et la mort d'une grande quantité d'hommes. Incapables de rétablir la paix entre eux, fatigués du mal qu'ils se faisaient réciproquement, désirant mettre un terme à leurs dissensions, ou les accroître en les faisant partager à d'autres, ils se rendirent à Florence. Le parti des Noirs, qui avait des liaisons avec les Donati, fut soutenu par Corso, chef de cette famille. Celui des Blancs, afin de se procurer un puissant appui contre les Donati, eut recours à Veri, de la maison des Cerchi, qui ne le cédait en rien à Corso.

Ces ressentiments apportés de Pistoia, réveillèrent ceux qui existaient depuis long-temps entre les Cerchi et les Donati. Ils se manifestaient de manière à faire craindre aux Prieurs et aux autres citoyens que ces partis n'en vinssent aux mains d'un moment à l'autre, et ne missent toute la ville en combustion. Ils prièrent donc le pape de venir à leur secours pour remédier à un mal contre lequel leur autorité était insuffisante. Ce pontife manda Veri, et lui ordonna de faire la paix avec les Donati. Veri parut étonné, et dit qu'il n'y avait aucune inimitié entre eux, et qu'il ne savait pas pourquoi la paix serait nécessaire, puisque la guerre n'existoit pas. Il revint de Rome sans avoir rien conclu. Les esprits s'échauffèrent au point que le plus léger accident pouvait allumer le feu de la guerre civile. Il l'alluma en effet. On était au mois de mai, temps auquel il y a des réjouissances publiques à Florence les jours de fête. Quelques jeunes gens de la famille des Donati, montés à cheval avec leurs amis, s'arrêtèrent auprès de la Trinité pour voir des dames danser; il en arriva d'autres de la maison des Cerchi, accompagnées aussi de plusieurs gentilshommes. Ne reconnaissant point les Donati qui étaient en avant, et désirant de leur côté jouir du spectacle de la danse, ils les heurtèrent en faisant avancer leurs chevaux. Les Donati s'en tenant offensés, mirent l'épée à la main. Les Cerchi ripostèrent vaillamment, et après plusieurs blessures données et reçues de part et d'autre, on se sépara. Ce désordre causa beaucoup de malheurs. La division devint générale; petits et grands, tous y prirent part; les factions se donnèrent le nom de Blancs et de Noirs. Celle des Blancs avait pour chefs les Cerchi, auxquels se joignirent les Adimari, les Abati, une partie des Tosinghi, des Bardi, des Rossi, des Frescobaldi, des Nerli, des Manelli, tous les Mozzi, les Scali, les Gherardini, les Cavalcanti, les Malespini, les Bostichi, les Giandonati, les Vecchietti, et les Arrigucci. Plusieurs familles du peuple s'associèrent à eux avec tous les Gibelins qui étaient à Florence : de sorte que le grand nombre de leurs partisans les avaient rendus maîtres presqu'en entier du gouvernement de cette ville. De l'autre côté, les Donati étaient à la tête de la faction des Noirs, et avaient avec eux ceux des familles mentionnées ci-dessus, qui ne s'étaient point réunis aux Blancs. Leur parti s'était encore accru des Pazzi, des Bisdomini, des Manieri, des Bagnesi, des Tornaquinci, des Spini, des Buondelmonti, des Gianfigliazzi et des Brunelleschi. Ce désordre contagieux s'étendit bientôt de la ville à toute la campagne. Les capitaines de quartier, tous ceux qui aimaient les Guelfes et la république, craignirent qu'elle n'entraînât la ruine de Florence, en y faisant renaître le parti des Gibelins. Ils envoyèrent une seconde fois prier le pape Boniface de chercher un remède à ces discordes, s'il ne voulait point voir cette ville, qui avait toujours été le bouclier de l'église, se détruire ou s'abandonner aux Gibelins. Matteo d'Acqua Sparta, cardinal portugais, s'y rendit par ordre de ce pontite, en qualité de légat. Mais la faction des Blancs, que l'idée de sa supériorité rendait plus hardie, lui fit éprouver tant de difficultés, qu'il partit indigné de cette ville, et lança sur elle un interdit qui la replongea dans une confusion plus grande que celle où l'on l'avait trouvée.

Il arriva, au milieu de cette fermentation, que plusieurs des Cerchi et des Donati, s'étant rencontrés à des obsèques funéraires se prirent de querelle. Des paroles ils passèrent aux armes : néanmoins, cela ne produisit qu'un léger tumulte pour le moment. Retournés chacun chez eux, les Cerchi résolurent d'attaquer les Donati, et se mirent en marche avec une troupe nombreuse ; mais ils furent repoussés par la valeur de Corso, et une grande partie des leurs furent blessés. Tout était en armes dans Florence. Les fureurs des hommes puissants imposaient silence aux magistrats et aux lois. Les citoyens sages et amis du bien étaient en proie aux alarmes les plus vives. Les Donati et leur parti étaient plus effrayés, parce qu'ils pouvaient moins. Corso, les autres chefs des Noirs et les capitaines du parti se réunirent donc pour délibérer sur leurs intérêts. On convint de demander au pape un prince du sang royal, pour venir réformer Florence. Ils pensèrent que cet expédient mettrait à la raison la faction des Blancs. Cette assemblée et sa délibération furent dénoncées aux Prieurs, et travesties, par le parti opposé, en une conjuration contre la liberté. Les deux factions avaient les armes à la main. Les Seigneurs, encouragés par les conseils et la prudence du Dante, l'un d'eux, armèrent le peuple de la ville et beaucoup d'habitants de la campagne, qui s'unirent à lui ; puis ils forcèrent les chefs des partis à mettre bas les armes, et exilèrent Corso Donati et plusieurs autres des Noirs. Pour montrer leur impartialité dans ce jugement, ils exilèrent aussi quelques-uns des Blancs, qui revinrent bientôt sous des prétextes colorés de motifs plausibles.

Corso et les siens, convaincus que le pape était favorable à leur parti, allèrent à Rome, et lui persuadèrent de vive voix ce qu'ils lui avaient mandé par écrit. Charles de Valois, frère du roi de France, appelé en Italie par le roi de Naples pour passer en Sicile, se trouvait en ce moment à la cour du pontife.

Cédant aux instances pressantes des exilés de Florence, Boniface jugea à propos d'y envoyer ce prince, en attendant le retour du temps propre à la navigation. Charles se mit en route, et quoiqu'il fût suspect aux Blancs qui gouvernaient, ils n'osèrent s'opposer à son arrivée, parce qu'il était chef des Guelfes et envoyé par le souverain pontife ; mais pour gagner les bonnes grâces de ce prince, ils lui donnèrent le pouvoir de disposer les choses à sa volonté dans Florence. Revêtu de cette autorité, il fit armer ses amis et ses partisans. Cette conduite inspira de telles inquiétudes au peuple sur la perte de la liberté, que tous prirent les armes, et se tinrent postés à l'entrée de leurs maisons, pour être prêts au moindre mouvement de Charles. La conduite hautaine des Cerchi et des chefs des Blancs, pendant qu'ils avaient été les maîtres de la république, les avait rendus généralement odieux. Cette disposition, et la certitude que Charles et les capitaines de quartier seraient pour eux, firent prendre à Corso et aux autres bannis de la faction des Noirs la résolution de se rendre à Florence. Suivis de plusieurs autres de leurs partisans, ils y entrèrent sans aucun obstacle, au moment même où l'inquiétude sur la conduite de Charles avait fait armer toute la population. On pressa en vain Veri, de la famille des Cerchi, de marcher contre eux ; il s'y refusa, en disant qu'il voulait les voir châtier par le peuple contre lequel ils venaient. Le contraire arriva ; Corso et les siens furent bien accueillis, et Veri fut obligé de chercher son salut dans la fuite. Corso avait d'abord forcé la porte à *Pinti*, puis s'était mis en ordre de bataille auprès de Saint-Pierre-le-Majeur, lieu voisin de sa maison. Lorsqu'il y eut rassemblé beaucoup de ses amis, et de gens du peuple, toujours avides de nouveautés, il commença par délivrer ceux qui étaient en prison pour des raisons d'état ou des causes particulières ; il contraignit ensuite les seigneurs à rentrer dans leurs maisons comme simples citoyens. Il choisit dans le peuple de nouveaux magistrats qui fussent du parti des Noirs, et fit piller pendant cinq jours les chefs du parti opposé. Les Cerchi et les autres principaux membres de leur parti, voyant Charles et la plus grande partie du peuple déclarés contre eux, s'étaient uvés de Florence et retirés dans ces lieux rtifiés qui leur appartenaient. Quoiqu'ils eussent point voulu auparavant suivre les nseils du pape, ils furent obligés d'implorer n secours; ils lui firent voir que Charles avait porté la discorde et non la paix dans leur le. Ce pontife y renvoya son légat le cardinal atteo d'Acqua-Sparta qui réunit les Cerchi les Donati, et cimenta cette union par des riages et de nouvelles alliances. Le légat ulait aussi que les Blancs eussent part aux plois publics; les Noirs qui étaient maîtres de at s'y opposèrent: alors il quitta cette ville, si peu satisfait et non moins irrité que la emière fois, et la laissa sous l'interdit, pour nir sa désobéissance.

Florence resta donc troublée par les mé-ntentements de l'un et de l'autre parti. Les irs craignaient le voisinage de la faction nemie, et se voyaient perdus si elle re-avrait son autorité. Les Blancs regrettaient r puissance et leurs dignités. Cette aigreur ces soupçons, trop naturels, furent encore enimés par de nouvelles injures. Nicolo, de amille des Cerchi, allant dans ses possessions c plusieurs de ses amis, fut attaqué près du t de l'Africo, par Simon, fils de Corso nati. L'action fut très-vive et eut une issue lorable, car Nicolo fut tué, et Simon reçut e blessure dont il mourut la nuit suivante. t accident rejeta toute la ville dans de nou-ux désordres. Les Noirs étaient les plus pables, mais ils étaient protégés par les gistrats. Cette affaire n'était point encore ée, lorsque l'on découvrit une conjuration mée par les Blancs avec Pierre Ferrant, l'un barons de Charles, à l'aide duquel ils tra-laient à ressaisir les rênes du gouvernement.

complot fut divulgué par des lettres des rchi à Ferrant; elles passèrent à la vérité ir être fausses, et fabriquées par les Donati, lessein de cacher l'opprobre dont les avait verts la mort de Nicolo. Cependant on exila Cerchi et leurs partisans de la faction des ncs, parmi lesquels se trouvait le poète Dante; rs biens furent confisqués et leurs maisons ruites. Ils se répandirent en différents en-its avec plusieurs Gibelins qui s'étaient ociés à eux; et travaillèrent de nouveau relever de leurs infortunes. Charles, ayant

rempli le but qui l'avait amené à Florence, retourna à Rome pour suivre son entreprise sur la Sicile où il ne fut ni plus sage, ni meilleur qu'il ne l'avait été dans cette ville; ce qui l'obligea à repasser en France, après avoir perdu sa réputation et une partie de ses troupes.

Depuis que ce prince avait quitté Florence, elle était assez tranquille; seulement Corso se plaignait de n'y pas tenir un rang convenable. La forme du gouvernement étant populaire, il voyait la république administrée par ses infé-rieurs. Son imagination inquiète et ambitieuse chercha à voiler d'un prétexte honnête ses projets répréhensibles: il accusait plusieurs citoyens qui avaient manié les deniers publics, de les avoir détournés à leur profit, et voulait qu'on les leur fît restituer, et qu'on les punît. Son opinion était partagée par beaucoup de gens qui nourrissaient les mêmes désirs; d'autres s'u-nissaient à lui par ignorance, le croyant animé de l'amour de la patrie. D'un autre côté, les ci-toyens calomniés étaient soutenus par le peuple dans leur défense. L'animosité des partis devint telle que des formes polies on en vint aux armes. On voyait dans l'un, Corso et Lottieri évêque de Florence, avec beaucoup de nobles et quelques gens du peuple: la majeure partie était avec les seigneurs dans l'autre faction; le combat était engagé dans plusieurs quartiers de la ville. Les Seigneurs, frappés de l'étendue des périls qui les environnaient, envoyèrent demander du secours à Lucques: tout le peuple de cette ville accourut sur-le-champ à Florence. Son arrivée mit fin au tumulte; les choses s'ac-commodèrent pour l'instant, et les Florentins conservèrent leur gouvernement et leur liberté, sans infliger d'autre punition aux auteurs du désordre.

Le pape, instruit des séditions de Florence, y envoya Nicolas de Prato, son légat, pour les calmer. Celui-ci jouissait par son rang, son sa-voir et ses mœurs, d'une grande réputation. Il acquit sur-le-champ une telle confiance qu'elle lui obtint le pouvoir de régler l'état à son gré. Gibelin d'origine, il désirait faire rentrer les exilés dans leur patrie, mais il voulut d'abord s'attacher le peuple; et pour y réussir, il rétablit les anciennes compagnies; ce qui augmenta beaucoup l'autorité du peuple, et abaissa celle des grands. Croyant donc avoir gagné la multitude; ce légat voulut rappeler les bannis. Toutes ses tentatives à ce sujet furent infructueuses : il devint même si suspect à ceux qui gouvernaient, qu'il fut contraint de quitter Florence. Plein de courroux, il retourna auprès du pape, laissant cette ville dans l'anarchie et sous l'interdit. Elle était déchirée, non par une seule faction, mais par une infinité : celles du peuple et des nobles, des Gibelins et des Guelfes, des Blancs et des Noirs : on n'y voyait plus qu'armes et combats. Le départ du légat avait mécontenté beaucoup de personnes qui désiraient le retour des bannis. Les premiers chefs de la sédition étaient les Médicis et les Giugni, qui avaient laissé voir, en même temps que le légat, leur partialité en faveur des rebelles. On en vint aux mains dans plusieurs quartiers de Florence.

Un incendie vint augmenter ces calamités. Il se manifesta près du jardin de Saint-Michel, dans la maison des Abati, se communiqua de là à celle des Capoinsacchi, et la détruisit, ainsi que celles des Macci, des Amieri, des Toschi, des Cipriani, des Lamberti et des Cavalcanti; le Marché-Neuf fut aussi la proie des flammes, ainsi que la porte Sainte-Marie : tournant ensuite par le Vieux-Pont, elles consumèrent les maisons des Gherardini, des Pulci, des Amidei, des Lucardesi, et tant d'autres que le nombre s'en éleva à plus de mille sept cents. Plusieurs pensèrent que ce feu avait pris par quelque accident dans la chaleur des combats; d'autres affirmèrent qu'il fut mis par Neri Abati, prieur de Saint-Pierre-Scarraggio, homme sans mœurs, et aimant à faire le mal. Lorsqu'il vit le peuple aux prises, l'idée lui vint de commettre un crime auquel on ne pût apporter de remède au milieu de l'acharnement du combat. Afin de mieux assurer son succès, il mit le feu dans la maison de ses parents où cela lui était plus facile : c'était au mois de juin 1304 que le fer et les flammes ravageaient Florence. Corso Donati fut le seul qui ne prit point les armes, espérant que sa neutralité le rendrait plus aisément l'arbitre des deux partis, lorsque la lassitude des combats les porterait à traiter ensemble. La satiété du mal eut plus de part que le désir de l'union à la cessation des hostilités. Les rebelles ne rentrèrent point, et le parti qui les favorisait demeura le

plus faible : ce fut tout ce que l'on obtint de tant de dissensions.

Le légat de retour à Rome, et apprenant le nouvelles scènes qui venaient d'avoir lieu à Florence, persuada au pape que s'il voulait remettre l'ordre dans cette ville il fallait appeler à sa co[ur] douze des principaux citoyens, afin qu'en en levant tout aliment au mal, on pût avoir plu[s] de facilité à l'extirper. Le pape suivit ce co[n]seil, et les citoyens mandés par lui obéiren[t] Corso Donati fut du nombre. Après leur dé[part] de Florence, le légat prévint les exilés qu[e] c'était le moment d'y revenir pendant qu'el[le] était privée de ses chefs. Ceux-ci firent tou[s] leurs efforts pour s'y rendre promptement, e[n]trèrent dans la ville par les murailles qui n'é[tai]ent point encore terminées, et la traversè[rent] jusques à la place de Saint-Jean. Il se pass[a] alors une chose digne de remarque : ceux qui un instant auparavant avaient combattu pou[r] leur retour, lorsque ces bannis le sollicitaien[t] sans armes, s'armèrent contre eux lorsqu'i[ls] les virent les armes à la main et avec la volon[té] de s'établir de force dans Florence. Tant l'inté[rêt] public l'emportait dans l'âme de ces citoyen[s] sur les liaisons particulières! Réunis à tout [le] peuple, ils forcèrent donc les exilés à retourne[r] aux lieux où ils étaient auparavant. Leur en[t]reprise échoua parce qu'ils avaient laissé un[e] partie de leurs troupes à la Lastra, et n'avaie[nt] pas attendu Tolosetto Uberti, qui devait veni[r] de Pistoia avec trois cents cavaliers. Ils avaien[t] plutôt compté sur la célérité que sur la forc[e] pour obtenir la victoire. Souvent, dans de pa[reilles] affaires, trop de lenteur fait perdr[e] l'occasion, trop de célérité fait perdre la forc[e] Les rebelles s'étant retirés, Florence retourn[a] à ses anciennes divisions. Pour dépouiller [la] famille des Cavalcanti de son autorité, le peup[le] lui enleva de force le château de Stinche, situ[é] dans le val de Grève, et qui en faisait ancie[n]nement partie. Ceux que l'on y prit fure[nt] mis les premiers dans les prisons que l'o[n] venait de bâtir, ce qui fit donner à ces priso[ns] le nom du château de Stinche dont ils sortaien[t] nom qu'elles portent encore. Les chefs de la ré[pu]blique remirent sur pied les compagnies d[u] peuple, et leur donnèrent les drapeaux sous le[s]quels se rassemblaient auparavant les corps d[e] métiers. Ils appelèrent leurs commandans Go[n-] aloniers des compagnies, et collègues des Seigneurs. Ils voulurent qu'ils aidassent la Seigneurie, de leurs armes pendant les troubles, et de leurs conseils pendant la paix. Les anciens recteurs eurent avec eux un officier appelé exécuteur de la justice, qui devait seconder les Gonfaloniers dans la répression de l'insolence des grands.

Dans cet intervalle le pape était mort, et Corso était revenu de Rome avec les autres citoyens qui y avaient été mandés. La paix n'eût point été troublée, si son esprit inquiet n'eût de nouveau agité Florence. Mais pour se faire une réputation, il était toujours d'un avis contraire à celui des grands, et soumettait son autorité à tous les caprices du peuple, afin de se l'attacher davantage. Chef des nouveautés et des opinions opposées à l'ordre établi, il était l'appui de tous ceux qui désiraient obtenir quelque chose d'extraordinaire. Cette manière d'agir le rendait odieux à plusieurs citoyens estimables. Cette haine s'accroissait au point qu'elle était prête à éclater dans le parti des Noirs. Corso n'avait pour lui que les forces et le crédit de simple particulier; ses adversaires étaient soutenus par la puissance publique; mais son autorité imposait tellement, que chacun le craignait. Afin de lui enlever la faveur populaire, ils suivirent une voie toujours sûre pour arriver à ce but; ce fut de publier qu'il voulait s'emparer de la tyrannie. Cela était facile à persuader, parce que sa manière de vivre n'était nullement conforme à celle d'un simple citoyen. Ce bruit acquit beaucoup de consistance, lorsqu'on le vit épouser une fille d'Uguccione de la Fagiuola, chef de la faction des Gibelins et des Blancs, et très-puissant dans la Toscane.

Aussitôt que cette alliance fut connue, ses adversaires enhardis s'armèrent contre lui. Les mêmes motifs empêchèrent qu'il ne fût défendu par le peuple, dont la majeure partie s'associa même à ses ennemis. Les principaux étaient Rosso de la Tosa, Pazzino de la famille des Pazzi, Geri Spini et Berto Brunelleschi. Ceux-ci, suivis de leurs partisans et de la majorité du peuple, se rassemblèrent en armes auprès du palais des Seigneurs. Ces magistrats firent remettre à Pierre Branca, capitaine du peuple, une accusation contre Corso, comme ayant voulu usurper le pouvoir tyrannique avec le secours d'Uguccione. Il fut d'abord cité, puis jugé rebelle par contumace. Entre l'accusation et le jugement, il ne s'écoula que deux heures. Lorsque cette sentence fut prononcée, les Seigneurs, escortés des compagnies du peuple rangées sous leurs drapeaux, allèrent le chercher. De son côté, Corso, sans s'effrayer de la désertion d'un grand nombre des siens, du jugement rendu, de la puissance des Seigneurs, de la multitude de ses ennemis, se fortifia dans sa maison. Il espérait pouvoir s'y défendre jusqu'à l'arrivée d'Uguccione qu'il avait appelé à son secours. Il avait fait aux avenues de sa maison, et dans les rues voisines, des barricades soutenues par des hommes de son parti chargés par lui de les défendre; ce qu'ils firent si bien, que le peuple, quoique très-nombreux, ne put les forcer. L'action fut très-vive; il y eut de part et d'autre des morts et des blessés. Le peuple, voyant que ces obstacles l'empêchaient d'arriver à Corso par la route ordinaire, s'empara des maisons voisines, les perça et entra dans la sienne par une voie qu'il pratiqua. Ce rebelle se voyant environné d'ennemis, n'attendant plus de secours d'Uguccione, désespérant de la victoire, résolut de chercher son salut dans la fuite. Uni à Gherardo Bordoni et à plusieurs autres de ses amis les plus dévoués et les plus intrépides, ils s'élancent ensemble sur les ennemis, s'ouvrent un passage les armes à la main, et sortent de la ville par la porte de la Croix. On les poursuivit, et Gherardo fut tué par Boccaccio Cavicciulli, sur le bord de l'Africo. Corso fut atteint et pris à Rovezzano par quelques cavaliers catalans au service de la Seigneurie. Ramené vers cette ville, mais ne voulant point voir en face ses ennemis victorieux, et être en proie à leurs insultes, il se laissa tomber de cheval et fut mis à mort par un des soldats qui le conduisaient. Son corps, recueilli par les moines de Saint-Salvi, fut enterré sans aucun honneur funèbre. Telle fut la fin de Corso, qui fit beaucoup de bien et beaucoup de mal à sa patrie et à la faction des Noirs. Sa mémoire serait plus glorieuse, s'il eût été d'un esprit moins turbulent. Cependant il mérite une place parmi le petit nombre de grands citoyens qu'a possédés Florence. Il est vrai que son caractère remuant fit oublier à sa patrie et à ceux de son parti les services qu'il leur avait rendus, les plongea dans de grands malheurs, et finit par le perdre lui-même. Uguccione venait au secours de Corso son gendre, lorsqu'il apprit à Remoli comment il était attaqué par le peuple ; ne croyant pas pouvoir le délivrer, il s'en retourna pour ne pas s'exposer inutilement au danger.

Après la mort de Corso, arrivée en 1308, les troubles s'apaisèrent : la république fut tranquille jusqu'au moment où l'on apprit que l'empereur Henri VII ramenait en Italie les rebelles, auxquels il avait promis d'être réintégrés dans leur patrie. Les chefs du gouvernement, jugeant à propos de diminuer le nombre de leurs ennemis, décidèrent que tous les rebelles seraient reçus, excepté ceux au retour desquels la loi s'opposait nominativement. Cette décision ferma l'entrée de Florence à la majeure partie des Gibelins et à quelques-uns du parti des Blancs, parmi lesquels se trouvaient le Dante Alighieri, les fils de Veri de la maison des Cerchi et ceux de Giano de la Bella. Ils implorèrent en outre le secours de Robert, roi de Naples. Ne pouvant obtenir qu'il les appuyât comme ses amis, ils lui soumirent leur ville pour cinq années, afin qu'il les défendît comme ses sujets. L'empereur passa par Pise et traversa les Maremmes pour se rendre à Rome, où il fut couronné en 1312. Ensuite, ayant résolu de subjuguer Florence, il en reprit la route par Pérouse et Arezzo, et vint camper avec son armée auprès du monastère de Saint-Salvi, à un mille de cette ville. Après y être resté cinquante jours inutilement, désespérant de pouvoir troubler cette république, il s'en alla à Pise, où il convint avec Frédéric, roi de Sicile, d'attaquer le royaume de Naples. Le roi Robert était déjà saisi de crainte, et Henri, en marche avec ses troupes, comptait sur la victoire quand la mort l'enleva à Buonconvento.

Peu de temps après, Uguccione de la Faggiuola devint maître de Pise, et peu après de Lucques, où il fut introduit par le parti gibelin. A l'aide de ces villes il fit beaucoup de dégâts dans les pays voisins. Afin de s'en délivrer, les Florentins demandèrent au roi Robert, Pierre son frère, pour commander leur armée. Uguccione, de son côté, augmentait sans cesse sa puissance. Il s'était emparé par force et par ruse, de plusieurs châteaux forts dans le val d'Arno et dans le val di Nievole. Il assiégea ensuite Monte-Catini que les Florentins jugèrent nécessaire de secourir pour empêcher cet incendie d'embraser toute leur contrée. Ils rassemblèrent donc une armée nombreuse, joignirent Uguccione dans le val di Nievole, et lui livrèrent bataille ; mais ils furent mis en déroute après un combat sanglant. Pierre, frère du roi de Naples, y périt, ainsi que plus de deux mille hommes. On ne retrouva jamais le corps de ce prince. Uguccione ne put de son côté se livrer à toute la joie que devait lui causer cette victoire, parce qu'il y perdit un fils et plusieurs autres chefs de son armée.

Après cette défaite, les Florentins fortifièrent les places voisines de leur ville. Le roi Robert leur envoya le comte d'Andria, appelé aussi le comte Novello, pour commander leurs troupes. Soit par la mauvaise conduite de ce général, soit par une disposition naturelle à s'ennuyer de l'état présent et à se diviser à la première occasion, les Florentins se partagèrent en deux factions, celle des amis et celle des ennemis du roi, sans être retenus par les dangers de leur guerre avec Uguccione. La faction des ennemis de ce prince avait pour chefs, Simon de la Tosa et les Magalotti, avec des personnes du peuple qui avaient de la prépondérance dans le gouvernement. Ceux-ci firent en sorte que l'on envoyât en France et en Allemagne, pour en obtenir des généraux et des soldats, à l'aide desquels ils pussent chasser le comte d'Andria qui les gouvernait au nom du roi. Ces démarches furent sans succès. Néanmoins ils ne renoncèrent pas à leur entreprise. Cherchant un maître à adorer, et ne pouvant le trouver ni en France, ni en Allemagne, ils le tirèrent d'Agobbio [1]. Après avoir chassé le comte, ils prirent un nommé Lando, né dans cette ville, pour exécuteur, c'est-à-dire pour bargello, et lui donnèrent un pouvoir absolu sur tous les citoyens. C'était un homme avide et féroce. Il allait toujours armé ; arrachant la vie tantôt à l'un, tantôt à l'autre, suivant la volonté de ceux qui l'avaient choisi. Il porta l'audace jusqu'à faire battre de la fausse monnaie au coin de Florence, sans que personne osât s'y

---

[1] Ville du duché d'Urbin, où l'on a trouvé les deux fameuses tables étrusques dites du nom de la ville, *Tavole Euigubine*, *Tables Eugubiennes*.

pposer; tant les discordes de cette ville l'avaient endu formidable! Cette cité était tout à la fois ien puissante et bien à plaindre, puisque le ouvenir des dissensions passées, la crainte 'Uguccione, l'autorité d'un roi n'avaient pu lui aire prendre un gouvernement fixe et stable. lle se trouvait dans un déplorable état, en proie u-dehors aux incursions d'Uguccione, et ra- agée au-dedans par Lando d'Agobbio.

Les familles nobles et les citoyens les plus onsidérables dans le peuple, étaient tous uelfes, ennemis de Lando, ainsi que de ses artisans, et dévoués au parti du roi. Cepen- ant ils ne pouvaient se montrer sans s'expo- er à un très-grand péril, parce que leurs dversaires avaient la puissance en main. Dési- ant secouer le joug d'une si honteuse tyrannie, s écrivirent secrètement au roi Robert de créer e comte Guido de Batifolle, son vicaire dans lorence. Ce prince satisfit sur-le-champ à leur emande; et le parti ennemi n'osa, à cause des onnes qualités du comte, y mettre d'obstacle, uoique les Seigneurs fussent opposés au roi. outefois l'autorité du comte Guido était fort estreinte, parce que la Seigneurie et les Gonfa- oniers des compagnies favorisaient Lando et sa action. Pendant que Florence était dans cette ituation pénible, la fille d'Albert, roi de Bo- ême, y passa pour se rendre auprès de son nari, Charles fils du roi Robert. Elle reçut des mis du roi un accueil très-honorable; ils se laignirent à elle du triste état de leur ville, de a tyrannie de Lando et de ses partisans. Sa pro- ection et celle du roi opérèrent, avant son dé- art, la réunion des citoyens et l'expulsion de Lando, qui fut dépouillé de son autorité, et envoyé à Agobbio, couvert de sang et chargé le rapines. Dans la réforme de l'état, on pro- rogea l'autorité du roi de Naples pour trois ans. Comme il existait déjà sept Seigneurs pris dans le parti de Lando, on en choisit six dans celui du roi. La Seigneurie eut pendant quelque temps treize membres, mais ensuite on les ré- duisit à sept, selon l'ancien usage.

La possession de Lucques et de Pise fut enlevée en ce temps à Uguccione, et Cas- truccio Castracani passa, de la condition de simple citoyen, à celle de Seigneur de ces villes. Comme il était jeune, hardi, entrepre- nant et heureux dans ses projets, il devint bientôt chef des Gibelins de Toscane. Ceci enga- gea les Florentins à faire trève pour plusieurs années à leurs dissensions civiles, et à méditer sur les moyens de se défendre contre Castruccio, soit avant que ses forces fussent augmentées, soit après qu'il les eût accrues, malgré leurs ef- forts pour l'en empêcher. Afin que les Seigneurs délibérassent avec plus de sagesse, et exécu- tassent les lois avec plus d'autorité, ils leur ad- joignirent douze citoyens qu'ils appelèrent Bons- hommes, sans l'avis et le consentement desquels ces magistrats ne pouvaient rien faire d'impor- tant. Dans cet intervalle, le terme fixé à l'autorité du roi Robert était arrivé. Florence devenue maîtresse d'elle-même, réorganisa son gouver- nement avec les recteurs et les magistrats ac- coutumés. La frayeur que lui inspirait Castruc- cio y maintint la bonne intelligence. Celui-ci, après plusieurs exploits contre les Seigneurs de la Lunigiana, attaqua Prato. Les Florentins, décidés à secourir cette ville, fermèrent leurs magasins, et marchèrent en masse, au nom- bre de vingt mille hommes à pied et quinze cents à cheval. Pour augmenter leurs forces aux dépens de celles de Castruccio, les Sei- gneurs firent publier que tout Guelfe rebelle qui viendrait au secours de Prato, serait, après la délivrance de cette ville, rétabli dans sa patrie. Quatre mille d'entre eux y accoururent. Cette armée nombreuse, amenée si prompte- ment à la défense de cette place, étonna telle- ment Castruccio, que, sans vouloir tenter le sort d'une bataille, il se retira vers Lucques. Il y eut alors dans le camp des Florentins diversité d'o- pinion entre les nobles et le peuple. Celui-ci vou- lait le poursuivre, le combattre et le détruire: les nobles étaient d'avis de s'en retourner, di- sant qu'il suffisait d'avoir exposé Florence pour délivrer Prato. Ils ajoutaient que l'on avait eu raison de le faire, puisque l'on y était forcé, mais que cette nécessité n'existant plus, on ne devait pas tenter la fortune quand il y avait si peu à gagner et tant à perdre. Comme l'on ne pouvait s'accorder, on renvoya la décision aux Seigneurs qui retrouvèrent dans leur conseil les oppositions de sentiments qui partageaient les nobles et le peuple. Alors il se réunit sur la place une multitude nombreuse qui intimida tellement les grands par ses menaces, qu'ils cédèrent à son avis. Cette détermination tardive, et qui déplaisait à beaucoup de monde, donna le temps à l'ennemi de se retirer en sûreté à Lucques.

Cet incident irrita tellement le peuple contre les grands, que les Seigneurs ne voulurent point tenir la promesse qui avait été faite aux quatre mille rebelles par le conseil et l'ordre des nobles. Ces bannis prévoyant ce refus résolurent de le prévenir, et, devançant l'armée, ils se présentèrent les premiers aux portes de Florence pour y entrer. Comme l'on s'était douté de leur projet, il ne réussit point. Ils furent repoussés par ceux qui étaient restés dans cette ville. Alors ils essayèrent d'obtenir par accommodement ce que la force n'avait pu leur procurer. Huit députés vinrent de leur part rappeler à la Seigneurie la foi qui leur avait été donnée, et les périls auxquels ils s'étaient exposés sous sa garantie, espérant la récompense qui leur avait été promise. Bien que les nobles regardassent cette promesse comme une dette sacrée qu'ils avaient contractée en répondant formellement de l'exécution des engagements pris par la Seigneurie, et bien qu'ils fissent de nombreuses démarches en faveur des exilés, toutefois le mécontentement qu'avait le peuple de ce que l'entreprise contre Castruccio n'avait pas réussi comme elle le devait, fut cause qu'ils n'obtinrent rien, au grand détriment de la ville pour qui cette conduite fut un déshonneur. Plusieurs nobles qui en étaient indignés, tâchèrent d'arracher par la violence ce qui avait été refusé à leurs prières. Ils engagèrent les exilés à s'avancer vers Florence, les armes à la main, tandis qu'eux-mêmes s'armeraient au dedans pour les soutenir. Ce complot fut découvert avant le jour marqué pour l'exécution. Les rebelles trouvèrent donc toute la ville sur pied, prête à repousser ceux du dehors et à effrayer ceux du dedans, de manière que personne n'osât prendre les armes. Ces tentatives infructueuses les firent renoncer à leur entreprise. Après leur départ, on voulut punir ceux qui étaient coupables de les avoir appelés. Quoiqu'ils fussent connus de tout le monde, personne n'osait, je ne dis pas les accuser, mais même les nommer. Afin que la crainte n'empêchât point de connaître la vérité, il fut décidé que chacun écrirait les noms des coupables, et remettrait secrètement cet écrit au capitaine. Alors Amerigo

Donati, Theghiajo Frescobaldi et Lottering Gherardini furent accusés; mais leur juge, qui fut moins sévère à leur égard que ne le méritait peut-être leur délit, les condamna seulement à une amende.

Le désordre excité dans Florence à l'approche des rebelles prouva qu'un seul chef ne suffisait point pour commander les compagnies du peuple. Il fut réglé qu'à l'avenir chacune en aurait trois ou quatre; que chaque Gonfalonier aurait deux ou trois porte-enseignes, appelés *Pennonieri*, afin qu'au besoin une partie de la compagnie pût servir sous les ordres d'un chef particulier, lorsqu'il ne serait pas nécessaire de l'employer tout entière. Après un événement remarquable, les républiques ne manquent jamais d'annuler quelques lois anciennes et d'en établir quelques nouvelles. Au lieu de renouveler la Seigneurie à des époques déterminées, comme cela avait été auparavant, les Seigneurs et ceux de leurs collègues qui étaient alors en charge, forts de leur puissance, se firent autoriser à choisir d'avance les Seigneurs qui devaient exercer cette magistrature pendant les quarante mois suivants. Ils mirent leurs noms dans une bourse d'où ils les tiraient, par la voie du sort, tous les deux mois. Mais avant que le terme des quarante mois fût expiré, on recommença à mettre les noms dans la bourse, parce que plusieurs citoyens craignaient que les leurs n'y eussent pas été mis. De là vint l'usage de mettre dans la bourse, longtemps d'avance, les noms des magistrats qui devaient gouverner et au dedans et au dehors. Auparavant, les conseils leur choisissaient des successeurs lorsque le terme de leurs fonctions était arrivé. Ces formes d'élection par bourses se nommèrent depuis *Squittinii* [1]. Comme elle ne se renouvelait que tous les trois, quelquefois même tous les cinq ans, il semblait que cette circonstance devait rendre Florence plus tranquille et faire cesser la cause des troubles excités par le grand nombre des concurrents à chaque création des magistrats. On s'arrêta à cette manière de corriger les abus, faute d'en trouver une meilleure, et l'on n'aperçut pas les inconvénients que recélait un avantage de si peu d'importance.

[1] Scrutin.

On était alors en l'année 1325. Castruccio, après s'être emparé de Pistoia, devint si puissant, que les Florentins redoutant son agrandissement, résolurent de l'attaquer et de délivrer cette ville avant qu'il pût s'y affermir. Ils levèrent chez eux et parmi leurs alliés vingt mille hommes d'infanterie et trois mille de cavalerie, et allèrent avec cette armée camper devant Altopascio, pour occuper cette place et empêcher de secourir Pistoia. Ils réussirent à s'en rendre maîtres; de là ils s'avancèrent vers Lucques en ravageant le pays. Mais leur défaut de prudence et le peu de fidélité de leur chef furent cause qu'ils ne firent pas de grands progrès. Ce commandant se nommait Ramondo di Cardona. Voyant avec quelle facilité les Florentins avaient mis auparavant leur liberté à la discrétion ou du roi de Naples, ou du légat, ou même d'autres personnages de moindre considération, il s'imagina qu'en les jetant dans quelque grand embarras, il les obligerait aisément à le nommer leur prince. Il leur rappelait souvent ces exemples, et demandait à jouir dans leur ville de la même autorité dont ils l'avaient investi dans leurs armées, ajoutant qu'il ne pouvait sans cela obtenir l'obéissance nécessaire à un général. Comme l'on n'acquiesçait point à sa demande, il perdait un temps dont Castruccio savait bien profiter. Celui-ci, après avoir renforcé son armée des secours que les Visconti et les autres tyrans de la Lombardie lui avaient promis, attaqua Ramondo qui avait d'abord perdu la victoire par son défaut de bonne foi, et ne sut point se sauver après sa défaite par son défaut de prudence. La lenteur des opérations militaires de ce général donna le temps à Castruccio de le prévenir et de lui livrer bataille auprès d'Altopascio. La lutte fut violente : les Florentins furent mis en déroute et perdirent beaucoup des leurs, tués ou faits prisonniers. Ramondo lui-même périt, et reçut ainsi de la fortune la punition que son peu de bonne foi et ses mauvais conseils méritaient de recevoir de la main des Florentins. Il serait impossible d'énumérer les désastres de tout genre, pillages de propriétés, incendies, désordres, prisonniers, dont fut suivie la victoire de Castruccio sur les Florentins. Ils n'eurent personne pendant plusieurs mois à lui opposer, en sorte qu'il put chevaucher et ravager partout où bon lui sembla, et les Florentins, accablés par cette défaite, s'estimèrent heureux de pouvoir sauver leur ville.

Cependant leur courage ne fut pas abattu au point de ne pas songer à lever de l'argent et des troupes. Ils réclamèrent aussi le secours de leurs alliés; mais ces précautions étaient insuffisantes pour enchaîner un si redoutable ennemi : ils furent donc réduits à choisir pour leur seigneur Charles duc de Calabre et fils du roi Robert, afin qu'il voulût bien venir les défendre; car ces princes, accoutumés à dominer dans Florence, aimaient mieux en être les maîtres que les alliés. Mais comme Charles était occupé à la guerre de Sicile, et ne pouvait venir prendre possession de la souveraineté de cette ville, il y envoya à sa place Gauthier, Français d'origine et duc d'Athènes. Celui-ci, en qualité de vicaire du Seigneur, prit possession de la ville, et disposa des magistratures à son gré. Néanmoins, en voilant son caractère sous les apparences d'une modération qui lui était peu naturelle, il se fit généralement aimer. Lorsque Charles eut terminé la guerre de Sicile, il se rendit à Florence avec un corps de mille cavaliers, et y fit son entrée dans le mois de juillet 1326. Son arrivée empêcha Castruccio de ravager librement les pays voisins de cette ville. Mais ce prince perdit au-dedans la réputation qu'il s'était acquise au dehors; les Florentins souffrirent alors autant de dommages de la part de leurs amis qu'ils auraient pu en supporter de la part de leurs ennemis. Les Seigneurs ne faisaient rien sans le consentement du duc, qui extorqua pendant un an quatre cent mille florins; quoiqu'il fût convenu qu'il n'en pourrait exiger plus de deux cent mille. Telles étaient les charges dont cette ville était accablée chaque jour par ce prince ou par son père.

A ces pertes se joignirent de nouvelles inquiétudes et de nouveaux ennemis. Les Gibelins de Lombardie prirent un tel ombrage de l'arrivée de Charles en Toscane, que Galeas Visconti et les autres tyrans de ce pays attirèrent en Italie, par de l'argent et des promesses, Louis de Bavière, élu empereur malgré l'opposition du souverain pontife. Ce prince passa en Lombardie et de là en Toscane, secondé par Castruccio; il s'y rendit maître de Pise, où il leva des contributions, puis il se mit en route pour Rome. Charles craignant alors pour le royaume de Naples, quitta Florence et y laissa pour son vicaire Philippe de Saginetto. Après le [départ de l'empereur, Castruccio s'empara de Pise, mais il perdit Pistoia, que les Florentins lui enlevèrent par leurs intelligences dans cette ville. Il revint bientôt camper sous ses murs, et en fit le siége avec tant de bravoure e d'opiniâtreté, que toutes les tentatives des Florentins pour le secourir furent inutiles. Ils attaquèrent en vain tantôt son armée, tantôt les pays soumis à son autorité; ils ne purent ni par la force, ni par la ruse, l'obliger à lever ce siége, tant il était animé du désir de se venger des habitants de Pistoia et de triompher des Florentins! Les premiers furent donc contraints à le recevoir pour maître. Ce succès qui lui acquit tant de gloire fut suivi d'un désastre non moins considérable : car, de retour à Lucques, il y mourut; et comme ni un bien ni un mal ne viennent jamais sans être accompagnés d'un autre bien ou d'un autre mal, la mort enleva aussi Charles duc de Calabre et Seigneur de Florence, afin que, contre toutes leurs espérances, les Florentins pussent en bien peu de temps être délivrés de la domination de l'un et de la crainte de l'autre. Redevenus libres, ils réformèrent l'état, détruisirent les anciens conseils, en créèrent deux nouveaux, l'un de trois cents citoyens pris dans le peuple, l'autre de deux cent cinquante, tant du peuple que de la noblesse. Le premier se nomma *conseil du peuple*, l'autre *conseil commun*.

L'empereur arrivé à Rome nomma un anti-pape, ordonna beaucoup de mesures contraires à l'intérêt de l'Église, et en essaya beaucoup d'autres qui restèrent sans effet. Il finit par se retirer honteusement de cette ville, et revint à Pise, où huit cents cavaliers allemands, soit par mécontentement, soit par défaut de solde, se révoltèrent contre lui et se fortifièrent à Montechiaro, sur le Ceruglio. Lorsque l'empereur fut parti de Pise pour aller en Lombardie, ils s'emparèrent de Lucques et en chassèrent François Castracani que ce prince y avait laissé. Voulant tirer parti de leur prise, ils offrirent cette ville pour quatre-vingt mille florins à la république de Florence, qui la refusa d'après le conseil de Simon de la Tosa. Ce refus lui eût été très-utile si elle eût été con-

stante dans cette détermination; mais en ayant changé peu de temps après, il lui devint très préjudiciable. Florence, qui n'avait pas voul de Lucques lorsqu'elle pouvait en obtenir, à u prix très-modique, la paisible possession, la de sira ensuite inutilement, quoiqu'elle en offri une somme beaucoup plus considérable. Cett versatilité dans ses idées en fit naître une trè malheureuse dans son gouvernement dont ell changea plusieurs fois la forme. Le Génois Ghe rardino Spinoli profita du refus des Florentin et acheta Lucques trente mille florins. Les hom mes sont plus lents à prendre ce qu'ils peuven avoir facilement, qu'à désirer ce qu'ils ne peu vent obtenir. Aussi lorsque le peuple de Flo rence fut instruit de l'acquisition de Gherardin Spinoli et de la modicité du prix, il s'enflamm du plus violent désir de posséder cette ville, e s'accusa lui-même, ainsi que ceux qui l'avaien dissuadé de l'acheter. Voulant enlever par l force ce qu'il avait refusé à prix d'argent, i fit parcourir et piller par ses troupes les terre des Lucquois. Cependant l'empereur était part d'Italie, et l'anti-pape, par l'ordre des Pisans avait été envoyé prisonnier en France.

Depuis la mort de Castruccio en 1328, jus ques en 1340, Florence jouit de la tranquillit intérieure, et ne s'occupa que des affaires d dehors. Elle soutint plusieurs guerres en Tos cane au sujet de la ville de Lucques. L'arrivé de Jean, roi de Bohême, lui en suscita auss en Lombardie. Cette ville s'embellit encor par de nouveaux édifices. On construisit la tou de Sancta-Reparata par le conseil de Giotto peintre alors très-célèbre. Des pluies abon dantes ayant fait déborder l'Arno en 1333, se eaux s'élevèrent en quelques endroits de Flo rence à plus de douze brasses, et renversèren une partie des ponts et plusieurs maisons. O n'épargna ni soins, ni dépenses pour répare ces désastres.

Il se forma de nouveaux sujets de discorde e 1340. Les citoyens revêtus du pouvoir avaien deux moyens de l'accroître ou de le conserver l'un était de restreindre tellement le nombr des noms que l'on mettait dans la bourse pou l'élection des magistrats, qu'eux ou leurs ami parvinssent toujours à ces dignités; l'autre con sistait à se rendre maîtres de l'élection des rec teurs, afin de s'assurer leur faveur dans le jugements. Ce second point leur paraissait si important, que les recteurs ordinaires ne leur suffisant pas, ils en faisaient venir quelquefois un troisième. C'est pour cela qu'ils appelèrent alors extraordinairement Jacques-Gabriel d'Agobbio, sous le titre de capitaine de la garde, et lui donnèrent tout pouvoir sur les citoyens. Celui-ci commettait chaque jour beaucoup d'injustices pour favoriser ceux qui gouvernaient. Pierre Bardi et Bardo Frescobaldi furent du nombre de ceux qu'il maltraita. Nobles d'extraction et naturellement fiers, ils ne pouvaient souffrir qu'un étranger les insultât sans sujet et pour obliger quelques hommes puissants. Pour se venger de lui et de ceux qui gouvernaient, ils tramèrent une conjuration dans laquelle entrèrent plusieurs familles de la noblesse et quelques-unes du peuple, auxquelles la tyrannie des chefs du gouvernement déplaisait. Il fut décidé que les conjurés réuniraient dans leurs maisons beaucoup de gens armés, et que le lendemain de la fête de la Toussaint, dans la matinée, moment où chacun était occupé à prier pour les morts, on prendrait les armes pour faire périr le capitaine et les principaux chefs du gouvernement : on devait ensuite réformer l'état, en y créant d'autres Seigneurs et en y établissant une nouvelle constitution.

Plus on réfléchit sur une entreprise dangereuse, plus on craint de la poursuivre ; et les conjurations dont on diffère l'exécution viennent souvent à se découvrir. La crainte du châtiment fit plus d'impression que l'espoir de la vengeance sur l'esprit d'André de Bardi, l'un des conjurés ; il révéla tout à Jacques Alberti, son beau-frère : celui-ci en fit part aux Prieurs, qui en instruisirent les autres membres du gouvernement. Comme l'approche de la Toussaint rendait le péril imminent, plusieurs citoyens se rassemblèrent dans le palais ; et persuadés qu'il était dangereux de temporiser, ils voulaient que les Seigneurs fissent sonner la cloche et appelassent le peuple aux armes. Taldo Valori, alors gonfalonier, et François Salviati, l'un des Seigneurs, tous deux parents des Bardi, n'étaient point de ce sentiment. Ils disaient : qu'il n'était pas prudent d'armer le peuple pour la moindre cause ; que le pouvoir abandonné à la multitude sans aucun frein, ne produit jamais

de bien ; qu'il est facile de la mettre en mouvement, mais difficile de la faire rentrer dans les bornes du devoir : ils en concluaient qu'il serait plus sage de s'informer d'abord de la vérité de cette conjuration et de la punir ensuite par les voies civiles, que de vouloir, sur une simple dénonciation, la réprimer tumultuairement, et exposer par là Florence à sa ruine. On n'eut aucun égard à ces représentations : des outrages et des propos injurieux forcèrent les Seigneurs à faire sonner la cloche ; à l'instant tout le peuple accourut en armes sur la place. De leur côté, les Bardi et les Frescobaldi se voyant découverts, se décidèrent à vaincre avec gloire, ou à mourir sans honte, et prirent les armes. Comme ils pensaient pouvoir défendre la partie de la ville située au-delà du fleuve et où ils avaient leurs maisons, ils fortifièrent les ponts en attendant le secours qu'ils espéraient des nobles de la campagne et de leurs autres amis. Le peuple qui habitait cette partie de Florence déconcerta leurs desseins en s'armant en faveur des Seigneurs. Se trouvant alors coupés par leurs ennemis, ils abandonnèrent les ponts, se retirèrent dans la rue où demeuraient les Bardi, comme étant plus forte qu'aucune autre, et là ils firent une vigoureuse défense. Jacques d'Agobbio sachant que cette conjuration était dirigée contre lui se tenait campé près du palais des Seigneurs, au milieu de ses soldats en armes, et y restait tout interdit et comme stupéfié par la peur de la mort. Les autres recteurs, qui avaient moins de reproches à se faire, montraient plus de courage, surtout le Podestà nommé Maffée de Maradi. Il se présenta avec intrépidité au milieu des combattants, passa le pont Rubacante, et s'avançant à travers les épées des Bardi, il fit signe qu'il avait quelque chose à leur dire. La considération dont il jouissait, ses mœurs et ses autres qualités éminentes firent à l'instant baisser les armes et prêter attention à ses paroles. Il blâma leur conjuration dans une allocution grave et modérée ; leur montra le danger auquel ils s'exposaient en ne cédant point à ce mouvement impétueux du peuple ; leur fit espérer qu'ils seraient entendus et jugés avec indulgence, et leur promit d'obtenir, pour celles de leurs demandes qui seraient raisonnables, tous les égards d'une sensibilité compatissante. Retournant ensuite vers les Seigneurs, il leur conseilla de ne point chercher une victoire achetée au prix du sang de leurs concitoyens, et de ne pas juger sans entendre. Ses efforts furent couronnés par le succès : du consentement des Seigneurs, les Bardi et les Frescobaldi abandonnèrent la ville avec leurs amis, et se retirèrent sans obstacles dans leurs châteaux. Après leur départ, le peuple mit bas les armes. Les Seigneurs ne poursuivirent que ceux de la famille des Bardi et des Frescobaldi qui avaient été pris les armes à la main. Afin de les dépouiller de leur puissance, ils achetèrent des Bardi le château de Mangona et de Vernia; ils ordonnèrent en outre, par une loi, qu'aucun citoyen de Florence ne pourrait posséder de château distant de moins de vingt milles de cette cité. Peu de mois après, Stiatta Frescobaldi fut décapité, et plusieurs autres de cette famille furent déclarés rebelles. Ceux qui gouvernaient ne se contentèrent point d'avoir vaincu et abattu les Bardi et les Frescobaldi; mais, suivant l'usage assez ordinaire aux hommes revêtus du pouvoir, de devenir plus insolents et d'abuser davantage de ce pouvoir à mesure qu'il s'accroît, ils ajoutèrent au capitaine de garde qui désolait Florence, un capitaine de la campagne, qu'ils investirent d'une très-grande autorité, afin que ceux qui leur étaient suspects ne pussent pas plus y habiter que dans Florence. En agissant ainsi, ils soulevèrent contre eux tous les nobles, à un tel point qu'ils étaient disposés à livrer la ville et à se vendre eux-mêmes pour se venger. L'occasion qu'ils attendaient se présenta fort à propos, et ils la saisirent.

Au milieu des secousses qui avaient agité la Toscane et la Lombardie, la ville de Lucques était tombée au pouvoir de Mastino de la Scala, seigneur de Vérone. Celui-ci ne l'avait pas remise aux Florentins, quoiqu'il s'y fût engagé. Se souciant fort peu de la parole qu'il avait donnée, il pensait pouvoir conserver cette ville à l'aide de celle de Parme dont il était le maître. Les Florentins, pour tirer vengeance de son manque de foi, se liguèrent avec les Vénitiens, et lui firent une guerre si vive qu'il fut sur le point de perdre entièrement ses états. Ils n'en recueillirent cependant point d'autre avantage que la satisfaction d'avoir

humilié Mastino. Les Vénitiens, suivant l'usage de tous ceux qui s'unissent avec un moins puissant qu'eux, n'eurent pas plus tôt gagné Trévise et Vicence, que, sans aucun égard pour les Florentins, ils firent un traité particulier. Mais les Visconti, seigneurs de Milan, ayant dans la suite enlevé Parme à Mastino, celui-ci pensa qu'il ne pouvait plus garder Lucques, et résolut de la vendre. Le peuple de Florence et celui de Pise désiraient également faire cette acquisition. Pendant qu'elle se négociait, ceux de Pise s'aperçurent que les Florentins l'emporteraient parce qu'ils étaient les plus riches; ils eurent recours à la force, et, secondés par les Visconti, ils allèrent assiéger cette ville. Les Florentins ne renoncèrent point pour cela à leur marché avec Mastino; ils le conclurent, au contraire, en payèrent une partie sur-le-champ, donnèrent des otages pour l'autre, et envoyèrent pour en prendre possession, Noddo Rucellai, Jean de Bernardino, de la famille des Médicis, et Rosso de Ricciardo, de celle des Ricci. Ces envoyés pénétrèrent de vive force dans Lucques, qui fut remise entre leurs mains par les troupes de Mastino. Les Pisans poursuivirent néanmoins leur entreprise, et firent tous leurs efforts pour s'emparer de cette ville. Les Florentins, de leur côté, tâchèrent d'en faire lever le siége. Ces derniers en furent chassés après une longue guerre, où ils perdirent leur argent et leur gloire, et ceux de Pise en devinrent les maîtres.

La perte de cette ville irrita, comme il arrive toujours en pareil cas, le peuple de Florence contre ceux qui gouvernaient. Il les décria publiquement, dans tous les quartiers et dans toutes les places de cette ville, leur reprochant leur avarice et les mauvais conseils qu'ils avaient donnés. Au commencement de cette guerre on avait confié l'administration à vingt citoyens, qui avaient choisi pour chef de l'entreprise Malatesta de Rimini. Celui-ci l'avait conduite avec peu de courage et encore moins de prudence. Le conseil des Vingt ayant imploré le secours de Robert, roi de Naples, ce prince leur envoya Gauthier, duc d'Athènes, qui, suivant les décrets du ciel dont la main préparait ainsi des maux à venir, arriva à Florence au moment même où l'entreprise de Lucques venait d'échouer en entier. Les Vingt voyant le peuple courroucé, crurent ranimer en lui des espérances nouvelles en lui donnant un nouveau chef, et le retenir par cette élection, ou lui ôter tout prétexte de les calomnier. Afin de le contenir aussi par la crainte, et donner au duc d'Athènes plus d'autorité pour les défendre, ils le choisirent d'abord pour conservateur, et ensuite pour commandant de leurs troupes. On a rapporté ci-dessus les motifs du mécontentement des grands. Plusieurs d'entre eux avaient connu Gauthier, lorsqu'il avait été précédemment chargé du gouvernement de Florence au nom de Charles, duc de Calabre. Ils pensèrent que le moment était venu d'apaiser leur ressentiment par la ruine de l'état républicain, et crurent n'avoir pas d'autre moyen de dompter ce peuple qui leur avait causé tant de peines, que de se soumettre à un prince qui, connaissant le mérite des uns, et l'insolence des autres, sût à propos récompenser ceux-ci et châtier ceux-là. A ces considérations se joignait l'espérance des avantages qu'ils attendaient de la reconnaissance d'un chef qui leur serait redevable de sa principauté. Ils eurent plusieurs conférences secrètes avec Gauthier, lui conseillèrent de s'emparer entièrement de l'autorité, et lui offrirent tous les secours qui dépendaient d'eux. Quelques familles de la bourgeoisie joignirent leur crédit et leurs conseils à ceux de ces nobles. Telles furent entre autres les Peruzzi, les Acciajuoli, les Antellesi et les Buonaccorsi, qui, accablés de dettes et ne pouvant les payer avec leur bien, voulaient faire servir les propriétés des autres à s'acquitter eux-mêmes, et qui, pour se délivrer de la servitude de leurs créanciers, ne rougissaient point de préparer la servitude de leur patrie. Ces conseils allumèrent dans l'âme ambitieuse de ce duc une soif plus ardente de la domination. Voulant se faire une réputation de sévérité et de justice, et se rendre, par ce moyen, le peuple plus favorable, il poursuivit ceux qui avaient été chargés de l'administration de la guerre de Lucques, fit périr Jean de Médicis, Naddo Ruccellai et Guillaume Altoviti, et en condamna plusieurs à l'exil, et beaucoup d'autres à l'amende.

Ces condamnations effrayèrent la bourgeoisie, et ne satisfirent que les grands et le menu peuple; celui-ci, parce qu'il est dans sa nature de se réjouir du mal; les autres, parce qu'ils se voyaient vengés des outrages que le peuple leur avait fait essuyer. Lorsque le duc passait dans les rues, on louait à haute voix sa franchise, et chacun l'exhortait publiquement à rechercher les fraudes des citoyens et à les punir. L'autorité des Vingt était tombée; celle du duc était fort grande, et la crainte qu'il inspirait l'était encore plus; de sorte que chacun cherchait à se montrer affectionné envers lui, en faisant peindre ses armes ducales sur sa maison. Il ne lui manquait plus du prince que le titre. Croyant pouvoir tout tenter sans rien craindre, il fit entendre aux seigneurs qu'il jugeait avantageux pour l'État qu'on lui en accordât librement la souveraineté, et qu'il désirait, en conséquence, qu'ils joignissent leur consentement à celui de toute la ville. Quoique les Seigneurs eussent prévu depuis long-temps la ruine de leur pays, cette demande les jeta dans le trouble et l'embarras. Ils connaissaient le danger de leur position; néanmoins, pour ne pas manquer à leur devoir envers la patrie, ils eurent le courage de s'y refuser. Pour mieux se couvrir du manteau de la religion et de l'humanité, le duc avait choisi pour sa demeure le couvent des frères-mineurs de Sainte-Croix. Jaloux de mettre à exécution ses projets pernicieux, il fit ordonner au peuple, par une proclamation, de se rassembler devant lui le lendemain matin, sur la place de Sainte-Croix. Cet ordre effraya beaucoup plus les seigneurs que ne l'avaient fait d'abord les paroles du duc. Ils se réunirent aux citoyens qu'ils jugèrent les plus attachés à la liberté et au bonheur de leur patrie. Connaissant la puissance de ce nouveau maître, ils ne pensèrent qu'à recourir aux supplications, et à essayer, si les forces n'étaient point suffisantes, l'effet des prières, ou pour le détourner de son entreprise, ou pour alléger le joug qu'il voulait leur imposer. Une partie des Seigneurs alla donc le trouver, et l'un d'entre eux lui parla ainsi :

« Seigneur, les demandes que vous nous
» avez faites, et l'ordre que vous avez donné
» au peuple de se rassembler, nous engagent
» à nous présenter devant vous. Il nous paraît
» certain que vous voulez devoir à des moyens
» extraordinaires ce que vous n'avez point

» obtenu de notre consentement par les voies
» usitées en pareil cas. Notre intention n'est
» pas d'opposer la moindre résistance à l'exé-
» cution de vos projets, mais seulement de
» vous faire sentir la pesanteur du fardeau
» dont vous voulez vous charger, et la gran-
» deur du péril auquel vous expose le parti
» que vous prenez, afin que vous puissiez
» toujours vous souvenir et de nos conseils, et
» de ceux que certains individus vous donnent
» pour satisfaire leur fureur, et non pour votre
» utilité. Vous cherchez à rendre esclave une
» ville qui a toujours vécu libre ; car l'autorité
» que nous avons accordée précédemment aux
» rois de Naples, était une alliance d'amitié plu-
» tôt qu'une servitude. Avez-vous bien consi-
» déré combien, dans une ville comme celle-ci,
» le nom seul de liberté a d'importance et cause
» d'enthousiasme? La force ne peut la dompter;
» le temps la prescrire; le mérite quel qu'il soit
» la contrebalancera. Pensez, seigneur, quelle
» puissance est nécessaire pour retenir dans
» l'esclavage une semblable ville ! Les forces
» étrangères que vous pouvez y entretenir se-
» ront insuffisantes. Il ne serait pas prudent de
» vous fier à celles qu'elle renferme dans son
» sein : car ceux qui paraissent aujourd'hui
» vos amis et qui vous excitent à prendre ce
» parti, n'auront pas plus tôt profité de votre
» puissance pour abattre leurs adversaires,
» qu'ils chercheront à vous renverser vous-
» même pour s'emparer de votre autorité.
» Cette multitude sur laquelle vous comptez,
» change de dispositions au moindre événe-
» ment. Vous pouvez donc craindre d'avoir en
» peu de temps toute cette ville pour ennemie,
» ce qui entraînerait votre perte et la sienne.
» N'espérez point de remède à ce mal; car
» ceux-là seuls peuvent assurer leur souverai-
» neté, qui n'ont qu'un petit nombre d'enne-
» mis dont il leur est facile de se délivrer par
» la mort ou par l'exil. Mais quand la haine est
» générale, il n'est point d'asile contre elle,
» parce que l'on ne sait plus alors d'où partent
» ses traits. Celui qui craint tout le monde ne
» peut jamais se défaire de personne. Si vous
» tentez cette voie, vous aggravez vos dangers,
» car ceux qui restent n'en sont que plus ani-
» més par la haine et par la soif de la vengeance.
» Il est très-certain que le temps ne suffit point

» pour éteindre l'amour de la liberté. L'his-
» toire nous apprend qu'elle a souvent été ré-
» tablie dans une cité, par des hommes qui
» n'en avaient jamais goûté les douceurs, mais
» qui l'aimaient cependant par le souvenir que
» leur en avaient transmis leurs pères. Une
» fois recouvrée, ils la défendaient avec une
» constance opiniâtre, à travers tous les dan-
» gers. Et lors même qu'ils n'auraient pas reçu
» de leurs aïeux cette sainte tradition, ne la
» trouveraient-ils pas inscrite partout, et dans
» les palais publics, et sur les siéges des ma-
» gistrats, et sur les gonfalons des corpora-
» tions? Et quel amour pour elle n'allume pas
» dans le cœur des citoyens la connaissance de
» toutes ces choses ! Par quelles actions espé-
» rez-vous pouvoir contre-balancer la douceur
» de vivre libre, ou effacer dans l'esprit des
» hommes le désir de leur condition présente?
» En vain vous ajouteriez à cet état la Toscane
» entière; en vain vous rentreriez chaque jour
» dans cette ville, couvert de lauriers mois-
» sonnés sur nos ennemis ; Florence ne regar-
» derait point cette gloire comme la sienne;
» elle serait la vôtre, et ses citoyens n'acquer-
» raient point par là des sujets, mais seulement
» des compagnons de servitude, qui ne se-
» raient qu'un nouvel instrument pour appe-
» santir leur propre joug. Vos mœurs fussent-
» elles toujours saintes, vos manières toujours
» bienveillantes, vos jugements toujours droits,
» cela ne suffirait pas pour vous faire aimer.
» Gardez-vous de le croire, vous y seriez déçu.
» Toute chaîne est pesante, tout lien onéreux
» à qui est habitué à vivre dans l'indépen-
» dance. Un bon prince et un état violent
» sont incompatibles. La violence appelle la
» violence, et il faut que l'un ait prompte-
» ment détruit l'autre. Vous avez à choi-
» sir, ou d'enchaîner cette ville par la force,
» ce à quoi les citadelles, les gardes, les
» amis du dehors ne suffisent pas le plus sou-
» vent, ou de vous contenter du pouvoir que
» nous vous avons donné. Nous vous engageons
» à prendre ce dernier parti, en vous rappelant
» qu'il n'est d'empire durable que celui qui
» est fondé sur une soumission volontaire. Ne
» veuillez point, égaré par quelques lueurs
» d'un espoir ambitieux, vous élever de ma-
» nière à ne pouvoir ni garder une position

fixé, ni monter plus haut; car alors votre perte et la nôtre seraient aussi terribles qu'inévitables. »

Le duc, attaché à ses projets avec opiniâtreté, e fut point ébranlé par ce discours. Il répon- it : « Que la discorde faisait la servitude des villes et l'esprit d'union leur liberté, et que s'il pouvait détruire dans Florence les inimi- tiés et les ambitions rivales, ce serait lui ren- dre et non lui enlever la liberté; qu'il se chargeait de ce fardeau, non par ambition, mais pour céder aux instances d'un grand nombre de citoyens dont ils feraient bien de suivre l'exemple; que quant aux dangers aux- quels ce parti pourrait l'exposer, il n'en fai- sait aucun cas, parce qu'il n'y avait qu'un homme sans vertu et sans courage qui pût abandonner le bien dans la crainte du mal, et renoncer à une entreprise glorieuse à cause de l'incertitude de ses suites; et qu'il espérait se conduire de manière à leur faire bientôt reconnaître qu'ils avaient eu trop peu de confiance en lui, et s'étaient livrés à une crainte exagérée. »

Les Seigneurs voyant donc qu'ils ne pou- ient rien faire de mieux, convinrent que le ndemain matin le peuple s'assemblerait sur ur place, et qu'avec son consentement on onnerait au duc, pour une année, l'autorité uveraine dans Florence, aux conditions qui aient eu lieu lorsqu'elle avait précédemment é accordée à Charles, duc de Calabre. Le septembre 1342, le duc, accompagné de an de la Tosa et de tous ses partisans, ainsi e de plusieurs autres citoyens, se rendit sur place, monta avec les seigneurs sur la tri- ne aux harangues, nom que donnent les lorentins aux degrés qui se trouvent au bas palais de la Seigneurie. Là, on lut au peuple s conventions faites entre les Seigneurs et lui. uand on en vint au passage où il était dit qu'on i accordait le pouvoir souverain *pour un an*, peuple s'écria : *pour la vie!* François Rusti- elli, un des Seigneurs, se leva en vain pour rler et apaiser le tumulte; des cris l'inter- mpirent : de sorte que le duc fut élu souve- in de Florence, non pour un an, mais à per- étuité. On le prit et on le porta en triomphe à avers la foule, en proclamant son nom à haute ix. Il est d'usage que celui qui est préposé à

la garde du palais s'y tienne renfermé en l'ab- sence des Seigneurs. Rinieri de Giotto était alors chargé de cette fonction; corrompu par les amis du duc, il l'y introduisit sans attendre qu'il y fût forcé. Les Seigneurs, effrayés et couverts de honte, se retirèrent dans leurs maisons. Le palais fut en proie aux fureurs des gens attachés au duc; le gonfanon du peuple déchiré, et la bannière du duc placée en signe de triomphe au-dessus du palais. Ces événe- ments causèrent aux gens de bien une douleur et un désespoir indicibles, et réjouirent ceux qui y avaient consenti par malignité ou par ignorance.

Aussitôt que le duc eut été déclaré souverain de Florence, voulant enlever l'autorité à ceux qui avaient coutume d'en user pour la liberté, il défendit aux Seigneurs de se réunir dans le palais, et leur assigna une maison particulière. Il enleva les drapeaux aux Gonfaloniers des compagnies du peuple; il annula les réglemens de justice faits contre les grands, délivra les prisonniers, rappela de leur exil les Bardi et les Frescobaldi, et prohiba généralement le port d'armes. Il se lia avec ceux du dehors, afin de se mieux défendre contre ceux du de- dans. Il se montra assez favorable aux habi- tants d'Arezzo et à tous les autres sujets des Florentins. Il conclut la paix avec ceux de Pise, quoiqu'il n'eût été nommé chef de l'État qu'à la condition de leur faire la guerre. Il dépouilla de leurs créances les marchands qui avaient prêté de l'argent à la république pendant sa guerre contre Lucques. Il augmenta les anciens impôts sur le sel, en créa de nouveaux, et priva les Seigneurs de toute autorité. Il avait pour conseillers Baglion de Pérouse, Guillaume de Scesi et Cerrettieri Bisdomini. Il accablait les citoyens de contributions : l'injustice présidait à ses jugements; il avait quitté le masque de justice et d'humanité dont il s'était couvert, pour s'abandonner à l'orgueil et à la cruauté. Beaucoup de grands et d'autres citoyens des plus distingués dans le peuple étaient ou con- damnés à des amendes, ou mis à mort, ou exposés à des supplices de nouvelle invention. Afin qu'au dehors on n'eût pas plus à se louer de son gouvernement qu'au dedans, il établit dans la campagne six recteurs, qui en mal- traitaient et en dépouillaient les habitants.

Quoiqu'il eût reçu des services des grands, et qu'il en eût rappelé plusieurs dans leur patrie, ils lui étaient suspects, parce qu'il croyait impossible à des âmes élevées, telles que l'on a coutume d'en trouver parmi la noblesse, de vivre contentes sous sa domination. Il se mit donc à favoriser le peuple, espérant, avec son appui et le secours des armes étrangères, maintenir sa tyrannie. Lorsque l'on fut au mois de mai, temps auquel les peuples ont coutume de célébrer des réjouissances, il fit former, dans la bourgeoisie et le menu peuple, plusieurs compagnies auxquelles il donna de beaux noms, de l'argent et des drapeaux. Une partie d'entre elles se répandait dans la ville avec tous les accents de la joie, et l'autre les recevait avec beaucoup de pompe. La renommée ayant fait connaître la nouvelle autorité dont ce duc était en possession, plusieurs Français vinrent le trouver. Il leur donna de l'emploi à tous, comme à des hommes dont il était plus assuré; de sorte que Florence fut en peu de temps soumise non seulement aux Français, mais encore à leurs modes et à leurs manières de vivre; car les hommes et les femmes les imitaient sans aucun respect pour la décence et les usages de leur patrie. Mais ce qui irritait le plus, c'étaient les violences que le duc et les siens se permettaient sans aucune réserve à l'égard des femmes.

Les citoyens étaient donc indignés de voir la majesté de l'état anéantie, les institutions publiques renversées, les lois abolies, toute décence méprisée et la corruption substituée à la pureté des mœurs. Ceux qui étaient accoutumés à ne voir aucune pompe royale ne pouvaient rencontrer sans douleur leur nouveau maître escorté de satellites armés, à pied et à cheval; et parce qu'ils voyaient de plus près leur ignominie, ils étaient réduits à paraître honorer celui-là même qu'ils avaient le plus en horreur. Leurs maux étaient encore aggravés par la frayeur que leur causaient les morts fréquentes et les impositions sans cesse renouvelées par lesquelles il appauvrissait et épuisait leur ville. Ces sentiments d'effroi et de haine étaient connus et redoutés du duc : il voulait néanmoins paraître aimé de chacun. Mattéo di Morozzo, soit pour gagner ses bonnes grâces, soit pour échapper au danger,

lui ayant révélé une conspiration ourdie contre lui par la famille des Medici, unie à quelques autres conjurés : non seulement il ne chercha point à informer de ce fait, mais encore il fit périr misérablement ce dénonciateur. Par cette conduite, il découragea ceux qui auraient voulu lui donner des avertissements utiles à son salut, et donna une nouvelle ardeur à ceux qui méditaient sa perte. Bertone Cini, pour avoir osé blâmer les impôts dont il frappait les citoyens, fut condamné par lui à avoir la langue coupée, ce qui se fit avec tant de cruauté qu'il en mourut.

Ce supplice accrut encore la haine et le mépris des citoyens pour le duc, car cette ville habituée à faire tout et à parler de tout avec la plus ample latitude ne pouvait supporter plus longtemps qu'on lui liât les mains et qu'on lui fermât la bouche; cette haine et cette indignation s'accrurent à un tel point qu'elles eussent suffi pour enflammer du désir de recouvrer la liberté, je ne dis pas seulement les Florentins, également incapables de conserver la liberté et de supporter l'esclavage, mais encore le peuple le plus fait à être servile. Aussi beaucoup de citoyens de toutes les conditions résolurent ou de périr ou de recouvrer leur liberté. Trois diverses classes de citoyens formèrent des conjurations contre le duc, des grands, des bourgeois et des artisans. Outre les causes générales chacun était animé par des motifs particuliers : les premiers se plaignaient de n'avoir point recouvré leur état, les seconds de l'avoir perdu, et les derniers d'être privés des moyens ordinaires de gagner leur vie. Agnolo Acciajoli, archevêque de Florence, avait beaucoup exalté auparavant dans ses discours les actions du duc, et lui avait concilié la faveur populaire; mais lorsqu'il le vit maître de cette ville et qu'il connut ses manières tyranniques, il crut avoir trompé sa patrie et ne pouvoir réparer sa faute qu'en employant à guérir cette blessure la main qui l'avait creusée. Il se mit à la tête de la première et de la plus grande conjuration, dans laquelle étaient entrés les Bardi, les Rossi, les Frescobaldi, les Scali, les Altoviti, les Magalotti, les Strozzi et les Mancini. Les principaux agents de l'une des deux autres étaient Manno et Corso Donati, et avec eux les Pazzi, les Cavicciulli, les Cerchi et les Albizzi. On comptait au premier rang, dans la troisième, Antoine Adimari, Medici, Bordoni, Rucellai et Aldobrandini. Ceux-ci projetèrent de tuer le duc dans la maison des Albizzi, où il devait aller le jour de la St-Jean pour voir une course de chevaux ; mais comme il n'y alla point, ils ne purent mettre leur projet à exécution. Ils eurent envie de l'attaquer lorsqu'il se promenait dans la ville ; mais cela leur parut difficile, parce qu'il marchait toujours escorté et armé, et variait ses promenades ; de sorte qu'on ne pouvait l'attendre dans aucun endroit fixé. Ils parlèrent aussi de le faire périr dans le conseil, mais ils craignirent de rester à la discrétion de ses troupes lors même qu'il serait mort.

Pendant que les conjurés délibéraient sur les moyens d'exécuter leur dessein, Antoine Adimari le communiqua à quelques-uns de ses amis siennois pour en obtenir du secours ; il leur fit connaître une partie des conjurés et leur assura que toute la ville était disposée à briser ses chaînes. L'un d'eux fit part de tout ceci à François Brunelleschi, non pour révéler la conspiration, mais parce qu'il l'en croyait un des membres. François, par peur ou par haine contre les autres conjurés, découvrit le tout au duc, qui fit arrêter Pagolo de Mazacca et Simon de Monterappoli. Ceux-ci, en faisant connaître la qualité et le nombre des conjurés, effrayèrent le duc, auquel on conseilla de faire plutôt mander que saisir les conspirateurs, dans l'espérance qu'ils s'enfuiraient et que l'exil l'en délivrerait ainsi sans courir les dangers d'aucun mouvement. Le duc fit donc assigner Antoine Adimari à comparaître. Il comparut sur-le-champ plein de confiance dans ses complices, et en effet il fut soutenu. Alors François Brunelleschi et Uguccione Buondelmonti conseillèrent au duc de parcourir la ville les armes à la main et de mettre à mort ceux qui seraient pris. Mais il ne se crut point assez fort pour suivre ce conseil au milieu de tant d'ennemis. Il prit un autre parti, qui l'assurait de ses adversaires s'il eût réussi, et lui procurait de nouvelles forces. Il était dans l'usage de convoquer quelques citoyens pour les consulter lorsque le cas lui semblait l'exiger. Ayant donc pris la précaution d'envoyer chercher des troupes au dehors, il forma une liste de trois cents citoyens, qu'il fit convoquer par ses huissiers, sous prétexte de vouloir prendre leur avis, et dans le but réel de s'en délivrer par la mort ou l'emprisonnement lorsqu'ils seraient réunis. L'arrestation d'Antoine Adimari, l'appel de troupes du dehors dont le secret ne put être gardé, avaient tellement effrayé les citoyens, et surtout ceux qui se sentaient coupables, que les plus hardis refusèrent de se rendre à l'invitation du duc. Comme chacun avait eu sa liste, en se rencontrant l'un et l'autre ils s'excitaient mutuellement à s'armer et à mourir plutôt en hommes d'honneur, les armes à la main, que de se laisser conduire comme de faibles animaux à la boucherie. Dans l'espace de quelques heures, les complices des trois conjurations se découvrirent réciproquement leurs desseins et convinrent de faire naître du tumulte dans le Vieux-Marché le lendemain 26 juillet 1343, de s'armer ensuite et d'appeler le peuple à la liberté.

Au jour dit, à l'heure de none, d'après l'ordre convenu, on court aux armes ; aux cris de liberté tout le peuple s'arme lui-même, chacun se fortifie dans son quartier, par le secours du peuple, en déployant les étendards qui avaient été secrètement préparés par les conjurés. Tous les chefs des familles, soit de la noblesse, soit du peuple, se réunissent et jurent de se défendre et de faire périr le duc. Il ne manqua dans cette réunion que quelques-uns des Buondelmonti et des Cavalcanti ; ces quatre familles du peuple, qui avaient contribué à l'élévation du duc, se joignant aux bouchers et à la lie du peuple, coururent les armes à la main sur la place pour défendre le duc. Celui-ci, entendant du bruit, fit prendre les armes dans son palais, et les siens qui en occupaient diverses parties montèrent à cheval pour se rendre sur la place ; ils furent attaqués en route dans plusieurs endroits et mis à mort. Il ne parvint jusqu'à lui qu'environ trois cents cavaliers. Le duc était incertain s'il sortirait pour attaquer ou s'il se défendrait dans son palais. D'un autre côté les Medici, les Cavicciulli, les Rucellai et d'autres familles qui avaient été le plus maltraitées par lui, craignaient que s'il sortait plusieurs de ceux qui s'étaient armés contre lui ne vinssent à embrasser son parti. Désirant donc l'empêcher de sortir et d'accroître ses forces, ils se rangèrent en ordre de bataille et assaillirent la place. A leur arrivée, les familles du peuple qui s'étaient déclarées pour le duc, voyant qu'elles étaient vivement attaquées, changèrent avec la fortune et se réunirent à leurs autres concitoyens, à l'exception de Uguccione Buondelmonti, qui se rendit au palais, et de Gianozzo Cavalcanti qui, s'étant retiré avec une partie de ses amis au Marché-Neuf, monta sur un banc et harangua le peuple qui accourait en armes sur la place pour le faire prononcer en faveur du duc. Afin même de frapper les imaginations, il faisait un tableau exagéré de ses forces; il les menaçait tous de la mort s'ils s'obstinaient dans leur entreprise contre leur souverain. Comme il ne trouva pas un seul homme qui pensât ou à le suivre, ou à le punir de son insolence, pour ne pas se fatiguer plus longtemps sans aucun succès et ne pas tenter davantage la fortune, il se retira dans sa maison.

Pendant ce temps le combat était très vif entre le peuple et les troupes du duc. Elles furent vaincues malgré les secours qu'elles tiraient du palais; une partie d'entre elles se rendit; l'autre partie, abandonnant ses chevaux, se réfugia dans l'intérieur. Pendant que cette action avait lieu sur la place, Corso et Amerigo Donati, suivis d'une partie du peuple, forcèrent les prisons, brûlèrent les papiers du podestat et de la chancellerie, ravagèrent les maisons des recteurs, et tuèrent tous les ministres du duc qu'ils purent saisir. Celui-ci, voyant d'un autre côté la place au pouvoir de ses ennemis, toute la ville soulevée contre lui, et n'ayant aucune espérance de secours, essaya de regagner le peuple par quelque acte d'humanité. Il fit venir les prisonniers, leur rendit la liberté en leur parlant du ton le plus affectueux; il décora Antoine Adimari, malgré sa résistance, du titre de chevalier; il fit enlever ses armes du palais pour y mettre celles du peuple; mais tous ces actes exécutés trop tard, hors de saison, de mauvais gré et par la contrainte, lui furent de peu d'utilité. Il resta donc tristement assiégé dans son palais, craignant de tout perdre pour avoir voulu trop gagner, et d'être réduit sous peu de jours à mourir par la faim ou par le fer. Les citoyens s'assemblèrent à Sta-Reparata, pour donner une forme nouvelle à la république, et choisirent quatorze d'entre eux, pris moitié dans la noblesse, moitié dans le peuple, auxquels

ils adjoignirent l'évêque, et les revêtirent de l'autorité nécessaire pour réformer l'état. Ils conférèrent à six autres citoyens les pouvoirs du pût destat jusques à ce que celui qui était élu pose rendre à son poste.

Beaucoup d'étrangers étaient venus au secours du peuple de Florence, entre autres les Siennois, avec six ambassadeurs, hommes très distingués dans leur patrie. Ceux-ci voulurent ménager quelque accommodement entre le peuple et le duc. Le peuple s'y refusa entièrement à moins qu'on ne lui livrât d'abord Guillaume d'Ascesi et son fils, ainsi que Cerettieri Bisdomini. Le duc ne voulait pas y consentir; cependant il se laissa forcer par les menaces des troupes qui étaient renfermées avec lui dans le palais. Il paraît que les ressentiments sont plus vifs, et les blessures plus meurtrières quand on recouvre la liberté que lorsqu'on la défend. Guillaume et son fils, qui n'avait pas encore dix-huit ans, furent exposés au milieu des milliers de leurs ennemis. L'âge de ce jeune homme, sa beauté, son innocence ne purent le sauver des fureurs de la multitude. Ceux qui ne purent frapper ces malheureux vivants les frappèrent après qu'ils eurent expiré. Et pour que tous les sens eussent également leur part à cette atroce vengeance, après avoir entendu leurs plaintes, contemplé leurs blessures, touché leurs chairs déchirées, ils voulaient encore que leur palais en eût sa part; et après s'en être rassasiés par dehors, ils voulaient encore s'en assouvir en dedans. La violence et la fureur du peuple contre ceux-ci sauvèrent Cerettieri; la multitude, ayant épuisé sa rage contre eux, ne se souvint plus de lui. N'ayant pas été redemandé, il resta dans le palais, d'où il se sauva la nuit suivante, à l'aide de quelques-uns de ses parents et de ses amis. Lorsque cette multitude eut éteint sa soif cruelle dans le sang de ces infortunés, l'accord se conclut avec le duc. Les conditions furent qu'il se retirerait avec les siens, emporterait ce qui lui appartenait, renoncerait à toutes prétentions sur Florence, et ratifierait cette renonciation à Casentino, hors des terres de la république.

Après cet accommodement, le duc partit le 6 août de Florence, accompagné de plusieurs citoyens, et lorsqu'il fut arrivé à Casentino il ratifia sa renonciation. Ce fut contre son gré, et il n'eût point même observé la foi donnée, si le

4.

comte Simon ne l'eût menacé de le reconduire à Florence. Ce duc fut, comme le prouvèrent les actes de son gouvernement, avare et cruel, d'un abord difficile et plein de hauteur. Plus jaloux d'être craint que d'être aimé, il voulait une soumission d'esclaves, et non une bienveillance d'amis. Ses formes n'étaient pas moins désagréables que ses manières; car il était petit, avait le teint noir, la barbe longue et peu épaisse: de sorte qu'il inspirait de la répugnance sous tous les rapports. Ses excès et sa mauvaise conduite lui firent perdre en dix mois une souveraineté que les projets perfides de quelques hommes lui avaient fait obtenir.

Ces événements excitèrent les pays soumis aux Florentins à ressaisir leur liberté. Les villes d'Arezzo, de Castiglione, de Pistoia, de Volterra, de Colle, de St-Gimignano se révoltèrent; de sorte que Florence perdit au même instant son tyran et sa domination, et enseigna à ses sujets, en recouvrant sa liberté, les moyens de recouvrer aussi la leur. Après l'expulsion du duc et la perte de la domination de Florence sur une partie de la Toscane, les quatorze citoyens et l'évêque placés à la tête de son gouvernement pensèrent que le meilleur parti à prendre était d'apaiser les sujets en traitant avec eux, plutôt que de s'en faire des ennemis par la guerre, et en se montrant aussi satisfaits de cette liberté générale que de la leur propre. Ils envoyèrent donc à Arezzo des députés chargés de renoncer à la souveraineté qu'ils exerçaient sur cette ville, et de conclure avec elle un traité, afin qu'ils pussent y retrouver comme amis les avantages qu'ils n'y trouveraient plus à titre de souverains. Ils firent aussi les meilleurs accommodements possibles avec les autres pays, afin de les retenir dans leur alliance, et d'assurer de part et d'autre les moyens de conserver réciproquement leur liberté. Cette sage conduite eut l'issue la plus heureuse; car Arezzo, peu d'années après, rentra sous l'obéissance des Florentins, et en peu de mots les autres pays se soumirent de nouveau à eux. C'est ainsi que souvent, avec moins de péril et de dépense, l'on obtient plus vite ce que l'on désire en paraissant y renoncer qu'en le recherchant avec force et opiniâtreté.

Après avoir terminé les affaires du dehors on s'occupa de celles de l'intérieur, et l'on mit fin à quelques disputes entre les grands et le peuple, en arrêtant que le tiers des membres de la seigneurie serait pris parmi les premiers, et qu'ils partageraient à nombre égal les autres places du gouvernement. Florence était divisée en six quartiers, comme nous l'avons dit plus haut; de sorte que l'on choisissait toujours l'un des six seigneurs dans chacun, excepté lorsque quelque événement avait fait porter le nombre de ses magistrats à douze ou à treize, ce qui ne durait pas longtemps; on revenait promptement au premier nombre. On crut donc devoir faire une réforme en ce point, soit parce que les six quartiers étaient distribués, soit parce qu'en associant les grands au gouvernement il convenait d'accroître le nombre des seigneurs. Les quartiers furent réduits à quatre, et trois seigneurs furent choisis dans chacun. On ne parla point du gonfalonier de la justice et de ceux des compagnies du peuple, et à la place des douze bons hommes, on créa huit conseillers, quatre de chacun des deux ordres. Ce mode de gouvernement, cette distribution étant adoptée, la ville eût joui de la tranquillité, si les grands se fussent contentés de vivre avec la modestie qui convient dans une république. Mais ils se conduisirent bien différemment. Simples particuliers ils ne souffraient point d'égaux, et dans les emplois publics ils voulaient être les maîtres; on voyait chaque jour quelque exemple de leur insolence et de leur hauteur. Cela déplaisait au peuple qui se plaignait de ce que pour un tyran qu'il avait détruit il lui en était surgi mille. L'insolence d'un côté, les ressentiments de l'autre, s'accrurent à un tel point, que les principaux d'entre le peuple représentèrent à l'évêque la conduite indécente des nobles; la manière dont ils se séparaient de leurs autres concitoyens, et tâchèrent de lui persuader qu'il fallait que les grands se contentassent d'être associés aux autres magistratures, et laissassent celle de la seigneurie au peuple seul. Ce prélat était naturellement bon, mais facile à diriger, tantôt vers un parti, tantôt vers l'autre. C'est ainsi qu'à la prière de ses parents il avait d'abord été favorable au duc d'Athènes, et avait ensuite conjuré contre lui sur le conseil de quelques autres citoyens. Dans la réforme de l'état, il avait favorisé les grands, et maintenant les raisons qui lui étaient exposées par les citoyens de la classe du peuple le décidaient à favoriser le peuple. Espérant trouver dans les autres le défaut de consistance qui était en lui, il crut pouvoir amener la chose d'un accord commun : il convoqua donc les quatorze, qui n'avaient pas encore perdu toute autorité. Il les engagea de son mieux à céder au peuple la magistrature de la seigneurie, leur promettant à ce prix le repos de la ville, dont la perte sans cela était aussi inévitable que leur ruine personnelle. Ses propositions irritèrent les grands, et Rodolphe, de la famille des Bardi, lui répondit avec aigreur, l'appelant un homme de peu de foi, lui reprochant son affection pour le duc comme inconsidérée, et l'expulsion de ce même duc comme un acte de trahison ; il finit par protester qu'ils étaient décidés à braver autant de périls pour conserver les dignités acquises qu'ils en avaient couru pour les acquérir. Étant sorti avec les autres, fort mécontent de ce prélat, il instruisit ses amis et toutes les familles nobles de ce qui s'était passé. Ceux du peuple en firent autant aux leurs. Pendant que les grands préparaient des secours pour défendre les seigneurs pris dans leur ordre, le peuple, pour les gagner de vitesse, courut en armes au palais, criant qu'il voulait que les nobles renonçassent à la seigneurie. Le bruit et le désordre étaient considérables. Les seigneurs étaient abandonnés, parce que les grands, voyant le peuple les armes à la main, n'osèrent les prendre, et chacun d'eux resta dans sa maison. Ceux des seigneurs qui avaient été choisis dans le peuple essayèrent d'abord de l'apaiser, l'assurant que leurs collègues nobles étaient des hommes remplis de modération et de bonté. Ces efforts furent inutiles, et le seul parti qui leur resta fut de renvoyer ces seigneurs chez eux, où ils ne parvinrent sains et saufs qu'avec beaucoup de peine. Lorsque les grands furent sortis du palais, on enleva aussi leur dignité aux quatre conseillers choisis dans leur ordre, et on en créa jusques à douze pris parmi le peuple. Ils ajoutèrent aux huit seigneurs qui restaient un gonfalonier de justice, et seize gonfaloniers des compagnies du peuple, à la disposition duquel se trouva tout le gouvernement après la réforme des conseils.

Lorsque ces changements eurent lieu, il régnait une grande cherté dans Florence ; de manière que les riches et le petit peuple étaient également mécontents : celui-ci, parce qu'il souffrait de la famine, et les autres pour avoir perdu leurs dignités. Cette situation inspira à André Strozzi la résolution d'envahir la liberté de sa patrie. Il vendait son grain moins cher que les autres, ce qui attirait vers sa maison un grand concours de monde. Il osa un matin monter à cheval, et, suivi de quelques citoyens, appeler le peuple aux armes. En peu de temps il rassembla plus de quatre mille hommes avec lesquels il se rendit sur la place des Seigneurs, et demanda qu'on ouvrît le palais. Mais les seigneurs, employant les menaces et les armes, éloignèrent ces séditieux de la place ; ensuite ils les effrayèrent tellement par les proclamations qu'ils firent publier contre eux, qu'insensiblement chacun s'en retourna chez soi. André Strozzi, abandonné, put à peine se soustraire par la fuite aux poursuites des magistrats.

Quoique cette entreprise fût téméraire et qu'elle se fût terminée comme doivent finir de semblables séditions, elle inspira néanmoins aux grands l'espoir de se rendre maîtres des premières classes du peuple, par le moyen des dernières, dont ils avaient vu l'animosité contre elles dans cette circonstance. Pour ne point laisser échapper l'occasion, ils résolurent de s'armer de tous les secours qui pourraient les aider à reconquérir de vive force, mais avec justice, ce qu'on leur avait injustement ravi par le même moyen. Leur confiance dans la victoire s'augmentait au point qu'ils faisaient ouvertement des provisions d'armes, fortifiaient leurs maisons, et envoyaient demander du secours à leurs amis jusque dans la Lombardie. Le peuple, de son côté, faisait, de concert avec les seigneurs, des préparatifs hostiles, et réclamait l'assistance de ceux de Sienne et de Pérouse. Déjà l'un et l'autre parti avait reçu des secours, et toute la ville était en armes. Les grands, qui demeuraient en deçà de l'Arno, s'étaient fortifiés dans trois endroits, aux maisons des Cavicciulli près de St-Jean, à celles des Pazzi et des Donati près de St-Pierre-Majeur, et à celles des Cavalcanti au Marché-Neuf. Ceux qui habitaient au-delà de l'Arno s'étaient fortifiés sur les ponts et dans les rues où étaient situées leurs maisons. Les Nerli défendaient le pont de la Carraja ; les Frescobaldi et les Manelli celui de la Trinité ;

es Rossi et les Bardi le Vieux-Pont et celui de Rubaconte. Le peuple, de son côté, se rassembla sous l'étendard du gonfalonier de justice et sous les drapeaux des corporations.

Les choses étant ainsi disposées, le peuple ne crut pas devoir différer plus longtemps la lutte. Les Medici et les Rondinelli s'ébranlèrent les premiers, et attaquèrent les Cavicciulli du côté qui conduit dans leurs maisons par la place St-Jean. L'action fut vive en cet endroit, parce que du haut des tours on lançait des pierres sur les assaillants, et du bas on les perçait avec des flèches. On se battit là pendant trois heures, et le peuple y recevait toujours de nouveaux renforts. Les Cavicciulli se voyant à la fin accablés par le nombre et dépourvus de secours, la frayeur s'empara d'eux, et ils se remirent au pouvoir du peuple qui leur conserva leurs maisons et leurs autres propriétés, et se contenta de les désarmer et de leur ordonner ensuite de se disperser chez des bourgeois leurs parents ou leurs amis. Après ce premier échec des Cavicciulli, les Donati et les Pazzi, moins forts qu'eux, furent facilement vaincus. Il ne restait plus en deçà de l'Arno que les Cavalcanti, formidables par leur nombre et leur position. Cependant lorsqu'ils virent qu'ils étaient attaqués par toutes les compagnies et que trois d'entre elles avaient suffi pour vaincre les autres, ils se rendirent sans se défendre beaucoup. Ainsi le peuple était déjà maître des trois quarts de la ville; il n'en restait plus qu'une partie au pouvoir des grands, mais c'était la plus difficile à enlever, tant par la puissance de ceux qui la défendaient que par sa situation. Le fleuve de l'Arno lui servait de barrière; de sorte qu'il fallait se rendre maîtres des ponts qui étaient gardés comme nous l'avons dit plus haut. On attaqua le Vieux-Pont le premier. Il fut défendu vaillamment, parce que les tours étaient bien armées, les avenues barricadées et les barricades soutenues par des hommes intrépides. Le peuple fut repoussé après avoir beaucoup souffert. S'apercevant qu'il s'épuisait inutilement en cet endroit, il tenta de passer le pont Rubaconte. Il y trouva les mêmes obstacles. Alors il laissa pour la garde de ces deux ponts quatre compagnies, et alla avec les autres attaquer le pont de la Carraja. Quoique les Nerli s'y défendissent avec bravoure, ils ne purent

soutenir la fureur impétueuse du peuple, soit parce que ce pont était plus faible, n'étant défendu par aucune tour, soit parce qu'ils furent assaillis en même temps par les Capponi et les autres familles du peuple qui demeuraient de ce côté. Accablés de toute part, ils abandonnèrent donc les barricades et laissèrent un libre passage au peuple qui défit ensuite les Rossi et les Frescobaldi, parce qu'il fut secondé par ceux des siens qui habitaient au-delà de l'Arno, et qui vinrent se joindre aux vainqueurs. Il ne restait donc plus que les Bardi, que ni la défaite totale des autres, ni la réunion du peuple entier contre eux, ni le peu d'espoir d'être secourus, ne purent effrayer. Ils aimaient mieux périr les armes à la main, ou voir leurs maisons livrées au pillage et aux flammes, que de se remettre volontairement à la discrétion de leurs ennemis. Ils se défendirent avec tant d'intrépidité, que le peuple essaya plusieurs fois, mais inutilement, de les forcer sur le Vieux-Pont et sur celui de Rubaconte. Il fut toujours repoussé, après avoir eu beaucoup de morts et de blessés. On avait fait autrefois un chemin qui pouvait, en passant entre les maisons des Pitti, conduire de celui de Rome aux murailles placées sur la colline de Saint-Georges. Ce fut par là que le peuple envoya six compagnies, avec ordre d'attaquer les maisons des Bardi par derrière. Cet assaut fit perdre courage aux Bardi et donna enfin l'avantage au peuple, parce que ceux qui gardaient les barricades de la rue ne se furent pas plus tôt aperçus de l'attaque livrée à leurs maisons, qu'ils abandonnèrent la bataille pour voler à leur défense. Cela fut cause que la barricade du Vieux-Pont fut forcée; les Bardi, mis en fuite de toutes parts, tombèrent entre les mains des Quaratesi, des Panzanezi et des Mozzi. Le peuple, et surtout la plus ignoble populace, affamés de butin, livrèrent au pillage et saccagèrent toutes leurs maisons, détruisirent et brûlèrent leurs palais et leurs tours avec un tel excès de rage, que l'ennemi le plus cruel du nom florentin eût rougi de commettre de si horribles ravages.

Après avoir ainsi terrassé les nobles, le peuple réorganisa son gouvernement. Comme il se composait de classes : la classe la plus puissante du peuple, les classes moyennes et les classes inférieures, il fut statué que la première fournirait deux seigneurs, et chacune des deux autres trois, et que le gonfalonier serait élu tantôt dans l'une, tantôt dans l'autre de ces trois classes. Outre cela, on rétablit les ordres de justice pour contenir les grands, et afin de les affaiblir davantage, on relégua plusieurs d'entre eux parmi les dernières classes de la multitude. Ce désastre de la noblesse fut si grand et abaissa tellement son parti, qu'elle n'osa jamais reprendre les armes contre le peuple : elle finit par tomber dans un état complet d'abjection. Cela fut cause que Florence perdit non seulement toute sa valeur militaire, mais encore tout sentiment d'élévation et de grandeur. Après ce bouleversement, cette cité vécut en paix jusques en 1353, époque de cette peste mémorable, décrite par Jean Bocace avec tant d'éloquence, et qui enleva dans Florence plus de quatre-vingt-seize mille âmes. Dans cet intervalle, les Florentins soutinrent contre les Visconti leur première guerre, suscitée par l'ambition de l'archevêque de ce nom, alors duc de Milan. Lorsqu'elle fut terminée, des factions commencèrent à troubler l'état, et malgré la destruction de la noblesse, le hasard fournit bientôt de nouveaux moyens d'exciter des divisions, sources de nouveaux malheurs.

LIVRE TROISIÈME.

Tous les maux qui naissent dans les républiques doivent leur origine aux violentes inimitiés qui divisent naturellement la noblesse et le peuple, parce que l'une veut commander, et l'autre ne veut pas obéir. Cette diversité d'humeurs et d'intérêts alimente tous les troubles qui agitent ces états. Telle fut la cause des divisions qui régnèrent dans Rome : s'il est permis de comparer les petites choses aux grandes, il en fut de même à Florence; mais ces divisions produisirent dans l'un et dans l'autre état des effets différents. Les dissensions entre les nobles et le peuple se terminèrent à Rome par des disputes, à Florence par des combats. On y mettait fin dans Rome par une loi; dans Florence, par l'exil et par la mort de plusieurs citoyens. Celles de Rome augmentèrent les vertus militaires, celles de Florence les détruisirent entièrement. Par elles, du sein de l'égalité, les Romains arrivèrent à la plus grande disparité dans les conditions; chez les Florentins, d'une inégalité remarquable on passa à la plus complète égalité. Cette diversité de résultats doit venir des fins différentes que se sont proposées ces deux peuples. Le peuple de Rome voulait jouir des emplois les plus honorables aussi bien que les nobles; le peuple à Florence combattait pour gouverner seul, sans que les nobles pussent avoir aucune part à l'autorité publique. Comme les désirs du peuple romain étaient plus raisonnables, la noblesse supportait avec moins de peine les offenses qu'elle en recevait, et cédait plus facilement sans recourir aux armes. Après quelques contestations on s'accordait en créant ensemble une loi qui satisfaisait le peuple et conservait aux nobles leurs dignités. De l'autre côté, les désirs du peuple de Florence étant injurieux et injustes, la noblesse se préparait avec plus de vigueur à se défendre; on en venait à l'effusion du sang et au bannissement des citoyens. Les lois qui se faisaient ensuite n'étaient point dictées par l'amour du bien général, mais par l'intérêt particulier du vainqueur. Il résultait encore de là que les victoires du peuple sur la noblesse rendaient Rome plus vertueuse, parce que les plébéiens, en partageant avec les nobles l'administration civile, militaire et judiciaire, s'imprégnaient auprès d'eux des brillantes qualités qui les distinguaient, et Rome voyait croître sa puissance avec ses vertus. Mais à Florence, lorsque le peuple l'emportait, les nobles, exclus des magistratures, étaient obligés, pour y rentrer, non seulement d'être, mais de paraître conformes pour leur conduite, pour leur opinion et pour leur manière de vivre, à celle du peuple. De là ces changements d'armoiries et de titres auxquels les nobles avaient recours pour paraître appartenir à des familles plébéiennes. Alors ces vertus guerrières, cette générosité de sentiments, qui animaient le cœur de la noblesse, s'y éteignaient, et ne pouvaient se rallumer dans celui du peuple où elles n'existaient pas ; ce qui conduisit progressivement Florence au dernier degré d'abaissement et d'abjection. A Rome, le mérite des nobles étant changé en fierté, l'état en vint au point de ne pouvoir se conserver sans un prince ; à Florence les choses sont disposées de manière à recevoir telle forme de gouvernement qu'un sage législateur voudrait lui donner. On peut se convaincre de la vérité d'une partie de ces réflexions dans la lecture du livre précédent. Après y avoir exposé l'origine de Florence, le commencement de sa liberté, l'extinction du parti des nobles et de celui du peuple, amenée par la destruction de la tyrannie du duc d'Athènes et la ruine de la noblesse, nous allons maintenant rapporter les dissensions qui régnèrent entre les différentes classes du peuple, et les événements qu'elles firent naître.

Lorsque la puissance des nobles fut abattue, et la guerre avec l'archevêque de Milan terminée, il sembla qu'il ne restait plus à Florence aucune cause de troubles. Mais la mauvaise fortune de notre ville et ses institutions vicieuses firent naître entre les familles des Albizzi et des Ricci des animosités qui divisèrent Florence, comme l'avaient fait auparavant celles des Buondelmonti et des Uberti et ensuite celles des Donati et des Cerchi. Les empereurs d'Allemagne et les souverains pontifes qui résidaient alors en France, voulant conserver du crédit en Italie, y avaient envoyé à divers temps beaucoup de soldats de nations différentes. On y voyait alors des Anglais, des Allemands et des Bretons. Comme il n'y avait plus de guerre, ils n'étaient plus à la solde de personne, et suivant les drapeaux de la fortune, ils mettaient à contribution, tantôt un prince, tantôt un autre. En 1353, une de ces compagnies, sous les ordres du sire de Croye, vint en Toscane, et répandit l'effroi dans toutes les villes de cette province. A Florence, non seulement l'état fit une levée d'hommes, mais encore plusieurs particuliers, entre autres les Albizzi et les Ricci, s'armèrent pour leur propre défense. Des haines réciproques divisaient ces derniers, et chacun d'eux cherchait à opprimer son adversaire pour se rendre maître de la république. Ils n'en étaient cependant pas encore venus aux armes, mais ils se molestaient mutuellement dans l'exercice des fonctions de leur magistrature et dans les conseils. Pendant que toute la ville se trouvait armée, il s'éleva dans le Marché-Vieux une querelle qui attira sur-le-champ, comme il arrive en pareil cas, un attroupement nombreux. Le bruit s'en étant répandu, on vint dire aux Ricci que les Albizzi les attaquaient, et aux Albizzi que les Ricci marchaient contre eux. Toute la ville se souleva, et les magistrats eurent beaucoup de peine à contenir ces deux familles, pour empêcher que l'on n'en vînt réellement à ce combat dont le bruit s'était divulgué comme par hasard, et sans que ni l'un ni l'autre y eût donné lieu. Cet incident, quoique assez léger, ralluma leurs ressentiments, et des deux côtés on travailla avec plus d'ardeur à acquérir des partisans. Depuis que la ruine des grands avait établi une entière égalité parmi les citoyens, les magistrats jouissaient d'une plus grande considération : ils crurent donc pouvoir arrêter toute violence des particuliers par les voies ordinaires.

Nous avons dit plus haut qu'après la victoire de Charles Ier, les magistrats furent choisis dans le parti des guelfes, et qu'on leur donna une grande autorité sur les gibelins. Le temps, des évènements divers, et les nouvelles dissensions avaient tellement fait oublier ces règlements que plusieurs descendants des gibelins occupaient les premières magistratures. Comme plusieurs pensaient que les Albizzi nés à Arezzo, et établis à Florence depuis nombre d'années, descendaient des gibelins, Uguccione, chef de la famille des Ricci, fit renouveler la loi contre ce parti. Il espérait par là exclure les Albizzi des magistratures, parce que cette loi portait condamnation contre tout descendant des gibelins qui oserait en exercer une. Pierre, fils de Philippe, membre de la famille des Albizzi, ayant découvert ce projet, résolut de l'appuyer, pensant que s'y opposer ce serait se déclarer gibelin. Cette loi, renouvelée par l'ambition des Ricci, augmenta le crédit de Pierre Albizzi, loin de le détruire, et fut la source de beaucoup de calamités. On ne peut faire des lois plus préjudiciables à une république que celles qui ont un effet rétroactif. En favorisant celles dont il vient d'être parlé, Pierre s'éleva par le moyen même que ses ennemis avaient imaginé pour l'abattre. Devenu chef de ce nouveau parti, il vit croître chaque jour son autorité, parce qu'il était plus en faveur que tout autre auprès de la nouvelle faction des guelfes.

Comme il n'existait pas de magistrat chargé de rechercher les gibelins, la loi faite contre eux avait peu d'effet. Pierre Albizzi fit donner aux capitaines le pouvoir de faire cette recherche, avec ordre, lorsqu'ils auraient découvert quelques gibelins, de les *admonester* et de leur signifier qu'ils eussent à ne prendre aucunes magistratures. Ils devaient subir les peines portées par la loi, s'ils n'obéissaient point à cet *admonestement*, donné depuis dans Florence à tous ceux qui sont exclus des magistratures. Les capitaines investis de ce pouvoir finirent par en abuser avec audace. Ils admonestaient non seulement ceux qui étaient dans cette position, mais encore qui bon leur semblait, d'après l'impulsion de leur avarice ou de leur ambition. Depuis l'année 1357, où l'on commença à suivre cette loi, jusqu'en 1366, plus de deux cents citoyens se trouvèrent admonestés. Les capitaines de quartier et tous les guelfes devinrent de vraies puissances, parce que chacun, de peur d'être mis au nombre des admonestés, leur faisait la cour, surtout aux chefs de cette faction, Pierre Albizzi, Lapo de Castiglionchio et Charles Strozzi. Ces procédés tyranniques déplurent à une infinité de monde; les Ricci en étaient plus mécontents que personne. Ils sentaient qu'ils étaient les premiers auteurs de ce désordre dont ils voyaient résulter, et la ruine de la république, et, par un effet tout opposé à leurs desseins, l'agrandissement des Albizzi, leurs adversaires. Uguccione, de la famille des Ricci, se trouvant membre de la seigneurie, voulut remédier à ce mal que lui et les siens avaient fait naître. En conséquence, il fit statuer par une loi nouvelle, qu'aux six capitaines de quartier qui existaient déjà, l'on en adjoindrait trois autres, dont deux seraient pris parmi les petits artisans, et que vingt-quatre

citoyens guelfes seraient chargés de constater si ceux qui seraient admonestés comme *gibelins* méritaient cette qualification. Cette précaution mit pour le moment un frein assez puissant à l'autorité des capitaines. L'usage d'admonester tomba presque entièrement, et si on l'employa encore, ce ne fut plus que contre un infiniment petit nombre. Cependant les factions des Albizzi et des Ricci se surveillaient toujours, et entravaient réciproquement, par haine l'un de l'autre, leurs ligues, leurs entreprises et leurs projets. On vécut au milieu de ces dissensions depuis 1366 jusqu'en 1371, temps auquel les guelfes reprirent le dessus.

Benchi, né de la famille noble des Buondelmonti, avait obtenu d'être admis dans la classe du peuple en reconnaissance de ses services dans la guerre contre la ville de Pise. Cette admission le rendait habile à devenir membre de la seigneurie. Lorsqu'il s'attendait à être revêtu de cette dignité, on en exclut par une loi tout noble incorporé dans le peuple. Benchi en fut indigné, et, s'étant ligué avec Pierre Albizzi, ils résolurent d'abaisser la classe moyenne par les admonestements, et de se rendre seuls maîtres de l'état. Le crédit de Benchi auprès de l'ancienne noblesse, celui de Pierre dans la majeure partie de la haute bourgeoisie, redonnèrent des forces à la faction des guelfes : ils dirigèrent les nouvelles réformes qu'ils firent de manière à pouvoir disposer à leur gré des capitaines et des vingt-quatre citoyens chargés de prononcer sur les admonestés. Alors on admonesta avec plus d'audace qu'auparavant, et les Albizzi, chefs de cette faction, s'élevèrent de plus en plus. De leur côté, les Ricci, secondés de leurs amis, contrariaient leurs projets autant qu'ils le pouvaient. On vivait au milieu des alarmes : chacun craignait pour soi tous les genres de calamités. Affligés de cette situation pénible, plusieurs citoyens attachés à leur patrie se réunirent à Saint-Pierre Scheraggio. Après s'être entretenus assez longtemps de ces désordres, ils allèrent trouver les seigneurs. Celui d'entre eux qui jouissait d'une plus grande considération leur parla ainsi :

« Magnifiques seigneurs, plusieurs d'entre » nous craignaient de s'assembler de leur » autorité privée, pensant qu'on pourrait les » accuser ou de présomption ou de vues

» ambitieuses, quoiqu'ils ne fussent guidés
» que par l'amour du bien public ; mais après
» avoir observé que chaque jour, et sans au-
» cune considération, beaucoup de citoyens se
» réunissent dans des maisons et d'autres en-
» droits particuliers, non pour l'intérêt géné-
» ral, mais pour servir leur ambition person-
» nelle, nous avons pensé que les amis du
» bonheur de l'état pouvaient s'assembler sans
» crainte, puisque ceux qui le font pour tra-
» vailler à sa perte n'ont rien à craindre à cet
» égard. Nous ne nous occupons pas du juge-
» ment des autres sur notre démarche, puis-
» qu'ils se mettent peu en peine du nôtre à leur
» égard. Le même attachement pour notre pa-
» trie qui nous a réunis nous amène en votre
» présence, magnifiques seigneurs, pour vous
» entretenir des désordres déjà bien effrayants,
» et néanmoins toujours croissants, qui affli-
» gent la république, et pour vous offrir de
» vous aider à les détruire. Quoique l'entreprise
» soit difficile, vous pouvez y réussir en laissant
» de côté tout ménagement particulier, et en
» appuyant de toutes les forces publiques l'au-
» torité dont vous êtes revêtus. La corruption
» générale qui infeste les autres villes de l'Italie
» s'est aussi répandue, et se répand tous les
» jours de plus en plus dans la nôtre. Depuis
» que cette province, magnifiques seigneurs,
» a cessé d'être soumise à l'autorité impériale,
» ses villes, n'ayant plus de frein qui les contînt,
» se sont gouvernées, non d'après les principes
» de la liberté, mais au gré de l'esprit de fac-
» tion qui les divisait : de là sont nés les mal-
» heurs et les désordres dont elles offrent le
» triste spectacle. Nul accord, nulle amitié
» entre les citoyens, si ce n'est entre les com-
» plices de quelque crime atroce commis, ou
» contre la patrie, ou contre des particuliers.
» Comme les sentiments de la religion et la
» crainte de Dieu sont éteints dans tous les cœurs,
» les serments et la foi donnée ne conservent
» plus de force qu'autant qu'ils sont utiles ;
» les hommes y ont recours, non pour les ob-
» server, mais pour tromper plus aisément.
» Plus la fourberie obtient un succès facile et
» sûr, plus elle recueille d'éloges et de gloire :
» de là vient que le talent de nuire est décoré
» du beau nom d'adresse, et que les gens de
» bien sont blâmés comme des hommes stupides.

» Ne voit-on point en effet, dans les villes
» d'Italie, tous ceux qui peuvent corrompre
» ou être corrompus se donner les mains ? La
» jeunesse est livrée à l'oisiveté, et la vieillesse
» à la débauche : chaque sexe et chaque âge
» vivent au milieu des désordres les plus ef-
» frénés. La violence des habitudes vicieuses
» rend inutile l'effort des bonnes lois. De cette
» source empoisonnée sortent cette avarice si
» commune aujourd'hui, cette soif immodérée,
» non de la véritable gloire, mais d'une mé-
» prisable célébrité dont la poursuite enfante
» les haines, les dissensions, les ressentiments,
» les factions qui causent la mort, le bannisse-
» ment, la désolation des gens de bien et l'élé-
» vation des méchants. Se rassurant sur le sen-
» timent intérieur de leur innocence, les hommes
» vertueux ne cherchent point au dehors,
» comme les pervers, des louangeurs et des
» soutiens, de manière qu'ils périssent sans
» que personne se charge de les louer et de les
» défendre : de cet exemple, naissent l'amour
» et la puissance des factions, parce que les
» méchants s'y attachent par avarice ou par
» ambition, et les gens de bien par nécessité.
» Ce qui est le plus pernicieux, c'est de voir
» les moteurs et les chefs de ces factions couvrir
» leurs intentions et leurs projets sous les noms
» les plus touchants et les plus respectés. Enne-
» mis de la liberté, ils ont toujours l'air de
» vouloir la défendre, soit par le gouvernement
» des grands, soit par celui du peuple, et ne
» cessent réellement d'en être les oppresseurs.
» Le prix qu'ils se promettent de la victoire
» n'est point la gloire d'avoir délivré leur patrie,
» mais la satisfaction d'avoir triomphé de leurs
» adversaires et envahi l'autorité. Quand ils
» l'ont une fois usurpée, injustices, cruautés,
» preuves d'avarice, rien ne les arrête, ils
» osent tout. Alors les institutions et les lois sont
» dictées, non par l'utilité publique, mais par
» l'intérêt particulier ; ce n'est point là la gloire
» de tous, mais le bon plaisir de quelques-uns
» qui décide de la guerre, de la paix et des
» alliances. Si les autres villes sont remplies de
» ces désordres, la nôtre en est encore plus
» souillée qu'aucunes d'elles ; car les lois, les
» délibérations, les réglements civils s'y sont
» toujours formés, et s'y forment encore, non
» d'après les principes de la liberté, mais au

» gré de l'ambition du parti vainqueur. De là
» naît que, lorsqu'un parti est expulsé et une
» division éteinte, il s'en élève d'autres; car
» la dissension est inévitable dans le propre
» sein de la faction victorieuse, lorsqu'un état
» cherche plutôt à se maintenir par les factions
» que par les lois. Les moyens particuliers
» établis pour sa conservation ne suffisent plus
» alors pour sa défense. Nos divisions anciennes
» et modernes ne démontrent que trop la vé-
» rité de ces assertions. Après la destruction
» des gibelins, chacun était persuadé que les
» guelfes devaient vivre longtemps heureux et
» honorés; néanmoins les factions des blancs
» et des noirs mirent bientôt la discorde parmi
» eux. Lorsque celle des blancs fut abattue,
» d'autres lui succédèrent. Tantôt le zèle en
» faveur des exilés, tantôt les animosités entre
» le peuple et les nobles, nous mirent les armes
» à la main. Pour donner à d'autres ce qu'il
» n'était point ou dans notre volonté ou en notre
» pouvoir de posséder en paix, nous soumîmes
» successivement notre liberté au roi Robert, à
» son frère, à son fils, et enfin au duc d'Athènes.
» Cependant nous n'avons jamais dû rester
» longtemps dans la même position, car nous
» ne pouvions nous accorder à vivre libres,
» nous ne pouvions nous résoudre à vivre es-
» claves. Et nous n'avons pas hésité, tant est
» grande notre disposition au désordre, après
» avoir accepté d'obéir à un roi, à préférer à
» cette haute majesté la domination d'un vil
» personnage né à Agobbio. Pour l'honneur de
» cette ville, ne parlons plus du duc d'Athènes,
» dont les cruautés et la tyrannie devaient nous
» donner des leçons de sagesse et nous appren-
» dre à vivre. Cependant, à peine nos armes
» nous en eurent-elles délivrés, que nous les
» tournâmes contre nous-mêmes avec plus de
» fureur et d'acharnement que jamais: notre
» antique noblesse fut vaincue, et elle se mit à la
» disposition du peuple. Plusieurs crurent alors
» qu'on ne verrait plus à Florence de troubles
» ni de factions, puisque l'on avait enchaîné
» ceux dont l'orgueil et l'insupportable ambi-
» tion paraissaient en être la cause; mais l'ex-
» périence nous apprend aujourd'hui combien
» l'opinion des hommes est trompeuse, et leur
» jugement sujet à l'erreur. La vanité et l'am-
» bition des nobles ne furent pas anéanties;

» elles passèrent dans l'âme de nos concitoyens
» nés parmi le peuple, qui en ont hérité; ce
» sont eux que nous voyons en ce moment, se-
» lon l'usage de tous les ambitieux, chercher
» à s'élever au premier rang de la république.
» Ne pouvant y parvenir que par la discorde,
» ils en ont rallumé le flambeau; ils ont ressus-
» cité les noms de guelfe et de gibelin qui
» étaient éteints, et dont il serait à souhaiter
» que notre patrie n'eût jamais entendu parler.
» Le ciel permet qu'il se trouve dans tous les
» états des familles fatales qui naissent pour
» leur ruine, afin qu'il n'y ait rien de fixe et
» de perpétuel dans ce monde. Notre répu-
» blique en a possédé de ce genre plus qu'au-
» cune autre. Elle a été troublée et désolée,
» non par une seule, mais par plusieurs: elle
» le fut d'abord par les Buondelmonti et les
» Uberti, puis par les Donati et les Cerchi; et
» maintenant, ô comble de ridicule et de honte!
» ce sont les Ricci et les Albizzi qui l'agitent et
» la divisent. En vous mettant ainsi sous les
» yeux le tableau de la corruption de nos mœurs
» et de nos continuelles dissensions, notre but
» n'a pas été de vous effrayer, mais de vous en
» rappeler les causes, de vous montrer que
» nous ne les avons point oubliées non plus que
» vous, et de vous dire que leurs exemples ne
» doivent point vous désespérer de pouvoir les
» arrêter. Ces anciennes familles étaient si
» puissantes, et jouissaient d'un crédit si grand
» auprès des princes, que les règlements et les
» institutions civiles ne suffisaient pas pour
» mettre un frein à leur ambition. Mais aujour-
» d'hui que l'empire n'a plus de force parmi
» nous, que le pape n'est plus à redouter, que
» l'Italie tout entière, et notre république en
» particulier, sont parvenues à un tel point d'in-
» dépendance qu'elles peuvent se gouverner
» elles-mêmes, il ne reste aucune grande diffi-
» culté à vaincre. Notre cité sur tout peut, mal-
» gré les exemples contraires du passé, main-
» tenir l'union dans son sein, réformer ses
» mœurs et ses institutions, si vous voulez,
» magnifiques seigneurs, y concourir efficace-
» ment. Nous vous en conjurons, non par au-
» cune affection particulière, mais uniquement
» par amour pour notre patrie. Quoique la cor-
» ruption ait pénétré bien profondément dans
» son sein, hâtez-vous d'extirper cette plaie

» qui la ronge, cette rage qui la consume, ce
» poison qui la tue. Il faut attribuer les dés-
» ordres anciens, non à la nature de l'homme,
» mais à celle des circonstances. Comme elles
» sont changées, vous pouvez espérer pour
» votre ville un sort plus heureux, en y orga-
» nisant un meilleur gouvernement. La pru-
» dence peut triompher des malignes influences
» de la fortune, en mettant un frein à l'ambi-
» tion, et en substituant aux institutions qui
» alimentent les factions celles qui conviennent
» aux mœurs et à la manière de vivre d'un état
» véritablement libre. Estimez-vous heureux
» de pouvoir encore le faire maintenant avec le
» secours bienfaisant des lois, et ne différez
» point, de peur que l'on ne soit enfin forcé à
» employer la voie des armes pour y réussir. »

Cette peinture des évènements qu'ils connais-
aient déjà par eux-mêmes, l'autorité et les
instances de ceux qui la leur présentaient,
firent impression sur les seigneurs : ils confièrent à cinquante-six citoyens le pouvoir de
travailler au salut de l'état. Il est très vrai
qu'un grand nombre d'hommes est plus propre
à conserver qu'à établir un bon gouvernement.
Ce conseil pensa plutôt à éteindre les factions
présentes qu'à ne donner aucun aliment à
celles qui pourraient naître dans l'avenir, de
manière qu'il n'atteignit ni l'un ni l'autre but.
Il ne détruisit pas les causes des factions nouvelles; et en permettant à celles qui étaient en
activité de s'élever l'une au-dessus de l'autre,
il exposa la république à un danger plus imminent. Il exclut pour trois années de toutes les
charges, excepté de celles qui avaient été créées
pour le parti des guelfes, trois membres de la
famille des Albizzi, et trois de celle des Ricci,
du nombre desquels furent Pierre Albizzi et
Uguccione Ricci. Défense fut faite à tous les
citoyens d'entrer dans le palais, excepté pendant les séances des magistrats. Il fut établi
que tout citoyen maltraité dans sa personne,
ou troublé dans sa propriété, pourrait présenter
son accusation aux conseils, faire informer
par les grands contre l'accusé, et lorsqu'il serait convaincu, le soumettre à leur jugement.
Ce réglement abaissa la faction des Ricci, et
éleva celle des Albizzi. Quoiqu'on les eût également en vue toutes les deux, cependant les
Ricci en souffrirent davantage. On fermait à

la vérité le palais des seigneurs à Pierre Albizzi;
mais celui des guelfes, où il jouissait d'un grand
crédit, lui restait ouvert. L'affront qu'on lui
faisait accrut au dernier point son ardeur
pour admonester, ainsi que celle de ses partisans. De nouvelles causes vinrent encore aigrir
son esprit ulcéré.

Grégoire XI occupait alors le saint-siége.
Ce pontife, résidant à Avignon, gouvernait
l'Italie, comme ses prédécesseurs, par des légats dont l'avarice et l'orgueil avaient désolé
beaucoup de villes. L'un d'eux, qui se trouvait
en ce temps à Bologne, voulut profiter de la
disette qui se faisait sentir cette année à Florence pour s'emparer de la Toscane. Non seulement il ne fournit point de vivres aux
Florentins, mais, pour leur enlever l'espérance
des récoltes futures, il les attaqua à l'ouverture du printemps avec une armée nombreuse,
pensant les trouver désarmés, accablés par la
faim, et faciles à vaincre. Son projet eût peut-
être réussi si les troupes qu'il employa contre
eux n'eussent pas été infidèles et vénales. Les
Florentins, n'ayant pas d'autre ressource,
donnèrent à ses soldats cent trente mille florins, et leur firent abandonner l'entreprise.
On peut bien commencer une guerre à la volonté d'autrui, mais il n'est pas aussi facile de
le terminer de même. Cette guerre, commencée
par l'ambition du légat, fut poursuivie par le
ressentiment des Florentins; ils en confièrent
la conduite à huit citoyens, avec un plein pouvoir d'agir sans appel et de dépenser sans rendre compte; ils se liguèrent avec Bernabo
Vidionti et toutes les villes ennemies du saint-
siége; et quoique Uguccione fût mort, cette
guerre contre le pape ranima les partisans de
la faction des Ricci, qui avaient toujours soutenu le parti de Bernabo contre les Albizzi, et
attaqué celui de l'Église. Cette faction trouva
encore de l'appui dans le conseil des huit, dont
les membres étaient tous ennemis des guelfes.
Ce qui engagea Pierre Albizzi, Lapo de Castiglionchio, Charles Strozzi et les autres à s'unir
plus étroitement pour nuire à leurs adversaires. Pendant que les huit remplissaient leurs
fonctions, ceux-ci admonestaient. Cette guerre
ne finit qu'à la mort du pontife; elle dura trois
ans, et fut conduite avec tant de talent, et
administrée d'une manière si satisfaisante, que

chaque année on continua les huit dans leurs fonctions : on leur donnait le nom de saints, quoiqu'ils se fussent mis peu en peine des censures, qu'ils eussent dépouillé les églises de leurs biens et contraint le clergé à célébrer les saints offices : tant ces citoyens s'occupaient plus alors du salut de leur patrie que du salut de leur âme. Ils montrèrent au saint-siége qu'autant ils lui avaient été utiles en le défendant comme amis, autant ils pouvaient lui nuire en devenant ses ennemis ; car ils firent révolter toute la Romagne, la Marche et Pérouse.

Néanmoins, tandis qu'ils faisaient au pape une guerre si vive, ils ne pouvaient se défendre contre les capitaines de quartier et leur parti. La haine des guelfes contre le conseil des huit les rendait plus audacieux. Non seulement ils insultèrent d'autres citoyens distingués, mais encore quelques-uns des huit eux-mêmes. L'insolence de ces capitaines de quartier parvint à un tel degré, qu'ils furent plus redoutés que les seigneurs ; on les abordait avec plus de respect que ces derniers, et leur palais était plus révéré que celui de la seigneurie : de telle sorte qu'aucun ambassadeur ne se présentait à Florence sans avoir ordre de se présenter aux capitaines. La mort du pape Grégoire étant donc survenue, et Florence n'ayant plus de guerre au-dehors, elle fut livrée à une grande confusion au-dedans. D'un côté, l'audace des guelfes était insoutenable ; de l'autre, on ne voyait pas de moyen de la réprimer. On jugeait bien que l'on serait réduit à en venir aux mains, afin de savoir laquelle des deux autorités devait l'emporter. Le parti des guelfes avait pour lui l'ancienne noblesse, la majeure partie des plus puissants d'entre le peuple dont, comme nous l'avons dit, Lapo Pierre et Charles étaient les chefs. On comptait dans l'autre parti toute la classe moyenne du peuple à la tête de laquelle étaient les membres du conseil des huit, de la justice, ainsi que Georges Scali, Tommaso Strozzi, les Ricci, les Alberti et les Medici. Le reste de la multitude s'attachait au parti mécontent, comme cela lui est assez ordinaire.

Les chefs des guelfes trouvaient les forces de leurs ennemis formidables, et pensaient qu'ils couraient un grand danger toutes les fois qu'une seigneurie opposée à leur parti voudrait les humilier. Désirant prévenir ce danger, ils se réunirent et examinèrent ensemble la situation de Florence et la leur propre. Il leur parut que les admonestés, dont le nombre s'était tant accru, étaient pour eux un fardeau considérable, et que toute la ville finirait par devenir leur ennemie. Le seul remède qui se présenta à leur esprit fut de bannir ces admonestés de la ville après les avoir exclus des fonctions publiques ; de s'emparer du palais des seigneurs, et de rendre leur parti le maître du gouvernement, à l'exemple des anciens guelfes, qui ne vécurent en sûreté dans Florence qu'après en avoir chassé leurs adversaires. Chacun approuva cet avis ; mais les opinions furent partagées sur le moment de l'exécution. On était alors dans le mois d'avril de l'année 1378. Lapo pensait qu'on ne devait point différer, assurant que rien n'était plus contraire au temps que le temps lui-même, surtout dans leur position, parce que Salvestre Medici, leur ennemi déclaré, pouvait devenir gonfalonier sous la prochaine seigneurie. Pierre Albizzi était d'un sentiment opposé : il pensait qu'il n'était pas possible de rassembler sur-le-champ les forces dont on avait besoin, sans être découverts, ce qui exposait à un péril évident. L'on devait, selon lui, différer jusqu'à la St-Jean prochaine dont la fête, célébrée dans Florence avec la plus grande solennité, y attirait une nombreuse affluence, au milieu de laquelle ils pourraient cacher autant de monde qu'ils le voudraient. Pour obvier à ce que l'on craignait au sujet de Salvestre Medici, il fallait l'admonester ; si l'on ne croyait pas devoir prendre ce parti à l'égard de Salvestre, il faillait le prendre envers un membre du collége de son quartier : alors on tirerait au sort, les bourses étant vides, et le sort pouvait tomber sur lui ou sur quelqu'un de ses collègues, ce qui l'empêcherait de devenir gonfalonier. On s'en tint à cet avis, quoique Lapo n'y acquiesçât qu'avec peine. Il pensait que les délais étaient toujours nuisibles ; que l'on n'a jamais tout à souhait quand on forme une entreprise, de manière que celui qui veut attendre une réunion complète de circonstances favorables pour exécuter un projet, ou ne le tente jamais, ou y échoue presque toujours. L'admonestement projeté eut donc lieu, mais ils n'atteignirent point par là le but qu'ils s'étaient proposé, parce que les huit découvrirent leur dessein, et manœuvrèrent de manière que l'on ne tirât point au sort.

Salvestre, fils d'Alaman Medici, fut donc élevé à la place de gonfalonier. Ne pouvant souffrir l'oppression dans laquelle quelques grands tenaient le peuple, dans le sein duquel il était né, d'une famille très-distinguée, il réfléchit aux moyens de mettre fin à ces excès. Comme il se vit appuyé de la faveur du peuple et du crédit de plusieurs de ceux qui y tenaient avec lui le premier rang, il communiqua ses idées à Benoît Alberti, à Tommaso Strozzi et à Georges Scali, qui lui promirent toute leur assistance. Ils arrêtèrent donc secrètement de faire une loi qui renouvelait les règlements de justice contre les grands, diminuait l'autorité des capitaines de quartier et rouvrait aux admonestés la route des emplois publics. Cette loi devait être délibérée d'abord dans les collèges, et ensuite dans les conseils. Désirant qu'elle passât presque aussitôt qu'elle serait proposée, Salvestre, en sa qualité de gonfalonier, place qui rend en quelque sorte maître de la cité celui qui la possède, fit dans la même matinée assembler le collège et le conseil. Il commença par présenter cette loi au collège, qui n'était point dans ses intérêts; elle y fut regardée comme une innovation; et si mal accueillie par quelques-uns, qu'on ne l'accepta point. Voyant qu'on lui fermait les premières voies pour arriver à son but, il feignit un besoin qui l'obligeait de sortir, et sans que personne s'en aperçût, il se rendit au conseil. Là, il monta sur un endroit élevé d'où chacun pouvait le voir et l'entendre, puis il dit :
» Qu'il croyait avoir été fait gonfalonier, non
»' pour s'occuper des causes particulières qui
» ont leurs juges réglés, mais pour veiller au
» salut de l'état, réprimer l'insolence des
» grands, et tempérer la rigueur des lois qui
» conduisaient la république à sa perte; qu'il
» avait mûrement réfléchi sur l'un et l'autre
» point; qu'il avait pris à cet effet toutes les
» précautions possibles, mais que la malignité
» des hommes s'opposait tellement à ses justes
» entreprises, qu'on lui enlevait la possibilité
» de faire le bien, et à eux celle non-seulement
» d'en discuter les moyens, mais même de les

» entendre. Il ajouta que, ne se croyant plus
» utile ni à l'état, ni au bonheur public, il ne
» savait pas pourquoi il conserverait encore un
» emploi dont il était indigne ou dans la réalité,
» ou au jugement des autres; qu'il voulait donc
» se retirer chez lui, afin que le peuple le rem-
« plaçât par quelqu'un qui eût ou plus de mé-
» rite, ou un meilleur sort. » Après ces mots,
il sortit du conseil pour se rendre à sa maison.

Les membres du conseil qui étaient prévenus, et ceux qui désiraient des innovations, excitèrent du bruit, ce qui fit accourir les seigneurs et les colléges. Ceux-ci, voyant leur gonfalonier s'en aller, employèrent pour le retenir les prières et l'autorité, et le firent retourner dans le conseil où tout était rempli de confusion. Plusieurs citoyens distingués y furent menacés en termes très injurieux. Charles Strozzi entre autres fut saisi au corps par un artisan qui voulait le tuer, et les assistants eurent beaucoup de peine à le sauver. Mais Benoît Alberti fut celui qui causa le plus de trouble, et arma toute la ville. Placé aux fenêtres du palais, il appela à grands cris le peuple aux armes, et en un instant la place fut couverte de gens armés. Alors ce que les colléges avaient d'abord refusé aux sollicitations fut accordé par eux aux menaces et à la peur. Cependant les capitaines de quartier avaient réuni un grand nombre de citoyens dans leur palais pour délibérer sur les moyens de se défendre contre l'ordre des seigneurs. Mais lorsque l'on vit le tumulte élevé, et que l'on sut le parti que les conseils avaient pris, chacun se réfugia dans sa maison.

Qu'on se garde d'exciter une sédition dans une ville en se flattant de pouvoir l'arrêter ou la diriger à sa volonté. Salvestre voulait faire passer cette loi, et rétablir ensuite le calme dans Florence. Son espoir fut trompé : les passions mises en mouvement avaient répandu dans tous les cœurs une agitation inquiète; les boutiques ne s'ouvraient point, les citoyens se fortifiaient dans leurs maisons; plusieurs cachaient leurs effets dans les monastères et dans les églises, et chacun semblait s'attendre à quelque catastrophe prochaine. Les corps de métiers s'assemblent, et chacun d'eux nomme un syndic. Alors les prieurs appellent leurs colléges ainsi que ces syndics. On délibère pendant un jour entier sur les moyens de ter-

miner les troubles à la satisfaction de tout le
monde. Les avis sont partagés, et on ne conclut rien. Le lendemain les corps de métiers
déploient leurs drapeaux. Les seigneurs, informés de cette démarche, et en craignant les
suites, assemblent le conseil pour y apporter
remède. A peine était-il réuni qu'un grand
bruit se fait entendre, et à l'instant on voit paraître dans la place les étendards des corps de
métiers, environnés d'un grand nombre de
gens armés. Le conseil, voulant donner aux artisans et à tout le peuple l'espérance de les
contenter, et leur ôter l'occasion de se livrer à
des excès, investit du pouvoir général, nommé
à Florence *balia* [1], les seigneurs, les colléges, le conseil des huit, les capitaines de quartier, les syndics des corps de métiers, afin qu'ils
pussent travailler à la réforme du gouvernement et au bonheur de l'état. Pendant que cela
se passait, quelques compagnies des dernières
classes des artisans, excitées par ceux qui désiraient se venger des injures qu'ils avaient récemment reçues des guelfes, se séparèrent
des autres, et allèrent livrer au pillage et aux
flammes la maison de Lapo de Castiglionchio.
Celui-ci apprenant que la seigneurie avait an-
nulé les règlements favorables aux guelfes, et
voyant le peuple sous les armes, ne put que se
cacher ou fuir. Il se retira d'abord dans l'é-
glise de Ste-Croix; ensuite, déguisé en religieux, il se réfugia à Casentino. Là, on l'entendit plusieurs fois se plaindre, et de lui-même
pour avoir prêté l'oreille aux conseils de Pierre
Albizzi, et de ce même Albizzi pour avoir
voulu différer jusqu'à la St-Jean l'exécution
de leurs complots contre l'état. Ce dernier et
Charles de Strozzi se cachèrent dès le commencement de l'émeute, pensant que lorsqu'elle
serait calmée, ils pourraient rester en sûreté

dans Florence, où ils avaient beaucoup de parents et d'amis. Si les désordres commencent
difficilement, ils croissent du moins avec grande
facilité : aussi après l'incendie de la maison de
Lapo, la haine générale ou des inimitiés particulières en firent dévaster et brûler plusieurs
autres. Les auteurs de ces crimes, afin d'avoir
des complices plus avides qu'eux de pillages et
de vols, forcèrent les prisons publiques, et pil-
lèrent ensuite les monastères d'Agoli et du
St-Esprit, où plusieurs citoyens avaient caché leur mobilier. La chambre du trésor n'eût
point échappé à ces dévastateurs, si elle n'eût
été défendue par le respect que leur inspira
l'un des seigneurs qui les suivait à cheval, escorté de beaucoup de gens armés, et qui mo-
dérait autant qu'il était possible les excès de
cette horde effrénée.

La nuit qui survint et l'autorité des seigneurs
ayant en partie apaisé cette fureur populaire,
la *balia* fit grâce le lendemain aux admonestés,
à la charge qu'ils ne pourraient pendant trois
ans exercer aucune magistrature. Elle annula
les lois faites par les guelfes au détriment des
citoyens, déclara rebelles Lapo de Castiglionchio et ses complices, et plusieurs individus
plus particulièrement chargés de la haine publique. Après ces opérations, on proclama les
nouveaux seigneurs, du nombre desquels était
Louis Guichardini, gonfalonier. Leur installation fit espérer la cessation des troubles,
parce qu'ils passaient généralement pour des
hommes amis de la paix et de la tranquillité
publique. Cependant on n'ouvrait point les boutiques, les citoyens ne quittaient point les
armes, et des gardes nombreuses étaient dis-
persées dans la ville. Aussi les seigneurs ne
prirent-ils point possession de leur dignité hors
du palais avec la pompe accoutumée; mais ils
remplirent cette cérémonie dans l'intérieur
sans aucune solennité. Ces magistrats pensèrent qu'ils ne pouvaient débuter d'une manière
plus avantageuse qu'en pacifiant la cité : ils
firent donc déposer les armes, ouvrir les boutiques, et renvoyèrent de Florence beaucoup
de gens de la campagne, que des citoyens
y avaient appelés à leur secours. Ils établirent
ensuite des corps de garde dans plusieurs endroits de la ville, qui eût recouvré le repos, si
les admonestés eussent pu se contenter de leur

[1] *Balia* est le mot générique de *faculté, pouvoir*. C'é-
tait une espèce de dictature confiée quelquefois à un petit
nombre d'hommes, plus souvent à un conseil, ce qui fait
traduire *balia* par conseil extraordinaire, du nom du pouvoir même qui lui était donné. Ce pouvoir était à temps
et pour un objet donné : il fut confié à dix, et finit par
n'être qu'un tribunal chargé de la police et judicature criminelle. Il fut détruit en 1788 par le grand-duc Léopold,
et remplacé par un *président* chargé de cette portion judiciaire de la police, ou celle des personnes. Il y eut en outre
une espèce de lieutenant de police ou magistrat chargé
della parte mechanica, ou de celle des choses, comme les
rues, les bâtiments, les égouts, les incendies, etc.

sort. Mais ils ne voulaient pas attendre pendant trois ans leur rentrée dans les places. Pour satisfaire leurs desirs, les corps de métiers se rassemblèrent de nouveau, et demandèrent aux seigneurs que dans l'intérêt du bien et de la tranquilité de l'état, ils ordonnassent que jamais on ne pourrait admonester comme gibelin aucun citoyen du nombre des seigneurs, des membres des colléges, des capitaines de quartier et des consuls des différents corps de métiers. Ils voulurent de plus que l'on mît de nouveaux noms dans les bourses pour le parti des guelfes, et que l'on brûlât les listes déjà faites. Ces demandes furent acceptées sur-le-champ, non seulement par des seigneurs, mais encore par tous les conseils, ce qui parut calmer les mouvements séditieux qui s'étaient renouvelés.

Il ne suffit point aux hommes de recouvrer ce qui leur appartient, ils veulent encore s'emparer de ce qui appartient aux autres, et surtout se venger. C'est pourquoi ceux qui plaçaient leurs espérances dans le désordre insinuèrent aux artisans qu'ils ne seraient jamais en sûreté tant que beaucoup de citoyens, leurs ennemis reconnus, ne seraient point chassés et détruits. Pour prévenir l'effet de ces conseils, les seigneurs convoquèrent les magistrats des corps de métiers avec leurs syndics, et Louis Guichardini, gonfalonier, leur parla en ces termes :

« Nous connaissons trop depuis longtemps, » ces seigneurs et moi, la malheureuse desti- » née de cette ville, qui veut que, après avoir » terminé les guerres du dehors, elle soit en » proie à celles du dedans, pour que les derniers » troubles nous aient causé autant de surprise » que de douleur. Comme les maux auxquels » on est accoutumé font moins d'impression, » nous les avons supportés patiemment, en » songeant surtout que nous n'avions point » contribué à leur naissance, et dans l'espoir » qu'à l'exemple des précédents nous les ver- » rions enfin cesser, après avoir consenti en » votre faveur à des demandes si nombreuses et » si importantes. Mais en pressentant que, loin » de chercher la paix, vous voulez faire essuyer » à vos concitoyens de nouveaux outrages, et » exiger des proscriptions nouvelles, notre cha- » grin s'accroît avec vos torts et votre injustice.

» Certes, si nous eussions pu croire que, sous » notre magistrature, nous verrions cette ville » entraînée à sa perte, soit en combattant, soit » en satisfaisant vos désirs, nous nous serions » soustraits à ces honneurs par la fuite ou par » l'exil volontaire. L'espérance d'avoir affaire » à des hommes doués de quelque sentiment » d'humanité, de quelque affection pour leur » patrie, nous a fait accepter nos fonctions » avec plaisir, croyant que notre condescen- » dance triompherait entièrement de votre » ambition. Mais l'expérience nous apprend » aujourd'hui que plus nous mettons de modé- » ration dans notre conduite et de facilité dans » nos concessions, plus vous montrez de hau- » teur et d'exagération dans vos demandes les » plus déplacées. Si nous vous parlons ainsi, » ce n'est point dans le dessein de vous offen- » ser, mais pour vous porter à réfléchir sur ces » observations utiles, ne voulant vous en pré- » senter que de ce genre, et laissant à d'autres » le soin de ne vous dire que des choses agréa- » bles. De bonne foi, quelles concessions plus » importantes pouvez-vous honnêtement exiger » de nous? Vous avez demandé que l'on enle- » vât le pouvoir aux capitaines de quartier, il » leur a été enlevé : que l'on *brûlât leurs noms* » *dans les bourses,* que l'on fît de nouvelles » réformes, que l'on rouvrît sur-le-champ la » carrière des honneurs aux admonestés ; nous » avons consenti à tout cela. Cédant à vos in- » stances, nous avons accordé une amnistie à » ceux qui ont pillé et brûlé les maisons. Com- » bien de citoyens honnêtes et puissants ont été » envoyés en exil pour vous satisfaire ? Le » même désir n'a-t-il pas fait établir des règle- » ments nouveaux pour réprimer les grands? » Quel terme mettrez-vous donc à votre exi- » gence? Pendant combien de temps abuserez- » vous de notre libéralité ? Ne voyez-vous point » que nous montrons plus de patience dans la » défaite, que vous de modération dans la vic- » toire? Quel sera donc pour votre patrie le » résultat de vos divisions? Avez-vous oublié » les avantages remportés sur elle par un mé- » prisable citoyen de Lucques, Castruccio, pen- » dant qu'elle était désunie? Un duc d'Athènes, » pris d'abord à votre solde, n'a-t-il pas fini » par la subjuguer? Mais quand l'union a régné » dans son sein, un archevêque de Milan, un

» souverain pontife même, n'ont pu la vaincre
» après tant d'années d'une guerre dont ils
» n'ont recueilli que de la honte. Pourquoi vou-
» lez-vous donc que vos dissensions rendent
» esclave en temps de paix cette ville que tant
» d'ennemis puissants n'ont pu dépouiller de
» sa liberté pendant la guerre? Quel sera le
» fruit de vos discordes? la servitude. Que
» retirerez-vous du pillage de nos biens et de
» ceux des autres? la pauvreté. Car ce sont
» ces biens qui, fécondés par nos talents indus-
» triels, nourrissent toute la ville, avantage
» qu'elle ne trouverait plus si nous en étions
» dépouillés. Ils ne seront, dans les mains de
» ceux qui les auront usurpés, qu'un bien mal
» acquis qu'ils ne sauront point conserver. De
» là naîtront dans cette ville l'indigence et la
» famine. Ces seigneurs et moi nous vous or-
» donnons, et même, si la bienséance le permet,
» nous vous prions de mettre enfin un terme à
» vos désirs, et de prendre la résolution de
» vivre paisiblement dans l'ordre que nous
» avons établi. Si vous y désirez encore quel-
» ques changements, veuillez au moins faire
» connaître votre vœu avec les formes régu-
» lières, et non au milieu du tumulte et les
» armes à la main. Lorsque vos demandes
» seront légitimes, elles vous seront accor-
» dées, et vous ne fournirez point à la mal-
» veillance une occasion de travailler sous vos
» drapeaux à votre perte et à la ruine de votre
» patrie. »

Ce discours plein de vérité fit beaucoup
d'impression sur l'esprit de ces citoyens. Ils
remercièrent avec beaucoup de douceur le
gonfalonier d'avoir rempli envers eux le devoir
d'un bon magistrat, et envers la patrie celui
d'un bon citoyen; puis ils offrirent de se soumettre sur-le-champ à tout ce que l'on demandait d'eux. Les seigneurs, pour leur donner
l'occasion de tenir cette promesse, adjoignirent
deux citoyens à chacun des premiers magistrats, afin qu'ils pussent ensemble, et de concert
avec les syndics des corps de métiers, s'occuper
des réformes qui paraîtraient nécessaires à la
tranquillité publique, et en faire leur rapport
à la seigneurie.

A peine cette sédition était-elle apaisée,
qu'il s'en éleva une seconde qui fut beaucoup
plus préjudiciable à la république que la précé-

dente. La plupart des vols et des incendies qui
venaient d'avoir lieu avaient été commis par
la plus vile populace. Parmi ces brigands, ceux
qui s'étaient montrés les plus audacieux craignaient d'être punis de leurs forfaits lorsque
l'ordre et la tranquillité seraient rétablis. Ils
craignaient aussi d'être abandonnés, comme
cela arrive toujours, par les instigateurs de
leurs crimes. A ces motifs se joignait la haine du
menu peuple contre les citoyens riches et les
principaux membres des corps de métiers, de
qui ils prétendaient ne pas recevoir un salaire
proportionné à leurs travaux. Lorsque Florence, du temps de Charles Ier, se divisa en
corps de métiers, on donna à chacun un chef
et une forme de gouvernement, et l'on statua
que les membres de chacun de ces corps seraient jugés par leurs chefs en matière civile.
Ces corps, comme nous l'avons déjà dit, furent
d'abord au nombre de douze, et s'accrurent
ensuite jusqu'à celui de vingt et un, et devinrent si puissants, qu'ils s'emparèrent en peu
d'années du gouvernement de l'état. Comme
dans les différentes espèces de métiers il y en
a de plus ou de moins honorables, on forma
sept métiers majeurs et quatorze métiers mineurs. De cette division, et des autres causes
rapportées ci-dessus, naquit l'arrogance des
capitaines de quartier, parce que les citoyens
qui avaient été anciennement du parti des Guelfes, et auxquels ces capitaines prêtaient serment, favorisaient les membres des premières
classes de métiers, et maltraitaient ceux des
dernières, ainsi que leurs défenseurs. Voilà
pourquoi l'on vit naître contre eux tous les
soulèvements dont nous avons parlé. En clas-
sant les métiers, il y en eut plusieurs de ceux
qui sont exercés par le petit peuple qui ne furent placés dans aucun corps : alors ils s'attachaient à ceux qui avaient plus de rapport à
leur profession. Il en résultait que, quand leurs
ouvrages n'étaient point payés à leur gré, ou
qu'ils essuyaient quelques mauvais traitements
de leurs maîtres, ils étaient réduits à recourir
au magistrat du corps de métier auquel ils
s'étaient attachés, et croyaient toujours né pas
en avoir obtenu justice. La classe des manufactures de laine était celle qui occupait le plus
de ces sortes d'ouvriers. Comme elle était la
plus riche et la plus puissante, elle nourrissait

par l'activité de son industrie la majeure partie du peuple et de la populace.

Cette espèce d'hommes, subordonnés tant aux fabriques de laine qu'aux autres métiers, était animée par le ressentiment et par la peur de voir rechercher et punir ses déprédations antérieures et les incendies dont elle s'était rendue coupable ; elle forma plusieurs conciliabules nocturnes, s'entretint des événements passés et des dangers qu'elle courait. L'un des plus audacieux et des plus expérimentés harangua les autres en ces termes, pour leur inspirer du courage :

« Si nous avions à délibérer s'il faut prendre » les armes, livrer au pillage et aux flammes » les maisons des citoyens, dépouiller les égli- » ses, je serais un de ceux qui croiraient que cette » affaire mérite que l'on y réfléchisse : je se- » rais peut-être d'avis de préférer une pau- » vreté tranquille à un gain périlleux. Mais » puisqu'il y a déjà beaucoup de mal de fait, » et que les armes sont prises, il faut son- » ger aux moyens de les conserver, et de se » mettre à l'abri de toutes recherches sur le » passé. Quand ce conseil ne nous viendrait » point d'ailleurs, certes je crois que la néces- » sité nous le suggèrerait. Cette ville, vous le » voyez, est remplie de haines et de ressenti- » ments contre nous : les citoyens se réunissent ; » la seigneurie fait cause commune avec les au- » tres magistrats. Croyez que l'on ourdit des » trames contre nous, et que de nouveaux pé- » rils menacent nos têtes. Nous devons dans » nos délibérations tâcher d'atteindre un dou- » ble but, l'impunité pour le passé et une exis- » tence plus libre et plus heureuse pour l'a- » venir. Il faut, selon moi, afin de nous faire » pardonner nos fautes anciennes, en commet- » tre de nouvelles, redoubler les excès, multi- » plier les vols, les incendies et accroître autant » que possible le nombre de nos complices. » En effet, là où les coupables sont si nom- » breux il n'est possible de punir personne. Les » châtiments sont pour les petites fautes, » et les récompenses pour les grandes. Lors- » que beaucoup de monde souffre, peu de per- » sonnes cherchent à se venger. On supporte » plus patiemment les injures générales que les » injures particulières. En multipliant les maux, » nous obtiendrons donc plus facilement et no-

» tre pardon et les jouissances que nous atten- » dions de notre liberté. Il me semble que nous » marchons à une conquête certaine, car ceux » qui pourraient s'y opposer sont riches et » divisés. Leur désunion nous donnera la » victoire, et leurs richesses nous la conserve- » ront lorsqu'elles seront en notre pouvoir. » Ne vous en laissez point imposer par des con- » sidérations fondées sur l'antiquité de la nais- » sance ; tous les hommes, ayant la même ori- » gine, sont également anciens ; la nature les a » formés tous sur le même modèle. Dépouil- » lez-vous de vos vêtements, et vous verrez » que vous vous ressemblez tous. Prenons ceux » des riches, et qu'ils prennent les nôtres ; » alors sans doute nous passerons pour des » nobles, et eux pour des gens du bas peuple. » Il n'y a d'inégalité que dans la pauvreté et » les richesses. Je suis vivement affligé quand » je vois que le regret du passé semble faire » craindre à plusieurs d'entre vous de former » des entreprises nouvelles : si cela est ainsi, » vous n'êtes point les hommes sur lesquels je » comptais. Les reproches de votre conscience » ne doivent point vous effrayer. Vous devez » être inaccessibles à la honte ; il n'en est point » pour les vainqueurs ; de quelque manière » qu'ils obtiennent la victoire, la voix de la con- » science ne doit point les arrêter. Des gens » qui dévorent comme nous la peur de la faim » et des prisons ne peuvent être arrêtés par » la peur de l'enfer. Si vous observez la con- » duite des hommes, vous verrez que tous ceux » qui acquièrent beaucoup de fortune et de » puissance n'y parviennent que par la vio- » lence ou par la fourberie ; vous les verrez en- » suite chercher à honorer du faux titre de » gain les avantages qu'ils ne doivent qu'à la » ruse et à la violence. Ceux qui par défaut de » prudence ou par trop de pusillanimité ne sa- » vent pas avoir recours à ces moyens dépéris- » sent lâchement dans la servitude, et crou- » pissent toujours dans la fange de la pauvreté. » Les serviteurs fidèles resteront toujours servi- » teurs, et les hommes honnêtes toujours pau- » vres. On ne secoue le joug de la servitude » que par la perfidie et l'audace, et celui de » la pauvreté que par la rapine et la fraude. » La divinité et la nature ont placé tous les » biens devant l'homme, mais ils sont plutôt

» la proie du brigandage et de la fourberie
» que la récompense de l'industrie et d'un tra-
» vail honnête. Voilà pourquoi les hommes se
» dévorent les uns les autres, et pourquoi le
» plus faible est toujours victime. Nous devons
» donc employer la force, puisque l'occasion
» s'en présente : la fortune ne peut nous en of-
» frir une plus favorable. Les citoyens sont en-
» core désunis; la seigneurie est incertaine dans
» ses mesures et l'effroi a saisi tous les ma-
» gistrats. Il nous est facile de les opprimer
» avant qu'ils aient pu se réunir et prendre un
» parti décisif. Par là, ou nous resterons les
» maîtres absolus de la ville, ou au moins nous
» y deviendrons si puissants, que non seule-
» ment nous nous ferons pardonner nos ex-
» cès passés, mais que nous pourrons encore
» en faire craindre de nouveaux. Cette déter-
» mination je l'avoue, est hardie et périlleuse,
» mais quand la nécessité commande, l'audace
» devient prudence : dans les grandes entre-
» prises, les hommes courageux n'ont jamais
» calculé les dangers. Les projets environnés
» de périls en commençant trouvent toujours
» à la fin leur récompense, et l'on ne sort jamais
» d'un danger qu'en en bravant un nouveau.
» Il me semble d'ailleurs que lorsqu'on voit
» préparer les prisons, les tortures, les écha-
» fauds, il est plus dangereux d'attendre pai-
» siblement, que de chercher à se mettre en
» sûreté : dans le premier cas le mal est cer-
» tain, dans le second il est douteux. Combien
» de fois vous ai-je entendus vous plaindre de
» l'avarice de vos maîtres et de l'injustice de
» vos magistrats? Il est venu le moment, non-
» seulement de vous affranchir de leur joug,
» mais encore de vous rendre leurs maîtres, au
» point qu'ils aient plus de sujets de se plain-
» dre et de s'effrayer de votre pouvoir que
» vous du leur. L'occasion qui vous est offerte
» a des ailes; si une fois elle s'envole, vous fe-
» rez d'inutiles efforts pour la ressaisir. Les
» préparatifs de vos ennemis vous sont connus;
» prévenons leurs desseins. La victoire est as-
» surée à celui qui le premier reprendra les
» armes. Il y trouvera son élévation et la ruine
» de l'ennemi; plusieurs d'entre nous en re-
» cueilleront de la gloire, et tous lui devront
» honneur et sûreté. »

Ces discours enflammèrent vivement du désir de faire le mal des esprits qui n'y étaient
déjà que trop naturellement portés. Il fut donc
résolu qu'ils prendraient les armes après avoir
associé à leurs projets un plus grand nombre
de complices. Ils se promirent par serment un
secours mutuel, s'il arrivait que quelqu'un des
leurs fût opprimé par les magistrats.

Pendant que ceux-ci se disposaient à se rendre maîtres de la république, les seigneurs furent informés de leur complot, et firent arrêter
un nommé Simon qui leur découvrit toute la
conjuration, et leur apprit que le signal était
donné pour commencer la sédition le lendemain. Voyant le danger, ils assemblèrent les
collèges et ceux des citoyens qui travaillaient
avec les syndics des corps de métiers au rétablissement de l'union dans Florence. Il était
déjà nuit avant que l'assemblée fût formée. Elle
conseilla aux seigneurs d'appeler les consuls
des corps de métiers. Tous furent d'avis qu'il
fallait que l'on fît venir les troupes, et que les
gonfaloniers du peuple se trouvassent le matin
sur la place avec leurs compagnies armées.
Pendant que l'on mettait Simon à la torture
et que les citoyens se réunissaient, un certain
Nicolas de St-Frian, qui travaillait à l'horloge
du palais, s'aperçoit de ce qui se passe, retourne
dans sa maison, et répand l'alarme dans le
voisinage : en un instant plus de mille personnes s'attroupent sur la place du St-Esprit. Le
bruit en parvient aux autres conjurés, et au
même moment St-Pierre-Majeur et St-Laurent, lieux désignés par eux, se remplissent
d'hommes armés.

Le lendemain matin, qui était le 21 juillet,
il ne se trouvait pas sur la place plus de quatre-
vingts hommes armés pour la défense des
seigneurs. Il n'y vint pas un seul gonfalonier,
parce qu'ayant appris que toute la ville était en
armes, ils craignirent d'abandonner leurs maisons. Les premiers de cette vile populace qui
se rendirent sur la place furent ceux qui s'é-
taient attroupés à St-Pierre-Majeur. La
troupe armée les vit arriver sans faire le plus
léger mouvement. Le reste de cette multitude
paraît ensuite, et, n'ayant pas rencontré d'obstacles, elle commence à demander les prisonniers à la seigneurie avec des cris effroyables;
voyant ensuite que les menaces ne suffisaient
pas, ils ont recours à la violence, et brûlent la

maison de Louis Guicciardini. Les seigneurs leur rendent leurs hommes, dans la crainte de plus grands excès. A peine les ont-ils, qu'ils enlèvent l'étendard de la justice à celui qui le portait, et marchent sous ce drapeau; ils incendient les maisons de plusieurs citoyens contre lesquels il existait des haines générales ou particulières. La fureur des vengeances personnelles les conduit vers les maisons de leurs ennemis particuliers; il suffisait pour cela que du milieu de la foule on fît entendre le cri: « A la maison d'un tel!» ou que celui qui tenait en main l'étendard se dirigeât de ce côté; ils livrent aussi aux flammes tous les registres des manufactures de laine. Pour joindre à tant de désordres quelque action louable, ils donnent le titre de chevalier à Salvestre Medici, et à un si grand nombre d'autres citoyens, qu'il s'éleva jusqu'à soixante-quatre, parmi lesquels furent Benoît et Antoine Alberti, Tommaso Strozzi et d'autres de leurs amis, quoique plusieurs ne reçussent d'eux ce titre qu'avec répugnance. Ce qui est le plus digne de remarque, c'est qu'on les vit le donner à ceux même dont ils avaient ce même jour-là incendié les maisons; tant le bienfait et l'injure se touchaient et s'associaient dans ces esprits! Guicciardini, gonfalonier de la justice, fut un exemple de cette singularité. A travers tant de confusion, les seigneurs perdaient courage en se voyant abandonnés des troupes, des chefs des corps de métiers et de leurs gonfaloniers; car aucun n'avait suivi les ordres donnés pour venir à leur secours. Des seize enseignes, il ne parut que celles du Lion-d'Or et de la Belette, sous Giovenco della Stufa et Jean Cambi. Ceux-ci mêmes s'apercevant que les autres ne les suivaient point, quittèrent bientôt la place et se retirèrent. D'un autre côté, les citoyens voyant la fureur de cette foule effrénée, et le palais abandonné, les uns se renfermèrent dans leurs maisons, les autres suivirent la tourbe des gens armés, afin de pouvoir, en se trouvant au milieu d'eux, défendre leurs maisons et celles de leurs amis. Ainsi la puissance de ces pillards s'augmentait, et celle des seigneurs allait en décroissant. Ce désordre dura tout le jour. La nuit étant arrivée, ils s'arrêtèrent au palais de Stéfano, derrière l'église de St-Barnabé. Ils étaient plus de six mille, et

avant que le jour parût, ils forcèrent, par leurs menaces, les corps de métiers à leur envoyer leurs drapeaux. Lorsque le jour fut venu, ils allèrent avec ces drapeaux et l'étendard de la justice devant le palais du podestat, qu'ils attaquèrent et emportèrent de vive force, sur le refus que fit ce magistrat de le leur livrer.

Les seigneurs, voulant essayer de traiter avec eux, puisqu'ils n'avaient pas le pouvoir de les réprimer, appelèrent quatre membres de leurs collèges, et les envoyèrent au palais du podestat pour connaître les intentions de ces séditieux. Ces députés virent en arrivant que leurs chefs, de concert avec les syndics des corps de métiers et quelques autres citoyens, avaient déjà préparé les demandes qu'ils voulaient adresser à la seigneurie: ils revinrent donc vers les seigneurs avec quatre députés du menu peuple chargés de ces demandes. Elles portaient: « Que la corporation des laines » n'aurait plus de juges étrangers; que l'on » formerait trois nouveaux corps de métiers: » le premier pour les cardeurs et les teinturiers; » le second pour les barbiers, les faiseurs de » pourpoints, tailleurs et autres arts mécaniques de ce genre; le troisième pour le petit » peuple en général; que l'on prendrait toujours deux des seigneurs dans ces trois nouveaux corps de métiers, et trois dans les » quatorze métiers mineurs; que la seigneurie » assignerait à ces nouveaux corps un lieu où » ils tiendraient leurs assemblées; que nul de » leurs membres ne pourrait être contraint » avant deux ans à payer une dette au-dessus » de cinquante ducats; que le mont-de-piété » arrêterait les intérêts et n'exigerait plus que » les capitaux; que les bannis et les condamnés » seraient absous, et que tous les admonestés » rentreraient dans les charges. » Ils demandaient aussi que l'on accordât beaucoup d'autres grâces à leurs protecteurs particuliers, et que l'on bannît et admonestât plusieurs de leurs ennemis. Les seigneurs, les collèges et le conseil du peuple, de crainte de pire, acquiescèrent sur-le-champ à ces demandes, quelque deshonorantes, quelque préjudiciables qu'elles fussent à la république. Mais, pour donner à ce consentement toute sa force, il fallait encore y ajouter celui du conseil de la commune, dont on était obligé de remettre le vote au lendemain, parce que l'on ne pouvait assembler deux conseils en un même jour. Les corps de métiers et le menu peuple parurent néanmoins satisfaits pour le moment, et promirent que tout tumulte cesserait aussitôt que l'on aurait mis la dernière main à la confection de cette loi.

Le jour suivant au matin, pendant que l'on délibérait dans le conseil de la commune, la multitude impatiente et versatile se rendit sur la place avec ses enseignes accoutumées, et en poussant des cris si perçants et si terribles, que le conseil et la seigneurie en furent saisis d'effroi. Guerriante Magniroli, l'un des seigneurs, pressé plutôt par la peur que par aucune autre affection particulière, descendit sous prétexte de garder la porte du bas, et s'enfuit dans sa maison. Il ne put tellement se cacher en sortant qu'il ne fût reconnu. Cette horde attroupée ne lui fit aucune injure personnelle, mais elle se mit à crier, en le voyant, que tous les seigneurs eussent à quitter le palais, sinon qu'ils massacreraient leurs enfants et mettraient le feu à leurs maisons. Cependant la loi avait été acceptée, et les seigneurs s'étaient retirés dans leurs chambres : le conseil était descendu, et ses membres, sans sortir de la galerie et de la cour, désespéraient du salut de l'état en voyant tant de perversité dans cette multitude et tant de malveillance ou de frayeur dans ceux qui auraient pu ou la réprimer, ou la réduire. Le trouble régnait aussi parmi les seigneurs. Ils étaient incertains sur le sort de la patrie, abandonnés par l'un de leurs collègues, et ne recevant de secours ni même de conseil de personne. Tandis qu'ils ne savaient que résoudre, Tommaso Strozzi et Benoît Alberti, excités ou par le désir ambitieux de rester les maîtres du palais, ou par la persuasion que ce parti était le meilleur, leur conseillèrent de céder à ce torrent populaire et de s'en retourner dans leurs maisons comme simples particuliers. Quoique les autres se soumissent à suivre ce conseil, comme il était donné par les premiers chefs de la sédition, il remplit d'indignation Alaman Acciajoli et Nicolas del Bene. Ces deux seigneurs, ayant repris un peu de vigueur, dirent qu'ils ne pouvaient s'opposer au départ de leurs autres collègues s'ils voulaient se retirer, mais que pour eux, à moins de leur enlever la vie, on

n'obtiendrait pas qu'ils renonçassent à l'autorité avant que les circonstances le réclamassent. Cette diversité de sentiments redoubla la crainte des seigneurs et le courroux du peuple. Le gonfalonier, redoutant le péril, préféra de finir sa magistrature avec honte que de s'exposer à aucun danger ; il se mit sous la protection de Tommaso Strozzi, qui le fit sortir du palais et le reconduisit dans sa maison. Les autres seigneurs se retirèrent de là même manière l'un après l'autre. Craignant de passer pour plus téméraires que prudents, Alaman et Nicolas, restés seuls jusque là, se retirèrent aussi ; en sorte que le palais resta entre les mains de la multitude et du conseil des huit de la guerre, qui n'avaient pas encore déposé leurs pouvoirs.

Au moment où la populace ameutée entra dans le palais, le drapeau du gonfalonier de justice était porté par un Michel de Lando, cardeur de laine. Celui-ci, nu-pieds et fort mal vêtu, suivit la foule sur l'escalier ; arrivé dans la salle d'audience des seigneurs, il s'arrête, et, se tournant vers cette multitude, il lui dit : « Vous voyez que ce palais est à vous, et que » vous êtes les maîtres de cette ville. Quelles » sont vos intentions ? » Tous répondent qu'ils voulaient qu'il fût gonfalonier et seigneur, et qu'il les gouvernât, ainsi que la ville, comme il le jugerait à propos. Michel accepta la seigneurie. C'était un homme adroit et prudent, qui devait plus à la nature qu'à la fortune. Il résolut de faire cesser le désordre et de rétablir le calme dans Florence. Afin de tenir le peuple occupé et de se donner le temps de prendre ses mesures, il commande d'aller à la recherche d'un certain Nuto, que Lapo de Castiglionchio avait désigné pour prévôt. La majeure partie de ceux qui l'environnaient y court au même instant. Désirant commencer par un acte de justice à exercer l'autorité qu'il devait à la faveur, il fait défendre publiquement les vols et les incendies. Un gibet est élevé sur la place afin de contenir chacun par la crainte. Sa première réforme dans la ville est la suppression des syndics des corps de métiers ; il en crée de nouveaux, dépouille de leur magistrature les seigneurs et les collèges et brûle les bourses qui renfermaient les noms de ceux qui devaient entrer en charge. Dans cet intervalle, Nuto, transporté sur la place par la multitude, est suspendu par un pied au gibet. Chacun de ceux qui l'entouraient ayant arraché un lambeau de son cadavre, il n'en resté bientôt que le pied.

Cependant les huit du conseil de la guerre, se croyant les maîtres de l'état par la retraite des seigneurs, avaient déjà désigné les nouveaux membres de la seigneurie. Michel, pressentant leurs desseins, leur envoie signifier l'ordre de sortir sur-le-champ du palais, ajoutant qu'il voulait prouver à tout le monde qu'il n'avait pas besoin de leur conseil pour savoir gouverner Florence. Il convoque ensuite les syndics des corps de métiers, crée la seigneurie, en prend quatre dans le menu peuple, deux dans les métiers majeurs, et deux dans les métiers mineurs. De plus, il forme une nouvelle assemblée pour l'élection des magistrats, divise l'état en trois parties, place dans l'une les nouveaux corps de métiers, dans l'autre les métiers mineurs, et dans la dernière les métiers majeurs. Il gratifie Salvestre Medici du revenu des boutiques du Vieux-Pont, se réserve le podestat d'Empoli, accorde beaucoup d'autres faveurs à plusieurs citoyens amis du peuple, moins pour les récompenser de leurs services que pour s'en faire en tout temps des défenseurs contre la jalousie de ses ennemis.

Les dernières classes du peuple se persuadèrent que Michel avait trop favorisé les premières en réformant l'État, et qu'elles n'avaient pas assez de part dans le gouvernement pour le conserver et repousser les attaques de leurs adversaires. Animées de leur audace accoutumée, elles reprennent les armes, et faisant grand bruit, se rendent avec leurs drapeaux sur la place, et demandent que les seigneurs descendent dans la salle des audiences afin d'y prendre de nouvelles délibérations à leur avantage et pour leur sûreté. Michel, voyant leur insolence, et ne voulant point aigrir leur courroux, blâma, sans trop écouter leurs demandes, la manière dont ils les présentaient, les engagea à déposer les armes, afin d'obtenir ce que la dignité de la seigneurie ne permettait pas d'accorder à la violence. La multitude, irritée de ce langage, se rend à Ste-Marie-Nouvelle, indignée contre la décision rendue dans le palais. Là elle choisit dans son sein un conseil de huit chefs, y joint des ministres et les autres établissements qu'elle croit propres à lui attirer la

considération et le respect; de sorte que Florence avait deux siéges de l'autorité et deux gouvernements différents. Ces nouveaux chefs décidèrent que huit membres choisis dans leurs corps de métiers habiteraient toujours dans le palais avec les seigneurs, dont toutes les délibérations devraient être confirmées par eux. Ils dépouillèrent Salvestre Medici et Michel de Lando de l'autorité et des priviléges qu'ils leur avaient précédemment accordés. Ils assignèrent à plusieurs d'entre eux des places et des pensions, afin qu'ils pussent soutenir leur rang avec dignité. Pour rendre ces délibérations valides, ils députèrent deux d'entre eux à la seigneurie, avec ordre de lui demander qu'elle les fît confirmer par les conseils, en ajoutant qu'ils étaient résolus à les faire passer de force, si on n'y acquiesçait pas de bonne volonté. Ces députés montrèrent autant de présomption que d'audace en remplissant leur mission auprès des seigneurs: ils reprochèrent au gonfalonier la dignité qu'il leur devait, l'honneur qu'ils lui avaient fait et son peu d'égards et de reconnaissance. Comme ils terminèrent leurs reproches par des menaces, Michel ne put supporter tant d'arrogance. Se souvenant plus du rang qu'il occupait que de la bassesse de sa condition, il crut devoir réprimer par une voie extraordinaire leur insolence, et tirant son épée il les blesse d'abord grièvement, puis les fait lier et mettre en prison.

A cette nouvelle, la multitude s'enflamme de colère; croyant pouvoir arracher par les armes ce qu'elle n'avait pu obtenir avant de s'armer, elle s'arme avec fureur, et en tumulte elle marche contre la nouvelle seigneurie pour la punir à son tour. D'un autre côté, Michel, se doutant de leur résolution, se détermine à les prévenir, persuadé qu'il serait plus glorieux pour lui d'attaquer les autres que de les attendre dans l'enceinte d'un mur et de se laisser réduire comme ses prédécesseurs à s'enfuir du palais, couvert de déshonneur et de honte; il réunit un grand nombre de citoyens qui avaient déjà commencé à s'apercevoir de leur erreur, monte à cheval, et suivi de beaucoup de gens armés, il s'avance vers Sainte-Marie-Nouvelle pour y livrer bataille à cette populace séditieuse. Celle-ci, qui avait formé le même projet, comme nous l'avons déjà dit plus

haut, part pour se rendre sur la place presqu'au même instant où Michel se mettait en
marche. Chacun ayant pris par hasard une
route différente, ils ne se rencontrèrent point.
Lorsque Michel revient sur ses pas, il voit la
place occupée par les rebelles qui attaquaient
le palais. Il engage aussitôt le combat contre
eux, les défait, chasse les uns de la ville, et
contraint les autres à jeter les armes et à se
cacher, et par ces heureux succès, fait cesser
le désordre. On en fut redevable au seul mérite du gonfalonier. Cet homme l'emportait
alors en courage, en prudence et en bonté sur
tous les citoyens; il est digne d'obtenir une
place dans le petit nombre de ceux qui ont
rendu service à leur patrie. S'il eût été dirigé
par des vues perverses ou ambitieuses, la république eût perdu entièrement sa liberté, et
fût retombée sous une tyrannie pire que celle
du duc d'Athènes. Mais la bonté de son cœur
ne lui laissa jamais concevoir une idée contraire au bien général, et sa prudence disposa
les choses de manière qu'il obtint la confiance
de plusieurs de son parti, et fut en état de
dompter les autres par la voie des armes. Sa
conduite effraya la multitude, et fit réfléchir
les hommes de la classe moyenne sur l'ignominie dont ils se couvraient en souffrant les
honteux excès de la plus vile populace, après
avoir subjugué l'orgueil des grands.

Lorsque Michel remporta la victoire sur
elle, la nouvelle seigneurie était déjà formée :
on y avait fait entrer deux membres d'une si
vile et si basse condition que chacun désirait
d'en être délivré. Quand les nouveaux seigneurs voulurent prendre possession de leur
dignité, le premier septembre, la place se
trouva remplie de gens armés, du milieu desquels l'on s'écria avec grand bruit que l'on ne
recevrait aucun seigneur pris dans le menu
peuple. Alors la seigneurie, pour satisfaire à
ce cri public, dépouilla de leur magistrature
ces deux membres, dont l'un s'appelait Tira,
et l'autre Baroccio; ils furent remplacés par
Georges Scali, et François, fils de Michel. Ils
supprimèrent aussi les corps de métiers du petit peuple, et privèrent de leurs charges ceux
qui en dépendaient, excepté Michel de Lando,
Louis de Puccio, et quelques autres plus recommandables. Ils divisèrent également les
magistratures entre les métiers majeurs et les
métiers mineurs. Ils voulurent que l'on prît
toujours dans la classe des métiers mineurs
cinq des seigneurs et quatre dans les métiers
majeurs, et que le gonfalonier fût choisi alternativement dans l'une et dans l'autre de ces
deux classes. Cet ordre de choses rétablit pour
le moment la tranquillité dans Florence. Quoique le gouvernement fût retiré des mains de
la multitude, la dernière classe des corps de
métiers eut plus de puissance que la haute
bourgeoisie; celle-ci fut obligée de le céder à
ces artisans, et de les contenter, afin d'enlever leur appui au petit peuple. Cet arrangement fut encore favorisé par les personnes qui
désiraient l'abaissement de ceux qui, sous le
nom de parti guelfe, avaient fait essuyer tant
de mauvais traitements à un si grand nombre
de citoyens par les voies de la violence. Georges Scali, Benoît Alberti, Salveste Medici, et
Tommaso Strozzi, auxquels cette disposition
des choses était avantageuse, restèrent en
quelque sorte les maîtres de la ville. Cette
forme de gouvernement confirma la division
que l'ambition des Ricci et des Alberti avait
fait naître auparavant entre les métiers majeurs et les métiers mineurs. Comme il en résulta depuis en divers temps des suites très
graves, et dont nous aurons souvent occasion
de parler, nous appellerons l'une de ces divisions le parti du peuple, et l'autre celui de la
populace. Cet état dura trois ans, pendant lesquels on ne vit que morts et bannissements,
parce que ceux qui gouvernaient étaient remplis de soupçons fondés sur le mécontentement
qui animait beaucoup de citoyens au dedans et
au dehors. Les mécontents de l'intérieur tentaient chaque jour des innovations, ou étaient
soupçonnés de le faire. Ceux du dehors, n'é-
tant retenus par aucun frein, et se trouvant
secondés tantôt par un prince, tantôt par une
république, semaient des troubles alternativement en différents endroits.

Giannozzo de Salerne, capitaine de Charles
de Duras, descendant des rois de Naples, était
alors à Bologne, où ce prince l'y avait envoyé
pour mettre à profit la bonne volonté et les
services que le pape Urbain, ennemi de Jeanne,
reine de Naples, dont Charles projetait d'envahir les états, était à même de lui rendre. Il

y avait aussi à Bologne plusieurs exilés de Florence qui conduisaient avec Giannozzo et Charles des intrigues très-suivies; ces complots, connus à Florence étaient cause que les premiers magistrats de cette république vivaient au milieu des inquiétudes, et prêtaient facilement l'oreille aux délations contre les citoyens qui leur devenaient souvent suspects. Pendant qu'ils étaient tourmentés par tant de soupçons, on leur révéla que Giannozzo de Salerne devait se présenter devant Florence avec les exilés, et que plusieurs devaient s'armer dans la ville et la lui livrer. Ce rapport fit accuser beaucoup de monde; les premiers furent Pierre Albizzi et Charles Strozzi; et après eux Cipriano Mangionis, Jacques Sachetti et Donato Barbadori, Philippe Strozzi et Jean Anselme. Tous furent arrêtés, excepté Charles Strozzi qui prit la fuite. Afin que l'on n'osât s'armer en leur faveur, les seigneurs chargèrent Tommaso Strozzi et Benoît Alberti de garder la ville avec un gros corps de troupes. Ces citoyens arrêtés subirent un interrogatoire: d'après les accusations et les confrontations, ils ne furent nullement trouvés coupables. Le capitaine ne voulait point les condamner, leurs ennemis soulevèrent le peuple et excitèrent sa rage contre eux à un tel point que l'on fut forcé de les juger à mort. Pierre Albizzi ne put y échapper. Ni la richesse, ni l'éclat de son nom, ni l'antique considération dont il avait joui, rien ne put sauver cet homme, celui de tous les Florentins peut-être qui avait le plus longtemps joui de l'estime et du respect de ses concitoyens. Un jour quelqu'un, ou comme son ami pour lui donner un conseil salutaire au milieu de sa grandeur, ou comme son ennemi pour le menacer de l'inconstance de la fortune, lui envoya, dans un repas qu'il donnait à plusieurs citoyens, un vase d'argent rempli de pastilles. Sous ces sucreries il avait caché un clou qui, découvert et vu de tous les convives, fut regardé comme un avertissement donné à Albizzi de *fixer la roue de fortune*. En effet, cette roue, l'ayant élevé à son plus haut point, ne pouvait manquer de l'en faire descendre, si elle continuait à s'émouvoir. Cette interprétation fut justifiée d'abord par sa disgrâce, et ensuite par sa mort.

Après cette exécution, ce ne fut plus que confusion dans Florence. La crainte s'empara des vaincus et des vainqueurs. Celle des chefs du gouvernement produisit des effets plus funestes qu'aucune autre; car, sur le moindre soupçon, ils se portaient à de nouvelles rigueurs, condamnant à mort, ou admonestant, ou envoyant en exil leurs concitoyens. Joignez à cela les lois et les institutions nouvelles auxquelles on avait souvent recours pour soutenir l'état. Toutes ces opérations attiraient des mauvais traitements à ceux dont se méfiait la faction de ces chefs du gouvernement. Ils nommèrent quarante-six citoyens chargés avec les seigneurs de purger l'état de ceux qui lui étaient suspects. Ceux-ci admonestèrent trente-neufs citoyens, placèrent plusieurs hommes du peuple parmi les grands, et plusieurs grands dans la classe du peuple. Afin de pouvoir s'opposer aux forces du dehors, ils prirent à leur solde un capitaine très-renommé dans le métier des armes, Jeans d'Agut, anglais de nation, qui avait été longtemps au service du pape et d'autres souverains d'Italie. Les craintes qui venaient du dehors étaient fondées sur le bruit répandu que Charles de Duras formait plusieurs compagnies de troupes armées pour attaquer le royaume de Naples, et avait avec lui beaucoup d'exilés de Florence. Outre les forces préparées, on fit aussi provision d'argent pour se défendre de ces dangers. Charles, arrivé à Arezzo, reçut des Florentins quarante mille ducats, et promit de ne les pas inquiéter. Ce prince continua ensuite son entreprise, s'empara heureusement du royaume de Naples, fit la reine Jeanne prisonnière et l'envoya en Hongrie. Cette victoire augmenta les inquiétudes des premiers magistrats de Florence: ils ne pouvaient se persuader que leur argent eût plus de pouvoir sur l'esprit du roi que les liaisons anciennes de sa maison avec les guelfes qu'ils avaient opprimés d'une manière si outrageante.

Ces craintes en s'accroissant faisaient multiplier les injures, ce qui, loin de les éteindre, leur donnait une nouvelle force. Il régnait un mécontentement presque universel: il était encore augmenté par l'insolence de Georges Scali et de Tommaso Strozzi dont l'autorité surpassait celle des magistrats, parce que chacun craignait d'être opprimé à son tour, à l'aid de la faveur populaire dont ils jouissaient. Ce gouvernement paraissait violent et tyrannique non-seulement aux gens de bien, mais encore aux séditieux. Mais comme l'insolence de Georges Scali devait enfin trouver un terme, il arriva que l'un de ses domestiques, nommé Jean de Cambi, l'accusa d'avoir tramé un complot contre l'État. Il fut trouvé innocent par le capitaine, et le juge voulut infliger à l'accusateur la peine que l'accusé eût supportée s'il eût été reconnu coupable. Georges employa ses prières et son autorité pour le sauver. N'ayant pu y réussir, il alla, avec Tommaso Strozzi et une foule de gens armés, le délivrer de vive force; ensuite ils dévastèrent le palais du capitaine, qui ne put trouver de salut qu'en se cachant. Cette action irrita tellement tous les citoyens contre lui, que ses ennemis pensèrent que le moment était venu de le faire périr, et d'affranchir la ville non-seulement de sa tyrannie, mais encore de celle d'une vile populace dont l'insolence la tenait sous le joug depuis trois ans. Le succès de ce projet fut bien secondé par la démarche du capitaine, qui alla trouver les seigneurs lorsque le tumulte fut apaisé, et leur dit : « Qu'il avait accepté avec » plaisir cet emploi auquel leur choix l'avait » appelé, espérant servir des hommes pleins » d'équité, et qui s'armeraient pour appuyer » la justice et non pour en arrêter le cours; qu'a- » près la conduite du gouvernement de cette » ville à son égard, il se portait de bon cœur, » pour se soustraire au danger et à la perte » qui le menaçaient, à leur rendre cette dignité » qu'il n'avait reçue que dans l'espoir d'y trou- » ver de l'avantage et de la gloire. » Les seigneurs ranimèrent le courage du capitaine, et lui promirent un dédommagement pour ses pertes passées, et la sûreté pour l'avenir. Ensuite une partie d'entre eux ayant conféré avec quelques citoyens du nombre de ceux qu'ils croyaient amis du bien public, et moins suspects au gouvernement, ils conclurent qu'il fallait profiter de cette occasion favorable qui se présentait d'affranchir Florence de la puissance oppressive du bas peuple, et de celle de Georges que ses derniers excès avaient rendu odieux à tout le monde.

Il fut jugé convenable de saisir promptement cette occasion avant que les esprits, échauffés contre Scali, se fussent refroidis. Ils savaient que la faveur populaire se gagne et se perd pour les motifs les plus légers. Mais ils pensèrent qu'il fallait pour réussir mettre dans leurs intérêts Benoît Alberti, sans le consentement duquel l'entreprise leur semblait périlleuse. Celui-ci était un homme très-riche, humain et sévère, aimant la liberté de son pays, et détestant la tyrannie, de sorte qu'il fut facile d'obtenir qu'il demeurât tranquille, et consentît à la perte de Georges. L'insolence des guelfes et leurs manières tyranniques l'avaient éloigné d'eux ainsi que de la haute bourgeoisie; il s'était attaché au menu peuple; mais ayant vu ensuite que ses chefs imitaient la conduite des guelfes, il s'en était séparé longtemps auparavant, et n'avait eu aucune part aux outrages qu'ils avaient fait souffrir à plusieurs citoyens. Les mêmes motifs qui lui avaient fait embrasser le parti du menu peuple le lui firent donc abandonner. Lorsque les seigneurs se furent assurés de l'adhésion de Benoît Alberti et de celle des chefs des corps de métiers, et qu'ils se furent pourvus d'armes, ils firent arrêter Georges Scali. Tommaso prit la fuite. Le jour suivant, le premier eut la tête tranchée. Son parti fut saisi d'une telle frayeur que personne ne remua; chacun même concourut à l'envi à sa perte. Se voyant conduire au supplice en présence de ce peuple qui l'avait adoré peu de temps auparavant, il se plaignit de son mauvais sort et de la méchanceté des citoyens qui l'avaient forcé, en le maltraitant injustement, à soutenir et flatter une méprisable populace dans laquelle il n'y avait ni foi ni reconnaissance. Ayant aperçu parmi les gens armés Benoît Alberti, il lui dit : « Tu souffres donc, Alberti, que l'on me traite » si indignement, moi qui ne l'eusse jamais » souffert à ton égard en pareil cas? Mais je » t'annonce que ce jour est la fin de mes maux » et le commencement des tiens. » Il se reprocha ensuite d'avoir mis trop de confiance dans un peuple qui se laisse mener et séduire par le moindre discours, la moindre action, et par les soupçons les plus légers. Après avoir fait entendre ses plaintes, il périt au milieu de ses ennemis armés, enchantés de sa mort. On fit mourir ensuite quelques-uns de ses plus intimes amis dont les corps furent traînés çà et là par la multitude.

La mort de Scali mit toute la ville en mouvement. Cette exécution avait fait prendre les armes à plusieurs pour soutenir la seigneurie et le capitaine du peuple : beaucoup d'autres s'étaient armés par ambition ou par crainte. La diversité d'intérêts et de passions qui régnait à Florence donnait à chaque parti un esprit différent, et chacun voulait atteindre son but avant de déposer les armes. Les anciens nobles, auxquels on donnait le nom de grands, ne pouvant supporter leur exclusion des dignités, travaillaient de toutes leurs forces pour y rentrer, et désiraient à cet effet voir rendre l'autorité aux capitaines de quartier. La haute bourgeoisie et les premiers corps de métiers n'aimaient point à partager les honneurs du gouvernement avec les dernières classes des artisans et le menu peuple. D'un autre côté, les corps de métiers du second rang voulaient plutôt accroître que diminuer leur autorité, et la multitude craignait de perdre les collèges de ses corps de métiers. Ces mécontentements causèrent plusieurs fois des troubles à Florence dans l'espace d'une année. L'on vit s'armer, tantôt les grands, tantôt les premières ou les secondes classes des corps de métiers. La populace s'y joignait aussi, et souvent tout fut sous les armes en un moment dans les divers quartiers de cette ville. Il en résulta plusieurs combats et entre eux et avec les troupes du palais ; car la seigneurie, tantôt en cédant, tantôt en résistant à force ouverte, remédiait à tant de désordres, le mieux qu'il lui était possible. Enfin, après avoir formé deux parlements ou assemblées, et tenu plusieurs conseils extraordinaires pour réformer l'état ; après avoir éprouvé une infinité de maux, après avoir couru tous les périls, on vint à bout d'établir un gouvernement qui rendit à leur patrie tous les exilés, depuis l'époque où Salvestre Medici avait été gonfalonier. On ôta les dignités et les pensions à tous ceux qui en avaient été pourvus par le conseil extraordinaire de 1378 ; on rendit aux guelfes leurs places ; on abolit les deux nouveaux corps de métiers, ainsi que leurs officiers ; et tous ceux qui les composaient furent réunis aux anciens corps auxquels ils étaient soumis auparavant ; on priva ceux de la seconde classe du droit de fournir à leur tour le gonfalonier de justice ; on réduisit la moitié des emplois publics qu'ils possédaient au tiers, encore ne leur laissa-t-on que les moins importants. Le gouvernement fut donc mis entre les mains de la haute bourgeoisie et des guelfes. Le menu peuple, qui en avait été le maître depuis 1378 jusqu'en 1381, temps de cette réforme, n'y eut plus de part.

Ce nouveau gouvernement ne fut pas moins injuste envers les citoyens, ni moins oppresseur dans ses commencements que s'il eût été exercé par le menu peuple, dont les chefs furent bannis, ainsi que plusieurs membres de la haute bourgeoisie qui passaient pour ses défenseurs. Michel de Lando fut du nombre des proscrits. Le souvenir de tant de services dus à son autorité dans le temps où une populace effrénée ravageait Florence, ne put le soustraire à la fureur de l'esprit de parti. Sa patrie fut peu reconnaissante de ses services. Comme cette faute est assez ordinaire aux princes et aux républiques, il en résulte que les hommes, effrayés par de pareils exemples, commencent à les attaquer avant de devenir victimes, et de fournir une nouvelle preuve de leur ingratitude. Ces condamnations au bannissement et à la mort déplaisaient à Benoît Alberti, comme elles lui avaient toujours déplu. Il les blâmait en public et dans ses entretiens particuliers ; ce qui le faisait redouter des chefs de l'état qui croyaient voir en lui un des principaux amis de la multitude, et pensaient qu'il avait consenti à la mort de Scali, non parce qu'il désapprouvait sa conduite, mais afin de rester seul maître du gouvernement. Ses discours et sa conduite augmentèrent encore les soupçons. Toute la faction qui avait le pouvoir en main épiait sans cesse l'occasion de l'opprimer.

Tout le temps que Florence fut dans cette mesure, il ne se passa rien d'important au dehors ; car ce qui arriva causa plus de peur que de mal. Louis d'Anjou vint en Italie pour rétablir Jeanne, reine de Naples, sur son trône, et en chasser Charles de Duras. Son passage effraya beaucoup les Florentins, parce que Charles leur demanda des secours selon l'usage des anciens alliés ; et Louis d'Anjou, imitant ceux qui cherchent à se procurer de nouveaux amis, leur demanda de rester neutres. Les Florentins, voulant avoir l'air de satisfaire Louis et secourir réellement Charles, licencierent Jean d'Agut et l'envoyèrent au pape Urbain, ami de Duras. Louis découvrit aisément cette fourberie et en fut fort irrité. Tandis que la guerre se faisait dans la Pouille entre Louis et Charles, il vint de France au secours du premier de nouvelles troupes. A leur arrivée en Toscane, elles furent introduites à Arezzo par les bannis de cette ville, et le parti qui la gouvernait au nom de Charles en fut expulsé. Au moment où ils méditaient pour Florence des inovations semblables à celles qu'ils avaient faites dans Arezzo, la mort de Louis changea la face des affaires en Toscane et dans la Pouille. Charles s'assura du royaume de Naples qu'il avait presque perdu ; et les Florentins, qui craignaient de ne pouvoir défendre leur ville, acquirent celle d'Arezzo, qui leur fut vendue par les troupes de Louis qui en étaient en possession. Après s'être assuré de la Pouille, Charles y laissa sa femme, ses deux enfants encore en bas âge, Ladislas et Jeanne, comme nous l'avons dit en son lieu, et se rendit dans le royaume de Hongrie, dont il venait d'hériter. La mort ne le laissa pas jouir longtemps de cette nouvelle acquisition.

Lorsque Charles fut appelé au trône de Hongrie, on fit à Florence des réjouissances solennelles. Jamais ville n'en avait fait de semblables pour célébrer ses propres victoires. On y vit éclater la magnificence publique et particulière. Dans ces fêtes plusieurs familles le disputèrent à l'état lui-même, mais aucune n'égala en pompe et en somptuosité celle des Alberti. Ses préparatifs, les jeux militaires célébrés à ses frais, furent plutôt le fait d'un prince, d'un souverain, que celui du plus riche particulier. Cette ostentation ajouta beaucoup à l'envie qu'on portait à Benoît Alberti, et occasionna sa perte, en s'unissant aux soupçons qui existaient déjà contre lui dans le gouvernement. Ceux qui étaient à la tête des affaires ne pouvaient le souffrir, parce qu'il leur semblait qu'il pouvait à chaque instant, secondé par la faveur populaire, recouvrer son crédit, et les chasser de la ville. Ils étaient agités de ces craintes lorsqu'il arriva, pendant que ce même Alberti était gonfalonier des compagnies, que Philippe Magalotti son gendre fut fait gonfalonier de justice par la voie du sort. Cet incident redoubla les inquiétudes des chefs du gouvernement, qui crurent y voir un accroissement trop considérable de forces pour Alberti, et de périls pour l'état. Desirant obvier à ces inconvéniens sans bruit, ils excitèrent Bere Magalotti, son collègue et son ennemi, à déclarer aux seigneurs que Philippe n'avait pas l'âge requis pour exercer cette place, et par conséquent qu'il ne pouvait ni ne devait l'obtenir.

L'affaire fut examinée dans le conseil des seigneurs. Les uns par ressentiment, les autres pour empêcher le désordre, jugèrent Philippe inhabile à remplir cette charge. A la place de son nom on tira des bourses celui de Bardo Mancius, homme entièrement opposé à la faction du menu peuple et ennemi très-prononcé de Benoît Alberti. Avant de partir, Benoît réunit tous ceux qui partageaient son infortune, et les voyant plongés dans la tristesse et baignés de larmes, il leur dit :

« Vous voyez, mes chers parents, comment » la fortune a consommé ma perte : elle vous » menace aussi de ses rigueurs. Je n'en suis » point surpris, et vous ne devez pas l'être » vous-mêmes. Telle est toujours la destinée » de ceux qui veulent être gens de bien parmi » beaucoup de méchants, et qui tâchent de » conserver ce que le plus grand nombre cher- » che à détruire. L'amour de ma patrie fit » naître mes liaisons avec Salvestre Medici » et rompit ensuite celles que j'avais formées » avec Georges Scali. Le même sentiment » m'inspirait de la haine pour la conduite de » ceux qui gouvernent en ce moment. Comme » il n'y avait personne qui punit leurs excès, » ils n'ont même pas voulu que quelqu'un osât » les en reprendre. C'est avec satisfaction que » je les délivre de cette crainte par mon exil. » Elle ne leur venait pas de moi seul ; ils l'é- » prouvaient de la part de tous ceux qu'ils » savent instruits de leurs actes tyranniques » et criminels. Voilà pourquoi en m'accablant » ils ont encore menacé les autres. Je ne m'en » afflige point, parce que ma patrie, réduite » sous le joug de la servitude, ne peut m'en- » lever les honneurs qu'elle m'a accordés lors- » qu'elle était libre. Le souvenir de ma vie » passée m'offrira toujours plus de plaisir et » de consolation que les désagrémens attachés » à mon exil ne me causeront de peine. Mais

» c'est à regret que je laisse ma patrie sou-
» mise à l'orgueil de quelques hommes, et en
» proie à leur avarice. Je gémis aussi sur votre
» sort, craignant que les maux dont le terme
» est arrivé pour moi, mais qui commencent à
» peser sur vous, ne vous poursuivent d'une
» manière plus cruelle qu'ils ne m'ont pour-
» suivi moi-même. Je vous exhorte donc à
» vous roidir contre tous les genres d'adver-
» sité, et à vous conduire de telle manière,
» que si vous éprouvez quelques malheurs,
» et vous en éprouverez certainement beau-
» coup, chacun soit convaincu que vous ne
» les avez point mérités et rende hommage à
» votre innocence. »

Après son départ, Benoît Alberti, pour
donner au dehors une opinion aussi avantageuse de sa vertu que celle qu'il avait laissée
dans Florence, alla en Palestine visiter le Saint-
Sépulchre. En revenant il mourut à Rhodes.
Ses os furent transportés à Florence où ils furent inhumés avec les plus grands honneurs
par ceux-mêmes qui l'avaient accablé pendant
sa vie de tous les traits de la calomnie et de
l'injustice.

La famille des Alberti ne fut pas la seule
victime de ces désordres civils. Plusieurs autres citoyens furent aussi admonestés ou bannis. Parmi ceux-ci, l'on compte Pierre Benini,
Mathieu Alderotti, Jean et François del Bené,
Jean Benci, André Admirari, et beaucoup d'artisans des dernières classes. Du nombre des
admonestés furent : les Covoni, les Benini,
les Rinucci, les Formiconi, les Corbizzi, les
Mannelli et les Alderotti. Il était d'usage de
créer le conseil extraordinaire pour un temps,
mais lorsque les citoyens qui le composaient
avaient rempli leur mission, ils se démettaient par
esprit de modération et par honnêteté de leur
pouvoir, quoique le terme n'en fût pas encore
expiré. Les membres de celui-ci, croyant
avoir satisfait aux besoins de l'état, voulaient
se retirer selon la coutume. Plusieurs, en l'apprenant, coururent au palais, les armes à la
main, pour les obliger à bannir et admonester
beaucoup d'autres citoyens, avant de renoncer
à leur autorité. Les seigneurs en furent fort
mécontents, et pendant qu'ils entretenaient les
séditieux avec de belles promesses, ils rassemblèrent des forces, et les réduisirent par la

crainte à déposer les armes que la fureur leur
avait mises entre les mains. Néanmoins, pour
satisfaire en partie des passions si violentes, et
affaiblir davantage la puissance des artisans
du menu peuple, ils statuèrent qu'au lieu du
tiers ils n'auraient plus que le quart des emplois publics. Afin que parmi les membres de
la seigneurie il s'en trouvât toujours deux des
plus affidés au gouvernement, ils donnèrent
au gonfalonier de justice et à quatre autres
citoyens le pouvoir de composer une bourse
de noms choisis, dont deux seraient retirés par
la voie du sort, à chaque renouvellement de la
seigneurie.

Le gouvernement étant ainsi réglé, six ans
après l'organisation qu'il avait reçue en 1381,
Florence jouit de la tranquillité intérieure jusques en 1393. Ce fut à cette époque que Jean
Galeas Visconti, appelé le comte de Vertu, fit
prisonnier Bernabo son oncle, et devint par-là
maître de toute la Lombardie. Il crut que la
force pourrait lui donner le sceptre de toute
l'Italie, comme la ruse lui avait donné le duché
de Milan. Il déclara en 1390 une guerre très-
vive aux Florentins, et la conduisit avec tant
d'art et de valeur qu'ils furent plusieurs fois
sur le point de succomber, et eussent succombé en effet, si la mort ne l'eût enlevé. Cependant les défenses furent courageuses et admirables pour une république. La fin de cette
guerre ne fut pas à beaucoup près aussi fâcheuse
que son cours avait été terrible : car le duc,
après s'être emparé de Bologne, de Pise, de
Pérouse et de Sienne, périt à l'instant où il se
disposait à se faire couronner dans Florence
roi d'Italie. Cette mort l'empêcha de recueillir
le fruit de ses victoires passées, et ne laissa
point sentir aux Florentins le poids de leurs
pertes présentes.

Pendant que l'on était occupé de cette guerre
avec le duc de Milan, la charge de gonfalonier
de justice fut donnée à Maso de la famille des
Albizzi, dans l'âme duquel la mort de Pierre
avait fait naître l'inimitié qu'il conservait contre
les Alberti. Comme les passions de l'esprit de
parti étaient toujours en activité, quoique Benoît fût mort en exil, Maso résolut de se venger
du reste de cette famille avant de quitter sa
place. Il profita de la déposition faite contre
Alberti et André Alberti par un homme que

l'on interrogeait sur quelques intelligences qu'il avait eues avec les rebelles. Ces accusés furent arrêtés sur-le-champ, ce qui excita une émeute générale dans Florence. Les seigneurs, s'étant mis en état de défense, convoquèrent l'assemblée du peuple, formèrent aussitôt une *balia*, par le moyen de laquelle ils bannirent beaucoup de citoyens, et firent mettre de nouveaux noms dans les bourses pour remplir les emplois publics. Presque tous les Alberti furent du nombre des bannis; plusieurs artisans furent admonestés ou mis à mort. Les corps de métiers et le menu peuple, jugeant après tant d'outrages qu'on voulait leur enlever l'honneur et la vie, se soulevèrent et prirent les armes. Une partie se rendit sur la place, l'autre courut à la maison de Veri Medici, devenu chef de cette famille depuis la mort de Salvestre. La seigneurie, pour ralentir l'ardeur de ceux qui étaient venus sur la place, mit à leur tête, avec les enseignes des guelfes et du peuple, Rinaldo Gianfigliazzi et Donato Acciajoli, hommes de la bourgeoisie qui étaient les plus agréables à la multitude. Ceux qui étaient allés à la maison de Veri le priaient de vouloir bien se charger du gouvernement, et de les affranchir de la tyrannie de ces citoyens qu'ils regardaient comme les destructeurs des gens de biens et de la prospérité publique.

Tous ceux qui ont écrit sur les évènements de ce temps s'accordent à dire que si Veri eût été plus ambitieux, il pouvait, sans aucun obstacle, se saisir de la principauté de Florence. Les outrages que l'on avait fait essuyer, soit avec raison, soit sans motif, aux corps de métiers et à leurs amis, avaient tellement allumé la soif de la vengeance dans leurs cœurs, qu'il ne leur manquait pour assouvir cette passion qu'un chef qui les dirigeât. Il se trouvait assez de gens pour rappeler à Veri ce qu'il pouvait faire, puisque Antoine Medici lui-même, qui avait été longtemps son ennemi particulier, lui conseillait de devenir le maître de la république. Veri lui dit : « Ton inimitié ne m'a » point autrefois effrayé par ses menaces, et » ton amitié ne m'égarera point aujourd'hui » par ses conseils. » Se tournant ensuite du côté de la multitude, il l'exhorta à ne point se décourager, et lui promit d'être son défenseur, pourvu qu'elle se laissât diriger par ses avis.

Après s'être avancé au milieu d'elle sur la place, il monta au palais, et dit en présence des seigneurs : « Qu'il ne regrettait nullement d'avoir » vécu de manière à se concilier l'amour du » peuple de Florence, mais qu'il était très-af- » fligé de ce que ce peuple avait pris de lui une » idée à laquelle il n'avait jamais donné aucun » sujet par sa vie passée; que ne s'étant jamais » montré l'ami des troubles et de la passion de » dominer, il ne savait pourquoi on l'avait cru » capable ou de favoriser des séditions comme » ennemi du repos public, ou de s'emparer du » gouvernement comme un ambitieux; qu'il » priait la seigneurie de ne point lui faire un » crime de l'ignorance de la multitude, puisque » de son côté il s'était remis entre ses mains » aussitôt qu'il l'avait pu; qu'il l'engageait de » toutes ses forces à user modérément de la » fortune, et à se contenter plutôt d'une demi- » victoire qui serait couronnée du salut de l'É- » tat, que de le conduire à sa ruine en voulant » en obtenir une entière. » Veri fut comblé d'éloges par les seigneurs. Ils le prièrent de faire déposer les armes, et l'assurèrent qu'ils suivraient après cela ses conseils et ceux des autres citoyens. Veri revint ensuite sur la place, et joignit ses compagnies à celles qui étaient commandées par Rinaldo et Donato; puis il leur dit : « Qu'il avait trouvé les seigneurs très » bien disposés en leur faveur; que l'on avait » traité de beaucoup d'objets, mais que la » brièveté du temps et l'absence des magistrats » n'avaient pas permis de les conclure; qu'il » leur demandait avec instance, de quitter les » armes, d'obéir à la seigneurie, et d'être bien » convaincus que les voies de la douceur fe- » raient plus d'impression sur elle que celles » de la violence, et qu'elle serait plus touchée » des prières que des menaces. Il leur ajouta » qu'ils seraient en sûreté et auraient part aux » honneurs publics, s'ils voulaient s'en rap- » porter à ses conseils. » Chacun consentit, sur sa parole, à s'en retourner dans sa maison.

Lorsque la multitude eut mis bas les armes, les seigneurs commencèrent par armer la place, puis ils enrôlèrent deux mille citoyens attachés au gouvernement, les divisèrent également par compagnies, et leur ordonnèrent d'être prêts à les secourir au premier signal. Il fut défendu à ceux qui n'étaient point enrôlés de prendre les armes. Ces dispositions faites, la seigneurie condamna au bannissement et à la mort beaucoup d'artisans, parmi ceux qui avaient montré le plus d'audace dans la sédition. Afin de donner plus de majesté et de considération au gonfalonier de justice, elle statua qu'on ne pourrait avant d'avoir quarante-cinq ans, exercer cette charge. Désirant fortifier le gouvernement, elle fit encore plusieurs autres réglements insupportables à ceux contre lesquels ils étaient dirigés, et odieux aux gens de bien de son propre parti qui ne regardaient pas comme sagement organisé, ni comme sûr, un État qui ne pouvait se soutenir que par tant de violences. Ces excessives rigueurs déplaisaient non seulement à ceux des Alberti qui restaient dans Florence, et aux Medici qui croyaient avoir trompé le peuple, mais encore à beaucoup d'autres citoyens. Le premier qui tenta de s'y opposer fut Donato, fils de Jacques Acciajoli.

Donato tenait un rang distingué dans la ville : il était plutôt le maître que l'égal de Maso Albizzi, que les événements arrivés pendant qu'il était gonfalonier avaient en quelque sorte rendu le chef de la république. Néanmoins Donato ne pouvait goûter de satisfaction au milieu de tant de mécontentement, ni chercher, à l'exemple de plusieurs, son avantage particulier dans les malheurs publics. Il voulut donc essayer d'obtenir le rappel des bannis, ou au moins de faire rentrer les admonestés dans les charges. Il insinuait çà et là ses idées en montrant qu'il n'y avait pas d'autre moyen de calmer le peuple, et d'arrêter l'esprit de parti ; il n'attendait pour réaliser ses projets que l'instant où il pourrait être membre de la seigneurie. Mais comme dans les entreprises des hommes, temporiser cause de l'ennui, et que l'on court des dangers en se pressant, il préféra, pour éviter l'ennui, s'exposer au péril. Michel Acciajoli, son parent, et Nicolas Ricoveri, son ami, étaient alors du nombre des seigneurs. Il crut donc devoir saisir promptement cette occasion, et les engagea à proposer aux conseils une loi sur l'établissement des citoyens. Acciajoli et Ricoveri, persuadés par ses instances, en parlèrent à leurs collègues qui répondirent qu'ils ne voulaient point tenter des innovations dont le succès était incertain et le

péril assuré. Après avoir d'abord fait inutilement auprès d'eux toutes les tentatives, Donato, emporté par la colère, leur fit entendre, que puisqu'ils ne voulaient point se servir des moyens qu'ils avaient en main pour rétablir l'ordre dans la ville, on le rétablirait par la voie des armes. Ces paroles déplurent tellement, que le propos une fois communiqué aux chefs du gouvernement, Donato fut sommé de comparaître. Il obéit, et après avoir été convaincu par celui qu'il avait chargé d'être l'interprète de ses sentiments, il fut exilé à Barlette. On exila aussi Alaman et Antoine Medici, et tous ceux qui, par Alaman, descendaient de cette famille, ainsi qu'un grand nombre d'artisans des moins distingués, mais qui avaient beaucoup de crédit auprès du menu peuple. Ces événements eurent lieu deux ans après les réformes que Maso avait faites dans l'état.

Florence avait alors dans son sein beaucoup de mécontents, et au dehors beaucoup de bannis ; parmi ces derniers, se trouvaient à Bologne, Picchio Cavicciulli, Tommaso de la famille des Ricci, Antoine de celle des Medici, Benoît de celle des Spini, Antoine Girolami, Cristofano de Carlone avec deux autres de basse condition ; tous jeunes, entreprenants, et disposés à braver tous les dangers pour rentrer dans leur patrie. Piggiello et Baroccio Cavicciulli, qui vivaient admonestés dans Florence, les firent assurer en secret que s'ils voulaient se rendre dans cette ville, ils les y recevraient, les cacheraient dans leur maison, point de raliement d'où ils pourraient aller mettre à mort Albizzi et appeler le peuple aux armes ; qu'il leur serait d'autant plus facile de soulever ce peuple mécontent, que les Ricci, les Adimari, les Medici, les Mannelli et plusieurs autres familles seconderaient leur entreprise. Ces bannis, mus par cet espoir, se rendirent à Florence le 4 du mois d'août 1397, pénétrèrent sans être aperçus dans le lieu indiqué et envoyèrent quelqu'un pour épier Maso, voulant commencer le soulèvement par sa mort. Maso sortit de sa maison et s'arrêta chez un apothicaire près de St-Pierre-Majeur. L'espion courut en prévenir les conjurés, qui s'armèrent et vinrent à l'endroit désigné, mais ne l'y trouvèrent plus. Sans s'effrayer de n'avoir pas

réussi dans leur premier dessein, ils s'avancèrent vers le Vieux-Marché, où ils tuèrent un
citoyen du parti de leurs ennemis. Voulant
alors faire naître l'émeute, ils appelèrent le peuple aux armes, firent entendre les cris de
liberté, de *mort aux tyrans*, et, se dirigeant
vers le Marché-Neuf, ils commirent au bout
de Calimala un second meurtre. Ils continuè-
rent leur route en poussant les mêmes cris; mais
voyant que personne ne prenait les armes, ils
se retirèrent vers la loggia della Nighittosa.
Là, placés sur un lieu élevé et environnés d'une
affluence nombreuse accourue plutôt pour les
voir que pour les soutenir, ils exhortèrent à
haute voix le peuple à s'armer et à secouer le
joug de cette servitude pour laquelle il avait
témoigné tant d'aversion; ils lui protestèrent:
» Que les plaintes des mécontents les avaient
» plus excités que leurs injures personnelles à
» essayer d'affranchir cette ville. Ils ajoutèrent
» qu'ils savaient que plusieurs demandaient à
» Dieu l'occasion de se venger, assurant qu'ils
» le feraient aussitôt qu'ils auraient des chefs
» pour les mettre en mouvement; que cette
» occasion était venue, qu'ils avaient devant eux
» les chefs désirés, et que néanmoins ils se re-
» gardaient les uns les autres comme des
» hommes stupides; qu'ils attendaient sans
» doute que les moteurs de leur affranchisse-
» ment fussent mis à mort, et qu'on les acca-
» blât de chaînes plus pesantes encore; qu'ils
» s'étonnaient de ce que ceux qui avaient cou-
» tume de courir aux armes pour la plus légère
» injure n'étaient point soulevés par de si san-
» glants outrages et souffraient que tant de
» leurs concitoyens fussent bannis et admones-
» tés, tandis qu'il était en leur pouvoir de ré-
» tablir les exilés dans leur patrie, et les admo-
» nestés dans leurs places. » Ces discours,
quoique vrais, n'excitèrent aucun mouvement
dans la multitude, soit par crainte, soit parce
que les deux meurtres précédents avaient rendu
les meurtriers odieux. Les instigateurs du
trouble, voyant que leurs paroles et leurs actions
n'avaient produit aucun effet, jugèrent, mais
trop tard, combien il est dangereux de chercher à rendre libre un peuple qui veut absolument être esclave. Désespérant alors du succès
de leur projet, ils se réfugièrent dans le
temple de Santa-Reparata, où ils s'enfermèrent

non pour sauver leur vie, mais pour différer
leur mort.

Au premier bruit, les seigneurs inquiets s'é-
taient mis en défense dans le palais, et en avaient
fait fermer l'entrée; mais après avoir découvert
la cause et les auteurs de ce mouvement, et le
lieu de leur retraite, ils se rassurèrent: le capitaine fut envoyé avec beaucoup d'autres gens
armés pour les saisir. Les portes du temple
ayant été forcées assez facilement, les uns périrent en se défendant, les autres furent faits
prisonniers. D'après leur interrogatoire, il ne
se trouva de coupables hors de leur sein que
Baroccio et Piggiello Cavicciulli, qui furent condamnés à mort avec eux.

Cet événement fut suivi d'un autre d'une
plus grande importance. L'État était alors en
guerre, comme nous l'avons dit plus haut, avec
le duc de Milan. Ce seigneur, voyant qu'il ne
pouvait le subjuguer à force ouverte, eut recours à la ruse. Par le moyen des bannis de
Florence dont la Lombardie était pleine, il
ourdit un complot que l'on fit connaître à
plusieurs habitants de cette ville. Il fut convenu
qu'une grande partie des bannis, les plus capables de porter les armes, partiraient à un jour
marqué des lieux les moins éloignés de Florence, y arriveraient par eau (sur l'Arno), se
rendraient ensuite précipitamment avec leurs
amis de l'intérieur chez les premiers magistrats, les mettraient à mort et réformeraient
la république à leur volonté. Parmi les conjurés
de l'intérieur se trouvait un des Ricci, nommé
Samminiato. Il arrive souvent dans les conspirations que le petit nombre en empêche le succès
et que le grand nombre les fait découvrir.
Pendant que Samminiato cherchait des complices, il trouva un accusateur. Ce fut Salvestre Cavicciulli, que les mauvais traitements que
sa famille avait essuyés ainsi que lui semblaient
devoir intéresser au secret de ce complot dont
il lui fit part. La peur d'un danger prochain
fit plus d'impression sur ce Salvestre qu'une
espérance éloignée, et il le découvrit sur-le-
champ aux seigneurs qui firent arrêter Samminiato, et le forcèrent à dévoiler toute cette conjuration. Aucun des complices ne fut pris,
excepté Tommaso Davisi, qui, revenant de Bologne, le fut avant d'arriver à Florence, où il
ne savait pas ce qui s'était passé. Les autres,

effrayés de l'arrestation de Samminiato, prirent la fuite. Lorsque l'on eut puni Samminiato et Tommaso comme ils le méritaient, on créa un conseil extraordinaire pour rechercher les autres coupables, et travailler à la sûreté de l'État. Cette *balia* déclara rebelles six membres de la famille des Ricci, six de celle des Alberti, deux de celle des Medici, trois de celle des Scali, deux de celle des Strozzi, ainsi que Bindo Altoviti, Bernard Adimari et plusieurs personnes de basse condition. Elle admonesta aussi toute la famille des Alberti, des Ricci et des Medici pour dix ans, excepté un petit nombre d'entre eux. Parmi les Alberti, Antoine ne fut point admonesté, parce qu'il passait pour un homme pacifique et tranquille. Les soupçons que cette conjuration fit naître duraient encore, que l'on arrêta un moine qu'on avait vu plusieurs fois aller de Bologne à Florence, dans le temps où les conjurés tramaient leur complot. Celui-ci avoua qu'il avait porté différentes fois des lettres à Antoine. Cet accusé saisi à l'instant même, nia d'abord le fait, mais convaincu par ce moine, il fut condamné à une amende, et exilé à la distance de trois cents milles de Florence. On bannit aussi tous les Alberti au-dessus de l'âge de quinze ans, afin qu'ils ne fissent plus courir de dangers à l'État.

Ceci arriva en 1400, et Galéas, duc de Milan, mourut deux ans après. Sa mort, comme nous l'avons dit, termina cette guerre, qui durait depuis douze ans. A cette époque, le gouvernement s'étant fortifié, et n'ayant plus d'ennemis au dedans ni au dehors, on forma contre la ville de Pise cette entreprise dont on obtint un succès si glorieux, et Florence jouit de la tranquillité depuis l'an 1400 jusqu'en 1423. Seulement en 1412, les Alberti ayant rompu leur ban, on créa contre eux une nouvelle *balia* qui mit leur tête à prix, et donna par ses

règlements une nouvelle force à l'État. A cette même époque les Florentins firent aussi, contre Ladislas, roi de Naples, une guerre qui finit en 1414 par la mort de ce prince. Dans le cours de cette guerre, Ladislas, s'étant trouvé plus faible que les Florentins, leur avait cédé la ville de Cortone, dont il était maître. Mais ayant bientôt repris des forces, il les attaqua de nouveau, leur fit à son tour une guerre qui leur fut bien plus funeste; et si la mort n'eût mis fin à ses hostilités, comme elle l'avait fait à celles du duc de Milan, il les eût, aussi bien que ce duc, exposés au péril de perdre leur liberté. Cette guerre avec le roi de Naples ne finit pas moins heureusement pour les Florentins que celle avec le duc de Milan; car ce prince mourut au moment ou, après s'être emparé de Rome, de Sienne, de la Marche, et de toute la Romagne, il ne lui manquait plus que Florence pour porter ses armes victorieuses dans la Lombardie. La mort rendit donc toujours plus de services aux Florentins qu'aucun de leurs alliés, et contribua davantage à leur salut que toutes leurs vertus guerrières. Après que le roi de Naples eut terminé sa carrière, Florence goûta pendant huit ans les douceurs du repos. Elle fut ensuite agitée en même temps par la guerre contre Philippe duc de Milan, et par ses propres factions, qui ne cessèrent qu'avec la ruine de ce même gouvernement, qui avait duré depuis 1381 jusqu'en 1434, et qui avait soutenu si glorieusement tant de guerres, conquis à l'état Arezzo, Pise, Cortone, Livourne et Monte-Pulciano. Elle eût fait encore de plus grandes choses, si elle eût pu entretenir l'union dans son sein, et que le feu des discussions anciennes ne s'y fût pas rallumé de nouveau, comme nous le montrerons plus particulièrement dans le livre suivant.

LIVRE QUATRIÈME.

Les cités qui se gouvernent sous le nom de république sont exposées, surtout lorsqu'elles sont mal constituées, à de fréquentes révolutions dans leur gouvernement, qui les font successivement passer, non pas comme on le croit communément, de la servitude à la liberté, mais de la servitude à la licence. Les ministres de la licence, qui sont les démagogues, et ceux de la servitude, qui sont les nobles, ne célèbrent de la liberté que le nom. Les uns et les autres ne veulent que se mettre au-dessus des hommes et des lois. S'il arrive par hasard, mais c'est un bien rare événement, que le génie de la république élève un citoyen vertueux, éclairé et puissant, qui par de sages institutions assoupisse les haines des nobles et du peuple, ou du moins les comprime tellement qu'elles ne puissent plus nuire, alors seulement l'on peut dire que la république est libre, et jouit d'un gouvernement ferme et assuré. En effet, graces à l'excellence de sa constitution et de ses lois, elle n'a pas besoin, comme les autres cités, de fonder son salut sur la vertu d'un seul homme. Cet avantage d'une bonne constitution a été accordé à plusieurs républiques de l'antiquité qui ont pu aussi maintenir longtemps leur gouvernement dans toute sa vigueur; mais il a été refusé à toutes ces républiques qui vont sans cesse de la tyrannie à la licence, et reviennent de la licence à la tyrannie. Ces deux états de choses n'offrent aucune sûreté, parce qu'ils présentent sans cesse grand nombre d'ennemis irrités et puissants. La tyrannie est détestée des gens de bien; la licence des hommes éclairés : dans l'une on fait aisément le mal, et dans l'autre difficilement le bien; celle-là livre le pouvoir à l'insolence du petit nombre, celle-ci à l'ignorance de la multitude, et l'un et l'autre état a besoin d'être maintenu par l'habilité et la fortune d'un seul homme, qui peut ou mourir ou succomber en essayant de réussir.

Ce fut donc l'habileté de messire Maso d'Albizzi, et après lui de Nicolas d'Uzano, qui maintint la forme du gouvernement établi à Florence en 1381 après la mort de messire Giorgio Scali. La république vécut en paix depuis l'an 1414 jusqu'à 1422. Le roi Ladislas était mort, et la Lombardie fut en proie à des dissensions intestines, en sorte qu'au-dedans comme au-dehors Florence n'avait rien à redouter. Les citoyens qui après Nicolas d'Uzano avaient le plus d'autorité étaient Bartolommeo Valori, Nerone di Nigri, Rinaldo d'Albizzi, Neri di Gino et Lapo Niccolini. Cependant les partis qu'avait fait naître la haine des Albizzi et des Ricci, et que Salvestro de Médicis avait ranimés avec tant de violence, étaient loin d'être éteints. Quoique le parti populaire n'eût régné que trois ans, ayant été vaincu en 1381, comme il avait néanmoins pour lui la plus grande partie des citoyens, il était presque impossible de l'étouffer tout à fait. Il est vrai que les fréquentes assemblées extraordinaires et les persécutions sans cesse renaissantes dirigées, depuis 1381 jusqu'en 1400, contre les chefs de ce parti, l'avaient réduit à une nullité presque absolue. Les principales familles que sous ce prétexte on poursuivit avec le plus d'acharnement furent les Alberti, les Ricci et les Médicis; elles eurent souvent à souffrir dans leurs personnes ou dans leurs biens, et ceux qui ne voulurent pas s'éloigner de la république se virent fermer le chemin à toutes les dignités. Tous ces coups avaient en effet abattu et presque anéanti ce parti. Mais le souvenir de tant d'injures vivait dans la mémoire d'un grand nombre de citoyens; ils soupiraient après le moment de se venger, et n'en trouvant pas une occasion favorable, ce sentiment restait dans toute sa force caché au fond de leur cœur.

Les nobles qui, ayant embrassé le parti du peuple, gouvernaient en paix la république, firent deux fautes qui les perdirent. Ils se laissèrent aller à cet esprit d'insolence qu'inspire l'habitude du pouvoir, et jaloux les uns des autres, tranquilles dans la possession de leur autorité, ils surveillèrent moins leurs véritables ennémis. Ainsi, ranimant chaque jour par l'iniquité de leur conduite la haine des citoyens, perdant de vue tous ces genres de révoltes qu'ils croyaient n'avoir pas à craindre, ou cherchant même à les fomenter par l'effet de leur mutuelle jalousie, ils donnèrent à la famille des Médicis les moyens de reprendre son ancien crédit. Celui qui se releva le premier dans cette famille fut Giovanni di Ricci. Ayant acquis de très-grandes richesses, s'étant toujours fait remarquer par un caractère doux et facile, les gouvernants ne crurent pas devoir s'opposer à ce qu'il fût porté à la première des magistratures, ce qui répandit une allégresse universelle parmi le peuple, qui crut avoir enfin trouvé un défenseur. De tels transports parurent très-inquiétants aux plus sages citoyens qui crurent y voir le signal du renouvellement de tous les troubles passés. Niccolo d'Uzano ne manqua pas d'en avertir son parti; il représenta combien il était dangereux de soutenir un homme qui possédait à un si haut degré l'affection du peuple, combien il était aisé de s'opposer aux désordres naissants, et difficile d'y porter remède quand on les avait laissés s'accroître et se fortifier, et qu'ils voyaient enfin dans Giovanni des moyens bien supérieurs à tous ceux de messire Salvestro de Médicis. Uzano ne fut point écouté; on était jaloux de son crédit, et on n'était pas fâché d'avoir des compagnons pour le renverser.

Florence était livrée à cet esprit de dissension qui commençait déjà à éclater en secret, lorsque Philippe Visconti, second fils de Galeas, devenu maître de toute la Lombardie par la mort de son frère, et se croyant en état de tout entreprendre, forma le dessein de se rendre maître de Gênes, gouvernée alors par ses propres lois, et ayant pour doge messire Tomaso de Campo Fregoso. Mais il craignait de ne pouvoir réussir dans ce dessein, ou dans toute autre entreprise, s'il ne commençait par faire un traité avec Florence, dont le crédit lui paraissait nécessaire pour soutenir ses projets. Il envoya donc dans cette ville des ambassadeurs pour obtenir ce traité. Plusieurs citoyens s'y opposèrent; ils voulaient seulement qu'on maintînt l'état de paix où l'on avait vécu depuis plusieurs années avec la Lombardie, sentant très-bien que ce traité ne serait utile qu'à Visconti,

et que la république n'en retirerait aucun avantage. D'autres étaient d'un avis contraire; ils croyaient qu'on pourrait obtenir par là des conditions utiles; que si Visconti venait à les violer, il ferait connaître ses mauvaises dispositions, et qu'alors on l'attaquerait avec justice. Après une assez longue discussion on se décida pour l'affirmative, et Visconti promit de ne se mêler de rien de tout le pays établi en deçà des rivières de la Magra et du Panaro.

Dès que le traité fut conclu, Visconti s'empara de Brescia, et bientôt après de Gênes, trompant ainsi les calculs de ceux qui l'avaient proposé et qui avaient cru que Brescia serait défendue par les Vénitiens, et que Gênes suffirait pour se défendre elle-même. Comme, dans la capitulation conclue avec le doge, Visconti lui avait abandonné Serezana, et d'autres places situées en-deçà de la Magra, sous la condition qu'il ne pourrait les aliéner qu'aux Génois, il se trouvait avoir violé par là le traité de Florence; il s'était lié d'ailleurs par un autre traité avec le légat de Bologne. Toutes ces opérations mécontentèrent vivement les citoyens, et, prévoyant le danger qui les menaçait, ils crurent devoir se préparer à le prévenir. Visconti, instruit de ces dispositions, soit pour se justifier, soit pour sonder les projets des Florentins, ou leur donner le change sur les siens, envoya des ambassadeurs à Florence, chargés de témoigner son étonnement des soupçons conçus contre lui, et de renoncer en son nom à tout ce qui dans ses opérations aurait pu donner de l'ombrage à la république.

L'unique effet de cette ambassade fut de jeter la division parmi les citoyens. Les uns, et c'étaient les plus considérés dans le gouvernement, croyaient qu'il était nécessaire de prendre les armes, et de se préparer à prévenir les desseins de Visconti; que si, au surplus, après ces préparatifs, l'ennemi restait tranquille, la guerre n'était pas déclarée, mais seulement la paix devenue plus facile. Les autres, soit par jalousie contre le gouvernement, soit par crainte de la guerre, disaient qu'il ne fallait pas mécontenter légèrement un allié, et que les procédés de Visconti ne méritaient pas tant de défiance; qu'on ne saurait se dissimuler que créer les Dix et lever des troupes était se mettre en état de guerre; qu'on ne pouvait attaquer un prince aussi puissant sans s'exposer à une ruine certaine ; et qu'il n'y avait enfin aucun avantage à espérer de cette guerre, puisque les conquêtes qu'on pourrait faire, séparées de la république par la Romagne, seraient impossibles à conserver ; et que, quant à la Romagne elle-même, le voisinage de l'église défendait d'y penser. Cependant le crédit de ceux qui voulaient que la république se préparât à la guerre prévalut contre ces conseils pacifiques. On créa les Dix, on leva des troupes, et l'on imposa de nouveaux impôts qui, surchargeant les dernières classes des citoyens beaucoup plus que les premières, firent éclater dans la ville les plaintes les plus vives. Chacun s'emportait contre l'ambition et l'avarice des gouvernants, et les accusait de provoquer une guerre inutile dans l'unique motif d'assouvir leurs passions et d'opprimer le peuple.

Florence n'en était pas venue encore à une rupture ouverte avec la Lombardie ; mais chaque jour les esprits s'aigrissaient davantage. Visconti, à la requête du légat de Bologne, qui redoutait messire Bentivoglio, banni de cette ville et réfugié à Castel Bolognèse, lui avait envoyé des troupes qui ne purent approcher aussi près de la Toscane sans inquiéter la république. Mais ce qui porta les soupçons à leur comble, et enfin précipita la guerre, ce fut l'entreprise du duc sur Forli.

Giorgio Ordelaffi, seigneur de cette place, avait établi, en mourant, Visconti tuteur de son fils Tibaldo. La mère de celui-ci, se défiant d'un pareil tuteur, avait envoyé son fils auprès de Lodovico Alidossi, son père, seigneur d'Imola. Mais le peuple de Forli, voulant que le testament d'Ordelaffi fût maintenu, la força de mettre son fils entre les mains du duc. Celui-ci, pour écarter les soupçons et mieux cacher ses desseins, ordonna au marquis de Ferrare d'envoyer, comme chargé de ses pouvoirs, Guido Torelli avec des troupes, et de prendre le gouvernement de Forli. C'est ainsi que cette place tomba en son pouvoir. Dès qu'on sut cet événement à Florence, et qu'on apprit la nouvelle de l'arrivée des troupes à Bologne, les préparatifs de guerre essuyèrent moins de contradiction, quoiqu'il se manifestât toujours une opposition violente qui était soutenue publiquement par Giovanni de Médicis. Il représen-

tait qu'en supposant même qu'on ne pût douter des intentions hostiles du duc, il valait mieux l'attendre qu'aller l'attaquer ; que dans ce dernier cas, la guerre, aux yeux des autres souverains d'Italie, paraîtrait aussi juste de son côté que du nôtre ; qu'on ne pourrait alors réclamer avec autant de confiance leurs secours, que si on eût laissé à Visconti le temps de faire connaître toute son ambition ; et qu'enfin on défendait avec bien plus de courage et d'opiniâtreté ses propres foyers, qu'on n'attaquait ceux d'autrui. On lui répondait qu'il était au contraire bien moins avantageux d'attendre l'ennemi que d'aller au-devant de lui ; que les faveurs de la fortune sont plutôt pour celui qui attaque que pour celui qui se défend ; et que s'il en coûtait plus de faire la guerre sur le territoire ennemi, on avait bien moins de dangers à courir que dans son propre pays. Cet avis prévalut, et on arrêta que les Dix emploieraient tous les moyens en leur pouvoir pour tirer Forli des mains du duc.

Visconti, voyant que les Florentins étaient résolus de s'emparer des places qu'il s'était promis de défendre, leva le masque et envoya Agnolo de la Pergola attaquer Imola avec un gros corps de troupes, afin que le seigneur de cette place, forcé de se défendre lui-même, ne pût s'occuper des intérêts de son petit-fils. Agnolo arriva aux portes d'Imola lorsque les troupes de Florence étaient encore à Modigliana, et le froid excessif ayant glacé les fossés de la place, il y pénétra une nuit par surprise, et envoya Lodovico prisonnier à Milan. Les Florentins, voyant Imola pris et la guerre ainsi déclarée, envoyèrent leur armée à Forli, avec l'ordre d'en faire le siège et de la bloquer de toutes parts ; et pour que les troupes du duc ne pussent se réunir pour la dégager, ils prirent à leur solde le comte Alberigo qui, de son château de Zagonara, envoyait chaque jour des partis jusqu'aux portes d'Imola. Notre armée prit donc une position très-forte sous Forli, et Agnolo, sentant qu'il ne pourrait entreprendre sans danger de la secourir, résolut d'aller attaquer Zagonara, jugeant bien que les Florentins ne consentiraient pas à laisser prendre cette place, et que, pour la défendre, ils seraient forcés de lever le siège de Forli, et de venir combattre avec désavantage. Bientôt il força

Alberigo à capituler, et il fut convenu que celui-ci livrerait la place si, dans l'espace de quinze jours, il n'était pas secouru par les Florentins.

Lorsqu'à Florence et au camp on fut instruit de ce fâcheux événement, chacun voulut qu'on s'empressât d'arracher à l'ennemi un pareil succès, et on ne fit, par cet empressement, que lui en assurer un plus considérable.

L'armée, en effet, ayant aussitôt levé le camp de Forli et livré bataille aux Milanais, fut défaite moins par la valeur de l'ennemi que par les injures du temps. Elle avait marché pendant plusieurs heures, enfonçant dans la boue et toujours battue par la pluie, lorsqu'elle rencontra l'ennemi frais et dispos qui n'eut pas de peine à la vaincre. Cependant dans une si grande déroute, qui fit tant de bruit en Italie, l'armée ne perdit que Lodovico d'Obizi et deux des siens, qui, étant tombés de cheval, furent ensevelis dans un bourbier fangeux.

Cette déroute consterna Florence, mais particulièrement les grands qui avaient conseillé la guerre. Ils se voyaient, sans troupes et sans alliés, en présence d'un ennemi puissant, et, pour surcroît d'inquiétude, le peuple, irrité contre eux, les attaquant dans tous les lieux publics par les discours les plus amers, s'emportant avec fureur contre l'excès des impôts, et contre une guerre funeste entreprise sans aucun motif. « Est-ce pour tenir l'ennemi en » respect, s'écriaient-ils, qu'ils ont créé les » Dix? Est-ce pour secourir Forli et l'arracher » aux mains du duc? Non; ils ont découvert » leurs desseins secrets et le véritable motif de » toutes leurs actions; ils ne voulaient pas dé- » fendre la liberté dont ils sont les mortels en- » nemis, mais seulement accroître leur puis- » sance que le ciel vient d'ébranler dans sa » justice. Et ce n'est pas la première fois que » la république est victime de leurs injustes » entreprises. N'est-ce pas ainsi qu'ils ont déjà » attaqué le roi Ladislas? A qui maintenant » vont-ils recourir? Au pape Martin qu'ils » ont gratuitement offensé pour satisfaire » Braccio? A la reine Jeanne, qu'ils ont aban- » donnée et forcée de se jeter dans les bras du » roi d'Aragon? » Outre ces reproches, ils vomissaient contre les grands toutes les autres injures qu'on doit attendre d'un peuple irrité. La seigneurie crut alors devoir confier à un grand nombre de citoyens le soin de calmer par leurs discours le mécontentement de la multitude. Messire Rinaldo d'Albizzi, fils aîné de messire Maso, qui, par ses talents et le souvenir de son père, aspirait à arriver à la tête de la république, parla avec zèle au peuple; dans cette critique circonstance, il lui représenta combien il était injuste de juger d'une entreprise par ses résultats, puisque souvent les plans les mieux concertés étaient sans succès, tandis qu'on voyait réussir les desseins les plus insensés. Louer un projet déraisonnable parce qu'il avait réussi, n'était autre chose qu'encourager l'erreur, et exposer les républiques aux plus funestes événements, puisque enfin ces projets n'étaient pas toujours heureux. On n'avait pas moins tort de blâmer une sage résolution parce qu'elle n'avait pas été couronnée par le succès, car c'était décourager les citoyens éclairés de donner des conseils à la république, et d'exposer ce qu'ils croient le plus utile. Il fit sentir ensuite la nécessité d'entreprendre cette guerre, et montra que si on ne l'eût portée dans la Romagne, on l'aurait eue dans la Toscane. Il avait plu à Dieu que notre armée fût mise en déroute, mais la perte de la république serait d'autant plus grave qu'on s'abandonnerait davantage. Si, au contraire, on portait les remèdes nécessaires aux maux de la patrie, on l'empêcherait de sentir sa perte, et le duc de jouir de la victoire. Il ne fallait pas avoir la crainte de nouvelles dépenses et de nouveaux impôts; les dépenses ne seraient plus les mêmes et les impôts moins considérables, puisqu'il fallait moins de préparatifs pour se défendre que pour aller attaquer l'ennemi. Il les exhorta enfin à suivre l'exemple de leurs pères qui, pour n'avoir jamais perdu courage dans les plus fâcheux événements, étaient parvenus à se défendre contre les princes les plus puissants.

Les citoyens, ranimés par ce discours, prirent à leur solde le comte Oddo, fils de Braccio, et lui donnèrent pour conseil Niccolo Piccinino, élève de Braccio, et le plus renommé des capitaines qui eussent servi sous ses ordres. Ils joignirent à son armée plusieurs autres condottieri, et remontèrent quelques-uns de ceux qui avaient perdu leurs chevaux dans la dernière défaite. Ils chargèrent en outre vingt citoyens d'établir un nouvel impôt, et ceux-ci, se confiant dans l'abattement que la dernière défaite avait inspiré aux grands, les surchargèrent sans aucun égard. Cet impôt offensa vivement ceux-ci. Par bienséance ils ne crurent pas devoir se plaindre de leurs taxes, mais ils les blâmaient en général comme injustes, et demandaient qu'on fît une remise. Cette proposition fut rejetée dans les conseils. Les grands alors, pour faire sentir au peuple par expérience tout le poids de cette taxe, et lui en inspirer le dégoût, eurent soin que les percepteurs la levassent avec une extrême rigueur, et leur donnèrent le droit de tuer sur-le-champ quiconque résisterait aux huissiers. Il en résulta plusieurs fâcheux événements. Des citoyens furent tués ou blessés. Il était aisé de prévoir que la fureur des partis allait faire encore couler le sang et que quelque résolution funeste menaçait la république; les grands, habitués à une grande considération, ne pouvant souffrir d'être traités avec indignité, et le peuple voulant que chacun supportât les charges publiques.

Dans cet état de choses, plusieurs des principaux citoyens se réunirent et convinrent qu'il était indispensable de reconstituer la république, puisque leur négligence avait laissé prendre au peuple l'habitude de censurer les opérations du gouvernement, et ranimé les espérances des chefs de la multitude. Après différentes conférences particulières, ils résolurent de se réunir tous ensemble; et avec la permission de messire Lorenzo Ridolfi, et Francesco Gianfigliazzi, alors membre de la seigneurie, ils se rassemblèrent au nombre de plus de soixante dans l'église de Saint-Étienne. Giovanni de Médicis ne se trouva pas parmi eux, soit que par défiance on ne l'eût pas convoqué, soit qu'il regardât l'objet de cette réunion comme contraire à ses principes.

Messire Rinaldo d'Albizzi prit la parole : Il exposa l'état de la république qui par leur négligence était tombée au pouvoir de la populace, à qui leurs pères l'avaient arrachée en 1381. Il rappela l'horreur de ce gouvernement qui avait subsisté depuis 1378 jusqu'en 1381, et à qui chacun de ceux qui l'écoutaient avait à redemander les uns un

père, les autres un aïeul massacré. Il fit sentir que les mêmes dangers menaçaient la république, et qu'elle était près de tomber dans des désordres aussi affreux; que déjà la multitude avait établi de sa propre autorité un impôt exorbitant, et que si elle n'était retenue par des forces plus imposantes et des institutions plus vigoureuses, elle créerait les magistrats au gré de ses caprices, écarterait des dignités les meilleurs citoyens, et renverserait bientôt ce gouvernement qui pendant quarante-deux ans avait si glorieusement maintenu l'état. Florence alors serait régie au hasard par le caprice de la multitude, qui établirait l'extrême licence des uns, et exposerait les autres aux plus grands dangers, ou bien elle serait asservie à la tyrannie d'un seul qui s'emparerait de l'autorité. Tout homme qui aimait l'honneur et la patrie devait donc ressentir au fond de son cœur et avoir présent à la mémoire le courage de Bardo Mancini, qui, par la ruine des Albérti, avait arraché la république aux dangers dont elle était alors menacée. Il assura que la seule cause de l'audace de la multitude était dans les scrutins nombreux que les grands avaient permis par une coupable négligence et qui avait rempli le gouvernement d'hommes nouveaux et sans considération, que l'unique remède aux dangers de la patrie était de rendre l'autorité aux grands, et de l'ôter aux corps de métiers de la dernière classe, en les réduisant de quatorze à sept. Leur nombre étant ainsi diminué, le peuple aurait moins d'influence dans les conseils, et les grands, jouissant d'un pouvoir plus étendu, conservant toujours leurs anciennes inimitiés, pourraient plus aisément le repousser des élections. Il ajouta qu'il était sage de se servir, selon les temps, des partis opposés; que si leurs pères avaient eu recours au peuple pour combattre l'insolence des grands, il fallait, maintenant que les grands étaient humiliés, et que le peuple était devenu insolent à son tour, réprimer celui-ci par les premiers; qu'au reste il était important d'user pour cette grande entreprise et de ruse et de force, et que ce dernier moyen n'était pas difficile, puisque quelques-uns d'eux étaient dans les Dix, et pourraient faire entrer en secret des troupes dans la ville.

Le discours de messire Rinaldo fut comblé d'éloges, et chacun approuva ses propositions, entre autres Niccolo d'Uzano, qui remarqua que messire Rinaldo avait exposé la véritable situation de la république, et que les moyens de salut qu'il proposait étaient sages et certains, pourvu qu'on les exécutât sans faire éclater de trop grandes divisions dans la ville; qu'ils arriveraient à ce but s'ils pouvaient faire entrer dans leurs desseins Giovanni de Médicis; que la multitude, alors privée de chefs et d'appui, ne saurait leur résister; mais que si Médicis refusait d'y concourir, ils seraient forcés d'en venir aux mains, et que ce parti offrait le double danger ou de ne pas réussir ou de ne pouvoir profiter de la victoire. Il leur rappela ensuite avec modération ses précédents avis; ils n'avaient pas voulu prévenir ces dangers lorsqu'ils le pouvaient sans peine, et maintenant une pareille entreprise les exposait aux plus grands malheurs, et leur unique ressource était de gagner Médicis. Cet avis fut approuvé; ils chargèrent messire Rinaldo d'en conférer avec Médicis, et de tâcher de l'attirer à leur parti.

Rinaldo exécuta fidèlement cette commission. Il pressa Médicis par les raisons qu'il crut les plus fortes de concourir à leur entreprise, et de ne pas vouloir, par un tel attachement à la multitude, fortifier son insolence et exposer Florence et la république à une ruine certaine. Giovanni lui répondit qu'il croyait que le devoir d'un sage et bon citoyen était de respecter la constitution de l'état; que rien ne blessait plus les citoyens que les changements qu'on tentait d'y opérer, et qui ne pouvaient avoir lieu qu'au détriment d'un grand nombre d'individus dont le mécontentement exposait chaque jour l'état aux plus fâcheux événements. Il pensait que leur entreprise avait deux objets également inutiles et pernicieux : l'un de donner les emplois de la république à une classe d'hommes qui, ne les ayant jamais possédés, en sentaient moins le prix, et avaient moins raison de se plaindre d'en être privés; l'autre de les enlever à ceux qui, habitués à en jouir, ne resteraient jamais tranquilles qu'ils ne leur fussent rendus; or, l'injure faite à ceux-ci serait ressentie beaucoup plus vivement que la faveur accordée à ceux-là. Ainsi les auteurs de ce projet se feraient peu d'amis, et un très-grand nombre d'ennemis beaucoup plus actifs à les poursuivre que ceux-là à les protéger. Car les hommes sont naturellement plus portés à se venger d'une injure qu'à reconnaître un bienfait; la reconnaissance leur paraît onéreuse, tandis que la vengeance leur semble inutile et douce. Et vous, ajouta-t-il en s'adressant directement à messire Rinaldo, si vous vous rappeliez notre histoire, si vous réfléchissiez à l'esprit de perfidie qui domine tous nos citoyens, vous seriez moins empressé à poursuivre cette entreprise. Lorsque ceux qui vous conseillent aujourd'hui auront par votre moyen enlevé au peuple son autorité, ils vous perdront à votre tour par le secours du peuple, qui aura conservé le ressentiment de ses injures. Vous éprouverez le sort de messire Benedetto Alberti qui, cédant à des suggestions perfides, consentit à la perte de messire Giorgio Scali et Tommaso Strozzi, et fut bientôt chassé de Florence par ceux-mêmes dont il avait suivi les conseils. Enfin il l'exhorta à réfléchir mûrement sur un pareil projet, et à chercher plutôt à imiter son père, qui avait mérité la bienveillance du peuple en diminuant le prix du sel, en autorisant les citoyens taxés à moins d'un demi-florin à payer ou à ne pas payer l'impôt, et en établissant que, chaque jour où les conseils seraient assemblés, les citoyens seraient en sûreté contre leurs créanciers; et il finit par lui déclarer que pour lui il était déterminé à maintenir la constitution de la république.

Toutes ces menées secrètes furent bientôt divulguées et ne firent qu'accroître la haine que le peuple portait à leurs auteurs, et son affection pour Médicis. Mais celui-ci se dérobait à ces honorables témoignages, afin de calmer l'ardeur de son parti qui voulait profiter de cette faveur pour tenter de nouveaux soulèvements; dans tous ses discours il faisait sans cesse entendre que ce n'était pas son dessein de nourrir les haines, mais de les éteindre, et que son unique but était l'union de tous les citoyens. Cette modération déplaisait à un grand nombre de ses amis qui auraient voulu qu'il montrât plus de chaleur pour les intérêts de son parti. A la tête de ceux-ci était Alamanna de Médicis, homme d'un caractère impétueux, qui ne cessait de l'exciter à poursuivre ses ennemis et à favoriser ses partisans, condamnant avec vivacité sa froideur et ses lenteurs funestes qui donnaient à ses ennemis le temps de préparer leurs attaques, et de consommer ainsi quelque jour la ruine de sa maison et de son parti. Cosimo, son propre fils, cherchait également à l'animer contre ses ennemis; mais quelque intrigue qu'on lui révélât, quelque malheur qu'on lui annonçât pour l'avenir, Médicis ne voulut s'écarter en rien du plan qu'il s'était tracé. Ces divisions étaient très-fortement prononcées, et la ville était agitée de l'esprit de discorde. Il y avait alors dans le palais deux chanceliers au service de la Seigneurie: l'un était Martino, l'autre Pagolo; le premier attaché au parti de Médicis, le second à celui d'Uzano. Rinaldo, n'ayant pu déterminer Giovanni à concourir à ses desseins, résolut de priver de son emploi Martino, afin d'avoir la Seigneurie plus dévouée à ses intérêts; mais les Médicis, prévenus de ce projet, non-seulement protégèrent Martino, mais réussirent à chasser Pagolo, ce qui augmenta encore la haine du parti opposé.

Toutes ces dissensions auraient produit les plus fâcheux événements, sans la consternation que la défaite de Zagonara avait répandue dans toute la république. Car dans ce même temps Agnolo della Pergola à la tête de l'armée du duc s'était emparé de toutes les villes de la Romagne possédée par les Florentins, à l'exception de Castrocaro et de Modigliana. Les unes avaient succombé par la faiblesse de leur position, les autres par la lâcheté de leurs garnisons. Ces différentes conquêtes offrirent deux événements qui firent voir combien l'honneur et le courage plaisent même à des ennemis, et combien la lâcheté et la perfidie leur sont odieuses. Biagio de Melano était gouverneur du château de Monte-Petroso, auquel l'ennemi avait mis le feu. Biagio, ne voyant bientôt plus aucun moyen de salut pour la place, fait jeter des draps et de la paille du côté que le feu n'avait point encore gagné, et y laisse tomber ses deux fils en bas âge, en criant aux ennemis: « Prenez pour vous ces » biens que m'a donnés la fortune, et qu'il est » en votre pouvoir de m'enlever; mais les

» biens que je possède en mon cœur, l'honneur » et la gloire, ne croyez pas que jamais je vous » les abandonne ou que vous puissiez me les » arracher. » Les ennemis coururent sauver les enfants, et lui tendirent à lui-même des échelles et des cordes, mais il refusa tout, préférant la mort dans les flammes à la douleur de devoir la vie aux ennemis de sa patrie. Exemple vraiment digne de la plus belle antiquité, et d'autant plus admirable qu'il est plus rare parmi nous! L'ennemi rendit à ses fils tout ce qu'il put sauver, et il les renvoya à leurs parents avec les plus grands égards. La république leur témoigna également sa reconnaissance, et pendant le reste de leur vie ils furent entretenus aux dépens du public.

Zanobi dal Pino, podestat de Galeata, offrit un exemple tout contraire. Il rendit sa place à l'ennemi sans opposer la moindre résistance, et non content de cette lâcheté, il engagea Agnolo à quitter les montagnes de la Romagne, et à descendre dans les vallées de la Toscane, où il ferait la guerre avec moins de risques et plus de profit. Agnolo ne put souffrir tant de bassesse et de perfidie, et il le livra à ses valets qui, après l'avoir longtemps bafoué, lui donnèrent pour toute nourriture des cartes sur lesquelles étaient peints des serpents, en disant: *que par ce moyen, de guelfe ils le feraient devenir gibelin*; il mourut ainsi de faim en peu de jours.

Cependant le comte Oddo était entré avec Nicolas Piccinino dans le Val de Lamona, afin de déterminer le seigneur de Faenza à s'unir avec Florence, ou du moins arrêter les progrès d'Agnolo dans la Romagne. Mais cette vallée étant très-forte, et les paysans très-belliqueux, le comte Oddo y perdit la vie, et Nicolas Piccinino fut envoyé prisonnier à Faenza. Cependant la fortune voulut que les Florentins obtinssent par leur défaite ce qu'ils eussent vainement espéré peut-être de leur victoire; car Piccinino sut si bien s'emparer de l'esprit du seigneur de Faenza et de sa mère, qu'il les engagea dans le parti de Florence. Le premier effet de cette nouvelle disposition fut la liberté de Piccinino qui, au reste, ne prit pas pour

---

¹ Les armes des Visconti, chef du parti gibelin, étaient un serpent.

lui-même le conseil qu'il avait donné. Car étant venu à traiter de sa paix avec la république, soit que les conditions qu'on lui offrait lui parussent trop faibles, soit qu'il en trouvât ailleurs de plus favorables, il partit subitement d'Arezzo où il était en garnison, et s'en alla en Lombardie où il se mit à la solde du duc.

Les Florentins, consternés de cet événement, et découragés par l'excès de leurs dépenses, sentirent qu'ils n'étaient plus en état de soutenir seuls une pareille guerre, et ils envoyèrent une députation aux Vénitiens pour leur représenter qu'il était de leur intérêt de s'opposer, tandis qu'ils le pouvaient encore, à l'agrandissement d'un prince qui, s'ils n'y mettaient obstacle, serait aussi dangereux à Venise qu'à Florence. Les Vénitiens étaient également poussés à la guerre par Carmignuola, l'un des capitaines les plus renommés de ce temps-là, qui, après avoir été longtemps à la solde du duc, s'était révolté contre lui. Mais ils étaient incertains encore, ne sachant jusqu'à quel point ils devaient se fier à Carmignuola, et craignant que sa révolte contre le duc ne fût qu'une ruse arrangée avec lui. Au milieu de ses soupçons, Visconti fit empoisonner Carmignuola par le moyen d'un de ses domestiques. Le poison ne fut pas assez violent pour le tuer, mais le réduisit à l'extrémité. Les Vénitiens alors n'eurent plus aucun doute sur sa fidélité, et cédant aux nouvelles instances des Florentins, ils conclurent un traité avec eux. Il fut stipulé que les deux alliés feraient la guerre à frais communs; que les conquêtes de la Lombardie resteraient à Venise, celles de la Romagne et de la Toscane à Florence, et que Carmignuola serait nommé généralissime de la ligue. En vertu de ce traité, la guerre commença dans la Lombardie où elle fut conduite avec vigueur par Carmignuola qui enleva au duc un grand nombre de places, et particulièrement Brescia. D'après les moyens militaires de ces temps-là, la conquête de cette place fut regardée comme admirable.

Cette guerre durait depuis cinq ans, et les Florentins, fatigués des impôts établis jusqu'alors, résolurent de les renouveler, afin qu'ils fussent en proportion avec les richesses des contribuables : il fut arrêté qu'ils seraient établis sur les biens, et que celui qui aurait cent florins de fonds paierait un demi-florin. La loi seule, et non plus les hommes, faisant la répartition de cet impôt, il fut trouvé très-onéreux par les citoyens puissants, et ils le décriaient avant même qu'on l'eût mis en délibération. Il ne fut soutenu que de Giovanni de Médicis qui parvint enfin à le faire passer. Comme, pour la répartition, on réunissait tous les biens de chaque citoyen, ce que les Florentins appellent amonceler ou *accatastare*, cet impôt fut nommé *il catasto* [1]. Ce nouveau mode de répartition mit un terme à la tyrannie des citoyens puissants, qui ne purent plus comme auparavant opprimer le pauvre, et par leurs menaces lui imposer silence. Tout le peuple en était donc transporté de joie, tandis que les grands en étaient indignés. Mais comme les hommes ne sont jamais satisfaits, et que, lorsqu'ils ont obtenu l'objet de leurs vœux, ils désirent encore davantage, le peuple non content de cette égalité de l'impôt que la loi lui assurait, demanda que l'on revînt sur les temps passés, et qu'on examinât ce que, sur le pied du catasto, les grands avaient alors payé de moins, et qu'on les fît contribuer jusqu'à la concurrence d'une somme égale à celle qu'on avait injustement exigée des autres citoyens qui avaient été forcés la plupart de vendre leurs biens pour l'acquitter.

Cette proposition effraya encore plus les grands que le catasto, et pour l'écarter ils s'efforçaient de repousser l'impôt lui-même. Ils prétendaient qu'il était souverainement injuste en ce qu'il frappait aussi sur les biens meubles qui changent de main d'un jour à l'autre, et qu'il ne pouvait d'ailleurs atteindre les richesses cachées; ils ajoutaient que ceux qui quittaient leurs affaires pour celles de la république devaient être moins chargés que les autres citoyens; qu'il fallait se contenter de les faire payer de leur personne, et qu'il était injuste qu'ils fussent obligés de consacrer à la république et leurs biens et leur temps.

Les partisans du catasto leur répondaient que si les biens meubles changeaient de main, on pouvait aussi changer la répartition de l'impôt; qu'en la renouvelant souvent, on prévenait l'inconvénient dont ils avaient parlé; qu'à

[1] Le *catasto* est probablement l'origine du mot *cadastre*.

l'égard des richesses cachées, il était inutile d'en tenir compte, puisqu'il serait injuste de faire payer l'argent qui n'est point en rapport, et que les capitalistes ne pourraient le mettre en valeur sans le découvrir; qu'au reste, si les affaires de la république donnaient trop de peine à leurs adversaires, ils étaient bien les maîtres de s'en débarrasser sans s'en inquiéter davantage, et qu'il se trouverait de bons citoyens prêts à l'aider de leur argent et de leurs conseils. Les avantages et les distinctions que le gouvernement procure devaient bien leur suffire, sans vouloir encore se soustraire aux charges publiques. Mais ils se gardaient bien de parler de leur véritable chagrin, c'était de ne pouvoir plus faire la guerre sans qu'il leur en coûtât rien, étant obligés maintenant de concourir avec tous les autres citoyens aux dépenses publiques. Si cet impôt eût été établi depuis longtemps on n'eût pas fait la guerre au roi Ladislas, et on ne la ferait pas maintenant au duc de Milan; guerres inutiles et bonnes seulement à enrichir quelques citoyens. Giovanni de Médicis cherchait à calmer tous ces débats; il représentait qu'il était injuste de revenir sur le passé, et qu'il suffisait de pourvoir à l'avenir; que si les anciens impôts avaient été injustes, il fallait rendre grâces à Dieu qu'on eût trouvé le moyen de les établir avec équité; que ce nouveau système devait servir à réunir et non à diviser les citoyens; que les haines seraient sans fin, si l'on voulait rechercher les anciennes taxes, et les ramener à la proportion de l'impôt actuel; et qu'enfin se contenter d'une demi-victoire était le garant d'un plus grand succès à venir; tandis qu'en s'opiniâtrant à poursuivre l'ennemi, on finissait souvent par tout perdre. Giovanni réussit à calmer par ce discours l'emportement du peuple; il ne fut plus question d'égalisation.

La guerre continuait toujours avec le duc de Milan, lorsqu'on conclut enfin un traité de paix à Ferrare par la médiation d'un légat du pape. Mais Visconti en ayant violé les conditions dès les premiers jours, la ligue reprit de nouveau les armes; l'on en vint aux mains à Maclovio, et les Milanais furent complètement battus. Cette défaite détermina le duc à proposer de nouvelles ouvertures de paix qu'acceptèrent également les deux républiques.

Florence avait conçu de la jalousie contre Venise, s'apercevant qu'elle était engagée dans d'énormes dépenses, uniquement pour l'agrandissement de son allié; et Venise ayant remarqué que, après sa victoire, Carmignuola ne poursuivait qu'avec lenteur ses succès contre Visconti, crut qu'elle ne pouvait plus se confier à lui. La paix fut donc conclue en 1428. Les villes de la Romagne furent rendues aux Florentins; Brescia resta aux Vénitiens à qui le duc céda en outre Bergame et son territoire. Florence dépensa trois millions cinquante mille ducats dans cette guerre dont le résultat fut d'augmenter la puissance et la grandeur de Venise, et d'accroître la pénurie et les divisions de ses citoyens.

A peine la paix du dehors était-elle consommée, que la guerre du dedans commença avec plus de violence que jamais. Les grands, toujours indignés contre le catasto, et ne pouvant actuellement l'empêcher, s'efforcèrent d'augmenter le nombre de ses ennemis, afin de l'attaquer ensuite avec plus d'avantage. Ils représentèrent aux percepteurs du catasto que la loi les obligeait de rechercher également les biens situés dans les différents districts de la république, pour découvrir ceux qui appartiendraient aux Florentins. Tous les sujets de l'état furent donc tenus à porter dans un temps marqué l'état complet de leurs biens. Les habitants de Volterra s'étant plaints à la seigneurie d'une pareille exaction, les percepteurs indignés en firent mettre dix-huit en prison. Cette mesure irrita vivement les Voltéranais, mais ils n'osèrent remuer pour ne pas compromettre leurs citoyens prisonniers.

Giovanni de Médicis tomba dangereusement malade à cette époque; et sentant sa fin approcher, il fit appeler ses deux fils, Cosimo et Lorenzo, et leur parla ainsi : « Je crois avoir » vécu le temps que m'ont prescrit Dieu et la » nature au moment de ma naissance : je » meurs content puisque je vous laisse avec » des richesses, de la santé et une grande con» sidération. Souvenez-vous qu'en suivant » mes traces vous pouvez vivre à Florence ai» més et honorés de chacun. Rien en effet ne » rend ma mort plus douce que de pouvoir » me rappeler que jamais je n'ai offensé per» sonne, que j'ai au contraire fait à chacun le

» plus de bien que j'ai pu. C'est un exemple que
» je vous engage à suivre. Quant au gouverne-
» ment, si vous voulez vivre avec sécurité,
» n'en prenez que la part que voudront vous
» accorder les lois et vos concitoyens. Par là
» vous vous mettrez à l'abri des dangers et de
» l'envie; car c'est ce que les hommes s'arro-
» gent, et non ce qu'on leur accorde, qui leur
» attire la haine; et ce qu'il y a de plus ordi-
» naire dans la vie, c'est de voir les hommes
» perdre ce qu'ils possèdent pour avoir voulu
» envahir la part d'autrui; et avant même d'ê-
» tre arrivés au moment de leur ruine, ils sont
» tourmentés sans cesse par de cruelles inquié-
» tudes. En suivant ces maximes, j'ai pu, au
» milieu de tant d'ennemis et de divisions,
» maintenir et même augmenter ma considé-
» ration parmi mes concitoyens; vous obtien-
» drez les mêmes succès, je vous le répète, si
» vous marchez sur mes traces; mais si vous
» suivez une autre route, songez bien que vous
» finirez aussi misérablement que tous ceux
» qu'on a vus dans cette république consom-
» mer eux-mêmes leur propre ruine et celle
» de leur maison. »

Il mourut bientôt après, et fut vivement regretté du peuple, ainsi que le méritaient ses
rares qualités. Il était très charitable; et non
seulement il accordait ses secours à celui qui
les réclamait, mais souvent encore il allait au-
devant des besoins du pauvre, et prévenait ses
demandes. Il ne haïssait personne, louait avec
plaisir les bons, et avait pitié des méchants.
Sans jamais solliciter aucune dignité, il les obtint toutes. Il ne se présentait au palais que
lorsqu'il y était appelé; il aimait la paix, et
détestait la guerre. Il secourait ses concitoyens
dans le malheur, et les aidait encore dans la
prospérité. Ennemi de toute malversation, il
ne cherchait qu'à accroître la fortune de l'état.
Dans l'exercice de ses fonctions, il accueillait
chacun avec grâce; il ne se fit pas remarquer
par une grande éloquence, mais par une rare
sagesse. Il avait l'air mélancolique, mais sa
conversation était gaie et agréable. Il mourut
comblé de richesses, et plus encore de l'affection générale et de l'estime publique. Ce double héritage a été non-seulement conservé,
mais encore accru par Cosimo, son fils.

Les habitants de Volterra, lassés d'être en
prison, promirent, pour avoir leur liberté, de
consentir à tout ce qu'on leur demandait. Ils
retournèrent dans leur patrie à l'époque où les
nouveaux prieurs entrèrent en fonction. L'un
de ceux-ci était un certain Giusto, homme du
peuple, mais très-accrédité parmi ses concitoyens, et qui avait été l'un des prisonniers
de Florence. Celui-ci, déjà irrité par lui-même
contre les Florentins, pour l'injure faite à sa
patrie, et surtout pour la sienne propre, était
encore excité par Giovanni de Contugi, homme
noble et l'un de ses collègues, qui l'exhortait
à profiter de l'autorité des prieurs et de son
crédit particulier pour soulever le peuple,
chasser les Florentins, et s'y emparer de l'autorité. Giusto cédant à ces conseils, prit les
armes, courut dans toute la ville, fit prisonnier le gouverneur établi par Florence, et,
avec le consentement du peuple, se fit seigneur de Volterra. Cet événement causa beaucoup de peine aux Florentins. Mais ayant conclu la paix avec le duc de Milan (les conditions
venaient d'en être réglées), ils crurent être en
mesure de recouvrer cette place, et pour ne
perdre aucun instant, ils créèrent aussitôt
commissaires, et chargèrent de cette entreprise messire Rinaldo d'Albizzi, et messire
Palla Strozzi.

Giusto, se doutant qu'il serait bientôt attaqué
par Florence, réclama l'assistance de Lucques
et de Sienne. Celle-ci la refusa en alléguant
son alliance avec Florence, et Pagolo Guinigi,
alors seigneur de Lucques, qui voulait reconquérir l'affection des Florentins qu'il croyait
avoir perdue dans la dernière guerre, pour s'ê-
tre montré favorable au duc de Milan, non-
seulement refusa tout secours à Giusto, mais
fit même conduire son envoyé prisonnier à
Florence. Cependant les commissaires voulant
tomber à l'improviste sur Volterra, réunissent aussitôt tous leurs gendarmes, lèvent
dans le Val d'Arno et dans le territoire de Pise
un corps nombreux d'infanterie, et sans plus
de retard ils marchent sur cette place. Giusto,
abandonné de ses voisins, et menacé d'un
siége prochain par Florence, ne se laisse point
abattre, mais plein de confiance dans la force
de la place et dans sa nombreuse population, il
ne néglige aucun des préparatifs nécessaires à
sa défense.

Il y avait dans Volterra un nommé Arcolano, frère de Giovanni, qui avait conseillé à Giusto de s'en emparer, et fort accrédité parmi les nobles. Il rassembla quelques-uns de ses amis, et leur représenta que le ciel avait fait naître cet événement pour l'avantage de leur patrie; que s'ils voulaient prendre les armes, chasser Giusto et rendre la place aux Florentins, ils deviendraient les premiers de la ville, et conserveraient leurs anciens priviléges. Cette proposition est acceptée; ils se rendent au palais qu'habite Giusto; les uns restent dans la salle d'en bas, et messire Arcolano, avec trois de ses complices, monte à l'appartement de Giusto; l'ayant trouvé environné de quelques citoyens, il le tire à part comme s'il eût voulu lui confier quelque secret important, et tout en causant, il l'amène dans une pièce voisine, où avec ses trois compagnons il fond sur lui l'épée à la main. Quelle que fût la vivacité de l'attaque, elle laisse à Giusto le temps de saisir ses armes, dont, avant d'être tué, il blesse grièvement deux des assaillants; mais enfin il succombe sous le nombre, et est jeté sans vie hors du palais. Les partisans d'Arcolano prennent aussitôt les armes, et ouvrent les portes de la ville aux commissaires de Florence qui se tenaient à quelque distance de leur armée, et qui y entrèrent sans accorder aucune capitulation. Cet événement ne fit qu'empirer le sort de Volterra; entre autres conditions qui lui furent imposées, on compte la privation d'une partie de son territoire qui fut réduite en vicariat.

Volterra perdue et reconquise presque en même temps, il ne restait plus aucune occasion de guerre si l'ambition des citoyens n'en eût bientôt suscité une nouvelle. Nicolas Fortebraccio de Pérouse, avait été longtemps à la solde de la république, pendant la guerre contre le duc de Milan; il avait été licencié à la paix, et lors de l'événement de Volterra, il se trouvait encore en garnison à Fucecchio où il fut employé avec sa troupe par les commissaires. On crut dans le temps que, pendant cette courte guerre, messire Rinaldo avait voulu l'engager à attaquer l'état de Lucques, sous quelque faux prétexte, en lui faisant espérer que, lorsqu'il serait engagé, il déterminerait Florence à déclarer la guerre à cette ville et à le faire nommer commandant de l'armée. Cependant, après la reprise de Volterra et son retour à Fucecchio, Fortebraccio, soit par les conseils de messire Rinaldo, soit de son propre mouvement, attaqua en novembre 1429, avec trois cents chevaux et trois cents hommes d'infanterie, Ruoti, et Campito, châteaux appartenant à Lucques; et bientôt descendant dans la plaine, il y fit un immense butin.

Lorsqu'on apprit cet événement à Florence, il se forma dans toute la ville des groupes nombreux de citoyens, dont la plupart voulaient qu'on déclarât la guerre à Lucques. Cet avis était soutenu par tous les grands attachés au parti des Médicis, auxquels s'était réuni messire Rinaldo; soit qu'il le crût utile à la république, soit qu'il fût poussé par son ambition, il conçut l'espérance de diriger cette guerre. Ils avaient pour adversaires Nicolas d'Uzano et tout son parti; et ce qui est à remarquer, c'est qu'il y ait eu dans une même ville des opinions si différentes sur la nécessité de la guerre. Ces mêmes citoyens, ce même peuple qui, après dix années de paix, avaient blâmé avec tant d'amertume la guerre contre le duc de Milan entreprise pour la défense de leur liberté, à peine sortis d'un état qui leur coûtait des dépenses infinies et qui avait réduit la république à l'épuisement, ces mêmes hommes demandaient avec chaleur la guerre contre Lucques; ils n'avaient d'autre motif que le désir d'envahir son territoire, tandis que d'un autre côté les partisans de la première guerre improuvaient vivement celle-ci; tant il est vrai que les opinions des hommes changent sans cesse avec les circonstances! Tant la multitude est bien plutôt prête à s'emparer du bien d'autrui qu'à conserver le sien! Tant les hommes enfin sont plus dominés par l'espérance d'acquérir que par la crainte de perdre! Ils ne croient à l'existence de celle-ci que lorsque le mal se fait sentir de près, tandis que l'autre leur sourit de loin.

Les espérances des Florentins s'exaltaient de plus en plus par les nouvelles des succès non interrompus de Fortebraccio, et par les lettres des gouvernements des frontières de Lucques. Ceux de Pescia et de Vico demandaient qu'on leur permît de recevoir le serment de fidélité de tous les châteaux qui proposaient de se rendre à eux, promettant que par là on serait dans peu maître de tout le territoire de cette république. Ce qui acheva d'enivrer le peuple, ce fut l'ambassadeur même que le seigneur de Lucques envoya à Florence pour se plaindre des incursions de Fortebraccio, et détourner la seigneurie d'entreprendre une guerre contre un peuple voisin qui lui avait toujours été attaché; cet ambassadeur s'appelait messire Jacopo Viviani. Quelque temps auparavant il avait été mis en prison par l'ordre de Pagolo Guinigi, seigneur de Lucques, contre lequel il avait conspiré, et qui lui avait fait grâce de la vie, quoique la conspiration eût été bien avérée; il lui avait même rendu sa confiance, s'imaginant lui avoir fait oublier le traitement qu'il avait essuyé. Mais Jacopo se souvenant moins du bienfait que du danger qu'il avait couru, ne fut pas plus tôt arrivé à Florence qu'il engagea secrètement les citoyens à entreprendre la guerre contre Guinigi. Ces conseils se joignant encore à leurs autres motifs d'espérance, la seigneurie crut devoir convoquer le conseil où se trouvèrent réunis quatre cents quatre-vingt-dix citoyens; et là les principaux d'entre eux débattirent cette importante question.

L'un des plus ardents promoteurs de cette guerre était, comme je l'ai déjà dit, messire Rinaldo. Il représentait combien cette conquête était utile, et combien l'occasion en était favorable, puisqu'elle n'éprouverait aucune contradiction de la part des Vénitiens ou du duc de Milan, et que le pape, occupé des affaires du royaume de Naples, ne s'y opposerait pas davantage. Il ajoutait que rien n'offrait moins d'obstacles qu'une entreprise contre une ville asservie à un de ses concitoyens, et ayant ainsi perdu sa vigueur naturelle, et son ancienne ardeur à défendre sa liberté; qu'elle serait infailliblement livrée ou par le peuple impatient de chasser le tyran, ou par le tyran lui-même, pour se soustraire à la fureur du peuple. Il faisait le détail de tous les procédés injustes de Guinigi, de toutes ses dispositions hostiles envers la république, et des dangers qu'elle en aurait à craindre, si elle se trouvait engagée dans une nouvelle guerre avec le pape ou le duc de Milan; il assurait enfin que jamais Florence n'avait rien entrepris de plus facile, de plus utile et de plus juste.

Nicolas d'Uzano répondit que Florence au contraire n'avait jamais rien fait de plus injuste, de plus dangereux, rien qui dût avoir de plus funestes résultats. D'abord on allait attaquer une cité guelfe, constamment amie de Florence, et qui plusieurs fois, à ses propres périls, avait donné asyle dans son sein aux guelfes chassés de leur patrie. Jamais on n'avait vu Florence attaquée par Lucques, et si elle avait eu quelquefois à se plaindre de ses tyrans, comme autrefois de Castruccio et aujourd'hui de Guinigi, c'était à eux qu'il fallait s'en prendre, et non pas aux citoyens. Cette entreprise lui déplairait moins si l'on pouvait faire la guerre au tyran sans la faire en même temps à la ville; or comme ce parti était impossible, il ne pouvait consentir à ce qu'on dépouillât aussi injustement une cité constamment amie de la république.

Mais puisqu'il vivait dans un siècle où le juste et l'injuste étaient le moindre objet de l'attention publique, il voulait bien mettre de côté une pareille considération, et n'examiner que la question d'utilité. Il croyait qu'on ne pouvait appeler utile que ce qui n'était pas suivi de pertes certaines; ils ne concevait donc pas comment on représentait comme utile une entreprise où les dommages étaient assurés, et les avantages douteux. Les dommages assurés, c'étaient les dépenses qu'elle entraînerait après elle, dépenses telles qu'elles devraient effrayer une ville depuis longtemps en paix, et bien plus fortement celle qui était fatiguée d'une guerre longue et ruineuse. Les produits qui en pouvaient résulter, c'était la conquête de Lucques. Il n'en contestait pas l'importance; mais si l'on considérait toutes ses difficultés, elle devait paraître presque impossible. Il ne fallait pas croire que les Vénitiens et le duc de Milan y consentissent volontiers. Ceux-là n'avaient l'air de ne pas s'y opposer, que pour ne pas paraître ingrats envers la république qui venait de dépenser tant de trésors uniquement pour accroître leur puissance. Quant à Visconti, il devait être très-content de voir les Florentins s'engager dans une nouvelle guerre et de nouvelles dépenses qui les fatigueraient et les épuiseraient de nouveau, et lui donneraient le moyen de les attaquer encore avec plus d'avantage ; il ne fallait pas douter que, au milieu de l'expédition et des plus grandes espérances de succès, il n'entreprît de secourir Lucques en secret, soit par des envois d'argent, soit en licenciant ses troupes et en les faisant passer à Lucques comme des soldats sans aveu.

Il exhortait donc ses concitoyens à renoncer à un pareil projet, et à s'efforcer d'augmenter dans l'intérieur de Lucques le nombre des ennemis du tyran. Le plus sûr moyen de s'en rendre maître était de la laisser encore sous le joug de la tyrannie, et, par là, de l'affaiblir et de l'épuiser. En suivant ce plan avec sagesse on amènerait les choses au point que le tyran ne pourrait plus se maintenir, et que la ville, ne sachant et ne pouvant se gouverner elle-même, leur tomberait nécessairement entre les mains. Il voyait bien au reste que les esprits étaient prévenus, et que ses paroles n'étaient point écoutées, mais il leur annonçait d'avance qu'ils allaient entreprendre une guerre ruineuse et pleine de dangers ; que loin de s'emparer de Lucques, ils la délivreraient de son maître, et qu'au lieu d'un état subjugué et affaibli, ils en feraient un état libre et ennemi de Florence, qui serait bientôt un obstacle invincible à l'agrandissement de la république.

Lorsque les avis opposés eurent été longtemps débattus, l'on consulta comme à l'ordinaire l'assemblée, et de tout le conseil quatre-vingt-dix-neuf seulement s'opposèrent à la guerre. La majorité une fois prononcée, on créa les Dix pour diriger la guerre, et on leva des troupes à pied et à cheval ; Astorre Gianni et messire Rinaldo d'Albizzi furent nommés commissaires, et on stipula avec Fortebraccio qu'il livrerait toutes les places dont il s'était emparé, et continuerait la guerre au service de la république. Les commissaires arrivés avec l'armée sur le territoire de Lucques se partagèrent le pays : Astorre descendit dans la plaine vers Camasiore et Pietra-Santa, et messire Rinaldo se porta vers les montagnes ; ils jugèrent que dès que la ville aurait perdu son territoire, il serait aisé de s'en rendre maître. Ils furent malheureux l'un et l'autre dans leur expédition. Ce n'est pas qu'ils ne s'emparassent de beaucoup de places, mais leur con-

duite dans la direction de la guerre fut vivement attaquée. Il faut convenir qu'Astorre donna lieu à toutes les accusations qui furent intentées contre lui.

Auprès de Pietra-Santa est une vallée riche et très-peuplée, nommée Seravezza : ses habitants, instruits de l'arrivée du commissaire, allèrent au-devant de lui, et le prièrent de recevoir leur serment de fidélité à la république. Astorre eut l'air d'accepter leur proposition ; il fit ensuite occuper par ses troupes tous les passages et postes importants de la vallée, ordonna que tous les hommes s'assemblassent dans l'église principale, où il les fit arrêter, et livra au pillage et fit saccager tout le pays qui fut traité avec une cruauté et une avarice sans exemple. Les lieux saints, les femmes, les filles, rien ne fut épargné. Lorsqu'on apprit tous ces excès à Florence, non-seulement les magistrats, mais tous les citoyens en témoignèrent la plus vive indignation. Quelques-uns des habitants, qui avaient pu se dérober à la fureur d'Astorre, couraient les rues, en racontant à chacun les longs détails de leurs misères. Bientôt ranimés par un grand nombre de citoyens qui voulaient la punition du commissaire, soit par sentiment de justice, soit par esprit de parti, ils allèrent se présenter devant les Dix et leur demander audience, introduits dans le palais, l'un d'eux parla ainsi :

« Nous ne doutons pas, magnifiques seigneurs, que nos paroles ne vous persuadent et ne vous touchent, lorsque vous saurez comment votre commissaire est devenu maître de notre pays, et comment bientôt après il nous a traités. Notre vallée, ainsi que peuvent vous l'apprendre vos plus anciennes annales, a toujours été guelfe, et souvent elle a servi d'asile à ceux de vos concitoyens qui s'y sont réfugiés poursuivis par les gibelins. Nos ancêtres et nous-mêmes avons toujours vénéré le nom de votre illustre république comme la tête du parti guelfe. Tant que Lucques a été fidèle à ce parti, nous nous sommes soumis avec plaisir à ses lois ; mais dès l'instant qu'elle a été asservie à un tyran qui a délaissé ses anciens amis et embrassé le parti des Gibelins, c'est uniquement par nécessité et par force que nous avons vécu sous son empire. Et Dieu sait combien de fois

» nous lui avons adressé de ferventes prières, pour qu'il nous donnât l'occasion de faire éclater notre attachement à notre ancien parti ; mais que les hommes sont aveugles dans leurs vœux ! Ce que nous désirions comme notre salut a été notre ruine. Dès que nous apprîmes que vos enseignes s'avançaient vers nous, vous considérant non pas comme des ennemis, mais comme nos anciens souverains, nous allâmes au-devant de votre commissaire, remîmes entre ses mains notre vallée, nos personnes et nos biens, croyant, lorsque nous nous confiions ainsi à sa foi, qu'il avait le cœur, sinon d'un Florentin, au moins celui d'un homme. Ici que votre seigneurie excuse nos expressions ; l'excès de nos misères, ne pouvant être aggravé, nous permet de parler sans crainte. Votre commissaire n'a d'homme que la figure, et de Florentin que le nom. C'est un fléau mortel, une bête féroce, un monstre exécrable, tel qu'aucun historien n'en a jamais dépeint un pareil.

» Il nous rassemble dans notre église sous le prétexte de vouloir nous haranguer, et là il nous fait arrêter ; toute notre vallée est par ses ordres livrée à la destruction et aux flammes ; les habitants et les propriétés sont indistinctement pillés, ravagés, saccagés, outragés, meurtris de coups et assassinés ; il commande le viol de nos femmes et de nos filles, les fait arracher des bras de leurs mères, et les abandonne à la fureur de ses soldats.

» Si, par quelque injure envers Florence ou envers lui-même, nous eussions mérité tant de rigueurs, s'il nous eût pris les armes à la main et nous défendant contre lui, nous ne nous plaindrions pas avec tant d'amertume ; nous nous accuserions même d'avoir été, par nos torts ou notre excès de présomption, les propres artisans de nos malheurs. Mais pouvons-nous réprimer nos plaintes, lorsque, pleins de confiance, nous étant livrés à lui, désarmés, il nous a pillés ensuite, et traités avec tant de cruauté et d'infamie ? Nous aurions pu faire retentir la Lombardie du bruit de nos injures, et le répandre dans toute l'Italie à la honte de Florence ; mais nous ne l'avons pas voulu, pour ne pas souiller du crime d'un infâme citoyen une république aussi vertueuse et aussi respectable.

» Si nous avions, avant notre ruine, connu son avarice, nous nous serions efforcés d'assouvir son avide cupidité, bien qu'elle soit sans mesure ; et, par le sacrifice d'une partie de notre fortune, nous aurions peut-être sauvé le reste. Mais puisque ce moyen n'est plus en notre pouvoir, nous avons voulu ne recourir qu'à vous, et vous supplier d'adoucir les calamités de vos sujets, afin que notre exemple n'inspire pas aux autres peuples l'horreur de votre empire. Si vous pouviez fermer l'oreille à nos douleurs, que du moins la crainte de Dieu vous touche ; ses temples ont été saccagés et livrés aux flammes, et c'est dans son sein que nous avons été trahis. » Et en disant ces mots, ils se jettent la face contre terre, et demandent à grands cris qu'on les rétablisse dans leurs biens, dans leur patrie, et qu'on rende, sinon l'honneur, du moins les femmes à leurs maris et les filles à leurs pères...

Ces atrocités, déjà connues à Florence et confirmées par la bouche même de ceux qui en avaient été les victimes, émurent tous les magistrats qui, sans balancer, ordonnèrent le rappel d'Astorre ; il fut condamné et déclaré incapable de servir la république. On fit la recherche de tous les biens enlevés aux habitants de Serravezza ; tout ce que l'on put trouver leur fut rendu, et l'état les dédommagea successivement du reste.

D'un autre côté, on accusait vivement messire Rinaldo de faire la guerre non pour l'avantage de Florence, mais uniquement pour le sien propre ; d'avoir perdu, depuis qu'il était commissaire, le désir de prendre Lucques, ne voulant plus que saccager le territoire pour remplir toutes ses terres des bestiaux ravis aux habitants, et sa maison de butin ; de ne pas se contenter enfin de tout ce qu'il faisait enlever pour son compte par ses propres satellites, mais d'acheter encore le butin des soldats, et de se transformer ainsi de commissaire en marchand. Ces calomnies parvenues aux oreilles de messire Rinaldo, l'affectèrent et le troublèrent plus qu'il ne convenait à un homme de son caractère. Indigné contre les magistrats et les citoyens, sans demander ou attendre un congé, il se rend précipitamment à Florence, et se présentant devant les Dix, il leur dit qu'il n'ignorait pas combien il était difficile de servir un peuple sans frein et une république en proie aux divisions : l'un grossit les bruits les plus absurdes ; l'autre, punissant avec rigueur les mauvaises actions, ne récompense jamais les bonnes, et accuse sur des soupçons. Avez-vous des succès, personne ne vous loue. Faites-vous des fautes, chacun vous condamne. Éprouvez-vous des revers, tous vous calomnient. Vos partisans, par jalousie, vos ennemis, par vengeance, vous poursuivent également. Quant à lui, la crainte de calomnies vaines ne l'avait point empêché, jusqu'à ce moment, de concourir de tous ses efforts à ce qu'il croyait utile à sa patrie ; mais l'infamie des reproches actuels avait vaincu sa patience et ébranlé sa résolution. Il priait donc les magistrats d'être un peu plus empressés à l'avenir à défendre leurs concitoyens, afin que ceux-ci fussent plus empressés également à servir leur pays ; puisqu'il n'était pas d'usage de les récompenser à Florence par les honneurs du triomphe, on devait au moins mettre en usage le soin de les protéger contre les calomniateurs. Il rappelait enfin aux magistrats qu'ils étaient citoyens de cette même république, qu'ils étaient à chaque instant exposés à des accusations semblables, et qu'ils sentiraient alors combien l'homme qui a de la fierté dans l'âme en devait être blessé.

Les Dix, après avoir calmé messire Rinaldo autant que le permettaient les circonstances, mirent à la tête de l'armée Neri de Gino et Alamanno Salviati. Ceux-ci renonçant aux incursions sur le territoire de Lucques, se rapprochèrent de la place ; mais comme l'hiver n'était point encore fini, l'armée s'établit à Capannole où les commissaires jugèrent bientôt qu'elle perdait un temps précieux ; ils voulurent serrer la ville de plus près ; mais quoique les Dix leur eussent ordonné de camper, en leur déclarant qu'ils n'admettraient aucune excuse, ils n'y purent déterminer l'armée, qui leur opposa la rigueur du froid.

Il y avait alors à Florence un très-habile mécanicien nommé Filippo Brunellesco qui a rempli cette ville de ses ouvrages, et qui a mérité par là qu'on lui élevât après sa mort une statue de marbre dans la principale église de Florence, avec une inscription en mémoire de ses talents. Celui-ci représenta que la position

de Lucques et le lit du Serchio donnaient de grands moyens d'inonder la place ; il parvint si bien à le persuader, que les Dix ordonnèrent l'exécution de ce projet, qui n'eut d'autre résultat que de jeter le désordre dans notre camp et d'assurer le salut de Lucques ; car les habitants élevèrent une digue du côté où les Florentins faisaient venir le Serchio, et une nuit, ils ouvrirent le canal que ceux-ci avaient creusé pour conduire le fleuve, de sorte que les eaux, arrêtées par la digue des habitants, et trouvant un passage par cette ouverture, se répandirent dans la plaine, et nos troupes, bien loin de pouvoir resserrer la place, furent obligées de lever leur camp.

Ce projet n'ayant pas réussi, les Dix qui entrèrent en fonction nommèrent pour commissaire messire Giovanni Guicciardini. Celui-ci ne perdit pas un instant pour aller camper devant la place. Guinigi se voyant serrer de plus près, se détermina par le conseil de messire Antonio del Rosso de Sienne, et député par cette ville auprès de lui, à envoyer Salvestro Trenta et Lodovico Buonvisi demander des secours au duc de Milan. Ceux-ci, le trouvant sourd à leurs demandes, le pressèrent vivement de leur accorder des troupes, en lui promettant, au nom du peuple, de lui livrer Guinigi prisonnier, et de le rendre maître de la ville ; ils l'avertirent que s'il ne prenait ce parti, Guinigi donnerait la place aux Florentins qui lui faisaient les propositions les plus séduisantes. Ce danger parut très-grave au duc, qui, mettant de côté toute autre considération, ordonna à son général le comte Francesco Sforza de lui demander publiquement un congé, pour aller dans le royaume de Naples. Sforza, ayant obtenu un congé, se rendit à Lucques avec sa troupe, quoique les Florentins, instruits de toutes ces menées, lui eussent envoyé, pour l'en détourner, son ami le comte Boccaccino Alamanni.

Lorsqu'il fut arrivé à Lucques, les Florentins se retirèrent à Libra fatta, et il alla camper aussitôt devant Pescia dont était gouverneur Pagolo de Diacceto. Celui-ci, ne prenant conseil que de la peur, s'enfuit à Pistoia, et la place eût été perdue pour Florence si elle n'eût été défendue par Giovanni Malavolti qui s'y trouvait en garnison. Sforza, n'ayant pu s'en emparer du premier assaut, se porta sur Bugiano dont il se rendit maître, et il brûla un château voisin nommé Stigliano. Les Florentins, instruits de ces succès, recoururent à un moyen qui leur avait souvent réussi; ils savaient que ces soldats mercenaires cèdent souvent à la corruption, quand on ne peut les faire céder par la force des armes, et ils offrirent de l'argent à Sforza, non pas seulement pour qu'il s'éloignât, mais pour qu'il leur livrât la ville de Lucques. Celui-ci, ne pouvant plus tirer d'argent de cette ville, se tourna vers ceux à qui il en restait encore, et il convint avec les Florentins, non pas de leur livrer Lucques, à quoi son honneur ne lui permettait pas de consentir, mais de la leur abandonner moyennant cinquante mille ducas.

Après avoir stipulé cette convention, Sforza, afin que les habitants de Lucques ne l'accusassent pas trop amèrement auprès du duc de Milan, voulut les aider à chasser leur seigneur. Messire Antonio del Rosso était, comme nous l'avons déjà dit, envoyé de Sienne à Lucques. Celui-ci, avec l'appui de Sforza, concerta avec les citoyens la ruine de Guinigi. Les chefs de la conspiration furent Pietro Cennami et Giovanni de Chivizzano. Sforza était alors campé hors de la place sur le Serchio, et avec lui Lanzilao fils de Guinigi. Cependant les conjurés, au nombre de quarante, et tous armés, allèrent au palais du seigneur, qui au premier bruit se présenta tout étonné devant eux, et leur demanda la raison de leur visite. Pietro Cennami lui répondit qu'il y avait trop longtemps qu'ils se laissaient gouverner par un homme qui avait attiré sur leur patrie une foule d'ennemis, et qui exposait chaque jour les habitants à mourir par le fer ou par la faim; qu'ils étaient donc résolus de se gouverner eux-mêmes à l'avenir, et qu'ils lui demandaient les clés de la ville et du trésor. Guinigi leur répondit que le trésor avait été consommé; qu'il leur livrerait les clés et sa personne, et qu'il ne leur adressait qu'une seule prière: c'était de laisser finir son autorité sans effusion de sang, ainsi qu'il l'avait commencée et maintenue. Sforza envoya au duc de Milan Guinigi et son fils; ils furent jetés dans une prison, où ils finirent leurs jours.

Le départ de Sforza ayant délivré les habitants de Lucques de leur tyran, et les Floren-

tins de là crainte de son armée, les deux partis se préparèrent avec une nouvelle vigueur, les uns à la défense, les autres à l'attaque. Florence avait nommé pour son général le comte d'Urbino qui, venant à resserrer la place de plus près, força les habitants de Lucques à recourir de nouveau au duc de Milan. Celui-ci leur envoya Nicolas Piccinino sous le même prétexte que Sforza. Comme il se disposait à entrer à Lucques, notre armée entreprit de l'arrêter sur les bords du Serchio; le combat était engagé au passage du fleuve, les Florentins furent battus et le commissaire s'enfuit à Pise avec un petit nombre de troupes.

Cette défaite consterna toute la république. Comme la guerre avait été entreprise par les vœux unanimes des citoyens, les chefs du peuple, ne sachant qui attaquer, calomniaient ceux qui l'avaient dirigée, puisqu'ils ne pouvaient calomnier ceux qui l'avaient conseillée. Ils renouvelèrent les accusations contre messire Rinaldo; mais celui qui fut le plus en butte à leurs traits fut messire Giovanni Guicciardini. On l'accusa d'avoir pu finir la guerre après le départ de Sforza, mais de s'être laissé corrompre par argent. Il en avait envoyé, disait-on, une forte somme dans sa maison; on citait qui l'avait portée, et qui l'avait reçue. Ces bruits et ces reproches devinrent enfin si violents que le capitaine du peuple, ébranlé par la voix publique, et poussé par le parti ennemi de Guicciardini, lui enjoignit de comparaître devant lui. Il obéit à cet ordre avec indignation; mais ses parents, jaloux de conserver sans tache l'honneur de leur maison, firent si bien que le capitaine général se désista de son accusation.

Cette victoire rendit aux habitants de Lucques non-seulement tout leur territoire, mais leur acquit encore celui de Pise, à l'exception de Bientina, Calcinaia, Livourne et Librafatta, et Pise eût été même perdue pour la république si on n'eût découvert à temps une conspiration tramée pour la livrer. Cependant Florence leva une nouvelle armée, et prit pour général Micheletto élève de Sforza. D'un autre côté, le duc de Milan poursuivit sa victoire, et pour accabler plus sûrement les Florentins, il réussit à former une ligue de Gênes, de Sienne et du prince de Piombino dont l'objet était la défense de Lucques, et il en fit nommer général Nicolas Piccinnino. Ces différentes menées mettant au jour ses véritables desseins, Venise renouvela son alliance avec Florence, et la guerre recommença en Lombardie et en Toscane. Les deux partis se livrèrent un grand nombre de combats avec des succès différents, et enfin lassés également de cette guerre, ils conclurent la paix en 1433. Florence, Lucques et Sienne abandonnèrent respectivement toutes les places qu'elles avaient conquises les unes sur les autres, et chacune rentra dans tout le territoire qu'elle possédait avant la guerre.

Pendant tout le cours de cette guerre, les fureurs des partis fermentèrent avec violence au dedans de la république. Cosimo de Médicis, depuis la mort de Giovanni son père, s'était livré aux affaires avec plus de zèle, avait témoigné plus d'attachement et d'abandon pour ses amis, que celui-ci n'en avait jamais montré. De sorte que ceux qui s'étaient réjouis de la mort de Giovanni, voyant quel était son fils, en étaient consternés. Cosimo était un homme extrêmement sage, d'un maintien à la fois grave et doux, plein de générosité, d'humanité. Loin de rien entreprendre contre ses ennemis ou contre la république, il ne cherchait qu'à rendre service à chacun, et par ses libéralités et son obligeance à s'attacher un grand nombre de citoyens. Son exemple faisait la censure des membres du gouvernement. Il avait senti que c'était pour lui le plus sûr moyen de vivre à Florence puissant et à l'abri de tout danger; ou si l'ambition de ses ennemis l'attaquait par des moyens extraordinaires, de les vaincre par la force et le nombre de ses partisans. Les plus grands instruments de sa puissance furent Averardo de Médicis et Puccio Pucci. Averardo le portait à la faveur et aux dignités par son audace; Puccio, par sa sagesse et son habileté. Le jugement et la sagacité de ce dernier étaient tellement considérés ou reconnus de tout le monde, que le parti de Cosimo n'était point appelé de son nom, mais de celui de Puccio.

C'est au milieu de ces divisions que fut entreprise la guerre de Lucques qui ranima les divisions intestines, bien loin de les éteindre. Quoique le parti des Médicis l'eût surtout provoquée, elle avait été cependant dirigée le plus souvent par le parti opposé, composé d'hommes plus considérés dans la république; Ave-

rardo et les siens, ne pouvant empêcher cette préférence, avaient cherché de mille manières à calomnier les opérations du gouvernement. Si l'on essuyait quelques revers, et l'on en essuya beaucoup, ils en accusaient non pas la fortune ou la supériorité de l'ennemi, mais l'impéritie du commissaire. Voilà ce qui fit aggraver les torts d'Astorre Gianni, ce qui provoqua l'indignation de messire Rinaldo d'Albizzi, et lui fit abandonner sa commission sans congé, ce qui fit comparaître messire Giovanni Guicciardini devant le capitaine du peuple; voilà enfin la source de toutes les accusations intentées aux magistrats et aux commissaires. On grossissait les fautes réelles, on en créait d'imaginaires, et ce peuple, qui n'aimait pas les accusés, croyait également le vrai et le faux qu'on débitait sur leur compte.

Tout ce système de conduite, toutes ces menées irrégulières n'étaient point ignorées de Niccolo d'Uzano et des autres chefs de son parti. Souvent ils avaient délibéré sur les moyens d'en arrêter l'effet, sans en trouver de convenables : souffrir les progrès du mal était très-dangereux, mais les arrêter très-difficile. Uzano était celui de tous à qui les moyens violents répugnaient davantage. Un jour, dans le temps de la guerre étrangère et de la plus grande chaleur des dissensions civiles, Niccolo Barbadoro, voulant le déterminer à concourir à la perte de Cosimo de Médicis, alla le voir dans sa maison, où il le trouva dans son cabinet, plongé dans de profondes réflexions; là, il l'exhorta par les raisons qu'il crut les plus fortes à aider messire Rinaldo à chasser Médicis. Uzano lui répondit ainsi :

« Il vaudrait bien mieux pour toi, pour ta famille et la république, que vous eussiez, vous tous qui avez formé un pareil projet, une *Barbe d'argent* plutôt qu'une *Barbe d'or*[1], comme on l'appelle; car vos desseins, conçus par des têtes blanchies et instruites par l'expérience, seraient bien plus sages et plus utiles à chacun de nous. Ceux qui veulent chasser Médicis devraient avant tout mesurer leurs forces et les siennes. Vous avez appelé notre parti celui des nobles, et le parti opposé celui du peuple. Si la réalité répondait

[1] Il joue sur le mot de *Barbadoro*, ou Barbe d'or, qui était le nom de son ami.

» à ces noms respectifs, la victoire à tout évé-
» nement serait encore douteuse, quoique nous
» dussions avoir plus de sujets de crainte que
» d'espérance, en nous rappelant l'exemple de
» l'ancienne noblesse de Florence qui a été
» renversée par le peuple. Mais notre position
» est encore plus critique, puisque notre parti
» est désuni, tandis que le parti opposé reste
» toujours entier. D'abord Neri di Gino et Ne-
» rone di Nigi, deux de nos plus puissants
» citoyens, ne se sont jamais déclarés, et il est
» impossible de savoir encore pour quel parti
» ils se détermineraient. Dans beaucoup de fa-
» milles, que dis-je! dans beaucoup de mai-
» sons, un grand nombre de nobles sont dé-
» clarés contre nous et soutiennent le parti
» opposé. Je vais t'en citer les plus marquants,
» il te sera facile de compter les autres : des
» deux fils de messire Maso d'Albizzi, Luca,
» par jalousie contre son frère Rinaldo, s'est
» jeté dans le parti Médicis; des deux Guic-
» ciardini, fils de messire Luigi et habitant la
» même maison, Piero, ennemi de messire
» Giovanni, est ouvertement dévoué à nos en-
» nemis; il en est de même de Tommaso et
» Nicolo Soderini qui se sont déclarés contre
» nous, en haine de leur oncle Francesco. Si
» nous voulons donc réfléchir sur l'état actuel
» des choses, je ne sais pas pourquoi nous nous
» appelons plutôt que nos ennemis le parti des
» nobles; est-ce parce qu'ils ont pour eux tout
» le peuple? Mais voilà ce qui rend notre po-
» sition plus dangereuse et la leur plus favo-
» rable, et ce qui nous mettrait hors d'état de
» résister si les partis se déclaraient et en ve-
» naient aux mains. Si nous conservons encore
» nos dignités, nous ne le devons qu'à l'an-
» cienne considération de notre gouvernement
» qui s'est honorablement maintenu depuis
» cinquante ans; mais si l'on examinait nos
» forces de plus près, on découvrirait notre
» faiblesse, et nous serions perdus.

» Tu me diras peut-être que la justice de
» notre entreprise doublerait nos forces et af-
» faiblirait celles de l'ennemi; mais il faudrait
» que cette entreprise parût aussi juste aux
» autres qu'elle l'est à nos propres yeux; et
» voilà ce qui n'est pas. Notre seul motif à
» nous, c'est la crainte que Médicis ne se rende
» souverain de la république. Mais cette crainte,

» le peuple ne l'a pas; que dis-je! il nous ac-
» cuse au contraire de ce même crime dont
» nous l'accusons. Ce qui nous le rend suspect
» en effet, c'est qu'il aide de sa fortune, non-
» seulement les particuliers, mais le public,
» non-seulement les Florentins, mais les con-
» dottieri; c'est qu'il appuie auprès des magis-
» trats les réclamations de chaque citoyen;
» c'est qu'il se sert de la bienveillance univer-
» selle qu'on lui porte, pour élever ses amis à
» de plus hautes dignités. Il faudra donc dire
» que nous n'avons d'autre raison de le chasser
» que parce qu'il est libéral, obligeant, com-
» patissant et chéri de tous. Mais quelle est
» la loi qui blâme, défende, ou condamne la
» commisération, la libéralité et la bienveil-
» lance? Quoique ce soient là les moyens or-
» dinaires de tout homme qui aspire à la ty-
» rannie, on ne les considère pas sous cet
» aspect à l'égard de Médicis, et il nous est
» impossible de diriger sur ce point de vue les
» yeux de nos concitoyens, parce que notre
» conduite passée nous a fait perdre toute
» confiance, et que Florence, naturellement
» livrée à l'esprit de parti, et corrompue de-
» puis longtemps pour avoir toujours vécu dans
» les partis, fermera l'oreille à nos discours.

» Je suppose au reste que vous parveniez à
» le chasser, ce qui n'est pas impossible, si
» vous avez pour vous la seigneurie; mais
» comment espérez-vous empêcher son retour,
» au milieu de la foule de ses amis qui reste-
» ront parmi vous, et qui brûleront du désir
» de le rappeler? Tel est le nombre de ses par-
» tisans, telle est la bienveillance qu'on lui
» porte de toutes parts, que jamais vous ne
» pourrez vous garantir de ce danger. Plus
» vous chasserez de ses amis les plus déclarés,
» plus vous augmenterez le nombre de vos en-
» nemis; bientôt il sera rappelé malgré vous,
» et tout ce que vous aurez gagné, ce sera de
» l'avoir chassé bon citoyen, et de le voir re-
» venir entièrement changé, parce que ses
» bonnes intentions seront détruites par les
» provocateurs de son rappel, et que la recon-
» naissance l'empêchera d'arrêter leurs excès.
» Voulez-vous le faire mourir? Jamais vous ne
» le pourrez par les voies légales. Il serait in-
» failliblement sauvé par ses grandes richesses
» et votre profonde corruption.

» Mais je suppose encore que vous le fassiez » mourir ou que vous parveniez à empêcher » son retour; je ne vois pas alors ce qu'y aura » gagné la république. Délivrée de Médicis, » elle sera asservie à Rinaldo. Je déclare que » je suis un de ceux qui désirent ardemment » qu'aucun citoyen ne s'élève au-dessus des au- » tres par sa puissance et son autorité; mais » si l'un de ces deux hommes doit nous domi- » ner, je ne vois pas de raison pour préférer » l'un à l'autre. Je n'ai là-dessus plus rien à » te dire, sinon que je prie Dieu de préserver » la république d'obéir à aucun de ses ci- » toyens; mais si nos fautes l'ont destinée à » ce malheur, de la préserver surtout d'obéir » à Rinaldo.

» Ne poursuis donc pas un projet qui de » toutes parts n'offre que des dangers, et ne » crois pas, avec un petit nombre de partisans, » l'emporter sur la volonté de la multitude. » Tous nos concitoyens, soit par ignorance » ou par corruption, sont prêts à vendre la » république, et la fortune leur est tellement » propice, qu'ils ont trouvé un acheteur. Suis » plutôt mon conseil : qu'une sage modération » règle ta conduite, et si tu aimes la liberté , » ne redoute pas moins notre parti que le parti » de nos ennemis; s'ils arrivent à une rupture » ouverte, reste neutre, tu n'en seras que plus » agréable à chacun, et tu ne pourras rien » faire de mieux pour toi-même et pour la ré- » publique. »

Ces paroles calmèrent un peu l'ardeur de Barbadoro, et les choses restèrent en cet état pendant toute la guerre de Lucques. Mais à la paix, qui fut bientôt suivie de la mort de Nicolo d'Uzano, la république demeura sans guerre au-dehors, mais sans frein à l'intérieur. La fureur des partis se ralluma sans obstacle. Messire Rinaldo, qui se regardait maintenant comme le chef de son parti, ne cessait de prier et de presser tous les citoyens qu'il croyait pouvoir devenir gonfaloniers de prendre les armes pour défendre la patrie contre un homme à qui la corruption de quelques citoyens et l'ignorance du plus grand nombre allait infail- liblement livrer la souveraineté de Florence. Toutes ces menées de messire Rinaldo, toutes celles du parti contraire tenaient la république dans un perpétuel état de haines et de soup-

çons. Chaque fois qu'on nommait des magis- trats, l'on disait publiquement combien cha- que parti en comptait de son côté, et toute la ville était soulevée à l'élection de la seigneurie. Chaque affaire portée devant les magistrats , n'offrît-elle aucun intérêt, était pour eux un sujet de division; dans les délibérations, nul secret; on soutenait indifféremment au gré du parti et le bien et le mal; les bons comme les mauvais citoyens étaient également diffamés, pas un magistrat enfin ne remplissait la tâche que les lois lui avaient imposée.

Florence était livrée à cet état de désordre et de confusion, lorsque messire Rinaldo d'Al- bizzi, plus déterminé que jamais à abattre la puissance des Médicis, sentant que Bernardo Guadagni pouvait devenir gonfalonier, paya ce que celui-ci devait d'impôts, afin que ses dettes envers la république ne pussent l'écarter de cette place. Lorsqu'on procéda au tirage de la seigneurie, la fortune, avide de nos discordes, voulut que Guadagni fût nommé gonfalonier pour les mois de septembre et d'octobre. Mes- sire Rinaldo alla le trouver sur-le-champ; il lui dit que le parti des nobles et de tous ceux qui désiraient le salut de la république s'étaient réjouis de le voir arriver à cette dignité, et que c'était à lui à se conduire de manière qu'ils ne se fussent pas réjouis en vain. Il lui représenta le danger de cet éter- nel état de discordes; il n'y avait plus qu'un moyen de ramener l'union parmi les ci- toyens, c'était de perdre Médicis, puisque lui seul, par la faveur populaire que lui assu- raient ses excessives richesses, causait l'a- baissement de tout leur parti, et que, s'il n'était arrêté à temps, il deviendrait infail- liblement le maître de la république. C'était à lui, Guadagni, qu'il appartenait d'employer les moyens salutaires, de convoquer le peuple dans la place publique, de réformer l'état, et de rendre la liberté à la patrie. Il lui rap- pela avec quelle facilité messire Salvestro de Médicis avait pu borner injustement la puis- sance des guelfes, légitimes possesseurs du gouvernement, pour lequel le sang de leurs ancêtres avait été versé. L'injuste succès que celui-ci avait obtenu contre tant de familles, il pouvait bien se le promettre lui-même, en attaquant avec justice un seul homme : il l'exhorta à ne rien craindre, puisque tous ses amis seraient sous les armes prêts à l'aider, à ne pas s'inquiéter du peuple qui adorait Médicis, et qui ne le défendrait pas plus qu'il n'avait autrefois défendu messire Giorgio Scali; enfin à ne tenir aucun compte de ses richesses qui seraient à eux dès que Médicis serait entre les mains de la seigneurie, et il termina en lui déclarant que cette entreprise assurerait l'union et la sécurité de la république, et le couvrirait de gloire. Guadagni lui répondit en peu de mots, qu'il regardait comme indispensable l'entreprise qu'il lui recommandait; que, le temps d'agir étant arrivé, il le priait de se tenir prêt avec ses forces, et qu'il pouvait pleinement compter sur ses collègues.

Dès l'instant que Guadagni fut entré en fonctions, que chaque complice eut reçu ses instructions, que tout enfin fut convenu avec messire Rinaldo, Médicis reçut l'ordre de comparaître devant le gonfalonier. Plusieurs de ses amis le détournaient d'obéir; mais il rejeta ce conseil, se reposant plus sur son innocence que sur la bienveillance de la seigneurie. Aussitôt que Cosimo est arrivé dans le palais où il fut arrêté, messire Rinaldo sort de sa maison suivi d'un grand nombre d'hommes armés, et bientôt après de tout son parti. Il se rend dans la place publique où la seigneurie convoque le peuple, et crée deux cents membres de *balia* pour réformer le gouvernement; là, autant que le permettaient de semblables circonstances, on parle de réforme et surtout du traitement à faire subir à Médicis. Les uns voulaient l'envoyer en exil, les autres le condamner à mort; un plus grand nombre gardait le silence, soit pitié, soit crainte de ses ennemis: cette diversité d'opinions ne permettait d'arriver à aucun résultat.

Il y a dans la tour du palais une chambre nommée l'Alberghettino, de la même grandeur que la tour entière; c'est là que fut renfermé Médicis sous la garde de Frederigo Malavolti. Entendant de ce lieu le peuple se réunir, le bruit multiplié des armes, les fréquents appels à la *balia*, il commença à craindre pour sa vie, et surtout que ses ennemis personnels n'employassent quelques moyens extraordinaires pour le faire périr. Il s'abstenait donc de tous les mets qui lui étaient présentés, et

pendant quatre jours il n'avait voulu prendre qu'un peu de pain. Malavolti s'étant aperçu de ses soupçons: « Cosimo, lui dit-il, vous vous » laissez mourir de faim par la crainte d'être » empoisonné; c'est me faire outrage de croire » que je veuille prêter les mains à une pareille » infamie. Vous avez tant d'amis dans le palais » et dans toute la ville, que je ne crois pas que » votre vie soit en danger; mais si vous avez » à la perdre, soyez sûr qu'ils s'adresseraient » à tout autre que moi pour commettre ce » crime. Jamais je ne me souillerai du sang de » personne, et bien moins encore du vôtre » qui ne m'avez jamais offensé. Ne perdez » donc pas courage; prenez la nourriture qui » vous est offerte; conservez votre vie pour » vos amis et votre patrie; et, afin de bannir » toute défiance de votre cœur, je veux que » nous mangions des mêmes mets ensemble. » Ces paroles ranimèrent Médicis, il se jeta les larmes aux yeux dans les bras de Malavolti, il le remercia avec transport de cette marque si touchante de compassion et de bonté, lui promettant une éclatante reconnaissance, si jamais la fortune lui en rendait les moyens.

Cosimo un peu rassuré, et l'assemblée restant toujours occupée à discuter son affaire, Malavolti, pour le distraire, engagea à souper un ami du gonfalonier, nommé Fargagnaccio, homme gai et facétieux. Le repas était presque achevé, lorsque Médicis, qui avait pensé à profiter de la visite de cet homme qu'il connaissait parfaitement, fit signe à Malavolti de s'éloigner. Celui-ci, se doutant du projet de Médicis, feignit d'aller chercher ce qui pouvait manquer au repas, et les laissa tête-à-tête. Médicis, après quelques paroles affectueuses, donna un billet à Fargagnaccio, et le chargea de le porter au directeur de l'hôpital de Santa-Maria Nuova, qui lui donnerait onze cents ducats. Il lui dit d'en garder cent pour lui, et de porter le reste au gonfalonier, en le priant de prendre un prétexte honnête pour venir lui parler. Fargagnaccio accepta la commission. L'argent fut livré, et inspira au gonfalonier des sentiments plus humains. Médicis fut donc seulement exilé à Padoue, malgré la résistance de messire Rinaldo qui demandait sa mort. L'on infligea la même peine à Everardo, à plusieurs autres Médicis et à Puccio et Giovanni Pucci ; et, afin d'effrayer les mécontents, on donna le droit de *balia* aux huit de la garde et au capitaine du peuple.

Après cette délibération, Cosimo de Médicis comparut devant la seigneurie le 5 octobre 1433. Là, on lui signifia son bannissement, et on l'exhorta à s'y soumettre, s'il ne voulait qu'on procédât avec plus de rigueur contre sa personne et contre ses biens. Médicis reçut cet ordre d'un air satisfait ; il assura la seigneurie que partout où elle croirait devoir l'envoyer, il était prêt à obéir. Il la suppliait seulement que, puisqu'elle lui avait conservé la vie, elle voulût bien la défendre, parce qu'il ne doutait pas qu'il n'y eût sur la place un grand nombre de citoyens avides de son sang. Il finit par assurer que, dans quelque lieu qu'il dût habiter, sa personne et ses biens seraient toujours au service de la république, du peuple et de la seigneurie. Le gonfalonier le rassura et le retint au palais jusqu'à la nuit ; de là il le conduisit dans sa propre maison, le fit souper avec lui, et conduire ensuite jusqu'aux frontières sous l'escorte d'un nombreux corps de troupes. Partout où passa Médicis, il fut honorablement accueilli ; Venise lui fit rendre une visite au nom de l'état, et il fut constamment traité, non pas comme un banni, mais comme un homme d'un rang supérieur.

Après la perte d'un citoyen si illustre et si universellement chéri, Florence était dans la consternation, et ses adversaires et ses amis semblaient frappés d'une égale terreur. Messire Rinaldo, prévoyant déjà sa chute prochaine, mais résolu de ne pas manquer à ce qu'il se devait à lui-même et à son parti, rassembla un grand nombre de ses amis, et leur dit « qu'ils avaient rendu leur ruine inévitable en se laissant vaincre par les prières, les larmes et l'argent de leurs ennemis ; qu'ils ne sentaient pas que dans peu ils auraient à supplier et à pleurer à leur tour, mais que leurs prières ne seraient point écoutées ; que tous les cœurs se fermeraient à leurs larmes, et que de l'argent qu'ils avaient reçu, ils paieraient chèrement les intérêts et le capital par l'exil, les tourments et la mort même ; que l'inaction eût été bien préférable à ce vain mouvement qui avait laissé la vie à Médicis, et avait maintenu ses amis à Florence ;

qu'il fallait ou ne jamais attaquer les grands, » ou, si on les attaquait, les écraser du coup ; » que la seule ressource qui leur restât était de » se fortifier dans la ville, afin que, lorsque » leurs ennemis feraient éclater leur ressenti- » ment, ce qui était inévitable, ils pussent les » chasser par les armes, puisque les voies or- » dinaires leur avaient si mal réussi. Il leur » proposait dans ces circonstances le même » moyen dont il les avait déjà entretenus il » y avait longtemps : c'était de s'attacher les » grands en leur rendant tous les emplois de la » république, et de s'appuyer de leurs forces » comme leurs adversaires s'appuyaient de » celles du peuple ; par là, leur parti acquer- » rait une plus grande consistance, en réunis- » sant plus de talents, plus de considération, » plus de courage et de vigueur. Il finit par leur » déclarer que, s'ils n'adoptaient cette dernière » et unique ressource, il ne voyait pas par » quel moyen ils pourraient maintenir leur » autorité, au milieu d'ennemis si nombreux, » et empêcher la ruine totale de leur parti et » de la république. » Un des membres de cette assemblée, Mariotto Baldovinetti, s'opposa à cette mesure ; il leur rappela l'orgueil des grands, leur caractère intraitable, et il ajouta qu'il ne fallait pas se livrer à une tyrannie aussi certaine, pour éviter les dangers incertains qu'on avait à craindre du peuple. Messire Rinaldo, voyant ses conseils rejetés, se plaignit amèrement du malheur de son parti, imputant tout, moins à l'ignorance et à l'aveuglement des hommes, qu'à la destinée qui avait ainsi résolu leur perte.

Le parti de Rinaldo d'Albizzi se maintenait dans cet état d'inertie, sans prendre aucune mesure pour assurer son existence, lorsqu'on intercepta une lettre adressée à Médicis par messire Agnolo Acciajuoli. Il lui faisait connaître les dispositions favorables du peuple à son égard, et il lui conseillait de provoquer quelque guerre contre Florence, où d'attacher à ses intérêts Neri di Gino. Dans le premier cas, la république, ayant besoin d'argent, ne trouverait personne pour lui en fournir, et le souvenir de sa libéralité frapperait plus vivement le cœur de ses concitoyens, et leur inspirerait un plus ardent désir de son retour. Si Neri d'un autre côté se déclarait contre Rinaldo, le parti de celui-ci deviendrait si faible qu'il serait incapable de se soutenir plus longtemps. Cette lettre étant parvenue entre les mains des magistrats, messire Agnolo fut arrêté, mis à la question, et enfin condamné à l'exil. Mais cette punition n'affaiblit en rien l'intérêt général qu'on portait à Médicis.

Une année presque entière s'était déjà écoulée depuis le départ de Médicis, lorsqu'à la fin d'août 1434 Nicolo di Cocco fut par le sort élu gonfalonier pour les deux mois suivants, et avec lui huit membres de la seigneurie, tous dévoués aux Médicis. Cette réunion effraya vivement messire Rinaldo et tous ses amis. Comme les membres de la seigneurie restent trois jours dans leur état de particulier avant d'entrer en fonctions, Rinaldo profita de ce moment pour réunir les chefs de son parti; il leur représenta que le danger était certain et imminent, qu'ils n'avaient plus d'autre ressource que celle de prendre les armes, et de déterminer Donato Velluti, gonfalonier, à réunir le peuple dans la place publique, former une nouvelle *balia*, casser la nouvelle seigneurie, et en créer une autre au gré du gouvernement, en brûlant les bourses des scrutins, et les remplissant de noms dévoués à des gens de leur bord. Les uns regardèrent cette mesure comme infaillible et indispensable, les autres comme trop violente et propre à leur attirer la haine des citoyens. Parmi ceux-ci était messire Palla Strozzi, homme d'un caractère doux, facile et paisible, plus fait pour cultiver les lettres que pour réprimer les fureurs d'une faction, et calmer les discordes civiles. Il dit : que les moyens d'audace ou de perfidie paraissaient salutaires dans leur principe, mais se trouvaient bientôt difficiles dans leur exécution et funestes dans leur résultat. L'armée du duc de Milan étant en Romagne, et menaçant nos frontières, il croyait que la crainte des guerres du dehors occuperait plus la seigneurie que les divisions du dedans; que si elle voulait d'ailleurs troubler l'ordre actuel des choses, on s'en apercevrait bientôt, et qu'il serait toujours temps de prendre les armes et de recourir aux mesures indispensables au salut commun; que, la nécessité seule provoquant ces mesures, elles étonneraient moins le peuple et leur attireraient moins de

haines. Il fut donc arrêté qu'on laisserait entrer en fonctions la nouvelle seigneurie, qu'on veillerait sur ses démarches, et qu'à la première tentative contre le parti ils prendraient tous les armes, se réuniraient à la place de S.-Pulinari, lieu voisin du palais, et d'où ils pourraient se porter partout où le besoin l'exigerait; ils se séparèrent après avoir pris entr'eux cet engagement.

La nouvelle seigneurie entra en fonctions, et le gonfalonier, pour faire respecter sa puissance et effrayer ceux qui seraient tentés de lui résister, condamna à la prison Donato Velluti son prédécesseur, comme coupable de malversation des deniers publics. Il sonda ensuite ses collègues sur le retour de Médicis, et les trouvant favorablement disposés, il en concerta les moyens avec les chefs de son parti. Guidé par leurs conseils, il cita devant son tribunal les chefs du parti ennemi, messire Rinaldo, Ridolfo Peruzzi et Niccolo Barbadoro. A cette nouvelle, messire Rinaldo crut qu'il n'y avait pas un moment à perdre. Il sortit de sa maison suivi d'une troupe d'hommes armés, et fut bientôt rejoint par Ridolfo Peruzzi, Niccolo Barbadoro, par plusieurs autres citoyens et un grand nombre de soldats qui se trouvaient alors à Florence sans emploi; ils se réunirent tous, selon qu'ils en étaient convenus, à la place de S.-Pulinari. Palla Strozzi, quoiqu'il eût rassemblé un certain nombre de soldats, ne sortit pas de chez lui, non plus que Giovanni Guicciardini. Rinaldo envoya quelques amis auprès d'eux pour presser leur départ et accuser leur lenteur. Giovanni répondit qu'il nuirait assez au parti ennemi si, en restant dans sa maison, il empêchait Piero son frère d'aller au secours de la seigneurie, et Palla, après plusieurs sollicitations, se rendit à S.-Pulinari, mais sans armes et accompagné seulement de deux hommes à pied. Messire Rinaldo alla au-devant de lui, et lui reprochant amèrement sa négligence, il lui dit : que ne pas se réunir à son parti dans de semblables circonstances, c'était annoncer peu de fidélité ou peu de courage, et que l'un et l'autre étaient indignes d'un homme qui voulait maintenir la considération dont il avait joui jusqu'alors; qu'il se trompait fort s'il croyait qu'en manquant ainsi à ses engagements, ses ennemis après leur victoire lui feraient grâce de la mort ou de l'exil ; que quant à lui, quelque malheur qui pût fondre sur eux, il aurait toujours du moins la satisfaction de penser qu'il avait opposé constamment aux dangers à venir l'énergie de ses conseils, et aux dangers présents l'activité de son courage ; mais que lui, Strozzi, et tous les autres de son caractère sentiraient redoubler leurs regrets, en étant forcés de s'avouer que trois fois ils avaient trahi la patrie : l'une, quand ils sauvèrent la vie de Médicis ; l'autre, quand ils rejetèrent les mesures qu'il leur avait proposées ; la troisième enfin, quand dans ce moment ils ne voulaient pas l'aider de leurs armes. Aucun de ceux qui étaient présents n'entendit la réponse de messire Palla ; il murmura quelques mots, tourna bride et regagna sa maison.

La seigneurie, apprenant que messire Rinaldo avait pris les armes, se voyant de toutes parts abandonnée, fit fermer le palais, et, privée de tout conseil, ne savait à quoi se résoudre. Mais, de son côté, messire Rinaldo tardant à venir sur la place pour attendre des renforts qui n'arrivèrent point, perdit l'occasion de vaincre, laissa à la seigneurie le temps de pourvoir à sa sûreté, et à plusieurs citoyens les moyens de se rendre auprès d'elle et de lui conseiller des mesures propres à faire mettre bas les armes à Rinaldo. Les moins suspects de ceux-ci allèrent le trouver au nom de la seigneurie, lui dirent : qu'elle ignorait la cause d'un semblable mouvement, que jamais elle n'avait songé à l'attaquer ; qu'elle avait bien pu s'entretenir de Médicis, mais ne voulait point son rappel ; que, si c'était là le motif de ses soupçons, elle se plaisait à lui en donner l'assurance ; qu'il consentît à se rendre au palais, qu'elle le recevrait avec bienveillance et satisferait à toutes ses demandes. Toutes ces paroles ne purent déterminer Rinaldo à changer de dessein ; il répondit qu'il ne se croirait en sûreté que lorsque les membres de la seigneurie seraient redevenus de simples particuliers, et qu'on aurait réformé l'état à l'avantage commun des citoyens.

Lorsque l'autorité est partagée entre plusieurs, tous d'un avis différent, rarement on arrive à un heureux résultat. Ridolfo Peruzzi, ébranlé par les propositions de la seigneurie, déclara que pour lui il ne voulait qu'empêcher le retour de Médicis ; qu'il croyait avoir remporté une assez grande victoire en obtenant cette condition ; qu'un plus grand avantage ne lui paraissait pas assez important pour qu'il consentît à verser le sang de ses concitoyens ; qu'il était donc résolu d'obéir à la seigneurie, et il se rendit avec tous ses gens au palais, où il fut reçu avec joie. Ainsi le temps passé inutilement à Saint-Pulinari, l'irrésolution de Strozzi et le départ de Ridolfo Peruzzi, enlevèrent à Rinaldo tout moyen de succès. Bientôt la première chaleur de ses partisans commença à se refroidir, et le pape enfin acheva de le perdre.

Le pape Eugène, chassé de Rome par les Romains, se trouvait alors à Florence. A la première nouvelle du tumulte, il crut qu'il était de son devoir de l'apaiser. Il chargea le patriarche Vitelleschi, ami intime de messire Rinaldo, de l'engager à se rendre auprès de lui, et de l'assurer qu'il espérait assez de son crédit sur la seigneurie, et des promesses qu'elle lui avait faites. pour lui obtenir une pleine satisfaction et dissiper toutes ses craintes sans effusion de sang, et sans aucun événement fâcheux pour ses concitoyens. Messire Rinaldo, cédant aux instances de son ami, se rendit avec le corps de troupes qui le suivait à Santa-Maria-Novella, où demeurait le pape. Celui-ci lui déclara que la seigneurie se reposait entièrement sur lui du soin de terminer ce différent, et que lorsqu'il aurait mis bas les armes, tout s'arrangerait à son gré. Rinaldo, voyant l'indifférence de Strozzi et la légèreté de Ridolfo, au défaut de tout autre meilleur parti, se jeta dans les bras du pape, espérant qu'une pareille autorité assurerait peut-être son salut. Le pape alors fit signifier à Niccolo Barbadoro et au reste du parti qui attendait en dehors Rinaldo qu'ils missent bas les armes, et que celui-ci allait rester avec lui pour régler son traité avec la seigneurie. Chacun obéit et se sépara.

La seigneurie, voyant ses ennemis désarmés, prolongea la discussion du traité dont le peuple s'était rendu médiateur, et d'un autre côté, envoya des ordres secrets pour faire venir un corps d'infanterie de Pistoia, remplit pendant toute la nuit Florence de gens d'armes, et après s'être assurée de tous les postes importans de la ville, elle convoqua le peuple sur la place publique, et créa une nouvelle *balia*. Cette assemblée commença ses opérations par rappeler Médicis, et tous ceux de son parti bannis avec lui. Elle condamna ensuite à l'exil Rinaldo d'Albizzi, Ridolfo Peruzzi, Niccolo Barbadoro, Palla Strozzi, et un si grand nombre d'autres citoyens, qu'ils remplirent presque toutes les villes d'Italie et plusieurs états voisins. Cet événement enleva à Florence non-seulement une foule d'hommes de bien, mais la dépouilla encore de beaucoup de richesses et d'industrie.

Le pape, voyant tant de malheurs accabler coup sur coup des hommes qui n'avaient mis bas les armes qu'à sa prière, en ressentit un vif chagrin, et témoigna à messire Rinaldo combien il était affecté de l'indigne traitement qu'on lui faisait essuyer pour s'être ainsi confié à sa foi; il l'exhorta à la patience et à espérer des caprices de la fortune la fin de ses malheurs. « Pour avoir été trop peu écouté de ceux qui » avaient tant d'intérêt à suivre mes conseils, » lui répondit Rinaldo, et pour vous avoir trop » cru vous-même, je vois se consommer au- » jourd'hui ma ruine et celle de mon parti; » mais je n'ai à me plaindre de personne autant » que de moi-même qui ai pu penser que vous, » qui vous êtes laissé chasser de votre patrie, » vous pourriez me maintenir dans la mienne. » Et moi aussi, je connais les jeux de la for- » tune, et comme je n'ai point été enivré de

» ses faveurs, je ne me sens pas accablé de ses » disgrâces, et je sais que, s'il lui plaît, elle » pourra un jour me montrer un visage plus » riant; mais quand elle devrait m'être tou- » jours contraire, je ne regarderais pas comme » un grand malheur de vivre loin d'une ville » où les hommes ont plus de puissance que les » lois. La seule patrie que l'on doit désirer » d'habiter est celle où l'on peut toujours » compter sur ses propriétés et sur ses amis, » où les unes ne vous sont point aisément ra- » vies, où les autres, malgré leurs craintes » personnelles, sont toujours prêts à vous ser- » vir dans vos plus grands dangers. Les hom- » mes sages et vertueux souffrent moins d'en- » tendre les maux de leur patrie que de les voir, » et ils croient qu'il est plus glorieux d'être » un honorable rebelle, qu'un citoyen avili. » Il partit pour son exil, en quittant le pape, l'indignation dans le cœur, et se rappelant souvent à lui-même l'utilité de ses premiers conseils et la pusillanimité de ses amis.

Médicis, de son côté, instruit de son rappel, se rendit à Florence. Rarement un citoyen retournant en triomphe dans sa patrie après une glorieuse victoire reçut des marques aussi éclatantes d'affection, rencontra un aussi immense concours de peuple, que Médicis revenant de son exil; tous les citoyens, se précipitant sur son passage, le saluaient d'une voix unanime du nom de bienfaiteur du peuple et de père de la patrie.

LIVRE CINQUIÈME.

L'effet le plus ordinaire des révolutions que subissent les empires est de les faire passer de l'ordre au désordre, pour les ramener de là à un état réglé. Il n'a point été donné aux choses humaines de s'arrêter à un point fixe lorsqu'elles sont parvenues à leur plus haute perfection; ne pouvant plus s'élever, elles descendent; et par la même raison, quand elles sont descendues à leur plus bas période, quand

le désordre est arrivé à ses derniers excès, elles remontent bientôt vers un état meilleur, et vont successivement ainsi du bien au mal et du mal au bien. La vertu amène le repos, le repos l'oisiveté, l'oisiveté le désordre, et le désordre la ruine des états, et bientôt du sein de leur ruine renaît l'ordre, de l'ordre la vertu, et de la vertu la gloire et la prospérité de l'empire. Aussi les hommes éclairés ont-ils observé que les lettres viennent à la suite des armes, et que les généraux naissent avant les philosophes. Lorsque des armées braves et disciplinées ont amené la victoire, et la victoire le repos, la vigueur des esprits, jusqu'alors occupés de guerres, ne peut s'amollir dans une plus honorable oisiveté qu'au sein des lettres. Il n'est pas de plus dangereuse et de plus sûre amorce pour introduire l'oisiveté dans les états les mieux constitués. C'est ce que Caton avait parfaitement senti, lorsque les philosophes Diogène et Carnéade furent envoyés d'Athènes ambassadeurs auprès du sénat. Voyant que la jeunesse romaine commençait à suivre ces philosophes avec admiration, et qu'une foule de maux pouvait en résulter pour sa patrie, il fit arrêter qu'à l'avenir aucun philosophe ne serait admis à Rome.

Voilà par quels degrés les empires arrivent à leur ruine, et c'est de là que, devenus sages par l'excès de leurs malheurs, ils reviennent, comme nous l'avons déjà dit, à un état plus réglé, à moins que quelque force extraordinaire ne comprime tous leurs efforts. C'est ainsi que l'Italie a été successivement heureuse ou misérable : d'abord sous les Étrusques, ensuite sous les Romains; et quoiqu'après la destruction de ce dernier peuple il ne se soit montré aucun état qui ait pu consoler ce pays de cette grande perte, et rappeler sous un gouvernement vigoureux ses beaux jours de gloire, cependant quelques-unes des républiques qui s'élevèrent au milieu des ruines de l'empire romain firent éclater de grands exemples de vertu; et si aucune d'elles ne put réussir à dominer toutes les autres, elles parvinrent néanmoins par leur concorde et leurs sages institutions à délivrer et défendre l'Italie du joug des barbares. Parmi ces différens états, celui de Florence, faible par son étendue, ne l'était nullement par sa puissance et sa considération : placé au centre de l'Italie, riche et toujours prompt à attaquer, il soutenait avec succès la guerre qu'on lui avait déclarée, ou faisait pencher la victoire vers le parti qu'il avait résolu de soutenir.

Si la fermeté de ces diverses puissances ne put leur assurer le calme d'une longue paix, elles eurent peu de dangers à essuyer des rigueurs de la guerre. En effet, les fréquentes attaques de ces diverses souverainetés entre elles ne pouvaient être regardées comme un état de paix; mais pouvait-on appeler un état de guerre celui où l'on ne tuait point, où les villes n'étaient point saccagées, ni les empires détruits? Toutes ces guerres se faisaient si mollement qu'on les commençait sans crainte, qu'on les continuait sans péril, qu'on les terminait enfin sans dommage. Cette valeur nationale, qui s'éteint ordinairement dans les autres empires par l'effet d'une longue paix, se perdit en Italie par nos pitoyables guerres, et l'on pourra s'en convaincre en lisant ce que je vais raconter des événements arrivés depuis 1434 jusqu'à 1494; l'on verra que c'est par là que l'Italie a été de nouveau ouverte aux barbares, et rétablie sous leur joug.

Mais si les actions de nos princes, tant au dedans qu'au dehors de l'Italie, sans énergie et sans grandeur, ne nous inspirent pas cette admiration qu'excitent en nous celles des anciens, elles ne peuvent manquer cependant d'avoir un grand intérêt, lorsqu'on verra comment tant de peuples puissans ont été retenus, comprimés par des armées si faibles et si mal constituées. En racontant les événements de ce siècle corrompu, je ne pourrai célébrer le courage des soldats, la vertu des généraux ou le patriotisme des citoyens, mais j'aurai à développer toutes les ruses, toute l'adresse, tout l'art qu'employaient les princes, les généraux et les chefs des républiques, pour maintenir une considération qu'ils n'avaient point méritée. Ce récit ne sera peut-être pas moins utile que l'histoire des anciens. Si ceux-ci enflamment les cœurs généreux du désir de les imiter, les autres leur apprendront à mépriser tant de lâchetés, et à marcher sur d'autres traces.

Tel était l'ordre des choses qui régnait alors en Italie, que quand, par l'accord des états entr'eux, la paix venait à se conclure, elle était bientôt troublée par ceux qui avaient en main les armes; ainsi on n'acquérait ni gloire dans la guerre, ni repos dans la paix. Lorsque celle-ci eut donc été signée entre le duc de Milan d'une part, Venise et Florence de l'autre, en 1433, les soldats, voulant toujours faire la guerre, se jetèrent sur l'état de l'église. Les armées d'Italie étaient alors divisées en deux partis, celui de Braccio et celui de Sforza. A la tête de celui-ci était le comte Francesco fils de Sforza; l'autre avait pour chefs Piccinnino et Fortebraccio; presque toutes les autres troupes d'Italie se rattachaient à l'un de ces deux partis. Celui de Sforza était le plus considéré, soit par la valeur du comte, soit par la promesse que lui avait faite le duc de Milan de lui donner en mariage sa fille naturelle donna Bianca. L'expectative d'une telle alliance avait donné un très grand crédit à Sforza.

Ces deux partis, poussés par différents motifs, attaquèrent donc le pape Eugène après la paix de la Lombardie. Fortebraccio cédait à l'ancienne haine des Braccio contre les papes; et Sforza à son ambition personnelle. Le premier attaqua Rome, l'autre s'empara de la Marche. Les Romains, voulant éviter la guerre, chassèrent de Rome Eugène qui, après beaucoup de peines et de dangers, se réfugia à Florence. Bientôt, se voyant abandonné des trois états qui venaient de déposer les armes à leur grande satisfaction, et qui ne voulaient pas les reprendre pour ses seuls intérêts, il traita avec Sforza et lui abandonna la souveraineté de la Marche, quoique Sforza eût ajouté l'outrage à l'injustice de son agression, lorsque datant, selon la coutume des Italiens, en latin du lieu de sa résidence les lettres qu'il adressait à ses agents, il leur écrivait ainsi : « De notre territoire de Fermo, en dépit de Pierre et de Paul. » Mais non content de cette importante concession, Sforza voulut encore être créé gonfalonier de l'église, et il obtint tout ce qu'il demandait; tant le pape redoutait bien plus une guerre douteuse qu'une paix infâme! Devenu à ce prix l'ami d'Eugène, il marcha contre Fortebraccio et pendant plusieurs mois il s'engagea entr'eux différents combats qui furent plus funestes au pape et à ses sujets qu'aux armées belligérantes. Enfin ils conclurent, sous la médiation du duc de Milan, une trève qui les maintenait possesseurs de tout ce qu'ils avaient conquis l'un et l'autre dans l'état de l'église.

Là guerre éteinte à Rome fut rallumée dans la Romagne par Batista de Canneto. Celui-ci tua à Bologne plusieurs citoyens de la famille des Grifoni, et chassa de la ville le gouverneur du pape et ses autres ennemis. Voulant se maintenir par la force à Bologne, il eut recours à Philippe Visconti, tandis que le pape, pour venger son injure, réclama l'assistance de Venise et de Florence. Tous les deux obtinrent ce qu'ils demandaient, et bientôt il se trouva deux fortes armées dans la Romagne. Piccinino était le général de Visconti, et l'armée des deux républiques était commandée par Gattamelata et Niccolo da Tolentino. L'on en vint aux mains auprès d'Imola; les Vénitiens et les Florentins furent battus et Tolentino fait prisonnier. Il fut envoyé à Milan où il mourut en peu de jours, soit par le crime de Visconti, soit de chagrin de sa défaite.

Le duc de Milan, affaibli par ses guerres précédentes, ou s'imaginant que cette ligue serait dissoute par sa défaite, ne poursuivit pas sa victoire, et donna au pape et aux coalisés le temps de se réunir de nouveau. Ils élurent Sforza pour leur général, et résolurent de chasser Fortebraccio des terres de l'église, afin de terminer de ce côté une guerre qu'il n'avait entreprise que pour le pape. Les Romains, redoutant les nouvelles forces d'Eugène, firent le traité avec lui et reçurent son commissaire dans leur murs. Fortebraccio, entre autres places de l'état de l'église, possédait Tivoli, Montefiascone, Citta di Castello et Ascesi. Ne pouvant tenir la campagne, il s'était réfugié dans cette dernière ville, où Sforza alla bientôt l'attaquer, pendant que la vigoureuse défense de Fortebraccio faisait traîner le siège en longueur. Visconti crut qu'il était très-important pour lui de prévenir ce succès de la coalition, ou, s'il ne pouvait l'empêcher, de tout préparer pour la défense de ses propres états : il résolut donc de faire une diversion qui obligeât Sforza de lever le siège d'Ascesi, et il ordonna à Piccinino de passer en Toscane par le chemin de la Romagne. La coalition jugeant en effet qu'il était plus utile de défendre la Toscane que de s'emparer d'Ascesi, ordonna à Sforza de fermer le passage à Piccinino qui était déjà arrivé à Forli avec son armée. De son côté, Sforza se porta sur Cesena, en laissant à Lione son frère le soin de défendre la Marche et ses états.

Tandis que Piccinino cherchait à pénétrer en Toscane, et Sforza à lui faire fermer le passage, Fortebraccio attaqua Lione, le fit prisonnier, après une glorieuse victoire, détruisit toute son armée; et poursuivant ses succès, se rendit maître avec la même rapidité de plusieurs places dans la Marche. Cette défaite affligea vivement Sforza qui se crut dépouillé de tous ses états; laissant aussitôt une partie de son armée pour s'opposer à Piccinnino, il alla avec le reste à la rencontre de Fortebraccio, lui livra bataille et le vainquit. Celui-ci même fut blessé, fait prisonnier, et mourut bientôt après de ses blessures. Cette victoire rendit au pape toutes les places que lui avait enlevées Fortebraccio, et força le duc de Milan à demander la paix qui fut bientôt conclue par la médiation de Nicolas d'Est marquis de Ferrare. Visconti fut obligé de rendre au pape toutes les villes qu'il avait conquises dans l'état de l'église, et de rappeler son armée en Lombardie. Quant à Batista de Canneto, par un sort commun à tous les usurpateurs qui ne conservent leur autorité qu'à l'aide de forces étrangères, incapable bientôt de se maintenir à Bologne par ses propres moyens, il fut forcé de prendre la fuite, et messire Antonio Bentivogli, chef du parti opposé, y retourna sans obstacle.

Tous ces événements se passèrent dans le temps de l'exil de Cosimo de Médicis. Lorsqu'il fut de retour, ceux qui l'avaient rappelé, et qui avaient eu tant à se plaindre du parti qu'ils venaient de renverser, ne gardant plus aucune mesure, ne songèrent plus qu'à affermir leur puissance. La seigneurie qui entra en fonctions pour novembre et décembre, non contente de tout ce qu'avaient fait ses prédécesseurs en faveur du parti, prolongea le bannissement d'un grand nombre d'exilés, changea le lieu de leur exil, en bannit une foule d'autres. On était proscrit non pas seulement pour être d'un parti différent, mais pour ses richesses, pour sa parenté ou pour des amitiés personnelles. Si ces proscriptions eussent été accompagnées de meurtres, elles eussent rappelé celles d'Octave et de Sylla; ce n'est pas qu'elles n'aient été aussi marquées par des supplices. Bernardo Guadagni fut décapité; et quatre autres citoyens, parmi lesquels se trouvaient Belfratelli et Barbadoro, ayant quitté le lieu de leur bannissement pour aller à Venise, les Vénitiens, plus jaloux de l'amitié de Médicis que de leur propre honneur, les envoyèrent prisonniers à Florence où ils furent indignement mis à mort. Cet événement accrut au plus haut point la considération du parti de Médicis et la terreur de ses ennemis, lorsqu'on vit une si puissante république vendre ainsi son indépendance aux Florentins. L'on crut dans le temps que le véritable motif de Venise avait été bien moins d'obliger Médicis, que d'irriter à Florence les fureurs des partis, et par ces supplices, de rendre nos divisions plus implacables et plus funestes; elle sentait que le plus invincible obstacle à sa grandeur était dans notre union.

Les vainqueurs, ayant ainsi chassé tous leurs ennemis ou tous ceux ceux qui leur étaient suspects, cherchèrent à augmenter par de nouveaux bienfaits le nombre de leurs partisans, et à fortifier ainsi leur autorité. Ils rappelèrent de l'exil la famille des Alberti, et tous ceux qui avaient été condamnés comme rebelles; ils rejetèrent tous les grands, à l'exception d'un petit nombre, dans les dernières classes du peuple, et se partagèrent entre eux à vil prix les propriétés des rebelles. Ils publièrent ensuite de nouvelles lois et de nouvelles institutions pour assurer leur puissance, firent de nouveaux scrutins, en tirant des bourses les noms de leurs ennemis et les remplissant de ceux de leurs amis. Instruits par le malheur de leurs adversaires, ils sentirent que les scrutins épurés ne suffisaient pas encore à leur salut, et résolurent de ne jamais laisser sortir des mains des chefs du parti les magistratures qui donnent le droit de vie et de mort; il fut donc arrêté que les officiers chargés de vérifier les scrutins auraient avec la précédente seigneurie le droit de nommer la nouvelle. On donna le pouvoir de vie et de mort aux huit de la garde, et il fut défendu aux bannis de retourner dans leur patrie à l'expiration du temps fixé pour leur bannissement, à moins que, sur les trente-sept membres qui composent la seigneurie et les collèges, trente-quatre au moins n'eussent consenti à leur retour. C'était un crime de leur écrire ou d'en recevoir des lettres; une parole, un signe, les mouvements les plus insignifiants, pour peu qu'ils déplussent au gouvernement étaient punis avec rigueur. S'il restait dans Florence quelque citoyen suspect qui eût pu se mettre à couvert de ces diverses atteintes, il était écrasé sous le poids des nouveaux impôts; c'est ainsi que, après avoir chassé ou ruiné leurs ennemis, ils affermirent leur puissance. Enfin, pour lui donner des appuis au dehors, pour ôter toute espérance de succès à qui voudrait les attaquer, ils firent avec le pape, Venise, et le duc de Milan, un traité d'alliance qui leur garantissait le gouvernement.

Au milieu de tous ces événements, Jeanne, reine de Naples, mourut, après avoir nommé par son testament René d'Anjou héritier de son trône. Alphonse, roi d'Aragon, qui se trouvait alors en Sicile, voulant profiter de ses liaisons avec un grand nombre de barons, s'apprêtait à envahir ce royaume; les Napolitains et beaucoup de seigneurs favorisaient René; le pape, d'un autre côté, ne voulait ni de René ni d'Alphonse, et avait formé le projet de faire gouverner ce royaume en son nom par un légat. Alphonse se présenta bientôt et fut reçu par le duc de Sessa. Il prit à sa solde quelques princes du pays, et déjà maître de Capoue que le prince de Tarente occupait pour lui, il résolut de forcer Naples à reconnaître ses droits. Il envoya donc sa flotte attaquer Gaëta qui avait embrassé la cause de Naples. Les Napolitains eurent aussitôt recours à Philippe Visconti; celui-ci confia leurs intérêts aux Génois qui, voulant complaire à Visconti leur souverain, et surtout sauver les magasins de marchandises qu'ils avaient à Naples et à Gaëta, armèrent une flotte nombreuse. Alphonse, instruit de cet armement renforça la sienne, et alla lui-même en personne audevant des Génois auxquels il livra bataille audessus de l'île de Ponzio. La flotte d'Aragon fut mise en déroute; Alphonse lui-même avec plusieurs princes de son parti fut fait prisonnier et remis par les vainqueurs entre les mains de Visconti.

Cette victoire causa de vives inquiétudes à tous les états d'Italie qui redoutaient la puissance de Visconti, et qui sentaient qu'il n'avait jamais eu une plus grande occasion de leur dicter la loi. Mais ce prince (telle est la bizarrerie des résolutions humaines) prit un parti tout opposé à ce qu'on avait prévu. Alphonse était un homme habile; dès qu'il put avoir quelques moments d'entretien avec Visconti, il lui représenta quelle était son erreur de soutenir le parti de René contre le sien; que René devenu roi de Naples ferait tous ses efforts pour faire tomber Milan dans les mains du roi de France, afin d'avoir toujours auprès de lui de puissants secours, et de ne pas attendre dans un péril pressant qu'on eût

consenti d'ouvrir un passage aux troupes françaises. René ne pouvait prévenir ce grave inconvénient qu'en perdant Visconti et en livrant ses états à la France. Il en serait bien différemment si lui Alphonse devenait roi de Naples; n'ayant d'autres ennemis à craindre que les Français, il serait forcé de gagner leur affection, de condescendre à toutes les volontés du seul prince qui pourrait ouvrir aux Français un passage; qu'il n'aurait ainsi que le titre de roi, tandis que lui en aurait réellement l'autorité et la puissance; c'était donc à Visconti, plutôt qu'à Alphonse même, à considérer ce que l'un des deux partis devait lui faire craindre de dangers, ce que l'autre lui offrait d'avanges, à moins qu'il n'aimât mieux satisfaire une vaine passion que maintenir sa puissance. D'un côté il conserverait son indépendance et sa liberté; de l'autre, se trouvant placé entre deux puissants monarques, ou il perdrait ses états, ou il vivrait dans des inquiétudes continuelles et serait forcé d'obéir en esclave à toutes leurs volontés. Ces paroles ébranlèrent tellement l'esprit de Visconti que, changeant tout à coup de parti, il mit Alphonse en liberté et le renvoya comblé de distinctions à Gênes, et de là dans le royaume de Naples. Alphonse descendit à Gaëta qui, à la première nouvelle de sa délivrance, avait été occupée par quelques seigneurs de son parti.

Les Génois voyant que Visconti avait délivré le roi d'Arragon sans aucun égard pour leurs intérêts; qu'il avait mis à profit et leurs dépenses et leurs dangers, et s'était fait auprès d'Alphonse un mérite de sa délivrance, en leur laissant le tort de l'avoir battu et fait prisonnier, conçurent contre lui un vif ressentiment. Lorsque Gênes vit sous ses lois, elle a à sa tête un chef qu'on appelle doge et qui est élu par les libres suffrages des citoyens. Ce n'est point un prince absolu; il ne délibère pas seul sur les affaires d'état, mais il est uniquement chargé de proposer les délibérations qui doivent occuper les magistrats et les conseils. Cette ville renferme beaucoup de familles nobles, assez puissantes pour que les magistrats ne puissent que difficilement s'en faire obéir : les deux plus illustres de ces familles sont la Fregosa et l'Adorna. De là naissent une foule de divisions intestines qui sont la ruine de la constitution de l'état. Les citoyens en effet se disputant entre eux le gouvernement, non par des voies légales, mais le plus souvent les armes à la main, il en résulte qu'un parti est toujours dans l'oppression, tandis que l'autre gouverne avec tyrannie; et il arrive ordinairement que celui qui se voit dépouillé de tous les emplois a recours aux armes du dehors, et ne pouvant lui-même gouverner sa patrie, préfère de l'asservir à un étranger. Voilà pourquoi Gênes a été si souvent soumise aux souverains de la Lombardie; elle l'était encore lors de la prise du roi d'Aragon.

Francisco Spinola était un des principaux citoyens qui avaient livré Gênes au duc de Milan; mais peu de temps après avoir ainsi asservi sa patrie, par l'effet ordinaire de semblables trahisons, il devint suspect à Visconti. Indigné de cette ingratitude, il s'était volontairement exilé à Gaëta, et s'y trouvait encore au moment du combat naval contre Alphonse : ayant contribué avec ardeur au succès de cette journée, il crut avoir reconquis la confiance de Visconti, et pouvoir, pour prix de ce service, vivre désormais à Gênes sans danger; mais il s'aperçut bientôt que le duc persistait dans ses soupçons, et ne pouvoit croire qu'un homme qui avait trahi son pays pût être fidèle à un étranger; il résolut donc de tenter de nouveau la fortune et de rendre à la fois la liberté à sa patrie, et à lui-même l'honneur et le repos. Il sentait qu'il ne pourrait se faire pardonner son crime par ses concitoyens, que lorsqu'il aurait fermé lui-même la plaie qu'il avait faite. Voyant l'indignation générale qu'avait excitée contre Visconti la délivrance d'Alphonse, il jugea que le temps était arrivé d'accomplir ses desseins; il les communiqua à quelques-uns de ses concitoyens qu'il savait animés des mêmes sentiments, et les exhorta à le seconder de tous leurs efforts.

L'on célébrait la fête de Saint-Jean-Baptiste, jour où faisait son entrée à Gênes Arismino nouveau gouverneur envoyé par Visconti; il avait déjà pénétré dans la ville, accompagné d'Opicinino, son prédécesseur, et de beaucoup d'autres Génois, lorsque Spinola, qui crut qu'il n'y avait pas un moment à perdre, sort de chez lui en armes, et, suivi de ses complices, se porte sur la place qui est devant son palais, en criant : *liberté*. Ce fut une chose admirable de voir avec quelle ardeur les citoyens, le peuple tout entier, accoururent à ce nom. Tous ceux que leur intérêt ou quelque autre motif attachait au parti de Visconti, loin d'avoir le temps de prendre les armes purent à peine songer à leur fuite. Arismino avec quelques Génois de sa suite se jette dans la citadelle gardée par les troupes de Visconti. Opicinino, croyant qu'il assurerait son salut et disposerait ses amis à se défendre vigoureusement, s'il pouvait gagner le palais où il devait trouver deux mille soldats à ses ordres, se tourne de ce côté, mais il est massacré avant d'arriver à la place, et son corps déchiré par morceaux est traîné sanglant dans les rues de Gêne. Les Génois, après avoir ainsi reconquis leur liberté, se rendirent maîtres en peu de jours de la citadelle et des autres places occupées par les Milanais, et parvirent enfin à secouer pleinement le joug de Visconti.

Tous ces événements, dans leur principe, avaient fort effrayé tous les états d'Italie, et leur avaient fait craindre que Visconti n'arrivât à un trop haut degré de puissance; mais leurs résultats inattendus leur rendirent l'espérance de pouvoir réprimer son ambition; et, malgré le dernier traité, les Florentins et les Vénitiens firent alliance avec les Génois. Rinaldo d'Albizzi et les autres chefs des bannis de Florence, voyant préparer de nouveaux troubles et le monde politique changer de face, crurent pouvoir déterminer Visconti à une guerre ouverte contre Florence. Rinaldo se rendit à Milan, et parla au duc en ces termes :

« Si tu nous vois, nous qui fûmes naguère » tes ennemis, venir aujourd'hui avec confiance » réclamer tes secours pour retourner dans » notre patrie; ni toi, ni aucun de ceux qui ont » observé le cours des choses humaines et les » caprices de la fortune n'en seront étonnés. » Ce n'est pas toutefois que nous manquions » d'excellents motifs pour légitimer notre con- » duite passée et notre conduite actuelle; que » nous ne puissions nous justifier auprès de toi » de ce que nous avons fait jadis auprès de no- » tre patrie et de ce que nous faisons en ce mo- » ment. Il n'est pas d'homme d'honneur qui » puisse faire un crime à un citoyen d'avoir » cherché à défendre son pays de tout son pou-

» voir. Jamais notre dessein ne fut de te nuire,
» mais seulement de préserver notre patrie de
» tout danger; et tu peux nous rendre ce té-
» moignage, que, dans le cours des plus grands
» succès de notre coalition, chaque fois que nous
» remarquâmes en toi un véritable désir de la
» paix, nous cherchâmes plus que toi-même à
» la hâter. Nous sommes enfin assurés de n'avoir
» rien fait dans aucun temps qui puisse nous
» faire soupçonner que nous n'avons pas le droit
» de réclamer tes services.

» Il serait également injuste à notre patrie
» de se plaindre de nous qui t'engageons aujour-
» d'hui à prendre contre elle ces armes avec
» lesquelles nous l'avons défendue avec tant de
» persévérance. Car la patrie n'a droit à l'a-
» mour de ses enfans, que lorsqu'elle les chérit
» tous également, et non lorsque, écartant de
» son sein le plus grand nombre d'entre eux, elle
» ne prodigue ses bienfaits qu'à quelques ci-
» toyens injustement privilégiés. Quoique les
» cités soient des corps composés, elles ont
» cependant de grands rapports avec le corps
» humain. Celui-ci est souvent atteint de ma-
» ladies que le fer ou le feu seuls peuvent guérir.
» C'est ainsi que dans le corps politique il sur-
» vient des maux funestes qu'un sage et bon
» citoyen doit chercher à guérir, fût-ce même
» par le fer, plutôt que de les laisser étendre
» leurs ravages. Eh! quelle maladie plus cruelle
» pour une république que la servitude! Quel
» remède fut jamais plus nécessaire que celui
» qui doit extirper ce mal dévorant! Les guer-
» res ne sont justes que lorsqu'elles sont néces-
» saires; elles ne sont humaines que lorsque,
» hors d'elles, il n'est plus d'espérance. Eh!
» quelle nécessité plus urgente que celle où
» nous sommes! quelle plus grande humanité
» que d'arracher sa patrie à l'esclavage! Notre
» cause est donc celle de la justice et de l'hu-
» manité; et c'est ce dont tu dois être aussi
» assuré que nous-mêmes.

» Cette guerre est également juste de ton
» côté, puisque les Florentins, après la paix si
» solennellement jurée, n'ont pas eu honte
» de s'allier avec les Génois, tes sujets rebelles.
» Si notre intérêt pouvait donc ne pas te tou-
» cher, le ressentiment d'une pareille injure
» devrait te suffire, surtout lorsque la guerre
« t'offre si peu de dangers. Il ne faut pas t'ef-

» frayer des exemples passés de la puissance
» des Florentins et de leur invincible opiniâ-
» treté à défendre leur indépendance. Ces deux
» obstacles devraient raisonnablement t'arrêter
» s'ils subsistaient aujourd'hui dans toute leur
» force. Mais il s'en faut bien qu'il en soit ainsi!
» Quelle peut être en effet la puissance d'une
» république qui vient de se dépouiller elle-
» même de la plus grande partie de ses riches-
» ses et de son industrie? Quelle résistance
» opiniâtre pourrait-on craindre d'un peuple
» déchiré par des haines si multipliées et si
» récentes? Ces haines ne permettent pas d'em-
» ployer, comme on l'eût fait autrefois, le peu
» de richesses que la république possède; c'est
» lorsqu'ils sentent que la gloire, l'honneur et
» le salut de leur patrie seront le prix de leurs
» sacrifices, c'est lorsqu'ils espèrent regagner
» pendant la paix ce que la guerre leur enlève,
» que les citoyens livrent sans regret leur for-
» tune à l'état, et non lorsqu'ils sont également
» opprimés pendant la paix et pendant la guerre;
» que dans l'une ils ont à craindre les ravages
» de l'ennemi, dans l'autre l'insolence de ceux
» qui les gouvernent; car un peuple a bien plus
» à souffrir de l'avarice de ses magistrats que
» de la rapacité des combattans; il espère en
» effet la fin de celle-ci, tandis qu'il ne voit pas
» de terme à celle-là.

» Ainsi, dans les guerres précédentes, tu atta-
» quais une république toute entière, dans celle-
» ci tu n'en as à combattre que la plus faible
» partie; tu voulais enlever les rênes du gou-
» vernement à une foule de citoyens vertueux,
» tu veux aujourd'hui les arracher à une poi-
» gnée de scélérats; tu venais enfin pour ravir à
» Florence sa liberté, tu viens aujourd'hui pour
» la lui rendre. Il est donc impossible que cette
» nouvelle guerre ait les mêmes résultats que
» toutes les autres, puisque la cause en est si dif-
» férente; tu dois au contraire en espérer un
» succès assuré, dont tu peux aisément appré-
» cier les avantages. La Toscane, devenue ainsi
» ton alliée, et redevable à tes armes d'un si
» grand bienfait, contribuera à tes succès plus
» que Milan même, et cette conquête, qu'on eût
» regardée autrefois comme injuste et violente,
» sera considérée aujourd'hui comme l'effet de
» ta justice et de ton humanité. Ne laisse donc
» pas échapper cette occasion favorable, et

songe que si tes autres guerres contre Florence n'ont eu pour toi d'autre résultat que des difficultés insurmontables, d'inutiles dépenses et peu de gloire, celle-ci te procurera des avantages certains et la plus grande considération. »

Il ne fallait pas de grands efforts pour déterminer Visconti à faire la guerre à Florence; il y était poussé de lui-même par une haine héréditaire, par son aveugle ambition, et surtout par le ressentiment du traité conclu avec Gênes, qu'il regardait comme une nouvelle injure. Mais l'excès de ses dépenses précédentes, les dangers qu'il avait courus, le souvenir de ses récentes défaites et les vaines espérances des bannis le tenaient en suspens. A la première nouvelle de la rébellion de Gênes, il avait envoyé contre cette ville Piccinnino avec tous ses gensd'armes et toute l'infanterie qu'il avait pu réunir afin de la soumettre de vive force avant que les citoyens affermis dans leur résolution eussent organisé le nouveau gouvernement; il espérait que cette entreprise ne serait pas difficile étant toujours maître de la citadelle encore occupée par ses troupes. Piccinnino chassa les Génois du haut des montagnes; il leur enleva la vallée de Pozeveri où ils s'étaient retranchés, et les repoussa jusque dans leurs murailles; mais la résistance opiniâtre des citoyens lui opposa tant de difficultés pour pénétrer plus avant, qu'il fut obligé de lever le siége. Alors Visconti, cédant aux instances des bannis de Florence, lui ordonna de se porter vers la rivière du Levant et d'attaquer vigoureusement le pays de Gênes par la frontière de Pise. Il jugeait que cette entreprise lui laissait les moyens de prendre, selon les circonstances, le parti qu'il croirait utile à ses intérêts. En conséquence Piccinnino assiégea et prit Serezana, et après avoir çà et là ravagé tout le pays, afin d'inquiéter davantage les Florentins, il se rendit à Lucques en déclarant qu'il voulait passer dans le royaume de Naples, et aller au secours du roi d'Aragon.

Sur ces entrefaites le pape Eugène quitta Florence et se rendit à Bologne où se négociait un accommodement entre le duc de Milan et la coalition. Il représenta au duc que s'il ne voulait consentir à ce traité, il serait forcé de céder à la coalition le comte Sforza, alors son allié,

et qu'il avait pris à sa solde. Mais quoique Eugène poursuivît avec chaleur cette négociation, il ne put arriver à aucun résultat satisfaisant; Visconti ne voulait point traiter que Gênes ne lui fût rendue; les alliés de leur côté exigeaient que cette ville restât indépendante; ainsi chaque parti se défiant de la paix se préparait à la guerre.

Lorsque Piccinnino fut arrivé à Lucques, les Florentins inquiets de ses mouvements, ordonnèrent à Neri di Gino d'occuper le pays de Pise avec un corps de cavalerie, et ils obtinrent du pape que Sforza se joignît à lui; leur armée s'établit à S.-Gonda. Cependant Piccinnino, qui était resté à Lucques, réclamait le passage sur le territoire de la république pour aller dans le royaume de Naples; ayant essuyé un refus, il menaçait de l'obtenir de vive force. Les deux armées étaient à peu près égales en nombre, leurs généraux ne voulant pas exposer leur réputation aux hasards de la fortune; et, retenues d'ailleurs par la rigueur du froid (l'on était alors en décembre), elles ne firent aucun mouvement pendant plusieurs jours. Piccinnino fut celui qui agit le premier : on lui représenta que, s'il attaquait de nuit Vico Pisano, il s'en rendrait maître sans peine; il essaya cette attaque; mais n'ayant pas réussi, il saccagea tout le pays d'alentour et livra aux flammes et au pillage le bourg de S.-Giovanni alla Vena. Quoique cette entreprise eût échoué en grande partie, elle enhardit pourtant Piccinnino à pousser ses avantages, parce qu'il remarqua que Sforza et Neri n'avaient rien fait pour l'arrêter; il attaqua donc Santa-Maria in Castello et Filetto, et s'en rendit maître. Cependant l'armée de Florence restait encore immobile, non que Sforza eût peur de l'ennemi, mais parce que le gouvernement n'avait pas voulu commencer la guerre, par considération pour le pape qui négociait encore la paix. Piccinnino, s'imaginant que la circonspection des Florentins n'était que l'effet de leur peur, n'en était que plus animé à de nouvelles entreprises, ce qui le décida à attaquer Barga avec toutes ses forces. A la nouvelle de ce dernier mouvement, les Florentins, mettant de côté toute autre considération, se déterminèrent non-seulement à secourir Barga, mais à attaquer l'état de Lucques. Sforza alla donc à la rencontre de Piccinnino, engagea le combat sous les murs de Barga; il y fut vainqueur, mit l'ennemi presque totalement en déroute, et l'obligea de lever le siége.

Cependant les Vénitiens, jugeant que Visconti avait rompu la paix, envoyèrent à Ghiaradadda François de Gonzague leur général. Les ravages qu'il fit sur le territoire du duc forcèrent celui-ci à rappeler de Toscane Piccinnino; la nouvelle de ce rappel et la victoire de Sforza enhardirent les Florentins à poursuivre leurs projets contre Lucques, et leur donnèrent de grandes espérances de succès. Ils sentaient qu'ils ne devaient être arrêtés ni par la crainte, ni par aucune autre considération, puisque le duc de Milan, la seule puissance qu'ils eussent à redouter, était occupé par les Vénitiens, et que Lucques, ayant reçu leurs ennemis dans ses murs, et s'étant prêtée à l'exécution de leurs projets hostiles, s'était ainsi ôté tout droit de se plaindre.

Sforza se mit donc en mouvement au mois d'avril 1437; mais avant d'envahir le territoire ennemi, Florence voulut reconquérir le sien propre, et reprit Santa-Maria in Castello et toutes les autres places occupées par Piccinnino; l'armée se porta ensuite sur le pays de Lucques et attaqua Camajore. Les habitants étaient sincèrement attachés à leurs souverains; mais, la crainte d'un ennemi présent l'emportant sur leur affection pour un ami éloigné, ils se rendirent bientôt: on s'empara avec le même succès de Massa et de Serezana. Après ces divers avantages, l'armée alla camper devant Lucques vers la fin de mai, ravagea toutes les moissons, coupa les vignes et les arbres, brûla les habitations, enleva les bestiaux, et accabla le pays de tous les maux qu'on peut attendre de l'ennemi le plus acharné. Les citoyens de Lucques, de leur côté, se voyant abandonnés du duc de Milan, et désespérant de pouvoir défendre leur territoire, l'avaient abandonné, et s'étaient contentés d'élever dans la ville de nouvelles fortifications et de la munir de tous les autres moyens de défense. L'ayant remplie de soldats, les Lucquois croyaient être en état de résister au moins quelque temps, et ils espéraient que pendant cet intervalle, ainsi qu'ils l'avaient déjà éprouvé dans de semblables circonstances, il surviendrait quelque événement qui pourrait les sauver; ils ne craignaient que la mobilité

de la populace qui, fatiguée des longueurs du siége, et plus remplie du sentiment de ses propres dangers que de zèle pour la liberté de ses supérieurs, les forcerait peut-être à quelque traité honteux et funeste. Ils se réunirent donc sur la place publique, et l'un des citoyens les plus sages et les plus avancés en âge leur parla ainsi:

« Vous ne devez point ignorer que tout ce » que font les hommes par nécessité ne peut » leur attirer ni le blâme, ni la louange. Si » vous étiez donc tentés de nous accuser d'a- » voir provoqué cette guerre pour avoir reçu » dans nos murs l'armée du duc de Milan, et » souffert qu'elle attaquât Florence, vous se- » riez dans une grande erreur. Vous connais- » sez depuis longtemps l'antique inimitié que » vous ont vouée les Florentins, et qui a » pour cause, non pas le moindre tort de votre » part, ou la crainte que vous pourriez leur » inspirer, mais seulement votre faiblesse et » leur propre ambition. L'une leur donne l'es- » pérance de vous accabler sans peine; l'autre » leur en fait un besoin: et ne croyez pas » qu'aucun service important pût éteindre ce » désir, ou aucune nouvelle injure l'enflammer » davantage! Ils n'ont donc d'autre objet que » de vous ravir votre liberté, comme vous ne » devez penser qu'à la défendre.

» Les événements qui viennent d'avoir lieu » doivent ainsi affliger chacun, mais n'étonner » personne. Sans doute, il faut nous affliger de » voir notre ville assiégée, nos places envahies, » nos maisons brûlées, et tout notre territoire » en proie aux ravages de l'ennemi; mais qui » serait assez insensé pour s'en étonner! Si » nous en avions le pouvoir, ne ferions-nous » pas subir les mêmes traitements à nos enne- » mis, et avec plus de rigueur peut-être? Ils » nous ont déclaré la guerre pour avoir reçu » Piccinnino; mais au défaut de ce prétexte ils » en auraient pris un autre, et notre malheur » différé n'en aurait peut-être été que plus fu- » neste. Ce n'est donc pas l'arrivée de Picci- » nino, mais notre destinée et leur ambition » que nous devons accuser aujourd'hui. Et » après tout, pouvions-nous refuser au duc de » Milan de recevoir ses troupes, et les ayant » reçues, pouvions-nous les empêcher d'attaquer » Florence? Vous savez qu'il nous est impossi-

» ble de compter sur notre salut sans le se-
» cours d'un état puissant; quel est celui qui
» peut nous défendre avec de plus grands
» moyens et plus de bonne foi que le duc de
» Milan? C'est lui qui nous a rendu notre li-
» berté, il doit nous la maintenir, et nos enne-
» mis n'ont pas d'ennemi plus mortel.

» Si, pour ne point mécontenter Florence,
» nous eussions irrité le duc, nous aurions
» perdu notre défenseur; et notre ennemi
» n'aurait été que plus puissant et plus prompt
» nous attaquer. Ainsi il vaut mieux avoir la
» guerre en conservant l'amitié du duc, que la
» paix en nous attirant sa haine; et nous de-
» vons espérer qu'il nous tirera du péril où il
» nous a mis, si nous ne nous laissons pas nous-
» mêmes aller à l'abandon. Vous n'ignorez pas
» avec quelle fureur nous avons été jadis atta-
» qués par Florence, et avec quelle gloire nous
» avons repoussé ses efforts. Souvent nous
» n'avions plus d'espérance que dans Dieu et
» le temps; et Dieu et le temps nous ont sau-
» vés. Si nous nous défendîmes alors avec tant
» de constance, pourquoi ne nous défendrions-
» nous pas de même aujourd'hui? Alors nous
» étions délaissés de l'Italie entière; mainte-
» nant nous avons pour nous le duc de Milan,
» et nous devons croire que les Vénitiens se-
» ront lents à agir contre nous, parce qu'ils ne
» sont pas jaloux de l'agrandissement des Flo-
» rentins. Lorsque ceux-ci nous ont dernière-
» ment attaqués, ils étaient plus libres de tout
» embarras, ils avaient plus d'espérances de
» secours, et par eux-mêmes ils étaient plus
» puissants; tandis que nous, au contraire, sous
» tous les rapports, nous étions beaucoup plus
» faibles que nous le sommes en ce moment.
» Alors nous combattions pour un tyran, au-
» jourd'hui nous combattons pour nous-mêmes;
» alors la gloire de la résistance nous était ravie,
» aujourd'hui elle nous appartient tout entière;
» alors ils nous attaquaient avec toutes leurs for-
» ces réunies, ils nous attaquent aujourd'hui au
» milieu de leurs plus cruelles discordes, et
» lorsque l'Italie est remplie des ennemis qu'ils
» se sont faits.

» Mais au défaut de toutes ces espérances,
» la nécessité seule nous commanderait la plus
» opiniâtre résistance. Il n'y a aucun de vos
» ennemis que vous ne deviez raisonnablement

» craindre, parce que tous veulent votre ruine
» et leur agrandissement; mais ce sont les Flo-
» rentins qui doivent vous inspirer les craintes
» les plus vives; notre soumission, nos tributs,
» la souveraineté de notre ville ne leur suffi-
» raient pas, c'est de nos personnes, c'est de
» nos propriétés qu'ils sont avides, afin de pou-
» voir assouvir leur cruauté avec notre sang,
» et leur avarice avec nos dépouilles. Il n'est
» ainsi aucune classe de citoyens qui n'ait à
» les redouter. Ne vous laissez donc pas effrayer
» par le spectacle de vos champs ravagés, de
» vos habitations incendiées et de vos places
» envahies; si nous sauvons notre ville, tous ces
» désastres se répareront sans peine; mais si
» nous la perdons, c'est en vain que nous au-
» rions sauvé tous ces biens. En conservant
» notre indépendance, l'ennemi ne peut que
» difficilement les garder; sans elle nous ne les
» posséderions plus que de nom. Prenez donc les
» armes avec courage, et songez, en combattant,
» que le prix de la victoire sera non-seulement
» le salut de votre patrie, mais la conservation
» de vos propriétés et la vie de vos enfants. »
Ces dernières paroles furent reçues avec un vif
enthousiasme; tous jurèrent de mourir plutôt
que de trahir leur devoir et que de consentir à
des conditions qui portassent la plus légère atteinte à leur indépendance; et ils montrèrent
tous un égal empressement à disposer les préparatifs nécessaires à la défense de la place.

Cependant l'armée de Florence ne ralentissait pas sa marche, et après avoir exercé les
plus grands ravages sur tout le pays, et pris
Montecarlo par capitulation, elle alla camper
devant Uzano, afin que les habitants de Lucques,
pressés de toutes parts, ne pussent espérer aucun secours et fussent enfin obligés de se rendre
par famine. Mais Uzano, place assez forte et
défendue par une nombreuse garnison, offrit
à l'armée plus de difficultés que toutes ses autres
conquêtes. De leur côté, les habitants de Lucques
se voyant serrer de plus près, eurent recours,
comme on devait s'y attendre, au duc de Milan,
et lui recommandèrent leur cause dans les termes les plus engageants et les plus énergiques.
Après lui avoir rappelé leur dévouement à son
service, et tout ce qu'il avait eu à souffrir des
Florentins, ils lui représentèrent combien il
affermirait le zèle de ses autres alliés en pre-

nant la défense de Lucques, et de quelle terreur il les frapperait tous en l'abandonnant. S'ils étaient destinés à perdre et la liberté et la vie, il perdrait de son côté, avec d'utiles alliés, l'honneur et toute confiance auprès de ceux qui seraient dans le cas de braver le danger pour ses intérêts. Et ils mêlaient les larmes à la prière, afin de le toucher, sinon par la reconnaissance, au moins par la compassion. Visconti, joignant à sa haine invétérée contre Florence l'obligation de reconnaître le nouveau service de Lucques, et craignant par-dessus tout de voir la république accrue d'une si importante conquête, résolut d'envoyer une forte armée en Toscane ou d'attaquer avec tant de vigueur les Vénitiens, que les Florentins fussent obligés de renoncer à leur entreprise, pour aller au secours de leurs alliés.

Visconti avait à peine pris cette résolution, qu'on sut à Florence qu'il faisait déjà des préparatifs pour envoyer une armée en Toscane. Les Florentins commencèrent dès lors à perdre tout espoir de prendre Lucques : afin d'occuper le duc en Lombardie, ils sollicitèrent les Vénitiens de l'attaquer avec toutes leurs forces; mais ceux-ci craignaient pour eux-mêmes, parce qu'ils venaient d'être abandonnés par le marquis de Mantoue qui s'était mis à la solde de Visconti. Se trouvant donc pour ainsi dire sans armée, ils répondirent que, bien loin de pouvoir redoubler leurs efforts, ils seraient hors d'état de continuer la guerre, si Florence ne leur envoyait Sforza pour se mettre à la tête de leurs troupes, et sous la condition qu'il s'engagerait à passer le Pô en personne. Ils déclarèrent que, sans cette condition, leurs précédents engagements devaient être regardés comme non avenus, parce qu'ils ne voulaient pas faire la guerre sans général, qu'ils n'avaient de confiance que dans Sforza, et que celui-ci même leur serait inutile, s'il ne s'engageait à se porter partout où il en serait requis. Les Florentins voyaient bien qu'il était important de faire une guerre vigoureuse en Lombardie; ils sentaient d'un autre côté que, sans Sforza, il fallait renoncer à leur entreprise de Lucques, et ils avaient parfaitement jugé que Venise réclamait avec tant de chaleur ce général, moins par le besoin réel qu'elle en avait, que parce qu'elle voulait leur ôter les moyens de faire cette importante conquête. Quant à Sforza, il con-

sentait de passer en Lombardie si la coalition l'exigeait; mais il déclarait qu'il était résolu de ne pas manquer à son engagement avec Visconti, ne voulant pas perdre l'espérance que celui-ci lui avait donnée de lui accorder sa fille.

Les Florentins étaient donc dominés par deux passions contraires : le désir de s'emparer de Lucques, et la crainte d'une guerre avec Visconti. La crainte, comme il arrive toujours, l'emporta, et ils consentirent à ce que Sforza, après la prise d'Uzano, passât en Lombardie. Il restait encore une autre difficulté, qu'il n'était pas en leur pouvoir de terminer et qui leur donna plus d'embarras et les tint plus longtemps en suspens qu'aucune autre. C'est que Sforza ne voulait pas passer le Pô, tandis que cette condition était rigoureusement exigée par Venise. Comme ils ne purent trouver aucun moyen de les faire céder franchement l'un et l'autre sur ce point, ils déterminèrent Sforza à écrire une lettre à la seigneurie de Florence, par laquelle il s'engagerait à passer le Pô; ils lui représentèrent que cette promesse particulière ne pouvait détruire un engagement public, et qu'il trouverait bien ensuite les moyens de rester en-deçà du fleuve. Ils jugeaient qu'une fois la guerre engagée, Venise serait forcée de la poursuivre, et qu'ils feraient ainsi diversion au danger dont ils étaient menacés. Ils assurèrent d'un autre côté les Vénitiens que cette lettre particulière était un engagement pour Sforza, et qu'elle leur devait suffire; qu'il était convenable de donner à celui-ci les moyens de conserver en apparence les égards qu'il devait à son beau-père, et qu'il n'y avait qu'une extrême nécessité qui pût faire exiger de lui qu'il les violât ouvertement. C'est ainsi que fut arrêté le passage de Sforza dans la Lombardie. Après avoir pris Uzano, et élevé quelques retranchemens autour de Lucques pour resserrer davantage les habitants, il laissa la direction de cette guerre aux commissaires, passa les Apennins et se rendit à Reggio où les Vénitiens, inquiets de ses démarches, et voulant, avant tout, s'assurer de ses véritables dispositions, le requirent de passer le Pô et de se réunir à leur armée; mais ils essuyèrent un refus absolu, et il y eut entre Sforza et Mauroceno une vive altercation où ils s'accablèrent de reproches les plus outrageans, s'accusant l'un l'autre d'orgueil et de perfidie, et déclarant fermement, celui-là qu'il n'était pas tenu à un pareil service, celui-ci que Venise était ainsi dégagée de toute obligation de paiement; et ils se séparèrent, l'un pour retourner en Toscane, l'autre pour revenir à Venise.

Les Florentins envoyèrent Sforza en quartier dans le pays de Pise; ils espéraient pouvoir le déterminer à recommencer la guerre contre Lucques, mais il ne leur montra plus que de l'éloignement pour cette entreprise; Visconti, ayant appris que par égard pour lui il n'avait pas voulu passer le Pô, avait pensé à sauver Lucques par son moyen, et l'avait engagé à négocier un traité entre cette ville et Florence, et à l'y comprendre lui-même s'il était possible, en lui promettant de lui donner sa fille à l'époque qu'il voudrait lui-même désigner. Cette alliance était vivement désirée de Sforza : car Visconti n'ayant point de fils, il espérait par là devenir duc de Milan. Il cherchait donc à susciter aux Florentins mille embarras qui ne leur permettaient de faire aucun progrès; il déclarait qu'il ne ferait pas un mouvement si les Vénitiens ne remplissaient leurs engagements et ne lui payaient la solde qui lui était due; ce paiement même ne lui suffisait pas : pour s'assurer la conservation de ses états, il lui fallait un autre appui que Florence, et il leur faisait entendre que, s'il se voyait abandonné de Venise, il serait forcé de prendre le seul parti indispensable pour son salut; les menaçant ainsi habilement de traiter avec Visconti.

Toutes ces altercations et toutes ces intrigues déplaisaient souverainement à Florence, qui voyait ainsi l'entreprise de Lucques manquée et même l'existence de la république compromise, si Sforza et Visconti venaient à se réunir. Afin de déterminer les Vénitiens à conserver à Sforza sa solde, Cosimo de Médicis se rendit lui-même à Venise, espérant que sa haute considération pourrait les déterminer. Il discuta fort au long cette question dans le sénat, fit le tableau de l'état actuel de l'Italie, des forces du duc et de la réputation de ses armes, et il ajouta : que si Sforza se réunissait à Visconti, Venise retournerait dans ses lagunes, et Florence aurait à combattre pour sa liberté. Les Vénitiens lui répondirent : « qu'ils connaissaient leurs » forces et celles de l'Italie; qu'ils croyaient être

» en état de repousser leurs ennemis, et n'avaient » point l'habitude de payer des soldats pour le » service d'autrui; que c'était à Florence à payer » Sforza puisqu'elle s'en était servie; que quant » à eux, ils croyaient qu'il était plus utile, pour » assurer le salut de leurs états, d'abaisser que » de solder l'orgueil de Sforza, que l'ambition » humaine n'a pas de bornes, et que si on le » payait maintenant lorsqu'il n'avait pas du tout » servi, il exigerait bientôt des conditions plus » dangereuses et plus ignominieuses; qu'ils » croyaient nécessaire de mettre un frein à son » insolence et de ne pas la laisser croître au » point de devenir incorrigible; que Florence » au reste pouvait le payer, si, par crainte ou » par quelque autre motif, elle craignait de » perdre son amitié. » Cosimo ne put obtenir aucune autre réponse.

Cependant les Florentins faisaient tous leurs efforts pour maintenir dans la coalition Sforza, qui lui-même ne s'en détachait qu'avec peine, mais le désir de conclure l'alliance dont le flattait Visconti le tenait en suspens, et la plus faible cause, comme l'événement le fit voir, pouvait déterminer sa défection. Sforza avait confié la garde de ses places de la Marche à Furlano, l'un de ses premiers capitaines. Celui-ci, séduit par Visconti, renonça à la solde de Sforza et se mit au service du duc. Sforza, mettant alors de côté toute autre considération, et effrayé pour ses propres intérêts, traita avec Visconti, et l'un des articles du traité fut que celui-ci ne se mêlerait en rien des affaires de la Romagne ou de la Toscane. Bientôt Sforza pressa vivement les Florentins de faire la paix avec Lucques, et sut si bien leur en faire une nécessité, que ceux-ci, n'ayant plus aucun autre parti à prendre consentirent à traiter au mois d'avril 1438. Lucques conserva son indépendance et les Florentins obtinrent Montecarlo et quelques autres petites places. Ils remplirent aussitôt toute l'Italie de déclarations pleines d'amertume, par lesquelles ils annonçaient que puisqu'il n'avait pas plu à Dieu et aux hommes qu'ils s'emparassent de Lucques, ils avaient enfin fait la paix avec cette ville. On est rarement plus affligé d'avoir perdu ses propres états, que ne furent les Florentins de n'avoir pu envahir ceux d'autrui.

Quoique les Florentins fussent alors presque entièrement livrés aux soins de la conquête

8.

de Lucques, ils ne laissèrent pas de s'occuper des intérêts de leurs voisins et des embellissements de leur ville. Nous avons déjà parlé de la mort de Nicolas Fortebraccio qui avait épousé une fille du comte de Poppi. Celui-ci, au moment de la mort de Nicolas, était maître de S.-Sepolcro et de son château, dont son gendre, pendant sa vie, lui avait donné le gouvernement. A sa mort, il prétendit garder cette place pour la dot de sa fille, et ne voulut pas la rendre au pape qui la réclamait comme une propriété envahie sur l'église, et qui fut obligé d'envoyer, pour la reprendre, le patriarche Vitelleschi avec son armée. Le comte, se croyant hors d'état de résister à cette attaque, offrit la place aux Florentins qui la refusèrent, mais qui entreprirent de le réconcilier avec le pape, revenu depuis peu à Florence. Cette négociation souffrant quelques difficultés, le patriarche attaqua Cosentino et prit Prato-Vecchio et Romena qu'il offrit également aux Florentins. Ceux-ci ne voulurent les accepter qu'à la condition que le pape consentirait à ce qu'ils les rendissent au comte. Après beaucoup de débats, Eugène agréa cette proposition, mais exigea des Florentins qu'ils lui promissent de négocier auprès de celui-ci la restitution de S.-Sepolcro. Le pape étant satisfait des résultats de cette négociation, les Florentins l'engagèrent à consacrer en personne leur église cathédrale de Santa-Reparata commencée depuis longtemps, et qui venait seulement d'être terminée. Eugène accepta cette proposition ; afin de donner à la ville et à cette fête la plus grande pompe, et au pape une plus grande marque de respect, on fit élever, depuis Santa-Maria-Novella où il demeurait, jusqu'à la cathédrale, un échafaud large de quatre brasses [1] et haut de deux [2], et couvert en dessus et sur les côtés des draps les plus riches. C'est sur cet échafaud que le pape se rendit à la cathédrale avec toute sa cour, les magistrats de la république et d'autre citoyens nommés pour l'accompagner. Le reste des citoyens et tout le peuple se répandit dans les rues, dans les maisons et dans la cathédrale, pour contempler ce brillant spectacle. Après toutes les cérémonies d'usage, le pape, pour donner une plus grande preuve de sa bienveil-

[1] Sept pieds quatre pouces (2 mètres 576 centimètres).
[2] Trois pieds huit pouces (1 mètre 188 centimètres).

lance à la république, créa chevalier Giuliano Davanzati, alors gonfalonier de justice, citoyen également respecté dans tous les temps ; et la seigneurie, ne voulant pas céder au pape en bienfaits, donna à Giuliano le gouvernement de Pise pour un an.

Il existait dans ce même temps d'assez vifs débats entre les églises grecque et latine qui différaient entre elles sur quelques points du culte. Dans le dernier concile de Bâle, après que les prélats de l'église d'Occident eurent longtemps délibéré sur ces différends, il avait été arrêté qu'on emploierait les plus puissants moyens pour déterminer l'empereur et les prélats grecs à se rendre au concile afin d'essayer de les réunir à l'église latine. Cette délibération blessait la majesté de l'empire grec, et l'orgueil de ses prélats s'irritait de l'idée de se soumettre au pontife de Rome ; mais les Grecs, succombant alors sous les efforts des Turcs, et incapables de leur résister par eux-mêmes, résolurent de céder au concile pour obtenir plus sûrement des princes d'Occident les secours dont ils avaient besoin. Ainsi l'Empereur, avec le patriarche et plusieurs autres prélats et seigneurs grecs, débarquèrent à Venise pour se rendre à Bâle, conformément à la délibération du concile ; mais là, effrayés par les ravages de la peste, ils résolurent de terminer à Florence ce grand différend. Les prélats grecs et latins se réunirent donc plusieurs jours dans la cathédrale de cette ville, et après de longues et fréquentes conférences, les Grecs cédèrent sur les points en contestation et se soumirent à l'église et au pontife romain.

La paix étant conclue entre Lucques et Florence, Sforza et Visconti, l'on devait croire que la guerre allait tout à fait cesser en Italie, surtout celle qui, depuis si longtemps, tourmentait la Toscane et la Lombardie ; car la grande querelle allumée dans le royaume de Naples, entre René d'Anjou et Alphonse d'Aragon, ne pouvait finir que par la ruine d'un des deux concurrents. Quoique le pape, dépouillé d'une partie de ses places, restât mécontent, et que l'on connût bien l'insatiable ambition de Visconti et des Vénitiens, l'on était cependant persuadé qu'ils maintiendraient la paix l'un et l'autre ; le pape, par nécessité, les autres, par épuisement. Mais il en fut autrement : ni le duc, ni les Vénitiens ne voulurent de repos. L'on reprit ainsi de nouveau les armes, et la Toscane et la Lombardie furent encore en proie aux ravages de la guerre. L'orgueil de Visconti ne pouvait voir les Vénitiens posséder en paix Bergame et Brescia, conserver leur armée et envoyer chaque jour des partis pour ravager son territoire. Il était persuadé qu'il parviendrait non-seulement à comprimer leur ambition, mais même à reconquérir ce qu'il avait perdu, s'ils étaient une fois abandonnés du pape, de Florence et de Sforza. Il résolut donc d'enlever au pape la Romagne, pensant bien qu'après cette conquête il n'aurait plus les moyens de lui nuire, et que les Florentins, voyant l'incendie à leurs côtés, en seraient effrayés et n'oseraient faire aucun mouvement, ou que dans ce cas ils ne pourraient l'attaquer qu'à leur désavantage. Il n'ignorait pas d'ailleurs que l'affaire de Lucques les avait irrités contre Venise, et qu'ils seraient ainsi moins prompts à prendre les armes pour elle. Quant à Sforza, il croyait que le traité qu'il avait conclu avec lui et l'espoir de son alliance l'empêcheraient d'agir ; mais, pour prévenir tous les reproches, pour ôter à chaque puissance le droit de prendre les armes et surtout pour ne pas violer le traité avec Sforza, par lequel il s'était engagé à ne pas attaquer la Romagne, il ordonna à Piccinnino d'entreprendre cette expédition comme de son seul mouvement et par l'effet de sa propre ambition.

À l'époque du traité entre Sforza et Visconti, Piccinnino, qui se trouvait en Romagne, d'intelligence avec celui-ci, affecta un vif ressentiment de voir Visconti se lier avec Sforza, son éternel ennemi, et bientôt il se retira avec ses troupes à Camurata, entre Forli et Ravenne, où il se retrancha comme s'il eût eu dessein d'y faire un long séjour et d'y attendre les propositions de quelque autre souverain. Lorsque le bruit de son ressentiment eut été partout répandu, il exposa au pape tous les services qu'il avait rendus à Visconti et la noire ingratitude dont ils avaient été payés, et lui dit que celui-ci laissait entendre qu'il serait bientôt maître de l'Italie, puisqu'il en avait presque toutes les troupes à sa disposition, s'étant attaché les deux premiers généraux de cette con-

trée ; mais qu'il était au pouvoir de sa sainteté que de ces deux généraux, dont il se croyait sûr, l'un devînt son ennemi et l'autre lui fût inutile ; que si elle consentait à lui avancer de l'argent et à entretenir son armée, il attaquerait les places que Sforza avait envahies sur le saint-siége, et que celui-ci, occupé de sa propre défense, ne pourrait ainsi servir l'ambition de Visconti. Le pape ajouta foi à ce discours qui lui parut frappant d'évidence : il envoya à Piccinnino cinq mille ducats, lui fit les plus brillantes promesses et lui offrit des états indépendants pour lui et ses enfants. Ce n'est pas qu'on ne l'eût souvent averti de la perfidie du général, mais il n'en voulait rien croire et fermait l'oreille à tout ce qu'on pouvait lui dire contre Piccinnino.

Ravenne était alors gouvernée, au nom du saint-siége, par Ostasio de Polenta ; Piccinnino, croyant qu'il n'avait pas un moment à perdre, venant surtout d'apprendre que Francesco, son fils, avait récemment, au mépris du pape, saccagé Spolette, résolut d'attaquer Ravenne, soit qu'il crût cette entreprise facile, ou qu'il eût des intelligences secrètes avec Polenta. Et, en effet, au bout de quelques jours de siége, il s'en empara par capitulation. Après cette conquête, il se rendit maître successivement de Bologne, d'Imola et de Forli, et ce qu'il y a de plus étonnant c'est que, de vingt places occupées par les troupes du saint-siége, il n'y en eut aucune qui résistât à Piccinnino, qui, non content d'outrager le pape par cette subite invasion, joignit encore l'insulte à la perfidie, et lui écrivit qu'il avait mérité ce traitement pour n'avoir pas eu honte de vouloir détruire l'ancienne amitié qui subsistait entre lui et le duc de Milan, et avoir rempli l'Italie de lettres mensongères où il prétendait qu'il avait trahi Visconti et s'était réuni aux Vénitiens.

Maître de la Romagne, Piccinnino la laissa sous la garde de Francesco, son fils, et se rendit avec la plus grande partie de ses troupes en Lombardie, où, s'étant réuni à l'armée du duc, il attaqua le territoire de Brescia dont il se rendit maître en peu de jours, et enfin il mit le siége devant cette ville. Visconti, qui désirait ardemment qu'on lui abandonnât les Vénitiens, désavouait, auprès du pape, des Florentins et de Sforza, les conquêtes de Piccinnino dans la

Romagne, et déclarait que si elles étaient contraires aux traités, elles l'étaient également à ses ordres; il leur faisait secrètement entendre qu'il tirerait une éclatante vengeance de cette désobéissance, lorsque les circonstances le lui permettraient. Ni les Florentins, ni Sforza, n'ajoutaient foi à de semblables discours; ils pensaient, ce qui était vrai, que l'unique objet de cette expédition avait été de les tenir en échec, pour donner à Visconti les moyens de vaincre sans obstacle les Vénitiens qui, de leur côté, dans l'excès de leur orgueil, se croyant en état de résister seuls à toutes les forces du duc, ne réclamaient aucun secours, et s'étaient uniquement reposés du succès de cette guerre sur leur général Gattamelata.

Sforza désirait passer à Naples avec l'approbation des Florentins, pour aller au secours de René d'Anjou; mais les événements de la Romagne et de la Lombardie empêchèrent ce projet. Les Florentins y auraient volontiers consenti à cause de leur ancien attachement pour la maison de France, tandis que Visconti aurait favorisé Alphonse d'Aragon avec lequel il s'était lié d'amitié depuis que celui-ci avait été son prisonnier; mais, également occupés des guerres de leur voisinage, ils furent obligés de renoncer à des entreprises plus éloignées. En effet, les Florentins, voyant la Romagne envahie par les troupes de Visconti, et les Vénitiens battus, sentirent que la ruine de cette république les menaçait eux-mêmes, et prièrent Sforza de passer en Toscane où ils examineraient le parti qu'ils devaient prendre pour s'opposer à l'agrandissement de Visconti, plus puissant alors qu'il ne l'avait jamais été; ils lui représentaient que si on ne mettait un terme quelconque à son ambition, il n'y avait pas un souverain d'Italie qui n'en ressentît bientôt les effets. Sforza n'ignorait pas combien les craintes des Florentins étaient fondées; mais il était arrêté par son extrême désir d'épouser enfin la fille de Visconti. Celui-ci, qui savait bien que cette ambition dominait toutes ses pensées, le flattait des plus belles espérances s'il ne prenait pas les armes contre lui; et comme sa fille était déjà d'un âge à être mariée, plusieurs fois il amena la négociation au point d'ordonner tous les préparatifs des noces; puis il faisait naître quelque difficulté qui en suspendait la conclusion. Enfin, pour mieux entretenir la crédulité de Sforza, il joignit les effets aux promesses, et lui envoya trente mille florins qu'il s'était engagé de lui donner par le traité qu'il avait conclu avec lui pour ce mariage.

Cependant la guerre continuait en Lombardie: chaque jour les Vénitiens perdaient de nouvelles places; toutes les armées qu'ils avaient mises en campagne avaient été battues par celles du duc; les territoires de Véronne et de Brescia étaient entièrement envahis, et ces deux places serrées de si près, que, selon l'opinion générale, elles ne pouvaient encore tenir longtemps; enfin, le marquis de Mantoue, leur général depuis plusieurs années, les avait, contre toute attente, abandonnés pour se mettre à la solde de Visconti. Frappés de tous ces désastres, la peur les réduisit à une démarche que leur orgueil avait repoussée au commencement de la guerre; sentant bien qu'ils n'avaient plus d'autre ressource que dans l'amitié de Florence et de Sforza, ils résolurent d'y recourir, quoiqu'avec honte et inquiétude. Ils craignaient que Florence ne leur adressât la même réponse qu'ils lui avaient faite dans l'affaire de Lucques et de Sforza; mais ils trouvèrent dans cette négociation plus de facilités qu'ils n'espéraient et qu'ils n'avaient mérité; tant l'emportait à Florence la haine contre un ancien ennemi sur le ressentiment d'une vieille amitié trahie! Les Florentins, prévoyant depuis longtemps l'état de détresse où devaient arriver les Vénitiens, avaient représenté à Sforza que « leur ruine » entraînerait nécessairement la sienne; qu'il » était dans une grande erreur s'il pensait que » Visconti aurait pour lui plus d'égards dans » la bonne que dans la mauvaise fortune; que » s'il lui avait promis sa fille, c'était unique- » ment parce qu'il le redoutait. Les promesses » que la nécessité arrache, la nécessité seule » les fait observer; il était donc de son intérêt » de maintenir Visconti dans ce même état de » dépendance, et il n'en avait d'autre moyen » que de soutenir Venise; il devait être bien » convaincu que si les Vénitiens venaient à » perdre leurs états de terre ferme, il per- » drait non-seulement tous les avantages qu'il » avait droit d'attendre de leur alliance, mais » ceux encore qu'il pouvait espérer des autres » états d'Italie, déjà intimidés par les désastres

» de Venise; s'il portait ses regards sur ces
» divers états, il verrait que les uns étaient sans
» moyens, et les autres jaloux de sa puissance;
» les Florentins ne pouvaient eux seuls, comme
» il le leur avait souvent répété, assurer sa
» défense, les motifs les plus impérieux de-
» vaient donc le porter à faire tous ses efforts
» pour conserver à Venise ses états de terre
» ferme. »

Ces paroles, jointes à la haine que Sforza
avait conçue contre Visconti, par qui il croyait
avoir été joué dans toute cette négociation du
mariage, le firent enfin accéder à la nouvelle
coalition; mais il ne voulut pas encore s'obliger
à passer le Pô. Le traité fut conclu au mois de
février 1458; Venise s'engagea à payer les
deux tiers, et Florence l'autre tiers des dépenses de la guerre, et toutes deux à défendre
à leurs frais les états que Sforza possédait dans
la Marche. Les deux peuples, non contents
de cette coalition de forces, firent entrer dans
leur coalition le seigneur de Faenza, les fils
de messire Pandolfo Malatesti de Rimini et
Pietro Giampaulo Orsino; ils cherchèrent à
séduire le marquis de Mantoue par les plus
brillantes promesses, mais ils ne purent le
déterminer à renoncer à l'alliance et à la solde
de Visconti : au contraire, le seigneur de
Faenza, après que les conditions de sa solde
eurent été arrêtées, se jeta dans le parti du
duc qui lui en offrit de plus favorables. Cette
défection ôta tout espoir à la coalition de
terminer promptement les affaires de la Romagne.

L'état des choses était alors fort critique
en Lombardie : on s'attendait chaque jour à
voir Brescia, qui était assiégée depuis longtemps, ouvrir ses portes par famine; Vérone
était serrée de si près qu'on craignait pour elle
le même sort, et la perte de l'une de ces
deux villes aurait rendu inutiles tous les préparatifs militaires de la coalition et toutes les
dépenses qu'elle avait faites. Il ne restait plus
qu'une ressource contre ce danger imminent,
c'était d'envoyer le comte Sforza en Lombardie. Mais ce parti offrait trois difficultés :
il fallait d'abord déterminer ce général à passer
le Pô et à faire la guerre partout où il en serait requis. Les Florentins ne pouvaient se
dissimuler ensuite qu'en éloignant Sforza ils

restaient exposés à la vengeance de Visconti
qui pouvait aisément se retirer dans ses places
fortes, tenir avec une partie de ses troupes
Sforza en échec, et envoyer les autres en
Toscane avec les bannis dont le gouvernement
actuel avait une extrême frayeur; il fallait
se décider enfin sur le chemin que devait prendre le comte pour rejoindre en sûreté l'armée
de Venise, campée alors dans le territoire de
Padoue. De ces trois difficultés, la seconde, qui
regardait les Florentins, était assurément la
plus grave; mais ceux-ci, connaissant l'indispensable nécessité du départ du comte, et pressés par les Vénitiens qui réclamaient ce secours
avec instance, et assuraient que s'ils devaient
y renoncer, c'en était fait d'eux, se déterminèrent plutôt par la considération des besoins
de leurs alliés que par leurs propres inquiétudes. Il ne restait plus que la difficulté du passage qu'on résolut de faire garantir par les
Vénitiens. Neri di Gino Capponi fut chargé
de négocier le traité avec Sforza, et de le déterminer à passer le Pô; la seigneurie lui ordonna également d'aller jusqu'à Venise, et, afin
de rendre ce service plus agréable encore aux
Vénitiens, de convenir avec eux de la marche
de Sforza et de tout ce qui pouvait l'assurer.
Neri s'embarqua donc à Cesène et se rendit à
Venise. Jamais prince ne fut reçu dans cette
ville avec de plus grandes marques de distinction; l'on sentait que de son arrivée et des propositions qu'il allait faire, dépendait le salut
de la république. Introduit dans le sénat, il
parla en ces termes :

« Mon gouvernement, sérénissimes sei-
» gneurs, a toujours pensé que la grandeur du
» duc de Milan était la ruine et de Venise et de
» Florence, et que le salut des deux républi-
» ques était ainsi attaché à leur commune puis-
» sance. Si vous eussiez été toujours également
» convaincus de cette opinion, nous nous
» trouverions les uns et les autres dans une
» meilleure position, et Venise n'aurait point
» à craindre les dangers qui la menacent au-
» jourd'hui. Mais, comme dans les temps où
» vous nous deviez secours et confiance vous
» nous les avez refusés, nous n'avons pu courir
» avec empressement à vous lors de vos dan-
» gers, et vous avez dû tarder à réclamer notre
» assistance, nous méconnaissant ainsi dans

» l'adversité comme dans la prospérité, et ne
» sachant pas que nous ne cessions jamais d'ai-
» mer ceux que nous avions une fois aimés, et
» de haïr les premiers objets de notre haine.
» L'affection que nous portons à votre gou-
» vernement, vous ne pouvez l'ignorer, séré-
» nissimes seigneurs, vous qui nous avez vus
» si souvent envoyer à votre secours, dans la
» Lombardie, et nos troupes et nos trésors.
» Quant à la haine que nous avions vouée à
» Visconti et qui poursuivra à jamais toute sa
» famille, le monde entier en est instruit ; et,
» certes, cette ancienne affection, cette haine
» invétérée ne peuvent céder aisément, celle-là
» à des injures inattendues, celle-ci à des ser-
» vices récents.

» Nous étions, et nous sommes encore per-
» suadés que nous pouvions nous faire un grand
» mérite auprès du duc de Milan, et n'avoir à
» craindre nous-mêmes presque aucun danger
» en restant neutres dans cette guerre ; car,
» en supposant que Visconti fût devenu, par
» votre ruine, souverain de toute la Lombardie,
» il nous restait assez de ressources en Italie pour
» ne devoir pas désespérer de notre salut. En
» accroissant en effet ses états et sa puissance,
» il eût accru en même temps la haine de ses
» ennemis et la jalousie de ses voisins, et se fût
» ainsi attiré de nouvelles guerres et d'inévita-
» bles désastres. Nous n'ignorons pas non plus
» que nous eussions évité d'excessives dépenses
» et de très-grands dangers en ne nous mêlant
» pas de votre querelle, et qu'en nous décla-
» rant, au contraire, contre vos ennemis, nous
» allions probablement attirer sur la Toscane
» la guerre qui ravage à présent la Lombardie.
» Mais toutes ces importantes considérations
» ont cédé à l'ancienne affection qui nous atta-
» che à votre république, et nous avons résolu
» de secourir vos états avec le même empresse-
» ment que nous eussions défendu les nôtres
» s'ils eussent été attaqués.

» Mon gouvernement jugeant donc qu'il fal-
» lait avant tout secourir Vérone et Brescia,
» et que le succès de cette tentative dépendait
» uniquement du comte de Sforza, m'a envoyé
» auprès de lui pour le déterminer à passer en
» Lombardie et à faire la guerre partout où
» il en serait requis ; vous savez qu'il n'était pas
» obligé de passer le Pô. Je suis parvenu à lui

» faire adopter cette mesure par les mêmes rai-
» sons qui nous avaient déjà persuadés ; et déjà
» invincible par les armes, il n'a pas voulu se
» laisser vaincre en générosité et a prétendu
» surpasser ce que nous avions fait pour vous.
» N'ignorant pas les dangers auxquels la Tos-
» cane reste exposée après son départ, il a vu
» que nous songions cependant plutôt à vos pé-
» rils qu'aux nôtres, et il a résolu de son côté
» de mettre à l'écart toute considération rela-
» tive à ses propres intérêts. Il s'offre donc à
» vous avec sept mille chevaux et deux mille
» fantassins, et s'engage à attaquer l'ennemi
» partout où il en sera besoin. Comme il vient
» ainsi vous servir avec un plus grand nombre
» de troupes qu'il ne s'y était engagé, j'espère,
» et mon gouvernement forme les mêmes vœux,
» que votre libéralité saura récompenser son
» zèle, afin qu'il n'ait point à se repentir de
» vous avoir servis, et nous de l'y avoir dé-
» terminé. »

Ce discours de Neri fut écouté avec la même
attention qu'un oracle des dieux ; il enflamma
tellement le sénat, que, sans attendre, selon
l'usage, la réponse du doge, tous se levèrent en
joignant les mains d'admiration, et la plupart
en versant des larmes ; et, d'une voix unanime,
ils remercièrent les Florentins d'une marque
d'intérêt aussi touchante, et Neri particulièrement de son zèle et de son activité à exécuter
les ordres de la seigneurie ; ils jurèrent que, dans
aucun temps, ni eux, ni leurs descendants ne
perdraient le souvenir d'un si grand bienfait,
et qu'ils se regarderaient à jamais comme
n'ayant qu'une même patrie avec les Florentins.

Lorsque ces transports furent un peu calmés,
on délibéra sur la route que Sforza devait
prendre, afin de disposer les pontons et les
pionniers dont il aurait besoin. Il se présentait
quatre chemins différents : le premier par Ravenne, le long des côtes : ce chemin, resserré
le plus souvent entre la mer et des marais, fut
rejeté ; le second, par la route ordinaire, mais
elle était dominée par un château, nommé Luc-
celino, occupé par les troupes du duc. Pour
avoir un libre passage, il fallait se rendre maître
de ce château, et il était difficile que cette
conquête coutât assez peu de temps pour ne
pas faire perdre l'occasion de secourir les villes

assiégées, dont la situation exigeait la plus grande célérité ; le troisième chemin était par la forêt de Lago, mais le Pô, alors débordé, rendait ce passage non-seulement difficile, mais même impossible ; le quatrième chemin, enfin, était de traverser le territoire de Bologne, de passer à Ponte-Puledrano, à Cento, à la Pieve, d'arriver à Ferrare entre le Finale et le Bondeno, d'où il serait aisé à Sforza de se transporter par terre et par eau dans le territoire de Padoue, et, là, de rejoindre l'armée de Venise. Ce chemin, qui présentait beaucoup de difficultés, et où on pouvait rencontrer l'ennemi, fut cependant préféré comme le moins dangereux. Sitôt que Sforza fut instruit de cette résolution, il partit avec la plus grande célérité et arriva le 20 juin dans le territoire de Padoue. La présence de ce général dans la Lombardie fit concevoir aux Vénitiens et à tous leurs états les plus heureuses espérances, et lorsqu'ils cessaient à peine de trembler pour leur propre salut, ils commencèrent bientôt à se promettre de nouvelles conquêtes.

Sforza résolut avant tout de secourir Véronne. Piccinnino, voulant s'opposer à ce projet, alla camper avec son armée à Soave, château bâti sur les confins des territoires de Vicence et de Véronne, et se retrancha derrière un fossé qui s'étendait depuis Soave jusqu'aux marais de l'Adige. Sforza, se voyant fermer le chemin de la plaine, crut qu'il lui était possible de pénétrer à Véronne par les montagnes ; il pensait que Piccinnino ne croirait jamais qu'il voulût prendre ce chemin difficile et escarpé, et que lorsqu'il n'en pourrait plus douter, il ne serait plus à temps pour l'arrêter. Il ordonna donc à ses troupes de prendre des vivres pour huit jours, passa en effet à travers les montagnes, et descendit dans la plaine, au-dessous de Soave. Piccinnino avait bien élevé quelques retranchements pour lui couper même ce chemin, mais Sforza les franchit sans peine. Niccolo, voyant que l'ennemi avait effectué son passage contre toute attente, crut qu'il n'était pas en état de le combattre avec avantage, et il se retira au-delà de l'Adige. Sforza entra sans obstacle à Vérone.

Après avoir fait lever aussi heureusement le siége de Véronne, il restait à Sforza un second succès à obtenir, c'était de secourir Brescia.

Cette ville est tellement rapprochée du lac de Garda, qu'avec quelque soin qu'on la resserrât du côté de terre, il serait toujours facile de la ravitailler par le lac. C'est pour cette raison que Visconti avait cherché à se fortifier de ce côté, et que, dès le commencement de ses succès, il s'était emparé de toutes les places qui pouvaient envoyer par le lac des secours aux assiégés. Les Vénitiens avaient bien quelques galères, mais elles n'étaient pas en état de combattre les forces du duc. Sforza crut donc qu'il était important d'appuyer la flottille vénitienne par son armée de terre, et il ne doutait pas qu'il ne pût sans peine se rendre maître de toutes les places qui arrêtaient les vivres de Brescia. Il alla donc camper devant Bardolino, château bâti sur le lac, espérant que la prise de cette place entraînerait celle de toutes les autres ; mais, dans cette occasion, la fortune lui fut contraire : la plus grande partie de ses troupes tomba malade, et il fut obligé de se retirer à Zevio, place dans le Véronnais, également saine et abondamment fournie de vivres. Piccinnino, instruit de la retraite de l'ennemi, crut ne pas devoir perdre cette occasion de se rendre maître du lac ; il laissa son camp à Vegasio, et, avec une troupe d'élite, il s'embarqua sur le lac et attaqua avec la plus grande impétuosité la flotte vénitienne qu'il prit presque tout entière ; cette victoire lui ouvrit les portes de presque toutes les places bâties sur les bords.

Les Vénitiens, effrayés de cette défaite, et craignant qu'elle ne déterminât Brescia à se rendre au vainqueur, pressèrent vivement Sforza, tant par lettres que par des envoyés particuliers, de marcher à son secours sans délai. Celui-ci, voyant qu'il n'y avait plus rien à espérer du côté du lac, ni rien à tenter du côté de la plaine, où les fossés, les bastions et les retranchements élevés par Piccinnino et défendus par des troupes nombreuses, eussent exposé à une ruine certaine toute l'armée qui eût osé les franchir, résolut d'entreprendre pour Brescia ce qui lui avait réussi pour Véronne et d'y pénétrer par les montagnes. S'étant arrêté à ce projet, il partit de Zevio, se rendit par le Val d'Acri au lac de St.-André et arriva à Torboli et Peneda sur le lac de Garde. De là, il vint camper devant Terma dont il fallait qu'il se rendît maître pour passer à Brescia. Piccinnino, instruit des desseins de Sforza, se porta avec son armée sur Peschiera, et prenant avec lui le marquis de Mantoue et ses meilleures troupes, il alla livrer bataille à l'ennemi; mais il fut battu, ses troupes mises en déroute et obligées de s'enfuir, les unes au principal corps d'armée, les autres sur la flottille. Piccinnino se retira à Terma, y resta une partie de la nuit, et ne doutant pas que s'il attendait le jour en ce lieu, il ne tombât entre les mains de l'ennemi, il résolut de s'exposer à un péril incertain pour se tirer d'un danger inévitable. De cette foule d'hommes qu'il avait amenés, il ne restait auprès de lui qu'un seul valet allemand, d'une force prodigieuse, et d'une fidélité à toute épreuve. Piccinnino se mit dans un sac, et lui ordonna de le porter sur ses épaules comme renfermant le bagage de son maître, et de le conduire ainsi en lieu de sûreté. Terma était investie par l'armée de Sforza; mais cette armée, dans la sécurité de la victoire, ne faisait aucune garde, n'exerçait aucune surveillance, et il fut ainsi très-facile à l'Allemand de sauver son maître; il le mit sur ses épaules, et habillé comme un valet d'armée, il traversa tout le camp sans rencontrer le moindre obstacle, et conduisit sans accident Piccinnino à son armée.

Si l'on eût tiré autant de profit de cette victoire qu'on avait eu de bonheur à la remporter, Brescia eut été secourue et les affaires de Venise se fussent singulièrement améliorées; mais les vainqueurs n'en ayant pas su tirer parti, leur joie fut courte, et Brescia resta exposée aux mêmes dangers. Piccinnino, de retour à son armée, sentit qu'il fallait faire oublier sa défaite par quelque succès inat tendu qui ôtât aux Vénitiens les moyens de secourir Brescia. Il connaissait bien la position de la citadelle de Véronne, et s'était assuré, par les prisonniers qu'il avait faits dans cette guerre, qu'elle était mal gardée et qu'il ne serait pas difficile de s'en rendre maître. Il jugea donc que la fortune lui offrait un moyen de rétablir son honneur, et par une entreprise imprévue, de changer en douleur, la joie que ses ennemis avaient ressentie de leur récente victoire.

Véronne est située en Lombardie si près des montagnes qui séparent l'Allemagne de l'Italie, qu'elle est posée partie sur la plaine et partie sur les hauteurs. L'Adige, qui sort de la vallée de Trente, ne descend pas directement dans la plaine lorsqu'il entre en Italie; il tourne à gauche le long des montagnes, rencontre Véronne, et traverse cette ville sans cependant la partager en deux parties égales, le côté de la plaine étant beaucoup plus étendu que le côté des montagnes. Sur les hauteurs apparaissent deux châteaux nommés, l'un St-Pierre, l'autre St-Félix, plus défendus par leur position naturelle que par leurs fortifications, et qui dominent toute la ville. Dans la plaine, en-deçà de l'Adige, et à côté des murailles de la ville, on a élevé deux autres châteaux éloignés l'un de l'autre de mille pas, appelés, l'un la *vieille*, l'autre la *nouvelle citadelle*. De l'un de ces châteaux part, du côté de la ville, une muraille qui va rejoindre l'autre et qui forme la corde de l'arc que tracent les murailles ordinaires de la ville, qui renferment les deux forteresses. Tout l'espace contenu entre ces deux murailles est rempli d'habitants et s'appelle le faubourg de S.-Zeno.

Ce furent ces citadelles et ce faubourg que Piccinnino résolut d'attaquer. La négligence habituelle des gardes, que la victoire de Sforza devait encore augmenter, lui montrait cette entreprise comme peu difficile; il n'ignorait pas d'ailleurs qu'à la guerre rien n'est plus facile que ce que l'ennemi vous croit hors d'état de tenter. Il prend donc avec lui une troupe d'hommes d'élite, part avec le marquis de Mantoue, arrive à Véronne pendant la nuit et, sans avoir été aperçu, escalade la citadelle neuve et s'en rend maître. De là, ses troupes descendent dans la place, brisent la porte St-Antoine et ouvrent ainsi le passage à la cavalerie. La garnison de la vieille citadelle, entendant le bruit causé d'abord par les troupes de la citadelle neuve qu'on égorgeait, et ensuite par le brisement des portes, juge que c'est une attaque de l'ennemi, crie aux armes et appelle le peuple à sa défense. Aussitôt les citoyens s'éveillent en désordre, les plus braves prennent les armes et courent à la place des *Recteurs*. Cependant les troupes de Piccinnino, ayant saccagé le faubourg de S.-Zeno, pénètrent plus avant, et les citoyens les reconnaissent enfin pour l'armée de Visconti; mais, se voyant sans moyens de défense, ils se rendent auprès des recteurs vénitiens et les pressent de se retirer dans les forteresses et de sauver ainsi leurs personnes et leurs propriétés, en leur représentant qu'il est plus avantageux pour Venise de conserver leur vie et leurs richesses pour une meilleure fortune que de les condamner à la mort et à la destruction pour vouloir en vain éviter le malheur qui les menace. Les recteurs et tous les Vénitiens, cédant à ces représentations, se retirent dans le château de St-Félix. De là quelques-uns des premiers de la ville vont trouver Piccinnino et le marquis de Mantoue; ils les supplient de préférer une ville riche qu'ils peuvent posséder avec honneur, à une ville dévastée, dont la ruine serait pour eux un sujet de blâme et de reproche, et que n'ayant point cherché à se faire un mérite auprès de leurs anciens maîtres par la moindre tentative de défense, ils n'ont pu ainsi s'attirer le ressentiment des vainqueurs. Piccinnino et le marquis les rassurèrent et les défendirent du pillage, autant que le permit la licence du soldat, comme ils ne doutaient pas que Sforza n'accourût bientôt pour leur arracher leur conquête, ils employèrent tous les moyens qui étaient en leur pouvoir pour s'emparer des forts; ils élevèrent, devant ceux dont ils ne purent se rendre maîtres, des fossés et d'autres retranchements afin de les isoler ainsi de la place et d'empêcher l'ennemi d'y pénétrer.

Sforza était à Terma lorsqu'il apprit cette nouvelle; d'abord il n'en voulut rien croire, mais des avis plus certains lui en ayant confirmé la vérité, il voulut réparer par une extrême célérité les fautes de sa négligence. Quoique tous les généraux de son armée lui conseillassent de renoncer à reprendre Véronne et Brescia, et de se retirer à Vicence pour ne pas s'exposer dans sa position actuelle à être assiégé par l'ennemi, il rejeta tous ces avis et voulut tenter également la fortune pour recouvrer Véronne. Se tournant au milieu de toutes ces irrésolutions vers les provéditeurs vénitiens et Bernardetto de Médicis, alors commissaire de Florence, il leur promit de reprendre cette place si l'un des forts seulement résistait jusqu'à son arrivée. Il fait donc préparer sa troupe, et se porte avec rapidité sur Véronne. Dès que Piccinnino aperçut cette armée, il crut d'abord que Sforza, suivant le conseil de ses généraux, se retirait à Vicence; le voyant au contraire se tourner du côté de Véronne, et s'avancer vers le fort de St-Félix, il se mit en état de lui fermer le passage; mais il n'en était plus temps. Les retranchements élevés devant le fort n'étaient point achevés, et ses soldats ayant été uniquement occupés à lever des contributions et à piller, il ne put les réunir assez tôt pour arrêter Sforza qui pénétra dans le fort et de là dans la ville, qu'il recouvra heureusement, à la honte de Piccinnino. Celui-ci, après avoir perdu une partie de ses troupes, se réfugia avec le marquis de Mantoue d'abord dans la citadelle, et de là à Mantoue, où ils ramassèrent les débris de leur armée qu'ils réunirent au reste de leurs troupes campées devant Brescia. C'est ainsi que l'armée de Visconti conquit et perdit Véronne en quatre jours. Sforza ayant réussi à ravitailler Brescia, quoique avec beaucoup de peine, car l'hiver était déjà arrivé et le froid très-rigoureux, établit ses quartiers à Véronne, et fit construire quelques galères à Torboli, afin d'avoir au printemps, sur le lac, comme sur terre, des forces assez imposantes pour délivrer entièrement Brescia.

Visconti, voyant l'impossibilité de continuer la guerre à cause de la rigueur de la saison, et celle de s'emparer de Véronne et Brescia, sentit qu'il ne devait tous ces désastres qu'à l'argent et aux suggestions des Florentins qui n'avaient point voulu renoncer à l'alliance de Venise, quelques injures qu'ils en eussent reçues, ni embrasser son parti, quelques promesses qu'il leur eût faites; il résolut donc d'attaquer la Toscane, pour leur faire goûter de près les fruits amers des divisions qu'ils avaient semées contre lui. Il était fortement poussé à ce parti par Piccinnino et les bannis de Florence. Celui-là désirait ardemment de s'emparer des états de Braccio et de chasser Sforza de la Marche; ceux-ci soupiraient après l'occasion de retourner dans leur patrie, et tous le pressaient par les raisons qu'ils croyaient les plus propres à irriter son ambition. Piccinnino lui représentait qu'il pouvait l'envoyer en Toscane et continuer le siége de Brescia, puisqu'il restait maître du lac et de tous les forts environnants; qu'il avait encore en Lombardie des troupes capables de s'opposer à Sforza, en cas que celui-ci voulût tenter quelque expédition contre lui; mais que ce danger n'était pas à craindre, puisqu'il ne pourrait rien entreprendre sans avoir délivré Brescia, ce qui n'était pas en son pouvoir, et qu'ainsi, par cette diversion, la guerre ravagerait la Toscane sans pour cela cesser en Lombardie. Il lui représentait d'ailleurs qu'aussitôt que les Florentins verraient la Toscane envahie, ils seraient forcés de rappeler Sforza ou de consentir à leur ruine; et que, quelque parti qu'ils prissent, il en résulterait pour lui un avantage certain. Les bannis assuraient Visconti qu'il était impossible qu'à l'approche de Piccinnino le peuple de Florence, fatigué de l'excès des impôts et de l'insolence des citoyens puissants, ne prît pas les armes contre le gouvernement. Ils lui montraient qu'il était facile de s'approcher des portes de cette ville puisque le chemin de Casentino, dont le seigneur était ami de Rinaldo d'Albizzi, serait constamment ouvert à son armée. Ces divers discours ne firent que décider Visconti pour un parti auquel il était lui-même naturellement enclin. D'un autre côté, les Vénitiens pressaient sans relâche Sforza de se porter avec toute son armée au secours de Brescia. Celui-ci les assurait qu'une pareille tentative était impossible dans cette saison, qu'il fallait attendre le printemps, et cependant préparer la flotille afin d'être alors en état d'agir avec vigueur par terre comme sur le lac. Les Vénitiens blessés de ces lenteurs ne montraient plus aucune bonne volonté, n'avançaient aucuns préparatifs, et laissaient incomplets tous les corps de leur armée.

Les Florentins, instruits de ces divers mouvements, conçurent de vives alarmes en voyant la guerre menacer la Toscane, sans faire aucun progrès en Lombardie; ils n'étaient pas moins inquiets de l'armée du saint-siége, non qu'ils eussent à craindre les dispositions du pape à leur égard, mais ils voyaient que cette armée lui obéissait moins qu'au patriarche leur ennemi le plus déclaré. Vitelleschi Cornetano, d'abord notaire apostolique, était devenu ensuite évêque de Recavati, puis patriarche d'Alexandrie, et enfin cardinal; on l'appelait le cardinal de Florence. Également intrépide et astucieux, il s'était conduit avec tant d'habileté, que le pape avait conçu pour lui la plus vive affection, l'avait mis à la tête des armées de l'église, et chargé de toutes les guerres

qu'il avait entreprises dans la Romagne, la Toscane, à Rome, ou dans le royaume de Naples. Il avait acquis par là une telle autorité sur l'armée du pape et sur le pape lui-même, que l'armée n'obéissait qu'à ses ordres, et que le pape craignait de lui en donner. Vitelleschi était à Rome avec ses troupes, lorsqu'on commença à répandre le bruit du dessein de Piccinnino de passer en Toscane. Cette circonstance ne fit qu'accroître les inquiétudes des Florentins; ils savaient que depuis le bannissement de messer Rinaldo, le cardinal haïssait mortellement leur gouvernement; qu'il n'avait pu oublier qu'ils avaient violé le traité conclu par sa médiation entre les deux partis, et que l'unique effet de cette médiation avait été de perdre Rinaldo qui à sa prière avait mis bas les armes, et donné ainsi à ses ennemis les moyens de le chasser. Les chefs du gouvernement craignaient donc de ne pouvoir empêcher le retour de Rinaldo, si le cardinal se réunissait à Piccinnino. Ils jugeaient avec raison que celui-ci tentait une entreprise très-inconsidérée en quittant ainsi la Lombardie et en abandonnant un succès presque certain pour une expédition fort douteuse, et qu'il ne pouvait y avoir été déterminé que par quelque nouvelle alliance et quelque secrète perfidie. Ils communiquèrent leurs soupçons au pape qui se repentait déjà d'avoir laissé prendre à Vitelleschi une si excessive autorité.

Tandis que les Florentins étaient livrés à ces inquiétudes, la fortune leur offrit un moyen de se garantir de la malveillance du cardinal. Le gouvernement entretenait partout d'actifs surveillants chargés de lire toutes les lettres dont ils pourraient s'emparer, afin de découvrir s'il se tramait quelque complot contre la république. On intercepta ainsi à Montepulciano des lettres que, sans le consentement du pape, le cardinal écrivait à Piccinnino. Le magistrat chargé de la direction de la guerre les envoya au pape sans différer. Quoiqu'elles fussent écrites avec une espèce de chiffres, et que le sens en fût tellement enveloppé, qu'on n'en pût rien tirer de positif, cette obscurité même et cette intelligence avec un ennemi déclaré effrayèrent tellement le souverain pontife, qu'il résolut aussitôt de s'assurer de la personne du patriarche, et il chargea d'exécuter cette mesure Antonio Rido de Padoue, alors gouverneur du château St-Ange; celui-ci, résolu d'obéir à cette commission, attendit avec impatience le moment favorable de l'exécuter.

Le patriarche avait formé le projet de passer en Toscane, et voulant partir de Rome le jour suivant, il fit dire à Rido de l'attendre le matin sur le pont-levis du château, parce qu'il avait quelques ordres à lui donner. Rido crut qu'il ne pouvait trouver une plus favorable occasion, et, après avoir fait toutes les dispositions nécessaires, il attendit, à l'heure prescrite, le patriarche sur le pont qui, pour la plus grande sûreté de la citadelle, se levait et se baissait à volonté. Lorsque le patriarche fut arrivé, Rido, l'ayant arrêté pendant quelque temps en prolongeant l'entretien, fit signe à ses gens de lever le pont, et Vitelleschi, un instant auparavant général de l'armée du saint-siège, se trouva tout à coup prisonnier d'un gouverneur de château. Les troupes qu'il avait amenées firent d'abord entendre quelques murmures, mais s'apaisèrent bientôt quand on leur eut fait connaître l'ordre du pape. Cependant le gouverneur chercha par des paroles de consolation à rassurer son prisonnier, et à lui faire espérer un meilleur sort. « On n'arrête pas les personnages de ma sorte pour » les relâcher ensuite, lui répondit le patriar- » che, et ceux qui n'ont pas mérité d'être ar- » rêtés, et qui le sont, ne sont jamais relâ- » chés. » En effet il mourut quelques jours après dans sa prison. Le pape mit à la tête de ses armées Lodovico, patriarche d'Aquilée, et quoiqu'il eût jusqu'alors refusé d'entrer dans les guerres de la coalition contre le duc de Milan, il consentit alors d'y prendre part, et promit d'envoyer au secours de la Toscane quatre mille chevaux et deux mille fantassins.

Les Florentins, délivrés de ce sujet d'inquiétude, n'avaient plus qu'à s'occuper des dangers de l'invasion de Piccinnino et du mauvais état des affaires de la Lombardie, causé par la més-intelligence de Sforza et des Vénitiens. Afin de juger plus sûrement des causes de leur différend, ils envoyèrent à Venise Neri di Gino Capponi, et messer Giuliano Davanzati. Ils devaient régler les opérations militaires de la prochaine campagne, et Neri se rendre ensuite

auprès de Sforza pour entendre ses objections aux mesures proposées par les Vénitiens, et le déterminer à toutes les entreprises nécessaires au salut de la coalition. Ces ambassadeurs n'étaient point encore arrivés à Ferrare, qu'ils apprirent que Piccinnino avait déjà passé le Pô à la tête de six mille hommes de cavalerie. Cette nouvelle leur fit hâter leur voyage; arrivés à Venise, ils trouvèrent le sénat plus déterminé que jamais à entreprendre sans différer le blocus de Brescia. Il représentait que cette ville ne pouvait se défendre jusqu'au printemps ou même jusqu'à ce qu'on eût achevé d'armer la flottille, que ne voyant arriver aucun secours, elle serait forcée de se rendre à l'ennemi, et qu'un pareil succès assurait la supériorité de Visconti et la perte de tous leurs états de terre ferme. Neri alla de là à Vérone pour connaître les raisons que Sforza alléguait contre ce projet. Celui-ci s'étendit au long sur le danger de faire avancer, dans une pareille saison, son armée contre Brescia; il observa que les assiégeants n'en retireraient dans le moment actuel aucun avantage, et qu'on rendrait seulement impossible toutes les opérations subséquentes; qu'en effet la situation de Brescia et la rigueur de la saison ne permettraient pas d'en approcher, et qu'une marche aussi insensée n'aurait d'autre résultat que de fatiguer et épuiser ses troupes, et qu'au printemps, au moment le plus propre aux opérations de la guerre, il serait forcé de retourner à Véronne avec son armée pour réparer les pertes de l'hiver et recommencer tous les approvisionnements nécessaires au succès de la campagne; et qu'enfin le temps le plus précieux de l'année se perdrait ainsi tout entier en marches et contre-marches tout à fait inutiles.

Orsatto Justiniani et Giovanni Pisani avaient été également envoyés à Véronne, auprès de Sforza, pour traiter de tous ces objets. Ceux-ci, après de longues contestations, arrêtèrent enfin avec lui que les Vénitiens lui donneraient pour l'année suivante quatre-vingt mille ducats, et à leurs autres troupes quarante ducats par chaque lance; qu'il se hâterait d'entrer en campagne avec toute son armée, et d'attaquer vigoureusement le duc de Milan, afin que celui-ci craignant pour ses propres états, fût obligé de rappeller Piccinnino en Lombardie. Après avoir conclu ce traité ils revinrent à Venise, mais comme les Vénitiens trouvaient cette solde exorbitante, ils mirent infiniment de lenteur à remplir leurs engagements.

Cependant Piccinnino poursuivait sa marche; et déjà il était arrivé en Romagne, où il avait réussi à détacher des Vénitiens les fils de Pandolfo Malatesti, et à leur faire embrasser le parti de Visconti. Cette défection affligea Venise, mais bien plus encore les Florentins qui croyaient résister à Piccinnino de ce côté, et qui, voyant les Malatesti déclarés maintenant contre eux, appréhendaient que leur général Orsino alors en quartier dans leur territoire ne fût obligé de mettre bas les armes, et qu'ils ne restassent ainsi sans défense. Sforza n'en fut pas moins effrayé; il craignait que le passage de Piccinnino en Toscane ne lui fît perdre ses propres états, et il résolut de marcher à leur défense; il se rendit à Venise, se présenta devant le doge et lui fit observer qu'il serait utile aux intérêts de la coalition qu'il passât en Toscane; qu'il fallait faire la guerre là où était le général et l'armée de l'ennemi, et non devant ses places et ses garnisons; que détruire l'armée ennemie c'est finir la guerre, mais que prendre ses places lorsque son armée est encore intacte, c'est s'exposer souvent à une guerre beaucoup plus vive et plus acharnée. Il assura que c'en était fait de la Marche et de la Toscane si on n'opposait une vigoureuse résistance à Piccinnino, et qu'après avoir perdu ces provinces, il ne fallait plus compter sur la Lombardie; qu'en supposant même que ce danger ne fût pas bien imminent, il était résolu de ne pas abandonner ses sujets et ses alliés; qu'il était arrivé en Lombardie souverain, et qu'il ne voulait pas en sortir simple condottière.

Le doge lui répondit que si non-seulement il quittait la Lombardie, mais même s'il repassait le Pô, il était évident que les Vénitiens perdraient tous leurs états de terre ferme, qu'ils se détermineraient même à ne plus faire aucun effort pour les défendre; que celui-là en effet est un insensé qui s'efforce de défendre ce dont rien ne peut empêcher la perte, et qu'il y a moins de honte et moins de dommage à perdre seulement ses états, qu'à per-

dre ses états et son argent à la fois; qu'au reste, après cette catastrophe, l'on verrait combien le maintien de la puissance vénitienne importe à la sûreté de la Toscane et de la Romagne. Le sénat était donc d'un avis tout contraire au sien : il croyait que les victoires de la Lombardie étaient d'un avantage général pour la coalition; que d'ailleurs elles étaient certaines dans ce moment où le départ de Piccinnino avait laissé sans défense les états de Visconti; qu'on pouvait l'accabler avant qu'il eût eu le temps de le rappeler ou de s'assurer d'autres ressources. Si on examinait avec attention l'état des choses, on verrait que le duc n'avait envoyé Piccinnino en Toscane que pour éloigner Sforza de son territoire, reporter sur les états de l'ennemi la guerre qui ravageait les siens; en sorte que si lui Sforza prenait le parti de s'éloigner, il ne ferait qu'accomplir les vœux de l'ennemi, et lui donner l'occasion de s'applaudir de ses desseins; si au contraire il restait en Lombardie, après avoir ordonné pour la Toscane toutes les mesures nécessaires à sa défense, l'ennemi s'apercevrait bientôt de sa funeste inconsidération, et perdrait la Lombardie pour toujours, sans avoir pu obtenir aucun succès dans la Toscane.

Après que ces deux avis eurent été longtemps débattus, on résolut d'attendre, pendant quelques jours, quels seraient les résultats du traité des Malatesti avec Piccinnino; jusqu'à quel point les Florentins pouvaient compter sur leur général Orsino, et ce qu'on devait espérer des promesses du pape, qui s'était engagé à soutenir franchement les intérêts de la coalition. L'on apprit bientôt après cette convention, que les Malatesti avaient fait leur traité plutôt par peur que par aucune malveillance réelle; qu'Orsino s'était rendu en Toscane avec ses troupes, et que le pape était plus affectionné qu'il ne l'avait été jusqu'alors. Ces nouvelles déterminèrent Sforza; il consentit à rester en Lombardie, et l'on convint que Neri Capponi retournerait à Florence avec quinze cents chevaux dont Sforza fournirait mille, et le reste de l'armée cinq cents; et que celui-ci se rendrait sans délai en Toscane, s'il apprenait que les circonstances y devenaient assez critiques pour y exiger sa présence.

Neri arriva à Florence avec ces troupes, au mois d'avril, et le même jour il alla rejoindre Orsino.

Cependant Piccinnino, après avoir mis ordre aux affaires de la Romagne, résolut de descendre en Toscane, et voulant passer par le mont St-Benedetto et la vallée de Montone, il trouva ce passage si bien gardé par Niccolo de Pise, qu'il sentit que de ce côté il n'avait rien à entreprendre. Les Florentins, à la première nouvelle de l'invasion de Piccinnino, se trouvant dépourvus de soldats et de généraux, avaient envoyé, pour garder le passage des montagnes, plusieurs de leurs concitoyens avec différents corps d'infanterie levés à la hâte. Messire Orlandini était un de ceux-ci, et on lui avait confié la défense de Marradi et des montagnes qui l'avoisinent. Marradi est un château situé au pied des montagnes qui séparent la Romagne de la Toscane; il regarde la Romagne et se trouve au commencement du Val de Lameno; quoiqu'il ne soit défendu par aucune fortification, le fleuve, les montagnes et le courage des habitants en font un poste important. Les habitants en effet sont belliqueux et fidèles, et le fleuve a tellement miné le terrain, ses bords sont si escarpés, qu'il est impossible d'y arriver par la vallée, pour peu qu'on défende un petit pont placé sur ses eaux; enfin, du côté des montagnes, le passage est si impraticable que c'est une des places les plus sûres. Mais la lâcheté d'Orlandini rendit inutiles et le courage de ses habitants et l'avantage de cette position. Il n'eut pas plutôt appris en effet l'arrivée de l'ennemi, qu'abandonnant entièrement son poste, il s'enfuit avec toutes ses troupes et ne s'arrêta qu'à St-Lorenzo. Piccinnino entra dans cette place, plein d'étonnement de n'avoir pas éprouvé plus de résistance et de joie d'avoir emporté un pareil poste; de là, il descendit dans le territoire de Mugello, où il se rendit maître de quelques châteaux, et enfin il s'arrêta à Puliciano; de là, il courut toute la campagne jusqu'aux montagnes de Fiesole; il poussa même l'audace jusqu'à passer l'Arno et s'avancer à trois milles de Florence, en commettant de tout côté les plus grands ravages.

Cependant les Florentins ne se laissèrent point abattre; ils s'occupèrent avant tout de consolider leur gouvernement, qui au reste était fortement maintenu par le crédit sans bornes de Médicis sur le peuple, et le soin qu'avait pris le parti vainqueur de ne confier les premières magistratures qu'à un petit nombre de citoyens puissants dont la sévère surveillance réprimait les mécontents et tous ceux qui méditaient de nouvelles révolutions. Ils n'ignoraient pas d'ailleurs que, conformément au traité de Lombardie, Neri revenait en Toscane avec des forces respectables; ils attendaient les troupes du pape, et ces diverses espérances soutinrent leur courage jusqu'à l'arrivée de Neri. Celui-ci, trouvant les citoyens irrités des ravages exercés par Piccinnino, résolut d'entrer en campagne et de s'opposer, au moins en partie, aux dégâts qu'il commettait dans tout le pays sans résistance. Il forma un corps d'infanterie parmi le peuple, qu'il réunit à sa cavalerie, et il alla reprendre Remole occupé par l'ennemi. S'étant campé en ce lieu, il arrêta les courses de Piccinnino et fit espérer au gouvernement de le chasser bientôt tout à fait du territoire de la république.

Piccinnino, voyant que les Florentins n'avaient fait aucun mouvement contre leur gouvernement, lorsqu'il n'était soutenu d'aucunes troupes, instruit que la plus grande tranquillité régnait dans la ville, sentit qu'il perdait un temps précieux de ce côté et résolut de tenter quelque autre entreprise, afin d'attirer vers lui l'armée de Florence et d'avoir occasion de lui livrer bataille. Il ne doutait pas qu'une victoire ne lui assurât le succès de cette campagne. Il avait alors dans son armée Francesco, comte de Poppi, qui avait violé le traité qu'il avait conclu avec Florence, aussitôt que l'ennemi avait paru sur le territoire de Mugello. Les Florentins, ayant eu quelques doutes sur sa fidélité, avaient résolu de se l'attacher par des bienfaits; ils avaient augmenté sa solde et lui avaient donné le gouvernement de toutes les places voisines de ses états. Mais tel est l'ascendant de l'esprit de parti sur le cœur des hommes, que ni crainte ni bienfaits n'avaient pu le faire renoncer à l'attachement qu'il portait à Rinaldo d'Albizzi et aux autres membres de l'ancien gouvernement. Il n'avait donc pas plutôt été instruit de l'approche de Piccinnino, qu'il s'était réuni à lui; il le pressait alors vivement de quitter le territoire de Florence et de passer dans le Casentino : il lui représentait la force naturelle de ce pays et les moyens qu'il y aurait d'y tenir en échec toute l'armée ennemie. Piccinnino suivit ce conseil ; il se jeta sur le Casentino, s'empara de Romena et de Bibiena et vint ensuite camper devant Castel St-Niccolo. Cette place, située au pied des montagnes qui séparent le Casentino du Val d'Arno, étant assez élevée et défendue par une forte garnison, fit une longue résistance, quoique Piccinnino l'attaquât vigoureusement avec toute son artillerie.

Le siége de Castel St-Niccolo ayant déjà duré plus de vingt jours, les Florentins eurent le temps de former leur armée et de réunir, sous divers *condottieri*, trois mille hommes de cavalerie à Fegghine, dont le commandement fut donné à Orsino et à Neri Capponi et Bernardo de Médicis, tous deux commissaires du gouvernement. Ceux-ci virent bientôt arriver auprès d'eux des députés de Castel St-Niccolo pour les presser de leur envoyer de prompts secours. Mais ils jugèrent, après avoir bien examiné la position des lieux, qu'il n'y avait d'autre moyen de secourir Castel St-Niccolo qu'en passant par les montagnes qui s'élèvent du Val d'Arno ; que ne pouvant cacher leur marche, l'ennemi, plus rapproché de ces hauteurs, aurait le moyen de s'en emparer avant eux, et que cette tentative pouvait être infructueuse et même compromettre le salut de l'armée. Ainsi, après avoir donné de justes éloges à la fidélité des habitants, ils les autorisèrent à se rendre quand ils ne seraient plus en état de se défendre.

Après trente-deux jours de siége, Piccinnino se rendit enfin maître de Castel St-Niccolo, et le temps qu'il perdit devant une place si peu importante causa en grande partie le mauvais succès de son expédition. S'il se fût maintenu en effet avec son armée sur le territoire de Florence, le gouvernement n'aurait osé qu'avec de grands ménagements exiger des citoyens les contributions nécessaires à la guerre ; il aurait eu bien plus de peine à former une armée et à disposer tous les préparatifs militaires ayant l'ennemi à ses portes, que lorsqu'il était éloigné, et un grand nombre de citoyens, se voyant menacés d'une longue guerre, n'auraient

pas craint de proposer quelques moyens de conciliation entre les deux partis pour obtenir la paix avec Piccinnino. Mais le désir que le comte de Poppi avait de se venger des habitants de Castel St-Niccolo, depuis longtemps ses ennemis, lui avait inspiré ce funeste conseil, et Piccinnino avait consenti à le suivre pour s'attacher le comte, ce qui les perdit l'un et l'aute ; tant il est rare que les passions de quelque individu ne nuisent à l'intérêt général !

Piccinnino, poursuivant ses victoires, prit Rassina et Chiusi. Le comte de Poppi lui conseilla de s'arrêter en ce lieu et lui représenta qu'il lui était facile d'établir son armée entre Chiusi, Caprese et la Pieve, et que par là il serait maître des montagnes ; qu'il pourrait ainsi descendre à volonté dans le Casentino, dans le Val d'Arno, dans celui de Chiana ou du Tibre, et serait prêt à suivre tous les mouvements de l'ennemi. Mais Piccinnino, considérant l'âpreté de ces lieux, lui répondit que *ses chevaux ne se nourrissaient pas de pierres* ; et il se porta sur St-Sepolcro où il fut favorablement reçu ; il chercha à gagner les habitants de Citta di Castello qui, fidèles aux Florentins, rejetèrent ses insinuations. Bientôt, désirant de s'attacher Pérouse, il se rendit dans cette ville avec quarante chevaux, et fut reçu avec affection par les habitants dont il était le concitoyen ; mais, au bout de quelques jours, il leur devint suspect : il leur fit, ainsi qu'au légat, différentes propositions dont ils n'acceptèrent aucune, et enfin, après en avoir reçu huit mille ducats, il alla rejoindre son armée. Il pratiqua ensuite des intelligences dans Cortone, afin d'enlever cette place aux Florentins ; mais la conspiration fut découverte avant le moment de l'exécution, et il échoua encore dans ce projet. Parmi les premiers citoyens de cette ville, était Barthélemi di Senso. Celui-ci, se rendant un soir, par ordre du commandant, pour monter la garde à l'une des portes de la ville, rencontra un de ses amis de la campagne qui l'avertit de ne pas aller à son poste s'il désirait sauver sa vie. Senso voulut s'assurer jusqu'à quel point cet avis était fondé et découvrit toute la conspiration dirigée par Piccinnino ; il alla aussitôt révéler au commandant de la place les détails qu'il venait d'apprendre ; celui-ci fit arrêter les principaux coupables, doubler les gardes des portes, et attendit ainsi Piccinnino qui arriva au milieu de la nuit à l'heure convenue, mais qui, se voyant découvert, retourna aussitôt à son camp.

Pendant que la Toscane était le théâtre de ces événements qui ne furent presque d'aucun avantage pour Visconti, il s'en passait d'autres en Lombardie bien funestes à ses intérêts. Dès que la saison le permit, Sforza entra en campagne; comme les Vénitiens avaient enfin achevé l'équipement de leur flottille, il voulut avant tout se rendre maître du lac de Garda et en chasser Visconti, persuadé qu'après ce succès tout lui serait facile. Il attaqua donc la flottille du duc, la mit en déroute et se rendit bientôt maître, avec ses troupes de terre, des châteaux riverains occupés par Visconti. Le reste de l'armée Milanaise, qui bloquait par terre Brescia, ayant appris cette défaite, s'éloigna de cette ville qui fut délivrée ainsi après un siège de trois ans. Sforza, pour ne pas perdre le fruit de sa victoire, poursuivit l'ennemi qui s'était retiré sous Soncino, château placé sur l'Oglio, le chassa de ce poste et l'obligea de se réfugier à Crémone où Visconti s'arrêta pour défendre ses états; mais Sforza le pressant chaque jour davantage, il craignit de les voir envahis tout entiers, ou du moins en grande partie, et sentit combien était funeste la résolution qu'il avait prise d'envoyer Piccinnino en Toscane. Pour réparer cette faute, il instruisit celui-ci de sa position et de l'état actuel de ses affaires, et il lui ordonna de quitter au plus tôt la Toscane et de revenir en Lombardie.

Cependant les Florentins, ayant réuni leur armée à celle du pape, s'étaient avancés jusqu'à Anghiari, château situé au pied des montagnes qui séparent le val du Tibre de celui de Chiana, et éloigné de quatre milles de S.-Sepolcro. C'est un pays de plaine propre à la cavalerie et à toutes les évolutions militaires. Le gouvernement de Florence, déjà instruit des victoires de Sforza et du rappel de Piccinnino, jugea qu'il pouvait terminer cette guerre sans effusion de sang, et en restant seulement sur la défensive; il écrivit en conséquence aux commissaires d'éviter le combat, parce que Piccinnino ne pouvait rester encore longtemps en Toscane. Celui-ci eut connaissance de cet ordre, et voyant en effet

la nécessité de partir, il résolut d'en venir à une action, afin de signaler sa retraite par quelque action éclatante et de tirer avantage de la sécurité de l'ennemi qui ne s'attendait nullement à une pareille attaque et était loin de penser à une bataille prochaine. Piccinnino était d'ailleurs confirmé dans ce dessein par le comte de Poppi, par Rinaldo et par les autres bannis de Florence qui voyaient dans son départ leur ruine inévitable, et qui espéraient d'une bataille ou le succès de leurs desseins, ou du moins une honorable défaite.

Après avoir pris cette résolution, Piccinnino quitta le camp qu'il occupait entre Città di Castello et S.-Sepolcro, se porta, à l'insu de l'ennemi, sur cette dernière ville et en emmena deux mille hommes, que la confiance dans ses brillantes promesses et l'espoir du butin déterminèrent à suivre ses drapeaux. Bientôt il s'avança vers Anghiari avec toutes ses troupes rangées en bataille, et il en était déjà à moins de deux milles de distance, lorsque Micheletto Attendulo, apercevant des nuages de poussière, reconnut l'approche de l'ennemi et cria aux armes. Le tumulte fut extrême dans le camp des Florentins. Ces troupes n'observaient habituellement dans leur camp aucune discipline, et, dans le moment présent, leur négligence s'était accrue par l'opinion où ils étaient que l'ennemi était loin, et plus disposé à la fuite qu'au combat. Chacun était donc sans armes, la plupart loin du camp et dans divers lieux, selon que les y avait portés le besoin de fuir la chaleur, ou quelque projet d'amusement. Mais telle fut l'active diligence des commissaires et du général, qu'avant l'arrivée de l'ennemi, l'armée était déjà à cheval et disposée au combat; Micheletto, qui, le premier, avait découvert sa marche, courut également le premier à sa rencontre; il se porta rapidement avec ses troupes sur le pont qui traverse le chemin près d'Anghiari.

Orsino, avant l'arrivée de l'ennemi, avait fait combler les fossés des deux côtés de la route depuis le pont jusqu'à Anghiari. Micheletto se trouvait en tête du pont, Simoncisso, général de l'église, se plaça à la droite de la route avec le légat; et à la gauche, les commissaires de Florence et le général Orsino; l'infanterie fut chargée de défendre des deux côtés les bords du fleuve. Il ne restait donc aux ennemis d'autre chemin pour arriver aux Florentins que celui du pont, seul point où ceux-ci eussent à combattre; ils ordonnèrent seulement à leur infanterie que, si l'infanterie ennemie débordait la route pour attaquer leur cavalerie par le flanc, elle fît pleuvoir sur elle une grêle d'arbalètes et l'empêchât par ce moyen d'inquiéter leurs gendarmes au passage du pont.

Micheletto soutint avec vigueur et repoussa les premières troupes qui vinrent l'attaquer, mais Astorre et Francesco Piccinnino survenant avec des hommes d'élite, il essuya un choc si terrible, qu'il perdit le pont et fut repoussé à son tour jusqu'au bas de la hauteur qui s'élève jusqu'à Anghiari. Bientôt ceux-ci, assaillis avec fureur des deux côtés, en furent également chassés. Cette lutte dura deux heures, pendant lesquelles Piccinnino et les Florentins furent successivement maîtres du pont. Quoique le combat fût égal sur ce point, il était en-deçà et au-delà fort désavantageux à Piccinnino. Car, lorsque ses troupes passaient le pont, elles trouvaient des ennemis nombreux qui, ayant comblé les fossés, pouvaient faire en liberté toutes leurs évolutions et remplacer par des troupes fraîches les troupes fatiguées; mais lorsque les Florentins le passaient, Piccinnino ne pouvait aisément secourir les siens, étant arrêté de toutes parts par les fossés et les retranchements qui bordaient la route. En effet ses troupes, ayant plusieurs fois emporté ce passage, furent toujours repoussées par les Florentins qui pouvaient aisément renouveler leurs troupes fatiguées; mais lorsque ceux-ci eurent emporté le pont à leur tour et se furent avancés sur la route, l'impétuosité de leur choc et le désavantage du terrain ne permirent pas à Piccinnino de renouveler de même ses troupes, et celles qui étaient en avant se mêlant avec celles qui étaient derrière, la confusion se mit dans les rangs, la déroute devint générale et l'armée s'enfuit à S.-Sepolcro.

Les Florentins s'acharnèrent au butin, qui fut considérable par le nombre des prisonniers, des équipages et des chevaux qui tombèrent entre les mains des vainqueurs, car il n'y eut pas plus de mille hommes qui se sauvèrent avec Piccinnino. Les habitants de S.-Sepolcro, qui l'avaient suivi dans l'espoir du pillage, devinrent eux-mêmes une partie du butin; ils furent tous faits prisonniers et imposés à de fortes contributions. Les drapeaux et les équipages grossirent également la masse des dépouilles. Au reste, cette victoire fut beaucoup plus utile à la Toscane, que funeste au duc de Milan; s'il eût été vainqueur, la Toscane était conquise; par sa défaite, il ne perdit que des armes et des chevaux qu'il put remplacer sans de grandes dépenses. Dans aucun temps la guerre portée dans le pays ennemi ne fut moins dangereuse pour les agresseurs. Au milieu d'une déroute si complète, dans un combat si acharné qui dura quatre heures entières, il n'y eut de tué qu'un seul homme qui, encore, ne périt pas par le fer ennemi, ou par aucun coup honorable, mais qui tomba de cheval et mourut foulé aux pieds des chevaux. Une bataille n'offrait alors aucun danger; on combattait toujours à cheval, couvert d'armes et assuré de la vie lorsqu'on se rendait prisonnier; on était donc toujours à l'abri de la mort, par ses armes pendant l'action, et en se rendant prisonnier lorsqu'on ne pouvait plus combattre.

Cette bataille et tout ce qui la suivit offrit un mémorable exemple du détestable esprit qui animait les armées de ce temps-là. Les commissaires voulaient profiter de la déroute de l'ennemi pour suivre Piccinnino dans sa retraite sur S.-Sepolcro, l'assiéger dans cette place et compléter ainsi leur victoire, mais pas un *condottiere*, pas un soldat ne voulut obéir à leurs ordres; tous déclarèrent qu'il fallait avant tout mettre en sûreté le butin et soigner les blessés. Ce qu'il y eut de plus remarquable, c'est que le lendemain à midi, sans aucun ordre des commissaires ou du général, sans aucun égard pour leur résistance, ils s'en allèrent à Arezzo, y déposèrent leur butin et revinrent de là à Anghiari; faute tellement contraire à toute idée d'ordre et de discipline militaire, que les plus faibles débris d'une armée disciplinée auraient pu aisément, et avec tant de justice, leur enlever une victoire qu'ils n'avaient pas mérité de remporter. Ce n'est pas tout, les commissaires ayant voulu retenir les prisonniers afin d'ôter à l'ennemi les moyens de refaire son armée, les troupes, malgré leur protestations, les mirent en liberté. Certes, on ne sait ce qui doit le plus étonner, ou qu'une pareille armée ait eu assez de courage pour remporter une victoire, ou qu'il y ait eu un ennemi assez lâche pour être vaincu par de pareilles troupes.

Le temps que perdit l'armée de Florence pour aller à Arezzo et en revenir donna à Piccinnino le moyen de s'éloigner de S.-Sepolcro et de se retirer dans la Romagne ; il fut suivi par les bannis de Florence qui, perdant enfin toute espérance de retourner dans leur patrie, se dispersèrent, les uns en Italie et les autres au-delà des monts. Messire Rinaldo, entre autres, s'établit à Ancône ; et de là, pour mériter d'obtenir la patrie céleste après avoir perdu la sienne sur la terre, il alla visiter le tombeau de Jésus-Christ. Et un jour, après ce voyage, comme il assistait aux noces d'une de ses filles, il mourut subitement au milieu du repas ; en cela seul il eut à se louer de la fortune qui le fit mourir le jour le moins malheureux de son exil. Rinaldo d'Albizzi fut un homme vraiment recommandable dans l'une et l'autre fortune ; il eût obtenu encore une plus haute considération, si la nature l'avait fait naître dans une ville moins livrée à la fureur des partis ; plusieurs de ses qualités, qui lui devinrent si funestes dans une ville en proie aux divisions, n'auraient été pour lui qu'un moyen de gloire et de puissance dans un état tranquille.

Les commissaires, lorsque l'armée fut revenue d'Arezzo, et que Piccinnino eut effectué sa retraite, se portèrent sur S.-Sepolcro. Les habitants voulaient se donner aux Florentins, mais ceux-ci refusèrent cette offre, ce qui n'empêcha pas que le légat du pape, inquiet de leurs conférences, ne soupçonnât les commissaires de vouloir enlever cette ville au saint-siège. Il en résulta de part et d'autre des reproches amers, et les troupes du pape et celles de Florence se seraient portées à quelques excès si la négociation se fût prolongée davantage ; mais comme elle se termina au gré du légat, ce différend n'eut aucune suite.

Au milieu de ces débats, on annonça dans l'armée que Piccinnino avait pris le chemin de Rome ; d'autres avis assuraient qu'il était allé dans la Marche. Le légat et les troupes de Sforza crurent donc devoir se porter sur Pérouse, pour être en mesure de secourir la Marche, ou Rome, selon que Piccinnino attaquerait l'un

de ces deux états. L'on convint qu'elles seraient accompagnées par Bernardo de Médicis, et que Neri irait conquérir le Casentino avec les troupes de Florence. Celui-ci alla donc attaquer Rassina dont il se rendit maître, et il s'empara avec la même rapidité de Bibienna, Prato-Vecchio et Romena ; de là, il vint camper devant Poppi qu'il bloqua des deux côtés, l'un dans la plaine de Certo-Mondo, l'autre sur la hauteur qui s'étend à Fronzole. Le comte, se voyant abandonné de Dieu et des hommes, s'était renfermé dans Poppi, non pas qu'il espérât s'y défendre, mais afin d'obtenir, s'il était possible, des conditions un peu moins sévères. Pressé de plus en plus par Neri, il demanda enfin à capituler et livra sa place et ses états aux Florentins ; il obtint tout ce qu'il pouvait espérer, sa vie, celle de ses enfants et la faculté d'emporter tous ses biens. Après la capitulation, il descendit sur le pont de l'Arno qui baigne les pieds de cette forteresse, et, accablé de douleur, il parla ainsi à Neri :

« Si j'avais bien su apprécier et mes forces et votre puissance, maintenant ami des Florentins, je me réjouirais avec vous de votre victoire, et vous ne me verriez pas, ennemi humilié, vous supplier d'alléger le poids de mon malheur. Le sort qui vous comble en ce moment des plus brillantes faveurs est pour moi bien cruellement rigoureux. J'étais naguère l'heureux possesseur d'armes et de chevaux, de sujets soumis, d'un état puissant, de nombreuses richesses ; faut-il s'étonner si je ne me sépare qu'en gémissant de tous ces biens ? Vous voulez et vous pouvez commander à toute la Toscane, et il faut que nous tous nous obéissions à vos lois. Cependant, sans l'erreur où je suis tombé, jamais je n'aurais appris à juger de ma puissance, et vous n'auriez pu faire connaître toute votre générosité. En me conservant en effet mon état, vous donnerez au monde un mémorable exemple de votre clémence. Soyez donc encore plus compatissants que je n'ai été coupable, et laissez, au moins, seulement ce château au descendant de tous ces souverains qui ont rendu à vos pères de si innombrables services. »

Neri lui répondit que la trop grande confiance qu'il avait accordée à des hommes hors d'état de le défendre l'avait rendu tellement coupable envers la république de Florence, qu'elle ne pouvait se dispenser, pressée surtout par la nécessité des circonstances, d'exiger de lui, comme ennemi, l'abandon de ces mêmes états qu'il n'avait pas voulu conserver comme ami. Il avait donné des preuves si marquées de sa haine, qu'il était impossible de le laisser possesseur d'un pays qui lui donnait les moyens, au moindre revers de la fortune, de nuire encore à la république. Car ce n'était pas lui personnellement, mais la force de ses places qui inquiétait les Florentins. Qu'au reste, s'il pouvait acquérir une principauté en Allemagne, la république en serait très-satisfaite, et l'aiderait même dans ce dessein, par considération pour ses ancêtres dont il venait de rappeler les services. Cette réponse mit le comte en fureur; il répliqua qu'il voudrait s'éloigner bien plus loin des Florentins; et

dès lors, dépouillant toute apparence de repentir, mais dépourvu de toute ressource, il abandonna ses états, ses droits aux Florentins, emporta ses richesses et s'éloigna, les larmes aux yeux, avec sa femme et ses fils, en gémissant de perdre ainsi un état que ses ancêtres avaient possédé depuis quatre cents ans.

Lorsqu'on apprit tous ces succès à Florence, le gouvernement et le peuple en témoignèrent la joie la plus vive. Bernardo de Médicis, s'étant assuré qu'il était faux que Piccinino se fût porté sur Rome ou dans la Marche, revint avec ses troupes rejoindre Neri, et ils retournèrent ensemble à Florence, où on leur décerna les plus grands honneurs que la république ait coutume d'accorder à ses citoyens victorieux. Ils furent reçus comme des triomphateurs par la seigneurie, par les capitaines des quartiers et enfin par l'universalité des citoyens.

LIVRE SIXIÈME.

Le but de tous ceux qui entreprennent une guerre a toujours été, et doit être, de s'enrichir eux-mêmes et d'appauvrir leur ennemi; ils ne doivent chercher, dans une victoire ou une conquête, qu'à accroître leur puissance et affaiblir celle de leurs adversaires; d'où il résulte que toutes les fois que l'on se trouve ou appauvri par sa victoire ou affaibli par ses conquêtes, l'on a été au-delà ou en-deçà du but de la guerre.

Tout état, république ou monarchie, est enrichi par la guerre et la victoire, lorsqu'après avoir anéanti ses ennemis il reste possesseur du butin et des contributions. Tout état, au contraire, est appauvri par la victoire, lorsque ses ennemis ne sont pas détruits, et que le butin et les contributions ne lui sont pas réservés, mais deviennent la proie de ses soldats. Il est alors malheureux par ses défaites, et plus malheureux encore par ses victoires. Dans le premier cas, il souffre des ravages de l'étranger; dans le second, des dilapidations

de ses soldats, qui sont plus onéreuses que ces ravages de l'ennemi, parce qu'elles révoltent bien davantage la justice et qu'elles le forcent de surcharger sans cesse ses sujets de nouvelles taxes et de nouveaux impôts; or, si ce gouvernement a quelque humanité, il est impossible qu'il se réjouisse bien pleinement d'une victoire qui attriste tous les citoyens.

Chez les anciens, lorsqu'une république bien constituée avait vaincu ses ennemis, le trésor public se remplissait d'or et d'argent; des dons étaient distribués au peuple; les impôts étaient remis aux citoyens, et des jeux, des fêtes solennelles étaient établies pour célébrer les vainqueurs. Mais dans les temps dont j'écris l'histoire, on commençait par épuiser le trésor public, puis on dépouillait les citoyens, et en résultat, on ne s'assurait aucune garantie contre de nouvelles agressions. Ces funestes effets avaient pour cause la détestable manière dont ces guerres étaient conduites. Comme on se contentait de dépouiller les ennemis vaincus sans les tuer ni les retenir prisonniers, ceux-ci revenaient attaquer le vainqueur aussitôt que l'état qui les avait soldés avait eu le temps de leur fournir de nouveau des chevaux et des armes ; d'un autre côté, le butin et les contributions étant abandonnés aux soldats, les états vainqueurs n'en profitaient jamais pour payer les nouvelles dépenses qu'ils avaient à faire ; ils épuisaient, au contraire, le plus pur sang de leurs sujets, et le seul résultat de la victoire, pour les peuples, était de voir leurs gouvernements plus ardents et moins réservés à les charger de nouveaux impôts.

Tel était l'esprit qui dirigeait toutes les guerres de ce temps là, que les états vainqueurs comme les états vaincus ne pouvaient jamais, qu'à force d'argent, s'assurer l'obéissance de leurs armées : vaincues, il fallait les équiper de nouveau ; victorieuses, les combler de récompenses ; sans équipement, celles-là ne pouvaient combattre ; sans récompenses, celles-ci ne le voulaient pas ; d'où il résultait que l'état vainqueur profitait peu de sa victoire, et l'état vaincu souffrait peu de sa défaite, car il avait toujours le temps de se rétablir, tandis que l'autre n'était jamais en état de poursuivre ses succès.

C'est par l'effet de ce mauvais esprit des soldats, de cette totale corruption de la discipline militaire, que Piccinnino se retrouvait toujours à la tête d'une nouvelle armée avant qu'on fût instruit de sa défaite dans le reste de l'Italie, et qu'après avoir été complètement vaincu, il était plus redoutable à ses ennemis qu'avant le combat. C'est ainsi qu'après la déroute de Tenna il put s'emparer de Véronne, c'est ainsi qu'après la dispersion de ses troupes à Véronne il eut le moyen d'attaquer aussitôt la Toscane avec une nombreuse armée ; c'est ainsi, enfin, que, battu à Anghiari, il était déjà, avant d'arriver en Romagne, beaucoup plus puissant qu'auparavant, et qu'il put rendre au duc de Milan l'espoir de défendre la Lombardie que celui-ci croyait perdue par son absence.

Pendant que Piccinnino, en effet, portait le trouble et la désolation dans la Toscane, les affaires de Visconti étaient devenues si mauvaises en Lombardie, qu'il craignit pour ses propres états. Sentant que sa ruine pouvait être consommée avant le retour de Piccinnino

qu'il avait rappelé à son secours, il résolut, pour arrêter les progrès rapides de Sforza, de détourner par adresse les désastres qu'il ne pouvait plus repousser par la force, et de recourir aux moyens qui lui avaient si souvent réussi dans de semblables circonstances. Il envoya donc Nicolas d'Est, marquis de Ferrare, à Peschiera où se trouvait alors Sforza, pour tâcher de lui inspirer le désir de la paix. Il lui représenta que cette guerre était contraire à ses intérêts, que si Visconti s'affaiblissait au point de ne pouvoir plus faire respecter sa puissance, il souffrirait lui-même le premier de cet affaiblissement et perdrait toute sa considération auprès de Venise et de Florence. Il ajouta que Visconti, pour ne lui laisser aucun doute sur la sincérité de ses intentions pacifiques, lui lui offrait de conclure le mariage qu'il lui avait promis, et s'engageait d'envoyer sa fille à Ferrare et de la lui remettre entre les mains aussitôt après la conclusion de la paix. Sforza lui répondit que si le duc la voulait sincèrement il l'obtiendrait sans peine ; que Venise et Florence la désiraient également ; qu'à la vérité on ne pouvait que difficilement se déterminer à le croire, lorsqu'on se rappelait qu'il n'avait jamais commencé à traiter que par nécessité, et qu'aussitôt que les circonstances avaient changé, on l'avait toujours vu reprendre ses desseins hostiles ; qu'à l'égard du mariage proposé, il n'y pouvait plus compter, ayant été trompé tant de fois, et qu'il laissait à Visconti la liberté de prendre, pour cette alliance, après la conclusion de la paix, le parti que lui conseilleraient et ses parents et ses amis.

Les Vénitiens, qui souvent soupçonnent sans aucun motif la fidélité de leurs généraux, furent avec raison alarmés de ces divers pourparlers. Sforza, jaloux de regagner leur confiance, résolut de poursuivre la guerre avec vigueur. Mais d'une part, son ambition, et de l'autre, les soupçons de Venise, ralentirent tellement son activité, qu'il n'entreprit rien d'important pendant le reste de la campagne ; bientôt Piccinnino étant retourné en Lombardie et l'hiver étant déjà commencé, toutes les armées entrèrent en quartiers. Sforza s'établit à Véronne, Visconti à Crémone, l'armée de Florence en Toscane et celle du saint-siége en Romagne. Après la victoire d'Anghiari, cette dernière armée avait tâché d'enlever Forli et Bologne à Francesco Piccinnino, qui les gardait au nom de son père, et qui, par sa vigoureuse résistance, rendit vaines toutes ces attaques. Cependant l'arrivée de cette armée fit tellement craindre aux habitants de Ravenne de retourner sous les lois du pape, que, d'après les conseils d'Ostasio di Polenta, leur seigneur, ils aimèrent mieux se livrer aux Vénitiens. Ceux-ci, pour récompenser ce service, et afin que Polenta ne fût jamais tenté de reprendre par la force ce qu'il leur avait si imprudemment abandonné, l'envoyèrent avec son fils finir ses jours en Candie. Ce fut au milieu de ces événements que le pape, qui manquait d'argent, malgré sa victoire d'Anghiari, vendit aux Florentins pour vingt-cinq mille ducats le château de S.-Sepolcro.

Cependant, chaque puissance, qui croyait n'avoir rien à craindre pendant l'hiver de toute entreprise hostile, ne pensait plus à la paix, et moins que tout autre, Visconti; il se trouvait rassuré par le retour de Piccinnino et par la rigueur de la saison. Il venait de rompre toutes les négociations avec Sforza, employait tous ses soins à rétablir l'armée de Piccinnino et ne négligeait aucun des préparatifs qui annoncent une guerre prochaine. Sforza, instruit de tous ces mouvements, se rendit à Venise afin de concerter avec le sénat toutes les opérations de la nouvelle campagne. D'un autre côté, Piccinnino se voyant en état d'agir, tandis que l'ennemi n'avait encore réglé aucune de ses dispositions, n'attendit pas l'arrivée du printemps; au milieu des glaces de l'hiver, il passe l'Adda, entre dans le territoire de Brescia et s'en empare tout entier, à l'exception d'Adula et d'Acri. Pendant cette expédition il dépouilla de tous leurs équipages et fit prisonniers plus de deux mille hommes de la cavalerie de Sforza, nullement préparée à cette attaque imprévue; mais ce qui affligea le plus ce général et effraya davantage les Vénitiens, ce fut la défection de Ciarpellone, un de ses premiers capitaines. A la première nouvelle de ces événements il partit aussitôt de Venise; et à son arrivée à Brescia il apprit que Piccinnino, après avoir commis tous ces dommages, était rentré dans ses quartiers. Trouvant les hostilités ainsi terminées, il ne voulut pas les rallumer, mais profiter du temps que lui laissait l'ennemi pour rétablir ses

pertes, et, au retour de la saison, venger pleinement toutes ses injures. Il engagea donc les Vénitiens à rappeler leurs troupes qui servaient en Toscane dans l'armée de Florence, et il les détermina à prendre à leur solde Michelotto Attendulo, à la place de Gattamelata qui venait de mourir.

Au printemps, Piccinnino entra le premier en campagne et vint attaquer Cignano, château éloigné de douze milles de Brescia. Sforza s'avança pour le secourir, et les deux généraux poursuivirent les hostilités selon leur méthode ordinaire. Cependant Sforza, craignant pour Bergame, vint attaquer Martinengo; maître de ce château, il lui était aisé de secourir Bergame qui était vivement pressé par Piccinnino; celui-ci, qui avait prévu que l'ennemi ne pouvait venir à lui que par le chemin de Martinengo, avait tellement fortifié cette place, que Sforza fut obligé de l'attaquer avec toute son armée. Mais Piccinnino prit une position si avantageuse qu'il ôtait à son adversaire tout moyen de faire arriver ses vivres; il fortifia son camp par de nombreux retranchements, et il ne pouvait plus être attaqué qu'avec un danger manifeste pour les assaillants. Enfin, Sforza se trouvait dans une situation beaucoup plus inquiétante que les habitants mêmes de Martinengo qu'il tenait assiégés. Le manque de vivres s'opposait à ce qu'il restât dans son camp; un péril imminent ne lui permettait pas d'en sortir, et il y avait tout lieu de croire qu'une victoire éclatante allait couronner les armes de Visconti, et une entière défaite ruiner celles de Venise et de Sforza.

Mais la fortune ne manque jamais de moyens pour aider ceux qu'elle favorise et perdre ceux qu'elle poursuit. L'espérance d'une victoire assurée inspira tant d'ambition et d'insolence à Piccinnino, que, sans égard pour ce qu'il devait au duc et se devait à lui-même, il ne craignit pas d'écrire à Visconti, qu'ayant si long-temps combattu sous ses drapeaux sans avoir encore pu acquérir un coin de terre pour se faire enterrer, il désirait savoir enfin quelle récompense il se proposait d'accorder à ses travaux; qu'il était en son pouvoir de le rendre, lui Visconti, maître de toute la Lombardie, et de lui livrer tous ses ennemis; or une victoire assurée lui paraissant mériter une récompense certaine, il le priait de lui donner la ville de Plaisance, pour lui faire trouver enfin un lieu de repos après tant de guerres si longues et si pénibles; il n'eut pas de honte de finir sa lettre en menaçant le duc de renoncer même à cette victoire, s'il se refusait à sa demande. Cette manière si outrageante et si insolente de demander une grâce indigna tellement Visconti, que, plutôt que d'y consentir, il aima mieux renoncer à une victoire assurée; et cet homme qui avait été jusqu'alors inflexible à tant de dangers, à tant de menaces violentes de ses ennemis, se sentit vaincu par l'indigne conduite de ceux qu'il croyait ses amis, et résolut de traiter avec Sforza. Il lui envoie Guido Buono de Tortone pour lui offrir sa fille et la paix; ces propositions sont acceptées avec empressement par Sforza et ses alliés.

Lorsque les conditions du traité eurent été arrêtées entre les deux partis, Visconti écrivit à Piccinnino de conclure une trève pour une année avec Sforza, en ajoutant qu'il était las de tant de dépenses, et qu'il ne voulait pas abandonner une paix certaine pour une victoire douteuse. Piccinnino resta confondu de cette nouvelle; il ne pouvait comprendre comment le duc renonçait ainsi à un succès si glorieux, et il était loin de supposer que celui-ci aimerait mieux sauver ses ennemis que récompenser ses amis. Il chercha donc par tous les moyens posibles de s'opposer à une telle résolution; et Visconti fut obligé, pour le déterminer à l'obéissance, de le menacer de l'abandonner à ses soldats et à ses ennemis, s'il n'exécutait aussitôt ses ordres. Piccinnino obéit donc enfin, mais avec d'aussi vifs regrets que si on lui eût enlevé sa patrie, ses plus fidèles amis, et en gémissant de ce que tantôt la fortune, tantôt Visconti lui-même, lui arrachaient la victoire. Dès que la trève fut conclue, on célébra les noces de Sforza et de madonna Bianca, qui eut pour dot la ville de Crémone; la paix fut signée en novembre 1441. Francesco Barbadico et Pagolo Trono traitèrent au nom de Venise, et messire Agnolo Accialolo pour les Florentins. Venise obtint par ce traité Peschiera, Asola et Leonato que fut obligé de leur céder le marquis de Mantoue.

La guerre, qui avait cessé en Lombardie, continuait toujours dans le royaume de Naples,

où n'ayant pu s'éteindre, elle revint de nouveau ravager la Lombardie. Pendant les événements que nous venons de raconter, Alphonse d'Aragon avait enlevé au roi René tout ce royaume, excepté Naples, et, ne doutant pas du succès, il résolut, en attendant la fin du siége de cette ville, d'enlever à Sforza Bénévent et tout ce qu'il possédait dans les environs. Il jugeait que cette entreprise était sans danger, Sforza se trouvant entièrement occupé en Lombardie. Il n'éprouva en effet aucune résistance, et s'empara de toutes ces places sans obstacles. Mais lorsqu'il apprit la paix de Lombardie, il craignit que Sforza, pour rentrer dans les villes qu'il lui avait enlevées, n'embrassât le parti de son adversaire, tandis que René, par la même raison, espéra trouver dans ce général un renfort assuré.

René envoya donc presser Sforza de venir au secours d'un ami et de venger ses propres injures. D'un autre côté, Alphonse, rappelant à Visconti leur ancienne amitié, l'excitait à susciter tant d'embarras à Sforza, qu'occupé d'intérêts plus importants, il fût obligé de renoncer à ses desseins contre le royaume de Naples. Visconti consentit à lui rendre ce service, sans songer qu'il violait ainsi une paix qui venait de lui coûter si cher. Il écrivit en conséquence au pape Eugène : que le temps était arrivé de reconquérir les places que Sforza avait envahies sur l'église; il lui offrit les armées de Piccinnino, qu'il s'engageait à payer pendant tout le temps de la guerre, et qui, depuis le dernier traité, se trouvait en Romagne avec ses troupes. Eugène, animé par la haine qu'il portait à Sforza et par un violent désir de reprendre ce qu'il avait perdu, embrassa avec ardeur le conseil de Visconti. Quoique Piccinnino l'eût déjà trompé une fois en lui offrant la même espérance, il croyait à présent n'avoir plus rien de semblable à craindre, étant rassuré par l'intervention du duc. Il réunit donc ses troupes à celles de Piccinnino et il attaqua la Marche. Sforza, frappé d'étonnement à cette invasion inattendu, se hâta de rassembler son armée et de marcher à l'ennemi.

Cependant Alphonse s'était emparé de Naples, et était ainsi devenu maître de tout le royaume, à l'exception de Castel-Nuovo. René, ayant laissé dans cette dernière ville une forte garnison, quitta le royaume et vint à Florence où il fut reçu avec une grande distinction. Après y être resté quelques jours, n'ayant plus aucun moyen de continuer la guerre, il se rendit à Marseille, et bientôt il perdit Castel-Nuovo qui tomba entre les mains d'Alphonse. D'un autre côté, Sforza se trouvait, dans la Marche, hors d'état de résister aux troupes réunies du pape et de Piccinnino. Il recourut donc aux Vénitiens et aux Florentins, leur demanda des secours d'hommes et d'argent et leur représenta que, s'ils ne songeaient à réprimer l'ambition du pape et d'Alphonse tandis qu'il n'était pas encore tout à fait dépouillé de ses états, ils seraient bientôt forcés de s'occuper de leur propre salut, parce que ces deux souverains, après sa défaite, se réuniraient avec le duc de Milan pour se partager l'Italie.

Les Vénitiens et les Florentins furent quelque temps incertains du parti qu'ils avaient à prendre, d'abord parce qu'ils doutaient qu'il fût de leur intérêt d'attaquer le pape et le roi de Naples, et qu'ils étaient d'ailleurs occupés des affaires de Bologne. Annibal Bentivogli avait chassé de cette ville Francesco Piccinnino, et pour n'avoir rien à craindre du duc de Milan qui soutenait Francesco, il avait réclamé le secours de Venise et de Florence qui ne le lui avaient pas refusé. Ces deux républiques, voulant donc terminer cette affaire, ne pouvaient se décider à envoyer des troupes à Sforza. Mais Bentivogli battit Francesco, et les Florentins, n'ayant plus aucune inquiétude de ce côté, résolurent de secourir Sforza. Voulant auparavant s'assurer des intentions de Visconti, ils lui proposèrent de renouveler leur traité d'alliance; celui-ci n'y montra aucune répugnance; il avait bien consenti à ce qu'on attaquât Sforza, tandis que René était encore en force dans le royaume de Naples; mais à présent qu'il était vaincu et chassé de ses états, il ne voulait plus que celui-là fût dépossédé des siens, et non seulement il ne s'opposa pas au parti que les Florentins avaient pris de secourir Sforza, il écrivit même à Alphonse pour le presser de retourner dans son royaume, et de ne plus continuer les hostilités. Quoique celui-ci fût très-mécontent de pareilles instances, cependant la considération de tous les services que lui avait rendus Visconti

le détermina à satisfaire à ce qu'il désirait, et il se retira avec son armée au-delà du Tronto.

Pendant que tous ces événements se passaient en Romagne, Florence était en proie aux discordes intestines. Un des citoyens qui avaient obtenu la plus grande considération était Neri di Gino Capponi. Plus qu'aucun autre, il faisait ombrage à Cosimo de Médicis, car non seulement il jouissait d'un crédit très-étendu auprès de ses concitoyens, mais il s'était encore acquis un grand ascendant sur l'armée. S'étant trouvé, en effet, plusieurs fois à la tête des troupes de la république, il se les était gagnées par son mérite et ses importants services. Enfin, le souvenir des victoires que lui et Gino son père avaient remportées, celui-ci, par la conquête de Pise, celui-là par la défaite de Piccinnino à Anghiari, lui avait mérité l'affection d'un grand nombre de citoyens, et l'avait ainsi rendu redoutable à tous ceux qui voulaient gouverner sans concurrents. L'on comptait dans le même temps, parmi les généraux de l'armée de Florence, Baldaccio d'Anghiari, guerrier très-recommandable et qui l'emportait sur tous les soldats de l'Italie par sa force prodigieuse et son inébranlable intrépidité. Il avait inspiré une si grande confiance à l'infanterie qu'il avait toujours commandée, que personne ne doutait qu'il y eût aucun projet, aucune entreprise à laquelle il ne pût la déterminer sans peine. Baldaccio était fort attaché à Neri, il l'aimait pour ses rares qualités dont il avait été constamment le témoin. Cette liaison inquiétait vivement les autres citoyens, ils sentaient bien qu'il était dangereux de conserver Baldaccio, plus dangereux encore de lui ravir la liberté, ils résolurent de s'en défaire, et la fortune vint hâter l'exécution de leur projet.

Messire Bartolomeo Orlandini était gonfalonier de justice; c'est lui qui, chargé de la défense de Marradi, lorsque Piccinnino, comme nous l'avons raconté plus haut, attaqua la Toscane, avait pris honteusement la fuite et abandonné ce passage qui de sa nature était presque inexpugnable. Cette conduite infâme avait tellement révolté Baldaccio que, dans ses lettres et ses discours, il dénonça sans ménagement toute la lâcheté d'Orlandini. Celui-ci honteux et vivement affecté de cette accusation, conçut le dessein de s'en venger, et crut qu'il ne pourrait étouffer que dans le sang de l'accusateur la honte et l'indignité de sa conduite. Comme son ressentiment n'était point ignoré des autres citoyens, ils n'eurent pas de peine à le déterminer à perdre Baldaccio, et à venger ainsi à la fois son injure et délivrer la république d'un homme qu'on ne pouvait sans péril conserver ou licencier.

Orlandini, déterminé à commettre ce crime, renferma dans sa chambre un grand nombre de jeunes gens armés. Baldaccio s'étant rendu sur la place publique, où il venait chaque jour conférer avec les magistrats de la solde de sa troupe, le gonfalonier lui fait dire de le venir trouver; Baldaccio obéit sans le moindre soupçon. Le gonfalonier va au-devant de lui, et ils font ensemble deux ou trois tours dans les salles de la seigneurie, en causant toujours de la solde des troupes. Lorsqu'enfin le gonfalonier croit le moment favorable, et qu'ils sont arrivés tous les deux près de la salle qui cachait les hommes armés, il leur donne le signal, ceux-ci s'élancent sur Baldaccio, et le trouvant seul et sans armes, l'égorgent sans résistance et le jettent par les fenêtres qui donnent du palais dans la douane; delà ils le traînent dans la place publique, lui coupent la tête et l'offrent ainsi, pendant un jour entier, en spectacle au peuple. Baldaccio laissa en mourant un fils qu'il avait eu quelques années auparavant de sa femme Annalena, et qui ne lui survécut que peu de temps. Celle-ci, ayant perdu ainsi et son époux et son fils, ne voulut plus former d'autres liens; elle érigea sa maison en un monastère où elle se renferma avec plusieurs femmes d'une naissance illustre, et où elle acheva saintement ses jours; le monastère qu'elle fonda et qui porta son nom a consacré et consacrera à jamais sa mémoire.

Cet assassinat abattit en grande partie la puissance de Neri, et lui enleva du crédit et des amis; mais cet avantage ne suffit pas aux citoyens qui s'étaient partagé le gouvernement. Dix ans s'étaient écoulés depuis leur victoire sur les Albizzi, le pouvoir de la *balià* était expiré, les discours et les mouvements d'un grand nombre de citoyens leur annon-

çaient une fermentation propre à les inquiéter, et ils sentirent que s'ils ne voulaient se voir enlever le gouvernement, ils devaient l'affermir entre leurs mains, en fortifiant la puissance de leur parti, et détruisant celle de leurs adversaires. Ils firent donc créer en 1444 une nouvelle *balià* par les conseils. Cette assemblée réforma les emplois de la république, donna à un petit nombre de citoyens le droit de nommer la seigneurie, renouvela la *chancellerie des réformes*, en chassa Filippo Paruzzi, et le remplaça par un autre citoyen dévoué aux intérêts du parti dominant. Elle prolongea le bannissement des exilés, fit jeter dans le fers Giovanni di Simone Vespucci, déclara incapables d'aucunes fonctions publiques tous les magistrats attachés à leurs adversaires, et prononça la même peine contre les fils de Piero Baroncelli, contre tous les Serragli, contre Bartolomeo Fortini, messire Castellani et beaucoup d'autres citoyens. C'est par ces moyens que les chefs du gouvernement assurèrent leur autorité, et renversèrent toutes les espérances de leurs ennemis et de ceux qui leur étaient suspects.

Après avoir ainsi réglé les affaires de l'intérieur, les Florentins portèrent leur attention sur celles du dehors. Piccinnino, comme nous l'avons dit plus haut, avait été abandonné par Alphonse d'Aragon. Sforza, de son côté, ayant repris la supériorité, grâces aux renforts que lui avait envoyés Florence, attaqua Piccinnino près de Fermo, et le défit si complètement, que celui-ci perdit presque toute son armée, et fut obligé de se réfugier, suivi d'un petit nombre des siens, à Montocchio; là, il se fortifia et se défendit avec tant de vigueur, qu'il donna le temps à presque toutes ses troupes de venir le rejoindre, et bientôt leur nombre s'accrut à un tel point, qu'il n'eut plus rien à craindre de Sforza; il était d'ailleurs défendu par les rigueurs de l'hiver qui obligea enfin les deux généraux à entrer en quartiers. Piccinnino employa tout ce temps à renforcer son armée, et fut à cet égard puissamment aidé par le pape et Alphonse. Dès les premiers jours du printemps, il reprit la campagne, et se trouvant des forces supérieures, il réduisit Sforza dans une si mauvaise position, qu'il aurait remporté une victoire certaine si Visconti ne la lui eût encore arrachée. Celui-ci l'engagea vivement à se rendre sur-le-champ auprès de lui pour l'entretenir tête à tête d'une affaire de la plus haute importance. Piccinnino, impatient d'apprendre ce que voulait lui communiquer Visconti, abandonna une victoire assurée pour un avantage incertain. Il partit aussitôt pour Milan et laissa à Francesco son fils le commandement de son armée. Sforza, instruit de son départ, ne voulut pas perdre cette occasion d'engager le combat pendant l'absence de Piccinnino. Il attaqua donc Francesco dans les environs du château de Monteloro, mit son armée en déroute et le fit prisonnier.

Piccinnino, arrivé à Milan, se voyant trompé par Visconti, et apprenant la défaite et la prise de son fils, mourut de douleur en 1444, à l'âge de soixante-quatre ans. Il fut un général plus habile qu'heureux, et laissa deux fils, Francesco et Jacopo, encore plus malheureux que leur père, et qui n'en eurent pas les talents. Ainsi finit l'armée des Braccio, tandis que celle des Sforza, toujours favorisée de la fortune, s'acquit chaque jour une plus grande réputation. Le pape, voyant l'armée de Piccinnino battue, ce général mort, et comptant peu sur les secours d'Alphonse, résolut de faire la paix avec Sforza, et il l'obtint par la médiation de Florence. De toutes les places de la Marche, il ne conserva par le traité qu'Orsino, Fabriano et Recanati; tout le reste fut cédé à Sforza.

Après la paix de la Marche, l'Italie toute entière aurait été en paix, si Bologne n'y eût excité de nouveaux troubles. Il y avait dans cette ville deux familles très-puissantes, les Caneschi et les Bentivogli. Ceux-ci avaient pour chef Annibale, ceux-là Batista. Ces deux familles, pour pouvoir plus sûrement compter l'une sur l'autre, s'étaient alliées entre elles; mais les hommes qui ont un même objet d'ambition peuvent bien plus facilement devenir parents qu'amis. Lorsque Bologne eut chassé Francesco Piccinnino, elle s'était liée avec Venise et Florence par les soins d'Annibale Bentivogli. Batista Canneschi, connaissant combien le duc de Milan desirait de s'assurer de cette place, convint avec lui de tuer Annibale et de soumettre Bologne à ses lois. Lorsqu'ils eurent concerté ensemble les moyens d'exécuter ce projet, le 24 juin 1445, il attaqua son rival avec une troupe armée, le tua et courut dans toute la ville en proclamant à haute voix le nom du duc de Milan.

Il y avait alors à Bologne des commissaires de Venise et Florence qui, à la première nouvelle du tumulte, s'étaient retirés dans leur maison. Mais s'apercevant bientôt que le peuple ne soutenait pas les assassins, que, réuni en armes sur la place, il déplorait au contraire la mort d'Annibale, ils reprirent courage, rassemblèrent les troupes qui se trouvaient dans la ville, et se joignant au peuple, ils fondirent tous ensemble sur les Canneschi, les mirent sans peine en déroute en égorgèrent une partie et chassèrent le reste de la ville. Batista, ayant eu le temps de fuir le fer de l'ennemi, mais non de sortir des murs, se jeta dans sa maison et se cacha dans une fosse destinée à conserver du froment. Ses ennemis le cherchèrent en vain pendant tout le jour, et ne pouvant douter qu'il ne fût dans la ville, ils firent des menaces si violentes à tous ses domestiques, qu'un de ceux-ci, frappé d'épouvante, leur montra sa retraite. On l'arracha de ce lieu encore couvert de ses armes, il fut aussitôt mis à mort, son cadavre traîné dans toutes les rues de la ville et livré aux flammes. C'est ainsi que Canneschi, trop confiant dans le pouvoir de Visconti, entreprit un mouvement que celui-ci ne sut pas soutenir à propos.

La mort de Batista et la fuite de tous les Canneschi ayant mis fin aux troubles qu'ils avaient fait naître, les habitants de Bologne restèrent livrés à de vives inquiétudes. Annibale n'ayant laissé qu'un fils âgé de six ans, nommé Giovanni, il ne se trouvait personne de sa maison qui fût en état de gouverner; ils appréhendaient qu'il ne s'élevât des divisions parmi ses amis, qui pourraient amener le retour des Canneschi, la ruine de Bologne et du parti des Bentivogli. Ils étaient en proie à toutes ces craintes, lorsque Francesco, l'ancien comte de Poppi, qui se trouvait alors à Bologne, déclara aux principaux habitants que s'ils désiraient être gouvernés par un descendant des Bentivogli, il pouvait le leur faire connaître; il ajouta que Ercole, cousin d'Annibale, ayant passé, il y avait environ vingt ans, à Poppi, il y avait formé une liaison avec une jeune fille de ce château, dont il avait eu un fils, nommé Santi; que plusieurs fois Ercole lui avait avoué qu'il en était le père, et qu'il lui eût été difficile de le nier, parce qu'il était impossible de voir Ercole et ce jeune homme, sans remarquer entre eux une extrême ressemblance. Les habitants de Bologne ajoutèrent foi à ce discours, et, sans différer, ils envoyèrent des commissaires à Florence pour reconnaître ce jeune homme et l'obtenir de Cosimo de Médicis et de Neri.

Celui qui passait pour le père de Santi était mort, et ce jeune homme vivait sous la tutelle d'un de ses oncles, nommé Antonio de Cascese, riche, sans enfants, et fort ami de Neri. Lorsque Antonio et Neri furent informés du fait, celui-ci pensa qu'il ne fallait ni dédaigner la proposition, ni l'accepter légèrement; il voulut que Santi en allât conférer avec Médicis en présence des députés de Bologne. Les Bolonais donnèrent à ce jeune homme des témoignages de respect qui allaient jusqu'à l'adoration, tant ils étaient animés de la fureur de parti! Cette conférence fut sans résultat : seulement Médicis prend à part Santi et lui parle en ces termes : « Personne, dans cette circonstance, ne peut mieux te conseiller que toi-même, car tu n'as ici que ton penchant à suivre. Si tu es le fils d'Ercole Bentivogli, tu feras tout ce qui est digne de cette grande maison et d'un père si illustre; mais si Agnolo de Cascesi est ton père, tu resteras dans Florence, consumant une vie sans gloire sur un vil métier à laine. »

Ces paroles enivrent ce jeune homme, et après avoir presque refusé d'accepter la proposition qui lui était faite, il déclara qu'il était prêt à embrasser le parti que lui conseilleraient Médicis et Néri. Tout fut bientôt convenu au gré des députés de Bologne; on lui donna un train considérable, des chevaux, des serviteurs, de riches habits, et il partit avec une suite nombreuse pour Bologne, où il fut chargé de la tutelle des enfants d'Annibale et du gouvernement de la ville. Il remplit ces importantes fonctions avec une grande sagesse; et tandis que tous ses ancêtres avaient péri misérablement sous les coups de leurs ennemis, il vécut toujours en paix et mourut généralement respecté.

Après la mort de Piccinino et la paix de la Marche, Visconti, cherchant un général pour mettre à la tête de ses armées, entama une négociation secrète avec Ciarpellone, un des premiers capitaines de Sforza. Lorsque les conditions furent arrêtées entre eux, celui-ci demanda à son général un congé pour se rendre à Milan et se mettre en possession de quelques châteaux que Visconti lui avait donnés dans les guerres précédentes. Sforza soupçonnant le véritable motif de ce voyage, et craignant que le duc ne se servît de Ciarpellone contre lui-même, le fit arrêter, et bientôt mettre à mort, sous le prétexte que celui-ci avait tramé une trahison contre lui. Cette vengeance indigna vivement Visconti, et causa beaucoup de joie aux Vénitiens et aux Florentins qui ne craignaient rien tant que l'union de Sforza et de Visconti; mais le ressentiment de celui-ci excita une nouvelle guerre dans la Marche.

Gismondo Malatesti, seigneur de Rimini et gendre de Sforza, espérait, à ce titre, obtenir Pezaro; mais Sforza, s'étant emparé de cette place, la donna à son frère Alexandre. Cette préférence irrita vivement Malatesti; son ressentiment s'accrut encore, lorsqu'il vit Federigo de Montefeltro, son ennemi, s'emparer de la seigneurie d'Urbin, par la faveur de son beau-père. Tous ces motifs le jetèrent dans le parti de Visconti, et il pressait le pape et le roi de Naples de déclarer la guerre à Sforza. Celui-ci, pour faire cueillir à Malatesti les premiers fruits de cette guerre qu'il provoquait avec tant d'instances, résolut de le prévenir et l'attaqua à l'improviste : cette subite agression troubla de nouveau la Marche et la Romagne. Visconti, le pape et le roi de Naples envoyèrent des secours nombreux à Malatesti, tandis que les Vénitiens et les Florentins aidèrent Sforza, sinon de leurs troupes, au moins de leur argent. Visconti, non content d'inquiéter Sforza dans la Romagne, résolut de lui enlever Crémone et Pontremoli; mais cette dernière place fut défendue par les Florentins, et l'autre par les Vénitiens. La guerre commença donc de nouveau à ravager la Lombardie, et après quelques combats dans les environs de Crémone, Francesco Piccinino fut enfin complètement battu à Casale, par Micheletto et l'armée de Venise.

Cette victoire fit concevoir aux Vénitiens l'espérance de chasser Visconti de ses états ; ils envoyèrent un commissaire à Crémone et attaquèrent la Ghiaraddada dont ils s'emparèrent bientôt, à l'exception de Crémone ; de là, passant l'Adda, ils envoyèrent des partis jusqu'aux portes de Milan. Dans cet état critique, Visconti eut recours à Alphonse et le pria de lui envoyer de prompts renforts, en lui représentant combien il aurait à craindre pour lui-même si les Vénitiens devenaient maîtres de la Lombardie. Alphonse lui promit les secours qu'il demandait ; mais sans le consentement de Sforza, ils ne pouvaient qu'avec peine arriver en Lombardie. Visconti supplia donc celui-ci avec instance de ne pas abandonner un beau-père, déjà vieux et aveugle. Sforza était à la vérité irrité contre lui pour avoir provoqué la guerre de Malatesti ; mais, d'un autre côté, il ne pouvait pas aimer l'agrandissement des Vénitiens, et déjà l'argent lui manquait ; la coalition ne lui en fournissait plus qu'avec parcimonie ; les Florentins en effet avaient cessé de craindre Visconti, seul motif de leur attachement pour Sforza, et les Vénitiens ne désiraient que sa perte, sentant bien que lui seul pouvait leur enlever l'empire de la Lombardie. Cependant, tandis que Visconti cherchait à l'attirer à son parti, en lui offrant le commandement de toutes ses troupes, s'il consentait à rendre la Marche au pape et à abandonner les Vénitiens, ceux-ci lui envoyèrent de leur côté des ambassadeurs pour lui promettre de lui donner la souveraineté de Milan, en cas qu'ils s'en emparassent, et de le nommer, à perpétuité, général de toutes leurs armées, s'il voulait continuer la guerre de la Marche, et empêcher les renforts envoyés par Alphonse de pénétrer en Lombardie.

Les promesses que les Vénitiens faisaient à Sforza étaient fort séduisantes ; ceux-ci lui avaient rendu des services réels, puisqu'ils n'avaient pris les armes que pour lui sauver Crémone, tandis que les injures de Visconti étaient récentes, que ses propositions méritaient peu de confiance et n'offraient que de médiocres avantages. Sforza cependant restait encore en suspens. S'il était attiré d'un côté par ses engagements envers la coalition, par la foi donnée, par de récents services et par de grandes espérances, il était ébranlé d'un autre

côté par les prières de son beau-père, et surtout par la crainte qu'il avait conçue, qu'il n'y eût un secret poison caché sous les brillantes promesses des Vénitiens. Il sentait qu'après leur victoire leurs promesses et sa propre existence ne dépendraient plus que de leur discrétion, et que la nécessité seule pouvait déterminer un homme prudent à encourir ce danger. Toutes ses incertitudes furent levées enfin par l'ambition des Vénitiens qui, espérant s'emparer de Crémone à la faveur de quelques intelligences qu'ils y avaient pratiquées, firent, sous quelque faux prétexte, approcher leurs troupes de cette ville. Mais ce projet fut découvert par le gouverneur qui commandait dans Crémone au nom du comte, et il ne tourna qu'à la confusion des Vénitiens, sans avoir pu leur procurer cette place ; ils perdirent Sforza qui, écartant toute autre considération, se réunit à Visconti.

Cependant le pape Eugène venait de mourir et avait été remplacé par Nicolas V. Sforza avait déjà rassemblé son armée à Cotignola pour passer en Lombardie, quand il apprit la mort de Visconti, arrivée vers la fin d'août 1447. Cette nouvelle le consterna ; tout contribuait à accroître ses inquiétudes ; il craignait l'insubordination de son armée, à qui il devait une partie de sa solde ; il craignait les Vénitiens alors soutenus par des forces imposantes, et qui ne pouvaient lui pardonner de les avoir abandonnés pour se réunir à Visconti ; il craignait enfin Alphonse, son éternel ennemi. D'un autre côté, il n'avait rien à espérer du pape, après avoir envahi les terres de l'église, ni des Florentins, alors alliés de Venise. Mais il résolut de faire face à la fortune et de se décider selon les événements. Souvent, en effet, le mouvement des affaires présente d'utiles expédients auxquels on n'aurait jamais pensé en restant dans l'inaction. Il était ranimé dans ses espérances, en songeant que si les Milanais voulaient se défendre de l'ambition de Venise, ils ne pourraient réclamer d'autres secours que les siens. Reprenant ainsi courage, il passa dans le territoire de Bologne et, se portant au-delà de Modène et de Reggio, il s'arrêta avec son armée auprès de la Lenza, et de là offrit ses services à Milan.

Après la mort de Visconti, les Milanais voulaient, les uns vivre libres, les autres se donner un maître; et de ceux-ci, les uns préféraient Sforza, les autres Alphonse, roi de Naples. Les partisans de la liberté, plus unis que leurs adversaires, prévalurent et organisèrent à leur gré un gouvernement républicain, mais un grand nombre de villes du duché réfusèrent de le reconnaître : les unes prétendaient jouir comme Milan de leur liberté, les autres qui n'étaient pas jalouses d'un pareil avantage, ne voulaient point de la domination des Milanais. C'est ainsi que Plaisance et Lodi se donnèrent aux Vénitiens, et que Pavie et Parme se déclarèrent indépendantes. Sforza, instruit de toutes ces divisions, se rendit à Crémone, où se réunirent ses députés et ceux de Milan; il fut conclu entre eux que Sforza serait général des Milanais aux mêmes conditions qui avaient été arrêtées avec Visconti, avec cette différence que ceux-ci lui accorderaient la souveraineté de Brescia, et que s'il s'emparait de Véronne, il garderait cette place et leur rendrait Brescia.

Avant la mort de Visconti, le pape Nicolas, dès son avénement au trône pontifical, avait cherché à rétablir la paix entre les souverains d'Italie. Il avait donc arrêté avec les députés que Florence lui avait envoyés pour le féliciter sur son installation qu'on formerait un congrès à Ferrare pour y négocier une longue trève ou une paix définitive. Le légat du pape, les ambassadeurs de Visconti, de Florence et de Venise, s'étaient réunis en effet dans cette ville. Alphonse n'avait pas concouru à cette négociation; il se trouvait alors à Tivoli avec un nombreux corps de troupes, tant cavalerie qu'infanterie, et de là il soutenait ouvertement les intérêts de Visconti; et l'on crut que puisqu'ils avaient attiré Sforza dans leur parti, ils avaient pris la résolution d'attaquer Venise et Florence, et de prolonger les négociations pour laisser au comte le temps de passer en Lombardie. Alphonse avait déclaré qu'il n'envoyait pas d'ambassadeurs à la diète, parce qu'il était déterminé à ratifier tout ce qui aurait été consenti par Visconti. Les négociations avaient duré plusieurs jours; après de très-vifs débats, il avait été convenu de finir les hostilités par une paix définitive ou une trève de cinq ans, au gré du duc de Milan. Les am-

bassadeurs de Visconti s'étaient donc rendus auprès de lui pour connaître ses intentions, mais ils le trouvèrent mort à leur arrivée à Milan. Malgré cet événement les Milanais voulaient qu'on maintînt la convention arrêtée à Ferrare, mais les Vénitiens s'y refusèrent. Ils avaient conçu l'espoir de s'emparer de tout le duché, surtout depuis que Lodi et Plaisance s'étaient données à eux, immédiatement après la mort du duc : ils ne doutaient pas que par force ou par négociations ils n'enlevassent aux Milanais toute la Lombardie, et qu'ils ne parvinssent bientôt à les serrer de si près, qu'ils fussent obligés de se rendre avant d'avoir pu recevoir aucun secours. Ils se confirmaient d'autant plus dans cette espérance, qu'ils voyaient les Florentins engagés dans une guerre contre le roi de Naples.

Alphonse, qui se trouvait alors à Tivoli, était déterminé à poursuivre son projet d'attaquer la Toscane, qu'il avait concerté avec Visconti, et il crut que la guerre allumée en Lombardie lui en offrait une occasion favorable. Mais avant de commencer les hostilités, il résolut de s'assurer d'un poste sur le territoire de Florence; il se procura de secrètes intelligences dans le château de Cennina, situé dans le val d'Arno, et s'en rendit maître. Les Florentins frappés de cette attaque imprévue et voyant Alphonse ouvertement déclaré contre eux, levèrent des troupes, créèrent les Dix, et firent tous leurs préparatifs accoutumés. Cependant Alphonse, s'étant avancé avec son armée sur le territoire de Sienne, mit tout en œuvre pour s'attacher cette ville. Mais les citoyens furent constants dans leur attachement à Florence, et ils refusèrent de recevoir le roi dans leur ville ou dans aucun de leurs châteaux. Il est vrai qu'ils lui fournirent des vivres, mais ils étaient hors d'état de les refuser à cause de leur faiblesse et de la supériorité de l'armée napolitaine. Alphonse, qui avait résolu de pénétrer en Toscane par le val d'Arno, changea de dessein, soit parce qu'il venait de perdre Cennina, soit parce qu'il voyait les Florentins déjà défendus par des forces imposantes. Il se porta donc du côté de Volterra et s'empara de plusieurs châteaux du territoire de cette ville. De là il passa dans le pays de Pise, où, soutenu par Arrigo et Fazio della Gherardesca, il se rendit maître de quelques places peu importantes; il attaqua ensuite Campiglia, qui fut défendue par les Florentins et les rigueurs de l'hiver. Obligé d'en lever le siége il mit des garnisons dans toutes les places conquises, leur ordonna de ravager tout le pays florentin, et établit le reste de son armée en quartiers sur le territoire de Sienne.

Cependant les Florentins, profitant des délais que leur laissait la saison, rassemblèrent une armée commandée par Federigo, seigneur d'Urbin, et Gismondo Malatesti de Rimini. Ces deux chefs étaient désunis entre eux, mais la sagesse des commissaires Neri et Médicis réussit si bien à prévenir les mauvais effets de leurs différents, que l'armée entra en campagne avant même la fin de l'hiver, reprit les places qu'elle avait perdues dans le Pisan ainsi que celles du pays de Volterra, et réprima tellement les excursions des troupes du roi, qui jusqu'alors avaient ravagé toutes les côtes sans aucune résistance, qu'elles purent à peine conserver les places conquises dont la garde leur était confiée. Dès les premiers jours du printemps les commissaires se portèrent à Spedaletto avec toute leur armée au nombre de cinq mille chevaux et deux mille fantassins, tandis que le roi s'établit avec quinze mille hommes à trois milles de Campiglia. On croyait qu'il allait attaquer cette place, lorsqu'il se jeta à l'improviste sur Piombino, dont il espérait s'emparer sans peine : cette ville était mal approvisionnée, et il sentait qu'une pareille conquête, très-utile pour lui, serait très-préjudiciable aux Florentins. En effet il pouvait de là épuiser Florence par une longue guerre, puisqu'il aurait les moyens de s'approvisionner par mer, et de ravager sans obstacle tout le territoire de Pise. Cette attaque inquiéta vivement les Florentins; après avoir délibéré sur le parti qu'ils devaient prendre, ils résolurent d'aller camper dans les bois de Campiglia, espérant par ce mouvement battre l'armée du roi, ou le forcer à une retraite honteuse. Ils armèrent en conséquence quatre galeasses, qu'ils avaient à Livourne, et sur lesquelles ils transportèrent trois cents hommes à Piombino. Jugeant que les bois de la plaine étaient un poste très-dangereux, ils s'établirent à Caldane dans une position très difficile à attaquer.

L'armée de Florence tirait ses vivres des villes voisines qui, se trouvant en petit nombre et peu peuplées, ne pouvaient que difficilement lui en fournir. Elle souffrait donc de la disette; le vin surtout lui manquait, parce que, n'en recueillant pas sur les lieux et n'en pouvant tirer d'ailleurs, on était hors d'état d'en fournir à chaque individu de l'armée. Alphonse, au contraire, quoique resserré par les Florentins, était abondamment pourvu de tout, parce qu'il tirait par mer toutes ses provisions. Les Florentins voulurent tenter de leur côté de s'approvisionner par le même moyen; ils chargèrent de vivres leurs galeasses et les envoyèrent au camp, mais elles furent attaquées par sept galères du roi qui en prirent deux et mirent les deux autres en fuite. Cette défaite fit perdre aux Florentins tout espoir d'approvisionnement; plus de deux cents hommes de la suite de l'armée, impatients surtout de manquer de vin, désertèrent dans le camp d'Alphonse. Le reste des troupes murmuraient hautement et déclaraient qu'elles ne voulaient pas rester plus long-temps sur un terrain brûlant, sans vin, et n'ayant que de très-mauvaise eau. Les commissaires prirent donc le parti d'abandonner cette position, et ils s'occupèrent de recouvrer quelques places qui restaient encore entre les mains du roi. Celui-ci de son côté, quoiqu'il fût approvisionné de toutes sortes de vivres, et que ses forces fussent supérieures à celles de l'ennemi, ne se trouvait pas dans de moindres embarras : son armée était en proie aux maladies fréquentes dans les lieux maritimes, et qui y firent un tel ravage, qu'un grand nombre de ses soldats en périrent et que presque tous les autres en étaient attaqués.

On entama des deux côtés des négociations. Alphonse demandait cinquante mille florins et l'abandon de Piombino. Ces propositions furent portées à Florence, et un grand nombre de citoyens impatients d'obtenir la paix étaient d'avis de les accepter; ils représentaient qu'il était impossible de soutenir une guerre qui entraînait de si excessives dépenses. Mais Neri, étant retourné à Florence, combattit si vivement ces propositions qu'elles furent rejetées de tous les citoyens; il fut unanimement arrêté de prendre sous la protection de la république le seigneur de Piombino, et de le défendre en tout temps, s'il promettait de ne pas se livrer lui-même et de résister à l'ennemi comme il avait fait jusqu'alors. Alphonse, instruit de cette délibération, et sentant qu'avec une armée aussi affaiblie par les maladies il ne pourrait s'emparer de Piombino, leva le siége de cette ville, après avoir souffert tous les désastres d'une entière défaite; il y perdit plus de deux mille hommes, et avec les débris d'une armée languissante, il se retira sur le territoire de Sienne et de là dans ses états, plein de fureur contre les Florentins et les menaçant d'une nouvelle guerre pour la prochaine campagne.

Pendant que tous ces événemens se passaient en Toscane, Sforza, devenu général des Milanais, résolut avant tout de s'attacher Francesco Piccinnino, alors à la solde de ceux-ci. Il espérait qu'il servirait ses desseins, ou qu'il garderait plus de mesure, s'il était tenté de les traverser. Bientôt il se mit en campagne; les habitants de Pavie ne se croyant pas en état de lui résister, mais d'un autre côté ne voulant pas de la domination des Milanais, lui offrirent de se donner à lui, à la condition qu'ils ne seraient pas soumis à Milan, Sforza desirait ardemment la possession de cette ville, qu'il jugeait devoir lui être très-utile pour couvrir ses desseins. Il était loin d'être retenu par la crainte ou la honte de violer sa foi; c'est de perdre, et non d'acquérir par la perfidie, que les grands personnages rougissent: mais il craignait, en acceptant les propositions de Pavie, d'irriter les Milanais qui pouvaient alors se donner aux Vénitiens, ou en les refusant, de servir les intérêts du duc de Savoie, auquel un grand nombre d'habitants de cette ville voulaient se livrer, et, dans l'un et l'autre cas, de perdre l'empire de la Lombardie. Cependant, après avoir réfléchi qu'il n'y avait pas moins de danger de laisser Pavie tomber au pouvoir d'un autre, que de prendre cette ville pour lui-même, il résolut d'accepter la proposition qui lui était faite, ne doutant pas qu'il ne parvînt à apaiser les Milanais. Il leur représenta en effet combien il eût été dangereux pour leur cause qu'il eût refusé les habitants de Pavie, puisque ceux-ci se seraient donnés

alors aux Vénitiens ou au duc de Savoie, et que l'une ou l'autre de ces résolutions aurait été la ruine de leur puissance; qu'ils devaient enfin préférer de l'avoir pour voisin, lui leur ami, plutôt qu'un état puissant comme le duc de Savoie, ou Venise, qui serait leur ennemi.

Cet événement, qui faisait connaître aux Milanais toute l'ambition de Sforza et son véritable but, causa un vif mécontentement, mais ils ne crurent pas devoir encore le faire éclater. En rompant avec Sforza, il ne leur restait d'autre ressource que de se jeter dans les bras de Venise, dont ils redoutaient l'orgueil et les vexations; ils résolurent donc de ne point se détacher de lui et d'employer ses forces pour repousser les maux dont ils étaient alors la proie, espérant qu'ils trouveraient peut-être ensuite quelque moyen d'échapper également à son ambition. Ce n'était pas seulement en effet aux Vénitiens qu'ils avaient affaire, ils étaient encore attaqués par les Génois et par le duc de Savoie agissant au nom de Charles d'Orléans, né d'une sœur de Visconti. Sforza réprima sans peine ces derniers ennemis, et ils n'eurent plus à craindre que du côté des Vénitiens qui avaient levé une puissante armée pour s'emparer de tout le duché, et occupaient Lodi et Plaisance. Sforza vint assiéger cette dernière ville, dont il se rendit maître après de longs efforts, et qu'il livra au pillage; mais bientôt l'hiver étant arrivé, il mit son armée en quartiers et alla s'établir à Crémone où il passa avec sa femme le reste de la saison.

Dès les premiers jours du printemps les armées de Venise et de Milan entrèrent en campagne: les Milanais desiraient vivement de s'emparer de Lodi et de faire ensuite la paix avec les Vénitiens. Chaque jour les dépenses de la guerre leur paraissaient plus onéreuses, et la fidélité de leur général plus suspecte; ils soupiraient donc après la paix pour jouir enfin du repos et se mettre en mesure contre l'ambition de Sforza. Ils arrêtèrent en conséquence que leur armée irait assiéger Caravaggio, espérant que la prise de ce château entraînerait la reddition de Lodi. Sforza obéit à cet ordre, quoiqu'il eût bien mieux aimé passer l'Adda et attaquer le territoire de Brescia; il vint donc camper devant Caravaggio, et s'entoura de fossés et de retranchements, afin que si les Vénitiens tentaient de lui faire lever le siége, ils ne pussent l'attaquer qu'avec désavantage. De leur côté, les Vénitiens vinrent avec leur armée, commandée par leur général Micheletto, s'établir à deux portées d'arc du camp de Sforza ; ils restèrent plusieurs jours dans cette position, en engageant fréquemment de légères escarmouches avec l'ennemi. Cependant Sforza serrait de plus en plus les assiégés, et il les avait réduits à de telles extrémités qu'ils étaient hors d'état de résister plus longtemps. Ce danger pressant inquiétait vivement les Vénitiens, qui jugeaient le but de la guerre tout-à-fait manqué si cette place était prise : leurs généraux disputèrent long temps sur les moyens de la secourir ; ils n'en voyaient aucun autre de praticable que d'aller attaquer l'ennemi au milieu de ses retranchements, et ce parti offrait de très-grands dangers. Mais la perte de ce château paraissait si importante, que, pour le conserver, le sénat de Venise, naturellement timide et ennemi de toute résolution périlleuse et n'offrant qu'un succès incertain, aima mieux risquer toutes ses forces que de manquer l'objet de son entreprise en perdant cette place.

Les Vénitiens résolurent donc d'attaquer Sforza à quelque prix que ce fût ; un matin ayant pris les armes dès la pointe du jour, ils se présentèrent devant le côté le plus faible de son camp, et dans le premier moment, comme il arrive toujours dans un choc imprévu, ils mettent toute son armée en désordre. Mais Sforza rétablit bientôt ses rangs, et après plusieurs inutiles efforts pour franchir ses retranchemens, le Vénitiens non-seulement furent repoussés, mais tellement battus et dispersés, que de toute leur armée où se trouvaient plus de douze mille hommes de cavalerie, mille à peine purent se sauver, et que tous leurs équipages tombèrent au pouvoir du vainqueur. Jamais, jusqu'à ce jour, Venise n'avait reçu un échec plus désastreux et plus terrible.

Parmi le butin, et au nombre des prisoniers, se touva un provéditeur vénitien. Il était plongé dans la plus grande consternation ; avant le combat et pendant tous le cours de la guerre, il avait constamment parlé de Sforza de la manière la plus outrageante, ne l'appelant jamais que vil bâtard. Étant donc tombé, après la déroute, au pouvoir du vainqueur, et ne pou-

vant oublier l'excès de ses injures dont il redoutait le juste châtiment, il se présente devant Sforza plein de crainte et d'effroi, comme il arrive toujours aux hommes lâches et vains, qui sont insolents dans la prospérité, bas et rampants dans le malheur ; il se jette à ses pieds, les larmes aux yeux, et lui demande pardon de tous ses outrages. Sforza le fait relever, et le prenant par la main, le rassure et lui dit : de concevoir de meilleures espérances ; il ajoute : qu'il avait été étonné qu'un homme grave et sage, comme il voulait le paraître, eût pu avoir le tort de parler si indignement d'un homme qui ne méritait pas tant d'outrages ; qu'à l'égard des reproches qu'il lui avait faits, il ignorait ce qui s'était passé entre Sforza son père et donna Lucia sa mère, parce qu'il n'y était pas ; qu'il n'avait pu influer enfin sur la nature de leur union, et qu'ainsi leur conduite ne pouvait lui attirer ni louange, ni blâme ; que quant à lui, il était bien sûr que dans toutes ses actions il s'était conduit de manière à ne pas mériter un seul reproche, et que lui, provéditeur, ainsi que son sénat pouvaient en rendre un véritable et récent témoignage ; enfin il l'exhorta à être à l'avenir plus réservé en parlant d'autrui et plus avisé dans ses entreprises.

Après cette victoire, Sforza se porta avec son armée victorieuse sur le territoire de Brescia dont il s'empara entièrement, et il vint camper à deux milles de cette ville. Les Vénitiens, de leur côté, craignant après leur défaite, ce qui arriva en effet, que Bréscia ne fût d'abord attaquée, l'avaient garnie le mieux qu'ils avaient pu de troupes et de munitions. Bientôt ils rassemblèrent les débris de leur armée et pressèrent les Florentins, en vertu de leur alliance, de leur donner de prompts secours. Ceux-ci, débarrassés de leur guerre avec le roi de Naples, leur envoyèrent mille hommes d'infanterie et deux mille chevaux. Les Vénitiens, rassurés alors par ce renfort, eurent le temps de s'occuper de la paix. Ce fut presque toujours la destinée de Venise d'être vaincue dans les combats et de triompher dans les négociations ; ce que la guerre lui avait fait perdre, la paix le lui rendait avec usure. Les Vénitiens n'ignoraient pas que les Milanais se défiaient de Sforza et que celui-ci voulait être non pas général, mais seigneur de Milan. Maîtres de faire la paix avec l'un des deux qui la désiraient également, Sforza par ambition, les Milanais par peur, ils préférèrent de la conclure avec le général et lui offrirent de l'aider dans la conquête qu'il méditait. Ils crurent que les Milanais, se voyant trahis par Sforza, aimeraient mieux, dans leur ressentiment, se soumettre à tout autre joug plutôt qu'au sien, et que, réduits à cette extrémité, de ne pouvoir se défendre eux-mêmes, ni de se fier à leur général, privés de toute ressource, ils seraient forcés de se jeter dans les bras de Venise.

S'étant arrêtés à ce parti, les Vénitiens sondèrent l'esprit de Sforza, et le trouvèrent très-disposé à la paix, et voulant recueillir pour lui seul, et non pour les Milanais, les fruits de la victoire de Caravaggio. Il fut donc bientôt convenu qu'ils lui paieraient treize mille florins par mois jusqu'au moment où il se rendrait maître de Milan, et lui fourniraient de plus, pendant tout le temps de la guerre, quatre mille chevaux et deux mille fantassins. Sforza s'engage de son côté à rendre à Venise les villes, les prisonniers et enfin tout ce dont il s'était emparé pendant cette guerre, et à se contenter de tout ce que possédait Visconti au moment de sa mort. La nouvelle de ce traité étant parvenue à Milan y excita une douleur beaucoup plus vive que n'y avait causé de joie la victoire de Caravaggio. Les grands étaient désolés, le peuple furieux, les femmes et les enfants eux-mêmes remplissaient l'air de leurs cris ; tous donnaient à Sforza les noms de perfide et de traître ; quoiqu'ils fussent loin d'espérer de le détourner par leurs prières ou leurs promesses de son injuste dessein, ils députèrent vers lui pour voir de quels discours et de quelles apparences il chercherait à couvrir sa scélératesse. Ceux-ci s'étant présentés devant lui, l'un d'eux lui parla en ces termes :

« Ceux qui veulent obtenir d'un homme » quelque demande, l'assaillent ordinairement » et l'accablent de prières, de promesses ou » de menaces, afin que la pitié, l'intérêt ou la » peur le déterminent à faire ce qu'ils atten- » dent de lui. Mais ces trois moyens sont sans » force et sans succès auprès de ces hommes » cruels, souverainement avides, et enorgueil- » lis de l'idée de leur puissance. C'est en vain

» qu'on espère les adoucir par des prières, » les gagner par des promesses, ou les effrayer » par les maux qu'on peut leur occasionner. » Aussi nous, qui trop tard, hélas ! connais- » sons bien à présent ta cruauté, ton ambition » et ton orgueil, nous ne venons pas ici pour » te rien demander, ou dans l'espoir de rien » obtenir de toi, mais seulement pour te re- » présenter tous les bienfaits que tu as reçus » du peuple de Milan, et l'indigne ingratitude » qui en a été le prix ; le plaisir d'exhaler » ainsi nos justes reproches affaiblira au moins » le sentiment de tous nos maux.

» Tu n'as pu oublier quelle était la situation » de tes affaires après la mort du duc Visconti. » Le pape et le roi de Naples étaient tes enne- » mis. Tu venais de trahir Florence et Venise : » dans leur récent et juste ressentiment, et » surtout n'ayant plus aucun besoin de tes » services, elles étaient disposées à te faire » éprouver les effets de leur colère. Épuisé » par la guerre que tu avais soutenue contre » le saint-siége, tu te trouvais sans troupes, » sans argent, sans amis, comme sans aucune » espérance de conserver tes états et ton an- » cienne considération ; enfin notre confiance » insensée a seule empêché ta ruine entière. » Nous seuls, par respect pour la mémoire de » notre duc, nous t'avons reçu dans nos murs. » Attaché à lui par liens du sang et par une » alliance récente, nous pensions que tu con- » serverais à ses héritiers l'affection que tu lui » portais, et qu'en joignant nos bienfaits aux » siens nous rendrions cette amitié non-seule- » ment solide, mais même inébranlable. Aux » premiers avantages qui t'avaient été promis » par le précédent traité, nous joignîmes donc » Véronne ou Brescia. Pouvions-nous te pro- » mettre ou t'accorder davantage ? et à cette » époque pouvais-tu espérer, que dis-je ? dé- » sirer rien de semblable, non seulement de » nous-mêmes, mais d'aucune autre puissance ? » Les bienfaits que nous t'avons prodigués » étaient donc aussi inespérés pour toi que » l'a été pour nous le mal que tu viens de nous » faire.

» Ce n'est pas cependant d'aujourd'hui que tu » as commencé à nous montrer ta malveillance. » Tu n'as pas été plus tôt à la tête de nos » armées que, contre toute justice, tu as ac-

» cepté la souveraineté de Pavie : ce premier
» pas devait nous avertir du véritable but de
» ton amitié; mais nous avons supporté cette
» injure en pensant que l'importance d'une pa-
» reille acquisition satisferait ton avide ambi-
» tion. Quelle était notre erreur! Ceux qui
» ambitionnent de tout envahir peuvent-ils se
» contenter d'une partie! Tu nous promettais
» alors de nous livrer tes conquêtes, c'est que
» tu n'ignorais pas que tu avais le moyen de
» nous enlever à la fois ce que tu nous aurais
» successivement accordé. Voilà ce que tu as
» fait après la victoire de Caravaggio, qui,
» achetée au prix de notre argent et de notre
» sang, a été aussitôt suivie de notre ruine.
» Malheureuses les cités qui ont à défendre
» leur liberté contre l'ambition d'un oppres-
» seur! mais mille fois plus malheureuses en-
» core celles qui, dans ce cas, sont forcées
» comme nous de recourir à des armes merce-
» naires et infidèles! Que notre exemple, du
» moins, instruise la postérité, puisque nous
» n'avons pas su profiter de celui des Thébains
» et de Philippe, qui après avoir été nommé
» leur général et avoir vaincu leurs ennemis,
» les attaqua bientôt lui-même à son tour et
» devint enfin leur maître.

» Au reste, il est un reproche que nous
» avons mérité, c'est d'avoir mis toute notre
» confiance dans un homme à qui il n'en était
» dû aucune. Nous devions être en effet suffi-
» samment avertis par le souvenir de ta vie
» passée et de cette insatiable ambition, qu'au-
» cune dignité, qu'aucune acquisition n'a pu
» jusqu'ici satisfaire. Nous ne devions rien at-
» tendre de celui qui avait trahi le seigneur de
» Lucques, arraché des contributions à Venise
» et Florence, traité notre duc sans aucun
» égard, insulté un roi et accablé d'outrages
» Dieu et son église. Nous n'avons pas dû
» croire que les Milanais auraient sur le cœur
» de Francesco Sforza plus d'empire que tant
» d'illustres souverains, et que pour nous seuls
» il serait fidèle à sa foi, lorsqu'il l'avait si
» souvent violée pour tous les autres.

» Mais l'imprudence qu'on a droit de nous
» reprocher n'excuse pas ta perfidie; elle ne
» peut effacer l'opprobre dont nos justes plain-
» tes te couvriront dans le monde entier, ni
» émousser les traits aigus des remords que tu

» éprouveras sans doute, lorsque tu tourne-
» ras contre nous-mêmes des armes forgées
» par nos propres mains, et que tu sentiras
» avoir mérité la peine encourue par les par-
» ricides. Cependant si ton ambition pouvait
» te fermer les yeux sur tes crimes, bientôt tu
» les ouvriras à la voix du monde entier té-
» moin de ton iniquité; tu les ouvriras à la
» voix de Dieu même, s'il est vrai qu'il dé-
» teste les parjures, la foi violée et les tra-
» hisons, si, comme il l'a fait jusqu'ici par
» quelque dessein caché de sa providence, il
» ne protège pas toujours les attentats des
» méchants. Ne te promets donc pas une vic-
» toire assurée; car la juste colère de Dieu
» arrêtera tes succès : car nous sommes ferme-
» ment résolus à ne perdre la liberté qu'avec
» la vie; et si nos efforts doivent être impuis-
» sants, à nous soumettre au joug de tout au-
» tre plutôt qu'au tien. Enfin, si, par l'excès
» de nos fautes, nous sommes condamnés
» malgré toute notre résistance à tomber entre
» tes mains, sois assuré que cet empire usurpé
» par la trahison la plus infâme finira pour toi
» et tes enfants par l'opprobre et la misère. »

Sforza, quoique les Milanais l'eussent piqué
de tous les côtés de la manière la plus sensible,
ne témoigna, par ses paroles ou ses mouvements, aucun trouble extraordinaire; il leur
répondit qu'il consentait à rejeter sur leur colère leurs graves injures et l'imprudence de
leurs paroles; qu'il pourrait répondre en détail à tous leurs reproches, s'il se trouvait là
quelqu'un qui dût juger leur différends, et
qu'on verrait qu'il n'avait pas offensé les Milanais, mais seulement prévenu leurs offenses;
qu'ils ne pouvaient oublier de quelle manière
ils s'étaient conduits après la victoire de Caravaggio; qu'au lieu de lui donner Véronne et
Brescia, ils avaient cherché à faire leur paix
avec Venise, afin de le charger lui seul des suites de cette querelle, tandis qu'ils auraient
conservé pour eux les fruits de la victoire, le
mérite de la paix et tous les avantages de cette
guerre. Ils ne pouvaient donc se plaindre de
ce qu'il avait conclu un traité qu'ils avaient
entamé eux-mêmes; que s'il eût tardé davantage, il se serait mis dans le cas de les accuser
eux de cette ingratitude qu'ils venaient lui reprocher dans le moment. Que Dieu, au reste

qu'ils venaient d'appeler pour vengeur de leur querelle, ferait connaître par le résultat de cette guerre la vérité ou la fausseté de ses paroles, et qu'on verrait par le succès de quel côté étaient les amis du Tout-Puissant, et quel était le parti le plus juste.

Les ambassadeurs s'étant retirés, Sforza se prépara à attaquer les Milanais, qui de leur côté ne négligèrent rien pour leur défense. Ils s'assurèrent le secours de Francesco et Jacopo Piccinnino, qui, fidèles à l'ancienne haine qui avait toujours divisé les armées des Braccio et des Sforza, avaient embrassé leur parti, et ils résolurent de défendre leur liberté jusqu'à ce qu'ils eussent détaché les Vénitiens des intérêts de Sforza, persuadés que leur alliance ne pouvait être fort longue ni leur amitié bien constante. Sforza, qui de son côté avait la même opinion, se détermina, puisque la foi commise n'était point un assez sûr garant de la fidélité des Vénitiens, à se les attacher par l'intérêt. Ainsi, en réglant avec eux les opérations de la guerre, il consentit à ce qu'ils attaquassent Créma, tandis qu'avec le reste de ses troupes il envahirait les autres parties du duché. Cette convention, aveuglant la prudence des Vénitiens, les maintint assez longtemps dans l'alliance de Sforza pour qu'il pût s'emparer de tout le territoire des Milanais, et les serrer tellement dans leurs murs, qu'ils n'avaient plus aucun moyen d'assurer leurs approvisionnements les plus indispensables. Désespérant enfin de toute autre ressource, ceux-ci envoyèrent aux Vénitiens des ambassadeurs pour les supplier d'avoir pitié de leur situation, et d'aimer mieux, ainsi que le devaient des républicains, protéger leur liberté, qu'un tyran qu'ils ne pourraient plus réprimer, s'il parvenait à devenir le maître de Milan; il ne fallait pas qu'ils crussent que Sforza se renfermerait dans les conditions qu'il avait stipulées avec eux, ils devaient s'attendre à le voir bientôt réclamer les anciennes limites du duché. Les Vénitiens n'étant pas encore maîtres de Créma, dont ils voulaient s'emparer avant de rompre avec Sforza, répondirent publiquement à ces ambassadeurs : que leur traité avec le comte ne leur permettait pas de secourir Milan; mais en particulier ils les traitèrent de façon à ce qu'ils pussent compter sur une prompte alliance et en donner l'espoir à leurs concitoyens.

Cependant Sforza avait fait de tels progrès sur le territoire de Milan, qu'il en attaquait déjà les faubourgs, lorsque les Vénitiens, maîtres de Créma, ne crurent pas devoir différer plus longtemps leur alliance avec les Milanais, et, par un des articles du traité, ils s'engagèrent à défendre leur indépendance. Lorsque toutes les conditions en furent arrêtées, ils ordonnèrent aux troupes qu'ils avaient dans l'armée de Sforza, de quitter son camp, et de se réunir à l'armée de Venise. Ils lui signifièrent en même temps la paix conclue avec Milan, et lui donnèrent vingt jours pour l'accepter. La nouvelle résolution des Vénitiens n'étonna point Sforza; il l'avait prévue, et s'y attendait tous les jours. Cependant, quand il ne lui fut plus possible d'en douter, il ne put qu'en ressentir un vif déplaisir, et s'en plaignit aussi amèrement qu'avaient fait les Milanais lorsqu'il les avait lui-même abandonnés. Il pria les ambassadeurs de Venise de lui accorder deux jours pour sa réponse, et résolut pendant ce temps d'amuser les Vénitiens, afin de poursuivre ses projets. Il déclara donc publiquement qu'il était résolu à accepter la paix; il envoya des ambassadeurs à Venise avec d'amples pouvoirs pour la ratifier, mais il leur recommanda en secret d'éviter avec le plus grand soin toute conclusion, et par toutes sortes de prétextes ou de défaites d'en différer la ratification.

Afin de persuader davantage les Vénitiens de la sincérité de ses démarches, il conclut une trêve d'un mois avec les Milanais, s'éloigna de leurs murs, et mit son armée en quartiers dans les différentes places de leur territoire dont il s'était rendu maître. Ce parti qu'il prit fut la cause de son succès et de la ruine de Milan. Les Vénitiens, en effet, comptant sur une paix prochaine, n'ordonnèrent plus qu'avec lenteur les préparatifs de la guerre; et les Milanais, voyant la trêve conclue, l'ennemi éloigné et les Vénitiens devenus leurs amis, crurent que Sforza avait tout à fait renoncé à son projet. Cette fausse opinion leur devint funeste sous deux rapports : ils négligèrent leurs moyens de défense, et le temps des semailles étant arrivé ils semèrent une assez grande quantité de grains dans le pays qui n'était point occupé par l'ennemi; Sforza put ainsi les affamer plus aisément. Toutes ces fautes, si préjudiciables pour ses ennemis, lui furent singulièrement utiles; enfin l'intervalle de la trève lui donna le temps de faire reposer son armée et de préparer de nouveaux renforts.

Pendant toute cette guerre de la Lombardie, les Florentins ne s'étaient déclarés pour aucun des partis. Ils n'avaient envoyé de secours à Sforza, ni lorsqu'il défendait les Milanais, ni lorsqu'il se déclara contre eux. Celui-ci, n'en ayant alors aucun besoin, n'avait pas paru les désirer; seulement, après la victoire de Caravaggio, ils avaient fait passer des troupes aux Vénitiens, conformément à leur traité d'alliance. Mais lorsque Sforza se vit réduit à ses seules forces, il fut obligé de demander avec instance des secours aux Florentins; il s'adressa et au gouvernement et à ses amis particuliers, surtout à Cosimo de Médicis, dont il avait été constamment l'ami, et qui, dans toutes les circonstances, lui avait donné les plus sages conseils, et l'avait toujours puissamment aidé dans ses besoins. Dans cette conjoncture importante, Cosimo n'abandonna point encore Sforza; il lui fit passer des secours d'argent, et l'encouragea à poursuivre ses projets. Il fit aussi tous ses efforts pour déterminer le gouvernement à embrasser son parti, mais il y trouva de très-grandes difficultés.

Neri di Gino Capponi, alors très-puissant à Florence, ne croyait pas qu'il fût avantageux pour la république que Sforza devînt maître de Milan; il était persuadé que le salut de l'Italie exigeait qu'il ratifiât la paix conclue par les Vénitiens, et non qu'il poursuivît la guerre. Il craignait que les Milanais, dans leur ressentiment contre Sforza, ne se livrassent aux Vénitiens, ce qui amènerait la ruine générale des états d'Italie; et que si celui-ci, au contraire, parvenait à s'emparer de Milan, la puissance d'un si grand état, réunie à la prépondérance que lui donnait son armée, ne le rendît beaucoup trop formidable; simple comte de Sforza, son ambition était déjà bien difficile à supporter; duc de Milan, elle serait tout à fait intolérable. Il assurait donc qu'il était bien plus utile pour la république de Florence et pour toute l'Italie que Sforza n'eût d'autre puissance que sa considération militaire; que la Lombardie fût divisée en deux républiques qui ne s'uniraient jamais pour attaquer leurs voisins, et qui, séparément, seraient hors d'état de leur nuire. Il ne voyait donc d'autre parti à prendre que de se refuser aux sollicitations du comte, et de maintenir l'ancienne alliance avec Venise.

Ces raisons ne faisaient aucune impression sur les amis de Cosimo de Médicis, parce qu'ils croyaient que le véritable motif de Neri était, non pas d'assurer le plus grand avantage de la république, mais d'empêcher Sforza, ami de Médicis, de devenir duc de Milan, dans la crainte que Médicis même ne devînt trop puissant. Médicis, de son côté, représentait avec force qu'il était du plus grand intérêt pour la république et l'Italie de secourir Sforza; qu'il était déraisonnable de croire que les Milanais pussent se maintenir libres; que leurs inclinations, leur manière de vivre, les haines des partis qui les avaient toujours divisés, s'opposaient chez eux à tout établissement d'un gouvernement républicain. Il était nécessaire qu'ils fussent soumis à Sforza ou à Venise; et dans cette alternative, il n'y avait personne d'assez insensé pour douter lequel était préférable d'avoir pour voisin, ou un ami puissant, ou un ennemi très-redoutable. Au reste, il ne croyait pas qu'il y eût à craindre que les Milanais, parce qu'ils étaient en guerre avec Sforza, se déterminassent à se soumettre à Venise. Le comte en effet avait un parti dans Milan, tandis que personne ne penchait pour Venise; et si les Milanais se trouvaient hors d'état de défendre leur liberté, il ne fallait pas douter qu'ils ne préférassent le joug de Sforza à celui des Vénitiens.

Cette diversité d'opinions tint longtemps Florence en suspens; enfin on résolut d'envoyer des ambassadeurs à Sforza pour négocier un traité avec lui, le conclure s'ils le trouvaient assez puissant pour qu'on pût compter sur son succès, sinon, au moyen de quelques prétextes qu'on ferait naître, suspendre toute conclusion. Mais à peine étaient-ils arrivés à Reggio qu'ils apprirent que Sforza était maître de Milan. Le temps de la trève étant expiré, il s'était rapproché de cette ville avec toute son armée, dans l'espoir de s'en emparer bientôt, en dépit de tous les efforts des Vénitiens. Ceux-ci, en effet, ne pouvant la secourir que du côté de l'Adda, il pouvait sans peine leur fermer ce passage. Comme on était alors au milieu de l'hiver, il ne craignait pas qu'ils parvinssent à le poursuivre, et il ne doutait pas qu'il ne terminât la guerre avant le printemps, surtout lorsqu'il eut appris la mort de Francesco Piccinino, et que Jacopo son frère était demeuré seul général des Milanais. Cependant les Vénitiens avaient envoyé des ambassadeurs à Milan pour exhorter les habitants à une vigoureuse défense, et pour leur promettre de prompts secours. L'hiver se passa ainsi en légères escarmouches entre le comte et les Vénitiens. Lorsque la saison devint plus favorable, ceux-ci, sous la conduite de Pandolfo Malatesti, vinrent camper sur les bords de l'Adda, où ils délibérèrent s'ils devaient, pour secourir Milan, attaquer Sforza, et tenter les hasards d'une bataille. Leur général, Pandolfo, représenta que la valeur du comte et de son armée rendait cette tentative trop dangereuse; qu'on pouvait le vaincre bien plus sûrement et sans combattre, par la disette de vivres et de fourrages que Sforza ne pouvait manquer d'éprouver. Il fut donc d'avis de rester dans cette position afin de nourrir les espérances des Milanais, et les empêcher, par désespoir, de se livrer à Sforza. Ce parti fut préféré par les Vénitiens; ils le regardaient d'abord comme le plus sûr, et ils croyaient qu'en prolongeant ainsi pour les Milanais les extrémités auxquelles ils étaient réduits, ils seraient forcés de se donner à eux, ne pouvant croire qu'ils pussent jamais se livrer à Sforza après en avoir été si horriblement maltraités.

Cependant les longueurs du siége avaient réduit les Milanais à la dernière misère; les pauvres, dont leur ville abonde toujours, mouraient de faim au milieu des rues; toutes les places retentissaient de plaintes et de gémissements. Une pareille situation inspirait aux magistrats les craintes les plus vives, et leur faisait redoubler de soins pour prévenir tout attroupement. La multitude en général se porte difficilement à la révolte; mais quand elle y est disposée, le plus petit événement suffit pour la soulever. Deux hommes des dernières classes du peuple s'entretenaient ensemble près de la Porte-Neuve des calamités de la ville, de leurs misères, et des moyens de salut qui leur res-

taient; plusieurs personnes se réunissent à eux; bientôt leur nombre devient très-considérable, et le bruit se répand dans la ville que les habitants de la Porte-Neuve ont pris les armes contre les magistrats. Aussitôt toute la multitude, qui n'attendait qu'une occasion de révolte, prend également les armes, nomme pour son chef Gasparo de Vicomercato, et court au lieu où les magistrats se trouvaient réunis. Leur attaque est si violente que tous ceux qui ne peuvent s'échapper sont sur-le-champ massacrés; ils égorgent surtout, avec des transports de joie, l'ambassadeur de Venise Leonardo, qu'ils regardaient comme la cause de la famine et de leur misère. Devenus ainsi maîtres de la ville, ils délibèrent entre eux sur le parti qu'ils doivent prendre, pour mettre un terme à tant de malheurs et goûter enfin quelque repos. Chacun pensait que, puisque la liberté était un bien qu'ils ne pouvaient conserver, ils devaient se mettre sous la protection d'un prince qui pût les défendre : les uns proposaient le roi de Naples; les autres le duc de Savoie; ceux-là le roi de France; et pas un Sforza, tant leur ressentiment contre lui était encore dans toute sa force!

Dans l'impossibilité de s'accorder sur aucun des princes qui leur étaient proposés, Vicomercato fut le premier qui osa parler de Sforza. Il leur exposa avec étendue que l'unique moyen d'éloigner la guerre était de recourir au comte, puisqu'ils avaient besoin d'une paix présente et assurée, et non du vague espoir d'un secours éloigné. Il chercha à pallier la conduite de Sforza; il accusa vivement et les Vénitiens, et tous les autres états d'Italie qui n'avaient pas voulu, les uns par ambition, les autres par avarice, que Milan demeurât libre. Puisqu'ils étaient obligés de faire le sacrifice de leur liberté, il valait mieux la remettre entre les mains d'un homme qui sût et pût les défendre, afin que la servitude amenât au moins la paix, et non une nouvelle guerre, et de plus horribles désastres. Vicomercato fut écouté avec une extrême attention, et lorsqu'il eut fini de parler, le peuple s'écria qu'il fallait appeler le comte; Vicomercato fut, à cet effet, député auprès de lui. Il alla donc trouver Sforza comme ambassadeur des Milanais, et lui apporta cette heureuse nouvelle; celui-ci la reçut avec une vive satisfaction, et le 27 février 1450, il entra comme souverain dans Milan, et y fut accueilli avec des transports de joie par ceux même qui, quelques jours auparavant, l'avaient chargé d'imprécations.

La nouvelle de cette révolution étant arrivée à Florence, le gouvernement ordonna à ses ambassadeurs qu'au lieu d'aller négocier un traité avec le comte Sforza ils allassent féliciter Sforza duc de Milan. Celui-ci reçut ces ambassadeurs avec distinction et les combla d'honneurs ; il n'ignorait pas que, pour se garantir de l'ambition des Vénitiens, il ne pouvait avoir en Italie de plus sûrs et de plus puissants alliés que les Florentins. Ceux-ci, en effet, délivrés maintenant de la crainte que leur inspirait la maison de Visconti, sentaient bien qu'ils allaient avoir à soutenir l'attaque des Aragonnais et des Vénitiens. Les premiers et le roi de Naples étaient leurs ennemis, parce qu'ils connaissaient l'ancien attachement des Florentins pour la maison de France. Quant à Venise, ils savaient que Sforza lui donnait les mêmes inquiétudes que lui avaient inspirées pendant si longtemps les Visconti ; et comme ils se rappelaient avec quel acharnement elle avait poursuivi ceux-ci, ils craignaient que Sforza ne fût attaqué par elle avec la même violence. Ils cherchaient donc tous les moyens d'abaisser la puissance de Venise, et le nouveau duc n'eut pas de peine à traiter avec eux. Par les mêmes motifs, les Vénitiens et le roi Alphonse s'accordèrent aisément contre leurs ennemis communs, et ils s'engagèrent à prendre les armes en même temps : le roi, à attaquer Florence, et les Vénitiens, le duc de Milan. Ils pensaient que Sforza, récemment établi dans ses états, ne pourrait, ni avec ses propres forces, ni avec celles de ses alliés, soutenir longtemps leurs efforts.

Mais comme l'alliance des Vénitiens et des Florentins subsistait encore, et qu'Alphonse était en paix avec ceux-ci depuis la guerre de Piombino, ils ne crurent pas devoir commencer les hostilités avant de les avoir appuyées de quelque prétexte. Ils envoyèrent donc chacun de leur côté des ambassadeurs à Florence, pour exposer que leur nouvelle alliance n'avait été nullement conclue dans des vues offensives, mais seulement pour la défense de leurs propres états. L'ambassadeur de Venise se plaignit ensuite de ce que les Florentins avaient permis qu'Alexandre, frère de Sforza, passât avec des troupes par la Lunigiana pour se rendre en Lombardie, et de ce qu'ils avaient été les instigateurs et les méditateurs du traité récemment conclu entre le duc de Milan et le marquis de Mantoue, toutes démarches qu'il assurait être contraires aux intérêts de Venise et à l'alliance qui unissait les deux républiques. Il fit observer ensuite avec un air de bienveillance, qu'une offense sans motif attire une juste vengeance, et qu'en violant la paix on doit s'attendre à la guerre.

La seigneurie chargea Médicis de répondre à ces divers reproches. Dans un long discours aussi sage que mesuré, il rappela tous les services de la république envers Venise, et l'accroissement de puissance qu'elle devait aux troupes, à l'argent et aux conseils des Florentins ; il ajouta que ceux-ci, ayant provoqué cette ancienne amitié, étaient loin de vouloir provoquer la guerre ; que, constants amis de la paix, ils ne voulaient pas blâmer l'alliance conclue entre Venise et le roi de Naples, si la paix en était le véritable but. Quant aux plaintes de Venise, il avait lieu de s'étonner qu'une si grande république mît tant d'importance à des choses si légères et si insignifiantes. Mais quelque considération qu'elles méritassent, il était chargé de déclarer que les états de la république offraient à tous un libre passage, et que le duc de Milan était assez puissant pour n'avoir pas besoin de leur faveur ou de leurs conseils pour former une alliance avec le marquis de Mantoue. Il était donc porté à douter que ces plaintes ne cachassent quelque venin secret ; mais, quoi qu'il en pût arriver, les Florentins feraient connaître que leur inimitié était aussi à craindre que leur amitié avait été profitable.

Cette légère altercation n'eut alors aucune suite, et les ambassadeurs se retirèrent assez satisfaits ; mais l'alliance de Venise et du roi de Naples faisait plutôt craindre une nouvelle guerre, qu'espérer une paix solide aux Florentins et au duc de Milan. Ils s'allièrent donc ensemble, et ce fut alors qu'on découvrit toute la malveillance des Vénitiens ; ils se liguèrent avec les habitans de Sienne, chassèrent tous les Florentins et leurs sujets de leur ville et du reste de leur états ; quelque temps après

Alphonse imita cet exemple, sans aucun égard pour la paix conclue l'année précédente, sans aucun motif réel, sans même aucun prétexte. Les Vénitiens cherchèrent aussi à s'attacher Bologne; ils armèrent les bannis, les introduisirent de nuit, par les égouts, dans l'intérieur de la ville avec un grand nombre de troupes; on ne découvrit le projet des conjurés qu'au moment où ils poussèrent leurs premiers cris. Santi Bentivogli, s'étant levé aussitôt, apprit que toute la ville était au pouvoir des rebelles. Quoiqu'un grand nombre de ses amis lui conseillassent de préserver sa vie par la fuite, puisqu'en restant il ne pouvait sauver la ville, il résolut de faire face à la fortune; il prend les armes, encourage les siens, et suivi de quelques amis, il attaque les rebelles, les met en fuite, en tue un grand nombre, et chasse le reste hors de la ville: c'est ainsi qu'il prouva à tous qu'il était véritablement du sang des Bentivogli.

Tous ces événements ne permirent plus aux Florentins de douter d'une guerre prochaine; ils firent donc les préparatifs accoutumés de défense, créèrent les Dix, soldèrent de nouveaux *condottieri*, envoyèrent des ambassadeurs à Rome, à Naples, à Venise, à Milan, à Sienne pour demander des secours à leurs amis, pénétrer ceux qui leur étaient suspects, gagner ceux qui restaient encore incertains, et découvrir enfin les projets de leurs ennemis. On ne tira du pape que des paroles vagues, des protestations de bienveillance, et des exhortations à la paix. Le roi de Naples donna de vaines excuses pour le renvoi des Florentins; il se contenta d'offrir un sauf-conduit à tous ceux qui en demanderaient; quoiqu'il s'efforçât avec soin de cacher ses projets d'une nouvelle guerre, les ambassadeurs ne purent douter de ses mauvaises dispositions, et découvrirent plusieurs préparatifs hostiles contre la république. On resserra par de nouveaux nœuds l'alliance avec Sforza; par sa médiation on conclut un traité avec Gênes, et on termina tous les anciens démêlés qu'on avait avec cette république sur l'objet des représailles et autres différends. Les Vénitiens cherchèrent par tous les moyens possibles à troubler ces négociations; ils allèrent jusqu'à supplier l'empereur de Constantinople de chasser les Florentins de ses états. Telle était la fureur qui leur mettait les armes à la main, tel était leur ardent désir de domination, que, sans être arrêtés par aucune considération, ils étaient résolus de détruire un peuple qui avait été la principale cause de leur grandeur. L'empereur se refusa à leur demande. Le sénat de Venise défendit aux ambassadeurs de Florence de mettre le pied sur le territoire de la république, sous le prétexte qu'étant allié avec le roi de Naples il ne pouvait les entendre sans sa participation. Les habitants de Sienne reçurent favorablement les députés de Florence; ils craignaient d'être attaqués avant que leurs alliés eussent le temps de les défendre, et ils préférèrent d'endormir un ennemi qu'ils ne pouvaient repousser. Les Vénitiens et Alphonse voulurent envoyer des ambassadeurs à Florence, pour justifier, comme on crut alors, la guerre qu'ils méditaient: mais les Florentins défendirent à l'ambassadeur de Venise de pénétrer sur leur territoire, et celui d'Alphonse n'ayant pas voulu se charger seul de cette mission, cette ambassade fut sans effet; par-là Venise apprit que Florence ne craignait pas de lui rendre les mêmes marques de mépris qu'elle lui avait données quelques mois auparavant.

Au milieu de toutes les inquiétudes qu'inspiraient ces mouvements divers, l'empereur Frédéric III passa en Italie pour s'y faire couronner, et le 30 janvier 1451, il entra à Florence suivi de quinze cents chevaux. La seigneurie le reçut avec les plus grandes distinctions; il y prolongea son séjour jusqu'au 6 février qu'il se rendit à Rome pour y prendre la couronne impériale. Après son couronnement et la célébration de son mariage avec l'impératrice qui était venue à Rome par mer, il s'en retourna en Allemagne au mois de mai, par Florence, où il reçut les mêmes honneurs qu'à son premier passage. Ce fut à son retour que, pour reconnaître les services du marquis de Ferrare, il lui donna Modène et Reggio.

Cependant les Florentins ne négligeaient aucun préparatif contre la guerre dont ils étaient menacés. Afin d'accroître leur considération et effrayer leurs ennemis, la république et le duc de Milan conclurent un traité d'alliance avec le roi de France pour la défense de leurs états respectifs, et répandirent avec beaucoup d'ostentation et de grands témoignages de joie cette nouvelle dans toute l'Italie.

Au mois de mai de l'an 1452, les Vénitiens, ne croyant pas devoir différer plus longtemps les hostilités avec le duc de Milan, l'attaquèrent du côté de Lodi avec seize mille chevaux et six mille fantassins; dans le même temps, le marquis de Montferrat, poussé ou par sa propre ambition, ou par les suggestions des Vénitiens, envahit la Lombardie du côté d'Alexandrie; Sforza rassembla dix-huit mille chevaux, trois mille fanassins, établit de fortes garnisons dans Alexandrie, Lodi et toutes les places exposées aux coups de l'ennemi, et, avec son armée, il attaqua le territoire de Brescia, où il fit beaucoup de mal aux Vénitiens. Des deux côtés les campagnes étaient ravagées et les petites villes livrées au pillage. Bientôt le marquis de Montferrat ayant été battu devant Alexandrie par les troupes de Sforza, celui-ci put opposer de plus grandes forces à Venise, et envahir plus sûrement son territoire.

Pendant que la guerre ravageait ainsi la Lombardie, et donnait lieu à des événements divers, mais tous sans résultats et peu remarquables, elle venait d'éclater en Toscane entre Alphonse et les Florentins; elle ne présenta de ce côté, ni de plus grandes preuves de talent et de courage, ni de plus grands dangers. Ferdinand, fils naturel d'Alphonse, pénétra en Toscane avec douze mille chevaux commandés par Frédéric duc d'Urbin; leur première opération fut d'attaquer Fojano dans le Val de Chiana; l'amitié des habitants de Sienne leur avait ouvert de ce côté l'entrée du territoire de Florence. Ce château était petit, mal retranché, et défendu par une garnison peu nombreuse, mais fidèle et brave pour ce temps-là; la seigneurie y avait jeté deux cents soldats. Ferdinand vint camper devant cette place, et telle fut la valeur de la garnison, ou la mollesse des Napolitains, qu'il ne parvint à s'en emparer qu'au bout de trente-six jours. Cet intervalle donna le temps à la république de fortifier les places d'une plus grande importance, de réunir ses troupes, et de mieux établir ses préparatifs de défense. Après la prise de cette place, les ennemis passèrent dans le Chianti où ils échouèrent devant deux petits châteaux possédés par de simples citoyens. De là ils vinrent camper devant Castellina, château situé sur les confins du Chianti à dix milles de Sienne. C'est une place faible par ses fortifications, moins forte encore par sa position; mais la faiblesse bien plus grande des assiégeants ne put en triompher; ils se retirèrent honteusement après quarante-quatre jours de siége. Telle était la terreur de ces armées, et le danger de toutes les guerres de ce temps, que des places qu'on abandonne aujourd'hui comme incapables de résistance se défendaient alors comme imprenables.

Pendant que Ferdinand avait son camp dans le Chianti, il fit de fréquentes excursions et ravagea le territoire de Florence; il s'avança jusqu'à six milles des murs de la ville, en répandant la terreur et la désolation parmi les Florentins. Ceux-ci avaient réuni à Castel di Colle une armée de huit mille hommes commandés par Astorre de Faënza et Gismondo Malatesti; ils s'éloignaient à dessein de l'ennemi, pour n'être pas obligés d'en venir à une action; ils croyaient, en évitant ce danger, être sûrs des résultats de la guerre, et ne s'inquiétaient pas de la perte de quelques petites places qu'ils recouvreraient nécessairement à la paix, n'ayant rien à redouter pour les villes importantes, qu'ils savaient l'ennemi hors d'état d'attaquer, Alphonse, outre son armée de terre, avait dans la mer de Pise une petite escadre de vingt bâtiments tant flûtes que galères, dont il se servit pour attaquer Rocca di Vada, dans le même temps que Ferdinand assiégeait Castellina; il s'en empara par la négligence du gouverneur. Cette conquête donna à l'ennemi le moyen de ravager tout le pays d'alentour; mais l'on arrêta bientôt ses excursions, en envoyant quelques soldats à Campiglia, qui tinrent en échec la garnison de Vada.

Le pape ne se mêlait de cette guerre que pour tâcher, par les moyens qui étaient en son pouvoir, de réunir tous les partis; mais tandis qu'il évitait la guerre étrangère, il fut exposé à une guerre domestique beaucoup plus dangereuse. Il y avait alors à Rome un citoyen nommé messire Stefano Porcari, aussi illustre par son origine, ses connaissances, que par l'élévation de son caractère; ainsi qu'il appartient aux hommes avides de gloire, il désirait ardemment d'exécuter ou du moins de tenter quelque entreprise digne d'être transmise à la mémoire des hommes. Il jugea bientôt qu'il ne pouvait concevoir un plus noble

dessein que d'arracher sa patrie à la domination des prêtres, et de lui rendre ses anciennes
nes lois. Il espérait qu'un si grand succès lui
acquerrait le titre de nouveau fondateur et
qu'il partagerait avec Romulus le titre de père
de Rome. Ce qui nourrissait surtout ses espérances de succès était la corruption des prélats, le mécontentement des barons et du
peuple romain; mais ce qui l'enflammait davantage était ce passage de l'ode de Pétrarque,
qui commence ainsi : *Spirto gentil che quelle
membra regge.*

« Muse, tu verras sur le mont Tarpéien un
» noble héros qui sera honoré par l'Italie en-
» tière, et plus occupé des intérêts de ses
» concitoyens que des siens propres [1]. »

Messire Porcari, persuadé que les poëtes
sont souvent inspirés d'un esprit prophétique,
croyait que Rome verrait sûrement celui que
Pétrarque avait annoncé, et que c'était à lui-
même qu'était réservé l'honneur de cette grande
entreprise, puisque son éloquence, ses connaissances étendues, son crédit, le nombre de
ses amis, le mettaient au-dessus de tous les
Romains. Profondément pénétré de cette pensée il ne put se conduire avec assez de prudence pour que ses paroles, ses liaisons, toute
sa manière de vivre ne découvrissent ses desseins secrets. Il devint donc suspect au pape,
qui, pour lui ôter tout moyen de nuire,
l'exila à Bologne, et chargea le gouverneur de
cette ville de le faire comparaître tous les jours
devant lui. Messire Porcari ne fut point
abattu de ce premier coup, et n'en poursuivit ses projets qu'avec plus d'ardeur. S'enve-
loppant d'un profond mystère, il entretint
constamment des intelligences avec ses amis,
plusieurs fois même il alla à Rome, et en revint avec une telle célérité qu'il arriva toujours à temps à Bologne pour se présenter au
gouverneur à l'heure qui lui était fixée [2].
Lorsqu'il crut s'être fait un assez grand nom-

bre de partisans, il ordonna à ses amis de
faire préparer un magnifique festin où seraient invités tous les conjurés qui amèneraient
chacun leurs plus fidèles amis, et il leur promit de se trouver au milieu d'eux avant la fin
du souper. Tout fut exécuté comme il l'avait
désiré; il se rendit en effet dans le lieu où
étaient réunis les conjurés, et avant la fin du
repas il parut au milieu d'eux couvert de
drap d'or, de colliers et d'autres ornements
qui lui donnaient un air majestueux et solen-
nel. Après les avoir tous embrassés, il leur
fit un long discours pour exalter leur courage
et les animer à seconder ses glorieux desseins.
Il leur distribua leurs rôles. Le lendemain dès
le matin une partie devait attaquer le palais
pontifical, tandis que les autres conjurés par-
courraient les rues de Rome en appelant le
peuple aux armes. Tout ce projet fut révélé
au pape pendant la nuit; les uns disent par
l'infidélité de quelques conjurés, les autres
parce qu'on apprit le retour à Rome de messire Porcari. Quoi qu'il en soit, celui-ci fut
arrêté avec la plus grande partie de ses complices, la nuit même qui suivit le festin, et tous
furent mis à mort, comme le méritait leur attentat. Telle fut la fin de la conspiration de
Porcari. Si quelqu'un peut être tenté de louer
ses intentions, il n'est personne qui ne doive
blâmer son peu de jugement. De pareilles entreprises présentent à l'imagination quelque
ombre de gloire, mais dans l'exécution elles
sont presque toujours suivies des plus funestes
résultats.

La guerre avait déjà ravagé depuis près
d'un an la Toscane, et l'on était arrivé à
l'année 1455, à l'époque où les armées rentrent en campagne, lorsque les Florentins virent arriver à leur secours Alexandre Sforza
frère du duc, qui leur amenait deux mille chevaux. Leur armée étant ainsi renforcée, tandis que celle d'Alphonse était fort diminuée,
ils résolurent de recouvrer ce que leur avait
enlevé l'ennemi, et ils reprirent sans peine
quelques-unes des places qu'ils avaient perdues. Ils attaquèrent ensuite Fojano qui fut
pillé par la négligence des commissaires; les
habitants, en ayant été dispersés, n'y revinrent
qu'après beaucoup de difficulté; il fallut pour
les rappeler leur promettre des récompenses

---

[1] *Sopra il monte Tarpeio, canzon, vedrai
Un cavalier ch' Italia tutta onora,
Pensoso più d'altri che di se stesso.*

[2] Il y a, à vol d'oiseau, plus de deux cent milles romains
de Bologne à Rome. On compte par Florence, Sienne,
etc., trente et une postes ou cent trente milles; l'aller et le
retour en supposent quatre cents. Ce trajet est impossible
à faire en un jour.

et les exempter d'impôts. On recouvra également la Rocca di Vada, que les ennemis, désespérant de conserver, abandonnèrent après l'avoir brûlée. Pendant toutes ces opérations de l'armée de Florence, celle d'Alphonse, n'osant pas en venir aux mains, s'était retirée aux environs de Sienne, d'où, faisant des excursions sur le territoire de Florence, elle exerçait les plus grands ravages et répandait partout la terreur.

Cependant Alphonse résolut de porter d'autres coups aux Florentins, de chercher à diviser leurs forces, et d'affaiblir par de nouvelles attaques leur courage et leur résistance. Gherardo Gambacorti était seigneur du Val de Bagno. Il avait toujours été, lui et ses ancêtres, par amitié ou par devoir, sous la protection ou à la solde des Florentins. Alphonse entretint avec lui de fréquentes intelligences, et il le détermina à lui céder ses états en lui promettant en échange une principauté dans le royaume de Naples. Ce traité fut révélé aux Florentins qui envoyèrent un ambassadeur à Gambacorti, pour découvrir ses secrètes intentions. Il lui rappela tous les services que les Florentins lui avaient rendus à lui et à ses ancêtres, et il l'exhorta à persister dans la fidélité qu'il leur devait. Gambacorti parut très-étonné de cette insinuation, jura par les serments les plus sacrés qu'un projet aussi infâme ne lui était jamais tombé dans l'esprit, et déclara qu'il était résolu à se rendre en personne à Florence pour ne laisser aucun doute sur sa fidélité; mais comme il était malade, et hors d'état d'entreprendre ce voyage, il voulut en charger son propre fils, et le remit entre les mains de l'ambassadeur pour être conduit comme otage à Florence. Ces protestations et toutes ces apparences de fidélité persuadèrent les Florentins de la sincérité de Gambacorti et de la fausseté de la dénonciation, ils ne crurent donc devoir donner aucune suite à cette affaire. Mais celui-ci n'en pressa que plus vivement son traité avec Alphonse, et dès qu'il fut conclu, Puccio, chevalier de Saint-Jean de Jérusalem, à la tête d'un corps assez nombreux de troupes napolitaines, fut chargé de prendre possession des villes et châteaux de Gambacorti.

Cependant les peuples du Val de Bagno, très-affectionnés aux Florentins, ne prêtaient qu'avec regret leur serment d'obéissance entre les mains des commissaires du roi.

Puccio était déjà maître de l'état presque tout entier, et il ne lui restait plus qu'à s'emparer du château de Corzano; Gambacorti, au moment de livrer cette place, avait auprès de lui Antonio Gualandi de Pise, jeune homme plein de courage, et qui était indigné de sa perfidie. Celui-ci, après avoir observé la position du château et connu l'esprit de la garnison, qui par son maintien et ses discours avait assez fait connaître son mécontentement, se trouva près de la porte au moment où Gambacorti allait l'ouvrir aux Napolitains, et le poussant violemment en dehors avec les deux mains, il ordonna aux soldats de fermer le château sur ce lâche scélérat, et de conserver la place à la république de Florence. Dès qu'on apprit ce mouvement à Bagno et dans tous les lieux voisins, chacun prit les armes contre les Napolitains; ils furent tous chassés et l'étendard de Florence fut arboré partout. Les Florentins instruits de cet événement firent mettre en prison le fils de Gambacorti qui leur avait été donné pour otage; ils envoyèrent dans le Val de Bagno, pour s'assurer, au nom de la république, de ce pays qui ne fut plus gouverné par un seigneur particulier, mais réduit en vicariat. Quant à Gambacorti, traître à son souverain et à son fils, il put à peine échapper par la fuite, et laissa au pouvoir des Florentins sa femme, sa famille et tous ses biens. Cet heureux événement causa une grande joie à Florence, car si Alphonse eût réussi à s'emparer du Val de Bagno, il eût pu sans beaucoup de dangers faire des excursions dans le Val du Tibre et dans le Casentino, ce qui eût tellement inquiété la république, qu'elle n'aurait plus été en état de résister à l'armée d'Alphonse alors campée sous les murs de Sienne.

Les Florentins, outre les mesures qu'ils avaient prises en Italie pour réprimer les efforts de leurs ennemis, avaient députe auprès du roi de France messire Agnolo Acciaiuoli, afin d'engager ce prince à envoyer en Italie le roi René pour défendre ses alliés, soutenir le duc de Milan, la république, et tenter de nouveau la conquête du royaume de Naples; ils lui pro-

mettaient à cet effet des troupes et de l'argent.
Tandis que les événements que nous venons de
raconter se passaient en Toscane et en Lombardie, messire Agnolo convint avec le roi
René qu'il passerait en Italie avec deux mille
quatre cents chevaux, et qu'à son arrivée à
Alexandrie les alliés lui donneraient trente
mille ducats, et dix mille par mois pendant
tout le cours de la guerre. Mais lorsque René
voulut, conformément à ce traité, se rendre
en Italie, il en fut empêché par le duc de Savoie et le marquis de Montferrat, qui, fidèles
à leur alliance avec Venise, lui fermèrent le
passage. Messire Agnolo l'engagea alors à se
rendre en Provence, et de là, par mer, en
Italie avec quelques-uns des siens, pour accroître la prépondérance de ses alliés, tandis
que le roi de France négocierait auprès du duc
de Savoie le passage du reste de ses troupes.
René accepta ces propositions; il passa, par
mer, en Italie, et il fut permis à son armée,
en considération du roi de France, de traverser la Savoie. Sforza le reçut avec de
grandes distinctions; et lorsqu'ils eurent réuni
leurs forces ils attaquèrent les Vénitiens avec
tant de vigueur qu'ils reprirent en peu de temps
toutes les places que ceux-ci avaient conquises
dans le territoire de Crémone; ils envahirent
ensuite le pays de Brescia; et l'armée de Venise, se croyant hors d'état de tenir la campagne, se retira sous les murs de cette ville.

Lorsque l'hiver fut arrivé, Sforza mit son
armée en quartiers, et établit dans Plaisance
les troupes de René; il passa ainsi la saison
sans rien entreprendre; mais, au retour du
printemps, lorsqu'il se disposait à entrer en
campagne et à enlever aux Vénitiens leurs
possessions de Terre-Ferme, René lui déclara
qu'il était forcé de retourner en France. Cette
nouvelle si inattendue l'affligea vivement; il se
rendit aussitôt auprès de lui pour lui faire
changer de dessein; mais ses prières ni ses
promesses ne purent l'ébranler; tout ce qu'il
put obtenir ce fut que René lui laisserait une
partie de ses troupes, et lui enverrait Jean son
fils, qui resterait au service des alliés. Les Florentins ne furent pas mécontents de ce départ;
ayant recouvré leurs châteaux, ils ne craignaient plus Alphonse, et d'un autre côté, ils ne
voulaient pas que Sforza s'agrandît en Lom-

bardie. René partit en effet, et envoya son fils
en Italie, comme il l'avait promis; celui-ci ne
s'arrêta pas en Lombardie, mais il se rendit à
Florence, où il fut reçu avec les plus grandes
distinctions.

Le départ de René disposa également à la
paix Sforza et les Vénitiens. Alphonse et les
Florentins lassés de la guerre ne la désiraient
pas moins, et le pape employait tous ses efforts
pour les y déterminer; car cette même année
le sultan Mahomet s'était rendu maître de
Constantinople et de toute la Grèce; cette conquête avait effrayé tous les chrétiens, mais
bien plus encore les Vénitiens et le pape, qui
croyaient déjà entendre l'Italie retentir du bruit
des armes infidèles. Le pape pressa donc tous
les souverains d'Italie de lui envoyer des
ambassadeurs avec des pouvoirs pour conclure
une paix générale; tous se conformèrent à ses
désirs; mais dès qu'on entama les négociations
elles présentèrent les plus grandes difficultés.
Alphonse voulait que les Florentins le dédom-
mageassent des dépenses de la guerre, et les
Florentins avaient la même prétention. Les
Vénitiens demandaient Crémone à Sforza, qui
voulait de son côté Bergame, Brescia et Crême; il semblait qu'il serait impossible de résoudre toutes ces difficultés, mais ce qui em-
barrassait tant d'ambassadeurs réunis à Rome,
devint aisé à Venise et à Milan, entre deux
simples négociateurs. En effet, tandis qu'on
traitait à Rome de la paix, les Vénitiens et
Sforza la conclurent entre eux le 9 avril 1454;
ils convinrent de rentrer chacun dans les places
qu'ils possédaient avant la guerre, et Sforza
se réserva le droit de reprendre celles que lui
avaient enlevées le duc de Savoie et le marquis
de Montferrat; ils donnèrent un mois aux autres
princes d'Italie pour se faire comprendre dans
le traité; le pape, Florence, Sienne et les
autres souverains de moindre importance le
ratifièrent dans le temps prescrit, et Venise,
Florence et Sforza signèrent entre eux une
paix particulière de vingt-cinq ans.

De tous les princes d'Italie, Alphonse fut le
seul qui parut mécontent de cette paix; il lui
semblait qu'elle avait été conclue sans aucun
égard pour lui, et qu'il y avait été compris
non comme principale puissance contractante,
mais comme puissance secondaire: il resta pen-

dant quelque temps sans prendre de détermination, ni déclarer ses desseins. Enfin le pape
et les autres états lui ayant envoyé plusieurs
ambassades honorables, il céda surtout aux instances du pape, et se fit comprendre dans le
traité avec son fils pour trente ans ; il conclut
même une double alliance avec Sforza, et ils
marièrent réciproquement leurs filles à leurs
fils. Mais, comme s'il eût fallu qu'il restât toujours en Italie quelques germes de guerre,
Alphonse ne voulut ratifier la paix que lorsque
les alliés auraient consenti à ce qu'il pût, sans
les offenser, faire la guerre aux Génois, à
Gismondo Malatesti, et à Astorre, seigneur
de Faenza. Lorsque toutes les conditions de la
paix eurent été ainsi réglées, Ferdinand son
fils, qui était alors à Sienne, retourna dans le
royaume de Naples, après avoir perdu une
grande partie de ses troupes dans son expédition
de Toscane, dont, en résultat, il ne retira
aucun avantage.

La paix générale ayant été ainsi conclue,
on n'avait plus d'autre crainte que de la voir
troublée par la querelle d'Aphonse et des Génois. Mais il en arriva autrement ; ce ne fut pas
ouvertement Alphonse, mais l'ambition des
soldats mercenaires, qui donna lieu à de nouvelles hostilités. Les Vénitiens, ainsi qu'on le
pratiquait toujours à la paix, avaient licencié
leur *condottiere*, Jacopo Piccinnino. D'autres
condottieri, également sans service, s'étant
réunis à lui, passèrent en Romagne, et de là
dans le pays de Sienne, où Jacopo déclara la
guerre à cette petite république et lui enleva
plusieurs châteaux. Ce fut pendant ces premiers troubles, et au commencement de l'année
1455, que mourut le pape Nicolas, qui fut
remplacé par Calixte III. Celui-ci, impatient de
réprimer cette nouvelle guerre, rassembla, sous
les ordres de son général Vintimiglia, un assez
grand nombre de troupes, les réunit à celles
de Florence et de Sforza qui étaient également
décidées à arrêter ces hostilités, et les envoya
attaquer Piccinnino. Les deux armées en vinrent aux mains près de Bolsena, et quoique
Ventimiglia tombât au pouvoir de l'ennemi,
Piccinnino fut battu, et se retira en désordre
à Castiglione della Pescaia ; et si Alphonse ne
lui eût envoyé des secours d'argent, sa défaite
eût été complète. Un pareil service fit croire

généralement que le mouvement de Piccinnino
avait été commandé par le roi ; celui-ci, se
voyant découvert, voulut, en rétablissant la
paix, regagner la confiance des alliés qu'il
s'était aliénée par cette petite guerre ; il détermina Piccinnino à rendre à Sienne les places
qu'il lui avait enlevées, à la condition que cette
ville lui donnerait, en dédommagement, vingt
mille florins, et d'après cet arrangement, il le
reçut avec ses troupes dans ses états.

Quoique le pape fût alors occupé de réprimer
Piccinnino, il ne négligeait aucun des moyens
propres à prévenir les dangers de la chrétienté,
alors menacée de tomber sous le joug des infidèles. Il envoya dans tous les états de l'Europe des
légats et des missionnaires pour déterminer les
princes et les peuples à s'armer pour la défense de
leur religion, et à soutenir de leurs personnes et
de leur argent les efforts qu'on allait tenter contre l'ennemi commun. Florence se distingua par
d'abondantes contributions, et un grand nombre de citoyens se croisèrent pour cette guerre.
Il y eut dans la ville des processions solennelles,
et le gouvernement, comme les particuliers,
se montrèrent empressés à concourir à cette
grande entreprise, de leurs conseils, de leur
argent et de leurs personnes. Mais cette ardeur
des croisés se refroidit bientôt lorsqu'on apprit que les Turcs avaient été battus et mis
en déroute par les Hongrois, au siége de Belgrade, place située en Hongrie sur les bords
du Danube. Le pape et les états chrétiens,
délivrés ainsi des frayeurs que leur avait
inspirées la prise de Constantinople, ne procé-
dèrent plus qu'avec lenteur aux préparatifs
de la guerre, et les Hongrois se refroidirent
également par la mort du vaivode Jean [1], qui
avait remporté cette importante victoire.

[1] Celui dont il s'agit ici était ce fameux Jean Corvinus ou
Huniade, vaivode de Transylvanie, commandant les armées hongroises sous le roi Ladislas, et le plus grand général de son temps. Il avait battu les Turcs en 1442 et
1443, et les avait obligés à lever le siége de Belgrade.
Nommé gouverneur de Hongrie, son nom était si formidable aux Turcs, qu'ils le regardaient comme un fléau que
le ciel leur envoyait pour châtier leur nation. Il fut cependant battu en 1448 ; mais dix ans encore après il obligea
Mahomet II à lever précipitamment le siége de Belgrade,
malgré une armée forte de deux cent cinquante mille
hommes qu'il mit en déroute, et dont il resta quarante
mille sur la place. Il mourut cette même année 1458 à Zem-

Mais revenons aux événements d'Italie. Dans l'année 1456, lorsque les troubles excités par Jacopo Piccinnino eurent été étouffés, et que la paix devint générale, il sembla que Dieu voulût faire la guerre à son tour, tant fut terrible un ouragan qui survint à cette époque et qui produisit dans la Toscane des effets inouïs jusqu'alors, et bien dignes d'être transmis à la postérité, qui aura peine à les croire. Le 24 août, une heure avant le jour, il s'éleva de la mer Adriatique un épais tourbillon de nuages qui occupait, en tous sens, près de deux milles d'étendue; il traversa l'Italie, et alla se jeter dans la mer de Toscane, aux environs de Pise. Ce tourbillon, poussé d'en haut par une force naturelle ou surnaturelle, combattait et se brisait contre lui-même, et les nuages amoncelés, tantôt s'élançant vers le ciel, tantôt se précipitant vers la terre, se heurtant ensemble avec fureur, bientôt tournaient sur eux-mêmes avec une inconcevable rapidité. Le vent le plus impétueux devançait leur passage, et leur choc embrasait les airs d'éclairs sans nombre et de feux étincelants. Ces nuages, en se brisant ainsi, ces vents terribles, ces éclairs multipliés, produisaient un bruit mille fois plus effroyable que le bruit du tonnerre ou du tremblement de terre le plus furieux. Partout où il fut entendu, les cœurs glacés d'épouvante se persuadaient que la fin du monde était arrivée, que la terre, les eaux, et tous les autres éléments, une seconde fois mêlés et confondus, allaient retourner dans l'antique chaos. Ce funeste ouragan marqua son passage par des traces terribles; mais ce fut aux environs de Castel S.-Casciano qu'il exerça les plus grands ravages. Ce château est situé à huit milles de Florence, sur une colline qui sépare les vallées de Pesa

et de Griève. L'ouragan, passant entre cette place et le bourg S.-Andrea établi sur la même colline, ne toucha pas le bourg, et épargna tellement S.-Casciano qu'il n'y abattit que quelques créneaux et cheminées, mais dans tout l'espace compris entre ces deux places, un grand nombre de maisons fut renversé de fond en comble. Le toit des églises de S.-Martino à Bagnuolo, et de Santa-Maria della Pace fut enlevé tout entier, et transporté à plus d'un mille de distance. Un muletier fut jeté loin de la route avec ses mulets, et trouvé mort dans les profondeurs voisines. Les plus gros chênes, tous les arbres les plus solides, qui ne se courbaient pas devant la tempête, étaient non-seulement arrachés, mais enlevés loin de leurs racines. Lorsque l'ouragan fut enfin passé, et que le jour fut venu éclairer tant de désastres, chacun demeurait stupide d'effroi. La campagne n'offrait que ruines et dévastations. Les cris de tant de malheureux qui voyaient leurs habitations renversées, et sous les décombres leurs parents et leurs bestiaux écrasés, tout ce spectacle frappait chacun d'épouvante et de pitié. Dieu voulut sans doute menacer plutôt que châtier la Toscane; car si au lieu d'exercer ses ravages au milieu d'arbres et d'habitations éparses, cette horrible tempête eut soufflé avec la même furie dans une ville peuplée de maisons et d'habitants, l'imagination a peine à calculer tous les désastres qu'elle y aurait causés; mais Dieu se contenta de cet exemple pour ranimer dans le cœur des hommes le souvenir de sa puissance [1].

Pour venir au point où j'ai laissé cette histoire, le roi Alphonse était mécontent, comme je l'ai déjà dit, de la paix récemment conclue; et voyant que la guerre que Jacopo Piccinnino avait, à son instigation, déclarée aux habitants de Sienne, sans aucun motif réel, n'avait pas eu le succès qu'il en attendait, il résolut d'essayer s'il pouvait tirer quelque avantage de l'agression que les articles du traité l'autorisaient à entreprendre. Il attaqua donc, en 1456, les Génois par terre et par mer, résolu de rendre le gouvernement aux Adorni, et de

plin, ville de la Haute-Hongrie; et Mahomet, qui le regardait comme le plus grand capitaine de son temps, donna des marques de regret à sa mort. Il se plaignait de ce que la fortune lui enlevait le seul général avec lequel il y avait pour lui de la gloire à se mesurer. « Ce Jean » Huniade, dit Voltaire, n'était pas roi, mais il était géné- » ral chéri d'une nation libre et guerrière; et nul roi ne » fut aussi absolu que lui. » Après sa mort, la maison d'Autriche eut la couronne de Hongrie, et Ladislas Albert fut élu. Mais ayant fait périr un fils de ce Jean Huniade, il fut lui-même chassé du trône. On sait comment la maison d'Autriche, qui aspirait à cette couronne, a fini enfin par se l'assurer.

[1] L'Amérique n'était point encore découverte, et on n'avait pas eu dans l'ancien monde d'exemple de tels ouragans, malheureusement si fréquents dans le nouveau.

l'arracher aux Fregosi qui en étaient alors les maîtres, et d'un autre côté, il fit passer le Tronto à Jacopo Piccinnino et l'envoya contre Gismondo Malatesti. Celui-ci ayant fortifié ses places avec soin ne s'effraya pas de l'attaque de Piccinnino, et cette expédition n'eut aucun succès.

Mais celle de Gênes attira sur Alphonse et ses états plus de maux qu'il n'en avait prévus. Pietro Fregoso alors, doge de Gênes, craignant de ne pouvoir résister aux attaques d'Alphonse, résolut de céder ce qu'il ne pouvait défendre, mais de le donner à un prince capable de le protéger contre ses ennemis, et et qui pût lui accorder quelque jour une récompense digne d'un service aussi important. Il envoya donc des ambassadeurs à Charles VII roi de France, pour lui offrir la souveraineté de Gênes. Charles accepta l'offre qui lui était faite, et envoya prendre possession de cette ville, par Jean d'Anjou, fils du roi René qui, peu de temps auparavant, avait quitté Florence pour retourner en France. Charles croyait que Jean, déjà habitué aux mœurs italiennes, était plus que personne propre à gouverner les Génois; il jugeait d'ailleurs que de là il pourrait s'occuper des moyens de reconquérir le royaume de Naples dont René son père avait été dépouillé par Alphonse. Jean partit donc pour Gênes, où il fut reçu en souverain, et on remit à sa disposition toutes les forces de la ville et du reste de l'état.

Cet événement inquiéta Alphonse, qui sentit qu'il s'était attiré un ennemi trop redoutable; mais loin de s'en laisser effrayer, il n'en poursuivit pas avec moins de vigueur ses desseins contre Gênes, et déjà il était arrivé avec sa flotte à Porto-Fino sous Villa-Marina, quand il fut attaqué subitement d'une maladie qui le conduisit au tombeau. Cette mort délivra Jean d'Anjou et les Génois de la guerre qui les menaçait; et Ferdinand, qui succéda à son père Alphonse sur le trône de Naples, était livré aux craintes les plus vives, en se voyant exposé aux attaques d'un prince très-considéré en Italie, et aux perfidies de ses barons qui, avides de nouveautés, allaient peut-être embrasser le parti des Français. Il appréhendait aussi que le pape, dont il connaissait l'ambition, ne voulût profiter des embarras d'un nouveau règne, pour lui arracher sa couronne. Il ne plaçait d'espérance que dans le duc de Milan, qui n'était pas moins inquiet des affaires de Naples, car il craignait que les Français, une fois maîtres des états de Ferdinand, ne songeassent à s'emparer également des siens, et il n'ignorait pas qu'ils croyaient avoir des droits légitimes sur le duché de Milan. Après la mort d'Alphonse, il envoya donc aussitôt des troupes à Ferdinand, afin d'accroître sa considération et sa puissance, et il lui écrivit pour l'exhorter à ne pas perdre courage, en lui promettant qu'à quelque extrémité qu'il fût réduit il ne l'abandonnerait jamais.

Le pape, après la mort d'Alphonse, avait résolu de donner sa couronne à Lodovico Borgia son neveu; et afin de couvrir ce dessein, et ne pas rencontrer d'obstacles dans les autres états d'Italie, il déclara qu'il voulait réduire ce royaume en province du saint-siège. Il entreprit de déterminer Sforza à ne point secourir Ferdinand, en lui offrant de lui conserver les places qu'il possédait déjà dans le royaume de Naples. Mais, au milieu de toutes ces négociations, Calixte mourut, et fut remplacé sur le trône pontifical par Pie II, né à Sienne, de la famille des Picolomini, et qu'on appelait Æneas. Ce pontife, uniquement occupé des avantages de la chrétienté et de l'honneur de l'église, inaccessible à des considérations personnelles, céda aux instances du duc de Milan, et couronna Ferdinand [1]. Il jugea qu'il donnerait plutôt la paix à l'Italie en assurant le royaume à son possesseur actuel, qu'en favo-

---

[1] Cet Æneas Silvius fut peut-être le pape le plus instruit; outre qu'il a laissé un grand nombre d'ouvrages, il avait été chargé, jeune encore, de fonctions importantes au concile de Bâle; ensuite comme agent général à Constance, Francfort, Strasbourg, etc. Fait pape sous le nom de Pie II, il prêcha une croisade contre les Turcs. On a parlé beaucoup d'une lettre qu'il écrivit à Mahomet II pour l'engager à se faire chrétien, lui promettant à ce prix de légitimer la conquête qu'il avait faite de l'empire grec. Cette lettre a prodigieusement exercé les commentateurs et les controversistes. (Voyez Bayle, article Mahomet II.) Il paraît qu'elle n'arriva point à son adresse, ou qu'elle fit bien peu d'effet sur ce musulman. Au rapport d'Oléarius, ce pape en mourant se repentait de trois choses: 1° d'avoir prêché une croisade; 2° d'avoir écrit l'histoire des deux amants Euryalus et Lucrèce; 3° d'avoir canonisé Catherine de Sienne, ayant appris depuis qu'elle avait été maîtresse d'un de ses prédécesseurs.

risant les tentatives des Français pour l'envahir, ou en s'efforçant, comme Calixte, de s'en emparer pour lui-même. Ferdinand, reconnaissant de ce bienfait, créa Antonio, neveu du pape, prince de Malfi, et lui donna même en mariage sa fille naturelle; il rendit en outre au saint-siège Terracine et Bénévent.

Il semblait que la paix était assurée en Italie, et le pape s'apprêtait à achever l'ouvrage de Calixte, en soulevant toute la chrétienté contre les Turcs, lorsqu'il survint de funestes divisions entre les Fregosi et Jean d'Anjou seigneur de Gênes, qui rallumèrent de nouvelles guerres plus importantes et plus terribles que toutes les précédentes. Pietrino Fregoso s'était retiré dans un de ses châteaux, dans la rivière de Gênes; il lui semblait que Jean d'Anjou n'avait pas dignement récompensé ses services et ceux de sa famille qui avait contribué avec lui à le faire seigneur de cette grande cité; ils en vinrent bientôt à une haine ouverte. Ferdinand se réjouit fort de ces divisions qu'il regardait comme son unique moyen de salut, et il envoya à Fregoso des secours d'hommes et d'argent, ne doutant pas qu'il ne réussît par là à chasser de Gênes Jean d'Anjou. Ce prince, instruit de toutes ces négociations, envoya chercher en France des renforts avec lesquels il attaqua Fregoso; mais les secours qu'avait reçus celui-ci l'avaient rendu fort redoutable, et Jean fut obligé de se renfermer dans la ville. Fregoso y pénétra pendant une nuit, et s'y empara de quelques postes; mais le jour étant venu, il fut attaqué par les troupes de Jean, tué dans le combat, et tous ses soldats furent égorgés ou faits prisonniers.

Ce succès encouragea Jean d'Anjou à tenter l'invasion du royaume de Naples, et, au mois d'octobre 1459, il partit de Gênes avec une flotte considérable, et se dirigea vers Naples. Il débarqua à Baïa, et se porta ensuite sur Sessa, où le duc de ce nom lui fit le meilleur accueil. Bientôt le prince de Tarente, les habitants d'Aquila, et beaucoup d'autres villes et princes embrassèrent son parti, et la ruine de Ferdinand paraissait inévitable. Celui-ci eut recours au pape et à Sforza. Pour avoir moins d'ennemis à combattre, il fit la paix avec Gismondo Malatesti; mais ce traité irrita tellement Jacopo Piccinnino, ennemi naturel de Mala-testi, qu'il abandonna le parti de Ferdinand et se mit à la solde de Jean. Ferdinand envoya aussi de l'argent à Frédéric seigneur d'Urbin, et par ces moyens il réunit une assez forte armée; bientôt il la conduisit à l'ennemi, et, le combat s'étant engagé sur les bords de la rivière de Sarui, il fut battu et perdit ses meilleurs officiers. Après ce désastre, Naples seule lui resta fidèle avec un petit nombre de villes et de princes; tout le reste se déclara pour Jean. Piccinnino pressait celui-ci de profiter de sa victoire, de se porter sur Naples, et de s'emparer ainsi de la capitale du royaume. Jean rejeta cet avis, en déclarant qu'il voulait d'abord dépouiller Ferdinand de tous ses états, et l'attaquer ensuite, lorsque, ayant perdu toutes ses places, il aurait moins de moyens de défendre sa capitale; mais cette résolution fit perdre à Jean tout le fruit de sa victoire; il ne sentit pas que les membres suivent plus aisément la tête que la tête ne suit les membres.

Ferdinand s'était retiré à Naples où il fut rejoint par les débris de son parti; il employa tous les moyens qui étaient en son pouvoir pour ramasser quelque argent, et bientôt il rassembla une espèce d'armée. Il réclama de nouveau l'assistance du pape et de Sforza, qui dans cette occasion lui envoyèrent des secours plus prompts et plus abondants qu'ils n'avaient fait jusqu'alors; car ils ne craignaient rien tant que de lui voir perdre son royaume. Ferdinand, ayant acquis ainsi de nouvelles forces, sortit de Naples; il reprit de la considération, et reconquit par là une partie des places qu'il avait perdues. Mais pendant que ce royaume était le théâtre de cette guerre, il survint un événement qui fit perdre à Jean d'Anjou toute sa prépondérance, et lui ôta les moyens de terminer heureusement son entreprise. Les Génois, irrités de l'avarice et de l'orgueil des Français, prirent les armes contre le gouverneur du roi, et l'obligèrent à se réfugier dans le petit château. Les Fregosi et les Adorni se réunirent pour l'exécution de ce dessein, et le duc de Milan les aida de ses troupes et de son argent, tant à reconquérir leur liberté qu'à la maintenir. Le roi René, qui avait mis en mer une flotte pour renforcer son fils, ayant voulu reprendre Gênes tandis que le petit château tenait encore, fut si complètement battu au moment où il débarquait ses troupes qu'il fut obligé de s'en retourner honteusement en Provence.

Lorsqu'on apprit cette nouvelle dans le royaume de Naples, Jean en fut vivement affligé; mais il n'en poursuivit pas moins la guerre, toujours soutenu par ces barons qui après leur rébellion, n'avaient rien à attendre de Ferdinand. Enfin, après une foule d'événements divers, les deux armées royales en vinrent aux mains en 1462, près de Trola; et Jean fut entièrement défait. Ce qui lui devint le plus funeste dans sa déroute, fut la défection de Piccinnino qui embrassa le parti de Ferdinand. Ainsi dépouillé de toutes ses forces, il se réfugia dans Ischia d'où bientôt il partit pour la France. Cette guerre dura quatre ans: la négligence de Jean lui fit tout perdre, après avoir plusieurs fois vaincu par la valeur de ses soldats. Les Florentins n'y intervinrent pas d'une manière otensible. Jean d'Aragon, nouveau possesseur de cette couronne depuis la mort d'Alphonse, les avait, il est vrai, requis par ses ambassadeurs de secourir son neveu Ferdinand, ainsi qu'ils s'y étaient engagés par leur traité avec Alphonse son père; mais ils lui répondirent : « Qu'ils n'avaient pris aucun engagement avec Ferdinand, et qu'ils ne voulaient point aider le fils à poursuivre une guerre que le père avait lui-même provoquée; que celui-ci l'ayant commencée à leur insu et sans leur avis, ils s'abstiendraient de concourir à ses progrès ou à sa conclusion. » Les ambassadeurs protestèrent contre cette violation de la foi jurée, déclarèrent le gouvernement responsable des malheurs qu'entraînerait son refus, et se retirèrent furieux contre les Florentins. Pendant tout le cours de cette guerre la république resta donc en paix au dehors, mais elle eut la guerre au dedans, comme je vais le raconter dans le livre qui suit.

LIVRE SEPTIÈME.

Ceux qui liront le livre précédent trouveront peut-être que, comme écrivain de l'histoire de Florence, je me suis trop étendu sur ce qui s'est passé en Lombardie et dans le royaume de Naples. Mais je n'ai point évité, et mon intention n'est pas d'éviter à l'avenir, de semblables récits, parce qu'il ne me semble pas convenable d'omettre les événements les plus marquants de l'Italie. Quoique je ne me sois point engagé à en écrire l'histoire, celle de Florence serait moins agréable et moins intelligible si je passais ces événements sous silence; d'autant plus que les guerres auxquelles les Florentins sont obligés de prendre part sont occasionnées le plus souvent par les autres peuples ou princes de l'Italie.

Ce fut la guerre [1] de Jean d'Anjou et du roi Ferdinand qui donna naissance à ces haines et à ces violentes inimitiés qui s'élevèrent ensuite entre ce dernier et les Florentins, et spécialement entre ce prince et la famille des Médicis. Le roi se plaignait non-seulement de ce qu'on ne l'avait pas secouru dans cette guerre, mais encore de ce que l'on avait favorisé son ennemi. Il en conserva un ressentiment qui causa beaucoup de maux, comme on le verra dans la suite de notre narration. Celle des affaires du dehors nous ayant conduits à l'an 1463, il est nécessaire de reprendre ce qui s'est passé au dedans pendant plusieurs années avant cette époque; mais je veux, selon mon usage, commencer ce livre par quelques réflexions, pour montrer comment ceux qui croient à la possibilité de maintenir l'union

[1] Cette guerre fut occasionnée par les prétentions de ces deux princes au royaume de Naples. Après avoir passé des mains des Romains, ses premiers conquérants. bien connus, dans celle des Goths, des Lombards, des princes de la maison de Charlemagne, des empereurs grecs, des Sarrasins, des Normands, des descendants de Frédéric Ier

au sein d'une république se trompent en con- cevant cette espérance.

Parmi les nombreuses divisions qui agitent les états républicains, les unes leur nuisent, les autres leur sont utiles. Les premières sont celles qui enfantent des factions et des partis ; les secondes sont celles qui se soutiennent sans prendre ce caractère. Le fondateur d'une ré- publique ne pouvant donc y empêcher les dis- sensions, doit du moins tâcher d'en éloigner les factions. Il faut pour cela faire attention que les citoyens ont dans cette forme de gou- vernement deux manières de se faire un nom et d'acquérir du crédit, ou par des moyens publics, ou par des moyens particuliers. On y arrive par la première voie : en gagnant une bataille, en faisant la conquête d'une place, en s'acquittant d'une mission avec zèle et habi- leté, en donnant à la république des conseils sages et suivis d'un heureux succès. Le second moyen d'y parvenir est de rendre service à l'un et à l'autre, de protéger de simples ci- toyens contre l'autorité des magistrats, de leur donner des secours d'argent, de les por- ter aux places dont ils ne sont pas dignes, et

de captiver la faveur populaire par des lar- gesses et des jeux publics. De là naissent les factions et l'esprit de parti. Autant la considé- ration acquise par ces voies est préjudiciable, autant elle est utile lorsqu'elle est étrangère aux factions, parce qu'alors elle est fondée sur le bien public, et non sur l'intérêt person- nel. Ceux qui en jouissent, ne s'attachant point de partisans par ce dernier motif, ne peuvent nuire à l'état, malgré la violence des haines que leur conduite fait nécessairement naître ; ils sont au contraire obligés, pour triompher de leurs ennemis, de servir l'état, de travailler à sa grandeur, et surtout de s'entr'observer afin que personne ne dépasse les limites fixées dans une république.

Les discordes de Florence furent toujours accompagnées de factions, et par conséquent toujours pernicieuses. Le parti vainqueur ne demeura jamais uni qu'autant que le parti op- posé conservait de la force : aussitôt que celui- ci était abattu, l'autre n'étant plus retenu par la crainte, ni par aucun frein intérieur, se li- vrait à de nouvelles divisions. Le parti de Cos- me de Médicis prit le dessus en 1434. Mais comme la faction vaincue était nombreuse et composée d'hommes très-puissants, il conserva pendant quelque temps l'union dans son sein, se conduisit avec douceur, ne fit aucune faute préjudiciable à ses intérêts, et évita de se ren- dre odieux au peuple par quelque action qui pût être interprétée d'une manière désavanta- geuse. Alors toutes les fois que l'état gouverné par ce parti eut besoin du peuple pour ressaisir son autorité il le trouva disposé à investir les chefs de tous les pouvoirs qu'ils désiraient. Pendant les vingt et un ans qui s'écoulèrent de- puis 1434 jusques en 1455, il leur accorda six fois en assemblée générale l'autorité suprême de la *batià*.

Il y avait à Florence, comme nous l'avons dit plusieurs fois, deux citoyens très-puissants, Cosme de Médicis, et Neri Capponi. Neri était un de ceux qui étaient parvenus à la considé- ration par des moyens connus et publics, de sorte qu'il avait beaucoup d'amis et peu de partisans. Cosme comptait de son côté un grand nombre des uns et des autres, parce qu'il de- vait son crédit également à des moyens pu- blics et particuliers. En conservant leur union

---

(dit Barberousse), cet état devint, pour les princes de la maison d'Anjou, depuis la fin du treizième siècle jusque vers la fin du quinzième, un sujet de guerres presque con- tinuelles. Elles eurent lieu d'abord contre les descendants de Frédéric Ier, empereur d'Allemagne, ensuite contre les rois d'Aragon. Outre les droits que cette maison croyait avoir acquis aux royaumes de Naples et de Sicile par les investitures d'Urbain IV, en faveur de Charles comte d'Anjou, dernier fils du roi de France Louis VIII, vers l'an 1264, et par les conquêtes de Charles, elle avait encore des droits de succession et de donation. En dernier lieu, Jeanne II, fille de Charles de Duras, roi de Naples, et héritière de ses états, en 1414, après la mort de Ladislas son frère, adopta pour son successeur Al- phonse, roi d'Aragon, en 1420, et lui substitua René d'Anjou en 1435, année de sa mort. Malgré cette substi- tution et les efforts de René, Alphonse s'empara, en 1442, de cette couronne qu'il laissa, en 1458, à Ferdinand Ier, son fils naturel. Jean d'Anjou, fils de René, appelé la même année par plusieurs seigneurs de ce royaume, par- tit de Gênes dont le roi de France Charles VII l'avait fait gouverneur, pour venir s'en rendre maître. Après quelques succès, il fut, en 1465, expulsé par Ferdinand, et la maison d'Anjou perdit alors ce royaume sans retour. Jean repassa en France, et y introduisit le premier, selon quelques-uns, des Suisses au nombre de cinq cents, avec lesquels il soutint, en 1465, le parti des princes ligués contre Louis XI, sous le prétexte du *bien public*, dont leur guerre portait le nom.

tant qu'ils vécurent tous les deux, ces citoyens obtinrent toujours du peuple ce qu'ils voulurent, sans éprouver de difficulté, parce qu'ils réunissaient la faveur et la puissance. Mais en 1455 Neri étant mort, et la faction opposée détruite, le gouvernement eut de la peine à maintenir son autorité. Les amis de Cosme eux-mêmes, qui y jouissaient d'un pouvoir très-étendu, contribuèrent à ce changement. Délivrés de la crainte du parti contraire qui était éteint, ils désiraient affaiblir l'influence de Cosme de Médicis. Cette disposition fit naître les dissensions qui eurent lieu depuis, en 1466. Dans les assemblées générales où l'on traitait de l'administration publique, l'on en vint à conseiller aux chefs de l'état de ne plus avoir recours à l'autorité des conseils extraordinaires, mais de fermer les bourses, et d'en tirer, par la voie du sort, les noms des magistrats, selon l'usage des anciennes assemblées d'élection. Pour arrêter les suites fâcheuses de leurs desseins, Cosme n'avait que deux moyens : c'était ou d'employer la force avec les partisans qui lui restaient pour ressaisir les rênes du gouvernement, et renverser tous ses adversaires; ou de laisser les choses prendre la route qu'on leur traçait, et de faire entendre à ses amis, avec le temps, que c'était à eux-mêmes, et non à lui qu'ils enlevaient la considération et le pouvoir. Il choisit cette dernière voie, bien persuadé que cette forme de gouvernement ne lui faisait courir aucun danger, parce que les bourses étaient pleines des noms de ses amis, et qu'il pourrait à son gré recouvrer sa puissance.

Lorsque Florence eut de nouveau créé ses magistrats par la voie du sort, tous les citoyens crurent avoir recouvré leur liberté. Les magistrats jugèrent d'après leurs propres opinions et non d'après la volonté des hommes puissants. On voyait humilier tantôt l'ami de l'un de ces derniers, tantôt celui d'un autre. Plus de solliciteurs ni de présents dans leurs maisons, qui avaient coutume d'en être remplies. Ces citoyens se trouvaient sur la même ligne que ceux qu'ils regardaient depuis long-temps comme leurs inférieurs, et voyaient leurs égaux placés au-dessus d'eux. Loin d'être accueillis et honorés, ils étaient souvent l'objet des railleries publiques. On s'entretenait d'eux et de

l'état dans les rues et dans les places publiques sans garder aucun ménagement. Ils s'aperçurent bientôt que c'étaient eux et non Cosme qui avait perdu la puissance. Cosme de son côté avait l'air de n'être point instruit de ce qui se passait. Aussitôt qu'il se présentait un projet agréable au peuple, il était le premier à l'appuyer. On redemanda le mode du cadastre proposé en 1427, afin que les impositions fussent réglées par la loi et non d'après le simple caprice. Ce fut ce qui donna aux grands plus d'effroi, et à Cosme plus d'occasion de les faire réfléchir sur leur imprudence.

Cette loi, passée malgré eux et déjà confiée au magistrat chargé de son exécution, les força à s'unir plus étroitement encore, et à se rendre auprès de Cosme pour le prier de se prêter à les retirer, ainsi que lui-même, des mains du menu peuple, et réorganiser le gouvernement de manière qu'ils pussent recouvrer, lui son pouvoir, et eux leur considération. Cosme répondit qu'il y consentait, pourvu que cette nouvelle loi se fît par les voies ordinaires, avec l'agrément du peuple, et non par la force, moyen dont il ne voulait pas entendre parler.

On proposa donc aux conseils une loi pour rétablir de nouveau l'autorité du conseil extraordinaire. On ne put la faire accepter. Alors les grands revinrent trouver Cosme et le conjurèrent, en vrais suppliants, de consentir à la formation d'une assemblée générale. Il s'y refusa, désirant les réduire au point de reconnaître entièrement leur erreur. Donato Cocchi, gonfalonier de justice, ayant voulu former cette assemblée sans son consentement, Cosme le rendit tellement le jouet des seigneurs qui siégeaient avec lui, qu'il en perdit la tête, et fut renvoyé dans sa maison comme un homme dont l'esprit était égaré. Néanmoins comme il n'eût pas été prudent de laisser aller les affaires au point de ne pouvoir plus ensuite les diriger selon ses désirs, lorsque Luca Pitti, homme courageux et entreprenant, fut parvenu à la place de gonfalonier, Cosme jugea à propos de lui laisser conduire cette entreprise, afin que, s'il y avait quelque blâme à encourir, il retombât en entier sur Pitti.

Au commencement de sa magistrature, ce gonfalonier proposa plusieurs fois au peuple le rétablissement de la *balià*; voyant que ses tentatives étaient infructueuses, il menaça les membres des conseils, s'emporta en termes injurieux et pleins de hauteur, et joignit bientôt les actions aux injures. Dans le mois d'août de l'année 1458, la veille de St-Laurent, ayant rempli le palais de gens armés, il assembla le peuple sur la place, et lui arracha par la violence et les armes à la main une adhésion qu'il n'avait pu en obtenir volontairement. S'emparant donc du gouvernement, ils créent un conseil extraordinaire, remplissent les premières magistratures au gré d'un petit nombre de citoyens, ils exercent par la terreur l'autorité qu'ils avaient recouvrée par la force ; en conséquence ils bannissent Jérôme Macchiavelli ainsi que quelques autres, et en dépouillent plusieurs de leurs dignités. Pour n'avoir point gardé son ban, ce Jérôme fut dans la suite déclaré rebelle ; en parcourant l'Italie, pour exciter les princes à la guerre contre sa patrie, il fut arrêté dans la Lunigiane par la trahison de l'un des seigneurs de ce pays, amené à Florence, et mis à mort dans la prison.

Ce nouveau gouvernement, pendant les huit années qu'il dura, se rendit insupportable par ses violences. Cosme, déjà affaibli par l'âge et par sa mauvaise santé, ne pouvait plus prendre part aux affaires publiques comme il le faisait auparavant ; ce qui laissait l'état en proie à la cupidité de quelques citoyens. Luca Pitti fut fait chevalier en récompense du service qu'il venait de rendre à la république ; mais ne voulant pas se montrer envers elle moins reconnaissant qu'elle ne l'avait été à son égard, il changea le nom des prieurs des corps de métiers en celui de prieurs de la liberté, afin qu'ils conservassent au moins le titre de ce qu'ils avaient perdu. Il statua aussi qu'à l'avenir le gonfalonier siégerait au milieu des recteurs, au lieu de se placer à leur droite comme il le faisait auparavant. Afin que le ciel parût avoir part à cette entreprise, il ordonna des processions publiques et des prières solennelles pour le remercier du rétablissement de ce nouvel ordre de choses. Pitti fut comblé de riches présents par la seigneurie, par Cosme de Médicis, et par la ville entière qui s'empressa de suivre leur exemple. On estima que ces présents montaient à la somme de vingt mille ducats. Son autorité s'accrut au point que ce n'était plus Cosme, mais Pitti qui gouvernait l'état.

Celui-ci prit tant de confiance dans son pouvoir, qu'il commença la construction de deux édifices d'une magnificence vraiment royale, l'un à Florence [1], l'autre à Rucciano, qui n'en est éloigné que d'un mille. Jamais on n'avait vu de simples citoyens élever un palais semblable surtout au premier. Aucun moyen extraordinaire n'était épargné pour venir à bout de son entreprise. Non-seulement la cité et les particuliers lui faisaient des présents, et lui fournissaient tout ce qui pouvait lui être utile pour ses contructions, mais encore des communes voisines et des peuples entiers lui offraient des secours. Tous les bannis, tous les hommes coupables de meurtre de vol, ou de quelque autre crime qui leur faisait craindre un châtiment public, trouvaient un asile assuré dans ces édifices, pourvu qu'ils fussent capables de contribuer à leur construction. Ses autres collègues n'élevaient pas à la vérité des bâtiments comme Pitti, mais ils n'étaient ni moins avides ni moins violents que lui ; de sorte que si Florence n'était minée au-dehors par aucune guerre, elle était épuisée au-dedans par ses propres citoyens. Ce fut dans cet intervalle qu'eurent lieu les guerres du royaume de Naples, dont nous avons parlé, et celle du pape Pie II dans la Romagne contre les Malatesti, auxquels il voulait enlever la possession de Rimini et de Cesène. Ce pontife termina sa carrière au milieu de ses entreprises et de ses projets de croisade contre les Turcs.

Florence continua à être agitée par des dissensions. Elles s'insinuèrent dans le parti de Cosme de Médicis en 1455. Nous avons rapporté leurs motifs et les moyens que sa prudence lui suggéra alors pour les calmer. En 1464, les infirmités de Cosme empirèrent au point qu'il en mourut. Il fut regretté de ses amis et de ses ennemis ; ceux qui ne l'aimaient point, à cause de son influence dans le gouvernement, craignirent cependant après sa mort de voir consommer leur perte et leur ruine par ces hommes en place dont ils avaient vu la rapacité de son vivant, quoique le respect qu'il inspirait leur en imposât et mît quelque frein à leurs excès.

[1] Le Palais de Florence qu'on appelle encore, de son nom, le palais Pitti, est occupé par les grands ducs de Toscane. C'est là que se trouve cette galerie qui renferme une des plus riches collections de l'univers en antiques, tableaux et pierres précieuses, etc.

Pierre son fils ne leur donnait pas beaucoup de confiance, quoiqu'il fût homme de bien ; ils pensaient que la faiblesse de sa santé et son inexpérience dans le maniement des affaires d'état l'obligeraient à avoir des ménagements pour ces hommes avides, qui se livreraient à tous les excès sans garder aucune mesure. La mort de Cosme de Médicis excita donc des regrets très-vifs dans tous les cœurs. De tous les hommes célèbres qui ne se sont pas abandonnés à la profession des armes, il fut le plus illustre et le plus renommé qui ait jamais existé, je ne dis pas seulement à Florence, mais encore dans toute autre république. Il l'emporta sur ses contemporains, non-seulement par son pouvoir et ses richesses, mais encore par sa prudence, sa libéralité et sa magnificence, qualités qui concoururent, avec ses autres vertus, à le rendre en quelque sorte le souverain de sa patrie. On connut encore mieux après sa mort, quand Pierre son fils voulut reconnaître ses propriétés, jusqu'à quel point il avait été généreux. Il ne se trouva pas un citoyen de quelque importance auquel Cosme n'eût prêté de grosses sommes d'argent ; il le faisait souvent sans en être prié. A l'instant où il apprenait qu'un citoyen distingué était dans le besoin il venait à son secours. Sa magnificence éclata dans le grand nombre d'édifices bâtis à ses frais. A Florence il reconstruisit les couvents et les églises de Saint-Marc et de Saint-Laurent, ainsi que le monastère de Sainte-Verdiane ; et dans les montagnes de Fiesole, Saint-Jérôme et l'abbaye, ainsi qu'une église des frères mineurs [1] dans le Mugello. Il éleva en outre dans l'église de Sainte-Croix, dans celle des frères serviteurs [2] d'Agnoli et de Saint-Miniat, des autels et des chapelles richement décorées. Il ne se contenta point de construire ces temples et ces chapelles, il les enrichit encore des ornements et de toutes les choses nécessaires à la pompe des cérémonies. Outre ces édifices sacrés, il fit bâtir des maisons par-

[1] Ordre de moines, fondé par François de Paul. On les appelait à Paris *bons-hommes*, parce que Louis XI et Charles VIII appelaient ainsi François de Paul et ses compagnons.

[2] Autre ordre de moines qui se consacraient plus particulièrement au service de la vierge Marie, et dont nous ne parlons que parce que *Paul Sarpi* ou *Fra-Paolo*, le même qui écrivit l'Histoire du concile de Trente, était de cet ordre.

ticulières. Celle de Florence répondait à la grandeur d'un citoyen aussi distingué. Il en possédait quatre autres, situées à Carrege, à Fiesole, à Cafagginolo et à Trebbio. C'étaient autant de palais plus dignes d'un souverain que d'un simple particulier. Comme il ne lui suffisait point d'être renommé en Italie par la magnificence de ses édifices, il fit encore bâtir à Jérusalem un asile pour les pèlerins pauvres et infirmes. Il employa à toutes ces constructions des sommes très-considérables. Quoique ses palais, ses dépenses, ses richesses, fussent celles d'un souverain, et qu'il fût comme le prince de Florence, il sut toujours néanmoins tempérer cet éclat par sa prudence, et rester dans les bornes de cette décence modeste qui convient au simple citoyen d'une république. Son maintien, ses discours, son intérieur, ses équipages, les alliances qu'il forma, tout annonçait chez lui le particulier le plus modeste. Il savait que tout ce qui a de l'éclat et qui frappe journellement les yeux excite plus l'envie qu'il n'a de valeur réelle, et qu'il faut couvrir ces avantages du voile d'une sage modération. Lorsqu'il fut dans le cas de marier ses fils, il ne chercha point à les allier à des maisons de princes, mais il fit épouser à Jean Cornélie, de la famille des Alessandri ; et à Pierre, Lucrèce, de celle des Tornabuoni. De ses deux petites filles nées de Pierre, Blanche et Nanine, il maria la première à Guillaume Pazzi, et la seconde à Bernard Ruccellai. Personne de son temps, ni parmi les princes, ni dans les républiques, ne développa autant d'intelligence que lui. De là vint que, au milieu ces vicissitudes de la fortune et de l'extrême versatilité de ses concitoyens, il sut gouverner l'état pendant trente et un ans. Rempli de pénétration, il savait prévoir le mal de loin, l'arrêter à temps, et, dans le cas où il ferait des progrès, se préparer un abri contre ses atteintes.

Non-seulement il triompha au-dedans de l'ambition de ses rivaux, mais il sut encore triompher au-dehors de celle des princes, avec tant de bonheur et de sagesse que tous ses alliés et ceux de sa patrie balancèrent ou détruisirent la puissance de leurs adversaires, tandis que ses ennemis perdirent leurs efforts, leur argent ; et quelquefois même leurs états. Les Vénitiens en sont une preuve bien frappante : unis avec lui contre Philippe, duc de Milan, ils furent toujours vainqueurs ; dès qu'ils s'en furent séparés, Philippe, et après lui François Sforce, ne cessèrent de les vaincre et de les humilier. Lorsque ces mêmes Vénitiens se liguèrent avec le roi Alphonse contre la république de Florence, il vint à bout, par son crédit, d'épuiser d'argent Naples et Venise, à un tel point que ces deux puissances furent réduites à recevoir la paix aux conditions auxquelles on voulut bien la leur accorder. Les nombreuses difficultés contre lesquelle Cosme de Médicis eut à lutter au dedans et au dehors eurent donc une issue heureuse pour lui, et funeste pour ses ennemis. Les dissensions intérieures augmentèrent toujours son influence dans le gouvernement, et les guerres étrangères ajoutèrent à son pouvoir et à sa réputation. Il réunit à l'état de Florence Borgo, San-Sepolchro, Montedoglio, le Casentin et le Val di Bagno ; ses ennemis durent leur abaissement à son mérite et à sa fortune, et ses amis leur élévation. Il était né en 1389, le jour de St-Cosme et de St-Damien. La première partie de sa vie fut traversée par beaucoup de peines, comme le prouvent son exil, son emprisonnement et le danger auquel il fut exposé, lorsqu'il accompagna Jean XXIII au concile de Constance [1] ; il courut aussi de grands dangers après la déposition de ce pontife, et ne sauva sa vie qu'en fuyant à l'aide d'un déguisement ; mais à l'âge de quarante ans il devint si heureux, que non-seulement ses alliés dans les affaires d'état, mais encore les régisseurs particuliers de sa fortune dans toute l'Europe, eurent part à son bonheur. Ce fut dans cette source que puisèrent d'immenses richesses beaucoup de familles de Florence, entre autres celle des Tornabuoni, des Benci, des Portinari et des Sassetti. Outre ces maisons, toutes celles qui étaient dirigées par lui, ou qui étaient liées d'intérêt avec lui, s'enrichirent prodigieusement. Quoiqu'il fît des dépenses continuelles en constructions de temples et en aumônes, il se plaignait quelquefois à ses amis de n'avoir jamais pu dépenser

assez en l'honneur de la divinité pour qu'il se trouvât toujours redevable envers elle, lorsqu'il examinait ses livres de comptes.

Cosme de Médicis était d'une taille ordinaire et d'un teint olivâtre, mais son air inspirait le respect ; il ne fut point savant, mais il se distingua par un très-grand jugement et une plus grande éloquence. Obligeant envers ses amis, plein de commisération pour les pauvres, intéressant dans la conversation, judicieux dans le conseil, prompt pour l'exécution, il mettait de la finesse dans ses bons mots ou de la dignité dans ses réponses. Renaud Albizzi lui ayant fait dire au commencement de son exil *que la poule couvait*, Cosme répliqua *qu'elle pourrait mal couver, étant hors de son nid*. D'autres rebelles lui ayant fait entendre *qu'ils ne dormaient pas*, — *Je le crois bien*, dit-il, *puisque je leur ai ôté le sommeil*. Lorsque le pape Pie II excitait les princes à une croisade contre les Turcs, il dit de lui : *C'est un vieillard qui fait une entreprise de jeune homme*. Des ambassadeurs vénitiens venus à Florence avec ceux du roi Alphonse se plaignant de cette république, il leur montra sa tête découverte, et leur demanda *de quelle couleur étaient ses cheveux?* Sur la réponse qu'ils étaient blancs, il répliqua : *Dans peu ceux de vos sénateurs seront aussi blancs que les miens*. Il répondit à sa femme qui lui demandait, quelques instants avant sa mort, pourquoi il tenait ses yeux fermés : *Pour les y accoutumer*. Quelques citoyens lui disant, après son retour d'exil, que c'était désoler la ville et offenser Dieu que d'en chasser tant de gens de bien, il répliqua *que mieux valait une ville désolée qu'une ville perdue ; que deux ou trois aunes de drap rouge suffisaient pour faire un homme de bien ; que les rênes d'un état ne pouvaient point se tenir dans des mains embarrassées d'un chapelet*. Ces paroles fournirent prétexte à ses ennemis de l'accuser d'être plus animé d'un sentiment personnel que d'amour de la patrie, et d'avoir moins d'affection pour l'autre monde que pour celui-ci. Je passerai sous silence plusieurs autres bons mots de lui que l'on pourrait encore citer. Cosme aima et protégea les gens de lettres ; distingué alors parmi eux, Argyropole, Grec d'origine [1], fut amené par lui à Florence

---

[1] Ce pape, nommé *Coriaro*, corsaire avant d'être pontife, déposé par le concile de Constance, fut pris au moment où il fuyait déguisé en postillon, et il mourut en prison à Manheim. Ce fut à ce même concile que furent brûlés Jean Hus et Jérôme de Prague.

[1] *Argyropole*, plus généralement connu sous le nom

afin qu'il apprît sa langue maternelle à la jeunesse de cette ville , et qu'il lui communiquât ses autres connaissances. Il nourrit dans sa maison, et aima beaucoup Marcilio Ficino, qui ressuscita la philosophie de Platon [1]. Désirant lui faciliter davantage l'étude des lettres , et jouir plus commodément de son commerce , il lui donna une propriété voisine de la sienne , à Carregge. La sage politique, les richesses, la manière de vivre et la fortune de Cosme le firent chérir et craindre des Florentins , et lui concilièrent à un degré prodigieux l'estime des princes, non-seulement de l'Italie , mais encore de toute l'Europe. Il laissa à ses descendants des fondements si solides pour élever l'édifice de leur fortune, qu'ils purent, en l'égalant en mérite, le surpasser de beaucoup en puissance [2], et jouir dans toute la chrétienté de l'autorité qu'il exerçait dans Florence. Cependant vers la fin de sa carrière il éprouva des chagrins très-cuisants. De ses deux fils, Pierre et Jean, il perdit celui-ci, dans lequel il avait placé son principal espoir , et vit l'autre dans un état de faiblesse et d'infirmité qui le rendait peu propre à gérer les affaires publiques, et même les siennes. Se faisant porter dans les différentes parties de sa maison, après la mort

d'*Argyrophile*. Cosme de Médicis lui confia l'éducation de son fils et de son neveu. Il dédia ses ouvrages à la famille de Médicis. Ils consistent en traductions d'Aristote.

[1] Marcile Ficin était un chanoine de Florence, qui a donné une traduction de Platon, et des défenseurs de sa philosophie, comme Plotin, Jamblique, etc.

[2] Sa maison donna dans la suite à l'Église trois souverains pontifes : Léon X, Clément VII et Léon XI, et plusieurs cardinaux ; à la France, deux reines, Catherine de Médicis, mariée à Henri II, et Marie de Médicis, épouse de Henri IV. Elle s'allia aussi à plusieurs autres cours de l'Europe. Après avoir gouverné, pendant plus d'un siècle, la république de Florence, par l'influence que lui donnaient ses richesses, son crédit et ses talents, elle en obtint la souveraineté héréditaire. Alexandre de Médicis reçut le titre de duc de Florence en 1531 , de l'empereur Charles-Quint , et en 1532, du pape Clément VII. Cosme dit le Grand, qui lui succéda, reçut celui de grand-duc de Toscane en 1569, et eut sept successeurs. En vertu d'un traité, conclu en 1755 entre l'empereur Charles VI, la France et l'Espagne, cet état passa des mains du dernier Jean Gaston de Médicis, mort sans enfants en 1757, dans celles de François, duc de Lorraine, mari de l'héritière de Charles VI, Marie Thérèse, et aïeul du grand-duc de Toscane, actuellement régnant. Telle fut, pendant environ trois siècles , la fortune de cette maison, originaire de marchands de Florence.

de son fils, il dit en soupirant : *Elle est trop grande pour une si petite famille.* Il se sentait humilié en pensant qu'il n'avait rien ajouté d'honorable, par aucune conquête, aux possessions de Florence; il avait d'autant plus de regret, qu'il croyait avoir été trompé par François Sforce. Celui-ci lui avait promis, avant de s'emparer de la souveraineté de Milan, que, lorsqu'il serait maître de cette ville, il ferait la conquête de Lucques pour les Florentins; cette promesse ne fut point réalisée, parce que le comte changea de sentiment en changeant de fortune. Devenu duc de Milan , il voulut jouir, au sein de la paix, de l'état qu'il avait acquis par la guerre; il se refusa à toute entreprise , soit en faveur de Cosme , soit en faveur de tout autre , et ne prit plus les armes que lorsqu'il y fut contraint pour se défendre. Cette conduite causa beaucoup de peine à Cosme, auquel il sembla que ses efforts et ses dépenses pour procurer l'élévation de François Sforce n'étaient payés que par l'ingratitude et l'infidélité. Il sentait en outre que ses infirmités l'empêchaient d'apporter la même surveillance qu'autrefois dans les affaires publiques, et dans celles qui lui étaient personnelles ; de sorte qu'il voyait les unes et les autres s'avancer vers leur ruine. La fortune de l'état était dilapidée par les citoyens, et la sienne par ses fils et ses régisseurs : ces différents motifs livrèrent à l'inquiétude les derniers temps de sa vie ; cependant il mourut comblé de gloire, et laissant à la postérité un nom très-illustre. Dans Florence et au dehors, tous les citoyens et tous les princes de la chrétienté témoignèrent à Pierre, son fils, leurs regrets sur sa mort. La ville entière accompagna son convoi funèbre : il fut inhumé avec la plus grande pompe dans l'église de St-Laurent. Par un décret public on le nomma *Père de la Patrie*, et l'on en grava l'inscription sur sa tombe. Que l'on ne soit point surpris si j'ai imité ceux qui écrivent la vie des princes , et non les auteurs de l'histoire générale , en rapportant les actions de Cosme de Médicis; comme il fut un homme rare dans notre cité, j'ai dû le louer d'une manière extraordinaire.

Dans le temps où Florence et l'Italie étaient dans la position dont nous avons parlé plus haut, Louis XI roi de France avait sur les bras une guerre très-considérable, que lui avaient suscitée ses barons secondés par François, duc de Bretagne, et Charles, duc de Bourgogne. Cette guerre l'occupa tellement qu'il ne put songer à soutenir Jean, duc d'Anjou, dans ses entreprises contre la république de Gênes et le royaume de Naples. Pensant au contraire qu'il avait lui-même besoin du secours des autres, il donna à François Sforce, duc de Milan, la ville de Savone, restée au pouvoir des Français, et lui fit entendre qu'il ne s'opposerait point à ce qu'il se rendît maître de Gênes s'il le voulait. Sforce saisit cette occasion avec plaisir, et s'empara en effet de cette ville, secondé par le crédit que lui donnait son alliance avec le roi, et par les secours des Adorni. Pour se montrer reconnaissant des bienfaits qu'il avait reçus de ce monarque, il lui envoya quinze cents hommes de cavalerie commandés par Galeas son fils aîné.

Ferdinand d'Aragon et François Sforce, celui-ci duc de Lombardie et souverain de Gênes, et l'autre possesseur du royaume entier de Naples, firent alliance ensemble et cherchèrent les moyens d'affermir leurs états de manière à en jouir paisiblement pendant leur vie, et à les laisser librement à leurs héritiers après leur mort. En conséquence ils jugèrent que les intérêts du roi exigeaient qu'il se délivrât de ces barons qui s'étaient déclarés contre lui dans la guerre de Jean d'Anjou. Ils furent aussi d'avis que le duc devait travailler à la destruction des Braccio, ennemis naturels de sa maison, et dont Jacques Piccinnino avait porté la réputation guerrière au plus haut point de célérité. Ce Piccinnino, devenu le premier capitaine de l'Italie, et ne possédant point d'état, était à craindre pour ceux qui en possédaient, surtout pour le duc de Milan auquel son propre exemple persuadait qu'il ne pourrait ni conserver les siens, ni en assurer la succession à ses enfants, tant que Piccinnino vivrait. Le roi fit donc tous ses efforts pour se ménager un accommodement avec ses barons, et employa toute l'adresse possible afin de leur inspirer de la confiance. Il réussit dans son dessein, parce que ces seigneurs voyaient évidemment leur perte dans la continuation de la guerre contre le roi, tandis qu'elle leur semblait au moins douteuse s'ils se

fiaient à ses promesses et traitaient avec lui. Comme l'on cherche toujours à éviter plus volontiers les maux assurés que ceux qui sont incertains, les princes peuvent facilement tromper les hommes moins puissants qu'eux. Ces seigneurs crurent à la paix que le roi leur offrait, en voyant les dangers manifestes de la guerre; ils se remirent entre ses mains et y trouvèrent avec le temps leur destruction de différentes manières, et sous différents prétextes. Cet exemple effraya Jacques Piccinnino qui se trouvait à Sulmona avec ses troupes. Pour ôter au roi de Naples l'occasion de l'opprimer, il chercha à se réconcilier avec le duc de Milan, par l'entremise de ses amis. Le duc lui ayant fait les offres les plus engageantes, il résolut de se remettre entre ses mains, et alla le trouver à Milan, accompagné seulement de cent cavaliers.

Jacques avait combattu long-temps et sous son père, et avec son frère, d'abord pour le duc Philippe et ensuite pour le peuple de Milan. Ces circonstances lui avaient fait fréquenter cette ville où il s'était fait beaucoup d'amis; on y avait pour lui une bienveillance générale que l'état présent des choses avait encore augmentée. La prospérité et la puissance des Sforce leur avaient attiré l'envie, tandis que les malheurs et la longue absence de Piccinnino avaient excité en sa faveur l'intérêt de ce peuple et un désir très-ardent de le revoir. Ces sentiments éclatèrent lorsqu'il vint à Milan. Presque tous les nobles allèrent à sa rencontre; les rues où il passait étaient remplies de personnes que le désir de le voir y avait attirées; il n'était bruit que de ses éloges et des vœux qu'on faisait pour sa prospérité et celle de sa maison.

Ces honneurs hâtèrent sa perte en ajoutant aux ressentiments du duc, et à l'envie qu'il avait de la consommer. Pour mieux cacher ce dessein, il fit célébrer les noces de ce même Piccinnino avec Drusiane sa fille naturelle, qu'il lui avait accordée en mariage depuis long-temps. Il convint ensuite avec Ferdinand que ce roi prendrait à son service Piccinnino, avec le titre de général de ses troupes, et cent mille florins de traitement. Après cet arrangement, Jacques, accompagné de Drusiane son épouse et d'un ambassadeur du duc de Milan, se rendit à Naples, où il fut accueilli avec distinction et fêté pendant plusieurs jours. Mais ayant ensuite demandé la permission d'aller à Sulmona où étaient ses troupes, le roi l'invita d'abord à un festin dans le château, puis après le repas, il le fit enfermer, ainsi que son fils François, dans une prison, où il périt peu de temps après. C'était ainsi que nos princes d'Italie étouffaient dans les autres le talent qu'ils redoutaient parce qu'ils n'en avaient pas eux-mêmes. Lorsqu'ils en eurent privé toute cette contrée, elle tomba dans cet état de décadence qui l'expo a à tant de désastres et de calamités.

Le pape Pie II avait alors terminé les affaires de la Romagne; ce moment de paix universelle lui parut favorable pour exciter les chrétiens à prendre les armes contre les Turcs. Il suivit, pour y réussir, la même voie que ses prédécesseurs; tous les princes promirent de l'argent ou des troupes. Mathias, roi de Hongrie, et Charles duc de Bourgogne, s'engagèrent à marcher en personne, et le pape les nomma chefs de cette entreprise. Ce pontife était si rempli de confiance dans le succès, qu'il se rendit de Rome à Ancône, où l'armée entière devait se réunir, et où il espérait trouver les vaisseaux avec lesquels les Vénitiens lui avaient promis de la transporter en Esclavonie. Après l'arrivée du pontife, il se trouva une si grande affluence à Ancône, que les vivres que cette ville possédait, et ceux que l'on y pouvait apporter des pays voisins, furent bientôt épuisés; en sorte que chacun ressentit les horreurs de la famine. Outre cela on n'avait pas pourvu aux moyens de fournir des provisions, de l'argent et des armes à ceux qui en manquaient. Mathias et Charles ne parurent point. Les Vénitiens envoyèrent à la vérité quelques galères avec un de leurs capitaines, mais ce fut plutôt par une espèce d'ostentation, et pour paraître fidèles à leur parole, que dans le dessein de leur porter des secours. Le pape, déjà âgé et infirme, mourut en 1464, au milieu de tant de peines, et de tant de désordres. Après sa mort, chacun regagna ses foyers. Il eut pour successeur Paul II, Vénitien d'origine. Il sembla que presque toutes les principautés d'Italie devaient alors changer de souverain, car François Sforce, duc de Milan, expira l'année sui-

vante, après avoir possédé ce duché pendant seize ans. Galéas son fils lui succéda.

Sa mort contribua à ranimer les dissensions de Florence et à en accélérer les funestes effets. Après celle de Cosme, Pierre son fils, héritier de sa fortune et de son pouvoir, appela auprès de lui Diotisalvi Neroni, homme d'un grand poids et très-renommé dans cette ville. Cosme avait en lui une telle confiance, qu'il recommanda à son fils, en mourant, d'user des biens et du pouvoir qu'il lui laissait d'après les conseils de Diotisalvi. Pierre agit donc à son égard comme l'avait fait son père, auquel il désirait obéir aussi exactement après sa mort que pendant sa vie; il consulta Diotisalvi sur son patrimoine et sur le gouvernement de Florence; il lui dit que, voulant commencer par s'occuper avec lui de ses affaires personnelles, il ferait venir tous ses livres de compte, les lui mettrait en main, afin qu'il pût s'instruire du bon et du mauvais état de ses affaires, et lui donner en conséquence les conseils que sa prudence lui suggérerait. Diotisalvi promit en tout exactitude et bonne foi : mais lorsque ses livres de compte furent arrivés, et qu'il les eut examinés, il vit qu'il y régnait beaucoup de désordre. Guidé plutôt par son ambition que par l'attachement pour Pierre, ou par le souvenir des bienfaits qu'il avait reçus de Cosme, il pensa qu'il était facile d'enlever au premier le crédit et l'autorité dont il avait en quelque sorte hérité de son père. Il lui donna donc un conseil qui cachait, sous le voile de l'honnêteté et de la raison, les moyens de le perdre. Il lui montra combien ses affaires étaient dérangées, et de quelle somme d'argent il aurait besoin pour ne pas perdre, avec son crédit, l'opinion que l'on avait de sa fortune et de son pouvoir. Profitant de cette ouverture, il lui dit qu'il n'y avait pas de moyen plus honnête de parer à ces inconvénients que de rechercher les sommes avancées par son père à beaucoup de citoyens et d'étrangers; car Cosme, ajouta-t-il, faisait part de ses richesses à chacun avec une extrême libéralité, pour se concilier des partisans dans Florence et des amis au dehors, ce qui l'a rendu créancier de sommes très-considérables, et qui deviennent pour vous d'une grande importance. Pierre, qui voulait remédier au désordre de ses affaires, en suivant les conseils de Diotisalvi, jugea cette mesure louable et utile. Mais à peine eut-il fait redemander cet argent, que ceux qui le devaient, aussi mécontents que s'il eût voulu les dépouiller, et non réclamer ce qui lui appartenait, le déchirèrent sans ménagement et l'accusèrent d'ingratitude et d'avarice.

Diotisalvi, voyant que son avis avait fait encourir à Pierre de Médicis la disgrâce du peuple et de toute la ville, se réunit avec Luca Pitti, Agnolo Acciajuoli, et Nicolas Soderini, et ils formèrent ensemble le projet de le priver du crédit et de l'autorité dont il jouissait dans le gouvernement. Les motifs qui les faisaient agir étaient différents. Luca voulait prendre la place de Cosme, et était devenu si puissant, qu'il s'indignait d'être obligé à des déférences à l'égard de Pierre. Diotisalvi, qui connaissait l'incapacité de Luca pour être chef du gouvernement, s'imaginait que, lorsque Pierre serait supplanté, tout le pouvoir passerait promptement entre ses mains. Nicolas Soderini désirait que Florence fût plus libre, et gouvernée par ses magistrats. Voici quel était le sujet de la haine particulière d'Agnolo pour les Médicis. Longtemps auparavant, Raphaël son fils avait épousé Alessandra de la famille des Bardi, et en avait eu une dot très-considérable. Cette femme, soit par sa faute, soit par celle d'autrui, reçut des mauvais traitements de son beau-père et de son mari. Touché du sort de cette jeune personne, Laurent d'Harion son parent, accompagné de plusieurs gens armés, l'enleva la nuit de la maison d'Agnolo. Les Acciajuoli se plaignirent de l'injure que leur avaient faite les Bardi. L'affaire fut soumise au jugement de Cosme. Il décida que les Acciajuoli devaient rendre la dot d'Alessandra, qui, après l'avoir reçue, retournerait avec son mari, si elle le voulait. Agnolo ne crut point retrouver dans ce jugement de Cosme une preuve de l'amitié qui les unissait. N'ayant pu s'en venger contre lui, il résolut de le faire contre son fils. Animés par tant de passions différentes, ces conjurés publièrent néanmoins qu'ils n'avaient qu'un seul but, celui de voir la ville gouvernée par ses magistrats, et non au gré d'un petit nombre de citoyens. Les ressentiments contre Pierre et les prétextes pour l'attaquer s'accrurent encore par la banqueroute que firent alors plusieurs marchands. On l'accusait publiquement d'en être la cause, parce qu'en exigeant d'eux son argent contre toute attente, il les avait forcés à cette action aussi déshonorante pour eux que préjudiciable pour Florence. L'on joignait à tous ces griefs ses démarches pour marier Laurent, son fils aîné, avec Clarice, de la maison des Ursins, ce qui ouvrait un vaste champ aux invectives contre lui. Il est évident, disait-on, qu'il croit au-dessous de lui de rester dans le rang de citoyen de Florence, puisqu'il ne juge point à propos d'y prendre une épouse pour son fils. Sans doute il se dispose à se rendre maître de cette ville; car celui qui ne veut point avoir ses concitoyens pour parents désire les avoir pour sujets, et ne doit point par conséquent conserver leur amitié. Ces chefs de la sédition se croyaient sûrs de la victoire, parce que la majorité des citoyens s'attachait à eux, séduite par le nom de liberté qu'ils mettaient toujours en avant pour mieux déguiser leurs desseins.

Quelques-uns de ceux qui détestaient les discordes civiles voulurent essayer d'arrêter cette fermentation générale, en occupant le peuple de nouvelles fêtes publiques; car l'oisiveté des peuples devient le plus souvent l'instrument des séditions. Ils cherchèrent donc à faire cesser cet état dangereux, et à détourner l'attention des affaires du gouvernement en la portant sur d'autres objets. L'année du deuil de la mort de Cosme étant expirée, ils en prirent occasion d'offrir quelques réjouissances aux citoyens, et ordonnèrent deux fêtes les plus magnifiques que l'on eût vues à Florence. L'une représentait les trois rois mages venant d'Orient, guidés par l'étoile qui leur annonçait la naissance de Jésus-Christ. Elle se fit avec tant de magnificence que toute la ville travailla pendant plusieurs mois aux préparatifs. L'autre fut un tournoi, nom que l'on donne à un spectacle représentant un combat d'hommes à cheval. Les jeunes gens les plus distingués de Florence y combattirent contre les cavaliers les plus renommés de l'Italie. Celui qui se fit le plus remarquer parmi les premiers fut Laurent de Médicis, fils aîné de Pierre. Il dut à son propre mérite, et non à la faveur, l'honneur de la victoire.

Lorsque ces fêtes furent terminées, les mêmes pensées revinrent agiter les esprits. Chacun s'attacha avec plus d'ardeur que jamais à son opinion ; de là une grande diversité de sentiments, et une vive agitation. Ces maux s'accrurent encore beaucoup par deux évènements particuliers : l'un fut l'expiration du temps fixé au pouvoir de la *balià* ; l'autre la mort de François Sforce, duc de Milan. Galéas, son successeur, avait envoyé des ambassadeurs à Florence pour y faire confirmer les traités de son père avec cette république, qui devait, entre autres conditions, payer tous les ans à ce duc une certaine somme. Les ennemis de Médicis profitèrent de la demande de Galéas à ce sujet pour s'opposer ouvertement dans le conseil à l'exécution de cet article. Ils dirent que l'alliance ayant été contractée avec son père, et non avec lui, la mort de François avait fait cesser cette obligation ; qu'il n'y avait pas de raison pour la renouveler ; que l'on avait reçu peu de services de François, mais que l'on pouvait et devait en attendre encore moins de Galéas, puisqu'il n'avait pas le mérite de son père ; que si quelque citoyen voulait lui accorder des subsides d'argent pour l'intérêt de sa propre puissance, cette conduite était aussi opposée aux lois d'une république, qu'à la liberté de Florence. Pierre faisait voir au contraire qu'il ne serait pas prudent de s'exposer par avarice à perdre une alliance aussi nécessaire ; que rien n'était plus avantageux à la république et à l'Italie entière que leurs liaisons avec le duc de Milan, liaisons qui ôtaient aux Vénitiens l'espoir de se rendre maîtres de ce duché ou par une amitié feinte, ou par une guerre ouverte ; que ces mêmes Vénitiens prendraient les armes contre ce duc, à l'instant où ils s'apercevraient de la désunion entre lui et les Florentins ; qu'ils profiteraient de sa jeunesse, de son inexpérience dans le gouvernement, et de son défaut d'alliés, pour se l'attacher par la ruse ou par la force, ce qui ne leur serait pas difficile, et que dans l'un et l'autre cas la perte de la république était assurée.

Ces représentations ne furent point admises, et les animosités commencèrent à éclater. Chaque parti se réunissait la nuit, et formait des sociétés différentes. Les partisans de Médicis s'assemblaient à la Crocetta. La Piété était le lieu de réunion de ses adversaires, que le désir de consommer sa ruine avait portés à prendre les signatures d'un grand nombre de citoyens, pour montrer que la majorité favorisait leur entreprise. Un nuit, entre autres, se trouvant réunis, ils tinrent conseil, et délibérèrent sur le plan qu'ils devaient suivre. Chacun convint qu'il fallait affaiblir la puissance des Médicis, mais les avis étaient partagés sur la manière d'y réussir. Ceux qui avaient le plus de calme et de modération dans l'esprit voulaient que l'on s'appliquât à empêcher le rétablissement de l'autorité de la *balià*, puisqu'elle était expirée ; que cette opération était désirée de tous les citoyens parce qu'elle ferait repasser les rênes du gouvernement entre les mains des conseils et des magistrats ; que l'on verrait bientôt alors s'anéantir l'autorité de Pierre de Médicis ; que la perte de sa considération et de son pouvoir dans l'état entraînerait celle de son crédit dans le commerce, parce que ses affaires en étaient au point que sa maison devait s'écrouler aussitôt que l'on serait assuré que les fonds publics n'étaient plus à sa disposition ; que cette conséquence certaine du plan proposé dissiperait toutes les craintes que Pierre inspirait, et rendrait à l'état sa liberté, sans exils, sans effusion de sang, comme tout bon citoyen devait le désirer ; mais que si l'on avait recours à la force, on pourrait courir de grands dangers, parce que tel ne s'oppose point à la chute de celui qui tombe de lui-même, qui vient à son secours, s'il le voit prêt à succomber sous la violence d'autrui. Ils ajoutaient que si l'on ne recourait à aucune voie extraordinaire contre Pierre de Médicis, il n'aurait aucun prétexte de s'armer et de chercher des partisans ; que s'il le faisait, il rendrait alors sa cause si mauvaise, et exciterait tant de méfiance, qu'il faciliterait lui-même sa ruine, et donnerait aux autres plus de moyens pour la consommer.

Plusieurs des autres membres de cette assemblée n'aimaient pas des mesures aussi lentes. Ils assuraient que les temporisations seraient favorables à Pierre de Médicis, et contraires à leurs desseins ; que s'ils se contentaient des voies ordinaires il n'y avait nul danger pour lui, et nulle sûreté pour eux, parce que parmi les magistrats, ses ennemis le laisseraient en jouissance des avantages de l'état, et ses amis l'en rendraient le maître, comme il arriva en 1458, ce qui entraînerait leur perte ; que le conseil donné pouvait l'être par des gens de bien, mais non par des hommes doués d'une sage prévoyance ; qu'il fallait, pour perdre Médicis, profiter de la disposition des esprits irrités contre lui, s'armer au dedans, prendre au dehors le marquis de Ferrare à leur solde pour s'assurer des secours au besoin, et se tenir prêts à exécuter leur complot aussitôt qu'il y aurait une seigneurie qui serait dans leurs intérêts. La conclusion fut donc que l'on attendrait la formation d'une nouvelle seigneurie, et que l'on se conduirait d'après les dispositions dans lesquelles celle-ci se trouverait.

Du nombre de ces conjurés était Nicolas Fedini, qui faisait en quelque sorte parmi eux les fonctions de chancelier. Celui-ci, excité par des espérances plus certaines, révéla à Pierre de Médicis toutes les trames de ses ennemis, lui remit la liste des conjurés, et les noms de ceux qui avaient souscrit à cette conjuration. Pierre fut effrayé en voyant le nombre et la qualité des citoyens qui lui étaient opposés ; après avoir délibéré avec ses amis, il résolut de recueillir aussi les signatures de ceux qui lui étaient attachés. Ayant confié ce soin à un de ses affidés les plus intimes, il trouva tant de faiblesse et de versatilité dans l'âme de ses concitoyens que plusieurs de ceux qui avaient signé contre lui signèrent aussi en sa faveur.

Au milieu de ces pénibles incertitudes, le temps de renouveler la première magistrature arriva. Nicolas Soderini devint gonfalonier de justice. Il y eut un concours prodigieux non-seulement de citoyens distingués, mais encore de peuple pour l'accompagner jusques au palais. On lui mit dans le chemin une guirlande d'olivier sur la tête pour montrer que l'on attendait de lui le salut et la liberté de la patrie. Cet exemple prouve, ainsi que beaucoup d'autres, qu'il n'est point à souhaiter de parvenir à une magistrature ou à une principauté avec une réputation extraordinaire. L'impossibilité où l'on se trouve de répondre par sa conduite à ce qu'on attend de vous, parce que les hommes désirent alors plus que l'on ne peut faire, produit avec le temps, pour celui

qui en est l'objet, et mépris et déshonneur.

Thomas et Nicolas Soderini étaient frères. Nicolas était plus hardi, plus entreprenant ; Thomas avait plus de mesure et de sagesse. Ce dernier, qui était très-lié avec Pierre de Médicis, et qui connaissait le caractère et les dispositions de son frère, voulait la liberté de sa patrie et l'affermissement de l'ordre public, mais sans nuire à qui que ce fût. Il engagea donc Nicolas à procéder à un nouveau scrutin qui remplirait, lui disait-il, les bourses des noms des citoyens qui aimaient la liberté. Cela fait, on s'occuperait ensuite, selon son vœu, à affermir l'état, et cela sans trouble et sans violence. Nicolas se laissa facilement diriger par les conseils de son frère, et consuma dans ces vains projets le temps de sa magistrature. Les chefs des conjurés qui étaient ses amis ne le désabusèrent pas, ne voulant point par jalousie que la réforme du gouvernement s'opérât sous la magistrature de Nicolas, et s'imaginant qu'il serait temps de l'opérer sous un autre gonfalonier. Cependant Nicolas parvint au terme de ses fonctions, et après avoir entamé bien des projets sans en terminer aucun, il sortit de sa place avec plus de disgrâce qu'il n'avait eu de faveur en y entrant.

Cet exemple ranima le parti de Pierre, augmenta les espérances de ses amis, et lui attacha ceux qui étaient restés neutres. Dans cet état, les partis étant à peu près égaux, on demeura plusieurs mois sans faire aucun mouvement. Cependant celui de Pierre se fortifiait tous les jours. Ses ennemis sentirent le danger, s'assemblèrent, et résolurent d'exécuter par la force ce qu'ils n'avaient pas su ou voulu faire par le moyen des magistrats, lorsque cela leur était facile. Ils convinrent de faire assassiner Pierre qui se trouvait malade à Carregge ; d'appeler le marquis de Ferrare avec ses troupes auprès de Florence ; de se rendre en armes sur la place après la mort de Pierre, et de forcer la seigneurie à organiser le gouvernement selon leurs désirs, comptant bien que, si elle n'était pas tout entière pour eux, la peur ferait céder la partie qui leur serait opposée. Diotisalvi, pour mieux déguiser ses vues, rendait à Pierre de fréquentes visites, s'entretenait avec lui du rétablissement de l'union dans l'état, et lui donnait des conseils.

Pierre avait été instruit de toutes leurs trames. Domenico Martelli lui apprit encore que François Neroni, frère de Diotisalvi, avait tâché de l'attirer dans leur parti, en l'assurant que leur triomphe était aussi peu douteux que la défaite du parti contraire était assurée.

Pierre se décida donc à prendre les armes le premier. Les intelligences de ses adversaires avec le marquis de Ferrare lui servirent de prétexte. Il feignit d'avoir reçu une lettre dans laquelle Jean Bentivogli, seigneur de Bologne, l'informait que le marquis de Ferrare se trouvait près de la rivière d'Albo avec ses troupes, et disait publiquement qu'il allait à Florence. D'après ce prétendu avertissement Pierre prend les armes, et suivi d'une foule nombreuse de gens armés comme lui, il se rend dans cette ville. A son arrivée et ses partisans et ses ennemis s'arment également. Mais son parti le fit avec plus d'ordre, parce qu'il y était préparé, et que les autres n'avaient point encore pris les mesures convenues entre eux. Comme la maison de Diotisalvi était voisine de celle de Pierre, il ne s'y croyait pas en sûreté. Tantôt il allait au palais exhorter la seigneurie à obliger Pierre de mettre bas les armes, tantôt il se rendait auprès de Luca pour l'affermir dans leur parti.

Le plus ardent de tous fut Nicolas Soderini. Les armes à la main, et suivi de la majeure partie du menu-peuple de son quartier, il court à la maison de Luca, le prie de monter à cheval, de venir sur la place pour appuyer la seigneurie qui était dans leurs intérêts; il lui répond de la victoire, l'engage à ne point rester en repos dans sa maison s'il ne voulait ou y être lâchement égorgé par ses ennemis armés, ou y être honteusement abandonné par ceux qui étaient sans armes; il l'avertit qu'il se repentirait, mais trop tard, s'il ne suivait pas son conseil; que s'il voulait recourir à la guerre pour détruire Pierre de Médicis, il le pouvait aisément; que s'il souhaitait la paix, il valait beaucoup mieux se mettre dans le cas d'en dicter que d'en recevoir les conditions. Ces discours n'ébranlèrent point Luca, parce qu'il avait déjà déposé ses ressentiments contre Pierre; celui-ci l'avait ramené à son parti par des promesses de nouvelles alliances et par d'autres avantages qu'il lui faisait espérer. Il avait déjà

marié une de ses nièces avec Jean Tornabuoni. Luca conseilla donc à Soderini de quitter les armes et de retourner dans sa maison; il lui dit qu'il devait lui suffire de voir la ville soumise au gouvernement de ses magistrats; qu'elle le serait en effet; que chacun déposerait ses armes; qu'ils auraient pour juges de leurs différends les seigneurs dont la majeure partie leur était favorable. Nicolas, ne pouvant donc le faire changer de résolution, s'en retourna après lui avoir dit : « Je ne puis seul faire le » bien de mon pays, mais je puis prédire son » malheur. Le parti que vous prenez fera per- » dre à notre patrie sa liberté et à vous votre » pouvoir; il causera ma ruine et le bannisse- » ment des autres. »

Pendant ces mouvements, la seigneurie fit fermer le palais, réunit ses magistrats, mais ne se déclara pour aucun parti. Les citoyens et surtout les ennemis de Luca, voyant ses partisans sans armes, et Pierre armé, loin de penser à l'attaquer, songèrent aux moyens de se rapprocher de lui. Les principaux citoyens, chefs des factions, s'assemblèrent au palais en présence des seigneurs. Ils s'y entretinrent de la situation de Florence et de la nécessité d'y ramener la concorde. Comme la faible santé de Pierre ne lui permettait pas d'y venir, ils résolurent d'aller le trouver. Tous furent de cet avis, excepté Nicola Soderini, qui se retira à sa campagne, après avoir recommandé ses enfants et sa maison à Thomas son frère. Il était décidé à attendre dans cette retraite la fin des événements, qu'il prévoyait devoir être malheureuse pour lui et funeste pour son pays.

Les autres citoyens s'étant rendus chez Pierre de Médicis, celui d'entre eux chargé de porter la parole se plaignit du tumulte élevé dans la ville; en rejeta la faute principale sur celui qui avait le premier pris les armes, et il ajouta : que comme c'était Pierre, et qu'il ignorait ses intentions, ils venaient auprès de lui pour les connaître, décidés à les suivre si elles étaient conformes au bien général. Pierre répondit que l'on ne devait pas rejeter les désordres sur celui qui s'arme le premier, mais sur ceux qui le contraignent à employer cette mesure; qu'ils seraient moins étonnés de sa conduite s'ils se rappelaient leurs procédés à son égard; qu'ils reconnaîtraient alors que les conciliabules nocturnes, les souscriptions, les complots dont le but était de lui enlever ses droits comme citoyen de Florence, et même sa vie, l'avaient forcé à prendre les armes pour se défendre, et non pour attaquer; que la pureté de ses intentions était évidente, puisqu'il ne les avait point portées hors de sa maison; qu'il ne désirait que son repos et sa propre sûreté; qu'il n'avait jamais manifesté d'autre vœu, puisqu'après la cessation de la *balià* il n'avait eu recours à aucune voie particulière pour la rétablir, se contentant de voir le gouvernement rendu aux magistrats et partageant à cet égard leur satisfaction; qu'ils devaient se souvenir que Cosme et ses enfants savaient également se faire respecter dans Florence, soit que cette ville fût ou ne fût point soumise au pouvoir d'une *balià;* que ce pouvoir avait été rétabli en 1458, par eux et non par sa maison; que s'ils souhaitaient maintenant son abolition, il la désirait aussi; mais qu'elle ne leur suffisait pas, puisqu'il s'apercevait qu'ils ne croyaient pouvoir vivre dans Florence tant qu'il y existerait. Il ajouta qu'il n'eût jamais pu penser, encore moins croire, que ses amis, ceux de son père, ne pussent pas vivre dans la même ville avec lui; lui qui s'était toujours montré ami de la paix et de la tranquillité! S'adressant ensuite à Diotisalvi, et à ses frères qui étaient présents, il leur reprocha d'un ton sévère et rempli d'indignation les bienfaits de Cosme envers eux, les marques de confiance qu'ils avaient reçues, et leur ingratitude révoltante. Il prononça ces mots avec infiniment d'énergie; quelques-uns des assistants en furent tellement émus qu'ils eussent massacré sur-le-champ les Diotisalvi, si Pierre ne s'y fût opposé. Il conclut en disant qu'il approuverait toutes les déterminations qu'ils prendraient de concert avec la seigneurie, et qu'il ne désirait que sa sûreté et son repos. On parla beaucoup d'autres objets, mais on ne décida rien : on s'accorda seulement sur la nécessité de réformer l'état, et d'y établir un nouvel ordre de choses.

Bernard Lotti était alors gonfalonier de justice. Pierre, sachant qu'il n'était point dans ses intérêts, crut ne devoir rien tenter pendant que celui-ci serait en fonctions, d'autant qu'il était sur le point d'en sortir. Il eut pour successeur Robert Lioni, lors de l'élection des seigneurs qui devaient siéger dans les mois de septembre et octobre 1466. A peine ce nouveau gonfalonier est-il en charge, qu'il convoque le peuple sur la place, fait rétablir un conseil extraordinaire qui fut composé des partisans de Médicis, et qui nomma bientôt des magistrats dans le même sens. Cette mesure effraya les chefs de la faction contraire : Agnolo Acciajuoli, Diotisalvi Neroni et Nicolas Soderini s'enfuirent, le premier à Naples, et les deux autres à Venise. Luca Pitti resta à Florence, se rassurant sur les promesses de Pierre et sur sa nouvelle alliance. On déclara rebelles les fugitifs, et toute la famille des Neroni fut dispersée. Jean Neroni, alors archevêque de Florence, préférant un exil volontaire à la crainte d'un mal plus considérable, se retira à Rome. Plusieurs autres citoyens furent envoyés sur-le-champ en exil dans différents endroits. On ne s'en tint point là. Pendant la solennité d'une procession, ordonnée pour rendre grâces à Dieu du salut et de la réunion de l'état, quelques citoyens furent arrêtés, mis à la torture, et quelques-uns d'entre eux condamnés à la mort ou au bannissement.

La fortune ne présente pas d'exemple plus frappant de ses vicissitudes, que celui de Luca Pitti. A l'instant même, il éprouva la différence que présentent les suites de la victoire ou celles de la chute et de la disgrâce aux honneurs. Sa maison, remplie auparavant d'un nombreux concours de citoyens, fut tout à coup déserte; dans les rues, ses amis et ses parents n'osaient plus, je ne dis pas l'accompagner, mais seulement le saluer. Les uns avaient été dépouillés de leurs dignités, les autres de leurs biens, et tous étaient également menacés. Les ouvriers qui travaillaient aux magnifiques édifices qu'il faisait élever les abandonnèrent. Les bienfaits qu'il avait reçus autrefois se changèrent contre lui en reproches, et les honneurs passés devinrent pour lui un sujet d'opprobre. Ceux qui lui avaient donné en présent quelque objet de prix le redemandèrent, comme si ce n'eût été qu'un simple prêt. Il fut accusé d'emportement et d'ingratitude par ceux qui avaient coutume de l'élever jusques aux nues. Il se repentit donc, mais trop tard, de n'avoir pas suivi les conseils de Nicolas Soderini, et de ne s'être pas exposé à périr glorieusement les armes à la main, plutôt que de vivre couvert d'humiliation au milieu de ses ennemis victorieux.

Les bannis songèrent aux moyens de rentrer dans une patrie où ils n'avaient pas su se maintenir. Avant de faire aucune autre tentative, Acciajuoli, qui était à Naples, voulut sonder les dispositions de Pierre de Médicis, et essayer de se réconcilier avec lui. En conséquence il lui écrivit une lettre conçue en ces termes : « Je me » ris des jeux de la fortune et de ses caprices, » qui rendent les hommes alternativement amis » et ennemis les uns des autres. Vous pouvez » vous rappeler que, lors de l'exil de votre » père, m'étant montré plus sensible à son » injure qu'à mes propres dangers, j'encourus » la même disgrâce, et pensai même perdre la » vie. Tant que j'ai vécu avec Cosme, je n'ai » cessé d'honorer et de soutenir votre maison. » Depuis sa mort, je n'ai jamais eu le dessein » de vous nuire. Il est vrai que votre faible » santé, l'âge encore tendre de vos fils, m'ont » inspiré des craintes sur le sort de l'état, et » que j'ai cru qu'il serait à propos de l'orga- » niser de manière que votre sort n'entraînât » point sa ruine. Les entreprises formées en » sa faveur, et non contre vous, n'ont point » eu d'autre cause. Si c'est une erreur, la pu- » reté de mes vues et mes actions antérieures » doivent la faire oublier de la part d'un hom- » me qui a donné si longtemps à votre maison » des preuves de fidelité et de dévouement. Je » ne puis croire que vous soyez implacable à mon » égard, et qu'une seule faute ait pu effacer le » souvenir de tant de services. » Pierre, ayant reçu cette lettre, y fit cette réponse : « Vos ris » sont cause que je ne pleure point ; car si » vous pouviez rire à Florence, je pleurerais à » Naples. J'avoue que vous avez eu le désir de » rendre des services à mon père, mais vous » conviendrez que vous en avez réellement reçu » de lui ; vos obligations à notre égard étaient » donc plus étendues que les nôtres, parce que » les actions doivent avoir plus de prix que les » paroles. Vous avez reçu le prix du bien que » vous avez fait ; la juste punition du mal dont » vous vous êtes rendu coupable ne doit pas » vous surprendre. Ne croyez pas justifier » votre conduite en prétextant l'amour de la » patrie ; certes, personne ne se persuadera » jamais que cette ville ait été moins aimée des » Médicis que des Acciajuoli, ni que les miens » aient moins contribué que les vôtres à sa » grandeur. Vivez donc sans gloire dans l'exil, » puisque vous n'avez pas su conserver une » existence honorable au milieu de vos con- » citoyens. »

Agnolo, désespérant d'obtenir son pardon, se rendit à Rome, s'y ligua avec l'archevêque de Florence et les autres bannis qui s'y trouvaient. Ils firent tous leurs efforts pour anéantir le crédit dont Pierre de Médicis jouissait dans cette ville par ses relations de commerce. Pierre eut beaucoup de peine à échapper à ce danger ; cependant, avec le secours de ses amis, il fit échouer leur dessein. D'un autre côté, Diotisalvi et Nicolas Soderini n'omirent rien pour soulever le sénat de Venise contre leur patrie, pensant que, si Florence était attaquée, elle ne pourrait résister avec un gouvernement à peine établi et détesté.

Il existait alors à Ferrare un nommé Jean-François Strozzi, fils de Palla Strozzi, qui avait été expulsé de Florence avec son père dans les changements survenus en 1434. Son crédit était considérable, et il passait, auprès des autres marchands, pour être très-riche. Les nouveaux rebelles firent voir à ce Jean-François qu'il leur serait facile de rentrer dans leur patrie si les Vénitiens lui déclaraient la guerre. Ils pensaient qu'il n'y avait pas d'autre moyen de les y déterminer que de contribuer à une partie de leurs dépenses ; mais que dans ce cas on les y déciderait facilement. Jean-François, qui désirait se venger des outrages qu'il avait reçus, ajouta aisément foi à ces conseils, et consentit à concourir de toutes ses facultés au succès de cette entreprise. Les nouveaux exilés allèrent donc trouver le doge, se plaignirent à lui de leur bannissement auquel ils n'avaient été condamnés, disaient-ils, que pour avoir voulu ramener leur patrie sous le gouvernement de ses lois et de ses magistrats, et empêcher qu'un petit nombre de citoyens ne s'emparât de l'autorité. Ils ajoutèrent que Pierre de Médicis et ses partisans, habitués aux voies tyranniques, avaient pris les armes, et les avaient engagés à les quitter, qu'ils les avaient ensuite chassés de leur patrie, par la plus coupable perfidie ; que non contents de ces procédés, ils avaient en quelque sorte employé la médiation du ciel pour opprimer plusieurs autres citoyens qui étaient restés dans Florence sous la foi donnée ; que voulant rendre Dieu complice de leurs perfidies, ils avaient eu recours à une procession solennelle, et aux cérémonies sacrées de la religion pour incarcérer et faire périr un grand nombre de citoyens, réunissant ainsi l'injustice et le sacrilége, exemple impie et abominable. Ces bannis ajoutèrent encore que pour obtenir vengeance ils ne pouvaient mieux placer leur espoir que dans un sénat qui, ayant toujours joui de la liberté, devait être touché du sort de ceux qui avaient perdu la leur ; qu'ils excitaient donc un gouvernement libre à poursuivre des tyrans, et des hommes animés de sentiments religieux à punir des impies ; qu'ils les priaient de se rappeler la manière dont la famille de Médicis leur avait enlevé la Lombardie, lorsque Cosme, malgré l'opposition des autres citoyens, favorisa et secourut François Sforce armé contre Venise ; que si la justice de leur cause ne déterminait pas le sénat à déclarer la guerre aux Florentins, il devait y être décidé par son juste ressentiment, et par un désir légitime de vengeance.

Ces dernières paroles produisirent leur effet sur le sénat entier. Il fut arrêté que Barthélemi Colione [1], général vénitien, entrerait sur les terres des Florentins. On rassembla le plus promptement possible l'armée à laquelle se réunit Hercule d'Est, envoyé par Borso, marquis de Ferrare. Les Florentins n'étant pas encore en état de défense, ces troupes, dans leur première attaque, brûlèrent le bourg de Dovadola, et causèrent quelques dégâts aux alentours.

Après l'expulsion entière des ennemis de

Pierre de Médicis, Florence s'était nouvellement liguée avec Galéas, duc de Milan et Ferdinand, roi de Naples ; elle avait pris pour général, Frédéric, comte d'Urbin. Lors donc qu'elle fut réunie à ses alliés, elle fit moins de cas de ses ennemis. Ferdinand envoya Alphonse, son fils aîné, et Galéas vint en personne, chacun avec des forces convenables. Tous se rendirent à Castracaro, château fort des Florentins, situé au pied de la partie des Alpes qui descend de la Toscane dans la Romagne. Dans cet intervalle les ennemis s'étaient retirés vers Imola. On ne voyait, selon l'usage de ce temps, que de légères escarmouches entre l'une et l'autre armée, aucune place ne fut emportée d'assaut ni même assiégée. On ne chercha mutuellement aucune occasion d'en venir à une bataille, mais chacun resta sous ses tentes par la plus incroyable lâcheté.

Cette conduite déplut aux Florentins, qui se voyaient accablés par une guerre qui coûtait beaucoup et offrait peu d'espérances ; les magistrats s'en plaignirent aux commissaires chargés de la conduire. Ceux-ci en rejetèrent la faute sur Galéas, qui, jouissant de beaucoup d'autorité, et ayant fort peu d'expérience, ne savait ni prendre un parti avantageux, ni s'en rapporter à ceux qui avaient plus d'habileté. Ils dirent qu'il serait impossible de tenter aucune entreprise utile ou glorieuse tant qu'il resterait à la tête de l'armée. D'après cet avis, les Florentins firent entendre à ce duc qu'il leur avait réellement rendu le plus grand service en venant personnellement à leur secours, parce que sa réputation seule était suffisante pour en imposer aux ennemis ; que néanmoins ils mettaient plus de prix à sa conservation et à celle de ses états qu'à leurs propres intérêts, parce que leur prospérité dépendait de son salut, qui ne pourrait recevoir d'atteinte sans les exposer à tous les genres de calamité ; qu'ils ne croyaient donc pas prudent qu'il fit une longue absence de Milan, n'étant point encore bien affermi dans son nouveau gouvernement, et ayant des voisins dangereux et puissants qui pourraient facilement profiter de son absence pour tramer quelque complot contre lui ; qu'ils l'exhortaient d'après ces considérations à retourner dans ses états, en leur laissant une partie de ses troupes pour leur défense.

---

[1] C'était un des plus célèbres capitaines de ce temps. Il était né dans le territoire de Bergame. Sa famille entière avait péri dans les guerres des guelfes et des gibelins. Il avait fait le métier de mendiant jusqu'à dix-huit ans. Arrivé à Naples, il se distingua parmi ses nombreux compagnons de misère, par une force de corps excessive. Paul Jove l'historien, si l'on peut donner ce nom à un misérable rhéteur qui vend sa plume au plus offrant, Paul Jove, dis-je, veut qu'il ait été l'amant de la reine Jeanne II, (à qui on n'a pas besoin de prêter des faiblesses), et cela à cause de son excessive vigueur. Il paraît qu'il l'a confondu avec Sforza, qui avait bien là même origine...

Cette proposition plut à Galéas, et sans se faire presser davantage, il repartit pour Milan. Les généraux florentins, délivrés de cet obstacle, voulurent prouver qu'ils avaient eu raison de rejeter sur lui la cause de la lenteur des opérations militaires. Ils se rapprochèrent donc de l'ennemi, en sorte que l'on en vint à une bataille rangée qui dura une demi-journée, sans que ni l'une ni l'autre armée cédât le terrain. Cependant il ne périt personne; il y eut seulement quelques cavaliers blessés, et quelques prisonniers des deux côtés. On était dans la saison où les troupes entrent dans les quartiers d'hiver. Colione se retira vers Ravenne, les troupes des Florentins retournèrent en Toscane, celles du roi et du duc dans les états de leurs maîtres. Malgré les promesses des rebelles, cette attaque n'avait produit aucun mouvement à Florence : on manquait d'argent pour la paie des troupes que l'on avait prises à sa solde; on parla donc de paix, et les négociations ne traînèrent pas en longueur. Alors les rebelles florentins, privés de tout espoir, se dispersèrent en différentes villes de l'Italie. Diotisalvi alla à Ferrare, où il fut reçu et où il vécut chez le marquis de Borso. Nicolas Soderini se réfugia à Ravenne, où les Vénitiens lui firent une modique pension. Il y vieillit et y mourut. Il passait pour un homme probe et courageux, mais lent et incertain dans ses résolutions. C'est ce qui lui fit perdre, pendant qu'il était gonfalonier de justice, l'occasion de vaincre, qu'il tenta inutilement de ressaisir lorsqu'il ne fut plus revêtu de cette dignité.

Après la conclusion de la paix, le parti devenu le maître dans Florence crut que sa victoire ne serait complète que lorsqu'il aurait accablé par toutes sortes de mauvais traitements non-seulement ses ennemis, mais encore ceux contre lesquels il n'avait que de simples soupçons. Il engagea Bardo Altoviti, gonfalonier de justice, à priver plusieurs citoyens de leurs charges, et à en bannir beaucoup d'autres. Cette conduite augmenta son pouvoir et la terreur de ses adversaires. Il ne garda aucune mesure dans l'exercice de ce pouvoir, et se comporta de manière qu'il semblait que Dieu et la fortune lui eussent livré cette ville à discrétion. Pierre de Médicis était peu instruit de ses excès, et ses infirmités l'empêchaient

même de remédier au petit nombre de ceux qui venaient à sa connaissance. Perclus de tous ses membres, il n'avait plus de libre que l'usage de la langue; il ne pouvait que faire des représentations aux auteurs de ces désordres, les conjurer de se conduire d'après les lois, et de préférer le salut de leur patrie à sa destruction. Pour ramener la gaieté dans Florence, il résolut d'y faire célébrer avec pompe les noces de Laurent son fils, qu'il avait marié avec Clarice, de la maison des Ursins; il le fit en effet avec une somptuosité et une magnificence dignes de sa richesse et de sa grandeur. Plusieurs jours furent consacrés à des bals, des festins et des représentations de sujets tirés de l'antiquité. Pour mieux faire sentir la puissance des Médicis et celle de l'état, on y joignit deux spectacles militaires : le premier fut un combat de cavalerie en plaine, et le second, le siége d'une place forte. Le tout fut exécuté avec autant d'ordre et d'adresse que l'on pouvait en désirer.

Pendant que ces événements se passaient à Florence, le reste de l'Italie jouissait de la paix; mais elle était fort alarmée de la puissance des Turcs qui continuaient leurs agressions contre les princes de la chrétienté. Ils s'étaient emparés de Negrepont, à la honte et au grand désavantage du nom chrétien. Borso, marquis de Ferrare, mourut en ce temps, et eut pour successeur Hercule son frère. Gismondo, seigneur de Rimini, ennemi irréconciliable de l'Église, eut le même sort, et fut remplacé par son fils naturel, Robert, qui devint dans la suite le capitaine le plus renommé de l'Italie. La mort enleva aussi le pape Paul II. On éleva au pontificat Sixte IV, appelé auparavant François de Savone, homme de basse extraction, devenu, par un mérite supérieur, général de l'ordre de S.-François, puis cardinal. Il fut le premier qui commença à faire sentir toute l'étendue du pouvoir des papes, et comment il était possible de recouvrir une infinité d'erreurs du voile de l'autorité pontificale. Il avait dans sa famille Pierre et Jérôme qui passaient pour ses enfants, mais il leur donnait des noms plus convenables à la décence. Comme Pierre était religieux, il l'éleva à la dignité de cardinal sous le titre de S.-Sixte. Il donna à Jérôme la ville de Furli qu'il avait enlevée à

Antoine Ordelaffi, dont les ancêtres la possédaient depuis longtemps. Cette politique ambitieuse augmenta son influence auprès des princes de l'Italie, et chacun d'eux rechercha son alliance. Le duc de Milan maria Catherine, sa fille naturelle, avec Jérôme, et lui donna pour dot la ville d'Imola dont il avait dépouillé Thadée de la maison des Alidosi. Il se forma aussi une liaison nouvelle entre ce duc et le roi Ferdinand, par le mariage de Jean Galeas, fils du duc, avec Isabelle, née d'Alphonse fils aîné du roi.

L'Italie était assez tranquille, et la principale occupation des princes était de s'observer réciproquement, et d'assurer leur puissance par des ligues et des alliances nouvelles. Cependant, au sein de cette paix générale, Florence était désolée par ses propres citoyens dont les infirmités de Pierre l'empêchaient de réprimer l'ambition. Néanmoins pour décharger sa conscience, et essayer s'il pourrait les faire rougir de leurs excès, il les réunit tous dans sa maison, et leur parla ainsi : « Je ne me serais jamais » attendu qu'il dût venir un temps où la con- » duite de mes amis me ferait aimer et regretter » mes ennemis, et où la victoire me serait plus » douloureuse que n'eût pu l'être la défaite. » Je croyais m'être réuni à des hommes qui » mettraient des bornes à leurs passions, qui » garderaient quelques mesures, et sauraient » se contenter de vivre dans leur patrie sans » crainte et comblés d'honneur, après avoir » joui du plaisir d'être vengés de leurs adver- » saires. Mais je reconnais à présent combien » mon erreur a été grande ; elle a été celle d'un » homme peu instruit de l'ambition naturelle » à l'espèce humaine, et moins encore de la » vôtre, puisqu'il ne vous suffit pas d'être les » maîtres d'une ville aussi importante, de par- » tager entre vous, si peu nombreux, les digni- » tés et les avantages dont avaient coutume de » s'honorer auparavant un nombre de citoyens » bien plus considérable ; il ne vous suffit point » de vous être distribué les biens de vos enne- » mis, de jouir de tous les émoluments publics » en vous affranchissant des impôts dont vous » accablez les autres citoyens ; il faut encore » que vous fassiez éprouver à chacun tous les » genres de vexations. Les propriétés de vos » voisins deviennent la proie de votre cupidité ;

» vous vendez la justice, et vous savez vous » soustraire à ses lois ; l'homme paisible est » victime de votre tyrannie, et l'audace et l'in- » solence sont des qualités que vous honorez. » Je ne crois pas qu'il existe dans l'Italie entière » autant d'exemples de violence et d'avarice » que dans cette ville. Notre patrie nous au- » rait-elle donné le jour pour que nous la » fissions périr ? Nous a-t-elle accordé la vic- » toire pour que nous travaillions à sa ruine ? » Nous comble-t-elle d'honneurs afin que nous » la couvrions d'infamie ? Je vous proteste, par » tout ce qu'il y a de plus sacré entre les gens » de bien, que si vous continuez à m'obliger » par vos excès de gémir sur ma victoire, je » saurai aussi vous forcer à vous repentir de » l'abus que vous en faites. »

Ceux auxquels Pierre de Médicis avait adressé ce discours lui firent une réponse accommodée aux circonstances, aux temps et au lieu où ils se trouvaient, mais ils n'en suivirent pas moins le cours de leurs vexations ; elles allèrent à tel point, que Pierre fit venir secrètement Agnolo Acciajuoli à Cafaggiuoles et eut avec lui un long entretien sur la position de Florence. Il est certain que si la mort ne fût point venue traverser ses desseins, il y eût rappelé tous les bannis pour mettre un frein aux rapines de leurs ad- versaires ; mais elle s'opposa à leur exécution. Accablé de maux et de chagrins, il expira dans la cinquante-troisième année de sa vie. Sa patrie ne put connaître entièrement sa bonté et son mérite, parce qu'après avoir été presque jusqu'à la fin de sa vie sous la direction de son père, Cosme de Médicis, il passa le peu d'années qu'il lui survécut dans un état d'infirmité et au mi- lieu des dissensions civiles. Il fut inhumé dans l'église de Saint-Laurent, auprès de son père ; ses obsèques furent célébrées avec la pompe qui convenait à un citoyen aussi puissant. Pierre laissa deux fils, Laurent et Julien, dont l'extrême jeunesse effrayait tous les citoyens, quoiqu'ils fissent déjà concevoir les plus heureuses espé- rances en faveur de la république.

On distinguait à Florence, depuis longtemps, entre les principaux membres du gouvernement Thomas Soderini. Sa prudence et son crédit étaient reconnus non-seulement dans cette ville, mais encore auprès de tous les princes de l'Ita- lie. Après la mort de Pierre chacun jeta les yeux sur lui. Beaucoup de citoyens allèrent lui rendre leurs devoirs comme au chef de l'état. Il reçut des lettres de plusieurs princes ; mais il était prudent et connaissait parfaitement sa position et celle des Médicis. Il ne répondit point aux lettres des princes, et fit entendre aux citoyens que ce n'était pas dans sa maison, mais dans celle des Médicis qu'il fallait se rendre. Pour joindre les effets aux conseils, il rassembla tous les chefs des familles distinguées, dans le couvent de Saint-Antoine, y appela aussi Laurent et Julien Médicis, et là il prononça un discours étendu et très-important sur la position de Florence, sur celle de l'Italie, sur le caractère et les intérêts de ses princes, et il conclut en leur disant que s'ils voulaient maintenir l'union et la paix dans Florence, se préserver des divisions au-dedans, et des guerres au-dehors, il fallait réunir leurs vœux sur ces jeunes gens et conserver à la maison des Médicis son autorité, parce que les hommes suivent toujours avec plaisir leurs habitudes, tandis qu'ils abandonnent les innovations avec autant de promptitude qu'ils en ont mis à les accueillir. Il fut toujours plus aisé, leur dit-il, de conserver une puissance que sa longue durée a fait triompher de l'envie, que d'en établir une nouvelle, dont tant de causes facilitent la destruction. Laurent prit la parole après Thomas Soderini, et malgré sa jeunesse, il s'exprima avec tant de gravité et de modestie, qu'il fit concevoir à chacun les espérances qu'il a depuis réalisées. Avant de se séparer, ces citoyens promirent avec serment qu'ils regarderaient les enfants de Pierre de Médicis comme les leurs, et ceux-ci de leur côté promirent de les considérer comme leurs pères. D'après cette délibération Laurent et Julien furent honorés comme les chefs de l'état, mais ils se montrèrent dociles aux conseils de Thomas Soderini.

On n'était nulle part en guerre, et il régnait dans toute l'Italie une assez grande tranquillité. Des troubles inattendus s'élevèrent et furent comme le présage des malheurs futurs. Parmi les familles qui avaient succombé avec la faction de Luca Pitti, se trouvait celle des Nardi, car Salvestre et ses frères qui en étaient les chefs furent d'abord envoyés en exil, puis déclarés rebelles à l'occasion de la guerre faite par Bathélemi Colione contre Florence ; du nombre de ceux-ci,

était Bernard frère de Salvestre, jeune, ardent et courageux. La pauvreté lui rendait son exil insupportable. Lorsque la paix lui eut enlevé tout espoir de retour dans sa patrie, il résolut de faire quelque tentative capable d'exciter un mouvement en sa faveur. Les plus petites causes produisent souvent les plus grands événemens, d'autant que les hommes sont plus prompts à suivre une entreprise qu'à la former. Bernard avait beaucoup d'amis à Prato ; il en avait plus encore dans le territoire de Pistoia, surtout dans la famille de la Palandre remplie d'hommes qui, quoique villageois, étaient gens de cœur, ayant été élevés au milieu des armes et des combats, comme les autres citoyens de Pistoia. Il savait que ceux de la Palandre étaient mécontents, parce que les magistrats de Florence avaient profité de leurs divisions pour les maltraiter. Il n'ignorait point les dispositions des habitans de Prato qui se croyaient gouvernés avec hauteur et dureté. Il connaissait les ressentiments de quelques-uns d'entre eux contre le gouvernement. Il espérait donc qu'en excitant une révolte dans Prato il pourrait allumer en Toscane un incendie alimenté par tant d'intéressés, que tous les efforts pour l'éteindre deviendraient insuffisants. Il communiqua son projet à Diotisalvi et lui demanda quels secours il pourrait attendre des princes par sa médiation, dans le cas où il réussirait à se rendre maître de Prato. Diotisalvi jugea l'entreprise très périlleuse, et d'un succès presque impossible. Il engagea cependant Bernard à la poursuivre, espérant aux dépens d'un autre tenter de nouveau la fortune. Il lui assura qu'il recevrait des secours de Bologne et de Ferrare, pourvu qu'il s'emparât de Prato et qu'il s'y défendît au moins quinze jours. Encouragé par cette promesse, Bernard se rend secrètement à Prato, fait part de son dessein à quelques habitants qu'il trouve très-enclins à le seconder. Ceux de la Palandre ne se montrent pas moins disposés. Lorsqu'ils furent convenus ensemble du temps et des moyens qu'ils emploieraient, Bernard en informa Diotisalvi.

César Petrucci était podestat ou gouverneur de Prato, au nom des Florentins. Les gouverneurs de places en gardent ordinairement les clefs chez eux pendant la nuit, mais lorsque quelqu'un des habitants a besoin d'en-

trer ou de sortir, ils ne les refusent pas, surtout dans les temps où il ne paraît y avoir rien
à craindre. Bernard, instruit de cet usage, se
présenta vers la pointe du jour avec ceux de la
Palandre, et environ cent autres personnes armées, du côté de la porte de Pistoia. Ses complices de l'intérieur prirent aussi les armes. L'un
d'entre eux demanda au gouverneur les clefs,
disant que c'était pour un habitant de la place
qui voulait rentrer. Le podestat, qui ne se doutait point de ce qui se tramait, envoya un de
ses domestiques porter ces clefs; mais à peine
cet homme était-il à quelque distance du palais
que les conjurés les lui enlèvent et courent ouvrir la porte à Bernard. Quand il fut introduit
avec ses gens armés, et qu'ils furent tous réunis, ils convinrent de se diviser en deux bandes : l'une, ayant à sa tête Salvestre de Prato,
s'empara de la citadelle; les autres, commandés par Bernard, se saisirent du palais et confièrent à quelques-uns des leurs la garde de
César Petrucci et de toute sa famille. Ils s'occupèrent ensuite à exciter un soulèvement et
se répandirent dans les rues en les faisant retentir du nom de *liberté*. Il était jour lorsque
ces cris se firent entendre; plusieurs habitants
frappés de ce bruit, accoururent sur la place :
apprenant que l'on était maître de la citadelle
et du palais, que le podestat et sa famille
étaient prisonniers, ils se demandent avec surprise la cause d'un pareil événement. Les huit
citoyens qui formaient le conseil suprême de
cette ville s'assemblent dans leur palais pour
délibérer sur le parti que l'on devait prendre.
Bernard et les siens avaient inutilement par-
couru Prato pendant quelque temps; personne
ne les avait suivis. Apprenant alors que les
Huit étaient réunis, Bernard va les trouver et
leur dit qu'il n'avait formé cette entreprise
que pour les affranchir eux et leur patrie du
joug de la servitude; qu'ils se couvriraient de
gloire en prenant les armes pour le seconder,
et s'assureraient à la fois d'une paix durable et
d'une réputation immortelle. Il leur rappelle
leur ancienne liberté et leur condition présente,
leur promet des secours certains, s'ils veulent
seulement résister pendant quelques jours aux
troupes que les Florentins pourraient réunir
contre eux; il assure qu'il a dans Florence des
partisans qui se montreront aussitôt qu'ils seront informés que cette place soutient son entreprise.

Ces discours n'ébranlèrent point les Huit;
ils répondirent à Bernard qu'ils ignoraient si
Florence était libre ou esclave; que cela ne les
regardait point; que de leur côté ils ne désiraient point d'autre liberté que celle dont ils
jouissaient, en se soumettant au gouvernement
des Florentins, dont ils n'avaient jamais reçu
de mauvais traitements qui pussent les porter
à s'armer contre eux; qu'ils l'exhortaient en
conséquence à rendre au podestat sa liberté,
à faire sortir ses troupes de la ville, et à se retirer promptement du danger auquel il s'était
exposé avec trop peu de réflexion.

Bernard ne fut point déconcerté de leur réponse; il voulut voir si la peur ferait plus
d'impression sur les habitants de Prato, que
les prières. Afin de les effrayer, il résolut de
mettre à mort César Petrucci, le fit sortir de
prison, et commanda de le pendre aux fenêtres du palais. César, déjà amené près de ces
fenêtres, avec la corde au cou, vit Bernard
qui pressait sa mort avec instance; se tournant
de son côté, il lui dit : « Bernard, vous croyez
» par ma mort attacher à vos intérêts les habi-
» tants de Prato; c'est une erreur; vous n'en
» obtiendrez qu'un effet contraire. Ce peuple
» a pour les gouverneurs envoyés de Florence
» une telle vénération, qu'il vous prendra en
» horreur, et vous fera périr, lorsqu'il vous
» aura vu m'accabler d'un si cruel outrage. Ce
» n'est point par ma mort, c'est en me conser-
» vant que vous pourrez espérer la victoire.
» Lorsque je lui commanderai ce que vous dé-
» sirez qu'il fasse, il m'obéira plus facilement
» qu'à vous. Ainsi, en suivant vos ordres, j'as-
» surerai le succès de votre entreprise. » Nardi,
fort embarrassé sur le parti qu'il devait prendre, approuva cet avis, et ordonna au gouverneur d'enjoindre au peuple, du haut d'un
balcon donnant sur la place, qu'il eût à se soumettre à la nouvelle autorité. Petrucci donne
cet ordre, et il est remis en prison.

On connaissait déjà la faiblesse du parti des
conjurés; plusieurs Florentins qui demeuraient
à Prato se réunirent. Georges Ginori, chevalier
de Rhodes, qui était du nombre, prend le premier les armes contre eux, et attaque Bernard
qui allait discourant sur la place, priant les

uns, menaçant les autres s'ils refusaient de lui obéir et de le suivre. Ce factieux, assailli par Georges et par beaucoup de gens qui accompagnaient ce chevalier, fut blessé et fait prisonnier. Alors il fut aisé de délivrer le podestat, et de vaincre les autres rebelles. Peu nombreux, et dispersés çà et là, ils furent presque tous pris ou tués. Dans cet intervalle, la nouvelle de l'événement était parvenue à Florence, et y avait été fort exagérée. On disait que Prato était pris; que le podestat avait été mis à mort avec toute sa famille; que la place était remplie d'ennemis; que Pistoia était en armes et que les conjurés avaient beaucoup de complices dans Florence.

À l'instant grand nombre de citoyens accoururent au palais de la seigneurie pour y délibérer avec ses membres sur cet événement. Robert de San-Severino, capitaine d'une haute réputation, était en ce moment dans cette ville. On se décide à l'envoyer à Prato avec toutes les troupes qu'il put rassembler. Il eut ordre de s'approcher de cette place, de donner promptement des nouvelles de ce qui se passait, et de prendre les mesures que sa prudence lui suggérerait. Robert rencontra, un peu au-delà du château de Campi, un messager de César Petrucci, qui l'informa de la prise de Bernard, de la fuite ou de la mort de ses compagnons, et de la cessation des troubles. Il revint donc à Florence. Peu de temps après on y amena Bernard. Les magistrats lui firent subir un interrogatoire pour connaître à fond les moyens sur lesquels il avait fondé son entreprise; comme on lui observa qu'ils étaient bien faibles, il répondit: qu'il l'avait formée afin que sa mort fût au moins accompagnée de quelque action mémorable, déterminé qu'il était depuis longtemps à mourir à Florence, plutôt qu'à vivre dans l'exil.

Ce mouvement ayant été promptement apaisé, les principaux citoyens reprirent leurs habitudes, et ne pensèrent qu'à jouir, sans aucun ménagement, de l'autorité qu'ils avaient affermie dans leurs mains. On vit naître de là les désordres trop ordinaires en temps de paix; là jeunesse, alors plus indépendante, faisait des dépenses excessives en habillements, en festins et en débauches. Vivant dans l'oisiveté, elle consumait son temps et sa fortune au jeu et au libertinage; son unique étude était de chercher à briller par le luxe des vêtements, la finesse du langage, les bons mots; les épigrammes les plus mordantes et les plus satyriques étaient ce qui attirait le plus la réputation d'esprit et de talent. Ces mœurs vicieuses reçurent encore un nouveau degré de corruption des courtisans du duc de Milan, qui se rendit à Florence avec son épouse et toute sa cour, dans le dessein, disait-il, d'y accomplir un vœu; il y fut reçu avec la pompe convenable à un prince aussi puissant, et si étroitement lié avec la république. On vit alors un exemple inouï jusque-là dans notre ville: quoiqu'on fût en carême, temps auquel l'église commande de jeûner et de s'abstenir de viande, la cour entière du duc en mangea sans aucun respect pour l'Église ou pour Dieu même. Plusieurs spectacles furent donnés en l'honneur de ce prince, entre autres, dans l'église du Saint-Esprit, celui de la descente du Saint-Esprit sur les Apôtres. La grande quantité de feux que l'on a coutume d'allumer dans cette solennité causa un incendie qui rendit ce temple la proie des flammes. Cet événement fut regardé comme une preuve du courroux céleste contre Florence. Si le duc trouva cette ville déjà corrompue par des mœurs efféminées, dignes des cours, et en tout opposées à celles d'une république, il la laissa dans un état de corruption encore plus déplorable. Les bons citoyens pensèrent qu'il fallait enfin mettre un terme à ces excès, et ils établirent des lois somptuaires sur les festins, sur la pompe des funérailles et le luxe des vêtements.

Au milieu de la plus grande tranquillité, des troubles inattendus s'élevèrent en Toscane. Quelques citoyens de la ville de Volterre découvrirent sur son territoire une mine d'alun dont ils sentirent tout le prix. Ils eurent recours à quelques Florentins pour les aider de leur argent, les soutenir de leur crédit, et partager avec eux les bénéfices de cette découverte. Le peuple de Volterre fit d'abord peu d'attention à cette entreprise, comme il arrive le plus souvent, à l'égard de toutes celles qui commencent à se former. Lorsqu'il fut informé des profits que l'on en retirait, il voulut, mais trop tard, réparer une faute qu'il lui eût été bien facile dans le temps de ne pas commettre; ses efforts furent infructueux. L'affaire agitée dans les conseils, on fut d'avis qu'il ne convenait point qu'une mine découverte sur un terrain public tournât à l'avantage des particuliers; des députés furent envoyés à Florence à ce sujet. Cette affaire fut remise à la décision de quelques citoyens; soit que ces juges eussent été gagnés par les parties intéressées, soit que ce fût leur véritable opinion, ils prononcèrent, que c'était une injustice de la part de Volterre de vouloir priver ses citoyens du fruit de leurs travaux et de leur industrie; que la mine appartenait aux particuliers qui l'exploitaient, et non au peuple de cette ville; mais qu'il était juste qu'ils lui payassent tous les ans une certaine somme en reconnaissance de sa souveraineté sur cette possession.

Loin de diminuer l'agitation et les ressentiments dans Volterre, cette réponse ne fit que les accroître. Les conseils et la ville entière ne s'occupaient plus que de cette affaire. Le peuple en corps redemandait ce dont il se croyait dépouillé; les particuliers voulaient conserver une découverte faite par eux, et dont la sentence des Florentins venait de leur confirmer la jouissance. Un citoyen distingué de cette ville, nommé Pecosino, périt victime de ces divisions; sa mort fut suivie de celle de plusieurs autres qui étaient de son parti. Leurs maisons furent livrées au pillage et aux flammes, et ce fut avec peine qu'on parvint à sauver de la rage des séditieux ceux qui remplissaient dans cette ville les fonctions de recteurs au nom des Florentins.

Après ces premiers outrages, ceux de Volterre prirent la résolution d'envoyer avant tout des députés à Florence; ils les chargèrent de faire entendre à la seigneurie que, si elle voulait les maintenir dans leurs anciens droits, ils conserveraient leur ancienne dépendance envers la république. La réponse souffrit beaucoup de difficultés. Thomas Soderini conseillait de recevoir la soumission de la ville de Volterre, quelles qu'en fussent les conditions : le moment ne lui paraissait pas favorable pour allumer un incendie, dont les flammes seraient si voisines de Florence, qu'elles pourraient l'embraser. Ses inquiétudes étaient fondées sur le caractère du souverain pontife, sur la puissance du roi de Naples, et sur la méfiance que lui inspi-

raient l'alliance des Vénitiens et celle du duc de Milan. Il ne savait trop jusqu'à quel point l'on pouvait compter sur la bonne foi de Venise et sur la valeur du duc. Il se rappelait cette sentence proverbiale : *Mieux vaut une mauvaise paix que la meilleure guerre.* D'un autre côté, Laurent de Médicis voulut saisir cette occasion de développer son talent dans le conseil; il était encore stimulé par ceux qui jalousaient l'autorité de Soderini. Il fut donc d'avis d'attaquer Volterre, et de punir, les armes à la main, l'arrogance de cette ville; il assura que si on n'en imposait point aux autres par cet exemple mémorable de sévérité, elles ne craindraient pas d'imiter sa conduite, sous les plus légers prétextes. La république se décida donc à employer la voie des armes, et répondit aux députés de Volterre qu'ils ne pouvaient plus réclamer des conventions qu'ils avaient eux-mêmes enfreintes; qu'ils devaient ou se remettre à la discrétion de la seigneurie, ou s'attendre à la guerre.

Lorsque ces envoyés furent de retour, et qu'ils eurent rapporté cette réponse, la ville de Volterre s'occupa de sa défense; elle éleva des fortifications, et fit demander des secours à tous les princes de l'Italie. Ces demandes eurent peu de succès. Ceux de Sienne et le seigneur de Piombino furent les seuls qui leur donnèrent quelques espérances. Les Florentins, de leur côté, convaincus que toute l'importance de la victoire dépendait, pour eux, de la célérité, rassemblent dix mille hommes d'infanterie et deux mille de cavalerie qui, s'avançant sous les ordres de Frédéric d'Urbin sur le territoire de Volterre, s'en rendent facilement les maîtres, et vont mettre le siége devant cette ville. Comme elle est située sur un lieu élevé et escarpé presque de toutes parts, on ne pouvait l'attaquer que du côté de l'église de St-Alexandre. Volterre avait pris à sa solde environ mille soldats pour sa défense. Ceux-ci, voyant avec quelle ardeur les Florentins poussaient l'attaque, et craignant de ne pouvoir leur résister, mettaient autant de lenteur à la défense, que de zèle à insulter journellement les habitants. Les malheureux citoyens de Volterre, combattus au-dehors par leurs ennemis, opprimés au-dedans par leurs amis, désespérèrent de leur salut, et commencèrent à parler d'accommodénient. Le meilleur qu'ils purent obtenir fut de s'abandonner à la volonté des commissaires. Ceux-ci se firent ouvrir les portes, et lorsque la majeure partie de leur armée fut entrée dans la ville, ils se rendirent au palais où étaient les prieurs, et leur ordonnèrent de retourner chacun dans leurs maisons. En se rendant chez lui, l'un de ces prieurs est attaqué par un soldat, qui le dépouille uniquement en signe de mépris. Mais telle est la facilité des hommes à suivre les mauvais exemples, que celui-ci causa la perte et le sac de cette ville. A l'instant elle est livrée au pillage, et cela pendant un jour entier. On n'épargna ni les femmes, ni les lieux consacrés à la religion. Tous les soldats, ceux qui l'avaient mal défendue et ceux qui l'avaient attaquée, se partagèrent ses dépouilles. La nouvelle de cette victoire fit éclater une grande joie dans Florence. Comme la gloire de cette entreprise était due à Laurent qui l'avait conseillée, son crédit en reçut un prodigieux accroissement. L'un de ses plus intimes amis reprocha à Thomas Soderini le conseil qu'il avait donné en lui disant : « Que pensez-vous depuis que Volterre est » reconquise ? — Elle me semble plutôt perdue, » répliqua Soderini. Si vous l'eussiez regagnée » par les voies de la douceur, vous y trou- » veriez avantage et sûreté. Comme vous êtes » obligés maintenant d'employer la force pour » la retenir dans le devoir, elle doit en temps » de guerre vous affaiblir en augmentant vos » embarras, et en temps de paix, vous causer » beaucoup d'inquiétudes et de dépenses. »

A cette même époque les factions intérieures de Spolette excitèrent cette ville à la révolte contre le saint-siège. Le pape la fit livrer au pillage pour effrayer les autres villes de sa domination qui seraient tentées de l'imiter. Citta di Castello ayant osé se révolter depuis, il en fit le siége. Elle avait pour seigneur Nicolas Vitelli, lié étroitement avec Laurent de Médicis qui ne manqua pas de lui envoyer des secours. Ils ne furent point à la vérité suffisants pour défendre Nicolas, mais ils le furent pour répandre entre Sixte et les Médicis, les premières semences de cette inimitié qui produisit bientôt après les effets les plus funestes. Elle les eût produits encore plus vite, si la mort de Pierre, cardinal de St-Sixte, ne fût survenue.

Ce prélat, ayant fait le tour de l'Italie, était allé à Venise et à Milan, sous prétexte de se trouver au mariage d'Hercule, marquis de Ferrare, mais réellement dans le dessein de sonder les dispositions de ces princes à l'égard des Florentins. De retour à Rome, il mourut; on soupçonna les Vénitiens de l'avoir empoisonné, pour priver des ressources de son esprit et de ses services le pape Sixte, dont ils redoutaient la puissance. Quoique Pierre fût d'une naissance abjecte, et qu'il eût été élevé dans l'humilité du cloître, à peine fût-il nommé cardinal, qu'il montra tant d'orgueil et d'ambition, que loin d'être satisfait de la dignité de cardinal, il ne l'eût même pas été de celle de souverain pontife. Il donna dans Rome un festin qui eût paru d'une magnificence extraordinaire, même pour le prince le plus puissant. Il y dépensa plus de vingt mille florins[1]. N'ayant plus le secours d'un tel ministre, Sixte mit plus de lenteur dans l'exécution de ses desseins.

Cependant les Florentins, le duc de Milan et les Vénitiens ayant renouvelé leur ligue, et laissé au pape, ainsi qu'au roi de Naples, la faculté d'y prendre part, Sixte et le roi en formèrent aussi une de leur côté, en offrant à tous les princes la faculté d'y adhérer. On voyait déjà l'Italie divisée en deux factions. Chaque jour il s'élevait entre ces deux ligues des haines causées par des événements nouveaux; tels que celui de la prise de Chypre, que le roi Ferdinand ambitionnait, et dont les Vénitiens s'emparèrent. A cette occasion le pontife et le roi resserrèrent les liens de leur union. Frédéric, seigneur d'Urbin, qui avait été longtemps au service des Florentins, passait en ce temps pour le plus habile guerrier de l'Italie. Pour enlever à la ligue opposée un pareil chef, le roi et le pape résolurent de se l'attacher. D'après les conseils de Sixte et les prières du roi, il vint à Naples trouver ce prince; ce voyage causa autant de surprise que d'inquiétude aux Florentins; ils craignaient pour lui un sort semblable à celui de Jacques Piccinnino. Il en arriva bien autrement; car Frédéric revint de Naples et de Rome, comblé

[1] Ce Pierre fut ou le fils, ou le neveu de Sixte IV. Ce fut le premier cardinal neveu, comme son oncle fut le premier pape qui mit infiniment d'ardeur à enrichir sa famille; et elle était nombreuse.

d'honneurs, et nommé général de la ligue du pape et du roi. Ces deux souverains ne manquèrent point de sonder les esprits des seigneurs de la Romagne et des Siennois, pour tâcher de les attirer à leur parti, et affaiblir d'autant les Florentins. Ceux-ci, s'en étant aperçus, s'opposèrent de toutes leurs forces à leurs desseins ambitieux; et prirent à leur solde Robert de Rimini à la place de Frédéric d'Urbin qu'ils avaient perdu. Ils renouvellent leur alliance avec ceux de Pérouse, en forment une nouvelle avec le seigneur de Faënza. Le pape et le roi alléguaient pour motif de leur inimitié contre les Florentins le désir de les détacher des Vénitiens et de les unir à eux; parce que le pape pensait que l'église ne pourrait maintenir son influence, ni le comte Jérôme conserver ses états dans la Romagne, tant que les Florentins et les Vénitiens seraient ligués ensemble. D'un autre côté, les premiers craignaient qu'ils ne voulussent les brouiller avec les Vénitiens, non pour s'en faire des alliés, mais pour avoir plus de moyens de leur nuire. On vécut en Italie pendant deux ans au milieu de ces méfiances et de ces contrariétés d'intérêts opposés avant qu'il s'y élevât aucun trouble; ce fut en Toscane que le premier éclata, quoiqu'il fût peu considérable.

Braccio de Pérouse, guerrier célèbre, comme nous l'avons dit plusieurs fois, laissa deux fils, Oddon et Charles. Celui-ci était encore fort jeune; l'autre fut tué par des gens du Val de Lamona; l'on a parlé plus haut de sa mort. Lorsque Charles fut en âge de porter les armes, les Vénitiens, en mémoire de son père, et à cause des heureuses dispositions qu'il montrait, le prirent à leur service, au nombre des condottieri qui étaient à la solde de la république. Le terme de son engagement était expiré; il ne voulut point le renouveler en ce moment, étant résolu à essayer de profiter de son nom et de la réputation de son père pour recouvrer sa principauté de Pérouse. Les Vénitiens y consentirent sans peine ayant l'expérience que les innovations contribuaient toujours à l'agrandissement de leur puissance. Charles vint donc en Toscane, mais il jugea l'entreprise contre ceux de Pérouse fort difficile, parce qu'ils étaient liés avec les Florentins. Désirant néanmoins que sa démarche fût suivie de quelque ac-

tion remarquable, il attaque les Siennois: son prétexte fut qu'ils n'avaient point encore acquitté le prix des services rendus par son père à leur république; services dont il voulait être entièrement payé. Son attaque fut si terrible qu'il dévasta toutes leurs terres. Les habitants de Sienne, très portés à soupçonner les Florentins, se persuadèrent qu'ils avaient donné les mains à une insulte aussi cruelle, et s'en plaignirent amèrement au pape et au roi de Naples; ils envoyèrent aussi à Florence des députés chargés de la même mission; ils leur ordonnèrent en outre de faire sentir adroitement que, si Charles n'eût pas été soutenu, il n'eût osé les maltraiter avec tant d'assurance. Les Florentins s'en excusèrent, promirent même de faire tous leurs efforts pour obliger Charles à cesser ses hostilités contre Sienne, et le lui ordonnèrent en effet, d'après la demande de ces mêmes députés.

Charles en fut très-affecté: il représenta aux Florentins qu'en refusant de le soutenir ils l'avaient empêché d'acquérir beaucoup de gloire, et s'étaient privés d'une conquête importante dont il leur eût assuré la possession en peu de temps, tant il avait trouvé de lâcheté dans l'âme des Siennois, et de désordre dans leurs moyens de défense! Contraint de se retirer, il rentra au service des Vénitiens. Quoique ceux de Sienne dussent à la médiation des Florentins leur délivrance de tant de calamités, ils conservèrent toujours leur ressentiment contre eux, ne se croyant nullement obligés envers une ville pour les avoir délivrés d'un mal qu'elle leur avait attiré.

L'état des affaires entre le roi de Naples et le pape, ainsi que dans la Toscane, était tel que nous l'avons rapporté. Mais il survint dans la Lombardie un événement d'une plus grande importance, et qui fut le présage de plus grands maux. Un citoyen de Mantoue, nommé Cola [1], (c'était un homme aussi instruit qu'ambitieux) enseignait la langue latine aux enfants des

---

[1] Quelques-uns le désignent sous le nom de Cola Montanus. Il avait été régent du duc qui, dit-on, se souvenant du fouet que ce maître lui avait fait donner quelquefois dans son enfance, le fit fustiger vigoureusement lui-même, quand il eut le pouvoir en main. Ainsi le désir de se venger serait un motif à ajouter à tous ceux qui l'animaient déjà, et qui le portèrent à conspirer contre le duc.

premières familles de cette ville. Soit qu'il fût blessé de la conduite et des mœurs du duc, soit qu'il fût guidé par un autre motif, ce maître tâchait, dans tous ses discours, d'inspirer à ses disciples de la haine pour le gouvernement d'un mauvais prince. Il comblait d'éloges et estimait heureux ceux auxquels la nature et le hasard avaient accordé l'avantage de naître et de vivre dans une république ; il leur faisait voir que tous les hommes célèbres avaient été élevés sous cette espèce de gouvernement, et non sous la domination des princes : « Et pourquoi cela? » disait-il ; parce que les républiques ont soin » des gens de mérite dont elles savent profiter, » tandis que les despotes cherchent à les faire » périr, parce qu'ils les craignent. »

Jean-André Lampognano, Charles Visconti et Jérôme Olgiato étaient les jeunes gens avec lesquels il avait des liaisons plus étroites. Il les entretenait souvent du naturel atroce de Galeas duc de Milan, et du malheur d'être soumis à un pareil souverain. Sa confiance dans le caractère et dans les dispositions de ces jeunes gens devint telle, qu'il leur fit promettre par serment d'affranchir leur patrie du joug de cette tyrannie, aussitôt que leur âge le leur permettrait. Ce désir dont ils étaient remplis s'accrut encore à mesure qu'ils devinrent plus âgés. La conduite et les mœurs de Galeas, des injures personnelles les portèrent à précipiter l'exécution de leur dessein. Ce duc était débauché et cruel. Les preuves fréquentes qu'il en avait données l'avaient rendu très-odieux. Non content de corrompre les femmes du premier rang, il prenait encore plaisir à afficher leur déshonneur. La mort des hommes ne le contentait point, s'il ne la faisait accompagner de quelque recherche de cruauté. Il n'était point exempt du soupçon d'avoir eu part à celle de sa mère. Ne se croyant point le maître tant qu'elle serait auprès de lui, il l'avait traitée de manière qu'elle voulut se retirer à Crémone, ville qui lui avait été donnée en dot. Attaquée subitement en route d'une maladie dont elle mourut, on crut que son fils avait contribué à sa mort. Ce duc avait déshonoré Charles et Jérôme, en abusant de leurs femmes, et refusé à Jean-André la jouissance de l'abbaye de Miremont, résignée par le pape à l'un de ses proches. L'envie de se venger de ces injures particulières augmenta dans le cœur

de ces jeunes gens celle de briser les fers dont leur patrie était accablée. Ils pensèrent que, s'ils venaient à bout de faire périr le duc, ils auraient pour eux à l'instant la plus grande partie de la noblesse et le peuple entier. Déterminés à cette entreprise, ils se réunissaient souvent. Comme leur ancienne liaison était connue, leur réunion n'était pas suspecte. Ils s'entretenaient toujours de ce complot, et pour s'affermir dans leur résolution, ils se frappaient mutuellement les flancs et la poitrine avec les fourreaux des poignards destinés à l'exécution. Ils raisonnaient souvent ensemble sur le lieu le plus convenable au succès ; il leur paraissait peu sûr à tenter dans le château ; à la chasse il semblait incertain ; plein de périls, et douteux dans un festin ; ils le jugèrent aussi très-difficile et même impossible, pendant ses promenades dans la ville. Leur avis fut donc de tuer le duc au milieu de la solennité de quelque fête publique où ils fussent assurés de le trouver, et où ils pussent réunir leurs amis sous différents prétextes. Ils convinrent encore que si quelques-uns d'entre eux, pour un motif quelconque, étaient arêtés par la cour, les autres ne manqueraient pas de poursuivre leur entreprise, et de poignarder le duc soit avec leurs armes, soit même avec celles de leurs ennemis.

C'était en 1476, et la fête de Noël approchait. Galeas avait coutume le jour de Saint-Étienne de se rendre avec solennité au temple de ce martyr. Les conjurés résolurent de prendre ce lieu et ce moment pour exécuter leur projet. Le jour de cette fête, dès le matin, ils firent armer quelques-uns de leurs amis et de leurs serviteurs les plus affidés, prétextant le dessein d'aller au secours de Jean-André qui, voulant faire venir des eaux sur son terrain par des aqueducs, éprouvait des difficultés de la part de quelques voisins jaloux. Ensuite ils se rendirent avec ces gens armés à l'église de Saint-Étienne, en disant qu'ils voulaient avant de partir prendre congé du prince. Ils rassemblent encore dans cet endroit, sous divers motifs, nombre de leurs amis et de leurs parents. Leur espoir était, le premier coup porté, d'être soutenus par tout le peuple qui les aiderait à achever leur entreprise. Le prince mis à mort, ils devaient se réunir à leurs gens armés, courir dans les endroits de la ville où ils croiraient pouvoir plus aisément soulever le menu peuple, lui faire prendre les armes contre la duchesse et contre les chefs du gouvernement. Ils pensaient que ce peuple, pressé par la famine, se prêterait volontiers à leurs vues, d'autant plus qu'ils comptaient lui abandonner à discrétion les maisons de Cecco Simonetta, de Jean Botti et de François Lucani, principaux membres de l'état, lui rendre par là sa liberté, et se mettre eux-mêmes en sûreté.

Après avoir pris cette détermination, et s'être encouragés à l'exécuter, Jean André, ainsi que les autres, se rendirent de bonne heure à l'église, et assistèrent ensemble à la messe. A peine fut-elle finie que Jean-André, se tournant vers une statue de Saint-Ambroise, lui adresse cette prière : « Patron de notre ville, vous con-» naissez l'intention qui nous anime, et le but » que nous nous proposons en nous exposant à » de si grands dangers ; soyez favorable à no-» tre entreprise, et en soutenant une cause juste » montrez que l'injustice vous déplaît. » De son côté, le duc, qui devait se rendre à l'église de Saint-Étienne, eut plusieurs pressentiments de sa mort. Ce jour-là, il mit sa cuirasse comme il le faisait souvent, puis il l'ôta tout à coup, comme si elle l'eût blessé, ou qu'il ne l'eût vue qu'avec peine. Il voulut entendre la messe dans le château : il se trouva que son chapelain était allé à Saint-Étienne avec tous les ornements de la chapelle. Le duc prie l'évêque de Cosme de célébrer la messe à la place du chapelain ; ce prélat allègue des motifs bien fondés qui l'empêchaient de la dire. Il se voit donc comme forcé à se rendre à l'église. Ayant appelé auparavant Jean Galeas et Hermès ses fils, il les embrassa plusieurs fois tendrement ; il paraissait ne pouvoir s'arracher de leurs bras. Décidé enfin à partir, il sort du château, se place entre l'envoyé de Ferrare et celui de Mantoue, et se rend à Saint-Étienne.

Dans cet intervalle, les conjurés, pour donner moins de soupçon, et à raison du froid qu'il faisait, s'étaient retirés dans la chambre de l'archiprêtre de cette paroisse qui était leur ami. Apprenant que le duc était en route, ils rentrent dans l'église et se placent à l'entrée, Jean-André ainsi que Jérôme, à droite, et Charles, à gauche. Ceux qui précédaient le duc y entrent au même instant ; il arrive lui-même bientôt après environné d'une foule nombreuse, qui le suivait ordinairement toutes les fois qu'il venait en cérémonie à cette solennité. Lampognano et Jérôme se mettent les premiers en mouvement. Feignant de s'agiter pour que l'on fît place au prince, ils s'approchent de lui, et ayant tiré de courts poignards qu'ils avaient cachés dans leurs manches, ils l'en frappent. Lampognano lui fit deux blessures, l'une au ventre, l'autre à la gorge. Il en reçut aussi une de Jérôme à la gorge, et une autre à la poitrine. Charles Visconti s'était mis plus près de la porte, et comme le duc avait dépassé la place où il était posté lorsque ses compagnons l'attaquèrent, il ne put le frapper par devant, mais il lui perça le dos et l'épaule, de deux coups qu'il lui porta. Ces six blessures furent faites avec tant de promptitude, que le duc fut renversé, pour ainsi dire avant que personne s'en aperçût. Il ne put ni rien faire, ni rien dire. A peine eut-il le temps d'invoquer seulement une fois, en tombant, le nom de la sainte Vierge.

Le duc étendu sur le pavé, il s'élève un grand tumulte ; beaucoup d'épées sont tirées du fourreau ; l'un s'enfuit de l'église, l'autre accourt au bruit, sans en connaître la cause. Tout était dans un trouble facile à imaginer dans ces sortes d'occasions. Cependant ceux qui étaient le plus près du duc, et qui l'avaient vu périr, ayant reconnu ses assassins, les poursuivirent. Jean André, l'un des conjurés, voulant sortir de l'église, passa au milieu d'une troupe de femmes qui se trouvaient là ; comme elles étaient en grand nombre, et assises par terre selon leur coutume, il s'embarrasse dans leurs vêtements, ce qui donne à un nègre, valet de pied du duc, le temps de l'atteindre et de le mettre à mort. Charles fut aussi tué par ceux qui l'entouraient. Témoin du sort de ses complices, Jérôme Olgiato sort de l'église à travers la foule ; et, ne sachant où se réfugier, il va chez lui ; mais son père et ses frères refusent de le recevoir. Seulement sa mère, touchée de compassion pour lui, le recommanda à un prêtre, ancien ami de sa famille. Après l'avoir revêtu de ses habits, ce prêtre le mena dans sa maison, où il resta deux jours, espérant qu'il naîtrait dans Milan quelque émeute à la faveur de laquelle il pourrait se sauver,

Trompé dans son espérance, il craignit d'être découvert en cet endroit, et voulut s'enfuir déguisé, mais il fut reconnu et livré à la justice; et là il dévoila toute la conjuration.

Jérôme avait trente-trois ans. Il fit paraître autant de courage en mourant qu'il en avait montré dans cette entreprise. Dépouillé de ses habits, ayant devant lui le bourreau, le fer levé pour le frapper, il dit ces mots en latin, car il était instruit : « *Mors acerba, fama* » *perpetua; stabit vetus memoria facti.* Ma » mort est prématurée, mais mon nom vivra » à jamais; le souvenir de cet exploit se per-» pétuera chez nos neveux [1]. »

, Si l'on en croit Paul Jove, ce jeune Olgiati, aussi ferme, aussi calme après l'exécution du complot, qu'intrépide dans l'action, écrivit ces vers latins dans sa prison, avant d'être conduit au supplice :

Quem non mille acies, quem non potuere phalanges
Sternere, privata, Galeas Dux Sfortia, dextra
Concidit, atque illum minime juvere cadentem,
Astantes famuli, nec opes, nec regna, nec urbes.
Hinc patet humanis quæ sit fiducia rebus!
Et patet hinc sævo tutum nil esse tyranno.

Ce complot fut tramé par ces infortunés jeunes gens avec beaucoup de secret, et exécuté avec une grande intrépidité. Leur perte vint de ce qu'ils ne furent ni suivis ni défendus par ceux sur le secours desquels ils avaient compté. Que cet exemple apprenne aux princes qu'ils doivent vivre de manière à se concilier tellement le respect et l'amour, que personne n'espère trouver son salut dans leur perte; qu'il apprenne aussi aux conspirateurs à reconnaître l'imprudence et l'erreur de celui qui compte avec trop d'assurance, dans une entreprise périlleuse, sur l'appui et les secours de la multitude, quels que puissent être ses mécontentements. Cet événement jeta l'effroi dans toute l'Italie; mais les événements qui eurent lieu à Florence peu de temps après, et qui vinrent interrompre la paix dont cette même Italie jouissait depuis douze ans, y répandirent bien plus l'alarme. Ce sera le sujet du livre suivant. Si la fin en est triste et déplorable, les premières pages en seront ensanglantées et propres à faire frémir d'horreur.

LIVRE HUITIÈME.

Le commencement de ce huitième livre se trouve placé entre deux conjurations, l'une à Milan, l'autre à Florence. La première vient d'être rapportée. Nous allons donner le récit de la seconde. Mais nous devrions auparavant, selon notre coutume, offrir quelques réflexions sur la nature des conjurations, et sur leur importance. Nous le ferions volontiers si cette matière pouvait être traitée brièvement, et que nous n'en eussions pas déjà parlé ailleurs. D'après ces considérations, nous laisserons ce sujet pour nous occuper d'un autre, et exposer l'état des Médicis à Florence.

Cette famille, victorieuse de tous ses ennemis ouvertement déclarés, devait encore abattre ceux qui tramaient sa perte en secret, pour réunir toute l'autorité dans ses mains, et s'élever à un rang distingué de celui des autres citoyens. Pendant qu'elle avait à combattre des familles aussi puissantes qu'elle, ceux qui étaient jaloux de son crédit pouvaient ouvertement contrarier ses desseins; ils n'avaient point à craindre à cette époque d'être opprimés à raison des projets que leur suggérait leur haine contre les Médicis. En effet, depuis que les magistrats étaient redevenus libres, les partis ne couraient aucun danger.

Mais après la victoire de 1476, l'état entier fut soumis aux Médicis, dont le pouvoir s'accrut au point que ceux auxquels cet ordre de choses déplaisait furent obligés ou de le supporter avec patience, ou d'avoir recours à des conjurations secrètes pour le renverser. Comme le succès de ces conspirations est difficile, elles produisent le plus souvent la perte de leurs auteurs, et l'agrandissement de celui contre lequel on les dirige. Un souverain attaqué par de pareils moyens en sort presque toujours plus puissant, et souvent, de bon qu'il était, il devient mauvais. Tel est à son égard le résultat ordinaire de ces complots, à moins qu'il n'y périsse, comme le duc de Milan; ce qui arrive rarement. De semblables exemples effraient un prince; la crainte l'engage à pourvoir à sa sûreté. Il emploie la violence pour y réussir; de là naissent des haines, et souvent sa propre ruine. Dans ce cas, ces sortes de conjurations font périr sur le champ celui qui les forme, et causent avec le temps bien du mal à celui contre lequel elles sont dirigées.

Deux ligues divisaient l'Italie, comme nous l'avons déjà dit : celle du pape et du roi de Naples d'un côté; de l'autre celle des Vénitiens, du duc de Milan et des Florentins. Elles n'étaient point encore en guerre; mais chaque jour faisait naître entre ces partis quelque nouvelle raison de la voir s'allumer; le pape surtout cherchait dans toutes ses entreprises à nuire aux Florentins. Après la mort de Philippe Médicis, archevêque de Pise, ce pontife lui donna pour successeur, contre le gré de la seigneurie de Florence, François Salviati qu'il savait être l'ennemi des Médicis. La seigneurie ne voulut point le mettre en possession de cet archevêché; la discussion que cette affaire entraîna ne fit qu'accroître les griefs entre la république et le pape.

D'ailleurs Sixte accordait dans Rome les faveurs les plus signalées aux Pazzi, et molestait les Médicis en toute occasion. La famille des Pazzi l'emportait alors à Florence sur toutes les autres, par sa fortune et sa noblesse. Elle avait pour chef Jacques Pazzi, que ses richesses et sa naissance avaient fait décorer par le peuple du titre de chevalier. Celui-ci n'avait qu'une fille naturelle; il possédait à la vérité plusieurs neveux, nés de ses frères, Pierre et Antoine. Les plus distingués de ces neveux étaient Guillaume, François, René, Jean, et ensuite André, Nicolas et Galeotto. Cosme de Médicis, voyant l'opulence et la noblesse de cette famille, avait marié Blanche sa petite-fille, avec Guillaume. Il espérait, par cette alliance, unir étroitement les deux maisons, et prévenir les divisions et les inimitiés que de simples soupçons font naître le plus souvent. Ses vœux furent trompés; tant les calculs de l'homme sont peu sûrs et sujets à l'erreur! Les conseil-

lers de Laurent lui représentèrent qu'il était dangereux et contraire à son autorité de laisser concentrer dans les mains des mêmes citoyens le pouvoir et l'opulence. D'après ces conseils Jacques et ses neveux n'obtinrent point les places dont ils étaient jugés dignes. Telle fut l'origine de la haine des Pazzi, et de la crainte des Médicis à leur égard.

Ces dispositions ne faisaient que s'accroître à chaque occasion, où la concurrence avait lieu entre les citoyens; les Pazzi éprouvaient de la défaveur de la part des magistrats. François Pazzi se trouvant à Rome, le conseil des Huit, oubliant envers lui les égards qu'il est d'usage d'observer pour les citoyens les plus marquants, l'obligea sur le plus léger motif à se rendre à Florence. Les Pazzi exhalaient de toutes parts leurs plaintes en termes injurieux, et qui annonçaient le ressentiment; ce qui portait les autres à les suspecter, et à user de plus en plus de tout leur crédit pour leur nuire. Jean Pazzi avait épousé la fille de Jean Borromée, homme puissamment riche, et dont toute la fortune devait après sa mort revenir à sa fille, puisqu'il n'avait pas d'autres enfants. Cependant Charles son neveu s'empara d'une partie de ces biens. L'affaire était en litige, mais on fit une loi qui dépouilla la femme de Jean Pazzi de la succession de son père, pour la donner à Charles. Les Pazzi durent cette injustice à l'influence des Médicis. Julien en fit des reproches à Laurent son frère, et lui dit qu'il craignait qu'en voulant trop avoir ils ne finissent par tout perdre.

Laurent de Médicis, dans le feu de l'âge et de l'ambition, voulait que toutes les affaires lui passassent par les mains, et que l'on n'obtînt rien sans sa participation. Les Pazzi, si distingués par leur noblesse et leur fortune, ne pouvant souffrir tant d'outrages, commencèrent à rechercher les moyens de s'en venger. Celui qui s'en ouvrit le premier fut François; il était plus facile à s'enflammer et plus entreprenant que les autres. Il se détermina donc ou à acquérir ce qui lui manquait, ou à sacrifier ce qu'il possédait. Comme il haïssait la forme du gouvernement de Florence, il vivait presque toujours à Rome, et y amassait de grandes richesses, selon la coutume des Florentins qui font le commerce. Intimement liés ensemble, le comte Jérôme et lui, ils se communiquaient souvent leurs plaintes contre les Médicis. Après s'en être ouverts bien des fois ensemble, ils en vinrent à se dire qu'il fallait, pour que l'un trouvât sûreté dans ses états, et l'autre dans sa ville, changer le gouvernement de Florence; et ils crurent ne pouvoir y réussir sans mettre à mort Laurent et Julien Médicis.

Ils pensèrent que le pape et le roi de Naples donneraient sans peine la main à ce projet, pourvu qu'on leur montrât l'exécution facile. Lorsqu'ils se furent fixés à cette idée, ils firent part de leur projet à Salviati, archevêque de Pise, qui promit volontiers d'y concourir, parce qu'il était ambitieux, et excité par le ressentiment des injures récentes qu'il avait reçues des Médicis. Après avoir examiné entre eux les moyens qu'ils devaient prendre, ils résolurent, pour rendre leur succès plus aisé, de mettre dans leurs intérêts Jacques Pazzi, sans lequel tout leur semblait impossible. Il fut donc trouvé convenable que François Pazzi fît le voyage de Florence, et que l'archevêque, ainsi que le comte, restassent à Rome auprès du pape pour l'instruire de l'affaire quand il en serait temps. François trouva Jacques plus circonspect, et plus difficile qu'il ne l'aurait voulu. Il fit connaître à ses amis de Rome les dispositions dans lesquelles il l'avait vu, et ceux-ci pensèrent qu'il fallait un homme de plus de poids que François pour décider Jacques. Alors l'archevêque et le comte révélèrent leur complot à Jean-Baptiste de Montesecco général au service du pape auquel il avait des obligations ainsi qu'au comte. Montesecco, homme de guerre fort estimé, ne put s'empêcher de leur représenter que cette entreprise offrait beaucoup de difficultés et de périls. L'archevêque s'efforçait de prouver le contraire, montrant comme certain le secours du pape et du roi. Il alléguait de plus la haine des Florentins pour les Médicis, l'appui de tous les parents des Salviati et des Pazzi, la facilité de tuer d'abord Laurent et Julien qui allaient dans la ville seuls et sans méfiance, et ensuite de changer le gouvernement. Montesecco n'ajoutait pas une foi entière à ces assertions, parce qu'il avait entendu beaucoup de Florentins tenir un autre langage.

Pendant que ces projets et ces discussions occupaient les conjurés, Charles, seigneur de Faenza, tomba malade; on craignit pour ses jours. L'archevêque et le comte jugèrent cette occasion favorable pour envoyer Jean-Baptiste à Florence, et de là dans la Romagne, sous le prétexte d'y recouvrer quelques-unes des possessions du comte, qui étaient entre les mains du seigneur de Faenza. Le comte engagea Jean-Baptiste à voir d'abord Laurent, et à le consulter de sa part sur la conduite qu'il devait tenir pour ses intérêts, dans la Romagne, puis à se ménager un entretien avec François Pazzi, afin qu'ils pussent ensemble disposer Jacques Pazzi à seconder leurs vœux. Pour faire concourir l'autorité du pape à la détermination de Jacques, ils voulurent que Jean-Baptiste le vît avant de quitter Rome. Ce pontife promit de contribuer autant qu'il le pourrait au succès de cette entreprise.

Arrivé à Florence, Jean-Baptiste alla voir Laurent, qui l'accueillit avec bonté, et lui donna sur sa demande des conseils pleins de bienveillance et de sagesse. Jean fut dans l'admiration, et trouva Laurent bien différent du portrait qu'on lui en avait fait. Il lui parut rempli de douceur, de prudence, et très-attaché au comte. Néanmoins, il voulut avoir une conférence avec François Pazzi, mais celui-ci était allé à Lucques. Alors il se rendit chez Jacques qu'il trouva d'abord très-éloigné de leur vues. Cependant, avant leur séparation, il parut un peu ébranlé par l'autorité du pape, et dit à Jean-Baptiste de faire son voyage de la Romagne, de revenir ensuite, et qu'alors ils s'entretiendraient plus particulièrement de ce projet avec François Pazzi, qui serait de retour à Florence. Jean-Baptiste suivit ce conseil; de retour à Florence, il continua de feindre avec Laurent de Médicis, et de converser avec lui sur les affaires du comte. Après quoi il se réunit à François et à Jacques, dont ils obtinrent enfin l'adhésion à leur complot.

On ne parla plus que de la manière de l'exécuter. Jacques, persuadé qu'on n'en viendrait point à bout tant que les deux frères seraient à Florence, pensa qu'il fallait attendre que Laurent allât à Rome, où il devait, disait-on, faire un voyage. François voulait bien que l'on différât l'exécution jusque-là; mais il affirmait que, dans le cas où Laurent n'irait point à Rome, il était possible de tuer les deux frères ou au milieu de la célébration d'une noce, ou au jeu, ou dans l'église. Quant aux secours étrangers, il lui semblait que le pape pouvait mettre des troupes sur pied, sous prétexte d'attaquer le château de Montoné dont il pouvait légitimement dépouiller le comte Charles pour le punir des désordres qu'il avait causés dans le Siennois et le Pérousin, comme nous l'avons dit précédemment. Néanmoins on ne conclut rien, sinon que François Pazzi et Jean-Baptiste iraient à Rome pour y prendre une détermination positive, avec le comte et le souverain pontife.

L'affaire fut de nouveau mise en délibération à Rome; on convint, après que l'entreprise contre Montoné eut été résolue, que Jean-François de Tolentino, capitaine à la solde du pape, se rendrait dans la Romagne, et Laurent de Castello dans son pays, que l'un et l'autre tiendrait ses troupes et celles du pays prêtes à obéir aux ordres de l'archevêque Salviati et de François Pazzi; que ces deux derniers iraient avec Jean-Baptiste de Montesecco à Florence; que là ils prendraient toutes les mesures nécessaires pour le succès auquel le roi Ferdinand promettait, par l'organe de son envoyé, de contribuer autant qu'il le pourrait. L'archevêque et François Pazzi, étant venus à Florence, firent entrer dans leurs vues Jacques, fils de Poggio, jeune homme instruit, mais ambitieux, et les deux Jacques Salviati, l'un frère, et l'autre parent de l'archevêque. Ils attachèrent à eux Bernard Bandini, et Napoleone Francesi, jeunes gens pleins de courage et qui avaient de grandes obligations à la famille des Pazzi. Outre les étrangers que nous venons de citer, ils en eurent encore deux autres pour complices : Antoine de Volterre, et un prêtre nommé Étienne qui enseignait chez Jacques Pazzi la langue latine à sa fille. René Pazzi, homme sage et prudent, connaissant les malheurs qu'entraînent de semblables entreprises, ne voulut point prendre de part à celle-ci, en témoigna même de l'aversion, et employa tous les moyens honnêtes qui étaient en son pouvoir pour en détourner les conjurés.

Le pape avait placé à l'université de Pise Raphael de Riario neveu du comte Jérôme, pour y étudier les matières ecclésiastiques, et

pendant qu'il y était encore, il l'avait élevé à la dignité de cardinal. Les conjurés trouvèrent à propos de faire venir ce cardinal à Florence, espérant que son arrivée les aiderait à couvrir leurs desseins en cachant au milieu de son cortége les complices dont ils avaient besoin, et à mettre leur complot à exécution. Ce prélat vint donc, et fut reçu par Jacques Pazzi à Montughi, maison de campagne que ce dernier possédait dans le voisinage de Florence. Les conjurés désiraient par son moyen réunir en un même lieu Laurent et Julien, afin de les y assassiner. Ils firent donc en sorte que les Médicis invitassent le cardinal à leur maison de Fiésole. Mais Julien n'y étant point venu, ou par hasard ou à dessein, ceux-ci, trompés dans leur espoir, pensèrent que si une semblable invitation avait lieu de leur part dans Florence, les Médicis s'y trouveraient nécessairement tous les deux. Tout étant disposé en conséquence, ils les font inviter au festin qu'ils devaient donner le dimanche 26 avril 1478. Convaincus qu'ils pourraient les tuer dans ce repas, les conjurés passèrent la nuit à délibérer ensemble sur ce qu'ils auraient à faire le lendemain matin, et à préparer tous leurs moyens d'exécution. Mais lorsque le jour fut venu, on fait dire à François Pazzi que Julien Médicis ne se rendra pas à l'invitation. Les chefs de la conspiration se rassemblent alors de nouveau, et concluent qu'il ne faut plus différer l'exécution d'un complot connu de tant de monde, et qui ne pourrait manquer de se découvrir. Ils convinrent donc de porter les coups dans l'église cathédrale de Sainte Réparata, où les Médicis se rendraient sûrement tous les deux, selon leur coutume, d'autant plus que le cardinal devait s'y trouver. Leur désir était que Jean-Baptiste se chargeât de poignarder Laurent, tandis que François Pazzi et Bernard Bandini frapperaient Julien. Jean-Baptiste s'y refusa, soit que les liaisons qu'il avait eues avec Laurent le rendissent peu propre à cette exécution, soit qu'il fût retenu par quelque autre motif. Il dit qu'il n'aurait jamais assez d'audace pour commettre dans l'église un pareil attentat, qui, pour lui, réunirait à la fois la trahison et le sacrilège. Ce fut ce qui fit manquer l'entreprise, parce que les conjurés, pressés par le temps, furent contraints de remplacer Jean-Baptiste par Antoine de Volterre et le prêtre Étienne, qui n'avaient ni les dispositions naturelles, ni l'expérience qui convenaient à un semblable coup. S'il est des actions qui exigent une ame intrépide, et accoutumée à braver sans crainte tous les périls, ce sont celles de ce genre, où l'on a vu souvent le courage manquer à des hommes nourris au milieu du sang et des combats. Ces arrangements pris, ils donnèrent pour signal de l'attaque le moment de la communion du prêtre qui célébrait la messe principale. Pendant ce temps l'archevêque devait, avec les siens et Jacques de Poggio, s'emparer du palais de la seigneurie, et se la rendre favorable de gré ou de force, après la mort des deux jeunes Médicis.

Le complot ainsi arrêté, ils allèrent à l'église où le cardinal s'était déjà rendu avec Laurent de Médicis. Le peuple remplissait déjà le temple, et l'office divin était commencé, mais Julien de Médicis n'était pas encore arrivé. Alors François Pazzi et Bernard Bandini, qui s'étaient chargés de le frapper, vont le trouver chez lui, et emploient la ruse et les prières pour l'amener à l'église. La fermeté et l'inaltérable constance avec lesquelles François et Bernard surent dissimuler tant de fureur, et un aussi effroyable dessein méritent véritablement d'être transmises à la postérité. En l'accompagnant, lorsqu'il se rendait à l'église et dans l'église même, ils l'entretinrent de plaisanteries et de propos de jeunes gens. François porta la dissimulation jusqu'à lui faire des caresses avec les mains, et même à le serrer dans ses bras pour sentir s'il n'avait pas sous ses habits une cuirasse ou quelque autre moyen de défense.

Julien et Laurent étaient instruits du ressentiment des Pazzi à leur égard; ils savaient bien qu'ils désiraient leur enlever le gouvernement de l'état; mais ils ne craignaient point pour leur vie, pensant que si les Pazzi faisaient quelque tentative contre eux, ce ne serait jamais par un semblable attentat. N'ayant donc point d'inquiétude sur leur propre conservation, ils feignaient d'être leurs amis. Les meurtriers étaient prêts à consommer leur crime. Les uns, placés à côté de Laurent, ne pouvaient inspirer aucune méfiance, à cause de la foule qui remplissait l'église. Les autres étaient auprès de Julien. Au moment marqué, Bernard Bandini frappe ce dernier dans la poitrine avec un poignard court aiguisé à cet effet. Après avoir fait quelques pas, Julien tombe par terre. François Pazzi se jette sur lui et le crible de coups. Il le frappait avec une rage si aveugle, qu'il se blessa lui-même grièvement à la jambe. De leur côté, Antoine et Étienne portent plusieurs coups à Laurent, mais ils ne lui firent qu'une légère blessure à la gorge. Leur lenteur, la bravoure de Laurent qui se défendit avec ses armes dès qu'il se vit attaquer, ou le secours de ceux qui étaient avec lui, rendirent vains tous les efforts de ces deux derniers assassins. La peur les saisit sur le champ; ils prennent la fuite et se cachent; mais bientôt découverts, ils subissent une mort ignominieuse, et sont traînés dans toute la ville. Laurent s'enferma dans la sacristie de l'église avec les amis qui l'environnaient. Lorsque Bernard Bandini vit Julien mort, il tua aussi François Nori, intime ami des Médicis, soit par suite d'une ancienne haine, soit parce qu'il avait voulu secourir Julien. Non content de ces deux meurtres, il court chercher Laurent afin de suppléer par son courage et sa promptitude à ce que leur lenteur et leur lâcheté avaient empêché les autres de faire; mais il ne put l'atteindre dans le lieu où il s'était réfugié. Au milieu de ces terribles événements, du tumulte et du bruit, qui fut si épouvantable que l'on eût cru que le temple s'écroulait, le cardinal se réfugia auprès de l'autel. Les prêtres eurent beaucoup de peine à l'y préserver jusqu'à l'instant où la cessation des troubles permit à la seigneurie de le conduire dans son palais. Il y attendit sa délivrance agité des plus vives inquiétudes [1].

---

[1] Ce cardinal était le fils de Valentina Riario, sœur du pape Sixte IV; celui-ci lui donna la barète à dix-sept ans, et cumula sur sa tête tous les bénéfices. On dit qu'il fut tellement saisi d'effroi, lors de cette conjuration, qu'il en resta pâle tout le reste de sa vie. Il contribua à la nomination d'Alexandre VI, et crut par là s'attirer la protection de ce pape pour ses neveux; mais il fut au contraire obligé de se réfugier en France, d'où il revint pour la nomination des trois papes, Pie III, Jule II et Léon X. Il paraît que la frayeur qu'il avait éprouvée à cette conspiration ne l'empêcha pas d'en tramer une autre contre ce dernier pape. Découvert, mis au château S.-Ange, il

Quelques citoyens de Pérouse, chassés par les factions, se trouvaient en ce temps à Florence. Les Pazzi les firent entrer dans leur complot, en leur promettant de les rétablir dans leur patrie. Lorsque l'archevêque Salviati, escorté de ses parents, de ses amis, ainsi que de Jacques, fils de Poggio, se rendit au palais pour s'en emparer, il amena avec lui ces Pérousins. Arrivé au palais, ce prélat laisse une partie des siens dans le bas, avec ordre de se saisir de la porte au premier bruit qu'ils entendraient, et monte avec la majeure partie de ces Pérousins. Comme il était déjà tard il trouva les seigneurs à dîner; mais il fut bientôt introduit par César Petrucci, gonfalonier de justice. Il n'entra qu'avec quelques-uns de ceux qui l'accompagnaient; les autres restèrent au dehors, et la majeure partie d'entre eux s'enferma elle-même, sans le vouloir, dans la chancellerie, dont la porte était arrangée de manière que, une fois poussée, elle ne pouvait plus s'ouvrir ni en dedans ni en dehors sans le secours de la clef. L'archevêque, parvenu dans l'appartement du gonfalonier, fait semblant d'avoir quelque chose à lui communiquer de la part du souverain pontife; et il commence à proférer, mais d'une voix si troublée, des mots entrecoupés et sans ordre, avec tant d'altération dans les traits, que le gonfalonier en conçoit de la méfiance, sort brusquement de sa chambre, pousse un cri, et rencontrant Jacques Poggio, le saisit par les cheveux et le met entre les mains de ses huissiers. L'alarme répandue parmi les seigneurs leur fait prendre au hazard les armes qu'ils trouvent. De ceux qui étaient montés avec l'archevêque, les uns enfermés, les autres frappés de terreur, sont ou tués sur-le-champ, ou jetés vivants par les fenêtres du palais. L'archevêque, les deux Jacques Salviati et Jacques Poggio sont aussi pendus à ces mêmes fenêtres. Ceux qui étaient restés dans le bas s'étaient rendus maîtres de cette partie du palais, après avoir forcé la garde et la porte, de sorte que les citoyens accourus au bruit ne pouvaient d'aucune manière, porter du secours à la seigneurie.

Cependant la crainte s'empara de François

Pazzi et de Bernard Bandini, quand ils virent que Laurent de Médicis leur avait échappé, et que celui d'entre eux sur lequel ils comptaient le plus était dangereusement blessé. Bernard alors pensant à se mettre en sûreté, avec cette présence d'esprit qu'il avait montrée en travaillant à la perte des Médicis, s'enfuit sain et sauf, bien convaincu qu'il n'y avait plus rien à espérer. François, de retour dans sa maison, essaya s'il pourrait se tenir à cheval avec sa blessure, parce qu'on était convenu d'investir la ville de gens armés, et d'appeler le peuple à la liberté et aux armes; mais il ne put même se tenir debout, tant sa blessure était profonde, et tant il était affaibli par la quantité de sang qu'il perdait. Après s'être entièrement dépouillé de ses habits, il se jette sur son lit, et prie Jacques de se charger de ce qu'il ne pouvait faire lui-même. Celui-ci, quoique vieux et peu exercé à de pareils tumultes, voulant faire encore cette dernière tentative, monte à cheval avec environ cent hommes armés disposés auparavant à cet effet, et se rend sur la place, criant à haute voix le *peuple* et la *liberté*. Mais la fortune et les libéralités des Médicis avaient rendu le peuple sourd, et la liberté n'était plus connue à Florence; aussi personne ne lui répondit. Seulement les seigneurs, qui étaient maîtres de la partie supérieure du palais, lancèrent des pierres sur lui et l'effrayèrent autant qu'ils le purent par leurs menaces. Jacques, incertain sur le parti qu'il prendrait, rencontre son cousin, Jean Serristori, qui lui reproche d'abord les désordres qui venaient d'avoir lieu, et l'engage ensuite à retourner dans sa maison, l'assurant que les autres citoyens n'aimaient pas moins que lui le peuple et la liberté. Voyant le palais déclaré contre lui, Laurent en vie et François blessé, Jacques perdit tout espoir. Ses provocations avaient été inutiles; personne ne le suivait. Il pensa qu'il ne lui restait plus d'autre parti que de chercher son salut dans la fuite. Il sortit donc de Florence avec les troupes qui l'avaient accompagné sur la place et prit le chemin de la Romagne, où il projetait de se retirer.

Cependant toute la ville avait pris les armes, et Laurent de Médicis, escorté de beaucoup de gens armés, était revenu dans sa maison. Le peuple avait délivré le palais et mis à mort ou

avoua son crime, et Léon lui pardonna. Il mourut à Naples en 1521.

saisi ceux qui s'en étaient emparés. Le nom des Médicis retentissait déjà de toutes parts dans Florence. Les membres épars de ceux que l'on avait tués étaient portés sur la pointe des armes ou traînés dans les rues. On poursuivait les Pazzi avec une cruauté qui tenait de la fureur. Le peuple s'était déjà emparé de leur maison. François Pazzi, à qui sa blessure avait fait quitter tous ses vêtements pour se jeter sur son lit, fut enlevé dans cet état, conduit au palais et pendu à côté de l'archevêque et des autres qui avaient ainsi péri. Quelque mauvais traitements qu'on lui eût fait essuyer en route ou au palais, il ne fut pas possible de lui arracher une seule parole. Fixant ses regards sur ceux qui l'entouraient, il n'exprimait sa plainte qu'en poussant des soupirs à demi étouffés. L'innocence de Guillaume Pazzi, le secours de Blanche son épouse, lui firent trouver son salut dans la maison de Laurent dont il était parent. Il n'y eut pas de citoyen armé ou non armé qui ne se rendît chez ce dernier dans cette circonstance orageuse. Chacun lui offrait sa personne et ses biens : tant étaient grandes la puissance et la faveur que cette maison s'était acquises par son mérite et ses libéralités ! A l'instant où cet événement éclata, René Pazzi se retira à sa maison de campagne. Informé de ses suites, il voulut fuir déguisé; mais il fut reconnu en chemin, arrêté et conduit à Florence. Jacques fut pris aussi au passage des Alpes. Les habitants de ces montagnes ayant appris ce qui s'était passé dans cette ville, et le voyant fuir, se jetèrent sur lui, le saisirent et l'y ramenèrent. Malgré les instances les plus pressantes, il ne put obtenir d'eux qu'ils le tuassent en route. Quatre jours après, Jacques et René furent condamnés à mort.

Parmi tant de gens qui périrent alors, et dont les cadavres étaient dispersés par lambeaux dans les rues, René excita seul la commisération, parce qu'il passait pour un homme doué de sagesse et de bonté, auquel on ne reprochait point cette hauteur dont les autres membres de cette famille étaient accusés. Afin que tout fût extraordinaire dans ce tragique événement, Jacques, inhumé d'abord dans la sépulture de ses ancêtres, en fut ensuite retiré comme frappé d'excommunication ; on l'enterra le long des murs de la ville. Retiré encore de cet endroit, son cadavre nu fut traîné dans les rues avec la corde qui avait servi à le faire périr. Enfin celui qui n'avait pu trouver de sépulture dans la terre fut jeté, par ceux-mêmes qui venaient de lui faire éprouver ces derniers outrages, dans le fleuve de l'Arno, dont les eaux étaient très-hautes en ce moment. Cet homme, précipité du sein de l'opulence et de la prospérité dans cet abîme de malheur, de destruction et d'infamie, offre un exemple bien frappant des vicissitudes de la fortune. Parmi quelques vices dont on l'accuse, il faut mettre la passion du jeu et l'habitude de blasphémer à un degré tel qu'on eût pu le reprocher à l'homme le plus corrompu ; il rachetait ses défauts par beaucoup d'aumônes, car il faisait d'abondantes largesses aux lieux de piété qui étaient dans le besoin. On peut encore dire à son avantage que le samedi, veille du jour où un si noir complot devait s'exécuter, il paya toutes ses dettes et remit avec une exactitude prodigieuse à leurs propriétaires, celles des marchandises qu'il avait à la douane et dans sa maison, et qui n'étaient point à lui, ne voulant exposer personne à partager sa disgrâce. Jean-Baptiste de Montesecco, après avoir subi un long examen, eut la tête tranchée. Napoleone Francesi échappa au supplice par la fuite. Guillaume Pazzi fut exilé. Ceux de ses cousins qui étaient encore en vie furent enfermés dans les cachots de la citadelle de Volterre. Après la fin des troubles et la punition des conjurés, on célébra les funérailles de Julien de Médicis. Il fut pleuré par tous les citoyens, parce que l'on avait vu en lui autant de libéralité et de sentiment d'humanité qu'on puisse en désirer dans tout autre homme, né au milieu d'une semblable fortune. Il naquit de lui, peu de jours après sa mort, un fils naturel qui fut nommé Jules[1], et dans lequel éclatèrent ce mérite et cette grandeur que la renommée publie partout en ce moment, et dont, si Dieu nous conserve vie, nous parlerons amplement lorsque nous aurons achevé le récit des événements actuels. Les troupes sous les ordres de Laurent de Castello, dans le Val di Teveré, et celles que commandait Jean-François de Tolentino, dans la Romagne, s'étaient

[1] Il fut pape sous le nom de Clément VIII.

réunies et mises en marche pour venir à Florence appuyer les Pazzi; mais lorsqu'elles apprirent que l'entreprise avait échoué, elles s'en retournèrent.

Le gouvernement de Florence n'ayant point éprouvé les changements désirés par le pape et le roi de Naples, ces deux souverains résolurent d'obtenir par une guerre ouverte ce qu'ils n'avaient pu gagner par des conjurations. L'un et l'autre s'empressèrent de rassembler leurs troupes pour attaquer les Florentins, en publiant qu'ils ne leur demandaient que l'éloignement de Laurent de Médicis, le seul d'entre eux qu'ils regardassent comme leur ennemi. L'armée du roi de Naples avait déjà passé le Tronto, et celle du pape était dans le Pérousin. Ce pontife, pour joindre les armes spirituelles aux temporelles, frappa les Florentins d'excommunication et d'anathème. Ceux-ci, voyant tant de forces marcher contre eux, n'omirent rien de ce qui devait assurer leur défense. Comme on disait que Laurent de Médicis était l'objet de cette guerre, celui-ci se détermina avant tout à réunir, avec les seigneurs assemblés dans le palais, les citoyens les plus distingués de la ville, au nombre de plus de trois cents, et il leur parla en ces termes :

« Je ne sais, magnifiques seigneurs, et vous » illustres citoyens, si je dois m'affliger avec » vous de ce qui s'est passé, ou si je dois m'en » réjouir. Lorsque je réfléchis à la perfidie et » à la fureur de ceux qui m'ont assailli, et qui » ont fait périr mon frère, la tristesse l'emporte, et mon âme est plongée dans la plus » profonde douleur; mais si je considère en- » suite l'empressement, le zèle, l'affection, » l'unanimité de vœux de toute la ville pour » venger mon frère et pour me défendre, je » ne puis m'empêcher de me livrer tout entier » à un sentiment intérieur d'exaltation et de » fierté. Il est certain que si l'expérience m'a » prouvé que j'avais plus d'ennemis dans cette » ville que je ne le croyais, elle m'a fait voir » aussi que j'y avais des amis plus ardents et » plus dévoués que je n'aurais osé m'en flatter. » Je suis donc forcé à gémir avec vous sur les » injures d'autrui, et à m'applaudir moi-même » de vos bontés à mon égard. Mais plus ces » injures sont inouïes, et sans que nous y ayons » donné sujet, plus elles doivent me causer

d'affliction. Voyez, illustres citoyens, à quel » degré de malheur notre maison avait été en- » traînée par une fortune contraire, puisqu'au » milieu de ses amis, de ses parents, même sous » la protection des églises, elle n'était plus en » sûreté. Ceux qui ont quelque sujet de crain- » dre pour leur vie implorent ordinairement » le secours de leurs amis, de leurs parents; » et nous, nous les avons trouvés armés pour » nous détruire; les églises offrent un asile as- » suré à tous ceux qui sont poursuivis pour des » raisons d'état ou pour des causes particu- » lières; mais ceux qui ont coutume d'être les » défenseurs naturels des autres sont devenus » des meurtriers pour nous; les Médicis ont » trouvé la mort dans le lieu où les parricides » et les assassins trouvent leur sûreté. Dieu, qui » n'a jamais abandonné notre maison, nous a » encore sauvés; il a protégé notre innocence. » En effet, quelqu'un a-t-il essuyé de notre » part un outrage capable d'allumer une telle » fureur de vengeance? Ceux qui se sont mon- » trés nos ennemis si acharnés ont-ils jamais » reçu de nous quelque offense particulière? » Si nous leur eussions fait éprouver de mau- » vais traitements, il ne leur eût pas été aussi » facile de nous attaquer. S'ils nous attribuent » les sujets de plainte que peut leur avoir » donné l'état, en supposant qu'ils en aient » eu, ce que j'ignore, c'est vous qu'ils offensent » plutôt que nous. Leur procédé est plus inju- » rieux pour ce palais, pour la majorité de ce » gouvernement, que pour notre maison, puis- » qu'il tend à prouver que vous maltraitez vos » concitoyens en notre faveur, et sans qu'ils » vous en aient donné aucun motif; ce qui est » en tout contraire à la vérité, parce que nous, » quand nous l'aurions pu, nous ne l'eus- » sions pas plus fait que vous ne l'eussiez souf- » fert quand nous l'aurions voulu. Quiconque » recherchera bien la vérité saura que notre » maison, élevée avec un assentiment si géné- » ral, n'a dû cet avantage qu'à ses efforts pour » l'emporter sur tous ses concitoyens par son » humanité, son obligeance et ses libéralités » envers eux. Si nous avons ainsi traité des » étrangers, comment aurions-nous outragé nos » parents? Si la passion de dominer les a portés » à en agir ainsi, comme ils l'ont prouvé en » s'emparant du palais, en paraissant armés

» sur la place, on voit combien cette ambition
» était tout à la fois absurde et condamnable.
» S'ils ont été guidés par leur haine et leur ja-
» lousie contre notre pouvoir, ce n'était point
» nous qu'ils insultaient, mais vous-mêmes,
» dont nous tenions ce pouvoir. Sans doute,
» toute autorité doit être détestée quand elle
» n'est que le fruit de l'usurpation; mais peut-
» on traiter ainsi celle qui n'est due qu'à la gé-
» nérosité, à la douceur et à la munificence?
» Vous savez que notre maison ne s'éleva jamais
» à aucun degré d'honneur qu'elle n'y ait été
» portée par cette seigneurie et par votre con-
» sentement unanime. Ce furent vos vœux
» réunis, et non les armes et la violence, qui rap-
» pelèrent Cosme, mon aïeul, de son exil. Mon
» père, âgé et infirme, ne put se défendre seul
» contre tant d'ennemis; mais votre autorité
» et votre bienveillance lui servirent de bou-
» clier. Après sa mort, j'étais encore trop jeune
» pour pouvoir soutenir le rang de ma maison,
» si vos conseils n'eussent secouru mon inexpé-
» rience. Ma famille n'aurait pu et ne pourrait
» diriger cette république, si vous ne l'eussiez
» aidée et si vous ne l'aidiez encore à manier
» les rênes du gouvernement. J'ignore sur
» quoi peuvent être fondés le ressentiment et
» la jalousie de nos ennemis contre nous. Qu'ils
» accusent leurs ancêtres, qui ont perdu par leur
» orgueil et leur avarice le crédit que les nô-
» tres se sont acquis par une conduite opposée!
» Mais, en supposant que nous leur ayons donné
» de justes raisons de se plaindre de nous et
» de souhaiter notre ruine, pourquoi s'en
» prennent-ils à ce palais? Pourquoi se liguent-
» ils avec le pape et le roi de Naples contre la
» liberté de cette république? Pourquoi vien-
» nent-ils troubler la paix dont l'Italie jouissait
» depuis longtemps? Ils sont sans excuse; car
» ils devaient attaquer ceux par qui ils se
» croyaient offensés, et ne point confondre les
» inimitiés particulières avec les injures publi-
» ques. Il résulte de là que leur perte augmente
» notre malheur, puisque c'est pour eux que
» le pape et le roi font marcher leurs troupes
» vers Florence, en affirmant que cette guerre
» n'est dirigée que contre ma maison et contre
» moi. Plût à Dieu qu'ils disent vrai! le remède
» serait prompt et certain. Je ne serais pas assez
« mauvais citoyen pour préférer ma propre

» conservation aux dangers de l'état, et je me
» sacrifierais volontiers pour dissiper l'orage
» qui vous menace. Mais comme ceux qui ont
» la puissance en main colorent toujours leurs
» injustices de quelque prétexte honnête, nos
» ennemis cherchent à couvrir leurs projets am-
» bitieux du même voile. Néanmoins, si vous en
» jugez autrement, je me remets à votre dis-
» position; vous pouvez me servir d'appui,
» ou m'abandonner. Vous êtes mes pères et
» mes défenseurs : je me soumettrai toujours
» avec plaisir à votre volonté. Vous me voyez
» tout prêt, si vous le jugez utile, à éteindre
» de mon sang le feu d'une guerre commencée
» par l'effusion de celui de mon frère. »

Les citoyens qui composaient cette assemblée
ne purent retenir leurs larmes pendant le discours de Laurent de Médicis. L'un d'eux,
chargé de lui répondre, le fit avec toute la sensibilité que l'on avait éprouvée en l'entendant.
Il lui dit que Florence était reconnaissante des
importants services qu'elle avait reçus de lui et
des siens; il l'engagea à bannir toute inquiétude, en l'assurant qu'ils défendraient son
crédit et son autorité avec le même empressement qu'ils avaient mis à sauver ses jours et à
venger la mort de son frère, et qu'ils sauraient
lui conserver le pouvoir dont il jouissait dans
leur patrie tant qu'ils existeraient eux-mêmes.
Et pour que les effets suivissent les promesses,
ils lui firent donner par l'état une garde composée d'un certain nombre d'hommes armés,
pour le mettre à couvert des embûches intérieures qu'on pourrait lui dresser.

On s'occupa ensuite de la guerre, en rassemblant autant de troupes et d'argent qu'il fut
possible d'en trouver. En vertu de la ligue faite
avec le duc de Milan et les Vénitiens, on
envoya demander des secours à ces deux puissances. Comme le pape leur parut s'être conduit à leur égard plutôt avec la violence d'un
ennemi qu'avec la mesure qui convenait à un
pontife, et qu'ils ne voulaient point se montrer
en coupables, ils employèrent pour leur justification tous les moyens qui leur semblèrent
propres à ce but. Ils l'accusèrent, dans l'I-
talie entière, de trahison envers leur gouvernement, d'impiété et d'injustice; ils prouvèrent
combien ce pontife faisait mauvais usage d'une
dignité qu'il n'avait obtenue que par des voies

illégitimes ; qu'il avait envoyé des hommes élevés par lui aux premières prélatures, avec des traîtres et des parricides, pour commettre un crime aussi atroce que l'assassinat dans une église, pendant l'office divin, au milieu de la célébration du saint sacrifice ; qu'il menaçait Florence des foudres de l'Église et prononçait un décret d'interdiction sur cette ville, pour n'avoir pu faire périr ses citoyens, changer son gouvernement et consommer sa perte au gré de ses désirs ; ils ajoutaient que le Dieu de justice, ennemi de toute violence, devait l'être de celle de son vicaire, et permettre à des hommes offensés de s'adresser à lui, puisqu'ils ne pouvaient plus recourir à ce pontife.

Les Florentins, loin de se soumettre à l'interdit, forcèrent les prêtres à célébrer l'office divin comme auparavant. Ils assemblèrent dans leur ville un concile de tous les prélats de la Toscane qui étaient sous leur domination, et ils y appelèrent des injustices du pape au futur concile général. Le pape de son côté ne manquait pas de raisons pour justifier sa conduite ; il disait qu'il était de son devoir, comme pontife, de travailler au renversement de la tyrannie, à la répression des méchants, à la prospérité des gens de bien, et qu'il devait y employer tous les moyens convenables ; mais qu'il ne pensait pas qu'il fût du devoir des princes séculiers d'emprisonner des cardinaux, de pendre des évêques, de tuer, de mettre en pièces des prêtres, de les traîner dans les rues, et de massacrer les innocents et les coupables sans distinction.

Cependant, au milieu de ces différends et de ces accusations, les Florentins rendirent au pape le cardinal qu'ils avaient en leur pouvoir. Alors Sixte IV les fit attaquer sans ménagement, par toutes ses troupes et par celles du roi de Naples. Les deux armées, sous le commandement d'Alphonse, fils aîné de Ferdinand, et duc de Calabre, ainsi que sous celui de Frédéric, comte d'Urbin, entrèrent dans le Chianti par les terres des Siennois, qui étaient du parti ennemi, s'emparèrent de Radda ainsi que de plusieurs autres châteaux, et ravagèrent tout le pays ; de là elles allèrent assiéger Castellina. Ces agressions effrayèrent les Florentins, parce qu'ils n'avaient pas de troupes, et que leurs alliés ne se pressaient point de leur procurer des secours. En supposant qu'ils eussent à en attendre du duc, ils savaient que les Vénitiens s'y étaient refusés, alléguant que par leur traité ils ne devaient point en fournir pour des affaires particulières, ni dans une guerre entreprise contre quelques citoyens, pour des inimitiés privées, dont l'état ne devait pas se mêler. Pour tâcher de les ramener à des idées plus vraies, les Florentins leur députèrent Thomas Soderini, et en attendant ils prirent des troupes à leur solde, et choisirent pour général Hercule, marquis de Ferrare.

Comme ils étaient occupés de ces préparatifs, les ennemis redoublèrent tellement leurs efforts contre Castellina, que les habitants, désespérant d'être secourus, se rendirent après quarante jours de siége. Cette armée, se tournant ensuite du côté d'Arezzo, alla camper devant Monte San-Savino. Les troupes des Florentins étaient déjà en marche ; elles s'avancèrent à la rencontre de l'ennemi, et s'en approchèrent à la distance de trois milles seulement, ce qui le gênait au point, que Frédéric d'Urbin demanda une trève de quelques jours. Les Florentins la lui accordèrent, quoiqu'elle leur fût si désavantageuse, que ceux même qui la demandaient furent surpris de l'avoir obtenue : en effet, le refus les eût forcés à une retraite honteuse. Après l'expiration de cette trève, dont ils avaient profité pour remettre leurs troupes en bon état, les ennemis de Florence s'emparèrent de Monte San-Savino, à la vue de son armée. La mauvaise saison les fit ensuite retirer ; il se procurèrent de bons quartiers d'hiver dans le Siennois. Les Florentins allèrent aussi chercher les plus commodes qu'ils purent trouver, et le marquis de Ferrare retourna dans ses états, n'ayant recueilli que fort peu d'avantages pour soi, et moins encore pour les Florentins.

C'est dans ce temps-là même que Gênes se révolta contre Milan ; voici quelle en fut la cause. Après la mort de Galeas, Jean Galeas son fils étant encore trop jeune pour gouverner lui-même, il s'éleva des divisions entre Sforce, Louis [1], Octavien et Ascagne, ses oncles, et Bona, sa mère. Chacun voulait être régent du jeune duc ; Bona, duchesse douairière, l'emporta.

[1] C'est celui qui est connu sous le nom de Louis le Maure.

par les conseils de Thomas Soderini, alors ambassadeur des Florentins à Milan; et par ceux de Cecco Simonetta, qui avait été secrétaire de Galeas. Alors les Sforce s'enfuirent de Milan. Octavien se noya au passage de l'Adda, et les autres furent exilés en différents endroits, ainsi que Robert, seigneur de San-Severino, qui, dans ces contestations, avait abandonné la duchesse pour s'attacher à ses beaux-frères. Des troubles s'étant ensuite élevés en Toscane, ces princes espérèrent changer leur sort en courant de nouveaux hasards. Ils rompirent leur ban, et chacun d'eux fit quelque nouvelle tentative pour recouvrer son premier état.

Ferdinand, roi de Naples, voyant que les Florentins au milieu de leurs dangers, n'avaient reçu de secours que de Milan, voulut encore les priver de cette ressource. Il projeta, pour y réussir, d'occuper tellement la duchesse dans ses propres états, qu'elle ne pût donner des secours à cette république. Par le moyen de Prosper Adorno, de Robert, seigneur de San-Severino et des Sforce, il fit révolter Gênes contre le duc de Milan. Il ne restait plus à ce dernier que le petit château à l'aide duquel la duchesse espérait pouvoir reconquérir la ville. Elle y envoya beaucoup de troupes qui furent mises en déroute. Frappée alors du péril dont les états de son fils étaient menacés, ainsi qu'elle, si cette guerre continuait, surtout au milieu des troubles de la Toscane et des embarras des Florentins qui lui ôtaient son unique espoir, la duchesse se décida à rechercher comme alliés es Génois, qu'elle ne pouvait plus avoir pour sujets. Elle convint avec Battistino Fregoso, ennemi de Prosper Adorno, de lui céder le Castelletto, et de le faire seigneur de Gênes, pourvu qu'il en chassât Prosper, et qu'il n'accordât aucune grâce aux Sforce rebelles. Après cette convention, Battistino, à l'aide de ce fort, et secondé par son parti, se rendit maître de Gênes, et y prit le titre de doge, titre usité à Gênes. Les Sforce et Robert, chassés de cette ville, vinrent avec les troupes qui les suivirent dans la Lunigiane. Le pape et le roi, voyant les mouvements de la Lombardie apaisés, profitèrent de leur arrivée pour en exciter dans la Toscane, du côté de Pise, afin d'affaiblir les Florentins, en les contraignant à diviser leurs forces. Ils engagèrent donc, après l'hiver, les Sforce et

Robert à sortir de la Lunigiane avec leurs troupes, pour aller envahir le territoire de Pise. Robert y commit les plus grands ravages; il prit et saccagea plusieurs châteaux, et porta la désolation et le pillage jusqu'auprès de la ville de Pise.

L'empereur et les rois de France et de Hongrie envoyèrent au pape à cette époque des ambassadeurs qui passèrent à Florence; ils persuadèrent aux Florentins d'envoyer aussi des députés à Rome, leur promettant de faire leurs efforts pour terminer cette guerre par une paix avantageuse et solide. Les Florentins consentirent à cette démarche, afin de justifier leur conduite et montrer combien ils aimaient la paix. Ceux qu'ils avaient députés revinrent sans avoir rien conclu. Abandonnée d'une partie de l'Italie, attaquée par l'autre, Florence voulut s'appuyer au moins du nom du roi de France. Elle envoya donc pour ambassadeur auprès de ce monarque Donato Acciajuoli, homme très-versé dans les lettres grecques et latines, et dont les ancêtres avaient toujours tenu un rang considérable dans l'état. Cet ambassadeur se mit en route, mais il mourut à Milan. Pour récompenser sa famille et honorer sa mémoire, la patrie célébra ses obsèques avec beaucoup de pompe, et aux dépens du public [1]; elle accorda des exemptions à ses fils et une dot convenable pour marier ses filles. Il fut remplacé dans cette ambassade par Guido Antonio Vespucci, savant dans le droit civil et canon.

L'invasion du territoire de Pise, par Robert, répandit l'alarme à Florence, ce qui arrive toujours dans les événements imprévus. Les Florentins, ayant à soutenir une guerre très-vive dans le Siennois, ne voyaient pas comment ils pourraient défendre Pise; cependant ils y envoyèrent des officiers, des provisions et d'autres moyens de défense. Ils députèrent à ceux de Lucques Pierre de Gino, fils de Neri Capponi, pour les retenir dans le devoir, et les empêcher de fournir de l'argent ou des vivres à l'ennemi; mais il fut fort mal accueilli. La haine des Lucquois contre les Florentins, à cause des

---

[1] Ce Donato Acciajuoli était d'une naissance illustre et homme de lettres. Florence fit à l'égard de ses enfants ce qu'Athènes avait fait pour ceux d'Aristide : elle maria ses filles. Il avait traduit les Vies des grands hommes de Plutarque en latin, et a publié une vie de Charlemagne dans la même langue.

mauvais traitements qu'ils en avaient reçus autrefois, et de la crainte continuelle que Florence leur inspirait, rendit sa présence à Lucques si suspecte, qu'il faillit plusieurs fois être victime de la fureur populaire. L'arrivée de Pierre servit donc plutôt à aigrir les ressentimens qu'à rétablir la bonne intelligence entre ces deux villes. Les Florentins rappelèrent le marquis de Ferrare, prirent à leur solde le marquis de Mantoue, et demandèrent avec instance aux Vénitiens le comte Charles, fils de Braccio, et Deifebo, fils du comte Jacques. Après bien des pourparlers, le sénat de Venise finit par les leur accorder. Comme ce sénat avait fait une trève avec les Turcs, et qu'il ne pouvait plus alléguer d'excuses plausibles, il eut honte de se refuser à exécuter les conventions de la ligue. Le comte Charles et Deifebo se mirent donc en route; ils amenèrent un assez grand nombre de troupes, les réunirent à celles qu'ils purent détacher de l'armée qui tenait tête au duc de Calabre, sous les ordres du marquis de Ferrare, et marchèrent du côté de Pise, pour chercher Robert, qui était campé près de la rivière du Serchio. Celui-ci feignit d'abord de vouloir les attendre, mais il finit par se retirer dans ses quartiers de la Lunigiane, d'où il était sorti pour entrer sur le territoire de Pise. Après son départ, le comte Charles reconquit toutes les terres envahies par l'ennemi sur cette ville de Pise.

Les Florentins, ne craignant plus rien de ce côté, rassemblèrent leurs troupes entre Collé et San-Giminiano. Mais comme, depuis l'arrivée du comte Charles, il se trouvait dans leur armée des hommes qui avaient combattu sous Sforce, et d'autres sous Braccio, les anciennes inimitiés se réveillèrent. Les deux partis en seraient probablement venus aux mains s'ils fussent restés plus longtemps ensemble; pour l'empêcher, on résolut de diviser les troupes. Une partie fut envoyée sous le comte Charles dans le Pérousin; l'autre eut ordre de s'arrêter à Poggibonzi et de s'y fortifier, pour empêcher l'ennemi de pénétrer sur les terres de Florence. Ils pensèrent que cette division forcerait aussi l'ennemi à partager son armée, parce qu'ils espéraient que le comte Charles s'emparerait de Pérouse, où ils croyaient avoir beaucoup de partisans; ils espéraient du moins que le pape serait contraint d'y faire passer des forces considérables pour sa défense. Afin d'embarrasser de plus en plus ce pontife, ils ordonnèrent à Nicolas Vitelli, expulsé de Città-di-Castello, où dominait Laurent son adversaire, de s'approcher de cette place avec des troupes et de tâcher de la soustraire à l'obéissance du saint-siége, après en avoir chassé Laurent. Dans ces premiers momens, la fortune parut se déclarer en faveur des Florentins; le comte Charles faisait des progrès considérables dans le Pérousin, et Nicolas Vitelli, quoiqu'il n'eût pu prendre Castello, était maître de la campagne et pillait sans obstacle les environs de cette ville. Les troupes restées à Poggibonzi faisaient tous les jours des incursions jusque sous les murs de Sienne. Toutes ces espérances finirent cependant par s'évanouir. La mort enleva le comte Charles dans le cours de ses victoires. Cette mort eût été utile aux Florentins, s'ils eussent su profiter de la victoire dont elle fut la cause. Lorsque l'on apprit que le comte n'existait plus, les troupes du saint-siége, rassemblées auparavant à Pérouse, se mirent en marche, et vinrent camper à trois milles des Florentins, espérant qu'elles pourraient alors obtenir facilement l'avantage sur eux. Jacques Guicciardini, commissaire de l'armée de la république, et Robert, seigneur de Rimini, qui en était devenu le général en chef et le guerrier le plus célèbre depuis la mort du comte Charles, instruits de ce qui donnait à leurs ennemis une présomption si orgueilleuse, résolurent de les attendre. La bataille s'engagea près du lac où Annibal, général carthaginois, avait fait essuyer aux Romains une défaite si mémorable. Les troupes du saint-siége y furent complétement battues. La nouvelle de cette victoire fut reçue dans Florence avec des transports de joie, et elle fit infiniment d'honneur aux chefs de l'armée. Cet événement eût été tout à la fois glorieux et utile si les désordres survenus dans l'armée qui était à Poggibonzi n'en eussent fait perdre tout le fruit. Ainsi l'avantage procuré aux Florentins par une partie de leurs troupes fut détruit par l'autre. Ces désordres furent excités par les divisions entre le marquis de Ferrare et le marquis de Mantoue, lorsqu'il fut question de partager le butin fait sur les terres des Siennois. Ces deux capitaines ayant eu recours à la voie des armes, se poursuivirent avec tant d'acharnement, que les Florentins, jugeant qu'il serait impossible de tirer de ces généraux le moindre service tant qu'ils seraient ensemble, laissèrent le marquis de Ferrare retourner chez lui avec ses troupes.

Cette armée étant affaiblie, sans chef et sans discipline, le duc de Calabre, qui était alors près de Sienne, se décida à venir l'attaquer. Ce qu'il avait prévu arriva. Les Florentins, sans être rassurés par leur supériorité, par leur nombre, par leur position, qui était très-avantageuse, n'attendirent point l'ennemi. Avant même de l'apercevoir ils prirent la fuite, abandonnant munitions, chariots et artillerie. Les exemples d'une pareille lâcheté étaient alors très-fréquents. Un cheval qui tournait la tête ou la croupe suffisait pour faire gagner ou perdre une bataille. Les soldats du roi de Naples firent un butin immense. Cette déroute consterna les Florentins. Florence était affligée non seulement par la guerre, mais encore par une peste très-meurtrière, aux fureurs de laquelle tous les citoyens cherchaient à se dérober en se retirant dans leurs maisons de campagne. Ce qui rendit cette défaite encore plus fâcheuse fut de voir aussitôt accourir à Florence ceux des citoyens qui s'étaient retirés dans le Val de Pesa, et le Val d'Elsa, où ils avaient leurs possessions, apportant avec eux leurs enfants, leurs effets, et suivis des cultivateurs de ces cantons. On paraissait craindre à chaque instant que l'ennemi ne se présentât aux portes de cette ville. Ceux auxquels on avait confié la direction de la guerre, témoins de ce désordre, commandèrent aux troupes victorieuses dans le Pérousin d'abandonner leur entreprise contre Pérouse, et de se rendre dans le Val d'Elsa, pour y arrêter les progrès de l'ennemi qui, depuis sa victoire, ravageait cette contrée sans rencontrer d'obstacle. Ces troupes serraient la ville de Pérouse de si près que l'on s'attendait à la voir tomber en leur pouvoir au premier moment. Florence voulut néanmoins qu'elles vinssent défendre ses possessions avant de s'emparer de celles des autres. Forcées de renoncer au fruit de leurs heureux succès, elles furent menées à San-Casciano, forteresse située à

huit milles de Florence. Cette position fut jugée nécessaire pour tenir tête à l'ennemi, en attendant que l'on eût rassemblé les débris de l'armée mise en déroute. D'un autre côté, ceux des ennemis qui étaient à Pérouse, délivrés par la retraite des Florentins, en devinrent plus audacieux et firent chaque jour beaucoup de butin sur les terres d'Arezzo et de Cortone. Les autres, qui avaient vaincu à Poggibonzi sous les ordres du duc de Calabre, s'étaient d'abord emparés de Poggibonzi, puis de Vico, et avaient livré au pillage Certaldo. Après ces expéditions et ces ravages, ils allèrent camper devant le château de Collé, qui passait dans ce temps-là pour très bien fortifié; il était défendu par des hommes fidèlement attachés aux Florentins. Il fut donc en état de tenir contre les efforts de l'ennemi jusques au moment où Florence aurait rassemblé toutes ses troupes à San-Casciano. Lorsqu'elles y furent réunies, on prit la résolution de s'approcher de l'ennemi qui redoublait ses attaques contre le château de Collé, afin de ranimer le courage de ceux qui le défendaient. Les Florentins espéraient aussi que leur voisinage diminuerait l'ardeur des assiégeants, en les obligeant à se mettre davantage sur leurs gardes. Après cette détermination, ils allèrent de San-Casciano à San-Giminiano, qui n'est éloigné de Collé que de cinq milles. De-là ils inquiétaient tous les jours le camp du duc de Calabre avec leur cavalerie ou leurs autres troupes légères. Néanmoins ce secours ne fut pas suffisant pour les habitants de Collé, qui manquaient de munitions. Ils se virent donc contraints de se rendre le 13 novembre, ce qui fit infiniment de peine aux Florentins, et grand plaisir à leurs ennemis, surtout aux Siennois, qui avaient une haine particulière contre Collé, indépendamment de celle qu'ils nourrissaient en général contre la république de Florence.

La rigueur de l'hiver se faisait sentir, et la saison était peu propre à la guerre. Le pape et le roi de Naples, soit pour faire naître l'espérance de la paix, soit qu'ils voulussent jouir plus tranquillement de leurs victoires, offrirent aux Florentins une trève de trois mois. Ils leur accordèrent un délai de dix jours pour répondre à leur proposition, qui fut acceptée sur-le-champ. De même que ceux qui sont blessés éprouvent, quand le sang s'est refroidi, une douleur plus aiguë qu'ils ne l'avaient éprouvée au moment même où ils recevaient leur blessure, il en arriva tout autant aux Florentins. Cet instant de repos leur fit mieux connaître toute l'étendue de leurs maux. Les citoyens s'accusaient l'un l'autre, sans égard et sans aucune réserve. Ils démontraient les fautes commises dans cette guerre, retraçaient les dépenses inutiles et les contributions injustes dont on avait accablé Florence. Ces plaintes se faisaient entendre avec chaleur, non seulement dans les cercles particuliers, mais encore dans les conseils publics. L'un des mécontents porta la hardiesse jusques à dire, en se tournant vers Laurent de Médicis : « Cette ville est fatiguée et ne veut plus de » guerre; il faut donc songer à la paix. »

Laurent, voyant jusqu'à quel point les esprits étaient montés, tint conseil avec ceux de ses amis qui lui semblèrent les plus dévoués et les plus sages. La froideur des Vénitiens, et leur peu de fidélité; la trop grande jeunesse du duc de Milan, occupé par des divisions intestines, leur firent conclure d'abord qu'il fallait tenter une fortune nouvelle, en cherchant d'autres alliés; mais ils étaient incertains s'ils se remettraient entre les mains du pape ou du roi de Naples. Après y avoir bien réfléchi, ils se décidèrent pour l'alliance du roi, comme plus sûre et plus durable. La brièveté de la vie des souverains pontifes, les changements introduits par leurs successeurs, le peu de crainte que les princes inspirent au saint-siége, la facilité de l'Église à changer de parti, tout cela fait qu'un prince ne peut mettre une confiance entière dans ses liaisons avec un souverain pontife, ni associer en sûreté son sort au sien. Si vous courez avec lui, comme allié, les chances de la guerre et les mêmes dangers, il partagera avec vous les avantages de la victoire, et vous abandonnera dans la défaite, toujours sûr d'être soutenu personnellement par son crédit et sa puissance spirituelle.

Étant donc persuadés que le parti le plus avantageux était de s'attacher au roi, ils furent d'avis que la présence de Laurent serait le moyen d'y réussir, parce que plus on développerait de générosité auprès de ce prince,

moins on aurait de peine à lui faire oublier les inimitiés anciennes. Laurent, décidé à se charger de cette mission, remit les soins de la ville et de l'état à Thomas Soderini, qui était alors gonfalonnier de justice, et partit de Florence au commencement de décembre. Arrivé à Pise, il écrivit à la seigneurie le sujet de son départ. Les seigneurs, pour honorer sa personne et le mettre en situation de déployer un caractère plus imposant lorsqu'il traiterait de la paix avec le roi, le firent nommer ambassadeur de la république auprès de ce prince, et lui donnèrent plein pouvoir de faire alliance avec lui, aux conditions qu'il jugerait les plus convenables.

Cependant Robert, seigneur de San-Severino, ainsi que Louis et Ascagne, attaquèrent de nouveau les états de Milan, à l'occasion de la mort de leur frère Sforce, afin de pouvoir s'emparer du gouvernement. Lorsque Tortone fut prise et que tout le Milanais fut en armes, on conseilla à la duchesse Bona d'acquiescer aux désirs des Sforce, pour faire cesser ces dissensions civiles. Le principal auteur de cet avis fut Antoine Tassino de Ferrare; cet homme, de basse extraction, étant venu à Milan, se présenta chez le duc Galéas, qui l'avait donné à la duchesse pour valet de chambre. Soit par la beauté de son extérieur, soit par quelque autre mérite secret, après la mort du duc, il prit tant d'ascendant sur l'esprit de la duchesse, qu'il était en quelque sorte à la tête du gouvernement. Son crédit déplut extrêmement à Cecco, homme d'une sagesse et d'une expérience consommées. Il chercha donc, toutes les fois qu'il en put trouver l'occasion, auprès de la duchesse et des autres membres du gouvernement, à diminuer l'influence de Tassino. Celui-ci s'en aperçut; pour se venger de cette injure et se procurer des défenseurs contre Cecco, il excita la duchesse à rappeler les Sforce, ce qu'elle fit d'après son conseil, sans en parler à Cecco; celui-ci lui dit en l'apprenant: « Vous avez pris un parti qui me fera perdre » la vie, et vous dépouillera de vos états. » Cette prédiction eut bientôt son effet. Louis Sforce fit périr Cecco; Tassino même fut chassé peu de temps après; la duchesse en fut si courroucée, qu'elle quitta Milan, et remit les états de son fils entre les mains de Louis. Ce dernier, resté seul maître du duché de Milan, devint, comme nous le verrons ci-après, la cause de la ruine de l'Italie.

Laurent de Médicis était allé à Naples. Le terme de la trève s'avançait, quand, par un événement inattendu, Louis Fregose pénètre furtivement dans Serezana avec des gens armés, à l'aide d'une intelligence qu'il avait dans la place, s'en empare, et y fait prisonniers tous les hommes que les Florentins y avaient placés. Les chefs du gouvernement de Florence furent vivement affectés de la prise de cette place, qu'ils attribuèrent à des ordres secrets du roi Ferdinand. Ils se plaignirent au duc de Calabre, qui était à Sienne avec son armée, de ce qu'on avait recommencé les hostilités pendant la durée de la trève. Le duc leur écrivit et leur envoya des députés pour les assurer que le roi son père n'y avait eu aucune part.

Cependant les Florentins se trouvaient dans une position très-alarmante; épuisés d'argent, privés des secours du chef de leur république qui était entre les mains du roi de Naples, obligés de soutenir la guerre ancienne avec Sixte et Ferdinand, et une nouvelle avec les Génois, ils se voyaient sans alliés, car ils n'attendaient rien des Vénitiens, et avaient plus à craindre qu'à espérer du gouvernement chancelant et incertain de Milan. Ils ne comptaient plus que sur le traité d'alliance que Laurent de Médicis pourrait conclure avec le roi de Naples.

Laurent arriva dans cette ville par mer; il y reçut un accueil très-favorable, non-seulement du roi, mais encore de tous les habitants. On témoignait un grand empressement pour voir un homme dont la perte avait été l'objet d'une guerre aussi importante. La puissance de ses ennemis ajoutait beaucoup à sa grandeur; mais lorsqu'il fut en présence du roi, et qu'il l'entretint de la situation politique de l'Italie, des intérêts et du caractère de ses princes et de ses peuples, de ce que l'on devait attendre de la paix et craindre de la guerre, ce prince, après l'avoir entendu, fut plus surpris encore de l'élévation de son âme, de la sagacité de son esprit, de la solidité de son jugement, qu'il ne l'avait été d'abord de le voir soutenir seul le poids d'une si grande guerre. Le roi le traita dès ce moment avec encore plus de distinction qu'il ne l'avait fait auparavant, et commença à songer

aux moyens de l'avoir plutôt pour ami que pour ennemi. Il le retint sous différents prétextes, depuis le mois de décembre jusques au mois de mars suivant, non-seulement afin de le connaître mieux encore, mais aussi pour voir ce qui se passait à Florence dans cet intervalle. Laurent n'y manquait pas d'adversaires qui eussent bien voulu que le roi l'eût empêché de revenir, et l'eût traité comme Jacques Piccinnino. Ils parlaient dans toute la ville de la prolongation de son séjour à Naples, avec l'air de l'inquiétude et du regret; mais en même temps, dans les délibérations publiques, ils s'opposaient à tout ce qui pouvait lui être favorable. Leur manière d'agir avait fait répandre le bruit que si le roi retenait longtemps Laurent de Médicis à Naples, le gouvernement de Florence serait changé. Ces bruits furent cause que ce prince différa le départ de Laurent, afin de voir s'il s'élèverait quelques troubles dans la république. Comme la tranquillité continua à y régner, il lui permit de partir le 6 mars 1480, après se l'être attaché par toute sorte de bienfaits et de témoignages d'affection, et avoir fait avec lui un traité durable et également utile aux deux états. Laurent de Médicis rentra dans Florence couvert de gloire, et beaucoup plus grand encore qu'il n'en était parti. Il y fut reçu au milieu des transports d'allégresse dont il était digne par ses éminentes qualités, ainsi que par les services qu'il venait de rendre, en exposant ses jours pour procurer la paix à sa patrie. Le surlendemain de son arrivée on publia le traité conclu par lui entre la république de Florence et le royaume de Naples. Les deux parties contractantes s'y engageaient réciproquement à la garantie de leurs états. On laissait à la volonté du roi la restitution des places qu'il avait enlevées aux Florentins pendant cette guerre. Florence devait remettre en liberté les Pazzi, enfermés dans la tour de Volterra, et payer pendant un certain temps une somme convenue au duc de Calabre.

A la nouvelle de cette paix, le pape et les Vénitiens en témoignèrent leur mécontentement. Le pape se plaignait du peu d'égard que le roi de Naples avait eu pour lui; les Vénitiens disaient qu'ayant concouru à cette guerre avec les Florentins, ils auraient dû

LIVRE HUITIÈME.

avoir quelque part au traité. Quand on fut informé de ce mécontentement à Florence, chacun craignit que cette paix ne devînt la source d'une guerre plus fâcheuse que la précédente. Les principaux membres du gouvernement pensèrent alors qu'il fallait en confier la conduite à moins d'individus et appeler un moindre nombre de personnes dans les grandes délibérations. Ils établirent un conseil de soixante-dix citoyens, et lui donnèrent le pouvoir le plus étendu pour traiter les affaires importantes. Cette réforme contint ceux qui auraient voulu tenter des innovations. Pour s'attirer l'estime et la confiance, ce conseil commença par accepter la paix que Laurent avait conclue avec le roi de Naples. Il envoya ensuite une ambassade à ce prince et une autre au pape. Pierre Nasi fut chargé de celle-ci, et Antoine Ridofi de l'autre.

Cependant, malgré le traité, le duc de Calabre restait toujours à Sienne avec son armée ; il disait qu'il y était retenu par les dissensions civiles qui agitaient cette ville. Ce duc était d'abord campé en dehors de la ville ; mais les divisions intestines s'accrurent au point qu'il fut prié d'y rentrer et d'y remplir les fonctions d'arbitre. Ce prince saisit cette occasion pour condamner plusieurs citoyens à des amendes, plusieurs autres à l'emprisonnement, un grand nombre à l'exil, et quelques-uns à la mort. Cette conduite fit craindre non-seulement aux Siennois, mais encore aux Florentins, qu'il n'eût le dessein de se rendre souverain de cette ville. Florence ne pouvait s'y opposer à cause de ses nouvelles liaisons avec le roi de Naples et des ressentiments du pape et des Vénitiens contre elle. Le peuple de Florence, d'une prévoyance, d'une pénétration reconnues, n'était pas néanmoins seul dans l'inquiétude ; ses craintes étaient partagées par les chefs de l'état. Chacun assurait que Florence n'avait jamais été exposée à un plus grand péril de perdre sa liberté ; mais Dieu, qui a toujours pris un soin particulier de sa conservation dans de semblables extrémités, permit qu'il survînt un accident imprévu qui obligea le pape, le roi et les Vénitiens à s'occuper d'intérêts bien plus importants encore que les affaires de la Toscane.

Mahomet, empereur des Turcs, avait assiégé Rhodes[1] pendant plusieurs mois. Quoique son armée fût très-nombreuse et qu'elle développât infiniment de courage et d'opiniâtreté dans son entreprise contre cette place, les assiégés l'emportèrent encore sur elle par la valeur avec laquelle ils repoussèrent ses assauts, et contraignirent Mahomet à lever honteusement ce siège. Lorsqu'il eut quitté Rhodes, une partie de ses troupes, commandée par le pacha Achmet, se porta vers la Valona[2]. Soit qu'il fût tenté par la facilité du succès, soit qu'il en eût reçu l'ordre du sultan, ce pacha, côtoyant l'Italie, y débarqua tout-à-coup quatre mille hommes, attaqua la ville d'Otrante, la prit, la livra au pillage, et en fit périr tous les habitants ; ensuite il fortifia le mieux qu'il put cette ville ainsi que son port, et rassembla beaucoup de cavalerie qui parcourait et dévastait tous les environs. Le roi de Naples, effrayé d'une attaque aussi vive, et faite au nom d'un prince aussi puissant, envoya des courriers de toutes parts pour en répandre la nouvelle, et demander des secours contre l'ennemi commun. Il se hâta en même temps de rappeler le duc de Calabre, qui était à Sienne avec ses troupes, et eut ordre de les ramener promptement.

Autant cette entreprise des Turcs causa d'inquiétude au duc de Milan et au reste de l'Italie, autant elle fit de plaisir aux Florentins et aux Siennois. Ceux-ci pensaient avoir reconquis la liberté, et les autres se croyaient délivrés du danger de la perdre. Cette opinion s'accrut par les plaintes du duc quand il se vit forcé de quitter Sienne. Il accusa la fortune de lui avoir enlevé l'empire de la Toscane par un événement fortuit et auquel on ne devait pas raisonnablement s'attendre. Le pape changea aussi de dispositions ; il n'avait voulu auparavant donner audience à aucun envoyé des Florentins. Il s'adoucit alors, et écouta tous ceux qui lui parlèrent de la nécessité d'une paix géné-

[1] Le 23 mai 1480, le pacha Misach Paleologue vint avec une flotte de 160 vaisseaux, et une armée de terre de cent mille hommes, attaquer Rhodes, où les chevaliers de Saint-Jean de Jérusalem étaient établis depuis 1310. Après quatre-vingt-neuf jours de siége, les Turcs furent obligés de fuir et de se rembarquer, laissant neuf mille morts et emmenant quinze mille blessés. Cette même île fut prise par Soliman II, en 1522.

[2] Ville sur la côte d'Albanie près des montagnes de la Chimera, à soixante-dix milles d'Otrante ; l'ancien *Aulon* de Ptolomée.

rale. Les Florentins reçurent l'assurance qu'en faisant leurs soumissions à ce pontife, ils le trouveraient disposé à leur pardonner le passé. Ne croyant pas devoir laisser échapper cette occasion, ils lui envoyèrent douze ambassadeurs. A leur arrivée à Rome, le pape, sous divers prétextes, différa de leur accorder audience. On finit cependant par s'accorder sur la manière dont on vivrait ensemble à l'avenir, et sur la part dont chacune des parties contractantes devrait contribuer, soit pendant la guerre, soit pendant la paix. Les ambassadeurs se présentèrent ensuite se prosternèrent aux pieds du pontife, qui les reçut, au milieu de ses cardinaux, avec la plus grande solennité. Ils excusèrent ce qui s'était passé, en le rejetant sur des circonstances impérieuses, sur le crime des conjurés, sur la fougue impétueuse du peuple, ainsi que sur sa juste indignation, et sur la déplorable situation d'hommes qui sont réduits ou à combattre ou à périr. Ils dirent que le motif qui porte à tout souffrir pour éviter la mort leur avait fait supporter la guerre, les interdits, et les autres calamités produites par les événements antérieurs, afin de soustraire leur république au joug de la servitude, qui amène ordinairement la mort des états libres ; mais que si la nécessité leur avait fait commettre quelques fautes, ils étaient prêts à en témoigner leur repentir, se confiant dans la clémence du pontife, qui, à l'exemple du souverain Rédempteur, ne manquerait pas de leur ouvrir son sein paternel.

Le pape répondit à leur justification avec autant de hauteur que de colère. Après leur avoir reproché tout ce que Florence avait fait précédemment contre l'Église, il ajouta qu'il consentait néanmoins, pour obéir aux préceptes de Dieu, à leur accorder le pardon qu'ils sollicitaient, mais qu'il les engageait à demeurer dans les termes de la soumission, s'ils ne voulaient pas s'exposer au danger d'être dépouillés justement de leur liberté, danger dont ils venaient d'être délivrés, et auquel ils mériteraient alors de succomber. Il ajoutait que ceux-là seuls sont vraiment dignes de la liberté qui s'en servent pour faire le bien, et non pour nuire ; qu'elle devient pernicieuse et à ceux qui en jouissent, et aux autres, quand on en abuse ; que montrer peu de respect envers Dieu, et encore moins à l'égard de l'Église, n'était point le propre d'un homme libre, mais d'un homme déréglé, plus enclin au vice qu'à la vertu, et qui méritait l'animadversion, non des princes seuls, mais de tous les chrétiens ; qu'ils devaient donc s'accuser eux-mêmes des maux qu'ils avaient soufferts ; qu'ils avaient allumé la guerre par leur mauvaise conduite, qu'ils l'avaient entretenue par une conduite plus coupable encore, et qu'ils devaient plutôt à la bonté d'autrui qu'à eux-mêmes la cessation de ce fléau. On lut ensuite la formule de l'accommodement et de la bénédiction pontificale. Le pape y ajouta (clause dont on n'était point convenu) que si les Florentins voulaient jouir du fruit de sa bénédiction, ils seraient obligés de tenir en mer quinze galères armées à leurs frais tant que les Turcs attaqueraient le royaume de Naples. Les envoyés se plaignirent vivement de cette condition onéreuse et étrangère à leurs conventions ; mais ni plaintes, ni protestations, ni faveurs ne purent en alléger le poids. Lorsqu'ils furent de retour à Florence, la Seigneurie, pour consolider cette paix, chargea Guido Antoine Vespucci, revenu de France depuis peu de temps, de se rendre auprès du pape en qualité d'ambassadeur. Vespucci, par son habileté, fit adoucir ces conditions, et les rendit supportables. Les grâces qu'il obtint du pontife furent la plus forte preuve d'une entière réconciliation.

Les affaires avec le Saint-Siége étaient terminées ; le départ du duc de Calabre avait délivré Sienne et Florence de la crainte du roi de Naples. La guerre des Turcs continuait. Les Florentins profitèrent de cette conjoncture pour presser Ferdinand de leur restituer leurs châteaux laissés entre les mains des Siennois par le duc de Calabre, au moment où il avait quitté leur ville. Ce prince craignit que cette république ne se détachât de lui dans l'extrémité où il se trouvait ; qu'elle ne déclarât la guerre aux Siennois, et ne devînt par-là un obstacle aux secours qu'il attendait du pape et de tous les autres états de l'Italie. Il consentit donc à cette restitution, et s'attacha alors les Florentins par de nouveaux liens. C'est ainsi que la force et la nécessité rendent les princes plus fidèles à leurs promesses que les traités et les autres engagements.

Lorsque Florence eut recouvré ses châteaux, affermi sa nouvelle alliance, Laurent de Médicis regagna tout le crédit que lui avaient enlevé d'abord la guerre, et ensuite la paix elle-même, en faisant naître des doutes sur les intentions du roi. Nombre d'ennemis l'accusaient alors ouvertement d'avoir vendu sa patrie pour se sauver lui-même, et de l'avoir exposée au danger de perdre sa liberté pendant la paix, comme elle avait perdu ses places fortes pendant la guerre. Mais quand ces places eurent été rendues, qu'un traité honorable avec le roi eut été bien consolidé, que Florence eut recouvré son ancienne puissance, alors cette ville, où l'on aime beaucoup à discourir, et où l'on juge d'après l'événement, et non d'après la conduite des entreprises, changea d'opinion. On éleva Laurent de Médicis jusqu'aux nues, en disant que sa prudence avait su acquérir, avec la paix, ce dont une fortune envieuse avait dépouillé l'état par la guerre; et que ses conseils et son bon jugement avaient triomphé des armes et de toute la puissance des ennemis.

L'attaque des Turcs n'avait que différé la guerre qui devait naître du mécontentement du pape et des Vénitiens à l'occasion du traité de paix conclu entre les Florentins et le roi de Naples. Le commencement de cette attaque avait été imprévu, et avait occasionné beaucoup de bien; l'éloignement de l'ennemi fut également inespéré, mais produisit de grands maux. Le sultan Mahomet mourut à l'instant où l'on s'y attendait le moins [1]; la discorde se mit entre ses enfants. Les Turcs qui se trouvaient dans la Pouille, abandonnés de leur souverain, rendirent, par accommodement, la ville d'Otrante au roi de Naples. Lorsque la peur qui retenait le pape et les Vénitiens fut dissipée, chacun craignit de nouveaux troubles. Deux ligues partageaient l'Italie : l'une était composée du pape, des Vénitiens, des Génois,

de ceux de Sienne et d'autres moindres états; on voyait dans l'autre les Florentins, le roi de Naples, le duc de Milan et plusieurs autres princes. Les Vénitiens désiraient se rendre maîtres de Ferrare, croyaient être fondés à l'entreprendre, et avaient la certitude d'y réussir. Ils s'appuyaient sur ce que le marquis de Ferrare refusait de recevoir d'eux un vis-domine [1], et à s'approvisionner de sel, sous le prétexte qu'il n'y était plus astreint, d'après la convention qui, au bout de soixante-dix ans, affranchissait cette ville de l'une et l'autre charge. Le marquis devait, selon eux, y être soumis tant qu'il retiendrait la Polesine. Comme il ne voulait pas y consentir, son refus leur paraissait une juste raison de prendre les armes; le moment, d'ailleurs, leur semblait favorable, tandis que le pape était irrité contre les Florentins et le roi Ferdinand. Pour unir plus étroitement ce pontife à leurs intérêts, ils reçurent magnifiquement le comte Jérôme, dans un voyage que ce seigneur fit à Venise, lui accordèrent le droit de bourgeoisie et la noblesse, honneurs les plus insignes qu'ils pussent accorder à ceux qu'ils veulent distinguer. Les Vénitiens s'étaient préparés à cette guerre en mettant de nouveaux impôts, et en nommant général de leurs armées Robert, seigneur de San-Severino. Celui-ci, mécontent de Louis, gouverneur de Milan, s'était réfugié à Tortone, où il avait excité quelques mouvements; de là, il était passé à Gênes, d'où le sénat de Venise le fit venir, pour le mettre à la tête des troupes de cette république.

La ligue opposée, instruite de ces préparatifs hostiles, en fit aussi de son côté. Le duc de Milan choisit pour son général Frédéric, seigneur d'Urbin; les Florentins prirent Constance, seigneur de Pesaro. Pour sonder les intentions du pape, et savoir si c'était de son consentement que les Vénitiens attaquaient Ferrare, le roi de Naples envoya Alphonse, duc de Calabre, sur le Tronto avec son armée, et demanda au pape le passage, pour aller en Lombardie au secours du seigneur de cette ville. Le pape le lui refusa ouvertement. Alors le roi et les Florentins, ne doutant plus de ses

---

[1] Ce sultan, la terreur de l'Europe, et qui avait renversé deux empires, conquis douze royaumes, pris plus de deux cents villes sur les chrétiens, qu'il menaçait d'une entière destruction, périt d'une colique dans une bourgade de Bithynie en juillet 1481, à l'âge de cinquante-trois ans. Bajazet et Zizim ses fils se disputèrent son trône les armes à la main. Zizim, vaincu à deux reprises différentes, fut enfin réduit à prendre la fuite, et à laisser l'empire à Bajazet II, qui en fut lui-même dépouillé par son fils Sélim I, en 1512.

[1] Espèce de consul entretenu par les Vénitiens à Ferrare, pour prononcer sur les différends qui pourraient s'élever entre les Vénitiens résidant en cette ville.

dispositions, résolurent de le presser vivement avec leurs troupes, afin de le contraindre à s'unir à eux, ou au moins de lui susciter tant d'embarras, qu'il ne pût secourir les Vénitiens. Ceux-ci étaient déjà en campagne ; ils avaient commencé leurs hostilités contre le marquis de Ferrare, ravagé son pays, et mis ensuite le siége devant Figarolo, place très-importante des états du marquis. D'après la détermination du roi et des Florentins, Alphonse, duc de Calabre, fit des incursions vers Rome; et avec le secours des Colonna, qui s'étaient jetés dans son parti parce que les Orsini suivaient celui du pape, il fit beaucoup de dégâts dans cette contrée. D'un autre côté, les Florentins avec Nicolas Vitelli marchèrent contre Città-di-Castello, s'en emparèrent, et après en avoir chassé Laurent, qui tenait cette place au nom du pape, ils y établirent Nicolas presque en qualité de souverain.

Le pape se trouvait dans un grand embarras : au dedans, Rome était agitée par les factions, et au dehors le pays était dévasté par l'ennemi. Néanmoins, comme il avait de la fermeté, et qu'il était résolu à tout plutôt qu'à céder, il nomma pour son général Robert, seigneur de Rimini, le fit venir à Rome, où il avait rassemblé toutes ses troupes, lui représenta combien il serait glorieux pour lui de délivrer l'Église des calamités dont l'accablaient les forces du roi de Naples; il l'assura que sa reconnaissance serait partagée par tous ses successeurs, et que les services de Robert recevraient leur récompense, non seulement des hommes, mais encore de Dieu lui-même. Ce général passa en revue les troupes, examina les préparatifs déjà faits, et conseilla au pape de lever autant d'infanterie qu'il le pourrait; ce qui fut effectué avec beaucoup de zèle et de promptitude. Le duc de Calabre était fort près de Rome, et faisait chaque jour des incursions et du butin jusque sous ses murs. Le peuple de Rome en fut si indigné, que plusieurs, désirant concourir à la délivrance de leur ville, s'offrirent volontairement a Robert, qui les reçut tous avec empressement. Informé de ces dispositions, le duc s'éloigna un peu, pensant que Robert n'osait venir le chercher; d'ailleurs il attendait Frédéric son frère, que Ferdinand lui envoyait avec de nouvelles

troupes. Le seigneur de Rimini, se voyant égal en forces au duc pour la cavalerie, et supérieur en infanterie, sortit de Rome en ordre de bataille, et vint camper à deux milles de l'ennemi. Le duc, serré de si près, pensa qu'il fallait ou combattre, ou fuir avec tout le désordre d'une défaite et en s'avouant vaincu. Pour ne rien faire d'indigne d'un fils de roi, il se décida au combat en quelque sorte malgré lui, et fit face à l'ennemi; chaque général rangea son armée en bataille. Le combat s'engagea, et il dura jusque vers le milieu du jour. On développa, dans cette action, plus de talents militaires et de valeur, que dans toutes celles qui avaient eu lieu en Italie depuis cinquante ans, car il y eut plus de mille morts dans les deux armées. Celle de l'Église fut victorieuse, et le dut à la supériorité de son infanterie, qui attaqua avec tant de succès la cavalerie du duc, que ce prince fut forcé de prendre la fuite. Il eût été fait prisonnier, si plusieurs des Turcs débarqués à Otrante, qui combattaient alors sous ses drapeaux, ne l'eussent sauvé. Robert rentra comme en triomphe dans Rome, et y recueillit les honneurs dus à sa victoire, mais il n'en jouit pas longtemps. Échauffé par la fatigue de cette journée, il but imprudemment une si grande quantité d'eau, qu'il lui survint une dyssenterie qui l'enleva en peu de jours. Le pape célébra ses obsèques avec beaucoup de pompe. Afin de profiter de l'avantage que ce général venait de remporter, il envoya sur-le-champ le comte Jérôme vers Città-di-Castello, pour tâcher de rendre cette place à Laurent. Il le chargea aussi de faire quelques tentatives sur Rimini. Comme Robert, seigneur de cette ville, n'avait laissé en mourant qu'un enfant en bas âge confié à la garde de sa veuve, Sixte pensa que cette conquête lui serait facile. Elle l'eût été en effet, si cette mère n'eût été défendue par les Florentins, qui s'opposèrent avec tant de vigueur aux efforts du comte Jérôme qu'il ne réussit ni à Castello ni à Rimini.

Tel était l'état des choses dans la Romagne et à Rome, quand les Vénitiens prirent Figarolo et passèrent le Pô avec leur armée. Celle du duc de Milan et du marquis de Ferrare était en mauvais état depuis qu'elle n'avait plus à sa tête Frédéric, comte d'Urbin. Ce capitaine, étant tombé malade, avait été transporté à Bologne pour s'y faire traiter, et il y était mort. Les affaires du marquis de Ferrare allaient en déclinant, et les Vénitiens voyaient s'accroître chaque jour leur espérance de se rendre maîtres de cette ville. D'un autre côté, le roi et les Florentins n'omettaient rien pour forcer le pape à entrer dans leurs vues. N'ayant pu en venir à bout par la voie des armes, ils le menacèrent de la convocation d'un concile, que l'empereur avait déjà annoncé comme devant avoir lieu à Bâle. La médiation des ambassadeurs que Frédéric III avait à Rome, et les instances des cardinaux les plus puissants, qui étaient opposés à la guerre, contribuèrent à décider et presque à contraindre le souverain pontife à s'occuper de la pacification générale de l'Italie. Pressé par la crainte, voyant d'ailleurs que la puissance des Vénitiens ne servait qu'à la ruine du saint-siége et de l'Italie entière, il envoya ses nonces à Naples, et s'unit à la ligue, qui fut renouvelée pour cinq ans, et dans laquelle entrèrent avec lui le roi, le duc de Milan et les Florentins. On laissa aux Vénitiens la faculté d'y prendre part; le pape leur déclara ensuite qu'ils devaient cesser de faire la guerre au marquis de Ferrare. Loin d'y consentir, ils travaillèrent à la rendre plus active. Après avoir battu les troupes du duc et du marquis près d'Argenta, ils s'approchèrent tellement de Ferrare, qu'ils établirent leur camp dans le parc de ce prince.

La ligue jugea qu'il était temps de secourir efficacement Ferrare : on y envoya le duc de Calabre avec ses troupes et celles du saint-siége; Florence y fit aussi passer les siennes. Afin de se mieux concerter sur cette guerre, on en discuta tous les plans dans une diète que la ligue tint à Crémone, et où assistèrent le légat du pape, le comte Jérôme, le duc de Calabre, Louis Sforce, seigneur de Milan, Laurent de Médicis et plusieurs autres princes. Convaincus que le meilleur moyen de secourir Ferrare était de faire une puissante diversion, ils voulaient que Louis déclarât la guerre aux Vénitiens au nom du duché de Milan. Il s'y refusa, craignant de ne pouvoir éteindre à sa volonté un incendie qu'il aurait lui-même allumé dans ses propres états. Alors on se décida à faire camper toute l'armée près de Ferrare. On rassembla quatre mille hommes de cavale-

rie et huit mille d'infanterie pour aller attaquer les Vénitiens, qui n'avaient que deux mille deux cents hommes de cavalerie et six mille d'infanterie. Mais les alliés crurent devoir combattre d'abord la flotte que les Vénitiens avaient sur le Pô; elle fut défaite, au Bondeno, avec la perte de plus de deux cents bâtiments; son provéditeur, Antoine Justiniano, fut fait prisonnier. Voyant toute l'Italie conjurée contre elle, Venise, pour soutenir sa réputation, avait pris à sa solde le duc de Lorraine avec deux cents hommes d'armes. Après cet échec, elle l'envoya avec une partie de son armée pour arrêter l'ennemi, et commanda à Robert de San-Severino de passer l'Adda avec l'autre partie, de s'approcher de Milan, d'y proclamer le nom du jeune duc et celui de Bona sa mère. Ils espéraient par là exciter quelques mouvements dans cette ville, persuadés que Louis et son gouvernement y étaient également odieux. Cet assaut répandit d'abord beaucoup de terreur dans Milan, et y fit prendre les armes; mais il eut une issue bien opposée au projet des Vénitiens, car il détermina Louis Sforce à prendre le parti auquel il n'avait pas auparavant voulu consentir. En conséquence, après avoir laissé quatre mille chevaux et deux mille fantassins au marquis de Ferrare pour sa défense, le duc de Calabre, à la tête de douze mille hommes de cavalerie et de cinq mille hommes d'infanterie, entra dans le Bergamasque, le Bressan, le Véronais, et en conquit presque toutes les possessions, sans que les Vénitiens pussent s'y opposer. En effet, Robert pouvait à peine défendre les trois villes principales de ces pays. Le marquis de Ferrare, de son côté, vint à bout de recouvrer une grande partie de ses états, parce que le duc de Lorraine, qui combattait contre lui, n'avait que deux mille chevaux et mille hommes d'infanterie. Ainsi la ligue eut des succès pendant tout l'été de l'année 1483.

L'hiver se passa sans qu'il fût commis d'hostilités; et au printemps de l'année suivante, les armées se remirent en campagne. La ligue, afin d'accabler plus promptement les Vénitiens, réunit toutes ses forces. Si la guerre eût été conduite comme l'année précédente, on leur aurait facilement enlevé tout ce qu'ils possédaient en Lombardie, parce qu'ils étaient réduits à six mille hommes de cavalerie contre treize mille, et cinq mille d'infanterie contre six mille, depuis que le duc de Lorraine s'était retiré, après l'expiration de l'année de son engagement. Mais entre rivaux d'égale autorité, il n'est que trop ordinaire de voir la mésintelligence s'établir et procurer la victoire à l'ennemi commun. La diversité de sentiments fit naître des jalousies entre le duc de Calabre et Louis Sforce, après la mort de Frédéric Gonzague, marquis de Mantoue, dont le crédit les avait jusque là maintenus dans l'union nécessaire aux intérêts de la ligue. Jean Galéas, duc de Milan, était déjà en âge de gouverner ses états; et comme il avait épousé la fille d'Alphonse, duc de Calabre [1], celui-ci désirait que ce gouvernement repassât des mains de Louis Sforce dans celles de son gendre. Louis, connaissant le dessein du duc, résolut d'en empêcher l'exécution. Aussitôt que les Vénitiens furent instruits des dispositions de Sforce, ils jugèrent l'occasion favorable pour regagner par la paix, selon leur coutume, ce qu'ils avaient perdu par la guerre. Ils travaillèrent donc secrètement avec Sforce à un traité, qui fut conclu au mois d'août 1484. Quand les autres confédérés l'apprirent, ils en furent irrités, en voyant surtout qu'il fallait restituer aux Vénitiens les conquêtes qu'on avait faites sur eux, leur abandonner Rovigo et la Polésine, qu'ils avaient enlevés au marquis de Ferrare, et leur laisser dans cette dernière ville toutes les prérogatives dont ils avaient joui précédemment. Chacun se plaignait d'avoir fait à grands frais une guerre dont le cours avait été honorable, mais dont la fin était honteuse, puisque l'on rendait ce qui avait été conquis, et que l'on ne recouvrait point ce que l'on avait perdu. Néanmoins, épuisés d'argent, et ne voulant plus s'exposer à être le jouet du manque de fidélité et de l'ambition d'autrui, les confédérés furent contraints de souscrire à cet accommodement.

Tandis que ces événements se passaient en Lombardie, le pape, secondé par Laurent, resserrait de plus en plus Città-di-Castello, pour en chasser Nicolas Vitelli, que la ligue avait abandonné, afin de se concilier ce pontife. Mais les partisans de Nicolas, dans l'inté-

rieur de cette ville, firent une sortie vigoureuse, dans laquelle ils mirent les assiégeants en déroute. Alors le pape rappela de Lombardie le comte Jérôme, le fit venir à Rome pour y remettre ses troupes en bon état, et retourner de là au siége de Città-di-Castello. Persuadé ensuite qu'il valait mieux s'attacher Nicolas Vitelli par la paix que de continuer cette guerre, il traita avec lui, et le réconcilia autant qu'il lui fut possible avec Laurent, son adversaire. L'amour de la paix eut moins de part à cette détermination du pontife que la crainte de nouveaux troubles; en effet, il voyait les ressentiments entre les Colonna et les Orsini prêts à éclater. Le roi de Naples, pendant la guerre contre le pape, avait dépouillé les Orsini du comté de Tagliocozzo, et l'avait donné aux Colonna, qui suivaient son parti. Les Orsini le redemandaient, en vertu du traité de paix conclu depuis entre Sixte et Ferdinand. Le pontife ordonna plusieurs fois aux Colonna de le leur rendre; mais ni ses menaces ni les prières des Orsini ne purent les y faire consentir. Ils allèrent même jusqu'à piller les possessions de ces derniers, et leur faire tout le tort possible. Ne pouvant supporter leurs outrages, le pape réunit contre eux ses forces à celles des Orsini, livra au pillage les maisons que les Colonna avaient dans Rome, prit ou fit mourir ceux qui voulurent les défendre, et leur enleva la majeure partie de leurs châteaux. Ce fut, non la paix, mais la ruine d'un parti qui mit fin à ces désordres.

La tranquillité ne régnait pas encore à Gênes et en Toscane. Les Florentins tenaient sur les frontières de Serezana le comte Antoine de Marciano avec des troupes, et pendant la guerre de Lombardie, incommodaient beaucoup les habitants de cette ville par leurs fréquentes incursions. A Gênes, le doge, Battistino Frégose, fut arrêté avec sa femme et ses fils par Paul Frégose, archevêque, qui abusa de sa confiance et se rendit maître de cette ville. La flotte vénitienne attaqua aussi le royaume de Naples, s'empara de Gallipoli, et en dévasta les alentours: mais lorsque la paix fut faite en Lombardie, tous ces mouvements cessèrent, excepté dans la Toscane et à Rome, où le pape mourut cinq jours après la publication de ce traité; soit que le terme de sa carrière fût arrivé, soit qu'il

---

[1] Isabelle d'Aragon.

eût été accéléré par le mécontentement que ce traité lui causa. Ce pontife laissa au sein de la paix l'Italie, où il avait toujours entretenu la guerre pendant qu'il avait occupé le saint-siége[1]. A sa mort Rome prit tout à coup les armes. Le comte Jérôme se retira avec ses troupes du château Saint-Ange. Les Orsini craignaient que les Colonna n'eussent envie de se venger des injures récentes qu'ils leur avaient fait souffrir. Ceux-ci redemandaient leurs maisons et leurs châteaux ; ce qui produisit en peu de jours des pillages, des massacres, des incendies dans plusieurs quartiers de cette ville. Mais les cardinaux persuadèrent au comte Jérôme de remettre le château Saint-Ange entre les mains du sacré collége, de se retirer dans ses états et de faire sortir ses troupes de Rome. Le désir de se concilier la bienveillance du futur pontife le fit acquiescer à leurs demandes. Il partit donc et se rendit à Imola. Lorsque les cardinaux furent délivrés de la crainte qu'ils avaient de lui, et que les barons n'en espérèrent plus de secours dans leurs démêlés, on s'occupa de l'élection d'un nouveau pape. Après quelques débats sur le choix, les suffrages tombèrent sur le Génois Jean-Baptiste Cibo, cardinal de Malfetta, qui prit le nom d'Innocent VIII. Comme il était d'un caractère doux, affable et paisible, il fit déposer les armes et rétablit la paix dans Rome.

Lorsque la Lombardie fut pacifiée, les Florentins ne purent rester en repos ; il leur paraissait déshonorant de se voir dépouillés de la place de Serezana par un simple gentilhomme. Le traité de paix portait que l'on pourrait non-seulement redemander ce que l'on avait perdu, mais encore faire la guerre à quiconque s'opposerait à ce qu'on le recouvrât. Ils levèrent donc sur-le-champ des troupes, et se procurèrent de l'argent pour attaquer Au-

gustin Fregose, défenseur de cette place, dont il s'était emparé quelque temps auparavant. Celui-ci, ne se croyant point en état de la défendre contre eux, en fit donation à Saint-Georges.

Comme j'aurai plus d'une fois occasion de parler de Saint-Georges et des Génois, il me semble à propos de faire connaître les institutions, les lois et les usages de cette ville, l'une des principales de l'Italie. Quand les Génois eurent fait la paix avec les Vénitiens, après la guerre dispendieuse qui avait duré entre eux pendant plusieurs des années précédentes, leur république, ne se trouvant point en état de rembourser sur-le-champ les grandes sommes d'argent qui lui avaient été prêtées, céda à ceux de ses citoyens qui les avaient avancées le revenu de la douane, et régla que chacun en toucherait une part proportionnée au fonds de sa créance, jusqu'à son entier remboursement. Afin que les citoyens porteurs de ces créances eussent un lieu pour s'assembler, elle leur donna le palais situé près de la douane. Ceux-ci organisèrent entre eux un mode de gouvernement pour régir leurs affaires. Ils établirent un conseil de cent membres chargés de délibérer sur l'intérêt général, et un autre conseil, composé de huit membres, pour exécuter ses délibérations. Ce dernier conseil était en quelque sorte chef du corps entier. Ils divisèrent leurs créances en parts ou *coupons*, qu'ils appelèrent *lieux* ou *luoghi*. Ils donnèrent à leur corps ou compagnie le nom de Saint-Georges. Telle fut la distribution et leur forme de gouvernement. L'état éprouva de nouveaux besoins et demanda de nouveaux secours à Saint-Georges ; les richesses et la bonne administration de cette banque lui permirent de les fournir. Après lui avoir cédé le revenu de la douane, l'état lui donna de ses terres pour servir de gage aux sommes d'argent qu'il en recevait. Les besoins de la république et les services de ce corps ont été portés à un tel point que Saint-Georges a sous son administration la majeure partie des terres et villes soumises à la domination des Génois. Il les gouverne, les défend et y envoie tous les ans des recteurs élus dans son sein, sans que l'état s'en mêle en aucune manière. Il est résulté de là que l'état, dont le gouvernement a été regardé

---

[1] Son nom était François de la Rovère. On a cherché à le disculper d'avoir trempé dans la conjuration des Pazzi, ainsi que du reproche d'avoir vécu dans la plus grande débauche ; il aima beaucoup la guerre, car on guerroya en Italie tout le temps de son pontificat ; c'est ce qui lui valut l'épigramme suivante, qu'on fit à sa mort, arrivée au moment où, comme on le voit, la paix venait de se conclure :

Sistere qui nullo potuit cum fœdere, Sixtus,
Audito tantum nomine pacis, obit.
Dic undè Alecto pax ista refulsit et undè,
Tam subitò retinent prœlia... Sixtus obit.
Pacis ut hostis erat, pace peremptus, obit,

comme tyrannique, n'a plus eu pour lui l'affection publique; elle lui a été enlevée par l'administration sage et impartiale de Saint-Georges, qui reste toujours la même au milieu des changements faciles et multipliés de cette république, soumise tantôt à un de ses citoyens, tantôt à un prince étranger. Quand les Fregose et les Adorne se disputèrent la souveraineté de Gênes, la majorité des citoyens se tint à l'écart, parce qu'il s'agissait du gouvernement de l'état, qu'elle abandonnait au vainqueur. Lorsqu'un usurpateur quelconque s'en est rendu maître, Saint-George se contente de lui faire jurer l'observation de ses propres lois, qui sont restées jusqu'à ce jour sans altération, parce que ce corps ayant des armes, de l'argent et une autorité régulière, on ne pourrait y porter atteinte sans s'exposer à une rébellion certaine et dangereuse. Le gouvernement de Saint-Georges offre un exemple vraiment rare et que les philosophes n'ont jamais rencontré dans tant de républiques célèbres qu'ils ont ou vues, ou imaginées. Il présente dans la même enceinte, et parmi les citoyens d'une même ville, la liberté et la tyrannie, les bonnes mœurs et la corruption, la justice et la licence. Cet établissement conserve seul dans Gênes des vertus antiques et dignes de vénération. Si jamais il devient maître de l'état entier, ce qui ne peut manquer d'arriver avec le temps, cette république acquerra plus de célébrité que celle de Venise.

Ce fut donc à lui qu'Augustin Fregose remit Serezana; Saint-Georges reçut cette ville avec plaisir, en prit la défense, mit à l'instant une flotte en mer, et envoya des troupes à Pietra-Santa pour intercepter toute communication avec le camp des Florentins établi près de Serezana. Les Florentins de leur côté desiraient s'emparer de Pietra-Santa, place sans laquelle la conquête de Serezana serait moins avantageuse, parce que Pietra-Santa est située entre Serezana et Pise. Mais ils n'avaient aucun prétexte de l'assiéger, à moins que ses habitants, ou d'autres qui se trouvaient dans ses murs, ne tentassent de s'opposer à leur entreprise contre Serezana. Afin de les y engager, les Florentins envoyèrent de Pise au camp de Serezana beaucoup de munitions et de vivres sous une faible escorte, pensant que l'espoir facile d'un riche butin les porterait à quelque agression. Leurs

vœux furent remplis, car ceux de Pietra-Santa enlevèrent ce convoi. Florence eut alors un motif légitime d'attaquer cette place. Elle fit laisser de côté Serezana, et mettre le siége devant Pietra-Santa, qui fut vaillamment défendue. Les Florentins placèrent leur artillerie dans la plaine et élevèrent en outre une redoute sur la montagne, afin de battre la ville de ce côté. Jacques Guicciardini était commissaire de leur armée. Pendant que l'on combattait à Pietra-Santa, la flotte de Gênes prit et brûla le fort de Vada et débarqua des troupes qui parcoururent et dévastèrent le pays environnant. Bongianni Gianfigliazzi fut envoyé contre elles avec de la cavalerie et de l'infanterie; il rabattit un peu leur orgueil et mit un frein à leurs déprédations. Mais la flotte continuait à molester les Florentins. Elle se présenta devant Livourne; à l'aide de ses pontons et de ses autres préparatifs, elle s'approcha de la Tour-Neuve, et la battit plusieurs jours avec son artillerie; mais voyant que c'était sans succès, elle se retira honteusement.

Dans cet intervalle, on montrait peu d'activité au siége de Pietra-Santa. Les ennemis en profitèrent pour attaquer la redoute, et ils l'enlevèrent. Ce succès leur fit tant d'honneur et inspira tant de crainte à l'armée des Florentins, qu'elle faillit être mise en déroute. Elle s'éloigna de quatre milles. Comme l'on était en octobre, ses chefs crurent qu'il fallait se retirer dans les quartiers d'hiver, et remettre au printemps à poursuivre leur entreprise contre cette place. Quand la nouvelle de cette lâche conduite parvint à Florence, les principaux membres du gouvernement en furent indignés. Pour rétablir leur armée et lui rendre sa réputation ainsi que sa valeur, ils choisirent à l'instant de nouveaux commissaires; ce furent Antoine Pucci et Bernard de Nero, qui arrivèrent au camp avec de grandes sommes d'argent. Ils firent vivement sentir aux chefs de quelle indignation la seigneurie, l'état, la ville entière seraient remplis, si l'armée ne retournait devant Pietra-Santa; de quelle infamie ils se couvriraient eux-mêmes si des capitaines et des troupes d'une si haute réputation, ne pouvaient emporter sur une garnison peu nombreuse une place aussi faible; ils leur représentèrent l'avantage de cette conquête pour le présent et pour l'avenir.

Le courage se ralluma dans tous les cœurs, et les troupes demandèrent à retourner au siège. Il fut décidé qu'on commencerait par reprendre la redoute; ce qui se fit avec une intrépidité qui prouva combien la douceur, l'affabilité, les paroles flatteuses et obligeantes ont de pouvoir sur l'esprit des soldats. En faisant des promesses à l'un, en encourageant l'autre, donnant la main à celui-ci, embrassant celui-là, Antoine Pucci vint à bout de les faire monter à l'assaut avec tant d'impétuosité, que cette redoute fut enlevée en un moment. Mais on eut le malheur d'y perdre le comte Antoine de Marcien, qui périt d'un coup de canon. Cette victoire intimida tellement les assiégés, qu'ils parlèrent de se rendre. Pour attacher plus d'importance à cette victoire, Laurent de Médicis crut devoir aller au camp. Peu de jours après son arrivée les Florentins se rendirent maîtres de la place.

Comme on était en hiver, les chefs jugèrent à propos d'interrompre la guerre jusqu'à la belle saison. Ils avaient d'ailleurs dans leur armée beaucoup de maladies causées par le mauvais air qui avait régné pendant l'automne. Plusieurs des principaux officiers en étaient grièvement attaqués: Bongianni Gianfigliazzi et Antoine Pucci en moururent. Ils furent très-vivement regrettés. Le dernier surtout s'était acquis l'estime et l'affection générales par sa conduite à Pietra-Santa.

Lorsque les Florentins furent en possession de cette place, les Lucquois la leur envoyèrent redemander par des députés. Ils alléguaient qu'elle avait appartenu à leur république, et que, d'après les stipulations du traité de paix, tout ce qui serait reconquis par l'une ou par l'autre puissance devait être restitué à son premier maître. Les Florentins ne nièrent point les conventions; mais ils répondirent qu'ils seraient peut-être obligés de la rendre aux Génois avec lesquels ils négociaient la paix; qu'ils ne pouvaient en conséquence prendre de parti avant que ces négociations fussent terminées. Ils ajoutèrent que, dans le cas même où elle ne serait pas rendue aux Génois, il fallait d'abord que les Lucquois pensassent à rembourser à la ville de Florence ses frais, à la dédommager de la perte de tant de citoyens recommandables, et qu'alors ils en obtiendraient d'elle sans peine la restitution.

Pendant tout cet hiver la paix entre les Florentins et les Génois se traita à Rome avec la médiation du pape; mais elle ne se conclut point. Les premiers auraient assiégé Serezana au printemps s'ils n'en eussent été empêchés par la maladie de Laurent de Médicis et par la guerre qui s'alluma entre le pontife et le roi de Naples. Laurent souffrait non seulement de la goutte, maladie dont il avait en quelque sorte hérité de son père, mais encore de maux d'estomac si violents qu'il fut obligé d'aller prendre les bains pour tâcher de se guérir.

Mais la principale cause qui s'opposa aux projets des Florentins fut la guerre dont nous venons de parler, et dont voici l'origine. La ville d'Aquila, quoique soumise au roi de Naples, jouissait d'une assez grande liberté; le comte de Montorio y avait beaucoup de crédit; comme le duc de Calabre se trouvait avec ses troupes près du Tronto, sous prétexte d'apaiser dans cette contrée quelques troubles parmi les gens de la campagne, mais avec le dessein réel de réduire entièrement Aquila à l'obéissance du roi, il manda le comte de Montorio, afin qu'il vînt l'aider à rétablir l'ordre dans ce pays. Aussitôt que le comte, qui avait obéi sans méfiance, fut arrivé, le duc le fit prisonnier, et l'envoya à Naples. Cette nouvelle répandit l'alarme dans Aquila. Le peuple courut aux armes. Antoine Concinello, commissaire du roi, et quelques autres, connus pour être partisans de ce prince, furent mis à mort. Les habitants d'Aquila, pour se procurer un appui dans leur rebellion, arborèrent l'étendard du saint-siége, envoyèrent au pape des députés chargés de lui offrir leurs personnes et leur ville, en le priant de la défendre comme sa possession contre la tyrannie du roi. Ce pontife entra dans leurs vues avec empressement, parce qu'il n'aimait point Ferdinand, pour des motifs particuliers et pour des raisons d'état. Il prit pour général, et fit promptement venir à Rome, Robert, seigneur de San-Severino, ennemi du gouvernement de Milan, et qui n'était plus au service d'aucun autre. Il engagea les amis et les parents du comte de Montorio à prendre les armes contre le roi; ce que firent sur le champ le seigneur d'Altemura, celui de Salerne et celui de Bisignano.

Se voyant sur les bras une guerre qu'il n'avait pas prévue, ce prince eut recours aux Florentins et au duc de Milan. Les premiers hésitèrent, parce qu'il leur parut pénible d'abandonner leurs intérêts pour défendre ceux des autres, et dangereux de reprendre les armes contre le saint-siége. Préférant néanmoins à ces deux considérations la fidélité due à leur alliance avec Naples, ils prirent à leur solde les Ursins, et firent passer sous les ordres du comte Pitigliano toutes leurs troupes vers Rome pour secourir le roi. Ce prince alors divisa ses forces en deux corps d'armée. L'un fut conduit par le duc de Calabre du côté de Rome, et réuni aux troupes des Florentins; il tint tête à l'armée de l'Église; prenant lui-même le commandement de l'autre, Ferdinand combattit les barons et les autres grands qui s'étaient soulevés. Cette guerre eut des succès variés pour les deux partis. Le roi ayant fini par avoir la supériorité de tous les côtés, les ambassadeurs d'Espagne se rendirent médiateurs de la paix, qui fut conclue au mois d'août 1486. Le pape, qui avait éprouvé des revers, et qui ne voulait plus s'exposer aux caprices de la fortune, y consentit; tous les états d'Italie y accédèrent; on n'en exclut que les Génois, comme rebelles envers le duc de Milan et usurpateurs des places des Florentins. La paix étant faite, Robert, seigneur de San-Severino, qui pendant la guerre avait été ami peu fidèle pour le pape, et ennemi peu redoutable pour les autres, fut presque chassé de Rome. Lorsqu'il eut quitté cette ville, il fut poursuivi par les troupes du duc de Milan et des Florentins. Se voyant serré de très-près au-delà de Césène, il prit la fuite, et se réfugia à Ravenne avec moins de cent cavaliers. De ses autres soldats, les uns se mirent au service du duc, les autres furent maltraités par les gens de la campagne. Après la conclusion de la paix et sa réconciliation avec les barons, le roi de Naples fit mourir Jacques Coppola et Antonello d'Aversa avec ses fils, pour avoir révélé au pape ses desseins secrets pendant la guerre.

La promptitude et le zèle avec lesquels les Florentins s'étaient montrés alliés fidèles dans le cours de cette guerre firent impression sur l'esprit du souverain pontife. Il commença à changer en affection le ressentiment que lui avaient inspiré contre eux son attachement pour les Génois et les secours que Florence avait donnés au roi de Naples. Les ambassadeurs de cette république reçurent de lui un accueil plus favorable. Instruit de cette disposition, Laurent de Médicis l'entretint autant qu'il lui fut possible, sentant qu'il ajouterait beaucoup à sa puissance s'il pouvait joindre l'amitié du pape à celle qu'il avait déjà obtenue du roi de Naples.

Ce pontife avait un fils [1], nommé François, auquel il desirait procurer des états et des alliés qui l'aidassent à les conserver après sa mort. Personne en Italie ne lui parut plus propre à remplir ses vues que Laurent de Médicis, dont il vint à bout de lui faire épouser une fille. Après avoir formé cette alliance, le pape engagea les Génois à remettre Serezana aux Florentins par accommodement. Il leur représenta qu'ils ne pouvaient retenir ce qu'Augustin avait vendu, et que ce même Augustin ne pouvait céder à saint Georges ce qui ne lui appartenait pas. Toutes ces instances furent inutiles; loin de s'y rendre, les Génois, pendant que l'on négociait dans Rome à ce sujet, armèrent plusieurs de leurs bâtiments, et sans que l'on s'en doutât à Florence, ils débarquèrent trois mille hommes d'infanterie, attaquèrent le fort de Serezanello, situé au-dessus de Serezana et possédé par les Florentins, livrèrent au pillage et aux flammes le bourg qui est à côté, et faisant approcher leur artillerie de ce fort, ils l'attaquèrent avec la plus grande vigueur. Cet assaut inattendu causa beaucoup de surprise aux Florentins; ils rassemblèrent en grande hâte leurs troupes à Pise, sous les ordres de Virginio Orsino, et se plaignirent au pape de ce que, pendant les négociations pour la paix, les Génois leur déclaraient la guerre. Pierre Corsini fut ensuite envoyé par eux à Lucques, pour retenir cette ville dans leur alliance. Paul-Antoine Soderini alla à Venise pour sonder les intentions du sénat. Ils demandèrent, mais en vain, des secours au roi de Naples et à Louis Sforce. Le premier répondit qu'il craignait de nouvelles hostilités de

---

[1] Jean-Baptiste Cibo avait été marié avant d'entrer dans les ordres, et avait en plusieurs enfants, pour l'avancement desquels l'histoire lui reproche d'avoir montré trop de zèle quand il fut parvenu au pontificat. Elle rend d'ailleurs justice à ses vertus bienfaisantes et pacifiques.

la part des Turcs; l'autre en différa l'envoi sous des prétextes aussi peu plausibles. C'est ainsi que les Florentins, dans leurs guerres, sont presque toujours seuls, et ne trouvent personne qui montre à leur égard cette ardeur avec laquelle ils s'empressent de secourir les autres.

Peu étonnés de se voir abandonnés encore cette fois, ils ne perdirent point courage. Ayant levé une armée nombreuse, ils l'envoyèrent contre les Génois sous le commandement de Jacques Guichardin et de Pierre Vettori, qui vinrent camper près de la rivière de la Magra. Cependant l'ennemi pressait vivement Sereza-nello, et employait contre ce fort les mines et tous les autres moyens qui étaient en son pouvoir. Leur activité fit prendre aux commissaires la résolution de le secourir. L'ennemi ne refusa point le combat ; on en vint aux mains : les Génois furent vaincus. Louis de Fiesco et plusieurs autres de leurs officiers restèrent prisonniers. Ceux de Serezana ne s'effrayèrent pas de cette victoire, au point de consentir à se rendre. Redoublant au contraire d'opiniâtreté et de courage, ils se préparèrent à se défendre; et les commissaires florentins, animés des mêmes sentiments, se disposèrent à les attaquer. On se battit vaillamment de part et d'autre. Comme ce siège traînait en longueur, Laurent de Médicis crut devoir se rendre au camp. Sa présence ranima l'ardeur de nos soldats et affaiblit celle des assiégés. Ces derniers, voyant l'active persévérance des Florentins pour les attaquer et la froide lenteur des Génois à les secourir, se remirent librement et sans conditions entre les mains de Laurent de Médicis. Soumis au gouvernement de Florence, ils en furent tous traités avec douceur, à l'exception de quelques-uns qui avaient été les auteurs de la révolte. Pendant la durée de ce siège, Louis Sforce avait envoyé ses troupes à Pontrémoli, pour avoir l'air de venir au secours des Florentins; mais il les fit servir contre Gênes, où il avait des intelligences. Son parti se souleva contre ceux qui gouvernaient cette ville, et à l'aide de ses troupes il la livra au duc de Milan.

Dans ce temps-là même, les Allemands faisaient la guerre aux Vénitiens; Boccolino avait fait révolter contre le pape Osimo dans la Marche-d'Ancône, et était devenu le maître

absolu de cette ville. Après plusieurs événements, il consentit néanmoins, sur les représentations de Laurent de Médicis, à la rendre à ce pontife, et se retira à Florence, où, sous la garantie de Laurent, il vécut honorablement pendant assez longtemps. Étant passé ensuite à Milan, où il ne trouva pas le même respect pour la foi donnée, Louis Sforce le fit périr. Les Vénitiens furent attaqués et défaits par les Allemands auprès de la ville de Trente. Ils perdirent dans ce combat Robert de San-Severino leur général. Après cette défaite, ils conclurent avec les Allemands un traité où, selon leur bonheur ordinaire, ils parurent plutôt les vainqueurs que les vaincus, tant il fut glorieux pour leur république.

Il y eut aussi, à cette époque, des troubles d'une très-grande importance dans la Romagne. François d'Orso, habitant de Forli, avait une grande autorité dans cette ville. Il devint suspect au comte Jérôme, qui lui fit plusieurs fois des menaces. Les amis et les parents de François lui conseillèrent d'en prévenir l'effet ; et comme il craignait d'être tué par le comte, ils l'engagèrent à lui ôter la vie, comme le seul moyen de sauver la sienne. Après avoir formé ce complot, et s'y être bien affermis, ils choisirent pour son exécution un jour de marché à Forli, espérant que beaucoup de personnes de la campagne avec lesquelles ils étaient liés pourraient leur être utiles, sans qu'ils eussent la peine de les faire venir, parce que ce jour-là elles avaient coutume de se rendre dans cette ville. On était au mois de mai, temps auquel la majeure partie des Italiens soupe ordinairement avant la nuit. Les conjurés pensèrent que pour tuer le comte ils devaient saisir l'instant où il viendrait de souper, parce que, tous ces gens étant alors à table, ils le trouveraient seul dans son appartement. Les arrangements ainsi pris, François se rend au palais de Jérôme, laisse ses complices dans les premières pièces, s'avance vers le salon du comte, et dit à son valet de chambre de l'annoncer, qu'il désirait lui parler. François est introduit, et après avoir dit au comte, qu'il trouva seul, quelques mots pour avoir l'air de vouloir l'entretenir d'une affaire, il l'assassine, appelle ses compagnons, qui mettent aussi à mort le valet de chambre. Le commandant de la place arrive en ce moment pour parler au comte; étant entré avec peu de gens de sa suite, les meurtriers lui font éprouver le même sort. Ils cherchent à exciter un grand tumulte, jettent le corps du comte par les fenêtres; aux cris de Rome et de liberté, appellent aux armes le peuple, qui détestait l'avarice et la cruauté de ce seigneur, livrent ses maisons au pillage, et se saisissent de la comtesse Catherine ainsi que de tous ses enfants. Pour couronner leur entreprise par un succès complet, il ne restait plus que la citadelle à prendre; comme celui qui y commandait refusait de la leur livrer, ils prièrent la comtesse de l'y déterminer. Elle promit de le faire s'ils voulaient l'y laisser entrer, et consentit qu'ils retinssent ses enfants pour gage de sa promesse. Lorsqu'elle fut entrée dans la citadelle, avec la permission des conjurés qui s'étaient fiés à sa parole, elle les menaça de la mort et de tous les supplices imaginables pour venger l'assassinat de son mari; et comme ils lui faisaient craindre celui de ses enfants, elle leur répondit qu'elle était en état de donner le jour à d'autres. Alors l'effroi s'empara des conjurés. Voyant qu'ils n'étaient point soutenus par le pape, apprenant que Louis Sforce, oncle de la comtesse, envoyait des troupes à son secours, ils enlevèrent de leurs effets tout ce qu'ils purent emporter avec eux, et se réfugièrent à Citta di Castello. La comtesse rentra dans la possession de ses états, et vengea le meurtre de son mari par toutes sortes de cruautés. Florence, informée de la mort du comte, profita de cette occasion pour recouvrer la forteresse de Piancaldoli, qu'il lui avait autrefois enlevée. Ses troupes eurent ordre d'aller s'en emparer, ce qu'elles firent; mais cette entreprise coûta la vie au célèbre architecte Cieco.

A tous ces maux qui affligeaient la Romagne, se joignit un autre événement qui ne fut pas moins horrible. Galeotto, seigneur de Faënza, avait pour épouse la fille de Jean Bentivoglio de Bologne. Cette femme, excitée ou par la jalousie, ou par les mauvais traitements de son mari, ou par un caractère naturellement vicieux, haïssait Galeotto. Son aversion alla jusqu'à lui inspirer le projet de le dépouiller de ses états et de le faire périr. Feignant d'être malade, elle se met au lit, et dispose tout si bien que Galeotto, lorsqu'il viendrait lui rendre visite, pût être mis à mort par des gens affidés qu'elle cache dans sa chambre à cet effet. Elle avait communiqué ce dessein à son père, qui espéra devenir maître de Faënza après la mort de son gendre. Le temps marqué pour l'exécution de ce complot arriva; Galeotto, étant venu selon sa coutume dans la chambre de sa femme, avait eu à peine quelques instants d'entretien avec elle, que les assassins sortent de l'endroit où ils étaient cachés, et le tuent sans qu'il pût se défendre.

La nouvelle de la mort de Galeotto répand l'alarme dans Faënza. Sa femme se réfugie dans la citadelle avec son fils en bas âge, nommé Astorre; le peuple prend les armes; Jean Bentivoglio, qui s'attendait à cet événement, avait pris ses mesures en conséquence, de concert avec un Bergamino Condottieri, au service du duc de Milan. Ils entrent ensemble, à la tête d'un corps nombreux de gens armés, dans Faënza, où se trouvait en ce moment Antoine Boscoli, commissaire florentin. Tous les chefs s'assemblent au milieu de ce tumulte; ils délibéraient sur le gouvernement de cette ville, lorsque les habitants du val de Lamona, accourus en foule au bruit, viennent les armes à la main, et se précipitent sur Jean Bentivoglio et sur son complice Bergamino. Ils tuent ce dernier, font l'autre prisonnier, et invoquent à grands cris le nom d'Astorre et celui des Florentins, chargent le commissaire Loscoli des soins du gouvernement de Faënza. Lorsque l'on fut informé de cet événement à Florence, le mécontentement y fut général. Néanmoins, cette république fit rendre la liberté à Jean et à sa fille, et prit soin du jeune Astorre et de Faënza, pour répondre aux vœux du peuple entier de cette ville.

A peine les guerres entre les premières puissances de l'Italie étaient apaisées, qu'il s'éleva bien d'autres mouvemens dans la Romagne, la Marche-d'Ancône, et à Sienne; mais comme ils furent peu importants, nous croyons superflu d'en parler ici. Ceux de Sienne devinrent à la vérité très-fréquents après le départ du duc de Calabre, quand la guerre de 1488 fut terminée. Ils amenèrent de rapides changements qui faisaient alternativement passer le pouvoir des mains du peuple dans celles des nobles. Les nobles conservèrent enfin la supériorité. Ceux qui acquirent le plus d'influence parmi eux furent Pandolfe et Jacques Petrucci, qui devinrent en quelque sorte, l'un par sa prudence, l'autre par son courage, les maîtres de cette ville.

Après avoir terminé heureusement la guerre de Serezana, les Florentins vécurent au sein de la prospérité jusqu'à la mort de Laurent de Médicis, arrivée en 1492. En effet, Laurent travailla tout à la fois à l'agrandissement de sa maison et de sa patrie lorsqu'il eut pacifié l'Italie par son habileté et sa puissance. Il maria Pierre de Médicis, son fils aîné, avec Alphonsine, fille du chevalier des Ursins. Par son crédit, il fit élever Jean, son second fils, à la dignité de cardinal, quoiqu'il n'eût encore que treize ans, exemple jusqu'alors inouï. Ce fut là un des degrés par lesquels sa maison monta avec le temps *jusqu'au ciel* [1]. Julien, son troisième fils, était trop jeune encore, et Laurent ne vécut pas assez longtemps pour lui procurer un établissement considérable. De ses filles, l'une épousa Jacques Salviati; l'autre, François Cibo, et la troisième, Pierre Ridolfi. La mort lui enleva la quatrième, qu'il avait mariée avec Jean de Médicis pour maintenir l'union dans sa famille. Quant à ses richesses et à ses affaires de commerce, il fut très-malheureux. Il éprouva en différents endroits de grandes pertes par la mauvaise conduite de ses facteurs qui administraient ses affaires comme celles d'un prince, et non comme celles d'un particulier; aussi le trésor public fut-il obligé de lui avancer de grandes sommes d'argent pour le soutenir. Ne voulant plus s'exposer à de semblables chances de fortune, il renonça au commerce, et dirigea ses vues du côté des terres, qui offrent des richesses plus assurées et plus durables. Il se procura, dans les territoires de Prato, de Pise et du Val de Pesa, des possessions dont les revenus et les bâtimens indiquaient plutôt la grandeur d'un souverain que l'état d'un simple citoyen. Il s'occupa ensuite à embellir Florence et à augmenter son étendue. Comme il y avait dans cette ville beaucoup d'espaces dépourvus d'habitations, il fit tracer sur ces terrains de nouvelles rues pour y construire des bâtiments, ce qui contribua à la rendre plus grande et plus magnifique. Afin que sa patrie vécût tranquille et en sûreté, qu'elle pût éloigner d'elle la guerre, il fortifia le château de Firenzuola, situé au milieu des Alpes, du côté de Bologne; il commença à rétablir vers Sienne le Poggio impérial, et à le rendre formidable; il ferma le chemin à l'ennemi du côté de Gênes, par la conquête de Pietra-Santa et de Serezana; il entretenait par ses subsides et des pensions, dans Pérouse, les Baglione ses amis; dans Citta di Castello, les Vitelli, et le gouvernement de Faënza était en son pouvoir. Toutes ces dispositions servaient en quelque sorte de rempart à la sûreté extérieure de Florence. Il entretint toujours cette ville au milieu des plaisirs pendant le temps où l'on jouissait des douceurs de la paix; il fit célébrer plusieurs fois des tournois et des fêtes, où l'on représentait les événements et les triomphes de l'antiquité. Son but était de maintenir l'abondance dans sa patrie, l'union parmi le peuple, et de voir la noblesse honorée. Il chérissait et s'attachait tous ceux qui excellaient dans les arts; il protégeait les gens de lettres : rien ne le prouve davantage que sa conduite envers Agnolo de Montepulciano, Cristofano Landini et le Grec Démétrius. Le comte Jean de la Mirandole, homme presque divin, attiré par la munificence de Laurent de Médicis, préféra le séjour de Florence, où il se fixa, à toutes les autres parties de l'Europe qu'il avait parcourues. Laurent faisait surtout ses délices de la musique, de l'architecture et de la poésie. Il existe de lui, dans ce dernier genre, plusieurs morceaux qu'il a, non seulement composés, mais encore enrichis de commentaires. Afin que la jeunesse de Florence pût se livrer à l'étude des belles-lettres, il établit l'université de Pise, où il appela les hommes les plus instruits qui fussent alors en Italie. Il construisit un monastère près de Florence, pour Mariano de Chinazano, religieux de l'ordre de Saint-Augustin, parce qu'il était un excellent prédicateur. Il fut comblé des bienfaits de Dieu et de la fortune, car toutes ses entreprises furent couronnées par le plus heureux succès, et celles de ses ennemis eurent une fin opposée. Outre la conjuration des Pazzi, Baptiste Frescobaldi tenta aussi

---

[1] Il fut pape sous le nom de Léon X. C'est probablement à son pontificat que l'auteur fait allusion ici.

de l'assassiner aux Carmes, et Baldinotto de Pistoia en voulut faire autant dans sa maison de campagne; mais tous reçurent, ainsi que leurs complices, le juste châtiment de leurs abominables projets. Sa conduite, son habileté et sa fortune furent un sujet d'admiration pour les princes, non-seulement de l'Italie, mais encore des pays les plus éloignés: Mathias, roi de Hongrie, lui donna plusieurs témoignages de son affection; le sultan d'Égypte le fit complimenter, et lui offrit des présents, par l'organe de ses ambassadeurs; le Grand-Turc lui remit entre les mains Bernard Bandini, meurtrier de son frère. Ces marques de déférence de la part des souverains étrangers lui attiraient la plus haute considération dans l'Italie; elle s'augmentait encore tous les jours par les preuves réitérées de ses talents. Dans le discours on admirait son éloquence et sa pénétration; dans le conseil, sa sagesse, et dans l'exécution, son courage et son activité. On ne peut lui reprocher de vices qui aient souillé tant de vertus, quoiqu'il fût bien adonné aux plaisirs de l'amour, et qu'il s'amusât des hommes facétieux et mordants, ainsi que des jeux d'enfants, peut-être plus qu'il ne convenait à un si grand homme; on le vit plusieurs fois partager les divertissements de ses fils et de ses filles. En rapprochant ses goûts pour les plaisirs, les jeux, et la volupté, de sa gravité, on croyait voir en lui deux personnes douées de qualités presque incompatibles.

Les derniers temps de sa vie furent très-pénibles, car sa maladie le faisait horriblement souffrir. Ses douleurs d'estomac devinrent insupportables et finirent par l'accabler. Il mourut en avril 1492, dans la quarante-quatrième année de son âge. Personne n'emporta jamais au tombeau, je ne dis pas seulement à Florence, mais encore dans l'Italie entière, une si grande réputation de prudence et des regrets si vifs

de la part de ses concitoyens. Comme sa perte devait entraîner beaucoup de calamités, le ciel voulut en donner des présages trop certains. On vit entre autres la foudre tomber sur l'endroit le plus élevé du faîte de l'église Sainte-Réparata, avec tant de violence, qu'une grande partie de la cime de ce temple s'écroula; ce qui remplit tout le monde d'étonnement et de frayeur. Les Florentins pleurèrent la mort de Laurent de Médicis; il n'y eut aucun prince d'Italie qui ne partageât leurs regrets, et qui ne chargeât ses ambassadeurs d'exprimer ce sentiment douloureux à leur république. Peu de temps après, les événements montrèrent combien ils étaient fondés. L'Italie, privée de son conseil, ne put trouver ailleurs le moyen d'assouvir ni de réfréner l'ambition de Louis Sforce, gouverneur du duc de Milan [1]. On vit donc naître et se développer, immédiatement après la mort de Laurent de Médicis, ces semences de troubles, qui causèrent bientôt et causent encore la ruine de l'Italie, parce qu'il n'y restait plus personne qui fût capable d'en étouffer les germes.

[1] C'est celui connu sous le nom de Louis le *More* et non le *Maure*. Ce surnom lui fut donné, non à cause de la couleur de son teint, car il était plus blanc que noir, mais par allusion au mûrier, en italien *moro*, arbre qu'il avait pris pour sa devise, et qu'il regardait comme l'emblème de la prudence. (Voy. Mém. de l'Acad. des Belles-Lettres, tom. XVI.) Il chassa la duchesse douairière de Milan; il fit mettre à mort Simonetto, le chancelier, qui l'avait dirigée dans la régence, et fit empoisonner le jeune duc son neveu. Ce fut lui qui appela Charles VIII et les Français en Italie, contre la maison d'Aragon, qui régnait à Naples, et qui parvint à les en chasser; car, bientôt après les avoir appelés, il entra dans la confédération contre Louis XII, et s'empara du duché de Milan. Cependant Louis XII l'ayant repris, Louis le More, fait prisonnier par la Trimouille, fut envoyé en France, et renfermé au château de Loches, où il périt au bout de dix ans. De la cruauté, une ambition excessive et du talent sont les qualités ou les vices qu'on lui accorde ou dont on l'accuse, et qui paraissent être pleinement justifiés par l'histoire.

FIN DE L'HISTOIRE DE FLORENCE.

MORCEAUX HISTORIQUES.

I.

FRAGMENTS.

Le pape Alexandre VI voulait qu'Alphonse [1] donnât sa fille à un de ses fils; mais ayant essuyé un refus, dans son ressentiment il exhorta le roi de France à venir recouvrer le royaume de Naples. S'il est vrai que Charles y pensait déjà, ce conseil lui en fit prendre la résolution. Il s'y joignit un autre motif. A cette époque, Ludovic gouvernait l'état de Milan, non pas comme un tuteur, mais en véritable maître. Quoique son neveu, Jean Galeas, ne fût plus enfant, bien loin de songer à lui remettre les rênes du gouvernement, il ne s'occupait qu'à l'écarter des affaires, et à retenir pour lui seul toute l'autorité. Une pareille conduite déplaisait fort à Alphonse, qui avait donné en mariage sa fille Hippolyte à Jean Galeas; mais Ferdinand, père d'Alphonse, détournait son fils de tout dessein hostile contre Ludovic, car il craignait qu'il n'attirât ainsi les armes de la France en Italie. Pour dissiper les soupçons de Ludovic, il avait même résolu de se rendre à Gênes en personne, de se remettre par-là entre ses mains, et de le réconcilier avec son fils, enfin de rompre le mariage de sa petite fille avec Jean Galeas, et de la donner à Ludovic. Ce projet ne put être exécuté à temps, et Alphonse, moins sage et plus emporté que son père, commença à pratiquer de sourdes menées contre Ludovic. Beaucoup de gens ont pensé que le véritable mobile d'Alphonse était, non pas sa tendresse pour sa fille, ou sa haine contre Ludovic, mais un ardent désir de s'emparer de la Lombardie, qu'il regardait comme son héritage. En effet, Philippe Visconti, n'ayant pas d'enfants mâles, l'avait laissée à son grand-père Alphonse, afin que celui-ci pût la défendre contre les Vénitiens, qui, après la mort de Visconti, aspiraient à en devenir les maîtres.

Alphonse contracta d'abord une alliance avec les Florentins. L'avantage de la république fut son motif apparent, mais son véritable objet était de la détacher de Ludovic. Dans cette importante affaire, Pierre de Médicis ne consulta pas les avis de ses anciens amis; il se livra à de nouveaux conseillers, qui l'engagèrent inconsidérément dans cette alliance avec Alphonse. Bientôt le pape Alexandre, changeant d'avis, se fit comprendre dans leur traité qui fut signé à Vicovaro. Ces négociations inquiétèrent vivement Ludovic, qui envoya des ambassadeurs à Florence pour rappeler à Médicis leur ancienne amitié, et les dangers auxquels il s'exposait pour l'avenir. Celui-ci fit une réponse vague, déclara qu'il voulait rester neutre, et se préserver de tous les malheurs qui menaçaient l'Italie. Ludovic, instruit de cette réponse, et bien convaincu de la mauvaise foi de Médicis, résolut de ne rien négliger pour décider Charles à passer les Alpes. Ce n'est pas qu'il ne restât longtemps incertain; car s'il redoutait en Italie un ennemi implacable, la France, d'un autre côté, lui offrait un ami peu fidèle. Il ne pouvait douter que Charles

---

[1] Fils de Ferdinand, roi de Naples.

n'amenât avec lui une armée nombreuse, et qu'en provoquant ainsi son passage il ne se donnât un maître à lui-même comme aux autres états d'Italie. Il finit cependant par embrasser ce parti, envoya en France des ambassadeurs avec de grosses sommes d'argent, et les chargea de faire tous leurs efforts pour déterminer le roi.

Charles, instruit des propositions de Ludovic, les soumit à son conseil; l'amiral Jacques de Grandville voulait qu'elles fussent rejetées; mais les autres membres du conseil, plus avides que prudents, exhortèrent le roi à cette grande entreprise, qui fut enfin résolue. Charles s'occupa d'abord de terminer les différends qu'il avait avec ses voisins, et principalement avec l'empereur et le roi d'Espagne; il négocia un traité avec le premier par la médiation de Ludovic, et avec le second, en lui cédant Perpignan; il équipa une flotte à Marseille, et envoya des ambassadeurs en Italie pour sonder les dispositions des peuples, et observer les lieux. Ils portaient l'assurance que ce n'était point l'ambition qui mettait au roi les armes à la main, mais le désir de reconquérir son royaume; il réclamait leur assistance, ou du moins un libre passage dans les états du pape et de Florence. On leur répondit qu'on ne pouvait rompre ainsi les liens contractés avec le roi de Naples; les Vénitiens déclarèrent qu'obligés de veiller sur le Turc, leur ancien ennemi, ils ne pouvaient se mêler à cette querelle; ils priaient le roi de France de se désister de ses desseins, de peur que les Turcs ne profitassent des troubles de l'Italie pour y pénétrer. Au reste, s'il voulait faire absolument la guerre, ils étaient résolus de rester neutres.

Au milieu de toutes ces négociations, Alphonse tenta de faire révolter Gênes, et de l'enlever à Ludovic. Il arma trente galères et autant de vaisseaux, et les envoya à Livourne sous les ordres de son frère Frédéric. Cette flotte portait Obicetto de Fiesque et Paul Frégose, chassés de Gênes par les Adorni, qui gouvernaient cette ville au nom du duc de Milan; d'un autre côté, les Génois, assistés de Ludovic, équipèrent dans leur port une flotte nombreuse, et Charles leur envoya le duc d'Orléans avec une armée de Suisses. Les Napolitains, ayant tenté de forcer le château de

Rapalle, furent battus et mis en déroute. Après cette victoire, Ludovic engagea Pierre de Médicis à se porter médiateur pour la paix. Médicis lui fit une réponse très-sage, et se conduisit indignement. Il communiqua ses propositions à Alphonse, et afin de faire perdre à Ludovic toute la confiance de Charles, il engagea l'ambassadeur de Milan à le venir trouver dans sa chambre, où il se disait retenu par une maladie, et là il fit cacher l'ambassadeur français, et lui fit entendre les lettres de Ludovic. Cette perfidie accéléra encore le passage de Charles; car Ludovic, voyant qu'il n'avait rien à espérer du côté de l'Italie, pressa avec plus d'activité que jamais le départ des Français. La crainte de cet événement affecta tellement Alphonse, que de douleur il se renferma dans son appartement, et le bruit courut pendant quelque temps qu'il en était devenu fou. Mais reprenant bientôt toute sa raison, il résolut de résister à la fortune, et d'envoyer dans la Lombardie une armée commandée par Ferdinand son fils, et agissant au nom de l'empereur; il espérait qu'elle en chasserait sans peine Ludovic, qui s'était attiré la haine générale des habitants. Ludovic fit venir aussitôt d'Aubigny avec un corps de troupes, et équiper une flotte nombreuse à Nice, à Marseille et à Gênes. Charles s'avança jusqu'à Lyon pour hâter et disposer tous les préparatifs de son expédition, et il y réussit si bien, que d'Aubigny arriva en Romagne avant Ferdinand; celui-ci vint à Ravenne, et s'établit à peu de distance du camp français; mais n'ayant point reçu l'ordre d'engager le combat, il se borna à quelques légères escarmouches.

Cependant Charles partit de Lyon pour se rendre en Lombardie; mais au milieu de la route, il se répandit un bruit dans l'armée que Ludovic trahissait la France; et ce bruit s'accrédita tellement, que les princes français furent sur le point de retourner sur leurs pas, et que Charles lui-même douta de ce qu'il devait faire. Mais le cardinal de Saint-Pierre *in Vincula*[1] dissipa toutes ces craintes, et le roi, rassuré, s'écria : « Marchons ainsi où nous appel- » lent la gloire des combats, les discordes des

---

[1] Qui depuis fut le pape Jules II. Saint-Pierre *in Vincula* est le nom d'une église de Rome. Chaque cardinal autrefois portait le nom d'une église de cette ville.

» peuples et l'affection de nos amis. » Il prit son chemin par les Alpes, passa en Italie, et arriva à Asti, qui avait jadis longtemps appartenu aux Français. Il s'avança jusqu'au Tésin, où il apprit la maladie du duc Jean Galéas, qui mourut bientôt après. Charles l'alla visiter; Ludovic avait lui-même provoqué cette visite, afin de dissiper les soupçons qui s'étaient répandus que Galéas était mort empoisonné. Charles délibéra s'il devait passer par la Romagne, ou la Toscane; chaque parti offrait des inconvénients; mais l'avis de Ludovic le décida pour la Toscane. Dès qu'on sut cette nouvelle à Florence, la frayeur devint générale. Pierre de Médicis, sans conseils et sans appui, résolut d'aller à la rencontre du roi; et s'étant fait nommer ambassadeur de la république, il se rendit à Serezana, et de là au quartier du roi; mais il le rencontra en chemin, et s'étant présenté devant lui un genou en terre, il excusa sa conduite passée, et offrit au monarque et ses services et ceux de la république. Le résultat de cette conférence fut que Charles exigea qu'on lui remît toutes les forteresses entre les mains, et qu'on lui payât de fortes contributions. Médicis instruisit les magistrats de ces diverses demandes, et revint bientôt à Florence, où il se préparait des mouvements séditieux qu'il voulait réprimer.

Dès qu'on apprit ces nouvelles à Florence, chacun conçut un vif chagrin; on envoya sur-le-champ de nouveaux ambassadeurs au roi de France, pour détourner les malheurs qui menaçaient la république, sur le sort de laquelle ils devaient s'en remettre à la générosité du roi. Cependant on vit arriver Médicis; mais déjà on répétait dans tous les cercles qu'il avait trahi et vendu la république; l'on assurait même qu'il avait pris à sa solde Paul Orsini, avec ses troupes. Ainsi son retour, odieux à une foule de citoyens, ne fut agréable à personne; chacun était décidé à réclamer la liberté; il se rendit au palais de la seigneurie, où il se vit rebuté de tous; bientôt il revint chez lui; et abandonné à ses propres conseils, tantôt essayant la violence, tantôt recourant à la faveur, et se défiant de l'une comme de l'autre, il finit par prendre la fuite, et se retira avec tous les siens à Bologne. Ferdinand était à Céséna avec son armée quand il apprit cet événement;

ne pouvant plus compter ainsi sur les Florentins, qui déjà avaient reçu l'armée française, il se retira à Rome, où il se concerta avec le pape Alexandre sur les moyens de défendre cette ville. Quant à Médicis, il ne resta que peu de jours à Bologne; il y laissa tous les siens, et se rendit à Venise. Cependant Florence était livrée aux plus grands désordres.....

André Piccolomini, neveu du pape Pie II, habitait une grande partie de l'année à Pienza, ville du Siennois, éloignée de six milles de Monte-Pulciano; il était fort lié avec beaucoup d'habitants de cette dernière ville, et entre autres avec François Paganucci, qui allait souvent à Sienne pour visiter son frère Barthélemi, qui y était malade. Dans le même temps Antoine Bichi fut élu podestat de Chianciano, petite place à six milles de Monte-Pulciano; les habitants de ces deux places ayant ensemble de fréquents différends; Bichi, sous prétexte de les arranger à l'amiable, se rendait presque chaque jour à Monte-Pulciano, où il parvint à indisposer les esprits contre les Florentins. La république venait d'envoyer dans cette ville l'ordre de lever le nouvel impôt des dîmes; ce fut une nouvelle arme pour les Siennois. L'ancien gouvernement était convenu avec les habitants de Monte-Pulciano qu'ils lui donneraient de la monnaie blanche à la condition d'avoir le sel à un tiers de meilleur marché; mais on les forçait de payer l'impôt après la nouvelle révolution [1], et on les arrêtait à cause du sel. Toutes ces causes de mécontentement inspirèrent aux Siennois une grande confiance, et ils résolurent de ne pas différer l'exécution de leur dessein. Ils songèrent d'abord à s'emparer du château de la ville, qui était mal gardé, et approvisionné plus mal encore. Il ne renfermait que quatre soldats, qui en sortaient toute la journée, et laissaient un seul de leurs camarades pour ouvrir et fermer les portes. Il suffit aux conjurés d'une matinée pour s'emparer de ce château; ils commencèrent par se rendre maîtres, au point du jour, de la garde et des ouvrages avancés, et au bout d'une heure, le gouverneur ouvrit les portes; c'était pour ainsi dire un enfant, et il n'y avait d'ailleurs dans le château ni pain ni vin. Ils tentè-

[1] Celle qui chassa de Florence les Médicis après l'arrivée des Français, en 1494.

rent ensuite de s'emparer de la tour de Chiane, qui est sur le pont de Valiano. Bonzi, qui en était le commandant, fut en vain averti d'avance par un habitant de Monte-Pulciano; Falconi, qui y remplissait les fonctions de podestat de Florence, avait annoncé cette nouvelle au gouvernement; mais on ne voulut pas le croire, il ne reçut pas de réponse, et il n'eut aucun moyen de se défendre. Quelques jours auparavant, les Siennois avaient secrètement envoyé aux conjurés un écusson et une bannière couleur d'azur portant le mot *libertas* brodé en lettres d'or. Dès que le château fut pris, elle fut arborée par soixante hommes armés, qui coururent la ville, et qui, du haut de la tour des Prieurs, donnèrent avec des feux allumés et des décharges d'artillerie le signal convenu aux commissaires de Sienne qui se tenaient prêts dans les places voisines. Ils arrivèrent aussitôt avec le plus grand nombre de troupes qu'ils purent rassembler, et se rendirent maîtres de la place. Le peuple, et surtout les paysans, ignorant encore le véritable objet de ce mouvement, en demandaient l'explication; on leur répondait que les Florentins voulaient les asservir pour les appauvrir et acheter leurs belles propriétés. Bientôt tous les habitants des campagnes voisines, s'étant réunis, s'emparèrent de la ville; mais comme la plupart d'entre eux étaient étrangers à la conjuration des Siennois, ils résolurent de jeter à bas le château, de peur que Sienne ne s'en emparât, et, avec cette impétuosité qui caractérise le peuple, ils le démolirent aussitôt aux cris de *vive la liberté*, ce qui déplut fort aux conjurés. Antoine Bichi, quoique malade de la goutte, arriva subitement en litière; il offrit aux habitants de Monte-Pulciano, au nom de la seigneurie de Sienne, de les laisser maîtres des conditions de l'acte de réunion, de leur fournir abondamment du blé et du sel, et de n'exiger aucuns frais de transport. Bientôt il fut conduit dans le palais; l'on renvoya le préteur de Florence avec tous ses équipages, et Bichi resta comme commissaire. Ce même jour on députa à Sienne Mariotto et Michel Agnolo, qui furent accueillis avec de grandes distinctions, reçurent en don du drap d'écarlate, et s'empressèrent de prêter serment de fidélité à la seigneurie, afin de prévenir toutes les démarches que Florence pourrait tenter pour empêcher celle-ci de les accepter pour sujets. Et en effet, dès qu'on fut instruit de cet événement à Florence, l'on envoya deux députés à Monte-Pulciano pour engager cette ville à rester du moins indépendante, et à ne pas se livrer aux Siennois. Mais ils ne purent empêcher les habitants d'envoyer à Sienne huit ambassadeurs, qui y furent également très bien accueillis, reçurent chacun trois *cannes* de drap d'écarlate (1), et furent autorisés par la seigneurie à rédiger l'acte de réunion.

Cependant, l'armée de Florence s'avançait sur Monte-Pulciano, et passa la Chiana par la grande habileté du comte Ranuccio, qui la commandait; car les Siennois, ayant fait partir toutes les troupes qu'ils avaient dans leur ville, et en ayant levé de nouvelles, s'avancèrent jusqu'au pont de la Chiana, le démolirent le plus qu'ils purent, et élevèrent un bastion sur le bord de la rivière. Un commissaire fut envoyé à l'armée avec cinq cents ducats, et il fut chargé de ne rien négliger pour fermer tout passage aux Florentins, et assurer ainsi le salut des habitants de Monte-Pulciano. Mais Ranuccio passa la rivière sur trois points, au-dessus et au-dessous du pont, et sur le pont même; il battit les Siennois, en tua ou prit le plus grand nombre, et courut toute la campagne de Monte-Pulciano, où il enleva beaucoup de bestiaux; il entreprit même d'y construire un fort bastion; mais les Florentins, alors inquiets des projets de Pierre de Médicis, permirent aux habitants de Monte-Pulciano d'abattre ce bastion, qui les tourmentait beaucoup. Dans ce même temps, Thomas Tosinghi, étant commissaire à Valiana, convint avec la seigneurie que Paul Vitelli se rendrait secrètement de Castello à Monte-Pulciano avec cinq cents fantassins, qui marcheraient tout le jour et une partie de la nuit; que pour lui, il tiendrait ses gens d'armes et sa cavalerie légère entre Castiglione, Cortone et Valiana, où Vitelli se trouverait avec ses fantassins, au moins à trois heures de nuit, et où lui-même n'arriverait également que la nuit. Ces fantassins se rendirent en effet à Monte-Pulciano, mais épuisés de lassitude et sans s'être rafraîchis un instant; il était déjà grand jour; les gens d'armes de Florence avaient avec eux les bannis de Mon-

---

¹ La canne vaut deux aunes.

te-Pulciano rassemblés au nombre d'environ soixante à Valiana. La ville fut escaladée près d'une des portes; mais les assaillants, n'ayant point été secourus, furent repoussés, et la plupart égorgés. Cet échec fut dû à la trahison des Vitelli, qui refusèrent de marcher, parce que la gloire du succès ne leur aurait pas été attribuée. Quelques jours après, Antoine Tarugi et Christophe son fils, tous deux de Monte-Pulciano, s'offrirent de rendre cette ville aux Florentins. Il fut convenu qu'on tenterait cette entreprise la nuit du carnaval; mais le complot fut découvert le soir même, et les conjurés, n'ayant pas eu le temps de se réunir, sautèrent par-dessus les murs de la ville, au nombre d'environ soixante. Les uns furent tués et les autres se dispersèrent, parce que Florence ne leur donna aucun secours; les Siennois chassèrent de Monte-Pulciano leurs femmes et leurs enfants. Les chefs de cette conjuration étaient Michel Agnolo, Puccio, etc......

Monseigneur de Lilla, s'étant rendu à Saint-Marco, n'obtint qu'avec peine de d'Antraigues la permission de se rendre auprès de lui avec deux hommes seulement. Quand il fut arrivé à Pise, il lui expliqua la volonté du roi [1]; d'Antraigues répondit qu'il ne rendrait pas la place s'il n'avait des lettres écrites de la propre main du roi, et si monseigneur de Liguy ne lui ordonnait expressément de le faire. Les commissaires sentant que toute autre conférence devenait inutile, et ne pouvant d'ailleurs s'approvisionner de vivres qu'avec peine, firent entendre à la seigneurie que le parti le plus sage était de s'éloigner de Pise, et que de ce malheur il en résulterait une espèce de bien, puisqu'il serait plus facile alors de porter des secours aux lieux qui étaient menacés. La seigneurie était incertaine du parti qu'elle devait prendre. Elle sentait bien la nécessité de s'éloigner de Pise pour prévenir les dangers qu'on avait à craindre d'un autre côté; mais elle craignait aussi qu'une pareille mesure n'excitât le mécontentement du peuple, qui désirait ardemment qu'on persistât dans cette entreprise, et qui en avait conçu les plus grandes espérances. Au milieu de ces irrésolutions, on reçut de nouvelles lettres de la cour de France, qui ordonnait qu'on rendît Pise.

La seigneurie, ne voulant pas négliger un pareil moyen, expédia ces lettres pour l'armée, et elles arrivèrent avant que le camp fût levé, mais elles ne produisirent pas plus d'effet que les précédentes. Les commissaires ne purent les présenter eux-mêmes; ils furent réduits à les signifier par un trompette, afin que d'Antraigues restât sans excuses. Voyant enfin qu'ils n'avaient rien à espérer, ils suivirent leur premier dessein, levèrent leur camp, et allèrent s'établir devant Cascina; non pas qu'ils espérassent s'en emparer, mais pour que les Pisans ne fussent pas ainsi tout-à-coup débarrassés de la présence de leur armée.

Dans ce même temps, le bruit courut que le pape, les Orsini et les Siennois voulaient rétablir Pierre de Médicis à Florence; que Jean Bentivogli et la comtesse de Furli consentaient à ce dessein; que Virginio Orsini, suivi de tous les siens, était parti du territoire de Rome, avec Pierre de Médicis et des troupes nombreuses; qu'ils étaient réunis entre Fuligno et Todi; que Médicis avait à sa disposition vingt-un mille ducats que Rome lui avait fournis, et qu'il espérait rentrer à Florence à la faveur des partisans qu'il s'y était faits. On ordonna donc aux commissaires d'envoyer le comte Ranuccio et Octave de Manfrédi vers Cetona, et on écrivit au roi de France pour lui exposer le nombre des ennemis qui menaçaient les Florentins, ennemis qui se trouvaient soutenus par un de ses propres officiers; on lui représenta toute l'injustice de d'Antraigues, et la fidélité des Florentins, qui, récemment encore, venaient de fournir de l'argent aux Vitelli alors à son service. Cependant, Antoine d'Albizzi fut envoyé à Cortone, et Braccio Martelli à Poggibonzi, car on ignorait encore sur quel point les ennemis devaient attaquer; on prit les mêmes dispositions à Valiano; et afin de prévenir les mouvements qu'on craignait du côté de la Romagne, Laurent de Médicis fut envoyé à Mugello, et Pierre Corsini à Castrocaro.

Cependant on apprit que Virginio Osini était à Panicherola, et avait fourni de l'argent à Bracciano et à ses troupes. Cette nouvelle fit craindre surtout pour Cortone; on sentait la nécessité de mettre cette ville en état de défense, mais cette mesure offrait beaucoup de difficultés. La ville étant très-forte, et la

_____
[1] Charles VIII.

citadelle mal approvisionnée et hors d'état de battre la ville, on ne pouvait forcer l'obéissance des habitants, qu'il était d'un autre côté dangereux d'abandonner à eux-mêmes. On résolut donc d'envoyer de ce côté le comte Ranuccio, Jean-Paul Baglioni, et la cavalerie légère du comte d'Urbin; on tira également de l'infanterie de Valiano, et de toutes les garnisons du Val di Chiana et on y ajouta de nouvelles troupes p'r en former une armée en état de maintenir les sujets dans le devoir et d'en imposer aux ennemis. Cependant les Orsini, s'étant avancés avec les rebelles de Florence à Castello della Pieve, sur le territoire de Pérouse, formèrent le dessein d'introduire secrètement dans Crotone Constanzo Beccaio, l'un des rebelles de cette ville; il devait y entrer pendant cette nuit, et exciter un soulèvement par le moyen de ses amis, et livrer ensuite une porte aux Orsini. Tout étant ainsi disposé, Paul Orsini s'avança vers Cortone avec environ cent chevau-légers et deux cents hommes d'infanterie. Beccaio était parti en avant, après être convenu avec lui d'un signal; mais ayant pénétré dans la ville, il la trouva gardée avec soin par la vigilance du commissaire; il se sentit découvert, et sans donner aucun signal, il prit aussitôt la fuite, et Orsini retourna à Castello della Pieve. Le lendemain matin, le commissaire, instruit qu'on avait vu des rebelles entrer dans la ville, qu'on avait rencontré dans la campagne de la cavalerie ennemie, et trouvé des échelles non loin des murs, comprit que les ennemis n'étaient pas éloignés. Il en fut assez effrayé, car il craignait la malveillance des habitants; mais d'un autre côté, il se rassura en voyant que les ennemis n'avaient pas osé tenter une attaque ouverte. Ne pouvant douter qu'il n'existât un complot contre Florence, il redoubla les gardes et les espions, et il découvrit enfin clairement qu'Antoine Marcelli, un des premiers citoyens de Cortone, avait donné à Beccaio les moyens de pénétrer dans la ville. Comme l'arrivée des troupes cantonnées dans les environs lui permettait de rechercher plus vivement les coupables, et que le peuple lui-même le pressait de poursuivre et de châtier les traîtres, il saisit cette occasion d'assurer son salut, ou du moins de découvrir les véritables dispositions des habitants rassemblés dans le conseil du peuple,

et lui dit : « Vous m'avez prié plusieurs fois » de rechercher les coupables; eh bien! celui » qui a introduit ici Beccaio est Antoine Mar- » celli. » A ces paroles, *obmutuêre omnes*. Mais à la fin, honteux de ne pas aller plus avant après avoir fait de si belles promesses, ils chargèrent deux membres du conseil d'amener Marcelli devant le commissaire; ceux-ci rapportèrent à leur retour qu'ils l'avaient trouvé dans la maison d'un de ses amis, mais qu'il n'avait pas voulu venir, et avait déclaré qu'il craignait la vengeance du commissaire pour avoir introduit Beccaio dans Cortone. Ainsi, les uns avouant qu'ils avaient voulu soulever la ville, les autres, qu'ils ne voulaient pas les en punir, le commissaire fut confirmé dans ses résolutions, et sentit qu'il ne pouvait compter sur eux, et ne songea qu'à les réprimer par la force et de nombreuses troupes.

Dans le temps qu'on portait à d'Antraigues les lettres du roi, on envoya Mellini dans la Lunigiane en présenter de semblables aux commandants de Serezzana, Serezzanello et Pietra-Santa. Le premier répondit que les lettres du roi ne lui suffisaient pas, et que celles de Mgr de Ligny ne portaient pas le contre-seing ordinaire; le second, qu'il n'avait ordre de livrer la place que lorsque Serezzana et Pietra-Santa auraient été rendues. Au milieu de tous ces débats, il arriva un nouvel ordre de Ligny qui défendait à ces commandants de rendre leurs places, parce que, la France venant de traiter avec les alliés, il allait retourner à Naples, et avait besoin de ces places pour assurer ses derrières. Quelque temps après, il arriva de nouvelles lettres du roi à l'appui des premières; mais elles ne produisirent encore aucun effet. Ce fut à cette époque que Fracassa vint à Pise, que la comtesse d'Imola perdit le gouverneur de sa ville, messire Jacobo, qui, dit-on, lui servait de mari.

Les Orsini, n'ayant pu réussir à s'emparer de Cortone par surprise, comme ils l'avaient projeté, se retirèrent avec leurs troupes à Gualdo, afin de vivre au moins aux dépens d'un pays déclaré contre eux. Au reste, on croyait que Virginio différait de nous attaquer ouvertement, dans l'espérance qu'il naîtrait quelque événement qui le dispenserait de poursuivre cette guerre plus longtemps; l'on voyait clairement qu'il ne s'y portait qu'avec peine ; mais, d'un autre côté, il ne pouvait, sans de grands motifs, rompre avec Pierre de Médicis, qui était son parent, et qui avait équipé ses troupes de ses propres deniers. Tandis que celui-ci le pressait plus que jamais d'agir, il apprit que le commissaire de Florence à Cortone avait découvert le complot tramé dans cette ville, qu'il avait en vain voulu punir les coupables, et que les habitants n'avaient pas voulu recevoir ses gens d'armes. Cette nouvelle fit espérer aux Médicis que, s'ils approchaient des murs de Cortone, ils y exciteraient un soulèvement. Ils vinrent donc camper à Panicale, et de là ils se présentèrent un matin à Orsaia, qui n'est éloigné de Cortone que de deux milles ; mais ils y restèrent en vain jusqu'à vingt-trois heures du jour ; car le commissaire, ayant établi ses troupes au pied de la montagne, et fait sortir de la ville tous les habitants, ôta tout moyen aux ennemis de s'avancer davantage, et au peuple de tenter quelque trahison. Virginio, instruit de ces mesures, se retira avec ses troupes, passa le lendemain le pont de Chiusi, et s'établit entre Calcione et Lucignano.

Les craintes qu'avaient inspirées ces mouvements des Médicis avaient fait porter de ce côté la plus grande partie des troupes de Florence, et on n'avait laissé dans le Pisan que celles qui étaient absolument nécessaires à la garde du pays. On leur avait envoyé pour commissaire Antoine Canigiani, qui, d'après les ordres du gouvernement, les avait mises en quartiers. Toute la force de nos troupes était donc vers la Romagne, où elles étaient commandées par Pierre Vettori, militaire expérimenté et jouissant d'une grande considération auprès des soldats. Il observait avec la plus grande vigilance tous les mouvements des ennemis, dont la direction était encore incertaine ; car on ne savait s'ils devaient attaquer par le Val d'Ambra ou par le Chianti. Médicis s'était établi à Arezzo, afin d'être à portée de tous les points d'attaque. Cependant Vettori, ayant été nommé commandant de Pistoria, fut remplacé par Nasi, qui surveilla tous les desseins de l'ennemi avec une égale vigilance.

Au milieu de ces divers événements, il y eut une trêve conclue entre la France et l'Italie ;

le château de Gênes fut remis entre les mains du duc de Ferrare, et Charles retourna en France. Bientôt il fit un nouveau traité avec Florence, et envoya en Toscane Gimel, pour porter de l'argent aux Vitelli et aux Orsini, qui devaient attaquer le royaume de Naples ; il était également chargé de faire rendre aux Florentins les places qu'on leur retenait encore. L'arrivée de Gimel fit espérer au gouvernement qu'il pourrait rompre les négociations entamées entre d'Antraigues et les Pisans, sous la médiation de Lucques. Aussi, dès qu'il fut à Pistoia, on envoya à sa rencontre Soderini et Laurent de Médicis, qui, sans le laisser aller plus avant, le pressèrent d'exécuter la commission dont il était chargé à l'égard des Florentins. Gimel, cédant à leurs instances, envoya un de ses amis à Pise, avec la copie de sa commission ; il portait à d'Antraigues l'assurance que le roi lui pardonnerait la désobéissance passée, et que les Florentins lui donneraient toutes les sûretés qu'il demanderait ; mais ce messager n'eut pas plus tôt passé Lucques, qu'il fut attaqué sur le mont Saint-Julien, renversé de son cheval, et courut les plus grands risques pour sa vie. Dès que Gimel et les autres Français chargés de cette affaire eurent appris cet événement, ils résolurent d'aller poursuivre cette négociation à Lucques, qui leur paraissait un lieu plus sûr et plus commode. Sur ces entrefaites, on reçut de nouvelles lettres de la cour de France qui annonçaient que le roi, pour hâter encore la reddition de Pise, avait récemment envoyé à d'Antraigues un de ses parents, nommé Butaux, en espérant que les liens de parenté lui donneraient quelque crédit sur son esprit. Dès qu'il fut en Toscane, on s'empressa de l'envoyer à Lucques, et de là à Pise. Mais à son arrivée, il trouva que d'Antraigues venait de traiter avec les Pisans. Avant que Butaux partît de Florence, il était convenu du signal qu'il donnerait quand d'Antraigues serait déterminé à livrer la place. On avait en conséquence envoyé Soderini à Ponte-d'Era, pour réunir toutes nos troupes, et les mettre en état d'être devant Pise au premier appel. Dans cette attente, Soderini, faisant sans cesse observer du côté de Pise si l'on voyait ou entendait quelque signal, on entendit un bruit d'artillerie venant de la citadelle ; Soderini ne douta pas que ce ne fût un signal donné par d'Antraigues pour demander des secours ; et aussitôt il réunit ses troupes et les porta en avant ; et afin que d'Antraigues fût instruit de son arrivée, il envoya un corps d'infanterie et de cavalerie pour occuper l'abbaye de San-Sovino, lieu entre Cascina et Pise, et le reste de l'armée devait le suivre ; mais au milieu de ces dispositions, arrive un habitant de Pise qui raconte que la veille on avait fait dans cette ville une procession solennelle précédée par une bannière de Notre-Dame, et suivie du peuple entier ; que dès que la tête de la procession était arrivée à la citadelle, d'Antraigues en était sorti les clefs à la main ; qu'après avoir mis un genou en terre devant l'image de la Vierge, il avait fait une sortie violente contre la tyrannie des Florentins, et recommandé à la protection de Notre-Dame la liberté des Pisans ; qu'il avait juré, les larmes aux yeux, que l'unique motif qui l'avait déterminé à leur rendre leur citadelle était le sentiment profond de la justice de leur cause et de l'iniquité de leurs adversaires, et qu'enfin les Pisans, devenus maîtres de leur citadelle, avaient célébré cet événement par des feux de joie et des cris d'allégresse. Dès que les commissaires ne purent plus douter de cette nouvelle, qui leur fut confirmée encore par d'autres rapports, ils renoncèrent à cette expédition, retirèrent leurs troupes de San-Sovino, et prirent d'autres dispositions, puisque le roi de France n'avait pas assez d'autorité pour faire respecter ses engagements à ses propres sujets.

Pendant que ces événements se passaient à Pise, l'état des affaires n'était pas moins inquiétant du côté de la Romagne. Les troupes des Orsini, établies alors sur le territoire de Sienne, jetaient une grande incertitude dans les résolutions de nos généraux ; mais afin que les ennemis fussent aussi inquiets pour eux-mêmes, et pour être plus à portée de prévenir leurs desseins, Nasi résolut de partir d'Arezzo avec nos troupes, et de se porter sur Civitella. Cette disposition non seulement fit perdre à l'ennemi le dessein de nous attaquer, mais lui donna même des craintes sur sa sûreté, en se voyant exposé à être attaqué lui-même ; il prit donc le parti de se retirer, et il alla s'établir à Rapolano. Il n'y resta pas longtemps ; car Gimel, chargé de

nous faire restituer nos places, désespérant de remplir cette commission, était retourné à Florence avec Camille Vitelli, et avait été de là trouver les Orsini pour leur remettre de l'argent et les engager au service de la France. Ils cessèrent aussitôt, par ordre du roi, leurs hostilités contre Florence, et se dirigèrent vers le royaume de Naples. C'est à cette époque que Jean de Médicis s'empara de Vernio, pour prévenir le dessein qu'aurait pu former le seigneur du lieu de livrer ce passage aux ennemis.

La comtesse d'Imola était alors en différend avec Astorre, seigneur de Faënza, à qui elle ne voulait pas donner sa fille, qu'elle lui avait promise quelques mois auparavant. Elle excita en conséquence contre lui l'animosité d'Octave de Manfredi, qui, aidé de ses secours et de ceux de Vincent et Denis de Naldo, était entré dans Berzighella, avait gagné à son parti tout le Val de Lamona, et de là cherchait à s'emparer de Faënza. Il ne pouvait compter sur ce succès sans l'assistance des Florentins, qu'il réclamait vivement. Mais les désastres qu'avaient essuyés ceux-ci ne leur permettaient pas de lui offrir leur médiation. Au reste, comme, sans l'aider positivement, ils ne s'opposèrent pas à ce qu'il tentât le sort des armes, le conseil du seigneur de Faënza craignit que celui-ci ne fût chassé enfin de son état par l'intervention de Florence, et il crut devoir se jeter dans les bras des Vénitiens. Ceux-ci acceptèrent toutes les propositions qui leur étaient faites ; et, sous prétexte de lui payer la solde de cent gens d'armes qu'il devait leur fournir, ils lui promirent dix mille ducats s'il consentait à recevoir un gouverneur vénitien. Cette convention obligea Manfredi, qui se trouvait alors à Berzighella, de se retirer sur le territoire de Florence, et ses partisans dans les places fortes de la Vallée. Lorsque le provéditeur fut arrivé à Faënza, il se porta sur-le-champ sur Berzighella, afin de s'en assurer, et il employa tous ses efforts pour soumettre les habitants de Naldo ; mais n'ayant pu y réussir, il renversa et brûla leurs maisons, et les fit déclarer rebelles à l'état.

Lorsque les Ursins furent partis de la Toscane pour se rendre dans le royaume de Naples, Sienne resta sans troupes et abandonnée. Comme Florence se trouvait remplie des bannis de cette ville, on résolut de tenter par leur moyen le renversement du gouvernement de Sienne ; on espérait que ce service les attacherait à Florence et les déterminerait à rendre Monte-Pulciano. Les moyens d'exécution étaient concertés avec eux et avec un habitant de la ville, nommé Belandi, qui était mécontent du gouvernement, et qui entretenait des intelligences avec Florence par le canal de Braccio Fartelli. Belandi désirait qu'avant de faire aucun mouvement apparent on lui laissât le temps de gagner plusieurs citoyens, afin de rendre plus facile l'exécution de son complot; mais les Florentins, trouvant que ce projet traînait en longueur, et d'ailleurs vivement excités par les bannis, résolurent de mettre à la fois toutes leurs troupes en mouvement et de les porter sous les murs de Sienne. Quoique Martelli fût sur les lieux, on fit marcher de ce côté Pierre Capponi ; Nasi s'avança avec toutes ses troupes à Staggia, et Jean de Ricaoli fut envoyé dans le territoire de Pise pour en amener le plus de soldats qu'il pourrait. Dès qu'on fut instruit à Sienne de toutes ces dispositions, qu'on apprit l'arrivée de Capponi à Staggia, et tous ces mouvements de troupes, Pandolfo et les autres membres du gouvernement résolurent d'envoyer des ambassadeurs à Capponi sous prétexte de traiter avec lui, mais en réalité pour gagner du temps. Ils espéraient que s'ils pouvaient prolonger la négociation pendant quelques jours, les Florentins seraient alors assez embarrassés eux-mêmes pour se défendre contre les alliés : car ils n'ignoraient pas que le duc de Milan et les autres princes étaient déterminés à les poursuivre, comme amis de la France [1]. Pandolfo Petrucci, Borgheri et Luzio se rendirent donc à Staggia auprès de Capponi ; ils lui représentèrent qu'au point où en étaient arrivées les affaires de Toscane, elles ne pouvaient être réglées que par la sagesse et la patience, que ces vertus formaient le caractère des gouvernements prudents qui ne jouaient pas légèrement leur existence, et après beaucoup d'autres discours semblables, ils proposèrent pour conditions que, pendant trois ans, on ne parlerait pas de Monte-Pul-

ciano, et qu'après ce terme on remettrait cette affaire à la décision d'amis communs qui assureraient une indemnité aux Florentins. Ces propositions parurent absurdes à Capponi ; mais il ne crut pas devoir rompre les négociations, afin que les Siennois, y trouvant un motif de sécurité, ne conçussent aucunes craintes. Lorsqu'il eut congédié les ambassadeurs, il partit la nuit même avec ses troupes, alla s'établir à Fontebecci, et s'avança jusqu'aux portes de Sienne, où il resta pendant quelque temps à cheval et en ordre de bataille, en attendant un mouvement des amis des bannis. Mais soit que Belandi manquât de cœur, et que les hommes aient plus de forces pour concevoir un dessein que pour l'exécuter, soit qu'il trouvât l'armée de Florence trop nombreuse, et qu'il craignît que, sous prétexte de protéger les bannis, elle ne cherchât à s'emparer de Sienne, personne ne se déclara en leur faveur, et l'armée fut obligée de se retirer à Fontebecci. Là, les commissaires de Florence, les Condottieri et les bannis délibérèrent sur le parti qu'on devait prendre. Les Condottieri affectèrent de la crainte et du dégoût ; les bannis, après de si brillantes promesses et des espérances si positives, ne montrèrent que du découragement lorsqu'ils virent que la crainte de perdre la liberté publique avait produit parmi leurs compatriotes une union aussi générale, bientôt l'entreprise ne parut que difficile et d'un succès douteux, et chacun conclut qu'il était dangereux d'y persister, et qu'il fallait au contraire s'éloigner au plus vite. Rien ne put faire changer d'opinion aux Condottieri, et, sans attendre même la permission des commissaires, ils firent partir leurs troupes pour Staggia, et rentrèrent sur le territoire de Florence, où Capponi fut obligé de retourner. Mais afin que l'abandon total de cette expédition fût moins honteux, Braccio Martelli resta avec Savello pour continuer les intelligences qu'il entretenait dans Sienne.

Quelques mois auparavant, on avait envoyé Galeotto de Pazzi dans la Lunigiane pour conduire les négociations entamées avec les commandants de Serezzana et de Serezzanello. Il employa pour les déterminer de belles promesses et de fréquents secours d'argent; mais ils différaient, sous différents prétextes, la reddition de leurs places, sans annoncer cependant

---

[1] On trouve sur l'original de ces fragments, une note de Macchiavelli ainsi conçue : *Les succès des Français ont renversé notre gouvernement, leurs revers nous feront perdre notre liberté.* L'événement justifia cette prédiction de Macchiavelli.

un refus formel. Au milieu de toutes ces incertitudes, les Génois, soit par l'effet d'une secrète convention avec ces commandants, soit qu'ils crussent qu'en fermant le chemin aux Florentins ils pourraient forcer l'un d'eux à leur ouvrir ses portes, envoyèrent vers Serezzana deux commissaires avec mille hommes d'infanterie et deux cents de cavalerie. Ils s'établirent entre cette ville et San-Francesco, emportant avec eux de grosses sommes d'argent pour solder d'autres troupes, et vaincre la résistance du commandant. Celui-ci envoya un des siens pour réclamer les secours de Pazzi, et lui déclarer que si on ne les lui envoyait au plus tôt, il serait forcé de se rendre. Dès qu'on apprit cet événement à Florence, on fit partir aussitôt pour Fivizano Lorenzo Morelli, qui devait emmener toutes les troupes répandues sur les territoires de Pise et de Pistoia, et tâcher de se servir utilement de l'affection des habitans de la Lunigiane et des marquis de ce pays, qui étaient attachés à Florence. On obtint aussi de d'Antraigues qu'il écrirait à ce commandant pour l'engager à persister dans sa fidélité au service du roi. D'Antraigues avait consenti à cette démarche, parce qu'on lui avait fait espérer que s'il contribuait à faire rendre Serezzana aux Florentins, ils intercéderaient son pardon auprès du roi.

Morelli partit, accompagné d'un commissaire français que le roi avait envoyé pour hâter la reddition de ces places. Ce commissaire voulant aller d'abord à Serezzanello, Morelli ordonna à mille hommes d'infanterie de l'y accompagner; après avoir obtenu du marquis Gabriello qu'il leur laisserait un libre passage à travers son marquisat, ils partent en conséquence de Ceterano; mais à peine y sont-ils arrivés qu'ils entendent des coups de canon tirés comme un signal dans Fosdinovo; parvenus au pied de cette place, ils aperçoivent que la hauteur qu'ils doivent passer est déjà occupée ainsi que toutes les montagnes voisines; n'osant pas aller plus avant, ils prennent le parti de revenir sur leurs pas. Le commandant de Serezzana crut alors qu'il avait une excuse valable, et, le 27 février, il livra la place aux Génois, qui l'en récompensèrent par une somme d'argent. La perte de Serezzana détermina les Florentins à rompre les négociations entamées avec le marquis Gabriello.

Après avoir perdu Serezzana, il restait à recouvrer Serezzanello, où l'on n'espérait pas trouver de grandes difficultés, parce que le commandant s'était toujours montré attaché à Florence; mais on sentait qu'on aurait de la peine à garder cette place, dont la perte pourtant entraînerait celle de toute la Lunigiane. Au milieu de ces craintes diverses, le commandant écrivit aux commissaires que, si dans trois jours il ne venait à son secours, il serait forcé d'accepter les propositions avantageuses que lui faisaient les Génois, et de leur livrer la place; que ceux-ci le resserraient de très-près, et qu'il ne lui restait pas de vivres. Les commissaires résolurent de lui envoyer pendant la nuit le commissaire français pour le presser de tenir encore au moins un mois pour le roi, et ils promettaient de lui payer la solde de ses troupes; ils espéraient que dans cet intervalle il surviendrait quelque événement plus favorable à leur cause. Le commissaire se chargea en effet de cette commission; mais il ne put jamais vaincre la résolution du commandant, quoiqu'il eût encore au moins pour deux mois de vivres. Le 4 mars il livra sa place pour six mille ducats à partager entre lui et ses camarades. Morelli, jugeant qu'il n'y avait plus rien à faire de ce côté, se retira après avoir pris les mesures de sûreté les plus convenables, et cherché à confirmer les bonnes dispositions des alliés de Florence.

Après le départ des Florentins, les Siennois, voulant prévenir leur retour, et gagner du temps jusqu'à ce que Milan ou Venise se fussent déclarées contre eux, renouèrent les négociations. Quelques-uns de leurs principaux citoyens se rendirent pour cet effet auprès de Braccio; mais comme ils ne faisaient aucune proposition raisonnable, et qu'on ne les croyait pas sincères, on prit le parti de rappeler Braccio à Florence.

Dans ce même temps Criaco attaqua Vada, et la prit par capitulation. C'est un poste important pour fermer le chemin de Pise à Livourne. De là on attaqua Buti. Le 10 du mois, Diacetto s'y rendit avec l'armée en qualité de commissaire, et s'en empara dès le 12. Les habitans ne virent pas plus tôt le mur renversé, qu'après un premier assaut, ils se rendirent, ayant leurs biens et leur vie sauve. On devait

ensuite marcher sur Vico, mais l'insubordination et la mauvaise discipline des soldats força
de différer cette expédition. Au reste, afin
qu'elle fût poussée avec vigueur et pour augmenter les forces de l'armée, l'on y réunit les
troupes de Pistoia et de Prato, et l'on adjoi-
gnit Popoleschi à Diacetto, en leur recommandant de faire les plus grands efforts. Mais les
commissaires, ne se croyant pas des forces suffisantes pour prendre Vico, se portèrent sur
Calci, dont ils s'emparèrent par capitulation,
après un premier assaut. Pour s'assurer des
vivres en abondance, ils avaient établi, sur les
hauteurs qui avoisinent la Verrucola, un poste
de quatre cents hommes. Les Pisans, voulant
secourir Buti ou couper notre armée, attaquèrent ce poste, le forcèrent, et se rendirent
maîtres d'un convoi qui était sur le point d'y
passer. Mais les commissaires, s'étant déjà emparés de Calci, firent partir aussitôt, pour regagner ce poste, deux régiments d'infanterie
qui furent suivis de toute l'armée. On détruisit
Calci autant que le temps le permit, et on résolut de forcer la Verrucola. On avait jugé que,
dès que les Pisans auraient perdu Buti, Calci
et la Verrucola, Vico tomberait nécessairement
en nos mains, ou serait resserré à ne pouvoir
longtemps se défendre. Comme la Verrucola
est située sur un lieu âpre et difficile, on résolut de n'y employer que l'infanterie et d'envoyer les gens-d'armes dans le bourg de Buti.
Les Florentins, voulant emporter la place d'assaut, commencèrent par établir devant une
partie des murailles une forte artillerie, qui devait infailliblement enlever cette ville aux Pisans;
mais leur général Luzio, ayant appris avec
quelle négligence nos gens d'armes se gardaient
dans le bourg de Buti, résolut de les y attaquer:
après avoir fait rafraîchir ses troupes, il partit
un soir de Vico, tomba sur nos gens d'armes
endormis, en fit prisonniers le plus grand nombre, et les dépouilla complètement. Quelques-
uns parvinrent à s'enfuir sur des chevaux à
moitié sellés, et gagnèrent les montagnes où
ils rejoignirent notre infanterie. Aussitôt que
les Pisans furent instruits des succès de Luzio,
ils attaquèrent avec le reste de leurs troupes
notre infanterie qui, effrayée de la défaite de
la cavalerie, s'enfuit à Buti. Elle y aurait été
bientôt assiégée, si Baglioni, Carlo dal Monte

et Octave de Faënza, qui se trouvaient avec
leurs troupes entre le pont d'Era et Bientina,
n'eussent marché à son secours par l'ordre du
commissaire de la république. Notre armée se
trouvant ou découragée ou occupée à se rétablir,
les Pisans profitèrent des faveurs de la fortune, et
allèrent pendant la nuit saccager Tremoletto;
mais, ce qui causa le plus d'inquiétude à Florence, c'est qu'on apprit qu'ils avaient reçu de
Venise des secours de cavalerie et d'infanterie.

Les Florentins ne comptant plus sur la bonne
foi des commandants français, et négligeant
de presser la reddition de Pietra-Santa, il ne
fut pas difficile aux habitants de Lucques de satisfaire le désir qu'ils avaient depuis longtemps
de posséder cette forteresse. Ils convinrent
avec le commandant de lui donner vingt-cinq
mille ducats, et, à ce prix, ils entrèrent dans
la place en dépit des Génois et des Florentins.

Notre armée se trouvait, à cette époque,
dans un état assez respectable, à Bientina. Provoquée et attaquée chaque jour par les Pisans
qui occupaient Vico, elle sortit un jour contre
eux, leur tendit des embûches, où ils tombèrent, et en tua ou prit un grand nombre. Nous
perdîmes dans cette affaire messire Saveo.
Notre camp était alors à la Cecina, où les Pisans se vengèrent bientôt de la perte qu'ils
avaient essuyée; car, s'étant réunis avec quelques habitants de Ponte di Sacco, à qui ils promirent une part du butin, ils attaquèrent la Cecina
à l'improviste, y prirent cinquante chevaux et
trois cents fantassins, mirent la ville au pillage,
et, ne se croyant pas en état de s'y maintenir avec
leur butin, ils s'en retournèrent à Pise. Notre
armée, s'étant éloignée de la Cecina, alla camper
en-deçà de Bientina, au bas de Montecchio.

Diacetto et Popoleschi ayant demandé un
congé, on le leur accorda, et ils furent remplacés par Jean de Ricasoli. Cependant les
Pisans ayant reçu d'autres renforts de Venise,
qui leur envoya un nouveau provéditeur, avec
six cents *stradiotes* [1], notre armée ne crut plus
tenable le poste de Calci; mais, afin que les ennemis n'en pussent tirer parti, elle détruisit
les fortifications de la place, s'éloigna de Mon-

---

[1] Les *stradiotes* étaient des troupes légères levées dans
les provinces de l'Albanie et de la Grèce, pour le service
de Venise.

MACCHIAVELLI.   15

tecchio, et alla s'établir derrière le pont d'Era, qu'elle regardait comme une position plus forte, où elle pourrait attendre en sûreté de nouveaux renforts. Comme Buti était presque assiégée, on résolut de la ravitailler; mais à peine le convoi était-il parti de Bientina que l'escorte fut si vivement attaquée, qu'elle fut forcée de revenir sur ses pas. De leur côté, les Pisans, se trouvant avec des forces nombreuses et peu de postes à garder, firent des incursions sur le territoire de Florence, et y entrèrent d'abord par le Val de Nievole; le commissaire, craignant alors pour Pescia, y courut avec cent chevaux, et arriva à temps pour empêcher l'ennemi de brûler Buggiano, et le forcer de retourner à Pise. Celui-ci, pour empêcher nos troupes de se réunir, et voyant d'ailleurs que le Val de Nievole était bien gardé, se porta sur les collines, et attaqua avec une grande vigueur Lari, qui repoussa leurs efforts. A son retour, il tenta avec aussi peu de succès de s'emparer de Saint-Regolo. Il fut impossible d'empêcher toutes ces incursions, et la république fut obligée de racheter le butin qu'avait fait l'ennemi.

Bientôt les Pisans attaquèrent la Vajana; quant à notre armée, qui avait une foule de postes à garder, et se trouvait inférieure en nombre à l'ennemi, elle était encore en proie à mille divisions. Ranuccio, messire Ercole, les colonels et leurs partis divers étaient tellement opposés les uns aux autres, que leur jalousie empêchait le peu de bien qu'on aurait pu faire. Les Pisans, instruits de ces divisions, et apprenant que la garnison de Buti était effrayée de ne point voir arriver de secours, résolurent d'attaquer cette place; et ils ne se furent pas plus tôt approchés en effet des murs que la garnison se rendit à composition; de là, ils se retirèrent à la Cecina. Notre armée s'avança au secours de Buti; mais il n'était plus temps: sa marche ne produisit d'autre effet que d'arrêter l'impulsion des Pisans, et de les empêcher d'aller attaquer Bientina, comme ils en avaient conçu le dessein. Ce fut dans ce temps que Vitelli mourut dans le royaume de Naples, et que les Vénitiens, voulant perdre les Florentins, et effacer ce sentiment de compassion qu'ils commençaient à inspirer, répandirent le bruit que nous employions tous nos efforts pour faire déclarer les Turcs et la chrétienté contre eux.

Il fallut prendre également les armes du côté de la Lunigiane; les marquis de cette contrée ne cessaient d'inquiéter notre territoire. Rinaldi fut instruit qu'ils se disposaient à attaquer un de nos châteaux, et il fit ses dispositions en conséquence. Il plaça une partie de ses troupes en embuscade, et s'établit avec l'autre sur une petite hauteur qui dominait un passage par où les ennemis devaient arriver. Lorsque le matin ceux-ci découvrirent nos gens, la vue de leur petit nombre leur inspira un grand mépris pour nous, et ils voulurent doubler leur victoire en prenant le château et en battant nos troupes. Ils séparent donc leur armée en deux colonnes; chargent l'une d'empêcher les sorties de la garnison, et envoient l'autre sur la hauteur, pour attaquer nos gens. Dès que le combat est engagé, ceux-ci lâchent pied dans le plus grand désordre possible, afin d'exciter davantage l'ennemi à les poursuivre; et, en effet, ils réussissent à l'attirer dans l'embuscade. Aussitôt, nos troupes qui s'y trouvaient cachées s'élancent sur lui; les fuyards reviennent sur leurs pas, et en un instant le combat change de face. Mais l'ennemi, serré de toutes parts, ne put fuir à volonté, et il perdit une partie des siens. Ceux qui étaient devant le château, instruits de cette victoire, prirent la fuite sans avoir même été attaqués. Les ennemis furent quelque temps sans rien tenter de ce côté.

Cependant notre armée de Pise, s'étant portée à la Vajana, fut attaquée par les Pisans qu'elle repoussa vigoureusement, et elle s'empara de cette place. Marciano et deux gens d'armes français périrent dans cette affaire. Les Pisans virent arriver après cet échec un nouveau provéditeur vénitien avec de l'argent et un corps nombreux d'infanterie. Ce renfort, qui doublait leurs forces, détermina à rester sur la défensive notre armée qui ne se croyait plus en état d'attaquer l'ennemi.

Il survint un événement qui diminua encore nos forces, ce fut la retraite du duc d'Urbin: il était mécontent de la république, parce qu'une partie des citoyens, le croyant peu propre à la guerre, manquait de confiance en lui, et que l'autre voulait l'écarter pour le remplacer par des généraux à sa dévotion; mais dans les circonstances actuelles, cette retraite fut très-fâcheuse à cause du grand nombre de nos ennemis, et du danger qu'il y avait que le duc ne s'alliât avec les Siennois, et ne les aidât dans leurs attaques contre le bastion de Monte-Pulciano. Ce danger parut d'autant plus vraisemblable que les ennemis redoublèrent leurs attaques avec plus de vigueur qu'ils n'avaient fait jusqu'alors. Nos troupes résistèrent d'abord avec beaucoup de courage, mais on craignait qu'elles ne fussent enfin obligées de céder, si on ne leur envoyait de prompts secours. On résolut donc de faire venir du territoire de Pise messire Ercole Bentivogli avec ses troupes; mais l'état critique de l'armée, où il se trouvait, s'opposa à son départ. Les Pisans, renforcés par de nouveaux secours d'argent, avaient été attaquer, avec leur armée, Saint-Regolo, qu'ils avaient pris et saccagé, ainsi que Lorenzana. Nos troupes, se sentant hors d'état de tenir tête à l'ennemi, étaient consternées, et l'on craignait vivement pour Rasignano et Lari. Le commissaire partit lui-même pour approvisionner et fortifier ces places. Cependant les Florentins, dans leurs fréquentes escarmouches avec les Stradiotes, commencèrent à se rassurer contre eux, et un fantassin à ne plus craindre d'attendre de pied ferme un cavalier.

Les Florentins, se trouvant trop d'ennemis sur les bras, et ayant à résister seuls aux Vénitiens, aux Siennois et aux marquis de la Lunigiane, résolurent d'éteindre quelques-unes de ces inimitiés, et firent espérer aux marquis qu'ils satisferaient à leurs demandes. Ils se débarrassèrent ainsi de leurs agressions, et ils consacrèrent à la guerre de Pise les dépenses qu'ils épargnaient de ce côté. Cependant, pour ne pas perdre tout-à-fait toute considération auprès de leurs sujets et des autres états d'Italie, ils résolurent d'attaquer Sorana, et envoyèrent à l'armée Pierre Capponi avec de l'argent, pour lever de nouvelles troupes. On conduisit de l'artillerie devant cette place, et, tandis que Capponi donnait des ordres pour la placer, en se tenant derrière un retranchement de planches de chêne, une balle d'arquebuse traversa une de ces planches, vint le frapper à la tempe, et il tomba raide mort. Ainsi périt un citoyen plus éloquent et plus intrépide que sage, plus considéré pour les vertus de son aïeul et de son

bisaïeul que pour celles de son père et les siennes propres, et tellement mobile dans toutes ses actions que Laurent de Médicis disait de lui : *qu'il rencontrait dans Capponi tantôt Néri, tantôt Gino* (1). Quelques jours auparavant, il avait prédit sa mort en voyant se briser la plus grosse des deux pièces d'artillerie que l'on conduisait devant Sorana, ce qui annonçait, dit-il, que le plus considéré des deux commissaires devait périr : aussi, en écrivant au frère Silvestre une lettre pour lui faire connaître son expédition, il l'engageait à prier Dieu pour lui. Après la mort de Capponi, l'armée alla reprendre sa première position sous les ordres de Jean de Ricasoli.

Cependant le bastion de Valiano était de plus en plus serré par les ennemis; pour le secourir il était nécessaire de passer avec l'armée par le chemin de Sorano, et d'aller attaquer à Bitolle le camp ennemi, ou de prendre le chemin du pont, ce qui était impossible. Soderini, commandant d'Arezzo, Pazzi, commissaire à Cortone, et Tosinghi se réunirent en conséquence pour délibérer sur le parti qu'on devait prendre, et ils résolurent que Pazzi conduirait l'armée par le premier chemin, et que les autres retourneraient à Pojano. Mais Savello fut enfin forcé dans le bastion, et se retira avec toutes les troupes qu'il put rassembler sur Montichiello, éloigné de trois milles de Monte-Pulciano. Il avait voulu d'abord entrer dans cette dernière ville, mais il en avait été ignominieusement repoussé et menacé d'être traité en ennemi. Nos troupes résolurent le lendemain d'attaquer les débris de l'armée des Pisans. Après avoir disposé une embuscade dans la forêt, on envoya en avant un corps de troupes légères qui, ne découvrant personne, se répandirent dans la campagne, dévastèrent et brûlèrent toutes les possessions des habitants de Monte-Pulciano.

On vit dans ce temps-là arriver à Florence un ambassadeur de l'empereur : il déclara que le roi des Romains voulait passer en Italie pour se rendre à Rome, et que son intention était de rétablir la paix dans la chrétienté, à commencer par l'Italie; il reprocha aux Florentins d'être absolument dévoués aux Français, et les pressa de se déclarer pour les alliés, et de

---

' Il s'appelait *Neri di Gino Capponi*.

cesser leurs attaques contre Pise. On lui répondit qu'on enverrait des ambassadeurs à l'empereur ; et on nomma à cet effet l'évêque Pazzi et Francesco Pepi, qui partirent le 14 septembre. Ils furent chargés de représenter à l'empereur que dans tous les temps les Florentins étaient obligés de s'attacher à la France, soit avant qu'il vînt en Italie, soit pendant qu'il y resterait, soit enfin après qu'il en serait parti ; que leur impuissance, la nécessité et la fidélité à leurs engagements leur en faisaient la loi ; que cet attachement n'étant point l'effet de leur volonté, ils ne devaient en recevoir ni louanges, ni blâme, et que, si on pouvait leur donner un moyen de ne pas trahir leurs engagements, ils se réuniraient volontiers aux alliés ; qu'à l'égard de la guerre de Pise ils étaient sûrs que sa majesté impériale n'en témoignerait aucun mécontentement, si elle connaissait la justice de leur cause. Ils étaient enfin chargés de lui faire secrètement entendre qu'il n'y avait d'intéressés à la ruine de Florence que les Vénitiens, qui devaient bien plutôt lui porter ombrage à lui-même. On leur donna l'ordre de se concerter pour cette négociation avec Francesco Gualterotti, notre ambassadeur à Milan.

Les ambassadeurs ne trouvèrent à Milan ni le duc, ni l'empereur ; mais, apprenant qu'ils étaient alors à Tortone, ils se rendirent dans cette ville, où ils ne rencontrèrent que le duc ; l'empereur était parti pour Gênes, afin de visiter ses propres possessions, et d'être plus à portée d'en imposer aux Florentins. Les ambassadeurs résolurent d'entamer une conférence avec le duc de Milan. Ils lui rappelèrent l'ancienne amitié qui liait sa famille à la république, s'excusèrent des événements passés sur la nécessité, et l'exhortèrent à plus s'occuper de ses voisins les Vénitiens, dont il avait tout à craindre, que des Florentins, qui étaient intéressés au maintien de sa puissance. Il leur répondit, avec l'air de la bienveillance, qu'ayant été la cause de la liberté des Florentins, il voulait la leur maintenir, mais que de leur côté ils devaient se montrer bons Italiens avec tous les autres potentats d'Italie ; qu'à la vérité il leur avait promis Pise autrefois, mais uniquement à la condition qu'ils se réuniraient aux alliés ; qu'à présent ni lui ni aucun autre prince ne pouvait leur assurer la possession de cette ville, parce

que cette affaire devait être soumise à la décision de la ligue entière ; et enfin il les engagea à prendre un de ces trois partis, ou d'entrer dans la ligue, pour obtenir à ce prix la possession de Pise ; ou de remettre cette ville, *de justitiâ*, entre les mains de l'empereur, ou de lui faire entendre qu'ils étaient disposés à faire tout ce qui lui serait agréable, et à se laisser gouverner par sa volonté. Les ambassadeurs, ayant fait à ces propositions une réponse convenable, attendirent des ordres de Florence pour aller rejoindre l'empereur, qui était arrivé à Gênes : ils annoncèrent qu'il s'y était rendu avec mille hommes d'infanterie et trois cents de cavalerie. Le duc de Milan insistait beaucoup pour que nous entrassions dans la ligue, représentait que notre salut et la conquête de Pise tenait à ce parti, et qu'une résolution contraire entraînerait la perte de notre liberté ; il nous menaçait de l'empereur, de toutes les forces de la ligue et d'une coalition générale des Vénitiens et des autres puissances d'Italie ; enfin il nous pressait de ne pas perdre de temps, et de profiter de cette occasion d'enlever Pise aux Vénitiens.

Les ambassadeurs eurent ordre de se rendre à Gênes, auprès de l'empereur, qui les reçut avec toutes les cérémonies d'usage ; mais ils obtinrent ensuite une audience secrète, où ils lui développèrent toutes les raisons dont nous avons parlé. Le duc de Saxe, Marco-Valdo, conseiller impérial, et un pronotaire, envoyé par le pape, étaient présents à cette audience. Les ambassadeurs s'étant un peu retirés à l'écart, Marco-Valdo et le pronotaire vinrent à eux, et feignirent d'avoir entendu que les Florentins avaient pris le parti de remettre l'affaire de Pise entre les mains de sa majesté impériale ; ils les louèrent de cette résolution. Les ambassadeurs répondirent qu'ils n'avaient rien proposé de semblable ; que Florence insistait sur la possession sans réserve de Pise ; qu'elle ne doutait pas de la bonne foi du roi des Romains, mais qu'un gouvernement sage ne pouvait ainsi compromettre ses droits. Cette réponse fut suivie d'une assez vive discussion, que l'empereur termina en déclarant, sans annoncer plus clairement sa résolution, qu'il partirait le lendemain pour Livourne ; et, en effet, il s'embarqua sur une flotte composée de quatre gros vaisseaux, six galions, huit petites galères de Venise, deux de Gênes, et deux grosses barques. Il amena avec lui le comte de Cajazzo, deux ambassadeurs de Venise, un du roi et un autre du pape. Ses troupes montaient à quinze cents hommes d'infanterie et deux cents de cavalerie.

Les ambassadeurs ayant été renvoyés par l'empereur au duc de Milan, qui devait, leur dit-il, leur donner la réponse, partirent pour cette ville; mais à peine y furent-ils arrivés qu'ils reçurent des lettres de Florence qui leur enjoignaient de revenir sur-le-champ; avant leur départ, ils résolurent de parler au duc, puisque le hasard les avait amenés près de lui. Ils furent introduits dans sa cour, en présence de tous les ambassadeurs de la ligue. Là, l'ambassadeur du pape leur dit qu'étant chargés de leur répondre pour l'empereur ils désiraient savoir d'abord ce qu'ils lui avaient exposé. Nos ambassadeurs, voyant toutes ces chicanes, déclarèrent sur-le-champ qu'ils n'avaient rien à répondre, et qu'ils ne désiraient connaître aucune des questions qu'on se disposait à leur faire, parce qu'ils étaient rappelés par leur gouvernement, et qu'en conséquence ils demandaient leur congé. Le duc et le conseil parurent fort étonnés, et les pressèrent de consentir du moins à répéter ce qu'ils avaient dit en public, puisqu'ils ne voulaient pas parler de ce qui s'était passé dans l'audience secrète. Les ambassadeurs continuant de se taire, le duc ajouta : « Ce silence » vient-il de votre impéritie ou de votre mau- » vaise volonté? » Les ambassadeurs répliquèrent qu'il fallait en accuser la mauvaise volonté d'autrui et non la leur, et qu'il était inutile de répéter ce que l'on savait déjà, que, si on voulait leur donner une réponse, ils étaient prêts à la porter à Florence, sinon qu'on pourrait la remettre quand on voudrait à messire Gualterotti, qui restait à Florence.

Le lendemain le roi des Romains et le duc eurent une conférence ensemble; lorsqu'ils virent que les ambassadeurs ne voulaient pas consentir à remettre Pise entre les mains de l'empereur, après une dispute assez vive, ils se décidèrent à leur accorder leur congé. Mais à peine furent-ils rentrés chez eux qu'ils virent arriver un secrétaire de l'empereur avec une réponse en son nom *in scriptis*, qui était pré-

parée depuis trois jours par le duc et les ambassadeurs de la ligue. Ils expédièrent cette réponse à Florence, et partirent aussitôt. Cette négociation eut lieu dans le mois d'octobre 1496. Bientôt messire Pepi retourna à Milan pour y remplacer notre ambassadeur Gualterotti. Le roi des Romains se rendit ensuite à Vigevano, pour y conclure un traité avec les Vénitiens et le duc de Milan, et on crut que de là il était allé à Gênes.

On apprit qu'Annibal Bentivogli se rendait à Pise par l'ordre des Vénitiens avec cent cinquante lances. Comme son arrivée pouvait avoir de fâcheux résultats pour la république, on envoya à Barga messire Criaco et le comte Ranuccio pour lui fermer le passage; mais il parvint à tromper leur surveillance. Dès qu'il fut dans les murs de Pise, messire Malvezzi, qui était d'une faction opposée aux Bentivogli, quitta cette ville pour aller en Lombardie.

Après la mort de Pierre Capponi, on envoya à l'armée Antoine Canigiani, pour y rétablir l'ordre et ranimer les troupes découragées à cause de la mort de leur général et de la nouvelle de l'arrivée de Bentivogli à Pise, et de l'empereur à Livourne. Celui-ci venait de débarquer près de cette ville, avec environ quatre mille hommes, tant d'infanterie que de cavalerie, montés sur sept navires et dix galères. L'arrivée de cette armée jeta Florence dans de grandes inquiétudes. On craignait que les Allemands n'attaquassent Livourne, et que le reste des troupes italiennes ne s'emparât des collines et des autres positions qui avoisinent la place. Il était impossible de prévoir comment l'état, épuisé par une aussi longue guerre, pourrait ou secourir Livourne, ou repousser les attaques des Italiens; et si l'on devait échouer dans l'une de ces deux entreprises, l'on sentait que c'en était fait de la liberté. Mais, au milieu de ces cruelles anxiétés, les Florentins reprirent un peu courage en voyant la faiblesse et les irrésolutions de l'empereur, et qu'aucun des malheurs qu'on avait redoutés n'avait encore eu lieu depuis son arrivée. Ce qui confirma encore leurs espérances, c'est qu'ils apprirent que les Pisans et les Vénitiens avaient conçu de grandes défiances de l'empereur; ils craignaient, ceux-là, qu'il ne voulût s'emparer de leur liberté; ceux-ci, qu'il ne cherchât d'après les suggestions du duc de Milan, à les éloigner de Pise; et les Vénitiens ne fournissaient plus qu'avec lenteur l'argent qu'ils avaient promis par le traité. Toutes ces nouvelles tirèrent les Florentins de leur abattement, et leur firent espérer que, s'ils ne s'abandonnaient pas eux-mêmes, ils pourraient échapper aux désastres dont ils étaient menacés, lorsqu'à chaque instant surtout ils attendaient des secours de France, qui, selon les avis qu'ils en avaient reçus, ne pouvaient pas tarder d'arriver. Ils ordonnèrent d'abord à Canigiani d'occuper avec toutes ses troupes Montopoli, lieu qui pouvait être très-utile à l'ennemi pour le succès de ses opérations, ou lui fournir une retraite sûre en cas d'échec, et ils envoyèrent à Livourne le comte Checco, avec trois cents hommes. Celui-ci entra dans la ville, après avoir essuyé une pluie affreuse, et traversé l'armée ennemie, que le mauvais temps avait forcée d'abandonner ses gardes.

Cependant l'empereur ordonna de construire un pont à Stagno, afin de s'assurer un libre passage, soit qu'il voulût avancer ou reculer, afin que son arrivée fût marquée par quelque événement; et, pour jeter la terreur chez ses ennemis, il envoya un corps de troupes à Bolgheri; la garnison, sommée de se rendre, répondit par un refus; mais elle montra plus de courage dans ses discours que dans ses actions; car les Allemands ne se furent pas plus tôt approchés des murailles, qu'elle se laissa forcer sans résistance: l'ennemi massacra dans les maisons, et jusque dans les églises, tout ce qui se rencontra sous sa main, sans épargner l'âge ni le sexe. Quelques jours s'étaient ainsi passés avec plus de peur que de mal réel, lorsqu'on découvrit en mer sept gros navires français chargés de mille hommes d'infanterie sous les ordres d'Orsini et de Vittellozzo. Dès que l'ennemi aperçut cette flotte, il se retira avec ses vaisseaux à la Méloria, et les Français s'approchèrent du fanal de Livourne. Ce renfort fit revenir nos troupes vers Stagno; entièrement ranimées au bout de quelques jours, elles résolurent d'attaquer vivement cette place; et, comme si les secours humains ne leur eussent pas suffi, il s'éleva bientôt une tempête qui fit périr quelques-uns des vaisseaux ennemis, et mit les autres en si mauvais état, qu'ils n'é-

taient plus d'aucun service. L'empereur ne crut donc pas pouvoir persister dans son entreprise sur Livourne, sans courir de grands dangers, puisqu'il avait perdu presque toute sa flotte et que celle des Français se trouvait tout entière dans le port. Ainsi, renonçant à toute attaque par mer, il se tourna du côté de la terre, et alla avec son armée assiéger Monte-Carlo.

Il se trouvait avec toutes ses troupes rangées en bataille à moins de trois milles de cette place, lorsqu'on lui amena un paysan de la campagne de Lucques, qui avait été arrêté par son avant-garde, et qui, de son propre mouvement, ou par les ordres de Giacomini, commissaire à Monte-Carlo, l'assura que cette ville renfermait plus de deux mille hommes d'infanterie, et qu'il se trouvait dans la vallée au revers de la montagne environ mille chevaux qui étaient tous arrivés la nuit précédente. Soit que Maximilien crût cette nouvelle, soit qu'il trouvât qu'il était de son intérêt de paraître n'en pas douter, il eut l'air d'un homme dont les projets secrets sont découverts, affecta un grand mécontentement et retourna sur ses pas sans prendre conseil de personne; il mena son armée à Pontremoli, et ne voulut rendre raison à qui que ce fût d'une pareille conduite, ni même en dire un mot au comte de Cajazzo, avant d'avoir regagné la Lombardie. C'est ainsi qu'il délivra la Toscane des Allemands, et s'en éloigna sur la parole d'un paysan, après s'y être aussi légèrement engagé sur les instances d'un duc. Il n'est rien de plus mobile qu'un esprit soupçonneux.

Lorsque, du côté de la Romagne, Pazzi eut fait lever le siège du bastion de Valiano, et mis en fuite les ennemis, il retourna à Cortone et laissa à Tosinghi le soin de ce poste. Celui-ci, ne voyant aucun moyen d'attaquer Monte-Pulciano à force ouverte, eut recours à la ruse; mais, pendant qu'il préparait son attaque, il reçut la visite d'un moine franciscain, Lombard de nation, qui lui promit de contrefaire les clefs des portes, et de l'introduire par ce moyen dans la ville pendant la nuit; mais ce projet fut sans succès, parce que le moine en essayant ses clefs les rompit dans la serrure. Cet événement rendit plus vigilants les habitants de Monte-Pulciano, et fit perdre à Tosinghi une grande partie de ses espérances; mais, pour n'avoir pas l'air de renoncer entièrement à ses projets contre cette ville, il essaya de nouveau de corrompre Antoine Tarugi. Afin de donner plus d'attention à cette intelligence, on fit une trève de deux mois avec les Siennois, et, après être convenu avec Tarugi du moyen et de la manière dont on approcherait des murailles, on rassembla les troupes, et on prit à la solde de la république les Vitelli et les Baglioni.

Le départ de l'empereur avait jeté l'effroi parmi les Pisans, et exalté les espérances des Florentins, qui résolurent de ne pas perdre de temps pour aller attaquer les places qui leur avaient été enlevées sur les collines. Annibal Bentivogli s'étant également éloigné, l'on sentait que sa retraite ne devait pas moins alarmer l'ennemi que le départ de l'empereur. L'armée se porta donc d'abord sur Tremoleto, où elle égorgea tout ce qui se trouvait dans la ville; cet exemple effraya vivement Colognole, Lorenzana et Saint-Regolo, qui ouvrirent leurs portes à la première sommation. Sainte-Luce, ayant voulu résister, fut emportée d'assaut; la vie des habitants fut épargnée, mais ils furent chassés de leur ville, totalement dépouillés, et aussitôt après toutes les maisons furent livrées aux flammes. L'armée se porta ensuite à Saint-Rufino pour attaquer Sorana. Elle était impatiente de venger la mort de Pierre Capponi, et d'effacer la honte de l'échec qu'elle avait essuyé devant cette ville. Les habitants se voyant hors d'état de resister, et craignant pour leur vie, se sauvèrent la plupart pendant la nuit, par-dessus les murailles. Le matin l'armée trouva la place abandonnée, le commissaire la fit détruire de fond en comble pour venger la mort de son collègue.

Les Pisans, voyant les Florentins maîtres de la campagne, cédèrent à la nécessité: ils résolurent d'abandonner toute la colline aux Florentins, de ne se réserver de ce côté que Cascina, et de la fortifier avec soin. Les Vitelli furent mis en quartier sur notre territoire, et Pagolo se rendit à Florence pour traiter de leur solde.

Dans la Lunigiane nos troupes faisaient de grands ravages sur les terres du marquis qui, se trouvant inférieur en forces, et espérant des secours prochains, nous repaissait d'espérances de conciliation, et suspendait ainsi la dévasta-tion de son territoire; mais enfin on découvrit sa mauvaise foi, on l'attaqua de nouveau, et on lui enleva Bighiloro; même, afin de l'écraser plus sûrement, ou du moins de le forcer à la paix, on crut qu'il était utile, pendant qu'il se trouvait dans cet état de faiblesse, d'envoyer contre lui de nouvelles forces. Six cents Français reçurent l'ordre de partir, et le camp se porta à Talerano, lieu entre Viano et Marciaso, mais le défaut d'argent empêcha de rien entreprendre.

Il y eut à cette époque des troubles à Gênes causés par les bannis que soutenaient les Français. Ceux-ci, pour affaiblir la confiance des partisans du duc de Milan, l'attaquèrent sous les ordres de Trivulce, et s'emparèrent d'un château nommé Castellacio, voisin d'Alexandrie. Bientôt ils rassemblèrent de nouvelles forces pour marcher contre Gênes et changer le gouvernement. Le duc, se voyant par cette attaque hors d'état de secourir les marquis de la Lunigiane, fit connaître aux Florentins qu'il désirait qu'ils ne poursuivissent pas avec trop d'acharnement les marquis, et tinssent l'Italie embrasée ainsi de tant de côtés. Les Florentins cédèrent volontiers à cette insinuation; ils désiraient eux-mêmes de fermer cette plaie, et consentirent, sur les instances du duc, à retirer leurs troupes de ce pays, et à rentrer dans leurs anciennes possessions.

Les Pisans, pour écarter l'ennemi de leur territoire, pouvoir en sûreté, faire des incursions jusques aux portes de Livourne et s'assurer une retraite au centre du pays, élevèrent un bastion à Stagno, et retranchèrent des fossés une église située entre les deux ponts et l'hôtellerie; ils conduisirent cet ouvrage avec tant d'activité, qu'avant que l'on fût en état de les arrêter, ils y avaient déjà établi garnison. Notre camp d'ailleurs se trouvait sans chef, par le départ de Jean de Ricasoli, nommé podestat à Prato. Le commandement de l'armée fut confié au comte Ranuccio, qui, pour faire preuve d'activité, s'empara de la Vaiana. Cependant, on apprit qu'il était arrivé à Piombino quatorze navires vénitiens, chargés de vivres. Antoine del Vigna, nommé récemment au commandement de Livourne, envoya aussitôt, de Campiglia et d'autres lieux, différents émissaires pour s'assurer de cette nouvelle, et il fit équiper un galion, une caravelle et deux autres bâtiments le même force, pour attaquer le convoi vénitien. En attendant, pour ne pas perdre de temps, il résolut de tenter une attaque nocturne contre le bastion de Stagno, qui lui paraissait inquiétant pour Livourne; il croyait qu'en tombant dessus à l'improviste on pourrait l'emporter sans peine. Le comte Ranuccio disposa ses troupes pour cette expédition; il attendait le signal qui devait lui être donné par le commissaire de Livourne, mais le défaut de vivres força celui-ci à de tels délais, que les Pisans furent enfin instruits de ce projet : on ne crut pas néanmoins devoir l'abandonner, et messire Criaco tenta une attaque le matin, mais il fut repoussé.

Antoine d'Albizzi, ayant été nommé commissaire à l'armée de Pise, s'occupa dès son arrivée à pousser avec vigueur l'attaque du bastion; mais, tandis qu'il faisait ses préparatifs, un soldat de la garnison de la Verrucola vint l'avertir que s'il se présentait devant cette place il y trouverait des gens disposés à l'y introduire. Albizzi accepta cette proposition; il jugeait que cette expédition, très-utile si elle pouvait réussir, détournerait, dans le cas contraire, l'attention des Pisans de la défense du bastion. Il se porta donc sur Bientina, et envoya à la Verrucola deux cents hommes d'infanterie, qui s'approchèrent des murailles vers le milieu de la nuit; mais, ne recevant aucun signal, ils revinrent sur leurs pas. Albizzi était resté à Bientina avec son infanterie et sa cavalerie, afin de pouvoir, en cas de succès, approvisionner sur-le-champ la Verrucola, et, en cas d'échec, soutenir les troupes qu'il y avait envoyées, et les défendre contre les garnisons de Vico et de Buti. Il partit donc avec son armée de Bientina, résolu d'attaquer le bastion. Il se rendit à Lari, sous prétexte de passer en revue l'infanterie et la cavalerie qui y étaient réunies, et dès le point du jour il se trouva devant le bastion avec mille hommes d'infanterie, deux cents chevaux, et il s'en empara aussitôt.

Après ce succès, les Florentins tournèrent vers la mer toute leur attention, et firent surveiller avec vigilance le départ de la flotte vénitienne de Piombino. Tout à coup des signaux de la tour de Saint-Vincent annoncèrent que les voiles ennemies s'avançaient vers Pise au nombre de quarante barques chargées de vivres, et escortées par cinq galères. Dès qu'on les eut découvertes, on envoya à leur poursuite le galion et la caravelle avec trois brigantins. Quoiqu'on dissuadât le comte Checco, qui les montait, d'engager le combat, il ordonna fermement au pilote d'envelopper les galères ennemies, en frappa une avec force, et en prit une autre. Le combat fut très-violent : les ennemis y perdirent cinquante hommes, et les Florentins dix. Le comte fut blessé au visage.

Tandis que les Florentins étaient occupés à fortifier le bastion de Stagno, et donnaient toute leur attention à leur victoire maritime, les Pisans attaquèrent la Vaiana, la prirent et la livrèrent aux flammes; ils s'en éloignèrent, sans y laisser de garnison. Les nôtres n'arrivèrent point assez à temps pour prévenir ce malheur. On en conçut des craintes pour le bastion; Albizzi se rendit donc avec le comte à Livourne, où il laissa une partie de ses troupes, et retourna ensuite au pont d'Era. Bientôt les Pisans se portèrent sur ce petit fort, avec plusieurs pièces d'artillerie; mais le comte Checco alla à leur rencontre et engagea le combat. L'ennemi fut vaincu; le comte resta libre possesseur du bastion, où il éleva de nouvelles fortifications.

Citerna fut prise par les Vitelli ou, pour mieux dire, reprise du consentement secret des Florentins; le pape, qui était alors allié avec les Colonne, résolut de perdre le parti des Orsini, et alla mettre le siège devant Bracciano. Vitellozzo Vitelli, sentant que la prise de cette place était en effet la ruine de son parti, et qu'il était perdu s'il ne parvenait à la secourir, rassembla avec Carlo Orsino le plus de troupes qu'il lui fut possible, tira mille fantassins de Castello et marcha sur Bracciano. Le duc de Candie, chef de l'armée papale, alla à sa rencontre, et engagea le combat. Les troupes de l'Église furent mises en fuite, le duc d'Urbin fait prisonnier, et Savello y perdit la vie. Cette victoire détermina le pape à la paix; les Orsini, incapables de continuer la guerre, acceptèrent ses propositions et promirent de lui payer trente mille ducats comptant et de lui donner des otages pour le reste. L'un de ces otages fut le duc d'Urbin, qui fut imposé à quarante mille ducats, et devint ainsi le prisonnier d'un prince au service duquel il avait perdu sa liberté, et avait été si fortement rançonné. Vitellozzo, après cette victoire, se jeta sur le territoire de Sienne;

afin de fournir à l'entretien de ses soldats, et saccagea quelques uns de leurs châteaux. Les Siennois ayant eu recours au pape, Vitellozzo fut forcé, pour ne pas rompre la paix qu'il venait de contracter, de quitter leur territoire et de se retirer à Castello avec ses troupes. Le pape s'était déterminé à protéger les Siennois, d'abord pour empêcher les Vitelli d'accroître leur puissance, et parce que, desirant le retour des Médicis à Florence, il ne croyait pas qu'il fût de son intérêt de changer le gouvernement de Sienne qui était dévoué à leur parti.

On éprouvait alors une grande disette de vivres à Florence; on envoya en demander aux Siennois, qui répondirent qu'ils en fourniraient si on voulait ne plus les inquiéter sur Monte-Pulciano. Dans le même temps, les bannis de Pérouse attaquèrent le territoire de cette ville, dont les habitants se préparèrent à une vigoureuse résistance. L'ascendant de Pierre Philippo à Florence porta à la tête de l'armée le comte Ranuccio, et fit licencier Ercole Bentivogli.

Cependant Pierre de Médicis se disposait à marcher sur Florence; il était aidé dans cette entreprise, et par les Vénitiens, qui se persuadaient qu'en contribuant à son rétablissement, il les laisserait, paisibles possesseurs de Pise, exercer dans la Toscane un ascendant non contesté; et par les Siennois, qui voulaient se venger des Florentins, en amenant, comme ceux-ci l'avaient fait pour Sienne, leurs ennemis jusqu'à leurs portes; ils espéraient d'ailleurs que Médicis, par reconnaissance, leur abandonnerait Monte-Pulciano. Celui-ci, profitant de la faveur de ces deux états, ordonnait tous ses préparatifs; l'Alviano lui avait promis de le conduire jusque sous les murs de Florence avec quinze cents hommes et de le ramener sûrement s'il ne pouvait y pénétrer. Sur ces entrefaites, il fut conclu une trêve de six mois entre la France et les alliés; les confédérés s'y trouvèrent compris; les Florentins s'occupèrent dès-lors à diminuer les dépenses de l'armée de Pise, et on cessa toutes hostilités de ce côté.

Cependant la nouvelle des préparatifs de Médicis jeta le trouble dans Florence. On envoya de tous côtés des commissaires; on ordonna que les troupes cantonnées dans le Val di Chiana se rendraient à Poggibonsi, mais sans trop s'engager en avant, car on ne savait pas encore si Médicis tenterait de pénétrer par le Val d'Ambra ou par le chemin ordinaire. On résolut de rassembler les milices, et on écrivit au comte de Ranuccio de se porter sur Poggibonsi en établissant une défensive suffisante sur le territoire de Pise. Le comte ne crut devoir faire aucun mouvement; mais lorsqu'on apprit à Florence que Médicis était arrivé à Sienne et qu'il en était parti le surlendemain en poursuivant sa route, on lui ordonna expressément de partir sur-le-champ, en laissant seulement des garnisons dans les places.

Médicis partit de Sienne avec deux cents gens d'armes, cent chevau-légers, et mille fantassins, tous hommes d'élite et qui n'étaient suivis d'aucun attirail embarrassant. Dès qu'il fut sur notre territoire, où toutes les villes lui furent fermées, il déclara qu'il ne se présentait pas comme un ennemi, mais comme un citoyen qui rentrait dans sa maison; qu'il n'avait d'autre désir que de donner du pain à ceux qui en manquaient, et d'arracher la ville et la campagne aux mains de ces hommes, dont le gouvernement n'avait amené sur leur patrie que la guerre et la famine. Il s'arrêta à Tavarnelle dans le Val-d'Elsa, ordonna de faire seulement rafraîchir les troupes et de partir sur-le-champ, afin d'arriver plus tôt aux portes de la ville, et de laisser moins de temps aux citoyens de faire leurs préparatifs de défense; mais il tomba une pluie si abondante, qu'il fut obligé de différer son départ jusqu'au lendemain matin. Lorsqu'on apprit à Florence l'arrivée de Médicis à Tavarnelle, la seigneurie, craignant pour le lendemain un soulèvement en sa faveur, fit prendre les armes aux citoyens, et ordonna différentes dispositions pour la garde de la ville et du palais. Bernardo del Nero et beaucoup d'autres citoyens, fortement soupçonnés de favoriser les Médicis, furent appelés au palais, au nombre de plus de quarante, sous prétexte d'être consultés, et ils y furent arrêtés. On envoya à Certosa deux cents hommes d'infanterie sous les ordres de Jean della Vecchia, en le chargeant d'examiner s'il ne convenait pas de laisser derrière lui une partie de ses troupes, et avec le reste, de garder ce poste où Médicis pouvait s'établir, et renouveler de là les tentatives qui ne lui auraient pas d'abord réussi. Il se trouvait alors dans Florence Paul Vitelli, qui revenait de Mantoue, où il avait été prisonnier, et Ercole Bentivogli qu'on avait licencié, et qui se préparait à partir; on leur confia la porte de Saint-Pierre avec Pagolantonio Soderini, et quelques autres des premiers citoyens de la ville; ils eurent sous leurs ordres environ mille hommes bien armés.

On eut à peine ordonné ces dispositions, que Médicis parut à Saint-Gaggio, et s'établit sur la colline; une partie de ses troupes s'avança jusqu'aux fontaines; mais les généraux qui commandaient la porte, connaissant l'espèce d'hommes qui étaient sous leurs ordres, conseillèrent de tenir la porte constamment fermée, afin que, cet obstacle séparant les deux partis, on ne fût pas obligé de tenter le sort des combats. Cependant Médicis, n'apercevant aucun mouvement en sa faveur dans Florence, ainsi qu'il s'y attendait, et qu'on le lui avait fait espérer, prit le parti de retourner à Sienne, après s'être emporté en vifs reproches contre la lâcheté de ses partisans. Il prit le chemin de Volterra, craignant sans doute que les troupes qu'on avait rassemblées, pour prévenir son passage, ne fussent réunies à Saint-Casciano et Poggibonsi, et n'empêchassent son retour. Après avoir fait rafraîchir ses troupes à Giogoli, éloigné de six milles de Florence, il reprit son chemin vers la Pesa; mais tandis qu'il était dans cette ville avec son armée, le comte Ranuccio, qui arrivait de Saint-Casciano, se trouvait sur sa tête, posté sur la colline de saint Giovanni. Malgré cet avantage, celui-ci ne crut pas devoir engager le combat, mais seulement suivre l'ennemi pas à pas jusqu'aux confins de la république, sans l'attaquer en aucune manière. Le comte donna pour motif d'une pareille circonspection l'extrême fatigue de nos troupes aussi harassées que celles de Médicis, puisque dans le même temps que celui-ci sortait de Sienne, elles partaient du pont d'Era; enfin il s'abstint de combattre, parce qu'il ne voulait pas livrer au sort d'une seule bataille la liberté des Florentins.

Après la publication de la trêve et le départ de Médicis, on passa ces six mois de trêve sans tenter aucune entreprise, soit contre Pise, soit sur d'autres points. On s'occupa de diminuer les dépenses, et de rechercher les causes qui avaient déterminé l'invasion de Médicis. Lamberto dell' Antella ayant découvert le fil de cette conjuration, on arrêta cinq citoyens qui furent mis à mort. Pendant tout le temps de la trêve, qui dura depuis le 25 avril jusqu'au 25 octobre, les Florentins restèrent sur la défensive, et sans faire beaucoup de dépense. Luca d'Albizzi, ayant été nommé *vicaire* du Casentino, fut remplacé dans sa place de commissaire à l'armée de Pise par Bernardo Canigiani, qui mourut au commencement d'octobre, ne laissant de lui que l'opinion de ce qu'il eût pu faire s'il eût vécu; il eut pour successeur Jean de Ricasoli.

La trêve étant expirée, on s'occupa aussitôt de reconquérir la Vaiana et Colle-Salvetti, lieux favorables pour la défense de la route de Livourne, et de rétablir les compagnies d'infanterie légère et de chevau-légers. Cependant les Pisans ayant fait une sortie avec leur cavalerie, le gouverneur de Livourne partit avec ses troupes pour aller à leur rencontre, mais les ennemis s'étaient déjà retirés; ne voulant pas avoir fait un chemin inutile, il alla attaquer Colle-Salvetti, dont il se rendit maître; il y laissa une partie de ses troupes, et recommanda au commissaire d'y envoyer des vivres, et de renforcer la garnison; mais celui-ci n'en ayant rien fait, les Pisans revinrent attaquer ce poste, le prirent; et afin de n'être plus dans le cas de le perdre, et n'en avoir plus rien à craindre, ou du moins obliger les Florentins à une grande dépense, s'ils voulaient le reconstruire, ils prirent le parti de démolir ce bastion; ils abandonnèrent également et brûlèrent la Vaiana. Les Vénitiens, outre les troupes qu'ils avaient déjà dans Pise, y envoyèrent Criaco de Martinengo avec cinq cents chevaux : ces divers événements eurent lieu en novembre 1497.

Jean de Ricasoli étant tombé malade à l'armée, on y envoya pour commissaire Guillaume de Pazzi. On fit revenir Giacomini de Monte-Carlo, et il fut chargé d'inspecter Livourne et toutes les places de la Maremma. Il partit pour la Lunigiane, où il devait continuer les négociations avec les marquis; il reçut l'ordre de s'attacher à tous les motifs de paix, plutôt que d'entretenir les causes de guerre, car on était résolu à ne plus avoir à soutenir tant d'ennemis à la fois.

Du côté de Pise, le comte Ranuccio, pour

se montrer digne du nouveau titre que lui avaient conféré non pas son mérite, mais les intrigues de ses amis, résolut d'aller au-devant des Pisans, et de faire voir qu'il ne craignait pas de s'avancer jusque sous les murs de Pise. Il rassembla toutes les forces qu'il put tirer des garnisons, partit de Bientina par les montagnes qui dominent Vico, descendit à Saint-Giovanni della Vena, saccagea cette place, et se dirigea ensuite vers Pise. Il rangea son armée en bataille dans la plaine d'Aguano, proposant le combat aux ennemis. Les Pisans ne voulurent pas tenter le sort des armes *aperto marte*; ils prirent le parti de lui couper le passage à son retour, s'emparèrent des montagnes et lui ôtèrent tout moyen de passer sous la Verrucolla, comme il en avait le projet. Il fut obligé de prendre le chemin de Lucques, et dans sa retraite il fut harcelé de toutes parts, jusques à la nuit ; le courage de ses soldats lui sauva l'honneur qu'il devait perdre complétement quelque temps après ; il ne rapporta de cette expédition que de vaines fatigues, de la honte pour s'être exposé à des dangers dont il ne se tira que par la valeur de ses troupes et par la fortune qui ne lui avait pas encore retiré ses faveurs.

Dans ce temps, mourut Charles VIII, qui eut pour successeur Louis, duc d'Orléans. Celui-ci fit déclarer au duc de Milan que son voisin, jadis Louis, duc d'Orléans, était maintenant Louis, roi de France.

Les Pisans résolurent de faire des incursions sur le territoire de Florence ; ils firent sortir de Pise seize cents chevaux, qui se répandirent dans la Maremma, et emmenèrent une foule de prisonniers et de bestiaux. Le comte Ranuccio se détermina à aller les attaquer, rassembla toutes ses troupes, tomba sur l'ennemi, et le mit en déroute. Il ramenait déjà le butin qu'il avait pris, lorsqu'il fut assailli tout à coup par deux cents gens d'armes et cinq cents hommes d'infanterie survenus au secours des Pisans ; ceux-ci attaquant des troupes en désordre, les mirent promptement en fuite, et de toute notre armée à peine put-il s'échapper vingt chevaux. Un grand nombre d'officiers tombèrent entre les mains des vainqueurs ; le gouverneur de Livourne et le commissaire se réfugièrent à Saint-Regolo qui leur servit d'asile.

Ce désastre consterna Florence ; mais comme il fallait y apporter de prompts remèdes, et le réparer par de nouvelles levées de troupes, on créa sur-le-champ généraux de l'armée Pagolo Vitelli et Vitellozzo, auxquels on accorda trois cents lances, et Julien de Gondi partit pour stipuler leur engagement. On soudoya Ottaviano d'Imola avec cent vingt-cinq gens d'armes ; on écrivit à Jean Bentivogli d'envoyer ses troupes sans tarder ; on pressa le départ des Baglioni ; enfin on permit aux Vitelli d'emmener avec eux douze cents fantassins de Castello ; pour que ces différentes troupes ne trouvassent pas à leur arrivée tant de désordre dans l'armée, Benedetto de Nerli fut envoyé avec de l'argent à Cascina, pour rassembler les débris de nos troupes. On fit venir de Pistoia et du Val-d'Arno le plus grand nombre de soldats qu'il fut possible ; enfin, pour ne pas mécontenter les amis de Ranuccio, et ne pas perdre en même temps un Condottière qui pouvait encore être utile, on consentit à lui entretenir de nouveau deux cents gens d'armes ; mais afin de prévenir toute mésintelligence entre lui et le général, on l'envoya à Pescia pour garder le Val-de-Nievole.

Les troupes vénitiennes qui venaient de remporter cette victoire, n'ayant reçu pour toute instruction que l'ordre de ravager le territoire des Florentins, et de garder les places des Pisans, laissèrent le temps aux premiers d'attendre leurs renforts ; mais quelque activité que missent ceux-ci à hâter leur marche, ils ne purent devancer l'arrivée des nouveaux ordres de Venise, et aussitôt après leur réception les Pisans allèrent attaquer Ponte di Sacco. Cependant le général était déjà arrivé à Florence, et Vitellezzo s'était porté directement vers Pise, par le Val-d'Elsa ; lorsqu'il fut arrivé au pont, les Pisans, trouvant plus de difficultés qu'ils n'avaient pensé à l'attaque de Ponte di Sacco, se déterminèrent à se retirer. L'on prit à la solde de la république Vitelli, avec environ cinquante chevaux. Vieri de Médicis fut nommé gonfalonier ; il reçut dans la tribune du palais le bâton de commandant de la milice, avec toutes les cérémonies d'usage. Le nouveau général, pour débuter avec éclat et serrer de plus près les ennemis, alla s'établir avec son armée, à Calcinaja. Il était ainsi à portée de la rivière daus un poste sûr, et pouvait également attaquer Vico et Cascina, et en même temps secourir les collines et le Val-de-Nievole, si les Pisans y tentaient des incursions. Le commissaire Benedetti de Nerli revint à Florence, et fut remplacé par Girolamo Ridolfi.

Le duc de Milan, trouvant que les Vénitiens aspiraient à une trop grande puissance, se déclara pour les Florentins contre Pise; son unique but, sans doute, était d'épuiser ces deux républiques par une longue guerre, afin de devenir plus aisément l'arbitre de l'Italie et accroître son ascendant. Et telle était l'opinion qu'il avait conçue de lui-même à cet égard, qu'il déclarait en riant que la guerre d'Italie finirait quand il voudrait; il se plaisait à entendre toutes les flatteries qu'on lui adressait à ce sujet, et un de ses bouffons entre autres, qui répétait souvent: « Notre glorieux prince a pour trésoriers les Vénitiens, pour général le roi de France, et l'empereur pour courrier. » On disait aussi: « Dieu seul dans le ciel, et Ludovic sur la terre, savent quand finira la guerre. » Quoi qu'il en soit, ou pour augmenter son influence, ou par affection pour les Florentins, il embrassa leur parti, les exhorta à poursuivre l'entreprise de Pise, et il leur donna des preuves effectives de sa bienveillance en leur envoyant environ trois cents chevaux sous différents chefs.

Les Florentins, ranimés par les paroles et les secours du duc de Milan, s'occupèrent de ramasser de l'argent pour achever la guerre de Pise; le général déclarait qu'il ne voulait point rester oisif; et de leur côté, les Pisans, pour ne pas paraître effrayés de ces nouvelles levées, allèrent attaquer le bastion de Stagno; mais leurs premiers efforts ayant été infructueux, et instruits des mesures prises pour les repousser, ils résolurent de se retirer.

Les Vénitiens, après avoir pris à leur solde un grand nombre de condottieri, cherchèrent à faire prendre de semblables engagements au prince de Piombino, et à s'attacher les Siennois. Ces deux projets leur donnant, en cas de succès, un grand poids dans la balance, les Florentins s'efforcèrent de les déjouer par le moyen du duc de Milan. A Sienne, messire Tegrini, homme qui jouissait d'un grand crédit parmi ses concitoyens, ayant embrassé le parti des Vénitiens, Pandolfo fut obligé de se livrer aux Florentins pour n'être pas culbuté par son rival, et balancer son autorité. En conséquence, les Florentins envoyèrent à Sienne un ambassadeur qui se concerta avec Pandolfo et l'ambassadeur de Milan, et ils firent tellement prévaloir leur parti, que messire Tegrini fut entièrement renversé. Pour maintenir cet avantage, il fallut déployer des forces, et après la prise de Vico, dont on parlera plus bas, on envoya le comte Ranuccio au Poggio, et beaucoup d'armes à Pandolfo. Par ce moyen on obtint une trève de cinq ans; elle fut honteuse, puisqu'on fut obligé de démolir le bastion de Valiano; mais elle était nécessaire pour fermer cette large porte aux Vénitiens, qui pouvaient aisément nous attaquer de ce côté. Ce traité entraîna la détermination du prince de Piombino; il fut soudoyé aux frais communs du duc de Milan et des Florentins; on lui donna vingt-cinq mille ducats et deux cents gens d'armes avec le titre de lieutenant dans les pays au-delà de la Toscane.

Quelques légers combats eurent lieu entre les Pisans et les Florentins. Jacques Pitti fut nommé commissaire de l'armée; Pierre Popoleschi et Benedetto Nerli y furent également envoyés avec ordre de lever de nouvelles troupes, et on laissa au général la faculté de tenter toutes les entreprises qu'il croirait utiles, d'attaquer Cascina, Vico, Librafatta ou la Verrucola. L'armée se trouva renforcée de quatre mille hommes d'infanterie, et on soudoya Dionigi di Naldo à la place de Piero, qui n'avait pas voulu se rendre à l'armée, et qui changea bientôt d'avis. Le camp quitta Calcinaia, et se porta à Buti. Le général s'empara d'abord des hauteurs, éleva un bastion sur Pietra-Dolorosa, et s'étant rendu maître en vingt-quatre heures de l'abbaye Saint-Michel, Buti se rendit à discrétion; il en dépouilla les soldats, retint les habitants prisonniers, et fit couper les mains à six canonniers. Le lendemain il alla attaquer le bastion de Vico, après avoir fait d'abord tailler dans les montagnes un chemin de Buti à Vico pour le transport de l'artillerie. La construction de cette route coûta beaucoup de peines et de dépenses. L'armée trouvant le bastion abandonné courut tout le Val-de-Calci, prit Calci, et vint attaquer Vico; le siége dura huit jours, et lorsque les habitants virent à bas soixante brasses de murailles, ils capitulèrent. Marco Salviati perdit un œil. La garnison était composée de huit cents hommes, qui eurent la permission de se retirer avec leur bagage.

Après la prise de Vico, l'engagement des troupes se trouvait expiré; et comme il fallait de l'argent pour le renouveler, les citoyens se divisèrent sur la manière de continuer la guerre, les uns vouloient qu'on allât attaquer Cascina, les autres, Librafatta. La cause de ce dissentiment tenait à la faveur ou défaveur où se trouvait auprès des uns et des autres le comte Ranuccio. L'affaire ayant été mise en délibération, on résolut de s'en rapporter au général, mais en inclinant pour Cascina. Le général, qui répugnait à cette entreprise, écrivit qu'il en ferait part au duc de Milan, afin de connaître son opinion. Cette lettre indigna le gouvernement, qui lui ordonna formellement de se porter sur Cascina. Cet ordre faillit avoir de funestes suites; le général le regardait comme une insulte qui lui était faite, et il envoya aussitôt un de ses affidés à Florence pour justifier sa résolution. Celui-ci, s'étant présenté devant les dix, observa que l'expédition de Cascina offrait les plus grands dangers, si elle n'était pas achevée dans un temps limité; que l'attaque de Librafatta, au contraire, était d'un succès assuré, et il en développa les raisons avec tant de force, que les dix se trouvèrent convaincus. On soumit l'affaire à une nouvelle délibération, dont le résultat fut de s'en rapporter entièrement au général. Comme cette discussion entraîna beaucoup de délais, le peuple soupçonna les Dix de vouloir plutôt entretenir que terminer la guerre, et ils furent plus d'une fois menacés d'être brûlés dans leurs maisons. Excités par la crainte de ce danger et de la honte dont on voulait les couvrir, ils ramassèrent le plus d'argent qu'ils purent, et l'envoyèrent au camp, en ordonnant aux commissaires d'engager le général à presser l'expédition qui lui paraîtrait la plus utile. Celui-ci alla attaquer Librafatta, après avoir obtenu des Lucquois des vivres, que la crainte les empêcha de lui refuser.

Dans ce même temps, Carlo Orsino, Barthélemi d'Aviano et le duc d'Urbin, soudoyés par les Vénitiens pour venir, de concert avec Pierre de Médicis, attaquer les Florentins par le pays de Sienne, ne pouvant plus accomplir de ce côté leurs desseins, à cause de la trève conclue entre cette ville et Florence, par la médiation de l'ambassadeur milanais, résolurent de porter leurs attaques sur un autre point. Ils rassemblèrent une nombreuse armée en Romagne, afin de pouvoir tomber, avec toutes les forces de Venise, sur les Florentins, du côté où ils seraient moins défendus. Ils s'éloignèrent en conséquence d'Arbia, pour aller à Capo-Veggiano, lieu près de la Fratta, dans le duché d'Urbin, et sur les confins du Pérousin; ils se rendirent de là à Agobbio, pour se porter ensuite vers Faënza, et s'y réunir aux troupes de Jean et d'Annibal Bentivogli, et à Julien de Médicis, qui, par le moyen de Ramazotto et de différents condottieri de la Romagne et du territoire de Bologne, avaient rassemblé quatre mille hommes d'infanterie.

Les Florentins, instruits de tous ces préparatifs, ordonnèrent au comte Ranuccio, qui se trouvait à Poggio, de passer dans le Val de Mugello; on envoya au prince de Piombino et à Baglioni ce qui leur restait dû de leur solde, en leur enjoignant de se porter sur le même point; et afin d'inquiéter l'ennemi vers le Val-de-Lamona, on chargea le général de l'armée d'y envoyer sur-le-champ, avec leurs compagnies, Dionigi de Berzighella et Ottaviano de Manfredi, qui devaient se rendre à Modigliana. Des commissaires furent envoyés dans le Val-de-Mugello et dans la Romagne pour prendre toutes les mesures que demandaient les circonstances; mais avant que Dionigi de Berzighella fût arrivé avec sa compagnie à Marradi, les ennemis réussirent à forcer les troupes préposées à la garde du bourg, et surent si bien s'y établir, que Dionigi arriva trop tard pour les en déloger, et fut obligé de se retirer dans le château où s'était déjà réfugié Simone Ridolfi. Ce château étant la clé du Mugello, il ne crut pas devoir aller à Modigliana, où se rendit seulement Ottaviano Manfredi. Mais comme chaque jour voyait grossir le nombre des ennemis rassemblés dans le bourg, et que les Florentins craignaient que le duc d'Urbin ne vînt se joindre à eux, et qu'ils ne forçassent Castiglione, ils résolurent de prendre de plus grandes mesures de défense. Ils écrivirent au comte de Cajazzo qui se trouvait dans le Parmesan avec environ quatre cent soixante gens d'armes, pour le presser de venir promptement en Toscane. Ils envoyèrent Andrea de Pazzi à la comtesse d'Imola, pour la complimenter sur la mort de Jean de Médicis, son mari, et la maintenir dans ses favorables dispositions pour la république. Ne trouvant pas de ce côté un assez grand nombre de soldats, ils lui envoyèrent cinq mille ducats pour lever trois mille hommes d'infanterie qui devaient être sous les ordres de Fracassa, général du duc de Milan, lequel avait déjà réuni cent gens d'armes et cent arbalétriers à cheval. Giacomini fut nommé commissaire pour le presser de faire des incursions vers Modigliana, car on avait jugé qu'en rassemblant des troupes considérables de ce côté, on pourrait exciter un soulèvement dans Berzighella, à la faveur des intelligences qu'y entretenaient Dionigi et Manfredi, ou du moins en imposer au corps d'armée sous les ordres de Julien de Médicis, et le forcer à la retraite; et afin que Ranuccio et le prince de Piombino, qui se trouvaient dans le Mugello, eussent assez d'infanterie pour attaquer les ennemis campés à Manadi, on leva deux mille fantassins, et on écrivit de nouveau à l'armée pour en faire encore venir cinq cents hommes. Piero Corsini et Bernardo Nasi, hommes de poids très-estimés, furent nommés commissaires à l'armée de Mugello.

Pendant que l'on prenait toutes ces dispositions pour repousser les Vénitiens, le général de notre armée principale avait pris de vive force le bastion de Librafatta, avait dirigé ensuite son artillerie contre le château, qu'il battit vivement, sans que jamais l'ennemi osât attaquer notre armée. Cependant les habitants, qui se trouvaient rigoureusement bloqués, et désespéraient d'être secourus, craignant qu'une plus longue résistance ne poussât l'ennemi à leur refuser toute capitulation, se rendirent aux Florentins après onze jours de siége. Ceux-ci, devenus maîtres de Librafatta, et croyant que le duc de Milan défendrait avec ses troupes les autres points menacés par les ennemis, résolurent de poursuivre leurs succès contre les Pisans. Voulant les serrer de plus en plus, ils élevèrent un bastion à la tour de Foce, qui coupait toute communication entre Pise et Cascina. Le général résolut en même temps de fortifier Sainte-Marie in Castello : il en écrivit à Florence, et on lui envoya des tailleurs de pierre et des pionniers; mais tout à coup il changea de dessein, et il éleva un bastion sur la montagne de la Verrucola, qui est à quatre milles de Pise. Ce poste est à moitié chemin entre Pise et Lucques, et Castruccio y avait autrefois élevé un fort quand il s'empara de Pise.

Tandis que l'on achevait à grand frais cet ouvrage, les Vénitiens n'avaient point abandonné le projet de faire une diversion du côté de la Romagne; maîtres du bourg de Marradi, ils se préparaient à en attaquer le château, afin d'être ensuite en état de faire des incursions dans le Mugello, où ils espéraient être bien reçus des paysans favorables aux Médicis, et de s'approcher ensuite de Florence; ils croyaient que la grande considération de ces rebelles exciterait dans cette ville quelque soulèvement, dont le résultat serait de leur assurer l'empire de la Toscane. Les Florentins avaient plus d'une fois averti de ce danger le pape, le roi de Naples et les Génois; ils leur avaient expressément envoyé des ambassadeurs pour leur faire connaître toute l'ambition des Vénitiens, et les presser d'en arrêter les progrès lorsqu'ils avaient encore les moyens de leur résister, au lieu de lui laisser un libre cours pour avoir le plaisir de voir périr leurs voisins, car bientôt ils ne seraient plus à temps de se protéger eux-mêmes. Différentes causes empêchèrent l'effet de ces discours auprès de chacune de ces puissances. Le pape, ennemi du duc de Milan, auquel les Florentins étaient entièrement dévoués, aimait mieux voir détruire la puissance du saint-siège que d'accroître la considération de Ludovic, et de contribuer à ce que celui-ci pût se vanter d'avoir vaincu les Vénitiens. Le pape était donc tout à Venise; et comme il ne se croyait pas en état d'accabler le duc, il se jeta dans les bras du nouveau roi de France, autrefois le duc d'Orléans, et qui était l'ennemi mortel du duc de Milan, soit à cause de ses prétentions sur ce duché (de Milan), soit parce qu'il avait essuyé mille indignes traitements de Ludovic, lorsque son prédécesseur Charles VIII était passé en Italie. Les Florentins ne purent également rien tirer du roi de Naples, d'un caractère pacifique, maître d'un état épuisé et ayant sujet de craindre les Vénitiens, qui possédaient cinq ou six importantes forteresses dans la Pouille. Les Génois, naturellement méchants et ennemis des Florentins, refusèrent aussi de se déclarer, et il était aisé de voir que, pour satisfaire leur ressentiment, ils ne craignaient pas de compromettre le salut de toute l'Italie.

Les Florentins, voyant qu'aucune de leurs demandes n'était accordée, aucune de leurs propositions acceptée, n'ayant d'ailleurs aucune espérance de paix du côté des Vénitiens à qui ils avaient envoyé pour ambassadeurs leurs premiers citoyens, et qui n'en avaient rapporté d'autre réponse, sinon que Venise ne pouvait violer l'engagement qu'elle avait pris avec les Pisans de leur garantir leur liberté; les Florentins, dis-je, résolurent de faire les plus grands efforts pour n'être pas forcés d'abandonner le siége de Pise, et pour chasser l'ennemi de Marradi. Après avoir envoyé des commissaires dans le Mugello, où était déjà arrivé le comte Ranuccio avec ses troupes; après avoir écrit au comte de Cajazzo de quitter le Parmesan et de se rendre à Imola, ils firent en outre des levées d'infanterie assez nombreuses pour pouvoir compter sur la victoire si l'ennemi tentait les hasards d'un combat, ou le poursuivre vigoureusement s'il se décidait à la retraite. Ils levèrent donc cinq mille hommes, qu'ils mirent sous les ordres de Ranuccio, qui se trouvait alors à Saint-Lorenzo, et ils lui écrivirent, ainsi qu'au prince de Piombino, de se porter sur Marradi et de délivrer le château, ce qui était l'objet important de cette campagne.

Ceux-ci vinrent avec leurs troupes à Casaglia, afin de se concerter avec le comte de Casazzo et Fracassa; celui-ci se trouvait à Modigliana avec Antoine Giacomini, celui-là à Forli. Ils délibérèrent ensemble sur les moyens de secourir le château de Marradi. Fracassa voulait aller avec ses troupes et celles d'Ottaviano à Berzighella, pour y opérer quelque soulèvement à l'aide de Dionigi, l'un des bannis de cette ville. Par ce plan, nos troupes de Casaglia devaient se présenter devant l'ennemi, établi dans le bourg de Marradi, afin de l'empêcher de porter aucun secours à Berzighella, tandis que le comte de Cajazzo se porterait entre cette ville et le duc d'Urbin, qui se trouvait alors avec son armée à Faënza.

Toutes ces dispositions étant arrêtées, Fracassa se présenta avec Dionigi devant Berzighella, où il fut reçu à coups de canon; il envoya aussitôt un des siens au comte de Cajazzo, qui se trouvait sur une hauteur voisine de la place; il le pressait d'en descendre, et de se réunir à lui, pour tenter un assaut dont le succès lui paraissait infaillible; mais il essuya un refus absolu. Le comte avait reçu l'ordre du duc de Milan de ne point détruire les ennemis, qui étaient perdus sans ressources par la prise de cette ville; d'autres prétendent que son seul motif fut qu'il ne voulait pas contribuer au succès d'une opération dont le plan avait été conçu par Fracassa. Mais, peut-être, et c'est l'opinion des plus habiles, ne prit-il ce parti que parce qu'il sentit tout le danger de cette opération; car si en descendant de cette hauteur, pour se porter sur Berzighella, il eût été attaqué par l'ennemi, il restait, sans aucun doute, livré à leur discrétion; et en homme sage, il ne voulut pas s'exposer à un péril manifeste pour un succès douteux.

Fracassa revint furieux à Modigliana; et cette expédition étant totalement manquée, on résolut de chasser à tout prix les ennemis de Marradi. Le comte de Cajazzo se réunit à Casaglia, au comte de Ranuccio, et ils devaient tomber de concert sur les derrières de l'ennemi, qui, à cause de la position des lieux, de la mauvaise volonté des habitants et de l'infériorité du nombre, ne pouvait opposer une grande résistance. Lorsqu'on fut convenu de l'exécution de ce projet, nos troupes et celles du duc de Milan se rassemblèrent à Casaglia, et dès le matin se présentèrent en ordre de bataille devant l'ennemi. Celui-ci, effrayé, s'était déjà éloigné du château, qui était vivement battu par l'artillerie, et qui avait été sur le point de se rendre, par défaut d'eau. Les assiégés reçurent l'eau qui leur manquait, et l'ennemi se retira dans le bourg. Sa retraite s'opéra heureusement, parce qu'elle était commandée par l'Alviano, homme intrépide et expérimenté, et que les Florentins avaient pour chef : 1° le comte de Cajazzo, qui cherchait moins à nuire à l'ennemi qu'à ménager ses soldats; 2° le prince de Piombino, dont monsignor de Venafro disait qu'il discourait bien, concluait mal et agissait au pis; qui n'avait pas le tiers des troupes qu'on lui payait, et n'était ni craint, ni respecté; 5° Le comte de Ranuccio, qui n'était pas encore revenu de la frayeur occasionnée par sa défaite de Saiut-Regolo. Aussi, quoique les ennemis se fussent retirés, cette retraite, d'après la relation même de nos commissaires, fut jugée plus honorable et plus digne d'éloges que le succès des nôtres, puisque ceux-là se retirèrent avec plus d'audace qu'ils ne furent attaqués par ceux-ci.

II.

EXTRAITS DE LETTRES ÉCRITES AUX DIX DE BALIA.

Vers le 8 du mois d'avril, les prisonniers de Naples ont été relâchés avec Giov. Giordano, et le seigneur Pagolo Orsino. La rançon du duc d'Urbin a été convenue, avec les Orsini, à quarante mille ducats : il se trouvait en ce moment entre les mains du cardinal de San-Severino, et l'on n'attendait plus que Pagolo Vitelli, de Mantoue, et les prisonniers de Naples, pour le laisser aller en liberté où il voudrait.

Dans ces entrefaites, l'entreprise de Médicis occupait tous les esprits. Sienne était le foyer de toutes ses intrigues, dont les instigateurs principaux étaient San-Severino et Luigi Bechetti. A Rome, Pierre de Médicis mit en gage les effets qu'il possédait encore, et usa les restes de son crédit pour obtenir des usuriers une somme de six mille ducats; le pape, Venise et Milan faisaient le rôle de spectateurs : chacun le favorisait en paroles, pour profiter ensuite par le fait des avantages de son retour.

Pierre de Médicis quitta Rome le 19, et se rendit à Sienne. Il fut suivi de quatre cents hommes d'infanterie, et de l'Alviano, avec environ trois cents chevaux. Ils venaient comme à une entreprise certaine, et fondaient leurs espérances sur les désordres de la ville et sur la misère du peuple; ils comptaient particulièrement sur la seigneurie, à la tête de laquelle se trouvait Benedetto del Nero, et sur quelques-uns des parents et amis de Pierre, qui promettaient encore de plus grands résultats :

je veux parler ici de ceux qui furent condamnés à mort au mois d'août suivant. Lorsque Pierre eut rassemblé à Sienne toutes ses troupes, il en partit dans la soirée du 27; et, après avoir marché toute la nuit, il arriva au point du jour aux Tavernelle de Valdelsa, et s'avança directement jusqu'aux portes de Florence, dans la ferme persuasion que la ville se soulèverait en sa faveur. Il s'arrêta quelques instants près de la Chartreuse, craignant, à divers indices, qu'il ne s'y trouvât de l'infanterie. Mais, après s'être assuré de la chose, il poussa en avant, arriva dans les portes à la dix-septième heure du jour, et y resta jusqu'à la vingt-unième, dans l'attente de quelque événement favorable. C'était le jour où l'on nommait les nouveaux prieurs. Avant de les proclamer, on les envoya chercher comme pour traiter d'affaires. On convoqua ensuite les citoyens; et enfin, sous le même prétexte, on eut soin d'y appeler ceux qui inspiraient le plus de soupçons. Pagolo Vitelli, de retour de Mantoue, se trouvait alors par hazard dans Florence : on l'envoya, ainsi que quelques autres capitaines, pour s'opposer à Pierre de Médicis. On avait fait venir le comte Sanuccio et ses troupes, de Cascina à San-Casciano. Mais Pierre de Médicis arriva trop tard : ses autres mesures furent également tardives et peu efficaces; de sorte qu'il fut obligé de reprendre la route par laquelle il était venu. La ville renfermait peu de ses partisans. Ceux pour qui cet événement offrait le plus d'importance ne montrèrent aucun empressement, et on les vit en manteau et en capuchon rester sans bouger, comme des gens qui voient passer une procession. Les prieurs, au sein de leur palais, étaient déconcertés, et ne semblaient plus les maîtres, surtout le gonfalonier Benedetto del Nero, qui, pour éviter tout reproche, se laissait mener au gré du premier venu. Ce jour-là on fit au peuple une distribution considérable de pain, et la populace, quoique accablée sous le poids du besoin, se montra tout-à-fait disposée à laisser les chefs du gouvernement agir et prendre leurs mesures comme ils l'entendraient.

Pierre quitta Sienne le 27, à la quinzième heure : mais sa marche fut infiniment retardée par la pluie, qui tomba à torrents pendant toute la nuit; et si le mauvais temps n'eût pas eu lieu, il serait arrivé au point du jour à la porte de la ville, et l'aurait surprise à l'improviste.

La trève fut acceptée, ratifiée, et, qui plus est, observée. Vers les premiers jours du mois, comme le frère (Jérôme Savonarola) était à prêcher, quelqu'un ayant frappé sur un banc, il s'éleva dans l'église un tumulte considérable; on tira les armes, et les désordres les plus graves étaient sur le point d'éclater; mais ils furent promptement apaisés. Rome commença dès lors à vouloir contenir le frère par ses brefs. Le pape envoya en conséquence un certain Giovanni da Camerino, homme turbulent, et ami intime de frère Mariano da Ghinazzano, porteur de brefs pour la seigneurie et pour le frère Jérôme : celui pour la seigneurie lui ordonnait d'intimer au frère de ne plus prêcher; celui pour le frère, après lui avoir fait les mêmes défenses, lui ordonnait, entre autres choses, de comparaître devant le vicaire de sa sainteté. Cette mesure avait principalement été sollicitée par la faction opposée au frère; mais les partisans de ce dernier ne le défendaient pas avec moins de vigueur. Toutefois les chaleurs de l'été, la peste, et beaucoup d'autres contrariétés, l'empêchèrent de prêcher.

La folle entreprise des Médicis terminée, d'Alviano resta sur le territoire de Rome. Les habitants de Spolette, en leur qualité de Guelfes, ayant résolu d'attaquer ceux de Terni, se servirent de lui; et au bout de quelques jours, pendant lesquels on intrigua plutôt qu'on ne fit la guerre, il entra dans la ville de Todi, où cinquante habitants de la faction des Gibelins furent massacrés.

A cette époque, le pape avait donné sa fille en mariage au seigneur de Pesaro, qui se trouvait à Rome, et qui en partit *insalutato hospite*. A peine arrivé dans ses états, il signifia à sa nouvelle épouse qu'elle eût à chercher un autre époux, attendu qu'il ne la voulait plus chez lui. Le pape lui envoya maître Mariano da Ghinazzano; et enfin on trouva le moyen d'opérer ce divorce, quoique le mariage eût été consommé. Ces événements eurent lieu le 7 juin. On prononça, en plein consistoire, la bulle d'investiture du royaume de Naples en faveur du roi Frédéric : tous les cardinaux y donnèrent leur assentiment, à l'exception du cardinal de Saint-Denis, né en France, qui protesta solennellement *de nullitate rei, et de juribus integris christianissimi regis*, etc. Le pape ayant persisté dans son dessein, le cardinal finit par lui dire que le roi son maître s'en remettrait *in armis* pour lui répondre. Deux jours après, c'est-à-dire le 9 juin, le cardinal de Valence fut nommé légat pour aller assister à ce couronnement, et le duc de Gandie fut créé prince de Bénévent. C'est alors qu'eurent lieu les événements dont on peut suivre le fil dans les lettres d'Alessandro.

Vers le milieu du mois, le duc de Gandie fut assassiné. La cause de sa mort resta quelque temps cachée; mais enfin on eut la certitude que le cardinal de Valence avait commis lui-même, ou du moins fait commettre ce meurtre, par envie et par jalousie, au sujet de madame Lucrezia.

L'article sur lequel fut fondé le divorce entre le seigneur de Pesaro et madame Lucrezia était que le mariage n'avait pu être consommé pour cause d'impuissance : le pape disait en outre qu'il avait été déterminé à le prononcer par égard pour le premier mari, Procida, avec lequel elle avait également divorcé.

A cette même époque, monseigneur de Gimel fut envoyé par le roi de France. Ses instructions portaient d'annoncer en tous lieux, depuis la Savoie jusqu'à Rome, que nous étions les amis de ce prince; qu'il ne désirait que notre salut, et qu'il était disposé à nous aider *contra quoscumque*. Il devait en outre ordonner à Triulzio, et aux autres hommes d'armes français qui se trouvaient en Italie, de nous prêter leur appui dans tous nos besoins. Gimel vint jusqu'à Vigevano ; mais le duc de Milan ne lui permit pas d'aller plus avant.

A cette même époque dut avoir lieu, à Montpellier, un congrès des ambassadeurs de tous les confédérés et états admis à faire partie de la trève dans la vue de conclure la paix. Le vicaire de Volterra y fut envoyé par la république ; mais cette assemblée ne put rien conclure, comme on le voit par les papiers rangés à cette datte. En outre, monseigneur de Clari alla trouver le roi d'Espagne, son souverain, pour recevoir de vive voix ses instructions, et lui faire jurer la trève.

Le 10 du mois d'août, le roi Frédéric fut couronné par les mains de l'archevêque de Cosenza, attendu que le cardinal de Valence était resté malade à Bénévent. Dans le fait, il le fut par les mains du cardinal de Valence.

Vers cette époque, fut arrêté Lamberto dell' Antella. Il était venu à une maison de campagne qu'il possédait sur le Paradiso ; et quoiqu'il eût écrit à Francesco Gualterotti, l'un des dix, que, par égard pour leur parenté (Lamberto avait pour femme une Gualterotti), il désirait pouvoir venir le trouver pour lui faire des révélations, etc... néanmoins, il n'avait pu obtenir cette permission ; et lorsqu'il fut pris, il montra une autre lettre qu'il avait écrite au même, mais qu'il n'avait point envoyée. Il avait été exilé et mis au ban.

La diète, qui s'était d'abord réunie à Montpellier, et qui fut ensuite transférée à Narbonne, n'avait jamais pu tomber d'accord depuis qu'elle s'était rompue la première fois : chacun rejetait les conditions de la paix, et le roi de France faisait sentir qu'il était le plus fort. Jusqu'à ce moment, le roi d'Espagne n'avait voulu consentir à la conquête de Naples qu'à condition qu'on lui céderait la Calabre ; arrangement qui, dans la suite, fut consenti par le successeur du roi Charles.

Lamberto dell'Antella dénonça, comme complices et fauteurs du complot formé pour faire revenir Pierre de Médicis, un assez grand nombre de citoyens, parmi lesquels se trouvaient Benedetto del Nero, Niccol Ridolfi, Giovanni Cambi, de la branche de Santa-Trinità ; Giannozzo Pucci, Lorenzo Tornabuoni, Pandolfo Corbinelli, Pierre Pitti, Francesco di Ruberto

Martelli, et quelques autres. Leur crime principal était d'avoir reçu des lettres, et d'avoir entretenu une correspondance avec Pierre, par l'entremise du frère Serafino, de l'ordre des ermites. Giannozzo Pucci et Lorenzo Tornabuoni se trouvaient grandement impliqués dans cette correspondance. Giovanni Cambi avait également correspondu avec lui, par le moyen de Jacopo Petrucci, de Sienne, en se servant d'un chiffre où il désignait Pierre par le mot de lin. Niccolò Ridolfi avait aussi reçu des lettres et les avait communiquées à Benedetto del Nero, tandis qu'il était gonfalonier ; et entre autres délits qu'on lui imputait, on l'accusait d'avoir ri avec Benedetto del Nero, d'avoir plaisanté avec d'autres, et d'avoir dit, en présence de Bernardo : « Si Pierre pouvait revenir, je » rajeunirais de vingt ans. » Les autres étaient accusés d'avoir eu connaissance de ce complot, et d'avoir pris des mesures pour le favoriser. Dans l'interrogatoire qu'on leur fit subir, le frère Mariano fut compromis plusieurs fois, et l'on ne put douter qu'il n'eût en effet trempé dans le complot.

Le 18, le conseil des huit prononça la sentence de mort contre Benedetto del Nero, Giovanni Cambi, Niccolò Ridolfi, Giannozzo Pucci et Lorenzo Tornabuoni. Ils restèrent en prison depuis ce jour jusqu'au 21. Dans cet intervalle, il s'éleva de grandes difficultés sur l'appel qu'ils avaient interjeté devant le grand-conseil, conformément à la loi rendue dans l'année, etc.... Le 21, cependant, comme cette sentence mettait toute la ville en fermentation, et principalement ceux auxquels Pierre inspirait des craintes, pour pourvoir à leur propre sûreté ils accoururent auprès de la seigneurie, et il y eut une longue conférence dans laquelle on convint unanimement de faire exécuter le jugement sans délai. Au milieu de la délibération, Francesco Valori se leva, s'approcha du siège des seigneurs, et frappant sur le bras d'un des bancs d'une manière menaçante, demanda à grands cris qu'on pressât le supplice des coupables ; ce qui donna lieu à une espèce de tumulte. Toutefois, on parvint à le calmer ; et lorsqu'on vit que la majorité était du même avis, et qu'on eut examiné que, comme il y avait *periculum in mora, et urgente necessitate salutis reipublicæ*, on ne devait point admettre l'appel, les seigneurs allèrent aux voix, et le résultat du scrutin, auquel cependant tous ne voulurent point concourir, fut d'ordonner aux huit de faire exécuter sur-le-champ la sentence rendue contre les cinq coupables; ce qui eut lieu la nuit suivante. Tous les autres accusés furent exilés, à l'exception du cousin (Lamberto dell' Antella), que l'on épargna pendant quelques mois, pour obtenir des lumières sur les projets des Médicis, et qui eut à son tour la tête tranchée. L'exécution eut lieu dans la cour du capitaine. Toute la ville en demeura pour ainsi dire plongée dans les ténèbres; chacun semblait respirer la vengeance; et toutes ces passions haineuses saisirent, pour s'exhaler, l'occasion de la mort de Valori, qui eut lieu au mois d'avril suivant.

Pendant la durée de la trève, le roi de France reçut des ambassadeurs de la cour d'Espagne, et les deux rois conclurent le traité qu'ils désiraient. Il y fut stipulé spécialement : que le roi catholique aiderait le roi très-chrétien dans la conquête du royaume de Naples; et, pour indemnité des dépenses, le premier devait garder entre ses mains la Calabre jusqu'à leur entier remboursement.

Le sentence de divorce entre Lucrezia et le seigneur de Pesaro fut prononcée au mois de septembre, et fondée sur ce qu'il était *impotens et frigidus naturâ*.

A cette époque, la flotte génoise, composée de quatre navires et d'un grand nombre d'autres bâtiments, croisait devant Toulon, et tenait bloquée dans ce port la flotte française destinée pour l'Italie et le royaume de Naples, où elle devait aller secourir Salerne et Bisignano, qui appartenaient aux Français, après avoir relâché dans sa route à Livourne. Le 1er septembre, le roi Frédéric, pour délivrer son royaume, avait envoyé des hommes d'armes contre ces places, malgré l'avis des Vénitiens, qui condamnaient une telle mesure dans la crainte qu'elle n'excitât les Français à hâter leur passage en Italie.

A la fin d'octobre 1497, le pape avait déjà formé le dessein de faire quitter l'habit ecclésiastique au cardinal de Valence, et de le rendre à l'état de laïque; et c'est à cette époque qu'il donna connaissance de son projet au roi Charles VIII.

Vers le 15 octobre, les Vitelli, qui se trou-

vaient cantonnés dans la Valdichiana, comme étant à notre solde, tentèrent de s'emparer de Montepulciano, sous le nom des bannis de cette ville, auxquels quelques habitants avaient fait entendre qu'ils seraient favorablement accueillis. Mais le complot échoua, et Florence, exposée à de grands reproches, comme ayant tenté de rompre la trève, fut obligée de soumettre l'examen de sa conduite à la décision de Rome et de Milan.

Pendant la durée de la trève, les ambassadeurs des deux rois se rendirent à Narbonne pour traiter de la paix; mais les conférences ayant été rompues, ainsi que je l'ai dit, Clari fut envoyé de France en Espagne; et les deux monarques, comme font toujours les princes les plus puissants, oubliant les intérêts communs de la ligue, conclurent entre eux un traité particulier, que l'Espagne accepta d'autant plus volontiers qu'il venait de s'élever des différends sérieux entre elle et le Portugal, et que le roi voulait pouvoir tenir sous son joug la plupart des grands, qui supportaient avec peine le poids de son autorité; et il craignait d'échouer s'il était obligé de combattre à la fois ces deux ennemis, ou même un seul.

A cette même époque, la foudre tomba sur le château Saint-Ange, à Rome, et y produisit les effets que l'on pourra voir dans les lettres rangées à cette date. Les Orsini et les Colonna se faisaient alors la guerre. Ces derniers voulaient dépouiller les Conti de quelques places qui leur avaient appartenu jadis; mais les Conti étaient soutenus par les Orsini, et aucun d'eux n'avait voulu obéir à la trève que le pape avait fait promulguer de sa propre autorité.

Le roi de France ne cessait d'annoncer son arrivée en Italie. A cet effet, il avait ordonné quelques débarquements dans les ports dépendants de la Savoie, envoyé des troupes à Asti, pris à sa solde les Orsini, et entretenu des relations à Gênes avec le cardinal de Saint-Pierre *in vincula* et Batistino. La ligue redoutait ses projets, et l'on ne peut douter qu'après avoir surmonté une foule de difficultés, le roi n'eût enfin réussi; car ce dessein ne cessa jamais un seul instant d'occuper son esprit, et il n'y eut que les plaisirs et les conseils perfides de ceux qui l'entouraient qui purent l'en distraire.

A la même époque, le roi d'Angleterre prit, dans une bataille, et fit mourir un certain Plata Giannetta (Plantagenet), fils du roi Édouard, duc d'York [1].

Le 7 novembre, Philippe, duc de Savoie, mourut à Chambéry. Dans le même temps cessa également de vivre le prince de Castille, fils unique du roi Ferdinand et de la reine Isabelle.

Le 5 novembre de la même année, le duc de Ferrare restitua au duc de Milan le Castelletto de Gênes, qui avait été mis en dépôt entre ses mains l'an 1495.

Les Français, qui de sitôt ne croyaient plus devoir passer en Italie, formèrent le dessein de conclure une trève indéfinie, qui, après avoir été dénoncée, devait durer huit jours encore avec le duc de Milan. Giov. Jacopo Triulzio la conclut, au nom du roi de France, vers le 10 novembre.

Après la mort du duc de Gandie, le pape reprit soudain son projet de faire un seigneur temporel du cardinal de Valence. Il était déjà convenu de cette affaire avec le roi Charles VIII, et S. M. T. C. avait accédé à toutes ses demandes. Et tandis que Pierre de Médicis et les cardinaux de San-Severino, les Vénitiens, les Siennois, et une foule d'autres, ne cessaient d'intriguer à Rome contre Florence, de leur côté les Français ne manquaient pas de lui donner des espérances. D'Aubigny était sur le point d'arriver; ils avaient envoyé parmi nous Camel avec ordre d'enrôler les Orsini et les Vitelli, d'arrêter avec la république les conditions de l'engagement de d'Aubigny et les autres préparatifs nécessaires à l'entreprise de Naples, pour laquelle ils comptaient que nous leur avancerions cent cinquante mille ducats.

L'opération que le roi Frédéric avait dirigée contre le prince de Salerne, unique ressource qui restât aux Français dans le royaume de Naples, venait d'être terminée : le prince avait consenti à abandonner ses états, à condition qu'on lui laisserait la facilité de s'embarquer avec ses troupes et sa famille.

Cependant les Français se disposaient à mettre leur projet à exécution, et demandaient que nous leur comptassions cent cinquante mille ducats, et que nous fournissions les bâtiments nécessaires pour transporter d'Aubigny avec cent lances. C'était une dépense intolérable; et, quoique nous eussions refusé d'y consentir, il en fut comme si elle avait été accordée; mais ce n'est pas là le véritable mal.

Les monarques espagnols accédèrent à la trève indéfinie avec la France, sous la seule condition de la dénoncer deux mois avant de la rompre.

Comme je l'ai dit précédemment, le frère Jérôme avait été excommunié, ou, pour mieux dire, il lui avait été défendu de prêcher pendant tout le cours de l'été qui venait de s'écouler. Il s'était tenu tranquille jusqu'au mois de février, époque à laquelle, saisissant l'occasion des amusements du carnaval, il recommença ses prédications. Ses discours, pleins de violence, étaient tous dirigés contre l'Église; de sorte que le pape et la cour de Rome en ressentirent un si vif dépit, qu'on lui envoya de nouveaux brefs, ainsi qu'à la seigneurie.

Il s'était remis à prêcher parce qu'il était question de renouveler la seigneurie. Mais il sentait déjà la brûlure; car la ville, instruite de sa nouvelle contestation avec le pape, fatiguée et ennuyée de ses prophéties sinistres, commençait à s'irriter contre lui : c'est pourquoi il cherchait autant qu'il le pouvait à éloigner le mal qui le menaçait.

Quelque temps avant la mort du roi de France, on aperçut en ce monarque quelques symptômes d'épilepsie; et si sa mort ne doit pas être attribuée à ce mal, il ne paraît pas y avoir été étranger.

On était au mois de mars; le frère prêchait de son côté, et le pape fulminait du sien. La ville, divisée, était ballotée entre deux partis inégaux, et aussitôt après l'entrée en fonctions des seigneurs désignés pour le mois de mars, on reçut de nouveaux brefs du pape, extrêmement pressants. On délibéra plusieurs fois sur cette affaire; et comme d'abord la seigneurie était divisée d'opinions, il en résultait des altercations extrêmement sérieuses.

[1] C'est de l'imposteur Perkins Warbeck qu'il s'agit ici. Le fils d'un courtier d'Anvers parvint, pendant longtemps, à se faire passer pour fils d'Édouard IV : la duchesse de Bourgogne le reconnut en cette qualité, et lui fit épouser sa nièce. Pendant cinq années, il soutint la guerre contre Édouard VI. Pris enfin les armes à la main, il fut condamné à une prison perpétuelle; mais, ayant tenté de s'évader, il paya de sa tête sa téméraire entreprise.

Cependant, les Orsini avaient beaucoup à souffrir dans les états de Rome, de la part des Colonna, auxquels l'appui du pape et du roi Frédéric assurait la prééminence.

Vers le commencement d'avril, le duc de Milan se trouvait à Gênes, où il s'était rendu pour prendre possession de cet état, et se rendre agréable au public et aux particuliers. Comme chaque jour la crainte que lui inspiraient les projets des Vénitiens s'accroissait, il commença peu à peu à prendre des mesures pour arracher Pise de leurs mains. Jusqu'à ce moment ses préparatifs s'étaient bornés à des discours et à des conseils : c'est dans cette vue qu'eut lieu à Rome une conférence dont il est fait mention dans les lettres écrites à ce sujet..; etc. Ils nous exhortaient en outre à cesser nos hostilités avec les Siennois et le marquis Gabriello, afin de disposer d'un plus grand nombre de troupes.

Le 18 avril 1498, mourut le roi Charles VIII, d'une attaque d'apoplexie; et le même jour arriva dans Florence l'événement du frère Jérôme, dont il doit être parlé plus particulièrement.

Après la mort du roi Charles VIII, le roi Louis XII monta sur le trône, et commença soudain à penser à son divorce avec sa femme, pour épouser la dernière reine, qu'il aimait, et à laquelle appartenait la Bretagne : c'est aussi alors qu'il fut décidé qu'au titre de roi de France, de Sicile, de Jérusalem, il ajouterait celui de duc de Milan; par lequel il montrait clairement ses prétentions sur ces derniers états.

A cette époque, les Vénitiens formèrent le projet d'envoyer de nouvelles troupes à Pise. Ils demandèrent passage au duc de Milan, qui le leur refusa, et qui commença à leur témoigner tant de froideur, que la chose paraissait incroyable. Il ne s'apercevait pas qu'en outrageant ainsi les Vénitiens, il les engageait d'autant plus à se rapprocher des Français; alliance qui fut par la suite la cause de sa ruine.

A cette même époque encore, les Vitelli et les Baglioni de leur parti fermèrent la Riccia pour aller au secours des Orsini, qui en étaient venus aux mains, sur le territoire de Rome, avec les Colonna. Ces derniers, en définitive, furent défaits, et ce succès fut dû surtout à l'habileté de Vitellozzo. C'est alors également que l'on envoya Guido à Milan pour s'entendre d'une manière plus particulière

avec le duc, relativement à la nouvelle entreprise contre les Pisans.

Le pape, pour ne pas avoir de frais à supporter, et parce qu'on le désirait ainsi à Florence, consentit qu'on n'envoyât pas le frère Jérôme à Rome, et voulut bien que la seigneurie se bornât à le prier, par ses lettres, de se contenter d'envoyer ici une personne chargée d'examiner le frère. C'est ce qui eut lieu en effet.

A cette époque, on désigna comme ambassadeurs auprès du nouveau roi de France, l'évêque d'Arezzo, Pietro Soderini et Lorenzo de Médicis.

Au commencement de mai, les Vénitiens envoyèrent à Pise un renfort d'environ trois cents Stradiotes; car ils avaient eu connaissance des projets du duc et des Florentins.

Les ambassadeurs vénitiens désignés pour se rendre auprès du nouveau roi de France étaient Girolamo Giorgi, Niccolò Micheli et Domenico Jordano.

En même temps on députa Guidalotto vers le duc de Milan, pour concerter toujours mieux avec ce prince l'entreprise projetée.

Le pape Alexandre VI se proposait alors de faire quitter le chapeau au cardinal de Valence; il négociait pour lui faire épouser madame Charlotte, fille du roi Frédéric, et il avait plus que jamais la tête remplie de ces projets.

Le duc de Milan ne pensait à autre chose qu'à nous réintégrer dans Pise, non tant à cause de l'intérêt qu'il nous portait, que pour nous détacher de l'alliance de la France, dont il redoutait les funestes conséquences, et dont il sentait déjà pour ainsi dire la fumée. Cependant il nous conseillait de nous servir de l'influence du nom de la France, et de demander au roi deux cents lances, de celles qui étaient le plus à portée pour nous rendre maîtres de Pise: mais son but était d'éloigner d'Asti, par ce moyen Giov. Jacopo Triulzio; et telle fut la cause la plus puissante de la haine que lui portèrent par la suite les Vénitiens. Le duc de Milan était dans un si grand aveuglement, qu'il ne prévoyait pas les résultats de sa conduite. Plein d'inconséquence, il se livrait tantôt à l'espoir, tantôt à la crainte : aujourd'hui il se précipitait sur les traces de l'un, demain sur celles d'un autre; un jour il regardait l'empereur comme son appui, et le lendemain il lui retirait sa confiance, disant que c'était un homme auquel il fallait toujours beaucoup d'argent, et qui ne savait point ensuite comment le dépenser.

Les Colonna et les Orsini continuaient à se faire la guerre dans les états romains; ils avaient sous leurs ordres des troupes nombreuses : Rome prenait le plus grand intérêt à ces débats. Dans un des combats que se livrèrent les deux partis, Antonello Savelli, homme d'un mérite consommé, perdit la vie. Le pape s'entremit pour calmer leurs différends; il nous pressa en même temps de terminer avec les Vitelli et les Bagliani, qui voulaient venir secourir leurs partisans, afin que le traité une fois conclu ils ne pussent plus s'éloigner.

Après la déroute de San-Regolo, qui arriva dans ce temps, on envoya à Bologne Simone Ridolfi, pour en faire venir Alessandro et quelques autres troupes.

Toutes les négociations qui eurent lieu avec Milan à cette époque, sont exposées dans une lettre rangée à sa date, et dans laquelle il demande à connaître quels secours nous pourrions lui donner, dans le cas où il serait attaqué par la France. Il est bon de savoir que son intention était que nous l'aidassions secrètement de tout notre pouvoir, et que nous ne permissions à la France de prendre les Vitelli à sa solde qu'en proportion de l'argent qu'elle offrirait, et que nous ne procurassions pas au roi d'autres troupes dont ce monarque pût se servir contre lui.

Le 24 mai, on brûla le frère Jérôme, ainsi que les frères Domenico et Sivelstro, de la manière... etc.

A peu près dans le même temps, c'est-à-dire le 21 ou le 22, nos troupes furent mises en déroute à San-Regolo, sous le commandement du comte Ranuccio da Marciano; ce qui obligea la cité à en lever de nouvelles : et comme il n'y en avait ni de plus proches ni de plus en état que celle des Vitelli, on les prit à notre service, et l'on conféra le titre de capitaine général à Pagolo, parce que les autres avaient perdu la bataille.

Les Siennois, à cette époque, envoyèrent consulter les Vénitiens pour savoir comment ils devaient se conduire contre nous, et pour leur demander en même temps leur appui : c'est dès ce moment qu'ils convinrent avec eux de livrer le passage aux troupes vénitiennes, qui bientôt après vinrent nous attaquer dans la Romagne et dans le Casentino. C'est alors également que le duc de Milan prit à sa solde le marquis de Mantoue.

Florence, dans l'espoir de recouvrer Pise, s'était livrée comme une proie entre les mains du duc de Milan; elle cherchait tous les moyens de lui complaire, et envoya en ambassade à Gênes Braccio Martelli, qui fut reçu avec empressement par les Génois, qui espéraient se servir de lui pour recouvrer Pietra-Santa et Seerzana. Le pape, dont le caractère perfide ne se démentait jamais, favorisait en paroles cette négociation; mais il se jouait tout à la fois de Milan et de nous; et lorsqu'on lui demandait le seigneur de Piombino et les troupes qu'il commandait, ainsi que Villa Marina avec les galères, il répondait que c'était à nous à trouver le moyen de les faire venir sans que les Vénitiens s'en aperçussent; que, quant à lui, tout ce qu'il pouvait faire était de nous accorder par son *vale*, la permission de lever une dîme.

Cependant le duc de Milan entrait petit à petit dans cette entreprise. Il congédia le comte Lodovico della Mirandola, afin que nous pussions le prendre à notre service, ce qui fut fait; et il nous fournit l'argent nécessaire. C'est ainsi qu'il s'embarqua peu à peu dans une entreprise d'où il lui fut impossible de revenir en arrière; et nous, insensés que nous étions, nous pensions faire une guerre à crédit.

Les Baglioni étaient alors en différend avec le duc d'Urbin; on rassemblait des troupes des deux côtés. Cette discussion avait pour cause..., etc. On envoya de Florence Pierre Martelli, puis dans Casa-vecchia Filippo qui fut chargé du commandement. Que l'on juge quelle guerre ce devait être, puisqu'on s'en reposait sur un tel homme !

Sur ces entrefaites, les Pisans étaient venus mettre le siége devant Ponte-Di-Sacco; mais l'arrivée du nouveau capitaine les obligea de le lever.

C'est ici le lieu de rapporter les noms des dix, et la manière dont ils furent élus. On avait sollicité le pape pour qu'il favorisât l'entreprise de Pise, et pour que, suivant sa promesse, il envoyât le seigneur de Piombino avec ses troupes, Villa-Marina avec sa flotte, et qu'il défendît au duc de Ferrare de livrer passage aux troupes vénitiennes chargées de secourir la ville de Pise. Il répondit que le duc de Ferrare refuserait de lui obéir; que quant aux troupes, il ne voyait qu'un seul moyen, c'était que le roi Frédéric les remplaçât par cent hommes d'armes à lui, qu'il s'engageait à payer; qu'à l'égard des galères, il ne les enverrait qu'autant que le roi Frédéric en fournirait un égal nombre; sinon, non.

Les Génois, que le duc de Milan nous avait dépeints comme si empressés à seconder notre entreprise, s'obstinèrent, aussitôt qu'on eut envoyé vers eux Braccio Martelli, à vouloir qu'on lui rendît Serezana, et que nous prissions à notre solde Giorgio Adorno et Giovanni Luigi de Fiesque, l'un sur mer, l'autre sur terre; et c'est un nouvel exemple de la difficulté de conclure quelque chose avec la multitude.

A cette même époque, les Colonna attaquèrent Val-Montona, qu'ils dévastèrent. Le duc d'Urbin avait pris les armes, moins pour se venger des injures de Baglioni, que dans le projet de profiter de ce prétexte pour lever deux cents hommes d'armes et trouver à se vendre. Pour y parvenir sans qu'il lui en coûtât rien, il comptait les obtenir des Pérousins, soit en traitant avec eux, soit en s'emparant d'un si grand nombre de leurs châteaux, que leur rachat lui procurerait les mêmes avantages.

Déjà les Vénitiens avaient comploté dans Bologne avec les Médicis pour les rétablir dans Florence : ils voulaient se servir d'eux pour faire une diversion du côté de la Romagne, ainsi que cela eut lieu en effet lorsque tout serait convenu à Bologne avec Giuliano, à Venise avec Pierre lui-même, et à Rome enfin, avec Pierre et l'ambassadeur de Venise.

Vers la fin de juin, arriva à Rome un envoyé du roi très-chrétien, qui venait demander la dispense pour le divorce.

Les troupes que le duc de Milan avait envoyées contre Pise en notre faveur étaient au nombre de cent hommes d'armes, sous les ordres de Lodovico de la Mirandola, et de deux cents hommes armés de casques, commandés par divers chefs; mais aucun d'eux n'avait jamais servi, et leur corps n'était composé que de valets et de jeunes gens sans expérience. Il envoya ensuite dans la Romagne, c'est-à-dire à Cotignola, Gaspar et Fracassa de San-Severino, avec deux cents hommes de mauvaises troupes tirées du pays, pour faire une diversion de ce côté.

Vers la fin du mois de juin fut conclu le mariage de madame Lucrezia, fille du pape, avec don Alphonse, fils naturel du roi Alphonse; et il fut stipulé dans l'acte qu'on lui reconnaîtrait une dot de quarante mille ducats.

Comme nous avons vu plus haut que Sienne était destinée à monseigneur de Ligni, nous ajouterons que Pise devait être assignée à M. de Piennes.

A cette époque, les Vénitiens manquant de troupes, prirent à leur solde les Orsini, par le moyen de Pierre de Médicis; c'était dans le plus fort de la guerre avec les Colonna : appuyés de ce renfort, ils pénétrèrent dans le Casentino.

Dans les premiers jours de juillet, la paix fut conclue entre les Orsini et les Colonna, sans médiateur, et d'un accord spontané entre les deux partis. Le traité portait qu'on délivrerait de part et d'autre les prisonniers; que les châteaux dont on s'était emparé seraient restitués à leurs véritables maîtres, et que les différends qui pourraient exister dans ces contrées seraient remis au jugement du roi Frédéric.

Déjà à cette époque le pape était tout Français par le cœur, et il nous engageait à suivre son exemple.

L'accord entre le duc d'Urbin et Pérouse, rapporté plus haut, fut conclu par Borges, légat du pape; Casa-vecchia s'y rendit, seulement pour en jurer l'observation.

Ce jour-là partirent l'évêque d'Arezzo, Pazzi et Pierre Soderini, en qualité d'ambassadeurs à la cour de France, où ils avaient été précédés, depuis le mois de juin, par Gualterotto.

Outre les Orsini, les Vénitiens prirent encore à leur solde le duc d'Urbin. Guidalotto, à son retour de Milan, choisit la route de la Romagne, et convint avec la comtesse d'Imola et Fracassa des mesures à adopter pour loger les deux cents hommes d'armes de don Alfonso de Rimini, et les cent autres que le duc y envoyait à la prière du marquis de Mantoue. C'était Fracassa qui commandait ces troupes, arce que le duc de Ferrare n'avait pas voulu nvoyer don Alfonso en personne contre les Vénitiens, quoique Fernando son frère, qui se rouvait dans Pise à la tête de cent hommes l'armes à la solde de Venise, s'avançât pour es combattre.

Comme on découvrit alors les trames des Vénitiens avec Pierre de Médicis, que l'on sut qu'ils avaient pris les Orsini à leur solde, et qu'on doutait de la sincérité des Siennois, on conclut avec ces derniers une trève contenant un grand nombre d'articles, dont on trouvera es principaux dans les papiers qui sont à cette late.

Le duc de Milan avait une si forte crainte les Français, qu'il excita et entretint pendant quelque temps la guerre que la France eut à soutenir en Bourgogne contre l'empereur; et comme elle eut lieu presque à l'avènement du nouveau roi à la couronne, elle suscita à ce prince de grands embarras: néanmoins le duc de Milan ne fit qu'exciter davantage la France à travailler à sa ruine.

Le pape envoya au roi de France l'évêque de Séez, qui fut chargé de citer l'ancienne reine, et de remplir toutes les formalités nécessaires pour le mariage. Le pape le chargea en outre d'exposer au roi ses désirs, c'est-à-dire de demander pour le cardinal de Valence vingt mille francs de subsides, la conduite de cent lances, la fille du roi Frédéric pour femme, et le comté de Valence, près d'Avignon.

Vers la fin de juillet, le duc de Milan conclut une trève avec Gióv. Jacopo Triulzio, sans en déterminer le terme; seulement il était dit qu'elle ne pourrait être rompue qu'après avoir été dénoncée dix jours d'avance.

La paix qui se conclut à cette époque, entre le roi de France et le duc de Bourgogne, c'est-à-dire avec l'archiduc, offre cela de particulier, que le roi très-chrétien restituait à ce prince les places qu'il tenait de lui, tandis que l'archiduc s'engageait pour son père à observer le traité et à s'éloigner de la Bourgogne.

Le nombre de troupes que le duc d'Urbin mit à la solde des Vénitiens à cette époque était de deux cents hommes d'armes. On lui donna en outre le titre de gouverneur (ou général en chef) dans toutes les expéditions où il marcherait, et le prix de son engagement fut de ving-sept mille ducats. Les Vénitiens engagèrent en outre Astorre Baglioni. De notre côté, nous prîmes à notre service le seigneur de Piombino, Giovan Pagolo, et Simonetto Baglioni.

Les Vénitiens conclurent l'accord suivant avec Pierre de Médicis, pour faire diversion aux affaires de Pise: ils lui cédèrent les troupes du duc d'Urbin, des Baglioni et des Orsini, et lui prêtèrent vingt mille ducats, dix mille pour l'infanterie et dix mille pour la cavalerie, ainsi que tout ou partie des Orsini, c'est-à-dire d'Alviano et Carlo Orsino: de son côté, Pierre de Médicis s'engagea à leur remettre Pise entièrement libre, avec toutes ses dépendances jusqu'à Livourne; et pour l'observation de ce traité il devait donner son fils en otage aux Vénitiens.

Le 17 août 1498, le cardinal de Valence exposa au consistoire qu'il se sentait naturellement porté à un autre état qu'au sacerdoce; en conséquence il suppliait en grâce le sacré collège de lui donner les dispenses nécessaires pour retourner à la vie civile, et pouvoir suivre la carrière à laquelle sa vocation l'appelait. On lui donna acte de sa demande, et dans le consistoire, suivant elle lui fut accordée.

Vers le 16 du mois d'août, Guido et Bernardo Ruccellai furent envoyés en ambassade à Venise. Leurs instructions portaient de tâcher d'obtenir quelque arrangement à l'égard des affaires de Pise. Cette détermination venait de l'espoir que Venise saisirait avidement l'occasion de sortir avec honneur d'une semblable entreprise. Mais il n'en fut rien, parce que, de leur côté, les Vénitiens comptaient sur les succès qu'ils obtinrent par la suite; et leur confiance était fondée sur l'embarras où nous devions nous trouver d'apaiser les nombreux différends qui divisaient la ville de Sienne, sur la connaissance qu'ils avaient du duc de Milan, et sur notre propre faiblesse. Ils regardaient donc tous nos efforts comme de peu d'importance; et l'événement a prouvé qu'ils ne se trompaient pas.

Dans l'engagement que le pape contracta avec les Orsino, il excepta nommément Carlo Orsino; et c'est au nom de ce dernier et de d'Alviano que furent levés les hommes d'armes. Les Vénitiens leur en donnèrent deux cents, quoique dans ce nombre ils eussent effectivement engagé toute la maison des Orsini.

A cette époque, c'est-à-dire vers le 20 du mois d'août, nos troupes se mirent en mouvement et s'emparèrent de Buti. Ici l'on doit rapporter le détour qu'elles firent, et décrire le chemin des montagnes; comment elles choisirent le meilleur, et de quelle manière elles se rendirent maîtresses de Buti. La république était si dépourvue de conseils et d'argent, que l'on fut forcé de mendier trois ou quatre mille ducats du duc de Milan; et l'on croyait, avec ces ressources insignifiantes, pouvoir suppléer aux besoins d'une guerre de cette importance!

Les deux ambassadeurs se rendirent à Venise : la réponse qu'ils en rapportèrent se trouve dans les papiers classés à cette date.

C'est également dans ce temps que la trève se conclut avec les Siennois : les articles les plus importants de ce traité se trouvent également dans les papiers classés sous cette date.

Le roi, à cette époque, eut sous les armes en Bourgogne huit cents lances et huit mille Suisses.

La première épouse du roi Louis XII se nommait Jeanne : le pape donna commission au cardinal du Mans, à l'évêque d'Albi et à celui de Séez, d'informer sur les causes de la dissolution du mariage.

M. de Sarnon, parti de Provence pour venir chercher le duc de Valentinois, débarqua par mer à Ostie, où l'archevêque de Dijon l'attendait pour le recevoir.

Les Vénitiens, à cette époque, déployaient toute leur activité; ils se servaient de tous les moyens pour s'assurer Sienne et Pérouse; ils envoyaient partout des provéditeurs ou des secrétaires, promettant à chacun ce qui pouvait le plus l'intéresser : aux Siennois, la conquête de la redoute et du pont de Valiano; aux Orsini, un engagement considérable et avantageux; aux Pérousins, des approvisionnements; *et sic de singulis.*

Dans les négociations qui eurent lieu à Venise, il fut question de nous restituer la ville de Pise; et comme les Vénitiens insistaient pour qu'on trouvât un moyen de terminer cette affaire à leur honneur, on proposa d'imiter la capitulation qui avait eu lieu avec les Français à Ostie. Ils répondirent à cette proposition comme on le verra par les lettres qui sont rangées à cette date.

On prit Vico le 5 septembre; on épargna les biens et les personnes. Il faut ici décrire la position de la place, la manière dont elle fut assiégée, l'endroit qu'attaqua l'artillerie, et comment l'arrivée du comte Ranuccio, de Cascina à Vico, décida la chute du tout.

A cette époque, les troupes de l'ennemi étaient déjà en mouvement. Le duc d'Urbin avait à la Sarra, lieu situé sur les Fratte, deux cents lances, mille cavaliers armés de casques, et mille hommes d'infanterie; les troupes des Orsini commençaient à se montrer dans la Pouille, et l'on disait qu'elles étaient au nombre de six cents lances et de trois mille hommes de pied.

Le 4 septembre, la trève avec les Siennois fut ratifiée : les articles les plus importants sont dans les papiers rangés à cette date.

Jean de Médicis mourut à cette même époque. Il est nécessaire de parler de ce qui le concerne, et principalement de la dame d'Imola, qu'il avait épousée.

Comme, depuis la prise de Vico, on craignait d'être attaqué du côté de Sienne, on envoya le comte Ranuccio au Poggio-Imperiale; mais la trève ayant été conclue avec les Siennois, les troupes ennemies se dirigèrent du côté de Rome, en passant par les Fratte et le chemin d'Agobbio : elles se composaient de cinq cents lances, de deux mille hommes d'infanterie, de deux cents Stradiotes, et s'accrurent en route d'environ mille chevaux venus du Bressan. Le comte Ranuccio eut ordre de se porter dans cette direction avec les troupes ducales et le seigneur de Piombino; et c'est alors que l'armée pisane tenta son entreprise sur Librafatta.

On trouvera à leur ordre une multitude de lettres dans lesquelles on pourra suivre jour par jour, comment et à quelle époque les troupes ennemies vinrent attaquer Marradi, et de quelle manière nous le défendîmes. D'abord l'ennemi vint, sans le duc d'Urbin, qui était resté sur les derrières, attaquer le bourg de Marradi, et s'en rendit maître. Il voulut ensuite s'emparer de la citadelle, qu'il assiégea inutilement pendant plusieurs jours : il s'attendait que le défaut d'eau forcerait les assiégés à se rendre ; mais comme il plut toute la nuit, il songea à s'éloigner. La citadelle était défendue par Donato Cocchi, homme d'un caractère ferme, patient et courageux. Simone Rodolfi y était venu chercher un asile avec les colonels Niccolò et Dionigi Naldi : tous deux s'en échappèrent ; et ce ne fut pas leur faute si la citadelle ne fut pas prise, surtout de la part du colonel qui, de quatre cents hommes qu'il avait à sa solde, n'en avait pas conservé plus d'une douzaine. Du côté de Mugello cependant, nos troupes, c'est-à-dire le comte Ranuccio, conjointement avec le seigneur Ottaviano de'Manfredi, et quelques autres petits condottieri, s'étaient portés en face de Marradi : ils formèrent le projet d'attaquer les ennemis, qui, en ayant été instruits, levèrent le siége de la citadelle, et abandonnèrent quelques pièces de canon. Le seigneur de Piombino ne voulut pas les suivre ; car comme, en vertu de son engagement, il avait le titre de commandant des troupes ducales en Toscane, il refusa de se joindre à eux pour ne pas voir sa dignité compromise avec Fracassa et Carraccioli, dont l'un arrivait de Parme avec trois cents hommes d'armes et mille hommes d'infanterie, et l'autre venait de Forli avec deux cents lances et mille fantassins, et qui tous deux s'étaient approchés de Berzighella, et mis, à la poursuite de l'ennemi dans l'intention de pénétrer dans la place. Annibal Bentivogli alla rejoindre les alliés vers Ravenne. Les Vénitiens avaient mis sous sa conduite cent hommes d'armes. Quant à nous, outre le Comte Ranuccio, le seigneur Piombino, etc., nous envoyâmes de ce côté Pagolo Baglioni et Simonetto, l'un avec soixante lances, l'autre avec cinquante chevau-légers.

Le 25 septembre, le comte de Caravaggio était déjà parti de Parme avec trois cent quarante-six hommes d'armes, cinquante chevau-légers et cinq cents hommes d'infanterie ; le duc de Milan lui avait donné en commun, avec le seigneur de Piombino, le titre de général de ses armées. Il prit sa route par Modène, longea le Pô à Santa-Agata et Massa, et parvint enfin à Imola.

Le 1er octobre, le duc de Valentinois s'embarqua sur la flotte avec Sarnon, pour se rendre en France. Vers le 3 ou le 4 octobre,

on prit Librafatta, et quatre jours après environ, on s'empara de la redoute construite au-dessus. Cet événement fut cause que l'on envoya Francesco de'Nerli à Bologne, pour maintenir cette république dans notre alliance, et Andrea de' Pazzi jusqu'à Forli, pour traiter avec la comtesse, et faire savoir que les Vénitiens, après être restés longtemps devant Marradi, et l'avoir inutilement bombardé, avaient quitté la Romagne dans les commencements d'octobre, et s'étaient retirés à Berzighella ; que de là ils avaient ourdi la trahison de Bibbiena, qui éclata le 24 octobre. Francesco de' Nerli en avait donné ouvertement avis de Bologne, un grand nombre de jours auparavant ; on l'avait également appris de Rome par des lettres de Gualterotto, mais sans désignation exacte du lieu. Toutefois notre imprévoyance et le peu de courage de Cappone Capponi, que l'on envoya sur les lieux, furent cause que l'on ne put ni l'empêcher ni y porter remède.

Longtemps avant cette époque, le duc de Milan avait pris à sa solde le marquis de Mantoue ; il n'y avait de difficulté que pour le titre. En effet, le duc de Milan ayant déjà donné le grade de capitaine général de ses armées à Galeazzo, il ne pouvait le donner à d'autres : aussi on balança longtemps à lui donner le titre de général des troupes impériales en Italie, et de capitaine général honoraire de nos troupes. Enfin, comme on ne pouvait rien conclure, parce que nous ne pouvions lui accorder ce titre, attendu l'énormité de nos dépenses et l'existence d'un autre général, il se détermina à entrer au service des Vénitiens. Il se rendit en conséquence à Venise, et se mit à la solde de cette république. Il devait se porter à Pise, à la tête d'une troupe considérable, et il y serait venu en effet, si l'événement de Bibbiena n'avait eu lieu, et si les Vénitiens n'avaient pas cru alors pouvoir se passer de lui. Mais il est hors de doute que sans cela ils ne l'eussent envoyé, tant ils étaient obstinés dans cette guerre.

Le 12 octobre, le duc de Valentinois débarqua à Marseille, et le roi le combla d'honneurs.

Le 24 octobre, ainsi qu'on l'a dit précédemment, Bibbiena se souleva ; les complices de ce crime furent peu nombreux. On en avait d'abord été prévenu, et on se hâta d'y envoyer Cappone di Bartolommeo Capponi, pour découvrir les coupables et les punir. Le propre cousin de Pierre de Médicis, principal auteur du complot, tomba entre ses mains, et, lui ayant épargné la question, par commisération, il ne put rien découvrir. Voici de quelle manière le complot s'exécuta : un petit nombre de chevau-légers d'Alviano marchèrent toute la nuit ; quatre d'entre eux seulement s'avancèrent déguisés en voyageurs ; ils se présentèrent devant une des portes de la ville, au moment de leur ouverture : ils s'en rendirent maîtres, donnèrent le temps aux autres d'accourir, et, avant que la plupart des habitants fussent réveillés, ils s'emparèrent de la ville en moins de deux heures. Cet évènement, où le hasard les favorisa bien plus que la prudence, ne dut son succès qu'à la négligence de la garnison, à son peu d'ordre et à sa faiblesse. Il ne faut pas toutefois s'en étonner, car on ne pouvait pas s'attendre à une opération de guerre de ce genre, et à l'entrée de l'ennemi dans une vallée forte de tous les côtés, n'offrant aucune issue, au commencement de l'hiver, et lorsque toutes les montagnes étaient déjà couvertes de neige. D'Alviano parut ce jour-là devant la ville, et, avec l'activité qui le caractérisait, il se présenta le même jour devant Poppi ; mais comme il n'avait avec lui que peu de troupes, que la place était forte, et que la fidèle garnison qui la défendait avait eu connaissance de la révolte de Bibbiena, il lui fut impossible de rien entreprendre. D'ailleurs il trouva là Giannantonio, qui fut blessé en combattant sur la porte. Les ennemis s'attachèrent alors à se rendre maîtres des petites forteresses situées aux environs de Bibbiena.

Le divorce du roi de France fut appuyé sur quatre motifs : le premier, que les deux époux étaient parents au second degré ; le deuxième, que le roi Louis, père de Jeanne, femme du roi, l'avait tenu sur les fonts de baptême ; le troisième, que, *fuerat matrimonium coactum*, mais qu'il n'avait jamais été consommé *per copulam carnalem* ; le quatrième, que la reine était contrefaite, *utrinque gibbosa*, et stérile. L'examen de ces griefs, *si vera essent*, fut confié à ceux que nous avons précédemment désignés : ils citèrent la reine, et portèrent ensuite

le jugement, *tanquam non legitimum, nec sancitum, matrimonium esse solvendum ob praedictas causas* ; et le pape, par son bref, s'en référant à ce jugement, *concessit solutionem fieri, et permissionem alterius matrimonii*. Il avait confié secrètement cette dispense au duc de Valentinois, lorsqu'il se rendit en France, et lui avait ordonné de la vendre le plus cher qu'il pourrait au roi, et de ne la lui remettre que lorsqu'il aurait obtenu l'épouse qu'il sollicitait, ainsi que les autres objets de ses désirs. Tandis que cette intrigue s'ourdissait, le roi, instruit que la dispense existait, par l'évêque de Séez, qui, pour avoir révélé ce secret, fut empoisonné par ordre du duc de Valentinois, n'attendit pas de l'avoir vue ou reçue, consomma son mariage avec l'ancienne reine, veuve du roi Charles, et les autres affaires s'arrangèrent ensuite à loisir. Le procès se termina bientôt d'accord ; car la reine, persuadée par la princesse de Bourbon, sa sœur, cessa spontanément toute discussion, c'est-à-dire, qu'elle se tut ; et le roi lui promit le duché de Berri, avec trente mille francs, et fit espérer à madame de Bourbon que sa fille serait reine de France, en épousant le duc d'Angoulême, et qu'elle deviendrait elle-même ainsi belle-mère du roi.

Dans les premiers jours de novembre, les Vénitiens, ayant senti tout le poids du fardeau qu'ils avaient entrepris de soutenir, et vu à quelles dépenses ils étaient entraînés, commencèrent à faire courir quelques bruits vagues d'arrangement, chargèrent leur ambassadeur à Milan d'insinuer ces idées à notre ambassadeur, et firent la même chose à Ferrare, auprès du duc. Peut-être leur motif était-il de se délivrer de tous les embarras dont ils étaient entourés, afin de pouvoir se livrer plus facilement à leurs affaires avec la France. Quoi qu'il en soit, il parut qu'ils avaient des difficultés à se procurer de l'argent ; et, en effet, au mois de mars suivant, ils furent obligés, pour faire face aux dépenses, d'avoir recours à trois des principaux banquiers. Comme la dépense était également onéreuse pour nous et pour le duc de Milan, on s'empressa de saisir cette ouverture, et l'on envoya à Ferrare Alessandro Strozzi. Cette première démarche donna lieu quelque temps après à l'envoi de deux ambassadeurs à Venise.

Cependant les Vénitiens, éblouis par les avantages qu'ils venaient de remporter dans le Casentino, ne cessaient d'y envoyer de nouvelles troupes; de sorte qu'ils se trouvèrent avoir sur ce point sept cents hommes d'armes, et plus de six mille hommes d'infanterie, sans compter le comte de Pitigliano, qui vint à Castel-d'Elci comme une espèce d'auxiliaire. Le duc d'Urbin s'arrêta à Bibbiena avec Pierre Marcello, provéditeur vénitien, et tous deux firent de cette place le point central de la guerre. Ils étaient dans l'intention d'enlever tout ce qu'ils pourraient de Poppi, de Romena, de Pratovecchio et de Camaldoli; mais ils arrivèrent trop tard à Poppi, et ne poussèrent point jusqu'à Romena. Quant à Pratovecchio, notre capitaine général le secourut. En effet, lorsque les troupes ennemies s'approchèrent de la ville pour l'attaquer, elles trouvèrent que celles de Vitelli avaient déjà planté leurs drapeaux sur les hauteurs. Camaldoli fut défendu par l'abbé Basilio, *cujus fuit summa manus in bello, et amor et fides in patriam.* Par suite de ces évènements nous fûmes obligés d'éloigner de Pise et du Val-di-Serchio le capitaine général et le fort de notre armée. On était alors à peu près vers le 6 novembre : le capitaine général ne partit qu'après avoir pourvu à la défense de Vico et de Librafatta, et achevé les retranchements qu'on élevait sur la Verrucola.

A cette époque, le pape et les Florentins se donnèrent de grands mouvements pour tâcher d'entraver les négociations que les Vénitiens avaient entamées avec le roi : il nous importait beaucoup que ce prince ne s'accordât point avec eux, avant que nous eussions remis Pise entre ses mains, pour qu'il nous la restituât. Le roi nous pressait beaucoup d'adopter ce parti, et nous nous décidâmes d'autant plus maladroitement, que nous étions enveloppés dans tous les embarras qui assiégeaient le duc de Milan; car les uns haïssaient les Français, les autres désiraient l'alliance de ce dernier prince; de sorte qu'on laissa aux Vénitiens tout le temps de conclure leur traité avec le roi, et de faire sentir au duc, que le seul moyen de salut qui lui restât, était de nous réconcilier avec Venise. Il embrassa ce parti avec empressement, et nous conseilla, ou plutôt nous força

à faire la paix avec les Vénitiens; et, malgré cela, il demeura exposé au même danger.

A cette époque, on eut quelques craintes du côté d'Arezzo : on découvrit un individu qui entretenait des relations avec l'ennemi; on le pendit; et par suite de cet événement, dès que le capitaine général se fut rendu dans le Casentino, on envoya du côté d'Arezzo, le comte Ranuccio et Fracassa, à la tête des troupes ducales. Ce mouvement eut encore l'avantage d'empêcher l'ennemi de se jeter dans le Valdarno, comme il en avait eu plusieurs fois le projet. Comme les troupes du duc revenaient de Romagne en Toscane, sous les ordres de Fracassa et de Curazolo, ce dernier tomba malade, et s'arêta à Forli, près de la comtesse, avec quelques troupes nécessaires à sa sûreté, et Fracassa se rendit à Arezzo.

Une des principales causes, ou plutôt l'unique qui précipita le pape dans l'alliance de la France, fut son désir d'obtenir pour le duc de Valentinois, une épouse et des états. Il ne trouvait en Italie, personne dont l'alliance lui convînt, à cause de sa vaste ambition, ni qui voulût d'une union avec lui. Le roi Frédéric, surtout, refusait de consentir à lui donner madame Charlotte, persuadé que la moitié de son royaume ne pourrait satisfaire l'ambition d'un tel gendre. C'est pourquoi, perdant espoir de tous côtés, il se tourna du nôtre. Les circonstances le servirent au gré de ses souhaits : il trouva un roi qui, pour se séparer de son ancienne femme, lui promettait et lui donnait plus qu'aucun des autres princes.

Pour ne point se trouver sans alliés au milieu de l'Italie, le pape forma le projet de nous obliger à nous rapprocher de lui : en conséquence, il nous fit insinuer par la France, qu'il serait bien de retirer Pise des mains des Vénitiens, pour la remettre entre les siennes. De notre côté, c'était à celles du roi que nous voulions en confier le dépôt; et, dans cette confusion d'idées, au milieu de cette diversité d'opinions, que produisait l'affection ou l'éloignement d'une partie de l'état pour les Français, on crut avoir trouvé l'occasion de recouvrer cette ville, tantôt en proposant de la remettre entre les mains du collége des cardinaux, tantôt en négociant à cet effet avec le duc de Ferrare. Mais le véritable but de toutes nos démarches était le désir de rester attachés au duc de Milan, sans que nous voulussions nous apercevoir qu'il marchait à sa ruine. Ainsi on ne conclut avec la France ni cette affaire, ni aucune autre, et on laissa aux Vénitiens toutes les facilités de faire tout ce qu'ils voudraient, et de nous accuser de nous entendre avec Milan. Cela était vrai, en effet, et avait pour cause les motifs que je viens de rapporter, et la haine qu'inspirait contre les Français le souvenir de leur conduite passée. D'ailleurs, nous nous trouvions impliqués avec le duc de Milan, dans l'entreprise de Pise et du Casentino; et, lorsqu'il nous appuyait de ses trésors et de ses troupes, la crainte du danger d'un côté, de l'autre la honte d'être accusé d'ingratitude, nous empêchaient de l'abandonner: c'est ainsi que peu à peu l'état dépérissait.

La sentence de la dissolution du mariage, fut prononcée le 20 octobre 1498.

Le duc de Valentinois, à son arrivée à la cour de France, qui eut lieu vers le 18 octobre, donna le chapeau à l'archevêque de Rouen.

C'est à peu près dans le même temps, que l'évêque de Volterra fut envoyé à Milan, par les intrigues de ceux qui voulaient conserver nos relations d'amitié avec le duc, et qui attachaient de l'importance aux négociations entamées avec Ferrare, et qui se traitaient toutes à Milan.

Le roi de France était continuellement excité par le pape à conclure avec les Vénitiens, et ces insinuations, ainsi que d'autres motifs puissants, le déterminèrent.

La peur que cette alliance inspira au duc de Milan, et une vaine espérance que nous conçûmes de détourner les Vénitiens, de ces négociations, engagèrent ce prince à nous faire faire avec eux une paix dans laquelle nous mettions, plus qu'il ne convenait, toutes nos espérances. On entra en pourparler; on la conclut sur les lieux, et on enleva ainsi cette affaire au roi, qui désirait avoir Pise dans ses mains. Les Vénitiens en cette circonstance ajoutèrent encore à leur réputation : ils quittèrent Pise d'une manière honorable, et obtinrent en retour une créance sur la ville, de cent quatre-vingt mille ducats; et ils furent assez adroits pour obtenir tous ces avantages, quoiqu'ils eussent été battus à plusieurs reprises

dans le Casentino, quoiqu'en plusieurs circonstances on leur eût enlevé plus de trois mille chevaux à Stia, à Monte-Mignajo, à Mantalone et à Maronajo, et qu'en définitive, il ne leur restât de leurs conquêtes que Bibbiena, qu'ils n'auraient même pas pu conserver, si les chefs de notre armée eussent montré plus de courage et d'activité, et eussent voulu terminer la guerre. Tandis qu'on en était là, le comte de Pitigliano arriva à Castel-d'Elci, et n'osa jamais passer outre. Les ennemis étaient si étroitement bloqués, qu'ils étaient obligés d'envoyer des soldats avec cinquante livres de farine sur le dos, pour approvisionner Vernia et Bibbiena. On battit un jour, à la Cava-al-Villano, un corps assez considérable de cette infanterie, et l'on s'empara d'un grand convoi de farine et d'argent, que l'ennemi envoyait à l'armée. Pagolo Vitelli resta pendant plusieurs jours à Poppi; et, après être parvenu à chasser l'ennemi des environs, il se porta sur la Piève à San-Stefano, pour tenir en échec, ceux qui se trouvaient de ce côté, et faire face à l'ennemi qui se présenterait.

Cette guerre, qui eut lieu au milieu de l'hiver et des montagnes, fut extrêmement rude et difficile; et certainement si nous eussions eu un peu plus de patience, si le duc de Milan n'eût pas agi avec autant de précipitation, et si nous eussions ramassé plus d'argent, la campagne se serait terminée à notre honneur, et nous eussions pu remettre Pise entre les mains du roi : car, outre que les Vénitiens se trouvaient déjà fatigués de cette guerre, ils étaient menacés par les Turcs, qui avaient rassemblé à Lépante une flotte considérable; et comme ils se croyaient encore obligés à faire des préparatifs de guerre contre Milan, ils n'auraient pu tenir tête à tous ces ennemis, s'ils eussent continué à être impliqués dans celle qu'ils venaient de terminer.

Entre autres causes qui nous empêchèrent de remettre Pise en dépôt, entre les mains du roi de France, et de poursuivre les négociations que nous avions entamées avec Ferrare, la plus puissante était que le duc de Milan ne voulait pas que nous rentrassions en possession de cette ville, par un semblable moyen; car il jugeait que par là nous deviendrions tout-à-fait Français, et qu'il resterait ainsi sans nous, et avec les Vénitiens pour ennemis.

Durant ces guerres du Casentino, on fit prisonniers une foule de gentilshommes qui avaient pris du service, entre autres un certain Giov. Conrado, neveu d'Alviano.

Le cardinal de Saint-Pierre *in vincola* [1] appuya de tout son pouvoir les négociations des Vénitiens avec le roi, le pape, Triulzio, le seigneur Costanzo, et beaucoup d'autres seigneurs italiens qui se trouvaient à Venise, et qui regardaient l'amitié de la seigneurie comme devant leur être utile et leur rapporter de grands avantages.

Le 10 février, le traité de paix entre le roi de France et les Vénitiens, fut conclu à Angers. On n'eut jamais une connaissance particulière des articles secrets; on n'en sut que ce que les événements ultérieurs en découvrirent.

Vers le 14 février, le duc d'Urbin sortit de Bibbiena avec un sauf-conduit de Vitelli, donné du consentement de Pierre Giovanni de Ricasoli, qui était alors commissaire. Cet événement n'était pas sans importance, et l'on crut dans le temps que le duc de Milan n'y était point étranger, soit qu'il en eût donné l'ordre, soit qu'il se fût borné à le souffrir.

Nous nous endormîmes, en cette circonstance, dans une imprévoyance profonde : on n'en tint pas grand compte à Florence ; ce qui fut cause qu'on ne put prendre aucune espèce de mesure.

Après que Pagolo Alessandro Soderini et Giov. Battista Ridolfi, furent partis pour Venise en qualité d'ambassadeurs, (et il est nécessaire de vérifier l'époque précise de leur départ, et les instructions qui leur furent données), le duc de Milan n'eut pas un instant de repos, que, par ses caresses et ses menaces, il n'eût fait faire le compromis ; et il se soucia fort peu que l'on empiétât sur nos droits, pour satisfaire la seigneurie de Venise; et le duc de Ferrare, pour plaire à l'un et à l'autre, affecta de faire le complaisant.

Les Vénitiens appuyèrent particulièrement sur quatre points, et exigèrent en faveur des Pisans : 1° que la juridiction de leur ville leur restât, ou du moins que nous ne nous mêlassions pas des affaires criminelles ; 2° que la citadelle et les autres forteresses démeurassent entre

les mains des Pisans ; 3° que tous les frais de la guerre faits par les Vénitiens, restassent à notre charge ; 4° que les droits d'entrée de Pise, c'est-à-dire, ceux de gabelles et autres, appartinssent aux Pisans, quoiqu'ils eussent d'abord fait la même demande pour Livourne ; enfin ils s'arrêtèrent aux conditions qui se trouvent dans le jugement arbitral qui fut rendu.

Le 5 mars, on signa le compromis, et le 6 avril, le jugement arbitral fut prononcé. Les Vénitiens, c'est-à-dire la plupart des citoyens, réclamèrent contre une sentence qui paraissait blesser leurs intérêts, parce qu'ils voulaient que Pise et son territoire restassent libres, et que les Vénitiens, sous un nom quelconque, pussent y entretenir des troupes. Mais le petit nombre obtint ce qu'il désirait.

Il faudra parler à cette époque, de l'irritation qu'excitait parmi le peuple, le désir qu'avaient les uns de favoriser les Vitelli, et les autres, les Marcioni.

Effrayé des dépenses et de la puissance des Français, le duc de Milan entra dans l'alliance ; nous y accédâmes à notre tour, parce qu'il nous sembla que le roi ne tenait plus à ce que Pise fût remise entre ses mains ; puisque dans l'accord conclu avec les Vénitiens, il n'était fait nulle mention de cette clause ; que d'ailleurs nous avions à supporter tous les frais ; et que, désespérés déjà par les événements qui venaient d'avoir lieu, nous ne pouvions compter pouvoir, seuls et désunis, opérer rien d'important, d'autant plus que l'on ne devait s'attendre, de la part du roi de France, qu'à une suspension d'armes avec les Vénitiens et encore cette dernière espérance était-elle douteuse.

À cette époque, les Turcs firent des armements formidables ; les Vénitiens s'en effrayèrent : ils armèrent de leur côté, et nommèrent capitaine général de leur armée de mer, Antonio Grimano ; et ils n'eurent pas lieu de s'applaudir de leur choix.

Aussitôt que l'arbitrage eut été connu et confirmé, le duc de Milan envoya Visconti à Pise, pour en apprivoiser pour ainsi dire les habitants, et les décider à accepter le jugement. Le duc de Ferrare fit la même chose, et ordonna à un certain Ettore Bellingerio de se rendre vers nous; et tous deux essayèrent d'obtenir une mission et nos ordres

---

[1] Depuis pape sous le nom de Jules II.

relativement à la manière dont ils devaient se conduire dans l'affaire de Pise. On ne permit point aux Ferrarais de s'y rendre. Cette déclaration eut lieu le 7 avril, le lendemain de la date du jugement. Elle était fondée sur ce que cet homme laissa entendre, de la part du duc de Ferrare, que, pendant qu'il était à Venise, il avait fait faire à cet acte quelques additions et explications, qui déplurent fortement à Florence. La copie s'en trouve rangée à sa date. Si la multitude s'était plainte d'abord de ce jugement, elle s'en plaignit alors bien plus vivement. Cependant Bellingerio n'avait fait ces additions que pour satisfaire à ceux des Vénitiens qui penchaient pour un accommodement, et qui se plaignaient de lui; et elles devaient suffire pour les calmer, puisqu'elles n'étaient d'aucune importance.

Dans le même temps, on faisait auprès du pape, les démarches les plus pressantes, pour le détourner de l'alliance des Français; et lui, toujours plein d'artifice, se prêtait à toutes les négociations, jusque là qu'on en vint à arrêter les conditions d'une ligue entre Milan, Naples, l'Église et nous. On les trouvera à leur date.

Visconti ne se rendit pas non plus à Pise; on refusa de le laisser partir de Florence, en lui représentant qu'il serait beaucoup mieux d'y aller d'un autre endroit, parce qu'en partant de Florence, il s'ôtait à lui-même toute espèce de confiance : d'ailleurs un ambassadeur de sa qualité, ne pouvait qu'ajouter à l'importance qu'affectaient les Pisans, et leur donner l'occasion de vendre plus cher leur marchandise au pape et aux Orsini, auxquels ils avaient déjà demandé qu'ils les prissent sous leur protection.

Dès que les troupes ennemies se furent retirées de Pise, le commissaire de Ponte-ad-Era, fit signifier aux Pisans, qu'ils eussent à déclarer, dans l'espace de six jours, leur adhésion au jugement rendu, et la promesse de s'y conformer; sinon, qu'on en agirait autrement avec eux. Les Pisans, profitant du séjour de Visconti à Lucques, lui envoyèrent des députés, et offrirent de remettre leur ville entre les mains du duc, auquel leur intention était d'envoyer des ambassadeurs, pour se plaindre de la perte de quelques navires qui avaient été brûlés dans les eaux de l'Arno; et pour lui demander de faire prolonger de quelques jours le délai qui leur avait été accordé.

Le 4 mai 1499, le duc de Valentinois épousa la fille du duc d'Albret; et ce fut lui qui paya la dot à ce dernier, puisqu'il s'engagea à dépenser cent mille florins à l'acquisition de quelque grand domaine en France, et à faire nommer cardinal le frère de son beau-père. Cette dernière condition était celle qui présentait le plus de difficultés, parce que, disait le duc de Valentinois, il n'avait point le pouvoir de la proposer et il fallut enfin que le roi lui-même promît aux d'Albret que le pape se rendrait à leur désir.

A cette époque, c'est-à-dire, vers les calendes de mai, les Pisans, déterminés à se révolter, envoyèrent dans cette vue des députés à Sienne, et dans toutes les villes où ils pouvaient espérer quelque appui; ils relevèrent les ouvrages de la ville, et la remirent sur un pied de défense respectable.

C'est ici le lieu de rappeler que c'est également à cette époque, c'est-à-dire à la fin d'avril, que l'on détruisit les remparts de Bibbiena, pour punir les habitants de cette ville de s'être révoltés. Les Lippomani et les Garzoni, firent banqueroute à Venise, et les Pisani menacèrent de faire de même.

Dans le mois de mai de la présente année, on procéda à une nouvelle réforme des offices, qui se borna à quelques règlements particuliers, relatifs à celui des dix.

Lorsque les troupes eurent évacué Bibbiena, le duc de Milan reprocha à Venise de conserver ses forces sur pied, et d'entretenir ainsi les espérances des rebelles : Venise, de son côté, accusait ce prince de mettre obstacle à la conclusion des affaires de Pise; et c'est ainsi que notre inconstance naturelle nous avait égarés dans ce dédale inextricable; et les malheurs du temps ajoutaient encore aux difficultés de notre position.

A cette époque, on cessa de nommer les dix, et dans la réforme des offices, on ordonna qu'à l'avenir ils ne pourraient plus être rétablis, sans une résolution spéciale du conseil des quatre-vingts, prise à la pluralité des trois quarts des voix.

Les choses en étaient à ce point, et les Pisans, persévérant dans leur obstination, ne cachaient en aucune manière leurs intentions. On devait croire que les secours qu'ils attendaient éprouveraient d'assez longs retards : on prescrivit en conséquence aux Vitelli de monter à cheval et de faire une incursion sur le territoire de Pise. Depuis l'arrangement conclu à Venise, ils avaient quitté la Piève à San-Stefano, pour se retirer chez eux. On donna l'ordre en même temps, à tous les autres hommes d'armes, de se diposer à faire le siége de Cascina, ainsi que cela eut lieu immédiatement.

Pendant ce temps, les projets des Français contre Milan, prenaient un nouveau degré d'activité. Un corps de quatre cent dix lances, était déjà arrivé à Osti, et Triulzio avait rompu, au nom du roi, une trève conclue à sa demande avec la ville de Gênes ; le roi lui-même se disposait à se rendre à Lyon. On n'avait plus le moindre doute sur l'entreprise qu'il projetait, quoique les Vénitiens missent tout leur art à la dissimuler. Le duc de Milan ne s'apercevant que trop du danger prêt à fondre sur lui, se rapprochait de nous, et nous pressait fortement de nous joindre à lui ; et pour nous mettre dans l'obligation de le défendre, et pouvoir nous appeler à son secours, non-seulement il trouvait bon que nous réclamassions son appui dans les affaires de Pise, mais il s'offrait lui-même, nous comblait de ses libéralités, et employait toute son influence pour tâcher de nous réconcilier avec les Pisans, d'abord par les négociations, et ensuite par les armes, s'il était nécessaire. D'un autre côté, notre position était telle que nous ne pouvions accepter l'alliance d'un prince qu'on voyait courir à sa perte ; et les avis étaient si fortement partagés dans la ville, qu'on ne savait quelle résolution prendre : on ne pouvait pas non plus l'exaspérer par un refus ,... etc. ; car un semblable parti n'était pas sans danger ; il était à craindre que, perdant patience, il ne mît obstacle à nos desseins sur Pise ; ce qui n'eût pas offert de grandes difficultés, même à un prince moins habile et moins puissant. Il insistait donc avec force, s'irritait de nos délais, nous reprochait les services qu'il nous avait rendus jadis, et nous menaçait de nous en punir par la suite. Le trouble était à son comble dans la ville : les uns ne pouvaient s'empêcher de rougir de paraître ingrats, et les autres de trembler de ces menaces. Le duc nous demandait trois cents hommes d'armes et deux mille hommes d'infanterie. Notre conduite en ces circonstances était pleine de difficultés : il était dangereux de temporiser avec Milan et avec la France, qui nous excitait chaudement à nous déclarer contre le duc, et nous demandait cinq cents hommes d'armes et trois mille fantassins. On répondait à tous les deux que l'on ne pouvait se déclarer ouvertement, tant que les affaires de Pise ne seraient pas terminées, et l'on promettait à chacun d'eux d'embrasser son parti aussitôt que nous aurions recouvré cette ville. Cette hésitation fut cause que nous ne servîmes ni Dieu, ni le Diable ; et le Français surtout nous en surent très-mauvais gré. Le danger de notre position s'en augmenta ; car ils pensaient que leurs succès avaient dû mettre dans leur parti tous ceux qui jusqu'alors s'étaient montrés contraires ; et le roi avait même dit en conversation : «A cette heure » tout est gagné. »

III.

PORTRAITS DE QUELQUES CITOYENS DE FLORENCE.

PIERRE, FILS DE GINO CAPPONI.

C'EST ainsi que mourut Pierre Capponi, citoyen recommandable par les vertus de son aïeul et de son bisaïeul. Cette réputation que son père avait perdue, il sut la regagner par son courage et son éloquence ; et il se fit toujours honneur de ces deux qualités. Sa con-

duite cependant ne fut pas exempte de versatilité, et Laurent de Médicis disait, en parlant de
lui, qu'on voyait dans Pierre tantôt son père et
tantôt son aïeul. Sa fortune ne varia pas moins
que ses opinions; car, sous les divers gouvernements qui se succédèrent, il fut tour à tour exalté
et déprimé. Parmi les louanges que l'on peut lui
donner, celle qui lui fait le plus honneur, c'est
que, lorsque chacun abandonnait honteusement les destins de la république, il ne craignit
pas de la soutenir en déchirant, en face même
du roi, le traité qui ravissait la liberté à sa patrie. Il ne fut effrayé ni par l'audace ni par la
puissance des Français, ni par la lâcheté de ses
concitoyens, et c'est à lui seul que Florence
dut de ne pas vivre esclave des Français : semblable à Camille, qui jadis avait empêché que
Rome vécût avec la honte de s'être rachetée des
mains des Gaulois, leurs ancêtres.

***

ANTONIO GIACOMINI,

LORSQU'IL FUT ÉLU COMMISSAIRE.

Il sortait à peine de l'enfance lorsque la
faction de Luca et de Pierre de Medicis l'Ancien l'enveloppa dans l'exil de son père. Ils
se retirèrent dans une de leurs maisons de
campagne; et son père l'envoya bientôt à Pise
pour y exercer le commerce, auquel toute la noblesse de Florence se livre, comme une des sources principales de la prospérité de la patrie. Cependant le jeune Giacomini ne suivit pas longtemps cette carrière; il aspirait à une fortune
plus brillante : les cours des princes parurent lui
offrir l'objet où tendaient ses désirs; il les fré-
quenta, et consuma les plus belles années de sa
jeunesse sous les ordres du seigneur Roberto da
San-Severino, regardé à cette époque comme
le plus illustre capitaine de toute l'Italie. Quelque temps avant la révolution de 1494, il revint à Florence, et Francesco Valori, frappé
des grandes qualités qu'il annonçait, l'introduisit le premier dans les affaires publiques.
Il déploya tant de talent dans les premiers emplois qui lui furent confiés, qu'il parut toujours digne d'un emploi supérieur; et le peuple se plut à lui prodiguer, au dedans et au
dehors, toutes les dignités dont il aime à honorer un citoyen vertueux. Antonio surpassait

infiniment tous les autres Florentins dans la
science de la guerre : il ne prenait jamais un
parti sans en avoir pesé toutes les conséquences;
et personne ne déployait une plus grande activité dans l'exécution. Il se montrait l'ennemi
des lâches et des méchants, et se plaisait à récompenser les bons et les courageux; il n'était
sévère que pour faire respecter la majesté publique; mais ce qui est surtout rare et admirable,
c'est qu'en se montrant prodigue de ses biens,
il ne porta jamais la moindre atteinte à ceux
d'autrui. Se trouvait-il à la tête d'une armée ou
d'une province, il n'exigeait de ceux qui étaient
sous ses ordres que l'obéissance aux lois; mais
l'insubordination n'obtenait jamais grâce devant lui. Dans la vie privée, il était étranger à
tout esprit de parti et à toute ambition; à la
tête des affaires, la gloire de sa patrie était
l'objet de tous ses désirs et le but de toutes ses
actions : bientôt le peuple de Florence, frappé
de ses éminentes qualités, ne vit plus que lui
pour le délivrer de ses ennemis ou pour l'en
défendre. C'était à lui qu'on voulait confier
toutes les entreprises qui exigeaient de la force
et du courage, ou qui offraient quelque danger;
et il les accepta toujours avec joie et empressement. C'est ainsi que sa réputation s'étendit
non-seulement dans Florence, mais dans toute
la Toscane : et ce même Antoine, d'abord
inconnu, qui avait passé sa jeunesse dans l'obscurité et dans l'exil, parvint à se faire un nom
dans une ville où les citoyens les plus illustres
et les plus renommés n'avaient pu conserver la
gloire du leur.

***

MESSER CÔME DE' PAZZI, ET MESSER FRANCESCO PEPI,

NOMMÉS AMBASSADEURS AUPRÈS DE L'EMPEREUR.

On choisit pour ambassadeurs Côme de
Pazzi, évêque d'Arrezzo, et Francesco Pepi,
jurisconsulte. Ces deux citoyens, outre leur
noblesse, étaient également distingués par
leur savoir et leur prudence. Le nouveau
gouvernement avait d'autant plus de confiance en eux, qu'il avait rendu au premier
sa patrie, et au second son état, en l'appelant,
de simple avocat, au gouvernement des affaires
publiques, honneur que, dans un gouvernement libre, on ne pouvait refuser à son mérite.

FRANCESCO VALORI.

Telle fut la fin de Francesco Valori, fin également indigne et de sa vie et de ses vertus; car jamais Florence ne posséda un citoyen plus jaloux de la prospérité de sa patrie, et qui fût arrêté par moins de considération lorsqu'il s'agissait de la défendre. Mais, comme ses intentions n'étaient point généralement connues, un grand nombre de citoyens l'avaient pris en haine; c'est pourquoi ses ennemis particuliers en profitèrent pour l'assassiner. La plus grande preuve que l'on puisse donner de ses vertus et de son intégrité, c'est qu'après avoir été toute sa vie au timon des affaires, il mourut si pauvre, que ses neveux refusèrent son héritage : c'est que jamais il ne fut la cause ni l'auteur d'aucune innovation, et qu'il se montra toujours le défenseur énergique des lois qui régissaient l'état à cette époque. Ce ne fut pas sa faute si les Médicis furent renversés; car, après la mort de Laurent, lui seul prit leur défense contre leurs détracteurs; et, si depuis il ne put consolider notre liberté, c'est du moins à son courage et à sa fermeté que nous devons la tranquillité et les institutions favorables dont jouit la république.

IV.

DISCOURS PRONONCÉ DEVANT LES DIX SUR L'AFFAIRE DE PISE.

Comme personne ne doute de la nécessité de réunir Pise à la Toscane, pour le maintien de la liberté, il me paraît inutile d'en déduire les motifs, qui sont d'ailleurs suffisamment connus de vous. J'examinerai seulement les moyens qui peuvent y conduire, et que je réduis à deux, la force et l'affection des habitants; en d'autres termes, Pise ne rentrera sous notre domination que parce que les habitants y seraient ou portés d'eux-mêmes ou contraints par la voie des armes. Et, comme il est plus sûr et plus convenable à tous autres égards de n'employer les moyens violents que lorsque les autres sont sans effet, je vais examiner si nous pouvons espérer de rentrer dans Pise à la faveur des dispositions de ses habitants à notre égard. Or, si nous nous rendons maîtres de cette place sans prendre les armes, nous le devrons ou au libre choix de ses habitants ou à leur prince qui consentirait à nous la céder. Le refus perfide qu'ils ont fait de recevoir nos ambassadeurs dans un temps où ils sont dépourvus de tout secours, repoussés par les Génois, mal vus du pontife, honteusement refusés par le duc de Milan, et traités froidement par les Siennois, en un mot n'ayant d'autre espoir que dans la faiblesse à laquelle nous a réduits la désunion, vous prouve assez combien peu vous devez compter sur le premier de ces moyens. Ainsi, puisque dans la situation malheureuse où ils se trouvent, leur haine ne s'est point ralentie, vous ne devez pas vous flatter qu'ils rentrent jamais volontairement sous votre domination. Quant au second moyen de réunir Pise, par la libre concession de celui qui en serait seigneur et maître, je ne crois pas non plus qu'il faille beaucoup y compter. Car ce prince possède cet état ou par le libre choix des habitants ou par la force des armes. Dans ce dernier cas, peut-on raisonnablement espérer qu'il nous céderait un état dans lequel il peut se maintenir, par les mêmes moyens qui le lui ont acquis? Et si ce prince a été appelé par le vœu des Pisans, on ne peut croire à une trahison aussi indigne. L'exemple récent des Vénitiens vient à l'appui de ce que j'avance. Mais, en supposant même que Pise fût ainsi livrée à ses ennemis par celui qu'elle aurait si imprudemment appelée dans ses murs, comme ont fait les Vénitiens; vous . . . .

De tout cela, je conclus qu'il ne faut espérer d'entrer dans Pise que par la force des armes.

Mais les circonstances sont-elles favorables pour une telle entreprise? C'est ce qu'il s'agit d'examiner. D'abord, il y a deux moyens de se rendre maître d'une place, ou par le blocus ou par le siége actif; en d'autres termes, ou par famine ou avec le canon. Si vous employez le premier de ces moyens, vous devez vous assurer des dispositions de l'état de Lucques relativement aux munitions de bouche qu'il pourrait porter aux assiégés. Si cette république veut et peut empêcher qu'ils ne reçoivent de secours de leur territoire, il suffirait de garder la mer, ce qui serait aisé, au moyen d'un camp qu'on établirait à S.-Piero in Grado, et d'un pont qu'on jetterait sur l'Arno, afin que vos troupes pussent, au premier signal, se porter à l'embouchure de Fiume-Morto ou du Serchio, selon les circonstances, ayant soin de placer un peu d'infanterie et de cavalerie dans Librafatta et à Cascina. Mais, comme on ne doit pas compter sur les Lucquois, quand même ils seraient bien disposés à votre égard, parce que le nombre de leurs troupes n'est pas suffisant pour garder les frontières de leur état, et aussi parce qu'ils ne peuvent eux-mêmes compter sur la fidélité de leurs sujets, ce ne serait pas assez d'avoir un camp à S.-Piero in Grado, et il serait indispensable de faire d'autres dispositions, comme d'avoir encore deux camps, l'un à S.-Jacopo, l'autre à la boucherie ou à…….; et, considérant l'état actuel de votre milice, vous pourriez former chacun de ces trois camps de vingt hommes à casque, de cent chevau-légers et de huit cents fantassins. Ces camps, qu'il serait aisé de fortifier par de bons retranchements, formeraient un triangle autour de Pise, qui, par ce moyen, ne pourrait recevoir aucun secours de Lucques, et serait bientôt forcée de se rendre. L'air de S.-Piero in Grado est très-malsain; et, pour prévenir les maladies autant que par des vues générales d'économie, il conviendrait de substituer à ce troisième camp un bastion qui pût contenir trois ou quatre cents hommes, ce qu'on exécuterait facilement en quatre ou cinq semaines; en sorte que la dépense de ce troisième camp

n'aurait lieu que pour un mois. Les condottieri ne croient pas qu'il y ait rien de plus propre à réduire Pise par famine que l'un de ces deux moyens, savoir : la formation de trois camps, ou de deux avec un bastion. Mais, si cette dépense vous paraît encore au-dessus de vos moyens, et que vous ne vouliez que deux camps sans le bastion, il faut de nécessité porter un des deux camps à S.-Piero in Grado, ou sans bastion, ou n'en construisant un que pour le temps de former le camp. Les condottieri pensent que le second camp serait très-bien placé à Poggiolo, au-dessus du pont Cappellèse. Ce dernier défendrait mal le Casoli et les montagnes. Je proposerais donc de construire à Casoli un bastion de cent hommes de garde. On défendrait également les montagnes en plaçant deux cents hommes d'infanterie dans la Verruca, ou quatre cents dans le Val de Calci; à moins qu'on ne jugeât à propos de construire, entre Lucinari et l'Arno, un bastion de cent hommes de garde; mais il faudrait en outre garder Cascina avec cinquante hommes de cavalerie. De cette manière, Pise serait bien bloquée, mais moins fortement toutefois que par les trois camps, ou par les deux seulement avec le bastion. On pourrait encore faire les trois camps et en supprimer un dans lequel le bastion serait construit, si on aimait mieux avoir seulement deux camps; mais, en y joignant les dispositions dont j'ai déjà parlé, alors on mettrait une garde suffisante dans le bastion, et l'on établirait, comme j'ai dit, seulement deux camps, l'un à Jacopo, l'autre à….. ou bien à….. La différence des frais de ces deux dispositions s'élève au-dessus de ce qu'il en coûterait pour l'entretien de mille fantassins de plus pendant un mois. Ils ont ensuite examiné s'il conviendrait de construire ce bastion de S.-Piero in Grado. Voici comment raisonnent sur ce point quelques-uns d'entre eux: Ou les Florentins sont déterminés à prendre Pise de vive force, ne croyant pas en venir à bout par un blocus, et alors le bastion devient inutile, parce que, d'ici à ce qu'il soit construit, on sera sous les murs de la place; ou le cas contraire a lieu, et alors le bastion est absolument nécessaire, ainsi que les autres en conviennent. Ceux-ci pensent qu'il l'est également dans l'autre supposition, parce que vos troupes pourraient ne pas réussir, et qu'alors elles trouve-raient dans le bastion une retraite assurée.

MM. les condottieri ont agité une autre question non moins importante : c'est de sa-voir s'il ne faudrait pas combiner le blocus avec l'assaut; et ils tiennent tous pour l'affir-mative, parce que, disent-ils, les Pisans ont du grain pour aller jusqu'à la récolte. On sait, par ceux qui viennent de Pise et par les signaux, que le pain n'y manque pas. Déterminés à se défendre jusqu'à la dernière extrémité, et d'endurer tout plutôt que de se rendre, il ne paraît pas qu'ils éprouvent même un commen-cement de disette. Mais, quelque acharnés qu'ils soient à fuir votre domination, ils ne tiendront pas cinquante jours, ni même quarante, si vous les attaquez de vive force après quelques semaines de blocus. Da'bord vous êtes sûrs de leur embaucher bon nombre de gnes de guerre, en les autorisant, ou même en les encourageant, par l'appât des récompenses, à quitter la ville dans un temps limité, à l'expiration duquel vous feriez avancer votre infanterie, votre artillerie et tout ce qui est nécessaire, pour l'assaut. Vous accorderiez la liberté de sortir aux femmes, aux enfants, aux vieillards et à tous autres, parce que tout homme est toujours bon pour la défense. Alors les Pisans, se voyant sans milice et battus des deux côtés, ne pourraient, à moins d'un miracle, suivant l'opinion des hommes les plus expérimentés dans cette ma-tière, résister à trois ou quatre assauts.

V.

RÉVOLTE DE LA VALDICHIANA.

COMMENT ON DOIT TRAITER LES PEUPLES DE LA VALDICHIANA, QUI SE SONT RÉVOLTÉS.

Lucius Furius Camille, après avoir vaincu les peuples du Latium, qui s'étaient plusieurs fois révoltés contre les Romains, de retour à Rome, entra dans le sénat et lui proposa les mesures qu'il convenait de prendre sur cet objet. Voici le discours qu'il prononça dans cette assemblée, tel que Tite-Live le rapporte :

« Pères conscrits, les troubles du Latium sont heureusement terminés, grâce à la pro-tection des dieux et à la valeur de nos soldats ! Les armées ennemies ont été taillées en pièces auprès de Peda et d'Astura. Vous êtes en pos-session des terres et des villes du Latium, ainsi que d'Antium, ville des Volsques, qui se sont rendues ou ont été forcées. Mais, comme ces peuples sont toujours disposés à se révol-ter, il nous reste à examiner les moyens de les en empêcher, soit par la rigueur, soit par la clémence. Les dieux ont mis dans vos mains le sort de ce pays, que vous pouvez, à votre choix, conserver ou détruire. C'est à vous de voir s'il convient de châtier ceux qui se sont rendus à vous, et de faire un désert du La-tium, qui, dans des temps difficiles, vous a fourni des hommes pour recruter nos armées; ou s'il ne serait pas plus avantageux d'en trans-porter les habitants à Rome, ainsi qu'en usaient nos ancêtres, et d'accroître ainsi la force et la puissance de la république. Qu'il me soit per-mis de vous rappeler que le plus ferme appui d'un état, c'est la fidélité et l'affection des su-jets envers leur souverain. Mais, quelle que soit votre détermination à cet égard, elle doit être prompte, afin de ne pas tenir longtemps entre la crainte et l'espérance des peuples impa-tients de connaître le sort que vous leur réser-vez. Mon devoir était de vous mettre à même de décerner les peines et les récompenses : je l'ai rempli; c'est à vous de voir ce qui est le plus avantageux à la république. »

Le rapport du consul reçut l'approbation des princes du sénat; mais, comme les disposi-tions des peuples révoltés n'étaient pas les mêmes partout, ils furent d'avis de délibérer sur ce qu'il conviendrait de faire dans telle et dans telle ville, selon les circonstances où elles se trouvaient. Le consul ayant donné sur chacun des peuples latins et volsques les renseignements nécessaires, le sénat décida que les Lanuviens seraient citoyens romains, et qu'on leur rendrait les objets du culte qui leur avaient été pris dans la guerre. Les Arciniens, les Nomentaniens et les Pédaniens furent mis dans la même classe. On maintint les Tusculans dans leurs priviléges, et on ne sévit que contre les plus mutins. Les Véliterniens furent traités avec une très-grande rigueur, et cela parce qu'ayant été depuis longtemps citoyens romains ils s'étaient révoltés plusieurs fois. Leur ville fut démolie, et les habitants transportés à Rome. Le sénat ne trouva d'autre moyen de s'assurer d'Antium que d'y envoyer de nouveaux habitants sur la fidélité desquels il pût compter, et de lui enlever tous ses vaisseaux, en leur défendant d'en construire d'autres.

On voit, par les dispositions de ce décret, que le sénat romain savait proportionner le remède au mal, et qu'au lieu d'une mesure générale, qui eût été préjudiciable à ses intérêts, il employait à propos la clémence et la rigueur. C'est ainsi qu'il parvint à s'attacher les uns par les bienfaits, et à contenir les autres par la crainte de nouveaux châtiments, ou même à les mettre dans l'impuissance de nuire. Pour cela ils avaient deux moyens dont ils faisaient usage selon les circonstances : l'un consistait à détruire les villes et à envoyer leurs habitants à Rome ; l'autre, à renouveler la totalité ou seulement une partie des habitants, dans une telle proportion que les anciens ne pussent rien machiner contre le sénat. Véliterne et Antium éprouvèrent ainsi des traitements divers, à raison de la diversité des dispositions où se trouvaient, à l'égard des Romains, les habitants de ces deux villes.

J'ai toujours ouï dire que l'histoire nous apprend à régler nos actions, surtout celles des princes ; et, en effet, le monde est habité par des hommes qui ont les mêmes passions, et dont les uns servent et les autres commandent: parmi les premiers il en est qui obéissent sans peine, tandis que les autres, ne pouvant se plier au joug, se révoltent et sont châtiés. Si quelqu'un se refusait à croire ce que j'avance,

je lui rappellerais ce qui s'est passé à Arezzo il y a un an, et dans les terres de Valdichiana, dont les troubles ressemblent assez à ceux du Latium. On y voit, à quelques légères différences près, les mêmes moyens qu'employèrent les peuples de ce dernier pays pour secouer le joug des Romains, et la conduite de ceux qui les ont fait rentrer dans le devoir est aussi à peu près la même que celle de Lucius Furius Camille pour réduire le Latium. Puis donc que l'histoire est une leçon vivante pour ceux qui gouvernent, on a sagement fait de se régler, dans la pacification de la Valdichiana, sur le sénat d'une république qui a été la maîtresse du monde, et qui, se trouvant dans une conjoncture à peu près semblable à nous, a appris à proportionner les remèdes à l'espèce et à l'intensité du mal ; et, si l'on m'objecte que les pacificateurs de la Valdichiana n'ont pas suivi la politique du sénat, je dirai qu'ils s'y sont conformés en partie, quoique sans doute dans les points les moins essentiels. Je crois, par exemple, qu'on a bien fait de conserver à Cortone, à Castiglione, à Borgo et à Foïano leurs chapitres, et de se les rattacher par des bienfaits; car les dispositions de ces villes sont à peu près semblables à celles des Lanuviens, des Arciniens, des Nomentaniens, des Tusculans et des Pédaniens, qui reçurent des Romains un traitement semblable. Mais il me semble que les habitants d'Arezzo, dont la conduite se rapporte assez à celle des Véliterniens et des Antiens, auraient dû être traités avec la même rigueur, et l'on ne peut louer la conduite du sénat romain sans blâmer la vôtre. Les Romains pensaient qu'il fallait ou détruire les peuples rebelles, ou les gagner par des bienfaits, et que rien n'était plus préjudiciable que d'employer des moyens intermédiaires, qui ont les inconvénients des deux méthodes, sans en avoir les avantages. Examinons les mesures que vous avez prises contre les Aretins. Appelerez-vous bienfaits de les avoir fait venir à Florence, de les avoir privés de leurs titres et de les avoir dépouillés de leurs biens, de les accabler hautement de mépris et de tenir leurs soldats renfermés ? D'un autre côté, vous êtes-vous assurés de leur ville, en lui laissant ses murs et les cinq sixièmes de ses habitants, au lieu d'y envoyer une colonie assez forte pour les tenir en échec, et en général à les mettre hors d'état de vous résister s'il vous survient une guerre au-dehors, comme on l'a vu en 1498? Arezzo ne s'était cependant encore jamais révoltée, comme aussi on n'avait jamais sévi contre elle. Cependant, vous vous rappelez que, lorsque les Vénitiens allèrent à Bibbiena, vous fûtes obligés d'envoyer à Arezzo, pour la contenir dans le devoir, les troupes du duc de Milan et le corps que commandait le comte Ranuccio. Or, cette garnison vous eût été très-utile dans le Casentino, où l'ennemi s'était porté, et vous n'auriez pas été dans la nécessité de la remplacer par Pagolo Vitelli, dont la présence était nécessaire à Pise, ce qui occasionna un surcroît de dépense et accrut surtout l'embarras de votre position. Si on considère avec attention ce qui se passa à cette époque, ce qu'on a vu depuis, et le peu de précautions que vous prenez contre cette ville si souvent rebelle, on se convaincra que, si vous étiez engagés dans une guerre quelconque (ce dont je prie Dieu de nous préserver), Arezzo lèverait l'étendard de la révolte ou vous mettrait dans l'impossibilité de la tenir en échec sans des dépenses exorbitantes.

Mais est-il probable que vous serez attaqués? et, dans cette supposition, l'est-il que l'ennemi profiterait des dispositions bien connues des Aretins? Comme cette question a déjà été agitée, je vais m'y arrêter un moment. D'abord, mettant de côté les appréhensions que vous pourriez avoir de la part des états ultramontains, ne nous occupons que de celles que peuvent faire naître ceux d'Italie.

Quiconque a suivi la marche que César Borgia, duc de Valentinois, a tenue jusqu'ici doit être convaincu du peu de fonds qu'il fait sur l'amitié des états d'Italie, pour se maintenir dans les siens. Il n'a jamais beaucoup recherché l'alliance des Vénitiens, et la vôtre encore moins; c'est donc sur ses propres moyens qu'il compte, et pour conserver ses états, et pour faire rechercher son amitié par les autres. Or, si vous doutez que ce soit là une des bases de sa politique, comme aussi si vous vous refusez à croire qu'il aspire à se rendre maître de la Toscane, comme étant plus à sa portée que toute autre province, et surtout plus propre à former avec les siennes un grand état, rapprochez les différentes considérations que je viens d'exposer du caractère de ce prince ambitieux et de sa conduite dans ses négociations avec vous. Vous l'avez vu se refuser constamment à les terminer et chercher à vous amuser par des promesses toujours restées sans effet. Il me reste à examiner si les circonstances actuelles seraient propres à couvrir ses desseins. Je me rappelle à ce sujet avoir ouï dire au cardinal de Soderini qu'un des grands talents du pape et de ce duc était de choisir le moment le plus favorable à l'exécution de leurs desseins, et de le saisir avec habileté; et tout ce qu'ils ont fait jusqu'ici vient à l'appui de l'opinion de ce prélat.

Mais le temps est-il propre à vous attaquer? J'en doute. Cependant, comme ce prince n'est pas en mesure d'attendre que la fortune se soit déclarée pour l'un ou pour l'autre des deux partis, vu le peu de durée du pontificat, il se verra obligé de prendre la première occasion qui se présentera, et de donner quelque chose au hasard.

(*La fin manque.*)

VI.

COMMENT LE DUC DE VALENTINOIS

SE DÉFAIT DE VITELLI, D'OLIVIER DE FERMO, DU SEIGNEUR PAGOLO ET DU DUC DE GRAVINA DE LA MAISON DES ORSINI[1].

Le duc de Valentinois revenait de la Lombardie, où il s'était rendu pour se justifier auprès de Louis XII des calomnies dont les Florentins l'avaient noirci au sujet de la révolte d'Arezzo et des autres places du Val-di-Chiana. Arrivé à Imola, il résolut de marcher avec ses troupes contre Jean Bentivoglio, tyran de Bologne, et de réduire sous sa domination cette ville pour en faire la capitale de ses possessions dans la Romagne.

Instruits de ses projets, les Vitelli, les Orsini et leurs partisans craignirent que le duc, devenu trop puissant, après s'être emparé de Bologne, ne cherchât à les détruire à leur tour, afin de se trouver en Italie le seul qui eût les armes à la main. En conséquence, ils convoquent une assemblée à Magione, près de Pérouse. Là se trouvèrent réunis le cardinal Pagolo, le duc de Gravina Orsini, Vitelli, Olivier de Fermo, Jean-Paul Baglioni, tyran de Pérouse, et Antoine de Venafro, envoyé par Pandolfe Petrucci, chef de Sienne. On ne parla que de la puissance du duc, de ses projets, de la nécessité de mettre un frein à son ambition, s'ils voulaient éviter d'en être eux-mêmes les victimes. Il fut résolu qu'ils n'abandonneraient pas les Bentivoglio, qu'ils chercheraient à mettre les Florentins dans leurs intérêts. Des hommes sûrs furent expédiés aux premiers pour leur annoncer du secours, aux autres, pour les engager à se réunir contre l'ennemi commun.

Cette assemblée et les résolutions qu'on y prit furent bientôt connues de toute l'Italie; et les peuples qui souffraient impatiemment la domination du duc, mais surtout les habitants du duché d'Urbin, se flattèrent de quelque changement avantageux.

Dans cette attente, quelques habitants d'Urbin résolurent de s'emparer de la citadelle de Saint-Leo, dont le duc était maître; et voici à quelle occasion et de quelle manière. Le gouverneur de la citadelle faisait travailler aux fortifications; on y transportait beaucoup de bois de charpente. Les conjurés apostés profitèrent de la circonstance pour faire tomber sur le pont-levis quelques-unes des grosses poutres qui l'embarrassèrent et le chargèrent à tel point, que ceux du dedans ne purent jamais le lever; aussitôt ils s'en emparent et pénètrent dans la citadelle. A peine les habitants du duché en sont instruits, qu'ils se soulèvent et rappellent leur ancien duc, comptant encore plus sur les secours que leur avait fait espérer l'assemblée de Magione, que sur la prise de cette forteresse.

Ceux-ci ne surent pas plus tôt la révolte des habitants d'Urbin, qu'ils résolurent d'en profiter. En conséquence, ils prennent les armes, envoient des troupes pour s'emparer des villes qui pouvaient encore rester au pouvoir du duc. Ils députèrent une seconde fois à Florence pour presser cette république de se joindre à eux, afin d'arrêter l'incendie qui les menaçait, leur représentant le duc comme à moitié vaincu, et l'occasion comme la plus favorable qui se fût jamais offerte.

Mais les Florentins, que divers motifs avaient exaspérés contre les Vitelli et les Orsini, loin de se réunir à cette ligue, envoient Nicolas

---

[1] Cette description est tirée d'une lettre écrite par Macchiavelli aux Dix, pendant sa légation près du duc de Valentinois. Cette lettre commence ainsi :

« Magnifiques seigneurs,

» Puisque vous n'avez pas reçu toutes mes lettres par » lesquelles vous auriez pu comprendre l'issue de l'affaire » de Sinigaglia, il me paraît convenable de vous en donner » tous les détails par celle-ci. J'ai d'autant plus de facilité » pour le faire, que vous vous êtes reposés sur moi de tout » ce qui est à traiter ici, et je pense que ce récit d'un événe- » ment si mémorable vous paraîtra digne d'attention... »

Machiavelli, leur secrétaire, au duc de Valentinois pour lui offrir refuge et secours contre ces nouveaux ennemis. Le duc était à Imola, très-alarmé de sa position : la défection inattendue de ses troupes, qui s'étaient jointes à ses ennemis, le laissait à la fois sans armée et avec une guerre sur les bras.

Mais il reprit courage en recevant les offres des Florentins, et se décida à traîner la guerre en longueur, soit en opposant à l'ennemi le peu de troupes qui lui restait, soit en l'amusant par des propositions d'arrangement, en attendant qu'il cherchât des secours. Pour y parvenir, il employa deux moyens : le premier fut d'en demander au roi de France ; le second, de prendre à son service et de donner de l'argent et une solde à tout homme armé, fantassin ou cavalier, qui se présenterait.

Cependant les alliés s'avançaient : arrivés à Fossombrone, quelques troupes du duc viennent à leur rencontre, mais elles sont battues par les Vitelli et les Orsini. Ce petit échec détermine le duc à prendre la voie des négociations. Habile et profond dans cet art, il en employa toutes les ressources pour leur persuader que, quoiqu'ils eussent été les premiers à prendre les armes, il voulait bien consentir à ce qu'ils conservassent tout ce qu'ils avaient pris, et que, content du simple titre de prince, il leur laisserait le territoire, la souveraineté même. Bref, il fit si bien que les alliés lui envoyèrent Pagolo pour traiter avec lui, et qu'ils signèrent une suspension d'armes.

Pendant ce temps-là, le duc ne ralentissait pas ses préparatifs ; il employait tous ses moyens pour grossir son infanterie et sa cavalerie : afin que l'ennemi n'en prît pas d'ombrage, il les distribuait dans différents endroits de la Romagne. Il lui arriva également cinq cents lances françaises ; et, quoiqu'il fût déjà assez fort pour attaquer ouvertement ses ennemis, néanmoins qu'il lui serait et plus sûr et plus utile de continuer à les jouer, et de ne pas arrêter les négociations entamées.

Il dissimula si bien, qu'il conclut avec eux un traité de paix, par lequel il approuvait toute leur conduite, s'engageait à payer sur-le-champ quatre mille ducats, à ne plus inquiéter les Bentivoglio ; il s'alliait même avec le chef de cette maison, et il consentait enfin qu'ils pussent, à leur choix, venir le trouver, ou qu'ils s'en dispensassent.

D'un autre côté, les alliés s'engageaient à lui rendre le duché d'Urbin et les autres villes dont ils s'étaient emparés, à l'aider dans toutes ses expéditions, et à ne jamais faire la guerre, ou prendre parti pour une autre puissance sans son consentement. Ce traité signé, Guido Ubaldo, duc d'Urbin, se refugia de nouveau à Venise, après avoir fait détruire toutes les forteresses de ce duché. Plein de confiance dans l'attachement des habitants, il ne voulait pas que ces forteresses, qu'il ne pouvait défendre, l'ennemi les occupât, et s'en servît pour tyranniser ses amis.

Le duc de Valentinois, après avoir conclu ce traité et distribué dans la Romagne toutes ses troupes, ainsi que la gendarmerie française, partit d'Imola à la fin de novembre, et vint s'établir à Césène. Là, il passa plusieurs jours à délibérer avec les envoyés de Vitelli et des Orsini, qui étaient à la tête de leur armée dans le duché d'Urbin, sur l'entreprise qu'ils formeraient. Ne pouvant convenir de rien, on lui envoya Olivier de Fermo, pour lui proposer de marcher en Toscane, s'il voulait, ou bien d'aller assiéger Sinigaglia. Le duc leur répondit qu'il ne voulait pas porter la guerre en Toscane, parce que les Florentins étaient ses amis, mais qu'il approuvait leur projet sur Sinigaglia. Bientôt après, il apprit que les alliés s'étaient emparés de tout le pays, mais que la citadelle leur résistait encore, parce que le gouverneur ne voulait la remettre qu'au duc en personne et non à d'autres, et qu'en conséquence on l'engageait à s'y rendre. L'occasion parut favorable au duc de se rapprocher de ses ennemis sans craindre de leur donner de l'ombrage, puisque c'étaient eux qui l'appelaient. Pour les endormir davantage, il congédie tous les Français qui étaient à son service, et les renvoie en Lombardie, à l'exception de cent hommes d'armes que commandait Mgr de Candale, son beau-frère. Il partit donc de Césène à la mi-décembre, et il se rendit à Fano, d'où, avec toute l'adresse et toute l'astuce dont il était capable, il persuada aux Vitelli et aux Orsini de l'attendre à Sinigaglia, leur représentant qu'il était impossible que le traité qu'ils avaient fait ensemble subsistât longtemps, s'ils continuaient à lui montrer tant de défiance, et que son intention était de se servir à l'avenir des conseils et de la valeur de ses amis. Quoique Vitellozzo fût très-défiant, et que la mort de son frère lui eût appris qu'il faut toujours redouter un prince qu'on a offensé, cependant, gagné par Pagolo Orsino, que les présents et les promesses du duc avaient séduit, il consentit à l'attendre.

Le 20 décembre 1502, avant de partir de Fano, le duc fit part de son projet à huit de ses plus intimes amis, parmi lesquels se trouvaient don Michel et M⊃r d'Euna, qui fut depuis cardinal; et il fut convenu, d'après ses ordres, qu'aussitôt que Vitellozzo, Pagolo Orsino, le duc de Gravina et Oliverotto paraîtraient, deux d'entre eux en prendraient chacun un, comme pour le conduire. Il désigna à chacun celui auquel ils devaient s'attacher, leur recommandant de ne le quitter que lorsqu'ils seraient entrés dans Sinigaglia, et arrivés au logement préparé pour le duc, où il les ferait arrêter. Il ordonna ensuite que toute son armée, composée de deux mille hommes de cavalerie et de dix mille hommes d'infanterie, se trouvât, le lendemain de grand matin, sur le Métauro[1], rivière qui coule à cinq milles de Fano, et d'y attendre ses ordres. Le duc arriva le dernier jour de décembre sur les bords de ce fleuve : il fit partir en avant environ deux cents hommes de cavalerie; l'infanterie suivait; venait ensuite le reste de la cavalerie, au milieu de laquelle il s'était placé. Fano et Sinigaglia sont deux villes de la Marche, situées sur le bord de la mer Adriatique. Elles sont éloignées l'une de l'autre d'environ quinze milles. En allant à Sinigaglia, on a, sur la droite, les montagnes dont la base se trouve quelquefois si près de la mer, qu'il ne reste presque plus de chemin entre deux; et dans les parties où elles sont le plus éloignées, il n'y a pas une distance de plus de deux milles.

La ville de Sinigaglia se trouve à une portée d'arc du pied des montagnes, et à environ un mille des bords de la mer. Près de la ville coule une petite rivière qui en baigne les murs du côté de Fano, et en face du chemin qui vient de cette dernière ville, de sorte qu'en arrivant à Sinigaglia on suit les montagnes pendant assez longtemps; quand on est au bord de la rivière qui arrose Sinigaglia, on tourne sur la gauche et on côtoie cette rivière pendant quelque temps, puis on la passe sur un pont qui est en face de la porte par laquelle on entre dans la ville, non pas directement, mais un peu de côté. Devant cette porte se trouve un petit faubourg et une place bordée par le quai de la rivière qui y forme un coude.

Les Vitelli et les Orsini avaient donné les ordres nécessaires pour tout préparer, et recevoir le duc convenablement; pour faire place à son armée, ils avaient distribué leurs soldats dans différentes forteresses éloignées d'environ six milles de Sinigaglia, et ils n'avaient laissé dans la ville qu'Oliverotto avec sa troupe, composée de mille fantassins et cent cinquante cavaliers, logés dans le faubourg dont nous avons déjà parlé.

Tout étant préparé, le duc de Valentinois se mit en marche pour Sinigaglia. Lorsque la tête de sa cavalerie arriva au petit pont, elle s'arrêta sans le passer; une partie se rangea du côté de la campagne l'autre du côté du fleuve, laissant entre deux un espace par lequel l'infanterie défila et entra dans la ville sans s'arrêter. Vitellozzo, Pagolo et le duc de Gravina, vinrent à cheval au-devant du duc, accompagnés d'un petit nombre de cavaliers. Vitellozzo était sans armes, couvert d'un manteau doublé de vert, l'air triste et abattu, comme s'il eût pressenti le sort qui l'attendait. Sa tristesse frappa même quelques-uns de ses amis, qui connaissaient son courage et tout ce qu'il avait été. On prétend que, lorsqu'il quitta son armée pour venir à Sinigaglia au-devant du duc, il lui fit ses adieux; qu'il recommanda aux chefs sa famille, et tout ce qui lui appartenait et à ses petits enfants, de songer plutôt à la valeur de leurs ancêtres qu'à sa grandeur passée.

Arrivés tous trois auprès du duc, ils le saluèrent avec beaucoup d'honnêteté, et ils en furent reçus avec un air riant; aussitôt ceux qui avaient ordre de s'emparer d'eux se placèrent chacun à leur côté. Mais le duc, ne voyant

[1] C'est le *Metaurus* de l'Umbrie, fameux par la défaite d'Asdrubal, et qui se jette dans la mer Adriatique. Il y a un fleuve appelé du même nom par les anciens (*Metaurus*), mais qui coule dans le *Brutium*, et se jette dans la mer de Toscane. Les Italiens l'appellent *Marro*.

as avec eux Oliverotto, qui était resté à Sinigaglia avec sa troupe qu'il exerçait sur la place où elle avait son logement, fit signe à don Michel, qui s'était chargé de lui, de faire en sorte qu'il ne pût pas s'échapper. Don Michel prit aussitôt les devants, et, ayant joint Oliverotto, lui fit observer que ce n'était pas le moment de tenir ainsi ses troupes hors de leur quartier, parce qu'il était à craindre que celles du duc ne cherchassent à s'en emparer, et lui dit qu'il lui conseillait plutôt de les faire rentrer et de venir avec lui au-devant du duc. Oliverotto se rendit à cet avis, et s'avança vers le duc, qui l'appela dès qu'il le vit. Après l'avoir salué, Oliverotto se mit à sa suite.

Arrivés à Sinigaglia, et parvenus au logement qui lui avait été destiné, quatre prisonniers furent entraînés dans une pièce secrète où on les renferma. Aussitôt le duc de Valentinois monte à cheval et il donne ordre de désarmer les gens d'Oliverotto et des Orsini. Ceux d'Oliverotto furent surpris et entièrement dépouillés; mais ceux des Orsini et des Vitelli, qui étaient éloignés, et qui se doutaient du malheur arrivé à leurs chefs, eurent le temps de se réunir, et, rappelant leur courage, et mettant à profit la discipline dans la-

ils avaient été tenus par les Orsini et les Vitelli, ils formèrent un bataillon carré et sortirent du pays malgré les efforts des habitants et de l'armée ennemie. Les soldats du duc, mécontents de n'avoir que les dépouilles de la troupe d'Oliverotto, se mirent à piller la ville de Sinigaglia, et ils l'auraient entièrement dévastée, si celui-ci n'eût arrêté leur audace en faisant punir les plus mutins.

Dès que ce mouvement fut apaisé et que la nuit fut venue, le duc pensa qu'il était essentiel de se défaire de Vitellozzo et d'Oliverotto. On les conduisit donc ensemble dans un endroit écarté, où ils furent étranglés. On ne cite d'eux aucune parole remarquable et digne de leur grandeur passée. Vitellozzo dit qu'il priait le pape de lui accorder indulgence plénière pour tous ses péchés : Oliverotto, en pleurant, accusait Vitellozzo d'être la cause de tout ce qu'il avait fait contre le duc. On laissa la vie à Pagolo et au duc de Gravina Orsino, jusqu'à ce que le duc fût instruit que le pape avait fait également arrêter, à Rome, le cardinal Orsino, l'archevêque de Florence et le seigneur de Sainte-Croix. Dès qu'il en eut reçu la nouvelle, il fit étrangler ses deux prisonniers au château de la Piève, le 18 janvier 1502.

VII.

VIE DE CASTRUCCIO CASTRACANI DE LUCQUES.

A ZANOBI BUONDELMONTI ET A LUIGI ALAMANNI, AMIS TRÈS-CHERS.

On ne peut, mes chers amis, remarquer sans étonnement que les hommes qui ont opéré de grandes choses sur le théâtre du monde, et se sont élevés au-dessus de leurs contemporains, ont été tous, ou au moins la plupart, d'une obscure origine. Jouets des caprices de la fortune les uns furent en naissant exposés aux bêtes; ceux-là ont été d'une si vile extraction, que pour en cacher la bassesse, ils se sont donnés pour fils de Jupiter ou de quelque autre dieu. Je ne m'arrêterai point à en

citer des exemples, ils sont généralement connus, et les répéter ici ne ferait que donner au lecteur un inutile ennui. Sans doute, la fortune veut par là montrer au monde que c'est elle seule, et non pas la sagesse humaine, qui fait les grands hommes; en commençant à exercer sa puissance dans un temps où cette sagesse ne peut rien, elle nous force à reconnaître que tout est son ouvrage.

Castruccio Castracani de Lucques, si l'on considère le temps où il a vécu et la ville dont il est sorti, doit être compté parmi ces hommes qui se sont distingués par de très-grandes actions; et son origine, comme on le verra dans le cours de sa vie, ne fut ni plus heureuse, ni plus illustre que celle d'aucun d'eux. J'ai résolu de publier l'histoire de sa vie, comme un grand exemple de tout ce que peuvent et la fortune et l'habileté, et de vous la dédier, à vous, mes amis, qui, plus que personne, aimez les grandes actions.

La famille des Castracani, éteinte aujourd'hui par l'effet de l'instabilité des choses humaines, était comptée parmi les maisons nobles de la ville de Lucques. Antonio, membre de cette famille, ayant embrassé l'état religieux, avait obtenu un canonicat de St-Michel de Lucques. Il n'avait qu'une sœur, qui avait épousé Buonacorso Cenami. A la mort de celui-ci, elle s'était retirée auprès de son frère avec l'intention de rester veuve. Antonio avait derrière sa maison une vigne qui était entourée d'autres jardins et était d'un accès très-facile. Un matin, un peu après le lever du soleil, madonna Dianora (c'était le nom de la sœur d'Antonio), se promenant dans ce jardin ne cueillant des herbes à son usage, s'aperçoit de quelque mouvement sous les feuilles de vigne; son attention portée de ce côté, elle croit entendre pousser des cris plaintifs; elle y court et voit un enfant qui, couché sur le feuillage, semblait implorer son assistance. D'abord saisie d'étonnement et d'effroi, mais bientôt émue de pitié, elle prend l'enfant dans ses bras, le porte à son logis, lui donne tous les soins nécessaires, et le présente à Antonio, qui, à ce récit, partagea aussitôt tous les sentiments de sa sœur. Étant l'un et l'autre sans enfants, ils se décident à élever celui-ci, lui donnent une nourrice, en ont soin comme de leur propre fils, le font baptiser, et l'appellent du nom de leur père, Castruccio.

Le jeune Castruccio croissait en âge et en agréments, et, dans toutes les occasions, il donnait des preuves de son esprit et de sa pénétration. Antonio lui fit suivre toutes les études convenables à son âge. Son dessein était de le faire prêtre et de lui résigner avec le temps son canonicat et ses autres bénéfices. Mais les inclinations du jeune Castruccio n'étaient rien moins que conformes à l'état qu'on lui destinait. Dès l'âge de quatorze ans, ayant pris quelque ascendant sur l'esprit d'Antonio et de madonna Dianora, il commença à ne plus redouter leurs reproches, jeta de côté les livres d'église, et parut ne plus se complaire qu'au maniement des armes. Son grand plaisir était de s'escrimer, de courir, de sauter, de lutter avec ses camarades, ou de se livrer à d'autres exercices semblables : toujours il se faisait remarquer par sa vigueur et son courage, et laissait bien loin derrière lui tous les autres enfants de son âge. Si par hasard il feuilletait encore quelques volumes, c'étaient uniquement ceux qui lui parlaient de guerres et des exploits des grands hommes. Antonio en concevait un grand chagrin.

Il y avait alors à Lucques un gentilhomme de la famille de Guinigi, nommé Francesco, que ses richesses, ses agréments et ses rares qualités élevaient au-dessus de tous ses compatriotes. Il avait fait longtemps la guerre sous les Visconti de Milan, et il était dans Lucques le chef du parti gibelin. Pendant son séjour dans cette ville, il se réunissait souvent aux autres citoyens dans la galerie du Podestà, qui est à l'entrée de la place St-Michel, la première place de Lucques; là, il aperçut plusieurs fois le jeune Castruccio se livrant, avec les autres enfants de la ville, aux exercices dont je viens de parler; il remarqua qu'il les surpassait tous, qu'il savait les asservir à toutes ses volontés, et se concilier à la fois leur soumission et leur amitié. Cet enfant piqua la curiosité de Francesco; il prit des informations, et ce qu'il apprit ne lui donna qu'un plus grand désir de le connaître. Il l'appela un jour et lui demanda s'il n'aimerait pas mieux vivre dans la maison d'un gentilhomme, qui lui apprendrait à monter à cheval et manier les armes, que chez un prêtre, où il n'entendrait jamais que des messes et des offices. Francesco vit éclater toute la joie de Castruccio, au seul nom d'armes et de chevaux. Cependant il n'osait répondre; mais, pressé par Francesco, il dit enfin que, s'il était sûr de ne pas déplaire à messer Antonio, il ne connaîtrait pas de plus grand bonheur que de quitter ses études de prêtre, pour se livrer aux exercices de soldat. Cette réponse fit grand plaisir à messer Francesco, et en peu de jours,

fit si bien, qu'Antonio consentit à le lui
andonner. Celui-ci y fut principalement dé-
rminé par tout ce qu'il avait vu du naturel
e cet enfant; il sentait que bientôt il lui
rait impossible de le retenir.

Transporté subitement de la maison d'un
anoine dans celle d'un *condottière* [1], Cas-
uccio prit en peu de temps, et avec une éton-
nte facilité, les mœurs et les qualités conve-
bles à son nouvel état. Il devint d'abord un
cellent cavalier; il n'y avait cheval si fou-
eux qu'il ne domptât avec une extrême
bileté. Dans les joûtes et les tournois, c'était
i qui, malgré sa jeunesse, attirait le plus tous
s regards. Personne ne le surpassait dans au-
n des exercices qui demandent de la force ou
e l'adresse, et il joignait à tous ces avantages
s mœurs les plus réglées. Il était d'une rare
odestie; jamais il n'offensait personne par
s actions ou ses paroles. Toujours respec-
eux avec ses supérieurs, modeste avec ses
aux et bienveillant avec ses inférieurs, tant
e qualités le faisaient chérir non-seulement
la famille des Guinigi, mais de toute la ville
e Lucques.

Castruccio avait déjà atteint l'âge de dix-
uit ans, lorsque les Gibelins furent chassés
e Pavie par les Guelfes. Les Visconti de
ilan appelèrent contre ceux-ci Francesco
uinigi, qui amena avec lui Castruccio, déjà
argé de tous les détails de sa compagnie.
ans cette expédition, Castruccio se distingua
ar son courage et son habileté; personne n'y
quit plus de gloire, et son nom fut honoré
respecté, non-seulement à Pavie, mais même
ns toute la Lombardie.

Revenu à Lucques plus estimé encore qu'il
e l'était avant d'en être sorti, il ne négligea,
our se faire des amis, aucun des moyens
ui nous méritent ordinairement l'affection
s hommes. Mais, sur ces entrefaites, Gui-
igi vint à mourir, ne laissant après lui
u'un fils, âgé de treize ans, nommé Paolo.
n mourant, il nomma Castruccio tuteur de
n fils, et le chargea de veiller à la conserva-
on de tous ses biens, lui recommandant de

l'élever avec les mêmes soins qu'il lui avait
donnés à lui-même, et de s'acquitter ainsi envers le fils de la reconnaissance qu'il devait au
père. Cette marque éclatante de la confiance de
Guinigi accrut au plus haut point la puissance
et la considération de Castruccio; mais la bienveillance qu'il avait jusqu'alors trouvée dans
tous se changea, dans l'esprit de quelques-uns,
en une basse envie. Ils semèrent sur son compte
les plus odieux soupçons, le firent passer pour
un homme dangereux, et l'accusèrent d'avoir
toutes les inclinations d'un tyran. A la tête de
ces ennemis de Castruccio était Giorgio d'O-
pizi, chef du parti guelfe. Il espérait, par la
mort de Francesco, arriver à la tête des affaires; mais ce nouveau relief donné à Castruccio, joint à ses qualités personnelles, était
encore un obstacle à ses vues, et il ne négligeait rien pour ruiner son crédit dans l'esprit
de ses concitoyens. Castruccio ressentit d'abord
vivement ces injures; bientôt il craignit d'en
être la victime, ne doutant pas que Giorgio ne travaillât contre lui auprès du lieutenant de Robert, roi de Naples, et ne le fît
ainsi chasser de Lucques.

Pise était alors gouvernée par Uguccione
della Fagginola d'Arezzo, qui, nommé commandant des troupes de cette ville, était parvenu à s'en rendre maître. Il avait auprès de
lui quelques bannis de Lucques, du parti gibelin. Castruccio convint avec eux de les rétablir dans leur patrie, par le moyen d'Uguccione, et il communiqua ce dessein à quelques-
uns de ses compatriotes qui ne pouvaient supporter l'autorité des Opizi. Castruccio, après
être convenu avec eux de ce que chacun avait
à faire, fortifia avec soin la tour des Onesti, et la
remplit de vivres et de munitions pour pouvoir au besoin s'y maintenir quelques jours.
Uguccione était descendu avec ses troupes
dans la plaine qui s'étend entre Lucques et les
montagnes. La nuit convenue entre eux étant
arrivée, Uguccione, apercevant le signal donné
par Castruccio, s'approche de la porte Saint-
Pierre et met le feu au faubourg. D'un autre
côté, Castruccio donne l'alarme, appelle le
peuple aux armes, et force la porte par dedans. Uguccione et son parti entrent aussitôt
dans la ville, massacrent Giorgio avec toute
sa famille, et un grand nombre de ses par-

---

[1] Ce mot est devenu français : c'est le nom qu'on don-
ait dans les quatorzième et quinzième siècles aux chefs
e bandes militaires qui se louaient au service des diffé-
nts états d'Italie.

tisans; chassent le gouverneur et établissent un gouvernement conforme aux vœux d'Uguccione. Cette conspiration fut très-funeste à la ville de Lucques, puisqu'elle lui fit perdre plus de cent familles qui se retirèrent, les unes à Florence, les autres à Pistoie. Ces villes appartenaient alors au parti guelfe, et étaient ennemies d'Uguccione et des habitants de Lucques.

Les Florentins et les autres états guelfes, jugeant que le parti gibelin avait pris un trop grand ascendant en Toscane, résolurent de rétablir les bannis de Lucques, et ils envoyèrent une forte armée dans le Val de Nievole. Après s'être emparée de Monte-Catino, elle vint camper à Monte-Carlo, pour s'ouvrir un passage jusqu'à Lucques. Uguccione rassembla aussitôt les troupes de Lucques et de Pise, fit venir de la Lombardie tout ce qu'il put de cavalerie allemande, et vint au-devant des Florentins. Ceux-ci, avertis de l'approche de l'ennemi, s'étaient retirés de Monte-Carlo, et avaient pris une position entre Monte-Catino et Pescia. Uguccione campa sous Monte-Carlo, à deux milles de l'ennemi. Chaque jour était marqué par quelques légères escarmouches entre les troupes à cheval des deux armées; mais Uguccione étant tombé malade, son armée évitait toute action générale. Cependant la maladie d'Uguccione s'étant aggravée, il fut obligé de se retirer à Monte-Carlo, et de laisser à Castruccio le commandement de l'armée : ce fut ce qui perdit les Guelfes. S'imaginant que l'armée ennemie était restée sans chef, ils en conçurent une confiance aveugle. Castruccio, qui s'en aperçut, ne chercha qu'à l'augmenter, en affectant une vive crainte, et en défendant rigoureusement à qui que ce fût de sortir des retranchements. Ces fausses démonstrations accrurent au plus haut point l'insolence des Guelfes, et chaque jour ils se présentaient, en ordre de bataille, devant l'armée de Castruccio. Lorsque celui-ci vit leur présomption à son comble et qu'il fut bien instruit de toutes leurs dispositions, il résolut enfin de livrer bataille. Il excita par ses discours l'ardeur de ses troupes, et leur montra la victoire comme certaine, s'ils voulaient seulement obéir à ses ordres.

Castruccio avait remarqué que les ennemis avaient placé leurs principales forces au centre de leur armée, et sur les flancs leurs plus mauvais soldats : il fit tout le contraire, plaça sur les flancs ses meilleures troupes, et au centre celles en qui il avait le moins de confiance. Il sortit ainsi de ses retranchements, et, lorsqu'il fut en présence de l'ennemi, qui, selon la coutume, venait insolemment le provoquer, il ordonna au centre de son armée de s'avancer lentement, et aux ailes de courir à l'ennemi. Par cette disposition, les ailes seules en vinrent aux mains, et le centre des deux armées resta tranquille. Cette partie des troupes de Castruccio était tellement restée en arrière, que les ennemis qui lui étaient opposés ne pouvaient la joindre. Ainsi ses meilleurs soldats n'avaient à combattre que les côtés faibles de l'ennemi, tandis que les meilleures troupes de celui-ci restaient forcément dans l'inaction. Il ne fallut donc pas de grands efforts pour mettre en déroute les deux ailes de l'ennemi; et le centre, se voyant découvert sur les deux flancs, fut obligé de prendre la fuite, sans avoir pu combattre. Le carnage fut considérable du côté des Florentins : ils perdirent plus de dix mille hommes, un grand nombre d'officiers, les chefs les plus illustres du parti guelfe dans la Toscane, et enfin plusieurs princes qui étaient venus à leur secours, tels que Pierre, frère du roi Robert, Charles, son neveu, et Philippe, prince de Tarente. Castruccio ne perdit pas plus de trois cents hommes, et, parmi eux, le fils d'Uguccione, jeune homme plein de courage, qui avait été tué dès le commencement de l'action.

Cette victoire combla de gloire Castruccio, mais excita puissamment la jalousie d'Uguccione. Craignant déjà pour lui-même, il ne songeait qu'à perdre son rival; il lui semblait que ce succès lui avait non pas donné, mais enlevé le commandement. Il était sans cesse occupé de ces projets, attendant une occasion favorable pour les mettre à exécution, lorsque Pierre Agnalo Micheli, homme d'une naissance distinguée, et très-considéré à Lucques, y fut assassiné. L'assassin se réfugia dans la maison de Castruccio : les archers du commandant, voulant l'y saisir, furent repoussés par Castruccio, et l'assassin put ainsi se sauver. Uguccione se trouvait alors à Pise où il apprit cette nouvelle. Il crut avoir trouvé un prétexte plausible de punir Castruccio, fit venir Neri, son fils, à qui il avait déjà donné le commandement de Lucques, et lui ordonna d'engager Castruccio à un festin, et là de le faire mettre à mort. Quelques jours après, Castruccio, se rendant familièrement et sans aucun soupçon au palais du commandant, fut invité à dîner par Neri, et enfin arrêté. Mais Neri, craignant qu'en le faisant mourir sans motifs il n'excitât un soulèvement parmi le peuple, respecta ses jours, et voulut s'assurer davantage du parti qu'Uguccione voulait prendre à son égard. Celui-ci blâma vivement la lenteur et les craintes de son fils, et, pour exécuter lui-même son dessein, il partit de Pise avec quatre cents chevaux pour se rendre à Lucques. Mais il était à peine arrivé à Bagni que les Pisans prirent les armes, tuèrent son lieutenant et le reste de sa famille, et élurent pour son successeur le comte Gaddo della Gherardesca. Uguccione apprit cet événement avant d'arriver à Lucques; il ne crut cependant pas devoir retourner sur ses pas, de peur qu'à l'exemple des Pisans les Lucquois ne lui fermassent aussi leurs portes. Mais ceux-ci, instruits de la révolution de Pise, crurent que, malgré la présence d'Uguccione, l'occasion était favorable pour délivrer Castruccio. Ils se formèrent en groupes sur la place publique, tenant contre Uguccione les propos les plus outrageants. Bientôt ils se soulevèrent, prirent les armes, et demandent la liberté de Castruccio. Uguccione, craignant de plus grands excès, consentit à leur demande : mais aussitôt Castruccio rassembla ses amis, et, profitant de la faveur du peuple, marcha contre Uguccione. Celui-ci, incapable de résister à une pareille attaque, s'enfuit avec ses partisans, et se retira dans la Lombardie, chez les seigneurs della Scala, où il mourut misérablement.

Cependant Castruccio, de prisonnier qu'il était, devenu, pour ainsi dire, souverain de Lucques, réussit, grâces aux soins de ses amis et à la faveur récente du peuple, à se faire donner pour un an le commandement des troupes de la république. Voulant justifier cet honneur par des succès militaires, et accroître ainsi sa réputation, il résolut de recouvrer plusieurs places qui s'étaient révoltées contre Lucques depuis le départ d'Uguccione. Soutenu des Pisans, avec lesquels il venait de contracter une alliance, il alla camper devant Serezana, et,

pour s'en emparer plus sûrement, il fit élever un petit fort au-dessus de cette ville. C'est ce même fort que Florence a fait depuis reconstruire, et qu'on appelle aujourd'hui Serezanello. Au bout de deux mois, Serezana fut obligée de se rendre. Ce succès lui ouvrit les portes de Massa, Carrara et Lavenza; enfin, en peu de temps, il devint maître de toute la Lunigiane, et voulant fermer le passage qui conduit de cette contrée dans la Lombardie, il s'empara de Pontremoli, dont il chassa Anastasio Pallavicini, qui en était seigneur.

A son retour à Lucques, le peuple alla à sa rencontre, pour lui témoigner la joie de ces succès; Castruccio crut que c'était le moment le plus favorable pour se rendre maître de la ville; il parvint à gagner Pazzino dal Poggio, Puccinello dal Portico, Boccansacchi, et Cecco Guinigi, les plus illustres de ses compatriotes, et se fit nommer solennellement, par une délibération du peuple, prince de Lucques. Dans ce même temps, il obtint l'amitié de Frédéric de Bavière, roi des Romains, qui venait d'arriver en Italie pour prendre la couronne impériale. Castruccio alla au-devant de lui avec cinq cents chevaux, et établit pour son lieutenant à Lucques Pagolo Guinigi, que, par reconnaissance pour son père, il traitait toujours avec autant de distinction que s'il eût été son propre fils. Frédéric fit le plus honorable accueil à Castruccio, lui accorda différents privilèges, et le nomma son lieutenant en Toscane. Il en reçut un autre bienfait. Les Pisans venaient de chasser Gaddo della Gherardesca : la crainte qu'il leur inspirait encore les avait forcés de recourir à l'empereur; Frédéric nomma Castruccio seigneur de Pise, qui n'osa le refuser, ne pouvant se défendre autrement contre le parti guelfe et les Florentins.

Lorsque l'empereur, après avoir établi à Rome un gouverneur chargé des affaires d'Italie, fut retourné en Allemagne, tous les Gibelins de la Toscane et de la Lombardie attachés au parti impérial se retirèrent auprès de Castruccio, lui promettant tous la souveraineté de leur pays s'il parvenait à les y faire rentrer. On remarquait parmi eux Matteo Guidi, Nardo Scolari, Lupo Uberti, Gerozzo Nardi, et Pierre Buonaccorsi, tous Gibelins et bannis de Florence.

Castruccio résolut de réunir tous leurs moyens à ses propres forces pour se rendre maître de toute la Toscane ; et, afin d'accroître son crédit, il forma une alliance avec Matthieu Visconti, duc de Milan. Bientôt il organisa militairement la ville et le territoire de Lucques ; il fit cinq divisions de tout le pays, d'après le nombre des portes de la ville, et dans chacune il créa différents corps de troupes qu'il arma, et dont il nomma les chefs. Par cette disposition, il pouvait mettre sur-le-champ vingt mille hommes en campagne, sans compter les troupes de Pise.

Castruccio était arrivé à ce haut point de crédit et de puissance, lorsque Matthieu Visconti fut attaqué par les Guelfes de Plaisance, qui, avec le secours de Florence et du roi de Naples, venaient de chasser les Gibelins. Visconti détermina Castruccio à marcher contre Florence. Par cette division, la république, forcée de défendre son propre territoire, devait rappeler nécessairement ses troupes de la Lombardie. Ce qu'il avait prévu arriva. Castruccio ayant attaqué le Val-d'Arno, et, après avoir saccagé tout le pays, s'étant rendu maître de Fucecchio et de St-Miniato, les Florentins rappelèrent leur armée. Mais à peine était-elle arrivée en Toscane, qu'un intérêt plus pressant rappela Castruccio à Lucques.

La maison de Poggio qui avait toujours favorisé Castruccio, et qui avait le plus contribué à lui obtenir l'autorité suprême, jouissait alors à Lucques d'une grande considération ; mais elle crut n'avoir pas reçu un prix digne de ses services, et elle convint avec plusieurs autres familles de Lucques de faire soulever la ville et d'en chasser Castruccio. Un matin, ils prennent les armes, et courent au palais du lieutenant que Castruccio avait établi pour rendre la justice. Après l'avoir massacré, ils continuent de soulever le peuple ; mais Stefano di Poggio, vieillard pacifique, qui n'avait point trempé dans la conjuration, alla au-devant d'eux et employa tout son ascendant pour leur faire mettre bas les armes. Il s'offrit d'être leur médiateur auprès de Castruccio, et de leur faire obtenir tout ce qu'ils demandaient. Les conjurés mirent bas les armes avec autant d'imprudence qu'ils les avaient prises. A la première nouvelle de cet événement, Castruccio, sans perdre un instant, s'était porté vers Lucques avec une partie de son armée, laissant le reste sous les ordres de Pagolo Guinigi. A son arrivée, il trouva tout pacifié contre son attente ; l'occasion ne lui parut que plus favorable pour assurer son autorité. Il plaça ses troupes dans tous les postes importants. Stefano di Poggio, comptant sur la reconnaissance que lui devait Castruccio, vint l'intercéder, non pas pour lui-même, il croyait n'en avoir pas besoin, mais pour les autres individus de sa maison ; il espérait qu'il aurait égard à la jeunesse des coupables, à l'ancienne amitié que lui avait toujours témoignée leur famille, et aux services qu'elle lui avait rendus. Castruccio lui répondit avec douceur qu'il devait se rassurer, et que lui même avait éprouvé plus de joie en trouvant le tumulte apaisé qu'il n'avait eu de chagrin à la première nouvelle de ce malheureux événement ; enfin il lui fit promettre de lui amener tous ses amis, lui déclarant qu'il remerciait le ciel d'avoir une pareille occasion de montrer sa clémence et sa générosité. Mais à peine se furent-ils rendus auprès de lui sur sa parole et sur celle de Stefano, qu'il les fit tous arrêter, avec Stefano lui-même, et mettre à mort.

Cependant les Florentins avaient recouvré St-Miniato ; mais Castruccio résolut d'arrêter cette guerre, jugeant bien que, tant qu'il ne serait pas assuré de Lucques, il ne pourrait s'en éloigner sans danger. Il fit donc proposer une trève aux Florentins, qui, voulant mettre un terme aux dépenses qu'ils étaient obligés de faire, écoutèrent favorablement ses propositions : une trève fut conclue entre eux pour deux ans ; et il fut arrêté que chacun resterait maître de ce qu'il possédait actuellement.

Castruccio, délivré de cette guerre, et ne voulant plus retomber dans les dangers dont il avait failli être la victime, commença à se défaire, sous différents prétextes, de tous les citoyens que leur ambition pouvait porter à envahir la souveraineté. Constamment inexorable, il chassa les uns de leur patrie, les autres de leurs propriétés ; et tous ceux qui purent tomber entre ses mains, il les fit mettre à mort. Il assurait qu'il lui était démontré par expérience qu'il ne pouvait compter sur aucun d'eux. Enfin, pour établir plus sûrement sa puissance, il fit construire à Lucques une forteresse avec les débris des châteaux de ceux qu'il avait tués ou chassés.

Castruccio, en paix avec Florence et maintenant tranquille à Lucques, ne négligeait rien de ce qui pouvait, sans le faire recourir à une guerre ouverte, accroître sa souveraineté. Il désirait vivement la possession de Pistoia, qui lui mettait, pour ainsi dire, un pied dans Florence ; il se lia d'abord avec les habitants de la montagne, et traita si habilement avec les différents partis de la ville, que chacun croyait pouvoir compter sur lui. Cette ville était alors divisée, comme elle l'a toujours été, en *blancs* et en *noirs*. Le chef des *blancs* était Bastiano di Possente, et celui des *noirs*, Jacopo da Gia ; tous les deux entretenaient d'étroites liaisons avec Castruccio, et, impatients de chasser chacun son rival, poussés par leurs craintes mutuelles, ils en vinrent aux armes. Jacopo se fortifia à la porte de Florence, Bastiano à la porte de Lucques ; et tous deux, se confiant moins aux Florentins qu'à Castruccio qu'ils croyaient plus entreprenant et plus actif qu'eux à la guerre, dépêchèrent secrètement vers lui pour lui demander des secours. Castruccio leur promit tout ce qu'ils demandaient : il assura Jacopo qu'il viendrait en personne, et Bastiano qu'il lui enverrait son pupille Pagolo Guinigi. Après leur avoir fixé une heure précise, il envoie Pagolo par le chemin de Pescia, et il se rend de son côté directement à Pistoia. Au milieu de la nuit, Pagolo et Castruccio se présentent à Pistoia, et sont reçus tous deux comme amis. Arrivés dans la ville, Castruccio donne le signal à Pagolo ; l'un tue Jacopo da Gia, l'autre Bastiano : tous leurs partisans sont ou arrêtés ou mis à mort ; Castruccio, maître de Pistoia sans la moindre résistance, chasse le *gouvernement du palais*, et fait prêter au peuple serment d'obéissance ; il chercha à se l'attacher par de brillantes promesses et par l'abolition des dettes. Il traita avec la même faveur les habitants de la campagne, qui étaient, en grand nombre, accourus pour voir le nouveau prince. Enfin, il fut paisiblement obéi de tous les habitants, séduits par ses grandes qualités et les espérances qu'il leur avait données.

Dans ce même temps, la cherté des vivres excita quelques mouvements parmi le peuple romain, qui attribuait la cause de cet enrichissement à l'absence des papes, alors résidants à Avignon. Il accusait avec violence le gouvernement allemand, et chaque jour était marqué par des assassinats et d'autres désordres, que Henri, lieutenant de l'empereur, ne pouvait plus réprimer. Il craignit que les Romains n'appelassent à leur secours Robert, roi de Naples, et ne le chassassent de Rome pour y rappeler les papes. De tous les partisans de l'empereur, le plus voisin était alors Castruccio ; il le pria donc, non-seulement de lui envoyer des secours, mais de venir lui-même à Rome en personne. Castruccio crut qu'il ne pouvait différer son départ ; il voulait témoigner ainsi sa reconnaissance à l'empereur, et il sentait que l'absence de celui-ci ne pouvait jamais être que funeste à son autorité dans Rome. Il laissa à Lucques Pagolo Guinigi, et partit avec deux cents chevaux. Henri le reçut avec beaucoup d'honneurs ; sa présence rétablit tellement la prépondérance du parti impérial, que, sans effusion de sang et sans aucune autre violence, il parvint à tout calmer ; il fit venir de Pise, par mer, une grande quantité de blé, et il ôta ainsi tout motif de sédition. Enfin, par de sages avis et par quelques châtiments infligés à propos, il parvint à ramener les Romains à l'obéissance qu'ils devaient à Henri. Pour prix de ses services, il fut, entre autres honneurs, créé sénateur par le peuple romain. Castruccio reçut cette nouvelle dignité avec la plus grande pompe. Il s'était revêtu d'une robe de brocard qui, sur le devant, portait cette divise : *Il est ce qu'il plaît à Dieu* ; et cette autre par derrière : *Il sera ce qu'il plaira à Dieu.*

Cependant les Florentins, mécontents que Castruccio se fût emparé de Pistoia pendant le temps même de la trève, ne songèrent qu'à soulever cette ville contre lui, et ils jugeaient que son absence devait leur en offrir de faciles moyens. Parmi les bannis de Pistoia réfugiés à Florence, se trouvaient Baldo Cecchi et Jacopo Boldoni, hommes très-considérés et incapables d'être arrêtés par aucun danger. Ceux-ci, ayant pratiqué des intelligences avec leurs amis du dedans, aidés des Florentins, entrèrent de nuit dans Pistoia, chassèrent les partisans et les officiers de Castruccio, en tuèrent un grand nombre, et rendirent à la ville sa liberté.

Cette nouvelle causa un vif chagrin à Castruccio; il prit congé de Henri, et revint précipitamment à Lucques avec ses troupes. Les Florentins, instruits de son retour, crurent qu'il était temps d'agir; et, voulant prévenir ses mouvements, ils résolurent d'occuper avant lui le val de Nievole, ils jugeaient qu'ils lui fermaient ainsi les chemins de Pistoia. Leur armée, renforcée d'un grand nombre de Guelfes, campa sur le territoire de cette ville. De son côté, Castruccio vint à Monte-Carlo; là, il fut instruit de la position de l'armée ennemie. Il sentait qu'il y avait du danger à aller l'attaquer dans la plaine de Pistoia, ou à l'attendre dans celle de Pescia; mais il désirait vivement engager l'action dans la gorge de Serravalle. N'ayant avec lui que douze mille hommes d'élite, tandis que Florence en comptait de son côté quarante mille, il avait bien jugé que ce plan était l'unique garant de la victoire. Quoiqu'il eût lieu de compter sur ses talents et le courage de ses troupes, il devait craindre, en effet, en combattant dans une plaine étendue, d'être enveloppé par l'ennemi.

Serravalle est un château situé entre Pescia et Pistoia sur la colline qui ferme le val de Nievole; il est bâti, non pas sur la route même, mais au-dessus, à deux portées d'arc. Cette route est plus resserrée qu'escarpée; la pente en est douce des deux côtés, mais elle est si étroite, principalement au haut de la colline, à l'endroit où les eaux se séparent, que vingt hommes de front suffiraient pour l'occuper. C'est dans ce lieu que Castruccio avait résolu de combattre. Il était d'abord favorable au petit nombre de ses troupes, et il offrait cet autre avantage, que son armée, qui pouvait s'effrayer de la multitude des ennemis, ne s'en apercevrait dans cette position qu'au moment même du combat. Manfredi, Allemand de nation, était seigneur de ce château: il s'y était maintenu avant que Castruccio s'emparât de Pistoia, comme dans un lieu qui pouvait aussi bien appartenir à Lucques qu'à Pistoia. Depuis on l'y avait laissé tranquille, parce qu'il était difficile de l'attaquer, et qu'il s'était engagé à rester neutre entre les deux partis. Mais, dans les circonstances présentes, Castruccio désirait vivement s'emparer de ce lieu important; bientôt il parvint à gagner un des habitants de la place, qui, pendant la nuit qui précéda le combat, ouvrit les portes à quatre cents hommes de son armée, et tua par leur moyen Manfredi.

Après avoir fait toutes ses dispositions, Castruccio maintint son armée à Monte-Carlo, pour exciter les Florentins à tenter le passage avec plus de confiance. Ceux-ci, désirant éloigner le théâtre de la guerre de Pistoia, et l'établir dans le val de Nievole, vinrent camper sous Serravelle, dans le dessein de passer la colline le lendemain. Castruccio, après s'être emparé sans bruit du château, était parti à minuit avec toute son armée de Monte-Carlo; le matin il arriva, sans être aperçu, au pied de Serravalle, et les deux armées, chacune de leur côté, entreprirent de monter la colline. Castruccio avait fait marcher son infanterie par la route ordinaire, et avait envoyé un corps de quatre cents chevaux à sa gauche, vers le château. Les Florentins avaient également envoyé en avant un corps de quatre cents chevaux, qu'ils avaient fait suivre de leur infanterie. Ils ne s'attendaient point à rencontrer l'ennemi au haut de la colline, ignorant encore qu'il se fût emparé du château. Lorsque cette cavalerie eut donc franchi la colline, elle se trouva en présence de l'infanterie de Castruccio, et à peine eut-elle le temps de se préparer au combat.

L'armée de Castruccio, toute disposée à l'attaque, trouvant un ennemi surpris et sans ordre, le poussa avec vigueur et n'éprouva que peu de résistance. Un petit nombre seulement se défendit avec courage. Cependant le bruit du combat, s'étant répandu dans le reste de l'armée de Florence, jeta partout l'épouvante et la confusion. La cavalerie était pressée par l'infanterie, l'infanterie par la cavalerie et les équipages. Les chefs, dans un chemin si étroit, ne pouvaient se porter ni en avant ni en arrière. Personne, dans cette confusion générale, ne savait comment il devait ou pouvait agir. Cependant il se faisait un grand carnage du corps de cavalerie qui en était venu aux mains avec l'infanterie de Castruccio: la difficulté du terrain ne permettait pas à la première de se défendre; mais, pressée sur les flancs par les montagnes, en arrière par les siens, en avant par l'ennemi, elle n'avait aucun moyen de fuir, et restait plutôt par nécessité que par bravoure.

Castruccio, voyant que l'ennemi tardait à fuir, fit filer par le chemin du château mille hommes d'infanterie; il leur fit descendre la colline avec les quatre cents chevaux qu'il avait envoyés en avant, et leur ordonna d'attaquer l'ennemi par le flanc. Cet ordre fut exécuté avec tant de vigueur, que les Florentins ne purent soutenir leurs efforts réunis, et plutôt vaincus par le lieu que par l'ennemi même, ils commencèrent à prendre la fuite. Les derniers rangs placés vers Pistoia furent les premiers à s'ébranler, ils se répandirent dans la plaine, et chacun se sauva où il put. La déroute fut complète et très-sanglante; plusieurs chefs de l'armée de Florence, entre autres Bandino de Rossi, Brunelleschi et Giovanni della Tosa, tous nobles Florentins, et un grand nombre d'autres Toscans et Napolitains qui, par les ordres du roi Robert, combattaient pour les Guelfes dans l'armée de la république, tombèrent au pouvoir de l'ennemi.

A la première nouvelle de cette déroute, les habitants de Pistoia chassèrent les Guelfes, et ouvrirent leurs portes à Castruccio. Celui-ci, non content de ce succès, s'empara de Prato et de toutes les places de la plaine des deux côtés de l'Arno, et il alla enfin s'établir avec son armée dans la plaine de Peretola, à deux milles de Florence, où il resta plusieurs jours à partager le butin, à célébrer des fêtes pour sa victoire, à ordonner des joûtes et des tournois à cheval, entre hommes, en y admettant même les femmes perdues, et enfin à faire battre monnaie pour insulter les Florentins. Il tâcha même de séduire quelques-uns des nobles pour se faire ouvrir pendant la nuit les portes de Florence. Mais la conspiration fut découverte, et Tommaso Lupacci et Lambertuccio Frescobaldi furent arrêtés et décapités.

Cependant les Florentins épouvantés de leur défaite, ne voyant plus aucun moyen de sauver leur liberté, et voulant s'assurer de prompts secours, envoyèrent des ambassadeurs à Robert, roi de Naples, pour lui offrir la souveraineté de leur ville. Il accepta cette offre, moins encore par reconnaissance de l'honneur qu'on lui faisait, que par l'extrême intérêt dont il était pour ses états que le parti Guelfe conser-

vât sa prépondérance dans la Toscane. Il fut convenu qu'il recevrait par an deux cent mille florins, et il envoya à Florence Charles, son neveu, avec quatre mille chevaux.

Les Florentins alors se trouvaient débarrassés pour quelques jours de l'armée de Castruccio, qui avait été forcée de quitter leur territoire, pour aller réprimer à Pise une conjuration qui y avait été tramée contre lui par Benedetto Lanfranchi, un des premiers citoyens de cette ville. Celui-ci, indigné que sa patrie fût l'esclave d'un Lucquois, avait formé le projet de s'emparer de la citadelle, d'en chasser la garnison, et d'égorger tous les partisans de Castruccio. Mais, dans de semblables projets, le petit nombre, nécessaire pour les tenir secrets, ne suffit pas pour leur exécution. Lanfranchi, forcé de s'aider de beaucoup de complices, s'adressa à des traîtres, qui révélèrent ses desseins à Castruccio. Cerchi et Guidi, tous deux de Florence, alors exilés à Pise, furent accusés de cette infamie. Castruccio fit arrêter et tuer sur-le-champ Lanfranchi; le reste de sa famille fut chassé de Pise, et beaucoup d'autres nobles citoyens mis à mort. Et, sentant bien qu'il ne pouvait compter sur la fidélité de Pise ni de Pistoia, il s'occupa, par tous les moyens de vigueur et d'adresse, d'y établir sûrement son autorité. Cela donna le temps à Florence de rétablir ses forces, et d'attendre l'arrivée de Charles.

Lorsque celui-ci fut enfin dans leurs murs, les Florentins résolurent de ne pas perdre de temps, et de rassembler toutes leurs troupes. Ils appelèrent à leur secours presque tous les Guelfes d'Italie, et en formèrent une armée nombreuse de plus de trente mille hommes d'infanterie et dix mille hommes de cavalerie. Après avoir délibéré s'ils devaient d'abord attaquer ou Pistoia ou Pise, ils se déterminèrent pour cette dernière ville; ils pensaient que la conjuration qui venait d'y éclater leur offrirait de grands moyens de succès, et que d'ailleurs la possession de Pise entraînait nécessairement la reddition de Pistoia.

L'armée de Florence se mit en mouvement dès les premiers jours de mai de l'an 1528; et, après s'être emparée de Lastra, Signa, Monte-Lupo et Empoli, elle vint camper à S.t-Miniato. Castruccio, instruit des grands préparatifs de Florence, n'en fut aucunement effrayé; il crut, au contraire, que le temps était arrivé où la fortune devait remettre entre ses mains la souveraineté de la Toscane, et que l'ennemi serait aussi facilement vaincu à Pise qu'à Serravalle, avec cette différence, qu'il n'aurait plus les moyens de rétablir ses forces comme il l'avait fait. Il rassembla vingt mille hommes d'infanterie et quatre mille de cavalerie, alla s'établir à Fucecchio, et envoya à Pise Pagolo Guinigi, avec cinq mille hommes.

Fucecchio est, par sa situation, le plus fort château du Pisan; il est placé entre la Gusciana et l'Arno, et un peu élevé au-dessus de la plaine. Dans cette position, Castruccio pouvait tirer ses vivres de Lucques ou de Pise, et les ennemis ne pouvaient l'en empêcher qu'en formant deux corps de leur armée. Ils ne pouvaient également, sans un grand danger, aller l'attaquer ou marcher vers Pise. Dans ce dernier cas, ils se plaçaient entre deux feux, ayant devant eux le corps de troupes envoyé à Pise, et derrière l'armée de Castruccio; dans l'autre cas, ils étaient forcés de passer l'Arno à la face de l'ennemi, et ce parti présentait de grands désavantages. Castruccio, qui désirait vivement qu'ils se déterminassent pour cette résolution, ne s'était point établi sur la rive de l'Arno, mais sous les murs de Fucecchio, laissant ainsi un assez grand espace entre le fleuve et son armée.

Les Florentins, maîtres de St-Miniato délibérèrent s'ils devaient marcher à Pise ou attaquer Castruccio: après avoir balancé les difficultés de l'un et de l'autre parti, ils adoptèrent le dernier. L'Arno était si bas alors qu'on pouvait le passer à gué. L'infanterie néanmoins avait de l'eau jusqu'aux épaules, et la cavalerie jusqu'à la selle. Le 10 juin, au matin, les Florentins, préparés pour le combat, commencèrent à faire passer une partie de leur cavalerie et dix mille hommes d'infanterie. Castruccio, après avoir réglé toutes ses dispositions, attaqua les ennemis avec cinq mille hommes d'infanterie et trois mille de cavalerie. Et ils n'avaient pas eu le temps de sortir tous du fleuve que déjà on en était aux mains. Il envoya dans ce moment sur la rive de l'Arno, à quelque distance au-dessus du champ de bataille, mille hommes d'infanterie légère, et autant

au-dessous. Cependant l'infanterie de Florence, fatiguée par le poids de l'eau et de ses armes, n'était point encore sortie du lit de la rivière, et les premiers chevaux qui étaient passés, ayant enfoncé le terrain, avaient rendu le passage beaucoup plus difficile pour les autres; car ceux-ci, ne trouvant plus le fond, se cabraient contre leur cavalier, et un grand nombre s'enfonçaient tellement dans la boue, qu'ils n'en pouvaient plus sortir. Les généraux florentins, instruits de la difficulté du passage de ce côté, firent remonter les bords du fleuve à leurs troupes, afin de trouver un fond solide et une rive d'un plus facile accès. Mais elles furent reçues vigoureusement par l'infanterie légère que Castruccio avait envoyée sur les bords du fleuve; armée de rondaches et de becs de galère, elle les frappait de toutes parts en poussant de grands cris. Les chevaux, effrayés de ces cris et de leurs propres blessures, se cabraient les uns contre les autres, et refusaient d'avancer. D'un autre côté, le combat entre Castruccio et les Florentins qui avaient passé la rivière se maintenait avec une vigoureuse opiniâtreté. De part et d'autre le carnage était horrible. Chacun redoublait d'efforts pour écraser son adversaire. L'armée de Castruccio voulait repousser dans le fleuve les Florentins, qui s'efforçaient de gagner du terrain, pour faire place au reste de leurs troupes encore au milieu des eaux, et leur donner le moyen de combattre. Des deux côtés les généraux animaient leurs efforts: Castruccio rappelant aux siens qu'ils n'avaient à combattre que ces mêmes ennemis qu'ils avaient naguères vaincus à Serravalle, et les Florentins reprochant à leurs troupes de se laisser vaincre, malgré leur nombre supérieur, par une poignée de soldats. Le succès était encore incertain, lorsque Castruccio, voyant la lassitude des deux armées et le grand nombre des tués et des blessés, fit avancer un corps de cinq mille hommes d'infanterie: à peine furent-ils arrivés sur les derrières de ses combattants, qu'il ordonna à ceux-ci de s'ouvrir; et, comme s'ils eussent voulu faire retraite, de se retirer à droite et à gauche. Ce mouvement permit aux Florentins de s'avancer et de gagner du terrain. Mais, lorsqu'ils en vinrent aux mains avec les troupes fraîches de Castruccio, déjà épuisés de fatigues, ils ne purent plus longtemps opposer de résistance, et furent bientôt repoussés dans le fleuve.

Le succès entre la cavalerie des deux armées était encore incertain. Castruccio, connaissant l'infériorité de la sienne, avait ordonné à ses généraux de soutenir seulement l'effort de l'ennemi; il espérait qu'après avoir vaincu l'infanterie il aurait meilleur marché de la cavalerie, ce qui arriva en effet. Lorsqu'il vit l'infanterie ennemie repoussée dans le fleuve, il envoya la sienne contre la cavalerie de Florence qui, assaillie de dards et de lances par cette infanterie, pressée alors avec plus de vigueur par la cavalerie de Castruccio, prit enfin la fuite. Les généraux florentins, voyant que leur cavalerie ne pouvait passer le fleuve sans les plus grandes difficultés, tentèrent de faire passer leur infanterie plus bas, afin d'attaquer par le flanc l'armée de Castruccio. Mais la précaution qu'il avait prise de faire garder les bords au-dessus et au-dessous du lieu du combat, fit encore avorter ce projet. La déroute de l'ennemi fut complète, et couvrit de gloire Castruccio : à peine un tiers de cette nombreuse armée parvint à se sauver; plusieurs généraux furent faits prisonniers; Charles, fils du roi Robert, avec Michel Agnolo Falconi, et Taddeo Degli Albizzi, commissaires florentins, s'enfuirent à Empoli. Le butin fut considérable, et le carnage horrible, comme on peut le juger après un combat aussi acharné. Vingt mille deux cent trente et un hommes furent tués du côté des Florentins, et douze cent soixante-dix du côté de Castruccio.

Mais la fortune, jalouse de sa gloire, vint lui arracher la vie au moment même où elle devait plus que jamais la lui prolonger, et mit ainsi un terme aux grands desseins qu'il avait depuis longtemps médités, et que la mort seule pouvait désormais interrompre. Après avoir essuyé de violentes fatigues pendant tout le combat, baigné de sueur et épuisé de lassitude, il s'était retiré, le soir, à la porte de Fucecchio, pour attendre le retour de ses troupes, les accueillir lui-même, les remercier de leur victoire, et être à portée de donner tous les ordres nécessaires dans le cas où la résistance partielle de l'ennemi amènerait quelque événement imprévu. Il pensait que le devoir d'un bon général était d'être toujours le premier à cheval, et d'en descendre le dernier; là, il était exposé à un vent qui, vers midi, s'élève assez souvent de l'Arno, et qui est presque toujours mortel; il en eut le corps tout glacé; il négligea cet accident en homme habitué à de semblables indispositions, et cette négligence fut cause de sa mort. La nuit suivante, il fut attaqué d'une violente fièvre, qui, redoublant bientôt d'activité, fut jugée mortelle par tous les médecins. Castruccio, instruit de son danger, fit appeler Pagolo Guinigi, et lui parla ainsi :

« Si j'avais pu croire, mon cher fils, que la fortune dût m'arrêter au milieu de ma carrière, lorsque je m'efforçais d'atteindre cette gloire que je m'étais promise après de si grands succès, j'aurais bravé moins de périls, et t'aurais laissé, avec un état plus faible, moins d'ennemis et de jaloux. Content de l'empire de Lucques et de Pise, je n'aurais pas subjugué Pistoia, et irrité Florence par tant d'offenses. J'aurais obtenu l'amitié de ces deux villes, mené une vie, sinon plus longue, au moins plus tranquille, et t'aurais résigné une souveraineté moins étendue, mais, sans aucun doute, plus solide et plus affermie. La fortune, ce souverain arbitre des choses humaines, ne m'a donné ni assez de sagesse pour la connaître, ni assez de temps pour la dompter.

» L'on t'a répété plusieurs fois, et moi-même je n'ai pas cherché à te le dissimuler, comment je suis arrivé dans la maison de ton père, bien jeune encore, et ne pouvant aspirer à aucun de ces événements faits pour enflammer les cœurs généreux; comment lui m'a élevé et chéri avec une affection vraiment paternelle; comment enfin, aidé de ses leçons, je suis devenu un guerrier intrépide, digne de cette haute fortune à laquelle depuis tu m'as vu arriver. Lorsque à sa mort il confia à ma foi son fils et sa fortune, je t'ai élevé avec toute la tendresse d'un père; j'ai accru ton héritage avec tout le zèle que mon cœur devait au tien; et, non content de te remettre fidèlement tout ce qu'il t'avait laissé, voulant encore te léguer tout le fruit de mes travaux et de ma fortune, je n'ai jamais voulu m'engager dans les nœuds du mariage. Je craignais que la tendresse que je ressentirais pour mes enfants affaiblît la vive reconnaissance que je croyais devoir faire éclater envers le sang de ton père.

» Je te laisse donc, avec une grande satisfaction, un état considérable; mais je te le laisse faible et mal affermi, et c'est là toute ma peine. Lucques sera toujours mécontente de vivre sous tes lois. Pise, habitée par un peuple inconstant et perfide, Pise, bien qu'accoutumée à servir, n'obéira jamais qu'avec répugnance à un habitant de Lucques. Tu dois peu compter enfin sur la fidélité de Pistoia, déchirée par les factions et irritée contre nous par de récentes injures. Dans cet état de choses, tu as pour voisins les Florentins, que j'ai vivement offensés, dont je n'ai pu encore calmer les ressentiments, et que la nouvelle de ma mort réjouira plus que ne le ferait la possession de toute la Toscane; et tu n'as rien à espérer des ducs de Milan, ni de l'empereur. Ils sont éloignés, amis peu empressés, et n'envoient jamais que des secours tardifs. Tu ne peux donc compter que sur ta propre habileté, sur le souvenir de ma gloire, et sur la considération que va te donner la victoire de ce jour. Si tu sais en user avec sagesse, tu pourras aisément traiter avec les Florentins : ils sont consternés de leur défaite, et écouteront volontiers toutes tes propositions. J'ai toujours cherché leur inimitié, parce que je pensais que cette inimitié serait la source de ma puissance et de ma gloire. Toi, au contraire, tu dois désirer leur alliance, qui sera le gage le plus sûr de ta force et de ta sûreté.

» Ce qu'il y a de plus important dans ce monde, c'est de se connaître soi-même, et de savoir bien calculer et sa position et ses moyens personnels. Celui qui ne se sent pas propre à la guerre doit apprendre à régner par les talents nécessaires dans la paix. Ce sont ces talents que je t'engage à acquérir; tu parviendras à jouir paisiblement du fruit de mes fatigues et de mes dangers, si tu sais reconnaître la sagesse de mes conseils; et tu m'auras ainsi une double obligation, l'une de t'avoir laissé une grande puissance, l'autre de t'avoir appris à la conserver. »

Il fit appeler ensuite tous les citoyens de Lucques, de Pise et de Pistoia qui combattaient dans son armée, leur recommanda Pagolo Guinigi, leur fit jurer de lui rester fidèles, et bientôt après il mourut, laissant à ses amis

de plus vifs regrets que n'en a jamais excité un prince dans aucun temps, et un honorable souvenir à tous ceux à qui son nom est parvenu. Ses funérailles furent célébrées avec une grande pompe, et il fut enseveli dans l'église de Saint-François de Lucques.

Au reste, Pagolo Guinigi n'hérita pas des talents et de la fortune de Castruccio. Bientôt après la mort de celui-ci, il perdit Pistoia, ensuite Pise, et put à peine conserver dans Lucques son autorité, qui resta dans sa famille jusqu'à Pagolo, son arrière-neveu.

On peut juger par cette histoire que Castruccio fut un homme remarquable, non-seulement parmi ses contemporains, mais même parmi les hommes des temps passés. Il était d'une taille au-dessus de l'ordinaire, et parfaitement proportionnée. Il avait tant de grâces dans le maintien, son accueil était si plein de bienveillance, que jamais il ne renvoya personne mécontent de lui. Ses cheveux tiraient sur le roux; il les portait coupés sur l'oreille, et quelque temps qu'il fît, par la pluie ou la neige, il marchait toujours la tête nue. Il était obligeant pour ses amis, terrible pour ses ennemis, juste avec ses sujets, et sans foi avec les étrangers. Jamais il n'employa la force où il pouvait vaincre par la ruse. Il disait que « c'était la victoire elle-même, et non pas la façon qui donnait la gloire. » Jamais homme n'affronta le danger avec plus d'audace, et n'en sortit avec plus de prudence. Il avait coutume de dire que « les hommes doivent tout tenter et ne s'effrayer de rien; que Dieu favorise les cœurs intrépides, puisqu'on voit qu'il se sert toujours du fort pour châtier le faible. »

Dans la conversation, ses attaques et ses reparties étaient singulièrement remarquables par le sel ou la grâce qu'il y mettait; et, comme il n'épargnait personne, il ne trouvait pas mauvais qu'on ne l'épargnât pas. Voici quelques exemples qui montrent combien il était mordant dans l'attaque, et patient dans la réplique.

Il avait acheté une perdrix rouge un ducat : un de ses amis lui reprochait sa prodigalité. « Est-ce que vous ne l'auriez pas payée plus d'un sol? dit Castruccio. — Sans doute, répondit son ami. — Eh bien! reprit Castruccio, un ducat est pour moi moins qu'un sol pour vous.

Il avait devant lui un flatteur ; dans son mépris, il lui cracha à la figure. « Puisque les pêcheurs, répliqua celui-ci, se mouillent tout entiers dans l'eau de la mer pour prendre un petit poisson, je puis bien me laisser mouiller par un peu de salive pour attraper une baleine. » Castruccio, loin de se fâcher de cette réponse, lui accorda une récompense.

Quelqu'un lui reprochait de vivre avec trop d'éclat : « Si c'était un crime, dit-il, on ne ferait pas de si brillantes fêtes pour les saints. »

Il aperçut un jour un jeune homme qui sortait d'un mauvais lieu et qui rougit beaucoup en le voyant : « Ce n'est pas d'en sortir qu'il faut rougir, lui dit-il, mais d'y entrer. »

Un de ses amis lui avait donné à dénouer un nœud fait avec soin : « Tu es fou, lui dit-il, de croire que je veuille délier ce qui lié me donne déjà tant de peine. »

Il dit à un philosophe qui se trouvait chez lui : « Vous êtes comme les chiens, qui vont partout où ils espèrent trouver le plus à manger. — Non, reprit le philosophe, mais comme les médecins, qui vont visiter ceux qui sont le plus malades. »

Il voyageait par mer de Pise à Livourne : il survint une tempête assez dangereuse, et Castruccio paraissait fort effrayé. Un de ses compagnons lui reprochait sa pusillanimité : « Pour moi, dit-il, je n'ai peur de rien. — Cela n'est pas étonnant, répondit Castruccio, chacun estime sa vie ce qu'elle vaut. »

Quelqu'un lui demandait comment il pourrait acquérir de la considération. « C'est de faire en sorte, lui répondit-il, que, lorsque vous vous mettrez à table, ce ne soit pas une planche qui s'asseye sur une autre planche. »

Un homme se vantait devant lui d'avoir beaucoup lu : « Il vaudrait mieux avoir beaucoup retenu, » reprit-il.

Un autre se glorifiait de ne jamais s'enivrer quoique en buvant beaucoup. Il répondit : « Un bœuf en fait autant. »

Il vivait dans une grande intimité avec une jeune fille. Un de ses amis lui reprochait de se laisser ainsi posséder par une femme. « Tu te trompes, lui dit Castruccio, elle ne me possède pas, c'est moi qui la possède. »

Un autre de ses amis le blâmait de vivre avec trop de délicatesse. « Vous ne dépenseriez donc pas autant pour votre table ? lui dit Castruccio. — Non assurément, lui répondit son ami. — Alors, répliqua Castruccio, vous êtes plus avare que je ne suis gourmand. »

Taddeo Bernardi de Lucques, homme très-riche et très-magnifique, l'avait engagé à dîner. Lorsqu'il fut arrivé, Taddeo le conduisit dans une chambre tendue de riches tapisseries, dont le parquet formait une mosaïque de pierres précieuses qui, par la manière dont on avait su mêler leurs diverses couleurs, représentaient des fleurs, des feuilles et de la verdure. Là, Castruccio cracha à la figure de Taddeo ; celui-ci s'en offensa vivement : « Ma foi, dit Castruccio, je ne voyais nulle place où je pusse cracher d'une manière moins désagréable pour vous. »

Il venait d'apprendre comment mourut César. « Plût à Dieu, dit-il, que je mourusse ainsi. »

Il se trouvait un soir chez un de ses officiers où plusieurs femmes étaient rassemblées pour une fête ; il y dansa et folâtra plus qu'il ne convenait à son caractère. Un de ses amis lui en fit quelques reproches. Mon « cher, dit-il, celui qui est si sage le jour ne sera jamais fou la nuit. »

Quelqu'un lui demandait une grâce : Castruccio faisant semblant de ne pas entendre, il la lui demanda à genoux. Castruccio lui reprocha cette bassesse. « C'est vous qui en êtes cause, lui dit l'autre, puisque vous avez les oreilles aux pieds. » Castruccio, charmé de cette réponse, lui accorda le double de ce qu'il demandait.

« Le chemin de l'enfer, disait-il ordinairement, est bien facile, puisqu'on ne fait que descendre, et qu'on va les yeux fermés. »

Un homme employait de longs discours superflus pour lui demander une grâce. « Quand vous aurez besoin de me parler, dit Castruccio, envoyez-moi quelqu'un à votre place. »

Un autre bavard l'ayant fatigué par un long discours, et finissant par lui dire : « Je crains de vous avoir ennuyé ; — Point du tout, répliqua Castruccio, car je n'ai pas écouté un mot de ce que vous m'avez dit. »

Il disait de quelqu'un qui, ayant été un fort joli enfant, était devenu un très-bel homme

« que c'était trop injuste à lui, après avoir enlevé tous les maris aux femmes, d'enlever maintenant toutes les femmes aux maris. »

Il vit un jour rire un envieux : « T'est-il arrivé quelque bien, lui dit-il, ou quelque mal à autrui ? »

Lorsqu'il était encore chez messer Francesco Guinigi, un de ses camarades lui dit : « Que veux-tu que je te donne, à condition que je t'appliquerai un soufflet ? — Un heaumier [1], » répondit-il.

Il avait fait mourir un citoyen de Lucques qui avait été l'une des causes de sa grandeur : on lui reprochait cette barbarie envers un ancien ami : « Vous vous trompez, dit-il, je n'ai tué qu'un nouvel ennemi. »

Il louait beaucoup les hommes qui vivaient avec une femme sans l'épouser, ainsi que ceux qui formaient des projets de voyage par mer qu'ils n'exécutaient pas. « Les hommes sont bien inconséquents, disait-il, de ne vouloir acheter un vase de terre ou de verre qu'après l'avoir fait sonner, et de prendre une femme seulement à la vue. »

On lui demanda, au moment de sa mort, comment il voulait être enseveli. « La face contre la terre, dit-il, car, sitôt que je n'y serai plus, ce pays ira sens-dessus dessous. »

On lui demanda aussi si, pour sauver son âme, il avait jamais pensé à se faire moine. « Jamais, dit-il ; il me paraît trop étrange que frère Lazzerone aille en paradis, et Uguccionne della Faggiola en enfer. »

Un jour on lui demandait quand il fallait manger pour se bien porter. « Le riche, quand il a faim, dit-il, et le pauvre quand il peut. »

[1] Sorte de casque, alors en usage, qui couvrait les joues.

Il vit un de ses officiers qui se faisait lacer par son valet-de-chambre. « Que ne te fais-tu aussi, dit-il, mettre les morceaux dans la bouche ? »

Un homme avait fait écrire en latin, sur la porte de sa maison : « Dieu la garde des méchants. » — « Il faut pour cela, dit Castruccio, qu'il n'y mette jamais le pied. »

Il passait par une rue où il vit une petite maison avec une très-grande porte. « Quelque jour, dit-il, cette maison s'enfuira par cette porte. »

Il disputait un jour avec un ambassadeur du roi de Naples qui réclamait les biens de quelques bannis ; l'ambassadeur, le voyant s'échauffer, lui dit : « Ne craignez-vous donc pas le roi ? — Est-il bon ou méchant ? reprit Castruccio ? — Il est bon, répondit l'ambassadeur. — Pourquoi voulez-vous que j'aie peur des bons ? » répliqua Castruccio.

Je pourrais raconter de lui d'autres traits également pleins d'esprit et de dignité, mais ceux-là suffisent pour le faire apprécier. Il vécut quarante-quatre ans, et fut également recommandable dans l'une et l'autre fortune. Après avoir laissé assez de traces de ses glorieux succès, il voulut encore transmettre le souvenir de ses malheurs ; il fit attacher dans la tour de son palais, comme un témoignage de son infortune, les fers dont il fut enchaîné dans sa prison, et on les y voit encore aujourd'hui. Ne s'étant point montré, pendant sa vie, inférieur à Philippe, père d'Alexandre, et à Scipion l'Africain, il mourut au même âge que tous les deux ; et sans doute il les aurait surpassés l'un et l'autre si, au lieu d'être né à Lucques, il eût reçu le jour dans la Macédoine ou parmi les Romains.

VIII.

DISCOURS

SUR LA RÉFORME DE LA CONSTITUTION DE FLORENCE,

DEMANDÉ A MACCHIAVELLI PAR LE PAPE LÉON X.

La cause des fréquentes révolutions de Florence est qu'il n'y a jamais eu dans cette ville de gouvernement, soit républicain, soit monarchique, qui ait été marqué du caractère qui lui soit propre. Ce n'est pas, en effet, une monarchie durable que celle où les affaires se décident par la volonté d'un seul, et sont soumises à la délibération de plusieurs. Et il ne faut pas s'imaginer qu'on puisse maintenir une république où l'on ne laisse pas un libre jeu à toutes ces passions populaires, dont la répression inconsidérée amène la ruine inévitable de cette espèce de gouvernement.

Pour s'assurer de la vérité de cette opinion, il ne faut que se rappeler toutes les révolutions que notre constitution a essuyées depuis 1393 jusqu'à nos jours. Examinons d'abord les changements opérés à cette première époque, par messire Maso d'Albizzi, qui voulait donner à Florence le gouvernement des grands. Ces changements étaient si défectueux, qu'ils ne subsistèrent pas plus de quarante ans, et auraient même duré beaucoup moins sans les guerres des Visconti, qui maintinrent l'union dans l'état. Un des principaux vices de ce gouvernement fut l'établissement des scrutins à long terme. Ces scrutins étaient sujets à des fraudes très-faciles, et exposaient la république à de mauvaises élections. En effet, les places étant destinées longtemps d'avance aux citoyens, et les hommes étant d'un caractère mobile, et tournant très-aisément du bien au mal, il pouvait arriver que l'élection eût été bonne, et le tirage fort mauvais [1]; d'ailleurs, on n'avait rien fait pour empêcher les grands d'exciter des partis qui sont la ruine d'un état. En outre, la Seigneurie n'avait pas assez de considération et avait trop d'autorité, puisqu'elle pouvait disposer sans appel de la vie et des propriétés des citoyens, et convoquer à son gré l'assemblée extraordinaire du peuple. Elle n'avait aucun moyen de défendre l'état, et n'était qu'un instrument de ruine entre les mains de tout citoyen capable de l'agiter ou de l'asservir: d'un autre côté, elle ne jouissait que de peu de considération, parce qu'on y voyait trop souvent des jeunes gens ou des hommes abjects qui, n'y restant que pendant un temps fort court, n'avaient aucune occasion de s'illustrer par de grandes entreprises.

Un autre vice de cette institution, c'est que des hommes privés avaient le droit de se mêler aux conseils publics; ils se conservaient ainsi une grande considération; mais ils en dépouillaient entièrement les magistrats, dont l'autorité devenait tout-à-fait nulle. Un pareil usage est le renversement de tout ordre politique. Enfin, de tous ces vices, le plus important, c'est que le peuple n'entrait pour rien dans le gouvernement. Toutes ces imperfections étaient une source féconde de désordres; et si, comme je l'ai déjà indiqué, les guerres étrangères n'eus-

[1] On nommait à l'avance les membres qui devaient remplir les places de la république, ensuite on tirait tous les mois au sort ceux qui, pendant ce temps, devaient en exercer les fonctions. (*Note du trad.*)

sent maintenu l'union des citoyens, sa constitution eût péri beaucoup plus tôt.

Florence fut soumise ensuite au gouvernement de Cosimo de Médicis, qui inclina plutôt vers la monarchie que vers la république. S'il subsista plus longtemps que celui qu'il remplaçait, c'est qu'établi d'abord par la faveur du peuple, il fut ensuite dirigé par les talents supérieurs de Cosimo et de Lorenzo, son petit-fils. Mais la nécessité de soumettre à la délibération de plusieurs les entreprises que Cosimo avait résolu d'exécuter rendait ce gouvernement si faible, qu'il fut vingt fois en danger de périr, qu'il ne se maintint que par de fréquentes assemblées extraordinaires, et par l'exil d'une foule de citoyens, et que le passage de Charles VIII en Italie suffit pour le renverser.

On voulut alors revenir à des institutions républicaines, mais on négligea les moyens de les rendre durables. Ces institutions, en effet, gênaient le développement des passions populaires, sans avoir les moyens de les réprimer; elles étaient si vicieuses et si loin de constituer une véritable république, que l'établissement d'un gonfalonier à vie exposait l'état à l'un de ces deux dangers : si le gonfalonier était habile et sans vertu, il lui était facile de devenir le maître de la république; s'il était bien intentionné et faible, il pouvait être chassé sans peine, et entraîner l'état dans sa ruine. Comme il serait trop long d'en exposer toutes les raisons, je ne m'arrêterai qu'à une seule : c'est que le gonfalonier n'avait autour de lui aucune force qui pût le défendre s'il voulait le bien, ni l'arrêter et le punir s'il voulait le mal.

La cause essentielle de tous les vices de ces divers modes de gouvernement, c'est que les réformes n'avaient jamais eu pour objet l'utilité générale, mais seulement l'avantage et la sûreté d'un parti. Mais cette sûreté même, elles sont bien loin de pouvoir la lui garantir, puisqu'elles laissent toujours un parti de mécontents, qui devient l'instrument docile de quiconque aspire à un changement.

Il ne me reste plus à parler que du gouvernement qui a existé depuis la réforme de 1512 [1]

jusqu'aujourd'hui, de sa force et de sa faiblesse; mais, comme il n'est rien de plus récent, et que chacun en a été témoin, il est inutile de m'expliquer à cet égard. Maintenant que la mort du duc d'Urbin [1] a amené la nécessité de s'occuper de l'établissement d'un nouveau gouvernement, je crois que je ne serai pas répréhensible si j'expose toute mon opinion à cet égard, puisque je ne ferai qu'obéir aux ordres de Votre Sainteté. Mais avant tout, je me propose de l'entretenir des diverses opinions que j'ai entendues sur cette importante question; je développerai la mienne ensuite; et, si je tombe dans quelque erreur, Votre Sainteté daignera m'excuser, en pensant plutôt à mon zèle qu'à mon talent.

Les uns croient qu'on ne peut établir un gouvernement plus solide que celui qui avait lieu sous Cosimo et Lorenzo de Médicis; les autres voudraient le confier à un plus grand nombre de gouvernants : les premiers allèguent que les choses reviennent sans peine à leur état naturel; que les Florentins sont naturellement portés à honorer votre maison, à reconnaître ses bienfaits, et à se prêter à toutes ses volontés; qu'après avoir contracté cette habitude pendant soixante ans, il est impossible qu'ils ne reprennent, avec la même manière de vivre, les mêmes penchants; qu'on ne rencontrera dans Florence que très-peu d'opposition à ce système de gouvernement, et que cette opposition céderait bientôt à l'habitude de la soumission. A toutes ces raisons ils ajoutent celle de la nécessité; ils prétendent que les Florentins ne peuvent rester sans chef, et que cette nécessité étant bien démontrée, il vaut mieux qu'ils aient un chef d'une maison qu'ils honorent que de vivre dans l'anarchie, afin de n'en avoir pas, ou d'obéir à un étranger qui n'aurait pas la même considération, et serait moins agréable à tous les citoyens.

Mais on leur répond qu'un gouvernement ainsi constitué serait singulièrement dangereux par son peu de force; que, s'il était aussi faible du temps de Cosimo, comme je l'ai déjà démontré plus haut, il le serait bien davantage aujourd'hui que les hommes et les choses ne sont plus les mêmes, et qu'enfin il serait im-

[1] Époque du retour de Médicis; Macchiavelli qui était du parti renversé à cet époque détestait ce gouvernement, mais il craint de s'en expliquer devant Léon X.

[1] Lorenzo de Médicis, qui avait gouverné Florence sous le titre de capitaine général des Forentins.

possible d'établir dans *Florence* un gouvernement durable qui eût la moindre ressemblance avec celui-là.

D'abord ce gouvernement avait l'assentiment général; aujourd'hui le peuple y est opposé. Il n'en connaissait point encore alors qui lui parût mieux servir ses intérêts; depuis il en a organisé un qu'il croit plus conforme à ses droits, et qui lui plaît davantage; alors il ne se trouvait en Italie ni état ni armée contre laquelle les Florentins ne pussent se défendre, réduits même à leurs seules forces. Aujourd'hui que l'Espagne et la France se disputent ce pays, ils sont obligés de se déclarer pour l'une ou pour l'autre; et, si leurs alliés sont vaincus, ils deviennent la proie du vainqueur, danger qu'alors ils n'avaient point à craindre. Les citoyens, en outre, étaient habitués à payer de gros impôts; aujourd'hui, par impuissance ou par désuétude, ils sont libres de ce fardeau; vouloir le leur imposer à présent serait également odieux et dangereux.

Les Médicis qui étaient à la tête du gouvernement, nourris et élevés au milieu de leurs concitoyens, les traitèrent avec une familiarité qui leur gagnait tous les cœurs; aujourd'hui ils sont montés à un tel point de grandeur, qu'ils sont au-dessus de toute égalité civile; ils ne peuvent plus avoir avec leurs concitoyens même intimité domestique, et par conséquent compter sur la même faveur. Si l'on considère donc avec attention l'extrême différence des hommes et des temps, on se convaincra qu'il n'y a pas de plus grande illusion que de croire qu'on puisse imprimer les mêmes formes sur un fond si différent; et, si alors les Médicis, comme je l'ai déjà dit, étaient en danger tous les dix ans de voir le gouvernement s'échapper de leurs mains, ils le perdraient aujourd'hui dès les premiers jours. Il ne faut pas s'imaginer que les hommes aiment à reprendre leurs anciennes habitudes : cela n'est vrai que lorsqu'elles leur plaisent plus que les nouvelles; sinon, il n'y reviennent qu'autant qu'ils y sont forcés, et leur soumission ne dure pas plus longtemps que la nécessité qui les contraint.

D'ailleurs, quoiqu'il soit vrai que les Florentins ne puissent se passer d'un chef, et que, s'ils avaient à choisir entre deux maîtres, ils préféreraient la maison de Médicis à toute autre,

il n'en est pas moins certain que, s'ils ont à se décider entre un maître et un magistrat, ils aimeront toujours mieux celui-ci que celui-là.

On suppose que le gouvernement ne peut être détruit sans une agression étrangère, et qu'on aurait toujours le moyen de faire un traité avec les agresseurs; ce qui est une grande erreur, car le plus souvent on contracte alliance, non pas avec l'état le plus puissant, mais avec celui qui est le plus à portée de vous nuire, ou vers lequel votre inclination et vos espérances vous portent davantage. Or il est très-possible que votre ami soit vaincu, que sa défaite le livre à la discrétion du vainqueur, et que celui-ci refuse de traiter avec vous, soit que vous ne vous présentiez pas à temps pour entamer des négociations, soit qu'il ne veuille écouter que le ressentiment qu'il a conçu contre vous à cause de l'alliance que vous avez contractée avec ses ennemis. Lodovico Sforza, duc de Milan, aurait traité avec Louis XII s'il eût pu; le roi de Naples Frédéric en eût fait autant à l'égard du même souverain, s'il en eût trouvé l'occasion; mais l'un et l'autre perdit ses états pour n'avoir pu négocier; il survient, en effet, une foule d'événements qui vous en ôtent tout moyen.

Tout bien considéré, il est impossible de regarder un pareil gouvernement comme sûr et solidement fondé; il s'y trouve tant de causes de destruction, que Votre Sainteté et ses amis n'ont aucun motif de le préférer.

Quant à ceux qui voudraient voir un plus grand nombre de citoyens admis au gouvernement, je soutiens que, si cette institution n'est pas organisée de manière à former une république bien ordonnée, elle ne sera qu'un moyen de plus de hâter la ruine de l'état. Si les partisans de cette opinion exposaient les détails de leur système, je leur répondrais plus particulièrement; mais, comme ils s'en tiennent à des généralités, je ne puis les réfuter que par cette observation générale. A l'égard du gouvernement de Cosimo, je dis qu'on ne peut assurer la constitution d'un état qu'en y établissant une véritable république ou une véritable monarchie, et que tous les gouvernements intermédiaires sont défectueux. La raison en est évidente : il n'est qu'un moyen de destruction pour la monarchie comme pour la république; pour l'une, c'est de descendre vers la république; pour l'autre, c'est de monter vers la monarchie; mais il y a un double danger pour tous les gouvernements intermédiaires; ils peuvent et descendre vers la république, et monter vers la monarchie, et de là naissent toutes ces révolutions auxquelles ils sont exposés.

Si V. S. désire fonder à Florence un gouvernement qui assure sa gloire et le salut de ses amis, elle ne doit donc y établir qu'une véritable monarchie ou une république constituée selon les principes qui lui sont propres; hors de là, il n'y a qu'illusion et périls inévitables. Je n'entrerai dans aucun détail sur les moyens d'instituer une monarchie à Florence : les difficultés sont palpables; et les éléments même n'y sont pas. Je dois, en effet, faire observer à V. S. qu'il n'y a rien de plus difficile que d'établir une monarchie dans toute ville où règne l'égalité civile; ainsi que, pour fonder une république à Milan, où il existe une grande inégalité entre les citoyens, il faudrait détruire toute la noblesse, et l'abaisser sous le niveau de l'égalité; car on compte tant d'hommes si élevés au-dessus des autres, que les lois sont sans moyens de les réprimer, et qu'il faut un ascendant réel et un pouvoir royal pour les maintenir; par cette même raison, pour établir une monarchie à Florence, où tous les citoyens sont égaux, il serait d'abord nécessaire d'y instituer l'inégalité, d'y créer beaucoup de seigneurs, de terres et de châteaux, qui, de concert avec le prince, se servissent de leurs armes et de leur union pour tenir sous le joug et la ville et tout le pays, car le prince, seul et sans noblesse, ne peut soutenir le poids de son pouvoir; il faut donc qu'il se trouve, entre lui et le peuple, un intermédiaire qui l'aide à le porter. C'est une observation que l'on peut faire dans tous les états monarchiques, et principalement en France, où les gentilshommes dominent le peuple; les princes, les gentilshommes, et le roi, les princes.

Mais l'établissement d'une république dans un état propre à une monarchie, et d'une monarchie dans un état propre à une république, étant une entreprise difficile, et par cela même barbare et indigne de tout homme humain et généreux, je laisserai de côté la monarchie, et je ne parlerai que des moyens de fonder la république à Florence. On croit d'ailleurs généralement que V. S. y est très-disposée, et qu'elle ne retarde l'exécution de ce dessein que parce qu'elle n'a pas encore trouvé d'institutions qui lui aient paru capables de garantir le maintien de son autorité à Florence, et le salut de ses amis. Quant à moi, qui m'en suis longtemps occupé, je ne crains pas d'exposer à V. S. le résultat de mes méditations; s'il s'y trouve quelque idée utile, elle en profitera; et, dans tous les cas, je lui aurai donné une preuve de ma soumission absolue à ses ordres.

Votre Sainteté verra que, par mon plan de république, non-seulement je maintiens, mais que j'accrois même son autorité à Florence; que je garantis le salut et la considération de ses amis, et que le reste des citoyens aura tout lieu d'en être satisfait.

Je supplie Votre Sainteté de ne point louer ou blâmer ce discours avant de l'avoir lu tout entier, et surtout de ne pas s'effrayer des changements que je propose dans les diverses magistratures; car, lorsque des institutions sont vicieuses, moins on en conserve, moins le gouvernement a de défauts.

Quand on fonde une république, il faut faire la part de trois espèces d'hommes qui se trouvent dans tous les états : les grands, la classe moyenne et la dernière classe. Quoique j'aie dit avec raison que l'égalité règne à Florence, il n'en est pas moins vrai qu'il s'y rencontre quelques citoyens d'un caractère élevé, et qui se croient dignes d'être à la tête de leurs concitoyens. Il faut, en organisant la république, satisfaire à leur ambition; le dernier gouvernement n'a péri que pour n'avoir pas senti cette nécessité. Or, on les mécontentera toujours, si l'on ne donne aux premières magistratures une imposante majesté qui doit être soutenue dans leur personne.

Il est impossible que les premiers emplois de Florence aient rien de cette majesté, si on conserve la Seigneurie et les Colléges comme ils étaient autrefois; car le mode d'élection ne permettant que rarement à des hommes graves et considérés d'y siéger, on est obligé ou de faire descendre plus bas, et dans des classes inférieures, cette majesté qui appartient au gouvernement, ce qui est contre l'esprit de toute bonne institution politique ; ou d'en revêtir des hommes privés. Il faut donc corriger cet ordre de choses et travailler à satisfaire les désirs du plus ambitieux. Voici, à cet égard, les moyens que je propose :

J'abolirais la *seigneurie*, les *huit de la pratique* et les *douze bons-hommes*; et, pour donner plus de dignité au gouvernement, je les remplacerais par soixante-cinq citoyens âgés de quarante-cinq ans, dont cinquante-trois seraient pris dans les *grands métiers*, et les douze autres, dans les *petits métiers*. Ils seraient chargés à vie du gouvernement, de la manière que je vais l'expliquer.

Je nommerais parmi eux un *gonfalonier de justice* pour deux ou trois ans, si l'on ne voulait le créer à vie, et les soixante-quatre autres citoyens se partageraient en deux parts. La moitié gouvernerait une année avec le gonfalonier ; l'autre moitié, l'année suivante, et ils exerceraient ainsi successivement leurs fonctions dans l'ordre que je vais indiquer : ils seraient appelés la *Seigneurie*.

Les trente-deux citoyens qui gouverneraient une année se diviseraient en quatre parts ; les huit de chaque part résideraient trois mois dans le palais avec le gonfalonier, entreraient en fonctions avec les cérémonies d'usage, et exerceraient l'autorité de la seigneurie, des huit de la pratique et des collèges que j'ai abolis plus haut ; ce serait là la branche principale de l'administration et la première magistrature de l'état. Si l'on examine avec attention cette institution, l'on verra que j'ai rendu aux grands fonctionnaires de la république la dignité et la considération qui leur convient ; que les hommes puissants et respectés siégeront toujours dans les premières places, et que je préviens ainsi les intrigues des hommes privés, le plus grand danger qui puisse menacer une république. En effet, les trente-deux qui ne seraient pas cette année en exercice actuel pourraient toujours gouverner par leurs conseils et leur vigilance, et Votre Sainteté aurait le moyen, dans cette première élection, d'y introduire tous ses amis et partisans, comme je le dirai plus bas. Mais venons à la classe moyenne des citoyens.

Comme il y a, ainsi que je l'ai observé, trois classes d'hommes à Florence, je crois qu'il serait utile d'y établir aussi trois ordres de magistratures, mais pas davantage. Il faudrait donc abolir cette multitude de conseils qui ont, pendant quelque temps, surchargé Florence. Ils furent établis, non pas qu'ils fussent nécessaires à la constitution de l'état, mais afin d'offrir plus de places à l'ambition des citoyens, et de repaître leur vanité d'une foule de dignités qui ne servaient en rien au maintien de la tranquillité publique, puisqu'ils demeuraient toujours en proie aux fureurs des partis.

Voulant ainsi borner à trois classes les emplois de l'état, j'abolirais les *soixante-dix*, les *cent*, le *conseil du peuple et de la commune*; et j'établirais à leur place un *conseil de deux cents*, dont chaque membre aurait au moins quarante ans ; les *grands métiers* en fourniraient cent soixante, et les *petits métiers*, quarante ; et aucun de ces membres ne pourrait être dans les *soixante-cinq*. Ils seraient nommés à vie, et s'appelleraient le *conseil des élus*. Ils seraient chargés avec les *soixante-cinq* de toutes les fonctions attribuées aujourd'hui aux conseils dont je viens de parler, et qui seraient abolis en vertu de cette nouvelle intitution ; ce second conseil de l'état serait tout entier à la nomination de Votre Sainteté. Pour arriver à ce but, pour organiser et maintenir ces différentes institutions et celles dont je vais parler, pour assurer enfin à Florence l'autorité de Votre Sainteté et le salut de ses amis, l'assemblée extraordinaire conférerait à votre sainteté et au révérendissime cardinal de Médicis [1], pour la vie de chacun de vous, l'exercice complet des mêmes droits que ceux du peuple entier. Votre Sainteté aurait le droit de convoquer de temps en temps l'*assemblée extraordinaire*, et de nommer les *huit de la garde* ; enfin, pour plus grande sûreté du gouvernement et des amis de Votre Sainteté, on partagerait les milices d'infanterie en deux divisions qui seraient commandées par deux commissaires à la nomination de Votre Sainteté, en destinant un commissaire pour chaque division.

On voit que toutes ces institutions satisfont

---

[1] Le cardinal Jules de Médicis, fils naturel de Julien, et ainsi cousin de Léon X. Il fut depuis pape sous le nom de Clément VII.

à l'ambition de deux classes de citoyens, et affermissent dans Florence votre autorité et celle de vos amis, puisque l'armée et les tribunaux criminels sont dans vos mains, que votre volonté fait les lois *in pello*, et que tous les chefs du gouvernement vous sont dévoués.

Il nous reste à contenter la troisième et dernière classe, qui compose l'universalité des citoyens. Or, il serait insensé de se flatter d'aucun succès à cet égard, si on ne leur rend ou du moins si on ne promet de leur rendre leur autorité. Comme, dans le premier cas, une concession absolue et complète serait contraire à la sûreté des amis de Votre Sainteté et au maintien de son pouvoir, il faut qu'ils n'aient d'abord qu'une autorité partielle, mais qu'ils espèrent l'obtenir entière. Je pense donc qu'il serait nécessaire de rouvrir la *salle du conseil des mille*, ou au moins des *six cents*, et de leur accorder, dès ce moment, la nomination de tous les emplois et magistratures, excepté des *soixante-cinq*, des *deux cents*, et des *huit de Balia*, qui, pendant toute la vie de Votre Sainteté et du cardinal, demeureraient à votre choix. Et, afin que vos amis fussent sûrs, en allant aux voix dans le conseil, d'être élus, votre Sainteté nommerait huit scrutateurs, qui, dépouillant les scrutins en secret, pourraient donner les voix à leur gré, sans pouvoir publiquement exclure qui que ce fût; et, pour que le peuple crût que ceux qu'il aurait portés ont été mis dans le scrutin, on lui donnerait la faculté d'élire deux citoyens qui seraient présents à cette première opération.

Jamais on n'a établi une république durable en contrariant les vœux du peuple; or, jamais la grande majorité des citoyens de Florence ne sera satisfaite si l'on ne rouvre la *salle*. L'établissement d'une république dans cette ville tient à l'ouverture de cette salle, et à la faculté laissée au peuple de nommer aux emplois dont je viens de parler. Votre Sainteté ne doit pas se dissimuler que le premier ambitieux qui voudra lui ravir son autorité à Florence commencera avant tout par rouvrir la *salle*; il vaut donc mieux que Votre Sainteté le prévienne, en prenant d'utiles précautions, et qu'elle empêche ainsi ses ennemis de faire servir cette mesure à la ruine de son autorité et à la perte de ses amis.

Ces institutions une fois établies, elles suffiraient sans doute si Votre Sainteté et monseigneur le cardinal devaient vivre éternellement; mais, comme vous devez finir l'un et l'autre, et que votre intention est que Florence reste une république parfaite et consolidée dans toutes ses parties, que chacun sente et se dise que cet ordre de choses doit durer, et qu'enfin le peuple s'y attache, et par ce qu'on lui accorde, et par ce qu'on lui promet, il importe de plus de prendre les dispositions suivantes :

Les seize gonfaloniers des compagnies du peuple seraient élus de la même manière et pour le même temps qu'ils l'ont été jusqu'aujourd'hui; ils seraient à la nomination de Votre Sainteté ou du conseil, comme elle l'aimerait mieux; on établirait seulement différentes exclusions afin qu'il y eût un plus grand nombre de citoyens qui pussent y prétendre; aucun de ces gonfaloniers, par exemple, ne pourrait être pris parmi les soixante-cinq. Lorsqu'ils auraient été élus, on nommerait parmi eux quatre *préposés* qui seraient en fonctions pendant un mois, de manière qu'à la fin de leur magistrature tous les gonfaloniers eussent été préposés; de ces quatre, il y en aurait un qui siégerait une semaine dans le palais avec les neuf seigneurs résidents; et ainsi, à la fin du mois, ils y auraient siégé tous les quatre; les neuf seigneurs ne pourraient rien faire pendant son absence; il n'aurait pas voix délibérative, et serait seulement témoin des délibérations; mais il aurait le droit d'opposition, et pourrait exiger que l'affaire fût soumise à la délibération des trente-deux *seigneurs*. Ceux-ci également ne pourraient rien délibérer sans la présence de deux des *préposés*, qui n'auraient d'autre droit que d'arrêter la délibération, et d'exiger qu'elle fût portée devant le *conseil des élus*. Ce conseil ne pourrait aussi rien faire sans la présence de six gonfaloniers au moins, avec deux préposés, lesquels, là encore, n'auraient aucune autorité, et auraient seulement le droit, pourvu que trois d'entre eux fussent du même avis, de porter l'affaire de ce *conseil des élus* au *grand conseil*; et ce dernier conseil ne se réunirait qu'autant qu'il s'y trouverait présents douze gonfaloniers, et parmi eux au moins trois préposés. Ceux-ci iraient alors aux voix comme tous les autres citoyens.

Il y a deux raisons importantes pour qu'après la mort de Votre Sainteté et de monseigneur le cardinal on établisse cet ordre de délibérations tel que je viens de le proposer : 1° s'il arrive que la seigneurie ou l'autre conseil, en proie aux divisions, ne terminent pas assez promptement les affaires de l'état, ou méditent des projets contraires à son salut, il est utile qu'ils aient auprès d'eux un pouvoir qui puisse leur enlever l'autorité dont ils abusent, et la conférer à d'autres. Il ne faut pas en effet qu'une seule espèce de magistrats ou de conseils décide une affaire sans qu'aucune puissance ait le droit de corriger leurs décisions, et que les citoyens soient délivrés de toute surveillance, et puissent embrasser le mal sans obstacle ; 2° le mode que je propose pour l'élection de la seigneurie ôtant au peuple l'espérance de parvenir à cette dignité, il faut compenser cette perte en lui donnant un pouvoir semblable à celui qu'on lui enlève ; et ce pouvoir que je lui attribue est plus réel, plus important au salut de l'état et enfin plus honorable que celui qu'il possédait. Il serait utile de nommer dès à présent ces gonfaloniers, afin d'habituer Florence à ses nouvelles lois ; mais on pourrait leur défendre d'exercer leur droit d'opposition sans la permission de Votre Sainteté, qui emploierait ce moyen pour faire concourir plus sûrement les opérations du gouvernement au maintien de son autorité.

Afin d'affermir la république après la mort de Votre Sainteté et celle de monseigneur le cardinal, pour ne laisser aucune partie de la constitution imparfaite, il est nécessaire de permettre un appel judiciaire, qui serait porté devant les huit de la garde, et devant trente citoyens tirés à la fois des deux cents et des six cents ; en vertu de cet appel, l'accusateur et l'accusé seraient obligés de comparaître dans un temps limité. On ne pourrait y recourir pendant votre vie sans votre permission.

Cette faculté d'appel est indispensable dans une république où un petit nombre de juges n'ose pas punir des hommes puissants ; il faut donc faire concourir à leur jugement beaucoup de citoyens, afin que les auteurs de l'arrêt soient cachés par le nombre, et que chacun puisse ainsi nier d'y avoir pris part. L'effet de cet appel serait encore d'obliger les huit à ex-

pédier promptement les causes et à juger avec plus d'équité, dans la crainte que vous ne consentiez à l'appel. Mais, afin qu'on ne cherchât pas à appeler de toute affaire, on pourrait arrêter qu'il ne serait pas permis d'interjeter appel dans une accusation de vol, à moins qu'il ne s'agît au moins de cinquante ducats, et dans une accusation de violence, à moins qu'il ne s'en fût suivi fracture de membres ou effusion de sang, ou que la perte se fût élevée au moins à cinquante ducats.

Maintenant, si je considère ces institutions comme destinées à constituer une république qui agirait sans l'intervention de votre autorité, il me semble que les détails où je suis entré prouvent qu'elles remplissent parfaitement cette intention ; mais, si je les examine avec les modifications qu'elles doivent avoir du vivant de Votre Sainteté et de monseigneur le cardinal, elles établissent une véritable monarchie. Vous avez en effet le commandement des troupes ; vous dirigez les tribunaux criminels, et votre volonté fait les lois. J'ignore ce que la plus haute ambition pourrait désirer de plus. Je ne vois pas quels dangers ceux de vos amis qui sont gens de bien, et veulent vivre à leurs propres dépens pourraient encore avoir à craindre, lorsque V. S. conserverait une autorité aussi étendue, et qu'ils occuperaient les premiers emplois du gouvernement. Je ne conçois pas enfin comment le peuple ne serait pas satisfait en se voyant rendre ainsi une partie des élections, et en conservant l'espérance de recouvrer les autres peu à peu. Votre Sainteté, en effet, pourrait, selon les circonstances, abandonner quelquefois au conseil du peuple, et quelquefois se réserver à elle-même la nomination des places vacantes dans les *soixante-cinq* et les *deux cents*. Je suis certain qu'en peu de temps, grâce à l'ascendant de Votre Sainteté, qui dirigerait toutes les opérations de la république, ces deux formes de gouvernement se modifieraient tellement l'une par l'autre, qu'elles ne formeraient qu'un système unique propre à assurer la tranquillité de Florence et l'éternelle gloire de Votre Sainteté ; car l'autorité qu'elle conserverait dans le gouvernement lui laisserait toujours les moyens d'y corriger les défauts que le temps pourrait y faire découvrir.

Les plus grands honneurs auxquels les hommes puissent aspirer sont ceux qui leur sont volontairement décernés par leur patrie, et le plus grand bien qu'on puisse faire sur la terre, ce sont les services rendus à la patrie. Mais de tous les hommes qui se sont illustrés par leurs actions, ceux-là sont arrivés au plus haut degré de gloire qui, par leurs lois et leurs institutions, ont réformé les républiques et les royaumes. Les louanges qu'ils ont de toutes parts obtenues les ont placés immédiatement au-dessous des dieux. Au reste, comme les occasions d'entreprendre ce grand ouvrage ne se sont guère présentées qu'à bien peu de mortels, et que bien peu ont su en profiter, le nombre de ceux qui ont droit à cette gloire si rare est bien borné; mais elle a paru d'un si grand prix à des hommes dont la gloire était le seul but, que, n'ayant pu constituer en réalité une république, ils l'ont entreprise du moins dans leurs écrits: c'est ainsi que Platon, Aristote, et beaucoup d'autres philosophes, ont voulu montrer au monde que, si, comme Solon et Lycurgue, ils n'ont pas fondé un gouvernement civil, ce n'a point été par ignorance, mais parce qu'ils ne pouvaient trouver ou appliquer les résultats de leurs méditations. Le ciel ne peut, en effet, accorder à un homme un plus grand bienfait, ni lui ouvrir un plus noble sentier de gloire; et de toutes les faveurs dont il a comblé votre maison et la personne de Votre Sainteté, celle-là est sans doute la plus précieuse, puisqu'elle vous donne et l'occasion et les moyens d'immortaliser votre nom, et de surpasser ainsi la glorieuse réputation de votre père et de votre aïeul.

Votre Sainteté doit considérer qu'en maintenant l'ordre de choses qui subsiste aujourd'hui à Florence, au premier accident, elle expose son autorité aux plus imminents dangers, et, jusqu'à ce moment, à d'insupportables dégoûts, dont monseigneur le cardinal, qui vient de passer plusieurs mois à Florence, pourra lui donner quelque idée. Vous avez à résister, d'un côté, à la présomption et aux importunités d'une foule de gens tous les jours plus avides dans leurs demandes, et, de l'autre, aux frayeurs de beaucoup de citoyens qui, ne trouvant pas leur sûreté dans l'état actuel des choses, pressent sans relâche d'organiser enfin le gouvernement. Ceux-ci voudraient qu'on

diminuât le nombre des gouvernants, ceux-là, qu'on l'augmentât, et personne ne donne les moyens de le resserrer ou de l'agrandir. Jamais on ne vit un mélange d'idées plus confuses; ils sentent que l'ordre actuel n'assure pas leur salut; ils ne savent pas comment ils voudraient le régler, et ils se défient de qui pourrait le leur apprendre. Cette horrible confusion est propre à rendre folle la tête la plus sage.

Pour éviter tous ces dégoûts, il n'y a que deux moyens : l'un est de supprimer toute audience, et d'ôter aux citoyens le droit de vous adresser, même d'une manière régulière, leurs diverses demandes, et de ne leur permettre de faire entendre leurs réclamations que lorsqu'ils seront mandés; c'était la méthode du feu duc [1]; l'autre est d'organiser le gouvernement de façon qu'il marche de lui-même, et que Votre Sainteté soit à peine obligée de le suivre des yeux. Le premier moyen vous délivre des dégoûts, le second des dégoûts et des dangers. Mais je reviens aux dangers dont vous menace l'état actuel de Florence, et j'ose prédire que, si cet état ne change pas, il arrivera, au premier événement, l'une de ces deux choses ou toutes les deux à la fois: il s'élèvera tout à coup, et du sein du tumulte, un chef imprévu qui entreprendra de défendre l'état par les armes et la violence, ou bien une partie du peuple ira ouvrir la salle du conseil, et prendra l'autre pour ses victimes; et dans l'un et l'autre cas, je laisse à penser à Votre Sainteté combien il s'ensuivra de supplices, d'exils et de vexations de tout genre; ce sera à faire mourir de douleur, non-seulement Votre Sainteté, dont le cœur est si rempli d'humanité, mais même l'homme le plus barbare. Le seul moyen de prévenir tant de malheurs est d'organiser tellement le gouvernement de Florence, qu'il puisse de lui-même se consolider; et il se consolidera lorsque chacun pourra y participer, connaîtra bien la part d'autorité qui lui est destinée, et saura en qui placer sa confiance, lorsque enfin aucune classe de citoyens ne sera poussée par aucune inquiétude personnelle ou par ambition, à tenter des innovations.

[1] Probablement Laurent de Médicis, duc d'Urbin.

IX.

PRÉCIS DU GOUVERNEMENT INTÉRIEUR
DE LA VILLE DE LUCQUES.

Cette ville est divisée en trois quartiers, dont l'un porte le nom de Saint-Martin, le second celui de Saint-Paulin, et le troisième celui de Saint-Sauveur. La première et souveraine magistrature réside dans neuf citoyens pris dans les trois quartiers et par égale portion. Ce corps, présidé par un chef nommé gonfalonier de justice, est connu sous le titre de la seigneurie, ou sous le nom d'Anciens. Il y a ensuite le conseil des trente-six, et le conseil général ou des soixante-douze. Ces trois corps de magistrature forment l'état. Il y en a bien encore quelques autres mais qui sont subordonnés à ceux-là, et dont j'aurai occasion de parler. La seigneurie exerce sur les habitants du dehors une autorité très-étendue, mais elle n'en a aucune sur les citoyens; cependant c'est elle qui convoque les conseils, propose les objets sur lesquels ils doivent délibérer, est chargée de la correspondance diplomatique, convoque également ce qu'on appelle le Colloque des sages. Cette dernière assemblée départage les avis en cas d'égalité dans les votes des deux conseils. Les Anciens veillent à la sûreté publique et appellent l'attention des conseils sur tout ce qui peut l'intéresser; en un mot, ce sont eux qui impriment le premier mouvement au gouvernement. Ce corps est renouvelé tous les deux mois, et ceux qui sortent ne sont rééligibles quapres deux ans. Le conseil des trente-six nomme, de concert avec la Seigneurie, aux emplois utiles et honorables; et, comme les lois portent qu'ils seront au moins trente-six, outre la Seigneurie, pour délibérer sur cet objet, chacun des Anciens s'adjoint deux citoyens qui jouissent du même pouvoir que les trente-six. Voici l'ordre qu'on suit dans la promotion aux charges, soit lucratives, soit honorifiques : on met tous les deux ans dans la boîte des votes les noms des seigneurs et des gonfaloniers qui doivent siéger les deux années suivantes. Pour cela, le conseil des trente-six et les Anciens s'assemblent et font placer, dans une salle attenant à celle où ils sont, les secrétaires des trois quartiers avec un religieux, et sur le seuil de la porte qui sépare les deux salles un autre religieux. Chacun des siégeants nomme un sujet. Le gonfalonier se lève donc le premier, et va dire tout bas à celui des frères qui est sur le seuil de la porte de communication le nom de celui à qui il donne sa voix, et à qui il désire que les autres donnent la leur. Le gonfalonier va ensuite au bureau des secrétaires, met une boule dans la boîte, et retourne à sa place. Les seigneurs en font autant l'un après l'autre, et par rang d'ancienneté, ainsi que les membres du conseil; et chacun d'eux, avant de se rendre au secrétariat des partis, demande au frère quel est celui qu'on lui a nommé et à qui il doit donner son suffrage. De cette manière, ils n'ont, pour se décider sur leur choix, que le temps nécessaire pour se rendre de la porte où est le frère au bureau du secrétariat.

Dès que chacun des Anciens et des trente-six a donné son vote, on vide la boîte. Celui qui a les trois quarts des suffrages est proclamé seigneur. Ensuite le plus ancien des seigneurs nomme un autre sujet au frère; chacun va lui donner sa voix, et souvent, en trois séances, l'élection des Anciens est achevée; et, comme ce corps se renouvelle tous les deux mois, et que l'élection se fait pour deux années, il y a à nommer douze gonfaloniers et cent huit seigneurs. Les élus nomment ensuite parmi eux, et toujours par la voie du scrutin, des officiers chargés de déterminer les différentes époques auxquelles ils doivent entrer successivement en fonction. La publication du résultat de ce scrutin se fait, non à la fois, mais partiellement, tous les deux mois.

La nomination aux autres emplois se fait d'une manière différente. Il y a tous les ans un scrutin pour l'élection tant des officiers qui doivent siéger les six premiers mois que de ceux qui doivent les remplacer pour les six derniers. Voici la forme de ce scrutin : d'abord, on fait publier que ceux qui aspirent aux emplois aient à se faire inscrire sur un registre tenu à cet effet par le chancelier. Cet officier met les noms des inscrits dans une bourse, et, lorsque le conseil est assemblé pour l'élection, il en tire un qu'il appelle. Si celui dont le nom est publié se trouve présent et qu'il se déclare candidat pour la place en question, on va aux voix ; il faut les trois quarts des suffrages pour être nommé ; s'il a moins des trois quarts, le chancelier déchire son billet, en tire un second, et ainsi de suite. Les candidats qui ne peuvent assister à l'élection peuvent se faire représenter.

Il y a cette différence entre la forme du scrutin dans l'état de Lucques et celle reçue à Florence et ailleurs, qu'ici c'est la boîte qui va trouver celui qui donne sa voix, au lieu que là c'est ce dernier qui va trouver la bourse. Dans les autres états on cherche à augmenter le nombre des candidats, et on n'est nommé qu'à une grande majorité de suffrages ; de plus, on fait d'abord publier les emplois auxquels on va nommer, et ensuite on procède au scrutin. A Lucques, au contraire, on tire les noms de la bourse avant de faire connaître l'emploi auquel on va nommer. C'est à l'élu à calculer ses moyens et ses forces : s'il choisit mal, il en porte la peine, par l'interdiction du droit de voter avant un an révolu. D'un autre côté, s'il a les trois quarts des suffrages, l'emploi est à lui, et aucun autre candidat ne peut y prétendre, eût-il à sa disposition un plus grand nombre de suffrages. Le gouvernement de Lucques regarderait comme inconvenant d'ôter ainsi à un candidat la place qui lui aurait été déjà comme adjugée. Je n'examinerai point ici à quel mode de scrutin on doit donner la préférence.

Le conseil général est composé, comme je l'ai déjà dit, de soixante-douze membres, et s'assemble avec les seigneurs, dont chacun peut s'adjoindre trois citoyens, qui partagent ainsi avec eux l'autorité. Ce conseil siége un an ; celui des trente-six, six mois. Ces derniers ne peuvent être réélus qu'après un an, et les autres après deux. Le conseil général se recrute lui-même ; celui des trente-six est renouvelé par la Seigneurie, à laquelle on a joint douze citoyens nommés au scrutin par les trente-six.

C'est dans le conseil des soixante-douze que réside proprement la souveraineté, puisque c'est lui qui fait les lois et les abroge, et qui exerce le droit de paix et de guerre. Lui seul peut ôter la vie ou la liberté aux citoyens ; il statue sur tous ces objets en dernier ressort ; mais aucune décision ne passe à une majorité moindre des trois quarts. Les deux conseils ont trois secrétaires qu'on renouvelle tous les six mois, et qui sont les espions, ou, pour leur donner un titre plus honorable, les gardiens de l'état. Ces ministres peuvent bannir, chasser, ou même faire périr, sans autre forme de procès, un étranger qui leur serait suspect ; ils exercent leur surveillance sur la ville et sur les citoyens, en un mot sur tout ce qui intéresse la sûreté publique ; ils font leurs rapports au gonfalonier, à la Seigneurie et au colloque des sages, qui sont chargés d'examiner leur administration et de la juger.

Les deux conseils nomment encore trois capitaines chargés de lever les milices nécessaires à la défense de l'état. Les procès entre citoyens, soit civils, soit criminels, sont jugés par un podesta florentin, qui est également à leur nomination, ainsi que les magistrats chargés de la surveillance du commerce et des arts et de l'entretien des édifices publics, comme dans les autres états.

Le gouvernement de Lucques, quoique entouré de voisins puissants, a su jusqu'ici se maintenir en paix avec eux ; et, sous ce rapport, on ne peut qu'approuver sa politique. Mais jetons un coup d'œil sur la constitution de cet état, et voyons ce qui s'y trouve de bon et de blâmable.

D'abord on ne peut qu'applaudir à cette sage disposition qui ne donne à la Seigneurie aucune autorité sur les citoyens, conformément aux principes des républiques bien constituées. A Rome, le pouvoir des consuls ne s'étendait pas jusqu'aux particuliers ; il en est de même de celui du doge et de la Seigneurie à Venise. Le premier magistrat d'une république a toujours assez de pouvoir, et il ne pourrait qu'abuser de celui qu'on lui donnerait sur les citoyens. Mais je n'approuve pas que le chef de l'état de Lucques ait si peu de majesté. Comme son pouvoir expire au bout de deux mois, et qu'il ne peut être réélu dans les deux années qui suivent, cette charge est rarement recherchée par des hommes d'un grand mérite, qui trouvent plus d'avantage à servir l'état en qualité de simples particuliers. Aussi les Lucquois sont-ils obligés de recourir à des colloques ou assemblées de citoyens qui n'appartiennent ni aux conseils ni à la magistrature, institution qu'on ne trouve dans aucun état bien ordonné. Les consuls romains étaient en général des hommes distingués ; on doit en dire autant des seigneurs de Venise : c'est que dans ces deux états on a senti la nécessité d'environner d'éclat et de majesté des magistrats à qui il eût été dangereux d'accorder une trop grande autorité. La forme de l'élection des seigneurs et des magistrats me paraît bien entendue, et les officiers civils jouissent d'une assez grande considération.

Il est encore un point dans lequel ce gouvernement s'est écarté des républiques anciennes, où le grand nombre élisait, le moyen délibérait et le plus petit exécutait les lois. Ainsi à Rome le peuple nommait aux magistratures, le sénat formait le conseil de la nation, et les consuls, avec quelques autres officiers, étaient chargés de l'exécution des lois. À Venise c'est le conseil qui nomme aux emplois, les prégadi qui délibèrent, et la Seigneurie qui exécute ; à Lucques, au contraire, tout est confondu : les élections y sont faites par le petit nombre, la majorité y délibère, et l'exécution des lois est confiée à un certain nombre de citoyens. Jusqu'ici il n'est résulté aucun effet fâcheux de ces dispositions vicieuses ; mais je ne crois pas que le fondateur d'une république doive prendre à cet égard le gouvernement de Lucques pour modèle.

Si ce renversement des principes n'a point été fatal à Lucques, c'est parce que les emplois, soit lucratifs, soit honorifiques, n'y sont pas très-recherchés. Ils rapportent peu et il n'y a guère que les citoyens riches qui les obtiennent, en sorte qu'on trouve plus avantageux de s'occuper de ses propres affaires, et qu'on se met peu en peine de ceux qui administrent celles de l'état. Ajoutez à cela que le nombre des citoyens étant peu considérable, et les emplois non à vie, mais pour un terme assez court, chacun espère y parvenir à son tour ; outre cela, les seigneurs ayant la faculté de nommer dans chaque conseil deux ou trois membres pour un an, ceux qui ne croient pas avoir assez de crédit pour être nommés aux places ont la ressource de se faire adjoindre par un des seigneurs, et d'obtenir ainsi l'entrée à l'un des deux conseils. Il y a encore, relativement à la convocation des conseils, un réglement bien populaire et très-propre à abréger les formes. Il porte que si, à un terme fixé, un ou plusieurs des membres de l'un ou de l'autre des conseils ne se trouvent pas au lieu des séances, la Seigneurie est autorisée à envoyer ses huissiers pour prendre les premiers citoyens qui se présenteront, à l'effet de remplacer les conseillers absents.

C'est le conseil général qui exerce l'autorité sur les citoyens. On ne peut qu'approuver cette disposition, qui donne un moyen sûr de réprimer l'esprit de domination qui pourrait s'élever parmi eux ; mais il serait à désirer qu'il y eût un corps peu nombreux de quatre à six personnes, par exemple, chargé de contenir dans le devoir les..... et de réprimer la fougue des jeunes gens, en sorte que la multitude fût tenue en échec par un petit nombre, de même que les riches sont contenus par le grand nombre. On éprouve souvent à Lucques les inconvénients qui résultent de cette espèce de lacune qu'on trouve dans la constitution de cet état. En effet, une jeunesse corrompue devient un instrument de révolte et de faction dans les mains d'un ambitieux. C'est à cette considération que l'on doit la loi portée il y a quelques années, et en vertu de laquelle le conseil général s'assemble deux fois l'an, en mars et en septembre, pour dresser une liste des *licencieux* (discoli). Ceux qui sont nommés dix fois dans la lecture qui s'en fait en plein conseil passent par un scrutin dressé à cet effet. Celui qui a contre lui les trois quarts des suffrages est banni pour trois ans du pays. Cette loi sans doute est très-bonne, et le gouvernement de Lucques en a souvent éprouvé de salutaires effets, parce qu'elle met un frein à l'ambition des grands, privés par là d'un moyen puissant de révolte, et sans trop affaiblir la population de l'état, vu qu'il rentre à peu près autant de bannis qu'il en sort ; mais elle est insuffisante, parce que les jeunes gens qui appartiennent à des familles nobles et riches trouvent toujours assez de crédit dans le conseil général pour éloigner une majorité des trois quarts ; c'est ce qu'on voit depuis long-temps à l'égard des Poggi.

On s'étonnera peut-être de voir qu'à Lucques

tout se décide à une majorité des trois quarts ; mais si on considère, d'une part, que dans les républiques on ne peut procéder que par oui et par non ; de l'autre, que, dans cette espèce de gouvernement, il y a plus d'inconvénient à trop faire qu'à faire trop peu, on se convaincra que cette disposition est très-bien vue, du moins pour le plus grand nombre de cas ;

mais il est peut-être à regretter que dans celui dont j'ai parlé en dernier lieu, il ne suffise pas d'une majorité des deux tiers dans le conseil général pour bannir des jeunes gens dont la licence peut être si funeste à l'état.

Voilà tout ce que j'avais à dire du gouvernement de Lucques, et ce qu'il offre de bon et de mauvais.

X.

TABLEAU DE LA FRANCE.

Le royaume et les rois de France sont aujourd'hui plus riches, plus grands et plus puissants qu'ils n'ont jamais été, par les raisons que je vais détailler.

La couronne, héréditaire de père en fils, s'est beaucoup enrichie ; car, lorsqu'un roi meurt sans enfant ou sans aucun parent qui puisse lui succéder dans son patrimoine particulier, tout son bien et tout ce qui lui appartient est réuni au domaine de la couronne. Beaucoup de rois s'étant trouvés dans ce cas, la couronne s'est ainsi enrichie par l'acquisition d'un grand nombre de domaines considérables, tels que le duché d'Anjou ; c'est même ce qui arrivera sous le roi actuel [1], qui, n'ayant pas d'enfants mâles, laissera à la couronne les duchés d'Orléans et de Milan ; en sorte qu'aujourd'hui les principaux fiefs de la France n'appartiennent plus à des barons particuliers, mais seulement au domaine royal.

Une autre raison de la grandeur actuelle des rois de France, c'est qu'autrefois ce royaume était partagé entre plusieurs barons très-puissants, qui ne désiraient et ne cherchaient que les occasions de se distinguer contre le roi lui-même, tels que les ducs de Guienne et de Bourbon, etc., et qu'aujourd'hui ces fiers barons sont les sujets les plus soumis du roi, qui en est devenu plus puissant.

On peut ajouter encore que toutes les fois qu'un voisin de la France voulait lui faire la guerre, il se trouvait toujours ou un duc de Bretagne, ou un duc de Guienne, ou un duc de Bourgogne, ou un comte de Flandre, qui ouvrait à l'ennemi les portes de ce royaume, lui donnait passage et le recevait chez lui. Aussi, quand les Anglais avaient le projet d'attaquer la France, ils ne manquaient jamais de lui susciter de l'embarras par le moyen du duc de Bretagne, comme le duc de Bourgogne employait dans la même vue le duc de Bourbon. Aujourd'hui, au contraire, la Bretagne, la Guienne, le Bourbonnais et une grande partie de la Bourgogne, sont soumis au roi ; et non seulement les ennemis de la France sont privés de ce moyen d'y porter le trouble, mais encore ces provinces fournissent au roi des secours contre eux : par là il se trouve plus puissant, et ses ennemis plus faibles.

D'un autre côté, les barons les plus riches et les plus puissants sont de la famille royale, ou du moins ses alliés ; en sorte que les héritiers les plus proches venant à manquer, le trône peut leur échoir. Chacun dès lors se tient uni à la couronne, dans l'espérance que lui ou les siens pourront y parvenir un jour, et ils sont convaincus que se révolter contre elle ou s'en éloigner peut leur être plus nuisible que profitable. Le roi régnant fut sur le point de l'éprouver lorsqu'il fut entraîné et pris dans la guerre de Bretagne où il avait embrassé le parti du duc contre le roi ; car, à la mort de Charles VIII, on prétendit qu'il avait perdu son droit à la couronne pour l'avoir aban-

[1] Louis XII.

19.

donnée et s'être ainsi armé contre elle. Heureusement qu'il se trouva en état de répandre beaucoup d'or, et que le duc d'Angoulême, qui devait le remplacer, n'était encore qu'un enfant; sans cela et sans la faveur particulière dont il jouissait, Louis XII n'aurait jamais été roi.

Enfin, la dernière raison que l'on peut donner de la grandeur des rois de France, c'est que les domaines des grands barons français ne se partagent pas entre leurs héritiers, comme en Allemagne et dans la plus grande partie de l'Italie, mais qu'ils passent en totalité à l'aîné de la famille, qui est le seul héritier. Les cadets restant donc sans ressources, aidés de leurs aînés, ils prennent le parti des armes, et ils s'adonnent tout-à-fait à cette partie dans l'espérance d'y parvenir et de se mettre en état de pouvoir former un jour quelque établissement avantageux. Il résulte de là que la gendarmerie française est la meilleure qui existe, parce qu'elle est toute composée de la noblesse, ou des fils de seigneurs qui ne cherchent qu'à le devenir eux-mêmes.

L'infanterie française ne peut pas être bien bonne : il y a longtemps qu'elle n'a fait la guerre, et par conséquent elle n'est pas exercée. Elle n'est composée d'ordinaire que de bas peuple et de gens de métiers, tellement tyrannisés par les nobles et leur étant tellement soumis, qu'ils en sont avilis, et que le roi ne les emploie jamais dans ses armées. Il faut en excepter les Gascons, dont le roi se sert, et qui sont plus braves que les autres parce que, voisins des Espagnols, ils tiennent un peu de leur naturel. Cependant dans toutes les dernières guerres ils se sont plus montrés en brigands qu'en braves soldats. Ils sont assez intrépides quand il s'agit d'attaquer ou de défendre une place; mais il n'en est pas de même quand ils sont en pleine campagne; en quoi ils diffèrent des Allemands et des Suisses, auxquels rien ne peut résister sur le champ de bataille, mais qui sont peu propres à attaquer ou défendre une ville. Cette différence vient, je crois, de ce que ces deux derniers peuples ne peuvent pas conserver dans une place leur ordre de bataille comme en rase campagne. Aussi le roi de France se sert-il toujours des Suisses et des lansquenets, parce que sa cavalerie se dé-

fie des Gascons lorsqu'il faut marcher à l'ennemi. On peut assurer que, si l'infanterie française valait la cavalerie, le roi de France n'aurait aucun ennemi à craindre.

Les Français sont naturellement plus intrépides que robustes et adroits ; et, si l'on peut résister à l'impétuosité de leur premier choc, ils faiblissent bientôt et perdent courage au point de devenir aussi lâches que des femmes. D'un autre côté, ils supportent difficilement la disette et les fatigues, finissent bientôt par se décourager, et rien n'est plus aisé alors que de les surprendre et de les battre ; on en a vu des exemples plusieurs fois dans le royaume de Naples : dernièrement encore, à l'affaire de Garigliano, où les Français se trouvaient du double plus nombreux que les Espagnols, et où ils paraissaient à chaque instant prêts à les culbuter, cependant, comme l'hiver approchait, et que les pluies étaient continuelles, les Français commencèrent à se débander petit à petit, et à se répandre dans les villages voisins pour être plus à leur aise; de sorte que leur camp se trouvant dégarni et sans défense, les Espagnols l'attaquèrent, et remportèrent la victoire contre toute attente. La même chance était offerte aux Vénitiens ; et ils n'auraient pas perdu la bataille de Valla, s'ils s'étaient bornés à suivre les Français encore vingt jours; mais l'impatience de Barthélemi d'Alviano vint se briser contre une impétuosité encore plus forte. Il en aurait été de même à la bataille de Ravenne, si les Espagnols n'avaient pas attaqué si promptement les Français : ceux-ci commençaient à se décourager et à manquer de vivres que les Phéniciens leur coupaient du côté de Ferrare, et que les Espagnols auraient également arrêtés du côté de Bologne ; mais les mauvais conseils d'un côté, et le défaut de jugement de l'autre, donnèrent aux Français une victoire qui, à la vérité, leur coûta bien cher. Le combat cependant, quoique très-sanglant, l'aurait été davantage si les deux corps d'armée avaient été forts chacun de la même espèce d'armes ; mais l'armée française n'était forte qu'en cavalerie, et l'espagnole qu'en infanterie: cette circonstance empêcha le carnage d'être plus considérable. Il faut donc, pour vaincre les Français, se garantir de leur première impétuosité; et on est sûr de l'emporter, comme nous venons de le dire, si l'on peut parvenir vis-à-vis d'eux à traîner en longueur. Aussi César disait-il de leurs ancêtres que « les Gaulois » commençaient par être plus que des hommes, et finissaient par être moins que des femmes. »

La France, par son étendue et l'avantage qu'elle retire des grands fleuves qui l'arrosent, est très-fertile et très-riche. Les vivres et les marchandises y sont à bas prix, à cause du peu d'argent qu'il y a en circulation parmi le peuple, qui peut à peine gagner de quoi acquitter les droits dus à ses seigneurs, quelque légers qu'ils soient. Cette surabondance vient de ce que personne ne peut vendre ses denrées, chaque particulier en recueillant assez pour en vendre lui-même ; car, si dans une ville il se trouve un habitant qui veuille se défaire d'une mesure de blé, il ne pourra jamais y parvenir, parce que chaque habitant en a autant à vendre. Les seigneurs ne dépensent que pour leurs vêtements l'argent qu'ils tirent de leurs vassaux ; ils ont, du reste, abondamment de quoi se nourrir : beaucoup de volaille et de poisson, et du gibier en quantité. Tous les propriétaires de terres sont dans le même cas. De cette manière, tout l'argent passe et s'accumule entre les mains des seigneurs. Quant au peuple, il se croit riche quand il possède un florin.

Le clergé en France jouit des deux cinquièmes des biens et des richesses du royaume, parce que beaucoup d'évêques réunissent le temporel et le spirituel. Comme ils ont en abondance tout ce qu'il leur faut pour vivre, tout l'argent qu'ils perçoivent ne sort plus de leurs mains, en conséquence du système d'avarice adopté par les gens d'église. Tous les revenus des chapitres et des corporations ecclésiastiques se transforment en argenterie, bijoux et autres ornements pour le service ; en sorte que ce que chaque église possède, et ce que chaque ecclésiastique a en particulier, soit en argenterie, soit en deniers comptant, peut être estimé un trésor immense.

Beaucoup de prélats sont admis dans les conseils et appelés au gouvernement du royaume ; les seigneurs séculiers n'en sont pas jaloux, parce qu'ils savent que l'exécution de tous les ordres leur appartient exclusivement : ainsi les uns délibèrent et les autres exécutent.

Il est vrai que très-souvent on appelle dans le conseil d'anciens officiers vieillis dans les armées pour discuter les objets militaires, dont les gens d'église n'ont pas connaissance.

En vertu d'une pragmatique [1] obtenue il y a bien longtemps du souverain pontife, les évêques français sont nommés par leur église collégiale ; lorsqu'il meurt un archevêque ou un évêque, les chanoines se rassemblent et nomment à sa place celui qui leur paraît le plus digne. Mais il arrive souvent qu'ils ne s'accordent pas ; les uns cherchent à acheter les suffrages, les autres ne leur opposent que leur mérite personnel et leur vertu. Il en est de même dans les monastères pour la nomination des abbés. Les bénéfices subalternes sont à la nomination des évêques dont ils dépendent. Si quelquefois il arrive que le roi déroge à la pragmatique et nomme lui-même à un évêché, il est obligé d'employer la force vis-à-vis des chanoines, qui refusent de mettre en possession celui qu'il a nommé ; et souvent, après sa mort, les chanoines chassent l'évêque qu'on les a forcés de recevoir, et rappellent celui qu'ils avaient choisi.

Le Français est naturellement avide du bien d'autrui, qu'il dépense ensuite avec la même prodigalité que le sien. Il volera pour manger, pour gaspiller, pour se divertir même avec celui à qui il a volé ; bien contraire en cela de l'Espagnol, qui enfouit pour toujours ce qu'il vous a dérobé.

Les Français craignent les Anglais, à cause des incursions et des ravages que cette nation a autrefois commis dans le royaume ; en sorte que le nom d'Anglais est véritablement un objet de terreur pour le peuple ; mais ils ne s'aperçoivent pas que la France est autrement organisée aujourd'hui qu'elle ne l'était autrefois ; qu'elle est armée, aguerrie et unie ; que le roi est maître des provinces qui faisaient la principale force des Anglais, telles que les duchés de Bourgogne et de Bretagne ; qu'au contraire, les Anglais ne sont pas disciplinés, parce qu'il y a longtemps qu'ils n'ont eu de guerre ; que, de tous les Anglais existants, il n'y en a pas un seul qui ait vu l'ennemi en face ; enfin, qu'excepté l'archiduc, il n'y a aucune puis-

[1] La pragmatique, qui était fort bonne, a été remplacée sous François Ier par un concordat qui était fort mauvais.

sance en Europe qui veuille se joindre à eux pour marcher contre la France.

Les Français craindraient assez les Espagnols à cause de leur bravoure et de leur intrépidité; mais toutes les fois qu'un roi d'Espagne voudra attaquer la France, il le fera toujours avec désavantage, parce que du point d'où il partira jusqu'aux Pyrénées, qui le séparent de la France, il existe un pays si vaste et si stérile, que si les Français veulent l'attendre au débouché des montagnes, soit du côté de Perpignan, soit du côté de la Guienne, ils trouveront son armée entièrement affaiblie, si ce n'est du côté des hommes, au moins du côté des vivres. En effet, il leur aura fallu faire des provisions pour traverser de vastes provinces qui, comme nous l'avons dit, ou sont tout-à-fait stériles, ou suffisent à peine à la nourriture de leurs habitants. De sorte que les Français ont peu de chose à craindre du côté des Pyrénées, de la part des Espagnols.

Les Français n'ont rien à craindre également des Flamands : ceux-ci, à cause du froid qui règne dans leur pays, ne recueillent pas assez de vivres chez eux, et principalement de blé et de vin, qu'ils tirent de la Bourgogne, de la Picardie, et des autres provinces françaises. D'un autre côté, ils vivent du produit de leurs manufactures, qu'ils vendent beaucoup aux foires de Lyon et de Paris, et dont ils ne trouveraient jamais le débit du côté de la mer, encore moins du côté de l'Allemagne, qui en possède et qui en fabrique pour le moins autant qu'eux. Toutes les fois donc que le commerce avec la France est interrompu, ils ne trouvent plus de débouché pour leurs marchandises; et alors, non-seulement ils manquent de vivres, mais encore ils sont obligés de garder le produit de leur industrie. Les Flamands ne feront donc jamais la guerre aux Français que lorsqu'ils y seront forcés.

La France, au contraire, a tout à craindre du voisinage de la Suisse, qui peut l'attaquer à chaque instant et sans qu'on s'y attende. Les Suisses font leurs courses et pillent plus lestement que les autres, mais, n'ayant ni artillerie ni cavalerie, et les villes frontières du côté de la France se trouvant bien fortifiées, ils ne font jamais de grands progrès. Ils sont d'ailleurs naturellement plus propres à faire la guerre en pleine campagne et à livrer bataille qu'à assiéger ou prendre des villes; les Français, d'un autre côté, ne se battent qu'avec peine contre eux, parce que n'ayant pas de bonne infanterie pour leur tenir tête, leur cavalerie seule ne peut leur résister. Le pays d'ailleurs est coupé de manière que la cavalerie ne s'y déploie pas facilement : les Suisses n'osent pas non plus se hasarder loin de leurs frontières pour gagner les plaines, de peur qu'en laissant derrière eux, comme nous l'avons déjà dit, des villes fortifiées, on ne leur coupe toutes les communications, ainsi que les vivres et même leur retraite, une fois qu'ils seraient engagés dans la plaine.

Du côté de l'Italie la France n'a rien à craindre, à cause des Alpes et des villes fortes qu'elle possède au pied de ces montagnes. Toutes les fois donc qu'un ennemi voudra l'attaquer de ce côté, il faudra qu'il commence par passer les montagnes, qu'il laisse ensuite derrière lui un pays stérile, qu'il s'expose ou à mourir de faim, ou à laisser des places fortes sur ses derrières (ce qui serait folie), ou à être forcé d'en faire le siége. Les Français n'ont donc rien à appréhender du côté de l'Italie. Outre les raisons que nous venons d'exposer, ce pays ne formant plus un seul corps comme du temps des Romains, il n'y existe plus un seul prince en état de les attaquer.

La France est aussi en mesure du côté de la mer Méditerranée : il y a dans les ports qui se trouvent sur cette côte beaucoup de vaisseaux, appartenant tant au roi qu'aux particuliers, qui sont en état de défendre cette partie du royaume contre un coup de main. Quant aux attaques préméditées, on peut s'y préparer, parce que les dispositions que l'ennemi est obligé de faire pour y réussir ne sont jamais ni promptes ni secrètes; le roi entretient d'ailleurs des garnisons nombreuses sur toutes ces côtes, afin de n'être pas pris au dépourvu.

Ce monarque a peu de dépenses à faire pour ses garnisons; et ses sujets étant très-soumis, il n'a pas besoin de places fortes pour garder son royaume. Quant aux frontières où il faudrait faire quelques dépenses, il y place des compagnies d'ordonnance qui lui épargnent les frais de garnison; il a d'ailleurs le temps de prévoir les attaques par des corps de troupes considérables, parce qu'il faut que l'ennemi prenne également le temps de se réunir et de s'y préparer.

Le Français est doux et très-soumis; il a le plus grand respect pour ses rois. La nourriture lui coûte peu, à cause de la grande quantité de vivres qu'il y a en France; et d'ailleurs il y a peu d'habitants qui n'aient une petite propriété foncière. Ils sont vêtus grossièrement et d'une étoffe peu chère; ils ne portent jamais sur eux, ni même ne laissent porter à leurs femmes aucune étoffe de soie; ce qui du reste leur serait défendu par leurs seigneurs.

Les évêchés du royaume, suivant le dernier relevé, sont au nombre de cent six, y compris dix-huit archevêchés.

On y trouve dix-sept mille paroisses et sept cent quarante abbayes, sans compter les prieurés.

Je n'ai jamais connu au juste les revenus ordinaires et extraordinaires de la couronne : je m'en suis souvent informé, mais on m'a toujours répondu que leur quantité dépendait de la volonté du roi. Cependant on m'a assuré qu'une partie des revenus ordinaires, celle qui forme proprement le revenu du roi et qui se tire de la gabelle [1], comme le pain, le vin et la viande, peut s'élever à un million sept cent mille écus; quant à l'extraordinaire, qui provient de la taille, il est plus ou moins considérable, suivant que le roi le fixe lui-même. Lorsque tous ces revenus ne suffisent pas, on lève de l'argent en forme d'emprunt, et on le rend très-rarement. La demande s'en fait par des édits royaux, ainsi qu'il suit : « Le roi votre seigneur se recommande à vous; et, comme il a besoin d'argent, il vous engage à lui prêter la somme stipulée dans la présente. » Cette somme se paie au receveur de la ville, qui est chargé de recevoir tout ce qui provient des gabelles, des tailles ou des emprunts.

Les domaines de la couronne n'ont point

[1] On sait que le mot *gabelle* était originairement l'expression générique *d'impôt* (les droits perçus sur les revenus de la terre s'appelaient *taille*). Il paraissait affecté spécialement à désigner les droits mis sur les objets destinés à la nourriture de l'homme : pain, viande, etc. On a cessé de s'en servir pour exprimer ces derniers impôts quand on a affecté uniquement le mot *gabelle* à impôt sur le sel. Ce mot venait de l'ancien mot allemand *gaben*, donner.

d'autre règle pour payer les impôts de la taille que la simple volonté du roi, comme nous venons de le dire.

L'autorité des barons sur leurs vassaux est sans borne; leur revenu consiste en pain, vin, viande, comme les revenus ci-dessus énoncés, et, en outre, en un impôt par feu, qui ne s'élève pas au-delà de sept à huit sous par quartier; ils ne peuvent imposer de tailles ni faire des emprunts sans le consentement du roi, qui l'accorde rarement.

La couronne ne tire d'autre subside des barons que celui de la gabelle; jamais ils ne sont soumis à la taille, si ce n'est dans les occasions extraordinaires et majeures.

La marche établie par le roi pour payer les dépenses de l'extraordinaire, telles que celles de la guerre ou autres, est de donner aux trésoriers des ordonnances pour la solde des soldats; ceux-ci la reçoivent des mains de ceux qui les passent en revue. Ceux qui ont des pensions ou des gages s'adressent aux surintendants pour en obtenir des ordonnances de paiement pour chaque mois; ils se présentent ensuite, dans les quartiers, chez le receveur de leur province, qui les paie sur-le-champ.

Les gentilshommes de la garde sont au nombre de deux cents; ils ont chacun vingt écus par mois, qu'ils touchent comme nous venons de le dire. Cent hommes forment une compagnie, dont le capitaine est ordinairement un vidame.

Le nombre des pensionnaires n'est pas fixé, et ils ont les uns plus, les autres moins, suivant le bon plaisir du roi; ils sont soutenus par l'espérance d'un avancement, mais il n'y a aucune règle pour cela.

Le devoir des surintendants généraux des finances est de percevoir tant par feu et tant par la voie de la taille, selon le consentement du roi, et de veiller à ce que toutes les dépenses, tant ordinaires qu'extraordinaires, soient payées exactement, c'est-à-dire les ordonnances dont on a parlé.

Les trésoriers tiennent l'argent tout prêt, et paient d'après les ordonnances et les mandats du surintendant.

La charge du chancelier est en France une vraie puissance : il peut, sans le consentement du roi, condamner et faire grâce comme il lui plaît, même quand il y va de la vie, et relever de la contumace; il nomme aux bénéfices, mais avec le consentement du roi. Toutes les grâces s'accordent en vertu des édits royaux scellés du grand sceau de la couronne, et c'est lui qui a la garde du sceau de l'état. Ses gages sont de dix mille francs par an; il a en outre onze mille francs pour tenir table, c'est-à-dire pour donner à manger à tous les membres du conseil qui sont obligés de suivre la chancellerie, tels que les avocats et autres gens d'affaires, lesquels peuvent, quand il leur plaît, se présenter à sa table.

La pension que le roi de France payait au roi d'Angleterre était de cinquante mille francs par an. C'était un dédommagement de quelques dépenses que le père du roi d'Angleterre actuel avait faites en Bretagne; cette rente est éteinte aujourd'hui.

Il n'y a qu'un grand sénéchal en France; les sénéchaux particuliers (qu'il faut bien distinguer du grand sénéchal, qui est toujours seul) sont chargés de commander les levées ordinaires et extraordinaires, et ils sont tous sous ses ordres.

Le roi fait autant de gouverneurs de province qu'il lui plaît; lui seul fixe et leur traitement et la durée de leur exercice qui est ou annuel ou à vie. Tous les autres commandants, même les lieutenants des plus petites villes, sont également à la nomination du roi, au nom duquel il paraît certain que toutes les places se donnent ou se vendent.

On dresse chaque année l'état général des dépenses, soit au mois d'août, soit au mois d'octobre, soit même au mois de janvier, suivant les ordres du roi. Le surintendant présente le tableau de la recette et de la dépense ordinaires pendant l'année : les revenus sont réglés d'après la dépense; et, d'après la proposition du roi, le nombre des pensionnaires est augmenté ou diminué.

Ce que coûtent les employés et les pensionnaires n'est jamais bien fixe : cet article de dépense ne passe pas d'ailleurs à la chambre des comptes; la seule volonté du roi suffit pour cet objet.

La chambre des comptes reçoit les comptes de tous ceux qui ont le maniement des deniers publics : tels que le surintendant, les trésoriers et les receveurs.

L'université de Paris est payée sur les fondations des colléges, mais bien mesquinement.

Il y a cinq parlements : celui de Paris, celui de Rouen, celui de Toulouse, celui de Bordeaux et celui du Dauphiné. Leurs jugements sont sans appel.

Les quatre premières universités sont : Paris, Orléans, Bourges et Poitiers. On peut citer ensuite Tours et Angers, mais elles sont peu estimées.

Le roi fixe lui-même le lieu et le nombre des garnisons, soit en gendarmerie, soit en artillerie. Cependant il y a peu de villes qui n'aient quelques pièces d'artillerie; depuis même deux ans, il y en a beaucoup dans le royaume, où l'on a fondu des canons aux dépens des habitants : cette dépense a été couverte par une petite augmentation d'impôts sur les entrées. Quand on ne craint pas de guerre, les garnisons sont ordinairement au nombre de quatre, en Guienne, en Picardie, en Bourgogne et en Provence; elles sont augmentées ou changées d'un lieu à un autre suivant les circonstances.

J'ai cherché à savoir combien on donnait annuellement au roi pour sa dépense et celle de sa maison, et j'ai su qu'on lui accordait tout ce qu'il demandait.

Il y a toujours quatre cents archers pour la garde du roi, dont cent Écossais; ils ont chacun trois cents francs par an, outre un habit à la livrée du roi. Les gardes-du-corps, qui ne quittent jamais sa personne, sont au nombre de vingt-quatre, et reçoivent annuellement quatre cents francs chacun. Les deux commandants sont : Mgr Dubigny de Crusores, et le capitaine Gabriel [1].

La garde à pied est composée de cent Allemands, payés à raison de douze francs par mois; elle s'est élevée autrefois jusqu'à trois cents payés dix francs par mois, et qui avaient chaque année deux vêtements chacun; savoir : un d'hiver et un d'été, composés du pourpoint et des bas, le tout à la livrée du roi. Du temps de Charles VIII, le corps des cent Suisses avait le pourpoint en soie.

Les fourriers sont ceux qui préparent les logements de la cour; ils sont trente-deux, ont trois cents francs de gages et un habit de livrée

[1] Le comte d'Aubigny (Beraut Stuart), Jacques de Crussol, et Gabriel de la Châtre.

chacun. Il y a quatre maréchaux-de-logis, avec six cents francs chacun d'appointements. Voici l'ordre qu'ils gardent dans l'exercice de leurs fonctions. Ils se divisent en quatre corps. Le premier, ayant en tête son maréchal, ou son lieutenant quand le premier ne s'y trouve pas, reste dans l'endroit que la cour quitte, afin de payer et satisfaire les particuliers chez lesquels on a logé. Le second suit le roi. Le troisième se rend dans la ville où le roi doit loger et y prépare des appartements pour toute la cour. Le quatrième enfin prend les devants pour arriver à l'endroit où le roi doit séjourner le jour suivant. L'ordre qu'ils établissent est si admirable que chacun, même les filles publiques qui suivent la cour, trouve son appartement prêt à le recevoir.

Le prévôt de l'hôtel est un officier qui suit toujours le roi : sa charge lui donne une grande autorité partout où se trouve la cour ; sa juridiction est la première, et les habitants du pays peuvent même s'adresser à lui comme à leur propre juge. Ceux qui sont conduits devant lui pour affaires criminelles ne peuvent en appeler au parlement. Ses gages ordinaires sont de six mille francs. Il a avec lui deux juges pour les affaires civiles, auxquels le roi donne six cents francs par an, et un lieutenant-criminel à la tête de trente archers payés comme ceux de la garde. Il connaît des affaires civiles aussi bien que des criminelles ; et, dès qu'il a confronté l'accusé avec le témoin, il prononce sur-le-champ.

Le roi a huit maîtres-d'hôtel, dont les gages ne sont pas fixes, les uns ayant mille francs, les autres moins, comme il plaît au roi. Le grand maître-d'hôtel qui a succédé à M. de Chaumont est M. de la Palisse, dont le père avait cette charge. Il a onze mille francs de traitement, et n'a pas d'autre autorité que celle d'être à la tête des autres maîtres-d'hôtel.

Le grand-amiral de France commande toute la marine française ; et dans tous les ports du royaume il a sous ses ordres tous les vaisseaux de guerre, et peut en disposer comme il veut. Le grand-amiral actuel est Prejanni[1] ; ses gages sont de dix mille francs par an.

Le nombre des chevaliers de l'ordre du roi n'est pas fixe ; le monarque en crée tant qu'il veut. Lors de leur réception, ils jurent de défendre la couronne et de ne jamais s'armer contre elle ; ils ne peuvent être dégradés : ils sont chevaliers pour la vie. Quelques-uns ont quatre mille francs de pension, quelques autres moins ; tout le monde ne peut pas prétendre à cet honneur.

L'office des chambellans consiste à faire la conversation avec le roi, à le précéder quand il sort de la chambre, qu'il va au conseil : ils tiennent un rang considérable à la cour ; ils ont de forts appointements, de six, huit ou dix mille francs. Il est vrai que quelques-uns ne reçoivent rien, parce que le roi donne quelquefois ce rang à des personnes qu'il veut honorer, et souvent même à des étrangers. Leurs priviléges consistent à ne pas payer de gabelles, et à avoir place à la cour à la table des chambellans, qui est la première après celle du roi.

Le grand-écuyer ne quitte jamais le roi. Sa charge le met à la tête des douze écuyers du roi, comme le grand-sénéchal, le grand-maréchal et le grand-maître-d'hôtel sont chacun chef de leur service respectif. Le grand-écuyer doit avoir soin des chevaux de Sa Majesté, l'aider à monter et à descendre de cheval, veiller à la conservation des équipages, et porter son épée devant lui.

Les conseillers d'état ont, suivant la volonté du roi, chacun huit mille francs de traitement ; ceux d'aujourd'hui sont les évêques de Paris et de Beauvais, le bailli d'Amiens, M. de Bussi et le chancelier ; mais au fait, c'est l'évêque de Paris [1] et Robertet qui gouvernent tout.

Au reste depuis la mort du cardinal de Rouen [2], personne ne tient table ouverte à la cour. Le chancelier n'a point été remplacé ; c'est M. l'évêque de Paris qui en fait les fonctions.

Les prétentions du roi de France sur le duché de Milan viennent de ce que son grand-père avait épousé une fille du duc de Milan qui mourut sans enfants mâles.

Jean Galéas, duc de Milan, eut deux filles et je ne sais combien de garçons. L'une de ses filles, appelée madame Valentine, épousa Louis

___
[1] Prégent de Bridoux.

[1] Cet évêque était Poncher, le seul qui dans le conseil se fût opposé à la ligue impolitique de Cambrai. Robertet était un des secrétaires des finances.
[2] Le cardinal d'Amboise, archevêque de Rouen.

'Orléans, grand-père du roi régnant, qui escendait en droite ligne de Pépin. Le duc aléas étant mort, son fils Philippe lui succéda : elui-ci mourut sans enfants légitimes, laissant eulement une fille naturelle. Ce duché fut lors usurpé par la maison de Sforce, comme e l'ai dit ailleurs. Les partisans du duc d'Or-éans soutinrent que le duché de Milan appar-enait aux héritiers de madame Valentine ; en orte que depuis que les ducs d'Orléans se sont lliés aux Galéas, ils ont joint et ils joignent ncore dans leur écusson une couleuvre aux rois fleurs de lis.

Dans chaque paroisse de France il y a un omme entretenu par les habitants, qu'on ap-elle un franc-archer ; il est obligé de se four-ir d'un bon cheval et de tout ce qui est néces-aire à un cavalier. Il doit être prêt à marcher u premier ordre, à suivre le roi même hors u royaume, et à se transporter dans les pro-inces qui pourraient être attaquées ou mena-ées. D'après le nombre des paroisses, ces rancs-archers peuvent être au nombre de dix-ept mille hommes.

Les fourriers de logis sont obligés de fournir n logement à tous ceux qui suivent la cour ; t ordinairement les seigneurs sont logés chez es premiers de la ville. Afin qu'il n'y ait aucun ujet de plainte, tant de la part de celui qui oge que de la part de celui qui est logé, la cour fixé les obligations de chacun. L'un doit onner un sou par jour, et l'autre fournir une hambre propre avec un lit garni, et changer le draps au moins une fois tous les huit jours. 'étranger est obligé encore de payer deux de-iers par jour pour nappes, serviettes, vinaigre t sel ; le maître de maison, de son côté, doit

changer le linge au moins deux fois par semaine ; mais comme il y a beaucoup de linge en France, ordinairement on le change toutes les fois que vous le désirez. Il faut de plus que la chambre soit bien rangée, nettoyée, et que l'on fasse votre lit.

On donne aussi deux deniers par jour pour chaque cheval logé dans une écurie ; les pro-priétaires ne sont tenus de rien fournir pour les chevaux, si ce n'est de faire enlever le fumier.

Il y en a qui, par des arrangements parti-culiers avec les habitants, paient beaucoup moins ; mais telle est la taxe de la cour.

Les prétentions que les Anglais ont sur la France ne sont pas anciennes, et voici sur quoi elles sont fondées :

Charles VI, roi de France, donna en ma-riage sa fille Catherine à Henri, fils du roi d'Angleterre. Dans le contrat de mariage, ou-tre la dot stipulée en faveur de la future, et sans faire mention de Charles VII, qui fut de-puis roi de France, il institua héritier du trône de France après sa mort Henri, son gendre, mari de Catherine ; et, dans le cas où Henri mourrait avant son beau-père, et laisserait pour héritiers des enfants mâles nés de lui et de Catherine, il fut dit que ces enfants mâles succéderaient à Charles VI. Toutes ces clauses ne purent avoir lieu, d'abord parce que Char-les VI avait oublié son fils Charles VII, en-suite parce qu'elles étaient contraires aux lois du royaume. Il est vrai que les Anglais pré-tendent que Charles VII était né d'un mariage incestueux et illégitime.

Il y a en Angleterre douze archevêchés, vingt-deux évêchés et cinquante-deux mille paroisses.

XI.

CARACTÈRE DES FRANÇAIS.

Ils sont tellement occupés du bien ou du mal présent, qu'ils oublient également les ou-trages et les bienfaits qu'ils ont reçus, et que le bien ou le mal à venir n'est rien pour eux.

Leur prudence n'est guère que tracasserie.

Ils se mettent peu en peine de ce qu'on dit ou de ce qu'on écrit sur leur compte. Ils sont moins cruels que cupides ; et leur libéralité n'est que de parade.

Un seigneur ou un simple gentilhomme désobéit-il au roi dans une chose qui intéresse un tiers, il en est quitte pour recevoir l'injonction d'obéir à tout prix si cela est encore possible; et si cela ne l'est plus, il est puni par la défense de paraître de quatre mois à la cour. C'est ce qui nous a fait perdre deux fois la ville de Pise : l'une lorsque d'Entraigues occupait le fort, l'autre lorsque les Français vinrent y mettre le siége.

On ne fait rien à la cour de France sans beaucoup d'argent, d'activité et de bonheur.

Un Français à qui on demande un service pense d'abord à ce qui peut lui en revenir d'utile.

Les premiers engagements qu'on prend avec eux sont toujours les plus sûrs.

Sont-ils dans l'impossibilité d'obliger, ils vous accablent de promesses. Sont-ils à même de rendre service, ils le font avec beaucoup de peine, si tant est qu'ils s'y portent.

Ils sont des plus humbles dans la mauvaise fortune, et fort insolents dans la bonne.

Ils racontent leurs défaites comme si c'étaient des victoires.

Celui qui réussit est toujours sûr de rentrer dans les bonnes grâces du roi, ce qui arrive bien rarement à celui qui échoue. Aussi quiconque veut tenter une grande entreprise doit plutôt examiner si elle a des chances de succès ou si au contraire elle n'en a pas, que de s'inquiéter si elle doit ou non plaire au roi. C'est ce que vit très-bien le duc de Valentinois, qui parvint ainsi à commander l'armée qu'on envoya à Florence.

Ils ont une idée exagérée de leur propre bonheur, et font peu de cas de celui des autres peuples. On sait combien peu ils ont été sensibles au refus de leur livrer Monte-Pulciano que leur gouvernement avait demandé à celui de Pise.

Ils sont légers, changeants, et gardent leur parole comme la garde un vainqueur. Ils n'aiment ni la langue des Romains, ni leur grande réputation.

Il n'y a d'Italiens à la cour de France que ceux qui ont à perdre, et dont on redoute peu la bonne fortune.

XII.

TABLEAU DE L'ALLEMAGNE.

On ne peut pas douter de la puissance de l'Allemagne en voyant sa nombreuse population, ses forces et ses richesses. Il y a peu de villes qui n'aient de grandes épargnes dans leur trésor public, et tout le monde sait que Strasbourg a plusieurs millions de florins en réserve. Cette richesse provient de ce que toutes ses villes ont peu de dépense à faire, puisqu'elles ne tirent d'argent de leur trésor que pour les munitions de guerre; et encore, une fois la première mise-dehors faite, l'entretien se réduit-il à peu de chose. Rien n'est plus admirable que l'ordre qu'elles suivent à cet égard; car elles ont toujours dans les magasins publics de quoi se nourrir et se chauffer pendant un an. C'est sur cela que se porte toute leur attention en cas de siége, comme aussi à avoir de quoi occuper ceux qui gagnent leur vie en travaillant, afin qu'ils ne perdent pas leur temps. Leurs soldats ne leur coûtent rien, puisque tous les habitants sont armés et exercés. Les jours de fête, au lieu de se divertir, ils s'exercent au fusil, à la pique ou à toute autre arme, et se piquent d'honneur à qui excellera ou à qui gagnera les prix établis pour les plus habiles. Il en résulte que le trésor public s'enrichit, cette dépense des prix étant la seule qu'ils aient à faire.

Les particuliers, de leur côté, sont aussi ort riches, parce qu'ils vivent très-modeste-ment, ne dépensant rien ni en bâtiments, ni en abits de luxe, ni même en meubles. Toute eur ambition se borne à avoir du pain et de la iande en abondance, et un bon poêle pour se arantir du froid. Comme ils ne connaissent as d'autres besoins, ils n'ont pas de peine à e donner pour les satisfaire. Ils dépensent our leurs habits deux florins en dix ans; et hacun vit dans cette proportion, suivant son tat, ne s'inquiétant en rien de ce qui lui man-ue, et ne s'occupant que de son seul néces-aire, qui est bien plus borné que le nôtre. De et usage il résulte que l'argent ne sort ja-nais de chez eux, parce qu'ils se contentent les productions de leur pays; et qu'au con-raire il leur en rentre beaucoup par les pro-uits de leurs manufactures, dont ils rem-lissent toute l'Italie. Leur gain est d'autant lus considérable que tous ces produits de leur ndustrie leur coûtent peu de déboursés. Ils iment beaucoup ce genre de vie simple et xempt de toute gêne; aussi ne veulent-ils aller la guerre que lorsqu'ils sont bien payés; en-ore ne marcheraient-ils pas s'ils n'étaient ommandés par leurs concitoyens. Voilà pour-uoi il en coûte plus cher à l'empereur pour ever une armée qu'à tout autre prince, parce ue plus les gens sont bien chez eux, plus ils ont de peine à en sortir.

On croit peut-être que les villes impériales 'unissent aux princes pour favoriser les pro-jets de l'empereur, ou qu'elles prennent son parti toutes seules; mais aucune de ces villes ne voudrait rendre l'empereur trop puissant, parce que, si elles se joignaient à lui et augmen-taient ainsi ses moyens, il attaquerait et abais-serait tous les autres princes de l'empire, au point de les soumettre en tout à sa volonté, comme sont aujourd'hui les grands seigneurs français, que le roi Louis XI, soit par la force de ses armes, soit en se défaisant des plus re-belles, a réduits à la plus parfaite soumission. L'empereur traiterait ensuite de même les villes impériales, et les réduirait au point de les conduire à son gré, d'en obtenir tout ce qu'il désirerait, et de leur enlever leur li-berté.

Ce qui produit la désunion entre les villes impériales et les princes, ce sont les caractères et les intérêts si variés qui composent cet em-pire : de là deux partis entièrement distincts; car on dit que les Suisses sont les ennemis du corps germanique, et les princes les ennemis de l'empereur Il paraîtrait étonnant d'avancer que les Suisses soient les ennemis des villes impériales, puisque les uns et les autres ten-dent au même but, qui est de conserver leur li-berté et de se défendre contre les princes de l'empire; mais cette différence dans leur façon de penser vient de ce que les Suisses ne sont pas seulement les ennemis des princes comme les villes impériales, mais encore les ennemis de toute espèce de noblesse, puisque dans leur pays il n'y a ni prince, ni noble, et qu'ils jouissent d'une parfaite égalité, sans autre distinction que celle que donne la possession des emplois pu-blics. Un pareil exemple fait trembler la no-blesse qui s'est maintenue dans les villes impé-riales, et son principal soin est d'y entretenir la désunion et la méfiance. Les Suisses ont aussi pour ennemis, dans les villes impériales, tous ceux qui suivent le parti des armes, parce que ceux-ci sont jaloux de ce qu'on fait plus de cas des soldats suisses que d'eux; de manière qu'il est impossible de les réunir dans le même camp sans qu'il s'élève des querelles entre eux.

Il est inutile de rappeler ici les causes d'ini-mitié qui peuvent exister entre les princes, d'un côté, et les villes impériales et les Suisses d'un autre; tout le monde les connaît; il en est de même de l'inimitié qui existe entre l'empereur et les princes de l'empire. Il est cependant bon de remarquer que l'empereur, étant encore plus ennemi des princes, et ne pouvant à lui seul les soumettre, met tout en usage pour gagner l'amitié des villes impériales, et qu'il s'est même déjà rapproché des Suisses, qui paraissent depuis quelque temps lui avoir rendu leur confiance. En réfléchissant sur toutes ces désunions générales, et en y ajoutant celles qui existent entre un prince et un autre, entre une ville impériale et une autre, on sentira com-bien est difficile cette réunion de tout l'Empire, dont l'empereur aurait un si grand besoin. Quel-que grandes, quelque heureuses que puissent être les entreprises du corps germanique, et quoiqu'il soit vrai qu'il n'y a aucun prince de l'Empire qui pût ou qui osât même s'opposer tout seul aux desseins de l'empereur, comme cela est jadis arrivé, cependant l'empereur sera toujours arrêté dans ses projets, parce qu'il ne sera jamais secondé par les princes. En effet, un prince peut bien ne pas oser lui faire la guerre, mais il peut refuser de la soutenir; même lorsqu'il n'ose pas le refuser, il tiendra mal la promesse qu'il lui aura faite, ou il la tiendra quand il ne sera plus temps et lorsque ses secours seront inutiles pour l'entreprise projetée; de sorte que d'une manière ou d'une autre, ils arrêtent ou ils embarrassent tous les projets de l'empereur. On en a eu une preuve manifeste lorsque ce prince voulut passer en Italie pour marcher contre les Vénitiens et les Français. Les villes impériales lui promirent, lors de la diète tenue à cet effet à Constance, seize mille hommes d'infanterie et trois mille de cavalerie; mais elles ne purent jamais réunir au-delà de cinq mille hommes. Lorsque le contingent d'une ville arrivait, celui d'une autre s'en allait parce que le temps de son service était passé; d'autres donnaient de l'argent au lieu de soldats; et tantôt pour un motif, tantôt pour un autre, l'armée ne fut jamais rassemblée, et l'entreprise de l'empereur échoua complétement.

Il paraît donc certain que la puissance de l'Allemagne tient plus aux villes impériales qu'aux princes. Ceux-ci sont partagés en deux classes: les princes ecclésiastiques et les princes séculiers. Les séculiers ont peu de moyens, d'abord à cause des lois qui les régissent, et d'après lesquelles chaque souveraineté se divise en plusieurs principautés par le partage qui a lieu entre tous les enfants; ensuite parce que l'empereur les a un peu abaissés par le moyen des villes impériales, comme nous l'avons déjà remarqué. Les secours qu'on peut tirer de leur alliance se réduisent donc à peu de chose. Restent les princes ecclésiastiques: si le partage de leurs états ne les a pas affaiblis, ils l'ont été par l'ambition des grandes villes soutenues par l'empereur; de manière que les archevêques et autres princes de l'église n'ont presque point d'autorité sur les nobles les plus considérables de leurs principautés. Il en résulte que la division qui existe entre ces princes et leurs sujets les met hors d'état d'être utiles à l'empereur, quand bien même ils le voudraient. Disons un mot des villes libres et impériales, qui sont,

pour ainsi dire, le nerf de tout l'Empire par leur richesse et leur bonne constitution. Contentes de la liberté dont elles jouissent, elles sont en général assez indifférentes sur leur agrandissement, et ce qu'elles ne désirent pas pour elles-mêmes, elles se soucient peu de le procurer aux autres. Se trouvant en grand nombre et indépendantes les unes des autres, les secours qu'elles consentent à fournir arrivent toujours trop tard et ne remplissent jamais le but qu'on s'était proposé. Il n'y a pas encore longtemps qu'on en a vu un exemple, lorsque les Suisses attaquèrent les états de Maximilien et la Souabe. Il fut convenu entre l'empereur et les villes impériales que, pour repousser l'ennemi, elles fourniraient un corps de quatorze mille hommes: il n'y en eut jamais la moitié de réunis, parce que lorsque le contingent d'une ville arrivait, l'autre se retirait; de sorte que l'empereur, désespérant d'en venir à bout, fit sa paix avec les Suisses, et leur abandonna le pays de Bâle. D'après la manière dont elles se sont conduites dans cette occasion qui les intéressait personnellement, on peut juger de ce qu'elles feraient dans les autres.

De tout ce que nous venons de dire il faut conclure que leur puissance se réduit à peu de chose, et qu'elle est nulle pour l'empereur. Aussi les Vénitiens, que leur commerce avec toutes les villes impériales de l'Allemagne a mis au fait de ces difficultés, se tirent-ils mieux que tout autre des démêlés qu'ils ont avec l'empereur, et se contentent-ils de lui témoigner beaucoup de déférence. Car, s'ils avaient craint sa puissance, ils auraient employé d'autres moyens, comme de lui donner de l'argent ou de lui abandonner quelques terres; et ils se seraient bien gardés de lui tenir tête s'ils avaient regardé comme possible la réunion de toutes ces villes avec lui; mais sachant bien qu'elle était impossible, ils ont tenu bon, comptant sur quelque circonstance favorable. En effet, si dans une ville les affaires qui intéressent quelques particuliers souffrent tant de difficultés, combien ne doivent pas en éprouver celles qui intéressent toute une province! Les villes impériales savent ensuite que toutes les conquêtes que l'on ferait en Italie ou ailleurs ne seraient pas pour elles, mais pour les princes, qui peuvent aller en jouir par eux-mêmes, ce que ne peut faire une ville. Les récompenses se trouvant alors inégalement partagées, la bonne volonté des communes doit l'être également. La puissance de l'Empire est donc très-considérable, mais il est très-difficile d'en tirer parti; et si ceux qui la craignent réfléchissaient sur ce que nous venons de dire, et sur le peu de choses que cette puissance a faites depuis longtemps, ils verraient quel peu de fonds il y a à faire sur elle.

La cavalerie allemande a de bons chevaux; elle est bien armée, mais elle est lourde. Il est à remarquer qu'elle ne pourrait pas résister à la cavalerie italienne et française, non que les hommes ne soient braves, mais parce qu'ils sont mal équipés, que leurs selles sont petites, sans soutien et sans arçons; de sorte qu'au premier choc ils sont culbutés. Une autre raison de leur infériorité, c'est qu'ils n'ont point d'armes défensives pour la partie inférieure du corps, telle que les cuisses et les jambes; de manière qu'ils résistent difficilement à la première attaque, qui fait toute la force de la gendarmerie et d'où dépend quelquefois tout le succès du combat. Ils ne peuvent pas non plus se battre à l'arme blanche, parce qu'ils peuvent être blessés, ainsi que leurs chevaux, aux endroits découverts, et que chaque fantassin, avec sa pique, peut renverser le cavalier et le tuer. D'un autre côté, la pesanteur de leurs chevaux les empêche de les conduire facilement lorsqu'il s'agit de manœuvrer.

L'infanterie est fort bonne, composée de beaux hommes, bien différente en cela des Suisses, qui sont petits, sales et laids. Mais les fantassins allemands n'ont presque pas d'autre arme que la pique ou l'épée, afin d'être plus légers et moins embarrassés. Ils disent ordinairement qu'ils ne craignent que le canon, contre lequel les corselets, les cuirasses et les hausse-cols ne peuvent les garantir. Ils ne craignent pas les autres armes, parce qu'ils prétendent si bien tenir leur rang qu'il n'est pas possible de les rompre, ni même de les aborder, tant leurs piques sont longues. Ce sont de bons soldats en plaine campagne et dans une bataille; mais ils sont peu propres à attaquer ou à défendre une ville; en un mot, ils ne sont plus les mêmes toutes les fois qu'ils sont obligés de rompre leur rang. On en a fait souvent l'expérience en Italie, surtout lorsqu'il a fallu attaquer des villes, comme à Padoue et ailleurs, où ils se sont fort mal conduits, tandis qu'ils se sont bien montrés en plaine campagne. Dans la fameuse bataille de Ravennes, entre les Français et les Espagnols, il est certain que les Français l'auraient perdue s'ils n'avaient pas eu les lansquenets avec eux; car, tandis que la cavalerie était aux prises, les Espagnols avaient déjà repoussé les Français et les Gascons, qui auraient été tous massacrés et pris si les Allemands, avec leur bataillon carré, n'étaient venus à leur secours. On l'a encore vu dernièrement: quand le roi d'Espagne entra en Guienne pour faire la guerre à la France, les Espagnols craignaient bien plus un corps de dix mille Allemands que le roi avait à son service que tout le reste de son armée, et ils évitaient toutes les occasions de se mesurer avec eux.

XIII.

RAPPORT SUR LES AFFAIRES D'ALLEMAGNE,

FAIT LE 17 JUIN 1508.

L'empereur tint au mois de juin dernier, à Constance, la diète des princes d'Allemagne, relativement à son entrée prochaine en Italie. C'est de son propre mouvement, mais aussi à la sollicitation de l'envoyé du pape qui lui promettait de le seconder dans cette entreprise, que ce monarque fit aux états de l'Empire la demande des secours nécessaires dans une telle expédition. Il s'engageait à joindre trente mille hommes aux trois mille chevaux et aux seize mille fantassins qu'il demandait à la diète. L'empereur ne doutait pas que ces secours ne fussent suffisants, vu ceux qu'il recevrait des Vénitiens et des autres états d'Italie. Il comptait d'autant plus sur les Vénitiens qu'il leur avait envoyé à Trente environ deux mille hommes, pour les rassurer contre la crainte qu'ils avaient des Français depuis que Gênes était en leur pouvoir. Ce prince avait fait publier qu'il allait rassembler les états de l'Empire, et qu'il marcherait vers la Souabe pour attaquer les Suisses, s'ils tenaient encore pour la France. Aussi le roi de France (Louis XII) n'eût pas plutôt pris Gênes, qu'il partit pour Lyon. L'empereur, convaincu que les Vénitiens lui étaient redevables de ce départ des Français, ne douta pas qu'ils ne s'empressassent de lui en témoigner leur reconnaissance, ce qui lui fit dire plusieurs fois que les Vénitiens étaient ses plus chers amis. A ce motif de demander si peu à la diète s'en joignaient quelques autres. D'abord des secours si modiques seraient accordés sans peine et délivrés plus promptement; ensuite l'empereur les aurait à son entière disposition, et nommerait seul les généraux. Car plusieurs membres de la diète, entre autres l'archevêque de Mayence, étaient d'avis d'armer au moins quarante mille hommes, dont on donnerait le commandement à quatre généraux nommés par l'Empire; sur quoi l'empereur, cachant le déplaisir que lui causait cette proposition, remarqua que, pouvant supporter les charges d'une telle entreprise, il voulait en avoir tous les honneurs. Les dix-neuf mille hommes lui furent accordés, avec cent vingt mille florins, tant pour leur entretien que pour la solde de cinq mille Suisses pendant six mois. L'empereur proposa de rassembler ses troupes le jour de St-Gall, jugeant qu'il ne fallait pas plus de temps pour faire les dispositions nécessaires que pour terminer les différents objets énoncés plus haut, savoir : de forcer les Suisses à abandonner la France; de s'assurer des Vénitiens, sur l'amitié desquels il compta jusqu'à la fin, malgré le renvoi de l'ambassadeur impérial; enfin de tirer de l'argent du saint-père et des autres états d'Italie; mais rien de tout cela ne se trouvait au temps marqué. Également incapable et d'agir et de voir, manquant des moyens nécessaires pour conduire une telle entreprise, il envoya à Trente et ailleurs, mais infructueusement. Cependant on se trouvait au mois de janvier sans que rien fût fait. Alors, se voyant pressé par l'approche du terme qu'il avait lui-même fixé, il envoya successivement aux Vénitiens le frère Bianco, le prêtre Luc, le despote de la Morée, et, à différentes reprises, ses hérauts d'armes. Plus ce prince s'agitait, plus il montrait son incapacité, plus aussi les Vénitiens s'éloignaient de lui. D'ailleurs, par quel motif auraient-ils recherché une alliance qui, loin de leur être avantageuse, ne pouvait que compromettre leur sûreté? L'empereur, se voyant ainsi repoussé par ceux sur qui il avait le plus compté, prit le parti de les attaquer, pour voir si par hasard cela les ferait changer d'avis, soit que cela lui fût suggéré par ses envoyés, soit qu'il espérât par là engager les états de l'Empire à lui fournir de nouveaux secours, les premiers se trouvant insuffisants. Mais comme les subsides qu'il demandait lui étaient nécessaires pour tenir l'offensive, et que, d'un autre côté, il ne pouvait laisser ainsi le pays à la discrétion de l'ennemi, il convoqua, pour le 8 janvier et avant d'attaquer, la diète du comté de Tyrol à Buggiano, qui est à une journée de Trente. Ce comté appartenait auparavant à son oncle, et lui rapporte plus de trois cent mille florins en revenus domaniaux. Le pays est d'ailleurs très-riche et peut lui fournir seize mille hommes de guerre. Cette diète dura dix-neuf jours; elle lui accorda mille hommes de pied qui seraient prêts à le suivre dès qu'il passerait les Alpes, et s'engagea à lui en fournir cinq mille dans trois mois, si cela était nécessaire, et, de plus, un corps de dix mille hommes au cas où la défense du pays l'exigerait.

Là-dessus l'empereur partit pour Trente, et, le 6 février, il attaqua les Vénitiens par deux points : l'un, du côté de Roveredo; l'autre, près de Vicence, ou au moins entre ces deux villes, et avec cinq mille hommes. De là il gagna le Val de Codaura, près du Trévisan, suivi d'environ quinze cents hommes de pied et d'un certain nombre de paysans. Il se rendit maître de quelques forts, et fit du butin dans une vallée de ce pays. Mais, voyant que l'ennemi restait toujours tranquille, impatient de savoir ce que pensaient les états de l'Empire sur sa conduite, il s'éloigna de sa petite armée, qui périt tout entière dans la Codaura; il y envoya le duc de Brunswich, dont on n'a depuis jamais entendu parler. L'empereur convoqua ensuite la diète en Souabe, pour le troisième dimanche de carême; mais, voyant qu'elle était peu disposée à lui accorder de nouveaux secours, il prit le chemin de Ghelleri, et envoya aux Vénitiens le prêtre Luc pour négocier une trêve, qui a été conclue le 6 du présent mois de juin. L'empereur a perdu tout ce qu'il possédait dans le Frioul, et peu s'en est fallu qu'on ne lui ait pris aussi Trente, qui, heureusement pour lui, a été bien défendue par les habitants du comté de Tyrol; car les troupes, tant de l'Empire que des états de l'empereur, sont retournées dans leurs foyers à l'expiration des six mois, et dans le moment où leur présence était le plus nécessaire.

Je sais que toutes les personnes qui ont été témoins de ces événements, et qui en ont entendu parler, se demandent avec étonnement pourquoi les états de l'Empire n'ont pas fourni les dix-neuf mille hommes qui avaient été accordés à l'empereur, et comment ils ont pu montrer si peu de sensibilité à l'humiliation d'un tel échec. On ne conçoit pas non plus comment l'empereur a pu être si longtemps la dupe des Vénitiens. De quelque manière qu'on explique tout cela, il est difficile de dire ce que l'on doit espérer ou craindre, et quelle direction prendront les affaires de l'Empire. Comme j'ai été sur les lieux, et que, par devoir, j'ai cherché à connaître l'opinion publique sur cet objet, je crois devoir rapporter ici tout ce que j'ai pu recueillir d'intéressant; et si mes notes, prises séparément, ne lèvent pas tous les doutes, leur ensemble, du moins je l'espère, laissera peu à désirer à cet égard. Au reste, je ne donne ces observations ni comme justes, ni même comme raisonnables, mais pour ce qu'elles sont et telles que je les ai entendues, convaincu que le devoir d'un serviteur est de rendre compte à son maître de tout ce qu'il entend, pour que ce dernier en fasse son profit.

D'abord, tout le monde s'accorde à dire que l'empereur réussirait dans ses projets sur l'Italie s'il avait plus d'habileté, ou si l'Allemagne était disposée à le seconder. En effet, quand on considère que ce monarque a six cent mille florins de revenu propre ou domanial, et indépendamment des impôts, et cent mille florins comme chef de l'Empire, on se persuade difficilement que le mauvais succès de cette dernière expédition ne tient point à son peu d'habileté; et remarquez qu'il n'a presque aucune dépense à faire pour l'entretien d'une force armée: ses troupes, ce sont les gentilshommes; les forteresses sont gardées par les habitants du pays, et les bourgue-maîtres veillent de leur côté à la sûreté du territoire.

Si l'empereur avait les talents du roi d'Espagne, il serait bientôt en état de concevoir et de conduire à bien les entreprises les plus vastes et les plus difficiles; parce que, avec un revenu de huit à neuf cent mille florins et la facilité de faire des levées considérables dans le pays, on peut attaquer à l'improviste, et sans craindre de rencontrer de très-grands obstacles. Ajoutez à cela l'éclat que donnent à l'empereur ses liaisons avec l'Angleterre, et l'avantage de compter parmi ses neveux un roi de Castille, un duc de Bourgogne et un comte de Flandre. Que de choses un prince habile pourrait entreprendre et exécuter avec de tels moyens! Mais l'empereur actuel, malgré toutes ses ressources, n'a jamais le sou, et, qui pis est, on ne saurait dire où passe tout l'argent qu'il tire de ses domaines.

Pour passer à un autre point, voici ce que m'a dit le prêtre Luc, qui est un de ses premiers ministres: « L'empereur ne demande des conseils à personne, et en reçoit de tout le monde. Il voudrait agir d'après lui; mais, comme ses projets ne peuvent rester secrets que jusqu'au moment de l'exécution, ceux qui l'entourent sont toujours à temps pour l'en détourner et lui faire prendre d'autres résolutions. C'est ainsi que ce prince trouve sa ruine dans deux qualités qui lui attirent d'ailleurs de grands éloges, je veux dire sa libéralité et la facilité de son caractère; et, si son retour d'Italie lui a été funeste, c'est que les victoires mêmes ne faisaient qu'accroître ses besoins. Comment croire en effet qu'il eût pu, en si peu de temps, s'établir d'une manière durable dans ce pays; et s'il avait continué sur le même pied, les feuilles des arbres, eussent-elles été changées en duchés, n'auraient pas suffi pour faire face à ses besoins. Il n'est rien qu'on n'eût obtenu à cette époque avec de l'argent, et cependant plusieurs ont loué la prudence de ceux qui hésitaient à en donner une première fois, certains qu'ils n'auraient pas davantage à payer pour ne payer qu'à la seconde requête. Ce prince allait sans cesse empruntant aux états contre lesquels il ne pouvait rien prétendre. Si cette ressource lui eût manqué, il ne se serait pas jeté dans des dépenses aussi folles. Voici un trait qui vient parfaitement à mon objet. Lorsque Pagalo fit, le 29 mars, cette demande d'argent, j'allai trouver le nommé François, qu'il avait envoyé à cet effet, et lui présentai l'écrit dont j'étais porteur. Lorsqu'il fut à la clause « Ne pourra » l'empereur demander aucune autre somme » d'argent, etc. », il m'arrêta pour observer qu'il conviendrait de faire précéder le mot *demander* de ces deux-ci : *de droit*, « parce que, me dit-il naïvement, l'empereur ne prétend pas renoncer à la faculté de vous faire un emprunt. » Je fis à ce commissaire une réponse dont il se tint satisfait. Or, remarquez que c'est du désordre de ses affaires que naissent les embarras où il se trouve si souvent. De là les fréquentes demandes de subsides, et par conséquent les fréquentes diètes. Le peu de crédit dont il jouit amène nécessairement des résolutions faibles, plus faiblement exécutées encore.

Mais, s'il eût pénétré dans l'Italie, vous n'auriez pas pu le payer en diètes, comme font les princes de l'empire. Ses prodigalités lui sont d'autant plus préjudiciables, qu'il fait toujours la guerre avec plus de frais qu'aucun autre état; la raison en est que ses sujets, étant libres et riches, ne le servent ni par besoin, ni par affection, mais par l'ordre de leurs communautés respectives, et toutefois moyennant le paiement exact de leur solde; car si, aux premiers jours du mois, l'argent ne venait pas, ni prières, ni promesses, ni menaces ne les retiendraient sous leurs drapeaux. Je dis que le peuple en Allemagne est riche; c'est un point incontestable. Et comment seraient-ils pauvres avec leur économie et leur frugalité? Les Allemands bâtissent peu, sont vêtus et se meu-

blent très-simplement. Du pain et de la viande en abondance, avec une salle bien chauffée par un poêle en hiver, voilà tout ce qu'il leur faut. Ceux qui n'ont pas de superfluités s'en passent fort bien; ils dépensent deux florins en dix ans, et chacun vit selon son état, sans se tourmenter de besoins factices qu'il ne cherche pas à connaître, et le nécessaire y est bien plus borné que chez nous; de là, la simplicité de leurs mœurs. Comme ils se contentent de ce que le pays produit, l'exportation d'argent s'y réduit à infiniment peu de chose. Or des hommes qui sont libres et qui savent vivre de peu, ne se battent que pour de l'argent, et ce ne serait pas assez d'une bonne paie pour les faire marcher, il faut encore l'ordre de la communauté.

La bonté et la facilité de son caractère l'exposent souvent à être trompé. Je tiens d'un de ses serviteurs qu'il ne se trompe jamais deux fois sur quoi que ce soit, dès qu'il s'est aperçu une fois de son erreur; mais il y a tant de personnes et tant de choses qui peuvent donner matière à erreur, qu'il est sûr d'être trompé une fois au moins tous les jours. Ce prince a plusieurs excellentes qualités : il est bon général, il fait régner la justice dans ses états, il est d'un abord facile et agréable; en un mot, il ne lui manquerait, pour être un excellent prince, que d'être plus économe et d'avoir plus de fermeté dans le caractère.

On ne peut nier que l'Allemagne ne forme un état très-puissant, puisqu'elle abonde en hommes, en richesses et en soldats. Il n'y a pas dans ce pays une seule commune qui n'ait de l'argent en réserve, et l'on s'accorde à dire qu'Argentina [1] a plusieurs millions de florins dans ses coffres; ce qui tient à l'esprit d'ordre et d'économie qui règne dans l'administration de leurs revenus. La dépense la plus considérable de ces villes se borne à entretenir les approvisionnements de bouche, et quelques autres, comme des combustibles et des matières propres à être mises en œuvre pour fournir du travail au petit peuple dans des temps difficiles. Mais les magasins une fois formés, il ne s'agit que de renouveler les objets qui ne sont pas de garde. Une ville ainsi approvisionnée

[1] Nom de Strasbourg (*Argento-ratum*) corrompu dans les bas siècles en *Argentina*.

peut soutenir sans peine un siége de plusieurs mois, ou même d'un an. Les habitants étant tous armés et exercés, l'état n'a rien à dépenser pour l'armée en temps de paix. Les salaires et les autres objets sont peu chers ; aussi le trésor public des communes est-il toujours bien fourni. En sorte que l'empereur réussirait dans tout ce qu'il peut entreprendre, si les communes le secondaient de concert avec les princes ou même sans eux ; mais cet état est loin de présenter un tel accord de toutes les volontés. Les Suisses ne peuvent sympathiser avec les Allemands ; les communes ont des intérêts différents de ceux des princes, et ceux-ci s'accordent rarement avec l'empereur. Il paraîtra peut-être extraordinaire de voir les Suisses et les habitants des villes germaniques divisés d'intérêt, vu que les uns et les autres sont également jaloux de leur liberté et ennemis des princes. Mais les Suisses n'ayant point de noblesse chez eux, et ne connaissant d'autres distinctions que celles dont leurs magistrats sont décorés, ont autant d'éloignement pour les gentilshommes que pour les princes. Les nobles qui sont restés dans les villes redoutent l'exemple des Suisses, et ne trouvent d'autre moyen pour prévenir la suppression de leurs prérogatives que de semer la division parmi les communes. Les habitants des villes qui servent dans l'armée n'aiment pas non plus les Suisses, soit par jalousie, soit parce que ces derniers n'ont pas pour eux toutes la considération qu'ils croient leur être due. Quoi qu'il en soit, on ne peut les mettre ensemble qu'il ne s'élève des querelles et des combats particuliers, en quelque nombre et proportion qu'ils se trouvent.

Quant à l'inimitié qui existe entre les princes d'une part, et les villes réunies avec les Suisses de l'autre, il est inutile d'en dire la cause, car elle est connue de tout le monde. Je ne m'arrêterai pas davantage à parler de l'inimitié qui a existé de tout temps entre l'empereur et les princes. On conçoit que le chef de l'Empire, voulant abaisser les princes, mais ne le pouvant par lui-même, a dû rechercher l'amitié des villes et en même temps aussi celle des Suisses. C'est à ces divisions des villes et des princes que l'on doit attribuer le peu de concert qui règne dans l'exécution des entreprises formées par le chef de l'Empire ; et si on avait d'abord conçu quelques espérances de succès, c'est, il n'en faut pas douter, parce qu'on ne voyait pas dans toute l'Allemagne un prince assez habile et assez puissant pour s'opposer aux desseins de l'empereur, et tel qu'il s'en était trouvé plus d'une fois par le passé. Ce motif était assurément, et est encore bien fondé ; mais on paraissait ignorer qu'il y a deux moyens d'arrêter l'empereur : l'un en excitant des troubles au-dedans, l'autre en ne l'aidant point ; et tel qui n'oserait lui déclarer la guerre ne craint pas de lui refuser des secours, ou du moins de manquer à ses engagements ; enfin il en est qui, plus timides ou plus faibles, osent cependant différer tellement les secours promis, qu'ils deviennent absolument inutiles. C'est ainsi que des dix-neuf mille hommes que la diète du mois de juin s'était engagée à fournir au chef de l'Empire, on n'en a jamais vu que cinq mille. Cela tient encore à ce que l'empereur avait pris de l'argent en place des troupes, et qu'il avait fait dans son calcul une erreur de moitié.

Au reste, la puissance de cet état repose sur les villes plus que sur les princes. Ceux-ci sont ou temporels ou spirituels. Les premiers, affaiblis d'abord par l'égalité de partage dans les successions, ensuite par l'union de l'empereur avec les villes, ne peuvent être ni des amis utiles, ni des ennemis redoutables. Cette même ligue des communes avec le chef de l'Empire a été aussi funeste aux princes ecclésiastiques ; en sorte que les archevêques électeurs eux-mêmes ne peuvent être d'un grand secours à l'empereur, fussent-ils d'ailleurs disposés à le seconder dans ses entreprises.

Mais venons-en aux villes libres et impériales, qui sont comme le nerf de cet état, parce qu'on y trouve des richesses et une administration bien réglée. Ces communes sont peu disposées à aider l'empereur dans l'exécution de ses projets au-dehors, parce que, plus jalouses de conserver leur liberté que d'étendre leur domination, elles se soucient peu de procurer à autrui ce qu'elles ne désirent pas pour elles-mêmes. D'ailleurs elles sont en très-grand nombre et indépendantes les unes des autres, en sorte que leurs contributions, lorsqu'elles veulent bien en accorder, arrivent toujours très-tard, comme on l'a vu il y a environ neuf ans, lors de l'invasion des états de Maximilien et de la Souabe par les Suisses. Ces villes s'étaient engagées vis-à-vis de l'empereur à mettre quatorze mille hommes en campagne; mais on n'en vit jamais la moitié réunie, parce que le contingent d'une de ces communes arrivait lorsque celui d'une autre partait. Aussi l'empereur, désespérant de se débarrasser des Suisses par la force des armes, se vit-il réduit à traiter avec eux et à leur céder Bâle. Or, si elles se conduisent ainsi dans leurs propres affaires, que sera-ce lorsqu'elles agiront pour autrui? De tout cela je conclus que les villes libres et impériales ne peuvent être d'un grand secours au chef de l'Empire.

Si les Vénitiens n'ont pas craint d'opposer une si vigoureuse résistance à l'empereur, c'est que le commerce qu'ils font avec les villes impériales les a mis à même de connaître cette puissance mieux qu'aucun autre peuple d'Italie. Ils savent que cet état ne peut être redoutable à ses voisins que par l'union des villes et des princes avec leur chef, et que cette union est à peu près impossible, pour les raisons rapportées plus haut. Sans cela, les Vénitiens ou ne se seraient point opposés aux projets de l'empereur, ou du moins l'auraient fait avec mesure et prudence. Telle est du moins l'opinion de tous les Italiens qui sont à la cour de l'empereur. Cependant en Allemagne on ne désespère pas de voir naître un autre ordre de choses. L'empereur, disent-ils, finira par se jeter dans les bras des villes et des princes, qui sentiront enfin la nécessité de s'unir avec leur chef et d'écouter à la fois la voix de l'honneur et de l'intérêt. Les états de l'Empire et les communes jouiront des bienfaits de la paix, de quelque part qu'elle leur vienne. Les armées seront sur un bon pied et commandées par d'habiles généraux, selon le vœu de la diète de Constance..... Mais on peut répondre à tout cela que, si l'administration d'une ville est rarement bonne, celle d'un état doit l'être encore moins. A quoi l'on peut ajouter que les communes ne sauraient prendre à la conquête de l'Italie autant d'intérêt que les princes. Ceux-ci peuvent se transporter sur les lieux et jouir de leurs possessions; de telles conquêtes sont sans objet pour les communes. Il ne faut donc pas se flatter qu'elles veuillent jamais concourir à l'exécution d'une entreprise où elles n'auraient rien à gagner.

Voilà ce que j'ai appris sur l'Allemagne. Je pourrais y ajouter quelques observations relatives à l'état de guerre ou de paix qui peut exister entre les princes; mais, comme elles sont fondées sur de simples conjectures, je les abandonne à ceux qui, étant sur les lieux, sont plus à même que moi de les apprécier.

XIV.

INSTRUCTIONS SUR L'ALLEMAGNE ET SUR L'EMPEREUR.

L'année dernière, à mon retour ici, ayant mis en écrit tout ce que j'avais pu recueillir sur les affaires de l'Allemagne et de l'empereur, je ne sais maintenant ce que j'aurais à en dire. Je me bornerai donc à ajouter quelques mots sur le caractère de l'empereur [1]. Il n'existe et il n'a jamais existé, je crois, de prince plus dissipateur : c'est ce qui fait qu'il est toujours dans le besoin, et que, quelle que soit la situation où il se trouve, il n'a jamais assez d'argent. Son caractère est extrêmement inconstant : aujourd'hui il veut une chose, et ne la veut pas le lendemain. Il refuse de prendre les avis de personne, et croit ce que chacun lui dit;

[1] Maximilien.

il désire ce qu'il peut avoir, et se dégoûte de ce qu'il pourrait obtenir. De là, les résolutions contraires que je lui vois prendre à chaque instant. D'un autre côté il a l'humeur extrêmement guerrière; il sait conduire et maintenir une armée en ordre et y faire régner la justice et la discipline; il sait supporter aussi bien que personne les fatigues les plus pénibles; plein de courage dans le péril, il n'est inférieur comme capitaine à qui que ce soit de ce temps. Dans ses audiences, il montre beaucoup d'affabilité, mais il ne veut les donner que lorsque cela lui convient. Il n'aime point que les ambassadeurs viennent lui faire la cour, à moins qu'il ne les fasse appeler près de lui. Il est extrêmement secret. Il vit dans une agitation continuelle de corps et d'esprit; mais souvent il défait le soir ce qu'il a arrêté le matin.

Voilà ce qui rend difficiles les ambassades auprès de ce prince; car les fonctions les plus importantes d'un ambassadeur, chargé des affaires d'un prince ou d'une république, consistent à conjecturer l'avenir, tant par les négociations que par les événements. En effet, celui qui sait former de sages conjectures et les faire comprendre à son gouvernement lui procure les plus grands avantages, et le met à portée de prendre ses mesures au moment convenable. L'envoyé qui remplit bien une telle mission se fait honneur à lui-même, et se rend utile à son gouvernement; il en est tout autrement lorsque ces fonctions sont confiées à un homme peu éclairé. Pour en venir aux cas particuliers, vous vous trouverez dans un pays où il est question le plus ordinairement de guerre et de négociations; pour bien remplir votre emploi, vous aurez à faire connaître quelle est l'opinion que l'on a généralement sur l'un et l'autre de ces deux points; vous devrez mesurer la guerre sur le nombre des troupes, sur l'argent, sur le gouvernement, sur la fortune même; et il est à présumer que le vainqueur sera celui qui possède le plus grand nombre de ces avantages. Après avoir ainsi préjugé quel est celui qui doit triompher, vous devrez en donner connaissance ici, afin que la république et vous, vous puissiez mieux diriger votre conduite.

Vous aurez plusieurs sortes de négociations; elles auront lieu entre les Vénitiens et l'empereur, entre l'empereur et la France, entre l'empereur et le pape, et enfin entre l'empereur et votre propre gouvernement. Quant à ces dernières, il vous sera facile d'en prévoir l'issue et de pénétrer quelles sont les vues de l'empereur à votre égard, ce qu'il veut, quel est l'esprit qui l'anime, ce qui pourrait le faire reculer ou le faire aller en avant; et, lorsque vous aurez saisi sa pensée, de voir s'il est plus avantageux de temporiser que de conclure; mais ce sera à vous seul à juger sur ces différents objets jusqu'où s'étendent vos pouvoirs.

XV.

INSTRUCTIONS DONNÉES PAR MACCHIAVELLI

A RAPHAEL GIROLAMI,

AMBASSADEUR DU ROI D'ESPAGNE AUPRÈS DE L'EMPEREUR.

Honorable Raphaël, les ambassades honorent ceux qui en sont chargés, et quiconque est incapable de s'en bien acquitter ne sera jamais un homme d'état. Vous partez pour un pays dont les mœurs et les manières diffèrent beaucoup de celles d'Italie; et de plus, c'est pour la première fois que vous vous trouvez chargé d'une commission de ce genre. Si, comme je l'espère avec ceux qui vous connaissent, vous vous en acquittez avec distinction, la gloire que vous acquerrez sera d'autant plus grande que vous aurez eu plus de difficultés à vaincre. Et, comme j'ai quelque expérience des affaires de ce pays, j'ai cru pouvoir sans présomption, et par l'intérêt que je vous porte, vous communiquer les observations que j'ai faites sur les lieux mêmes.

Un honnête homme exécute ponctuellement les ordres qu'il a reçus, mais il faut y joindre encore de l'habileté. Or, pour bien s'acquitter d'une commission politique, il faut connaître le caractère du prince et de ceux qui le dirigent, et s'attacher à ceux qui peuvent nous procurer facilement des audiences, car il n'y a rien de difficile pour un ambassadeur qui a l'oreille du prince; mais il lui importe surtout de se faire estimer, et il y parviendra en réglant tellement ses actions et ses discours, qu'on le juge homme d'honneur, libéral et sincère. Ce dernier point est essentiel et beaucoup trop négligé. J'en ai vu plus d'un se perdre tellement dans l'esprit des princes par leur duplicité, qu'ils ont été incapables de conduire la négociation la moins importante. Sans doute il est quelquefois nécessaire de couvrir son jeu, mais on doit le faire de manière à n'éveiller aucun soupçon, et se tenir prêt à répondre si l'on vient à être découvert. Alexandre Nasi s'est fait une grande réputation de loyauté; mais ces exemples sont rares; je crois que vous êtes fait pour en augmenter la liste.

Il est encore une chose qui peut vous faire infiniment d'honneur si elle est telle qu'on est en droit de l'attendre de vous; je veux parler de votre correspondance avec le gouvernement que vous représentez. Les objets qu'on y traite peuvent se rapporter à trois : ce qui est fait, ce qui se fait, et ce qu'on peut faire par la suite. De ces trois choses, une seule est facile, savoir : la première; encore même s'il s'agit d'une ligue entre deux états, et contre un troisième, on ne réussit pas toujours à en dérober la connaissance à qui il importe de la tenir secrète, comme il arriva à la ligue de Cambrai, où la France, l'empereur et le pape jurèrent la perte des Vénitiens. Dans ces occa-

sions, il faut user d'une grande prudence et de beaucoup de circonspection; mais il est bien autrement difficile d'être informé de ce qui se passe, et d'en prévoir l'issue, parce qu'on n'a, au lieu de faits, que de simples conjectures. D'ailleurs les cours des princes sont remplies d'hommes dont l'unique emploi est de tout écouter, et d'aller répéter ce qu'ils ont entendu, tant pour se faire des amis de ceux à qui ils font ces confidences, que pour en apprendre d'autres choses dont ils font leur profit. On gagne l'amitié de cette espèce d'hommes, en parlant avec eux de repas, de jeux et semblables choses : et j'ai vu des personnages, d'ailleurs très-graves, donner à jouer chez eux, pour avoir l'occasion de voir beaucoup de gens avec qui, sans cela, il leur eût été difficile de se rencontrer dans des lieux aussi commodes pour les faire parler. Mais pour tirer quelque chose d'un homme, il faut quelquefois l'encourager par des confidences auxquelles il attache du prix; en un mot, rien n'est plus propre à faire parler les autres que de parler soi-même. Mais pour cela, un ambassadeur doit être informé de tout ce qui se passe, et dans sa cour et ailleurs. Vous ne manquerez donc pas d'engager les huit, l'archevêque et leurs chanceliers à vous instruire des événements, même les moins importants. Vous ne devez rien ignorer de ce qui se passe à Bologne, à Sienne, à Pérouse, et encore moins de ce que font le pape, le duc de Milan et le roi. De cette manière, vous provoquerez, sans vous compromettre, des confidences utiles. Parmi les choses dont vous entendrez parler, il y en aura sans doute bon nombre de fausses, comme il s'en trouvera de vraies et de vraisemblables. C'est à vous à les peser et à informer votre cour de celles que vous croyez avoir quelque fondement et mériter son attention. Et, comme il serait peu convenant de mettre votre jugement dans votre propre bouche, je vous inviterai à adopter pour vos dépêches la forme que suivent plusieurs ministres dans les leurs : elle consiste à exposer les faits dont on est informé, à faire connaître les acteurs et les divers intérêts qui les animent, et à conclure ainsi : « Prenez en considération ce que je viens de dire; tout ce qu'il y a ici d'hommes judicieux pensent qu'il doit en résulter tel et tel effet. » Je connais bon nombre d'ambassadeurs qui, en suivant cette marche, se sont attiré l'estime de leurs cours; il y en a même qui tiennent un journal de tout ce qu'ils apprennent, et qui, au bout de huit ou dix jours, font un choix de ce qu'ils ont recueilli de plus intéressant, et composent ainsi leurs dépêches.

J'en ai connu aussi qui, tous les deux mois, ont soin de donner à leurs cours un tableau de la situation générale de l'état et de la ville où réside le prince auprès duquel ils sont envoyés. Un tel tableau, s'il est bien fait, honore son auteur et est très-utile à celui qui le reçoit, parce que rien n'est plus propre à éclairer un gouvernement que la connaissance des ressources des autres états. Ce point me paraît présenter tant d'intérêt que je ne résiste pas au désir de vous présenter quelques développements à ce sujet. Vous arrivez en Espagne, vous présentez vos lettres de créance, et faites connaître l'objet de votre mission; ce premier objet rempli, vous vous hâtez d'en informer votre cour, ainsi que de la réponse de l'empereur, vous réservant de faire connaître une autre fois l'état du pays et le caractère du prince. Vous mettez ensuite tous vos soins à bien connaître les intérêts de l'empereur et du royaume d'Espagne, afin de pouvoir instruire votre cour sur cet objet important. Et, pour entrer dans quelques détails à cet égard, vous étudierez le caractère du prince; vous chercherez à savoir s'il gouverne par lui-même ou par l'impulsion d'autrui, s'il est avare ou libéral, s'il aime la paix ou la guerre, s'il a l'amour de la gloire ou une autre passion, s'il se fait aimer du peuple, s'il réside plus volontiers en Espagne qu'en Flandre; quels sont ceux dont il prend conseil, et quelles sont les vues de ses conseillers; s'ils veulent l'engager dans des entreprises nou-

velles, ou s'ils se contentent de jouir en paix de la faveur du prince; quel degré d'ascendant ils ont sur son esprit; si le prince est constant ou variable dans son affection pour ceux qui le gouvernent; si le roi de France a des créatures parmi ces hommes-là, et si on peut les corrompre. Il importe aussi de savoir quels sont les nobles et les seigneurs qui approchent le plus de la personne du prince; s'ils ont lieu d'être satisfaits de lui, et comment, s'ils ne l'étaient pas, il leur serait possible de lui nuire; enfin si la France pourrait en corrompre quelqu'un. Il serait encore utile de savoir comment le prince traite son frère, si celui-ci est aimé, s'il est content, et s'il est d'un caractère à pouvoir occasionner quelque mouvement dans le royaume et dans les autres états de son frère. Vous chercherez également à connaître les mœurs de ce peuple, et si la dernière révolte est absolument éteinte, ou si elle peut encore éclater; enfin si la France pourrait faire renaître ces troubles. Il n'est pas indifférent non plus de savoir si l'empereur a des projets sur l'Italie, s'il veut s'emparer de la Lombardie ou la laisser aux Sforce, s'il se propose d'aller à Rome, s'il met le pape dans ses confidences, s'il est content de lui, enfin ce que les Florentins pourraient espérer ou craindre de son arrivée en Italie.

Il n'est aucun de ces objets qui, s'ils sont bien remplis, ne vous fasse infiniment d'honneur; et vous devez, non seulement les traiter avec quelque étendue une première fois, mais en rafraîchir la mémoire du ministre avec qui vous correspondez, en y joignant d'autres particularités, et en observant d'y mettre de la mesure et d'éviter toute affectation; en sorte que l'intérêt seul de la chose paraisse vous porter à revenir sur ces objets.

XVI.

DISCOURS INÉDIT OU PROJET DE DISCOURS [1]

DEVANT LA BALIA,

SUR LA NÉCESSITÉ DE SE PROCURER DE L'ARGENT.

(*Ici doit se trouver un court exorde en manière d'excuses.*)

Toutes les cités qui, à quelque époque que ce soit, ont été gouvernées soit par un prince absolu, soit par des grands, soit par le peuple, comme l'est la nôtre, ont employé pour leur défense la force unie à la prudence. Cette dernière, en effet, ne suffit pas lorsqu'elle est seule; la première ne peut amener non plus les choses à leur point, ou, si elle les y amène, elle ne saurait les y maintenir.

La force et la sagesse sont donc le nerf de toutes les principautés qui ont existé ou qui existeront jamais dans le monde; et quiconque a observé les révolutions des empires, la ruine de tant de provinces et de cités, n'a pu y voir d'autre cause que le manque de force ou de sagesse. En supposant que vos seigneuries m'accordent que ce que j'avance est fondé, comme il l'est en effet, il en résulte nécessairement que vous devez vouloir que ces deux choses existent dans votre cité, et examiner bien si elles s'y trouvent, afin de les y maintenir et, si elles n'y sont pas, pour les y introduire. A la vérité, il y a déjà deux mois que j'avais l'heureux espoir que vous tendiez à ce but; mais, lorsque j'ai vu ensuite votre obstination, je n'ai pu m'empêcher d'être tout-à-fait déconcerté.

Quand je considère que vous pouvez voir et entendre, et que vous ne voulez ni entendre ni voir, ce dont nos ennemis, pour ne point parler d'autre chose, s'étonnent eux-mêmes, je m'imagine que Dieu ne nous a point jugés encore assez punis, et qu'il nous réserve à de plus grands fléaux.

[1] C'est probablement un discours que Macchiavelli avait composé pour un membre de la Balia, car son emploi de secrétaire de la Seigneurie ne lui donnait pas voix délibérative dans le conseil.

Le motif pour lequel j'avais quelque bon espoir il y a deux mois, c'était la leçon qu'avaient dû vous donner le péril que vous avez couru il n'y a pas longtemps et les précautions que vous aviez prises par suite de ce péril. Après que vous eûtes recouvré Arezzo et plusieurs autres villes au moment où on les croyait perdues, je vous vis mettre un chef à la tête de la république : je crus alors que vous vous étiez aperçu que vous couriez des dangers, parce que vous n'aviez ni force ni sagesse, et que, puisque vous aviez commencé à donner place à la sagesse, par l'influence de ce chef, vous ne tarderiez pas non plus à donner place à la force.

Nos très-hauts seigneurs eurent la même pensée, ainsi que tous ces citoyens qui se sont fatigués tant de fois en vain à vous faire sentir la nécessité de prendre des mesures de sûreté. Je ne veux point discuter si celles que vous avez adoptées aujourd'hui sont bonnes ou non : je m'en rapporte là-dessus à ceux qui se sont trouvés en état de les ordonner, et à ceux qui ensuite les ont approuvées. Je voudrais vous voir de la même opinion, et vous en rapporter à celui qui vous dit que ces mesures sont nécessaires. Je vous le dis encore une fois, les états, sans la force, ne peuvent subsister, et touchent bientôt à leur perte; et leur perte est la dévastation ou l'esclavage. Vous avez été tout près cette année de l'un et de l'autre, et vous y retomberez si vous ne changez pas d'opinion : c'est moi qui vous le proteste. Et ne dites pas : « On ne nous a pas avertis. » Si vous répondez : « Qu'avons-nous besoin de forces? nous sommes sous la protection du roi; tous nos ennemis sont dans l'impuissance de nous nuire; et le duc de Valentinois n'a aucun motif de nous offenser; » je vous dirai que rien n'est plus téméraire que cette idée; car toute cité, tout état, doit regarder comme ennemis tous ceux qui peuvent espérer de s'emparer de ce qui lui appartient, et contre lesquels il lui est impossible de se défendre. Jamais monarchie ni république sage n'a voulu que ses états fussent à la discrétion d'autrui, ou n'a cru qu'en les y mettant la possession lui en demeurât.

Ne cherchons donc point à nous abuser : examinons bien notre position, et commençons par jeter les yeux sur notre intérieur. Vous vous trouverez désarmés; vous verrez vos sujets infidèles : vous en avez fait, il y a peu de mois, la dure expérience. Cela doit être ainsi; car les hommes ne peuvent ni ne doivent être fidèles au prince qui ne peut les défendre ni les réprimer. Jusqu'à quel point vous avez pu ou vous pouvez les réprimer, c'est ce que savent Pistoja, Barga, la Romagne, lieux devenus la demeure et le réceptacle de tous les brigandages. Jusqu'à quel point vous avez pu les défendre, c'est ce que savent tous les lieux qui ont été attaqués; et, comme ils ne vous voient pas aujourd'hui plus en mesure que par le passé, vous devez croire qu'ils n'ont changé ni d'opinion ni de pensée. Vous ne pouvez pas non plus les appeler vos sujets, mais bien ceux du premier assaillant qui viendra les attaquer.

Sortez maintenant de chez vous, et considérez ceux qui vous entourent. Vous vous trouvez au milieu de deux ou trois cités qui désirent votre mort plus que leur propre existence. Allez plus loin; sortez de la Toscane et examinez toute l'Italie : vous la verrez dépendre du roi de France, des Vénitiens, du pape et du duc de Valentinois.

Commencez par examiner le roi. Ici il faut dire la vérité, et je ne craindrai pas de la faire entendre. Ou ce prince n'aura d'autre obstacle ou d'autre crainte que vous en Italie, et, dans ce cas, il n'y a point de remède : toutes vos forces, toutes vos mesures ne pourraient vous sauver; ou il rencontrera d'autres obstacles, comme en effet il en a trouvé, et ici vous pouvez ou non y remédier, selon que vous le voudrez ou ne le voudrez pas. Le remède consiste à disposer vos forces de telle manière que, dans toutes ses résolutions, ce prince ne fasse pas moins d'attention à vous qu'aux autres états d'Italie, et qu'en restant désarmés, vous ne donniez pas vous-mêmes à quelque homme puissant la hardiesse de vous livrer en proie au roi de France, ni à ce prince l'occasion de vous laisser confondus dans la foule des états perdus. Vous devez agir, au contraire, de manière à être de quelque poids dans la balance, et à ôter à qui que ce soit l'idée de vous subjuguer.

Examinez maintenant les Vénitiens, et ici nous n'aurons pas grand'peine : chacun connaît leur ambition, chacun sait qu'ils doivent recevoir de vous cent quatre-vingt mille ducats, et qu'ils attendent l'occasion favorable. Ne vaudrait-il pas mieux dépenser cet argent à leur faire la guerre que de le leur donner pour qu'ils s'en servent contre vous ?

Passons au pape et au duc son fils. Nous n'avons pas besoin non plus de commentaire. Qui ne connaît leur caractère, leur ambition, leur conduite, et le peu de fondement qu'on peut faire sur leur parole? Je dirai seulement que, si l'on n'a encore conclu avec eux aucun traité, ce n'est pas notre faute. Mais supposons que l'on en conclue un demain : je vous ai déjà dit que vous aurez pour amis tous ces seigneurs qui ne pourront vous nuire, je vous le répète de nouveau. Entre particuliers, les lois, les écrits, les conventions, font observer la parole; entre les princes, ce sont les armes. Si vous disiez : « Nous aurons recours au roi de France, » je crois vous avoir fait observer également que le roi ne peut toujours être en mesure de vous défendre, parce que les circonstances ne sont pas toujours les mêmes; que d'ailleurs on ne peut pas toujours se servir de l'épée d'autrui; qu'il est bon, par conséquent, d'en avoir une à son côté, et de la ceindre quand l'ennemi est encore éloigné; car, autrement, vous ne serez plus à temps, et vous vous trouverez sans ressource.

Plusieurs d'entre vous doivent se rappeler l'époque où Constantinople fut prise par les Turcs. L'empereur avait prévu sa ruine. Comme les revenus ordinaires de l'état ne pouvaient suffire à sa défense, il appela auprès de lui les citoyens, leur exposa les dangers qui les menaçaient, et leur en indiqua le remède : ils se moquèrent de ses avis. Le siége arriva; et ces mêmes citoyens, qui avaient méprisé d'abord les conseils de leur souverain, n'eurent pas plus tôt entendu l'artillerie tonner contre leurs murs, et l'armée des ennemis frémir autour d'eux, qu'ils accoururent tout en larmes auprès de l'empereur, les mains pleines d'argent; mais il les chassa de sa présence, en leur disant : « Allez mourir avec votre or, puisque vous n'avez pas voulu vivre sans lui. »

Mais pourquoi aller chercher mes exemples dans la Grèce, quand Florence m'en présente d'aussi frappants? Au mois de septembre 1500, le duc de Valentinois partit de Rome avec son armée. On ne savait s'il devait pénétrer dans la Toscane ou dans la Romagne. Comme notre ville était dépourvue de toute défense, elle fut saisie de frayeur, et chacun eut recours à Dieu pour invoquer un délai. Mais à peine le duc eut-il tourné le dos pour prendre le chemin de Pesaro, et le péril n'apparut-il plus que dans l'éloignement, qu'on tomba dans une confiance téméraire; de sorte qu'on ne put jamais vous persuader de prendre aucune mesure de sûreté, quoiqu'il ne manquât pas de personnes qui vous en missent la nécessité sous les yeux, et qui vous prédissent tous les dangers qui ne tardèrent pas à vous assaillir. Dans votre obstination, vous ne voulûtes cependant les croire que lorsque, assemblés ici même, le 26 avril 1501, vous apprîtes la perte de Faenza, et que vous vîtes les larmes de votre gonfalonier, qui ne pouvait s'empêcher de gémir sur votre incrédulité et votre endurcissement, et qui vous força à avoir pitié de vous-mêmes.

Mais il n'était plus temps. Si vous eussiez pris vos mesures six mois auparavant, vous auriez pu surmonter toutes les difficultés; mais, ne les ayant prises que six jours d'avance, vous ne pûtes faire que bien peu de chose pour votre salut : en effet, ce ne fut que le 4 mai que vous apprîtes que l'armée ennemie se trouvait à Firenzuola. Toute la ville fut plongée dans la consternation, et vous pûtes sentir alors les inconvénients de votre obstination. Vous vîtes alors brûler vos maisons, piller vos biens, massacrer ou emmener prisonniers vos sujets, violer vos femmes, ravager vos possessions, sans pouvoir y mettre le moindre obstacle. Et ceux qui, six mois auparavant, avaient refusé de payer vingt ducats, s'en virent enlever deux cents, et n'en furent pas moins obligés de payer les vingt premiers.

Mais, lorsque vous devriez accuser votre incrédulité et votre obstination, vous accusez la méchanceté de vos concitoyens et l'ambition des grands : semblables à ceux qui, se trompant sans cesse, ne veulent jamais convenir qu'ils se sont trompés, ou qui, lorsqu'ils voient luire le soleil, ne peuvent jamais croire qu'il pleuvra. C'est ce qui arrive maintenant. Vous ne voulez pas voir que le duc de Valentinois peut être sur votre territoire avec toute son armée dans huit jours, et les Vénitiens dans deux : vous ne faites pas attention que le roi est occupé avec les Suisses dans la Lombardie; qu'il n'a encore conclu aucun traité ni avec l'Allemagne, ni avec l'Espagne, et que, dans le royaume de Naples, sa fortune commence à décliner.

Vous ne voyez donc pas combien il y a de faiblesse de votre part à rester ainsi au milieu des révolutions de la fortune? Il y en a que les périls de leurs voisins rendent sages; les vôtres ne peuvent vous éclairer, vous ne pouvez même compter sur vous-mêmes. Vous n'appréciez pas tout le temps que vous avez perdu et que vous perdrez encore : vous le pleurerez amèrement, mais en vain, si vous ne changez pas d'idée; car, je vous le dis, la fortune reste la même quand les mesures ne changent point : le ciel lui-même ne pourrait soutenir une chose qui voudrait se perdre à toute force.

Mais je ne puis croire que ce soit là votre pensée, vous, Florentins, vous citoyens libres, vous qui tenez votre liberté dans vos mains. Non, j'ai l'espoir que vous n'oublierez pas que c'est cette liberté qui doit diriger tout homme qui est né libre et qui veut vivre libre.

FIN DES FRAGMENTS HISTORIQUES.

L'ART DE LA GUERRE.

PROLOGUE.

A LORENZO STROZZI, GENTILHOMME FLORENTIN.

On a soutenu, Lorenzo, et l'on soutient encore tous les jours qu'il n'y a rien qui ait moins de rapport, rien qui diffère autant l'un de l'autre, que la vie civile de la vie militaire. Aussi, quelqu'un embrasse-t-il le parti des armes, il quitte aussitôt, avec l'habit, les mœurs, les habitudes, la voix même et le maintien de la ville. Cet extérieur, en effet, ne peut convenir à quiconque veut être expéditif et prompt à commettre toute espèce de violences; on ne saurait garder des usages, des formes que l'on juge être efféminés, peu favorables à ses nouvelles occupations. Eh! peut-il être convenable de conserver l'extérieur et le langage ordinaire à celui qui, avec des jurements et de la barbe, veut faire peur aux autres hommes? Ce qui a lieu de nos jours rend cette opinion très-vraie et cette conduite très-conséquente. Mais, si l'on considère le système politique des anciens, on verra qu'il n'y avait point de conditions plus unies que ces deux-là, plus conformes et plus rapprochées par un mutuel sentiment de bienveillance... Et, en effet, tous les établissements créés pour l'avantage commun de la société, toutes les institutions formées pour inspirer la crainte des dieux et des lois, seraient vains, si une force publique n'était destinée à les faire respecter; et, lorsque celle-ci est bien organisée, elle supplée aux vices mêmes de la constitution. Sans ce secours, l'état le mieux constitué finit par se dissoudre: semblable à ces palais magnifiques qui, brillants dans l'intérieur d'or et de pierre-ries, manquent d'un toit qui les défende des injures du temps.

Chez les anciens, dans les républiques comme dans les monarchies, s'il y avait quelque classe de citoyens à qui on cherchât à inspirer de préférence la fidélité aux lois, l'amour de la paix et le respect des dieux, c'était surtout aux citoyens soldats. De qui, en effet, la patrie doit-elle attendre plus de fidélité que de celui qui a promis de mourir pour elle? Qui doit plus chérir la paix que celui qui peut le plus souffrir de la guerre? Qui doit enfin plus respecter les dieux que celui qui, en s'exposant chaque jour à une foule de dangers, a le plus besoin des secours du ciel? Ces vérités avaient été bien senties de leurs législateurs et de leurs généraux; aussi chacun se plaisait à célébrer et s'efforçait de suivre les mœurs austères et pures des camps. Mais la discipline militaire s'étant tout-à-fait corrompue et entièrement écartée des règles anciennes, il en est résulté ces funestes opinions qui répandent partout la haine pour les militaires et l'aversion pour toute relation avec eux.

Quant à moi, après avoir réfléchi sur ce que j'ai vu et lu, il me semble qu'il ne serait pas impossible de rappeler l'état militaire à sa première institution, et de lui rendre quelque chose de son ancienne vertu. J'ai donc résolu, afin de ne pas passer dans l'inaction ce temps de mon loisir, d'écrire pour les partisans de l'antiquité ce que je puis savoir de *l'art de la guerre*. Je n'ignore pas qu'il est téméraire d'écrire sur un métier que l'on n'a jamais exercé ; je ne crois pas cependant que l'on puisse me faire de grands reproches d'oser occuper, sur le papier seulement, un poste de général, dont beaucoup d'autres se sont chargés en réalité avec une bien plus insigne présomption encore. Les erreurs où je puis tomber en écrivant peuvent être rectifiées, et n'auront nui à personne ; mais les fautes de ceux-là ne sont aperçues que par la ruine des empires.

C'est à vous, Lorenzo, à apprécier mon travail ; vous jugerez s'il mérite la louange ou le blâme. Je vous l'offre comme un trop faible gage de la reconnaissance que je vous dois pour tous vos bienfaits. Il est d'usage de dédier ces sortes d'ouvrages aux hommes distingués par leur naissance, leurs richesses, leurs talents et leur générosité. Il n'y a pas beaucoup d'hommes qui puissent vous être comparés pour la naissance ou la fortune, bien peu pour les talents, et aucun pour les qualités libérales.

AU LECTEUR.

Pour que le lecteur puisse bien saisir la disposition des bataillons, des armées et des campements, telle que je l'établirai dans cet écrit, j'ai résolu d'en offrir quelques plans. Voici par quels signes je désignerai l'infanterie, la cavalerie et les autres parties de l'armée :

o.	*Fantassins armés d'un bouclier.*
h.	*Fantassins armés de piques.*
x.	*Décurions.*
v.	*Vélites ordinaires.*
u.	*Vélites extraordinaires.*
C.	*Centurions.*
T.	*Chefs de bataillon.*
D.	*Chefs de brigade.*
A.	*Général en chef.*
s.	*Musique.*
z.	*Drapeaux.*
r.	*Gens d'armes.*
e.	*Cavalerie légère.*
g.	*Artillerie.*

LIVRE PREMIER.

Persuadé qu'il est permis de louer un homme qui n'est plus, puisque la mort écarte de nous tout motif, tout soupçon même de flatterie, je ne craindrai pas de payer ici un juste tribut d'éloges à mon ami Cosimo Ruccellaï, dont je ne puis me rappeler le nom sans verser des larmes. Il possédait toutes les qualités qu'un ami désire dans son ami, et que la patrie réclame de ses enfants. Il n'est aucun bien, je crois, si précieux qu'il fût, sans en excepter la vie même, qu'il n'eût volontiers sacrifié pour ses amis ; et il n'est point d'entreprise si hardie dont il eût pu s'effrayer s'il y eût vu attaché quelque avantage pour sa patrie. Je déclare que, parmi tous les hommes que j'ai connus et fréquentés, je n'en ai pas rencontré de plus susceptible de s'enflammer au récit des grandes et belles actions. Le seul regret qu'au lit de mort il exprimait à ses amis, c'était de mourir au milieu de ses foyers, jeune et encore sans gloire,

sans qu'aucun important service eût pu signaler sa carrière. Il sentait qu'il n'y avait rien à dire de lui, sinon qu'il avait été fidèle à l'amitié. Mais à défaut de ses actions, je puis, avec quelques-uns de ceux qui l'ont également connu, rendre un juste témoignage à ses brillantes qualités. Ce n'est pas que la fortune lui ait été tellement contraire qu'il n'ait pu nous transmettre quelques souvenirs de la délicatesse de son esprit : il a laissé plusieurs écrits, et entre autres un recueil de vers érotiques auxquels il s'exerça dans sa jeunesse, sans avoir aucun objet réel d'amour, mais seulement pour occuper son temps jusqu'à ce que la fortune eût pu tourner son esprit vers de plus hautes pensées. On peut voir par ces écrits avec quel succès il savait exprimer ses pensées, et quel nom illustre il se serait acquis dans la poésie s'il en eût fait l'unique objet de ses études.

La mort m'ayant donc enlevé cet ami si cher,

e ne puis, autant qu'il est en moi, remédier à sa perte qu'en m'occupant de sa mémoire, et en me rappelant les différents traits qui marquent ou la pénétration de son esprit, ou la maturité de sa raison ; et à cet égard, je ne puis citer rien de plus récent que l'entretien qu'il eut dans ses jardins avec Fabrizio Colonna [1], où celui-ci parla avec tant d'étendue sur l'art de la guerre, et où Cosimo se fit remarquer par les questions si heureuses et si sensées. J'étais présent à cette conversation, ainsi que quelques-uns de nos amis, et je me suis déterminé à l'écrire, pour que ceux des amis de Cosimo qui en ont été comme moi les témoins se rappellent de nouveau et son talent et ses vertus. Ses autres amis regretteront de n'avoir pu s'y trouver, et pourront retirer quelque utilité des sages leçons qu'y donna, non-seulement sur l'art militaire, mais même sur la vie civile, un des hommes les plus éclairés de ce siècle.

Fabrizio Colonna, à son retour de la Lombardie, où il avait longtemps combattu avec gloire pour le roi d'Espagne, passa par Florence, et s'y arrêta quelques jours pour visiter le grand duc, et revoir quelques gentilshommes avec lesquels il avait été lié autrefois. Cosimo résolut de l'inviter dans ses jardins, non pas tant pour faire éclater sa magnificence que pour être à portée de discourir longtemps avec lui. Il crut ne pas devoir laisser échapper l'occasion de recueillir, sur les importantes questions qui faisaient l'objet de ses pensées habituelles, les divers renseignements qu'il devait naturellement attendre d'un tel homme. Fabrizio accepta cette invitation. Plusieurs des amis de Cosimo s'y trouvaient également réunis, entre autres Zanobi Buondelmonti, Battista della Palla, et Luigi Alamanni, tous jeunes gens fort aimés de Cosimo, et passionnés pour les mêmes objets d'étude que lui. Je ne retracerai ici ni leur mérite, ni leurs rares qualités ; ils nous

[1] Fabrizio Colonna, principal interlocuteur de ces dialogues, était un capitaine fort expérimenté, très-habile dans le conseil, et qui, comme la plupart des petits princes chefs de troupes, ou *condottieri*, se vendait au plus offrant. Il avait d'abord suivi le parti des Français, et avait reçu de Charles VIII de grandes propriétés dans le royaume de Naples ; mais, quand il vit que nos affaires déclinaient en Italie, il s'attacha au parti des Espagnols. Il reçut de Charles-Quint la charge de connétable du royaume de Naples, et mourut en 1520.

en donnent tous les jours les preuves les plus brillantes. Fabrizio fut reçu avec toutes les distinctions convenables au lieu, aux personnes et aux circonstances.

Lorsque le repas fut achevé, qu'on eut levé les tables et que les convives eurent joui de tous les plaisirs de la fête, sorte de distraction à laquelle les grands hommes occupés de plus hautes pensées n'accordent d'ordinaire que peu de temps, Cosimo, toujours attentif au principal objet qu'il s'était proposé, prit occasion de l'excès de la chaleur (on était alors aux plus longs jours de l'été) pour conduire la compagnie dans la partie la plus retirée, et sous les ombrages les plus épais de ses jardins. Arrivés là, les uns s'assirent sur l'herbe, les autres sur des siéges placés sous des arbres touffus. Fabrizio trouva cet endroit enchanté ; il considéra particulièrement quelques-uns de ces arbres qu'il avait peine à reconnaître. Cosimo s'en aperçut : « Une partie de ces arbres vous est peut-être inconnue, lui dit-il ; il ne faut pas s'en étonner, car la plupart étaient plus recherchés des anciens qu'ils ne le sont parmi nous. » Il lui en dit les noms, et lui raconta comment son grand-père Bernardo s'était singulièrement occupé de cette culture. « J'avais déjà pensé à ce que vous dites, répliqua Fabrizio ; ce goût de votre grand-père et ce lieu me rappellent quelques princes du royaume de Naples qui ont les mêmes goûts, et se plaisent à ce genre de culture. » Alors il s'arrêta quelques instants comme indécis s'il devait poursuivre : « Si je ne craignais de blesser, ajouta-t-il enfin, je vous dirais mon opinion à cet égard... Que craindre, après tout ? je parle à des amis, et ce que je vais dire est uniquement par forme de conversation, et non pour offenser qui que ce soit. Oh ! combien il vaudrait mieux, ce me semble, imiter les anciens dans leur mâle vigueur et leur austérité que dans leur luxe et leur mollesse ; dans ce qu'ils pratiquaient aux ardeurs du soleil, que dans ce qu'ils faisaient à l'ombre ! C'est à l'antiquité, dans sa source pure et avant qu'elle fût corrompue, qu'il faut aller puiser pour en prendre les mœurs. Ce fut lorsque de semblables goûts s'emparèrent des Romains que ma patrie fut perdue. » Cosimo lui répondit. Mais, pour éviter l'ennui de répéter si souvent : « Celui-ci dit, celui-là répliqua, » j'indiquerai seulement, sans rien ajouter, les noms des interlocuteurs.

COSIMO. Vous avez ouvert un entretien tel que je le désirais. Je vous conjure de me parler avec une entière liberté, car c'est ainsi que je me permettrai de vous interroger; et si, dans mes questions ou mes réponses, j'excuse ou condamne quelqu'un, ce sera sans aucune intention de ma part ou d'excuser ou d'accuser, mais seulement pour apprendre de vous la vérité.

FABRIZIO. Je serai charmé de vous dire tout ce que je saurai sur les diverses questions que vous pourrez me faire. Vous jugerez si je vous dis vrai ou non. Au reste, j'entendrai vos questions avec grand plaisir : elles me seront aussi utiles que pourront vous l'être mes réponses. L'homme qui sait interroger nous découvre des points de vue et nous offre une foule d'idées qui, sans cela, ne se seraient jamais présentées à notre esprit.

COS. Je reviens à ce que vous disiez d'abord, que mon grand-père et vos princes napolitains eussent mieux fait d'imiter les anciens dans leur mâle vigueur que dans leur mollesse. Ici, je veux excuser mon grand-père; quant aux autres, je vous en laisse le soin. Je ne crois pas qu'il y ait eu de son temps un homme qui détestât plus que lui la mollesse, et qui aimât davantage cette austérité dont vous venez de faire l'éloge; mais il sentait qu'il ne pouvait exercer lui-même cette vertu, ni la faire pratiquer à ses enfants, dans un siècle tellement corrompu que celui qui s'aviserait de s'écarter des usages accoutumés serait ridiculisé de chacun. Qu'un homme, à l'exemple de Diogène, au milieu de l'été, à la plus grande ardeur du soleil, se roule nu sur le sable, ou sur la neige pendant les glaces de l'hiver, il sera traité de fou; qu'un autre élève ses enfants à la campagne, comme les Spartiates; qu'il les fasse dormir en plein air, marcher la tête et les pieds nus, et se baigner à l'eau froide en hiver, pour les endurcir à la douleur, pour affaiblir en eux l'amour de la vie et leur inspirer le mépris de la mort, non-seulement il sera ridiculisé, mais il sera regardé moins comme un homme que comme une bête féroce. Si quelqu'un aujourd'hui ne vivait que de légumes, comme Fabricius, et méprisait les richesses, il ne serait loué que du petit nombre, et ne se-

rait imité de personne. Aussi mon grand-père, effrayé de l'ascendant des mœurs actuelles, n'osa pas embrasser les mœurs antiques, et se contenta d'imiter les anciens dans ce qui ne pouvait exciter un bien grand scandale.

FABRIZIO. Vous avez, à cet égard, parfaitement excusé votre grand-père, et vous avez raison sans doute; mais ce que je proposais de rappeler parmi nous, c'était moins ces mœurs dures et austères que des usages plus faciles, plus conformes à notre manière d'être actuelle, et que chaque citoyen revêtu de quelque autorité pourrait sans peine introduire dans sa patrie. Je citerai encore les Romains; il en faut toujours revenir à eux. Si l'on examine avec attention leurs institutions et leurs mœurs, on y remarquera beaucoup de choses qu'on pourrait faire revivre aisément dans une société qui ne serait pas tout-à-fait corrompue.

COS. Puis-je vous demander en quoi il serait bon de les imiter?

FABR. Il faudrait, comme eux, honorer et récompenser la vertu, ne point mépriser la pauvreté, engager les citoyens à se chérir mutuellement, à fuir les factions, à préférer l'avantage commun à leur bien particulier, et à pratiquer enfin d'autres vertus semblables, qui sont très-compatibles avec ces temps-ci. Il ne serait pas difficile d'inspirer ces sentiments, si après y avoir fortement pensé, l'on s'attachait aux véritables moyens d'exécution. Ils sont si frappants de vérité, qu'ils seraient à la portée des esprits les plus communs. Celui qui obtiendrait un pareil succès aurait planté des arbres à l'ombre desquels il passerait de plus heureux jours encore que sous ceux-ci.

COS. Je ne veux rien répliquer à ce que vous avez dit : c'est à ceux qui sont en état d'avoir une opinion à cet égard à prononcer. Mais pour mieux éclaircir mes doutes, je m'adresserai à vous-même, qui accusez si vivement ceux de vos contemporains qui, dans les circonstances importantes de la vie, négligent d'imiter les anciens; et je vous demanderai pourquoi, si vous croyez que cette négligence nous fasse dévier de la véritable route, vous n'avez point cherché à appliquer quelques usages de ces mêmes anciens à l'art de la guerre, qui est votre métier, et qui vous a acquis une si grande réputation.

FABR. Nous voilà arrivés où je vous attendais. Ce que j'ai dit jusqu'ici n'était fait que pour m'attirer cette question ; c'est tout ce que je désirais. J'aurais une excuse pour vous échapper ; mais, puisque le temps le permet, je veux, pour votre satisfaction et la mienne propre, traiter plus à fond ce sujet. Les hommes qui méditent quelque entreprise doivent d'abord s'y disposer par tous les moyens, pour être en état d'agir à la première occasion. Et comme ces dispositions faites avec prudence doivent être ignorées, ils ne peuvent être accusés de négligence si l'occasion ne se présente pas à eux. Si elle arrive enfin, et qu'ils restent dans l'inaction, on juge ou que leurs dispositions n'étaient pas suffisantes, ou qu'ils n'en ont fait aucune ; et comme, à mon égard, l'occasion ne s'est jamais offerte de faire connaître les dispositions que j'ai préparées pour ramener les armées à leur antique institution, personne ne peut m'accuser de n'avoir rien fait. Il me semble que cette excuse suffirait pour répondre à votre reproche.

COS. Oui, si j'étais sûr que l'occasion ne s'est jamais présentée.

FABR. Comme, en effet, vous pouvez douter qu'elle se soit offerte à moi ou non, je veux vous entretenir au long, puisque vous avez la bonté de m'entendre, des dispositions préparatoires qu'il faut prendre, de l'espèce d'occasion qui doit se présenter, des obstacles qui s'opposent au succès de ces dispositions et qui empêchent l'occasion de naître. Je veux vous expliquer enfin, quoique cela paraisse contradictoire, comment cette entreprise est à la fois très-difficile et très-aisée.

COS. Vous ne pouvez rien faire de plus agréable à mes amis et à moi ; et, si vous ne vous fatiguez pas à parler, nous ne nous lasserons pas assurément de vous entendre. Mais comme j'espère que cet entretien sera long, je vous demande la permission de m'aider de leur secours ; nous vous supplions d'avance de permettre que nous vous importunions de nos questions ; et si quelquefois nous osons vous interrompre...

FABR. Je serai charmé, Cosimo, des questions que vous me ferez, vous et vos jeunes amis ; votre jeunesse doit vous donner le goût de l'art militaire et plus de condescen-

dance pour mes opinions. Les vieillards à la tête blanchie et au sang glacé, ou n'aiment point à entendre parler guerre, ou sont incorrigibles dans leurs préjugés. Ils s'imaginent que c'est la corruption des temps, et non les mauvaises institutions, qui nous réduisent à l'état où nous sommes. Ainsi, interrogez-moi sans crainte ; je vous le demande, d'abord pour avoir le temps de respirer un peu, puis parce que j'aimerais à ne laisser aucun doute dans votre esprit.

Je reviens à ce que vous disiez, qu'à la guerre, qui est mon métier, je n'avais adopté aucun usage des anciens. A cela je réponds que la guerre faite comme métier ne peut être honnêtement exercée par des particuliers, dans aucun temps ; la guerre doit être seulement le métier des gouvernements, républiques ou royaumes. Jamais un état bien constitué ne permit à ses concitoyens ou à ses sujets de l'exercer pour eux-mêmes ; et jamais enfin un homme de bien ne l'embrassa comme sa profession particulière. Puis-je en effet regarder comme un homme de bien celui qui se destine à une profession qui l'entraîne, s'il veut qu'elle lui soit constamment utile, à la violence, à la rapine, à la perfidie, et à une foule d'autres vices qui en font nécessairement un malhonnête homme ? Or, dans ce métier, personne, grand ou petit, ne peut échapper à ce danger, puisqu'il ne les nourrit dans la paix ni les uns ni les autres. Pour vivre, ils sont alors forcés d'agir comme s'il n'y avait point de paix, à moins qu'ils ne se soient engraissés pendant la guerre, de manière à ne pas redouter la paix. Certes, ces deux moyens d'exister ne conviennent guère à un homme de bien. De là naissent les vols, les assassinats, les violences de toute espèce, que de semblables soldats se permettent sur leurs amis comme sur leurs ennemis. Leurs chefs, ayant besoin d'éloigner la paix, imaginent mille ruses pour faire durer la guerre, et si la première arrive enfin, forcés de renoncer à leur solde et à la licence de leurs habitudes, ils lèvent une bande d'aventuriers et saccagent sans pitié des provinces entières.

Ne vous rappelez-vous pas cette terrible époque pour l'Italie où, la fin de la guerre ayant laissé une foule de soldats sans paie, ils se formèrent en compagnies et allaient imposant les châteaux et ravageant le pays, sans que rien pût les arrêter? Avez-vous oublié qu'après la première guerre punique, les soldats carthaginois, s'étant réunis sous les ordres de Mathon et de Spendion, deux chefs créés tumultuairement par eux, ils firent à Carthage une guerre beaucoup plus dangereuse que celle qu'elle venait de soutenir contre les Romains? Et du temps de nos pères, Francesco Sforza, pour conserver pendant la paix une honorable existence, non-seulement battit les Milanais qui le tenaient à leur solde, mais leur enleva encore leur liberté, et s'établit leur souverain.

Telle a été la conduite de tous les autres soldats d'Italie qui ont fait de la guerre leur unique métier; et si tous ne sont pas devenus des ducs de Milan, ils n'en sont que plus répréhensibles, puisqu'ils ont commis les mêmes crimes, sans avoir en vue d'aussi grands avantages. Sforza, le père de Francesco, força la reine Jeanne de se jeter dans les bras du roi d'Aragon, en l'abandonnant tout à coup et la laissant sans défense au milieu de ses ennemis. Il n'avait d'autre motif que d'assouvir son ambition, de lever chez elle de fortes contributions, ou même de lui enlever ses états. Braccio chercha par les mêmes moyens à s'emparer du royaume de Naples; il eût réussi s'il n'eût été vaincu et tué à Aquila. Tous ces désordres sont venus seulement de ce que tous ces hommes avaient fait de la guerre leur unique métier. N'avez-vous pas chez vous un proverbe qui vient à l'appui de mon opinion: *La guerre fait les voleurs, et la paix les fait pendre?* Lorsqu'en effet un individu qui vivait uniquement de la guerre a perdu ce moyen de subsister, s'il n'a pas assez de vertu pour savoir se courber, en homme d'honneur, sous le joug de la nécessité, il est forcé par le besoin à courir les grands chemins, et la justice est forcée de le faire pendre.

Cos. Vous me faites presque mépriser ce métier des armes, que je regardais comme le plus beau et le plus honorable qu'on pût exercer. Aussi je serai mécontent de vous si vous ne le relevez un peu dans mon esprit; sans cela, je ne saurais plus comment justifier la gloire de César, de Pompée, de Scipion, de Marcellus et de tant d'autres généraux romains que la renommée a placés, pour ainsi dire, au rang des dieux.

Fabr. Permettez-moi d'achever le développement de mes deux propositions: l'une, qu'un honnête homme ne peut embrasser comme profession le métier des armes; l'autre, qu'une république ou des royaumes sagement constitués ne l'ont jamais permis à leurs citoyens ou à leurs sujets. Je n'ai plus rien à dire sur la première de ces propositions; il me reste à vous entretenir de la seconde.

Mais avant tout, je vais répondre à votre observation. Certes, ce n'est pas comme hommes de bien, mais comme guerriers habiles et intrépides, que Pompée, César, et presque tous les généraux qui ont paru après la dernière guerre punique, ont acquis une si grande renommée; mais ceux qui les ont précédés ont mérité la gloire par leur vertu, comme par leur habileté. D'où vient cette différence? C'est que ceux-ci ne faisaient pas de la guerre leur unique métier, et que ceux-là, au contraire, s'y étaient exclusivement livrés. Tant que la république se maintint pure, jamais un citoyen puissant n'entreprit de se servir de la profession des armes pour maintenir pendant la paix son autorité, renverser toutes les lois, dépouiller les provinces, tyranniser sa patrie, et tout soumettre à sa volonté. Jamais un citoyen des dernières classes du peuple n'osa violer son serment militaire, attacher sa fortune à celle des particuliers, braver l'autorité du sénat, et concourir à des attentats contre la liberté, afin de pouvoir vivre en tout temps de son métier des armes. Les généraux, dans ces premiers temps, satisfaits des honneurs du triomphe, retournaient avec plaisir à la vie privée. Les simples soldats déposaient leurs armes avec plus de plaisir encore qu'ils ne les avaient prises, et reprenaient leurs occupations accoutumées, sans avoir jamais conçu le projet de vivre du produit des armes et des dépouilles de la guerre.

On peut en citer aux républicains un grand et mémorable exemple dans Attilius Régulus, qui, général des armées romaines en Afrique, ayant presque entièrement vaincu les Carthaginois, demanda au sénat la permission de revenir cultiver ses terres que ses fermiers avaient ruinées. Il est bien évident par là que, s'il eût fait de la guerre son métier, s'il eût pensé à se la rendre utile à lui-même, il n'eût jamais demandé, ayant sous sa main tant de riches provinces, à revenir cultiver son champ; car il aurait pu gagner chaque jour beaucoup plus que ne valait le fonds même de tout son héritage.

Mais ces hommes vertueux, qui ne faisaient pas de la guerre leur unique profession, n'en voulaient retirer que des fatigues, des périls et de la gloire; et une fois chargés de ce précieux butin, ils n'aspiraient qu'à retourner dans leurs foyers pour y vivre de leur profession accoutumée. La conduite des simples soldats paraît avoir été la même. Ils quittaient et reprenaient cet exercice sans peine. N'étaient-ils point sous les armes, ils s'enrôlaient volontiers. Etaient-ils engagés, ils ne demandaient pas mieux que d'avoir leur congé.

Je pourrais appuyer cette vérité de mille exemples; mais je ne citerai qu'un fait : c'est qu'un des plus grands priviléges que le peuple romain accordait à un citoyen était de n'être pas forcé de servir contre sa volonté. Aussi, pendant les beaux jours de Rome, qui durèrent jusqu'aux Gracques, jamais il n'y eut un soldat qui fît de la guerre son métier; et cependant on ne compta dans leurs armées qu'un très-petit nombre de mauvais sujets, qui tous étaient sévèrement punis. Un état bien constitué doit donc ordonner aux citoyens l'art de la guerre comme un exercice, un objet d'étude pendant la paix, et, pendant la guerre, comme un objet de nécessité et une occasion d'acquérir de la gloire, mais c'est au gouvernement seul, ainsi que le pratiqua celui de Rome, à l'exercer comme métier. Tout particulier qui a un autre but dans l'exercice de la guerre est un mauvais citoyen; tout état qui se gouverne par d'autres principes est un état mal constitué.

Cos. Je suis pleinement satisfait de tout ce que vous venez de dire, et j'aime fort votre conclusion; mais je crois qu'elle n'est vraie que pour les républiques. Il me semble qu'il serait difficile de l'appliquer aux monarchies. Je suis porté à croire qu'un roi doit aimer à s'environner d'hommes uniquement occupés de la guerre.

Fabr. Non sans doute. Une monarchie bien constituée doit au contraire, éviter de toutes ses forces un pareil ordre de choses, qui ne sert qu'à corrompre son roi et à créer des agents de la tyrannie. Et ne me parlez pas des monarchies actuelles; car je vous répondrai qu'il n'y en a pas une de bien constituée. Une monarchie bien constituée ne donne pas à son roi une autorité sans bornes, sinon dans les armées. Là seulement on a besoin de prendre son parti sur-le-champ, et il ne faut pour cela qu'une seule volonté. Mais, dans tout le reste, un roi ne doit rien faire sans un conseil, et ce conseil doit craindre qu'il n'y ait auprès du monarque une classe d'hommes qui, pendant la paix, désire constamment la guerre, parce que sans la guerre elle ne peut vivre.

Mais je veux un peu m'étendre à cet égard, et raisonner, non pas d'après une monarchie parfaite, mais seulement d'après une des monarchies qui existent aujourd'hui; et je soutiens que, dans ce cas-là même, un roi doit redouter ceux qui n'ont d'autre métier que celui des armes. Il est hors de doute que la force d'une armée est dans l'infanterie; et si un roi n'organise pas son armée de manière qu'en temps de paix l'infanterie désire retourner dans ses foyers pour exercer ses professions respectives, ce roi est perdu. L'infanterie la plus dangereuse est celle qui n'a d'autre métier que la guerre, car un roi qui s'en est une fois servi est forcé, ou de faire toujours la guerre, ou de la payer toujours, ou de courir le risque de se voir dépouillé de ses états. Faire toujours la guerre est impossible; la payer toujours ne l'est pas moins : il ne reste que le danger de perdre ses états. Aussi les Romains, tant qu'ils conservèrent leur sagesse et leur vertu, ne permirent jamais, comme je l'ai déjà dit, que les citoyens fissent de la guerre leur unique métier. Ce n'est pas qu'ils ne pussent les payer en tout temps, car ils firent toujours la guerre; c'est qu'ils redoutaient les dangers qui naissent de la continuelle profession des armes.

Quoique les circonstances ne changeassent pas, les hommes changeaient sans cesse; ils avaient tellement réglé le temps du service militaire, qu'en quinze ans leurs légions étaient tout-à-fait renouvelées. Ils ne voulaient que des hommes à la fleur de l'âge, depuis dix-huit jusqu'à trente-cinq, à cette époque de la vie où les jambes, les bras et les yeux jouissent d'une égale vigueur; et ils n'attendaient pas que le soldat perdît de ses forces et accrût d'insubordination, comme cela se pratiqua dans les temps corrompus de la république.

Auguste, et ensuite Tibère, plus jaloux de leur propre autorité que de ce qui pouvait être utile à la république, commencèrent les premiers à désarmer le peuple romain pour pouvoir plus aisément l'asservir, et à maintenir constamment les mêmes armées sur les frontières de l'empire. Ne jugeant pas que ce moyen fût suffisant pour subjuguer le peuple et le sénat, ils créèrent une armée prétorienne toujours campée sous les murs de Rome, et qui la dominait comme d'une forte citadelle. La facilité qu'ils accordèrent aux citoyens envoyés aux armées, de faire du métier des armes leur unique profession, produisit l'insolence de la soldatesque, qui devint la terreur du sénat, et qui fit tant de mal aux empereurs mêmes. Les légions en égorgèrent plusieurs, donnèrent l'empire au gré de leurs caprices; et on vit souvent à la fois plusieurs empereurs créés par les différentes armées. Et quel fut le résultat de tous ces désordres? D'abord, le déchirement de l'empire, et enfin sa ruine.

Les rois jaloux de leur sécurité doivent donc composer leur infanterie d'hommes qui, au moment de la guerre, se consacrent volontiers, par amour pour eux, au service des armées, mais qui à la paix s'en retournent plus volontiers encore dans leurs foyers. Il faut, pour cet effet, qu'ils emploient des hommes qui puissent vivre d'un autre métier que de celui des armes. Un roi doit vouloir qu'à la fin de la guerre, ses grands vassaux retournent gouverner leurs sujets, ses gentilshommes cultiver leurs terres, son infanterie exercer diverses professions, et que chacun d'eux enfin fasse volontiers la guerre pour avoir la paix, et ne cherche pas à troubler la paix pour avoir la guerre.

Cos. Votre raisonnement me paraît fort bien établi; cependant comme il tend à renverser à cet égard toutes mes opinions passées, je vous avoue qu'il me reste encore quelques doutes. Je vois en effet un grand nombre de seigneurs, de gentilshommes et autres gens de votre qualité vivre, dans la paix, de leurs talents militaires, et recevoir un traitement des princes et des républiques. Je vois aussi une très-grande partie des soldats rester employés à la défense des villes et des forteresses; il me semble donc que chacun trouve pendant la paix quelques moyens de subsister.

Fabr. J'ai peine à croire que vous puissiez avoir une telle opinion; car en supposant qu'il n'y ait aucune observation à faire sur cet usage, le petit nombre de soldats employés dans les lieux dont vous venez de parler suffirait pour vous réfuter. Quelle proportion y a-t-il en effet entre l'infanterie que demande l'état de guerre, et celle nécessaire pendant la paix? D'abord, les garnisons ordinaires des villes et des forteresses sont doublées pendant la guerre; et il faut y joindre les soldats que l'on tient en campagne; toutes ces troupes forment un nombre très-considérable, dont on est obligé de se débarrasser pendant la paix. Quant au petit nombre de troupes qui restent chargées de garder les états, votre république et le pape Jules ont assez fait connaître ce qu'il y a à craindre d'hommes qui n'ont d'autre métier que la guerre. Leur insolence vous a forcés de les éloigner et de leur préférer les Suisses, qui, nés sous le régime des lois, et choisis selon les vrais principes, par l'état lui-même, doivent inspirer plus de confiance. Ne dites donc plus que dans la paix, tout militaire trouve les moyens de subsister.

Quant à la question de maintenir les gens-d'armes [1] pendant la paix avec leur solde, elle est plus difficile à résoudre. Mais, après y avoir bien réfléchi, on verra que cette habitude est funeste et contraire aux principes. Ce sont en effet des hommes qui font métier de la guerre, et qui produiraient dans un état les plus grands désordres s'ils étaient en nombre suffisant, mais trop peu nombreux pour former une armée, ils ne commettent pas tout le mal qu'on en pourrait attendre. Ce n'est pas qu'ils ne soient quelquefois d'un très-grand danger, comme le prouve ce que j'ai raconté de Francesco et de Sforza son père, et de Braccio de Pérouse. Je soutiens donc que cet usage de solder des gens-d'armes est répréhensible, funeste et sujet aux plus grands abus.

Cos. Voudriez-vous vous en passer? Ou, si vous les employiez, de quelle manière croiriez-vous devoir les tenir?

---

[1] C'était la grosse cavalerie, et la partie la plus estimée des armées de ce temps-là.

FABR. Comme des troupes d'ordonnance ; non pas à la manière de France, qui est aussi dangereuse que la nôtre, et qui sert autant à nourrir leur insolence ; mais à la manière des anciens, qui composaient leur cavalerie de leurs propres sujets, qu'ils renvoyaient en temps de paix pour exercer leurs professions accoutumées. Mais avant la fin de cet entretien, je m'expliquerai plus au long à cet égard. Je répète donc que si aujourd'hui cette partie des troupes vit du métier des armes, ce n'est que par la corruption de nos institutions militaires. Quant aux traitements que l'on conserve à nous autres généraux, je soutiens encore que c'est une mesure très-pernicieuse. Une sage république n'en doit accorder à qui que ce soit, et n'avoir dans la guerre d'autres généraux que ses propres citoyens ; et elle doit à la paix les forcer de reprendre leur profession ordinaire. Un roi prudent ne doit également accorder aucun traitement à ses généraux, à moins que ce ne soit la récompense d'une grande action, ou le prix des services que ceux-ci lui rendent pendant la paix. Et puisque vous m'avez cité en exemple, je me permettrai de parler de moi. Jamais la guerre n'a été mon métier ; mon métier à moi, est de gouverner mes sujets et de les défendre ; pour cela, je dois aimer la paix et savoir faire la guerre ; les récompenses et l'estime de mon roi ne sont pas tant le prix de mes talents militaires, que des conseils qu'il veut bien recevoir de moi pendant la paix. Tout roi sage et qui veut gouverner avec prudence, ne doit vouloir auprès de lui que des hommes de cette espèce. Il est aussi dangereux pour lui que ceux qui l'environnent soient trop amis de la paix, que trop amis de la guerre.

Je n'ai plus rien à ajouter à mes premières propositions ; si ce que j'ai dit ne vous suffit pas, ce n'est pas moi qui pourrai vous convaincre. Mais vous voyez déjà quelles difficultés se présentent pour ramener la discipline des anciens dans nos armées ; combien de précautions à cet effet doit prendre un homme sage, et la nature des circonstances dont il peut espérer son succès. Vous saisirez plus aisément toutes ces vérités, si vous pouvez entendre sans ennui la comparaison que je vais faire des institutions anciennes avec celles de nos jours.

COS. Vos sages entretiens n'ont fait qu'accroître le désir que nous avions d'abord de vous entendre. Nous vous prions vivement, après vous avoir remercié de tout ce que nous venons d'apprendre, d'achever ce qu'il vous reste à dire.

FABR. Puisque cela vous est agréable, je commencerai par traiter cette question en la prenant jusque dans son principe ; ces longs développements ne serviront qu'à l'éclaircir davantage. Le but de tout gouvernement qui veut faire la guerre, est de pouvoir tenir la campagne contre toute espèce d'ennemis, et de vaincre le jour du combat. Il faut donc mettre sur pied une armée. Pour cela, il faut trouver des hommes, les distribuer, les exercer par petites ou fortes divisions, les camper, et leur apprendre à résister à l'ennemi, ou en route, ou sur le champ de bataille. C'est dans ces diverses parties que consiste tout le talent de la guerre de campagne, la plus nécessaire et la plus honorable. Qui sait livrer une bataille se fait pardonner toutes les fautes qu'il peut avoir déjà commises dans sa conduite militaire ; mais celui à qui ce don a été refusé, quelque recommandable qu'il puisse être dans les autres parties, ne terminera jamais une guerre avec honneur. Une victoire détruit l'effet des plus mauvaises opérations, et une défaite fait avorter les plans les plus sagement concertés.

La première chose nécessaire à la guerre étant de trouver des hommes, il faut d'abord s'occuper de ce que nous appelons le *recrutement*, et que j'appellerai *élite*, pour me servir d'un terme plus honorable et consacré par les anciens [1]. Ceux qui ont écrit sur la guerre veulent qu'on choisisse les soldats dans les pays tempérés, seul moyen, disent-ils, d'avoir des hommes sages et intrépides, parce que, dans les pays chauds, les hommes ont de la prudence sans courage, et dans les pays froids, du courage sans prudence. Ce conseil serait bon pour un prince qui serait maître du monde entier, et pourrait ainsi tirer ses soldats d'où il voudrait ; mais comme je veux établir ici des règles qui soient utiles à tous les gouvernements, je me borne à dire que tout état doit tirer ses troupes de son propre pays ; qu'il soit froid, chaud ou tempéré, peu importe. Les an-

---

[1] *Delectus.*

ciens nous fournissent une foule d'exemples qui attestent, qu'avec une bonne discipline on fait de bons soldats dans tout pays; elle supplée aux défauts de la nature, et elle est plus forte que ses lois. Prendre ses soldats hors de son pays, ne peut pas s'appeler faire *élite*; car faire élite, c'est choisir dans une province les hommes les plus propres au service, ceux qui veulent marcher, comme ceux qui ne le veulent pas. Vous ne pouvez donc faire cette *élite* que dans les lieux qui vous sont soumis : dans les pays qui ne sont point à vous, vous ne pouvez forcer personne; il faut vous contenter des hommes de bonne volonté.

Cos. Mais parmi ces hommes de bonne volonté, vous pouvez prendre les uns et laisser les autres. Ce mode de recrutement pourrait encore s'appeler *élite*.

Fabr. Vous avez raison dans un sens; mais si vous faites attention à tous les vices d'un pareil mode, vous verrez que réellement il n'y a point d'*élite*. D'abord, les étrangers qui s'enrôlent volontairement sous vos drapeaux, loin d'être les meilleurs, sont, au contraire, les plus mauvais sujets du pays. S'il y a quelque part des hommes déshonorés, fainéants, sans religion et sans frein, rebelles à l'autorité paternelle, perdus de débauche, livrés à la fureur du jeu et à tous les vices, ce sont ceux-là qui veulent prendre le métier des armes; et rien de plus contraire à de véritables et sages institutions militaires, que de pareilles mœurs. Quand de tels hommes se présentent à vous en plus grand nombre que vous n'en avez besoin, vous pouvez choisir en effet; mais le fond étant mauvais, votre *élite* ne peut être bonne. Et si au contraire, comme il arrive souvent, ils ne remplissent pas le nombre dont vous avez besoin, vous êtes obligés de les prendre tous; et alors ce n'est plus faire une *élite*, mais recruter des soldats. C'est de pareils hommes que se composent aujourd'hui les armées en Italie et partout ailleurs, excepté en Allemagne; parce que dans les autres pays ce n'est pas l'autorité du souverain, mais la seule volonté de l'individu qui détermine les enrôlements. Or, je vous demande si c'est dans une armée formée par de tels moyens qu'on peut introduire la discipline des anciens.

Cos. Quel parti faudrait-il donc prendre?

Fabr. Je vous l'ai déjà dit : les choisir, par l'autorité du souverain, parmi les sujets de l'état.

Cos. Et vous croyez qu'il serait facile d'introduire parmi ces hommes l'ancienne discipline?

Fabr. Sans doute, si dans une monarchie, ils étaient commandés par leur souverain, ou même par un simple seigneur; ou dans une république, par un citoyen revêtu du titre de général; autrement il est difficile de faire quelque chose de bien.

Cos. Pourquoi?

Fabr. Je vous le dirai dans l'occasion : maintenant que cela vous suffise.

Cos. Puisqu'il ne faut faire cette *élite* que dans son propre pays, croyez-vous qu'il soit préférable de tirer ses soldats de la ville ou de la campagne?

Fabr. Tous ceux qui ont écrit sur l'art militaire s'accordent à préférer les hommes des campagnes, comme plus robustes, plus endurcis aux fatigues, plus habitués à vivre en plein air à braver l'ardeur du soleil, à travailler le fer, à creuser un fossé, et à porter des fardeaux, plus éloignés enfin de toute espèce de vice. Voici quelle serait mon opinion à cet égard. Comme il y a des soldats à pied et à cheval, je voudrais qu'on choisît les premiers dans les campagnes, et les autres dans les villes.

Cos. A quel âge les prendriez-vous?

Fabr. Si j'avais à lever une armée entière, je les prendrais depuis dix-sept jusqu'à quarante ans; et à dix-sept seulement, lorsqu'une fois formée, je n'aurais plus qu'à la recruter.

Cos. Je n'entends pas bien cette distinction.

Fabr. Je vais vous l'expliquer. Ayant à former une armée dans un pays où il n'en existerait pas, je serais obligé de prendre tous les hommes d'un âge militaire, c'est-à-dire en état de recevoir les instructions dont je parlerai bientôt; mais dans un pays où cette armée serait déjà formée, je ne prendrais pour la renouveler que des hommes de dix-sept ans, puisque les autres seraient déjà choisis et enrôlés.

Cos. Je vois que vous feriez une milice comme celle qui est établie en Toscane.

Fabr. Il est vrai. Mais je l'armerais, je l'exercerais, je lui donnerais des chefs; enfin, je l'organiserais d'une manière qui n'existe peut-être pas chez vous.

Cos. Vous approuvez donc notre milice?

Fabr. Pourquoi voulez-vous que je la blâme?

Cos. C'est que beaucoup d'hommes éclairés l'ont blâmée.

Fabr. Dire qu'un homme qui est éclairé blâme votre milice, c'est dire une chose contradictoire. Un tel homme peut être réputé éclairé; mais c'est une injuste réputation qu'on lui fait.

Cos. Le peu de succès qu'elle a toujours eu nous a donné d'elle mauvaise opinion.

Fabr. Prenez garde : ce n'est peut-être pas sa faute, mais la vôtre; et j'espère vous le prouver avant la fin de cet entretien.

Cos. Vous me ferez grand plaisir; mais auparavant, je veux vous dire de quoi on l'accuse, afin que vous puissiez plus complétement la justifier. Où elle ne peut rendre aucun service, dit-on, et alors se confier en elle, c'est causer la ruine de l'état; ou, au contraire, elle est en état de bien servir, et elle peut être, entre les mains d'un chef accrédité, un moyen de tyrannie. On cite les Romains, qui ont perdu leur liberté par leurs propres armées. On cite Venise et le roi de France. La première, pour ne point obéir à un de ses citoyens, emploie des troupes étrangères; et le roi de France a désarmé son peuple afin de commander sans résistance. Mais c'est son inutilité qu'on craint davantage; et on en donne deux raisons : son inexpérience, et la contrainte du service. Jamais, à un certain âge, on ne peut s'habituer aux exercices militaires, et la contrainte n'a jamais produit de bons soldats.

Fabr. Tous ceux qui donnent de pareilles raisons n'ont, à mon avis, que des vues courtes; il sera facile de le prouver. Votre milice sera, dit-on, inutile; mais je soutiens qu'il n'y a pas d'armée sur laquelle on doive plus compter que celle du pays même, et qu'il n'y a d'autre moyen de l'organiser que celui que je propose. Comme ceci n'est pas disputé, il serait inutile de s'y arrêter plus longtemps; tous les faits tirés de l'histoire des peuples anciens démontrent cette vérité. On parle d'inexpérience et de contrainte : sans doute l'inexpérience donne peu de courage, et la contrainte fait des mécontents. Mais je ferai voir que si vos soldats sont bien armés, bien exercés et bien distribués, ils acquerront peu à peu de l'expérience et du courage. Quant à la con-

trainte, il faut observer que ceux qui vont à l'armée par l'autorité du souverain, ne marchent pas tout-à-fait par force, ni par l'effet seul de leur propre volonté. L'entière liberté offrirait les inconvénients dont j'ai déjà parlé; il n'y aurait plus d'*élite*, et il pourrait arriver que peu d'hommes se présentassent. Un excès de contrainte produirait d'aussi mauvais effets. Il faut donc prendre un moyen terme, également éloigné de l'excès de contrainte et de l'excès de liberté. Il faut que le respect que le souverain inspire détermine le soldat; il faut qu'il redoute plus son ressentiment que les inconvénients de la vie militaire. Il y aura par-là un tel mélange de contrainte et de volonté, qu'on n'aura nullement à craindre les suites du mécontentement.

Je ne dis pas que cette armée ne puisse être vaincue; les armées romaines, celle même d'Annibal, l'ont bien été; et peut-on tellement organiser une armée, qu'on puisse pour toujours la préserver d'une défaite? Vos hommes éclairés ne doivent donc pas assurer que votre milice est inutile, parce qu'elle a été battue quelquefois; mais pouvant vaincre, comme ils peuvent être vaincus, ils doivent chercher à remédier aux causes de leur défaite; et ils verraient, après y avoir réfléchi, qu'il faut en accuser, non la milice par elle-même, mais l'imperfection de son organisation.

Quant à la crainte de voir une pareille institution fournir à un citoyen les moyens de renverser la liberté, je réponds que les armes fournies par les lois et la constitution aux citoyens ou aux sujets n'ont jamais causé de dangers, mais les ont prévenus souvent; que les républiques se conservent plus longtemps armées que sans armes. Rome a vécu libre quatre cents ans, et elle était armée; Sparte, huit cents ans. D'autres républiques, privées de ce secours, n'ont pu conserver leur liberté au-delà de quarante ans. Il faut des armées à une république; quand elle n'en a point en propre, elle en loue d'étrangères, et ce sont celles-là qui sont les plus dangereuses pour l'autorité publique; elles sont plus faciles à pervertir; un citoyen puissant peut s'en emparer plus vite; elles laissent à ses projets un champ plus libre, puisqu'il n'a à opprimer que des hommes désarmés. Deux ennemis d'ailleurs sont plus à craindre qu'un seul; et toute république qui emploie des troupes du dehors, craint à la fois et l'étranger qu'elle solde, et ses propres citoyens. Si vous voulez juger de la réalité de ces craintes, rappelez-vous ce que je vous ai dit de Francesco Sforza. Celle, au contraire, qui n'emploie que ses propres armes n'a à craindre que ses citoyens. Sans alléguer d'autres raisons, il me suffira de dire que jamais personne n'a fondé de république ou de monarchie sans en confier la défense aux habitants du pays même.

Si les Vénitiens se fussent montrés sur ce point aussi sages que dans leurs autres institutions, ils auraient à leur tour conquis l'empire du monde; ils sont d'autant plus répréhensibles, que leurs premiers législateurs leur avaient mis les armes à la main. N'ayant d'abord aucune possession sur le continent, ils portèrent toutes leurs forces sur la mer, où ils firent éclater un grand courage, et accrurent avec leurs propres armes l'empire de leur patrie. Lorsque, obligés de défendre Vicenza, ils furent dans le cas de combattre sur terre, au lieu de confier le commandement de leurs troupes à un de leurs concitoyens, ils prirent à leur solde le marquis de Mantoue. Cette funeste résolution les arrêta au milieu de leur course et les empêcha de s'élever à ce haut degré de puissance auquel ils pouvaient aspirer. Peut-être qu'alors leur habileté sur mer leur parut un obstacle à leurs succès dans la guerre de terre. Si tel fut le motif de leur conduite, ce fut l'effet d'une défiance peu sage. Un général de mer, habitué à combattre et les vents, et les flots et les hommes, deviendra beaucoup plus aisément un bon général de terre, où les hommes seuls font résistance, qu'un général de terre ne deviendra un bon général de mer. Les Romains apprirent à combattre et sur mer et sur terre; et lorsqu'arriva la première guerre contre les Carthaginois dont la puissance maritime était si redoutable, ils ne soldèrent ni des Grecs, ni des Espagnols exercés à la mer; mais ils confièrent la défense de la république aux mêmes citoyens qu'ils envoyaient combattre sur terre, et ils vainquirent. Si le motif des Vénitiens fut d'empêcher un de leurs concitoyens d'attenter à leur liberté, cette crainte était aussi mal fondée; car, sans répéter ce que j'ai déjà dit à cet égard, il est évident que puisque jamais un de leurs citoyens, placé à la tête de leurs forces maritimes, n'avait usurpé la tyrannie, dans une ville placée au milieu de la mer ce danger était bien moins à craindre de leurs généraux de terre. Ils auraient dû juger que ce ne sont pas les armes remises entre les mains des citoyens qui leur inspirent des projets de tyrannie, mais seulement les mauvaises institutions; et assez heureux pour jouir d'un bon gouvernement, ils ne devaient rien craindre de leurs armées. Ce fut donc une résolution funeste à leur gloire et à leur véritable bonheur. Quant à l'autre exemple que vous avez cité, il est certain que c'est une grande erreur au roi de France de ne pas former ses peuples à la guerre. Il n'est personne qui, tout préjugé mis à part, ne reconnaisse que c'est là un des vices de cette monarchie, et l'une des principales causes de sa faiblesse.

Pour m'être livré à une trop longue discussion, je me suis peut-être écarté de mon sujet; mais je voulais répondre à vos observations, et vous prouver qu'un état ne peut fonder sa sécurité que sur ses propres armées; que ces armées ne peuvent être bien organisées que par le mode des milices; qu'il n'y a enfin que ce moyen d'établir une armée dans un pays, et de la former à la discipline militaire. Si vous avez réfléchi avec attention sur les institutions des premiers rois de Rome, et surtout de Servius Tullius, vous verrez que l'institution des classes n'était qu'une milice qui offrait les moyens de mettre sur pied, en un instant, une armée pour la défense de l'état. Mais pour revenir à notre *élite*, je répète que, ayant à recruter une armée déjà organisée, je ne choisirais des soldats que de dix-sept ans; mais que, obligé d'en créer une nouvelle, je les prendrais à tout âge, depuis dix-sept ans jusques à quarante ans, afin de pouvoir m'en servir sur-le-champ.

Cos. La différence de leurs anciens métiers influerait-elle sur le choix de vos recrues?

Fabr. Les écrivains dont je vous ai parlé admettent des distinctions. Ils ne veulent ni oiseleurs, ni pêcheurs, ni cuisiniers, ni ceux qui s'adonnent à des métiers infâmes, ni en général aucun homme employé aux arts de luxe : ils demandent, outre des laboureurs, que ce soient des forgerons, des maréchaux, des charpentiers, des bouchers, des chasseurs, et autres gens de professions semblables. Quant à moi, je fais fort peu de différence entre ces divers métiers quant à la valeur réelle de l'homme, mais bien quant au genre d'utilité que j'en puis retirer. C'est pour cette raison que les gens des campagnes, habitués à travailler la terre, sont les plus utiles de tous; il n'y a pas un métier auquel on ait plus souvent recours à l'armée. Il serait ensuite très-utile d'avoir un grand nombre de forgerons, de charpentiers, de maréchaux et de tailleurs de pierre. On a besoin de leurs métiers dans une foule de circonstances, et il n'y a rien de plus avantageux que d'avoir des soldats dont on tire un double service.

Cos. Comment distinguer les hommes qui sont propres ou non au service militaire?

Fabr. Je ne parle ici que de la manière de choisir une nouvelle milice pour en former ensuite une armée; mais je vous entretiendrai par la même occasion du mode d'*élite* pour l'entretien d'une milice déjà organisée. On juge de la capacité d'un soldat, ou par expérience, s'il a déjà servi, ou par conjecture. On ne peut pas apprécier le mérite d'hommes nouveaux et qui n'ont jamais porté les armes; et presque toutes les milices de nouvelle création sont dans ce cas. Au défaut de l'expérience, il faut recourir aux conjectures qui se forment d'après l'âge, la profession et le physique de l'individu. Nous avons parlé des deux premières qualités; il nous reste à examiner la troisième. Je demande, avec quelques militaires distingués, et entre autres Pyrrhus, que le soldat soit d'une haute taille. L'agilité du corps suffit à d'autres : c'était l'opinion de César. On juge de cette agilité par la conformation et la bonne mine du soldat. Les yeux vifs et animés, le cou nerveux, la poitrine large, les muscles des bras bien marqués, les doigts longs, peu de ventre, les reins arrondis, les jambes et les pieds secs : telles sont les qualités que demandent encore ces écrivains. Elles sont propres à rendre le soldat agile et vigoureux, ce qui est le principal objet qu'on doit se proposer. Mais par-dessus tout, on doit porter la plus grande attention aux mœurs du soldat. Il faut qu'il ait de l'honneur et de la sagesse; sinon, il devient un instrument de désordres et un principe de corruption. Jamais, en effet, on ne peut attendre rien d'honnête, jamais il ne faut espérer de vertus, d'un homme privé de toute éducation et abruti par le vice.

Pour mieux vous faire sentir l'importance de cette *élite*, je crois qu'il est nécessaire de vous expliquer d'abord de quelle manière les consuls romains, en entrant en charge, procédaient à la formation des légions romaines. Les guerres continuelles de Rome faisaient que ces légions étaient toujours composées d'anciens et de nouveaux soldats, ce qui laissait aux consuls les deux moyens dont nous avons parlé : l'expérience dans le choix des anciens soldats, et les conjectures dans le choix des nouveaux. Et ici il faut remarquer que ces levées ont lieu, ou pour les employer à l'instant même, ou pour les exercer et les tenir prêts à s'en servir dans l'occasion. Je n'ai parlé et je ne parlerai que de ces dernières; tout mon but est de vous montrer comment on peut former une armée dans un lieu où il n'y a point de milice, et par conséquent point d'armée à mettre sur-le-champ en campagne. Car, dans les pays où l'on a coutume de former des armées sous l'autorité du souverain, les nouvelles levées peuvent être envoyées sur-le-champ à la guerre, comme on le pratiquait à Rome, et comme on le pratique encore aujourd'hui dans la Suisse. S'il se trouve dans ces levées beaucoup de nouveaux soldats, il y en aura également une foule d'autres, formés aux exercices militaires; et mêlés ensemble, ils forment une excellente troupe. Ce ne fut qu'au temps où les empereurs commencèrent à maintenir constamment les armées dans les camps, qu'ils établirent, comme on le voit dans la Vie de Maxime, des maîtres d'exercices pour les jeunes soldats, qu'on appelait *tirones*. Tant que Rome fut libre, ce ne fut pas dans les camps, mais au sein de la ville que ces exercices avaient lieu. Les jeunes gens qui s'en étaient longtemps occupés, habitués déjà à toutes les démonstrations d'une guerre simulée, n'étaient point effrayés de la guerre véritable, quand il fallait abandonner leurs foyers. Ces exercices une fois abolis, les empereurs furent obligés de les remplacer par les moyens dont je vous ai déjà parlé. J'arrive enfin au mode des levées romaines.

Lorsque les consuls, chargés de toutes les

opérations militaires, étaient entrés en fonctions, leur premier soin était de créer leurs armées. On leur donnait à chacun deux légions de citoyens romains qui en faisaient la véritable force. Pour former ces légions ils nommaient vingt-quatre tribuns militaires; six pour chaque légion. Ceux-ci remplissaient à peu près les fonctions de nos chefs de bataillon. Ils faisaient rassembler ensuite tous les citoyens romains en état de porter les armes, et séparaient l'un de l'autre les tribuns de chaque légion. Ils tiraient ensuite au sort la tribu où ils devaient commencer l'*élite*. Dans cette tribu, ils choisissaient les quatre meilleurs soldats. De ces quatre soldats, un était choisi par les tribuns de la première légion; des trois restants, un par les tribuns de la seconde; des deux autres, un par les tribuns de la troisième; et le dernier allait à la quatrième légion. Les consuls choisissaient ensuite quatre autres soldats. De ces quatre, un était choisi par les tribuns de la seconde légion; des trois restants, un par les tribuns de la troisième; des deux autres, un par les tribuns de la quatrième; et le dernier allait à la première légion. Les consuls choisissaient encore quatre soldats. Le choix appartenait alors aux tribuns de la troisième légion; et cet ordre se suivait successivement, jusqu'à ce que l'élection fût épuisée, et les légions complètes. Ces levées, comme je l'ai déjà dit, pouvaient être employées sur-le-champ, puisqu'elles étaient composées, en grande partie, d'hommes accoutumés à la guerre véritable, et que tous avaient été exercés à la guerre simulée. Cette *élite* pouvait donc se faire par expérience et par conjecture; mais lorsqu'on a à organiser une nouvelle milice pour l'employer seulement plus tard, on ne peut choisir que d'après des conjectures sur l'âge et le physique des individus.

Cos. Je reconnais la vérité de toutes vos propositions; mais avant d'aller plus loin, je veux vous faire une question à laquelle vous m'avez fait penser, lorsque vous avez dit que votre *élite*, ne pouvant tomber sur des hommes déjà exercés au service militaire, n'aurait lieu que par conjecture. Un des principaux reproches que j'ai entendu faire à notre milice, c'est son trop grand nombre. On prétend qu'il faudrait en former un corps moins nombreux, qui se-

rait plus brave et mieux choisi. On fatiguerait moins les citoyens, et on pourrait leur donner une petite solde qui les satisferait et assurerait leur obéissance. Je voudrais connaître votre opinion à cet égard, et savoir si vous préférez le grand nombre au petit, et quel mode d'élection vous adopteriez dans l'un ou l'autre cas.

FABR. Le grand nombre est sans aucun doute plus sûr et plus utile que le petit; et pour mieux dire, il est impossible de former nulle part une bonne milice, si elle n'est pas très-nombreuse. Il sera facile de détruire tout ce qu'on allègue contre cette opinion. Le petit nombre pris sur une grande multitude, comme dans la Toscane, par exemple, ne fait pas du tout que vous ayez des soldats plus sûrs et mieux choisis. Si dans le choix vous voulez vous régler d'après l'expérience, il y en aura d'abord très-peu qu'elle puisse vous faire juger. Très-peu, en effet, auront été à la guerre, et de ceux-là, très-peu se seront comportés de manière à mériter d'être préférés à tous les autres. Il faut donc dans un tel pays abandonner l'expérience et se borner aux conjectures. Réduit à de semblables moyens, je voudrais bien savoir, lorsqu'il m'arrive vingt jeunes gens de bonne mine, sur quel fondement je puis prendre les uns, et laisser les autres. Puisque je ne puis savoir lequel vaut le mieux, on conviendra, j'espère, que je serai moins sujet à me tromper si je les garde tous pour les armer et les exercer, et me réserver ensuite à en faire un choix plus sûr, lorsqu'après les avoir longtemps pratiqués et exercés, je connaîtrai quels sont ceux qui ont le plus de vivacité et de courage. C'est donc une grande erreur d'en choisir d'abord un petit nombre pour en être plus sûr.

Quant au reproche de fatiguer le pays et les citoyens, je soutiens que la milice, quelque imparfaite que soit son organisation, ne fatigue en rien les citoyens, puisqu'elle ne les arrache pas à leurs travaux, ne les éloigne en rien de leurs affaires, et ne les oblige qu'à se rassembler les jours de fête pour les exercices. Cette habitude ne peut être préjudiciable ni au pays, ni aux habitants; elle serait même utile aux jeunes gens. Au lieu de passer dans une oisiveté honteuse les jours de fête au cabaret, ils se feraient un amusement de ces exercices militaires, qui forment un beau spectacle toujours agréable à la jeunesse.

Il me reste à parler de la proposition de payer une milice peu nombreuse, et de s'assurer ainsi de sa bonne volonté et de sa prompte obéissance. Je prétends, à cet égard, que vous ne pouvez tellement réduire le nombre de votre milice, que vous soyez en état de lui assurer constamment une solde qui la satisfasse. Si vous voulez former une milice de cinq mille hommes, et lui accorder un traitement dont elle soit contente, vous ne pouvez lui accorder par mois moins de dix mille ducats. J'observe d'abord qu'un pareil nombre ne suffit pas pour former une armée, et qu'il n'y a pas d'état qui pût résister à une pareille dépense. D'un autre côté, cette solde ne pourrait satisfaire votre milice, et l'obliger à se tenir prête en tout temps. Il n'en résulterait donc pour vous qu'un surcroît de dépenses, sans aucun surcroît de forces, et vous n'auriez acquis aucun moyen nouveau de vous défendre ou de former quelque entreprise considérable. Si vous augmentez la dépense ou la milice, vous augmenterez la difficulté du paiement; si vous diminuez l'une ou l'autre, vous ne faites qu'accroître les mécontents, ou votre impuissance. Vouloir donc établir une milice payée en tout temps, c'est faire une proposition inutile ou impossible. Sans doute, il faut payer votre milice, mais quand vous l'envoyez à la guerre. Enfin, en supposant qu'une pareille institution fût quelquefois gênante pendant la paix, pour les *conscrits*, ce que je ne prévois pas, l'état en serait amplement récompensé par tous les avantages qu'il en retirerait; car sans cette milice il n'y a pour ui nulle sûreté.

Je conclus que vouloir cette troupe peu nombreuse pour pouvoir la payer, ou pour quelque autre des raisons dont vous m'avez déjà parlé, est une erreur très-funeste; et ce qui confirme encore mon opinion, c'est que chaque jour le nombre d'hommes de votre milice diminuera par une foule d'empêchements qui surviendront à vos soldats : et vous la verrez se réduire presque à rien. Enfin, ayant une milice nombreuse, vous pouvez au besoin augmenter ou affaiblir votre armée active. Elle doit d'ailleurs vous servir et de ses forces réelles, et

de la réputation que lui donnent ses forces : or, le nombre assurément contribue à cette réputation. J'ajoute de plus que l'objet de la milice étant de tenir les citoyens exercés, si vous n'en enrôlez qu'un petit nombre sur un pays étendu, ils seront si éloignés du lieu de l'exercice, que vous ne pourrez les y réunir sans leur causer un véritable dommage; si vous renoncez aux exercices, votre milice vous devient tout-à-fait inutile, comme je vous le prouverai.

Cos. Je suis très-satisfait de la manière dont vous avez résolu ma question; mais il me reste un autre doute, que je vous prie d'éclaircir. Les détracteurs de la milice prétendent que cette foule d'hommes armés n'est pour un pays qu'une source de troubles et de désordres.

Fabr. Je vous prouverai que cette opinion n'est encore qu'une erreur. Ces citoyens armés ne peuvent causer de désordres que de deux manières : ou en s'attaquant les uns les autres, ou en attaquant le reste des citoyens. Mais il est facile de parer à ce danger, quand l'institution elle-même n'en serait pas le premier remède. Quant à la crainte de les voir s'attaquer les uns les autres, je soutiens que leur donner des armes et des chefs, c'est éteindre les troubles bien loin de les fomenter. En effet, si le pays où vous prétendez établir la milice est si peu aguerri que personne n'y porte des armes, et tellement uni qu'il n'y ait ni chef ni parti, cette institution l'aguerrira, le rendra plus redoutable à ses voisins, sans y causer plus de désordres; car de bonnes lois inspirent le respect de l'ordre aux hommes armés, comme à ceux qui ne le sont pas. Or, ce respect ne peut être altéré, si vos chefs n'en sont la première cause; et je dirai quels moyens il faut prendre pour éviter ce danger. Si le pays, au contraire, est aguerri et déchiré par les factions, cette institution seule peut y ramener la tranquillité. Les armées et les chefs n'y existaient que contre les citoyens; celles-là étaient inutiles contre l'ennemi étranger; ceux-ci ne servaient qu'à nourrir le désordre. Par notre institution, les armées deviennent utiles, et les chefs ramènent l'ordre. Si quelque citoyen recevait quelque offense, il avait recours à son chef de parti, qui, pour maintenir son crédit, l'exhortait, non à la paix, mais à la vengeance. Les chefs que nous créons suivent une conduite

LIVRE PREMIER.

tout opposée. Nous étouffons toute semence de divisions, et préparons des moyens de concorde. Ainsi les pays où les habitants étaient unis, mais sans vigueur, perdent leur mollesse et se maintiennent en paix; les états, au contraire, où régnaient la confusion et le désordre, voient leurs citoyens se réunir, et tourner à l'avantage commun cette férocité de mœurs, qui n'avait jusqu'alors enfanté que des troubles.

Vous avez parlé d'un autre danger : c'est que les citoyens armés ne cherchent à opprimer ceux qui ne le sont pas. Mais ce mal ne peut arriver que par la volonté des chefs qui les gouvernent. Pour le prévenir, il faut empêcher que ces chefs n'acquièrent sur leurs troupes une trop grande autorité. Cette autorité s'obtient ou naturellement, ou bien par accident. Quant au premier cas, il faut établir que jamais un citoyen ne commandera les *conscrits* de la province où il est né; quant au second, il faut que votre institution soit tellement organisée, que tous les ans les chefs passent d'un commandement à l'autre. Une autorité prolongée sur les mêmes hommes fait naître entre eux et leurs chefs une union intime qui ne peut être que préjudiciable aux intérêts du souverain. Si l'on se rappelle l'histoire des Assyriens et des Romains, on verra combien ces mutations sont utiles aux états qui les ont adoptées, et combien il est dangereux de les négliger. Le premier de ces empires subsista mille ans sans troubles et sans guerre civile, et ne dut ce bonheur qu'aux mutations constantes qui, chaque année, envoyaient d'une province à l'autre les généraux des armées. D'un autre côté, la funeste habitude de tenir toujours dans les mêmes gouvernements les armées romaines et leurs chefs, fut la seule cause, après l'extinction de la famille de César, de tant de guerres civiles entreprises, de tant de conspirations ourdies contre les empereurs par les généraux romains. Si quelques-uns de ces premiers empereurs, ou de ceux qui leur ont succédé avec tant de gloire, tels qu'Adrien, Marc-Aurèle, Sévère et autres, eussent eu assez de prévoyance pour établir ces mutations dans l'empire, ils l'auraient affermi, et ils en auraient prolongé la durée. Les généraux auraient eu moins d'occasions de révolte, et les empereurs moins de sujets de soupçons.

A la mort de ceux-ci, le sénat aurait eu plus d'influence sur l'élection de leurs successeurs, et l'élection eût été meilleure. Mais ni les bons ni les mauvais exemples ne peuvent détruire les pernicieuses habitudes que l'ignorance ou le peu de soin ont introduites parmi les hommes.

Cos. Il me semble que, avec toutes mes questions, je vous ai fait bien sortir de votre sujet. Nous avons quitté le mode d'*élite* pour examiner d'autres propositions : si déjà je ne vous avais fait mes excuses, je mériterais des reproches.

Fabr. Point du tout. Ces diverses excursions étaient nécessaires. Puisque mon projet était de traiter des avantages de la milice, que beaucoup de gens contestent, je devais commencer par réfuter toutes leurs objections, car la milice doit être la base de notre recrutement, autrement dit de notre *élite*. Mais avant de traiter d'autres parties, je veux parler de l'*élite* des hommes à cheval. Les anciens les prenaient parmi les plus riches, ayant à la fois égard à l'âge et la qualité. Chaque légion en comptait trois cents; de sorte que dans chaque armée consulaire, la cavalerie romaine ne passait pas six cents hommes.

Cos. Feriez-vous une milice de cavalerie exercée pendant la paix, et destinée à servir pendant la guerre?

Fabr. Oui, assurément, si l'état ne veut avoir que des soldats qui lui appartiennent, et non des hommes qui fassent de la guerre leur unique métier.

Cos. Comment les choisiriez-vous?

Fabr. J'imiterais les Romains : je les prendrais parmi les riches; je leur donnerais des chefs comme on le fait à présent, et j'aurais soin de les armer et de les exercer.

Cos. Croyez-vous qu'il fût utile de leur donner une solde?

Fabr. Oui; mais seulement la somme nécessaire à chacun pour nourrir son cheval; car il ne faut pas que les citoyens se plaignent d'un surcroît d'impôt. Il faut donc payer seulement le cheval et son entretien.

Cos. A quel nombre les porteriez-vous, et quelles armes voudriez-vous leur donner?

Fabr. Vous passez à une autre question : je vous le dirai en son temps. Je dois vous expliquer auparavant comment il faut armer l'infanterie et l'exercer au combat.

LIVRE SECOND.

FABRIZIO. Quand on a trouvé ses soldats, il faut les armer. Pour cet effet, nous devons examiner les armes qu'employaient les anciens, et de celles-ci prendre les meilleures. Les Romains partageaient leur infanterie en soldats pesamment armés, et en soldats armés à la légère qui s'appelaient *vélites*. On comprenait sous cette désignation les frondeurs, les archers, et ceux qui lançaient le javelot. La plupart de ces vélites avaient la tête couverte, et le bras armé d'un petit bouclier rond; c'étaient là toutes leurs armes défensives. Ils combattaient hors des rangs, et à quelque distance des soldats pesamment armés. Ceux-ci portaient un casque qui descendait jusqu'aux épaules, une cuirasse dont les bandes tombaient sur les genoux, des brassards et des jambières sur les bras et sur les jambes, et au bras un bouclier long de deux brasses et large d'une. Ce bouclier était couvert d'un cercle de fer pour pouvoir résister aux coups, et doublé d'un autre cercle de même métal, pour l'empêcher de s'user en le traînant à terre. Leurs armes offensives étaient une épée ceinte au côté gauche, longue d'une brasse et demie, un stylet au côté droit, et enfin un dard à la main, qu'on appelait *pilus*, et qu'ils lançaient à l'ennemi au commencement du combat. Telles étaient les armes avec lesquelles les Romains conquirent le monde entier.

Je sais que quelques anciens écrivains mettent à la main du soldat romain, outre les armes dont je viens de parler, une pique en forme d'épieu; mais je ne conçois pas comment une pique pesante peut être maniée par un homme qui tient déjà son bouclier; car ou ne peut s'en servir à deux mains avec le bouclier, et son poids ne permet pas de la manier d'une seule main. Cette arme d'ailleurs n'est d'aucun service dans les rangs; il n'est possible de l'employer qu'à la première ligne, où l'on a la facilité de l'étendre tout entière; ce qu'on ne peut faire dans les rangs. Il faut qu'un bataillon, comme je l'établirai en trai-

tant des évolutions militaires, tende toujours à serrer ses rangs; pratique qui, malgré quelques inconvénients, offre pourtant bien moins de danger que d'y laisser trop d'espace. Ainsi toutes les armes plus longues que deux brasses deviennent inutiles dans la mêlée. Si vous êtes en effet armé d'une pique, et que vous vouliez la manier à deux mains, en supposant que vous ne soyez pas empêché par votre bouclier, à quoi vous sert cette pique quand l'ennemi est sur vous? Si, au contraire, vous la prenez avec une seule main pour vous servir du bouclier, vous ne pouvez la saisir que par le milieu, et alors la partie de la pique qui est derrière vous est si longue, que le rang qui vous suit vous ôte toute faculté de la manier avec avantage. Pour vous persuader que les Romains n'avaient point de ces piques, ou du moins ne s'en servaient guère, vous n'avez qu'à faire attention à tous les récits de batailles dans Tite-Live : il ne parle presque jamais des piques; il dit toujours qu'après avoir lancé leurs dards, les soldats mettent l'épée à la main. Je laisse donc là les piques, et m'en tiens à l'épée quant aux armes offensives des Romains, et au bouclier et aux autres armes dont j'ai parlé, quant à leurs armes défensives.

Les armes défensives des Grecs n'étaient point si pesantes que celles des Romains : pour les armes offensives, ils se confiaient plus à la pique qu'à l'épée, surtout les Macédoniens, qui portaient des piques longues de dix brasses, nommées *sarisses*, avec lesquelles ils ouvraient les rangs ennemis, et maintenaient serrés les rangs de leur phalange. Quelques écrivains soutiennent qu'ils portaient aussi le bouclier; mais je n'imagine pas, d'après les raisons que je viens de développer, comment ils pouvaient se servir de ces deux armes à la fois. Je ne me rappelle pas d'ailleurs que, dans le récit de la bataille de Paul Émile contre Persée, on fasse mention des boucliers : on ne parle que des *sarisses* et des obstacles terribles qu'elles opposèrent aux Romains. Je conjecture que la phalange macédonienne était à peu près ce qu'est parmi nous un bataillon de Suisses, dont toute la force consiste dans ses piques.

L'infanterie romaine était en outre ornée de panaches, qui lui donnaient un aspect à la fois plus imposant et plus terrible. Dans les premiers temps de Rome, la cavalerie portait un bouclier et un casque; le reste du corps était sans défense; elle avait pour armes offensives une épée, et une pique longue et mince ferrée seulement à l'un des bouts. Cette pique l'empêchait de tenir ferme son bouclier; elle se brisait dans l'action, et laissait le cavalier désarmé et exposé à tous les coups. Mais cette cavalerie prit bientôt les armes de l'infanterie, à cette différence que son bouclier était carré et plus court, et sa pique plus solide et armée de fers aux deux bouts. Par là, lorsqu'elle venait à se briser, le tronçon qui restait au cavalier pouvait lui servir encore. C'est, je le répète, avec ces armes que les Romains ont conquis le monde; et l'on peut juger de leur supériorité par les succès qu'elles leur valurent. Tite-Live en fait souvent mention dans son histoire: lorsqu'il compare les deux armées ennemies, on le voit toujours terminer ainsi le parallèle. « Mais les Romains l'emportaient par leur valeur, l'espèce de leurs armes et leur discipline. » C'est pour cette raison que je me suis plus étendu sur les armes des vainqueurs que sur celles des vaincus.

Il me reste à parler actuellement des nôtres. L'infanterie a pour arme défensive une cuirasse de fer, et pour armes offensives une lance longue de neuf brasses, qu'on appelle pique, et une épée au côté, dont le bout est plutôt rond que pointu. Voilà les armes ordinaires de l'infanterie aujourd'hui; un petit nombre a le dos et les bras couverts, mais pas un la tête. Ceux qui sont armés ainsi portent, au lieu de pique, une hallebarde dont le bois, comme vous savez, est long de trois brasses, et le fer a la forme d'une hache; ils ont parmi eux des fusiliers, qui, par leur feu, remplacent l'effet des frondes et des arbalètes des anciens.

Ce sont les Allemands, et surtout les Suisses, qui, les premiers, ont armé ainsi leurs soldats. Ceux-ci, pauvres et jaloux de leur liberté, étaient et sont encore sans cesse obligés de résister à l'ambition des princes allemands qui

pouvaient aisément entretenir une nombreuse cavalerie. Mais la pauvreté des Suisses leur refusait ce moyen de défense, et, obligés de combattre à pied contre des ennemis à cheval, il leur fallut recourir au système militaire des anciens, qui peut seul, au jugement de tous les hommes éclairés, assurer les avantages de l'infanterie. Ils cherchèrent des armes capables de les défendre contre l'impétuosité de la cavalerie, et prirent la pique, qui peut seule avec succès, non-seulement soutenir l'effort de la cavalerie, mais encore la mettre en déroute. La supériorité de ces armes et de cette discipline a inspiré aux Allemands tant d'assurance, que quinze ou vingt mille hommes de cette nation ne craindraient pas d'attaquer la plus nombreuse cavalerie; et on en a eu bien souvent la preuve depuis vingt-cinq ans. Enfin tous les avantages qu'ils devaient à ces institutions se sont manifestés par de si puissants exemples que, depuis l'invasion de Charles VIII en Italie, toutes les autres nations se sont empressées de les imiter, et les armées espagnoles ont acquis par ce moyen une très-grande réputation.

Cos. Lesquels, à cet égard, préférez-vous des Allemands ou des Romains?

Fabr. Les Romains, sans aucun doute. Mais je vais vous développer les avantages et les inconvénients des deux systèmes. L'infanterie allemande peut arrêter et vaincre la cavalerie: n'étant point chargée d'armes, elle est plus leste en route, et se forme plus promptement en bataille; mais d'un autre côté, sans armes défensives, elle est exposée de loin comme de près à tous les coups. Elle est inutile dans la guerre de sièges et dans tous les combats où l'ennemi est déterminé à se défendre avec vigueur. Les Romains savaient aussi bien que les Allemands soutenir et repousser la cavalerie; et, tout couverts d'armes, ils étaient, de loin comme de près, à l'abri des coups: leur bouclier rendait leur choc plus rude, et les mettait en état d'arrêter plus aisément le choc de l'ennemi. Dans la mêlée, ils pouvaient se servir avec plus de succès de leur épée que les Allemands de leur pique; et si ceux-ci, par hasard, sont armés d'une épée, n'ayant point de bouclier, elle leur devient alors presque inutile. Les Romains ayant le corps couvert et pouvant se mettre à l'abri sous leur bouclier, attaquaient une place sans beaucoup de danger. L'unique inconvénient de leurs armes, c'était leur poids et la fatigue de les porter : mais ils le sentaient à peine, étant endurcis contre tous les maux et accoutumés de bonne heure aux travaux les plus rudes. L'habitude rend tout supportable.

N'oubliez pas d'ailleurs que l'infanterie peut avoir à combattre l'infanterie comme la cavalerie, et qu'elle devient inutile, non-seulement si elle ne peut soutenir la cavalerie, mais si, même étant en état de résister à celle-ci, elle est inférieure à une autre infanterie mieux armée et mieux disciplinée. Or, maintenant, si vous comparez les Allemands et les Romains, vous reconnaîtrez que les premiers ont, comme nous l'avons déjà dit, les moyens de repousser la cavalerie, mais qu'ils perdent tout leur avantage s'ils ont à combattre une infanterie disciplinée comme eux-mêmes, et armée comme l'étaient les Romains. Il y aura donc cette différence entre les uns et les autres, que les Romains pourront vaincre et l'infanterie et la cavalerie, et les Allemands la cavalerie seulement.

Cos. Je voudrais qu'à l'appui de votre opinion, vous nous citassiez quelques exemples particuliers qui nous en fissent mieux sentir la vérité.

Fabr. Vous verrez très-souvent dans l'histoire l'infanterie romaine vaincre une cavalerie innombrable, et jamais le défaut de ses armes ou la supériorité de celles de l'ennemi ne l'a exposée à être vaincue par des troupes à pied. Si en effet leurs armes eussent été imparfaites, il en serait résulté, ou que, trouvant un ennemi supérieur sous ce rapport, ils eussent été arrêtés dans leurs conquêtes, ou qu'ils auraient abandonné leur système militaire pour adopter celui de leurs ennemis : or, comme rien de tout cela n'est arrivé, on doit présumer qu'ils avaient à cet égard l'avantage sur tous les peuples.

Il n'en a point été ainsi de l'infanterie allemande : elle a toujours été battue chaque fois qu'elle a eu à combattre des troupes à pied qui avaient la même discipline et un égal courage ; et elle ne dut jamais ces défaites qu'à l'infériorité de ses armes. Philippe Visconti, duc de Milan, étant attaqué par dix-huit mille Suisses, envoya contre eux son général, le comte Car-

magnuola [1]. Celui-ci alla à leur rencontre avec six mille chevaux et quelques fantassins, et en étant venu aux mains, il fut battu avec une grande perte des siens. Carmagnuola s'aperçut en homme habile de la supériorité des armes ennemies, de leur avantage sur la cavalerie, et de l'inégalité de ses forces contre une pareille infanterie. Ayant donc rallié ses troupes, il alla de nouveau attaquer les Suisses ; mais à leur approche, il fit descendre de cheval ses gens-d'armes, et engagea ainsi l'action. Tous les Suisses y périrent, à l'exception de trois mille, qui se voyant près d'être massacrés sans défense, mirent bas les armes et se rendirent prisonniers.

Cos. Quelle était la cause de ce prodigieux désavantage ?

Fabr. Je vous l'ai déjà dit ; mais puisque vous ne l'avez pas bien saisi, je vais vous l'expliquer. L'infanterie allemande, comme je l'ai prouvé tout à l'heure, est presque sans armes pour se défendre, et elle n'a pour toutes armes offensives que la pique et l'épée. C'est avec ces armes, et dans son ordre de bataille accoutumé, qu'elle vient attaquer l'ennemi ; mais si celui-ci est couvert d'armes défensives, comme les gens-d'armes que Carmagnuola fit descendre de cheval, il se précipite, l'épée à la main, dans les rangs de cette infanterie, et il n'a d'autre peine que de la joindre à la pointe de l'épée, car alors il se bat sans aucun danger. La longueur de la pique empêche l'Allemand de s'en servir contre l'ennemi qui le presse ; il est obligé de mettre l'épée à la main ; mais elle lui devient inutile, sans armes défensives, contre un ennemi tout bardé de fer. En balançant les avantages et les inconvénients des deux systèmes, on verra que le soldat, sans armes défensives, est alors perdu sans res-

---

[1] Carmagnuola fut un des meilleurs capitaines de son temps. Il se mit d'abord au service de Philippe Visconti, et lui valut tous les succès qu'il obtint. Sa franchise ne pouvait plaire à un homme du caractère de ce duc ; il le quitta donc et passa chez les Vénitiens. Visconti, furieux et jaloux, le fit empoisonner ; mais celui-ci échappa au poison. La jalousie de ce prince subsistant toujours, il parvint, à force d'or et d'intrigues, à le rendre suspect aux Vénitiens même. Cette espèce de poison plus dangereux et plus sûr réussit mieux. Carmagnuola fut mis à mort à Venise, qu'il servait avec autant de zèle que de succès. Manzoni a composé un beau drame sur ce sujet.

source, tandis que l'autre n'a qu'à soutenir le premier choc, et à parer la première pointe des piques, ce qui ne lui est pas très-difficile avec les armes dont il est couvert. Car les bataillons se portant fortement en avant (vous sentirez mieux cette raison, quand je vous aurai expliqué comment je les forme en bataille), il faut nécessairement qu'ils arrivent jusqu'à la poitrine de l'ennemi, et si alors quelques hommes des premiers rangs sont tués ou renversés par les piques, ceux qui restent suffisent pour vaincre. Voilà comment Carmagnuola fit un si grand carnage des Suisses en perdant si peu des siens.

Cos. Il faut considérer que les troupes de Carmagnuola étaient composées de gens-d'armes qui, quoiqu'à pied, n'en étaient pas moins tout couverts de fer, ce qui fut cause de leur victoire. Je suis donc porté à croire que, pour obtenir les mêmes succès, il faudrait ainsi armer votre infanterie.

Fabr. Vous ne conserverez pas long-temps cette opinion, si vous vous rappelez ce que je vous ai dit des armes des Romains; car un fantassin qui a la tête armée de fer, la poitrine défendue par sa cuirasse et son bouclier, les jambes et les bras également couverts, est beaucoup plus propre à se défendre contre les piques et à entrer dans leurs rangs, qu'un homme d'armes à pied. Je veux encore citer un exemple moderne. Différents corps espagnols d'infanterie étaient débarqués de Sicile dans le royaume de Naples pour aller dégager Gonsalve, assiégé dans Barletta par les Français. Le seigneur d'Aubigny alla à leur rencontre avec ses gens-d'armes, et environ quatre mille fantassins allemands. Les Allemands en vinrent aux mains; et avec leurs piques baissées, ils ouvrirent les rangs espagnols; mais ceux-ci pleins d'agilité, et défendus seulement par leurs petits boucliers, se jetèrent dans les rangs allemands, pour combattre à la pointe de l'épée; et après en avoir fait un grand carnage, ils remportèrent une victoire complète. Chacun sait combien il périt d'Allemands à la bataille de Ravenne, et ce fut par la même raison. L'infanterie espagnole se précipita dès le commencement de l'action sur l'infanterie allemande, et l'aurait presque toute détruite, si celle-ci n'eût été secourue par la cavalerie

française, ce qui n'empêcha pas les Espagnols de faire une honorable retraite sans laisser entamer leurs rangs. Je conclus qu'une bonne infanterie doit pouvoir également repousser les troupes à pied et les troupes à cheval; et ce sont les armes et la discipline qui peuvent seulement, comme je l'ai déjà dit, lui assurer cet avantage.

Cos. Quelles seraient les armes que vous donneriez à votre infanterie?

Fabr. Je prendrais les armes romaines et allemandes; je voudrais qu'une moitié fût armée comme les Romains, et l'autre moitié comme les Allemands. Je voudrais que sur six mille hommes d'infanterie, trois mille fussent armés de boucliers à la romaine, deux mille de piques, et mille de fusils à l'allemande. Je placerais les piques à la tête des bataillons, du côté où j'aurais à craindre le choc de la cavalerie, et je me servirais des soldats armés d'épées et de boucliers pour appuyer les piques, et m'assurer la victoire, comme je vous l'expliquerai bientôt. Je crois qu'une infanterie ainsi disposée aurait aujourd'hui un avantage certain sur toutes les autres.

Cos. En voilà assez pour l'infanterie. Quant à la cavalerie, je voudrais savoir si vous préférez notre manière de l'armer à celle des anciens.

Fabr. Les selles à arçons et les étriers, inconnus aux anciens, donnent aujourd'hui aux cavaliers une assiette à cheval beaucoup plus ferme qu'autrefois; je crois même que les armes valent mieux; et je pense que le choc d'un pesant escadron de gens-d'armes est beaucoup plus difficile à soutenir que ne l'était celui de la cavalerie ancienne. Il me semble, malgré tout cela, qu'on ne doit pas faire plus de compte de cette arme qu'on n'en faisait autrefois. Les exemples que je vous ai cités prouvent que dans nos temps même elle a reçu des échecs honteux, et il en sera toujours ainsi, toutes les fois qu'elle attaquera une infanterie armée et ordonnée comme je l'ai dit plus haut. Tigrane, roi d'Arménie, opposait à l'armée de Lucullus cent cinquante mille hommes de cavalerie, dont une grande partie, nommés catafrattes, étaient armés comme nos gens-d'armes; et Lucullus en avait au plus six mille avec quinze mille hommes d'infanterie. Tigrane, en voyant ce petit nombre, disait : « Voilà beaucoup de chevaux pour une ambassade ; » mais quand on ne vint aux mains, il fut mis en déroute. L'historien qui nous a transmis les détails de cette bataille condamne ces catafractes. « Ils n'étaient » d'aucune utilité, dit-il ; ayant le visage cou- » vert, ils ne pouvaient ni voir ni attaquer » l'ennemi ; s'ils venaient à tomber, le poids de » leurs armes les empêchait de se relever, et » ils étaient hors d'état de se défendre. »

Je soutiens donc que la préférence que les peuples ou les rois donnent à leur cavalerie sur leur infanterie est un gage de leur faiblesse, et les expose à toutes sortes de désastres. L'Italie, dans ces derniers temps, en a fourni la preuve : elle n'a été pillée, ruinée et saccagée par les étrangers, que parce qu'elle n'a pas tenu compte de ses milices à pied, et a mis toute sa confiance dans ses troupes à cheval. Sans doute il faut avoir de la cavalerie, mais non pas comme la base, et seulement comme la force secondaire de son armée. Elle est très-utile, nécessaire même pour aller à la découverte, courir, ravager le pays ennemi, inquiéter, tourmenter l'ennemi, le tenir toujours sous les armes, et lui intercepter ses vivres ; mais dans les batailles et dans la guerre de campagne (objet important de la guerre et but principal des armées), elle ne peut rendre de véritables services ; elle n'est utile que pour poursuivre l'ennemi lorsqu'il est mis en déroute, et elle ne doit nullement balancer l'importance de l'infanterie.

Cos. Je vous prie de m'éclaircir quelques doutes. Comment est-il arrivé que les Parthes, qui ne faisaient la guerre qu'à cheval, aient partagé l'empire du monde avec les Romains ? comment l'infanterie peut-elle résister à la cavalerie ? d'où vient enfin la faiblesse de celle-ci et la force de celle-là ?

Fabr. Je vous ai dit déjà, ou du moins c'était mon intention, que mon système de la guerre ne passait pas les bornes de l'Europe. Je pourrais ainsi me dispenser de vous rendre raison de ce qui se fait en Asie ; mais je veux bien vous faire observer que l'armée des Parthes était toute différente de l'armée des Romains. Ceux-là étaient tous à cheval, s'avançaient contre l'ennemi pêle-mêle et en désordre, et rien n'était plus varié et plus incertain

que leur manière de combattre. Les Romains, au contraire, combattaient presque tous à pied, et marchaient à l'ennemi en serrant leurs rangs. L'un et l'autre peuple vainquit selon que le lieu du combat était resserré ou étendu. Dans le premier cas, les Romains étaient vainqueurs ; dans le second cas c'étaient les Parthes, dont l'armée trouvait de grands avantages dans le pays qu'elle avait à défendre. C'étaient de vastes plaines éloignées de la mer de plus de mille milles, arrosées par des fleuves séparés l'un de l'autre de trois ou quatre journées de marche, enfin n'offrant qu'à de grandes distances des villes et des habitants. Dans ce pays, protégé par une cavalerie très-active, qui aujourd'hui se présentait dans un lieu et reparaissait le lendemain à cinquante milles de là, l'armée romaine, ralentie par le poids de ses armes et l'ordre de sa marche, ne pouvait faire un pas sans courir les plus grands dangers. Voilà la cause de la supériorité de la cavalerie des Parthes, de la ruine de l'armée de Crassus, et des périls que courut celle de Marc-Antoine.

Au reste, comme je vous l'ai dit, mon intention n'est pas de vous entretenir des armées hors d'Europe, je me borne à vous parler des institutions des Romains et des Grecs, et des institutions actuelles des Allemands ; je viens donc à votre autre question. Vous me demandez par quel art ou quelle valeur naturelle l'infanterie est supérieure à la cavalerie. D'abord la cavalerie ne peut aller partout comme l'infanterie ; et s'il faut changer l'ordre de bataille, elle ne peut exécuter le commandement aussi promptement que celle-ci ; souvent il est nécessaire, en marchant en avant, de tourner bride et bientôt de faire volte-face, de s'ébranler quand on est arrêté, ou de s'arrêter au milieu de la marche. Toutes ces évolutions, sans aucun doute, seront exécutées avec plus de précision par l'infanterie que par la cavalerie. Une troupe à cheval, mise en désordre par le choc de l'ennemi, ne reprend que très-difficilement ses rangs, quoique ce choc soit peut-être resté sans succès. C'est un désavantage que n'a point l'infanterie. Il peut arriver aussi qu'un cheval sans vivacité soit monté par un homme intrépide, ou un cheval vif par un homme sans cœur, et cette disparité d'inclinations ne peut porter que le désordre dans les rangs.

Il ne faut donc pas s'étonner si un peloton de fantassins arrête souvent le choc de la cavalerie; car le cheval est un animal sensible qui connaît le danger, et ne s'y expose pas volontiers. Et si vous réfléchissez à la force qui le pousse ou à la force qui l'arrête, vous verrez que celle-ci est beaucoup plus puissante que l'autre; car s'il est poussé par l'éperon d'un côté, il est arrêté de l'autre par l'aspect des piques et des épées. Aussi a-t-on vu très-souvent, chez les anciens comme parmi les modernes, un peloton d'infanterie se maintenir invincible contre tout l'effort de la cavalerie. Ne me dites pas que l'impétuosité avec laquelle on pousse le cheval fait que son choc est plus terrible, et le rend plus sensible à l'éperon qu'à l'aspect des piques; car dès qu'il commence à s'apercevoir que c'est à travers ces pointes de piques qu'il faut pénétrer, de lui-même il ralentit sa course, et lorsqu'il se sent piquer il se détourne aussitôt à droite ou à gauche. Si vous voulez vous en convaincre, faites courir un cheval contre un mur : avec quelque force que vous le poussiez, vous en trouverez bien peu qui y donnent de la tête. Aussi César ayant à combattre les Helvétiens dans les Gaules, descendit de cheval et en fit descendre également toute sa cavalerie, et il ordonna d'éloigner les chevaux du corps de bataille, les regardant comme plus propres à la fuite qu'au combat.

Outre ces obstacles naturels qu'éprouve la cavalerie, le commandant d'un corps d'infanterie doit toujours choisir des chemins qui présentent aux chevaux de grandes difficultés, et il arrive rarement qu'il ne puisse préserver sa troupe par la seule disposition du terrain. S'il traverse des collines, il n'a rien à craindre de cette impétuosité dont vous parliez; s'il marche dans des plaines, il y en a peu qui n'offrent des moyens de défense dans leurs bois ou leurs plantations; il n'y a pas de buisson ou de fossé qui n'arrête cette impétuosité; et si le terrain est planté de vignes ou d'autres arbres, il est impénétrable à la cavalerie. Il en est de même un jour de bataille : le plus petit obstacle rend vaine toute l'impétuosité d'une charge de cavalerie. Au reste, je veux vous rappeler à cet égard que les Romains avaient tant de confiance dans la supériorité de leur tactique et de leurs armes, que, lorsqu'au jour du combat, ils avaient à choisir entre un lieu difficile qui les préservât de l'impétuosité de la cavalerie, mais ne leur permît pas de faire librement toutes leurs évolutions, ou un autre terrain uni qui dût leur rendre la cavalerie plus redoutable, mais leur laissât les moyens de se développer à leur gré, ils préféraient toujours ce dernier champ de bataille.

Nous avons imité les anciens et les modernes pour armer notre infanterie. Il est temps maintenant de passer aux exercices. Nous allons examiner ceux que les Romains exigeaient de leur infanterie avant de les mener au combat. Quels que soient le choix et les armes d'un soldat, ses exercices doivent être le principal objet de vos soins, sinon vous n'en tirerez aucun parti utile. Il faut les considérer sous trois rapports; il faut 1° endurcir le soldat à la fatigue, l'habituer à supporter tous les maux, lui donner de l'agilité et de l'adresse; 2° lui apprendre à manier ses armes; 3° l'instruire à conserver ses rangs à l'armée, soit dans la marche, soit au camp, soit en combattant. Voilà les trois principales opérations d'une armée. Si sa marche, son campement, son ordre de bataille ont été réglés avec ordre et méthode, son général n'en sera pas moins estimé quand même la victoire n'aurait pas couronné ses travaux.

Les lois et les usages avaient établi ces exercices dans toutes les républiques anciennes, sans en négliger aucune partie. Pour rendre les jeunes gens agiles on les exerçait à courir; pour les rendre adroits, à sauter; pour les rendre forts, à lutter ou à arracher un pieu de terre. Ces trois qualités sont indispensables dans un soldat. S'il est agile, il court avant l'ennemi à un poste important, il fond sur lui lorsqu'il est le moins attendu, il le poursuit avec vigueur quand il l'a mis en déroute; s'il est adroit, il sait esquiver le coup qui lui est porté, franchir un fossé, enlever un retranchement; s'il est fort, il porte mieux ses armes, pousse plus vigoureusement l'ennemi, et soutient mieux ses efforts. Pour l'endurcir contre tous les maux, on l'accoutumait à porter des fardeaux pesants. Rien de plus utile qu'une pareille habitude : souvent dans une expédition importante le soldat, outre ses armes, est obligé de porter des vivres pour plusieurs jours, et s'il n'est pas formé à de semblables fatigues, il y succombera ; et alors il ne pourra , ou éviter le danger qui le presse, ou obtenir une victoire complète.

Quant au maniement des armes, voici quels étaient les exercices des anciens. Ils faisaient revêtir à leurs jeunes gens des armes plus pesantes du double que les armes ordinaires, et ils leur donnaient, au lieu d'épée, un bâton garni de plomb et d'un poids infiniment plus lourd : alors tout jeune homme enfonçait en terre un pieu qui devait s'élever de trois brasses, et être assez solide pour n'être pas brisé ou renversé par les coups qu'on pouvait y porter. C'est contre ce pieu, qu'armé d'un bouclier et de son bâton, il s'exerçait comme contre un ennemi : tantôt, il tirait dessus comme s'il eût voulu frapper tantôt la tête ou la figure, tantôt le côté ou les jambes ; tantôt il se rejetait en arrière, puis se reportait en avant. Il avait soin de se couvrir en même temps que de frapper l'ennemi ; et ces fausses armes étant fort pesantes, les armes véritables leur paraissaient fort légères un jour de combat. Les Romains voulaient que leurs soldats frappassent de pointe et non de taille ; ils jugeaient que ce coup était plus mortel et plus difficile à parer, que d'ailleurs il découvrait moins le soldat, et pouvait se répéter plus souvent que le coup de taille.

Ne soyez pas surpris que les anciens entrassent dans tous ces petits détails ; car lorsqu'on en est aux mains, il n'y a point de petit avantage qui ne soit très-important ; et songez que leurs écrivains s'étendent à cet égard beaucoup plus que je ne fais moi-même. Les anciens croyaient que ce qu'il y a de plus désirable dans une république, c'est d'y compter un grand nombre d'hommes exercés aux armes. Car ce n'est ni votre or ni vos pierreries qui vous soumettent votre ennemi, mais seulement la crainte de vos armes. D'ailleurs les fautes dans lesquelles on tombe à d'autres égards peuvent souvent se corriger ; mais pour celles que l'on commet à la guerre, on en porte la peine sur-le-champ. Ajoutez que l'art de l'escrime donne une plus grande audace au soldat ; personne ne redoute ce qu'il a appris par un long exercice. Les anciens voulaient donc que leurs citoyens s'habituassent à tous les exercices

militaires. Ils leur faisaient lancer contre ce pieu dont nous venons de parler des dards plus pesants que des dards ordinaires. Cet exercice, qui leur donnait plus de justesse dans leurs coups, fortifiait également les muscles de leurs bras. Ils apprenaient en outre à tirer de l'arc et de la fronde. Des maîtres étaient préposés à ces divers exercices ; de sorte que lorsque leurs jeunes gens étaient *élus* pour la guerre, ils étaient déjà soldats et par le courage et par l'instruction militaire. Il ne leur restait plus qu'à apprendre à marcher dans les rangs, ou à les conserver pendant la route ou pendant le combat ; et ils y parvenaient bientôt en se mêlant à de vieux soldats qui depuis long-temps en avaient l'habitude.

Cos. Quels exercices ordonneriez-vous aujourd'hui à vos troupes ?

Fabr. Plusieurs de ceux dont je viens de parler. Je les ferais courir, lutter, sauter ; je les fatiguerais sous le poids d'armes plus pesantes que les armes ordinaires ; je les ferais tirer de l'arc et de l'arbalète, et j'y joindrais le fusil, arme nouvelle et devenue très-nécessaire. J'habituerais à ces exercices toute la jeunesse de mon état, plus particulièrement et avec plus de soin encore celle que j'aurais choisie pour la guerre, et j'y destinerais tous les jours de fête. Je voudrais aussi qu'ils apprissent à nager, exercice très-utile au soldat. Il n'y a pas toujours des ponts ou des bateaux sur les fleuves, et si votre armée ne sait pas nager, elle se voit enlever une foule d'avantages et d'occasions de succès. C'est pour cette raison que les Romains faisaient exercer leurs jeunes gens au champ de Mars, situé sur les bords du Tibre. Quand ils étaient épuisés de fatigue, ils se jetaient dans le fleuve pour se délasser et le passaient à la nage. J'ordonnerais en outre, comme les anciens, des exercices particuliers pour les hommes qui seraient destinés à la cavalerie : par là, non-seulement ils apprendraient à manier un cheval avec plus d'adresse, mais à s'y tenir de manière à n'être pas gênés dans le déploiement de toutes leurs forces. Les anciens avaient pour ces exercices préparé des chevaux de bois sur lesquels leurs jeunes gens sautaient, armés et désarmés, sans aucune aide et de toute main. Aussi, au moindre signe du général la cavalerie était à pied en un moment, et à un autre signe, elle se retrouvait à cheval.

Ces divers exercices étaient très-faciles pour les anciens, et il n'y a pas aujourd'hui de république ou de monarque qui ne pût aussi aisément y habituer ses jeunes gens. On en voit la preuve dans quelques villes de la rivière du Ponent, où ils sont en usage. Là on partage tous les habitants en différentes troupes, et chacune d'elles prend le nom des armes dont elles se servent à la guerre; c'est-à-dire: la pique, la hallebarde, l'arc et le fusil, et de là on les appelle les piquiers, les hallebardiers, les archers et les fusiliers. Chaque habitant doit déclarer dans quelle troupe il veut entrer. Tous, ou à raison de leur âge, ou par quelque autre obstacle, n'étant pas propres à la guerre, on fait dans chaque troupe un choix d'hommes, qu'on nomme les Jurés; et ceux-ci, les jours de fête, sont obligés de s'exercer au maniement de l'arme dont ils portent le nom. La ville donne à chaque troupe une place pour les exercices; et les dépenses qu'ils entraînent sont supportées par ceux de la troupe qui ne sont pas du nombre des Jurés. Ce qui se pratique dans ces villes nous est-il impossible? Mais notre imprévoyance nous aveugle sur ce que nous avons de mieux à faire. Ces exercices donnaient aux anciens une excellente infanterie, et assurent encore aujourd'hui à celle de la rivière de Gênes la supériorité sur la nôtre.

Les anciens exerçaient leurs soldats, ou dans leurs foyers, comme les villes dont nous venons de parler, ou au milieu des armées, comme faisaient les empereurs par les raisons que je vous ai développées [1] plus haut. Pour nous, au contraire, nous ne voulons pas exercer nos soldats dans nos villes; nous ne le pouvons à l'armée, puisqu'ils ne sont pas nos sujets [2], et que nous n'avons pas le droit de leur commander d'autres exercices que ceux qu'ils veulent bien s'imposer à eux-mêmes. Voilà la cause du désordre des armées, de l'affaiblissement des constitutions, et de l'extrême faiblesse des monarchies et des républiques, sur-

tout en Italie. Mais revenons à notre sujet.

Je viens de vous entretenir des divers exercices nécessaires à un soldat; mais ce n'est pas assez de l'avoir endurci aux fatigues, de lui avoir donné de la vigueur, de l'agilité et de l'adresse, il faut encore qu'il apprenne à connaître ses rangs, à distinguer ses drapeaux et les sons des instruments militaires, à obéir à la voix de ses commandants, et à pratiquer tout cela, soit qu'il s'arrête, se retire, aille en avant, combatte ou fasse route. Si l'on ne le forme point à cette discipline avec tous les soins dont on est capable, jamais on n'aura une bonne armée; car il n'y a aucun doute que des hommes valeureux, mais sans ordre, ne soient plus faibles que des hommes timides mais bien disciplinés: la discipline étouffe la crainte, et le désordre rend la valeur inutile. Pour que vous puissiez mieux saisir les développements où je vais entrer à ce sujet, je dois avant vous expliquer comment chaque nation, en organisant ses armées ou ses milices, en a formé différents corps qui ont eu partout, sinon le même nom, au moins le même nombre de soldats à peu près; ils ont toujours été portés de six mille à huit mille hommes. Ces corps ont été nommés *légion* par les Romains, *phalange* par les Grecs, et en France *régiment*; chez les Suisses, qui seuls ont conservé quelque ombre de l'ancienne discipline, ils sont appelés d'un nom qui, dans leur langue, revient à celui de *brigade*. Chaque nation a partagé ce corps en différents bataillons qu'ils ont chacune organisés à leur manière. C'est ce nom plus familier parmi nous que je veux prendre, et j'emprunterai également les règles et des anciens et des modernes, pour arriver au but que je me propose. Comme les Romains divisaient leurs légions, composées de cinq à six mille hommes, en dix cohortes, je diviserai également notre brigade en dix bataillons, et je la porterai à six mille hommes de pied. Chaque bataillon aura quatre cent cinquante hommes, dont quatre cents pesamment armés, et cinquante armés à la légère; des quatre cent cinquante, trois cents porteront le bouclier et l'épée, et s'appelleront *écuyers* ou *hommes de boucliers*; les autres, armés de piques, seront nommés *piquiers ordinaires*; les armés à la légère seront cinquante fantassins portant des fusils, des arbalètes, des

---

[1] Liv. I.

[2] Il ne faut pas perdre de vue que Fabrice Colonne était un général qui se mettait, avec le peu de troupes qu'il avait, ou même seul, au service d'une puissance d'Italie qui avait ses troupes et ses soldats.

pertuisanes et des rondaches; je les appellerai, d'un nom ancien, *velites ordinaires*. Ces dix bataillons forment donc trois mille hommes de boucliers, mille piquiers ordinaires et cinq cents velites ordinaires qui, réunis, font quatre mille cinq cents fantassins; et, comme nous avons dit que nous voulions former notre brigade de six mille hommes, il faut joindre quinze cents hommes à ceux dont nous avons déjà parlé. De ces quinze cents, mille porteront des piques, et seront nommés *piquiers extraordinaires*, et cinq cents armés à la légère seront nommés *velites extraordinaires*. Ainsi la moitié de mon infanterie sera composée de boucliers, l'autre moitié de piques et d'autres armes. J'établirai pour chaque bataillon un chef de bataillon, quatre centurions et quarante décurions; de plus un chef de velites ordinaires et cinq décurions. Je donnerai aux mille piquiers extraordinaires trois chefs de bataillon, dix centurions et cent décurions; aux velites extraordinaires, deux chefs de bataillon, cinq centurions et cinquante décurions. Il y aura un chef de brigade, et à chaque bataillon un drapeau et de la musique. Ainsi une brigade sera composée de dix bataillons, de trois mille hommes de boucliers, de mille piquiers ordinaires et mille piquiers extraordinaires, cinq cents velites ordinaires et cinq cents velites extraordinaires, au total six mille hommes, qui comprendront quinze cents décurions, et, en outre, quinze chefs de bataillon avec quinze musiques et quinze drapeaux, cinquante-cinq centurions, dix chefs de velites ordinaires, et enfin un chef de brigade avec son drapeau et sa musique. Je vous ai répété ce compte plusieurs fois, afin que vous ne confondiez rien quand je vous parlerai des moyens d'ordonner les brigades et les armées.

Toute république ou tout monarque qui veut former à la guerre ses citoyens ou ses sujets doit les armer et les organiser ainsi; et, après les avoir divisés en autant de brigades que le pays en comporte, si l'on veut les exercer dans les rangs, il suffit de prendre bataillon par bataillon. Quoique le nombre d'hommes qui composent chacun de ces corps ne puisse former une véritable armée, chacun d'eux cependant peut apprendre ainsi tout ce qu'on attend de lui à la guerre. Il y a en effet deux espèces de

manœuvres dans une armée : celles de chaque individu dans un bataillon, et celles de chaque bataillon réuni avec les autres. Tout homme qui est instruit des premières ne trouvera dans les dernières aucune difficulté; mais il ne pourra jamais réussir dans celles-ci s'il ignore ces premières manœuvres. Chaque bataillon peut apprendre seul à conserver ses rangs dans toute espèce de mouvement et de terrain, à se former en bataille, et à distinguer les sons de la musique qui porte les divers commandements dans le combat. Il faut que cette musique, comme le sifflet des galériens, apprenne aux soldats tout ce qu'ils ont à faire; s'ils doivent s'arrêter, ou s'avancer, ou reculer, ou se tourner de quelque côté que ce soit. Lorsqu'une troupe sait conserver ses rangs sans être mise en désordre par aucun mouvement ou aucun terrain; lorsque par le moyen de la musique elle sait entendre tous les commandements de son chef, et reprendre en un instant sa première position, elle apprend bien vite, réunie à d'autres bataillons, toutes les manœuvres qu'exécutent entre eux les divers corps d'une armée nombreuse.

Comme ces derniers exercices sont également très-importants, on pourrait, pendant la paix, rassembler la brigade une ou deux fois par an, et lui donner la forme d'une armée complète. On placerait dans leur disposition convenable le front, les flancs et la réserve de l'armée, et on l'exercerait ainsi pendant quelques jours à des batailles simulées. Or, comme un général dispose toujours son armée de manière à pouvoir combattre l'ennemi qu'il voit et celui qu'il soupçonne, il faut préparer une armée à ces deux événements; il faut qu'au milieu de la route elle puisse se battre au besoin, et que chaque soldat sache ce qu'il a à faire s'il est attaqué de ce côté ou d'un autre. Lorsque vous l'avez ainsi formé, vous devez lui apprendre à engager l'action; comment il doit faire retraite s'il est repoussé, et qui doit alors le remplacer; l'instruire à obéir au drapeau, à la musique, à la voix de son commandant, et l'habituer tellement à ces combats simulés, qu'il en désire de véritables. Ce n'est pas le nombre des braves qui s'y trouvent, mais la supériorité de la discipline qui rend une armée intrépide. Si je suis en effet aux premiers rangs, et que je connaisse bien d'avance où je dois me retirer étant repoussé, et qui est chargé de me remplacer, alors, assuré d'un prompt secours, je combattrai avec beaucoup plus de courage. Si je suis aux seconds rangs, la défaite des premiers ne m'effraiera pas, car je m'y serai attendu et je l'aurai même désirée, pour qu'à la retraite de ceux-ci la victoire soit mon ouvrage.

Ces exercices sont indispensables pour une armée nouvelle, et même nécessaires à une vieille armée. Quoique les Romains y fussent habitués dès l'enfance, on voit cependant que leurs généraux les leur faisaient répéter avant de les mener à l'ennemi. Joseph raconte dans son histoire qu'à force d'observer ces continuels exercices des armées romaines, les nombreux vivandiers qui suivent les camps étaient parvenus à savoir très-bien marcher et combattre en rangs, et rendaient ainsi de très-grands services un jour de bataille. Mais si vous formez une armée de nouveaux soldats, ou pour les envoyer sur-le-champ au combat, ou pour les tenir prêts dans l'occasion, tous vos soins sont perdus sans ces continuels exercices, et des bataillons individuellement et de toute l'armée réunie. Cette instruction étant indispensable, il faut employer ses plus grands soins pour la donner à qui ne l'a pas, et la conserver à ceux qui sont déjà formés; on a vu les meilleurs généraux se donner des peines excessives pour arriver à ce double but.

Cos. Il me semble que ces considérations vous ont un peu écarté de votre sujet : vous nous parlez déjà d'une armée complète et d'une bataille, sans avoir encore rien dit du mode d'exercices pour les bataillons.

Fabr. Vous avez raison : ma prédilection pour les règles anciennes, et mon chagrin de les voir si fort négligées, sont la cause de ces écarts. Mais je reviens à mon sujet. Ce qu'il y a de plus important dans les exercices des bataillons, comme je vous l'ai déjà dit, c'est de savoir conserver ses rangs. Pour y réussir, il faut les exercer longtemps à cette manœuvre qu'on appelle le limaçon. Comme notre bataillon est de quatre cents fantassins pesamment armés, nous nous réglerons d'après ce nombre. Ainsi j'en formerai quatre-vingts rangs à cinq hommes de hauteur, et dans une marche précipitée ou ralentie, je les ferai,

pour ainsi dire, se renouer et se délier entre eux sans se confondre. Mais il faut moins dire cet exercice que le montrer aux yeux, et il est inutile de s'y arrêter plus longtemps; il est connu de tous ceux qui ont vu une armée, et il n'a d'autre avantage que d'habituer les soldats à garder leurs rangs.

Il s'agit maintenant de former en bataille un bataillon; on peut y procéder de trois façons différentes : 1° en le faisant très-épais et lui donnant la forme de deux carrés; 2° en en faisant un carré dont le front soit à cornes; 3° en laissant au milieu du carré un espace vide, qu'on appelle la place. La première de ces manœuvres s'exécute de deux manières : l'une est de faire doubler les rangs; le second rang entre dans le premier, le quatrième dans le troisième, le sixième dans le cinquième, et ainsi de suite. Par là, au lieu de quatre-vingts rangs à cinq hommes de hauteur, vous en avez quarante à dix. Vous faites ensuite une seconde fois cette opération, et il ne vous reste plus que vingt rangs à vingt hommes de hauteur. Votre bataillon forme ainsi deux carrés à peu près : car, quoiqu'il y ait autant d'hommes d'un côté que de l'autre, chaque soldat touchant le coude de son voisin, tandis que celui qui est derrière en est séparé au moins de deux brasses, il en résulte que le bataillon a beaucoup plus de hauteur que de largeur. Comme j'aurai souvent à parler des différentes parties du bataillon ou de l'armée entière, souvenez-vous que, lorsque je dirai la tête ou le front, ce sera le devant de l'armée; la queue, les derrières; les flancs, les côtés. Je ne mêle pas dans les rangs les cinquante vélites ordinaires du bataillon; lorsqu'il est formé, ils se répandent sur les deux flancs.

Voici l'autre manière de former en bataille un bataillon; comme elle est beaucoup plus utile que la première, je vous la développerai avec plus d'étendue. Je suppose que vous n'avez point oublié le nombre de soldats, de chefs et d'armes différentes qui composent notre bataillon. L'objet de cette manœuvre est, comme nous l'avons dit, de former le bataillon de vingt rangs à vingt hommes par rang, cinq rangs de piques en tête, et les quinze autres de boucliers. Deux centurions sont à la tête, deux autres sur les derrières, et rempla-

22.

cent les officiers nommés chez les Romains *tergi ductores* [1]; le chef de bataillon est entre les cinq premiers rangs formés de piques, et les quinze derniers de boucliers. A chaque côté des rangs est un décurion, qui commande ainsi son *escouade*, celui de gauche commandant les dix hommes de droite, et celui de droite les dix hommes de gauche. Les cinquante velites sont placés sur les flancs et sur les derrières du bataillon. Voici maintenant ce qu'il y a à faire pour qu'un bataillon qui est en route prenne sur-le-champ cet ordre de bataille. Vos soldats sont sur quatre-vingts rangs à cinq de hauteur. Vous placez vos velites à la tête ou à la queue, peu importe, pourvu qu'ils soient hors des rangs. Chaque centurion a derrière lui vingt rangs, dont les cinq premiers immédiats sont formés de piques, le reste de boucliers. Le chef de bataillon est, avec la musique et le drapeau, entre les piques et les boucliers du second centurion. Il tient la place de trois rangs de boucliers. Vingt décurions sont à la gauche des rangs du premier centurion, les vingt autres à la droite des rangs du dernier centurion. Il ne faut pas oublier que les décurions qui commandent les piques doivent porter la pique, et ceux qui commandent les boucliers porter également le bouclier. Si vous voulez dans cet état que vos rangs se forment en bataille pour faire tête à l'ennemi, vous faites arrêter le premier centurion avec ses vingt rangs; le second centurion continue de marcher, et, obliquant à droite, arrive sur le flanc gauche des vingt premiers rangs, s'aligne avec leur centurion, et fait halte; le troisième centurion continue de marcher, et, obliquant à droite, arrive sur le flanc gauche des rangs déjà arrêtés, s'aligne avec les deux centurions et fait halte; le quatrième centurion suit absolument la même marche, et aussitôt deux centurions quittent la tête du bataillon, et vont sur les derrières, et le bataillon se trouve ainsi formé dans l'ordre de bataille dont nous avons parlé. Les velites se répandent sur les flancs, comme nous l'avons dit en expliquant la première opération.

La première manœuvre s'appelle *se doubler par ligne droite*; la seconde, *se doubler par le flanc*. Celle-là est plus facile, celle-ci plus régulière, plus sûre et plus aisée à adapter aux circonstances. Dans la première, en effet, vous êtes forcé d'obéir au nombre; de cinq vous faites dix; de dix, vingt; de vingt, quarante. En vous doublant ainsi *par ligne droite*, vous ne pouvez opposer à l'ennemi un front de

Iʳᵉ PLANCHE.

Cette planche représente un bataillon en marche, au moment où il se forme en bataille par le flanc. Avec cette même disposition des quatre-vingts rangs, si vous faites passer à la queue des centuries les cinq premiers rangs, toutes les piques se trouvent à la queue du bataillon. Cette manœuvre a lieu, lorsqu'en se formant en bataille par le flanc, on craint d'être attaqué par la queue.

Bataillon qui vient de se former en bataille par le flanc.

Bataillon en marche.

quinze, vingt-cinq, trente ou trente-cinq hommes. Il faut vous conformer au nombre qui résulte du doublement; et il arrive très-souvent que, dans une action, vous avez besoin d'exposer à l'ennemi un front de six cents ou huit cents hommes, et la *ligne droite*, dans cette

---

[1] Ce qu'on appelle à l'armée des *Serrefiles*.

occasion, vous jetterait en désordre. Je préfère donc la seconde manœuvre, et il faut que l'habitude et l'exercice apprennent à en surmonter les difficultés.

Je répète, qu'il est de la plus haute importance que tous les soldats sachent connaître leurs rangs et les maintenir sans confusion, soit au milieu de leurs exercices, soit dans une marche forcée, soit en avançant ou reculant, et dans les lieux les plus difficiles. Un soldat bien instruit à cet égard est un soldat expérimenté, quoiqu'il n'ait jamais vu l'ennemi, et on peut l'appeler un vieux soldat. Mais, au contraire, un soldat inhabile à ces exercices, quoiqu'il se soit trouvé à mille combats, doit être regardé comme une recrue. Voilà le moyen de *former en bataille* un bataillon qui marche sur des rangs étroits; mais la chose la plus importante, la véritable difficulté, ce qui demande le plus d'études et de pratique, le principal objet enfin de l'attention des anciens, c'est de savoir reformer le bataillon sur-le-champ lorsqu'un accident quelconque, soit le terrain ou l'ennemi, l'a mis en désordre. Pour cet effet, il faut : 1° remplir le bataillon de signes de ralliement; 2° placer les soldats de façon que les mêmes soient toujours dans les mêmes rangs. Si un soldat, par exemple, a d'abord été au second rang, qu'il y reste toujours, non-seulement dans le même rang, mais à la même place. Les signes de ralliement sont à cet égard fort nécessaires : il faut d'abord que le drapeau ait un caractère assez distinct pour être facilement reconnu au milieu des autres bataillons. Il faut ensuite que le chef de bataillon et les centurions portent des panaches différents les uns des autres, et fort remarquables. Mais ce qu'il importe le plus, c'est de distinguer les décurions : ce point était de si grande conséquence pour les Romains, que chacun de leurs décurions portait son numéro sur le casque; on les appelait premier[1], second, etc.; et cela ne leur suffisait pas encore, chaque soldat portait sur son bouclier le numéro de son rang, et de la place qu'il y occupait. Étant ainsi tous bien distingués et habitués à conserver leur place, il est facile, au milieu du plus grand désordre, de refor-

mer sa troupe sur-le-champ. Dès que le drapeau est fixé, les centurions et les décurions peuvent d'un coup d'œil reconnaître leur poste; et lorsque chacun, en conservant les distances ordinaires, s'est placé à la gauche ou à la droite, le soldat guidé par la pratique et par les signes de ralliement, retrouve son poste en un instant. C'est comme un tonneau que vous rétablissez très-aisément si vous en avez marqué toutes les planches, et qu'il vous est impossible, sans cela, de reconstruire. Toutes ces dispositions sont très-faciles à enseigner dans les exercices, s'apprennent très-vite, et ne s'oublient que difficilement; car les anciens soldats sont là pour instruire les nouveaux, et tout un peuple en peu de temps deviendrait ainsi très-expérimenté au métier des armes.

Il est très-utile encore de former le bataillon à se tourner en un instant, de façon que les flancs ou la queue deviennent la tête au besoin, et la tête devienne les flancs ou la queue. Rien n'est plus aisé : il suffit que chaque homme se tourne du côté qui lui est commandé, et là est toujours la tête du bataillon. Il faut observer que, lorsqu'on tourne par le flanc, les rangs perdent leurs distances. En faisant volte-face, la différence n'est pas sensible; mais en tournant par le flanc, les soldats ne sont plus rapprochés, ce qui est un grand vice dans la disposition ordinaire d'un bataillon. Il faut alors que la pratique et leur jugement leur apprennent à se resserrer. Mais ce n'est là qu'un petit inconvénient, qu'ils peuvent eux-mêmes réparer. Ce qui est beaucoup plus important et demande beaucoup plus de pratique, c'est de faire tourner tout un bataillon comme une seule masse solide : il faut, à cet égard, de l'usage et de l'habileté. Si vous voulez, par exemple, tourner sur le flanc gauche, vous faites arrêter ceux qui sont à la gauche, et ralentir le pas au centre, de sorte que la droite ne soit pas obligée de courir; sans cette précaution, les rangs tombent dans le plus grand désordre.

Il arrive souvent, quand une armée est en marche, que les bataillons qui ne sont point à la tête sont attaqués par les flancs ou par la queue; et, dans cette conjoncture, un bataillon doit sur-le-champ faire face par le flanc ou par la queue. Pour que cette manœuvre ait lieu, et que le bataillon conserve en même temps l'ordre de bataille que nous avons établi, il faut qu'il ait ses piques sur le flanc où il doit faire face, et ses décurions, ses centurions et son chef de bataillon dans leurs rangs accoutumés. Dans ce cas, lorsque vous formez les quatre-vingts rangs à cinq hommes de hauteur, vous mettez toutes les piques dans les vingt premiers rangs. Quant à leurs décurions, vous en placez cinq au premier rang, et cinq au dernier. Les autres soixante rangs sont composés des boucliers, et forment trois centuries. Les premier et dernier rangs de ces centuries sont composés de décurions : le chef de bataillon, le drapeau et la musique sont placés au milieu de la première centurie des boucliers, et les centurions à la tête de chaque centurie. Dans cet état, si vous voulez avoir vos piques sur le flanc gauche, vous faites former vos centuries[1] en bataille par le flanc droit; si vous voulez avoir vos piques à droite, vous faites former en bataille par le flanc gauche; le bataillon marche ainsi avec toutes les piques sur un flanc, tous les décurions à la tête et à la queue, les centurions à la tête, et le chef de bataillon au centre. Lorsque l'ennemi se présente, et qu'il faut faire face par le flanc, on ordonne au soldat de tourner du côté des piques, et le bataillon se trouve parfaitement dans l'ordre de bataille que nous avons établi; tous sont dans leurs rangs prescrits, à l'exception des centurions qui s'y placent en un instant et sans aucune difficulté.

Si pendant la marche le bataillon craint d'être attaqué par la queue, il faut disposer les rangs de manière qu'en le formant en bataille les piques se trouvent derrière; et pour cela il n'y a d'autre chose à faire que de placer les piques aux cinq derniers rangs de chaque centurie, au lieu de les placer aux cinq premiers. Dans tout le reste, on conserve l'ordre accoutumé, et la manœuvre est la même.

Cos. Vous avez dit, s'il m'en souvient, que l'objet de ces exercices était de former ces bataillons en armée, et de les ordonner ainsi les uns pour les autres. Mais, s'il arrivait que ces

[1] Voyez la seconde manœuvre que nous venons d'expliquer.

quatre cent cinquante fantassins fussent engagés dans une action particulière, comment les disposeriez-vous?

Fabr. Leur chef doit juger alors où il est le plus utile de placer ses piques; ce qui ne peut détruire en rien l'ordre que nous avons établi. Quoique l'objet de nos manœuvres soit en effet de former un bataillon à savoir combattre dans une affaire générale, elles n'en peuvent pas moins être très-utiles dans toutes les affaires particulières. Mais, en vous expliquant bientôt les deux autres modes de former en bataille un bataillon, que je vous ai annoncés, je pourrai mieux répondre à votre question. Si

IIᵉ PLANCHE.

Cette planche représente la manière de former en bataille un bataillon qui, pendant une marche, craint d'être attaqué par le flanc.

Ordre de la marche.

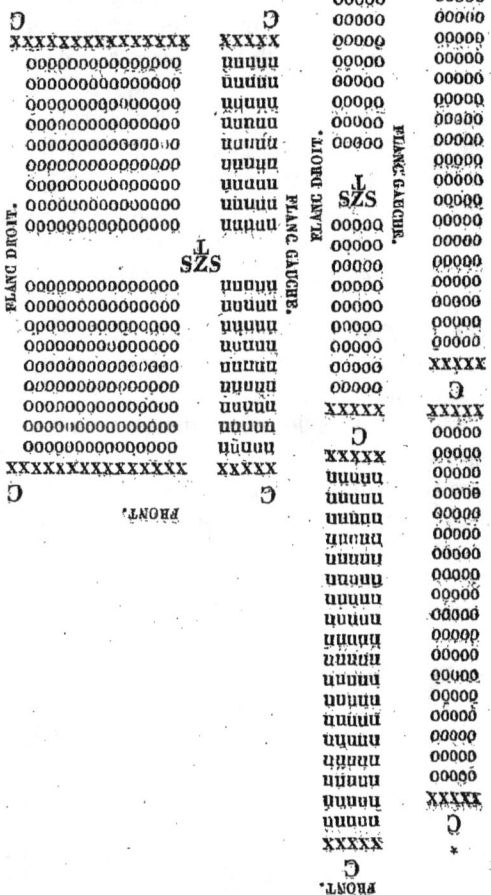

```
                                              *
                                           XXXXX      XXXXX
                                           OOOOO      OOOOO
                                           OOOOO      OOOOO
   Ɔ                    Ɔ                   OOOOO      OOOOO
XXXXXXXXXXXXXXX  XXXXX                      OOOOO      OOOOO
OOOOOOOOOOOOOOO  UUUUU                      OOOOO      OOOOO
OOOOOOOOOOOOOOO  UUUUU                      OOOOO      OOOOO
OOOOOOOOOOOOOOO  UUUUU                      OOOOO      OOOOO
OOOOOOOOOOOOOOO  UUUUU                      OOOOO      OOOOO
OOOOOOOOOOOOOOO  UUUUU          FLANC DROIT  OOOOO      OOOOO  FLANC GAUCHE
OOOOOOOOOOOOOOO  UUUUU                      OOOOO      OOOOO
OOOOOOOOOOOOOOO  UUUUU                      OOOOO      OOOOO
OOOOOOOOOOOOOOO  UUUUU                       SŻS
OOOOOOOOOOOOOOO  UUUUU                      OOOOO      OOOOO
                                           OOOOO      OOOOO
                        SŻS                OOOOO      OOOOO
OOOOOOOOOOOOOOO  UUUUU                      OOOOO      OOOOO
OOOOOOOOOOOOOOO  UUUUU                      OOOOO      OOOOO
OOOOOOOOOOOOOOO  UUUUU                      OOOOO      OOOOO
OOOOOOOOOOOOOOO  UUUUU                      OOOOO      OOOOO
OOOOOOOOOOOOOOO  UUUUU                      OOOOO      XXXXX
OOOOOOOOOOOOOOO  UUUUU                      OOOOO        Ɔ
OOOOOOOOOOOOOOO  UUUUU                      XXXXX      XXXXX
OOOOOOOOOOOOOOO  UUUUU                        Ɔ        OOOOO
XXXXXXXXXXXXXXX  XXXXX                      XXXXX      OOOOO
                                           UUUUU      OOOOO
   Ɔ                    Ɔ                   UUUUU      OOOOO
         FRONT.                            UUUUU      OOOOO
                                           UUUUU      OOOOO
                                           UUUUU      OOOOO
                                           UUUUU      OOOOO
                                           UUUUU      OOOOO
                                           UUUUU      OOOOO
                                           UUUUU      OOOOO
                                           UUUUU      OOOOO
                                           UUUUU      OOOOO
                                           UUUUU      OOOOO
                                           UUUUU      OOOOO
                                           UUUUU      XXXXX
                                           UUUUU        Ɔ
                                           XXXXX        *
                                             Ɔ
                                          FRONT.
```

FLANC DROIT. FLANC GAUCHE.

LIVRE SECOND.

LIVRE SECOND.

quelquefois, en effet, on a recours à ces deux manœuvres, c'est seulement quand un bataillon est isolé de tous les autres.

Pour former un bataillon à cornes, il faut disposer ainsi qu'il suit les quatre-vingts rangs, à cinq de hauteur. Vous placez derrière un centurion vingt-cinq rangs, de deux piques sur la gauche, et de trois boucliers sur la droite ; derrière les cinq premiers rangs, dans les vingt derniers, sont vingt décurions entre les piques et les boucliers ; les décurions qui portent la pique restent avec les piques dans les cinq premiers de ces vingt rangs. Après ces vingt-cinq rangs viennent 1° un centurion suivi de quinze rangs de boucliers ; 2° le chef de bataillon, la musique et le drapeau suivis également de quinze rangs de boucliers ; 3° enfin, un troisième centurion suivi de vingt-cinq rangs, dont chacun est composé de trois boucliers sur la gauche et de deux piques sur la droite, et, dans les vingt derniers de ces rangs, sont placés vingt décurions¹ entre les piques et les boucliers ; le quatrième centurion ferme les rangs. Maintenant, de ces rangs ainsi disposés, si vous voulez en former un bataillon à deux cornes, vous faites arrêter le premier centurion avec les vingt-cinq rangs qui le suivent. Le second centurion continue de marcher, en obliquant à droite sur le flanc droit des vingt-cinq rangs, et, arrivé à la hauteur des quinze derniers rangs de ceux-ci, il s'arrête. Le chef de bataillon oblique également sur la droite de ces quinze rangs de boucliers, et fait halte à la même hauteur ; le troisième centurion avec ses vingt-cinq rangs, et le quatrième centurion qui les suit se dirige sur la même marche en se portant sur le flanc droit de ces rangs de boucliers ; mais il ne s'arrête pas au même point, et continue d'avancer jusqu'à ce que son dernier rang soit aligné avec le dernier rang des boucliers. Alors le centurion qui a conduit les quinze premiers rangs de boucliers quitte sa place et va à l'angle gauche de la queue du bataillon. On aura ainsi un bataillon de quinze rangs, à vingt hommes de hauteur, avec deux cornes sur chaque côté de la tête du bataillon, dont chacune sera formée de dix rangs à cinq hommes de hauteur. Entre ces deux cornes, il restera un espace capable

de contenir dix hommes aisément. Là sera le chef de bataillon ; à chaque corne un centurion, sur les derrières un centurion également à chaque angle ; et, sur les deux flancs, deux rangs de piques et un rang de décurions. Ces deux cornes servent à renfermer l'artillerie et les bagages. Les vélites se répandent sur les flancs à côté des piques.

Pour former une place dans ce bataillon à cornes, il faut prendre les huit derniers des quinze rangs à vingt hommes de hauteur, et les porter sur la pointe des deux cornes, qui deviennent alors les derrières de la place. C'est là qu'on place les bagages, le chef de bataillon et les drapeaux, mais non l'artillerie qu'on envoie alors à la tête ou sur les flancs du bataillon : cette manœuvre est utile quand on doit passer dans des lieux suspects ; mais l'ordre d'un bataillon sans corne et sans place est encore préférable. Cependant, quand il faut mettre à couvert des hommes sans défense, le bataillon à cornes est très-nécessaire.

Les Suisses ont encore plusieurs autres ordres de bataille ; un entre autres qui a la forme d'une croix ; ils mettent ainsi à couvert leurs fusiliers dans l'espace que forment les bras de cette croix. Mais, comme toutes ces manœuvres ne sont bonnes que dans des affaires particulières, et que mon seul but est de former plusieurs bataillons à combattre ensemble, il est inutile d'en parler ici.

Cos. Il me semble que j'entends fort bien votre système d'exercices pour les soldats de ces bataillons ; mais je crois, si je m'en souviens bien, qu'outre ces dix bataillons, vous avez encore dans votre brigade mille piquiers extraordinaires, et quatre cents vélites extraordinaires. Ne voulez-vous pas les exercer également ?

Fabr. Oui sans doute, et avec le plus grand soin. J'exercerais ces piquiers par compagnies, de la même manière que les bataillons, et je m'en servirais plutôt que de ceux-ci dans toutes les affaires particulières, quand il s'agirait de fournir une escorte, de mettre le pays ennemi à contribution, et d'autres opérations semblables. Quant aux vélites, je les exercerais chez eux sans les réunir ensemble ; comme ils sont destinés à combattre sans ordre, il est inutile de les rassembler pour de communs exercices ; il suffit qu'ils soient

¹ Ces décurions tiennent la place d'un soldat.

IIIᵉ PLANCHE.

Manœuvre pour former un bataillon à cornes et avec la place.   *Ordre de marche qui précède la manœuvre.*

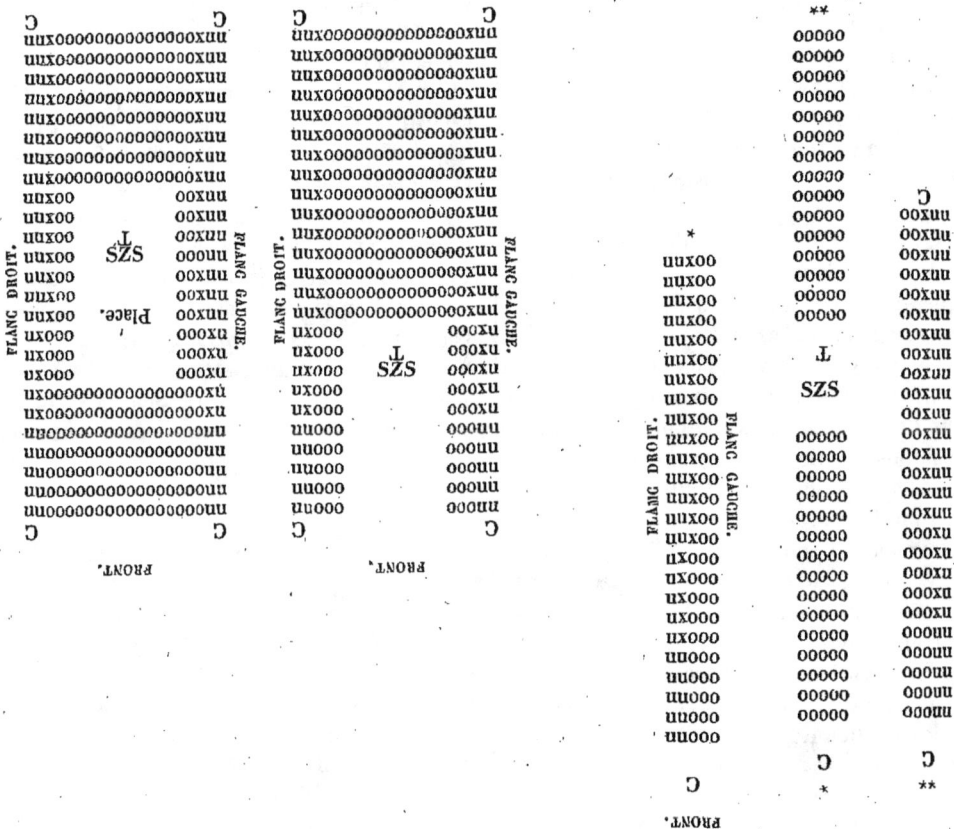

```
  ɔ                 ɔ        ɔ                    ɔ              **
uuxooooooooooooooxuu    uuxooooooooooooooxuu              ooooo
uuxooooooooooooooxuu    uuxooooooooooooooxuu              ooooo
uuxooooooooooooooxuu    uuxooooooooooooooxuu              ooooo
uuxooooooooooooooxuu    uuxooooooooooooooxuu              ooooo
uuxooooooooooooooxuu    uuxooooooooooooooxuu              ooooo
uuxooooooooooooooxuu    uuxooooooooooooooxuu              ooooo
uuxooooooooooooooxuu    uuxooooooooooooooxuu              ooooo
uuxooooooooooooooxuu    uuxooooooooooooooxuu              ooooo
uuxoo        ooxuu      uuxooooooooooooooxuu              ooooo          ɔ
uuxoo        ooxuu      uuxooooooooooooooxuu              ooooo        ooxuu
uuxoo    ꓕ   ooxuu      uuxooooooooooooooxuu        *     ooooo        ooxuu
uuxoo   SZS  ooooou     uuxooooooooooooooxuu              ooooo        ooxuu
uuxoo        ooxuu      uuxooooooooooooooxuu     uuxoo    ooooo        ooxuu
uuxoo Place. ooxuu      uuxooooooooooooooxuu     uuxoo    ooooo        ooxuu
uxooo        oooxu      uxooo        oooxu       uuxoo    ooooo        ooxuu
uxooo        oooxu      uxooo        oooxu       uuxoo    ꓕ             ooxuu
uxooo        oooxu      uxooo   ꓕ    oooxu       uuxoo   SZS           ooxuu
uxooooooooooooooxu      uxooo  SZS   ooxu        uuxoo                 ooxuu
uxooooooooooooooxu      uxooo        ooxu        uuxoo    ooooo        ooxuu
uuoooooooooooooouu      uuooo        oooxu       uuxoo    ooooo        ooxuu
uuooooooooooooooou      uuooo        oooou       uuxoo    ooooo        ooxuu
uuooooooooooooooou      uuooo        oooou       uuxoo    ooooo        ooxuu
uuooooooooooooooou      uuooo        oooou       uuxoo    ooooo        oooxu
uuooooooooooooooou      uuooo        oooou       uxooo    ooooo        oooxu
  ɔ                ɔ      ɔ                ɔ      uxooo    ooooo        oooxu
                                                 uxooo    ooooo        oooxu
        FRONT.                FRONT.             uxooo    ooooo        oooxu
                                                 uxooo    ooooo        oooou
                                                 uuooo    ooooo        oooou
                                                 uuooo    ooooo        oooou
                                                 uuooo    ooooo        oooou
                                                 oooou    ooooo        oooou
                                                          ɔ         ɔ
                                                    ɔ      *        **

                                                        FRONT.
```

(FLANC DROIT. — FLANC GAUCHE. indiqués de part et d'autre de chaque formation.)

---

bien instruits dans les exercices particuliers.

Il faut donc, car je ne me lasse pas de le répéter, exercer avec soin les soldats de vos bataillons à garder leurs rangs, à reconnaître leur poste, à s'y rallier lorsque l'ennemi ou la difficulté du terrain les a mis en désordre. Quand ils ont pris cette habitude, il est aisé d'apprendre à un bataillon quel poste il doit occuper, et quelles sont ses opérations à l'armée. Toute république ou tout monarque, qui emploiera tous ses soins et tout son zèle à établir chez lui une armée ainsi organisée, et de tels exercices, sera sûr d'avoir constamment d'excellents soldats, supérieurs à tous leurs voisins, destinés à imposer et non à recevoir la loi. Mais, comme je vous l'ai déjà dit, le désordre de nos gouvernements ne nous laisse que de l'indifférence et du dédain pour ces institutions. Aussi avons-nous de très-mauvaises armées, et s'il s'y trouve quelques chefs ou quelques soldats qui aient une véritable capacité, il leur est impossible d'en donner la moindre preuve.

Cos. Quels équipages voudriez-vous à la suite de chacun de ces bataillons?

Fabr. D'abord je ne permettrais à aucun

des centurions ou des décurions d'aller à cheval; et si le chef de bataillon en avait grande envie, je lui accorderais un mulet et non un cheval. Je lui donnerais deux fourgons, un à chaque centurion, et deux pour trois décurions. Car je me propose d'en loger autant ensemble, comme je vous le dirai plus bas. Chaque bataillon aurait ainsi trente-six fourgons qui porteraient avant tout les tentes et les ustensiles de cuisine, les haches et les pieux nécessaires au campement. Quant au reste du bagage, ils le porteront s'ils ne sont pas trop chargés.

Cos. Je ne doute pas de l'utilité des chefs que vous avez dans chaque bataillon; mais ne craignez-vous pas que tant de commandants n'amènent de la confusion?

Fabr. Cela serait vrai s'ils ne dépendaient pas tous d'un seul chef; mais cette dépendance établit l'ordre, et sans ce nombre d'officiers il est impossible de conduire un bataillon. C'est un mur qui, penchant de toutes parts, a plutôt besoin d'un grand nombre de petits étais que de quelques poutres très-solides; car toute la force d'une de ces poutres ne peut empêcher qu'à une certaine distance le mur ne tombe en ruine. Il faut donc que dans une armée, sur dix soldats il s'en trouve un qui, ayant plus d'activité, d'audace, ou du moins d'autorité, les contienne, et les dispose au combat par son courage, ses paroles et son propre exemple. Ce qui prouve combien est nécessaire dans une armée tout ce que je viens de dire, comme les officiers, les drapeaux et la musique, c'est qu'on les retrouve même dans les nôtres; mais nous ne savons pas en tirer parti. Si l'on veut que les décurions rendent tous les services qu'on doit en attendre, il faut que chacun d'eux connaisse bien ses soldats, loge et soit de garde avec eux, et combatte dans les mêmes rangs. Par ce moyen ils servent de règle et de mesure pour tenir les rangs droits et serrés; et, s'ils viennent à se rompre, ils peuvent aussitôt les rétablir; mais nos sous-officiers ne sont bons aujourd'hui qu'à recevoir une plus forte solde, et à faire quelque service particulier; il en est de même des drapeaux, qu'on n'emploie à aucun usage militaire, mais seulement à faire parade. Les anciens, au contraire, s'en servaient comme d'un guide et d'un

signe de ralliement: lorsqu'il était arrêté, chacun, instruit de la place qu'il occupait auprès de son drapeau, y retournait aussitôt; selon qu'il se fixait ou était en mouvement, ils devaient s'arrêter ou marcher. Il faut donc qu'une armée ait beaucoup de corps différents, et chaque corps son drapeau et ses guides: c'est le moyen de lui donner du mouvement et de la vie.

Les soldats doivent suivre le drapeau, et le drapeau la musique. Lorsque celle-ci est bien dirigée, elle commande à l'armée: chaque soldat, réglant ses pas sur les temps de la musique, conserve aisément ses rangs. Aussi les anciens avoient dans leurs armées des flûtes, des fifres, et autres instruments parfaitement modulés. Comme un danseur ne se trompe jamais dans ses pas en suivant bien la mesure, une armée avec la même attention se maintient toujours en bon ordre. Les anciens variaient les modes selon qu'ils voulaient enflammer, calmer ou arrêter l'impétuosité de leurs soldats: le mode dorique inspirait la constance, le mode phrygien la fureur; et on raconte qu'Alexandre, entendant par hasard, à table, ce mode phrygien, s'enflamma au point de porter la main à ses armes. Il faudrait retrouver tous ces modes, et si l'on y rencontrait quelque difficulté, il faudrait du moins s'attacher à ceux qui instruisent l'armée des commandements. Chacun peut les varier à son gré, mais il faut que le soldat habitue son oreille à les bien distinguer. Aujourd'hui la musique n'est bonne qu'à faire du bruit.

Cos. Je désire bien que vous m'expliquiez pourquoi les institutions militaires sont tombées aujourd'hui dans un tel mépris; pourquoi sont-elles vues avec autant d'indifférence et suivies avec si peu d'ordre?

Fabr. Je satisferai volontiers à votre question. Vous savez que parmi les militaires renommés on en a compté un grand nombre en Europe, peu en Afrique et encore moins en Asie. La cause de cette différence est que ces deux parties du monde n'ont jamais renfermé qu'une ou deux grandes monarchies et très-peu d'états républicains, tandis qu'il existait en Europe quelques rois et un grand nombre de républiques. Les hommes ne deviennent supérieurs et ne déploient leurs talents, que lorsqu'ils sont employés et encouragés par leur souverain, que ce soit un monarque ou une république. Où il y a beaucoup de souverains, les grands hommes naissent en foule; ils deviennent rares quand le nombre des souverains est petit. A l'égard de l'Asie, quand on a nommé Ninus, Cyrus, Artaxerxès et Mithridate, il reste très-peu de grands généraux à citer. Si vous mettez de côté ce qui est caché dans la nuit des antiquités égyptiennes vous ne trouvez guère en Afrique que Massinissa, Jugurtha et les généraux carthaginois; mais leur nombre est bien petit, si on le compare à tout ce qu'a produit l'Europe. Elle a enfanté une foule de grands hommes dont le nombre serait bien plus considérable encore, si l'on pouvait y joindre tous ceux que l'injure des temps a condamnés à l'oubli. Car le mérite est d'autant plus commun qu'il se trouve plus d'états forcés par la nécessité, ou quelque autre puissant intérêt, de lui donner de justes encouragements.

L'Asie n'offrit que peu de grands hommes, parce que, réunie presque tout entière sous un seul empire, son immensité la maintenait le plus souvent en paix, et arrêtait tous les efforts d'un génie entreprenant. Il en a été de même de l'Afrique, à l'exception de Carthage où parurent quelques noms illustres. Car il est à remarquer qu'il naît beaucoup plus de grands hommes dans une république que dans une monarchie : là on honore le mérite, ici on le craint; là on l'encourage, ici on cherche à l'étouffer.

L'Europe au contraire, remplie de républiques et de monarchies toujours en défiance les unes des autres, était forcée de maintenir dans toute leur vigueur ses institutions militaires et d'honorer ses grands capitaines. La Grèce en effet, outre le royaume de Macédoine, comptait plusieurs républiques qui toutes produisirent de très-grands hommes. L'Italie était habitée par les Romains, les Samnites, les Étrusques et les Gaulois cisalpins ; la Gaule, la Germanie et l'Espagne étaient partagées en un grand nombre de républiques et de monarchies. Et si nous ne connaissons, en comparaison des Romains, qu'un très-petit nombre de leurs héros, il faut en accuser la partialité des historiens qui, le plus souvent esclaves de la fortune, ne célèbrent que les vainqueurs. Mais on ne peut douter qu'il n'ait paru une foule de grands

généraux chez les Étrusques et les Samnites, qui combattirent cent cinquante ans contre les Romains avant d'avoir été domptés. On peut en dire autant des Gaules et de l'Espagne. Mais cette gloire que les historiens refusent aux individus, ils la donnent tout entière aux peuples, dont ils célèbrent jusqu'à l'enthousiasme, la constante opiniâtreté dans la défense de leur liberté.

S'il est vrai que le nombre des grands hommes dépende du nombre des états, il faut en conclure que, lorsque ceux-ci s'anéantissent, le nombre des grands hommes diminue avec les occasions d'exercer leur capacité. Lorsque l'empire romain se fut accru, et qu'il eut détruit tous les états d'Europe et d'Afrique et la plus grande partie de ceux de l'Asie, il ne resta plus de place au mérite qu'à Rome, et les grands hommes devinrent aussi rares en Europe qu'en Asie. Comme il n'y avait plus de vertu que dans cette capitale du monde, le premier germe de la corruption entraîna la corruption du monde entier ; et les barbares ravagèrent sans peine un empire qui avait éteint la vertu des autres états, sans avoir pu conserver la sienne.

Le partage que fit de l'empire romain ce déluge de barbares ne put ramener en Europe cette antique vertu militaire : d'abord on ne revient pas aisément à des institutions tombées en désuétude; il faut en accuser ensuite les nouvelles mœurs introduites par la religion chrétienne. Il n'y a plus autant de nécessité de résister à l'ennemi. Alors le vaincu était massacré, ou achevait une vie misérable dans un éternel esclavage. Les villes prises étaient saccagées, ou on en chassait les habitants après leur avoir enlevé tous leurs biens; on les dispersait dans le monde entier; enfin il n'y avait point de misères que ne supportassent les vaincus. Chaque état, effrayé de tant de malheurs, tenait constamment ses armées en activité, et accordait de grands honneurs à tout militaire distingué. Aujourd'hui toutes ces craintes n'existent plus en grande partie : la vie des vaincus est presque toujours respectée; ils ne sont pas longtemps prisonniers, et ils recouvrent très-aisément leur liberté. Une ville a beau se révolter vingt fois, elle n'est jamais détruite : les habitants conservent toutes leurs propriétés; et tout ce qu'ils ont à craindre, c'est de payer une contribution. Aussi ne veut-on plus se soumettre aux institutions militaires et endurer la fatigue des exercices pour échapper à des dangers qu'on ne craint plus. D'ailleurs, les différentes parties de l'Europe comptent un petit nombre de souverains, si on les compare à ceux qu'elles avaient alors : la France entière obéit à un roi, toute l'Espagne à un autre, et l'Italie n'est pas fort divisée. Les petits états embrassent le parti du vainqueur; et les états puissants, par les raisons que je viens de développer, n'ont jamais à craindre une ruine complète.

Cos. On a vu cependant, depuis vingt-cinq ans, des villes saccagées et des états détruits. Cet exemple devrait être une leçon pour les autres, et leur faire sentir la nécessité de revenir aux anciennes institutions.

Fabr. Cela est vrai; mais remarquez les villes qui ont été saccagées : ce n'a jamais été une capitale, mais une ville du second ordre : ce fut Tortone et non Milan, Capoue et non pas Naples, Brescia et non Venise, Ravenne et non Rome. Ces exemples ne changent point le système des gouvernants; ils n'ont d'autre effet que de leur inspirer une grande envie de se dédommager par des contributions. Ils ne veulent pas s'assujétir aux embarras des exercices militaires; ils regardent tout cela comme inutile, ou comme une chose où ils n'entendent rien. Quant à ceux qui ont perdu leur puissance, et que de tels exemples devraient épouvanter, ils n'ont plus les moyens de réparer leur erreur. Ainsi les uns renoncent à ces institutions par impuissance, les autres par ignorance ou défaut de volonté.

Je puis, comme une preuve de la vérité de mon opinion, vous citer l'Allemagne. C'est le grand nombre d'états qu'elle renferme qui y entretient la vertu militaire; et tout ce qu'il y a de bon aujourd'hui dans nos armées leur est dû. Jaloux de leur puissance, ces états seuls redoutent l'esclavage, et ils savent ainsi conserver leur autorité et leur considération. Voilà les causes qui me paraissent expliquer l'indifférence qu'on montre aujourd'hui pour les talents militaires. Je ne sais si vous les trouvez raisonnables, et s'il ne vous reste pas encore quelque doute à cet égard.

Cos. Aucun. Cela m'est parfaitement démontré. Je vous prie seulement, pour revenir à notre sujet principal, de me dire de quelle manière vous ordonnez votre cavalerie avec ces bataillons, à quel nombre vous la portez, et enfin quels chefs et quelles armes vous voulez lui donner.

Fabr. Ne soyez pas étonné si je parais oublier cette partie de mon sujet; j'ai deux raisons pour n'en parler que fort peu : la première, c'est que la force réelle d'une armée est dans son infanterie; la seconde, c'est que notre cavalerie est moins mauvaise que notre infanterie, et que, si elle n'est pas supérieure à celle des anciens, elle lui est du moins comparable. Au reste, j'ai déjà parlé de la manière de l'exercer. Quant à ses armes, je ne changerais rien à ce qui est en usage aujourd'hui, tant pour la cavalerie légère que pour les gens-d'armes. Je voudrais seulement que la cavalerie légère fût entièrement armée d'arbalètes en y mêlant quelques fusiliers. Quoique ceux-ci, dans les opérations ordinaires de la guerre, soient assez inutiles, on peut cependant en tirer un grand parti quand il s'agit d'effrayer des paysans, et de les déposter d'un passage qu'ils voudraient garder : ils ont plus peur d'un fusil que de vingt autres armes.

Il s'agit à présent de fixer à quel nombre il faut porter la cavalerie. Puisque nous imitons les légions romaines, je ne donnerais à chaque brigade que trois cents hommes de cavalerie, dont cent cinquante gens-d'armes et cent cinquante chevau-légers; chacun de ces deux corps aurait un chef d'escadron, quinze décurions, une musique et un drapeau. J'accorderais cinq fourgons pour dix gens-d'armes, et deux pour dix chevau-légers : comme ceux de l'infanterie, ils porteraient les tentes, les ustensiles de cuisine, les haches et les pieux, et le reste du bagage s'il s'y trouvait encore de la place. Et ne critiquez pas cette règle que j'impose par la raison qu'aujourd'hui les gens-d'armes ont quatre chevaux à leur suite : c'est là un très-grand abus. En Allemagne les gens-d'armes n'ont qu'un seul cheval, et un seul fourgon sert à vingt d'entre eux pour porter leur bagage. La cavalerie romaine était également sans suite; on logeait seulement près d'elle les *triaires*, qui l'aidaient dans le pansement des chevaux. C'est un usage que nous pouvons imiter, comme je le ferai voir quand je parlerai des campements ; et nous avons grand tort de négliger, *comme nous le faisons*, l'exemple que nous ont donné les Romains et que nous donnent aujourd'hui les Allemands.

Ces deux escadrons, qui feraient partie de la brigade, pourraient quelquefois se réunir en même temps que les bataillons, et s'exercer ensemble à la petite guerre, plutôt pour apprendre à se reconnaître que par une véritable nécessité. Mais en voilà assez sur ce sujet ; il s'agit maintenant de mettre une armée en état de présenter la bataille à l'ennemi et de le vaincre. C'est là le but d'une armée et de tous les soins qu'on apporte à la former.

LIVRE TROISIÈME.

Cosimo. Puisque nous changeons de discours, je demande qu'un autre soit chargé de proposer les questions. Je crains à la fin d'être traité de présomptueux, et c'est un défaut que je ne puis supporter. Ainsi j'abdique la dictature, et remets mon autorité à celui de mes amis qui voudra s'en charger.

Zanobi. Nous aurions fort désiré que vous voulussiez continuer ; mais, puisque vous le voulez autrement, désignez-nous au moins votre successeur.

Cos. Je veux laisser ce soin au seigneur Fabrizio.

Fabrizio. Je m'en charge volontiers, et je vous proposerai de suivre la méthode des Vénitiens qui donnent toujours la parole au plus jeune. La guerre est le métier des jeunes gens, et ils sont le plus en état d'en bien parler, comme ils sont le plus capables de la bien faire.

Cos. C'est donc à votre tour, Luigi : je suis charmé de vous voir remplir ma place, et je crois qu'on ne sera pas mécontent d'un tel interlocuteur. Mais, sans perdre plus de temps, revenons à notre sujet.

Fabr. Pour donner les meilleurs moyens de former une armée en bataille, il faut avant tout expliquer quelle était à cet égard la méthode des Grecs et des Romains. Comme les écrivains de l'antiquité vous donnent sur ce sujet tous les éclaircissements que vous pouvez désirer, je laisserai de côté beaucoup de détails, et je m'attacherai seulement aux différentes parties qu'il me semble utile d'imiter aujourd'hui pour porter notre système militaire à quelque degré de perfection. Ainsi je me propose de vous montrer à la fois comment on doit former une armée en bataille, la mettre en état de soutenir un combat véritable, et l'exercer à des combats simulés.

La plus grande faute que puissent commettre ceux qui forment une armée en bataille est de n'en faire qu'un seul corps, et d'attendre ainsi la victoire du succès d'une unique attaque. La cause de cette erreur est qu'on néglige la méthode des anciens de recevoir une ligne d'armée dans une autre ligne, seul moyen de secourir le premier corps de bataille, de le défendre et de le remplacer dans le combat. C'est un avantage que les Romains n'avaient pas laissé échapper. Ils partageaient chaque légion en *hastati* (gens de traits ou hastaires), *principes* (princes) et *triarii* (triaires). Les hastaires, qui formaient le premier corps de bataille, avaient leurs rangs solides et pressés ; derrière eux marchaient les princes, dont les rangs étaient un peu plus écartés, et enfin venaient les triaires, qui conservaient de si grands intervalles dans leurs rangs qu'ils pouvaient au besoin y recevoir et les princes et les hastaires. L'armée romaine avait en outre des frondeurs, des arbalétriers et d'autres soldats armés à la légère, qui n'étaient point dans les rangs, mais qu'on plaçait à la tête de l'armée, entre l'infanterie et la cavalerie. Ces soldats engageaient le combat, et s'ils étaient vainqueurs, ce qui arrivait rarement, ils poursuivaient leur victoire. S'ils étaient repoussés, ils se retiraient par les flancs de l'armée ou par les intervalles disposés à cet effet, et allaient se placer sur les derrières. Alors s'avançaient les hastaires, qui, lorsqu'ils avaient le dessous, se retiraient lentement dans les rangs des princes, et, ainsi renforcés, renouvelaient le combat. S'ils étaient encore vaincus, ils entraient tous dans les intervalles des triaires; et, réunis en une seule masse, ils marchaient de nouveau à l'ennemi; et, s'ils étaient une troisième fois repoussés, c'était alors qu'il ne leur restait plus aucun moyen de rétablir le combat. La cavalerie était sur les flancs de l'armée et faisait l'effet de deux ailes sur un corps; elle combattait tantôt à cheval, et souvent, au besoin, à pied avec l'infanterie. Cette méthode de se reformer trois fois de suite en bataille doit rendre une armée presque invincible; car il faudrait que la fortune l'abandonnât trois fois de suite, et que l'ennemi eût une grande supériorité de forces et de courage pour maintenir autant de fois son avantage. La phalange des Grecs n'avait pas cette méthode de rétablir le combat: quoiqu'on y comptât un grand nombre de chefs et de rangs de soldats, elle ne formait jamais qu'un seul corps de bataille. Les rangs ne rentraient pas, comme chez les Romains, les uns dans les autres, mais le soldat se remplaçait individuellement comme je vais vous l'expliquer. Lorsque la phalange formée en rangs, par supposition, de cinquante hommes de hauteur, arrivait à l'ennemi, de tous ces rangs les six premiers pouvaient combattre, car leurs lances, nommées *sarisses*, étaient si longues que le sixième rang passait le premier seulement de la pointe de sa lance. Lors donc que dans le combat quelque soldat du premier rang tombait mort ou blessé, il était sur-le-champ remplacé par celui du second rang qui était derrière lui, celui-ci par le soldat du troisième rang; et les derniers rangs remplissaient ainsi de suite les vides des premiers; de manière que ceux-ci étaient toujours entiers et qu'il ne restait aucune place vide de combattants, excepté au dernier rang qui, n'ayant aucun moyen de se remplir, s'épuisait sans cesse et souffrait seul des pertes des premiers rangs. Ainsi, par cette disposition de la phalange, on pouvait plutôt l'anéantir que la rompre, son épaisseur la rendant presque immobile.

Les Romains commencèrent par imiter la phalange, et formèrent d'abord leurs légions sur ce modèle; mais bientôt ils se dégoûtèrent de cette méthode et divisèrent leurs légions en différents corps, c'est-à-dire en cohortes et en manipules. Ils jugèrent, comme je l'ai déjà observé, qu'une armée avait d'autant plus de vigueur qu'elle avait plus d'impulsions diverses, qu'elle comptait plus de corps différents, dont chacun avait son mouvement et sa vie particulière.

Aujourd'hui les Suisses imitent entièrement la phalange des Grecs; ils forment comme eux d'épais et solides bataillons, et se maintiennent de la même manière dans le combat. En face de l'ennemi, ils placent leurs bataillons sur la même ligne, ou, s'ils les forment par échelons, ce n'est pas pour que le premier bataillon puisse se retirer dans les rangs du second. Voici quel est alors leur ordre de bataille pour s'appuyer mutuellement. Ils placent un bataillon en avant et un autre en arrière, un peu sur la droite du premier, de manière que, si celui-ci a besoin d'appui, il puisse marcher à son secours. Un troisième bataillon est derrière ces deux-là, à une portée de fusil. Cette grande distance fait que, si les deux premiers sont battus ils ont assez d'espace pour se retirer, et le troisième pour avancer, sans se heurter les uns les autres; car une grande multitude désordonnée ne peut être reçue dans les rangs comme une troupe moins considérable. Au contraire, les corps peu nombreux et bien distincts qui formaient la légion romaine entraient aisément les uns dans les autres, et se prêtaient ainsi un mutuel appui; et ce qui prouve la supériorité de la méthode des Romains sur la méthode actuelle des Suisses, c'est que toutes les fois que les légions romaines ont eu à combattre les phalanges grecques, elles les ont complétement détruites. Car cette manière des Romains de renouveler leur armée et de rétablir le combat, jointe à la nature de leurs armes, avait des effets bien plus certains que toute la solidité de la phalange.

Ayant à former une armée d'après ces exemples, je me suis proposé de me servir des armes et des manœuvres tant des phalanges grecques que des légions romaines. C'est pour cela que j'ai donné à notre brigade deux mille piques, qui sont les armes de la phalange macédonienne, et trois mille boucliers avec l'épée, armés des Romains. J'ai partagé la brigade en dix bataillons, comme les Romains partageaient la légion en dix cohortes. J'ai voulu ainsi qu'eux des vélites, c'est-à-dire des soldats armés à la légère, pour engager le combat. Notre ordre de bataille ainsi que nos armes sont empruntés des deux nations, chaque bataillon ayant en tête cinq rangs de piques, tandis que le reste des rangs est composé de boucliers. Je puis, avec la tête de mon armée, soutenir la cavalerie de l'ennemi et ouvrir ses bataillons d'infanterie, puisqu'au premier choc j'ai comme lui les piques pour l'arrêter, et bientôt après mes boucliers pour le vaincre.

Si vous faites bien attention à cet ordre de bataille, vous verrez que ces armes sont toutes bien placées pour faire leur effet, car les piques sont très-nécessaires contre la cavalerie; elles le sont même contre l'infanterie avant que la mêlée s'engage; mais alors elles deviennent inutiles. Pour remédier à ce dernier inconvénient, les Suisses mettent derrière trois rangs de piques un rang de hallebardes: ils veulent ainsi donner de l'espace à leurs piques, mais cela ne suffit pas. Nos piques, qui sont en avant tandis que les soldats à boucliers sont derrière, servent à soutenir la cavalerie, et au commencement de l'action à ouvrir les rangs de l'infanterie et à y jeter le désordre; mais lorsque le combat se resserre et qu'elles seraient inutiles, elles cèdent la place aux boucliers et aux épées, qui peuvent se manier aisément dans la plus étroite mêlée.

LUIGI. Nous sommes impatients de savoir comment, avec ces armes et cette disposition de vos soldats, vous rangerez votre armée en bataille.

FABR. C'est là que je veux arriver. Il faut d'abord que vous sachiez que dans une armée romaine ordinaire, qu'on appelait une armée consulaire, il n'y avait que deux légions de citoyens romains, qui formaient environ six cents hommes de cavalerie et onze mille d'infanterie; on y comptait en outre un pareil nombre d'infanterie et de cavalerie qui leur était envoyé par leurs alliés. Ces dernières troupes étaient divisées en deux corps qu'on appelait l'un l'aile droite, l'autre l'aile gauche. Jamais cette infanterie auxiliaire n'excédait le nombre de l'infanterie des légions; là cavalerie seulement était plus nombreuse que la cavalerie romaine. C'est avec cette armée de vingt-deux mille hommes d'infanterie et d'environ deux mille de cavalerie qu'un consul devait résister à toute sorte d'ennemi et achever toutes ses entreprises. Mais, lorsqu'il fallait arrêter un ennemi très-dangereux, les deux consuls réunissaient leurs deux armées.

Il faut encore remarquer que dans les trois principales circonstances où se trouve une armée, c'est-à-dire en marche, au camp et sur le champ de bataille, les Romains plaçaient toujours leurs légions au centre de l'armée: ils voulaient par là, comme je le ferai voir lorsque je traiterai ces trois objets principaux, réunir le plus qu'il leur était possible les troupes dont le courage leur inspirait le plus de confiance. Au reste cette infanterie auxiliaire, vivant sans cesse avec les légions, formée à la même discipline et observant le même ordre de bataille, rendait à peu près les mêmes services. Ainsi lorsqu'on connaît l'ordre de bataille d'une légion, on connaît l'ordre de toute l'armée. Vous ayant donc expliqué comment les Romains partageaient une légion en trois lignes de bataille dont chacune recevait l'autre, je vous ai instruit de la disposition générale de toute leur armée.

Puisque je veux imiter l'ordre de bataille des Romains, je prendrai deux brigades ainsi qu'ils avaient deux légions; leur disposition sera la même que celle de toute une armée; car si l'on a un plus grand nombre de troupes, on n'a autre chose à faire que de renforcer les rangs. Il est fort inutile, je pense, de vous dire de quel nombre d'hommes est composée une brigade, de vous répéter qu'elle est formée de dix bataillons, de vous apprendre combien il s'y trouve d'officiers; comment elle est armée, ce que c'est que les piques et les vélites ordinaires, les piques et les vélites extraordinaires: tout cela vous a été clairement expliqué, et je vous ai averti de bien vous le rappeler comme une chose indispensable pour l'intelligence de toutes nos manœuvres. Ainsi je crois pouvoir aller plus avant sans m'y arrêter davantage.

Je place les dix bataillons d'une brigade à la gauche de l'armée, et les dix bataillons de l'autre brigade à la droite. Je dispose ainsi les dix bataillons de la gauche : cinq bataillons sont à la tête, placés sur la même ligne et séparés l'un de l'autre de quatre brasses : ils occupent ainsi cent quarante et une brasses de terrain en largeur et quarante en profondeur. Derrière ces cinq bataillons j'en place trois autres à une distance directe de quarante brasses. Deux de ces bataillons s'alignent avec les deux derniers des cinq; l'autre est au centre : ces trois bataillons occupent ainsi en largeur et en profondeur le même espace que les cinq premiers, avec cette différence que ceux-ci sont séparés seulement de quatre brasses et ceux-là de trente-trois. Enfin, derrière ces trois bataillons je place les deux derniers à une égale distance directe de quarante brasses, chacun aligné avec la droite et la gauche des deux premières lignes, et séparés ainsi l'un de l'autre de quatre-vingt-une brasses. Tous ces bataillons, disposés de cette manière, occupent donc en largeur cent quarante et une brasses et en profondeur deux cents. A une distance de vingt brasses je répands sur le flanc gauche de ces bataillons les piques extraordinaires, qui forment cent quarante-trois rangs à sept hommes de hauteur, et couvrent tout le flanc gauche des dix bataillons disposés comme je viens de l'expliquer. Les quarante rangs qui restent servent à garder le bagage et toute la suite de l'armée placée à la queue. Les décurions et les centurions tiendront leurs places accoutumées; et des trois chefs de ces piquiers l'un sera à la tête, l'autre au centre et le troisième en *serrefile* à la queue. Il fera les fonctions du *tergi ductor* des Romains, qu'on plaçait sur les derrières de l'armée.

Mais je reviens à la tête de l'armée; et je place à la gauche des piques extraordinaires les velites extraordinaires qui forment, comme vous le savez, cinq cents hommes : ils occuperont un espace de quarante brasses. A côté, toujours sur la gauche, sont les gens-d'armes, qui tiennent cent cinquante brasses de terrain, et enfin la cavalerie légère qui occupe le même espace. Je laisse les velites ordinaires autour de leurs bataillons respectifs, dans les intervalles qui séparent chaque bataillon : ils seront pour ainsi dire aux ordres de ces bataillons, à moins que je ne préfère les placer sous les piques extraordinaires : je me déciderai à cet

égard selon la circonstance. D'après la même considération, le chef de brigade sera indifféremment, soit entre la première et la seconde ligne des bataillons, soit à la tête, entre les piques extraordinaires et le premier bataillon de gauche. Il aura autour de lui de trente à soixante hommes d'élite assez intelligents pour bien exécuter un ordre imprévu, et assez intrépides pour soutenir un choc de l'ennemi. A ses côtés seront le drapeau et la musique.

Tel est l'ordre de bataille que je donnerai à la brigade de gauche, c'est-à-dire à la moitié de l'armée. Elle aura en largeur cinq cent onze brasses et en profondeur deux cents, comme je l'ai déjà dit. Je ne compte pas dans cette dernière mesure le détachement des piquiers extraordinaires qui gardent les équipages, et tiennent environ cent brasses. Je disposerai absolument de la même manière la brigade de droite, en laissant entre elles deux un espace de trente brasses où je placerai quelques pièces d'artillerie, et, derrière cette artillerie, le général en chef avec la musique et le drapeau général. Il sera environné de deux cents hommes d'élite au moins, la plupart à pied, parmi lesquels il s'en trouvera dix en état d'exécuter quelque ordre que ce soit; et il sera tellement armé qu'il puisse être à cheval ou à pied selon le besoin.

Il ne faut guère à l'armée pour l'attaque des places fortes que dix canons, qui ne doivent pas porter plus de cinquante livres de balle. En campagne, je m'en servirais plus pour la défense du camp que dans un jour de bataille. Je voudrais que le reste de l'artillerie fût plutôt de dix que de quinze livres de balle. Je la placerai à la tête de l'armée si le terrain n'est pas assez sûr pour que je puisse la porter sur les flancs, de manière qu'elle n'ait rien à craindre de l'ennemi.

Cet ordre de bataille tient et de la phalange grecque et de la légion romaine : la tête, hérissée de piques, est formée de rangs serrés, et peut ainsi réparer, comme la phalange, les pertes de ses premiers rangs par les derniers; d'un autre côté, si elle est tellement repoussée que ses rangs soient mis en désordre, elle peut se retirer dans les intervalles de la seconde ligne de bataillons placés derrière; là, se reformer en un seul corps solide, arrêter de nou-

IVᵉ PLANCHE.

Plan d'une armée formée en bataille.

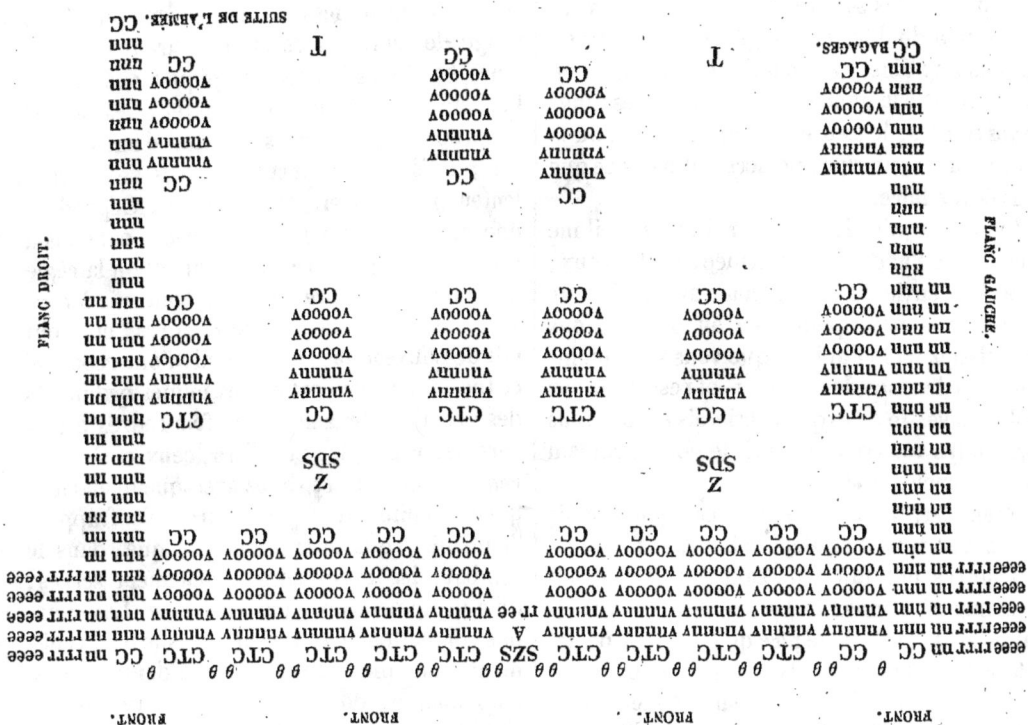

Je vous ai dit que l'armée romaine était d'environ vingt-quatre mille hommes : ce sera aussi le nombre de notre armée ; et, comme les auxiliaires des Romains imitaient l'ordre de bataille

veau et combattre l'ennemi ; et, si elle est encore repoussée, se retirer encore dans la troisième ligne et rengager l'action : ainsi cette armée maintient le combat à la manière et des Grecs et des Romains.

Au reste, que peut-on imaginer de plus fort qu'une telle armée, qui de toutes parts est abondamment fournie de chefs et d'armes, qui ne présente aucun côté faible, excepté sur les derrières où sont les équipages, et qui là encore a un rempart dans le détachement des piques extraordinaires ? L'ennemi ne peut l'attaquer sur aucun point qu'il ne la trouve disposée pour le combat ; car je soutiens que les derrières n'ont à craindre aucun danger : il n'est jamais d'ennemi qui ait des forces assez nombreuses pour pouvoir vous attaquer sur tous les points, car dans ce cas vous n'entrez pas en campagne contre lui. Je suppose qu'il soit

trois fois plus fort que vous et qu'il ait un aussi bon ordre de bataille : il s'affaiblit en voulant vous envelopper ; et si vous venez à le rompre sur un point, vous ruinez toutes ses dispositions. Si sa cavalerie, plus forte que la vôtre, est parvenue à la mettre en déroute, les rangs de piques qui vous ceignent de toutes parts arrêtent son effort. Les officiers sont placés de manière à pouvoir aisément recevoir et transmettre les ordres. Les intervalles qui séparent chaque bataillon et chaque rang de soldats, non-seulement facilitent la retraite en cas d'échec, comme je l'ai montré, mais laissent encore un libre espace à ceux qui sont chargés de porter les ordres du général.

Je vous ai dit que l'armée romaine était d'environ vingt-quatre mille hommes : ce sera aussi le nombre de notre armée ; et, comme les auxiliaires des Romains imitaient l'ordre de bataille et la manière de combattre des légions, ainsi les troupes que vous réunirez à vos deux brigades doivent entièrement se régler sur elles. L'ordre de bataille que j'ai tracé doit vous guider à cet égard; car si vous doublez le nombre des bataillons ou des soldats de votre armée, vous n'avez qu'à doubler les rangs des bataillons ou des soldats : ainsi, au lieu de dix bataillons en placer vingt à la gauche, ou renforcer les rangs de vos soldats; le genre de votre ennemi, ou la nature du terrain vous prescrivent alors ce que vous devez faire.

Luig. En vérité, seigneur Fabrizio, il me semble que j'ai déjà votre armée sous les yeux; je brûle d'envie de la voir venir aux mains. Je ne voudrais pas, pour rien au monde, que vous fissiez ici le Fabius; que vous vous maintinssiez à distance de l'ennemi, et restassiez sur la défensive. Je crois que je crierais encore plus fort contre vous que ne le fit le peuple romain contre l'ancien Fabius.

Fabr. Soyez sans crainte à cet égard. Mais n'entendez-vous pas déjà le bruit des canons. Les nôtres ont fait feu, sans avoir beaucoup endommagé l'ennemi. Les velites extraordinaires et la cavalerie légère quittent leur poste, s'éparpillent le plus qu'ils peuvent, et en poussant de grands cris fondent sur l'ennemi avec fureur. Son artillerie a fait une seule décharge qui a passé sur la tête de notre armée, mais ne lui a fait aucun mal; pour qu'elle ne puisse en faire une seconde, nos velites et notre cavalerie se portent dessus avec rapidité, l'ennemi s'avance pour la défendre; ainsi des deux côtés l'artillerie devient inutile. Admirez le courage et la discipline de nos troupes légères habituées au combat par de longs exercices et pleines de confiance dans l'armée qui les suit. La voilà qui, d'un pas mesuré, s'ébranle avec les gens d'armes et s'avance à l'ennemi. Notre artillerie pour lui faire place s'est retirée dans les intervalles d'où sont sortis les velites. Le général est là qui anime ses soldats et leur promet une victoire certaine. Les velites et la cavalerie légère se retirent sur les côtés pour tâcher de tourmenter les flancs de l'ennemi. On en est aux mains : avec quelle intrépidité et quel silence les nôtres ont soutenu le choc de l'ennemi! Le général a ordonné aux gens d'armes de soutenir sans charger, et de ne point

s'écarter de la ligne de l'infanterie. Avez-vous vu notre cavalerie légère tombant sur une compagnie de fusiliers qui voulaient nous attaquer par le flanc, et la cavalerie ennemie accourant à leur secours, de manière que, mêlés entre ces deux cavaleries, ils ne peuvent plus faire usage de leurs armes et se retirent derrière leurs bataillons? Mais nos piques ont poussé l'ennemi avec furie, et l'infanterie est déjà si rapprochée, qu'ils ne sont plus d'aucun service; fidèles à leur institution, ils se retirent lentement à travers les boucliers. Cependant une grosse troupe de gens d'armes ennemis à repoussé nos gens d'armes, qui, selon la règle que nous avons prescrite, se sont mis à couvert sous les piques extraordinaires, et là ont fait de nouveau face à l'ennemi, l'ont repoussé et tué en grande partie. Les piques ordinaires des premiers bataillons une fois retirés à travers les rangs des boucliers, ceux-ci s'emparent du combat, et voyez avec quelle audace, quelle facilité, avec quelle sûreté ils frappent l'ennemi. Vous avez remarqué que, dans le combat, les rangs se sont tellement serrés, qu'à peine peut-on y manier l'épée. Les ennemis combattent avec fureur, mais armés seulement d'une pique ou d'une épée dont l'une est trop longue, dont l'autre rencontre un ennemi trop bien armé, les uns tombent tués ou blessés, les autres prennent la fuite : leur gauche est déjà en déroute, la droite la suit bientôt, et la victoire est à nous. Ne voilà-t-il pas un heureux combat? Il serait bien plus heureux encore s'il m'était permis de le réaliser. Vous avez remarqué que nous n'avions pas eu besoin de la seconde ni de la troisième ligne; la première a suffi pour vaincre. Je n'ai plus qu'à vous demander si vous avez besoin de quelques éclaircissements.

Luig. Vous avez poursuivi votre victoire avec tant de vivacité, que j'en suis encore dans l'admiration, et tellement étourdi, que je ne puis bien vous dire encore s'il me reste quelques doutes. Cependant, plein de confiance dans votre habileté, je ne craindrai pas de vous proposer toutes mes questions. Dites-moi d'abord pourquoi vous ne faites tirer votre artillerie qu'une seule fois; pourquoi vous la renvoyez sitôt sur les derrières de l'armée, sans plus en faire aucune mention? Il me semble encore que vous disposez à votre gré l'artillerie de l'ennemi en la faisant tirer trop haut, ce qui peut fort bien arriver, mais si par hasard, ce qui arrive quelquefois, je pense, elle vient frapper directement vos troupes, quel remède avez-vous contre ce danger ? Et, puisque j'ai commencé à parler de l'artillerie, je veux épuiser cette question pour n'y plus revenir. J'ai souvent entendu mépriser l'ordre de bataille et les armes des anciens comme étant d'un faible secours, et même tout-à-fait inutiles contre l'artillerie, qui perce toute espèce d'armes et renverse les rangs les plus épais. Il semble de là que c'est une folie d'établir un ordre de bataille qu'on ne peut conserver long-temps contre de telles attaques, et de se fatiguer à porter des armes qui ne peuvent vous défendre.

FABR. Vos réflexions, qui embrassent plusieurs objets, demandent une réponse de quelque étendue. Il est vrai que je n'ai fait tirer qu'une fois mon artillerie, et encore ai-je balancé pour cette fois même ; et en voici la raison : c'est qu'il est moins important de frapper l'ennemi que de se garantir de ses coups. Pour se préserver de l'effet de l'artillerie, il n'y a d'autre moyen que de se mettre hors de sa portée ; ou bien de s'enfermer dans des murailles ou des retranchements, et encore il faut qu'ils soient d'une grande résistance. Un général qui se détermine au combat ne peut s'enfermer dans des murailles ou des retranchements, ni se mettre hors de la portée de l'artillerie ; il faut donc, puisqu'il ne peut s'en garantir, qu'il tâche d'en souffrir le moins possible, et il n'y a pas d'autre moyen que de chercher à s'en emparer sur-le-champ. Il faut donc se précipiter dessus par une course rapide et non pas en masse et d'un pas mesuré ; la vivacité de la course ne permet pas à l'ennemi de tirer une seconde fois, et avec les rangs épars, moins de soldats sont atteints. Mais ce moyen est impraticable pour une troupe ordonnée en bataille ; si elle marche vite elle se désordonne, et si elle s'avance, les rangs épars, elle épargne à l'ennemi la peine de la rompre.

J'ai donc ordonné mon armée de manière à éviter ces deux inconvénients. J'ai placé sur les flancs mille vélites, en leur recommandant de courir avec la cavalerie légère sur l'artillerie ennemie aussitôt que la nôtre aurait tiré. Je

n'ai pas fait tirer une seconde fois de notre côté, parce que je ne pouvais en prendre le temps et l'ôter à l'ennemi. La même raison qui pouvait m'empêcher de faire tirer mon artillerie la première fois m'arrêta la seconde, car cette fois encore l'ennemi pouvait tirer le premier. Or, pour rendre inutile l'artillerie ennemie, il n'y a d'autre moyen que de l'attaquer ; si l'ennemi l'abandonne, vous vous en emparez ; s'il veut la défendre, il se porte en avant, et dans ces deux cas elle devient inutile.

Il me semble que ces raisons n'auraient pas besoin d'être appuyées par des exemples. Mais les anciens nous en fournissent quelques-uns. Ventidius près d'en venir aux mains avec les Parthes, dont toute la force consistait dans leurs flèches, les laissa venir jusque sous les retranchements de son camp avant de ranger son armée en bataille, résolu d'engager aussitôt le combat sans leur laisser le temps de tirer leurs flèches. César raconte que, dans une bataille qu'il livra dans les Gaules, il fut attaqué avec tant de fureur que ses soldats n'eurent pas le temps de lancer le javelot selon l'usage des Romains. Il est donc évident que pour se garantir, en campagne, de l'effet d'une arme qu'on tire de loin, il n'y a d'autre parti à prendre que de courir s'en emparer avec la plus grande vivacité.

J'avais encore une autre raison pour marcher à l'ennemi sans faire tirer mon artillerie ; vous en rirez peut-être, mais elle ne paraît pas à dédaigner. Il n'y a rien qui répande plus le désordre dans une armée que de lui troubler la vue. Des armées très-braves ont été souvent mises en déroute pour avoir été offusquées par la poussière ou le soleil. Or, il n'y a pas de plus épaisses ténèbres que la fumée de l'artillerie. Je croirais donc qu'il serait plus sage de laisser l'ennemi s'aveugler lui-même, que d'aller à sa rencontre sans rien voir. Ainsi je ne ferais pas tirer mon artillerie, ou de peur d'être blâmé, vu la grande réputation dont jouit cette arme nouvelle, je la placerais sur les flancs de l'armée, afin que sa fumée n'aveuglât pas le soldat, ce qui est l'objet le plus important. Pour prouver combien ce danger est à craindre, on peut citer Epaminondas qui, voulant troubler la vue de l'ennemi qui venait l'attaquer, fit courir au-devant de lui sa cavalerie légère. Elle souleva ainsi des nuages de poussière qui aveuglèrent les Lacédémoniens, et donnèrent la victoire à Épaminondas.

Vous me reprochez de diriger à mon gré les coups de l'artillerie ennemie, en les faisant passer sur la tête de mon infanterie : je réponds à cela que les coups de la grosse artillerie, le plus souvent, sans aucun doute, portent à faux. L'infanterie a si peu de hauteur, et cette artillerie est si difficile à manier, que pour peu que vous leviez le canon, le coup passe par-dessus la tête ; si vous l'abaissez, il frappe à terre et n'arrive pas. Songez encore que la moindre inégalité de terrain, le moindre buisson, la plus légère éminence entre vous et l'artillerie, arrête tout son effet. Quant à la cavalerie, et surtout aux gens d'armes qui sont plus élevés, et plus serrés que les chevau-légers, il est plus facile de les atteindre ; mais on peut éviter ce danger en les tenant sur les derrières de l'armée, jusqu'à ce que l'artillerie ait achevé de tirer.

Il est vrai que les fusils et la petite artillerie causent plus de dommages ; mais il est facile de les éviter en en venant aux mains. Et si le premier choc coûte la vie à quelques soldats, c'est un malheur indispensable. Un bon général et une brave armée ne doivent jamais redouter un malheur individuel, mais un malheur général. Que les Suisses nous servent d'exemples : jamais ils ne refusent le combat par la crainte de l'artillerie ; et ils punissent de mort quiconque a osé, par ce motif, sortir des rangs et donner quelques signes de frayeur. Ainsi mon artillerie s'est retirée sur les derrières de l'armée, après la première décharge, afin de laisser un libre passage aux bataillons, et je n'en ai plus parlé, puisqu'elle est tout-à-fait inutile lorsque le combat est engagé.

Vous avez ajouté que beaucoup de gens regardent comme un inutile secours, contre la violence de l'artillerie, les armes et l'ordre de bataille des anciens ; mais, à vous entendre, il semblerait que les modernes aient trouvé un ordre de bataille et des armes qui soient de quelque secours contre l'artillerie ; si vous savez ce secret, vous m'obligerez de me l'apprendre. Je n'ai encore rien vu de semblable jusqu'à présent, et je doute même qu'on fasse

jamais une telle découverte. Mais je voudrais bien que ces gens-là m'apprissent pourquoi notre infanterie porte aujourd'hui une cuirasse ou un corselet de fer ; pourquoi notre cavalerie est toute bardée du même métal. Je voudrais savoir aussi pourquoi les Suisses, à l'imitation des anciens, forment des bataillons épais de six ou huit mille hommes, et pourquoi toutes les autres nations ont suivi leur exemple. Cet ordre de bataille, néanmoins, expose bien autant aux effets de l'artillerie qu'aucune autre disposition qu'on pourrait emprunter des anciens. Je ne sais ce que ces gens-là pourraient répondre ; mais si vous interrogiez des militaires qui aient quelque jugement, ils vous diraient d'abord qu'ils portent leurs armes, non parce qu'elles les défendent contre l'artillerie, mais parce qu'elles les garantissent contre les arbalêtes, les piques, les épées, les pierres, et toutes les autres armes que l'ennemi pourrait diriger contre eux ; ils vous diraient ensuite qu'ils marchent serrés dans leurs rangs comme les Suisses, pour pouvoir repousser l'infanterie avec plus de vigueur, soutenir plus aisément la cavalerie, et présenter plus de difficultés à l'ennemi qui veut les rompre.

On voit donc qu'une armée a d'autres dangers à craindre que ceux de l'artillerie, et c'est contre ces dangers qu'elle peut se défendre avec les armes et les dispositions que nous avons établies. Il s'ensuit que son salut est d'autant plus assuré, qu'elle a de meilleures armes, et que ses rangs sont plus épais et plus serrés. Ainsi cette opinion dont vous me parlez est une preuve d'inexpérience ou d'irréflexion. Si aujourd'hui, en effet, la plus faible des armes des anciens, la pique, si la moins importante de leurs institutions, l'ordre de bataille des Suisses, donnent une si grande force à nos armées et leur assurent une si grande supériorité, pourquoi croirait-on que toutes leurs autres armes et institutions ne seraient d'aucune utilité ? Si enfin, nous ne sommes pas arrêtés par les dangers de l'artillerie, en serrant nos rangs comme les Suisses, quelle autre institution des anciens pourrait augmenter ces dangers ? Il n'en est aucune qui ait plus à craindre de l'artillerie.

Lorsque l'artillerie ennemie ne m'empêche pas de camper devant une place forte, d'où elle

23.

me bat avec sécurité, où étant défendue par les murailles, je ne puis m'en rendre maître, et d'où elle peut tirer sur moi à coups redoublés, pourquoi donc la craindrais-je si fort en campagne, où il m'est facile de m'en emparer sur-le-champ? Je crois donc que l'artillerie n'est pas du tout un obstacle au projet de faire revivre, dans les armées, les institutions et la vertu des anciens. Et je vous développerais toute ma pensée à ce sujet, si je ne m'en étais déjà entretenu au long avec vous; mais je m'en rapporte à ce que j'en ai déjà dit [1].

Luig. Nous avons très-bien saisi toutes vos idées sur l'artillerie: votre opinion, en dernier résultat, est qu'il faut, lorsqu'on est en campagne, en présence de l'ennemi, courir sur les canons pour s'en emparer; mais, à cet égard, j'ai une observation à vous faire. Il me semble que l'ennemi pourrait placer son artillerie sur les flancs de son armée, de manière qu'elle pût vous atteindre sans avoir rien à craindre de vos attaques. Je crois me rappeler que, dans votre ordre de bataille, vous laissez quatre brasses de distance entre chaque bataillon, et vingt brasses entre les bataillons et les piques extraordinaires. Mais si l'ennemi ordonnait son armée de cette manière, et mettait son artillerie dans ces intervalles, il me semble qu'il pourrait vous faire beaucoup de mal sans avoir rien à craindre, puisque vous ne pourriez pénétrer dans ses rangs pour vous emparer de ses canons.

Fabr. Votre objection est parfaitement juste, et je vais tâcher de la résoudre ou de parer à ce danger. Je vous ai déjà dit que ces bataillons étant toujours en mouvement, soit au combat, soit en marche, tendent naturellement à se resserrer. Ainsi, si vous donnez peu de largeur aux intervalles où vous placez votre artillerie, les bataillons se resserrent tellement en peu de temps, qu'elle n'a plus assez d'espace pour agir; si, pour éviter cet inconvénient, vous faites plus larges vos intervalles, vous tombez dans un danger plus grand encore, car l'ennemi peut y pénétrer et non-seulement s'emparer de l'artillerie, mais encore jeter le désordre dans les rangs. Au reste, il faut que vous sachiez qu'il est impossible d'avoir de l'artillerie dans les rangs, celle surtout qui est portée sur des

chariots, car elle marche du côté opposé à celui où elle tire. Si vous êtes forcé de marcher et de tirer à la fois, il faut, dans ce dernier cas, faire tourner votre artillerie, et cette opération demande un si grand espace, que cinquante chariots d'artillerie seulement jetteraient le désordre dans toute armée quelconque. On est donc forcé de les tenir hors des rangs, et là ils peuvent être attaqués comme nous l'avons dit.

Mais je veux bien supposer qu'on peut placer cette artillerie dans les rangs et trouver un terme moyen entre le danger, où de tellement les resserrer, qu'on en empêche l'effet de l'artillerie, ou de tellement les ouvrir, que l'ennemi puisse y pénétrer; je soutiens que dans ce cas-là même on peut s'en garantir en laissant dans son armée des intervalles qui donnent aux boulets un libre passage et rendent toute leur violence inutile. Ce moyen est très-facile; car si l'ennemi veut que son artillerie soit en sûreté, il faut qu'il la place au bout de ces intervalles, et que, pour ne pas frapper ses propres soldats, il tire constamment sur une même ligne; on voit alors la direction des coups, et rien de plus aisé que de les éviter en leur faisant passage. Règle générale: il faut toujours laisser passer ce qu'on ne peut arrêter, ainsi que faisaient les anciens à l'égard des éléphants et des chars armés de faulx.

J'imagine, je suis même assuré, qu'il vous semble que j'ai arrangé et gagné ma bataille, comme il m'a plu. Mais je vous répète, puisque ce que je vous ai déjà dit ne suffit pas encore pour vous persuader, je vous répète qu'il est impossible qu'une armée ainsi armée et ordonnée ne renverse pas, dès le premier choc, toute autre armée disposée comme nos armées modernes, qui, le plus souvent, ne forment qu'un corps de bataille, n'ont pas de boucliers, et sont tellement sans défense, qu'elles ne peuvent résister à un ennemi qui les presse de près. L'ordre de bataille actuel est si vicieux, que si on place les bataillons sur la même ligne, on a une armée sans aucune profondeur; s'ils sont, au contraire, à la suite les uns des autres, comme ils ne peuvent mutuellement se recevoir dans leurs rangs, tout est confus dans l'armée, et elle tombe aisément dans le plus grand désordre. Quoique ces armées soient divisées en trois corps, l'avant-garde, le corps de bataille et l'*arrière-garde*, ces divisions ne servent que pendant la marche ou au camp; mais au combat, l'armée tout entière attaque à la fois, et attend sa fortune d'un seul coup du sort.

Luig. J'ai encore une autre observation à vous faire. Dans votre bataille, votre cavalerie, repoussée par la cavalerie ennemie, s'est retirée sous les piques extraordinaires, et, avec leur secours, a soutenu l'ennemi et l'a mis en déroute. Je crois bien que les piques peuvent soutenir la cavalerie, comme vous dites, mais seulement dans des bataillons solides et épais, comme ceux des Suisses; mais, dans votre armée, vous n'avez à la tête que cinq rangs de piques et sept sur les flancs, et je ne vois pas comment ils sont en état de soutenir la cavalerie.

Fabr. Quoique je vous aie déjà expliqué que dans la phalange macédonienne six rangs seulement pouvaient agir à la fois, il faut que vous sachiez encore que dans un bataillon de Suisses, fût-il composé de mille rangs de profondeur, il n'y a guère que quatre ou cinq rangs au plus qui peuvent agir. Les piques, en effet, étant longues de neuf brasses, et la main en occupant une brasse et demie, il ne reste de libre au premier rang que sept brasses, et demie de pique : le second rang, outre la partie occupée par la main, en perd une brasse et demie par l'intervalle qui sépare un rang de l'autre, il ne lui reste donc que six brasses de pique : au troisième rang, il n'en reste, par la même raison, que quatre brasses et demie; trois au quatrième, et une et demie au cinquième : les autres rangs ne peuvent porter aucun coup; ils ne servent qu'à remplacer les premiers rangs, comme nous l'avons dit, et à leur servir de renfort. Si cinq rangs des Suisses arrêtent la cavalerie, pourquoi les nôtres ne le pourraient-ils pas, puisqu'ils ont derrière eux d'autres rangs qui les soutiennent et leur servent d'appui quoiqu'ils n'aient pas de piques ? Quant aux rangs des piques extraordinaires que je place sur les flancs de l'armée, et qui vous paraissent trop minces, il est facile d'en former un bataillon carré qu'on placerait sur les flancs des deux bataillons de la dernière ligne de bataille; de là, ils pourraient aisément se porter à la tête ou à la queue de l'armée, et soutenir la cavalerie, s'il en était besoin.

Luig. Auriez-vous toujours le même ordre de bataille dans toutes les occasions ?

Fabr. Non, sans doute. J'en changerais selon la nature du terrain et l'espèce et le nombre des ennemis, comme je vous le montrerai par quelque exemple avant la fin de cet entretien. Je vous ai donné cet ordre de bataille, non pas comme supérieur aux autres, quoique en effet il soit excellent, mais pour qu'il vous serve de règle dans les dispositions différentes que vous pourriez prendre. Il n'y a pas de science qui n'ait ses principes généraux qui sont la base des diverses applications qu'on en fait. Ce que je veux seulement vous inculquer avec force, c'est de ne jamais ordonner une armée de façon que les premiers rangs ne puissent être secourus par les derniers, car une telle faute rend inutile la plus grande partie de votre armée, et vous met dans l'impossibilité de vaincre si vous rencontrez quelque résistance.

Luig. Il faut que je vous parle d'une idée qui m'est venue à ce sujet. Dans votre ordre de bataille, vous placez cinq bataillons à la tête, trois au centre et deux à la queue : je croirais volontiers qu'il faudrait faire tout le contraire, et qu'une armée serait d'autant plus difficilement rompue, que l'ennemi, à mesure qu'il avancerait, trouverait une plus vigoureuse résistance; mais, par votre système, votre armée se trouve d'autant plus faible que l'ennemi pénètre plus avant.

Fabr. Si vous vous rappelez que les triaires qui composaient la troisième ligne de la légion romaine n'étaient guère plus de six cents hommes, et de quelle manière ils étaient formés sur cette troisième ligne, vous tiendrez un peu moins à votre idée. C'est d'après cet exemple que j'ai placé à la troisième ligne deux bataillons, qui font neuf cents hommes d'infanterie, en sorte que, voulant à cet égard imiter le peuple romain, j'ai ôté aux premières lignes plutôt trop que trop peu de soldats. Cet exemple pourrait me suffire; mais je veux vous en rendre raison. J'ai donné à la première ligne de l'armée de la solidité et de l'épaisseur, parce que c'est elle qui soutient le choc de l'ennemi, qu'elle n'a à recevoir personne dans ses rangs, et qu'elle doit être ainsi très-fournie de soldats, car des rangs faibles ou séparés lui ôteraient toute sa force. La seconde ligne, qui, avant de soutenir le choc de l'ennemi, est dans le cas de recevoir la première dans ses rangs, doit présenter de grands intervalles, et par conséquent être moins nombreuse; car si son nombre était égal ou supérieur à la première, on serait forcé ou de n'y laisser aucun intervalle, ce qui amènerait la confusion, ou de dépasser l'alignement, ce qui ferait un ordre de bataille vicieux.

C'est d'ailleurs une erreur de croire que plus l'ennemi pénètre en avant dans la brigade, plus il la trouve affaiblie; car il ne peut jamais attaquer la seconde ligne que la première n'y soit réunie. Ainsi le centre, loin d'être plus faible, lui oppose une plus grande force, puisqu'il a à combattre les deux premières lignes à la fois. Il en est de même lorsqu'il arrive à la troisième ligne; car là ce n'est pas seulement à deux bataillons frais, mais à la brigade tout entière qu'il a affaire. Cette troisième ligne devant recevoir un plus grand nombre de soldats doit être encore moins nombreuse, et présenter de plus grands intervalles.

Luig. Je suis très-satisfait de cette explication; mais permettez-moi encore une question. Comment se peut-il que les cinq premiers bataillons qui se retirent dans les trois de la seconde ligne, et ensuite les huit dans les deux de la dernière ligne, soient dans l'un ou l'autre cas contenus dans le même espace que les cinq premiers?

Fabr. D'abord ce n'est pas le même espace; car les cinq premiers bataillons sont séparés entre eux par des intervalles, qu'ils occupent lorsqu'ils sont réunis à la première ou à la seconde ligne; il reste en outre l'espace qui sépare une brigade de l'autre, et les bataillons des piques extraordinaires; tous ces intervalles offrent une assez grande étendue. Les bataillons d'ailleurs n'occupent pas le même espace, lorsqu'ils sont dans leurs rangs avant le combat, ou lorsqu'ils ont essuyé des pertes, car ils tendent alors ou à éparpiller ou à resserrer leurs rangs. Ils les éparpillent, quand la crainte les force de prendre la fuite; ils les resserrent, quand ils cherchent leur salut, non dans la fuite, mais dans une vigoureuse résistance. N'oubliez pas enfin que les cinq premiers rangs de piques, lorsque le combat est engagé, doivent se retirer à travers leurs bataillons à la queue

de l'armée, pour laisser le champ de bataille aux boucliers, et qu'alors, quoique inutiles dans la mêlée, ils peuvent être utilement employés par le général : ainsi les espaces qu'on avait préparés pour tous les rangs peuvent très-bien contenir le reste des soldats. Si d'ailleurs ils ne suffisaient pas, les flancs de l'armée ne sont pas des murailles, mais des hommes; ils peuvent s'étendre et s'écarter, et laisser tout l'espace nécessaire.

Luig. Les rangs de piques extraordinaires que vous placez sur les flancs de l'armée doivent-ils, lorsque les premiers bataillons se retirent dans les seconds, rester à leur poste, et former ainsi comme deux cornes à l'armée, ou bien se retirer en même temps que les bataillons? et alors qu'auraient-ils à faire, puisqu'ils n'ont pas derrière eux des rangs distants l'un de l'autre qui puissent les recevoir?

Fabr. Si l'ennemi ne les attaque pas lorsqu'il force les bataillons à la retraite, ils peuvent rester à leur poste, et alors combattre l'ennemi par le flanc; mais s'il les attaque, ce qui est à présumer, puisqu'il est assez fort pour repousser les autres bataillons, ils doivent aussi se retirer. Rien ne leur est plus facile, quoiqu'ils n'aient pas derrière eux des rangs pour les recevoir : il faut que de la moitié des rangs en avant ils se *doublent en ligne droite*, un rang entrant dans l'autre, comme nous l'avons expliqué [1] quand nous avons parlé de la manière de doubler les rangs. Il faut observer que pour faire retraite en se doublant en ligne droite, on doit suivre une marche différente de celle que je vous ai montrée. Je vous ai dit que le second rang entrait dans le premier, le quatrième dans le troisième, et ainsi de suite; ici il ne faudrait pas commencer par les premiers rangs, mais par les derniers, de manière qu'en se doublant ils se retirassent au lieu d'avancer.

Au reste, pour répondre d'avance à toutes les objections que vous pourriez me faire encore sur ma bataille, je vous répète que dans tout ce que je viens de dire, je n'ai eu que deux objets en vue, de vous apprendre à ordonner une armée et à l'exercer. Quant à l'ordre de bataille, je crois que vous le comprenez très-bien : quant aux exercices, vous devez réunir

[1] Liv. II.

le plus que vous pourrez vos bataillons, afin que leurs officiers apprennent à les former à ces manœuvres dont nous venons de parler. Si le devoir du soldat est de connaître tous les exercices du bataillon, celui de l'officier est de s'instruire de toutes les manœuvres générales de l'armée, et de se former à bien exécuter les ordres du général; il faut qu'il sache former ensemble plusieurs bataillons à la fois, et choisir leur poste en un instant; et, pour cet effet, chaque bataillon doit porter d'une manière évidente un numéro différent : ce numéro facilite la transmission des ordres du général, et donne plus de moyens à lui et aux soldats de se reconnaître mutuellement. Les brigades doivent également porter un numéro sur leur drapeau principal. Il faut donc qu'on sache bien parfaitement et le numéro de la brigade postée à la gauche ou à la droite, et celui des divers bataillons postés à la tête, au centre, et ainsi de suite.

Des numéros doivent également servir de signes et d'échelons pour les différents grades de l'armée : le premier grade, par exemple, sera le décurion; le second, le chef de cinquante vélites ordinaires; le troisième, le centurion; le quatrième, le chef du premier bataillon; le cinquième, le chef du deuxième bataillon; le sixième le chef du troisième bataillon, et ainsi de suite jusqu'au dixième bataillon, dont le chef serait immédiatement au-dessous du chef de la brigade; et on ne pourrait arriver à ce dernier grade sans avoir passé par tous les autres. Et, comme outre ces différents officiers nous avons trois chefs de piques extraordinaires et deux de vélites extraordinaires, je leur donnerai le grade de chef de premier bataillon, et je m'inquiéterais peu d'avoir six officiers du même grade, puisqu'ils n'en auraient que plus d'émulation pour mériter le deuxième bataillon : ainsi, chaque officier connaissant bien le poste de son bataillon, lorsque le drapeau sera fixé, au premier son de la trompette toute l'armée sera à son poste. Il faut qu'une armée s'exerce ainsi fréquemment à se former sur-le-champ en bataille, et pour cela il faut chaque jour, et même plusieurs fois le jour, l'exercer à se rompre et à se réformer aussitôt : c'est là le premier exercice.

LUIG. Outre le numéro, quels signes voudriez-vous sur les drapeaux?

FABR. Le drapeau général doit porter les armes du souverain, les autres peuvent porter les mêmes armes en variant le *champ*, ou en variant les armes même comme on voudrait; tout cela est fort indifférent, pourvu que les drapeaux puissent servir de signe de ralliement. Mais passons à notre second exercice. Lorsque l'armée est formée en bataille, qu'elle s'habitue à se mettre en mouvement et à marcher d'un pas mesuré, en conservant ses rangs.

Le troisième exercice a pour objet de former l'armée à toutes les manœuvres d'une bataille. Que l'artillerie, après une première décharge, se reporte sur les derrières; que bientôt s'avancent les vélites extraordinaires, et qu'ils fassent retraite après un combat simulé; que les premiers bataillons, comme s'ils étaient repoussés, se retirent dans les intervalles de la seconde ligne et enfin dans la troisième ligne, et que de là chacun retourne à son poste. Il faut que l'armée s'habitue tellement à toutes ces manœuvres, qu'elles deviennent familières à tous les soldats, et c'est un avantage que la pratique leur donne bientôt.

Par le quatrième exercice, l'armée doit apprendre à connaître le commandement par la musique et le drapeau; car les commandements donnés de vive voix n'auront pas besoin d'autre moyen de communication pour se faire entendre; mais, comme c'est par la musique que le commandement qui n'a pas été transmis par la voix acquiert une véritable importance, je crois devoir vous parler de la musique militaire des anciens. Les Lacédémoniens, selon Thucydide, employaient la flûte; ils croyaient que ses sons étaient les plus propres à faire marcher leur armée avec calme et mesure. Les Carthaginois, pour cette même raison, se servaient du sistre au commencement du combat. Aliatès, roi de Lydie, avait introduit dans son armée et la flûte et le sistre; mais Alexandre-le-Grand et les Romains se servaient de cors et de trompettes; ils pensaient que ces instruments enflammaient le plus le courage des soldats et les excitaient davantage au combat. Quant à nous, qui avons emprunté nos armes et des Grecs et des Romains, nous les imiterons encore dans la distribution de nos instruments. Je placerai donc auprès du général en chef toutes les trompettes; cet instrument est plus propre à exciter l'armée, et se fait mieux entendre au milieu du bruit le plus violent. Auprès des chefs de bataillon et des chefs de brigade, je placerai des flûtes et des tambourins qui joueraient, non pas comme dans nos armées actuelles, mais comme ils jouent dans un festin : le général en chef ferait connaître, par les différents sons des trompettes, quand il faut faire halte, avancer ou reculer; quand il faudrait faire tirer l'artillerie ou avancer les vélites extraordinaires, et enfin toutes les manœuvres générales de l'armée. Les tambours répéteraient ces divers commandements; et, comme cet exercice est fort important, il faudrait le renouveler souvent. La cavalerie aurait également des trompettes, mais moins fortes et d'un son différent que celles du général. Voilà enfin tout ce que j'ai à vous dire sur l'ordre de bataille et les divers exercices de l'armée.

Luigi. Je n'ai plus qu'une observation à vous faire : la cavalerie légère et les vélites extraordinaires engagent le combat avec fureur et en poussant de grands cris, tandis que le reste de l'armée marche à l'ennemi avec un grand silence, je vous prie de m'expliquer la raison de cette différence que je n'entends pas bien.

Fabr. Les anciens capitaines ont été d'un avis différent sur cette question-ci : faut-il, lorsqu'on en vient aux mains, courir à l'ennemi en poussant de grands cris, ou marcher lentement et en silence? Cette dernière méthode conserve mieux les rangs et permet mieux d'entendre les ordres du général; l'autre enflamme davantage l'ardeur des soldats; et, comme ce sont là deux avantages importants, j'ai fait marcher les uns en poussant des cris et les autres en silence. Je ne crois pas que les cris continuels soient utiles; ils empêchent d'entendre le commandement, ce qui est un grand danger. Et il n'est pas à présumer que les Romains poussassent encore des cris après le premier choc; on voit souvent dans l'histoire les exhortations et les discours de leurs généraux ramener le soldat déjà en fuite, et souvent changer l'ordre de bataille au milieu du combat, ce qui eût été impossible si les cris de l'armée eussent couvert la voix du général.

LIVRE QUATRIÈME.

Luigi. Puisque une victoire si honorable vient d'être gagnée sous mes ordres, je crois qu'il est prudent de ne plus tenter la fortune; elle est trop mobile et trop capricieuse. Ainsi, j'abdique la dictature à mon tour, et voulant suivre notre règle, qui remet au plus jeune mes fonctions, je laisse à Zanobi le soin de vous faire les questions. C'est un honneur, ou pour mieux dire, une peine qu'il acceptera volontiers, d'abord pour me faire plaisir, ensuite parce qu'il est naturellement plus brave que moi; et il ne craindra pas de se charger de cet emploi, quoiqu'il coure la chance d'être vaincu comme d'être vainqueur.

Zanobi. Je ferai ce que vous voudrez, quoique j'eusse préféré de rester simple auditeur; car je vous avoue que j'aimais mieux vos questions que toutes celles qui me venaient à l'esprit, en écoutant votre entretien. Mais, seigneur Fabrizio, nous vous faisons perdre votre temps; pardon de vous ennuyer de tous nos compliments.

Fabrizio. Vous me faites, au contraire, grand plaisir, en vous chargeant ainsi des questions tour à tour; par là j'apprends à connaître vos dispositions et vos inclinations différentes. Mais avez-vous quelques observations à me faire sur le sujet que nous venons de traiter?

Zan. J'ai deux choses à vous demander avant que vous alliez plus avant. D'abord, connaissez-vous quelque autre manière d'ordonner une armée, et enfin quelles précautions doit prendre un général avant d'engager le combat, et que doit-il faire lorsque au milieu de l'action il survient quelque événement imprévu?

FABR. Je vais tâcher de vous satisfaire. Mais je vous préviens que je ne répondrai pas séparément à vos deux questions, car souvent ce que je dirai sur l'une pourra s'appliquer à l'autre. Je vous ai déjà répété que je vous ai proposé un ordre de bataille qui admet toutes les modifications que demande la nature de l'ennemi ou du terrain; car c'est toujours l'ennemi et le terrain qui doivent déterminer vos dispositions. Mais n'oubliez pas que rien n'est plus dangereux que de donner trop de front à votre armée, à moins d'avoir des forces très-nombreuses et très-sûres; il faut préférer l'ordre profond et peu étendu à l'ordre large et mince. Lorsque vous avez des forces inférieures à l'ennemi, il faut chercher ailleurs vos compensations, vous appuyer d'un fleuve ou d'un marais pour n'être pas enveloppé, ou vous couvrir par des fossés, comme fit César dans les Gaules.

En général, on doit s'étendre ou se resserrer selon le nombre de ses forces ou de celles de l'ennemi. Si l'ennemi est inférieur, il faut chercher des plaines étendues, surtout avec des troupes bien exercées, non-seulement pour l'envelopper, mais pour déployer ses rangs en liberté. Dans les lieux âpres et difficiles, où l'on ne peut maintenir ses rangs, on ne tire aucun avantage de leur solidité. Aussi les Romains préféraient toujours les plaines, et s'éloignaient des terrains inégaux. Mais, si vos troupes sont peu nombreuses et mal exercées, il faut choisir des positions où vous puissiez tirer parti de votre infériorité ou n'avoir rien à craindre de leur inexpérience. Vous devez aussi tâcher de prendre le poste le plus élevé, afin de tomber sur l'ennemi avec plus de violence. Ayez soin cependant de ne jamais placer votre armée au pied d'une montagne ou dans un lieu qui en soit voisin, car si l'ennemi vient à l'occuper, son artillerie, de ce poste supérieur, peut vous faire le plus grand mal, et vous n'avez aucun moyen de vous en défendre. Songez encore, en disposant votre armée, à ce que le soleil ou le vent ne vous frappent pas en face; ils vous troublent la vue, l'un par ses rayons,

l'autre par la poussière qu'il fait voler devant vous; le vent d'ailleurs détruit l'effet des armes de trait, et amortit leurs coups. Quant au soleil, il ne suffit pas qu'il ne vous donne pas actuellement dans le visage, il faut encore qu'il n'arrive pas à vous à mesure que le jour s'avance: disposez donc votre armée de manière à ce qu'elle lui tourne le dos, et qu'il se passe beaucoup de temps avant qu'elle l'ait en face. C'est une précaution qu'Annibal prit à Cannes, et Marius dans sa bataille contre les Cimbres. Si votre cavalerie est inférieure, placez votre armée dans des vignes ou des bois, ou au milieu d'obstacles semblables, comme le firent les Espagnols lorsque, de notre temps, ils battirent les Français à Cerignoles, dans le royaume de Naples. En changeant ainsi d'ordre et de champ de bataille, on a vu souvent les mêmes soldats de vaincus devenir vainqueurs: on peut en citer pour exemple les Carthaginois qui, battus plusieurs fois par Régulus, obtinrent enfin la victoire, parce que, d'après les avis du Lacédémonien Xantippe, ils descendirent dans la plaine, où la supériorité de leur cavalerie et de leurs éléphants mit les Romains en déroute.

J'ai remarqué souvent dans l'histoire que les plus grands généraux de l'antiquité, après avoir reconnu le côté fort de l'armée ennemie, lui ont presque toujours opposé leur côté le plus faible, et ainsi leur côté le plus fort au côté le plus faible de l'ennemi; et qu'en engageant l'action ils recommandaient à leur côté le plus fort de soutenir seulement le choc de l'ennemi sans le repousser, et à leur plus faible, de lâcher pied et de se retirer dans la dernière ligne; il résultait de là deux effets très-fâcheux pour l'ennemi: d'abord c'est que son côté le plus fort se trouvait enveloppé; ensuite que, se croyant sûr de la victoire, il arrivait bien rarement que le désordre ne se mît pas dans ses rangs, ce qui précipitait sa ruine. Scipion, faisant la guerre en Espagne contre Asdrubal, plaçait ordinairement au centre de son armée les légions qui formaient ses meilleures troupes; mais ayant appris qu'Asdrubal, instruit de cet ordre de bataille, voulait l'imiter, il changea, au moment de la bataille, toute cette disposition, et plaça ses légions sur les flancs, et au centre ses plus mauvaises troupes. Lorsqu'on en vint aux mains, il ordonna au centre de s'avancer lentement, et aux flancs de se porter avec rapidité sur l'ennemi; il n'y eut ainsi que les deux ailes qui combattirent, parce que les deux centres étaient trop distants pour se joindre, et, les meilleures troupes de Scipion n'ayant affaire qu'aux plus faibles d'Asdrubal, le premier remporta une victoire complète.

Ce stratagème était alors fort utile, mais aujourd'hui il serait funeste à cause de l'artillerie. Cet intervalle, qui séparerait le centre des deux armées, lui donnerait les moyens de tirer avec grand avantage; et nous avons déjà dit combien on doit craindre ce danger. Il faut donc y renoncer, et se borner à la méthode que j'ai déjà proposée d'engager l'action par toute l'armée, en faisant céder peu à peu le côté le plus faible.

Un général qui, avec des forces supérieures à l'ennemi, veut l'envelopper sans qu'il s'en doute, donnera à son armée le même front qu'à l'armée ennemie, et lorsque l'action sera engagée, il fera peu à peu reculer son centre et étendre ses flancs, et l'ennemi se trouvera nécessairement enveloppé sans s'en apercevoir.

Celui qui veut livrer une bataille avec la certitude presque absolue de n'être pas mis en déroute, choisira un poste qui lui offre, à quelque distance, un asile presque assuré, ou derrière un marais, ou dans les montagnes, ou dans une ville forte; car dans ce cas, il ne peut être poursuivi par l'ennemi, et se conserve tous les moyens de le poursuivre. C'est le parti que prenait Annibal, lorsque la fortune commença à lui devenir contraire, et qu'il craignait la valeur de Marcellus.

Plusieurs généraux, pour jeter le désordre dans les rangs ennemis, ont ordonné à leurs troupes légères d'engager l'action, et de se retirer ensuite dans les rangs, et lorsque les deux armées en seraient aux mains, et que la mêlée serait la plus complète, de sortir par les flancs et d'attaquer ainsi l'ennemi, ce qui mettait le trouble dans son armée et causait sa déroute. Quand on est inférieur en cavalerie, outre les expédients que j'ai donnés déjà, on peut placer derrière ses escadrons un bataillon de piques, et leur ordonner d'ouvrir au milieu du combat

un passage à ce bataillon; cette manœuvre est un sûr garant de leur victoire. D'autres enfin ont exercé des troupes légères à combattre au milieu de la cavalerie qui acquérait par-là une grande supériorité.

De tous les généraux, ceux qui ont été le plus loués pour la disposition de leur armée le jour d'une bataille, sont Annibal et Scipion, lorsqu'ils combattirent à Zama. Annibal, dont l'armée était composée de Carthaginois et d'auxiliaires de différentes nations, plaça à la première ligne quatre-vingts éléphants, puis les auxiliaires, qui étaient suivis des Carthaginois, et enfin les Italiens dont il se défiait. Voici quels furent ses motifs : il plaçait ses auxiliaires en avant, parce qu'ayant l'ennemi en face, et arrêtés derrière par les Carthaginois, toute fuite leur était impossible, et que forcés de combattre, ils devaient nécessairement ou repousser ou du moins lasser les Romains, et il jugeait qu'alors ses troupes fraîches et pleines d'ardeur n'auraient pas de peine à vaincre un ennemi déjà fatigué. Scipion disposa, selon l'usage ordinaire, les *hastaires*, les *princes* et les *triaires*, pour se recevoir dans les rangs les uns des autres, et se prêter un mutuel appui, et il établit un grand nombre d'intervalles dans son premier corps de bataille. Mais afin que l'ennemi ne pût s'en apercevoir et crût même que ses rangs étaient solides, il remplit ces intervalles de vélites, en leur recommandant de se retirer à l'approche des éléphants dans les intervalles ordinaires des légions, et de leur laisser un libre passage : ainsi, il rendit vaine toute l'impétuosité de ces animaux; et en étant venu aux mains, il remporta la victoire.

ZAN. Vous m'avez fait souvenir, en me parlant de cette bataille, que Scipion pendant le combat ne fit pas rentrer les *hastaires* dans les rangs des *princes*; mais, lorsqu'il voulut faire combattre ceux-ci, il ordonna aux *hastaires* de s'ouvrir et de se retirer sur les flancs de l'armée. Je voudrais que vous m'expliquassiez pourquoi il s'écarta dans cette occasion de l'usage accoutumé.

FABR. Volontiers. Annibal avait placé toute la force de son armée à la seconde ligne : Scipion voulant lui opposer une force aussi imposante réunit ensemble les *princes* et les *triaires*; ceux-ci occupant ainsi les intervalles des rangs de la seconde ligne, la place des *hastai-res* était prise; il fallut donc faire ouvrir les rangs de ceux-ci et les envoyer sur les flancs de l'armée. Au reste, remarquez bien que cette manœuvre d'ouvrir la première ligne pour faire place à la seconde ne peut avoir lieu que lorsqu'on a l'avantage; on l'exécute alors à son aise, comme fit Scipion; mais si on ne l'essaie que lorsqu'on a le dessous et qu'on est repoussé, on se perd infailliblement; il faut donc pouvoir rentrer dans la seconde ligne. Mais revenons à notre sujet.

Les anciens peuples de l'Asie, entre autres armes offensives, employaient des chars armés de faux sur les côtés; leur impétuosité ouvrait les rangs ennemis, et les faux tuaient tout ce qui se trouvait sur leur passage. On se défendait contre ces chars, soit par l'épaisseur des rangs, soit en leur laissant un libre passage, comme aux éléphants, ou par quelque autre moyen particulier. Tel fut celui qu'employa Sylla contre Archelaüs qui avait un grand nombre de ces chars armés de faux : Sylla, pour s'en garantir, fit enfoncer derrière ses premiers rangs beaucoup de pieux qui, arrêtant ces chars, leur faisaient perdre toute leur impétuosité. Il faut remarquer que dans cette occasion Sylla disposa son armée d'une manière nouvelle : il plaça sur les derrières les vélites et la cavalerie, et à la tête les soldats pesamment armés, mais en laissant dans leurs rangs assez d'intervalles pour que ceux-là pussent au besoin se porter en avant. Il engagea le combat, et par le moyen de sa cavalerie, à qui, au milieu de l'action, il ouvrit ainsi un passage, il remporta la victoire.

Si vous voulez pendant le combat jeter le trouble dans l'armée ennemie, il faut alors faire naître quelque événement propre à l'effrayer, ou annoncer l'arrivée de nouveaux renforts, ou imaginer quelque artifice qui lui en offre l'apparence, de sorte que, trompé par cette fausse démonstration, il s'épouvante et cède plus aisément la victoire. C'est un moyen qu'employèrent les consuls Minucius Rufus et Acilius Glabrion. Sulpicius fit monter les valets de l'armée sur des mulets et d'autres animaux inutiles au combat, les disposa de manière à représenter un corps de cavalerie, et leur ordonna de paraître au haut d'une colline pendant qu'il en

était aux mains avec les Gaulois; ce qui lui assura la victoire. Marius imita cet exemple, lors de sa bataille contre les Teutons.

Si les attaques simulées sont très-utiles au milieu d'un combat, on peut tirer un plus grand parti encore des attaques véritables, surtout lorsqu'à l'improviste on tombe sur les derrières ou sur les flancs de l'ennemi; mais ce moyen est difficile, si l'on n'est aidé par le pays. Si vous êtes dans un pays ouvert, il vous est impossible de cacher une partie de vos troupes, comme l'exigent presque toujours de pareils stratagèmes; on le peut aisément dans un pays de bois ou de montagnes, et par conséquent propre aux embuscades : alors à l'improviste, tombez rapidement sur l'ennemi, et comptez presque toujours sur le succès.

Il est quelquefois très-important, au milieu de l'action, de semer le bruit de la mort du général ennemi ou de la défaite d'une partie de ses troupes; ce fut souvent un moyen de gagner la victoire. On jette aisément le désordre dans la cavalerie ennemie, en la frappant par un spectacle ou des cris inattendus, comme Crésus qui opposa des chameaux à la cavalerie de ses ennemis, et Pyrrhus qui fit avancer contre celle des Romains des éléphants, dont le seul aspect la mit en déroute. De nos jours, les Turcs ont vaincu le sophi de Perse et le soudan de Syrie, uniquement par la mousqueterie, dont le bruit inaccoutumé jeta le désordre dans leur cavalerie, et assura aux Turcs la victoire. Les Espagnols, pour vaincre Amilcar, placèrent à la tête de leur armée des chariots traînés par des bœufs et remplis d'étoupes; au moment d'en venir aux mains, ils y mirent le feu. Les bœufs, pour fuir la flamme, se précipitèrent sur les Carthaginois et jetèrent le désordre dans leurs rangs. Beaucoup de généraux tendent des pièges à l'ennemi, comme nous l'avons déjà dit, lorsque le pays est propre aux embuscades; mais on peut aussi, dans un pays plat et ouvert, creuser des fossés qu'on recouvre légèrement de terre et de mousse, en laissant entre eux des intervalles. Lorsque le combat est engagé, on s'y retire en sûreté par les intervalles, et l'ennemi acharné à la poursuite tombe dans ces fossés et s'y perd.

Si pendant l'action il survient quelque événement propre à effrayer vos soldats, il faut le cacher avec soin, ou s'il est possible, en tirer parti, comme firent Tullus Hostilius et Sylla. Celui-ci voyant, au milieu du combat, une partie de ses troupes passer du côté de l'ennemi, et toute son armée effrayée de ce spectacle, fit publier que ses troupes n'agissaient que par son ordre; l'armée alors, bien loin d'être troublée par cet événement, n'en prit que plus de courage, et finit par remporter la victoire. Le même Sylla, ayant chargé quelques troupes d'une expédition où elles avaient péri, déclara, pour prévenir les frayeurs de son armée, qu'il les avait envoyées à dessein au milieu de l'ennemi, parce qu'il était persuadé de leur perfidie. Sertorius, au milieu d'un combat qu'il livrait en Espagne, tua lui-même un des siens qui venait lui annoncer la mort d'un de ses généraux, afin qu'il n'allât pas, par cette nouvelle, répandre l'alarme dans le reste de l'armée.

Ce qu'il y a de plus difficile, c'est de rallier une armée en fuite, et de la ramener au combat. Il faut bien remarquer si elle est tout entière en déroute, et alors il est impossible de la rallier, ou si une partie seulement prend la fuite, ce qui n'est pas sans remède. Plusieurs généraux romains, pour arrêter leur armée en déroute, se sont précipités au-devant des fuyards, en leur faisant honte de leur lâcheté. Sylla, entre autres, voyant une partie de ses légions mise en fuite par l'armée de Mithridate, courut au-devant d'elles, l'épée à la main, en leur criant : « Si l'on vous demande où vous » avez abandonné votre général, vous répon- » drez : *Nous l'avons abandonné, combattant* » *dans les champs d'Orchomène.* » Atilius Régulus fit avancer contre ses soldats en fuite ceux qui étaient restés à leur poste, et leur signifia que s'ils ne retournaient au combat, ils seraient tués par les Romains comme par les ennemis. Philippe, roi de Macédoine, s'apercevant de la frayeur qu'inspiraient les Scythes à ses troupes, plaça sur les derrières de son armée un corps de cavalerie sur lequel il comptait, en lui ordonnant de tuer tous les fuyards; et cette armée, préférant de mourir en combattant qu'en fuyant, remporta la victoire. Enfin plusieurs généraux romains, non pas tant pour empêcher leur armée de fuir que pour lui donner l'occasion de déployer plus d'intrépi-

dité, ont saisi un drapeau au milieu du combat, et l'ont jeté dans les rangs ennemis, en promettant une récompense à qui l'irait chercher.

Je crois qu'il n'est pas hors de propos de parler ici des suites du combat; j'ai d'ailleurs peu de choses à dire sur ce sujet, qui est digne d'attention, et qui a naturellement rapport à l'objet actuel de notre entretien. On bat, ou on est battu : dans le premier cas, il faut poursuivre la victoire avec la plus vive rapidité, et imiter à cet égard César et non pas Annibal qui, pour s'être arrêté à Cannes après avoir vaincu les Romains, perdit l'occasion de s'emparer de Rome. César, au contraire, ne prenait pas un instant de repos après la victoire, et poursuivait son ennemi avec plus de fureur et d'impétuosité qu'il ne l'avait attaqué au moment du combat. Dans le second cas, un général doit examiner s'il ne peut tirer quelque parti de sa défaite, surtout quand il lui reste une partie de son armée. On peut profiter alors de la négligence de l'ennemi qui, très-souvent après la victoire, tombe dans une confiance aveugle qui donne moyen de l'attaquer avec succès. Marcius détruisit ainsi les armées carthaginoises qui, après la mort des deux Scipion et la déroute de leurs armées, n'avaient plus aucune défiance des débris de ces armées réunies sous son commandement. Mais bientôt elles se virent attaquer par Marcius, et réduites à fuir à leur tour. Rien n'est plus facile qu'un projet que l'ennemi vous croit hors d'état de tenter; et c'est du côté qu'ils pensent avoir le moins à craindre que les hommes sont le plus souvent frappés.

Un général qui ne peut user d'une pareille ressource doit chercher cependant encore, avec le plus grand soin, à rendre sa perte moins funeste : il tâchera donc d'ôter à l'ennemi les moyens de le poursuivre, ou sèmera le plus d'obstacles qu'il pourra sur ses pas. Les uns, prévoyant leur défaite, après avoir désigné un lieu de ralliement, ordonnaient à leurs généraux de fuir sur divers points, par des routes différentes; et l'ennemi, craignant de diviser son armée, les laissait ainsi se retirer tous en sûreté, ou du moins la plus grande partie; d'autres ont jeté devant l'ennemi leurs effets les plus précieux, afin que, retardé par l'amour du butin, il leur donnât plus de temps pour la fuite. Titus Dimius usa d'un habile stratagème pour cacher la perte qu'il avait faite dans une bataille : après avoir combattu jusqu'à la fin du jour, avec une grande perte des siens, il fit enterrer pendant la nuit la plus grande partie de ses morts, et l'ennemi apercevant le matin tant d'hommes tués de son côté, tandis que les Romains en avaient si peu, crut avoir eu le dessous, et prit la fuite.

Je crois avoir répondu en grande partie à votre question ; il me reste à vous parler de la forme à donner à une armée le jour d'une bataille. Plusieurs généraux en ont fait souvent une espèce de cône, croyant pouvoir, par cette disposition, ouvrir plus aisément l'armée ennemie. A ce même cône on a opposé la forme des ciseaux pour le recevoir dans leur ouverture, l'envelopper et le combattre de toutes parts. Je veux, à ce propos, vous recommander une maxime générale : c'est de faire volontairement ce à quoi l'ennemi veut vous contraindre, car alors vous procédez avec ordre, en prenant vos avantages et en prévenant les siens ; mais si vous agissez forcément vous êtes perdu. A l'appui de cette maxime, je ne crains pas de vous répéter des exemples que j'ai déjà pu vous citer. Votre ennemi forme-t-il un cône pour ouvrir vos rangs ? si vous marchez à lui les rangs ouverts, vous détruisez toutes ses dispositions, et vous restez maître des vôtres. Annibal place des éléphants à la tête de son armée pour ouvrir les rangs de Scipion ; Scipion se présente devant lui les rangs ouverts, et assure ainsi sa victoire et la défaite d'Annibal. Asdrubal met au centre de son armée ses meilleures troupes pour enfoncer celles de Scipion ; celui-ci ordonne à son centre de céder à l'ennemi, et triomphe ainsi d'Asdrubal. Enfin toutes ces dispositions extraordinaires sont toujours le gage du succès de celui qui a su les prévoir.

Je dois vous parler encore de toutes les précautions que doit prendre un général avant de se décider au combat. D'abord, il ne doit jamais engager une action à moins qu'il n'y voie un avantage assuré, ou qu'il n'y soit forcé par la nécessité. Il y trouve de l'avantage quand il y a un poste plus favorable, des troupes mieux disciplinées ou plus nombreuses ; il y est forcé quand l'inaction entraîne nécessairement

sa ruine, soit qu'il manque d'argent et qu'il ait ainsi à craindre la désertion de son armée, soit qu'il soit pressé par le défaut de vivres, ou que l'ennemi attende à chaque instant de nouveaux renforts. Dans tout ces cas, il faut toujours combattre même avec un désavantage marqué ; car il vaut mieux tenter la fortune, qui, après tout, peut être favorable, que d'attendre par irrésolution une ruine certaine. Un général est alors aussi coupable de ne pas combattre que de laisser échapper, en tout autre temps, une occasion de vaincre par ignorance ou par lâcheté.

Souvent l'ennemi vous offre lui-même des avantages, souvent aussi vous les devez à votre propre habileté. Il est arrivé quelquefois qu'au passage d'un fleuve, une armée a été mise en déroute par un ennemi vigilant, qui l'a attaquée au moment même où elle était partagée en deux corps par le fleuve. C'est ainsi que César détruisit le quart de l'armée des Helvétiens. Si votre ennemi s'est fatigué à vous poursuivre long-temps avec trop d'emportement, et que vous vous trouviez alors frais et dispos, ne négligez pas cette occasion de l'attaquer. Souvent l'ennemi vous présente la bataille de grand matin, différez alors, le plus que vous pouvez, de sortir de votre camp ; et quand il est resté long-temps sous les armes, et que, dans cette longue attente, il a perdu sa première ardeur, alors engagez le combat. C'est le parti que prirent en Espagne Scipion et Métellus, l'un contre Asdrubal, l'autre contre Sertorius. Si l'ennemi a diminué ses forces, soit en divisant son armée, comme firent les Scipion en Espagne, soit par quelque autre accident, c'est encore le moment de l'attaquer.

La plupart des généraux prudents ont mieux aimé recevoir le choc de l'ennemi que d'aller l'attaquer avec impétuosité ; lorsque des hommes fermes et solides soutiennent avec vigueur cette première fureur, elle finit presque toujours par le découragement. Fabius reçut ainsi les Samnites et les Gaulois, et fut vainqueur, tandis que son collègue Décius perdit la vie par une conduite contraire. D'autres généraux, croyant avoir à redouter la valeur de l'ennemi, n'ont commencé le combat qu'à l'approche de la nuit, pour pouvoir, en cas de défaite, se retirer à la faveur des ténèbres. Quelques-uns enfin, instruits que leur ennemi était empêché par quelque motif superstitieux de combattre tel jour, ont choisi ce jour même pour livrer bataille : c'est ainsi que César et Vespasien attaquèrent, l'un Arioviste dans la Gaule, l'autre, les Juifs en Syrie.

Ce qu'il y a de plus utile et de plus important pour un général, c'est d'avoir toujours auprès de lui quelques hommes sûrs, éclairés et d'une grande expérience, qui lui servent de conseil et l'entretiennent sans cesse de son armée et de celle de l'ennemi. Ils examineront ensemble avec soin de quel côté est la supériorité du nombre, des armes, de la cavalerie et de la discipline; quelles sont les troupes les plus endurcies aux travaux, lesquelles méritent le plus de confiance, de la cavalerie ou de l'infanterie; quelle est la nature du terrain qu'ils occupent; s'il est plus ou moins favorable à l'ennemi; laquelle des deux armées tire ses vivres avec plus de facilité; s'il est avantageux de différer ou d'engager le combat; ce qu'on peut espérer ou craindre en traînant la guerre en longueur : car souvent dans ce dernier cas les soldats se découragent et désertent, fatigués de travaux et d'ennui. Ce qu'il importe surtout de connaître, c'est le général ennemi et ses alentours, s'il est téméraire ou réservé, timide ou entreprenant, et quelle confiance enfin on peut mettre dans les auxiliaires. Mais ce qu'il faut observer avec le plus grand soin, c'est de ne jamais mener une armée au combat, lorsqu'elle doute le moins du monde de la victoire. On n'est jamais plus sûrement vaincu que lorsqu'on craint de ne pas vaincre. Il faut toujours alors éviter la bataille, imiter Fabius qui, en choisissant des postes escarpés, ôtait à Annibal tout moyen d'aller l'attaquer, ou si vous craignez que dans ces postes même l'ennemi ne marche contre vous, quitter la campagne et disperser vos troupes dans des places fortes, afin de le fatiguer par des sièges.

ZAN. Ne peut-on autrement éviter le combat qu'en dispersant son armée dans des places fortes?

FABR. Je crois vous avoir déjà dit que tant qu'on tient la campagne, on ne peut éviter d'en venir aux mains, lorsqu'on a affaire à un ennemi qui veut le combat à quelque prix que ce soit; il n'y a pas d'autres moyens alors que de

se maintenir toujours au moins à cinquante milles de lui, pour avoir le temps de décamper lorsqu'il marche contre vous. Et il est à remarquer que Fabius ne refusait pas le combat avec Annibal, mais il ne le voulait qu'à son avantage, et Annibal ne croyait pas pouvoir le vaincre dans les postes qu'il avait choisis; car s'il avait été sûr de la victoire, Fabius aurait bien été forcé de combattre ou de prendre la fuite. Philippe, roi de Macédoine, le père de Persée, dans la guerre contre les Romains, avait établi son camp sur une montagne très-élevée, afin d'éviter le combat; mais les Romains l'allèrent attaquer sur cette montagne même et le mirent en déroute. Vercingentorix, général des Gaulois, ne voulant pas engager le combat avec César qui, contre son attente, venait de traverser un fleuve qui l'en avait jusqu'alors séparé, prit le parti de s'éloigner avec son armée de plusieurs milles. Les Vénitiens de nos jours devaient suivre cet exemple, et ne pas attendre que l'armée française eût passé l'Adda, puisqu'ils étaient résolus de n'en pas venir aux mains. Ils perdirent le temps en vains délais, ne surent ni saisir l'occasion du combat lorsque l'armée passa le fleuve, ni s'en éloigner à temps, et les Français, arrivant sur eux au moment où ils décampaient, les attaquèrent et les défirent complétement. Je le répète, on ne peut éviter une bataille quand l'ennemi la veut à tout prix. Et qu'on ne me cite pas Fabius, car alors il n'évitait pas plus la bataille qu'Annibal.

Tantôt vos soldats ont le désir de combattre, mais le nombre et la position de l'ennemi vous font craindre une défaite, et vous êtes forcé de leur faire perdre cette envie; tantôt la nécessité et les circonstances vous obligent à livrer bataille, mais vos soldats sont sans confiance et peu disposés au combat : dans le premier cas, vous devez les refroidir, dans l'autre, les échauffer. Pour les refroidir, lorsque vos discours ne suffisent pas, vous n'avez qu'à en sacrifier quelques-uns à l'ennemi, et alors ceux qui se sont trouvés à l'action, comme ceux qui n'ont pas combattu, vous croient enfin. On peut imiter, de dessein prémédité, ce qui arriva par hasard à Fabius. Son armée, comme vous le savez, avait une extrême envie de combattre Annibal; le maître de la cavalerie partageait cette envie, mais Fabius ne croyait pas pouvoir risquer le combat. Enfin, ce dissentiment ayant fait partager l'armée entre eux deux, Fabius resta dans son camp, tandis que le maître de la cavalerie engagea le combat, où il courut de très-grands dangers, et eût été mis en déroute, si Fabius ne fût venu à son secours. Cet exemple lui fit sentir, comme à toute l'armée, combien il était important de se confier à Fabius. Si, au contraire, vous voulez exciter vos soldats au combat, il faut les irriter contre l'ennemi, en leur répétant les paroles outrageantes que celui-ci vomit contre eux, leur persuader que vous avez pratiqué dans son camp des intelligences secrètes, et qu'une partie de son armée vous est vendue; il faut camper à portée de son camp, engager souvent de légères escarmouches : les choses qu'on voit tous les jours n'inspirent plus tant d'effroi; montrez enfin une vive colère, et, dans un discours préparé à cet effet, reprochez-leur leur lâcheté; assurez-les, pour qu'ils aient honte d'eux-mêmes, que, puisqu'ils ne veulent pas vous suivre, vous irez seul au-devant de l'ennemi. Si vous voulez que les soldats s'acharnent au combat, vous devez surtout avoir soin de ne leur permettre qu'à la fin de la guerre d'envoyer leur butin chez eux, ou de le déposer dans quelque autre lieu de sûreté. Ils sentent alors que, si la fuite sauve leur vie, elle ne sauve pas ce qu'ils possèdent, et, pour le défendre, ils combattent souvent avec plus d'opiniâtreté que s'ils s'agissait de leur vie même.

ZAN. Vous venez de nous dire qu'on pouvait exciter par des discours les soldats au combat; mais avez-vous entendu qu'on parlât à toute l'armée ou seulement aux officiers?

FABR. Faire adopter ou rejeter une opinion à un petit nombre d'individus n'est pas fort difficile; car si les paroles ne suffisent pas, on emploie la force et l'autorité. La véritable difficulté est de détruire dans l'esprit de la multitude une erreur funeste, contraire à l'intérêt public et à vos desseins. Ce succès ne peut s'obtenir que par un discours qui, si l'on veut que tous soient persuadés, doit être entendu de tous. Il fallait donc qu'autrefois les grands généraux fussent orateurs; car si l'on ne sait parler à toute une armée, il est difficile d'espérer de grands succès; mais c'est un talent qui

est tout-à-fait perdu aujourd'hui. Voyez dans la vie d'Alexandre combien de fois il fut obligé de haranguer toute son armée; jamais sans cet avantage il n'eût pu la conduire, chargée de précieuses dépouilles; dans les déserts de l'Inde et de l'Arabie, malgré tant de fatigues et de dangers. Sans cesse il arrive des accidents qui peuvent faire périr une armée, si un général n'a pas le talent ou l'habitude de lui parler. Par des paroles, il chasse la crainte, enflamme le courage, accroît l'acharnement, découvre les ruses de l'ennemi, offre des récompenses, montre les dangers et les moyens de les fuir, réprimande, prie, menace, sème l'espérance, la louange ou le blâme, et emploie enfin tous les moyens qui poussent ou retiennent les passions des hommes. Une république ou un monarque qui veulent former une armée et lui rendre son ancien éclat doivent donc habituer leurs soldats à entendre leur général, et le général à parler aux soldats.

Chez les anciens, la religion et le serment qu'on faisait prêter aux soldats avant de les envoyer à l'armée, était un moyen puissant pour les gouverner; à chaque faute, ils étaient menacés, non-seulement des châtiments qu'ils pouvaient craindre des hommes, mais encore de la colère des dieux. Ce moyen, fortifié encore de toutes les cérémonies religieuses, a souvent rendu faciles aux anciens capitaines les plus grandes entreprises, et produirait encore aujourd'hui les mêmes effets, partout où l'on conserverait la crainte et le respect de la religion. C'est ainsi que Sertorius persuadait à son armée qu'une biche lui promettait la victoire de la part des dieux; c'est ainsi que Sylla s'entretenait avec une image qu'il avait enlevée du temple d'Apollon. Plusieurs généraux ont assuré que Dieu leur avait apparu en songe pour les déterminer au combat; et de nos jours, Charles VII, roi de France, dans la guerre contre les Anglais, obéissait, disait-il, dans toutes ses entreprises, aux conseils d'une jeune fille envoyée de Dieu, qu'on appelait partout la pucelle de France, et qui fut la cause de ses succès.

Il est utile encore d'inspirer à vos soldats le mépris de l'ennemi : Agésilas exposa ainsi aux yeux de ses soldats quelques Perses nus, pour que le spectacle de ces membres délicats leur fit comprendre que de pareils hommes n'étaient pas faits pour effrayer des Spartiates. D'autres généraux ont imposé à leurs soldats la nécessité de combattre, en ne leur laissant d'espérance de salut que dans la victoire. C'est le plus puissant et le plus sûr moyen de rendre les soldats acharnés au combat. Cet acharnement est dû à leur confiance, à leur attachement pour leur général, ou à l'amour que la patrie leur inspire. La confiance naît en eux de la supériorité de leurs armes et de leur discipline, de leurs victoires récentes, de la haute opinion qu'ils ont de leur général. Quant à l'amour de la patrie, c'est la nature qui le donne ; et un général obtient leur attachement par ses talents plutôt que par aucun autre bienfait. Au reste, on peut avoir plusieurs raisons de combattre avec acharnement ; mais la plus forte, c'est celle qui vous oblige de vaincre ou de mourir.

LIVRE CINQUIÈME.

Fabrizio. Je vous ai dit comment on dispose une armée pour combattre une autre armée qui vient à sa rencontre ; ce qu'il faut faire pour la vaincre, et quels événements divers peuvent avoir lieu dans cette grande circonstance : il est temps maintenant de vous apprendre à disposer une armée contre un ennemi qui est hors de votre présence, mais que vous craignez sans cesse de voir tomber sur vous. Ce danger est à craindre quand on marche dans un pays ennemi ou suspect.

L'armée romaine faisait toujours marcher devant elle quelques escadrons de cavalerie pour éclairer le chemin ; l'aile droite venait ensuite, suivie de ses équipages ; puis deux légions ayant chacune derrière elle leurs équipages ; et enfin l'aile gauche, également suivie de ses équipages : la marche était fermée par le reste de la cavalerie. S'il arrivait que pendant la route l'armée fût attaquée en tête ou en queue, tous les équipages se retiraient sur la gauche ou sur la droite, ou du côté que permettait le terrain ; et chaque soldat, libre de tout soin des équipages, faisait face à l'ennemi. Si elle était attaquée par le flanc, les équipages se retiraient du côté le moins en danger, et de l'autre on soutenait l'effort de l'ennemi : cet ordre de marche me paraît sage et digne d'être imité. J'enverrai donc en avant ma cavalerie légère pour éclairer le pays ; je ferai marcher ensuite mes quatre brigades à la file l'une de l'autre, suivies chacune de leurs équipages ; et comme les équipages sont de deux espèces, les uns étant chargés du bagage du soldat, les autres de ce qui appartient à l'armée en général, je diviserai ceux-ci en quatre convois qui seront partagés entre les quatre brigades ; je diviserai également l'artillerie et tous les hommes sans défense, afin que tous les corps de l'armée aient la même part d'embarras.

Mais comme vous vous trouvez souvent dans un pays non-seulement suspect, mais tellement ennemi, que vous devez craindre à chaque instant d'être attaqué, alors vous êtes forcé, pour votre sûreté, de changer votre ordre de marche, en sorte que les paysans ou l'armée ennemie vous trouvent toujours sur vos gardes et prêt à les recevoir. Dans ce cas, les armées des anciens marchaient en *bataillon carré* : on les appelait ainsi, non pas qu'elles formassent de véritables carrés, mais parce qu'elles pouvaient combattre des quatre côtés, également disposées pour la marche et pour le combat. Je ne m'écarterai pas de cette méthode, et je disposerai, d'après ce modèle, les deux brigades qui me servent de règle pour former une armée. Si je veux donc traverser en sûreté le pays ennemi, et, à toute attaque imprévue, être en état de défense sur tous les points, je formerai de mon armée un carré dont la partie intérieure aura deux cent douze brasses dans toutes les dimensions. J'éloignerai d'abord les flancs l'un de l'autre de deux cent douze brasses, et, sur chaque flanc, je placerai cinq bataillons à la file, séparés l'un de l'autre de trois brasses, et chacun occupant quarante brasses de terrain ; ils formeront ainsi avec ces intervalles deux cent douze brasses. Entre ces deux flancs, je placerai à la tête et à la queue les dix autres bataillons, cinq de chaque côté, et je les disposerai ainsi [1] : quatre bataillons se porteront à côté de la tête du flanc droit, et quatre à côté de la queue du flanc gauche, en laissant entre eux un intervalle de quatre brasses ; un bataillon se portera ensuite à côté de la tête du flanc gauche, et un autre à côté de la queue du flanc droit. Or, comme l'intervalle qui sépare chaque flanc est de deux cent douze brasses, et que ces derniers bataillons sont placés en largeur et non en longueur, qu'ils ne peuvent occuper ainsi avec leurs intervalles que cent trente-quatre brasses de terrain, il se trouve qu'il y aura entre les quatre bataillons placés à côté de la tête du flanc droit et celui placé à côté de la tête du flanc gauche, un intervalle de soixante-huit brasses. Ce même intervalle existera entre les bataillons placés à la queue, avec cette différence qu'ici il aura lieu du côté droit, et qu'à la tête ce sera du côté gauche. Dans ces soixante-huit brasses de la tête, je placerai tous les vélites ordinaires ; dans celles de la queue, les vélites extraordinaires, qui se trouveront ainsi au nombre de mille dans chaque intervalle. Or, comme mon intention est que l'espace vide formé au milieu de l'armée soit de deux cent douze brasses dans toutes les dimensions, il faut que les cinq bataillons de la tête et les cinq bataillons de la queue ne prennent aucune partie de la ligne occupée par les flancs, et qu'ainsi le dernier rang des cinq bataillons de la tête s'aligne avec la tête de deux flancs, et que la tête des bataillons de la queue s'aligne avec le dernier rang de la queue des deux flancs, ce qui formera à chaque coin de l'armée un *angle rentrant*, propre à recevoir chacun un autre bataillon. J'y placerai donc quatre bataillons de piques extraordinaires, et les deux qui me restent formeront au centre un bataillon carré, à la tête duquel sera le général avec sa troupe d'élite.

Comme ces bataillons, ainsi rangés, marchant tous du même côté, ne peuvent pas tous

également combattre du même côté, il faut disposer pour le combat tous les points qui restent découverts. Ainsi tous les bataillons de la tête étant gardés sur tous les autres points, excepté au premier rang ; il faut, conformément à notre ordre de bataille, y porter les piques ; les bataillons de la queue n'étant découverts qu'au dernier rang, vous devez y porter les piques d'après la méthode que je vous ai déjà expliquée ; et comme les cinq bataillons du flanc droit n'ont à craindre que sur le flanc droit, et les cinq de la gauche que sur le flanc gauche, puisqu'ils sont couverts sur tous les autres points, c'est donc sur ce point menacé que vous porterez encore toutes les piques de ces bataillons. Quand j'ai expliqué la manière de former en bataille les bataillons, je vous ai appris comment il faut, dans cette occasion, placer les décurions de manière qu'au moment du combat toutes les parties des bataillons se trouvent à leur place accoutumée.

Je placerai une partie de l'artillerie sur le flanc droit, l'autre sur le flanc gauche. La cavalerie légère sera sur les devants pour éclairer le pays, et les gens d'armes sur les derrières des deux flancs, à quarante brasses des bataillons. En général, chaque fois que vous formez une armée en bataille, ne placez jamais votre cavalerie que sur les derrières ou sur les flancs. Si vous vous déterminez à la placer en avant, il faut l'éloigner à une telle distance qu'elle puisse, en cas de défaite, s'écarter sans écraser l'infanterie, ou établir de tels intervalles dans vos bataillons, qu'elle ait le moyen d'y entrer sans y jeter le désordre. Et ne croyez pas que cette leçon soit d'une faible importance ; plusieurs généraux ont été battus pour n'avoir pas prévu ce danger, devenant eux-mêmes la propre cause de leur désastre. Enfin les équipages et les hommes hors de service seront dans la place qui est au centre de l'armée, en les disposant de manière à laisser de libres passages du flanc droit au flanc gauche, et de la tête à la queue.

Tous ces bataillons, sans l'artillerie et la cavalerie, occupent en dehors deux cent quatre-vingt-deux brasses de terrain. Comme ce carré est composé de deux brigades, il faut déterminer de quel côté sera une brigade ou l'autre. Vous vous rappelez que chaque brigade porte

PLANCHE Ve.

Cette planche représente une armée formée en bataillon carré.

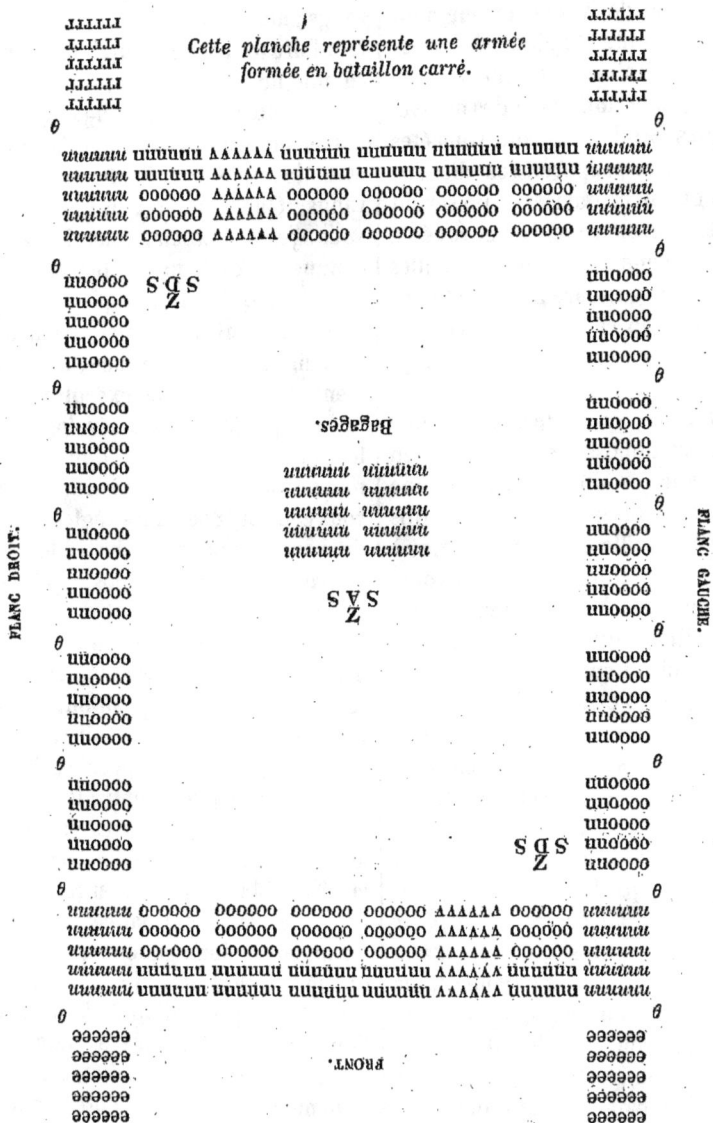

FLANC DROIT.   Bagages.   FLANC GAUCHE.

FRONT.

le nom de son numéro, et est formée de dix bataillons et d'un chef de brigade. La première brigade aura donc à la tête de l'armée cinq bataillons et cinq bataillons sur le flanc gauche; le chef de brigade sera placé à l'angle gauche de la tête; la seconde brigade aura cinq bataillons sur le flanc droit, et les cinq autres à la queue. Son chef sera à l'angle droit de la queue, et tiendra lieu de *tergiductor* (serre-files).

Votre armée ainsi disposée doit se mouvoir et continuer sa marche sans rien changer à cet ordre de bataille; et alors vous n'avez rien à craindre des attaques désordonnées des paysans. Dans ce cas, le général doit laisser le soin de les repousser à la cavalerie légère et à quelques compagnies de vélites. Jamais une troupe aussi irrégulière n'osera approcher de la pointe de l'épée ou de la pique; une armée bien ordonnée doit la frapper de terreur; ils viendront sur vous en poussant des cris affreux, mais ils ne vous joindront pas, semblables à des roquets qui se contentent de japper autour d'un mâtin vigoureux. Lorsque Annibal vint attaquer les Romains en Italie, il traversa toute la Gaule et ne s'inquiéta nullement des mouvements déréglés des Gaulois. Quand vous êtes en marche, il faut faire préparer vos chemins par des pionniers et autres ouvriers, qui seront protégés par votre cavalerie légère envoyée à la découverte. Une armée fera ainsi dix milles par jour; et il lui restera encore assez de temps pour le travail du camp et pour préparer son repas, puisque la marche ordinaire est de vingt milles.

Si vous êtes attaqué, au contraire, par une armée réglée, il est impossible que vous n'en soyez instruit d'avance; toute armée ayant une marche régulière; et alors vous avez le temps de vous former en bataille selon le système, à peu près, que nous avons développé. Êtes-vous, en effet, attaqué en tête? Vous portez aussitôt en avant votre artillerie qui est sur les flancs, et votre cavalerie qui est sur les derrières, et ils prennent leurs postes et leurs distances accoutumés. Les mille vélites qui sont à la tête sortent de leur poste, se partagent en deux corps de cinq cents hommes, et vont se placer, comme à l'ordinaire, entre la cavalerie et les flancs de l'armée. Le vide qu'ils laissent est rempli par les deux corps de *piques extraordinaires* que j'avais placés au centre de la *place* de l'armée. Les mille vélites qui étaient à la queue vont couvrir les flancs des bataillons. Ils laissent ainsi un passage aux équipages et à la suite de l'armée qui vont sur les derrières. Chacun étant allé à son poste, la place reste vide, et alors les cinq bataillons qui formaient la queue se portent en avant du côté de la tête, dans l'espace qui sépare les deux flancs. Trois de ces bataillons s'en approchent jusqu'à quarante brasses, en conservant entre eux des intervalles égaux, et les deux autres restent derrière également éloignés de ceux-ci de quarante brasses. Cette disposition peut avoir lieu en un instant, et elle est presque entièrement semblable au premier ordre de bataille que nous avons déjà expliqué. Si l'armée présente alors un front moins large, elle est mieux garnie sur les flancs, ce qui n'est pas d'un moin-

dre avantage. Comme les cinq bataillons qui sont à la queue ont leurs piques aux derniers rangs, ainsi que nous l'avons recommandé; il faut faire tourner ces bataillons sur eux-mêmes, comme un corps solide, ou ordonner aux piques d'entrer dans les rangs des boucliers et se porter en avant. Cette manière est plus courte et moins sujette à jeter le désordre dans les rangs. Quel que soit le genre d'attaque que vous ayez à soutenir, vous devez en agir ainsi, comme je l'expliquerai bientôt, pour tous les bataillons qui sont à la queue.

Si l'ennemi vous attaque par derrière, que chacun tourne volte-face, alors la queue devient la tête, et vous exécutez toutes les opérations que je viens de développer; si c'est par le flanc droit, il faut que toute l'armée se tourne de ce côté, qui devient la tête et que vous couvrirez selon les règles que j'ai données, de manière que la cavalerie, les vélites et l'artillerie soient tous au poste qui leur est déterminé par ce changement de front. Il faut remarquer que, dans cette manœuvre, les uns doivent avancer le pas, les autres le ralentir, selon leur différente position. Lorsque l'armée fait ainsi face du flanc droit, ce sont les vélites de la tête, les plus rapprochés du flanc gauche, qui doivent se placer entre les flancs et la cavalerie; ils seront remplacés par les deux bataillons des piques extraordinaires qui étaient dans la place. Mais avant on en fera sortir les équipages qui passeront par cet intervalle et se porteront sur le flanc gauche qui devient alors la queue de l'armée. Les autres vélites, qui étaient à la queue d'après la première disposition, restent à leur place, afin de ne laisser aucune ouverture de ce côté, et alors la queue devient le flanc droit. Toutes les autres opérations sont les mêmes que nous avons déjà dites.

Toutes les règles que je viens de donner s'appliquent également au cas où l'armée serait attaquée par le flanc gauche. Si l'ennemi vient en force vous attaquer de deux côtés, il faut renforcer ces côtés de ceux qui ne sont pas attaqués, doubler vos rangs sur ces deux points, et partager entre eux la cavalerie, l'artillerie et les vélites. Si enfin il vous attaque de trois ou quatre côtés, l'un de vous deux certainement ne sait pas son métier. Vous êtes bien peu habile en effet si vous vous exposez à être attaqué

PLANCHE VIᵉ.

Plan d'une armée formant le bataillon carré et qu'on a rangée en bataille selon l'ordre ordinaire.

FRONT.

θ   θ   θ   θ   θ   θ   θ   θ   θ

```
eeeee rrrrr vvvvv nnnnn ooooo ooooo ooooo ooooo nnnnn nnnnn ooooo nnnnn vvvvv rrrrr eeeee
eeeee rrrrr vvvvv nnnnn ooooo ooooo ooooo ooooo nnnnn nnnnn ooooo nnnnn vvvvv rrrrr eeeee
eeeee rrrrr vvvvv nnnnn ooooo ooooo ooooo ooooo ooooo ooooo ooooo nnnnn vvvvv rrrrr eeeee
eeeee rrrrr vvvvv nnnnn ooooo ooooo ooooo ooooo ooooo ooooo ooooo nnnnn vvvvv rrrrr eeeee
eeeee rrrrr vvvvv nnnnn ooooo ooooo ooooo ooooo ooooo ooooo ooooo nnnnn vvvvv rrrrr eeeee
```

```
         uuu nnooo                                          ooonn uuu
         uuu nnooo                                          ooonn uuu
         uuu nnooo                                          ooonn uuu
         uuu nnooo                                          ooonn uuu
         uuu nnooo                                          ooonn uuu
         uuu                                                      uuu
         uuu nnooo   nnnnn        nnnnn        nnnnn         ooonn uuu
         uuu nnooo   nnnnn        nnnnn        nnnnn         ooonn uuu
         uuu nnooo   ooooo        ooooo        ooooo         ooonn uuu
         uuu nnooo   ooooo        ooooo        ooooo         ooonn uuu
         uuu nnooo   ooooo        ooooo        ooooo         ooonn uuu
         uuu                                                      uuu
         uuu nnooo                                          ooonn uuu
         uuu nnooo                                          ooonn uuu
         uuu nnooo                                          ooonn uuu
         uuu nnooo                                          ooonn uuu
         uuu nnooo                                          ooonn uuu
         uuu                                                      uuu
         uuu nnooo   nnnnn                     nnnnn         ooonn uuu
         uuu nnooo   nnnnn                     nnnnn         ooonn uuu
         uuu nnooo   ooooo                     ooooo         ooonn uuu
         uuu nnooo   ooooo                     ooooo         ooonn uuu
         uuu nnooo   ooooo                     ooooo         ooonn uuu
         uuu                                   ooooo              uuu
         uuu nnooo                                          ooonn uuu
         uuu nnooo                                          ooonn uuu
         uuu nnooo                                          ooonn uuu
         uuu nnooo                                          ooonn uuu
         uuu nnooo                                          ooonn uuu
         uuu                                                      uuu
         uuu nnooo            Bagages.                       ooonn uuu
         uuu nnooo                                          ooonn uuu
         uuu nnooo                                          ooonn uuu
         uuu nnooo                                          ooonn uuu
         uuu nnooo                                          ooonn uuu
```

AILE GAUCHE.   AILE DROITE.

sur trois ou quatre points par des troupes nombreuses et bien réglées; pour que l'ennemi puisse exécuter ce projet en sûreté, il faut que chacune de ses divisions soit presque aussi forte que votre armée entière; et si vous êtes assez fou pour vous engager dans le pays d'un ennemi qui a trois fois plus de forces que vous, ce n'est qu'à vous seul qu'il faut vous en prendre de vos désartres. Si vous n'avez rien à vous reprocher, et qu'un sort fatal ait précipité votre perte, alors vous périrez sans honte, comme les Scipion en Espagne et Asdrubal en Italie. L'ennemi, au contraire, vient-il vous attaquer sur plusieurs points, sans être très-supérieur en forces? Cette attaque n'aura d'autre résultat que de faire connaître sa folie et assurer votre victoire; car il sera obligé d'affaiblir tellement ses divisions qu'il vous sera facile d'en soutenir une, de repousser l'autre, et de le vaincre en peu de temps.

Cette méthode d'ordonner une armée contre un ennemi qui n'est point en présence, mais dont on redoute les attaques, est de la plus grande utilité. Il importe d'habituer les soldats à marcher ainsi disposés, à se former en bataille au milieu de leur route, pour combattre de quelque côté que ce soit, selon les règles que nous avons prescrites, à reprendre leur première disposition, à se former de nouveau en bataille par la queue ou par les flancs, et revenir encore à leur ordre de marche. Ces exercices sont indispensables, si vous voulez avoir une armée bien disciplinée et formée à la guerre; il faut que les généraux et les officiers les pratiquent avec zèle; la discipline militaire n'est autre chose que l'art de commander et d'exécuter avec précision tous les exercices. Une armée n'est vraiment disciplinée que lorsqu'elle en a une grande habitude; et une puissance qui voudrait les remettre en vigueur se garantirait ainsi de toute défaite. Cette forme carrée dont je viens de parler est un peu plus difficile que les autres manœuvres, mais il faut se la rendre familière par de fréquents exercices; et quand une armée y sera habituée, elle ne trouvera plus dans le reste aucune difficulté.

ZAN. Je crois comme vous que ces manœuvres sont très-importantes, et je ne trouve rien à ajouter ou à retrancher aux développements que vous nous avez donnés à cet égard; mais j'ai deux questions à vous faire. 1° Lorsque obligé de faire tête du flanc ou de la queue, vous faites tourner face à votre armée, transmettez-vous vos ordres de vive voix ou par la musique? 2° Les ouvriers que vous envoyez en avant pour préparer le chemin de l'armée sont-ils pris parmi les soldats des bataillons, ou employez-vous d'autres gens destinés seulement à ces vils travaux?

FABR. Votre première question est fort importante. Souvent les ordres du général, mal entendus ou mal interprétés, ont causé la défaite d'une armée; il faut donc que dans le combat le commandement soit clair et précis. Si vous employez la musique, que les sons soient tellement distincts qu'on ne puisse les confondre; si au contraire vous commandez de vive voix, ayez soin d'éviter les mots généraux, d'employer ceux qui expriment une idée particulière, et de prendre garde encore que ceux-ci ne puissent être mal interprétés : plusieurs fois ce mot *reculez*, a mis une armée en déroute; il faut dire : *en arrière*. Si vous voulez changer de front par le flanc ou par la queue, ne dites pas : *retournez-vous*, mais à *gauche*, à *droite*,

par *la queue*, par *le front*. Que tous les autres commandements soient simples et clairs, comme : *serrez les rangs, prenez garde à vous, en avant, retirez-vous*.

Quant aux pionniers dont vous me parlez ensuite, je veux que ce travail soit supporté par les soldats : c'était l'usage des anciens. Par-là, mon armée aurait à sa suite moins d'hommes sans défense et moins d'attirail. Je prendrai dans chaque bataillon les hommes dont j'aurai besoin, et je leur donnerai tous les instruments nécessaires; leurs armes seront portées par les rangs les plus près, et ils pourront les reprendre à l'approche de l'ennemi, et rentrer dans leurs rangs.

ZAN. Qui portera alors les instruments des pionniers?

FABR. Des chariots destinés à cet usage.

ZAN. J'ai bien peur que vous ne puissiez faire piocher nos soldats actuels.

FABR. Je répondrai bientôt à cette observation; car je veux à présent passer à un autre sujet, et vous parler des vivres de l'armée; il me semble assez raisonnable, après l'avoir tant fatiguée, de la faire un peu manger. Un souverain doit tâcher que son armée soit la plus leste qu'il est possible, et la débarrasser ainsi de toute charge inutile et contraire à l'activité de ses opérations. Ce qui cause à cet égard le plus d'embarras, c'est la nécessité de la fournir en tout temps de pain et de vin. Les anciens ne s'occupaient jamais du vin; quand ils en manquaient, ils mettaient dans leur eau quelques gouttes de vinaigre pour lui donner un peu de saveur. Aussi le vinaigre, et non le vin, était compté parmi les provisions indispensables de l'armée. Ils ne cuisaient pas le pain dans des fours, comme on le pratique aujourd'hui dans nos villes, mais ils s'approvisionnaient de farine, que chaque soldat préparait à sa façon, et assaisonnait de lard et de graisse de porc. Cet assaisonnement donnait du goût au pain, et maintenait la vigueur du soldat. Les provisions de l'armée se bornaient donc aux farines, au vinaigre, au lard, à la graisse de porc, et à l'orge pour la cavalerie : quelques troupeaux de gros et de menu bétail suivaient l'armée. Comme on n'était pas obligé de porter cette provision, elle ne causait presque pas d'embarras. Une armée marchait ainsi plusieurs jours de suite dans des pays déserts et difficiles, sans avoir à souffrir du défaut de vivres, puisqu'elle se nourrissait de provisions qu'on portait sans peine à la suite de l'armée.

Il n'en est pas de même des armées modernes. Comme il leur faut toujours du vin, et du pain semblable à celui qu'on mange dans nos villes, et dont on ne peut faire de grandes provisions d'avance, elles souffrent très-souvent du défaut de vivres; ou bien on ne peut assurer leurs provisions qu'avec des peines et des dépenses infinies. Je voudrais accoutumer mon armée à la manière de vivre des anciens, et ne lui donner d'autre pain que celui qu'elle cuirait elle-même. Quant au vin, je ne défendrais pas d'en boire et d'en faire venir dans l'armée, mais je ne m'inquiéterais pas du tout pour en avoir; et pour le reste des provisions j'imiterais entièrement les anciens. Si vous y faites attention, vous verrez combien par-là j'écarte de difficultés, de combien de peines et d'embarras je délivre une armée et son général, et quelles facilités je leur donne pour toutes leurs entreprises.

Zan. Après avoir vaincu l'ennemi en bataille rangée, et traversé son pays, il est impossible que nous n'ayons pas gagné du butin, mis ses villes à contribution et fait des prisonniers. Je voudrais bien savoir comment à cet égard se gouvernaient les anciens?

Fabr. Il est aisé de vous satisfaire. Il me semble avoir déjà observé dans un de nos entretiens que nos guerres actuelles appauvrissent également et le vainqueur et le vaincu; car si l'un perd son état, l'autre ruine ses finances et ses ressources. Il n'en était pas ainsi chez les anciens; la guerre enrichissait toujours le vainqueur. La cause de cette différence, c'est qu'aujourd'hui on ne tient nul compte du butin, comme chez les anciens, et qu'on l'abandonne au contraire à l'avidité du soldat. Cette méthode amène deux grands maux : le premier est celui dont je viens de parler; le second, est d'inspirer au soldat plus d'amour du butin que de zèle pour la discipline; et l'on a vu souvent la cupidité d'une armée faire perdre une victoire déjà assurée.

Les Romains, tant que leurs armées furent le modèle de toutes les autres, prévinrent ce double danger. Tout le butin chez eux appartenait à l'état qui le dispensait à son gré. Ils

avaient dans leurs armées des *questeurs*, qui faisaient les fonctions de nos trésoriers, et qui étaient chargés de recevoir toutes les contributions et tout le butin. Les consuls pouvaient, par ce moyen, payer la solde ordinaire des troupes, secourir les malades et les blessés, et subvenir à tous les autres besoins de l'armée; ils avaient d'ailleurs la faculté, et ils en usaient souvent, d'abandonner le butin aux soldats. Mais cette concession n'amenait aucun désordre; car, après la déroute de l'armée ennemie, on réunissait tout le butin, qu'on partageait par tête proportionnellement au rang de chacun. Par cette méthode le soldat cherchait à vaincre et non à piller; les légions romaines repoussaient l'ennemi sans le poursuivre, afin de ne pas rompre leurs rangs, et laissaient ce soin à la cavalerie, aux troupes légères et aux auxiliaires. Mais si l'on eût abandonné le butin à qui s'en emparait le premier, il eût été impossible et même injuste de maintenir les légions dans leurs rangs; et on se serait ainsi exposé aux plus grands dangers. Ainsi l'état s'enrichissait, et chaque triomphe des consuls grossissait le trésor public, qui n'était nourri que des contributions et du butin ennemi. Les Romains avaient encore à cet égard une autre institution très-sage. Chaque soldat était obligé de déposer le tiers de sa solde entre les mains du porte-drapeau de sa cohorte, et celui-ci ne pouvait lui en remettre aucune partie qu'à la fin de la guerre. Ils avaient eu deux motifs pour établir cette institution : ils voulaient d'abord que le soldat se fît un fonds de sa solde; car à l'armée, plus on donne d'argent aux soldats dont la plupart sont jeunes et imprévoyants, plus ils en dépensent sans aucune nécessité. Ils étaient ensuite assurés que le soldat sachant que toute sa fortune était autour du drapeau, y veillerait avec plus de zèle, et le défendrait avec plus d'acharnement. Ils leur inspiraient ainsi l'économie et la bravoure. C'est un exemple qu'il faut suivre, si l'on veut ramener une armée à son véritable esprit.

Zan. Je crois qu'il est impossible qu'une armée n'éprouve pendant sa marche quelques accidents fâcheux, dont elle ne peut se garantir que par l'habileté du général et le courage des soldats. Si, pendant cet entretien, il se présente à votre esprit quelques-uns de ces accidents, vous nous feriez plaisir de nous en parler.

FABR. Très-volontiers. Il m'est impossible de passer un tel objet sous silence, si je veux vous donner des notions complètes sur l'art de la guerre. Lorsqu'une armée est en marche, un général doit, par-dessus tout, se garder des embuscades où il peut tomber de deux façons différentes : il peut s'y jeter de lui-même pendant sa marche, ou s'y laisser attirer par les ruses de l'ennemi, sans avoir su les prévoir. Pour prévenir le premier danger, il faut vous faire précéder de gardes avancées qui aillent à la découverte. Cette précaution est d'autant plus importante, que le pays est plus propre aux embuscades, comme les pays de bois et de montagnes ; car c'est toujours un bois ou une colline qui est le théâtre de cette sorte d'expéditions. Une embuscade imprévue peut souvent vous perdre, mais prévue elle est sans danger ; les oiseaux ou la poussière ont servi quelquefois à faire découvrir l'ennemi. En se portant sur vous il élèvera des nuages de poussière qui vous annonceront son arrivée; souvent des pigeons ou d'autres oiseaux qui volent en troupe, tournant en l'air sans pouvoir se fixer dans un lieu où doit passer l'ennemi, ont fait découvrir une embuscade à un général, qui, instruit ainsi des projets formés contre lui, a envoyé les troupes en avant, a battu l'ennemi et s'est garanti du danger qui le menaçait.

Quant au second danger d'être attiré dans une embuscade par les ruses de l'ennemi, il faut, pour le prévenir, ne croire que difficilement ce qui ne vous paraît pas vraisemblable. Si, par exemple, l'ennemi vous abandonne quelque butin à faire, croyez que l'hameçon est caché sous cette amorce. Si, supérieur en nombre, il recule devant une troupe inférieure; si, au contraire, il envoie des forces très-faibles contre des forces considérables ; s'il prend subitement la fuite sans raison, dans tous ces cas craignez un piége, et ne croyez jamais que l'ennemi ne sait pas ce qu'il fait. Pour avoir moins à redouter de ses ruses, pour mieux prévenir tout danger, mettez-vous d'autant plus sur vos gardes qu'il annonce plus de faiblesse et moins de prévoyance. Et dans ce cas, vous avez deux choses à faire : ayez une juste crainte de l'ennemi, faites vos dispositions en conséquence ; mais affichez un grand mépris

pour lui dans vos discours et dans toutes vos actions apparentes; vous vous gardez ainsi de tout danger, et vous remplissez de confiance votre armée.

Songez bien que, lorsque vous marchez dans le pays ennemi, vous courez plus de dangers que dans un jour de bataille. Un général doit donc alors redoubler de précautions. Il faut d'abord qu'il ait des cartes de tout le pays qu'il traverse, qui lui fassent bien connaître les lieux, leur nombre, leurs distances, les chemins, les montagnes, les fleuves, les marais et leur nature. Pour s'assurer de cette connaissance, il aura auprès de lui, sous divers titres, des hommes de diverses classes, bien instruits du local, qu'il interrogera avec soin, dont il confrontera les discours, et dont il conservera les renseignements selon qu'ils seront plus ou moins conformes entre eux. Il enverra en avant, avec la cavalerie légère, d'habiles officiers, non pas seulement pour découvrir l'ennemi, mais pour examiner le pays, et voir s'il est semblable aux cartes et aux renseignements qu'il a obtenus. Il se fera précéder encore de guides, gardés par bonne escorte, en leur promettant de fortes récompenses pour leur fidélité, des peines terribles pour leur perfidie. Il faut par-dessus tout que l'armée ignore à quelle expédition on la conduit : rien n'est plus utile à la guerre que de cacher ses desseins, et afin qu'une attaque subite ne jette pas le désordre dans une armée, il faut la tenir toujours prête à combattre; ce qu'on a prévu est presque toujours sans danger.

Plusieurs généraux, pour éviter toute confusion dans la marche, ont partagé les équipages et les ont fait marcher sous les drapeaux. Par-là, si l'on est obligé de s'arrêter ou de faire retraite on éprouve moins d'embarras ; j'approuve fort cette méthode. Il faut encore avoir soin qu'une partie de l'armée ne s'écarte pas de l'autre pendant la marche, ou que les uns n'aillent trop vite et les autres trop doucement; car l'armée perd alors de sa solidité, et la confusion se met dans les rangs. On placera donc sur les flancs des officiers pour maintenir l'uniformité du pas, pour retarder ceux qui précipitent la marche, et faire avancer les traîneurs : mais la musique est le meilleur moyen qu'à cet égard on puisse employer.

On fera élargir les chemins pour que toujours un bataillon au moins puisse marcher de front.

On doit examiner enfin les habitudes et le caractère de l'ennemi; s'il veut vous attaquer le matin, à midi, ou le soir; s'il est plus ou moins fort en cavalerie ou en infanterie, et faire ses dispositions d'après ces renseignements. Mais il est temps d'arriver à quelques exemples.

Souvent, lorsque vous trouvant inférieur en forces, et voulant ainsi éviter le combat, vous avez pris le parti de faire retraite devant un ennemi qui vous poursuit, vous arrivez sur le bord d'un fleuve que vous n'avez pas le temps de passer; en sorte que l'ennemi est sur le point de vous atteindre et de vous combattre. Dans un tel danger, plusieurs généraux ont fait creuser un fossé autour de leur armée, l'ont rempli d'étoupe, et après y avoir mis le feu, ont passé le fleuve, sans éprouver aucun obstacle de la part de l'ennemi, arrêté par la flamme qui lui coupait tout passage.

Zan. J'ai peine à croire que cette flamme puisse être un obstacle bien difficile, lorsque je me rappelle surtout que Hannon, général des Carthaginois, entassa des matières combustibles du côté où il voulait opérer sa retraite et qu'il y mit le feu. Les ennemis n'ayant pas cru devoir garder ce côté, il fit passer son armée à travers la flamme, en ordonnant seulement à ses soldats de se couvrir le visage de leurs boucliers, afin de se défendre du feu et de la fumée.

Fabr. Votre observation est juste, mais il faut examiner la différence de cet exemple et de celui que j'ai cité. Ces généraux dont j'ai parlé avaient creusé un fossé et l'avaient rempli d'étoupe, en sorte que l'ennemi était arrêté et par la flamme et par ce fossé. Hannon, au contraire, se contenta d'élever un feu, et encore fallut-il qu'il fût peu épais, car, sans fossé même, il eût suffi pour empêcher son passage. Ne vous rappelez-vous pas que Nabis, roi des Lacédémoniens, étant assiégé à Sparte par les Romains, mit le feu à une partie de la ville pour arrêter ceux-ci qui avaient déjà pénétré dans son enceinte; et par ce moyen, non-seulement il leur ferma le passage, mais il réussit encore à les repousser. Mais revenons à notre sujet. Q. Lutatius, poursuivi par les Cimbres,

étant arrivé devant un fleuve, feignit, pour avoir le temps de le passer, de vouloir combattre l'ennemi. Il fit tracer son camp, creuser des fossés, élever quelques tentes, et envoya sa cavalerie fourrager les campagnes voisines. Les Cimbres crurent en effet qu'il campait dans ce lieu; ils s'y arrêtèrent également pour camper; et afin d'assurer leurs subsistances, ils partagèrent en différents corps leur armée. Lutatius profita de cette circonstance, et passa le fleuve sans que les Cimbres pussent y mettre aucun obstacle. Quelques généraux, manquant de ponts pour traverser un fleuve, ont détourné son cours, et en en faisant passer une partie derrière eux, ont rendu l'autre plus aisée à traverser à gué. Quand les fleuves sont très-rapides, si l'on veut que l'infanterie passe avec plus de sûreté, il faut placer une partie de sa plus grosse cavalerie au-dessus du courant, pour soutenir l'impétuosité de l'eau, et le reste au-dessous, pour secourir les fantassins que le fleuve pourrait emporter. Les rivières qui ne sont pas guéables, peuvent être traversées sur des ponts, des barques ou des outres; il faut donc toujours approvisionner son armée de ces instruments indispensables.

Souvent, au passage d'un fleuve, on rencontre l'ennemi sur l'autre rive pour vous fermer le chemin. Dans un pareil embarras, je ne connais pas de meilleur exemple à suivre que celui de César. Il était avec son armée dans la Gaule, sur les bords d'un fleuve dont le passage lui était fermé par Vercingentorix qui avait son armée sur la rive opposée. Il côtoya le fleuve plusieurs jours, ayant toujours Vercingentorix en face; enfin il campa dans un lieu couvert de bois et propre à cacher des troupes; il tira alors trois cohortes de chaque légion, qu'il fit arrêter dans ce lieu, en leur commandant de jeter un pont, d'y travailler dès qu'il serait parti, et de le fortifier aussitôt. Pour lui, il poursuivit sa marche; Vercingentorix, voyant le même nombre de légions, ne crut pas qu'il en fût resté une partie derrière, et continua de suivre César. Mais celui-ci, lorsqu'il crut avoir laissé à ses cohortes tout le temps d'établir et de fortifier le pont, revint sur ses pas, et trouvant tout disposé comme il l'avait ordonné, traversa le fleuve sans aucune difficulté.

Zan. Y a-t-il quelques moyens de découvrir les gués?

Fabr. Oui, sans doute. Chaque fois que vous apercevez, entre le fil de l'eau et le côté qui est moins rapide une espèce de raie, vous pouvez juger que dans cet endroit la rivière est moins profonde, et offre un passage plus facile que partout ailleurs; car c'est là que le fleuve entasse le plus de gravier. Cette épreuve a été faite plusieurs fois et toujours avec succès.

Zan. Si par hasard le gué est enfoncé de manière que les chevaux ne puissent prendre pied, quel parti faut-il prendre?

Fabr. On fait alors une espèce de grilles de bois, qu'on jette dans l'eau, et sur lesquelles on peut passer. Mais poursuivons notre entretien. Quelquefois un général qui s'est engagé entre deux montagnes, n'ayant plus que deux chemins pour sauver son armée, les voit tous deux occupés par l'ennemi; qu'il fasse alors ce qui a déjà été pratiqué dans une pareille circonstance: qu'il creuse derrière lui un large fossé, d'un passage difficile, qu'il ait l'air de vouloir arrêter l'ennemi de ce côté, pour pouvoir, avec toutes ses troupes, forcer le passage en avant sans craindre d'être attaqué sur ses derrières. L'ennemi, trompé par cette apparence, portera ses forces en avant, abandonnant le côté fermé par le fossé: qu'alors il jette sur ce fossé un pont de bois préparé à cet effet, et passant ainsi sans aucun obstacle, il se sauvera des mains de l'ennemi. Minucius, commandant en qualité de consul l'armée romaine en Ligurie, s'était laissé enfermer entre des montagnes, sans aucun moyen d'en sortir. Pour se tirer de ce danger, il envoya vers les passages gardés par l'ennemi quelques cavaliers numides auxiliaires, mal armés, et montés sur de maigres et petits chevaux. L'ennemi les ayant aperçus, voulut d'abord les arrêter; mais quand il eut remarqué que ces troupes marchaient sans ordre et montées sur de mauvais chevaux, il cessa de s'en effrayer, et se relâcha sur ses gardes. Les Numides profitant de cette négligence, piquèrent vivement leurs chevaux, fondirent sur l'ennemi avec fureur et passèrent sans obstacle. Bientôt, se répandant dans le pays, ils obligèrent, par leurs ravages, les Liguriens à laisser un libre passage à Minucius.

Souvent un général, assailli par une grande multitude d'ennemis, a resserré ses forces, s'est laissé envelopper, et après avoir remarqué le côté le plus faible de l'ennemi, l'a de ce côté attaqué avec fureur, et a sauvé son armée en s'ouvrant ainsi violemment un passage. Marc-Antoine, en faisant retraite devant les Parthes, s'aperçut que ceux-ci l'attaquaient toujours à la pointe du jour quand il se mettait en marche, et ne cessaient ensuite de le harceler pendant toute la route: il résolut de ne partir qu'à midi. Les Parthes crurent alors qu'il ne marcherait pas ce jour-là, et Antoine put sans être inquiété poursuivre sa route le reste de la journée. Ce même général, pour se garantir des flèches des Parthes, commanda à son armée de mettre, à leur approche, un genou en terre; il ordonne au second rang de couvrir de ses boucliers la tête des soldats du premier; au troisième, la tête des soldats du second, et ainsi de suite: de sorte que son armée était, pour ainsi dire, couverte d'un toit et à l'abri des flèches ennemies. Voilà tout ce que j'ai à vous dire sur les événements qui peuvent arriver à une armée pendant sa marche. Si vous n'avez pas d'autres observations à me faire, je passerai à une autre question.

LIVRE SIXIÈME.

Zanobi. Puisque nous allons changer de questions, je crois qu'il est convenable que Battista entre en fonctions et que j'en sorte. Nous imiterons ainsi les grands capitaines qui, selon le précepte du seigneur Fabrizio, mettent à la tête et sur les derrières de leur armée leurs meilleurs soldats, afin d'engager avec intrépidité le combat, et de le maintenir avec la même vigueur.

Cosimo a commencé l'entretien avec un grand succès, Battista le finira aussi heureusement; Luigi et moi nous l'avons soutenu entre eux deux aussi bien que nous avons pu : chacun de nous s'étant chargé avec plaisir du poste qui lui a été assigné, je suis sûr que Battista n'est pas homme à refuser le sien.

BATTISTA. Jusqu'à ce moment, j'ai fait ce que vous avez voulu, et je ne veux point changer encore. Ainsi, seigneur Fabrizio, veuillez bien continuer cet entretien, et nous pardonner de vous interrompre par tous ces compliments.

FABR. Je vous ai déjà dit que vous me faites grand plaisir d'en agir ainsi. Vos interruptions, loin de troubler le cours de mes idées, ne font que leur donner une nouvelle force : mais achevons notre entretien. Il est temps à présent de loger notre armée; car vous savez que tous les êtres animés soupirent après le repos, et un repos qui soit sûr : sans la sécurité, en effet, il n'en est point de véritable. Vous auriez peut-être voulu que j'eusse d'abord fait camper notre armée, qu'ensuite je l'eusse exercée à marcher, et conduite enfin au combat; mais nous avons été forcés de faire tout le contraire. Car, voulant vous montrer, lorsque je faisais marcher notre armée, comment elle changeait son ordre de marche en ordre de bataille, il fallait d'abord vous expliquer quel était cet ordre de bataille.

Un camp, pour être vraiment sûr, doit être fort et bien disposé. C'est l'habileté du général qui le dispose avec ordre; c'est la nature ou l'art qui font toute sa force. Les Grecs cherchaient des positions naturellement très-fortes; ils n'auraient pas choisi un camp qui ne fût appuyé d'un rocher, d'un fleuve, d'une forêt, ou de quelque autre semblable rempart. Les Romains au contraire se confiaient plus à l'art qu'à la nature, dans le choix de leur camp : jamais ils n'eussent pris une position où ils n'auraient pu déployer toutes leurs manœuvres. Par là leur camp conservait toujours la même forme, car ils ne voulaient pas s'assujettir au terrain, mais que le terrain fût assujetti à leur méthode. Il n'en était pas de même des Grecs; se réglant toujours d'après la disposition du terrain, qui variait sans cesse par la diversité des sites, ils étaient forcés de varier également leur manière de camper et la forme de leurs

camps. Les Romains suppléaient, par les ressources de l'art, à la faiblesse naturelle de leur position; et, comme ce sont eux que, jusqu'à présent, j'ai proposés pour exemple, je m'attacherai encore, dans cet entretien, à suivre leur système sur le campement des armées. Ce n'est pas que je veuille imiter servilement, à cet égard, toutes leurs institutions; je prendrai seulement celles qui me paraissent le plus praticables dans ces temps-ci.

Je vous ai dit déjà que les armées consulaires étaient composées de deux légions de citoyens romains, qui formaient environ onze mille hommes d'infanterie et six cents de cavalerie, et en outre de onze mille hommes d'infanterie qui leur étaient envoyés par les alliés; que jamais dans ces armées les soldats étrangers n'étaient en nombre supérieur aux soldats romains, si ce n'est à l'égard de la cavalerie où on ne craignait pas de voir les étrangers surpasser le nombre des citoyens; et enfin que, dans tous les combats, les Romains étaient placés au centre et les alliés sur les flancs. C'est un usage qu'ils conservaient dans leurs camps, comme vous avez pu le voir dans leurs historiens. Je ne vous développerai donc pas le système de campement des Romains; mais, en vous expliquant la méthode que je propose à cet égard, vous vous apercevrez aisément de tout ce que je leur ai emprunté.

Vous savez que, voulant me conformer aux deux légions romaines, j'ai pris pour modèle de mon armée deux brigades d'infanterie, de six mille hommes chacune, avec trois cents hommes de cavalerie par brigade. Vous vous rappelez le nombre de bataillons qui composent ces brigades, celui de leurs armes et leurs noms différents : je ne leur ai pas ajouté d'autres corps de troupes, lorsque je vous ai expliqué l'ordre de marche et de bataille de cette armée, en vous observant seulement que, si on voulait en doubler les forces, on n'avait autre chose à faire qu'à doubler les rangs. Mais à présent que je dois vous parler du campement, je ne me bornerai pas à ces deux brigades; je prendrai le nombre de troupes convenable à une armée ordinaire : ainsi, à l'imitation des Romains, je composerai mon armée de deux brigades et d'autant de troupes auxiliaires. La forme de notre camp sera plus régulière, en le traçant pour une armée complète ; mais un pareil nombre n'était point nécessaire pour les autres opérations que je vous ai déjà démontrées.

Il s'agit donc de faire camper une armée complète de vingt-quatre mille hommes d'infanterie et deux mille de cavalerie, qui formeront quatre brigades, dont deux seront composées de mes propres sujets et les deux autres d'étrangers. Après avoir choisi une position, j'arborerai le drapeau général, et ferai tracer, autour de ce drapeau, un carré dont chaque côté en sera éloigné de cinquante brasses, et regardera une des quatre parties du ciel, c'est-à-dire le levant, le couchant, le midi et le nord : c'est dans cet espace que sera la tente du général. Par des motifs de prudence, et pour imiter les Romains, je séparerai des soldats tout ce qui ne porte pas les armes, ou se trouve hors de service. Je placerai dans la partie du levant la totalité, ou du moins la plus grande partie des soldats, et les autres au couchant ; la tête du camp sera au levant ; les derrières, au couchant ; les flancs, au nord et au midi.

Afin de distinguer les logements de l'armée, je ferai tirer, à partir du drapeau général, une ligne droite qui sera portée vers le levant, dans l'espace de six cent quatre-vingts brasses ; dans la même direction, je ferai tirer deux autres lignes parallèles à celle-là, et qui en seront chacune distantes de quinze brasses. Au bout de cette première ligne, sera la porte du levant, et l'espace contenu entre les deux autres lignes formera une rue qui conduira de cette porte à la tente du général, et aura trente brasses de largeur, et six cent trente de longueur, puisque la tente du général en occupe cinquante de ce côté : cette rue s'appellera la rue Générale. Une autre rue ira de la porte du Midi à celle du Nord ; elle passera par le bout de la rue Générale, en rasant la tente du général : elle aura mille deux cent cinquante brasses, puisqu'elle s'étendra dans toute la largeur du camp ; elle sera large de trente brasses, et s'appellera la rue de la Croix. Après avoir tracé le logement du général et ces deux rues, il faut loger maintenant les deux brigades de mes propres troupes. J'en placerai une à droite de la rue Générale, et l'autre à gauche. Ayant

traversé la rue de la Croix, j'établirai trente-deux logements à la gauche de la rue Générale, et trente-deux à la droite ; mais entre le seizième et dix-septième logement, je laisserai un espace de trente brasses qui formera une rue de traverse entre tous les autres logements des brigades, comme je l'expliquerai en parlant de la distribution des divers logements. Dans ces deux rangs de logements, les premiers, de chaque côté sur la rue de la Croix, seront destinés aux commandants des gens d'armes, et les quinze logements qui suivent de chaque côté à leurs gens d'armes ; comme chaque brigade en compte cent cinquante, il y aurait ainsi dix gens d'armes par chaque logement. Les logements des commandants auront quarante brasses de largeur et dix de longueur. (Rappelez-vous ici que par largeur j'entends l'espace qui s'étend du midi au nord ; par longueur, celui du couchant au levant.) Ceux des gens d'armes auront quinze brasses de longueur et trente de largeur. Dans les quinze logements suivants qui sont au-delà de la rue de Traverse, et qui auront les mêmes dimensions que ceux des gens d'armes, je placerai la cavalerie légère qui, également composée de cent cinquante hommes, donnera dix cavaliers par chaque logement ; le seizième de ces logements sera occupé de chaque côté par le commandant de cette cavalerie, et aura la même grandeur que celui du commandant des gens d'armes. Ainsi les logements de la cavalerie des deux brigades seront placés aux deux côtés de la rue Générale, et serviront de règle pour tracer les logements de l'infanterie, comme je vais vous l'expliquer.

Je viens de loger les trois cents chevaux de chaque brigade avec leurs commandants, dans trente-deux logements, placés sur la rue Générale, et commençant à la rue de la Croix ; et j'ai laissé, entre le seizième et le dix-septième, un espace de trente brasses qui forme la rue de Traverse. Il s'agit à présent de loger les vingt bataillons qui composent les deux brigades ordinaires. Prenant donc deux bataillons à la fois, je les établirai derrière les deux côtés de la cavalerie. Leurs logements comme ceux des cavaliers, auront quinze brasses de longueur et trente de largeur, et toucheront ceux-ci par derrière. Chaque premier logement de chaque côté, qui joint la *rue de la Croix*, sera occupé par le chef d'un bataillon et placé ainsi sur la même ligne que celui du commandant des gens d'armes. Ce logement seul aura vingt brasses de largeur et dix de longueur. Dans les quinze autres logements qui suivent de chaque côté jusqu'à la *rue de Traverse*, je placerai de chaque côté un bataillon d'infanterie qui, formant quatre cent cinquante hommes, donnera trente hommes par logement. Après avoir passé la rue de Traverse, j'établirai derrière la cavalerie légère quinze autres logements de même grandeur, qui seront occupés de chaque côté par un autre bataillon d'infanterie. De ces deux côtés, les deux derniers logements vers le levant seront destinés aux chefs des deux bataillons, et placés sur la même ligne que ceux des deux commandants de la cavalerie légère ; ils auront également dix brasses de longueur et vingt de largeur. Ces deux premiers rangs de logement seront ainsi partagés entre la cavalerie et l'infanterie ; et comme je veux que cette cavalerie, ainsi que je vous l'ai déjà dit, soit tout entière propre au service, et qu'elle n'aura ainsi aucun valet pour la servir et panser ses chevaux, j'ordonnerai, à l'exemple des Romains, aux bataillons logés derrière elle, de l'aider et d'être à ses ordres, en les exemptant de tous les autres services du camp.

Derrière ces deux rangs de logements, je laisserai de chaque côté un espace de trente brasses, ce qui formera deux rues, qu'on appellera, l'une la *première rue de droite*, l'autre, la *première rue de gauche*. J'établirai ensuite de chaque côté un autre double rang de trente-deux logements, contigus, par derrière, les uns aux autres, de la même grandeur que les premiers, et séparés par la rue de Traverse, entre le seizième et le dix-septième. Là, je logerai de chaque côté quatre bataillons d'infanterie, avec leurs chefs à la tête et à la queue, comme je l'ai déjà dit. Ensuite, je laisserai encore de chaque côté un espace de trente brasses, ce qui formera deux rues, dont l'une s'appellera la *seconde rue de droite*, et l'autre la *seconde rue de gauche* ; j'établirai de la même manière un autre double rang de trente-deux logements, où je placerai de chaque côté quatre bataillons avec leurs chefs. Trois rangs de logements de chaque côté de la *rue Générale*

suffisent ainsi à la cavalerie et à l'infanterie des deux brigades ordinaires.

Les deux brigades auxiliaires, composées du même nombre d'hommes, seront logées de la même manière que les deux brigades ordinaires, dans des doubles rangs de logements. Je commencerai donc par établir un double rang de logements, partagés entre la cavalerie et l'infanterie de ces deux brigades, et séparés du dernier rang des brigades ordinaires par un espace de trente brasses, qu'on appellera d'un côté, la *troisième rue de droite*, et de l'autre, la *troisième rue de gauche*. J'établirai ensuite de chaque côté deux autres rangs de logements, séparés et occupés de la même manière que les autres, qui formeront deux autres rues qu'on appellera également d'après le numéro et le côté où elles seront placées. Ainsi, toute cette armée sera logée dans douze doubles rangs de logements établis sur treize rues, en comptant la rue Générale et la rue de la Croix. Enfin, entre les divers logements et les retranchements, je laisserai un espace de cent brasses, ce qui forme au total, depuis le centre du logement du général jusqu'à la porte du Levant, six cent quatre-vingts brasses.

De ce côté, il nous reste encore deux espaces à remplir : l'un, depuis le logement du général jusqu'à la porte du Midi ; l'autre, jusqu'à la porte du Nord : ils forment chacun, en les mesurant du centre du logement, six cent trente-cinq brasses. Mais, si j'en ôte 1° cinquante brasses, occupées par le logement du général ; 2° quarante-cinq brasses pour la place que je laisse de chaque côté du logement ; 3° trente brasses pour la rue qui séparera en deux chacun de ces espaces ; 4° les cent brasses qui restent libres tout autour des retranchements, il me restera pour les logements à y établir, un espace large de quatre cents brasses, et long de cent, ce qui égale la longueur à l'espace qu'occupe le logement du général. Coupant ces deux espaces en deux sur leur longueur, j'établirai sur chacun quarante logements longs de cinquante brasses et larges de vingt ; ce qui formera quatre-vingts logements destinés aux chefs de brigade, aux trésoriers, aux mestres-de-camp et enfin à tous les employés de l'armée. J'aurai soin qu'il en reste toujours quelques-uns de vacants pour les étrangers qui pourraient visiter l'armée et les volontaires qui viendraient servir pour faire leur cour au général.

Derrière le logement du général, je conduirai une rue du midi au nord, large de trente et une brasses, et que j'appellerai la *rue de la Tête*; elle passera le long des quatre-vingts logements dont je viens de parler, lesquels, avec le logement du général, se trouveront ainsi placés entre cette rue et la rue de la Croix. De cette rue de la Tête, et vis-à-vis le logement du général, je conduirai une autre rue à la porte du Couchant, large de trente brasses, qui, par sa position et sa longueur, répondrait à la rue Générale, et que j'appellerai la *rue de la Place*. Après avoir tracé ces deux rues, j'établirai la *Place* où se tiendra le marché. Elle sera à la tête de la rue de la Place, vis-à-vis le logement du général, joignant la rue de la Tête, et formera un carré de cent vingt et une brasses. A droite et à gauche de cette place, il y aura deux rangs de huit logements doubles, qui auront chacun douze brasses de longueur et trente de largeur. La place se trouvera ainsi entre seize logements qui en formeront trente-deux, en comprenant les deux côtés. C'est là que je placerai la cavalerie surnuméraire des brigades auxiliaires, et si elle ne pouvait y être logée tout entière, je lui abandonnerais quelques-uns des logements qui sont aux deux côtés du quartier-général, ceux principalement qui se trouveront du côté des retranchements.

Il me reste à loger maintenant les piques et les vélites extraordinaires attachés aux brigades, qui ont chacune, comme vous le savez, outre leurs dix bataillons, mille piques extraordinaires et cinq cents vélites, ce qui fait pour mes propres brigades, deux mille piques et mille vélites extraordinaires, et autant pour les brigades auxiliaires. J'ai donc encore à loger six mille hommes d'infanterie, que je placerai tous au couchant le long des retranchements. Ainsi au bout de la rue de la Tête, du côté du nord, en laissant l'espace de cent brasses jusqu'aux retranchements, j'établirai un rang de cinq logements doubles, qui occuperont soixante-quinze brasses en longueur et soixante en largeur; en sorte qu'en partageant la largeur, chaque logement aura quinze brasses de longueur et trente de largeur. Et comme il se

trouvera dix logements, j'y placerai trois cents hommes, à trente hommes par chaque logement. Laissant ensuite un espace de trente brasses, j'établirai de la même manière et sur les mêmes dimensions un autre rang de cinq logements doubles, et ensuite un autre jusqu'à ce qu'ils forment cinq rangs de logements doubles, qui feront cinquante logements, placés en ligne droite sur le côté du nord, tous également éloignés de cent brasses des retranchements, et occupés par quinze cents hommes d'infanterie. Puis, tournant sur la gauche, vers la porte du Couchant, je placerai de là jusqu'à cette porte, cinq autres rangs de logements doubles, conservant les mêmes dimensions, avec cette différence qu'il n'y aura d'un rang à l'autre que quinze brasses d'espace. Là, je logerai encore quinze cents hommes. Ainsi, de la porte du Nord à celle du Couchant, ayant établi le long des fossés cent logements, distribués en dix rangs de cinq logements doubles chacun, j'y puis loger toutes les piques et les vélites extraordinaires de mes propres bataillons. De la porte du Couchant à celle du Midi, j'établirai de la même manière, le long des retranchements, en conservant toujours les cent brasses de distance, dix rangs de dix logements chacun, destinés aux piques et aux velites extraordinaires des brigades auxiliaires; les commandants prendront du côté des retranchements les logements qui leur paraîtront le plus commodes: enfin je placerai l'artillerie le long des retranchements.

Tout l'espace qui reste vide du côté du couchant, sera occupé par la suite de l'armée et tout l'attirail du camp. Vous devez savoir que, par ce mot *d'attirail du camp*, les anciens entendaient tout ce qui était nécessaire à l'armée outre les soldats, comme les charpentiers, les forgerons, les maréchaux, les tailleurs de pierre, les ingénieurs, les artilleurs, quoique ceux-ci puissent être regardés comme de véritables soldats; les pâtres avec leurs troupeaux de bœufs et de moutons nécessaires à la subsistance de l'armée; enfin, des artisans de tout métier avec les équipages des munitions de guerre et de bouche. Je ne distinguerai pas particulièrement le logement de tout cet attirail; j'aurai soin seulement qu'il n'occupe pas les différentes rues que j'ai tracées, et je destinerai, en général, à tout le train de l'armée les quatre espaces différents qui se trouvent formés par ces rues; l'un serait pour les troupeaux, l'autre pour les artisans, le troisième pour les munitions de bouche, le quatrième pour les munitions de guerre. Les rues qui doivent rester libres sont la rue de la Place, la rue de la Tête, et une autre rue qui s'appellera la *rue du Centre*, qui ira du nord au midi, traversera la rue de la Place, et serait, pour le couchant, ce qu'est la rue de Traverse pour le levant. Je conduirai en outre derrière ces quatre espaces, une rue qui ira le long des logements des vélites et des piques extraordinaires. Toutes ces rues auront trente brasses de largeur, et l'artillerie, comme je l'ai déjà dit, sera placée sur les derrières des fossés du camp.

BAT. J'avoue que je m'entends assez peu à la guerre, et je ne rougis pas de cet aveu, puisque la guerre n'est pas mon métier; vos dispositions cependant me paraissent très-bien ordonnées; mais j'ai deux difficultés à vous proposer: je voudrais savoir d'abord pourquoi vous donnez tant de largeur aux rues et aux espaces qui sont autour des logements; enfin, et ceci m'embarrasse davantage, de quelle manière il faut se loger sur les espaces que vous avez destinés à cet effet.

FABR. Je donne aux rues trente brasses de largeur, afin qu'un bataillon d'infanterie y puisse passer en ordre de bataille, et chaque bataillon, comme vous devez vous le rappeler, occupe vingt-cinq à trente brasses de largeur. Quant à l'espace qui sépare les logements des retranchements, je lui ai donné cent brasses, afin que les bataillons et l'artillerie s'y déploient aisément; qu'on puisse y faire passer le butin, et au besoin s'y retirer derrière de nouveaux fossés et de nouveaux retranchements. Il est d'ailleurs utile que les logements soient éloignés des retranchements; car ils sont ainsi moins exposés au feu et aux autres traits de l'ennemi.

Quant à votre seconde difficulté, je ne prétends pas qu'il n'y ait qu'une seule tente dans chaque espace que j'ai tracé; ceux qui doivent y loger y placeront plus ou moins de tentes, selon qu'il leur sera commode, pourvu qu'ils ne sortent pas de la ligne qui leur est prescrite.

Pour bien tracer ces espaces, il faut avoir auprès de soi des hommes très-exercés et d'ha-

biles ingénieurs qui, aussitôt que le général a choisi sa position, disposent la forme du camp, en fassent la distribution, désignent les rues, indiquent les logements avec des cordes et des jalons, et exécutent toutes ces dispositions avec une telle promptitude que l'ouvrage soit fait en un instant. Afin d'éviter toute confusion, il faut avoir soin d'orienter le camp toujours sur le même point, pour que chacun sache dans quelle rue et sur quel espace il doit trouver son logement. C'est une habitude qu'il faut conserver dans tous les temps et dans tous les lieux, de sorte que le camp soit comme une cité mobile, qui, dans quelque lieu qu'elle soit transportée, porte avec elle les mêmes rues, les mêmes habitations, et présente toujours le même aspect. C'est un avantage que n'ont point ceux qui, cherchant des positions naturellement très-fortes, sont forcés d'assujétir la forme de leur camp aux variétés du terrain. Les Romains, au contraire, se contentaient de fortifier leur camp par des fossés, des redoutes et d'autres retranchements; ils creusaient autour de ce camp un fossé large ordinairement de six brasses, et profond de trois brasses, et ils l'agrandissaient où le creusaient davantage, selon qu'ils voulaient faire un plus long séjour, ou que l'ennemi leur paraissait plus redoutable. Quant à moi, je n'élèverais pas de palissades, à moins que je ne voulusse passer l'hiver dans un camp. Je me contenterais de fossés et de redoutes non moindres que celles des Romains, en me réservant de leur donner plus d'étendue selon les circonstances. Je ferai en outre creuser, à cause de l'artillerie, un fossé en demi-cercle à chaque angle du camp; je pourrais ainsi battre par le flanc l'ennemi qui viendrait attaquer les retranchements. Il faut beaucoup exercer l'armée à ces divers travaux des campements; habituer les officiers à tracer un camp avec promptitude, et les soldats à reconnaître en un instant leurs différents logements. C'est un exercice qui n'offre aucune difficulté comme je l'expliquerai bientôt. Je veux maintenant vous parler des gardes du camp, car sans cet objet important tous nos autres travaux deviendraient inutiles.

BAT. Avant de passer à ce sujet, je vous prie de me dire quelles précautions il faut prendre quand on veut camper près de l'ennemi. Il me semble qu'alors on ne peut, sans danger, faire tous les préparatifs que vous venez de recommander.

FABR. Jamais un général ne va camper près de l'ennemi qu'avec l'intention de lui livrer bataille, lorsque celui-ci voudra l'accepter. Avec une telle résolution il ne court aucun danger extraordinaire, car alors il tient toujours prêts au combat ses deux premiers corps de bataille, tandis que le troisième est chargé du campement. Dans une pareille occasion, les Romains donnaient ce soin aux *triaires*, tandis que les *hastaires* et les *princes* restaient sous les armes. Les *triaires*, en effet, étant les derniers à combattre, avaient toujours le temps, lorsque l'ennemi arrivait, de laisser leur ouvrage, de prendre les armes, et de se placer à leur poste. A l'exemple des Romains, vous confierez le campement aux bataillons qui sont comme les *triaires* à la dernière ligne de votre armée. Mais revenons aux gardes du camp.

Je ne me rappelle pas que les anciens plaçassent pendant la nuit, à quelque distance du camp, de ces gardes avancées qu'on appelle aujourd'hui *vedettes*. Ils pensaient sans doute que ce moyen exposait l'armée à des méprises funestes, ces gardes pouvant souvent se perdre, être séduites ou accablées par l'ennemi, et qu'il était ainsi fort dangereux de se reposer plus ou moins sur une pareille garantie. Toute la force de leurs gardes était donc dans l'intérieur de leurs retranchements où elles se faisaient avec un soin et un ordre extraordinaire, puisque tout soldat à qui il arrivait d'y manquer était puni de mort. Je ne m'arrêterai pas à vous expliquer leurs différentes règles à cet égard, ce serait vous ennuyer inutilement; il vous est facile de vous en instruire vous-même, si par hasard vous ne vous en étiez pas occupé jusqu'à ce jour. Mais voici, en peu de mots, ce que je veux établir dans mon armée. Toutes les nuits, dans les temps ordinaires, je ferai rester sous les armes le tiers de l'armée, et, de ce tiers, le quart sera toujours sur pied et réparti sur les remparts et dans les principaux postes du camp, avec de doubles gardes à chaque angle. Les uns resteront en sentinelles, et les autres feront de continuelles patrouilles d'un bout du camp à l'autre. On observera le même ordre en plein jour, quand l'armée sera près de l'ennemi.

Je ne vous parlerai pas du *mot d'ordre*, de la nécessité de le renouveler tous les jours, et de toutes les autres dispositions à prendre pour la garde du camp; tout cela est connu de tout le monde; mais il est une précaution très-importante, qui prévient beaucoup de dangers lorsqu'on s'y attache avec exactitude, et peut amener de grands maux lorsqu'on la néglige; c'est d'observer avec une extrême attention ceux qui, pendant la nuit, s'absentent du camp ou osent s'y introduire. C'est un soin qui n'est pas difficile avec l'ordre que nous sommes convenus d'établir. Car, chaque logement étant rempli par un nombre d'hommes déterminé, on voit aisément s'il s'y en trouve plus ou moins. Ceux qui sont absents sans permission, il faut les punir comme déserteurs; et les étrangers, les interroger sur leur état, leur profession et leurs autres qualités. Cette surveillance empêche l'ennemi de pratiquer des intelligences avec vos officiers, et de s'instruire de vos desseins. Sans cette attention continuelle, *Claudius* Néron n'aurait jamais pu, en présence d'Annibal, s'éloigner de son camp de la Lucanie, et y revenir après avoir été jusque dans le *Picenum*, sans qu'Annibal en eût eu le moindre soupçon.

Mais il ne suffit pas que ces règlements soient utiles par eux-mêmes, il faut encore les faire exécuter avec une grande sévérité; car dans aucune circonstance on n'a plus besoin qu'à l'armée d'une extrême exactitude. Les lois établies pour le salut d'une armée doivent donc être très-rigoureuses et exécutées sans pitié. Les Romains punissaient de mort quiconque manquait à sa garde, ou abandonnait le poste qui lui avait été assigné pour le combat; quiconque emportait en secret quelque effet du camp; quiconque se vantait d'une belle action qu'il n'avait pas faite, combattait sans l'ordre de son général, ou, par frayeur, jetait ses armes en présence de l'ennemi. Et lorsque par hasard une cohorte ou une légion entière s'était rendue coupable d'une pareille faute, comme on ne pouvait la faire périr tout entière, elle tirait au sort, et chaque soldat sur dix était mis à mort. La peine était ainsi infligée, de façon que, si tous n'en étaient pas frappés, tous au moins avaient à la craindre.

Comme il faut de grandes récompenses partout où les peines sont très-fortes, afin que les hommes aient un égal motif de craindre et d'espérer, les Romains avaient établi un prix pour chaque belle action; pour celui, par exemple, qui, pendant le combat, sauvait la vie à son concitoyen, qui sautait le premier dans une ville assiégée ou dans le camp ennemi, qui blessait ou tuait l'ennemi, ou le jetait de son cheval; tous ces actes de courage étaient reconnus et récompensés par les consuls, et publiquement loués de chaque citoyen. Le soldat qui avait obtenu des dons militaires pour quelqu'une de ces belles actions, outre la gloire et la considération dont il jouissait parmi ses camarades, les exposait, de retour dans sa patrie, avec pompe et appareil aux yeux de ses parents et de ses amis. Faut-il donc s'étonner de la puissance d'un peuple qui punissait ou récompensait avec une telle exactitude ceux qui, par leurs bonnes ou mauvaises actions, avaient mérité la louange ou le blâme?

Les Romains avaient établi une peine particulière que je ne crois pas devoir passer sous silence. Lorsque le coupable était convaincu aux yeux du tribun ou du consul, ceux-ci le frappaient légèrement d'un coup de baguette, et alors il lui était permis de fuir, et aux soldats de le tuer; chacun lui lançait des pierres ou des traits, ou l'attaquait avec d'autres armes; il lui était difficile d'aller ainsi bien loin, et très-peu en échappaient. Mais ceux-ci même ne pouvaient retourner dans leur patrie sans être couverts de honte, d'ignominie, et la mort était pour eux un supplice moins rigoureux. Cette peine des Romains est en usage chez les Suisses. Ils font tuer publiquement, par leurs camarades, les soldats condamnés à mort. Cela est très-sage et très-bien établi. Le meilleur moyen d'empêcher un homme de défendre un coupable, c'est de le charger lui-même de la punition de ce coupable; car l'intérêt que celui-ci lui inspire et le désir de son châtiment l'agitent tout différemment, lorsque la punition est remise entre ses mains ou confiée à un autre. Si vous voulez donc que le peuple ne devienne pas le complice des coupables projets d'un citoyen, faites que le peuple soit son juge. Manlius Capitolinus peut être cité à l'appui de cette opinion. Accusé par le sénat, il fut défendu par le peuple jusqu'à ce que le peuple devînt son juge; dès qu'il fut l'arbitre de sa destinée, il le condamna à mort. Ce genre de peine est donc très-propre à prévenir les séditions et à maintenir l'exécution de la justice. Comme la crainte des lois ou des hommes n'est pas un frein assez puissant pour des soldats, les anciens y joignaient l'autorité des dieux. Ils faisaient donc jurer à leurs soldats, au milieu de tout l'appareil des cérémonies religieuses, de rester fidèles à la discipline militaire. Ils cherchaient par tous les moyens possibles à fortifier en eux le sentiment de la religion, afin que tout soldat qui violerait son devoir eût à craindre, non-seulement la vengeance des hommes, mais encore la colère des dieux.

BAT. Les Romains souffraient-ils qu'il y eût des femmes dans leurs armées, ou que le soldat s'amusât à tous ces jeux qu'on autorise aujourd'hui?

FABR. L'un et l'autre était chez eux sévèrement défendu; et cette défense n'était pas très-difficile à maintenir. Ils avaient tant d'exercices ou publics ou particuliers, qui tenaient le soldat constamment occupé, qu'il ne lui restait pas le temps de songer au jeu ou à l'amour, et à tous les autres amusements de nos soldats oisifs et indisciplinés.

BAT. Cela suffit. Mais dites-moi quelle était leur manière de lever le camp?

FABR. La trompette générale sonnait trois fois. Au premier son, on levait les tentes et on pliait bagage; au second, on chargeait les bêtes de somme; au troisième, l'armée se mettait en mouvement dans l'ordre que j'ai déjà expliqué, les équipages derrière chaque corps de l'armée et les légions au centre. Ainsi vous ferez d'abord partir une brigade auxiliaire, ensuite ses équipages particuliers, et le quart des équipages publics qui aurait été logé tout entier dans l'un des quatre espaces que j'ai destiné dans le camp aux équipages. Il serait donc convenable d'assigner à chaque brigade un de ces quartiers, afin qu'au moment de décamper chacun de ceux qui l'occupent sût quelle brigade il doit suivre; et chaque brigade, suivie de ses équipages particuliers et du quart des équipages publics, marchera dans l'ordre que j'ai expliqué en parlant de l'armée romaine.

BAT. Les Romains avaient-ils d'autres règles

de campement que celles dont vous venez de nous entretenir?

FABR. Je vous répète que les Romains voulaient constamment conserver la forme de leur camp; toutes les autres considérations cédaient à celles-là. Mais il y a deux points qu'ils ne perdaient jamais de vue: ils cherchaient toujours un lieu sain, et tâchaient de ne jamais courir le risque d'être assiégés par l'ennemi, ou de se voir couper l'eau ou les vivres; pour éviter les maladies, ils s'éloignaient des lieux marécageux et exposés à des vents contagieux. Ils reconnaissaient ce danger en observant et la qualité du terrain et le teint des habitants; quand ils les voyaient d'une mauvaise couleur, asthmatiques ou attaqués de quelque autre maladie, ils portaient leur camp ailleurs. Pour ne pas courir le risque d'être assiégé, il faut examiner de quel côté et dans quel lieu sont vos amis ou vos ennemis, et juger par là ce que vous avez à craindre. Un général doit donc parfaitement connaître toutes les positions d'un pays, et avoir autour de lui des hommes qui en soient également instruits.

On évite les maladies et la famine en assujettissant l'armée à un régime réglé. Si vous voulez conserver la santé de vos soldats, vous les forcerez de toujours coucher sous la tente; vous choisirez, pour camper, des lieux qui leur offrent de l'ombre et leur fournissent du bois pour cuire leur nourriture. Vous ne les ferez pas marcher par la grande chaleur; vous aurez donc soin pendant l'été de décamper avant le jour. Pendant l'hiver, qu'ils ne se mettent en marche au milieu des glaces et des neiges, que lorsqu'ils auront les moyens de trouver du feu pour se réchauffer; qu'ils soient toujours bien vêtus, et qu'ils ne boivent jamais des eaux malsaines. Ayez toujours auprès de vous des médecins pour soigner ceux qui tombent malades; car il n'y a rien à espérer d'un général qui a également à combattre et les maladies et l'ennemi. Mais le meilleur moyen de maintenir la santé des soldats, ce sont les exercices: aussi les anciens exerçaient-ils leurs armées tous les jours. Voyez donc quel est le prix de ces exercices; dans le camp ils vous donnent la santé, et au combat la victoire.

Il ne suffit pas, pour prévenir la famine, d'empêcher l'ennemi de vous couper les vivres, il faut encore faire dans votre camp d'abondantes provisions et empêcher le gaspillage. Ayez donc toujours à la suite de votre armée des vivres pour un mois; que vos alliés soient obligés de vous en apporter tous les jours; établissez des magasins dans quelqu'une de vos places fortes, et dispensez vos provisions avec une telle économie, que chaque soldat n'en ait chaque jour qu'une mesure raisonnable. Que cette partie de l'administration militaire soit l'objet de toute votre attention, car, avec le temps, on peut triompher de tout à la guerre; mais la faim seule avec le temps triomphe de vous. Jamais un ennemi qui peut vous vaincre par la faim, ne cherchera à vous vaincre par le fer; si sa victoire alors n'est pas si honorable, elle est plus certaine et plus assurée. C'est un danger inévitable pour toute armée qui n'est pas guidée par l'esprit de justice, et qui consomme ses vivres sans mesure et au gré de son caprice. L'injustice empêche l'arrivée de toutes provisions, et le gaspillage les rend inutiles. Les anciens voulaient que chaque soldat consommât à la fois et dans le même temps, toute la portion qui lui était assignée, car l'armée ne mangeait que lorsque le général prenait son repas. L'on sait assez ce qu'il en est à cet égard dans les armées modernes; loin d'offrir, comme les anciens, des modèles d'économie et de sobriété, elles sont au contraire des écoles de licence et d'ivrognerie.

BAT. Lorsque vous avez commencé de nous parler du campement, vous nous avez dit que vous ne vouliez pas comme jusqu'alors opérer sur deux brigades, mais sur quatre, afin de nous apprendre à faire camper une armée complète. J'ai à cet égard deux questions à vous faire: comment tracerai-je mon camp pour des troupes plus ou moins nombreuses? Enfin, à quel nombre croyez-vous qu'il faille porter une armée pour combattre toute espèce d'ennemi?

FABR. Je réponds à votre première question, que si l'armée est plus ou moins forte de quatre ou six mille hommes, on ajoute ou on retranche à proportion des rangs de logements, et cette proportion croissante ou décroissante peut ainsi aller à l'infini. Cependant, lorsque les Romains réunissaient leurs deux armées consulaires, ils formaient deux camps qui se joignaient par les derrières. Quant à votre seconde question, je vous observe que l'armée romaine, composée dans les temps ordinaires de vingt-quatre mille hommes environ, n'était jamais portée, dans les plus grands dangers de la république, au-delà de cinquante mille hommes. Ce fut une pareille armée que les Romains envoyèrent au-devant de deux cent mille Gaulois qui attaquèrent l'Italie après la première guerre punique; et ils n'opposèrent pas à Annibal des forces plus nombreuses. Il est à remarquer que les Romains et les Grecs n'ont jamais fait la guerre qu'avec des armées peu considérables, mais qui avaient pour elles l'art et la discipline; les peuples de l'Orient et de l'Occident l'ont toujours faite, au contraire, par le nombre. Le mobile des Occidentaux était leur impétuosité naturelle; celui des Orientaux leur profonde obéissance pour leur monarque. Ces deux mobiles n'existant point dans la Grèce ni dans l'Italie, il a fallu recourir à la discipline, dont la puissance est tellement invincible, que par elle un petit nombre a pu triompher de la fureur et de l'acharnement d'une immense multitude. Comme nous voulons imiter les Grecs et les Romains, notre armée ne sera donc pas portée au-delà de cinquante mille hommes, s'il n'est pas même avantageux de resserrer ce nombre, car la multitude n'amène que la confusion et détruit tous les avantages de la discipline et des exercices; et Pyrrhus avait coutume de dire qu'avec quinze mille hommes il se chargerait de conquérir le monde. Mais passons à une autre question.

Nous avons fait gagner une bataille à notre armée, et parlé des accidents divers qui peuvent survenir pendant le combat; nous l'avons ensuite mise en marche et prévu tous les dangers qu'elle peut rencontrer sur sa route; enfin nous l'avons établie dans un camp, où nous allons nous reposer un peu de tant de fatigues, et parler des moyens de terminer la guerre: c'est là en effet le moment et le lieu de semblables entretiens, surtout s'il reste encore des ennemis en campagne, si l'on a à craindre des villes suspectes ou ennemies, et qu'on soit dans le cas de s'assurer des unes et d'attaquer les autres. Il faut vous parler de ces divers objets, et surmonter toutes ces difficultés avec la même gloire que nous avons combattu jus-

qu'ici. Nous allons donc nous occuper de cas particuliers.

Si plusieurs peuples se déterminent à des opérations funestes à eux-mêmes, et utiles pour vous, comme chasser une partie de leurs concitoyens, ou d'abattre les fortifications de leurs villes, il faut tellement les aveugler sur vos projets, qu'aucun d'eux ne pense que vous êtes occupé de lui, et que, négligeant de se protéger les uns les autres, ils soient successivement tous écrasés; ou bien il faut leur imposer vos conditions à tous en un même jour; chacun se croyant le seul frappé, ne songera qu'à obéir et non à résister, et tous seront ainsi soumis sans qu'il en résulte aucun trouble. Si vous suspectez la fidélité de quelque peuple, et que vous vouliez vous en assurer en l'attaquant à l'improviste, le plus sûr moyen de couvrir vos desseins est de communiquer à ce peuple quelque autre projet pour lequel vous réclamerez son assistance, et de paraître vous occuper de toute autre chose que de ce qui le concerne; ne pensant point alors que vous vouliez l'attaquer, il ne se mettra pas sur ses gardes, et vous pourrez sans peine accomplir vos desseins.

Quand vous soupçonnez qu'il y a dans votre armée un traître qui avertit l'ennemi de vos projets, il faut tirer parti de sa perfidie, lui communiquer quelque entreprise à laquelle vous êtes loin de penser, et lui cacher celle que vous méditez; feindre des craintes sur quelque dessein qui ne vous donne aucune inquiétude, et dissimuler vos craintes véritables; par là, l'ennemi croyant avoir pénétré votre pensée, se portera à quelque mouvement prévu d'avance, et tombera ainsi dans le piége que vous lui aurez tendu.

Si vous voulez, comme fit Claudius Néron, diminuer votre armée pour envoyer du secours à quelque allié sans que l'ennemi s'en aperçoive, vous aurez soin de ne pas resserrer votre camp, de maintenir les mêmes rangs et les mêmes drapeaux, enfin de ne changer en rien le nombre des gardes et des feux. Si vous voulez au contraire cacher à l'ennemi que vous venez de recevoir de nouvelles troupes, vous vous garderez d'augmenter l'étendue de votre camp. L'on voit que, pour ces divers stratagèmes, l'habitude du secret est de la plus haute importance. Aussi Metellus, faisant la guerre en

Espagne, répondit-il à quelqu'un qui lui demandait ce qu'il ferait le lendemain : *Si ma chemise en était instruite, je la brûlerais sur-le-champ.* Un homme de l'armée de Crassus lui demandait quand il ferait lever le camp. — Vous croyez donc être le seul, lui dit-il, qui n'entendrez pas la trompette ?

Pour pénétrer les secrets de l'ennemi et connaître ses dispositions, quelques généraux lui ont envoyé des ambassadeurs accompagnés d'habiles officiers, déguisés en valets, qui, saisissant cette occasion d'examiner son armée, d'en observer le fort et le faible, ont donné les moyens de le vaincre ; d'autres ont exilé un de leurs confidents, qui, se retirant chez l'ennemi, a pu découvrir et transmettre tous ses desseins ; les prisonniers servent également à faire connaître les projets de l'ennemi. Marius, dans la guerre contre les Cimbres, voulant s'assurer de la fidélité des Gaulois cisalpins, alliés du peuple romain, leur envoya des lettres cachetées et d'autres ouvertes ; dans celles-ci, il leur recommandait de n'ouvrir les autres qu'à une époque déterminée ; mais les leur ayant redemandées avant cette époque, il vit qu'elles avaient été décachetées, et qu'il ne pouvait compter sur eux.

D'autres généraux, au lieu d'aller au-devant de l'ennemi qui venait les attaquer, ont été porter la guerre dans son pays, afin de le forcer à revenir pour arrêter leurs ravages : ce moyen a très-souvent réussi. Par-là le soldat se forme à la victoire ; il acquiert de la confiance et du butin, tandis que l'ennemi, s'imaginant que là fortune lui est devenue contraire, commence à perdre courage. Cette diversion est très-utile ; mais elle ne peut avoir lieu que lorsque votre pays est plus fortifié que celui que vous attaquez, autrement elle vous perdrait. Souvent un général, assiégé dans son camp, a dû son salut au parti qu'il a pris d'entamer des négociations et de s'assurer une trève de quelques jours ; la surveillance de son adversaire s'est alors ralentie, et profitant de cette négligence, il a pu ainsi sauver son armée. C'est par ce moyen que Sylla échappa deux fois très-heureusement, et qu'Asdrubal trompa en Espagne les desseins de Claudius Néron qui le tenait assiégé. Dans une pareille circonstance, vous pouvez encore faire quelque mouvement qui tienne l'ennemi en suspens, soit en l'attaquant avec une partie de vos forces, de manière qu'attirant de ce côté toute son attention, vous ayez le temps de sauver le reste de votre armée ; soit en faisant naître quelque événement imprévu dont la nouveauté le tienne dans l'incertitude et l'embarras. C'est le parti que prit Annibal qui, étant investi par Fabius, attacha pendant la nuit des fascines aux cornes de plusieurs troupeaux de bœufs ; ce spectacle inattendu fixa toute l'attention de Fabius, et il ne pensa pas à fermer tous les autres passages à Annibal.

Un général doit chercher par-dessus tout à diviser les forces qu'il a à combattre, soit en rendant suspects au général ennemi les hommes dans lesquels il se fie davantage, soit en lui donnant quelque raison de séparer ses troupes et d'affaiblir ainsi son armée. Dans le premier cas, il ménagera les intérêts de quelques amis de son adversaire, fera respecter pendant la guerre, leurs possessions, et leur renverra sans rançon leurs enfants ou leurs amis prisonniers. Annibal ayant fait brûler toutes les campagnes autour de Rome, n'épargna que les possessions de Fabius. Coriolan, arrivé aux portes de Rome avec son armée, respecta les biens des nobles, et fit brûler et saccager ceux du peuple. Métellus, dans la guerre contre Jugurtha, engageait tous les ambassadeurs que lui envoyait celui-ci à remettre leur maître entre ses mains ; et dans les lettres qu'il leur écrivait ensuite, il ne les entretenait que de ce même projet. Par ce moyen, tous les conseillers de Jugurtha devinrent suspects à ce prince, et il les fit successivement périr. Annibal s'étant réfugié chez Antiochus, les ambassadeurs romains eurent avec lui des conférences si intimes en apparence, qu'Antiochus en fut inquiet, et Annibal n'eut plus aucune part à sa confiance.

Le plus sûr moyen de diviser les forces de l'ennemi est d'attaquer son pays ; il sera forcé d'aller le défendre, et d'abandonner ainsi le théâtre de la guerre. C'est le parti que prit Fabius, qui avait à soutenir les forces réunies des Gaulois, des Étrusques, des Umbriens et des Samnites. Titus Dimius étant en présence d'un ennemi supérieur en forces, attendait une légion à qui celui-ci voulait fermer le passage ; Dimius, pour prévenir ce dessein, répandit le bruit dans toute son armée qu'il livrerait bataille le lendemain, et fit en sorte que quelques-uns de ses prisonniers eussent l'occasion de s'échapper. Ceux-ci ayant répandu cette nouvelle dans leur camp, l'ennemi, pour ne pas diminuer ses forces, renonça au projet d'aller attaquer la légion, qui arriva sans obstacle au camp de Dimius. Il s'agissait ici, non pas d'affaiblir les forces de son adversaire, mais d'augmenter les siennes propres.

Plusieurs généraux ont laissé à dessein l'ennemi pénétrer dans leur pays, et s'emparer de quelques places fortes, afin qu'étant obligé de mettre des garnisons dans ces villes, et d'affaiblir ainsi ses forces, ils pussent plus aisément l'attaquer et le vaincre. D'autres généraux, méditant d'envahir une province, ont su feindre d'avoir des vues sur une autre; et tombant subitement sur celle où on les attendait le moins, ils s'en sont emparés avant qu'on eût été à portée de la secourir; car celui-ci ignorant si vous n'avez pas l'intention de revenir sur le point que vous aviez d'abord menacé, se voit obligé et de ne point abandonner celui-ci, et de secourir celui-là, et ne peut ainsi défendre bien ni l'un ni l'autre.

Un point bien important pour un général, c'est de savoir habilement étouffer un tumulte ou une sédition qui se serait élevée parmi ses troupes. Il faut, pour cet effet, châtier les chefs des coupables, mais avec une telle promptitude, que le châtiment soit tombé sur leur tête avant qu'ils aient eu le temps de s'en douter. S'ils sont éloignés de vous, vous manderez en votre présence, non-seulement les coupables, mais le corps entier, afin que, n'ayant pas lieu de croire que ce soit dans l'intention de les châtier, ils ne cherchent pas à s'échapper, et viennent, au contraire, d'eux-mêmes se présenter à la peine. Si la faute a été commise sous vos yeux, il faut vous entourer de ceux qui sont innocents, et avec leur secours punir les coupables. S'il s'est élevé un esprit de discorde parmi vos troupes, envoyez-les au danger, une peur commune les tiendra réunies.

Au reste, le véritable lien d'une armée, c'est la considération dont le général y jouit, qu'il ne doit jamais qu'à ses talents, et qu'il espérerait en vain de sa naissance ou de son autorité. Le premier devoir d'un général est d'assurer également la solde et les châtiments de son armée; car, sans la solde, c'est en vain qu'il voudrait punir. Comment, en effet, empêcher un soldat de voler lorsqu'il n'est pas payé, et qu'il n'a que ce moyen de soutenir sa vie? Mais si, en ayant soin que la solde ne manque jamais à l'armée, l'on ne maintient pas la sévérité des peines, le soldat devient insolent et perd tout respect pour son général; celui-ci n'a plus aucun moyen de maintenir son autorité, et de là naissent les haines et les séditions qui sont la ruine d'un armée.

Les anciens généraux avaient à vaincre une difficulté qui n'existe pas pour les généraux modernes, c'était d'interpréter à leur avantage les présages sinistres. S'il tombait une flèche sur l'armée, s'il arrivait une éclipse de lune ou de soleil, ou quelque tremblement de terre; si le général tombait en montant ou en descendant de cheval, tous ces accidents étaient défavorablement interprétés par les soldats, et ils en concevaient tant de frayeur, que si, dans ce moment, on les eût conduits au combat, on devait s'attendre à une défaite. Les généraux devaient alors expliquer ces accidents comme des effets naturels, ou les interpréter à leur avantage. César étant tombé au moment où il débarquait en Afrique, s'écria : *Je te tiens, Afrique!* D'autres sont parvenus à expliquer à leurs soldats les causes des éclipses de lune ou des tremblements de terre. De pareilles circonstances ne se représentent plus de nos jours, soit que nos soldats soient moins superstitieux, soit que notre religion écarte de notre esprit de semblables frayeurs; mais s'il survenait, par hasard, quelque événement de cette nature, il faut alors se conduire d'après l'esprit de ces anciens généraux.

Si l'ennemi, poussé à un coup de désespoir par la faim ou quelque autre nécessité semblable, ou un aveugle esprit de fureur, vient sur vous pour vous combattre, restez dans votre camp et différez le combat le plus longtemps que vous pourrez; c'est le parti que prirent les Lacédémoniens contre les Messéniens, et César contre Afranius et Pétréius. Le consul Fulvius, faisant la guerre contre les Cimbres, et ayant, pendant plusieurs jours, engagé des escarmouches de cavalerie, observa que l'ennemi sortait toujours de son camp pour le poursuivre; il posa en conséquence une embuscade derrière le camp des Cimbres, fit attaquer de nouveau par sa cavalerie, qui fut encore poursuivie par l'ennemi; et alors, ceux qui étaient en embuscade fondirent sur le camp et le mirent au pillage.

Deux armées étant en présence, un général a souvent envoyé ravager son propre pays en donnant à quelques-unes de ses troupes des drapeaux semblables à ceux de l'ennemi; celui-ci, trompé par l'apparence, est venu pour aider ces troupes et partager leur butin; et le désordre se mettant ainsi dans ses rangs, il a été aisément vaincu : c'est un stratagème qui a souvent réussi, et particulièrement à Alexandre, roi d'Épire, dans la guerre contre les Illyriens, et à Leptène de Syracuse contre les Carthaginois.

D'autres généraux, affectant une fausse peur, ont abandonné leur camp rempli de viandes et de vins, laissant ainsi à l'ennemi le moyen de boire et manger sans mesure; et lorsque celui-ci s'en était rempli avec excès, ils sont revenus sur lui, et en ont fait un grand carnage. Tamiris attaqua de cette manière Cyrus, et Gracchus les peuples de l'Espagne. Quelques-uns enfin ont empoisonné ces mêmes vivres afin d'être plus sûrs de la victoire.

Je vous ai déjà observé que je n'avais pas remarqué que les anciens tinssent pendant la nuit, hors de leur camp, des gardes avancées; je crois que leur motif était de prévenir tous les dangers qui pouvaient en résulter. En effet, souvent même, pendant le jour, des vedettes posées en avant pour observer l'ennemi ont causé la ruine d'une armée; car si, par hasard, elles sont tombées entre ses mains, il leur a fait faire par force le signal convenu pour appeler leurs propres troupes, qui, arrivant aussitôt, ont été prises ou égorgées.

Il importe souvent de tromper l'ennemi en changeant vos habitudes, car alors il se perd en se réglant sur celles que vous aviez affectées. C'est ainsi qu'un général, qui avait coutume de faire annoncer l'arrivée de l'ennemi, la nuit par des feux, et le jour par de la fumée, fit faire tout à coup, sans interruption, beaucoup de feu et de fumée, qu'il éteignit à l'arrivée de l'ennemi; celui-ci s'avançant sans apercevoir le signal de sa présence, crut qu'il n'était pas découvert, et dans cette confiance, marchant sans aucune précaution, il fut mis sans peine en déroute. Memnon de Rhodes, voulant faire abandonner à l'ennemi une position très-forte, lui envoya un faux transfuge qui l'assura que l'armée de Memnon était en révolte et se débandait en grande partie; et celui-ci, pour le confirmer dans cette opinion, fit naître à dessein quelques tumultes dans son propre camp; l'ennemi alors s'avança avec confiance pour l'attaquer, et fut complétement battu.

Il ne faut jamais pousser son ennemi au désespoir; c'est une règle que pratiqua César dans une bataille contre les Germains : s'apercevant que la nécessité de vaincre leur donnait de nouvelles forces, il leur ouvrit un passage, et aima mieux avoir la peine de les poursuivre, que de les vaincre avec danger sur le champ de bataille. Lucullus, ayant remarqué que quelques cavaliers macédoniens passaient du côté de l'ennemi, fit aussitôt sonner la charge, et ordonna au reste de son armée de les suivre; l'ennemi crut alors que Lucullus voulait engager le combat, et fondit avec une telle impétuosité sur ces cavaliers macédoniens, que ceux-ci furent obligés de se défendre, et au lieu de déserter combattirent avec vigueur.

Il est encore fort important de s'assurer, avant ou après la victoire, d'une ville dont la fidélité est suspecte. On peut, à cet égard, imiter quelques-uns des exemples suivants. Pompée se défiant de la fidélité des habitants de Catina (Catane), les pria de recevoir dans leurs murs quelques malades de son armée, et leur envoya sous ce déguisement quelques-uns de ses plus intrépides soldats qui s'emparèrent de la ville. Publius Valérius ayant de semblables soupçons sur les habitants d'Épidaure, les fit appeler à une cérémonie religieuse qui avait lieu dans un temple hors des murs de la ville, et lorsque tout le peuple fut sorti, il ne laissa rentrer que ceux dont il n'avait rien à craindre. Alexandre-le-Grand, près de partir pour l'Asie, voulant s'assurer de la Thrace, emmena avec lui tous les principaux du pays, à qui il donna des emplois dans son armée, et il les fit remplacer par des hommes sans considération. Il maintint ainsi ces grands dans la fidélité à son service, en leur donnant un traitement considérable, et le peuple dans l'obéissance, en éloignant de lui tous ceux qui auraient pu le pousser à la rébellion.

Au reste, le meilleur moyen de se gagner les peuples est de leur donner des exemples de justice et de modération. C'est ainsi que Scipion, étant en Espagne, rendit à son père et à son mari une jeune fille extrêmement belle, et réussit par-là, beaucoup plus que par les armes, à conquérir tous les cœurs espagnols. César ayant fait payer le bois qu'il avait fait couper dans la Gaule pour faire une palissade autour de son armée, acquit une grande réputation de justice, qui lui facilita la conquête du pays. Il me semble que je n'ai plus rien à ajouter aux diverses considérations que je viens de développer, et que j'ai épuisé tout ce qu'il y a à dire sur les différentes circonstances où peut se trouver une armée. Il me reste à vous parler de la manière d'attaquer et de défendre les places fortes; si je ne vous ennuie pas trop, je m'étendrai volontiers sur cette dernière partie de l'art de la guerre.

BAT. Votre bonté est si grande, que vous satisfaites à tous nos désirs sans nous laisser la crainte d'être indiscrets, puisque vous nous offrez généreusement ce que nous n'oserions vous demander. Je dois seulement vous dire que vous ne pouvez nous faire un plus grand plaisir, et nous rendre un plus important service que de poursuivre cet entretien. Mais avant de passer à une autre question, je vous prie de m'éclaircir un doute. Vaut-il mieux continuer la guerre pendant l'hiver, comme on fait aujourd'hui, ou tenir la campagne pendant l'été seulement, en prenant, à l'exemple des anciens, des quartiers d'hiver?

FABR. Sans votre sage observation, j'oubliais une considération importante qui mérite d'être examinée. Je vous répète que les anciens faisaient tout avec plus de sagesse et mieux que nous; et si nous errons quelquefois dans les autres affaires de la vie, à la guerre nous errons toujours complétement. Rien de plus dangereux et de plus imprudent que de faire la guerre pendant l'hiver; et beaucoup plus dangereux pour l'agresseur que pour celui qui attend l'attaque. En voici la raison. Tout le soin qu'on donne à la discipline militaire a pour but d'ordonner une armée pour livrer bataille à l'ennemi. C'est là le principal objet d'un général, puisque du résultat d'une bataille dépend le succès de la guerre. Celui qui sait donc le

mieux ordonner son armée et la tenir le mieux disciplinée, a le plus d'avantage le jour d'une bataille et le plus d'espérance de vaincre : d'un autre côté, il n'y a pas de plus grand obstacle au succès des manœuvres militaires que les terrains inégaux, ou les temps de pluie ou de gelée, parce que les terrains inégaux ne vous permettent pas de déployer vos rangs selon les règles de la tactique, et que vous ne pouvez dans les temps froids et humides réunir vos troupes et vous présenter en masse à l'ennemi; que vous êtes obligé, au contraire, de loger sans ordre, à de grandes distances, et de vous régler d'après les villages, les châteaux et les fermes où vous cantonnez, ce qui rend inutile toute la peine que vous avez prise pour exercer votre armée. Ne soyez pas surpris, au reste, qu'on fasse à présent la guerre pendant l'hiver; comme il n'y a aucune discipline dans nos armées, on ne connaît pas le danger de ne pas tenir réunis tous les corps de l'armée, et l'on ne s'inquiète pas de négliger des exercices et une discipline dont on n'a aucune idée. On devrait réfléchir pourtant à quels risques on s'expose en tenant la campagne pendant l'hiver, et se rappeler que l'an 1503, ce fut l'hiver seul et non les Espagnols qui détruisirent les Français sur le Garigliano. Et dans cette guerre, comme je vous l'ai déjà dit, c'est l'assaillant qui a le plus de désavantages, et qui souffre le plus des injures du temps lorsqu'il a porté la guerre dans le pays ennemi. S'il veut tenir ses troupes réunies, il doit supporter toutes les rigueurs du froid et des pluies excessives; ou s'il craint ces inconvénients, il sera forcé de séparer les différents corps de son armée. Mais comme celui qui l'attend est maître de choisir son poste, qu'il peut réunir des troupes fraîches en un instant, et fondre ainsi à l'improviste sur un corps isolé, il n'aura aucun moyen de résister à une pareille attaque. Telle fut la cause de la défaite des Français, et tel sera le sort de tous ceux qui attaqueront pendant l'hiver un ennemi qui ne manquera pas d'habileté. Que celui donc qui ne veut tirer aucun parti des forces, de la discipline, des manœuvres et du courage d'une armée, fasse la guerre pendant l'hiver. Comme les Romains, au contraire, voulaient que tous ces avantages qu'ils mettaient tant de soins à acquérir, ne leur fussent pas tout à fait inutiles, ils évitaient la guerre d'hiver, comme la guerre de montagnes, et toute autre guerre qui ne leur eût pas permis de déployer leurs talents militaires et toute leur valeur. Je n'ai plus rien à ajouter sur cette question, et je vais vous entretenir de l'attaque ou de la défense des places fortes, des postes militaires, et vous développer mon système de fortification.

LIVRE SEPTIÈME.

FABRIZIO. Vous savez que les villes et les forteresses doivent leur force à la nature ou à l'art. Elles doivent leur force à la nature, quand elles sont entourées par un fleuve ou un marais, comme *Ferrare* et *Mantoue*; ou quand elles sont bâties sur un rocher ou une montagne très-escarpée, comme *Monaco* et *San-Leo* [1]; car les villes bâties sur des montagnes d'un facile accès sont les plus faibles de toutes, à cause des mines et de l'artillerie. Aussi préfère-t-on le plus souvent aujourd'hui de construire les places fortes dans les plaines, et de se confier aux ressources de l'art.

Le premier soin d'un ingénieur est de bâtir les murs sur une *ligne brisée*, c'est-à-dire en y multipliant les angles saillants et les angles rentrants. Par ce moyen, on en éloigne l'ennemi, qui peut être attaqué par le flanc comme de front. Si les murs sont trop élevés, ils sont exposés davantage aux coups de l'artillerie; s'ils sont trop bas, ils sont plus aisément escaladés. Si vous creusez des fossés devant vos murs pour rendre l'escalade plus difficile, l'ennemi cherchera à les combler, ce qui demande peu de temps avec une grande armée, et il sera bientôt maître de vos murailles. Je crois donc que, pour prévenir ce double inconvénient, il faut, si je ne me trompe, bâtir des murs d'une certaine hauteur, et creuser les fossés derrière ces murs et non pas en dehors : voilà, ce me semble, le meilleur système de fortifications, puisqu'il vous garantit également de l'artillerie et de l'escalade, et ôte à l'ennemi les moyens de combler les fossés. Vous élèverez donc vos murs à une hauteur convenable, en ne leur

donnant pas moins de trois brasses d'épaisseur, afin qu'il soit moins aisé de les faire écrouler; vous y établirez des tours éloignées les unes des autres de deux cents brasses. Le fossé doit avoir au moins trente brasses de largeur et douze de profondeur. Vous en ferez jeter toute la terre du côté de la ville, en la faisant soutenir par un mur qui s'élèvera du fond de ce fossé au-dessus de cette jetée, jusqu'à hauteur d'homme, ce qui augmentera d'autant plus la profondeur du fossé. C'est dans ce fond que vous ferez bâtir des *casemates*, éloignées l'une de l'autre de deux cents brasses, et vous les garnirez d'artillerie, pour arrêter quiconque tenterait d'y descendre.

Vous placerez votre grosse artillerie derrière le mur du fossé, car le premier mur en avant étant assez élevé ne permet de manœuvrer que les pièces de petit calibre. Si l'ennemi veut tenter l'escalade, la hauteur de ce premier mur est pour lui un obstacle difficile à vaincre; mais si d'abord il emploie son artillerie, comme l'effet des batteries est de toujours faire tomber le mur du côté de l'attaque, les ruines ne trouvant pas de creux pour les recevoir, ne font qu'augmenter la profondeur du fossé qui est pratiqué derrière; et il est alors bien difficile à l'ennemi d'avancer, étant arrêté par ces ruines, par le fossé et par l'artillerie qui le foudroie en sûreté derrière le mur du fossé. Il n'a d'autre parti à prendre qu'à le combler : mais quelles difficultés se présentent! D'abord nous avons demandé qu'il fût large et profond; la muraille étant remplie, comme je l'ai dit, d'angles saillants et rentrants, ne permet pas aisément d'en approcher; enfin on ne peut qu'avec peine gravir sur ces ruines. Je soutiens donc que des forti-

[1] Petite ville du duché d'Urbin. (*Note du traducteur.*)

fications ainsi dirigées rendent une ville presque inexpugnable.

BAT. Si outre le fossé qui est derrière la muraille, on en creusait encore un autre en dehors, la ville n'en serait-elle pas plus forte?

FABR. Sans doute. Mais je ne raisonne que dans l'hypothèse où l'on ne voudrait faire qu'un fossé, et je dis qu'alors il vaut mieux le creuser en dedans qu'en dehors.

BAT. Préférez-vous les fossés remplis d'eau, ou les fossés à sec?

FABR. Les opinions sont partagées à cet égard. Les fossés remplis d'eau vous garantissent de la mine; mais les autres sont plus difficiles à combler. Pour moi, tout considéré, je les ferais à sec; ils sont plus sûrs. On a vu souvent en effet les fossés se geler pendant l'hiver, et faciliter la prise d'une ville: c'est ce qui arriva à la Mirandole, quand elle était assiégée par le pape Jules II. Au reste, je ferais creuser les fossés à une telle profondeur, que l'ennemi qui voudrait aller plus avant serait sûrement arrêté par l'eau.

Les murs et les fossés de mes forteresses seraient construits d'après le même système, et offriraient les mêmes obstacles aux assaillants. Et ici je dois donner un avis: 1o à ceux qui sont chargés de défendre une ville, c'est de ne jamais élever de bastions détachés des murs; 2o à ceux qui construisent une forteresse, c'est de ne pas établir dans leur enceinte des fortifications qui servent de retraite aux troupes qui ont été repoussées des premiers retranchements. Voici le motif de mon premier avis: c'est qu'il faut toujours éviter de débuter par un mauvais succès, car alors vous inspirez de la défiance pour toutes vos autres dispositions, et vous remplissez de crainte tous ceux qui ont embrassé votre parti. Vous ne pourrez vous garantir de ce malheur en établissant des bastions hors des murailles. Comme ils seront constamment exposés à la fureur de l'artillerie, et qu'aujourd'hui de semblables fortifications ne peuvent longtemps se défendre, vous finirez par les perdre, et vous aurez ainsi préparé la cause de votre ruine. Lorsque les Génois se révoltèrent contre le roi de France Louis XII, ils bâtirent ainsi quelques bastions sur les collines qui les environnent; et la prise de ces bastions, qui furent emportés en quelques jours, entraîna la perte de la ville même.

Quant à ma seconde proposition, je soutiens qu'il n'y a pas de plus grand danger pour une forteresse que d'avoir d'arrière-fortifications, où les troupes puissent se retirer en cas d'échec; car lorsque le soldat sait qu'il a une retraite assurée, quand il aura abandonné le premier poste, il l'abandonne en effet, et fait perdre ainsi la forteresse entière. Nous en avons un exemple bien récent par la prise de la forteresse de Forli, défendue par la comtesse Catherine, contre César Borgia, fils du pape Alexandre VI, qui était venu l'attaquer avec l'armée du roi de France. Cette place était pleine de fortifications où l'on pouvait successivement trouver une retraite. Il y avait d'abord la citadelle séparée de la forteresse, par un fossé qu'on passait sur un pont-levis, et cette forteresse était divisée en trois quartiers séparés les uns des autres par des fossés remplis d'eau et des ponts-levis. Borgia ayant battu un de ces quartiers avec son artillerie, fit une brèche à la muraille que ne songea point à défendre M. de Casal, commandant de Forli. Il crut pouvoir abandonner cette brèche pour se retirer dans les autres quartiers. Mais Borgia une fois maître de cette partie de la forteresse, le fut bientôt de la forteresse tout entière, parce qu'il s'empara des ponts qui séparaient les différents quartiers. Ainsi fut prise cette place qu'on avait cru jusqu'alors inexpugnable, et qui dut sa perte à deux fautes principales de l'ingénieur qui l'avait construite. 1o Il y avait trop multiplié les fortifications; 2o il n'avait pas laissé chaque quartier maître de ses ponts. Ces défauts de construction, et le peu d'habileté du commandant, rendirent ainsi inutile la magnanimité de la comtesse qui avait eu le courage de résister à une armée que n'avaient osé attendre le roi de Naples ni le duc de Milan. Mais quoique ses efforts n'aient point eu le résultat qu'elle avait droit d'en attendre, elle n'en obtint pas moins toute la gloire que méritait son courage; ce qui a été attesté dans ces derniers temps par le grand nombre de vers composés à sa louange.

Si j'avais donc à construire une forteresse, je l'entourerais de murs solides et de fossés profonds, selon les règles que j'ai déjà données, et dans l'intérieur je n'élèverais d'autres constructions que de petites maisons faibles et peu élevées, et tellement disposées, que du milieu de la place on pût découvrir tous les côtés des fortifications. Ainsi le commandant verrait aisément sur quel point il doit porter des renforts, et chacun sentirait qu'à la défense des fossés et du retranchement est attaché le salut de la forteresse. Si je me déterminais à construire des fortifications dans l'intérieur, je disposerais les ponts-levis de façon que chaque quartier fût maître des siens, et j'aurais soin, pour cet effet, de faire tomber le pont sur des pilastres élevés au milieu du fossé.

BAT. Vous avez dit que les petites places ne peuvent guère aujourd'hui se défendre; il me semble au contraire avoir entendu dire que plus les fortifications sont resserrées, plus elles offrent de résistance.

FABR. Vous ne m'avez pas bien compris; car il est impossible aujourd'hui d'appeler une place forte, tout lieu où les troupes qui le défendent ne peuvent se retirer derrière de nouveaux fossés et de nouveaux remparts. Telle est en effet la violence de l'artillerie, que c'est tomber aujourd'hui dans une erreur funeste que de fonder son salut sur la force d'un seul mur ou d'un seul retranchement; et comme les bastions (à moins qu'ils ne passent la mesure ordinaire, et alors ils seraient des places fortes et de véritables châteaux) ne peuvent jamais offrir cette seconde défense dont je viens de parler, ils sont en peu de jours enlevés par l'ennemi. Il est donc prudent de renoncer à ces bastions, et de se borner à fortifier l'entrée des places fortes, à couvrir les portes par des ravelins, de manière qu'on ne puisse jamais entrer ou sortir en ligne droite, et établir enfin entre le ravelin et la porte un fossé et un pont-levis. On fortifie encore les portes des villes avec des *herses* qui, lorsque la garnison a fait une sortie et a été repoussée par l'ennemi, empêchent que celui-ci n'entre pêle-mêle avec elle dans la ville. Ces herses, que les anciens appelaient *cataractes*, en s'abaissant, ferment le passage aux assiégeants et sauvent ainsi les assiégés; car alors la porte et le pont-levis ne sont d'aucune ressource, puisqu'ils sont l'un et l'autre occupés par la foule.

BAT. J'ai vu de ces herses en Allemagne, faites avec des solives en forme d'un gril; les nôtres au contraire sont construites de grosses planches toutes jointes ensemble. Je voudrais savoir d'où vient cette différence, et laquelle de ces deux méthodes est la plus sûre.

FABR. Je vous répète que partout aujourd'hui les institutions militaires, comparées à celles des anciens, sont vicieuses; mais que c'est une science perdue tout-à-fait en Italie, et que, si nous avons quelque chose de supportable, nous le devons tout entier aux Ultramontains. Vous savez, et vos amis peuvent se le rappeler, quel était l'état de faiblesse de nos places fortes avant l'invasion de Charles VIII en Italie, dans l'an 1494. Les créneaux n'avaient pas plus d'une demi-brasse d'épaisseur; les embrasures des canons et des autres armes de trait étaient très-étroites à l'embouchure et très-larges en dedans; il y avait enfin une foule d'autres vices de construction qu'il serait ennuyeux de détailler ici. Rien de plus aisé en effet que de faire sauter des créneaux aussi minces et d'ouvrir des embrasures ainsi construites. Aujourd'hui nous avons appris des Français à faire le créneau large et solide; nos embrasures de canon, larges d'abord en dedans, se resserrent à la moitié du mur, et s'élargissent ensuite de nouveau à l'embouchure; et l'artillerie ne peut plus aussi aisément démonter les pièces. Les Français ont ainsi beaucoup d'autres usages qui, n'ayant point été sous les yeux de nos Italiens, n'ont jamais fixé leur attention. Telle est cette espèce de herse, faite en forme de gril, qui est de beaucoup supérieure à la nôtre. En effet, lorsqu'une porte est fermée par une herse d'une seule pièce comme chez nous, en la faisant tomber, on ne peut plus attaquer l'ennemi, qui peut la renverser en sûreté par la hache ou par le feu. Mais quand la herse est en forme de gril, on peut, dès qu'elle est baissée, la défendre à travers les solives, avec la lance, l'arbalète et les autres armes.

BAT. J'ai remarqué en Italie un autre usage ultramontain; c'est de courber vers les moyeux les rayons des roues des affûts de canon. Je voudrais savoir d'où vient cet usage; il me semble que ces rayons seraient plus forts étant droits comme ceux de nos roues ordinaires.

FABR. Ne croyez jamais que les choses extraordinaires soient faites sans dessein, et ce serait une erreur de croire que les Français ont voulu seulement par là donner plus de beauté leurs roues, car on ne s'inquiète pas de la beauté quand il s'agit de la solidité; c'est qu'en effet ces roues sont plus solides et plus sûres; et en voici la raison. Quand l'affût est chargé, il porte également des deux côtés, ou il penche de l'un ou de l'autre; s'il porte également, chaque roue, soutenant le même poids, n'est pas excessivement chargée; s'il vient à pencher, tout le poids de l'affût tombe sur une roue, et si les rayons de celle-ci sont droits, ils peuvent aisément se briser; ils penchent en effet avec la roue, et ne supportent plus le poids d'aplomb. Ainsi, c'est lorsque le char porte également et qu'ils sont moins chargés, que ces rayons sont les plus forts; et ils sont les plus faibles, lorsque l'affût étant penché, ils sont chargés davantage. C'est tout le contraire pour les rayons courbés des affûts français. Lorsque leurs affûts viennent à pencher et s'appuyer sur une des roues, ces rayons ordinairement courbés, deviennent alors droits et portent tout le poids d'aplomb; et lorsque l'affût marche également, et qu'ils sont courbés, ils ne portent alors que la moitié du poids. Mais revenons à nos villes et forteresses.

Afin de pouvoir, pendant un siége, mieux assurer les sorties et les retraites de leurs troupes, les Français, outre les moyens dont j'ai déjà parlé, ont inventé une autre espèce de fortification dont je n'ai pas vu encore d'exemple en Italie. Au bout du pont-levis, ils élèvent deux pilastres sur chacun desquels ils balancent une poutre, dont la moitié se trouve sur le pont, et l'autre en dehors. Ces deux poutres, en dehors, sont jointes ensemble par deux petites solives disposées en forme de gril, et aux deux bouts de la partie qui est en dedans du pont, ils attachent une chaîne. Quand ils veulent fermer le pont en dehors, ils laissent aller les chaînes, et font ainsi descendre toute la partie grillée des poutres qui se trouve alors fermer le pont; quand ils veulent l'ouvrir, ils tirent les chaînes, et les poutres se lèvent; mais l'ouverture peut être proportionnée à la hauteur d'un fantassin et non d'un cavalier, ou bien seulement à la hauteur d'un cavalier, et elle peut aussitôt se refermer, puisque ces poutres s'élèvent et s'abaissent comme des ventaux de créneaux. Cette porte est plus sûre que la herse, car il est difficile que l'ennemi puisse l'arrêter,

parce qu'elle ne tombe pas en ligne droite comme la herse qu'on peut aisément étançonner.

Telles sont les règles que doivent suivre ceux qui veulent élever des places fortes. Ils doivent en outre défendre de bâtir ou planter à un mille au moins des fortifications, de manière que tout ce terrain n'offre qu'une surface plane où il n'y ait ni arbres ni buissons, ni levée ni maison qui puisse arrêter la vue et couvrir l'ennemi qui vient assiéger la ville. Remarquez ici qu'une place n'est jamais plus faible que lorsqu'elle a ses fossés en dehors des fortifications, avec la jetée plus haute que le reste du terrain. Car cette jetée sert alors de rempart aux assiégeants; elle n'arrête en rien leurs attaques, puisqu'on peut aisément y pratiquer des ouvertures pour l'artillerie. Mais entrons dans la ville.

Il est inutile de vous recommander, outre les diverses dispositions dont je viens de parler, de faire de grandes provisions de munitions de guerre et de bouche. Ce sont des précautions dont tout le monde sent l'importance, puisque sans elles, toutes les autres deviennent inutiles. A cet égard, il y a deux objets principaux qu'il ne faut pas perdre de vue; vous devez d'abord vous approvisionner abondamment, et ensuite ôter à l'ennemi tout moyen d'employer les productions de votre pays. Il faut donc détruire tous les bestiaux, tout le fourrage et tout le blé que vous ne pouvez resserrer.

Le commandant d'une ville assiégée doit avoir soin que rien ne se fasse en tumulte et sans ordre, mais que chacun dans toutes les circonstances sache bien ce qu'il a à faire. Il faut pour cela que les femmes, les vieillards, les enfants et tous les gens hors de service se tiennent renfermés dans leur maison, et laissent la place libre à tous les jeunes gens en état de porter les armes. Ceux-ci se partageront la défense de la ville; les uns seront établis à la garde des murs et des portes, les autres aux principaux postes de l'intérieur, afin d'arrêter les désordres qui pourraient survenir. D'autres enfin n'auront aucun poste particulier, mais seront prêts à porter du renfort à tous ceux qui seraient menacés. Avec de telles dispositions, il est difficile qu'il s'élève dans la ville des mouvements qui y répandent le désordre.

A l'égard de l'attaque et de la défense des

places, il ne faut pas oublier que rien ne donne plus l'espérance de s'en emparer que de savoir que les habitants n'ont jamais vu l'ennemi; car souvent alors la frayeur seule leur fait ouvrir leurs portes sans avoir même été attaqués. Quand on assiège une telle ville, il faut, par les plus terribles démonstrations, tâcher de frapper tous les cœurs d'épouvante. D'un autre côté, le commandant de cette ville doit établir aux différents postes attaqués par l'ennemi des hommes intrépides, que les armes seules, et non pas un vain bruit, peuvent intimider. Si, en effet, cette première attaque est sans succès, les assiégés redoublent de courage, et l'ennemi alors a besoin de tous ses talents et de toute sa réputation pour les vaincre.

Les instruments militaires employés par les anciens pour défendre les villes étaient les *balistes*, les *onagres*, les *scorpions*, les *arcobalistes*, les *frondes*, etc. Les instruments d'attaque n'étaient pas moins nombreux; c'étaient les *béliers*, les *tours*, les *mantelets*, les *faux*, les *tortues*, etc. Aujourd'hui l'on n'emploie plus que l'artillerie, qui sert à la défense et à l'attaque, et sur laquelle je n'entrerai dans aucun détail. Je reviens donc à mon sujet, et vais vous entretenir des moyens particuliers d'attaque. Le double but des assiégés est de se garantir d'être subjugués par la faim ou vaincus par la force. Quant à la faim, j'ai averti de se munir abondamment de vivres avant le commencement d'un siége. Mais quand les vivres viennent enfin à manquer par les longueurs du siége, il faut recourir à un moyen extraordinaire pour en obtenir de vos amis du dehors intéressés à votre salut. Ce moyen est plus facile lorsque la ville est traversée par un fleuve. C'est ainsi que *Casilinum* étant assiégé par Annibal, les Romains, ne pouvant autrement secourir cette forteresse, jetèrent dans le Vulturne qui la traversait, une grande quantité de noix, qui suivirent le cours de cette rivière, sans qu'Annibal pût les arrêter, et nourrirent pendant quelque temps les assiégés. Souvent des assiégés, pour prouver à l'ennemi que le grain ne leur manquait pas, et lui ôter l'espoir de les vaincre par la faim, ont jeté du pain par-dessus les murailles, ou fait manger du grain à un bœuf qu'ils ont laissé prendre, afin que l'ennemi, venant à le tuer et à le trouver

rempli de blé, leur supposât une abondance de vivres qu'ils n'avaient pas.

D'un autre côté, des généraux illustres ont employé divers moyens pour épuiser les vivres de l'ennemi. Fabius laissa faire les semailles aux habitants de la Campanie, afin qu'ils eussent de moins le grain qu'ils auraient semé. Denys, étant campé devant *Reggium*, feignit de traiter avec eux, et les détermina à lui fournir des vivres pendant les conférences. Lorsqu'il les eut ainsi épuisés, il les bloqua de nouveau, et finit par les affamer. Alexandre-le-Grand, voulant assiéger Leucade, commença par attaquer toutes les forteresses environnantes, et laissa toutes ces garnisons se réfugier à Leucade, qui se trouva bientôt épuisée de vivres par ce surcroît d'habitants.

Quant aux attaques de vive force, j'ai déjà dit qu'il faut surtout se garantir du premier assaut; c'est par ce moyen que les Romains s'emparèrent de beaucoup de places fortes en les attaquant à la fois de tous côtés; ils appelaient ce genre d'attaque *aggredi urbem coronâ*. Scipion s'empara ainsi de Carthagène en Espagne. Quand on parvient à soutenir ce premier choc, on n'a plus guère à craindre les autres assauts. Si, par hasard, l'ennemi ayant forcé les murailles, a pénétré dans l'intérieur de la ville, les habitants ne sont pas encore sans ressource s'ils ne s'abandonnent pas eux-mêmes; car on a vu souvent une armée qui avait déjà pénétré dans l'intérieur d'une ville, en être bientôt repoussée avec beaucoup de perte des siens. La seule ressource qui, dans une pareille circonstance, reste aux assiégés, c'est de se maintenir dans les postes élevés, et de combattre l'ennemi du haut des tours et des maisons. Il y a deux moyens pour les assiégeants de se garantir d'un pareil danger: l'un est de faire ouvrir les portes de la ville, de manière que les habitants puissent faire leur retraite sans crainte; l'autre est de faire proclamer qu'on ne poursuivra que ceux qui auront les armes à la main, et qu'il sera pardonné à tous les habitants qui viendront se soumettre. Cet expédient a beaucoup aidé à la conquête d'un grand nombre de places.

Un autre moyen de s'emparer sans peine d'une place forte, c'est de l'attaquer à l'improviste. Pour cet effet, vous vous en tiendrez éloigné á une certaine distance ; les habitants croiront ainsi que vous n'avez aucune vue sur eux, ou que vous ne pourriez rien entreprendre sans qu'ils fussent informés d'avance par la distance des lieux ; et si alors vous venez les attaquer en secret et avec de grandes précautions, vous pouvez presque toujours compter sur un succès assuré. Je n'aime point à raisonner sur les événements de mon temps ; parler de moi ou des miens, serait sujet à des inconvénients ; parler des autres, serait s'exposer à des erreurs. Je ne puis cependant passer ici sous silence l'exemple de César Borgia, nommé le duc de Valentinois, qui, se trouvant avec son armée à Nocera, feignit d'aller punir Camerino ; et, se tournant tout à coup vers l'état d'Urbin, s'en rendit maître en un seul jour sans aucune peine ; ce qu'un autre général n'eût pu jamais faire sans beaucoup de temps et de dépenses.

Les assiégés doivent surtout se garantir des piéges et des ruses de l'ennemi : s'ils voient les assiégeants faire constamment une même chose, qu'ils entrent en défiance, et croient qu'on leur tend un piége qui peut leur devenir funeste. Domitius Calvinus, assiégeant une place forte, avait pris pour habitude de faire tous les jours le tour des murailles avec une partie de son armée, les habitants crurent à la fin que ce n'était là qu'un exercice militaire, ne se tinrent plus sur leur garde avec la même vigilance, et aussitôt Domitius attaqua la place et s'en rendit maître. Quelques généraux, instruits qu'il devait arriver des renforts aux assiégés, ont fait revêtir à leurs soldats l'uniforme des ennemis ; et ceux-ci, reçus dans la ville par l'effet de ce déguisement, s'en sont emparés sans peine. Cimon d'Athènes ayant mis le feu, pendant la nuit, à un temple placé hors des murs d'une ville qu'il assiégeait, les habitants accoururent pour arrêter l'incendie, et lui livrèrent ainsi la ville. D'autres généraux enfin ayant tué des fourrageurs d'une place assiégée, ont fait revêtir leurs habits à une partie de leurs soldats, qui ont pu, par cette ruse, leur en ouvrir les portes.

Les anciens généraux ont employé divers moyens pour éloigner les garnisons des villes qu'ils voulaient assiéger. Scipion, étant en Afrique, et voulant s'emparer de quelques places fortes gardées par les Carthaginois, feignit plusieurs fois de les vouloir attaquer, et de s'en éloigner ensuite par la crainte de ne pas réussir. Annibal, trompé par cette apparence, tira toutes les garnisons de ces places, pour lui opposer de plus grandes forces et le vaincre plus aisément ; mais Scipion, instruit de cette faute, envoya aussitôt Massinissa pour s'emparer de ces places abandonnées. Pyrrhus, attaquant la capitale de l'Illyrie, défendue par une nombreuse garnison, feignit de désespérer de la soumettre, et se porta contre d'autres villes ; la capitale, pour leur envoyer des renforts, affaiblit sa garnison, et donna ainsi à Pyrrhus les moyens de s'en rendre maître.

Pour s'emparer d'une ville, on a souvent empoisonné les eaux et détourné le cours d'une rivière ; mais c'est un moyen qui réussit rarement. On a quelquefois déterminé des assiégés à se rendre par la nouvelle d'une victoire, ou de nouveaux renforts qui arrivent contre eux. Les anciens généraux ont eu souvent recours à la trahison et cherché à corrompre quelques habitants. Chacun, à cet égard, a employé des moyens différents. Souvent un faux transfuge a acquis chez les assiégés un crédit et un ascendant dont il s'est servi au profit du général qui l'avait envoyé : il peut faire connaître ainsi la disposition des différentes gardes, et donner le moyen de s'emparer plus aisément de la ville ; ou bien, sous différents prétextes, embarrasser la porte par un chariot ou des poutres, et faciliter par là l'entrée de l'ennemi. Annibal détermina un habitant à lui livrer une forteresse des Romains, en sortant la nuit comme pour aller à la chasse, sous prétexte que, pendant le jour, il avait peur de l'ennemi, et revenant ensuite, ayant mêlé à son équipage de chasse quelques soldats qui tuèrent la garnison, et ouvrirent les portes aux Carthaginois.

Il faut tâcher d'attirer les assiégés loin de leurs retranchements, en feignant de fuir devant eux lorsqu'ils font des sorties. Dans un tel cas, plusieurs généraux, et entre autres Annibal, se sont laissé enlever leur camp même, afin de pouvoir couper la retraite aux assiégés et s'emparer de leur ville. C'est encore une excellente ruse de feindre de lever le siége : c'est ainsi que l'Athénien Phormion, après avoir ravagé le pays de Chalcis, reçut leurs ambassadeurs, leur fit les plus belles promesses, inspira aux habitants la plus grande sécurité, et, profitant de cette aveugle confiance, finit par se rendre maître de leur ville.

Les assiégés doivent veiller avec soin sur leurs gens suspects, mais souvent on s'en assure davantage par des bienfaits que par des châtiments. Marcellus savait que Lucius Brancius, de la ville de Nole, était porté d'inclination pour Annibal ; mais il le traita avec tant de bonté et de générosité que, changeant le cours de ses dispositions secrètes, il en fit le meilleur ami des Romains.

C'est plutôt lorsque l'ennemi s'éloigne que lorsqu'il est proche, qu'il faut être le plus sur ses gardes, et c'est sur les postes que l'on croit les plus sûrs qu'il faut veiller davantage ; car un grand nombre de villes ont été prises du côté où l'ennemi était le moins attendu. Ces sortes de surprises ont deux causes, soit que les assiégés aient cru inaccessible le poste qui a été attaqué, soit que l'ennemi, ayant fait d'un côté une fausse attaque, se soit porté de l'autre en silence. Les assiégés doivent donc employer tous leurs soins pour prévenir ces deux dangers, tenir en tout temps et surtout la nuit des fortes gardes sur les murailles, et y établir non-seulement des hommes, mais même des chiens féroces et actifs qui puissent de loin sentir l'ennemi et le faire découvrir par leurs aboiements. Ce ne sont pas seulement des chiens, mais aussi des oies qui ont quelquefois sauvé une ville, comme il arriva à Rome quand les Gaulois assiégeaient le Capitole. Pendant le siège d'Athènes par les Lacédémoniens, Alcibiade, pour s'assurer de la vigilance des gardes ordonna, sous des peines sévères, que chaque fois qu'il élèverait une lumière pendant la nuit, les gardes en élevassent une également. Iphicrate tua une sentinelle endormie, en disant : « qu'il la laissait comme il l'avait trouvée. »

Les assiégés emploient divers moyens pour faire parvenir des avis à leurs amis ; pour ne pas confier leurs secrets à des messagers, ils les écrivent en chiffres, et les font passer par différentes voies. Les chiffres sont convenus entre les correspondants ; voici comme on peut les faire passer. On cachera la lettre, soit dans le fourreau d'une épée, soit dans de la pâte qu'on fera cuire en pain pour donner au porteur, soit dans les parties les plus secrètes du corps humain, soit dans le collier d'un chien qui accompagnera le messager. On peut aussi mettre dans une lettre des choses insignifiantes, et écrire dans les interlignes avec de certaines eaux qui, lorsqu'on mouille ou qu'on échauffe le papier, font paraître les lettres. C'est une invention qui a eu, dans notre temps, les plus heureux effets. Quand on voulait faire tenir quelques secrets à ses amis, retirés dans une place forte, et n'employer aucun intermédiaire, on faisait attacher à la porte des églises des lettres d'excommunication, écrites dans la forme ordinaire et interlignées comme je viens de dire ; et ceux à qui elles étaient adressées, les reconnaissant à quelque signe convenu, les détachaient et les lisaient à leur aise. Ce moyen est le plus sûr et est sans danger, puisque le porteur peut être trompé le premier.

Il y a une foule d'autres expédients de même genre, que chacun peut trouver de lui-même. Au reste, il est beaucoup plus aisé d'écrire à des assiégés, qu'il ne l'est à des assiégés d'écrire à ceux de dehors. Ils n'ont guère, en effet, d'autres moyens d'envoyer leurs lettres que par de faux transfuges ; mais ce moyen est douteux et plein de danger, surtout avec un ennemi vigilant et soupçonneux. Ceux, au contraire, qui écrivent du dehors, peuvent, sous différents prétextes, faire entrer leur messager dans le camp des assiégeants, et là, il aura plus d'une occasion favorable pour pénétrer dans la ville.

Je vais maintenant vous entretenir du système actuel de l'attaque des places. Êtes-vous attaqué dans une ville qui n'a point de fossés en dedans des murs. Ainsi que je l'ai recommandé, il faut, pour empêcher l'ennemi de pénétrer par les brèches, car il est impossible de s'opposer à cet effet de l'artillerie, il faut, dis-je, dès le commencement de l'attaque creuser derrière le mur battu de l'artillerie ; un fossé large au moins de trente brasses, et jeter toute la terre du fossé du côté de la ville, ce qui formera un retranchement et augmentera la profondeur du fossé. Il faut entreprendre cet ouvrage assez à temps, pour qu'à la première brèche vous ayez déjà creusé cinq ou six brasses. Il est important, pendant qu'on creuse ce fossé, de le fermer de chaque côté avec une casemate : quand le premier mur résiste assez pour vous donner le temps de faire ce fossé et ces casemates, la brèche alors devient la partie la plus forte de la ville, parce que ce retranchement que vous venez de construire tient lieu des fossés intérieurs que j'ai recommandés. Si, au contraire, le mur est faible et ne vous laisse pas achever votre ouvrage, il faut alors déployer toute votre valeur, et opposer à l'ennemi toutes vos troupes et toutes vos forces. Cette manière de se construire un nouveau retranchement a été pratiquée par les Pisans, quand nous allâmes assiéger leur ville. Ils n'y trouvèrent pas de grandes difficultés, parce que leurs murailles, étant fort solides, leur en donnèrent le temps, et qu'ils travaillaient sur une terre argileuse, tenace, et très-propre à élever des retranchements; mais, sans ces deux avantages, ils étaient perdus. C'est donc une utile précaution d'entreprendre d'avance cet ouvrage, et de creuser des fossés dans l'intérieur de la ville, tout autour des retranchements, selon la méthode que j'ai donnée, car alors on peut attendre l'ennemi en repos et avec une pleine sécurité.

Les anciens s'emparaient souvent des villes par le moyen des mines. Ils creusaient en secret des chemins souterrains, qu'ils conduisaient jusque dans la ville, et qui leur en ouvraient l'entrée : c'est ainsi que les Romains se rendirent maîtres de Veies; ou bien ils minaient les murailles, et les faisaient tomber en ruines. Cette dernière méthode est plus en usage aujourd'hui. Voilà la cause de la faiblesse des villes placées sur des hauteurs; en effet, elles sont beaucoup plus aisées à miner. Lorsque la mine est une fois remplie de poudre à canon, en y mettant le feu, non-seulement le mur s'écroule, mais la montagne s'entr'ouvre, et toutes les fortifications se renversent de toutes parts. Le moyen de prévenir ce danger est de bâtir votre ville dans la plaine et de creuser le fossé qui environne la place, à une telle profondeur, que l'ennemi ne pourra creuser plus avant sans trouver l'eau, seul obstacle qu'on puisse opposer à ces mines. Si vous défendez une ville bâtie sur une hauteur, le meilleur moyen de vous garantir des mines de l'ennemi est de chercher à les éventer, en creusant dans la ville un grand nombre de puits très-profonds. On peut encore faire des contremines, quand on connaît précisément le lieu

miné par l'ennemi. Ce moyen est excellent, mais il est difficile de découvrir les mines lorsqu'on est attaqué par un ennemi qui ne manque pas d'habileté.

Les assiégés doivent veiller surtout à ne pas se laisser surprendre pendant les temps du repos, comme après un assaut, à la fin des gardes, c'est-à-dire le matin à la pointe du jour, et le soir au crépuscule, et principalement au moment des repas. C'est à de pareilles heures que la plupart des villes ont été prises, et que les assiégés ont souvent détruit l'armée des assiégeants. Il faut donc être toujours gardé de tous côtés, et tenir la plus grande partie de ses troupes toujours armées. Au reste, je dois observer ici que ce qui rend vraiment difficile la défense d'une ville ou d'un camp, c'est la nécessité où sont les assiégés de tenir toujours leurs troupes divisées; l'ennemi pouvant en effet réunir les siennes pour attaquer un seul poste, quand il lui plaît, les assiégés doivent être constamment sur leurs gardes de tous côtés : ainsi celui-là peut attaquer avec toutes ses forces, tandis que ceux-ci ne se défendent jamais qu'avec une partie des leurs. Les assiégés d'ailleurs peuvent être battus sans ressources, et les assiégeants ne courent d'autre risque que d'être repoussés. Aussi a-t-on vu souvent des généraux, assiégés dans une ville ou dans un camp, en sortir avec toute leur armée, quoique inférieure en forces, combattre et vaincre l'ennemi. C'est le parti que prit Marcellus à Nole, et César dans les Gaules. Celui-ci étant attaqué dans son camp par une immense multitude de Gaulois, sentit qu'en restant dans les retranchements il serait forcé de diviser ses forces, et ne pourrait attaquer l'ennemi avec chaleur et se défendre avec succès. Il abattit donc une partie du camp, et, s'y précipitant avec toutes ses forces, il repoussa l'ennemi avec tant d'impétuosité et d'intrépidité, qu'il le renversa et remporta une victoire complète.

La fermeté et la patience des assiégés jettent souvent le désespoir et la crainte dans le cœur des assiégeants. Lorsque Pompée était en présence de César, en Thessalie, l'armée de celui-ci souffrait singulièrement de la faim : on apporta à Pompée un des pains dont elle se nourrissait. Quand il le vit fait avec de l'herbe, il défendit qu'on le montrât à ses soldats, de peur qu'ils n'en prissent de l'épouvante en voyant quels ennemis ils avaient à combattre. Rien n'honora plus les Romains, pendant la guerre contre Annibal, que leur inébranlable constance. Quelque critique que fût leur position, de quelques malheurs qu'ils fussent accablés, jamais ils ne demandèrent la paix, jamais ils ne donnèrent le moindre signe de frayeur. Lors même qu'Annibal était aux portes de Rome, le champ sur lequel il campait se vendit plus cher qu'on ne l'eût acheté dans des temps ordinaires; et telle était leur invincible opiniâtreté, qu'assiégeant Capoue dans le même temps qu'Annibal assiégeait Rome, ils ne voulurent pas lever le siége de Capoue pour aller défendre leurs propres foyers.

En traitant au long avec vous de l'art militaire, je sais que j'ai pu entrer dans des détails que vous pouviez savoir aussi bien que moi-même; je n'ai pas cru cependant devoir les passer sous silence, parce qu'ils servent à mieux faire connaître tous les avantages des institutions que je vous ai proposées. Ils ne seront peut-être pas d'ailleurs inutiles à ceux qui n'ont pas eu les mêmes moyens que vous de s'en instruire. Il ne me reste plus, ce me semble, qu'à vous donner quelques maximes générales dont il est utile de se bien pénétrer.

1º Tout ce qui sert votre ennemi vous nuit; tout ce qui lui nuit vous sert.

2º Celui-là aura le moins de dangers à courir, et sera le plus fondé à espérer la victoire, qui mettra le plus de soin à observer les desseins de l'ennemi et à exercer fréquemment son armée.

3º Ne menez jamais vos soldats au combat qu'après les avoir remplis de confiance, qu'après les avoir bien exercés, et vous être assuré qu'ils sont sans crainte; enfin, n'engagez jamais une action que lorsqu'ils ont l'espérance de vaincre.

4º Il vaut mieux triompher de son ennemi par la faim que par le fer: le succès des armes dépend bien plus souvent de la fortune que du courage.

5º Les meilleures résolutions sont celles qu'on cache à l'ennemi, jusqu'au moment de les exécuter.

6º Un des plus grands avantages à la guerre, est de connaître l'occasion et de savoir la saisir.

7º La nature fait peu de braves: on les doit le plus souvent à l'éducation et à l'exercice.

8º La discipline vaut mieux à la guerre que l'impétuosité.

9º Lorsque l'ennemi perd quelques-uns de ses partisans qui passent dans votre parti, c'est pour vous une grande conquête s'ils vous restent fidèles. Un homme qui déserte affaiblit bien plus une armée qu'un homme tué, quoique ce nom de transfuge le rende autant suspect à ses nouveaux amis qu'à ceux qu'il a quittés.

10º Quand on range une armée en bataille, il vaut mieux réserver des renforts derrière la première ligne, que d'éparpiller ses soldats afin d'étendre son front.

11º Il est difficile de vaincre celui qui connaît bien ses forces et celles de l'ennemi.

12º A la guerre, le courage vaut mieux que la multitude; mais, ce qui vaut mieux encore, ce sont des postes avantageux.

13º Les choses nouvelles et imprévues épouvantent une armée; mais avec le temps et l'habitude elle cesse de les craindre: il faut donc, lorsqu'on a un ennemi nouveau, y accoutumer ses troupes par de légères escarmouches, avant d'engager une action générale.

14º Poursuivre en désordre un ennemi en déroute, c'est vouloir changer sa victoire contre une défaite.

15º Un général qui ne fait pas de grandes provisions de vivres, sera vaincu sans coup férir.

16º Il faut choisir son champ de bataille, selon qu'on a plus de confiance en sa cavalerie ou en son infanterie.

17º Voulez-vous découvrir s'il y a quelque espion dans le camp; ordonnez à chaque soldat de se retirer à son quartier.

18º Changez subitement de dispositions, quand vous apercevrez que l'ennemi vous a pénétré.

19º Interrogez beaucoup de gens sur le parti que vous avez à prendre: ne confiez qu'à très-peu d'amis le parti que vous avez pris.

20º Que pendant la paix, la crainte et le châtiment soient le mobile du soldat: pendant la guerre, que ce soit l'espérance et les récompenses.

21° Jamais un bon général ne risque une bataille, si la nécessité ne l'y force, ou si l'occasion ne l'appelle.

22° Que l'ennemi ne sache jamais vos dispositions le jour du combat; mais quelles qu'elles soient, que la première ligne puisse toujours rentrer dans la seconde ligne et la troisième.

23° Pendant le combat, si vous ne voulez pas jeter le désordre dans votre armée, ne donnez jamais à un bataillon un autre emploi que celui qui lui était d'abord destiné.

24° Contre les accidents imprévus, le remède est mal aisé; contre les accidents prévus, il est facile.

25° Des soldats, du fer, de l'argent et du pain, voilà le nerf de la guerre : de ces quatre objets, les deux premiers sont les plus nécessaires, puisque avec des soldats et du fer on trouve du pain et de l'argent, tandis qu'avec de l'argent et du pain, on ne trouve ni fer, ni soldats.

26° Le riche désarmé est la récompense du soldat pauvre.

27° Accoutumez vos soldats à mépriser une nourriture délicate et de riches habits.

Voilà en général ce que j'ai cru important de vous exposer sur l'art de la guerre. J'aurais pu entrer dans de plus grands développements, et vous entretenir de l'organisation des différents corps de troupes chez les anciens, de leur habillement et de leurs exercices; mais ces détails ne m'ont pas paru nécessaires, parce que vous avez pu vous en instruire par vous-même, et que d'ailleurs mon intention n'est point de donner un traité de l'art militaire des anciens, mais de présenter seulement les moyens de créer une armée meilleure et plus sûre que nos armées actuelles. Je n'ai donc voulu parler des institutions anciennes, qu'autant qu'elles serviraient à expliquer celles que je propose.

Vous auriez peut-être désiré que je me fusse étendu un peu plus au long sur la cavalerie, et que je vous eusse parlé de la guerre maritime, car la puissance militaire comprend en général l'armée de mer comme celle de terre, la cavalerie comme l'infanterie. Je ne vous ai point parlé de la guerre maritime, parce que je n'en ai aucune connaissance : je laisse ce soin aux Génois et aux Vénitiens qui, par leur con-stante application à accroître leur puissance navale, ont su opérer de si grandes choses. Quant à la cavalerie, je me borne à ce que je vous en ai déjà dit, parce que cette partie de nos troupes est moins vicieuse que le reste. D'ailleurs, avec une bonne infanterie qui est le nerf d'une armée, on a presque toujours nécessairement une bonne cavalerie. Je recommanderai seulement au souverain qui veut créer une armée, deux moyens propres à multiplier les chevaux dans ses états : c'est de répandre dans le pays des chevaux de bonne race, et d'exciter les citoyens à faire le commerce de poulains, comme on fait celui de veaux et de mulets; et afin que ceux-ci trouvent des acquéreurs, il faut ordonner que personne n'ait un mulet sans avoir un cheval; que celui qui n'aurait qu'une monture soit forcé de prendre un cheval; et qu'enfin on ne puisse porter des étoffes de soie sans avoir des chevaux. J'apprends qu'un pareil règlement a été établi par un prince de notre siècle, et qu'en peu de temps il a formé par ce moyen une excellente cavalerie dans ses états. Quant aux autres règlements sur la cavalerie, je vous renvoie à ce que j'ai déjà dit à cet égard, et à ce qui se pratique aujourd'hui parmi nous.

Vous désirez peut-être aussi que je vous entretienne des qualités nécessaires à un grand général. Je puis vous satisfaire en peu de mots. Je voudrais que mon général fût instruit à fond de tout ce qui a fait aujourd'hui l'objet de notre entretien, et cela encore ne me suffirait pas, s'il n'était pas en état de trouver par lui-même toutes les règles dont il a besoin. Sans l'esprit d'invention, personne n'a jamais excellé en rien; et si cet esprit mène à la considération dans tous les autres arts, c'est à la guerre qu'il donne le plus de gloire. Les plus petites inventions dans ce genre sont célébrées dans l'histoire. Ainsi on a loué Alexandre-le-Grand, lorsque voulant décamper à l'insu de l'ennemi, il fit annoncer le départ de l'armée en frappant d'une lance sur un casque au lieu de faire sonner la trompette. Une autre fois, au moment d'engager le combat, il ordonna à ses soldats de mettre le genou gauche en terre devant l'ennemi, afin de soutenir plus sûrement son premier effort. Ce moyen lui ayant donné la victoire, lui acquit tant de gloire, que dans toutes les statues qu'on élevait en son honneur, il était représenté dans cette position.

Mais il est temps de finir et de revenir au point d'où j'étais parti; j'éviterai ainsi la peine qu'on impose chez vous à ceux qui quittent le pays sans y retourner. Vous me disiez, Cosimo, et vous devez vous le rappeler sans doute, que vous ne conceviez pas comment moi, si grand admirateur des anciens, et blâmant si vivement ceux qui ne les prennent pas pour modèles dans les choses importantes de la vie, je n'avais pas cherché à les imiter dans tout ce qui concerne l'art de la guerre qui a toujours été ma principale occupation. Je vous ai répondu que tout homme qui médite quelque dessein doit s'y préparer d'avance pour être en état de l'exécuter s'il en trouve l'occasion. Je viens de vous entretenir au long de l'art militaire; c'est à vous à décider maintenant si je suis capable ou non de ramener une armée aux institutions des anciens; vous pouvez juger, ce me semble, combien j'ai employé de temps à cet unique objet de mes méditations, et combien je serais heureux de pouvoir les mettre à exécution. Il vous est facile de voir si j'en ai eu les moyens et l'occasion. Mais afin de ne vous laisser aucun doute, et pour ma plus grande justification, je vais vous exposer quelles sont ces occasions; j'acquitterai ainsi toute ma promesse en vous montrant les moyens et les obstacles d'une telle révolution.

De toutes les institutions humaines, la plus aisée à ramener aux règles des anciens, ce sont les institutions militaires; mais cette révolution n'est aisée que pour un prince dont les états peuvent mettre sur pied quinze à vingt mille jeunes gens; car rien n'est plus difficile pour ceux qui sont privés d'un tel avantage. Et pour mieux me faire entendre, je dois d'abord rappeler que les généraux arrivent à la célébrité par deux moyens différents : les uns ont opéré de grandes choses avec des troupes déjà bien réglées et bien disciplinées : tels sont la plupart des généraux romains, et tous les généraux qui n'ont eu d'autre soin à prendre que d'y maintenir l'ordre, la discipline, et de les gouverner avec sagesse; les autres ont eu non-seulement à vaincre l'ennemi, mais avant de hasarder le combat, ils ont dû former leur armée, l'exercer et la discipliner; et ils méri-

tent, sans contredit, plus de gloire que ceux qui ont fait de grandes actions avec des armées déjà toutes formées. Parmi les généraux qui ont vaincu de tels obstacles, on peut citer Pélopidas et Épaminondas, Tullus Hostilius; Philippe, roi de Macédoine, père d'Alexandre; Cyrus, roi des Perses, et enfin Sempronius Gracchus[1]. Tous avant de combattre furent obligés de former leur armée; mais ils ne réussirent dans cette grande entreprise que parce qu'ils avaient, outre des qualités supérieures, un nombre d'hommes suffisant pour exécuter leurs desseins. Quels que fussent leurs talents et leur habileté, ils n'eussent pu jamais obtenir le moindre succès dans un pays étranger, peuplé d'hommes souverainement corrompus, et ennemis de tout sentiment d'honneur et de subordination.

Il ne suffit donc pas aujourd'hui, en Italie, de savoir commander une armée toute formée, il faut être en état de la créer avant d'entreprendre de la conduire. Mais ce succès n'est possible qu'aux souverains qui ont un état étendu et des sujets nombreux, et non pas à moi qui n'ai jamais commandé d'armée, et qui ne puis jamais avoir sous mes ordres que des soldats soumis à une puissance étrangère et indépendants de ma volonté. Et je vous laisse à penser si c'est parmi de pareils hommes qu'on peut introduire une discipline telle que je vous l'ai proposée. Où sont les soldats qui consentiraient aujourd'hui à porter d'autres armes que leurs armes ordinaires, et, outre leurs armes, des vivres pour deux ou trois jours, et des instruments de pionniers? Où sont ceux qui manieraient la pioche, et resteraient tous les jours deux ou trois heures sous les armes, occupés de tous les exercices qui doivent les mettre en état de soutenir l'attaque de l'ennemi? Qui pourrait les désaccoutumer de leurs débauches, de leurs jeux, de leurs blasphèmes et de leur insolence? Qui pourrait les assujettir à une telle discipline, et faire naître en eux un tel sentiment de respect et d'obéissance, qu'un arbre chargé de fruits serait conservé intact au milieu du camp, ainsi qu'on l'a vu plusieurs

[1] Les Romains, après la bataille de Cannes, levèrent une armée d'esclaves qui fut confiée à Gracchus; il réussit à l'exercer et à la discipliner, et avec elle il vainquit Annibal.

fois dans les armées anciennes? Comment parviendrai-je à m'en faire respecter, aimer, ou craindre, lorsqu'après la guerre ils ne doivent plus avoir avec moi le moindre rapport? De quoi leur ferai-je honte, lorsqu'ils sont nés et élevés sans aucune idée d'honneur? Pourquoi me respecteraient-ils, puisqu'ils ne me connaissent pas? Par quel dieu ou par quel saint les ferai-je jurer? est-ce par ceux qu'ils adorent ou par ceux qu'ils blasphèment? J'ignore s'il y en a quelques-uns qu'ils adorent, mais je sais bien qu'ils les blasphèment tous. Comment voulez-vous que je compte sur des promesses dont ils ont pris à témoin des êtres qu'ils méprisent? Et lorsque enfin ils méprisent Dieu même, respecteront-ils les hommes? Quelles institutions salutaires pouvez-vous donc espérer dans un pareil état de choses? Vous me direz peut-être que les Suisses et les Espagnols sont cependant de bonnes troupes. J'avouerai qu'ils valent beaucoup mieux, sans aucune comparaison, que les Italiens; mais si vous avez bien suivi cette discussion, et réfléchi sur le système militaire de ces deux peuples, vous verrez qu'ils ont encore beaucoup à faire pour arriver à la perfection des anciens. Les Suisses sont devenus naturellement de bons soldats, par la raison que je vous en ai donnée au commencement de cet entretien. Quant aux Espagnols, ils ont été formés par la nécessité: faisant la guerre dans un pays étranger, et forcés de vaincre ou de mourir, ne croyant avoir aucune retraite, ils ont dû déployer toute leur valeur. Mais la supériorité de ces deux peuples est bien loin de la perfection, puisqu'ils ne sont vraiment recommandables que pour s'être accoutumés à attendre l'ennemi à la pointe de la pique ou de l'épée. Et il n'y a personne qui ait le moyen de leur apprendre ce qui leur manque, et encore moins celui qui ignore leur langue. Mais revenons à nos Italiens qui, gouvernés par des princes sans lumières, n'ont su adopter aucune bonne institution militaire, et n'ayant point été, comme les Espagnols, pressés par la nécessité, n'ont pu se former eux-mêmes, et sont ainsi restés la honte des nations.

Au reste, ce ne sont pas les peuples d'Italie qu'il faut ici accuser, mais seulement leurs souverains, qui d'ailleurs en ont été sévèrement châtiés, et ont porté la juste peine de leur ignorance en perdant ignominieusement leurs états sans avoir donné la plus faible marque de vertu. Voulez-vous vous assurer de la vérité de tout ce que j'avance? repassez dans votre esprit toutes les guerres qui ont eu lieu en Italie, depuis l'invasion de Charles VIII jusqu'à nos jours. La guerre ordinairement rend les peuples plus braves et plus recommandables; mais chez nous, plus elle a été active et sanglante, plus elle a fait mépriser nos troupes et nos généraux. Quelle est la cause de ces désastres? c'est que nos institutions militaires étaient et sont encore détestables, et que personne n'a su adopter celles récemment établies chez d'autres peuples. Jamais on ne rendra quelque lustre aux armes italiennes que par les moyens que j'ai proposés, et par la volonté des principaux souverains d'Italie; car pour établir une pareille discipline, il faut avoir des hommes simples, grossiers et soumis à vos lois, et non pas des débauchés, des vagabonds et des étrangers. Jamais un bon sculpteur n'essaiera de faire une belle statue d'une mauvaise ébauche, il lui faut un marbre brut.

Nos souverains d'Italie, avant qu'ils eussent ressenti les effets des guerres ultramontaines, s'imaginaient qu'il suffisait à un prince de savoir écrire une belle lettre, arranger une réponse artificieuse, montrer dans ses discours de la subtilité et de la pénétration, et préparer habilement une perfidie; couverts d'or et de pierreries, ils voulaient surpasser tous les mortels par le luxe de leur table et de leur lit; environnés de débauches, au sein d'une honteuse oisiveté, gouvernant leurs sujets avec orgueil et avarice, ils n'accordaient qu'à la faveur les grades de l'armée, dédaignaient tout homme qui aurait osé leur donner un conseil salutaire, et prétendaient que leurs moindres paroles fussent regardées comme des oracles. Ils ne sentaient pas, les malheureux, qu'ils ne faisaient que se préparer à devenir la proie du premier assaillant! De là vinrent, en 1494 [1], les terreurs subites, les fuites précipitées, et les plus inconcevables défaites.

C'est ainsi que les trois plus puissants états d'Italie ont été plusieurs fois saccagés et livrés

---

[1] Époque de l'invasion de Charles VIII en Italie.

au pillage. Mais ce qu'il y a de plus déplorable, c'est que nos princes actuels vivent dans les mêmes désordres et persistent dans les mêmes erreurs. Ils ne songent pas que, chez les anciens, tout prince jaloux de maintenir son autorité pratiquait avec soin toutes les règles que je viens de prescrire, et se montrait constamment appliqué à endurcir son corps contre les fatigues et fortifier son âme contre les dangers. Alexandre, César, et tous les grands hommes de ces temps-là, combattaient toujours aux premiers rangs, marchaient à pied, chargés de leurs armes, et n'abandonnaient leur empire qu'avec la vie, voulant également vivre et mourir avec honneur. On pouvait peut-être reprendre en quelques uns d'eux une trop grande ardeur de dominer, mais jamais on ne leur reprocha nulle mollesse, ni rien de ce qui énerve et dégrade l'humanité. Si nos princes pouvaient s'instruire et se pénétrer de pareils exemples, ils prendraient, sans aucun doute, une autre manière de vivre, et changeraient certainement ainsi la fortune de leurs états.

Vous vous êtes plaint de votre milice au commencement de cet entretien; si elle a été organisée d'après les règles que j'ai prescrites, et que vous n'ayez point eu lieu d'en être satisfait, vous avez raison de vous en plaindre; mais si on a suivi à cet égard un système tout différent de ce que j'ai proposé, c'est votre milice même qui a droit de se plaindre de vous, qui n'avez fait qu'une ébauche manquée au lieu d'une figure parfaite. Les Vénitiens et le duc de Ferrare ont commencé cette réforme, et ne l'ont pas poursuivie, mais il ne faut en accuser qu'eux seuls et non pas leur armée. Au reste, je soutiens que celui de nos souverains qui, le premier, adoptera le système que je propose fera incontestablement la loi à

l'Italie. Il en sera de sa puissance comme de celle des Macédoniens sous Philippe. Ce prince avait appris d'Épaminondas à former et discipliner une armée; et tandis que le reste de la Grèce languissait dans l'oisiveté, occupée uniquement à entendre réciter des comédies, il devint si puissant, grâces à ses institutions militaires, qu'il fut en état d'asservir la Grèce tout entière, et de laisser à son fils les moyens de conquérir le monde. Quiconque dédaigne de semblables institutions est donc indifférent pour son autorité, s'il est monarque; et pour sa patrie, s'il est citoyen.

Quant à moi, je me plains du destin, qui aurait dû me refuser la connaissance de ces importantes maximes, ou me donner les moyens de les pratiquer; car à présent que me voilà arrivé à la vieillesse, puis-je espérer d'avoir jamais l'occasion d'exécuter cette grande entreprise? J'ai donc voulu vous communiquer toutes mes méditations, à vous qui êtes jeune et d'un rang élevé, et qui, si elles vous paraissent de quelque utilité, pourrez un jour, dans des temps plus heureux, profiter de la faveur de vos souverains pour leur conseiller cette indispensable réforme et en aider l'exécution. Que les difficultés ne vous inspirent ni crainte ni découragement; notre patrie semble destinée à faire revivre l'antiquité, comme l'ont prouvé nos poëtes, nos sculpteurs et nos peintres. Je ne puis concevoir pour moi de semblables espérances, étant déjà sur le déclin des ans; mais si la fortune m'avait accordé un état assez puissant pour entreprendre ce grand dessein, je crois qu'en bien peu de temps j'aurais montré au monde tout le prix des institutions des anciens; et certes, j'aurais élevé mes états à un haut degré de splendeur, ou j'aurais du moins glorieusement succombé.

FIN DE L'ART DE LA GUERRE.

APPENDICE A L'ART DE LA GUERRE.

Pour rendre plus intelligible la forme que Macchiavelli donne à son camp, au commencement du Livre VI de l'Art de la Guerre, nous avons cru à propos de placer ici la planche qui représente ce plan.

PLAN D'UN CAMP.

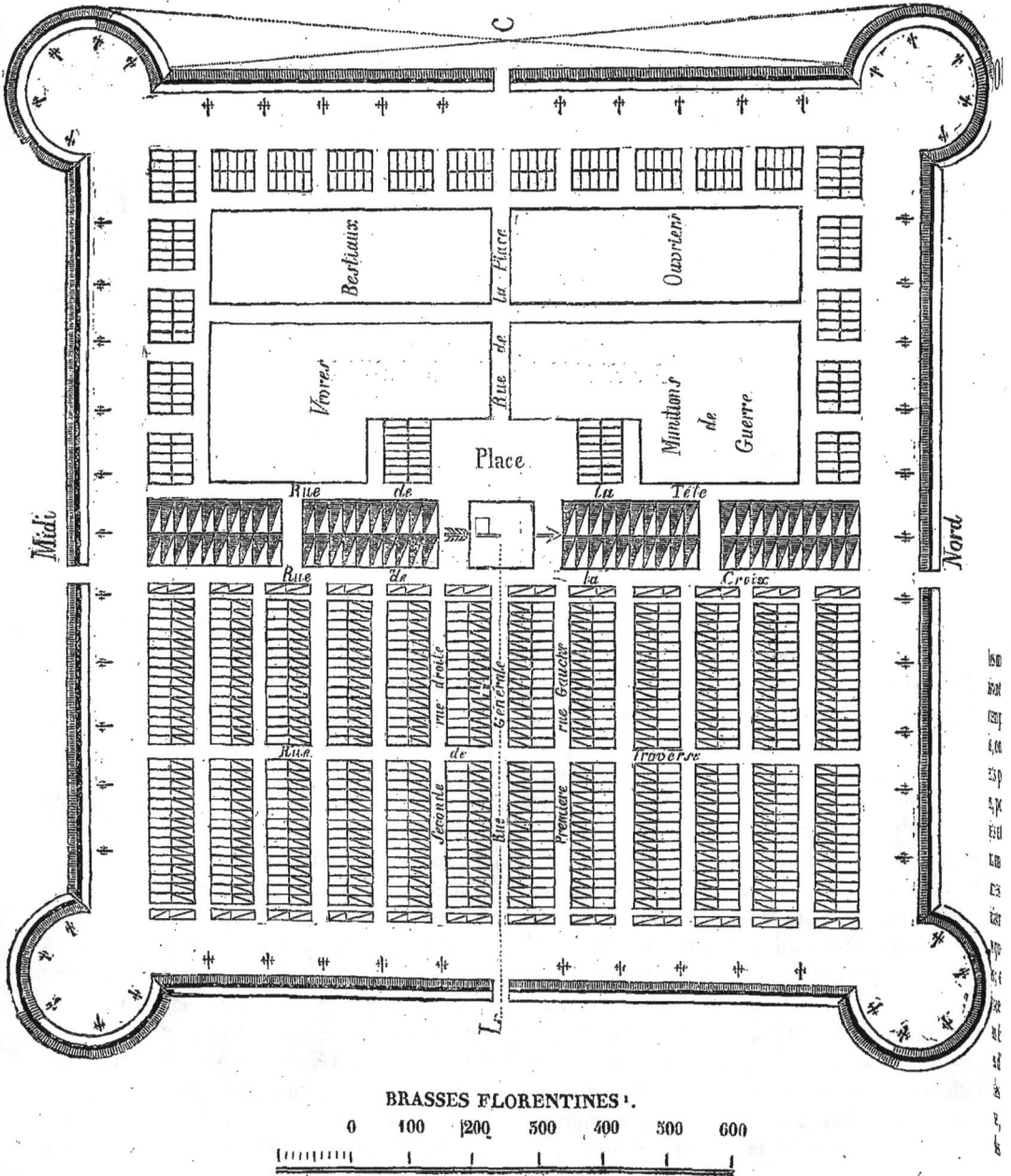

BRASSES FLORENTINES[1].

| 0 | 100 | 200 | 500 | 400 | 500 | 600 |

[1] La Brasse florentine est de deux pieds.

DEUX PROVISIONS

RÉDIGÉES PAR MACCHIAVELLI

POUR L'INSTITUTION D'UNE MILICE NATIONALE

DANS LA RÉPUBLIQUE DE FLORENCE.

PREMIÈRE PROVISION.

POUR L'INFANTERIE.

Les magnifiques et très-hauts seigneurs, considérant que toutes les républiques qui, dans les temps passés, se sont maintenues et agrandies, ont toujours eu pour base deux fondements principaux, savoir, la justice et les armes, pour pouvoir réprimer et corriger leurs sujets et se défendre de leurs ennemis ; considérant en outre que votre république possède de bonnes et saintes lois en ce qui concerne l'administration de la justice, et qu'il ne lui manque que de se pourvoir également de bonnes armes ; et, ayant reconnu, par une longue expérience, qui a été une source de dépenses les plus énormes et des plus grands dangers, quel peu d'espérance on peut avoir dans les troupes et les armes étrangères et mercenaires ; attendu que, si elles sont nombreuses et renommées, elles se rendent intolérables ou suspectes, et

que, si elles sont en petit nombre ou sans réputation, elles ne sont d'aucune utilité ; ont regardé comme une chose nécessaire de s'armer de leurs propres armes et de sujets qui leur appartiennent ; sujets dont votre territoire offre une telle abondance, qu'il sera facile d'y trouver le nombre d'hommes en état de faire la guerre dont on pourrait avoir besoin. Comme ils demeurent sur vos possessions, leur obéissance sera plus assurée ; s'ils s'égarent, le châtiment sera plus facile, ainsi que la récompense, s'ils méritent d'en obtenir ; et, comme ils seront toujours en armes, même au sein de leurs foyers, ils mettront ainsi à jamais le territoire de votre république à l'abri de toute attaque soudaine et imprévue, et l'ennemi ne pourra plus, avec la même facilité, le parcourir et le piller, comme il est arrivé depuis assez longtemps, non sans une véritable honte pour ladite république, et sans de grandes pertes pour les habitants des villes et des campagnes. C'est pourquoi, au nom de Dieu tout-puissant, de sa très-glorieuse mère, Marie, toujours Vierge, et du glorieux précurseur du Christ, Jean-Baptiste, avocat, protecteur et patron de la république florentine, ils ont arrêté et ordonnent ce qui suit :

ARTICLE PREMIER.

En vertu de la présente provision, et le plus tôt que le grand-conseil le pourra, on choisira neuf citoyens de Florence, habiles audit conseil, non inscrits sur le livre des débiteurs de l'état [1], et âgés de quarante ans accomplis, c'est-à-dire, sept pour les arts majeurs, et deux pour les arts mineurs. A cet effet, on tirera, dans toute la ville, dix électeurs pour les arts majeurs, et vingt pour les arts mineurs. Lorsque ce choix sera fait, chacun nommera son propre candidat, et pourra le désigner dans toute l'étendue de la ville : ceux qui seront ainsi désignés seront envoyés devant le grand conseil, chargé du choix définitif; et tous ceux qui, dans les suffrages, obtiendront la moitié plus une des fèves noires seront mis l'un après l'autre dans les bourses, et on tirera ensuite leurs noms au sort en présence dudit conseil; et ceux qui seront désignés de cette manière seront de droit élus pour remplir les fonctions de l'office qui fait l'objet de la présente ordonnance, et auront l'autorité qui sera détaillée ci-après.

ART. 2.

Les seigneurs collègues, les dix et les huit, ne pourront être choisis pour cet emploi ; à l'é-

[1] *Netti di specchio.* Le *specchio* était un livre dans lequel on inscrivait, quartier par quartier et gonfalon par gonfalon, tous les citoyens qui, pour n'avoir point acquitté leurs contributions, ou pour toute autre cause, étaient débiteurs de l'état. Aucun de ceux qui se trouvaient sur le *specchio*, c'est-à-dire inscrits comme débiteurs de l'état sur ce livre, ne pouvaient accepter ni exercer aucune magistrature ou emploi. En conséquence, quiconque était tiré ou élu pour quelque magistrature ou emploi, et n'était pas *netto di specchio* (net du specchio), c'est-à-dire s'il se trouvait inscrit sur le livre, perdait les suffrages, ou son billet était déchiré.

gard des autres cas de rejet, ainsi qu'à la faculté d'accepter ou de refuser cette charge ou tout autre emploi, on observera en tout point ce qui a lieu à l'égard de la magistrature des dix.

ART. 3.

Les fonctions de ces neuf officiers commenceront le jour même qu'ils auront accepté et qu'ils auront prêté serment; elles dureront sans interruption pendant les huit mois suivants, à l'exception des dispositions suivantes, savoir : pour qu'il reste toujours en charge une partie des plus anciens, on mettra les noms des neuf premiers officiers dans deux bourses quinze jours au moins avant l'expiration des quatre premiers mois : l'une appartiendra aux arts majeurs, et l'autre aux arts mineurs; ensuite, en présence des seigneurs et des collègues, un des frères du sceau tirera trois noms de la bourse des arts majeurs, et un de celle des arts mineurs; et ceux dont les noms auront été ainsi tirés cesseront leurs fonctions immédiatement après l'expiration des quatre premiers mois, et l'on procédera, avant qu'ils les cessent, à leur remplacement dans la manière prescrite. Les fonctions des nouveaux élus commenceront aussitôt après la fin des quatre premiers mois, conjointement avec celles des cinq restants, et ensuite, au moins quinze jours avant l'expiration des seconds quatre mois, on procédera, comme il a été dit, au renouvellement desdits seigneurs officiers; et ainsi de suite à la fin de chaque quatre mois; et quinze jours au moins avant l'expiration de ces quatre mois, on procédera, par la même opération, au remplacement de ceux qui auraient demeuré huit mois en place.

ART. 4.

Si l'un de ces officiers venait à vaquer par un motif quelconque, avant d'être entré en fonction ou après, on procédera à son remplacement en tirant un nom de la même bourse, s'il s'y en trouve encore, sinon on pourvoira à son remplacement de la manière indiquée.

ART. 5.

Quiconque aura nommé un de ceux qui résteront élus, recevra un grand florin en or du commissaire du *Monte* aussitôt que cet élu sera entré en charge.

Art. 6.

Après avoir entendu d'abord la messe du Saint-Esprit, en présence des magnifiques et très-hauts seigneurs et de leurs vénérables collègues, ces officiers devront, à des époques déterminées, accepter leur office et prêter serment, de la même manière que les dix de liberté et de paix acceptent leur office et prêtent leur serment.

Art. 7.

Le titre de cette magistrature sera : *les neuf officiers de l'ordonnance et de la milice florentine;* ils auront pour l'empreinte de leur cachet l'image de saint Jean - Baptiste, avec une inscription à l'entour, qui fera connaître à quel office ce cachet appartient.

Art. 8.

Il leur sera assigné, dans le palais des magnifiques, et très-hauts seigneurs une salle d'audience à la convenance de leurs hautes seigneuries.

Art. 9.

Leur grade et leur rang, dans les assemblées où ils se trouveront avec les autres magistrats, les placeront immédiatement après le conseil des dix.

Art. 10.

Ces officiers auront un secrétaire, aidé d'un ou plusieurs commis, lesquels, comme il conviendra aux magnifiques et très-hauts seigneurs, et aux neuf officiers en exercice, ou aux deux tiers au moins des membres présents de ces deux conseils, recevront les salaires et les émoluments qui seront jugés nécessaires, lesquels seront payés de la même manière et par le même trésorier que sont payés les secrétaires ordinaires du palais.

Art. 11.

Ces neuf dits officiers ne recevront aucun salaire, seulement ils auront des gratifications comme en reçoit aujourd'hui le conseil des dix. Il leur sera accordé, pour leur service et celui de leur office, neuf valets, un sergent, un huissier et un provéditeur, chacun desquels sera choisi et désigné de la même manière et dans la même forme que l'on choisit et que l'on nomme ceux qui servent le conseil des dix. On ne pourra d'ailleurs donner au provéditeur, pour son salaire, plus de huit florins par mois, et ledit provéditeur ne pourra être élu pour plus de temps que pour une année. Il sera ensuite écarté du *provéditorat* pendant trois ans. Et de même il ne pourra être donné à chacun des autres valets plus d'un florin d'or en or par mois.

Art. 12.

Les dépenses à faire, comme on l'a dit ci-dessus, conjointement avec celles qu'occasionneraient les besoins de cette magistrature, pourront être déterminées par les neuf dits officiers, ou par les deux tiers au moins d'entre eux, et payées avec l'argent des amendes qui seront remises entre leurs mains, comme il sera dit plus bas; et si cet argent venait à ne pas suffire, il y sera pourvu de la manière et dans la même forme dont on pourvoit aux besoins du conseil des dix.

Art. 13.

Lesdits officiers auront plein et entier pouvoir de placer des bannières, dans les villes, campagnes, et districts de Florence, d'y inscrire au-dessous, pour le service de l'infanterie, quiconque y paraîtra propre, et de punir et condamner les hommes inscrits, mais pour causes criminelles seulement, dans leurs biens et dans leurs personnes, et jusqu'à la mort même inclusivement, suivant qu'ils l'auront librement décidé, et que cela leur paraîtra convenable, excepté toutefois dans les cas prévus ci-dessous. Leurs délibérations, leurs sentences et leurs arrêts, pour être exécutoires, devront passer à six fèves noires.

Art. 14.

Lesdits premiers officiers, aussitôt qu'ils auront accepté leur office et prêté serment, devront vérifier les cahiers et les listes des bannières (ou compagnies) organisées jusqu'à ce jour par les magnifiques dix; ils feront copier ces lettres et ces cahiers par leur secrétaire, sur un livre, ou sur plusieurs s'il est nécessaire, ayant soin de les distinguer bannière par bannière, prenant note des commandants qui sont à leur tête, avec pouvoir absolu de les confirmer, de les changer ou d'en nommer de nouveaux, comme ils le jugeront convenable, sauf toutefois les exceptions ci-après. Ces lettres et ces cahiers devront être terminés et clos dans l'espace de deux mois, à partir du jour où ils auront accepté leurs fonctions futures et prêté leur serment; ils devront également tenir compte, et inscrire distinctement sur ces livres tous les hommes et toutes les bannières qui seraient nouvellement désignés.

Art. 15.

Ils devront toujours tenir inscrits, armés et ordonnés sous les bannières et aux ordres des connétables, pour les exercer et les réunir, tant dans la banlieue que dans le district de Florence, dix mille hommes au moins, et plus s'ils peuvent en armer davantage, selon l'abondance ou la pénurie de la population, ne pouvant toutefois inscrire sous une bannière quelconque que des indigènes, ou des hommes domiciliés du moins dans le baillage ou la capitainerie où sera placée ladite bannière; et lesdits premiers officiers devront avoir complété ce nombre de dix mille hommes dans l'espace de six mois à compter du jour où ils auront accepté leurs futures fonctions et prêté leur serment.

Art. 16.

Outre les armes qui seront fournies aux hommes inscrits sous les bannières, lesdits officiers veilleront à ce qu'il y ait toujours en réserve, dans l'arsenal du palais du magnifique et très-haut seigneur, au moins deux mille cuirasses de fer, cinq cents mousquets et quatre mille piques, et tout l'argent nécessaire pour l'achat de mousquets et autres armes; et la création de nouvelles bannières devra être payée par le trésorier du *Monte* alors d'office, à tous ceux qui auraient été désignés par ledit decret, sous peine de cinquante larges florins d'amende toutes les fois qu'il manquerait de la payer, ces inscriptions ayant d'abord été délibérées et enregistrées par les officiers du *Monte*, chacun en ce qui le concerne, suivant ce qui est d'usage.

Art. 17.

Ces officiers devront faire peindre seulement, dans chaque bannière qui sera établie, un lion de couleur naturelle, et semblable à celui que l'on voit maintenant sur les bannières désignées et créées par l'ordre des dix. Ils ne pourront faire peindre, ni sur les bannières qui existent, ni sur celles qui seront établies, aucun autre animal, armes ou signes quelconques, excepté ledit lion; mais ils pourront varier le champ de chaque bannière, afin que les soldats qui lui appartiennent puissent la reconnaître. Chaque bannière devra indiquer le nombre d'hommes qui lui a été assigné lors de la formation, ainsi qu'on le voit sur celles qui ont été faites jusqu'à ce jour.

Art. 18.

Lesdits officiers, pour inscrire les hommes ainsi qu'il a été dit précédemment, pour les réunir et les passer en revue de la manière qui sera ordonnée plus bas, pourront choisir et déléguer des commissaires qui recevront au plus un ducat d'or par jour, qui leur sera payé de la manière et par ceux qui paient les commissaires choisis par le conseil des quatre-vingts; ils ne pourront les envoyer en mission pendant plus d'un mois; et ils ne pourront donner à ces commissaires l'autorité que possède leur magistrature, d'infliger des peines corporelles seulement aux hommes inscrits sous les bannières; mais il est entendu que les peines pécuniaires devront être et seront en tout réservées auxdits officiers.

Art. 19.

Ils auront toujours des connétables chargés

de réunir les hommes inscrits, et de les exercer suivant l'ordonnance militaire des Allemands; donnant à commander à chaque connétable la compagnie que bon lui semblera, mais ne pouvant donner à commander à chaque connétable moins de trois cents hommes, ni assigner à aucun d'eux un traitement de plus de douze ducats d'or par mois de trente-six jours, avec l'obligation d'entretenir un tambour qui batte la caisse à la manière des ultramontains. Ces connétables devront être choisis par lesdits officiers, et confirmés par les très-hauts seigneurs, les vénérables collègues et le conseil des quatre-vingts, réunis en nombre compétent; et il suffira de faire passer une délibération à la moitié plus une des fèves noires des membres ainsi assemblés. Le traitement desdits connétables sera payé de la même manière et dans la même forme que l'on paie les autres troupes à la solde de la république florentine; mais ce paiement devra toujours être précédé d'une délibération desdits officiers. Chacun desdits connétables sera dans l'obligation de demeurer continuellement sur les lieux auprès de sa bannière, et de rassembler les hommes dont le commandement lui sera confié, au moins une fois chaque mois, depuis le mois de mars inclusivement jusques et compris le mois de septembre, et du mois d'octobre inclus jusqu'au mois de février de chaque année, trois fois au moins, ainsi que dans les jours de fête d'obligation que lesdits officiers auront désignés : ils devront tenir leurs soldats tout le jour sous les armes et en exercice, les inspecter ensuite homme par homme, et donner connaissance auxdits officiers de tout absent, afin qu'ils puissent le punir, comme il sera dit ci-après; et dans les jours de fête où les corps ne seront pas réunis, chacun desdits connétables, avec l'aide dudit tribunal des neuf officiers, devra faire quelques exercices militaires, commune par commune, ou paroisse par paroisse, comme il sera décidé, et le connétable sera obligé de parcourir lesdits lieux à cheval, et de surveiller lesdits exercices.

Art. 20.

Il sera défendu d'élire pour connétable ou pour gouverneur desdites bannières aucun individu qui soit natif du vicariat, de la capitainerie ou du bailliage d'où seraient les hommes qu'on leur aurait donnés à conduire, ou qui eût dans ces lieux son domicile et sa propriété.

Art. 21.

Lesdits officiers devront, chaque année, pendant les vingt jours qui précèdent les calendes de novembre et les vingt jours qui suivent, changer tous les connétables, c'est-à-dire les faire tous permuter de bannière et de province, comme ils le jugeront bon et convenable.

Art. 22.

Un connétable ainsi changé ne pourra, pendant deux ans, commander la bannière qu'il aura déjà eue sous ses ordres; mais il n'y aura que l'élection nouvelle des nouveaux connétables qui devra être approuvée par le conseil des quatre-vingts, comme il a été réglé ci-dessus, et non autrement.

Art. 23.

Les connétables qui, par un motif quelconque, auraient été cassés par lesdits officiers, ne pourront pendant trois ans, à dater du jour où ils auront été cassés, servir en aucun lieu dans la milice de la république de Florence.

Art. 24.

Chaque année, durant les vingt jours qui précèdent et qui suivent les calendes de novembre, ainsi qu'il a été prescrit précédemment, lesdits officiers devront reviser tous les registres où les hommes sont inscrits, effacer les réformés, et y ajouter les noms nécessaires pour augmenter et pour compléter le nombre de ceux déjà inscrits; mais en ayant soin de n'effacer que ceux dont la réforme aurait des motifs légitimes, et de n'y inscrire que des hommes propres au service; passé le temps prescrit, ils ne pourront ajouter au nombre des hommes inscrits ni en retrancher aucun.

Art. 25.

Les bannières qui, dans le cours de l'année

et hors du temps qui vient d'être prescrit, seraient nouvellement établies, devront être entièrement organisées dans l'espace d'un mois, à compter du jour où elles auront passé leur première revue. Durant cet espace de temps, il sera permis de réformer ces compagnies ou d'en établir de nouvelles; mais, passé cette époque, on ne pourra en organiser ni en casser aucune qu'au temps fixé précédemment, sauf néanmoins les cas prévus ci-après.

Art. 26.

On donnera à chaque connétable un secrétaire, pour tenir le contrôle des hommes enrôlés sous ses ordres; il sera originaire de l'endroit où le connétable commande, ou des cantons et bailliages du ressort d'une même connétablie. Il sera accordé pour salaire audit secrétaire un ducat d'or par mois, de manière que son traitement n'excède pas douze ducats d'or par année.

Art. 27.

Chaque compagnie enrôlée sous une bannière choisira des chefs de pelotons, portant son choix sur les hommes jugés les plus capables, et de la manière qui sera prescrite par lesdits officiers : on ne pourra désigner plus de dix caporaux pour chaque cent hommes inscrits, ainsi qu'il a été dit précédemment.

Art. 28.

Pour retrouver au besoin les hommes de la banlieue et du district, lesdits officiers devront prescrire aux recteurs des paroisses, aux syndics particuliers des communes et à tous ceux qui, sous d'autres dénominations, exerceraient des fonctions analogues, d'apporter chaque année à leur tribunal, à l'époque des calendes de novembre, la liste de tous les hommes qui existent dans leur paroisse ou dans leur commune, qui auraient plus de quinze ans accomplis, sous la peine de deux coups de corde au moins pour tout syndic ou recteur qui aurait négligé d'en inscrire un seul; il sera de plus condamné à une amende qui sera laissée à la

volonté de leur tribunal. Et, afin de mieux pouvoir découvrir toutes les fraudes qui seraient commises dans ces listes, il sera placé dans chaque paroisse et autre église principale du lieu où il y aura des hommes enrôlés, ou dans celle où l'on voudrait enrôler une nouvelle compagnie, une boîte, que l'on ouvrira au moins une fois tous les deux mois, selon que lesdits officiers le jugeront nécessaire; et ceux que l'on y trouvera désignés pourront être inscrits sur-le-champ, même hors du temps des calendes de novembre, précédemment fixé.

Art. 29.

Hors les cas d'urgence, aucun homme au-dessus de cinquante ans ne pourra être inscrit de nouveau; et, parmi ceux qui sont inscrits, aucun ne pourra être contraint à faire la guerre s'il a passé l'âge de soixante ans, à moins toutefois d'une extrême nécessité; mais ce cas de nécessité devra être jugé par décrets des très-hauts seigneurs et des vénérables collègues, réunis au moins au nombre des deux tiers. Et, comme il est difficile de savoir au juste l'époque de la naissance de la plupart de ces hommes, cette décision sera remise à la conscience et à la discrétion desdits officiers; et si, parmi ceux qui sont enrôlés, il s'en trouvait quelqu'un qui se crût, par sa qualité, au-dessus du service de l'infanterie, ou qui pensât avoir d'autres motifs d'exemption, il aura un mois, à compter du jour où il sera inscrit, pour recourir aux seigneurs et à leurs collègues; et dans le cas où, dans le cours de ce mois, sa réclamation serait accueillie par les deux tiers d'entre eux, il ne pourra ni être contraint, ni être inscrit pour servir à pied : on ne pourra toutefois, durant cet espace de temps, aller aux voix qu'un seul jour, et pendant trois fois seulement, et il faudra préalablement que cette réclamation ait été accueillie par les suffrages des hauts seigneurs ou des deux tiers d'entre eux au moins; et ceux dont ils auront ainsi accepté le recours ne pourront plus servir sous aucun capitaine, ni dans aucun temps, sans la permission des très-hauts seigneurs, sous peine de bannissement du chef qui contreviendrait à cette décision.

Art. 30.

Lesdits officiers devront tenir la main à ce que les hommes enrôlés soient toujours pourvus des armes ci-après; savoir : ils auront tous, pour armes défensives, une cuirasse de fer au moins; et pour armes offensives, il y aura, par chaque compagnie de cent hommes, soixante-dix lances au moins et dix mousquets; le reste pourra s'armer d'arbalètes, d'épieux, de faux, de boucliers et d'épées, comme ils le jugeront plus commode.

Art. 31.

On pourra organiser trois ou quatre bannières, ou même plus, entièrement composées de fusiliers.

Art. 32.

Deux fois par an, c'est-à-dire au mois de février et au mois de septembre, lesdits officiers fixeront le jour qui leur paraîtra convenable pour passer une grande revue de toutes les bannières, dans tels et quels lieux du domaine de la république de Florence qu'ils auront déterminés; mais ils ne pourront réunir dans toute la province de Toscane moins de six bannières. Ils auront soin de prendre des mesures pour que les hommes qui doivent être passés en revue puissent arriver au jour fixé dans le lieu désigné pour la revue, et en partir le lendemain : à la revue de chaque bannière, devra être présent, soit leur secrétaire, soit leur commissaire, soit le recteur des paroisses auxquelles le tribunal aurait donné cette commission. Ce commissaire, ou tout autre député, désigné comme il a été prescrit ci-dessus, devra, dans la matinée du jour suivant, c'est-à-dire le lendemain du jour où la réunion aura eu lieu, faire célébrer une messe solennelle du Saint-Esprit, dans un local où tous ceux qui sont rassemblés puissent l'entendre; et, après la messe, ledit commissaire leur adressera un discours convenable à la circonstance, leur donnera ensuite lecture de tous les règlements qu'ils sont tenus d'observer, et leur fera prêter le serment de s'y conformer, en leur faisant poser l'un après

l'autre la main sur le livre des saints Évangiles; il leur donnera également lecture, avant de leur faire prêter serment, de toutes les peines capitales qu'ils seraient dans le cas d'encourir, et de tous les avertissements qui auraient été prescrits par lesdits officiers pour la conservation et l'affermissement de la concorde et de la fidélité parmi eux; il fortifiera leur serment de toutes les paroles obligatoires, et pour l'âme et pour le corps, qu'il croira les plus efficaces. Après cette cérémonie, ils seront congédiés, et tous retourneront chez eux.

Art. 33.

Lesdits officiers ne pourront ordonner auxdites bannières, ni à partie d'entre elles, ni aux hommes enrôlés sous chacune d'elles, ni même à aucun d'eux en particulier, nulle chose qui ait rapport au service militaire, ou qui exige l'emploi des armes, hors les cas ci-dessus indiqués. Quant au commandement en temps de guerre, ou dans toute expédition militaire, il appartiendra uniquement aux respectables dix de liberté et de paix.

Art. 34.

Quant à la solde et aux primes qu'il convient d'accorder à ceux qu'on pourrait mettre en activité, la décision en sera réservée à ceux des magistrats qui jusqu'à ce jour ont réglé la paie des autres corps d'infanterie de la république de Florence; bien entendu toutefois que la paie se fera homme par homme, et non autrement. Quant à tous les privilèges, exemptions, immunités, honneurs et bénéfices, ainsi qu'à toute autre récompense qu'on serait dans le cas de décerner aux hommes inscrits, pour servir de compensation à la servitude que leur impose leur inscription, ou pour les récompenser de quelque action d'éclat qu'auraient pu faire pour l'avantage commun, ou toute une bannière réunie, ou individuellement quelques-uns des hommes qui y sont inscrits, ou le connétable qui la commande, il est entendu que le pouvoir de les accorder sera réservé aux magnifiques et très-hauts seigneurs, à leurs vénérables collègues, aux magnifiques dix de liberté et de paix, auxdits respectables neuf; et dans le cas où le conseil des dix ne serait pas en exercice, il sera remplacé par les respectables huit de garde et de balia, et aux deux tiers desdits magistrats rassemblés en nombre suffisant. Il est déclaré que, sous aucun prétexte, on ne pourra leur concéder le pouvoir ou le privilége de porter les armes dans l'enceinte des murailles de la ville de Florence.

Art. 35.

En temps de guerre, et dans toutes les opérations où l'on aurait à employer lesdits hommes enrôlés, on devra se servir des connétables que lesdits officiers auraient désignés pour chefs d'ordonnance, et ces connétables, quand même ils seraient employés à quelque entreprise ou à la guerre, devront être changés aux époques et de la manière prescrite. Toutefois, les respectables dix auront la faculté de créer et d'élire les connétables, comme ils le jugeront convenable. Ces chefs ne pourront éprouver d'exclusion, mais resteront en fonction tout le temps que durera l'entreprise pour laquelle ils auront été choisis, et comme il plaira et conviendra audit conseil des dix.

Art. 36.

Aucun remplacement d'hommes une fois inscrits ne pourra être admis ou excepté, soit pour les revues, soit pour une expédition quelconque.

Art. 37.

Aucun magistrat ne pourra appeler en armes hors de chez eux tout ou partie des hommes enrôlés, comme il vient d'être dit, avec ou sans leur bannière, pour les envoyer entreprendre quelque opération militaire ou quelque autre expédition sans un décret des magnifiques et très-hauts seigneurs, de leurs vénérables collègues du conseil des quatre-vingts, qui pourront se réunir dans ledit conseil, soit à cet effet, soit pour toute autre délibération qui, en vertu de la présente provision, aurait à être traitée dans ledit conseil des quatre-vingts, et aussi dans ledit tribunal des neuf; et il suffira, pour faire passer un décret, de la moitié plus une

des fèves noires de tous les membres précités, réunis en nombre suffisant.

Art. 38.

Quant aux rixes ou aux causes criminelles qui pourraient s'élever parmi les hommes enrôlés, entre eux et parmi ces derniers et parmi ceux qui ne sont pas inscrits, lorsque l'on n'est pas en temps de guerre, lesdits neufs officiers, ainsi que tout autre magistrat, recteur ou officier qui auraient une autorité légale, pourront connaître de ces délits et les punir, lorsqu'il y aura lieu parmi eux à prévention; mais lorsqu'ils seront occupés à quelque opération de guerre, c'est aux juges chargés de la police militaire que la connaissance de ces délits sera attribuée; et si, pendant la durée de cette opération, les délits ou les crimes des délinquants n'étaient ni connus ni punis, ils pourront l'être par lesdits neuf officiers, ou par tout autre magistrat, recteur ou officier qui en aurait le pouvoir, lorsqu'il y aura lieu contre eux à prévention, comme il a été déterminé plus haut.

Art. 39.

On punira de la peine capitale et de mort quiconque, parmi ces enrôlés, se mettrait à la tête de tout complot ayant pour but, pendant la durée d'une expédition, d'engager à faire déserter sa bannière; tout capitaine de bannière qui ferait sortir la sienne pour quelque opération privée, ou pour le compte d'un particulier; tout individu qui, même sans bannière, ferait un rassemblement desdits enrôlés pour satisfaire ses inimitiés, ou pour garder ses propriétés, ou pour toute autre entreprise personnelle. On punira également de la peine capitale et de mort, dans l'espace de trois jours, tout homme enrôlé qui ferait partie de ces rassemblements; et si une plainte de ce genre, ou dénonçant d'autres excès semblables, était portée ou notifiée auxdits neuf officiers, leur secrétaire sera obligé de l'inscrire dans le jour même où elle aura été rendue, et lesdits officiers devront l'avoir jugée dans les vingt jours les plus rapprochés de celui où elle sera parvenue à leur connaissance.

Art. 40.

Passé ce terme, s'ils n'ont pas rendu de jugement, leur secrétaire devra, sans y manquer, notifier la plainte aux magnifiques et très-hauts seigneurs, cinq jours après l'expiration de ce délai de vingt jours, pour les mettre en garantie, ainsi que cela s'observe dans les causes criminelles par les huit et les conservateurs; ensuite on poursuivra l'affaire quand et comment il est prescrit par ladite loi de garantie; et il est entendu que le secrétaire qui manquerait à l'observation de ce qui vient d'être prescrit est et sera soumis aux mêmes peines qu'encourent, selon la même loi, les greffiers des huit et des conservateurs qui manquent à leur devoir. Or, comme faire une justice sévère des susdits excès et de ceux qui leur sont analogues est tout à fait l'âme et la vie d'une pareille institution, pour faciliter les notifications de ce genre, lesdits officiers veilleront à ce qu'il soit placé des boîtes dans tous les quartiers de la ville de Florence, aux endroits où sont appliquées celles des tribunaux des huit et des conservateurs des lois.

ART. 41.

Tout homme enrôlé, comme il est dit ci-dessus, qui ne paraîtrait pas aux revues ordonnées de la manière prescrite, est et sera, toutes les fois qu'il sera trouvé absent sans cause légitime, condamné à une amende de vingt sous; et si le même individu est trouvé absent six fois de suite dans la même année, en commençant l'année le jour des calendes de novembre, son absence sera considérée comme un délit au criminel; il pourra recevoir un châtiment personnel, à la volonté desdits neuf ofciers, et en outre il sera condamné à payer tout ce que, suivant les dispositions précédentes, il aurait été tenu de payer pour ne s'être pas trouvé à la revue. Les causes légitimes d'empêchement sont les cas de maladie ou d'absence avec permission des neuf officiers. Toutes les condamnations ci-dessus, ainsi que toute autre, qu'auraient prononcées lesdits officiers, seront appliquées par eux à leur tribunal, pour être employées à ses dépenses ordinaires; et chaque provéditeur dudit tribunal, en sortant de charge, fera vérifier le compte de ces amendes par les syndics du *Monte*; et s'il a encore quelque somme entre les mains, il remettra le tout au trésorier du *Monte*.

ART. 42.

Afin de maintenir la subordination parmi ces hommes armés et inscrits, conformément à ce qui a été réglé, et pour que celui qui doit les appointer le puisse faire, il est arrêté qu'à l'avenir on entretiendra perpétuellement un capitaine des gardes de la banlieue et du district de Florence, dont l'élection aura lieu de la même manière que pour les autres *condottieri* de la république florentine : il lui sera accordé au moins trente arbalétriers à cheval, et cinquante hommes soldés; et il sera tenu d'obéir auxdits neuf officiers pour tout ce qui concerne ladite ordonnance, ainsi qu'à tout magistrat ou commissaire qui aurait pouvoir de commander aux autres troupes de la république.

ART. 43.

On ne pourra choisir, pour cet emploi de capitaine, personne de la ville, banlieue ou district de Florence, ni d'aucune ville rapprochée du domaine de la république de moins de quarante milles.

ART. 44.

Lesdits neuf officiers seront tenus et obligés d'observer toutes les dispositions contenues dans la présente provision, sous peine d'une amende de vingt-cinq grands florins d'or pour chacun d'eux, et pour chaque fois qu'ils y contreviendraient : ils seront soumis, pour cette peine, aux conservateurs des lois; et, afin qu'ils ne puissent alléguer ni prétendre cause d'ignorance relativement à aucune des choses déterminées ci-dessus, leur secrétaire sera tenu de rédiger la présente provision en articles clairs et concis, et de l'avoir continuellement dans un livre durant la tenue des audiences, sous peine d'une amende de cinquante grands florins d'or et de la privation de son emploi; et il sera soumis également, sous ce rapport, aux conservateurs des lois.

ART. 45.

Quant aux délibérations qui, en vertu de la présente provision, devront avoir lieu en présence des magnifiques et très-hauts seigneurs, seuls, ou réunis aux autres magistrats, on en préviendra le premier secrétaire de la seigneurie, à l'exception des assemblées qui avaient lieu dans le conseil des quatre-vingts ou dans le conseil suprême, auquel cas on préviendra le greffier des *tratte* [1], ainsi qu'on l'observe pour les autres offices.

SECONDE PROVISION.

POUR LA CAVALERIE.

Les magnifiques et très-hauts seigneurs, considérant quelle source de sécurité et de réputation a été et est encore, pour votre république, l'ordonnance relative à l'infanterie, et toujours occupés de la pensée d'accroître la tranquillité des états actuels de Florence, et d'affermir le gouvernement actuel de la liberté; excités principalement par les circonstances présentes et le caractère des souverains qui gouvernent aujourd'hui les divers états d'Italie, ont regardé comme une chose nécessaire d'augmenter ladite ordonnance, et de lui donner plus de force. Mais, comme on ne peut y parvenir qu'en adjoignant à la milice déjà établie un certain nombre de cavaliers qui, enrôlés et armés, puissent être prêts en même temps que l'infanterie, si l'on avait besoin de leur concours; et, voulant, par une telle institution, effrayer les ennemis, augmenter la confiance du soldat, et affermir la tranquillité de votre gouvernement, ils ont arrêté et ordonné ce qui suit :

ARTICLE PREMIER.

En vertu de la présente provision, que chacun soit informé qu'il appartient au conseil des respectables neuf de l'ordonnance et qu'il lui est donné et accordé le pouvoir d'inscrire les hommes qu'ils jugeront propres au service de la cavalerie, dans toutes les villes et autres lieux du domaine de la république, de la manière qu'il leur semblera convenable; et, quant à la conservation et l'observation de cette institution et de tout ce qui en dépend, que personne n'ignore qu'il en a été délibéré après sa rédaction définitive, de la même manière qu'a été délibérée la loi relative à l'organisation de la milice à pied, définitivement décrétée le 6 du mois de décembre 1506, renvoyant, dans tous les cas, à ce que prescrit cette dernière loi, sauf néanmoins dans ce qui sera dit ci-après.

ART. 2.

Lesdits respectables neuf devront toujours tenir enrôlés sous les étendards et sous leurs chefs, au moins cinq cents cavaliers, de ceux que l'on appelle communément chevau-légers. Les hommes enrôlés dans ce corps devront porter dans les revues et dans toutes les opérations de guerre, pour armes offensives, l'arbalète et le mousquet, à leur convenance, sous peine d'une amende d'un florin d'or en or, en cas de contravention, et chaque fois qu'ils se rendraient coupables; néanmoins les respectables neuf pourront à leur choix, et après avoir passé aux voix, donner le pouvoir aux chefs d'escadron de permettre à dix hommes sur cent, mais pas davantage, de porter la lance. De plus, les respectables neuf seront tenus, à dater du jour de la promulgation de ladite loi, jusqu'à la fin de l'année 1512, d'avoir

---

[1] On appelait ainsi le conseil chargé de tirer des bourses ou des urnes destinées à cet effet les noms des magistrats et les offices qu'ils avaient à remplir.

porté au complet au moins ces cinq cents hommes.

ART. 3.

Les respectables neuf pourront accorder à chacun des hommes enrôlés, pour l'entretien de son cheval, lorsqu'il est chez lui, jusqu'à douze ducats d'or par an, mais rien au-delà ; la paie sera en outre d'un florin pour chaque homme. Ils pourront donner une paie double aux capitaines de bannières et aux chefs d'escadron pour cent hommes ; et la manière de les rassembler et de leur faire le prêt sera la suivante, savoir :

ART. 4.

Les respectables neuf devront désigner à tous les cavaliers inscrits sous le même étendard un endroit où ils puissent être passés en revue sans être confondus avec les autres compagnies : le lieu qu'ils choisiront devra être la résidence d'un capitaine, d'un podestat, ou d'un vicaire de la république, selon qu'il présentera le plus de commodité aux hommes enrôlés. Ils désigneront un maréchal, habitant du lieu, auquel il sera donné un traitement de deux ducats par an, et point davantage, pour assister à toutes les premières revues qui se feront des nouvelles levées ; et pour la première fois ils y enverront un de leurs délégués qui, avec le recteur de l'endroit, ledit maréchal et le chef du corps, inscriront tous les hommes présents à cette revue, et prendront le signalement des chevaux, qu'ils désigneront par la couleur du poil ou autres marques ; ils noteront aussi la valeur de chaque cheval, selon l'évaluation qu'ils en auront faite entre eux quatre ; ils en dresseront la liste, dont une copie demeurera enregistrée auprès dudit recteur, et passera de la sorte de main en main à ses successeurs ; une autre copie sera laissée au maréchal ; une troisième, au chef du corps ; la quatrième sera remise au conseil des neuf, et le secrétaire dudit conseil, ou son adjoint, sera tenu de l'enregistrer sur un livre intitulé *Bannières de cavalerie*, dressé à cet effet ; et à l'époque où doit avoir lieu le paiement de la solde déterminée ci-dessus, les respectables neuf enverront au recteur auprès duquel la liste se trouve déposée, comme il a été précédemment prescrit, autant de florins d'or qu'il existe de chevaux sur la liste, plus le montant de toutes les paies doubles. Ledit recteur convoquera tous les hommes pour le même jour, et, conjointement avec le maréchal, le commandant du corps ou son lieutenant ; il les inspectera et les confrontera avec les listes ; et donnera à chacun la paie qui lui revient, sauf néanmoins les exceptions et les dispositions ci-après.

ART. 5.

Celui qui ne comparaîtra point aux revues, et qui ne pourra présenter une excuse légitime, perdra, lorsqu'il sera pointé pour la première fois, le ducat de la paie seulement ; s'il est condamné une autre fois, outre la perte de son ducat, il sera condamné à une amende de trois livres. Cet ordre sera suivi chaque année, l'année commençant au jour qui suivra immédiatement la promulgation de la présente provision.

ART. 6.

Les excuses légitimes sont, ou l'absence avec permission des respectables neuf, ou le cas de maladie ; mais alors le cavalier doit envoyer son cheval à la revue par un tiers, avec un certificat de la main de son curé qui atteste qu'il est malade ; et, dans ce cas, on lui comptera son ducat comme s'il s'était présenté en personne à la revue.

ART. 7.

Celui qui se présenterait à la revue avec un autre cheval que celui dont le signalement est porté sur les listes sera condamné à une amende de deux ducats d'or ; toutefois il est bien permis à chaque cavalier enrôlé de vendre ou d'échanger son cheval selon son bon plaisir ; mais il faut que, dans les dix jours qui suivent cette vente ou cet échange, il présente son nouveau cheval au recteur, au commandant et au maréchal désignés à cet effet ; et, si le remplacement est agréé par eux, ils effaceront l'ancien cheval de leur liste pour y substituer le signalement du nouveau, de la manière prescrite, et ils en donneront avis au conseil des neuf, pour qu'il fasse opérer la même rectification. Quant aux contraventions que ledit recteur découvrirait lors de chaque revue, il doit sur-le-champ en informer les neuf, et remettre à leur bureau l'argent qui, après la revue, serait resté entre ses mains par suite des causes qui viennent d'être exposées; il doit en outre rappeler à leur secrétaire, ou à son adjoint, revue par revue, les contraventions qu'il aurait précédemment signalées. Mais, lorsque les hommes enrôlés seront employés à quelque opération de guerre, ils seront payés et passés en revue de la manière et dans la forme que sont les autres chevau-légers de la commune de Florence; et les neuf seront tenus de donner la copie de la liste desdits cavaliers aux officiers de la conduite toutes les fois qu'ils la demanderont; et tant que durera l'expédition, la paie de la garnison accordée auxdits cavaliers cessera de courir.

ART. 8.

L'argent nécessaire pour payer les chevaux existant sur les états de revue, ainsi que pour le compte des maréchaux, pourra être envoyé à domicile, avec l'autorisation des neuf, par le payeur des autres troupes de la commune de Florence, après toutefois que cette autorisation aura été approuvée par les magnifiques et très-hauts seigneurs, et leurs vénérables collègues en exercice à cette époque, ou par les deux tiers d'entre eux, comme cela a lieu actuellement. Dès que cette mesure aura été approuvée le payeur sera tenu de remettre l'argent en question entre les mains du provéditeur du conseil des neuf, et ledit provéditeur l'enverra sur-le-champ à l'endroit que les neuf lui désigneront; il recevra en outre les sommes qui lui seront remises plus tard par les différents recteurs, et en tiendra un compte exact sur un régistre dressé à cet effet; chaque homme enrôlé y sera inscrit individuellement comme débiteur de toutes les sommes qui lui auront été payées prêt par prêt. A chaque quatre mois, et avant leur expiration, sous peine d'être condamné à une amende de cinquante florins d'or en or, et admonesté par chaque administration publique ou par la commune de Florence, suivant la décision des conservateurs des lois, il sera tenu de rendre compte aux syndics du

Monte de toutes les sommes qui, pendant ces quatre mois, seront passées entre ses mains, et d'obtenir d'eux un certificat attestant qu'il a observé tout ce que prescrit le présent règlement; il devra remettre immédiatement au trésorier du *Monte* l'argent qui pourrait lui rester encore entre les mains après la reddition de ses comptes. Il est expressément défendu aux respectables neuf d'employer tout ou partie de cet argent d'une manière directe ou indirecte, et sous quelque prétexte que ce puisse être, à un autre usage que celui qui vient d'être dit. Quant à l'argent qui aura été payé, comme il a été précédemment réglé, auxdits hommes enrôlés, à titre de solde, ils en recevront quittance, et n'en seront plus regardés comme débiteurs, toutes les fois qu'ils seront envoyés à quelque entreprise de guerre; mais, de retour dans leurs foyers, ils seront rétablis de nouveau comme debiteurs de toutes les sommes qui leur seront payées mois par mois. S'ils allaient de nouveau à la guerre, ils recevraient encore quittance, et ainsi de suite pour l'avenir. Les respectables neuf, en enrôlant de nouveaux chevau-légers, pourront faire à chacun une avance de dix grands florins d'or, qui sera enregistrée comme il vient d'être prescrit, et dont le provéditeur l'inscrira comme débiteur, pour en faire le décompte lorsque cet homme sera employé à quelque opération de guerre. Cette mesure aura lieu de la manière et dans la forme qu'auront arrêtées les respectables neuf, dans une seule ou plusieurs conférences.

ART. 9.

Les respectables neuf ne pourront, même dans les temps accordés, effacer aucun des hommes inscrits, si cet homme n'a d'abord restitué à leur conseil toutes les sommes dont il peut être débiteur, soit à titre d'avance, soit à titre de paie, sous les peines énoncées dans la loi précitée : déclarons toutefois que les seigneurs, les collègues et les neuf, ou les deux tiers d'entre eux réunis, pourront, en quelque temps de l'année que ce soit, effacer et faire rayer tous ceux que, par de justes et légitimes raisons, ils croiraient devoir être rayés, leur faire remise de tout ou de partie de leur dette, selon qu'après avoir passé aux voix les deux tiers d'entre eux au moins l'auront déclaré et arrêté : c'est à leur conscience que ce jugement sera abandonné.

ART. 10.

Si l'un des hommes ainsi enrôlés venait à mourir à la guerre, ou pendant la durée du service militaire, il est entendu qu'il est et sera déchargé de toutes les sommes dont il se trouvait débiteur ; mais, s'il venait à mourir hors du service militaire, ou qu'il eût été banni ou confiné de manière à ne pouvoir plus servir, le conseil des neuf rendra responsable, par tous les moyens en son pouvoir, les héritiers ou les successeurs, ou les propriétés de cet individu, de la restitution de tout ce qu'il doit pour son prêt seulement, attendu qu'on peut lui substituer immédiatement un remplaçant si cela convient audit conseil des neuf.

ART. 11.

Si, durant la guerre, le cheval d'un des hommes inscrits était tué ou blessé, le conseil des neuf sera tenu de payer les deux tiers du prix auquel le cheval aura été évalué sur les listes dont il a été précédemment question, et où il devra continuer à figurer comme précédemment : mais si son cheval venait à mourir, ou qu'on le lui estropiât hors d'une expédition militaire de manière à ne pouvoir plus être employé à ce service, tous les hommes qui seront inscrits sous la même bannière seront dans l'obligation de se cotiser pour lui donner jusqu'à concurrence de la somme de dix grands florins d'or en or ; et ils pourront être contraints à cette mesure par les respectables neuf ; et cela afin que les compagnies se maintiennent toujours à cheval sans être à charge au trésor public de Florence.

ART. 12.

Aucun de s hommes inscrits ne pourra prêter à personne, de quelque état, grade, qualité ou condition que ce soit, son cheval pour plus de deux jours, sous peine d'une amende d'un grand florin d'or en or contre le délinquant, pour chaque fois qu'il se rendra coupable

du même délit ; et de quatre florins d'or contre celui qui aurait accepté ledit cheval, et qui le garderait au-delà du temps prescrit ; et ils seront soumis, pour ce fait, au jugement du conseil des respectables neuf.

ART. 13.

Les respectables neuf pourront engager des condottieri pour commander ladite cavalerie ; mais ce choix devra être soumis à l'approbation du conseil des quatre-vingts, de la même manière que l'on procède à l'engagement et à l'approbation des connétables ; ils détermineront également le traitement qu'il paraîtra convenable de leur accorder ; ils ne pourront non plus donner à chaque condottiere moins d'une bannière à commander, et il ne pourra y avoir, sous chacune de ces bannières, moins de cinquante chevaux : ils changeront de commandement tous les trois ans, à partir du mois de novembre ; et l'on suivra à l'avenir la même mesure à l'égard des connétables d'infanterie.

ART. 14.

Ayant considéré en outre, d'après l'observation des respectables neuf, que le recensement qui a lieu chaque année de tous les hommes existant dans toute l'étendue du territoire de la république n'offre aucune utilité, attendu que ces opérations sont trop rapprochées de l'une, il est décidé que ce recensement n'aura lieu que tous les trois ans à commencer du 1er novembre prochain, et que c'est au commencement du même mois que, tous les trois ans, on inscrira de nouveau sous les mêmes bannières deux mille hommes au moins pour le service de l'infanterie, afin que la république de Florence puisse tirer des jeunes gens qui se seront élevés durant ce temps les services qu'en attend le salut de l'état.

ART. 15.

Enfin l'on ne pourra inscrire aucun homme, soit pour la cavalerie, soit pour l'infanterie, s'il n'habite les lieux et l'arrondissement où se trouve placée la bannière sous laquelle il est ou doit être enrôlé.

CONSULTATION

DE MACCHIAVELLI

POUR L'ÉLECTION D'UN COMMANDANT DE L'INFANTERIE.

Rien ne peut introduire le désordre et la honte dans votre infanterie et dans votre ordonnance, comme d'en donner le commandement au premier venu; de même que rien ne peut vous exposer à un plus grand péril que d'en laisser la nomination à votre capitaine général. Le meilleur moyen de fuir ce double danger serait, à mon avis, de nommer le seigneur Jacopo commandant de votre infanterie nationale : quelque autre parti que vous preniez, il sera tardif s'il n'est dangereux. Examinons d'abord le premier inconvénient; c'est-à-dire, le désordre qui pourrait s'introduire dans votre infanterie. S'il fallait réunir immédiatement une armée, on pourrait dire que les officiers en activité sont incapables, et il faudrait chaque fois en nommer de nouveaux, ou subordonner ces nouveaux chefs à des hommes sans titre et inconnus : dans le premier cas vous auriez des soldats qui ne seraient bons à rien; dans le second, vous blesseriez l'amour-propre de ces chefs, qui se verraient dans l'impuissance de faire rien de bien, parce qu'aussitôt vous auriez quelqu'un qui voudrait que ce fût le Ceccotto ou le Guicciardino, ou un autre de cette force, qui conduisît toute la besogne; peut-être même vous proposerait-on quelque inconnu pire encore, que vous jugeriez valoir mieux; de sorte qu'il en résulterait un désordre général, et que tout le bien deviendrait nul.

Mais, si vous mettez le seigneur Jacopo à la tête de l'infanterie, les connétables vont l'adorer : lui, de son côté, saura les flatter; car il connaît qui ils sont, et il n'ignore pas ce que c'est que l'infanterie. Vous fermerez ainsi la bouche à ceux qui diraient que votre infanterie est sans chef; et lui, de son côté, serait d'une grande utilité, puisque, instruit des motifs qui l'ont appelé à ce grade, il verrait que c'est dans l'intention de donner de là considération à cette nouvelle institution qu'il a été choisi : et je puis d'autant mieux vous en répondre, que j'ai eu à ce sujet avec lui il y a deux ans une conversation sérieuse.

Quant à l'habileté du seigneur Jacopo, vous savez tout ce que je vous en ai dit : voyez ce que vous en écrit Alessandro; allez aux informations auprès d'Antonio Giacomini; parlez-en avec Niccolò Capponi; et je vous répéterai sans cesse que, pour avoir un condottiere plus capable que lui, il faudrait qu'il le surpassât de beaucoup en réputation. Placé à la tête de votre infanterie, et quand même vous ne nommeriez pas un autre capitaine général, il saura organiser votre armée dans la plupart de ses parties, si ce n'est en totalité : ayant sous ses ordres l'infanterie et sa compagnie, et en outre la cavalerie d'ordonnance existante, il se trouvera, ainsi que votre commissaire, à la tête d'une armée suffisante pour pouvoir former un camp à eux deux.

Ce choix produira encore un autre bien. Vous ne pouvez guère vous passer d'un chef des hommes d'armes, et le choix n'en est pas sans danger : vous avez à craindre d'offenser quelques-uns de nos grands princes, ou de confier le commandement à un chef perfide ou inhabile. Il n'est pas de meilleur expédient que de faire la réputation d'un homme que vous aurez créé vous-mêmes, afin de pouvoir, avec le temps, l'élever à ce grade. Est-il un moyen plus capable et moins dangereux de mettre quelqu'un en réputation, que celui que je vous propose? car le grade dont il s'agit ne saurait éveiller la jalousie des autres hommes d'armes. Prenez pour exemple les Vénitiens, dont l'infanterie était commandée par Jean-Baptiste Nomaggio, tandis qu'ils avaient pour condottière Alviano, et une foule d'autres grands seigneurs qui ne s'offensèrent jamais de cette distinction.

Voyez! aujourd'hui que le pape a confié le commandement de son infanterie à Marcantonio Colonna, tout le monde crie.

D'ailleurs vous avez deux espèces de condottieri; les nouveaux et les anciens. Les premiers ne peuvent ni s'étonner ni se plaindre de voir donner ce commandement : parmi les anciens, je ne vois que Mazio qui soit dans le cas de se plaindre; et, quant à lui, je ne verrais pas un grand mal à ce qu'il s'en allât : de sorte que, si jamais vous avez eu une occasion favorable de prendre une telle résolution, c'est aujourd'hui, avant que vous soyez pressés de faire de nouveaux engagements.

En accordant ce grade au seigneur Jacopo, vous ferez une expérience particulière de son courage, de ses lumières, de ses conseils et de sa conduite; si vous y trouvez le moyen d'élever encore davantage l'édifice de votre grandeur, vous auriez tort de le rejeter. Or, comme vous en avez déjà fait l'essai, vous n'avez rien à craindre pour le salut de Florence, et vous ajoutez à la considération dont il jouit déjà.

Je ne suis en ceci guidé que par le bien de l'état, et par la crainte que j'ai qu'en faisant le choix d'un chef ce choix ne détruise toute notre ordonnance militaire, si l'on ne met point à sa tête un homme dont la réputation suffise pour le protéger et le commander. Il y a encore un autre motif que je vous dirai de vive voix.

Il serait donc à propos de le faire nommer général de votre infanterie par le conseil des quatre-vingts, aux conditions dont Alessandro Nessi est convenu avec lui. Cette proposition à obtenu l'approbation de Pierre Guicciardini et de Franscesco di Antonio di Taddeo; et je crois que les autres y consentiront également. VALETE.

RELATION

D'UNE VISITE FAITE PAR MACCHIAVELLI

POUR FORTIFIER FLORENCE [1].

Nous avons d'abord examiné, à partir de Monte Oliveto, tout le plan de ce qu'il était question de comprendre entre les hauteurs qui s'élèvent en delà de l'Arno, et nous avons poursuivi l'examen du tout jusqu'à Ricorboli. Le ca-

[1] Cette visite eut lieu en 1526 d'après l'avis du pape Clément VII, qui redoutait les troupes impériales pour Florence autant que pour Rome. Macchiavelli y assista avec des gens du métier, et en rédigea la relation. Il en parle en plusieurs endroits de ses lettres à François Guicciardini, comme on pourra le voir dans sa correspondance familière.

pitaine a pensé que c'était une entreprise importante, dont on devait attendre plusieurs résultats avantageux. « Cependant, disait-il, il ne faut » point mettre dans l'exécution trop de précipi- » tation, ni attendre qu'il y ait nécessité, parce » qu'un grand nombre de troupes serait néces- » saire pour garder toute cette enceinte ; mais » toutefois on en tirera cet avantage, qu'une » armée entière pourra s'y réunir sans deve- » nir à charge aux habitants de la ville. »

Après avoir considéré le terrain ci-dessus, nous crûmes devoir nous rapprocher des murailles, vers les hauteurs qui se groupent au-delà de l'Arno, pour entendre du capitaine comment on pourrait le fortifier pour élever les remparts. D'abord, nous commençâmes par la porte de San-Niccolò : il semble au capitaine que cette porte, ainsi que tout le faubourg, jusqu'à la porte de San-Miniato, n'est point tenable, attendu que tout le terrain était commandé par la montagne ; qu'on ne pouvait espérer de les défendre en aucune manière, et, ce qui est pis, qu'il était impossible de la fortifier : de manière qu'il regarde comme une chose indispensable de la mettre hors de l'enceinte de la ville, et non-seulement de l'abandonner, mais même de la détruire.

Toutefois, il croit qu'il serait bon d'élever un mur à partir de la première tour placée sur la porte de San-Miniato, et, en inclinant vers l'Arno, de venir aboutir au fleuve immédiatement à l'endroit où se trouve le moulin de San-Niccolò ; de construire, sur l'angle formé par la jonction du vieux et du nouveau mur, un bastion qui battrait la face de ces deux murs, et, dans le milieu du nouveau rempart, une porte avec ses bastions et ses ravelins, et tout les moyens de défense qui sont d'usage aujourd'hui. Ce mur une fois élevé, son intention serait d'abattre toutes les maisons qui resteraient en arrière dans ce faubourg.

Après avoir examiné ce point du projet, nous poursuivîmes notre chemin, et marchant le long du mur extérieur, qui a une distance d'environ deux cents brasses (quatre cents pieds), nous montâmes au sommet de la colline, où se trouve une tour élevée. Le capitaine jugea qu'on pourrait établir à cet endroit une forte redoute, en diminuant la hauteur de la tour, et en étendant les travaux sur un espace

d'environ soixante brasses (cent vingt pieds), de manière à pouvoir y renfermer plusieurs maisonnettes qui se trouvent sur les côtés. Cette redoute rendrait la position d'autant plus forte, qu'elle commande toutes les hauteurs d'alentour, qu'elle protége la faiblesse du mur inférieur et supérieur qui vient s'appuyer à ses flancs, jusqu'à San-Giorgio, et qu'elle écraserait quiconque tenterait de venir nous attaquer vers ce point.

Nous parvînmes ensuite à la porte de San-Giorgio ; son avis fut de la baisser, d'y construire un bastion rond, et de placer la sortie sur la côte, comme c'est l'usage. Lorsqu'on a dépassé cette route d'environ cent cinquante brasses (trois cents pieds), on rencontre un angle rentrant que forme le mur en changeant de direction à cet endroit, pour se diriger vers la droite. Son avis fut qu'il serait utile d'élever sur ce point, ou une casemate ou un bastion rond, qui battît les deux flancs ; et vous saurez que ce qu'il entend par là c'est que l'on creuse des fossés partout où il se trouve des murs, parce qu'il est d'avis que les fossés sont la première et la plus forte défense d'une place.

Après nous être avancés d'environ cent cinquante autres brasses (trois cents pieds) au-delà, jusqu'à un endroit où se trouvent quelques contre-forts, il a été d'avis que l'on y construisît un autre bastion ; et il a pensé que si on le faisait assez fort, et suffisamment avancé, il pourrait rendre inutile la construction du bastion de l'angle rentrant, dont il a été question précédemment.

Au-delà de ce point, on trouve une tour, dont il a été d'avis d'augmenter l'étendue, et de diminuer la hauteur en la disposant de manière qu'on puisse manœuvrer sur son sommet des pièces de grosse artillerie : il pense qu'il serait utile d'en faire autant à toutes les autres tours qui existent ; il ajoute que, plus elles sont rapprochées l'une de l'autre, plus elles ajoutent à la force d'une place, non pas tant parce qu'elles frappent l'ennemi en flanc, que parce qu'elles l'atteignent de front. « Car, » dit-il, il est tout naturel qu'une ville renferme » plus d'artillerie qu'une armée ne peut en traî- » ner à sa suite ; d'où il résulte que toutes les » fois que vous pouvez opposer à l'ennemi un

» plus grand nombre de pièces qu'il ne peut en
» mettre en batterie contre vous, il est impossi-
» ble qu'il vous fasse un grand tort, attendu que
» les batteries les plus nombreuses triomphent
» toujours de celles qui le sont moins; de sorte
» que, si vous pouvez placer de la grosse artille-
» rie sur toutes vos tours, il est indubitable que
» l'ennemi ne vous nuira qu'avec difficulté. »

En poursuivant notre chemin, nous arrivâmes au point où l'on commence à descendre
vers la porte San-Piero-Gattolino. Le capitaine s'arrêta à cet endroit, et, pour mieux
connaître tout le terrain compris entre ce
point et la porte San-Giorgio, nous entrâmes
dans la métairie de Bartolomeo Bartolini.
Après un examen très-attentif, il pensa qu'on
pourrait trouver un nouveau moyen de fortifier toute cette partie qui se trouve comprise
entre la porte San-Giorgio et le point où nous
nous trouvions, sans être obligé de construire
tous les bastions dont je viens de vous entretenir. Ce nouveau projet consisterait à élever
au commencement de la pente qui descend
vers San-Piero-Gattolino un mur qui tourne-
rait sur la gauche vers la porte San-Giorgio,
suivrait les mouvements du terrain dans
toutes les petites vallées, et irait aboutir à la
porte de San-Giorgio. Quant à l'ancien mur,
qui se trouverait par ce moyen dans l'intérieur, il n'y aurait qu'à l'abattre.

Du point où ce mur commence à celui où il
finit, il se prolongerait en ligne droite sur une
étendue d'environ cinq cents brasses (mille
pieds), et la portion qui s'éloignerait le plus
de l'ancien mur n'en aurait pas plus de deux
cents (quatre cents pieds). Il en résulterait
les deux avantages suivants : cette partie se
trouverait mieux défendue, attendu que l'ancien mur est tout à fait inutile; au lieu que le
nouveau est nécessaire. Il y a, immédiatement
derrière l'ancien mur, une grotte qui ne permet pas de le réparer sur-le-champ, tandis
qu'on pourrait réparer celui qui n'aurait devant
lui que la plaine. Il serait plus à portée de
battre les collines qui l'environnent; de sorte
qu'il serait plus à couvert des feux de l'ennemi
que l'ancien mur, que l'on peut atteindre facilement de tous les points. On épargnerait la
dépense des fossés, puisque les bords du fleuve
pourraient en tenir lieu. On éviterait également les frais de construction de tous les bastions qu'il faudrait construire sur les vieux
remparts, et il suffirait d'élever sur le nouveau quelques angles d'où l'on pût battre
l'ennemi en flanc. Ces constructions ne coûte-
raient pas beaucoup, et l'on estime qu'il serait
presque moins cher d'élever cette partie de
muraille nouvelle que de fortifier l'ancienne
par des fossés et des bastions.

Après l'examen de ce point, nous revînmes
du côté du rempart, en redescendant vers San-
Piero-Gattolino. Le capitaine fut d'avis qu'il
serait nécessaire de construire, à trente brasses
(environ soixante pieds) de l'avant-dernière
tour, un fort bastion, et que l'on donnât,
comme je l'ai dit, plus d'étendue à toutes les
autres tours, en diminuant toutefois leur hauteur. Son avis serait également que l'on baissât
la porte de San-Piero-Gattolino, et que l'on y
construisît, pour la couvrir, un bastion qui
battrait le mur du côté de San-Giorgio et du
côté de San-Friano. Ayant vu ensuite combien
la colline de San-Donato à Scopeto est rapprochée des murs qui vont de la porte de San-
Piero-Gattolino à une autre porte murée conduisant du côté des Camaldules, son opinion
serait que l'on jetât à bas tout le mur qui se
trouve compris entre ces deux portes, et que
l'on en fît un nouveau de cette porte à l'autre,
c'est-à-dire entre San-Piero-Gattolino et la
porte murée : ce mur, dans la plus grande distance de l'ancien, ne s'en éloignerait que de
deux cents brasses (quatre cents pieds), afin
de pouvoir s'écarter davantage de cette colline,
qui se trouve presque entièrement couverte de
mauvais jardins, et où, par conséquent, tout
le dommage qu'il y aurait à faire consisterait
seulement à détruire un monastère des religieuses de San-Nicolò. Nous poursuivîmes ensuite le chemin qui mène à San-Friano. Il serait
nécessaire d'élever un bastion à l'avant-dernière tour qui se trouve de ce côté, et de le
porter quinze brasses (trente pieds) en avant
de la tour; d'ajouter à la défense de la porte
de San-Friano un fort bastion, et d'augmenter
et abaisser toutes les tours jusqu'à l'Arno. A
l'angle du mur qui est en face du fleuve et où
se trouve un moulin, le capitaine voudrait
qu'on construisît un bastion qui renfermât ce
moulin et qui battît dans toutes les directions.

Nous descendîmes de là sur l'Arno, et, longeant le rempart jusqu'au pont Alla-Carraja, il fut d'avis que l'on ouvrît dans ce mur un grand nombre d'embrasures, pour y établir des batteries basses qui traverseraient le fleuve; et que l'on élevât, à l'endroit où se trouve la petite écluse, une tourelle formant saillie sur le flanc, mais plutôt par ornement que par un motif de nécessité réelle.

Après avoir fait un examen attentif de toutes les fortifications existant au-delà de l'Arno et de toutes les hauteurs voisines, comme je viens de l'indiquer, nous demandâmes au capitaine ce qu'il pensait des murailles qui se dirigent vers Prato, et que l'on découvre du mont Uliveto; de celles qui vont vers San-Giorgio, et que l'on voit de San-Donato à Scopeto; de celles de la Justice, qui commandent San-Miniato, et enfin de toutes celles qu'on pouvait apercevoir du sommet de ces hauteurs. Il répondit qu'elles ne couraient aucun danger, puisqu'elles se trouvaient éloignées en partie, et que, pouvant être mises facilement à couvert par un mur de traverse, il était difficile à l'ennemi de faire du mal de ce côté. Après avoir terminé l'examen de toute la portion située au-delà de l'Arno, nous vînmes de ce côté-ci du fleuve, et nous recommençâmes notre visite au guichet des moulins de Prato. D'abord nous attirâmes l'attention du capitaine sur le biez, et nous lui fîmes voir comme les maisons s'appuient sur le mur qui correspond à l'Arno. Nous passâmes ensuite la porte et nous entrâmes dans le biez des Médicis, que nous parcourûmes jusqu'à son extrémité; puis nous montâmes sur la jetée ou terrasse qui se trouve à l'embouchure du biez. Il lui sembla qu'on pouvait rendre ce point extrêmement fort, en y élevant un bastion qui embrasserait tous les moulins; le mur de ce bastion, qui regarde l'intérieur, du côté du jardin du biez, n'aurait pas besoin d'être très-épais, attendu qu'il ne peut être battu d'aucun côté; il faudrait en outre établir un autre bastion à la pointe la plus basse du jardin du biez, où j'ai déjà dit que se trouvait la jetée. Ce bastion correspondrait par son flanc avec le premier, et son front battrait toute la largeur de l'Arno. Il ajouta que, si l'on prenait ce parti, jamais l'ennemi ne pourrait s'approcher de ce point, attendu que le biez fait l'office de fossé, et que les deux bastions l'atteindraient de flanc et de front, et qu'il serait encore exposé par derrière aux batteries placées de l'autre côté du fleuve. Ainsi les maisons qui se trouvent dans la rue du Biez ne peuvent affaiblir ce point. Il jugea utile d'aplanir le dessus de la voûte du trop plein de la pêcherie, qui se trouve près du bastion de la jetée, afin de pouvoir y établir une batterie de deux pièces. Un autre motif qui le confirme dans ce projet c'est que les maisons qui se trouvent comprises depuis la jetée jusqu'au pont Alla-Carraja sont maîtresses du cours du fleuve, et son dessein serait de les priver de cet avantage, en élevant un mur qui les couvrît, « parce qu'il n'est pas bon, dit-il, que des particuliers, qui pourraient se livrer » à quelque trahison, soient les maîtres de cette » partie de la ville. » Il ajoute que le guichet du moulin se trouverait défendu par le bastion.

Après avoir examiné et disposé ce point, nous quittâmes la porte des Moulins, et nous nous dirigeâmes le long du mur extérieur jusqu'à l'angle qui joint le Mugnone, point auquel ce mur tourne à droite, du côté de la porte de Prato. Il lui sembla qu'il serait bon de construire un fort bastion, pour défendre en même temps le côté des moulins et celui de la porte de Prato; son intention serait en outre qu'à cet endroit, et partout où passe le Mugnone, on se servît du cours de cette rivière comme d'un fossé, et que, de ce lieu jusqu'à la porte de Prato, on élevât un mur le long du cours du Mugnone, afin de soutenir les terres de la rive gauche; que l'on fît ensuite, à l'angle du bastion et au milieu de la rivière, une digue on l'on pût monter pour intercepter le cours de l'eau, suivant le besoin; que l'on creusât un fossé le long du mur qui va du bastion au guichet des moulins; que l'on y introduisît une partie des eaux du Mugnone, et lorsque le fossé arriverait aux moulins, qu'on le détournât vers l'Arno, et que l'on couvrît d'un bon mur tous les côtés où se fait la jonction. Enfin, il désirerait que l'on mît au niveau des créneaux toutes les élévations que présente ce mur, et qui consistent en quelques crêtes de mur qui dépassent les créneaux. Il croirait utile de diminuer la hauteur de la porte de Prato, et d'y construire un bastion à l'instar de ceux qu'il propose d'élever de l'autre côté de l'Arno.

Nous nous rendîmes ensuite à la porte de Faenza. Il voudrait que l'on abaissât toutes les tourelles du milieu, qu'on les mît au niveau des créneaux, et qu'on les agrandît, ou du moins qu'on les élargît, surtout à leur sommet. Comme l'espace compris entre la porte de Faenza et celle de Prato est assez considérable, il regarderait comme une chose utile de changer une des tours du milieu en un bastion, et de l'agrandir suffisamment pour pouvoir y placer une batterie à sa base. De là nous allâmes à la porte de San-Gallo, qu'il veut fortifier comme les autres, et dans une des tours de laquelle, il a l'intention d'établir un petit bastion. Comme à cet endroit le Mugnone commence à couler le long du mur, il croirait convenable, puisqu'on veut s'en servir comme d'un fossé, de construire au-dessus, et à l'endroit le plus convenable, une retenue pour que les eaux qui descendent d'en haut pussent entrer dans le lit des fossés.

Le capitaine voulut visiter la colline qui se trouve en face de la porte de San-Gallo. Arrivé sur le lieu, il dit que les ennemis auraient là une position forte et belle, mais que tout le mal qu'ils pouvaient faire à la ville, de cet endroit, consistait à pouvoir s'y maintenir sans danger.

Nous nous rendîmes ensuite à la porte de Pinti, qu'il est nécessaire de fortifier, comme les autres, en établissant entre cette porte et celle de San-Gallo un petit bastion dans la tour du milieu, semblable à celui des deux autres portes, dont nous avons parlé.

Après avoir quitté la porte de Pinti, et nous être dirigés le long du mur, on trouve, à une distance d'environ six cents brasses (deux mille toises), un angle où s'élève une tour qui présente trois faces, et où le mur se replie fortement à droite vers la porte alla Croce; de cet angle à cette porte, il y a environ quatre cents brasses (huit cents pieds), et, en conséquence, il lui a paru nécessaire d'élever sur cet angle un fort bastion, qui dépasse la tour de trente brasses au moins (soixante pieds), pour protéger efficacement ces deux parties de murailles, et pour battre vigoureusement la campagne de front.

Nous arrivâmes ensuite à la porte alla Croce, qui doit être fortifiée comme les autres. Poursuivant notre route le long du mur, on trouve une tour qui fait face à l'Ange-Raphaël, et qu'il voudrait, que l'on augmentât considérablement, afin de mieux défendre le lieu qui avoisine l'Arno.

Nous parvînmes enfin à la porte de la Justice: là, il lui parut, nécessaire d'abattre l'église, de déblayer tous les décombres qui se trouvent en cet endroit, et d'y construire un fort bastion pour protéger vigoureusement cette entrée de l'Arno. Il voudrait encore que l'on baissât la hauteur, et que l'on agrandît la tour de la Munition, qui est proche de la porte, afin de rendre cette partie plus forte.

LETTRE A FRANCESCO GUICCIARDINI,

AMBASSADEUR DE FLORENCE A ROME [1],

RELATIVE AUX FORTIFICATIONS A FAIRE A FLORENCE.

Nous avons reçu avant-hier votre lettre du 28 du mois passé, en réponse à celle que nous vous avons écrite le 24. Nous vous remercions infiniment de votre exactitude; et c'est avec plaisir que nous apprenons que Sa Sainteté a été satisfaite des ménagements que nous avons cru devoir prendre avant de commencer cette sainte entreprise, afin de ne causer d'ombrage

[1] François Guicciardini était, en même temps, ambassadeur et ministre de la république à Rome. Il entretenait avec Macchiavelli, dont il était l'intime ami, une correspondance régulière.

à personne, et de ne point la rendre odieuse avant que l'expérience en ait manifesté l'utilité à tous les yeux.

Il est vrai que nous ne pouvons encore lui donner d'autre commencement que de préparer les travaux, jusqu'à ce que nous ayons déterminé la forme à donner aux bastions, et le lieu le plus convenable pour les élever; ce qui, à notre avis, ne sera possible que lorsque tous les ingénieurs, et ceux dont nous voulons prendre les conseils, seront enfin réunis. Quoique le seigneur Vitello soit depuis hier à Florence, que nous y attendions sous deux jours Baccio Bigio qui est en route, et qu'Antonio da San-Gallo soit aussi sur le point d'arriver, comme nous n'avons eu aucune nouvelle de ce dernier qui est allé inspecter les villes fortes de la Lombardie, par ordre de Sa Sainteté, nous avons cru nécessaire de l'attendre, afin de tirer au moins quelque avantage de sa tournée. Toutefois nous vous prions de supplier respectueusement Sa Sainteté de vouloir bien lui prescrire de se hâter. Quant à nous, nous avons rappelé au très-révérend légat d'écrire au gouverneur de Bologne, dans le cas où il apprendrait l'endroit où se trouve Antonio, de l'engager à se presser. Quant aux ménagements que l'on doit avoir pour fortifier la porte de Prato et de la Justice, ainsi que les parties situées au-delà de l'Arno, et l'approche des collines, comme le recommande prudemment Sa Sainteté, nous ne négligerons rien pour la satisfaire. Nulle part nos soins ne manqueront, si d'un autre côté les moyens d'exécution ne nous manquent pas; car le trésorier a fait quelques difficultés pour acquitter une petite traite que nous avions tirée sur lui, et nous croyons qu'à l'avenir il en fera de plus grandes encore, sous prétexte qu'il n'a pas d'argent.

Ainsi, il nous paraît nécessaire que Sa Sainteté donne des ordres pour que nous puissions user de son crédit. Puisqu'elle veut bien venir à notre secours, ce serait aujourd'hui le moment : cela nous ferait d'autant plus de bien, que nous sommes plus que jamais convaincus du danger qu'il y aurait à commencer notre opération par porter atteinte à la bourse des citoyens au moyen d'un nouvel impôt. Faites donc bien comprendre ce point à Sa Sainteté. Quant au plan des collines qu'elle désire, aussitôt que Baccio Bigio sera arrivé, nous ne perdrons point un moment de temps pour le lui envoyer le plus tôt possible; et dans tout ce qui dépendra de nous, elle peut compter sur notre zèle et notre exactitude. Comme nous sommes tous d'avis que l'on se mette, aussitôt après la récolte, à creuser les fossés en deçà de l'Arno, c'est-à-dire ceux des trois quartiers, nous avons invité tous les *podestà* de notre territoire à chercher, paroisse par paroisse, combien il existe chez eux d'hommes de l'âge de dix-huit à cinquante ans, et à nous transmettre un état particulier, pour qu'ils fassent les inscriptions nécessaires, et que nous puissions, aussitôt la récolte terminée, nous mettre vigoureusement à la besogne. VALETE.

DISCOURS

SUR LA PREMIÈRE DÉCADE DE TITE-LIVE.

NICOLAS MACCHIAVELLI

A ZANOBI BUONDELMONTI ET A COSIMO RUCCELLAI,

SALUT.

Recevez cet écrit, comme un présent de trop peu de valeur sans doute pour m'acquitter de tout ce que je vous dois ; mais soyez convaincus que c'est ce que Macchiavelli a pu vous envoyer de mieux. J'ai tâché d'y renfermer tout ce qu'une longue expérience et une recherche assidue ont pu m'apprendre en politique. Dans l'impuissance où je suis de faire plus pour vous ni pour qui que ce soit, vous ne pouvez me plaindre si je n'ai pas fait davantage. N'accusez donc que mon peu de talent du peu de mérite de ces discours, ou mon défaut de jugement des erreurs dans lesquelles je serai sans doute bien souvent tombé. Dans cet état, cependant, je ne sais lequel de nous a plus le droit de se plaindre, ou moi de ce que vous m'avez forcé à écrire ce que je n'eusse jamais entrepris de moi-même, ou vous de ce que j'ai écrit sans que vous ayez lieu d'être satisfaits. Acceptez donc ceci comme on accepte tout ce qui vient de l'amitié, en ayant égard bien plus à l'intention de celui qui donne qu'à la chose offerte.

J'ai la satisfaction de penser que si j'ai com-mis des fautes dans le courant de cet ouvrage, j'ai du moins bien certainement réussi dans le choix de ceux à qui je l'adresse. Non-seulement je remplis un devoir et je fais preuve de reconnaissance, mais je m'éloigne de l'usage ordinaire aux écrivains, qui dédient toujours leurs livres à quelque prince, et qui, aveuglés par l'ambition ou par l'avarice, exaltent en lui les vertus qu'il n'a pas, au lieu de le reprendre de ses vices réels.

Pour éviter ce défaut, je ne m'adresse pas à ceux qui sont princes, mais à ceux qui, par leurs qualités, seraient dignes de l'être ; non à ceux qui pourraient me combler d'honneurs et de biens, mais plutôt à ceux qui le voudraient sans le pouvoir.

A juger sainement, ne devons-nous pas plutôt accorder notre estime à celui qui est naturellement généreux qu'à celui qui, à raison de sa fortune, a la faculté de l'être? à ceux qui sauraient gouverner des états, qu'à ceux qui ont le droit de les gouverner sans le savoir?

Aussi les historiens louent-ils bien plus Hiéron de Syracuse, simple particulier, que Persée de Macédoine, tout monarque qu'il était. Il ne manquait à Hiéron que le trône pour être roi, et l'autre n'avait du roi que le diadème.

Bon ou mauvais, vous l'avez voulu cet écrit : tel qu'il est, je vous le livre, et si vous persistez toujours dans vos favorables préventions, je continuerai à examiner le reste de cette histoire, comme je vous l'ai promis en commençant.

LIVRE PREMIER.

AVANT-PROPOS.

Je n'ignore pas que le naturel envieux des hommes si prompts à blâmer, si lents à louer les actions d'autrui, rend toute découverte aussi périlleuse pour son auteur que l'est pour le navigateur la recherche des mers et des terres inconnues. Cependant, animé de ce désir qui me porte sans cesse à faire ce qui peut tourner à l'avantage commun à tous, je me suis déterminé à ouvrir une route nouvelle, où j'aurai bien de la peine à marcher sans doute. J'espère du moins que les difficultés que j'ai eu à surmonter m'attireront quelque estime de la part de ceux qui seront à même de les apprécier. Si de trop faibles moyens, trop peu d'expérience du présent et d'étude du passé, rendaient mes efforts infructueux, j'aurai du moins montré le chemin à d'autres qui, avec plus de talents, d'éloquence et de jugement, pourront mieux que moi remplir mes vues; et si je ne mérite pas d'éloge, je ne devrais pas du moins m'attirer le blâme.

Si on considère le respect qu'on a pour l'antiquité, et, pour me borner à un seul exemple, le prix qu'on met souvent à de simples fragments de statue antique, qu'on est jaloux d'avoir auprès de soi, d'en orner sa maison, de donner pour modèles à des artistes qui s'efforcent de les imiter dans leurs ouvrages; si, d'un autre côté, l'on voit les merveilleux exemples que nous présente l'histoire des royaumes et des républiques anciennes; les prodiges de sagesse et de vertu opérés par des rois, des capitaines, des citoyens, des législateurs qui se sont sacrifiés pour leur patrie; si on les voit, dis-je, plus admirés qu'imités, ou même tellement délaissés qu'il ne reste pas la moindre trace de cette antique vertu, on ne peut qu'être à la fois aussi étrangement surpris que profondément affecté! Et cependant dans les différends qui s'élèvent entre les citoyens, ou dans les maladies auxquelles ils sont sujets, on voit ces mêmes hommes avoir recours ou aux jugements rendus, ou aux remèdes ordonnés par les anciens. Les lois civiles ne sont, en effet, que des sentences données par leurs jurisconsultes, qui, réduites en principes, dirigent dans leurs jugements nos jurisconsultes modernes. Qu'est-ce encore que la médecine, si ce n'est l'expérience de médecins anciens prise pour guide par leurs successeurs? Et cependant, pour fonder une république, maintenir des états; pour gouverner un royaume, organiser une armée, conduire une guerre, dispenser la justice, accroître son empire, on ne trouve ni prince, ni république, ni capitaine, ni citoyen, qui ait recours aux exemples de l'antiquité! Cette négligence est moins due encore à l'état de faiblesse où nous ont réduits les vices de notre éducation actuelle, qu'aux maux causés par cette paresse orgueilleuse qui règne dans la plupart des états chrétiens, qu'au défaut de véritables connaissances de l'histoire, dont on ne connaît pas le vrai sens, ou dont on ne saisit pas l'esprit. Aussi la plupart de ceux qui la lisent s'arrêtent-ils au seul plaisir que leur cause la variété d'événements qu'elle présente; il ne leur vient pas seulement en pensée d'en imiter les belles actions : cette imitation leur paraît non-seulement difficile, mais même impossible; comme si le ciel, le soleil, les éléments et les hommes eussent changé d'ordre, de mouvement et de puissance, et fussent différents de ce qu'ils étaient autrefois.

C'est pour détromper, autant qu'il est en moi, les hommes de cette erreur, que j'ai cru devoir écrire sur tous les livres de Tite-Live, qui, malgré l'injure du temps, nous sont parvenus entiers, tout ce qui, d'après la comparaison des événements anciens et modernes, me paraîtra nécessaire pour en faciliter l'intelligence. Par-là, ceux qui me liront pourront tirer les avantages qu'on doit se proposer de la connaissance de l'histoire. L'entreprise est difficile; mais, aidé par ceux qui m'ont encouragé à me charger de ce fardeau, j'espère le porter assez loin pour qu'il reste peu de chemin à faire de là au but.

CHAPITRE PREMIER.

Quels ont été les commencements des villes en général, et surtout ceux de Rome.

Ceux qui connaissent les commencements de Rome, ses législateurs, l'ordre qu'ils y établirent, ne seront pas étonnés que tant de vertu s'y soit soutenue pendant plusieurs siècles, et que cette république soit parvenue ensuite à ce degré de puissance auquel elle arriva. Pour parler d'abord de son origine : toutes les villes sont fondées ou par des naturels du pays, ou par des étrangers.

Le peu de sûreté que les naturels trouvent à vivre dispersés, l'impossibilité pour chacun d'eux de résister isolément, soit à cause de la situation, soit à cause du petit nombre, aux attaques de l'ennemi qui se présente, la difficulté de se réunir à temps à son approche, la nécessité alors d'abandonner la plupart de leurs retraites, qui deviennent le prix des assaillants : tels sont les motifs qui portent les premiers habitants d'un pays à bâtir des villes pour échapper à ces dangers. Ils se déterminent d'eux-mêmes, ou par le conseil de celui qui,

parmi eux, a le plus d'autorité, à habiter ensemble dans un lieu de leur choix, qui offre plus de commodité et de facilité pour s'y défendre. Ainsi, parmi d'autres exemples qu'on pourrait citer, furent bâties Athènes et Venise : la première, qui, sous l'autorité de Thésée, ramassa les habitants dispersés; la seconde, qui se composa de plusieurs peuples réfugiés dans les petites îles situées à la pointe de la mer Adriatique, pour y fuir et la guerre et les barbares qui, lors de la décadence de l'empire romain, se répandaient en Italie. Ces réfugiés, d'eux-mêmes et sans aucun prince pour les gouverner, commencèrent à vivre sous les lois qui leur parurent les plus propres à maintenir leur nouvel état. Ils y réussirent complétement, à la faveur de la longue paix qu'ils durent à leur situation sur une mer sans issue, où ne pouvaient aborder ces peuples qui désolaient l'Italie, et qui n'avaient point de forces maritimes pour leur nuire. Aussi, quoique avec un bien faible commencement, parvinrent-ils à l'état de puissance où nous les voyons aujourd'hui.

Venons à la seconde origine des villes, lorsqu'elles sont bâties par des étrangers.

Ces étrangers peuvent être ou indépendants, ou bien sujets d'une république ou d'un prince, qui, pour soulager leurs états d'une trop grande population, ou pour défendre un pays nouvellement acquis et qu'ils veulent conserver sans dépenses, y envoient des colonies. Le peuple romain fonda beaucoup de villes de cette manière dans l'empire. Quelquefois elles sont bâties par un prince, non pour y habiter, mais seulement comme monument de sa gloire. Telle Alexandrie fut bâtie par Alexandre. Mais comme toutes ces villes sont, à leur origine, privées de leur liberté, rarement parviennent-elles à faire de grands progrès et à compter au nombre des grandes puissances. Telle fut l'origine de Florence, soit qu'elle ait été bâtie par des soldats de Sylla, ou par les habitants du mont Fésule, attirés sur la plaine que baigne l'Arno par les douceurs de la paix dont on jouit si longtemps sous Auguste. Bâtie sous la protection de l'empire romain, Florence ne put recevoir en commençant d'autre agrandissement que celui qu'elle tenait de la volonté de son maître.

Les fondateurs de cités sont indépendants, quand ce sont des peuples qui, sous la conduite d'un chef, ou bien d'eux-mêmes, contraints de fuir la peste, la guerre ou la famine qui désolent leur pays natal, en cherchent un nouveau. Ceux-ci, ou habitent les villes du pays dont ils s'emparent, comme fit Moïse; ou bien ils en bâtissent de nouvelles, comme fit Énée. C'est dans ce cas qu'on est à même d'apprécier les talents du fondateur et la réussite de son ouvrage, qui a des succès plus ou moins brillants, suivant que celui-ci, en la fondant, développe plus de sagesse et d'habileté. L'une et l'autre se reconnaissent au choix du lieu où il asseoit sa ville, et à la nature des lois qu'il lui donne.

On sait que les hommes travaillent ou par besoin ou par choix. On a également observé que la vertu a plus d'empire là où le travail est plus de nécessité que de choix. Or, d'après ce principe, ne serait-il pas mieux de préférer, pour la fondation d'une ville, des lieux stériles où les hommes, forcés à être laborieux, moins adonnés au repos, fussent plus unis et moins exposés, par la pauvreté du pays, à des occasions de discorde? Telle a été Raguse, et plusieurs autres villes bâties sur un sol ingrat. La préférence donnée à un pareil site serait sans doute et plus utile et plus sage, si tous les autres hommes, contents de ce qu'ils possèdent entre eux, ne désiraient pas commander à d'autres. Or, comme on ne peut se défendre de leur ambition que par la puissance, il est nécessaire dans la fondation d'une ville d'éviter cette stérilité de pays; il faut, au contraire, se placer dans des lieux où la fertilité donne des moyens de s'agrandir, et de prendre des forces pour repousser quiconque voudrait attaquer, et pour anéantir qui voudrait s'opposer à notre accroissement de puissance.

Quant à l'oisiveté que la richesse d'un pays tend à développer, c'est aux lois à forcer tellement au travail, que nulle aspérité de site n'y eût autant nécessité. Il faut imiter ces législateurs habiles et prudents qui ont habité des pays très-agréables, très-fertiles, et plus capables d'amollir les âmes que de les rendre propres à l'exercice des vertus. Aux douceurs et à la mollesse du climat, ils ont opposé, pour leurs guerriers, par exemple, la rigueur d'une discipline sévère et des exercices pénibles; de manière que ceux-ci sont devenus meilleurs soldats que la nature n'en fait naître même dans les lieux les plus âpres et les plus stériles. Parmi ces législateurs, on peut citer les fondateurs du royaume d'Égypte. Malgré les délices du pays, la sévérité des institutions y forma des hommes excellents; et si la haute antiquité n'en avait pas enseveli les noms, on verrait combien ils étaient supérieurs à cet Alexandre et à tant d'autres dont le souvenir est plus récent. Peut-on examiner le gouvernement du soudan et la discipline de cette milice des Mamelucks avant qu'elle eût été détruite par le sultan Selim, sans se convaincre combien ils redoutaient cette oisiveté, sans admirer par quels nombreux exercices, par quelles lois sévères ils prévenaient dans leurs soldats cette mollesse, fruit naturel de la douceur de leur climat? Je dis donc que pour bâtir une ville, le lieu le plus fertile est celui qu'il est le plus sage de choisir, surtout quand on peut, par des lois, prévenir les désordres qui peuvent naître de leur site même.

Alexandre-le-Grand voulant bâtir une ville pour servir de monument à sa gloire, l'architecte Dinocrate lui fit voir comment il pourrait la placer sur le mont Athos. « Ce lieu, dit-il, » présente une situation très-forte; la montagne » pourrait se tailler de manière à donner à cette » ville une forme humaine, ce qui la rendrait » une merveille digne de la puissance du fonda- » teur. » Alexandre lui ayant demandé : « De » quoi vivront les habitants? — Je n'y ai pas » pensé, répond naïvement l'architecte. » Alexandre se mit à rire; et laissant là cette montagne, il bâtit Alexandrie, où les habitants devaient se plaire, par la beauté du pays et les avantages que lui procure le voisinage de la mer et du Nil.

Si on est de l'opinion qu'Énée est le premier fondateur de Rome, cette ville peut être comptée au nombre de celles qui ont été bâties par des étrangers; et si c'est Romulus, elle doit être mise au rang de celles bâties par des naturels du pays. Dans tous les cas, on la reconnaîtra, dès le commencement, libre et indépendante. On verra aussi (comme nous le dirons plus bas) à combien d'institutions sévères les lois de Romulus, de Numa et autres ont contraint les habitants; en sorte que, ni la fertilité du pays, ni la proximité de la mer, ni les nombreuses victoires, ni l'étendue de leur empire, ne purent la corrompre pendant plusieurs siècles, et y maintinrent plus de vertus qu'on n'en a jamais vu dans aucune autre république.

Les grandes choses qu'elle a opérées, et dont Tite-Live nous a conservé la mémoire, ont été l'ouvrage du gouvernement ou celui des particuliers; elles ont trait aux affaires du dedans ou à celles du dehors.

Je commencerai à parler des opérations du gouvernement dans l'intérieur, que je croirai les plus dignes de remarque et j'en indiquerai les résultats. Ce sera le sujet des discours qui composeront ce premier livre, ou cette première partie.

CHAPITRE II.

Des différentes formes des républiques. Quelles furent celles de la république romaine.

Je veux mettre à part ce qu'on pourrait dire des villes qui, dès leur naissance, ont été soumises à une puissance étrangère; je parlerai seulement de celles dont l'origine a été indépendante, et qui se sont d'abord gouvernées par leur propres lois, soit comme républiques, soit comme monarchies. Leur constitution et leurs lois ont différé comme leur origine. Les unes ont eu en commençant, ou peu de temps après, un législateur qui, comme Lycurgue chez les Lacédémoniens, leur a donné, en une seule fois, toutes les lois qu'elles devaient avoir. Les autres, comme Rome, ont dû les leurs au hasard, aux événements, et les ont reçues à plusieurs reprises.

C'est un grand bonheur pour une république d'avoir un législateur assez sage pour lui donner des lois telles que, sans avoir besoin d'être corrigées, elles puissent y maintenir l'ordre et la paix. Sparte observa les siennes plus de huit cents ans sans les altérer et sans éprouver aucune commotion dangereuse. Malheureuse, au contraire, la république qui, n'étant pas tombée d'abord dans les mains d'un législateur habile et prudent, est obligée de réformer elle-même ses lois! Plus malheureuse encore celle qui s'est plus éloignée en commen-

çant d'une bonne constitution! et celle-là en est plus éloignée, dont les institutions vicieuses contrarient la marche, l'écartent du droit chemin qui conduit au but, parce qu'il est presque impossible qu'aucun événement l'y fasse rentrer. Les républiques, au contraire, qui, sans avoir une constitution parfaite, mais dont les principes naturellement bons sont encore capables de devenir meilleurs, ces républiques, dis-je, peuvent se perfectionner à l'aide des événements.

Il est bien vrai que ces réformes ne s'opèrent jamais sans danger, parce que jamais la multitude ne s'accorde sur l'établissement d'une loi nouvelle tendante à changer la constitution de l'état, sans être fortement frappée de la nécessité de ce changement. Or, cette nécessité ne peut se faire sentir sans être accompagnée de danger. La république peut être aisément détruite avant d'avoir perfectionné sa constitution. Celle de Florence en est une preuve complète. Réorganisée après la révolte d'Arezzo, en 1502, elle fut renversée après la prise de Prato, en 1512.

M'étant proposé de déterminer l'espèce de gouvernement établi à Rome, et de parler des événements qui le conduisirent à sa perfection, je dois d'abord faire observer que la plupart de ceux qui ont écrit sur la politique distinguent trois sortes de gouvernement : le monarchique, l'aristocratique et le démocratique, et que les législateurs d'un peuple doivent choisir entre ces formes celle qu'il leur paraît le plus convenable d'employer.

D'autres auteurs, plus sages selon l'opinion de bien des gens, comptent six espèces de gouvernements, dont trois très-mauvais, et trois qui sont bons en eux-mêmes, mais si sujets à se corrompre, qu'ils deviennent tout à fait mauvais. Les trois bons sont ceux que nous venons de nommer. Les trois mauvais ne sont que des dépendances et des dégradations des trois autres, et chacun d'eux ressemble tellement à celui auquel il correspond, qu'on passe facilement de l'un à l'autre. Ainsi la monarchie devient tyrannie; l'aristocratie dégénère en oligarchie, et le gouvernement populaire se résout en une licencieuse ochlocratie. En sorte qu'un législateur qui donne à l'état qu'il fonde un de ces trois gouvernements le constitue pour peu de temps; car nulle précaution ne peut empê-cher que chacune de ces espèces réputées bonnes, quelle qu'elle soit, ne dégénère dans son espèce correspondante : tant le bien et le mal ont ici entre eux et d'attraits et de ressemblance.

Le hasard a donné naissance à toutes les espèces de gouvernements parmi les hommes. Les premiers habitants furent peu nombreux, et vécurent pendant un temps dispersés à la la manière des bêtes. Le genre humain venant à s'accroître, on sentit le besoin de se réunir, de se défendre; pour mieux parvenir à ce dernier but, on choisit le plus fort, le plus courageux; les autres le mirent à leur tête, et promirent de lui obéir. A l'époque de leur réunion en société, on commença à connaître ce qui est bon et honnête, et à le distinguer d'avec ce qui est vicieux et mauvais. On vit un homme nuire à son bienfaiteur. Deux sentiments s'élevèrent à l'instant dans tous les cœurs : la haine pour l'ingrat, l'amour pour l'homme bienfaisant. On blâma le premier, et on honora d'autant plus ceux qui, au contraire, se montrèrent reconnaissants, que chacun d'eux sentit qu'il pouvait éprouver pareille injure. Pour prévenir de pareils maux, les hommes se déterminèrent à faire des lois, et à ordonner des punitions pour qui y contreviendrait. Telle fut l'origine de la justice.

A peine fut-elle connue, qu'elle influa sur le choix du chef qu'on eut à nommer. On ne s'adressa ni au plus fort, ni au plus brave, mais au plus sage et au plus juste. Comme la souveraineté devint héréditaire et non élective, les enfants commencèrent à dégénérer de leurs pères. Loin de chercher à les égaler en vertus, ils ne firent consister l'état de prince qu'à se distinguer par le luxe, la mollesse et le raffinement de tous les plaisirs. Aussi, bientôt le prince s'attira la haine commune. Objet de haine, il éprouva de la crainte; la crainte lui dicta les précautions et l'offense; et l'on vit s'élever la tyrannie. Tels furent les commencements et les causes des désordres, des conspirations, des complots contre les souverains. Ils ne furent pas ourdis par les ames faibles et timides, mais par ceux des citoyens qui, surpassant les autres en grandeur d'ame, en richesse, en courage, se sentaient plus vive-ment blessés de leurs outrages et de leurs excès.

Sous des chefs aussi puissants, la multitude s'arma contre le tyran, et après s'en être défaite, elle se soumit à ses libérateurs. Ceux-ci, abhorrant jusqu'au nom de prince, composèrent eux-mêmes le gouvernement nouveau. Dans le commencement, ayant sans cesse présent le souvenir de l'ancienne tyrannie, on les vit, fidèles observateurs des lois qu'ils avaient établies, préférer le bien public à leur propre intérêt, administrer, protéger avec le plus grand soin et la république et les particuliers. Les enfants succédèrent à leurs pères; ne connaissant pas les changements de la fortune, n'ayant jamais éprouvé ses revers, souvent choqués de cette égalité qui doit régner entre citoyens, on les vit livrés à la cupidité, à l'ambition, au libertinage, et, pour satisfaire leurs passions, employer même la violence. Ils firent bientôt dégénérer le gouvernement aristocratique en une tyrannie oligarchique. Ces nouveaux tyrans éprouvèrent bientôt le sort du premier. Le peuple, dégoûté de leur gouvernement, fut aux ordres de quiconque voulut les attaquer; et ces dispositions produisirent bientôt un vengeur qui fut assez bien secondé pour les détruire.

Le souvenir du prince et des maux qu'il avait faits était encore trop récent pour qu'on cherchât à le rétablir. Ainsi donc, quoiqu'on eût renversé l'oligarchie, on ne voulut pas retourner sous le gouvernement d'un seul. On se détermina pour le gouvernement populaire, et par-là on empêcha que l'autorité ne tombât entre les mains d'un prince ou d'un petit nombre de grands. Tous les gouvernements, en commençant, ont quelque retenue; aussi l'état populaire se maintenait-il pendant un temps, qui ne fut jamais très-long, et qui durait ordinairement à peu près autant que la génération qui l'avait établi. On en vint bientôt à l'anarchie, cette espèce de licence où l'on blessait également et le public et les particuliers. Chaque individu ne consultant que ses passions, il se commettait tous les jours mille injustices. Enfin, pressé par la nécessité, ou dirigé par les conseils d'un homme de bien, le peuple chercha les moyens d'échapper à cette anarchie. Il crut les trouver en revenant au gouvernement d'un seul; et, de celui-ci, on revint encore à l'anarchie, en passant par tous les degrés que l'on avait suivis, et de la même manière et pour les mêmes causes que nous avons indiquées.

Tel est le cercle que sont destinés à parcourir tous les états. Rarement, il est vrai, les voit-on revenir aux mêmes formes de gouvernement; mais cela vient de ce que leur durée n'est pas assez longue pour pouvoir subir plusieurs fois ces changements avant d'être renversés. Les divers maux dont ils sont travaillés les fatiguent, leur ôtent la force, la prudence du conseil, et les assujettissent bientôt à un état voisin, dont la constitution se trouve plus saine. Mais s'ils parvenaient à éviter ce danger, on les verrait tourner à l'infini sur ce même cercle de révolutions.

Je dis donc que toutes ces espèces de gouvernements sont défectueuses. Ceux que nous avons qualifiés de *bons* durent trop peu. La nature des autres est d'être *mauvais*. Ainsi les législateurs prudents, ayant connu les vices de chacun de ces modes pris séparément, en ont choisi un qui participât de tous les autres, et l'ont jugé plus solide et plus stable. En effet, quand, dans la même constitution, vous réunissez un prince, des grands, et la puissance du peuple, chacun de ces trois pouvoirs s'observe réciproquement.

Parmi les hommes justement célèbres pour avoir établi une pareille constitution, celui qui mérite le plus d'éloges, sans doute, est Lycurgue. Il organisa tellement celle de Sparte, qu'en donnant à ses rois, aux grands et au peuple, chacun sa portion d'autorité et de fonctions, il fit un gouvernement qui se soutint plus de huit cents ans dans la plus parfaite tranquillité, et qui valut à ce législateur une gloire infinie.

Le sort des lois données à Athènes par Solon fut bien différent. Celui-ci n'établit que le gouvernement populaire, et il fut de si courte durée, qu'avant sa mort le législateur vit naître la tyrannie de Pisistrate. Vainement, quarante ans après, les héritiers du tyran furent chassés; vainement Athènes recouvra sa liberté et rétablit le gouvernement populaire d'après les lois de Solon: celui-ci ne dura pas plus de cent ans, quoique, pour le maintenir, on fit, contre l'insolence des grands et la licence de la multitude, une infinité de lois échappées

à la prudence du premier législateur. La faute qu'il avait commise de ne point tempérer le pouvoir du peuple par celui du prince et des grands rendit la durée d'Athènes, comparée à celle de Sparte, infiniment plus courte.

Mais venons à Rome. Celle-ci n'eut pas un législateur, comme Lycurgue, qui la constituât à son origine de manière à conserver sa liberté. Cependant la désunion qui existait entre le sénat et le peuple produisit des événements si extraordinaires, que le hasard opéra en sa faveur ce que la loi n'avait point prévu. Si elle n'obtint pas le premier degré de bonheur, elle eut au moins le second. Ses premières institutions furent défectueuses sans doute; mais elles n'étaient pas en opposition avec des principes qui pouvaient les conduire à la perfection. Romulus et tous les autres rois lui en donnèrent quelques-unes qui pouvaient convenir même à un peuple libre; mais comme le but de ces princes était de fonder une monarchie et non une république, quand Rome devint libre, elle se trouva manquer des institutions les plus nécessaires à la liberté, et que ses rois n'avaient pu ni dû établir. Lorsque ceux-ci furent chassés, par les motifs et de la manière que l'on sait, comme on substitua sur-le-champ, à leur place, deux consuls, il se trouva qu'on avait bien moins banni l'autorité royale de Rome que le nom de roi. Le gouvernement, composé des consuls et du sénat, n'avait que deux des trois éléments dont nous avons parlé, le monarchique et l'aristocratique; il n'y manquait plus que le démocratique. Mais, dans la suite, l'insolence de la noblesse, produite par les causes que nous verrons plus bas, souleva le peuple contre elle; celle-ci, pour ne pas perdre toute sa puissance, fut forcée de lui en céder une partie; mais le sénat et les consuls en retinrent une assez grande portion pour conserver leur rang dans l'état.

C'est alors que s'élevèrent et s'établirent les tribuns; avec eux s'affermit la république, désormais composée des trois éléments dont nous avons parlé plus haut. La fortune lui fut si favorable, que quoique l'autorité passât successivement des rois et des grands au peuple, par les mêmes degrés et les mêmes motifs qui ont produit ailleurs, comme nous l'avons vu, les mêmes changements, néanmoins on n'abolit jamais entièrement la puissance royale pour en revêtir les grands ; on ne priva jamais ceux-ci en totalité de leur autorité, pour la donner au peuple ; mais on fit une combinaison de trois pouvoirs qui rendit la constitution parfaite. Elle n'arriva à cette perfection que par la désunion du sénat et du peuple, comme nous le ferons voir amplement dans les deux chapitres suivants.

CHAPITRE III.

Des événements qui furent cause de la création des tribuns à Rome. Leur établissement perfectionna la constitution.

Tous les écrivains qui se sont occupés de législation (et l'histoire est remplie d'exemples qui les appuient) s'accordent à dire que quiconque veut fonder un état et lui donner des lois, doit supposer d'avance les hommes méchants, et toujours prêts à déployer ce caractère de méchanceté toutes les fois qu'ils en trouveront l'occasion. Si cette disposition vicieuse demeure cachée pour un temps, il faut l'attribuer à quelque raison qu'on ne connaît point, et croire qu'elle n'a pas eu occasion de se montrer ; mais le temps qui, comme on dit, est le père de toute vérité, la met ensuite au grand jour.

Après l'expulsion des Tarquins, la plus grande union paraissait régner entre le sénat et le peuple. Les nobles semblaient avoir déposé tout leur orgueil et pris des manières populaires, qui les rendaient supportables même aux derniers des citoyens. Ils jouèrent ce rôle et on n'en devina pas le motif tant que vécurent les Tarquins. La noblesse, qui redoutait ceux-ci, et qui craignait également que le peuple maltraité ne se rangeât de leur parti, mettait dans ses manières avec lui toute la douceur imaginable. Mais quand la mort des Tarquins les eut délivrés de cette crainte, ils gardèrent d'autant moins de mesures avec le peuple qu'ils s'étaient plus longtemps contenus, et ils ne laissèrent échapper aucune occasion de l'outrager. C'est une preuve de ce que nous avons avancé : que les hommes ne font le bien que forcément ; mais que dès qu'ils ont le choix et la liberté de commettre le mal

avec impunité, ils ne manquent jamais de porter partout la confusion et le désordre.

C'est ce qui a fait dire que la pauvreté et le besoin rendent les hommes industrieux, et que les lois les font gens de bien. Si d'heureuses circonstances font opérer le bien sans contrainte, on peut se passer de loi. Mais quand cette heureuse influence vient à manquer, la loi devient nécessaire. Ainsi les grands, après la mort des Tarquins, n'éprouvant plus cette crainte qui les retenait, il fallut chercher une nouvelle institution qui produisît sur eux le même effet que produisaient les Tarquins quand ils existaient. C'est pour cela qu'après bien des troubles, des tumultes et des périls, occasionnés par les excès auxquels se portèrent les deux ordres, on en vint, pour la sûreté du dernier, à la création des tribuns, et on leur accorda tant de prérogatives, on les entoura de tant de respects, qu'ils formèrent entre le sénat et le peuple une puissante barrière qui s'opposa fortement à l'insolence des premiers.

CHAPITRE IV.

Que la désunion du sénat et du peuple a rendu la république romaine puissante et libre.

Je me garderai bien de passer sous silence les troubles qui eurent lieu à Rome depuis la mort des Tarquins jusqu'à la création des tribuns. Je ne réfuterai pas moins ensuite l'opinion de ceux qui veulent que la république romaine ait toujours été un théâtre de confusion et de désordre, et que, sans son extrême bonheur et la discipline militaire qui suppléait à ses défauts, elle n'eût mérité que le dernier rang parmi toutes les républiques.

Je ne peux nier que l'empire romain ne fût, si l'on veut, l'ouvrage du bonheur et de la discipline. Mais il me semble qu'on devrait s'apercevoir que là où règne une bonne discipline, là règne aussi l'ordre ; et rarement le bonheur tarde à marcher à sa suite. Entrons cependant à cet égard dans les détails. Je soutiens à ceux qui blâment les querelles du sénat et du peuple qu'ils condamnent ce qui fut le principe de la liberté, et qu'ils sont beaucoup plus frappés des cris et du bruit qu'elles occasionnaient dans la place publique que des bons effets qu'elles produisaient.

Dans toute république, il y a deux partis : celui des grands et celui du peuple ; et toutes les lois favorables à la liberté ne naissent que de leur opposition. Depuis les Tarquins jusqu'aux Gracques, c'est-à-dire dans l'espace de plus de trois cents ans, les troubles n'y occasionnèrent que fort peu d'exils, et coûtèrent encore moins de sang ; mais peut-on les croire bien nuisibles, et les regarder comme bien funestes à une république qui, durant le cours de tant d'années, voit à peine, à leur occasion, huit ou dix citoyens envoyés en exil, n'en fait mettre à mort qu'un très-petit nombre, et en condamne même très-peu à des amendes pécuniaires ? Est-on autorisé à regarder comme bien désordonnée une république où l'on voit briller tant de vertus ? C'est la bonne éducation qui les fait éclore, et celle-ci n'est due qu'à de bonnes lois ; les bonnes lois, à leur tour, sont le produit de ces agitations que la plupart condamnent si inconsidérément. Quiconque examinera avec soin l'issue de ces mouvements, ne trouvera pas qu'ils aient été cause d'aucune violence qui ait tourné au préjudice du bien public ; il se convaincra même qu'ils ont fait naître des règlements à l'avantage de la liberté.

Mais, dira-t-on, quels étranges moyens ! Quoi ! entendre sans cesse les cris d'un peuple effréné contre le sénat, et du sénat déclamant contre le peuple ! voir courir tumultuairement la populace dans les rues ; fermer ses maisons, et même sortir de Rome ! Le tableau de ces mouvements ne peut épouvanter que celui qui les lit. En effet, chaque état libre doit fournir au peuple ses moyens d'exhaler, pour ainsi dire, son ambition, et surtout les républiques, qui, dans les occasions importantes, n'ont de force que par ce même peuple. Or, tel était le moyen employé à Rome. Quand celui-ci voulait obtenir une loi, il se portait à quelques-unes de ces extrémités dont nous venons de parler, ou il refusait de s'enrôler pour aller à la guerre ; en sorte que le sénat était obligé de le satisfaire.

Rarement les désirs d'un peuple libre sont-ils pernicieux à sa liberté. Ils lui sont inspirés communément par l'oppression qu'il éprouve ou par celle qu'il redoute. Si ses craintes sont peu fondées, on a le secours des assemblées, où la seule éloquence d'un homme de bien lui fait sentir son erreur. « Les peuples, dit Cicéron, quoique ignorants, sont capables d'apprécier la vérité, et ils s'y rendent aisément quand elle leur est présentée par un homme qu'ils estiment digne de foi. »

On doit donc se montrer plus réservé à blâmer le gouvernement romain, et considérer que tant de bons effets qu'on est forcé d'admirer ne pouvaient provenir que de très-bonnes causes. Si les troubles de Rome ont occasionné la création des tribuns, on ne saurait trop les louer. Outre qu'ils mirent le peuple à même d'avoir sa part dans l'administration publique, ils furent établis comme les gardiens les plus assurés de la liberté romaine, ainsi que nous le verrons dans le chapitre suivant.

CHAPITRE V.

A qui plus sûrement confier la garde de la liberté, aux grands ou au peuple, et lequel des deux cause plus souvent des troubles, de celui qui veut acquérir, ou de celui qui veut conserver ?

Tous les législateurs qui ont donné des constitutions sages à des républiques ont regardé comme une précaution essentielle d'établir une garde à la liberté ; et, suivant que cette garde a été plus ou moins bien placée, la liberté a duré plus ou moins longtemps. Comme toute république est composée de grands et de peuple, on a mis en question aux mains de qui il serait plus convenable de la confier. A Lacédémone, et, de notre temps, à Venise, elle a été donnée à la noblesse ; mais chez les Romains, elle fut confiée au peuple. Examinons donc laquelle de ces républiques avait fait le meilleur choix. Il y a de fortes raisons à donner de part et d'autre ; mais, à en juger par l'événement, on pencherait en faveur des nobles, Sparte et Venise ayant duré plus que Rome.

Et pour en venir aux raisons, et parler en faveur de Rome, je dirai qu'il faut toujours confier un dépôt à ceux qui ont le moins le désir de le violer. Sans doute, à ne considérer que le caractère de ces deux ordres de citoyens, on est obligé de convenir qu'il y a, dans le premier, un grand désir de dominer, et dans le second, le désir seulement de ne pas être dominé, par conséquent, plus de volonté de vivre libre. Le peuple préposé à la garde de la liberté, moins en état de l'envahir que les grands, doit en avoir nécessairement plus de soin, et, ne pouvant s'en emparer, doit se borner à empêcher que d'autres ne s'en emparent.

On dit, au contraire, en faveur de Sparte et de Venise, que la préférence donnée à la noblesse pour la garde de ce dépôt précieux a deux avantages : le premier, d'accorder quelque chose à l'ambition de ceux-ci, qui, se mêlant davantage des affaires publiques, trouvent, pour ainsi dire, dans l'arme que cette fonction met entre leurs mains, un moyen de puissance qui les satisfait ; l'autre, d'ôter à l'esprit inquiet de la multitude une autorité qui de sa nature produit des troubles, des dissensions capables de porter la noblesse à quelque acte de désespoir et d'entraîner les plus grands malheurs. On donne Rome même pour exemple : pour avoir confié, dit-on, cette autorité aux tribuns du peuple, on vit celui-ci ne pas se contenter de n'avoir qu'un consul de son ordre, il voulut qu'ils fussent tous les deux plébéiens. Il prétendit ensuite à la censure, à la préture et à toutes les dignités de la république. Non content de ces avantages, conduit par la même fureur, il en vint à idolâtrer tous ceux qu'il vit en mesure d'attaquer, de fouler aux pieds la noblesse, et fut la cause de l'élévation de Marius et de la ruine de Rome.

On ne saurait peser exactement toutes ces raisons sans tomber dans une indécision embarrassante. Quelle est l'espèce d'hommes, de ceux à qui on confie la garde de la liberté, qui est la moins dangereuse, ou celle qui doit acquérir l'autorité qu'elle n'a pas, ou celle qui veut conserver celle qu'elle a déjà ? Après le plus mûr examen, voici, je pense, ce qu'on en peut conclure. Ou bien il s'agit d'une république qui veut étendre son empire, comme Rome; ou bien il est question d'un état qui se borne uniquement à se conserver. Dans le premier cas, il faut imiter Rome, et dans le second suivre l'exemple de Venise, de Sparte, et nous verrons, dans le chapitre suivant, comment et par quels moyens on peut y parvenir.

Mais, pour revenir sur cette question, quels hommes sont plus nuisibles dans une république de ceux qui veulent acquérir, ou de ceux qui craignent de perdre ce qu'ils ont acquis?

Je remarquerai que M. Ménénius et M. Fulvius, tous deux plébéiens, furent nommés, le premier dictateur, le second maître de la cavalerie, pour faire des recherches à l'occasion d'une conjuration formée à Capoue contre Rome. Ils reçurent encore la commission d'informer contre tous ceux qui, par ambition et par brigue, cherchaient à parvenir au consulat et aux autres charges importantes de la république. La noblesse, qui crut qu'une pareille autorité n'avait été donnée au dictateur que contre elle, répandit dans la ville que ce n'étaient pas les nobles qui cherchaient ainsi à parvenir aux honneurs par ambition ou par des voies illicites, mais bien plutôt les plébéiens qui, ne se confiant ni en leur naissance ni en leur mérite personnel, employaient ainsi des moyens extraordinaires. Ils accusaient particulièrement le dictateur lui-même. Cette accusation fut si vivement poursuivie, que Ménénius se crut obligé de convoquer une assemblée du peuple. Là, après s'être plaint des calomnies semées contre lui par la noblesse, il se démit de la dictature et se soumit au jugement du peuple. La cause plaidée, Ménénius fut absous. On y disputa beaucoup pour déterminer quel est le plus ambitieux de celui qui veut conserver ou de celui qui veut acquérir.

L'une et l'autre de ces deux passions peuvent être cause des plus grands troubles. Cependant il paraît qu'ils sont plus souvent occasionnés par celui qui possède, parce que la crainte de perdre produit des mouvements aussi animés que le désir d'acquérir. L'homme ne croit s'assurer ce qu'il tient déjà qu'en acquérant de nouveau; et d'ailleurs ces nouvelles acquisitions sont autant de moyens de force et de puissance pour abuser; mais ce qui est encore plus terrible, les manières hautaines et l'insolence des riches et des grands excitent dans l'âme de ceux qui ne possèdent pas, non-seulement le désir d'avoir, mais le plaisir secret de dépouiller ceux-ci de cette richesse et de ces honneurs dont ils les voient faire un si mauvais usage.

CHAPITRE VI.

S'il était possible d'établir à Rome un gouvernement qui fît cesser les inimitiés qui existaient entre le sénat et le peuple.

Nous avons vu précédemment les effets que produisirent les querelles du sénat et du peuple. Ces mêmes querelles ayant continué jusqu'au temps des Gracques, où elles furent cause de la perte de la liberté, on désirerait peut-être que Rome eût fait les grandes choses que nous avons admirées, sans porter dans son sein de pareils ferments de discorde. Cette question m'a paru importante à examiner, savoir : s'il était possible d'établir à Rome un gouvernement qui prévînt toute mésintelligence. Pour la bien traiter, il faut nécessairement se retracer le tableau des républiques qui, sans ces inimitiés et ces troubles, se sont maintenues libres; examiner quelle était la forme de leur gouvernement, et déterminer si on eût pu l'introduire à Rome.

Les deux que j'ai déjà citées sont Lacédémone chez les anciens et Venise chez les modernes. Sparte avait un roi et un sénat peu nombreux pour la gouverner; Venise n'a pas admis ces distinctions, et elle appelle nobles tous ceux qui peuvent avoir part à l'administration.

Ce fut le hasard plutôt que la prudence qui donna cette forme à ces derniers. Dans les lagunes où les événements déjà mentionnés les avaient fait retirer, ils se virent bientôt en assez grand nombre pour avoir besoin d'un système de loi; en conséquence, ils établirent un gouvernement, formèrent des assemblées où l'on délibérait fréquemment sur les intérêts de la ville naissante. Quand il leur parut qu'ils étaient suffisamment nombreux pour se gouverner, ils fermèrent l'entrée de leurs assemblées aux nouveaux arrivants, et ne leur permirent pas de participer au maniement des affaires publiques. Le nombre de ceux-ci s'accrut considérablement, et les gouvernants reçurent un nouveau lustre de leur petit nombre; dès lors ceux-ci prirent la qualité de gentilshommes, et les autres composèrent la classe dite populaire.

Cette forme de gouvernement n'eut aucune peine à s'établir et à se maintenir sans troubles. Au moment où il s'éleva, tous ceux qui habitaient Venise eurent le droit d'y prendre part, par conséquent personne ne pouvait se plaindre. Ceux qui dans la suite vinrent l'habiter, trouvant le gouvernement affermi et fixé, n'avaient ni prétexte ni moyens d'en exciter; le prétexte leur manquait, parce qu'on ne les avait privés de rien; les moyens, parce que ceux qui gouvernaient les tenaient en bride, et ne les employaient pas dans des affaires où ils eussent pu prendre de l'autorité. D'ailleurs, les nouveaux habitants de Venise ne furent pas assez nombreux pour qu'il y eût disproportion entre les gouvernants et les gouvernés. En effet, le nombre des nobles égalait ou surpassait même celui des autres; ainsi, d'après ces motifs, Venise put établir et conserver son gouvernement.

Sparte, comme je l'ai dit, gouvernée par un roi et par un sénat très-peu nombreux, put se maintenir aussi longtemps, parce qu'il y avait peu d'habitants, et qu'on en avait fermé l'entrée aux étrangers; d'ailleurs, on portait le plus grand respect aux lois de Lycurgue, et leur exacte observance prévenait jusqu'au plus léger prétexte de trouble. Il leur fut d'autant plus facile de vivre unis que Lycurgue établit l'égalité dans les fortunes et l'inégalité dans les conditions. Là régnait une égale pauvreté; le peuple était d'autant moins ambitieux, que les charges du gouvernement ne se donnaient qu'à peu de citoyens; le peuple en était exclu, et les nobles ne se conduisaient pas assez mal envers le peuple dans l'exercice de ces charges pour lui inspirer le désir de les exercer lui-même.

Ce fut aux rois de Sparte que l'on dut ce dernier avantage. En effet, placés dans ce gouvernement entre les deux ordres, et vivant surtout au milieu du premier, ils n'avaient pas de meilleur moyen pour maintenir leur autorité que de mettre le peuple à couvert de toute injustice; ainsi, celui-ci ne craignait ni ne désirait l'autorité; il n'existait donc aucun motif de division entre lui et la noblesse, aucune occasion de troubles : et ils pouvaient vivre unis bien longtemps. Mais deux causes principales cimentèrent cette union : d'abord les habitants de Sparte, très-peu nombreux, purent être gouvernés par une noblesse peu nombreuse; ensuite, ne permettant pas aux étrangers de s'établir dans la république, ils n'avaient ni l'occasion de se corrompre ni celle d'accroître leur population au point de rendre pénible le fardeau du gouvernement au peu d'individus qui en étaient chargés.

En examinant toutes ces circonstances, on voit que les législateurs de Rome avaient deux moyens pour assurer la paix à la république, comme elle fut assurée aux républiques dont nous venons de parler : ou de ne point employer le peuple dans les armées contre les Vénitiens, ou de fermer les portes aux étrangers comme les Spartiates. Ils suivirent en tout le contraire ; ce qui donna au peuple un accroissement de forces et occasionna une infinité de troubles. Mais si la république eût été plus tranquille, il en serait résulté nécessairement qu'elle eût été plus faible et qu'elle eût perdu, avec son ressort, la faculté d'arriver à ce haut point de grandeur où elle est parvenue ; en sorte que, enlever à Rome les semences de trouble, c'était aussi lui ravir les germes de sa puissance ; car tel est le sort des choses humaines, qu'on ne peut éviter un inconvénient sans tomber dans un autre.

Si donc, dans le dessein d'étendre au loin votre empire, vous formez un peuple nombreux et guerrier, vous le composez tel que vous aurez plus de peine à le manier et à le conduire ; si, pour pouvoir le façonner au joug, vous le maintenez peu nombreux, désarmé, et qu'il vienne à faire des conquêtes, vous ne pourrez les conserver, et votre peuple sera si faible, si avili, que vous serez la proie de quiconque voudra vous attaquer. Il faut donc dans toutes nos résolutions choisir le parti qui a le moins d'inconvénients ; car il n'en est point qui en soit entièrement exempt.

Rome pouvait, à l'exemple de Sparte, créer un prince à ie, avoir un sénat peu nombreux ; mais avec le projet d'élever une grande puissance, elle ne pouvait pas, comme celle-ci, prescrire des bornes à sa population. Car alors, et ce prince et ce sénat si peu nombreux afin d'y mieux entretenir l'union, lui devenaient parfaitement inutiles.

Si quelqu'un voulait de nouveau fonder une république, il aurait à examiner s'il désire qu'elle accroisse ses conquêtes et sa puissance, ou bien qu'elle se renferme dans d'étroites limites. Dans le premier cas, il faudrait qu'elle prît Rome pour modèle, et laissât subsister et les troubles et les dissensions civiles avec le moins de danger possible pour son pays ; car, sans un grand nombre d'hommes bien armés, une république ne peut s'accroître, ou se maintenir si elle s'est accrue. Dans la seconde supposition, organisez-la comme Sparte et Venise ; mais comme les conquêtes sont la ruine des petites républiques, employez les moyens les plus efficaces pour empêcher de s'agrandir.

Les conquêtes entraînent la perte des républiques faibles. Sparte et Venise en sont la preuve. La première, ayant soumis presque toute la Grèce, à la plus légère attaque, découvrit la faiblesse de ses fondements. A peine Thèbes se fut-elle révoltée, ayant Pélopidas en tête, que les autres villes de la Grèce se soulevèrent également, et Sparte fut presque détruite. Venise occupait une grande partie de l'Italie, et elle l'avait acquise moins par les armes que par ruse et par argent : quand elle fut obligée de faire preuve de ses forces, elle perdit tout en un jour.

Je crois que quiconque voudrait fonder une république qui subsistât longtemps, devrait l'organiser intérieurement comme Sparte et comme Venise, la placer dans une situation forte, et la rendre assez puissante pour que personne ne pût se promettre de pouvoir la terrasser d'un seul coup, mais pas assez pour faire ombrage à ses voisins. Avec ces conditions, elle pourrait jouir longtemps de sa liberté.

Il n'y a en effet que deux motifs qui fassent prendre les armes contre une république : le désir de la subjuguer, ou la crainte d'être subjugué par elle. Les moyens que nous avons indiqués ôtent ces deux prétextes de guerre. Si elle est difficile à attaquer, et qu'elle soit, comme nous l'avons supposé, préparée à la défense, il arrivera bien rarement, ou même jamais, que quelqu'un forme le projet de s'en emparer. Si, tranquille et se renfermant dans ses limites, elle est parvenue à prouver, par une heureuse expérience, que l'ambition ne la dirige point, la peur de sa puissance ne pourra armer contre elle. On aurait bien plus encore confiance en sa modération, s'il y avait un article de sa constitution qui lui défendît de s'agrandir. Je crois fermement que ce n'est que dans cet heureux équilibre que peut se trouver et la plus désirable existence pour un état, et sa tranquillité intérieure.

Mais comme toutes les choses de la terre sont dans un mouvement perpétuel et ne peuvent demeurer fixes, cette instabilité les porte ou à monter ou à descendre. La nécessité dirige souvent vers un but où la raison était loin de conduire ; vous aviez organisé une république pour la rendre propre à se maintenir sans agrandissement, et la nécessité la force à s'agrandir malgré le but de son institution ; vous lui voyez alors perdre sa base, et se précipiter plus promptement vers sa ruine. Si, d'un autre côté, le ciel la favorisait au point qu'elle n'eût jamais de guerre, elle aurait à craindre la mollesse ou les divisions qui suivent le repos ; et ces deux fléaux pris ensemble, ou chacun d'eux séparément, seraient capables de la perdre sans ressource.

Ainsi, attendu l'impossibilité d'établir parfaitement l'équilibre, ou de le maintenir au point fixe après l'avoir établi, il faut, en constituant une république, prendre le parti le plus honorable ; et si elle était jamais dans la nécessité de faire des conquêtes, la mettre en état du moins de conserver ce qu'elle aurait acquis. Pour revenir donc à notre premier raisonnement, je pense qu'il est nécessaire de prendre plutôt pour modèle Rome que les autres républiques. Trouver un terme moyen entre ces deux formes me paraît impossible. Il faut regarder les divisions qui existaient entre le sénat et le peuple comme un inconvénient nécessaire pour arriver jusqu'à la grandeur romaine. Outre les raisons que nous avons déjà alléguées, qui démontrent combien l'autorité tribunitienne était une garde nécessaire à la liberté, il est aisé de voir l'avantage que doit retirer une république de la faculté d'accuser : or ce droit était, avec une infinité d'autres, confié aux tribuns, comme nous le verrons dans le chapitre suivant.

CHAPITRE VII.

Combien les accusations sont nécessaires dans une république pour y maintenir la liberté.

Ceux qui sont préposés gardiens de la liberté d'un pays ne peuvent être revêtus d'une autorité plus utile, plus nécessaire même, que celle qui leur donne le pouvoir d'accuser les citoyens devant le peuple, devant un conseil, un magistrat, et cela, sur toutes les atteintes portées à la constitution. Cet établissement a deux avantages extrêmement marqués : le premier est d'empêcher, par la crainte de l'accusation, les citoyens de rien attenter contre l'état, ou bien de les faire punir sur-le-champ de l'attentat commis ; le second, de faciliter l'explosion de ces ferments internes qui éclatent de quelque manière que ce soit contre un citoyen quelconque. Si ces ferments ne trouvent point à s'exhaler, ils forcent de recourir à des moyens extraordinaires qui renversent entièrement la république. Rien, au contraire, ne rendra une république ferme et assurée comme de donner, pour ainsi dire, à ces humeurs qui l'agitent une issue régulière et prescrite par la loi. C'est ce que plusieurs exemples peuvent prouver, et surtout celui de Coriolan, rapporté par Tite-Live.

La noblesse romaine, selon cet historien, était très-irritée contre le peuple ; elle l'accusait d'avoir usurpé trop de pouvoir, par la création des tribuns, uniquement employés à le défendre : Rome, comme cela arrivait assez souvent, était dans la plus grande disette de vivres, et le sénat avait envoyé en Sicile pour se procurer des grains. Coriolan, ennemi de la faction populaire, conseilla au sénat de saisir cette occasion qui se présentait de châtier le peuple, et de lui enlever l'autorité qu'il avait usurpée au préjudice de la noblesse, en ne lui distribuant pas ces grains, et en lui faisant redouter les horreurs de la famine. Cette proposition, parvenue à la connaissance du peuple, excita une indignation si générale, qu'au sortir du sénat Coriolan eût été tumultuairement mis à mort si les tribuns ne l'avaient cité devant eux pour présenter sa défense.

C'est à l'occasion de cet événement que nous observons combien il est utile, important, dans une république, d'avoir des institutions qui fournissent à l'universalité des citoyens des moyens d'exhaler leur fureur contre un autre citoyen. A défaut de ces moyens, autorisés par la loi, on en emploie d'illégitimes, qui produisent, sans contredit, des effets bien plus funestes. Que dans ces occasions un individu soit opprimé, qu'on commette même à son égard une injustice, l'état n'éprouve que peu ou point de désordre. En effet, cette oppression ne s'exerce ni par la force réunie des particuliers, ni par les secours d'aucune force étrangère, deux causes puissantes de la ruine de la liberté; mais elle s'opère par une force, une autorité légale, contenues dans des bornes qu'elle ne dépasse pas au point de renverser la république.

Et pour fortifier cette vérité par un exemple, en me renfermant dans celui de Coriolan, que l'on réfléchisse aux maux qui pouvaient résulter pour la république romaine s'il eût été massacré dans une émeute populaire : l'attentat commis contre lui eût établi une offense de particuliers à particuliers. Cette espèce d'offense produit la peur; la peur cherche les moyens de défense, appelle les partisans; des partisans naissent les factions dans une ville, et des factions la ruine de l'état.

Nous avons vu de nos jours la révolution causée à Florence par l'impuissance où se trouvait la multitude de recevoir une satisfaction légale contre un citoyen, François Valori. Son audace, ses emportements, le firent soupçonner de vues ambitieuses qui le portaient à s'élever au-dessus du rang de simple citoyen dans une ville où il avait déjà un crédit et une autorité de prince. La république n'avait le moyen de résister à son parti qu'en lui opposant un parti contraire. La connaissance qu'il avait de cette impuissance faisait qu'il ne redoutait que des moyens extraordinaires, contre lesquels il chercha à se prémunir en se faisant de nouvelles créatures. D'un autre côté, ceux qui l'attaquaient, n'ayant pas de moyen légal pour l'atteindre, en employèrent aussi d'illégitimes. On en vint aux mains. Si on eût pu lui opposer des armes fournies par la loi, on eût détruit son autorité sans rendre sa ruine funeste à d'autres qu'à lui; tandis que les moyens extraordinaires qu'il fallut employer pour en venir à bout entraînèrent avec lui dans sa chûte une infinité d'autres nobles.

Ce qui s'est passé à Florence à l'occasion de Pierre Soderini servit à prouver cette vérité. Ces malheureux événements dérivent tous du même vice : le défaut, dans cette république, d'un moyen légal d'accusation contre les citoyens ambitieux et puissants. Contre des coupables de cette importance, un tribunal de huit juges ne saurait suffire : il faut que les juges soient infiniment nombreux, parce que, dans ces circonstances, le petit nombre se plie facilement à la volonté du petit nombre.

Si Florence eût eu un tribunal redoutable où ses citoyens eussent pu dénoncer et prouver les excès de Soderini, le peuple eût assouvi sa vengeance contre lui, sans faire venir l'armée d'Espagne. Si, au contraire, sa conduite n'eût pas été répréhensible, aucun d'eux n'eût osé l'accuser de peur d'être accusé à son tour, et bientôt se serait apaisée de toute part cette animosité qui occasionna tant de troubles.

D'où l'on peut conclure que toutes les fois qu'on voit des forces extérieures appelées dans un état par un parti, on peut attribuer ce désordre au vice de sa constitution; on peut assurer qu'elle ne présente pas de moyens légitimes au peuple d'exhaler son mécontentement. On remédie à ce défaut en ouvrant aux accusations un tribunal assez nombreux, et en lui donnant des formes assez solennelles pour le faire respecter. A Rome, tout était si bien réglé sur cet objet, que, dans les plus grandes divisions qui eurent lieu entre le sénat et le peuple, jamais ni le peuple, ni le sénat, ni aucun citoyen, ne fut tenté de s'appuyer de forces étrangères : le remède était dans l'état même, ils n'avaient nul besoin de l'aller chercher au dehors.

Malgré la force des exemples que j'ai cités pour opérer la plus entière conviction, je veux cependant en rapporter un autre tiré de la même histoire de Tite-Live. A Clusium, l'une des plus célèbres villes d'Étrurie de ces temps-là, un certain Lucumon avait violé la sœur d'Aruns. Celui-ci, ne pouvant s'en venger à raison de la puissance du coupable, passa chez les Gaulois qui alors occupaient cette partie de l'Italie que nous appelons Lombardie. Il les engage à venir avec une force armée à Clusium, leur fait voir combien leurs intérêts se liaient avec celui de sa vengeance. Certes Aruns n'eût pas eu recours aux barbares s'il eût pu, dans sa ville, recourir aux lois.

Mais autant les accusations sont utiles dans une république, autant les calomnies sont inutiles et pernicieuses, comme nous le verrons dans le chapitre suivant.

CHAPITRE VIII.

Autant les accusations sont utiles dans une république, autant la calomnie y est pernicieuse.

Furius Camillus avait donné tant de preuves de courage en délivrant Rome de l'oppression des Gaulois, que tous les citoyens, sans croire s'abaisser ou se dégrader, lui cédaient la première place. Manlius Capitolinus fut le seul qui ne put supporter qu'on lui accordât tant d'honneurs. Il lui semblait qu'ayant sauvé le Capitole, il avait contribué autant que Camillus au salut de Rome, et il ne se croyait point inférieur à lui en talents militaires. L'envie dont il était tourmenté ne lui laissait pas un moment de repos à l'aspect de la gloire de son rival. Mais voyant qu'il ne pouvait pas semer la discorde dans le sénat, il se tourne du côté du peuple. Là, il répand les bruits les plus faux et les plus dangereux; entre autres choses, il fait circuler que le trésor qu'on avait d'abord amassé pour se racheter des Gaulois ne leur avait réellement point été donné, et que quelques citoyens s'en étaient emparés; et cependant la restitution de cet argent serait si avantageuse! On pourrait le convertir en objets d'utilité publique. Il servirait à alléger des impôts, ou à payer les dettes des plébéiens.

Ces discours firent tant d'impression sur le peuple, qu'il commence à s'assembler et à commettre beaucoup de désordres dans la ville. Le sénat mécontent, indigné, crut la position et le moment assez périlleux pour créer un dictateur qui prît connaissance de ces faits et réprimât l'audace de Manlius. En effet, le dictateur le fit citer sur-le-champ. Ils se rencontrèrent tous les deux sur la place publique, le dictateur au milieu des nobles, et Manlius au milieu du peuple. Le dictateur presse Manlius de déclarer où est cet argent qu'il disait avoir été enlevé, le sénat étant aussi empressé de l'apprendre que le peuple lui-même. Manlius ne répond rien de positif, a recours à des réponses évasives; soutient qu'il n'est pas nécessaire de leur dire ce qu'ils savent si bien. A l'instant le dictateur le fait traîner en prison.

Ce trait d'histoire nous prouve combien détestable est la calomnie dans une république comme sous toute autre espèce de gouvernement, et qu'il n'est pas de moyen qu'on ne doive employer pour la réprimer à temps. Il n'est pas de meilleur moyen que de donner ouverture à l'accusation; autant ce moyen légal est utile dans une république, autant la calomnie y est funeste. L'accusation et la calomnie diffèrent en ce que cette dernière n'a besoin ni de témoins, ni de confrontation, ni de circonstances exactes pour réussir et persuader. Tout individu peut être calomnié par un autre, mais tous ne peuvent être accusés, les accusations, pour être accueillies, ayant besoin d'être appuyées des preuves les plus éclatantes et de circonstances qui en démontrent la vérité. Les accusations se portent devant les magistrats, devant un peuple ou des conseils; la calomnie s'exerce ou sur les places ou dans les maisons, et c'est surtout dans les états où, par un vice de la constitution, l'accusation n'est pas admise, que l'on use le plus de la calomnie.

Ainsi, il est du devoir d'un législateur de donner à tout citoyen la faculté d'en accuser un autre sans avoir rien à redouter de sa démarche. Cette précaution une fois prise, qu'il poursuive ensuite avec vigueur les calomniateurs; ceux-ci ne pourront se plaindre de la punition; ils avaient en main tous les moyens d'accuser publiquement celui qu'ils ont calomnié en secret. Le défaut de réglement dans cette partie entraîne les plus grands désordres. La calomnie irrite les hommes et ne les corrige pas; ceux qu'elle blesse pensent à se fortifier, et tous les discours semés contre eux leur inspirent plus de haine que de crainte.

Cette partie était, comme nous l'avons dit, parfaitement organisée à Rome et ne l'a jamais été à Florence; et comme cette bonne institution a produit le plus grand bien dans la première de ces villes, son défaut a causé chez nous les plus grands maux. On peut voir dans l'Histoire de Florence à combien de calomnies ont été en butte en tout temps les citoyens qui se sont occupés des affaires publiques les plus importantes. On disait de l'un qu'il avait volé le trésor public; de l'autre, qu'il n'était pas venu à bout de telle entreprise, parce qu'il s'était vendu; enfin, on reprocha à un troisième les fautes les plus graves commises par ambition ; source perpétuelle de haines, de divisions, de partis, qui amenèrent enfin la ruine de l'état !

On eût prévenu une infinité de malheurs s'il y eût eu à Florence un tribunal destiné à recevoir l'accusation et à punir la calomnie. Les citoyens, ou condamnés, ou absous, n'auraient pu nuire à l'état ; on eût vu infiniment moins accuser que nous n'avons entendu calomnier, parce que l'un n'est ni aussi facile ni aussi prompt que l'autre. Il est même à remarquer que de tous les moyens dont s'appuyaient les ambitieux pour arriver à un dangereux degré de puissance, la calomnie est ce qui les a le plus servis. Attaquait-elle des hommes puissants, des rivaux dangereux qui mettaient obstacle à leur ambition ; ils faisaient tout pour la renforcer ; ils prenaient le parti du peuple, le confirmaient dans la mauvaise opinion qu'il avait des individus attaqués, et le mettaient dans leurs intérêts. Parmi plusieurs exemples qu'on pourrait citer, je me contenterai d'un seul.

L'armée de Florence était campée devant Lucques, commandée par Jean Guicciardini [1], qui en était commissaire. Soit incapacité de sa part, soit mauvaise fortune, le siége ne réussit pas. A l'instant on accuse Guicciardini de s'être laissé corrompre par les Lucquois ; cette calomnie, favorisée par ses ennemis, le réduisit au désespoir ; en vain pour se justifier voulut-il se remettre entre les mains du capitaine [2], sa justification fut impossible, faute de mode pour y procéder dans cette république. Les amis de Guicciardini, qui composaient la plus grande partie de la noblesse, sont indignés au dernier point ; ils sont appuyés par les cris de ceux qui désiraient faire une révolution à Florence ; leur fureur, accrue encore par des événements de même nature, arriva à un tel point qu'elle entraîna la ruine de cette république.

Ainsi donc Manlius Capitolinus calomnia et n'accusa point, et les Romains montrèrent dans ce moment comment on doit traiter les calomniateurs. Forcez ceux-ci à devenir accusateurs, et quand l'accusation se trouvera vraie, récompensez-la, ou du moins ne la punissez pas ; mais

si elle est fausse, punissez-en l'auteur comme fut puni Manlius.

CHAPITRE IX.

Qu'il faut être seul pour fonder une république ou pour la réformer en entier.

On trouvera peut-être que je me suis permis trop d'incursions sur l'histoire de Rome, avant d'avoir dit un seul mot ni de ses fondateurs ni de ses lois religieuses et militaires. Je ne veux pas tenir plus longtemps en suspens les esprits empressés de voir traiter ces sujets. Qu'un fondateur de république, comme Romulus, mette à mort son frère ; qu'il consente ensuite à celle de Titus Tatius, associé par lui à la royauté ; ces deux traits, aux yeux de bien des gens, passeront pour être d'un mauvais exemple. Il semblerait convenu que les citoyens peuvent, à en juger d'après la conduite de leur prince, par ambition ou désir de commander, se défaire de leurs rivaux.

Cette opinion serait fondée si l'on ne considérait la fin que se proposait Romulus par cet homicide. Mais il faut établir comme règle générale que jamais, ou bien rarement du moins, on n'a vu une république ni une monarchie être bien constituées dès les commencements, ou parfaitement réformées depuis, que par un seul individu ; il est même nécessaire que celui qui a conçu le plan fournisse lui seul les moyens d'exécution.

Ainsi, un habile législateur qui préfère sincèrement le bien général à son intérêt particulier, et sa patrie à ses successeurs, doit employer toute son industrie pour attirer à soi tout le pouvoir. Un esprit sage ne condamnera point un homme supérieur d'avoir usé d'un moyen hors des règles ordinaires pour l'important objet de régler une monarchie ou de fonder une république. Ce qui est à désirer, c'est qu'au moment où le fait l'accuse, le résultat puisse l'excuser ; si le résultat est bon, il est absous ; tel est le cas de Romulus. Ce n'est pas la violence qui répare, mais la violence qui détruit, qu'il faut condamner. Le législateur aura assez de sagesse et de vertu pour ne pas laisser comme héritage à autrui l'autorité qu'il a prise en main. Les hommes étant plus prompts à sui-

---

[1] Il ne faut pas confondre ce Jean Guicciardini avec le célèbre historien de ce nom, qui s'appelait François.

[2] Le *capitaine*, à Florence, était un magistrat pour les cas criminels.

vre le mal qu'enclins à imiter le bien, son successeur pourrait bien user par ambition des
moyens dont il n'usa que par vertu ; d'ailleurs,
un seul homme est bien capable de constituer
un état, mais bien courte serait la durée et de
l'état et de ses lois si l'exécution en était remise
aux mains d'un seul ; le moyen de l'assurer,
c'est de la confier aux soins et à la garde de
plusieurs. Une réunion d'hommes n'est pas propre à créer des institutions ; elle ne peut embrasser aucun utile ensemble à raison de la
diversité d'opinions qui règne dans son sein ;
mais aussi l'ensemble une fois saisi, ces hommes ne peuvent, par la même raison, jamais
s'accorder pour l'abandonner.

Ce qui prouve que Romulus était de ceux
qui méritent d'être absous pour s'être débar-
rassé de son compagnon et de son frère, c'est
que ce qu'il en fit ne fut que pour le bien commun et non pour satisfaire son ambition.
En effet, il crée à l'instant un sénat avec lequel
sans cesse il délibère, par le conseil duquel il
se dirige. Si on y fait attention, on voit que
toute l'autorité qu'il se réserve se borne à convoquer ce corps, et quand la guerre y aura été
résolue, à commander l'armée. Rien ne le
prouve mieux que ce qui se passa lorsque Rome
devint libre par l'expulsion des Tarquins. On
ne changea rien à l'ordre ancien ; seulement à
la place d'un roi perpétuel on choisit deux
consuls annuels : preuve évidente que les premiers fondements de la constitution jetés par
Romulus étaient plus conformes à un gouvernement libre exercé par des citoyens qu'à une
tyrannie absolue et despotique.

On pourrait fortifier ces vérités par une infinité d'exemples, par ceux de Moïse, de Lycurgue, Solon et autres fondateurs de république ou de monarchie, qui tous ne sont parvenus à donner de bonnes lois qu'en se faisant
attribuer une autorité exclusive. Mais ils sont
trop connus ; j'en rapporterai un beaucoup moins
célèbre, et qui doit être médité par quiconque
aurait l'ambition de devenir bon législateur ; le
voici : Agis, roi de Sparte, désirait ramener
les Spartiates à la stricte observation des lois de
Lycurgue, convaincu qu'il était que, pour s'en
être écartée, Lacédémone avait perdu de son
antique vertu, et par conséquent de sa gloire
et de sa puissance. Mais les éphores le firent

promptement massacrer, l'accusant d'aspirer à
la tyrannie. Cléomène, son successeur au trône,
conçut le même projet, éclairé par les divers
écrits qu'Agis avait laissés, et dans lesquels ce
prince développait son but et ses intentions.
Mais il sentit qu'il ne parviendrait jamais à rendre ce service à son pays s'il ne concentrait pas
en lui toute l'autorité. Il connaissait les hommes ; et par la nature de leur ambition il jugea
l'impossibilité d'être utile à tous s'il avait à combattre l'intérêt de quelques-uns : aussi, ayant
saisi une occasion favorable, il fit massacrer
les éphores et tous ceux qui pouvaient s'opposer à son projet, et il rétablit entièrement les
lois de Lycurgue. Le parti qu'il prit était capable de relever Sparte et lui eût valu autant
de célébrité qu'à Lycurgue, sans deux obstacles étrangers : la puissance des Macédoniens,
et la faiblesse des autres républiques grecques.
Attaqué bientôt après par la Macédoine, se
trouvant par là même inférieur en force, et
n'ayant à qui recourir, il fut vaincu ; ainsi resta
sans exécution son projet aussi juste que louable.

Je conclus de cet examen que pour fonder
une république il est nécessaire d'être seul,
et qu'on doit absoudre Romulus de la mort de
Rémus et de celle de Tatius.

———

CHAPITRE X.

Qu'autant sont dignes d'éloges les fondateurs d'une république ou d'une monarchie, autant méritent de blâme
les fondateurs d'une tyrannie.

Parmi tous les hommes dont on parle avec
éloge, il n'en est point qui soient aussi célèbres
que les auteurs et les fondateurs d'une religion.
Ceux qui ont fondé des états n'occupent que
le second rang après eux. Les grands capitaines
qui ont accru leur souveraineté, ou celle de
leur patrie, ont la troisième place. On met à
côté de ceux-ci les hommes qui se sont distingués dans la carrière des lettres, et qui, ayant
réussi plus ou moins dans différents genres,
jouissent de la gloire à différents degrés. Tous
les autres hommes, dont le nombre est infini,
reçoivent la part d'éloges qui leur revient de
l'exercice distingué de leur art et de leur profession. Sont au contraire voués à la haine et à

l'infamie, les hommes qui détruisent les religions, qui renversent les états, les ennemis du talent, du courage, des lettres et des arts utiles et honorables pour l'espèce humaine; toutes actions qui caractérisent l'impiété, la violence, l'ignorance, la paresse, la bassesse et la nullité.

Sage ou fou, bon ou mauvais, il n'est personne qui, obligé de choisir entre ces deux espèces d'hommes, ne loue ceux qui sont louables, et ne blâme ceux qu'on doit blâmer; et cependant presque tous, trompés par l'apparence d'un faux bien, d'une fausse gloire, se laissent entraîner, ou volontairement, ou par erreur, vers ceux qui méritent plus de blâme que de louange. Tel qui pourrait se faire un honneur immortel en fondant une république ou une monarchie, préfère établir une tyrannie. Il ne s'aperçoit pas combien de renommée, d'honneur, de sûreté, de paix et de repos d'esprit il échange contre l'infamie, la honte, le blâme, le danger et l'inquiétude.

De ceux qui vivent comme simples particuliers dans une république, et que la fortune, le talent et le courage y élèvent au rang de prince, s'ils lisent l'histoire et s'ils font leur profit du tableau qu'elle présente, il n'en est point qui ne voulussent, étant hommes privés, ressembler plutôt à Scipion qu'à César, et être plutôt Agésilas, Timoléon et Dion, que Nabis, Phalaris et Denys. Ils voient en effet les premiers autant admirés que les autres sont couverts de honte. Ils voient Timoléon et les autres jouir dans leur patrie d'une autorité non moins étendue que les Phalaris et les Denys, mais en jouir plus sûrement.

Et que la gloire de ce César, que les écrivains ont tant célébré, ne leur impose pas. Ceux qui l'ont loué étaient des juges corrompus par sa prospérité même, et effrayés d'une puissance perpétuée dans une famille et qui ne leur permettait pas de s'expliquer librement. Veut-on savoir ce que ces écrivains en eussent dit, s'ils eussent été libres? qu'on lise ce qu'ils ont écrit de Catilina. César est d'autant plus digne d'exécration que celui qui exécute est plus coupable que celui qui projette. Qu'on voie surtout les éloges prodigués à Brutus. Ne pouvant flétrir le tyran dont ils redoutent la puissance, ils célèbrent son ennemi. Depuis que Rome devint monarchie, que de louanges ne s'attirèrent pas les empereurs qui, respectant les lois, vécurent en bons princes, et que d'infamie rejaillit sur les mauvais!

Titus, Nerva, Trajan, Adrien, Antonin, Marc-Aurèle, n'avaient besoin ni de gardes prétoriennes, ni de légions pour les défendre. La pureté de leurs mœurs, l'attachement du sénat, la bienveillance du peuple, étaient leurs plus assurés défenseurs, leur plus sûre garde. On verra encore que pour les Caligula, les Néron, les Vitellius, et tant d'autres scélérats revêtus du titre de prince, toutes les armées orientales et occidentales ne les sauvèrent pas des ennemis que leur vie infâme et leur barbarie leur avaient suscités. L'histoire bien méditée de leur vie servirait à chaque prince de guide assuré, qui leur montrerait le chemin de la gloire ou de l'infamie, celui de la paix ou de l'honneur. De vingt-six empereurs qui ont régné depuis César jusqu'à Maximin, seize furent massacrés; dix seulement ont fini de mort naturelle. Parmi les premiers, on trouve, il est vrai, quelque bon prince, comme Galba et Pertinax, mais ils furent la victime de la corruption que leurs prédécesseurs avaient soufferte parmi la soldatesque. Si, parmi ceux qui moururent dans leur lit, il y eut quelque scélérat comme Sévère, il ne le dut qu'à sa fortune et à un courage rare dans les hommes de son espèce.

Mais ce qu'un prince trouverait à apprendre en lisant cette histoire, ce serait à bien gouverner; pourquoi tous les empereurs qui ont hérité de l'empire ont été mauvais, excepté Titus? pourquoi tous ceux qui l'ont été par adoption ont été bons? tels furent les cinq depuis Nerva jusqu'à Marc-Aurèle; pourquoi enfin l'empire tombe en ruine au moment où il revient régulièrement à des héritiers? Qu'un prince jette donc les yeux sur le temps qui s'est écoulé depuis Nerva jusqu'à Marc-Aurèle, qu'il le compare à ceux qui sont venus avant et après eux, et qu'il choisisse ensuite l'époque à laquelle il eût voulu naître, et celle à laquelle il eût voulu régner.

D'une part, sous les bons empereurs, il verra un prince vivant dans la plus parfaite sécurité au milieu de citoyens sans alarmes, la justice et la paix régnant dans le monde, l'autorité du sénat respectée, la magistrature honorée, le citoyen opulent jouissant en paix de ses richesses, la vertu considérée, et partout le calme et le bonheur, par conséquent aussi toute animosité, toute licence, toute corruption, toute ambition éteintes. Il verra cet âge d'or où chacun peut avancer et soutenir son opinion; il verra enfin le peuple triomphant, le prince respecté et brillant de gloire, adoré de ses sujets heureux.

D'autre part, qu'il examine les règnes de ces autres empereurs; il les verra ensanglantés par les guerres, déchirés par les divisions, et tout aussi cruels en temps de paix; tant de princes massacrés, tant de guerres civiles et tant d'extérieures; l'Italie désolée, et tous les jours éprouvant de nouveaux malheurs; ses villes ruinées et saccagées. Il verra Rome en cendres, le Capitole renversé par ses habitants, les temples antiques profanés, les rites corrompus, et l'adultère établi dans chaque maison. Il verra la mer couverte d'exilés, les écueils teints de sang. Il verra Rome se rendre coupable de cruautés sans nombre; la noblesse, la richesse, les honneurs et par-dessus tout la vertu, être imputés à crime. Il verra payer, récompenser les accusateurs des esclaves corrompus devenant leurs maîtres, des affranchis s'élevant contre leurs patrons, et ceux qui n'avaient pas d'ennemis être opprimés par leurs amis. C'est alors qu'il apprendra à connaître les obligations que Rome, l'Italie et le monde ont à César; et pourvu qu'il soit homme, sans doute il s'éloignera en frémissant de toute imitation de ces temps vicieux, et s'enflammera du désir de faire revivre les bons.

Un prince vraiment jaloux de sa gloire devrait désirer de régner sur une ville corrompue; non comme César, pour achever de la perdre, mais comme Romulus, pour la réformer. Certainement les dieux ne peuvent donner à des hommes une plus belle carrière de gloire, comme nul homme ne peut désirer d'en parcourir une plus belle. Si, pour bien constituer une ville, il fallait déposer la souveraineté, celui qui, pour ne pas perdre ce rang, se priverait de lui donner des lois, mériterait peut-être quelque excuse; mais il n'y en aurait point pour qui pourrait remplir cette belle tâche sans quitter l'empire. Que ceux que le ciel a placés dans ces heureuses circonstances réfléchissent que deux chemins s'ouvrent devant eux : l'un les conduit à l'immortalité, après un règne heureux et tranquille; l'autre les fait vivre au milieu de mille inquiétudes, et les fait arriver après leur mort à une éternelle infamie.

CHAPITRE XI.

De la religion des Romains.

Quoique Rome eût un premier fondateur, Romulus, à qui comme à un père elle devait et la naissance et l'éducation, les dieux ne crurent pas les lois de ce prince capables de remplir les grands desseins qu'ils avaient sur elle. Ils inspirèrent au sénat romain de lui donner pour successeur Numa Pompilius, afin que celui-ci s'occupât de tous les objets que son prédécesseur avait omis.

C'était un peuple féroce que Numa avait à accoutumer à l'obéissance en le façonnant aux arts de la paix. Il eut recours à la religion, comme au soutien le plus nécessaire et le plus assuré de la société civile, et il l'établit sur de tels fondements, qu'il n'existe pas de temps et de lieu où la crainte des dieux ait été plus puissante que dans cette république, et cela pendant plusieurs siècles. Ce fut sans doute cette crainte salutaire qui facilita toutes les entreprises du sénat et de tous ces grands hommes. Quiconque examinera les actions de ce peuple en général et d'une infinité de Romains en particulier verra que ces citoyens craignaient encore plus de manquer à leurs serments qu'aux lois, en hommes qui estiment bien plus la puissance des dieux que celle des mortels, comme on le voit par l'exemple de Scipion et par celui de Manlius Torquatus. Après la défaite de Cannes par Annibal, une infinité de Romains s'étaient rassemblés. Effrayés et tremblants, ils étaient convenus de quitter l'Italie et de fuir en Sicile. Scipion en est instruit, et, le fer en main, les fait jurer sur son épée de ne pas abandonner la patrie. Lucius Manlius, père de Titus Manlius, qui fut depuis nommé Torquatus, avait été accusé par Marcus Pomponius, tribun du peuple. Avant le jour du jugement, Titus va trouver Marcus, et menace de le tuer s'il ne promet de rétracter l'accusation qu'il avait portée contre son père. Il est contraint de jurer ; et quoique ce serment lui soit arraché par la crainte, il n'y est pas moins fidèle. Ainsi ces citoyens que ni l'amour de la patrie, ni la force des lois ne pouvaient retenir en Italie, furent arrêtés par un serment qu'on leur avait arraché; et ce tribun sacrifie et la haine qu'il avait pour le père, et le ressentiment de l'insulte faite par le fils, et son honneur, pour obéir à sa promesse jurée. C'était une conséquence naturelle de ces principes religieux que Numa avait introduits dans Rome.

L'histoire romaine, pour qui la lit attentivement, prouve combien cette religion était utile pour commander les armées, pour réunir le peuple, pour maintenir, fortifier les gens de bien et faire rougir les méchants. S'il était question de décider auquel des deux princes, Romulus et Numa, cette république doit le plus, Numa, je pense, l'emporterait. Où règne déjà la religion, on introduit facilement la discipline et les vertus militaires; mais là où il n'y aura que des vertus militaires sans religion, on aura bien de la peine à y introduire cette dernière. Aussi Romulus, pour établir le sénat et former d'autres institutions civiles et militaires, n'eut pas besoin de l'intervention d'un Dieu. Mais Numa, persuadé que celui-ci était nécessaire, feignit d'avoir commerce avec une nymphe qui lui dictait tous les réglements qu'il avait à faire adopter au peuple ; et il n'employa ce moyen que parce qu'ayant à introduire des usages nouveaux et inconnus dans cette ville, il se défiait de son autorité pour les faire admettre.

Il n'a jamais en effet existé de législateur qui n'ait eu recours à l'entremise d'un dieu pour faire accepter des lois nouvelles, et qui, il faut l'avouer, étaient de nature à n'être point reçues sans ce moyen. Combien de principes utiles dont un sage législateur connaît toute l'importance, et qui ne portent pas avec eux des preuves évidentes qui puissent frapper les autres esprits! L'homme habile qui veut faire disparaître la difficulté a recours aux dieux; ainsi firent Lycurgue, Solon, et beaucoup d'autres, qui tous tendaient au même but.

Or donc, le peuple romain, plein d'admiration pour la bonté et la prudence de Numa, se rendait à tous ses conseils. Il est bien vrai que la simplicité de ces esprits, si portés à la superstition dans ces temps religieux, la rusticité des hommes auxquels il avait à faire, lui donnaient beaucoup de facilité pour venir à bout de ses desseins. C'était une matière neuve à laquelle il pouvait imprimer aisément une nouvelle forme. Aussi, suis-je bien convaincu que quiconque voudrait fonder une république réussirait infiniment mieux avec des montagnards encore peu civilisés qu'avec les habitants des villes corrompues. Un sculpteur tire plus facilement une statue d'un bloc informe que de l'ébauche vicieuse d'un mauvais artiste.

D'après toutes ces considérations, je conclus que la religion introduite par Numa fut une des principales causes de la prospérité de Rome. Elle donna naissance à de sages réglements ; ceux-ci déterminent communément la fortune, et la fortune assure les heureux succès. Mais, si l'attachement au culte de la Divinité est le garant le plus assuré de la grandeur des républiques, le mépris de la religion est la cause la plus certaine de leur ruine. Malheur à l'état où la crainte de l'Être suprême n'existe pas ! il doit périr s'il n'est maintenu par la crainte du prince même qui supplée au défaut de religion ; et comme les princes ne règnent que le temps de leur vie, il faut également que l'état dont l'existence ne tient qu'à la vertu de celui qui règne périsse promptement. D'où vient aussi que les empires qui dépendent des qualités seules de celui qui les gouverne sont de peu de durée, parce que ces qualités périssent avec celui qui les possède, et sont rarement renouvelées par ses successeurs; car, comme le Dante l'a parfaitement remarqué :

> Rarement la vertu, transmise d'âge en âge,
> Du tronc à ses rameaux parvient par héritage;
> Ainsi le veut celui qui la donne aux humains
> Pour nous faire implorer ce bienfait de ses mains.

Il ne suffit donc pas, pour le bonheur d'une république ou d'une monarchie, d'avoir un prince qui gouverne sagement pendant sa vie; il en faut un qui lui donne des lois capables de la maintenir après sa mort.

Quoiqu'il soit plus facile de donner des opinions ou des lois nouvelles à des hommes neufs et grossiers, il n'est pas impossible d'y réussir auprès des hommes civilisés et qui ne se croient nullement ignorants. Le peuple de Florence est très-éloigné de croire manquer de lumières; et cependant le frère Jérôme Savonarole parvint à lui persuader qu'il s'entretenait avec Dieu. Je ne dirai pas qu'il en imposait; on ne doit parler d'un si grand homme qu'avec respect; il avait du moins persuadé beaucoup de gens sans qu'ils eussent rien vu d'extraordinaire qui les eût portés à croire; mais sa vie, sa doctrine, et surtout le sujet dont il les entretenait, suffisaient pour leur faire ajouter foi à sa mission. Que personne ne désespère donc de pouvoir faire ce que tant d'autres ont fait, car tous les hommes, ainsi que nous l'avons dit au commencement, naissent, vivent et meurent de la même manière, et par conséquent se ressemblent.

CHAPITRE XII.

Qu'il est important de faire grand cas de la religion. Ruine de l'Italie pour avoir, par les intrigues de la cour de Rome, manqué à cette maxime.

Les princes ou les républiques qui veulent se maintenir à l'abri de toute corruption doivent, sur toutes choses, conserver dans toute sa pureté la religion et ses cérémonies, et entretenir le respect dû à leur sainteté, parce qu'il n'y a pas de signe plus assuré de la ruine d'un état que le mépris du culte divin. Cela est facile à comprendre quand on connaît la base sur laquelle est fondée la religion d'un pays.

En effet, toute religion a un point principal sur lequel est appuyé tout son système. La religion des gentils était fondée sur les réponses des oracles, et sur la secte des augures et des aruspices; toutes leurs autres cérémonies, sacrifices, rites, en dépendaient uniquement. Ils croyaient facilement que le dieu qui pouvait prédire ou le bien ou le mal avait encore le pouvoir de l'opérer. De là les temples, les sacrifices, les supplications et les cérémonies employés pour honorer les dieux, parce que l'oracle de Délos, le temple de Jupiter Ammon, d'autres oracles aussi fameux, remplissaient le monde d'étonnement et de dévotion. Mais quand ceux-ci eurent appris à ne parler que suivant les désirs des princes, et que leur fausseté fut découverte par les peuples, les hommes devinrent incrédules, et dès lors capables de troubler tout bon ordre établi.

Ainsi donc, il est du devoir des princes et des chefs d'une république de maintenir sur ses fondements la religion qu'on y professe; car, alors rien de plus facile que de conserver un état composé d'un peuple religieux, par conséquent plein de bonté et porté à l'union. Aussi, tout ce qui tend à favoriser la religion doit-il être accueilli, quand même on en reconnaîtrait la fausseté; et on le doit d'autant plus, qu'on a plus de sagesse et de connaissance du cœur humain.

De l'attention des hommes sages à se conformer à ces maximes est née la foi aux miracles que l'on célèbre dans les religions, même les plus fausses. Ces gens sages les accréditaient, quelle que fût leur source, et leur opinion faisait autorité auprès de tous les autres. Il y eut grand nombre de ces miracles à Rome, et l'un des plus remarquables est celui-ci. Les soldats romains, à Véies, lors de la prise et du sac de cette ville, entrèrent dans le temple de Junon. Ils s'approchèrent de la statue, et quelques-uns lui dirent : « Veux-tu venir à Rome? » Les uns crurent voir la déesse faire signe d'approbation; les autres crurent l'entendre dire : « Oui. » Et pourquoi? C'est que ces hommes étaient très-religieux. Puisque, au rapport de Tite-Live, ils étaient entrés dans le temple sans tumulte, pleins de respect et de dévotion au dieu, ils pouvaient facilement croire avoir entendu une réponse qu'ils désiraient d'avance, et qu'ils avaient déjà supposé devoir être faite à leur question. Mais cette opinion, cette croyance, Camillus et les autres chefs des Romains l'accueillirent, la favorisèrent, l'accréditèrent.

Et certes, si dans les commencements de la république chrétienne la religion se fût maintenue d'après les principes de son fondateur, les états et les républiques de la chrétienté seraient bien plus unis et bien plus heureux qu'ils ne le sont. On ne peut donner de plus forte preuve de sa décadence et de sa chute prochaine que de voir les peuples les plus voisins de l'église romaine, qui en est le chef, d'autant moins religieux qu'ils en sont plus près. Quiconque examinera les principes sur lesquels elles est fondée, et combien l'usage et l'application qu'on en fait sont changés, altérés, jugera que le moment n'est pas loin, ou de sa chute, ou des plus grands orages [1].

Mais comme quelques personnes pensent que la prospérité de l'Italie tient à l'existence de l'église de Rome, qu'il me soit permis d'apporter contre cette opinion quelques raisons, dont deux entre autres me paraissent sans réplique. Je soutiens d'abord que le mauvais exemple de cette cour a détruit en Italie tout sentiment de piété et de religion. De là des déréglements, des désordres à l'infini; car si là où il y a de la religion on suppose toutes les vertus, là où elle manque on doit supposer tous les vices. Ainsi donc, le premier service que nous ont rendu à nous Italiens, et l'église, et les prêtres, c'est de nous avoir privés de religion et dotés de tous les vices. Mais elle nous en a rendu un plus grand, qui causera la ruine de l'Italie : c'est de l'avoir tenue et de là tenir toujours divisée.

Un pays ne peut être véritablement uni et prospérer que lorsqu'il n'obéit en entier qu'à un seul gouvernement, soit monarchie, soit république. Telle est la France ou l'Espagne. Si le gouvernement de l'Italie entière n'est pas ainsi organisé, soit en république, soit en monarchie, c'est à l'église seule que nous le devons. Elle y a bien acquis un empire et un domaine temporel, mais elle n'a pas été assez puissante ni assez forte pour s'emparer du reste de ce pays, et en acquérir la souveraineté. Elle n'a pas non plus été assez faible pour que la crainte de perdre son domaine temporel l'ait empêchée d'appeler une puissance étrangère qui le défendît contre une puissance du pays qu'elle redoutait; c'est ce qu'on a vu plusieurs fois anciennement. Ainsi, elle appela Charlemagne pour chasser les Lombards qui étaient déjà rois de toute l'Italie; ainsi, de notre temps, elle abattit la puissance des Vénitiens avec l'aide de la France; et ensuite elle chassa les Français à l'aide des Suisses.

L'église n'ayant jamais été assez puissante pour s'emparer de toute l'Italie, et n'ayant pas permis à un autre de l'occuper, a été cause que ce pays n'a jamais pu se réunir sous un chef de gouvernement; il a été divisé entre

plusieurs petits princes ou seigneurs. Telle est la cause et de sa désunion et de sa faiblesse, qui l'a conduite à être la proie, non-seulement des étrangers puissants, mais de quiconque a voulu l'attaquer.

Or tout cela, c'est à la cour de Rome que nous le devons. Pour s'en convaincre promptement par expérience, il faudrait être assez puissant pour envoyer la cour de Rome, je suppose, au milieu de la Suisse, habiter avec le peuple de l'Europe qui, pour la religion et la discipline militaire, a le plus conservé les anciennes mœurs. On verrait bientôt la politique et les intrigues de cette cour y faire naître plus de désordres, y introduire plus de vices, que dans aucun temps aucune autre cause eût pu en produire.

CHAPITRE XIII.

Comment les Romains se servaient de la religion pour établir des lois, favoriser leurs entreprises et arrêter les séditions.

Il ne me paraît pas hors de propos de rapporter quelques exemples de la manière dont les Romains se servirent de la religion pour rétablir le bon ordre dans leur ville et favoriser leurs entreprises; il en est une infinité dans Tite-Live; je me contenterai de ceux-ci :

Le peuple romain ayant créé des tribuns qui avaient une puissance consulaire, tous de l'ordre des plébéiens à l'exception d'un seul, on éprouva par hasard à Rome cette année une peste, une famine, accompagnées de quelques prodiges effrayants. Les patriciens saisirent cette occasion de s'élever contre cette nouvelle création des tribuns. Ils dirent que les dieux étaient irrités contre Rome, parce qu'on avait attenté à la majesté de l'empire, et que le seul moyen d'apaiser les dieux était de rétablir le tribunat sur le même pied qu'auparavant. Le peuple, pénétré d'une religieuse ferveur, ne prit des tribuns que parmi les nobles.

On voit encore au siège de Véies comment les généraux savaient employer la religion pour tenir leurs soldats disposés à exécuter telle ou telle entreprise. Les eaux du lac Albano éprouvèrent cette année une crue subite et extraordinaire. A cette époque, les soldats romains, fatigués de la longueur du siége de Véies, voulaient retourner à Rome. Les généraux trouvèrent qu'Apollon et d'autres dieux, consultés sur cet événement, avaient prédit que l'année où le lac d'Albano déborderait serait celle où Véies serait prise. Cet oracle, répandu parmi les soldats, leur fit supporter les horreurs de la guerre et les fatigues du siége. L'espoir de l'emporter les engagea à suivre vigoureusement leur entreprise, tant qu'enfin Camillus, nommé dictateur, s'empara de la ville dix ans après qu'on avait commencé à l'attaquer. Ainsi la religion employée à propos servit à merveille au succès de cette entreprise et à la restitution du tribunat aux patriciens; ce qui sans cela aurait éprouvé de bien grandes difficultés.

Je ne veux pas manquer à cette occasion de citer un autre exemple. Le tribun Terentillus avait occasionné des mouvements et du bruit à Rome par son obstination à promulguer certaine loi dont nous parlerons plus bas. Parmi les moyens que les patriciens employèrent contre lui, la religion fut un des plus puissants, et ils s'en servirent de deux manières différentes. D'abord ils firent présenter les livres sibyllins qui prédisaient que Rome courait risque de perdre sa liberté cette même année, si le peuple se livrait à des dissensions domestiques. Les tribuns eurent beau découvrir la fraude, le peuple fut si frappé de la prédiction, qu'il montra infiniment de répugnance à les suivre. Le second moyen qu'ils employèrent fut celui-ci. Un certain Appius Herdonius s'empara du Capitole pendant la nuit, à la tête de quatre mille bandits ou esclaves. Tout était à craindre pour Rome même, si les Éques et les Volsques, éternels ennemis du nom romain, étaient venus l'attaquer dans ce moment. Les tribuns s'obstinaient cependant à promulguer la loi Térentilla, et prétendaient que la prise du Capitole n'était qu'un jeu convenu avec le sénat. Alors Publius Rubetius, personnage grave et jouissant de beaucoup de crédit, se détermina à haranguer le peuple. Dans un discours qu'il lui adressa, il présenta avec énergie les dangers de la patrie, l'imprudence d'une demande aussi déplacée; il employa tour à tour et la prière et la menace, et fit tant qu'il obligea le peuple à jurer qu'il obéirait au consul. Le premier fruit de son obéissance fut la reprise du Capitole;

mais dans l'attaque, le consul Publius Valérius fut tué. On lui donna pour successeur Titus Quintius. Ce nouveau consul, pour ne pas laisser refroidir l'ardeur du peuple, et en même temps pour l'empêcher de s'occuper de la loi Terentilla, donna l'ordre de marcher à l'instant contre les Volsques, prétendant que le serment qu'ils avaient fait au consul les obligeait à le suivre. En vain les tribuns s'y opposèrent, sous le prétexte que ce serment avait été fait à son prédécesseur mort et non à lui; la crainte religieuse prévalut; le peuple aima mieux obéir au consul que suivre l'avis de ses tribuns. « On n'en était pas venu encore, dit Tite-Live en applaudissant à ce respect des anciens pour la religion; on n'en était pas venu à la coupable insouciance qui règne de nos jours pour nos dieux, et on n'avait pas appris encore à interpréter en sa faveur, et à expliquer d'une manière commode à sa position, son serment et les lois. » Les tribuns, craignant de perdre tous leurs droits, furent obligés d'en sacrifier une partie. Ils convinrent avec le consul que le peuple obéirait à ce dernier, et que pendant un an on ne parlerait pas de la loi Térentilla, et le consul s'engagea à ne pas conduire d'un an le peuple à la guerre. Ainsi la religion fournit au sénat le moyen de vaincre une difficulté qu'il n'eût jamais surmontée en s'y prenant autrement.

CHAPITRE XIV.

Que les Romains interprétaient les auspices suivant le besoin qu'ils en avaient; qu'ils mettaient infiniment de prudence à paraître observer leur religion, dans les occasions même où ils étaient forcés de manquer à son observance; qu'ils punissaient quiconque avait la témérité de la mépriser.

Les augures étaient non-seulement la base de la religion des anciens, comme nous l'avons déjà établi, mais ils étaient encore la cause et le principe de la prospérité de la république. Aussi les Romains y étaient-ils plus attachés qu'à aucune autre de leurs institutions. On ne tenait pas de comices consulaires, on ne commençait pas une entreprise, on ne mettait pas les armées en campagne, on ne livrait jamais de bataille, on ne s'occupait d'aucune action importante ou civile ou militaire, sans les consulter, et jamais les généraux n'auraient conduit les soldats à une expédition avant de leur avoir persuadé que les dieux leur promettaient la victoire.

Parmi les aruspices ou officiers préposés à cette espèce de ministère religieux, il y avait des gardes des poulets sacrés qui suivaient toujours les armées. Toutes les fois qu'il était question de livrer bataille, ces officiers prenaient les auspices : si les poulets mangeaient avec quelque avidité, c'était un bon augure, et s'ils ne mangeaient pas, on s'abstenait de combattre ; et, cependant, quoique les aruspices fussent défavorables, quand la raison leur démontrait qu'il fallait faire telle entreprise, ils ne s'y déterminaient pas moins ; mais ils savaient, pour les expliquer à leur avantage, profiter si adroitement des circonstances et les tourner avec tant d'art et de prudence, que jamais la religion ne paraissait blessée. Ce fut par un de ces moyens que le consul Papirius livra bataille aux Samnites ; affaire des plus importantes, qui affaiblit et abattit pour jamais ce peuple belliqueux. Ce général, faisant la guerre aux Samnites, se trouvait posté vis-à-vis de l'ennemi, de manière à se promettre les plus grands avantages du combat ; en conséquence il ordonna aux gardes des poulets sacrés de prendre les auspices. Les oiseaux sacrés refusèrent de manger. Mais voyant le grand désir que les soldats avaient de combattre, l'opinion du succès et l'espérance qui animaient le général et l'armée, le chef des aruspices, afin de ne pas laisser perdre une occasion si avantageuse, rapporta au consul que les auspices étaient favorables. Papirius rangeait son armée en bataille quand quelques officiers des poulets sacrés dirent à des soldats que ces oiseaux avaient refusé de manger. Ceux-ci le redirent à Spurius Papirius, neveu du consul, qui le rapporta à son oncle. Celui-ci répondit à son neveu qu'il eût bien faire son devoir, que pour lui et pour l'armée les auspices étaient favorables ; que si le garde des poulets sacrés l'avait trompé, son mensonge ne serait préjudiciable qu'à lui seul ; et, pour que l'effet répondît à la prédiction, il ordonna à ses lieutenants de placer ces officiers à la tête de l'armée. Elle commençait à se mettre en mouvement

quand un trait décoché par un soldat romain tua par hasard le chef des aruspices. Papirius l'apprend, et s'écrie que tout va au mieux ; que les dieux donnent des marques éclatantes de leur faveur ; que si l'armée avait pu se rendre coupable de quelques torts involontaires qu'elle ne devait qu'au mensonge de cet officier, ils se trouvaient expiés par sa mort, dont les dieux voulaient bien se contenter. Papirius sut ainsi concilier ses projets avec les auspices, et prit le parti de combattre, sans que son armée s'aperçût qu'il eût manqué en rien à ses devoirs religieux.

Appius Pulcher se conduisit tout différemment en Sicile, lors de la dernière guerre punique. Voulant livrer bataille, il fait consulter les poulets sacrés. On lui rapporte qu'ils ne mangeaient point. « Eh bien ! dit-il, voyons s'ils voudront boire ; » et il les fait jeter à la mer. Il livre combat et il est battu. Il fut puni à Rome, et Papirius fut récompensé : non pas tant parce que l'un avait été vaincu et l'autre victorieux, que pour avoir agi contre les auspices, l'un avec prudence et l'autre avec témérité. Cette observation constante à prendre les auspices n'avait pour but que d'inspirer aux soldats cette confiance qui est le garant le plus assuré de la victoire. Les Romains ne furent pas les seuls à user de ce moyen : j'en citerai un exemple que me fournira un autre peuple, dans le chapitre suivant.

CHAPITRE XV.

Comment les Samnites, dans une occasion désespérée, ont recours à la religion.

Les Samnites avaient été battus plusieurs fois par les Romains. Ils venaient d'être entièrement défaits en Toscane. Leurs armées détruites et leurs généraux tués, leurs alliés toscans, gaulois, ombriens, vaincus, découragés, « ils ne pouvaient se soutenir, ni par » leurs propres forces, ni par celles de leurs » alliés ; et cependant ils continuaient la guerre. » Ils étaient si loin de se détacher d'une liberté » défendue avec si peu de succès, qu'avec la » certitude d'être vaincus, ils voulaient essayer » de vaincre. » Les Samnites résolurent donc de faire les derniers efforts. Persuadés que le plus sûr moyen de vaincre était d'en inspirer aux soldats l'opiniâtre résolution, mais que la religion seule est capable d'inspirer cette constance, ils renouvelèrent, d'après les conseils d'Ovius Paccius leur grand-prêtre, un sacrifice anciennement usité parmi eux, et dont voici les cérémonies. On sacrifiait aux dieux avec la plus grande solennité ; et là, au milieu du sang des victimes, et sur des autels fumants, on faisait jurer à tous les chefs qu'ils n'abandonneraient jamais le champ de bataille. Ensuite, on appelait les soldats un à un ; et là, le glaive nu à la main, on les faisait jurer qu'ils ne révéleraient jamais ce qu'ils avaient vu ou entendu ; ils juraient ensuite, et promettaient, sur les serments les plus exécrables, d'être prêts à obéir à tous les ordres de leurs généraux, de ne jamais fuir sur le champ de bataille, de tuer sans pitié le premier qu'ils verraient fuir. Quiconque manquait à ce serment attirait à jamais sur sa tête, sur celle de ses parents, sur sa postérité la plus reculée, la vengeance due au parjure. Quelques soldats refusèrent de jurer ; ils furent tués à l'instant par leurs centurions, en sorte que ceux qui vinrent après, frappés de terreur à un tel spectacle, jurèrent tous. Enfin, pour rendre ce rassemblement d'hommes plus imposant encore, de quarante mille qui étaient sous les drapeaux, ils en habillèrent la moitié de blanc, et firent relever leurs casques par des aigrettes et des panaches, et dans cet appareil ils vinrent camper à Aquilonia.

Papirius marcha contre eux ; et, en exhortant ses soldats, leur dit : « Ce ne sont pas ces » panaches qui font des blessures, et ni là » peinture ni l'or de ces boucliers n'empêche- » ront les javelots romains de les percer. » Pour affaiblir l'impression que le serment des ennemis avait faite sur l'esprit de ses soldats, il fit remarquer qu'un tel serment devait inspirer de la frayeur à celui qui le prononçait au lieu de lui donner du courage. En effet, ils avaient à redouter en même temps et les dieux, et leurs concitoyens, et leurs ennemis. Les Samnites furent vaincus. Le courage des Romains, la terreur qu'inspirait le souvenir de tant de défaites, l'emporta sur la plus forte résolution qu'ils pussent avoir conçue à l'aide de la religion et de leur serment. Néanmoins on voit qu'ils ne

connaissaient pas de plus puissante ressource, et qu'ils étaient convaincus que c'était le seul moyen possible de ranimer leur ancien courage.

Telle est donc la confiance que doit inspirer la religion employée à propos. Quoique cet exemple, pris d'un événement arrivé chez un peuple étranger à Rome, dût naturellement se placer ailleurs, j'ai cru devoir le rapporter ici, et parce qu'il tient à une des institutions les plus importantes de la république romaine, et pour appuyer ce que j'ai à dire sur ce sujet, sans être obligé d'y revenir.

CHAPITRE XVI.

Qu'un peuple accoutumé à vivre sous un prince conserve difficilement sa liberté, si par hasard il devient libre.

Combien il est difficile à un peuple accoutumé à vivre sous un prince de conserver sa liberté s'il l'acquiert par quelque événement, comme Rome après l'expulsion des Tarquins, c'est ce que démontrent une infinité d'exemples qu'on lit dans l'histoire. Cette difficulté est fondée en raison. En effet, ce peuple est comme une bête féroce dont le naturel sauvage s'est amolli dans la prison, et façonné à l'esclavage ; qu'on la laisse libre dans les champs, incapable de se procurer sa nourriture et de trouver des repaires pour lui donner asile, elle devient la proie du premier qui cherche à lui donner des fers. C'est ce qui arrive à un peuple accoutumé à se laisser gouverner. Incapable d'apprécier ce qui attaque sa liberté et ses moyens de défense, ne connaissant point les princes, n'étant point connu d'eux, il retombe bientôt sous un joug souvent plus pesant et plus rude que celui qu'il avait secoué peu de temps auparavant.

Ce malheur arrive même quand le peuple n'est pas entièrement corrompu. Mais quand la corruption est parvenue au dernier terme, l'état, loin de pouvoir conserver sa liberté, n'en jouit pas même un instant, comme nous le verrons plus bas. Je ne veux parler ici que des peuples chez lesquels la corruption n'a pas fait des progrès considérables, et où le bien l'emporte sur le mal.

A cette difficulté il faut en ajouter une seconde : c'est que l'état qui devient libre se fait des ennemis, et point d'amis. Tous ceux qui profitaient des abus de la tyrannie, qui s'engraissaient des trésors du prince, sont les ennemis nés du nouveau gouvernement. On leur a enlevé leurs moyens de richesse et de puissance; ils ne peuvent qu'être mécontents. Ils sont forcés de tenter tous les moyens de rétablir la tyrannie, qui seule peut leur rendre leur ancienne autorité. Comme je l'ai dit, on ne se fait pas des amis. En effet, un gouvernement libre ne distribue des honneurs et des récompenses que dans des occasions déterminées et approuvées par la justice; hors de là, il n'en accorde aucun. Ceux qui parviennent à ces honneurs, à ces récompenses, croyant les mériter, pensent ne devoir rien à qui les dispense. D'ailleurs, ces avantages communs que procure la jouissance de la liberté, ce plaisir inexprimable de jouir de ses bienfaits sans inquiétude, de n'avoir à craindre, ni pour l'honneur de sa femme, ni pour ses enfants, ni pour soi-même, tout cela n'est apprécié de personne au moment où on en jouit. Il est si peu naturel de se sentir obligé envers quiconque ne nous offense pas!

Ainsi, comme nous l'avons dit, un état devenu libre se fait beaucoup d'ennemis et point d'amis. Pour parer à cet inconvénient, aux désordres qui doivent en résulter, il n'y a pas de remède plus puissant, plus rigoureux, plus sain et plus nécessaire à employer que celui-ci, la mort des enfants de Brutus. Ceux-ci, comme l'histoire nous l'apprend, ne furent portés à conspirer avec d'autres contre leur patrie que parce qu'ils se virent privés, sous les consuls, des avantages dont ils jouissaient sous les rois. La liberté du peuple ne fut pour eux que l'esclavage.

Quiconque veut donc établir un gouvernement chez un peuple sous forme de monarchie ou de république, et qui ne s'assure pas de tous les ennemis de l'ordre nouveau, fait un gouvernement de peu de durée. Il est vrai que je regarde comme malheureux les princes qui, pour assurer leur autorité, dont le peuple s'est déclaré ennemi, sont obligés d'avoir recours à des voies extraordinaires. Quand on n'a qu'un petit nombre d'ennemis, on peut aisément et sans bruit se mettre en sûreté contre eux; mais quand on a tout un peuple à combattre, on ne peut espérer de réussir par ce moyen; les cruautés qu'on pourrait mettre en usage ne feraient qu'affaiblir d'autant l'autorité. Le meilleur moyen qu'on puisse employer est de se concilier l'amitié du peuple.

Quoique je m'éloigne de mon sujet en parlant ici d'un prince, n'ayant eu le dessein de ne m'occuper que de républiques; j'en dirai un mot cependant pour ne pas revenir sur la même matière.

Un prince donc qui veut regagner l'amitié d'un peuple dont il a encouru la haine (je parle de ceux qui se sont faits les tyrans de leur pays) doit s'étudier à examiner ce que le peuple désire le plus. Il trouvera qu'il veut deux choses : la première, se venger de ceux qui ont été cause de son esclavage; et l'autre, recouvrer sa liberté.

Quant au premier de ces vœux, le prince peut le remplir en entier; quant au second, il le peut du moins en partie. Voici un exemple du premier cas :

Cléarque, tyran d'Héraclée, ayant été banni, la dissension ne tarda pas à s'établir entre le peuple et les grands; ceux-ci, se voyant les plus faibles, se déterminèrent à rappeler Cléarque, et, s'étant concertés entre eux, l'opposèrent à la faction du peuple dans Héraclée, qu'ils privèrent ainsi de sa liberté. Cléarque se trouva placé entre l'insolence des grands qu'il ne pouvait ni contenter ni réprimer, et la rage du peuple qui ne pouvait supporter la perte de sa liberté. Il s'occupa des moyens de se délivrer de l'inquiétude que lui donnaient les premiers et de gagner l'amitié du peuple. Il saisit une occasion favorable : il fit massacrer tous les grands, au grand contentement du peuple. Ainsi il satisfit à ce premier désir des peuples, la vengeance.

Mais quant à cet autre vœu du peuple, de conserver sa liberté, un prince, ne pouvant le satisfaire, doit examiner avec soin les causes qui lui font désirer si ardemment d'être libre. On trouve alors que quelques-uns, mais en petit nombre, le désirent pour commander; tandis que tous les autres, qui sont bien plus nombreux, ne désirent être libres que pour vivre en sûreté. En effet, il n'est pas de république, de quelque manière qu'elle se gouverne, où plus de quarante ou cinquante citoyens s'élèvent aux grades où l'on peut commander. Or, comme c'est un très-petit nombre, rien de si facile que de s'en assurer, ou en prenant le parti de s'en défaire, ou en faisant à chacun la part d'honneurs et d'emplois qui peut convenir à leur position. Quant aux autres, qui ne demandent qu'à vivre en sûreté, on les contente aisément par des institutions et des lois qui concilient à la fois la tranquillité du peuple et la puissance du prince. Cet ordre établi, si le peuple s'aperçoit que rien ne peut déterminer le prince à s'en écarter, il commencera bientôt à vivre heureux et content. Le royaume de France en est un exemple. Ce peuple ne vit assuré que parce que les rois se sont liés par une infinité de lois, qui sont le fondement de sa sûreté. Ceux qui ont organisé cet état, cet ordre, ont voulu que les rois disposassent à leur gré des troupes et des finances, mais qu'ils ne pussent ordonner du reste que conformément aux lois.

Or donc, les républiques où les princes qui dès le commencement n'ont pas affermi la base de leur gouvernement doivent saisir la première occasion qui se présente pour l'assurer, comme firent les Romains. Qui manque l'occasion se repent, mais trop tard, de l'avoir laissée échapper. Le peuple romain, n'étant point encore corrompu quand il recouvra sa liberté, put la conserver par la mort des fils de Brutus, par l'expulsion des Tarquins, et en employant et les moyens et les institutions dont nous avons parlé ailleurs. Mais si ce peuple eût été corrompu, romain ou autre, il n'eût jamais pu trouver de moyens capables de la maintenir, comme nous le prouverons dans le chapitre suivant.

CHAPITRE XVII.

Qu'un peuple corrompu qui devient libre peut bien difficilement conserver sa liberté.

Je pense qu'il fallait ou que la royauté fût détruite à Rome, ou que Rome devînt en très-peu de temps faible et sans consistance. Ses rois étaient si corrompus, que si elle eût eu encore deux ou trois règnes successifs, et que la

corruption eût gagné du chef aux membres, ces derniers une fois atteints, il eût été impossible de la réformer. Mais le tronc étant encore sain quand la tête en fut séparée, il leur fut aisé de concilier chez eux un régime et la liberté.

On doit poser comme une vérité démontrée qu'un peuple corrompu qui vit sous un prince ne peut pas devenir libre, encore que ce prince soit exterminé avec toute sa famille ; c'est même un autre prince qui doit chasser le premier. Jamais un tel peuple ne sera en repos sans se donner un nouveau maître, à moins qu'un homme rare, par ses qualités, ses vertus, ne le soutienne dans un état de liberté, mais cet état ne durera qu'autant que vivra cet homme extraordinaire. C'est ainsi qu'on vit à Syracuse la liberté se maintenir en différents temps sous Dion et sous Timoléon. Après leur mort, ce peuple retomba sous l'ancienne tyrannie.

Mais il n'existe pas d'exemple plus frappant que celui de Rome même. Après l'expulsion des Tarquins, elle put se saisir de la liberté et la conserver ; mais après la mort de César, après celle de Caligula, de Néron, toute la famille des Césars éteinte, elle ne put ni la maintenir, ni même s'en emparer quelques instants. Des succès si différents chez un même peuple ne viennent que de ce que, après les Tarquins, il n'était pas encore corrompu, et que, sous les Césars, il était parvenu au dernier degré de corruption. Pour le conserver pur et le détacher à jamais des rois, il suffit, dans le premier cas, de lui faire jurer qu'il n'en souffrirait jamais dans Rome. Mais dans les derniers temps, ni l'autorité, ni la sévérité de Brutus, ni la force de ses légions d'Orient ne suffirent pour le rendre propre à conserver cette liberté qu'il lui avait rendue en marchant sur les traces du premier de son nom. Tel fut le fruit de la corruption que la faction de Marius avait répandue. César, qui en était le chef, parvint à aveugler cette multitude au point qu'elle ne vit pas le joug que d'elle-même elle s'imposait.

Quoique l'exemple des Romains soit préférable à tout autre, je veux à ce sujet citer des peuples connus de notre temps. Je dirai donc qu'aucune révolution, quelque violente qu'elle soit, ne pourra jamais rendre Milan et Naples bres, parce que ce sont des villes entièrement corrompues. C'est ce qui se vit après la mort de Philippe Visconti : Milan voulut recouvrer sa liberté; elle ne put, elle ne sut la maintenir.

Ce fut donc un grand bonheur pour Rome que des rois devinssent assez promptement corrompus pour obliger de les chasser, et cela avant que la contagion eût gagné jusqu'au cœur de l'état. Cette corruption occasionna dans Rome une infinité de troubles parmi des hommes qui, ayant des intentions droites, servirent la liberté au lieu de lui nuire.

On peut donc en conclure que, lorsque la masse est saine, les agitations et les secousses ne font aucun mal; et lorsqu'elle est corrompue, les meilleures institutions ne sauraient être utiles, à moins qu'elles ne soient données par un homme qui ait assez de force pour les faire régner longtemps, et par là bonifier la masse entière.

J'ignore si on a jamais vu un effet pareil, ou même s'il est possible qu'il arrive, comme nous l'avons dit plus haut. En effet, lorsqu'on voit une république corrompue s'arrêter sur le penchant de sa ruine et se relever pour un moment, ce sont les qualités d'un seul homme qu'elle a le bonheur de posséder, et non les vertus de l'universalité des citoyens, qui la soutiennent dans cet état. Mais cet homme vient-il à leur manquer, elle retombe, ainsi qu'il arriva à Thèbes : cette ville, tant que vécut Épaminondas, eut la consistance d'un état et conserva ses formes républicaines; mais après sa mort elle retomba dans l'anarchie. Cela vient de ce qu'un homme ne peut vivre assez pour pouvoir redresser un état depuis longtemps courbé sous de vicieuses habitudes. Supposez qu'il vive très-longtemps et qu'il soit remplacé par un second avec des dispositions aussi vertueuses, le redressement n'est pas parfait. Dès que l'un de ces deux conducteurs ne sera plus, il faut que l'état périsse, à moins qu'à travers mille dangers et des flots de sang on ne le fasse renaître encore. Cette corruption, ce peu d'aptitude à goûter les avantages de la liberté, ont nécessairement leur source dans une extrême inégalité. Pour ramener l'égalité parmi les citoyens, il faut des moyens extraordinaires que peu savent ou veulent employer,

comme nous le dirons plus particulièrement ailleurs.

CHAPITRE XVIII.

De quelle manière, dans un état corrompu, on pourrait conserver un gouvernement libre s'il y existait déjà, ou l'y introduire s'il n'y était pas auparavant.

Je crois qu'il ne sera pas hors de propos d'examiner si dans un état corrompu on peut conserver le gouvernement libre qui y était déjà, ou bien l'y introduire s'il n'y était pas. Mais d'abord rien de plus difficile que l'une ou l'autre de ces entreprises. Quoiqu'il soit presque impossible de donner une règle fixe sur cet objet, attendu la nécessité de procéder d'après les différents degrés de corruption, cependant, comme il est bon de raisonner sur tout, je ne veux pas laisser cette question sans l'examiner.

Je supposerai d'abord la corruption à son dernier terme, afin de la prendre au point où la difficulté est plus grande. En effet, il n'y a ni lois ni constitution qui puisse mettre un frein à la corruption universelle; car, comme les bonnes mœurs, pour se maintenir, ont besoin de lois, les lois à leur tour, pour être observées, ont besoin des bonnes mœurs. D'ailleurs la constitution et les lois faites dans une république à son origine, lorsque les mœurs étaient pures, ne peuvent plus convenir lorsque les hommes sont corrompus. Or il arrive que les lois changent selon les événements, mais jamais, ou bien rarement, on ne voit sa constitution changer; ce qui fait que les lois nouvelles et réglementaires ne suffisent pas, parce qu'elles ne cadrent plus avec les institutions primordiales et constitutives.

Et pour mieux me faire entendre, je dirai quelle était à Rome la constitution du gouvernement, ou plutôt de l'état, et les lois réglementaires qui, avec les magistrats, servaient à imposer aux citoyens. L'autorité du peuple, celle du sénat, des tribuns, des consuls, le mode des élections et les formes employées pour la confection des lois, étaient les bases sur lesquelles était fondée la constitution. Elles furent peu altérées par les divers événements,

Mais les lois qui servaient à contenir les citoyens, telles que les lois somptuaires, celles concernant l'adultère, la brigue, et plusieurs autres, varièrent et furent altérées suivant que de proche en proche les mœurs des citoyens furent plus corrompues. Or la constitution restant toujours la même, quoiqu'elle ne convînt plus à un peuple corrompu, ces lois qui se renouvelaient se trouvaient impuissantes pour retenir les individus; mais elles auraient eu toute la force suffisante si la constitution, réformée comme elles, les avait suivies dans leur altération.

Que la même constitution ne convient plus à un état corrompu, c'est ce que je prouve par rapport à deux points principaux : la création des magistrats, et les formes usitées pour la confection des lois.

Le peuple romain ne donnait le consulat et les autres magistratures qu'à des candidats qui les demandaient. Cette institution fut bonne dans les premiers temps, où les demandes n'étaient faites que par ceux qui s'en jugeaient dignes, et où le refus était regardé comme un affront. Aussi, pour être jugé digne, chaque citoyen s'efforçait de bien faire. Mais quand les mœurs se corrompirent, ce mode devint, au contraire, très-pernicieux. En effet ce ne furent pas ceux qui eurent le plus de mérite, mais ceux qui eurent le plus de crédit, qui demandèrent les magistratures; et la vertu, faute de crédit, s'en abstint, de peur d'être refusée. Ce vice ne se fit pas sentir tout d'un coup; on y vint par degrés, comme il arrive qu'on tombe dans les autres défauts. Après avoir subjugué l'Afrique, l'Asie, et réduit presque toute la Grèce sous son obéissance, le peuple romain sentit sa liberté assurée; il ne vit plus d'ennemi qui pût lui causer d'alarmes. Sa sécurité et la faiblesse des nations vaincues firent qu'il n'eut plus d'égards aux talents, au mérite, mais à la faveur. Il nommait aux dignités ceux qui savaient le mieux lui plaire, et non ceux qui savaient vaincre. Après les avoir données à la faveur et au crédit, il en vint à les conférer à la richesse et à la puissance; en sorte que le vice de la forme des élections en écarta totalement les gens de bien.

Un tribun, ou tout autre citoyen, pouvait proposer au peuple une loi, et avant qu'elle fût admise ou rejetée, chacun pouvait parler ou pour ou contre avec la plus grande liberté. Cette loi de la constitution romaine était bonne quand il n'y avait que des gens de bien. En effet, il est bon que dans un état chacun puisse proposer ce qu'il croit utile au bien général. Il est également bon que chacun puisse examiner ce qui est proposé, afin que le peuple, après avoir entendu tous les avis, se décide pour le meilleur. Mais les mêmes citoyens étant corrompus, cette institution produisit les plus grands maux. Les riches seuls et les puissants proposaient des lois, bien moins en faveur de la liberté que pour l'accroissement de leur pouvoir. La terreur qu'ils inspiraient fermait la bouche à tout le monde; en sorte que le peuple, trompé ou contraint, ne vint plus à délibérer que sur sa propre ruine.

Si l'on eût voulu conserver la liberté à Rome au milieu de la corruption, il eût fallu que comme, à raison de l'altération de ses mœurs, elle avait changé ses lois, elle changeât aussi ses formes constitutionnelles. Il faut à un malade un régime différent de celui qui convient à un homme sain, et la même forme ne peut convenir à deux matières en tout très-différentes.

La constitution d'un état, une fois qu'on a découvert qu'elle ne peut servir, doit donc être changée, ou tout à coup, ou peu à peu, avant que chacun en aperçoive les vices. Or l'une et l'autre de ces manières est presque également impossible.

En effet, pour que le renouvellement se fasse peu à peu, il faut qu'il soit opéré par un homme sage qui démêle le vice dans son principe, et avant qu'il se développe. De pareils hommes peuvent très-bien ne naître jamais; et s'il s'en rencontre un, pourra-t-il persuader aux autres ce que lui seul a pu pressentir? Les hommes habitués à suivre certaines formes se déterminent difficilement à en changer, surtout lorsque les inconvénients auxquels on veut parer ne tombent pas sous les sens, mais sont présentés comme des conjectures.

Quant au changement à opérer tout à coup dans la constitution, lorsque chacun reconnaît qu'elle ne peut plus servir, je dis que, quoique généralement senti, son défaut n'en est pas moins difficile à réformer. Les moyens ordinaires non-seulement ne suffisent plus, ils nuisent même dans ces circonstances. Il faut recourir à des voies extraordinaires, à la violence, aux armes; il faut avant tout se rendre maître absolu de l'état, et pouvoir en disposer à son gré. Mais le projet de réformer un état dans son organisation politique suppose un citoyen généreux et probe. Or, devenir par force souverain dans une république suppose, au contraire, un homme ambitieux et méchant: par conséquent il se trouvera bien rarement un homme de bien qui veuille, pour parvenir à un but honnête, prendre des voies condamnables, ou un méchant qui se porte tout d'un coup à faire le bien, en faisant un bon usage d'une autorité injustement acquise.

De toutes ces causes réunies, naît la difficulté ou l'impossibilité de maintenir la liberté dans une république corrompue, ou de l'y rétablir de nouveau. Qu'on ait à l'y introduire ou à l'y maintenir, il faudra toujours la réduire à un gouvernement qui penche plutôt vers l'état monarchique que vers l'état populaire, parce que les hommes que leur insolence rend indociles au joug des lois ne peuvent être en quelque sorte arrêtés que par le frein d'une autorité presque royale. Vouloir y réussir autrement serait une entreprise tout à fait cruelle, ou tout à fait impossible. On doit se rappeler ce que nous avons dit de Cléomène et de Romulus : si, pour être seul, le premier massacra les éphores, et Romulus fit périr son frère et le Sabin Titus Tatius, et s'ils firent ensuite tous les deux bon usage de leur autorité, il faut bien dire qu'ils ne trouvèrent point leur peuple atteint de corruption au degré dont nous avons parlé dans ce chapitre; en conséquence, ils purent vouloir le bien, et colorer ensuite les moyens qu'ils avaient employés pour l'opérer.

CHAPITRE XIX.

Qu'un état qui a un excellent commencement peut se soutenir sous un prince faible ; mais sa perte est inévitable quand le successeur de ce prince faible est faible comme lui.

A considérer attentivement le caractère et la conduite des trois premiers rois de Rome, Romulus, Numa et Tullus, on ne peut qu'admirer l'extrême bonheur de cette ville. Romulus, prince belliqueux, d'un courage ferme, a pour successeur un prince religieux et paisible. Il est remplacé par un troisième aussi courageux que Romulus, et plus ami de la guerre que de la paix. Il fallait à Rome, dans les premières années de sa fondation, un législateur qui réglât ses institutions, ses lois civiles et religieuses; mais il fallait aussi que les autres rois reprissent le génie militaire de Romulus, pour l'empêcher de s'amollir et de devenir la proie de ses voisins. D'où l'on voit que, avec des qualités moins éminentes que son prédécesseur, un prince jouissant des travaux de celui auquel il succède peut maintenir un état qui se soutient encore par le génie de ce même prédécesseur; mais si le règne de celui-ci est de longue durée, ou que son successeur ne rappelle pas le génie mâle et vigoureux du premier, la ruine de l'état est inévitable. Si, au contraire, deux princes se succèdent également remarquables par leur caractère et leur valeur, on les voit opérer les plus grandes choses, et porter leur nom jusqu'au ciel. David fut sans contredit un homme très-recommandable, et par son courage, et par ses connaissances, et par son jugement. Après avoir vaincu, dompté tous ses voisins, il laissa à son fils Salomon un royaume paisible, qu'il put conserver en y entretenant les arts de la paix et de la guerre, en jouissant sans peine des talents et des travaux de son père; mais il ne put le transmettre ainsi à Roboam son fils. Celui-ci n'avait ni la vigueur de son aïeul, ni la fortune de son père; aussi ce ne fut qu'avec peine qu'il resta héritier de la sixième partie de leurs états.

Bajazet, sultan des Turcs, quoiqu'il aimât plus la paix que la guerre, put jouir des conquêtes de Mahomet son père, qui, comme David, ayant abattu la puissance de ses voisins, lui avait laissé un royaume assuré et facile à conserver en employant les arts de la paix. C'en était fait de cet empire si son fils Soliman, qui règne aujourd'hui, eût plus ressemblé à son père qu'à son aïeul; mais ce prince semble devoir surpasser la gloire même de son aïeul. Je dis donc, d'après ces exemples, qu'après un excellent prince, un état peut se soutenir sous un prince faible, mais que sa perte est inévitable quand ce prince faible a un successeur faible comme lui, à moins que ces états, comme celui de la France, ne soient soutenus par la force de leurs anciennes constitutions : et j'appelle princes faibles ceux qui sont incapables de faire la guerre.

Je conclus donc que le génie belliqueux de Romulus fut tel, qu'il fournit à Numa les moyens de gouverner Rome par les seuls arts de la paix. Mais à lui succéda Tullus, dont la vigueur guerrière effaça même Romulus. Après lui vint Ancus, qui avait reçu de la nature un génie également propre à la guerre et à la paix. Il s'attacha même d'abord à la paix ; mais il vit bientôt que ses voisins le méprisaient comme un prince lâche et efféminé : pour maintenir Rome, il sentit donc qu'il fallait recourir aux armes, et ressembler à Romulus bien plus qu'à Numa.

Que cet exemple éclaire tous les princes qui gouvernent un état. Celui qui ressemblera à Numa verra, ou s'affermir, ou s'ébranler son trône, au gré du hasard et des circonstances. Mais celui qui imitera Romulus, et saura comme lui allier les armes et la prudence, verra toujours son sceptre assuré dans sa main, et il ne pourra lui être arraché que par une force opiniâtre et invincible. On peut présumer que si Rome avait eu pour troisième roi un homme qui n'eût pas su par son caractère guerrier lui rendre son premier éclat, elle n'aurait jamais pu dans la suite, du moins sans de grandes difficultés, s'affermir, ni produire tant de merveilles. Ainsi, tant qu'elle vécut sous des rois, Rome fut exposée à périr sous un prince ou faible ou méchant.

CHAPITRE XX.

Qu'une succession de deux grands princes produit de grands effets, et que, comme les républiques bien constituées ont nécessairement une succession d'hommes vertueux, elles doivent s'étendre et s'augmenter considérablement.

Rome, après avoir expulsé ses rois, ne fut plus exposée aux dangers dont nous venons de parler et qu'elle devait courir sous un roi faible ou méchant. L'autorité souveraine résida pour lors dans les consuls. Ces magistrats, qui ne la devaient ni à l'hérédité, ni à l'intrigue, ni à la violence, mais au suffrage libre de leurs concitoyens, étaient toujours des hommes supérieurs. Rome profita de leurs talents et quelquefois de leur bonheur, et il ne lui fallut pas plus de temps pour arriver au plus haut point de sa grandeur que celui pendant lequel elle avait vécu sous des rois.

S'il suffit de la succession de deux hommes de talent et de courage pour conquérir le monde, comme le prouve l'exemple de Philippe de Macédoine et d'Alexandre-le-Grand, que ne doit pas faire une république qui, par le mode des élections, peut se donner non-seulement deux hommes de génie qui se succèdent, mais des successions de pareils hommes à l'infini ! Or, toute république bien constituée doit produire une pareille succession.

CHAPITRE XXI.

Combien méritent d'être blâmés ou le prince ou la république qui n'ont point d'armée nationale.

Les princes et les républiques modernes qui n'ont point d'armée nationale pour l'attaque ou pour la défense doivent bien rougir d'une telle conduite ; ils doivent être bien convaincus, d'après l'exemple de Tullus, que s'ils n'en ont point, ce ne sont pas les hommes propres à la guerre qui manquent, mais bien à eux le talent de savoir faire des soldats.

Rome avait joui de quarante ans de paix quand Tullus monta sur le trône, et à cette époque il ne trouva pas un seul Romain qui eût porté les armes. Étant cependant dans le dessein de faire la guerre, il ne pensa pas à se servir des Samnites ou des Toscans, ni d'aucun autre peuple accoutumé à se battre ; mais il résolut, en homme sage, de ne s'aider que de ses propres sujets. Son habileté et son courage le servirent si bien, qu'il en fit tout d'un coup d'excellents soldats.

Rien n'est donc plus vrai que si on ne trouve pas des soldats partout où l'on trouve des hommes, ce n'est ni la faute de la nature ni celle de la position, mais bien celle du prince : et je vois en citer un exemple bien récent. Tout le monde sait que dans ces derniers temps, lorsque le roi d'Angleterre attaqua la France, il n'enrôla que ses sujets; et cependant, pour avoir été trente ans en paix, il n'avait dans son armée ni un officier ni un soldat qui eût fait la guerre. Néanmoins il n'hésita pas à attaquer un royaume plein d'habiles généraux et de bonnes troupes qui avaient été continuellement en armes dans les guerres d'Italie. Mais ce prince avait de la sagesse et des vues; mais son royaume était bien ordonné, et l'art militaire n'y était pas négligé en temps de paix.

Pélopidas et Épaminondas, après qu'ils eurent délivré Thèbes, leur patrie, et qu'ils l'eurent soustraite au joug de Lacédémone, se trouvèrent dans une ville accoutumée à l'esclavage et au milieu d'un peuple efféminé. Ils n'hésitèrent pas cependant, tant ils avaient de sagesse et de courage, à faire prendre les armes aux Thébains, à se mettre à leur tête, à attaquer en rase campagne les armées de Sparte, et ils les vainquirent. Les historiens remarquent en effet que ces deux grands citoyens prouvèrent en très-peu de temps que ce n'était pas seulement à Lacédémone que naissaient les guerriers, mais que là naissaient des guerriers où se trouvaient des hommes capables de les former. C'est ainsi que Tullus sut dresser les Romains. C'était sans doute l'opinion de Virgile; et il ne pouvait mieux la rendre qu'en s'exprimant ainsi :

De sujets amollis Tullus fait des guerriers.

CHAPITRE XXII.

Ce qu'il y a de remarquable dans le combat des Horaces et des Curiaces.

Tullus, roi de Rome, et Métius, roi des Albains, étaient convenus que celui des deux peuples dont les champions seraient vainqueurs serait déclaré souverain de l'autre. Les trois Curiaces, Albains, furent tués; un seul des Horaces échappa, et fit passer Métius et son peuple sous la domination des Romains. Cet Horace vainqueur, retournant à Rome, rencontre sa sœur, accordée à un des trois Curiaces, et qui pleurait la mort de son futur époux; il la tue. Il est mis en jugement pour ce meurtre; après de grands débats il est absous, moins par

rapport au service qu'il venait de rendre que par compassion pour les larmes de son père.

Il y a trois choses à remarquer sur cet événement :

La première, c'est qu'on ne doit jamais hasarder toute sa fortune en n'employant qu'une partie de ses forces;

La seconde, c'est que, dans un état régi par de bonnes lois, les crimes et les belles actions ne doivent pas se compenser les uns par les autres;

La troisième, qu'il n'est pas sage de faire un traité toutes les fois qu'on peut et qu'on doit douter de la possibilité de son exécution. En effet, c'est un événement de si haute importance pour un peuple de tomber dans l'esclavage, qu'on ne devait jamais croire qu'aucun des deux rois ou des deux peuples consentît à perdre sa liberté par la défaite de trois de ses concitoyens. C'est ce qu'en effet Métius essaya de faire. Quoique aussitôt après la victoire des Romains il s'avouât vaincu et promît d'obéir à Tullus, cependant, dans la première expédition qu'ils firent ensemble contre les Véiens, on voit qu'il chercha à le tromper, s'étant aperçu, mais trop tard, de l'imprudence de ses conventions. En voilà assez sur cette dernière remarque; nous parlerons des deux autres dans les deux chapitres suivants.

CHAPITRE XXIII.

Qu'on ne doit point hasarder toute sa fortune sans employer toutes ses forces, et que, pour cela, souvent il est dangereux de se borner à garder des passages.

On a toujours regardé comme peu sage le parti de hasarder toute sa fortune à la fois sans mettre en jeu toutes ses forces; ce qui se fait de diverses manières. La première, employée par Tullus et Métius, consiste à commettre toute la fortune du pays, et le sort d'autant de braves guerriers que l'un et l'autre en avaient dans leurs armées, à la valeur et à la fortune de trois d'entre eux, qui, par conséquent, n'étaient que la plus petite portion de leurs forces respectives. Ils ne s'aperçurent pas qu'en prenant ce parti, toutes les peines de leurs prédécesseurs pour organiser leur république, pour la faire exister longtemps en liberté, pour mettre leur citoyens en état de la défendre, toutes ces peines étaient vaines, puisqu'il dépendait d'un si petit nombre d'en faire perdre le fruit : et certes, rien n'était plus mal vu de la part de ces rois.

C'est la même faute que commettent presque toujours ceux qui, lors de l'invasion de leur pays par l'ennemi, se déterminent à se fortifier dans les lieux difficiles, et à en garder les passages. Ce parti sera presque toujours funeste, à moins que dans l'un de ces lieux difficiles vous ne puissiez placer toutes vos forces. Dans ce cas, il faut le suivre. Mais si le lieu est et trop rude et trop resserré pour les y loger toutes, le parti est alors mauvais. Ce qui me fait penser ainsi, c'est l'exemple de ceux qui, attaqués par un ennemi puissant, et cela dans leur pays entouré de montagnes et de lieux sauvages, n'ont pas essayé de le combattre dans les lieux difficiles et montueux, mais sont allés au-devant de lui ; ou qui, ne voulant pas attaquer les premiers, ont attendu cet ennemi, mais dans des lieux faciles et ouverts ; et la raison est celle que j'ai déjà rapportée. En effet, on ne peut employer beaucoup de forces pour garder des lieux sauvages et peu ouverts, soit qu'on ne puisse y amener des vivres pour bien longtemps, soit par cela même qu'ils sont étroits, et capables de contenir peu de monde ; alors il n'est pas possible de soutenir le choc d'un ennemi qui vient sur vous avec de grandes forces. Or, l'ennemi peut aisément s'y porter en forces. En effet, son intention est de passer et non de s'arrêter : celui qui l'y attend, au contraire, ne peut lui en opposer d'aussi considérables, parce qu'il a à s'y loger pour plus de temps, par la raison qu'il ignore celui où l'ennemi viendra s'y présenter. Une fois qu'on a perdu ces passages qu'on espérait pouvoir garder, et sur la difficulté desquels reposait la confiance du peuple et de l'armée, la terreur s'empare aussitôt de l'esprit du peuple et des soldats ; elle fait d'autant plus de progrès, qu'ils se trouvent vaincus sans avoir pu même essayer leur courage ; et ainsi on a perdu toute sa fortune pour n'avoir mis en jeu qu'une partie de ses forces.

On sait avec quelle difficulté Annibal parvint à passer les Alpes qui séparent la Lombardie de la France, et les autres montagnes [1] qui séparent la Lombardie de la Toscane ; cependant les Romains l'attendirent d'abord sur le Tésin, et ensuite dans la plaine d'Arezzo. Ils aimèrent mieux exposer leur armée à être battue dans les lieux où elle pouvait vaincre, que de la conduire sur les Alpes pour y être détruite par la difficulté seule des lieux. Quiconque lira l'histoire avec attention trouvera peu de grands capitaines qui aient essayé de garder de pareils passages ; car, outre les raisons que nous venons d'en donner, les passages ne peuvent se fermer entièrement. Les montagnes ont, comme les plaines, des chemins connus et fréquentés, mais beaucoup d'autres qui, pour ne l'être pas des étrangers, ne le sont pas moins par les gens du pays, à l'aide desquels vous serez toujours conduits malgré votre ennemi. Nous en avons un exemple très-récent. Lorsque François 1er, roi de France, voulut entrer en Italie pour recouvrer l'état de Milan, la grande confiance de ceux qui se déclarèrent contre son entreprise était fondée sur ce que les Suisses devaient l'arrêter au passage des montagnes. Mais l'événement fit voir combien vaine était leur espérance. Ce prince, laissant de côté deux ou trois défilés gardés par les Suisses, arriva par des chemins inconnus, et fut en Italie, et sur eux, avant qu'ils s'en doutassent. Aussi leurs troupes, frappées de terreur, se retirèrent dans Milan, et on vit se rendre aux Français tous les peuples de la Lombardie, déçus dans l'espérance dont ils s'étaient flattés que ceux-ci devaient être arrêtés au passage des montagnes.

CHAPITRE XXIV.

Les républiques bien constituées décernent des récompenses et des peines, et ne compensent jamais les unes par les autres.

Horace avait hautement mérité de la patrie en triomphant des Curiaces par son courage ; mais la mort de sa sœur était un crime affreux. Les Romains en eurent tant d'indignation, qu'il fut obligé de disputer sa vie, quoique ses services fussent aussi glorieux que récents. Si l'on n'examinait ce trait que superficielle-

[1] Les Apennins.

ment, on n'y verrait qu'un trait d'ingratitude populaire; mais qui l'examinera mieux et qui recherchera avec p'us de jugement ce que doivent être les lois constitutionnelles d'un état, blâmera bien p'utôt ce peuple de l'avoir absous que de l'avoir condamné. En voici la raison : une république bien constituée ne compense pas les services par les crimes, mais elle décerne des récompenses pour une bonne action et des peines pour en punir une mauvaise; après avoir récompensé un citoyen pour avoir bien fait, elle châtie et punit ce même citoyen s'il devient coupable, et cela sans avoir égard à ses actions précédentes. Une république fidèle à ces principes jouira longtemps de sa liberté; si elle s'en écarte, elle courra bientôt à sa ruine.

En effet, si un citoyen, déjà fier de quelque service éminent rendu à la patrie, joint à la célébrité que cette action lui a acquise l'audacieuse confiance de pouvoir en commettre telle autre mauvaise sans crainte d'être puni, il deviendra en peu de temps d'une telle insolence, que c'en est fait de la puissance des lois. Mais dès qu'on veut faire redouter la peine attachée aux mauvaises actions, il faut nécessairement attacher une récompense aux bonnes, comme on a vu qu'on fit à Rome. Quoiqu'une république soit pauvre et puisse donner peu, elle ne doit pas s'abstenir de donner ce peu, parce que toute récompense, quelque modique qu'elle soit et quelque important que soit le service, sera toujours hautement appréciée et honorable pour qui la reçoit. On connaît l'histoire d'Horatius Coclès et celle de Mutius Scœvola : l'un soutint seul l'effort de l'ennemi pour donner le temps de couper un pont derrière lui; l'autre se brûla la main afin de la punir de s'être trompée au moment de frapper Porsenna, roi des Toscans. En reconnaissance de leurs belles actions, il fut donné à chacun deux arpents de terre. On connaît également l'histoire de Manlius Capitolinus, qui, pour avoir sauvé le Capitole assiégé par les Gaulois, reçut une petite mesure de farine de la part de chacun de ceux qui y étaient enfermés. Cette récompense fut considérable sans doute relativement à l'état où Rome se trouvait alors; elle excita même l'envie. Manlius, ou poussé du désir de se venger, ou cédant à son naturel

ambitieux, chercha à exciter une sédition à Rome et à gagner le peuple; mais, sans égard pour ses anciens services, il fut précipité de ce même Capitole qu'il avait délivré avec tant de gloire.

CHAPITRE XXV.

Que si l'on veut changer la constitution d'un état libre, on doit au moins conserver quelque ombre de ses anciennes institutions.

Qui veut changer la constitution d'un état libre, de manière que ce changement soit accepté et qu'il puisse se soutenir avec l'agrément de tous, doit nécessairement retenir quelques vestiges des anciennes formes, afin que le peuple s'aperçoive à peine du changement, quoique la nouvelle constitution soit fort étrangère à la première; car l'universalité des hommes se repaît de l'apparence comme de la réalité; souvent même l'apparence les frappe et les satisfait plus que la réalité même. Aussi les Romains connaissaient-ils l'importance de ce principe. Dans leur empressement de l'appliquer au moment où ils recouvrèrent leur liberté, après avoir, à la place d'un roi, créé deux consuls, ils ne voulurent pas donner à ceux-ci plus de douze licteurs, pour ne pas dépasser le nombre de ceux qui servaient les rois. De plus, il se faisait un sacrifice annuel dont le roi seul pouvait être le ministre; les Romains, ne voulant pas que le peuple eût à regretter par l'absence d'un roi aucune de leurs anciennes institutions, créèrent, pour présider à cette cérémonie, un chef qu'ils appelèrent roi des sacrifices, et ils le soumirent à l'autorité du souverain pontife; en sorte que le peuple, par ce moyen, jouit de cette cérémonie annuelle, dont la privation ne lui fournit pas le prétexte de désirer le retour d'un roi.

C'est une règle que doivent fidèlement observer ceux qui veulent détruire les anciennes formes de gouvernement et leur substituer un gouvernement libre et nouveau. Ce changement produit une telle altération dans les esprits, qu'il faut, autant qu'on peut, conserver les anciens usages; si le nombre, l'autorité et la durée des magistratures sont changés, retenez-en au moins le nom.

Voilà ce que doit observer quiconque veut, comme je l'ai dit, renouer une puissance absolue à une forme monarchique ou républicaine; mais celui qui ne veut établir que cette puissance absolue, appelée tyrannie par les anciens, ne doit, au contraire, rien laisser subsister de ce qui est établi. C'est ce que nous verrons dans le chapitre suivant.

CHAPITRE XXVI.

Qu'un prince nouvellement établi dans une ville ou dans une province conquise doit tout renouveler.

Quiconque s'empare d'une ville ou d'un état, sans vouloir y établir ou une monarchie ou une république, n'a qu'un moyen pour s'y maintenir, et il doit l'employer d'autant plus que les fondements de sa puissance sont faibles. Or, ce moyen, pour le nouveau prince, consiste à établir toutes choses nouvelles comme lui; ainsi, nouveau gouvernement, nouveaux hommes; pour l'exercer, autorité nouvelle. Il faut qu'il imite le roi David, qui, dès le commencement de sa royauté, « combla de biens ceux » qui en manquaient, et renvoya les riches les » mains vides. » Il faut qu'il bâtisse de nouvelles villes, qu'il détruise les anciennes, qu'il transplante les habitants d'un lieu dans un autre, enfin, qu'il ne laisse rien dans cet état qui ne subisse quelque changement, et qu'il n'y ait ni rang, ni grade, ni honneurs, ni richesse, que l'on ne reconnaisse tenir du conquérant lui seul. Il faut qu'il prenne pour modèle Philippe de Macédoine, père d'Alexandre, qui, avec ces moyens, de petit roi qu'il était, devint le maître de la Grèce. Les historiens nous apprennent qu'il transportait les habitants d'une province dans une autre, comme les bergers transportent leurs troupeaux. Ces moyens sont cruels, sans doute, et destructeurs, je ne dis pas seulement des mœurs du christianisme, mais de l'humanité; tout homme doit les abhorrer, et préférer une condition privée à l'état de roi, aux dépens de la perte de tant d'hommes. Néanmoins, quiconque se refuse à suivre la bonne voie et veut conserver sa domination, doit se charger de tous ces crimes. Mais les hommes se décident ordinairement à suivre des voies moyennes qui sont encore bien plus nuisibles, parce qu'ils ne savent être, ni tout bons, ni tout mauvais.

CHAPITRE XXVII.

Que les hommes sont rarement tout bons ou tout mauvais.

En l'année 1505, le pape Jules II marcha vers Bologne pour en chasser les Bentivoglio, qui gouvernaient cet état depuis cent ans. Il voulut aussi enlever Pérouse à Jean-Paul Baglioni, qui s'en était rendu maître; car le projet de ce pape était de détruire tous les tyrans qui occupaient les terres de l'Église. Ainsi, à Pérouse, bien déterminé à exécuter son projet qui était connu de tout le monde, et par une suite de son caractère emporté, il n'attend point son armée; mais il entre dans la place presque seul, quoique Baglioni y eût des troupes qu'il avait ramassées pour sa défense. La fureur qui dirigeait tous ses mouvements le fait se remettre avec une simple garde entre les mains de son ennemi. La témérité du pape lui réussit; il emmène avec lui Baglioni, et laisse à sa place un gouverneur au nom de l'Église.

Les gens sages de la suite du pape remarquèrent deux choses dans cet événement: la témérité de Jules, et la lâcheté de Jean-Paul. Ils ne pouvaient comprendre comment celui-ci avait laissé échapper la plus belle occasion de s'acquérir une réputation éternelle, d'opprimer son ennemi en un instant, et de s'emparer de la plus riche proie. Tous les cardinaux qui étaient alors avec le pape lui auraient valu les précieuses dépouilles du luxe le plus recherché. On ne pouvait pas croire qu'il se fût abstenu ou par bonté ou par scrupule; aucun sentiment de religion ou de pitié ne pouvait entrer dans le cœur d'un homme affreux, qui abusait de sa sœur, et qui, pour régner, avait massacré et ses cousins et ses neveux. On en conclut que les hommes ne savent être ni parfaitement bons, ni criminels avec grandeur, et que lorsqu'un crime présente quelque caractère de dignité, de magnanimité, ils ne savent pas le commettre. Ainsi, Jean-Paul, qui ne rougissait pas d'être publiquement incestueux et parricide, ne sut, ou, pour mieux dire, n'osa pas saisir l'occasion qui se présentait d'exécuter une entreprise où chacun aurait admiré et son courage et sa tête, et qui l'eût immortalisé; car il eût été le premier qui eût montré aux chefs de l'église le peu de cas qu'on doit faire de gens qui vivent et règnent comme eux; il eût enfin commis un crime dont la grandeur eût couvert l'infamie, et l'eût mis au-dessus des dangers qui auraient pu en résulter.

CHAPITRE XXVIII.

Pourquoi les Romains furent moins ingrats envers leurs concitoyens que ne le fut le peuple d'Athènes envers les siens.

Quand on lit l'histoire des républiques, on ne peut s'empêcher de les taxer d'une espèce d'ingratitude envers leurs citoyens. Mais Rome paraît avoir mérité ce reproche moins qu'Athènes et qu'aucune autre république. En cherchant la raison de cette différence, on trouve que Rome avait moins de motifs qu'Athènes de se défier de ses concitoyens. En effet, depuis l'expulsion des rois jusqu'à Sylla et Marius, jamais citoyen romain ne tenta d'enlever la liberté de son pays; en sorte que, comme on n'avait pas d'occasion de les soupçonner, on n'avait aucune raison de les offenser inconsidérément.

Tout le contraire arriva à Athènes: sa liberté lui fut enlevée dans le temps où elle était le plus florissante, par Pisistrate, qui la trompa par de fausses vertus. Quand elle l'eut recouvrée, le souvenir qu'elle conserva de ses injures et de son ancien esclavage la rendit très-ardente à punir, à venger jusqu'à l'apparence d'un tort dans ses citoyens. De là l'exil et la mort de tant de grands hommes, de là l'établissement de l'ostracisme et toutes les autres violences exercées en différents temps contre les personnages les plus distingués. Il est bien vrai, comme le remarquent les écrivains politiques, que les peuples qui ont recouvré leur liberté sont plus terribles dans leur vengeance que ceux qui ne l'ont jamais perdue.

Si l'on fait attention à ce que nous avons dit à ce sujet, on se convaincra que la conduite d'Athènes n'est pas plus digne de blâme que celle de Rome n'est digne d'éloge; mais on accusera les divers événements arrivés dans la première de ces villes qui lui firent un devoir de cette rigueur. Un esprit pénétrant saisira sans peine que si Rome avait été, comme Athènes, dépouillée de sa liberté, elle n'aurait pas eu pour ses citoyens des sentiments plus tendres. On peut juger de ce qu'elle eût fait par la conduite qu'elle tint, après l'expulsion des rois, envers Collatinus et P. Valérius. Le premier fût exilé pour la seule raison qu'il portait le nom de Tarquin, quoiqu'il eût contribué à délivrer Rome; le second fut encore envoyé en exil uniquement pour s'être rendu suspect en bâtissant une maison sur le mont Cœlius. On peut apprécier, par ces deux occasions où Rome se montra soupçonneuse et sévère, combien elle eût été ingrate envers ses concitoyens si, comme Athènes, elle eût été opprimée dans les premiers temps de son existence et avant son accroissement de puissance. Et, pour n'avoir pas à revenir sur ce sujet, j'en ferai la matière du chapitre suivant.

CHAPITRE XXIX.

Quel est le plus ingrat d'un peuple ou d'un prince.

Il me paraît à propos d'examiner ici qui l'on peut accuser d'ingratitude avec plus de fondement et de justice, ou d'un peuple, ou d'un prince. Pour éclaircir mieux la question, je dirai d'abord que l'ingratitude naît ou de l'avarice ou de la crainte. En effet, lorsqu'un peuple ou un prince ont confié à un général une expédition importante, et que celui-ci revient couronné de gloire par le succès, ce prince ou ce peuple sont à leur tour obligés de le récompenser. Mais si, au lieu de le récompenser, l'avarice les pousse ou à le déshonorer, ou à l'offenser, leur action, fondée sur la cupidité, est une faute énorme, qui n'a point d'excuse et qui les couvre à jamais d'ignominie. Cependant il y a beaucoup de princes qui commettent cette faute; car, comme dit Tacite, qui en donne la raison, « on est plus prompt à répondre à » l'injure qu'au bienfait, parce que la recon- » naissance est un fardeau, et la vengeance un » plaisir. »

Mais lorsqu'on ne récompense pas, ou, pour mieux dire, qu'on offense, non par avarice, mais par crainte, alors, ou le peuple, ou le prince qui se montrent ingrats, peuvent mériter quelque excuse ; et rien de si commun que ces traits d'ingratitude ainsi motivés. Ce général qui a, avec tant de valeur, conquis à son maître un état ; qui, par ses victoires sur l'ennemi, s'est couvert de gloire ; qui a chargé ses soldats de riche butin ; ce général acquiert nécessairement parmi ses soldats ou ceux de l'ennemi, et parmi les sujets du prince, une si haute renommée, qu'il ne doit nullement plaire à celui-ci. Si les uns sont soupçonneux, les autres, aussi, sont ambitieux. Personne ne sait se contenir dans la bonne fortune ; et il est impossible que la crainte que le prince éprouve depuis la victoire de son général ne soit pas accrue par quelque manière hautaine ou quelque expression ambitieuse échappée à celui-ci. Le prince ne peut donc alors que songer à s'assurer du général ; et pour cela, ou il s'en défait, ou il cherche à diminuer sa réputation dans l'armée, parmi le peuple, en s'efforçant de persuader que sa victoire est moins le fruit de son talent et de son courage que du bonheur ou de la lâcheté des ennemis, ou des talents des autres officiers qui ont combattu avec lui.

Après que Vespasien, alors en Judée, eut été déclaré empereur par son armée, Antonius Primus, qui se trouvait à la tête d'une autre armée en Illyrie, se rangea d'abord de son parti, et, marchant droit en Italie, contre Vitellius qui tenait l'empire, il le battit dans deux affaires importantes, et s'empara de Rome ; en sorte que Mutianus, envoyé par Vespasien, trouva tout conquis par la valeur d'Antonius, et n'éprouva plus d'obstacle. Quelle fut la récompense d'Antonius pour tant de services ? Mutianus lui ôta d'abord le commandement de l'armée, et le réduisit peu à peu à n'avoir aucune autorité dans Rome. Antonius indigné alla trouver Vespasien, qui était encore en Asie ; il en fut si mal reçu, que, dépouillé de tout emploi, il mourut de désespoir. L'histoire est remplie de pareils traits.

De nos jours nous avons vu quel courage et quels talents militaires développa Hernandès Gonsalve de Cordoue en combattant pour Ferdinand, roi d'Aragon, contre les Français dans le royaume de Naples, dont il s'empara et qu'il acquit à ce prince. Nous avons vu pour prix de sa conquête Ferdinand partir d'Aragon, venir à Naples, lui ôter le commandement de l'armée, celui des places fortes, et le conduire enfin avec lui en Espagne, où ce brave général mourut bientôt oublié.

La crainte est donc si naturelle aux princes, qu'ils ne peuvent s'en défendre, et il est impossible qu'ils ne soient pas ingrats envers ceux qui ont illustré leurs armes par des conquêtes considérables. Doit-on à présent s'étonner et se récrier encore de voir un peuple être coupable d'un tort dont un prince ne peut se défendre ? Une ville libre est ordinairement animée de deux grandes passions : la première, de s'agrandir ; la seconde, de conserver sa liberté. Il est difficile que l'excès de ces mêmes passions ne lui fasse pas commettre des fautes. Quant à celles qui naissent de l'ambition d'acquérir, nous en parlerons dans un autre endroit. Les fautes qu'elle commet pour conserver sa liberté consistent, entre autres, à offenser les citoyens qu'elle devrait récompenser, et à suspecter ceux en qui elle devrait avoir confiance.

Quoique les effets de cette conduite occasionnent de grands maux dans une république déjà corrompue, qu'ils la mènent bien des fois à la tyrannie, ainsi qu'on le vit sous César, qui enleva de force ce que l'ingratitude lui refusait, néanmoins, dans une république où il est encore des mœurs, cette conduite produit de grands biens ; elle la conserve plus longtemps libre, en faisant de la crainte des peines un obstacle à la dépravation et à l'ambition.

Il est vrai que de tous les peuples qui ont possédé un grand empire, les Romains, par les raisons que nous avons déduites, furent les moins ingrats. On ne peut citer d'autre exemple de leur ingratitude que celui de Scipion. Car pour Coriolan et Camillus, ils furent exilés tous les deux pour les outrages qu'ils avaient faits au peuple : le premier se rendit indigne du pardon, pour avoir nourri dans son cœur une haine implacable ; le second fut non-seulement rappelé, mais tout le reste de sa vie il fut honoré comme un prince. Quant à l'ingratitude dont on se rendit coupable envers Scipion, elle ne provenait que d'une jalousie qu'on n'avait jamais éprouvée pour aucun autre. Cette jalousie, tout contribua à la faire naître : la grandeur de l'ennemi qu'il avait vaincu, la réputation qu'il s'était acquise en terminant une guerre si longue et si dangereuse, la rapidité de sa victoire, et la faveur que devait lui attirer nécessairement et sa jeunesse et sa prudence, et ses autres admirables qualités ; tous ces motifs réunis furent cause que tous dans Rome, et jusqu'aux magistrats, redoutaient son crédit ; les esprits sages en étaient choqués comme d'une chose inouïe dans cette république ; son existence y paraissait si extraordinaire, que Caton l'ancien, ce Caton réputé l'homme le plus pur de son temps, fut le premier à s'élever contre lui, et à déclarer qu'une ville se vantait faussement d'être libre lorsqu'un citoyen pouvait être redoutable à un magistrat. Si dans cette occasion Rome suivit l'opinion de Caton, elle mérite d'être excusée, comme nous avons vu que le méritent et les peuples et les princes que la crainte rend ingrats.

Nous dirons en finissant que l'ingratitude étant toujours le fruit ou de l'avarice ou de la crainte, les peuples ne tombent jamais dans ce défaut par avarice, et que la crainte les y fait tomber moins que les princes, parce qu'ils ont moins occasion de redouter que ceux-ci.

CHAPITRE XXX.

Quels moyens doit employer un prince ou une république pour éviter le vice de l'ingratitude, et comment un général ou un citoyen peuvent éviter d'en être les victimes.

Un prince qui veut éviter le malheur de soupçonner, ou celui d'être ingrat, doit commander en personne toutes les expéditions. C'est ainsi qu'en usaient les premiers empereurs romains, c'est ainsi qu'en usent les sultans d'aujourd'hui et tous les princes braves du temps présent et passé. S'ils sont vainqueurs, ils reçoivent tout l'honneur et tout le fruit de leurs conquêtes ; autrement la gloire de leurs généraux leur paraît, à la jouissance de la conquête, un obstacle qu'ils ne savent lever qu'en étouffant dans leur sang cette gloire dont ils n'ont pu se couvrir eux-mêmes ; et par conséquent ils deviennent injustes

et ingrats. Il y a plus à perdre qu'à gagner à cette conduite. Mais quand, par paresse ou par défaut de prudence, ils demeurent chez eux oisifs, et envoient un général à leur place, je n'ai d'autre conseil à leur donner que de suivre celui qu'ils savent si bien prendre d'eux-mêmes.

Mais je dirai à ce général que je juge devoir être exposé infailliblement aux cruelles atteintes de l'ingratitude, qu'il doit choisir entre les deux partis suivants : ou de quitter l'armée après la victoire et de se mettre à la discrétion de son prince, car, sauvant par-là toute apparence d'ambition ou de hauteur de sa part, il empêchera celui-ci d'avoir aucun soupçon et le mettra à même de le récompenser ou du moins de ne lui faire aucun outrage ; ou, s'il ne veut pas prendre ce premier parti, il faut qu'il en suive avec rigueur un tout contraire, qui consiste à se concilier l'amour des soldats et des peuples, à se faire des amis et des alliés des princes voisins, à faire occuper toutes les places fortes par des hommes à sa dévotion, à corrompre les chefs de l'armée, à s'assurer de ceux qu'il ne peut gagner, à employer enfin tous les moyens qu'il croira les meilleurs pour s'approprier sa conquête, et à punir ainsi d'avance son prince de l'ingratitude dont celui-ci ne manquerait pas à coup sûr d'user à son égard. Il n'y a pas d'autre parti. Mais, comme je l'ai déjà dit, les hommes ne savent être ni tout bons ni tout mauvais ; il arrive toujours qu'un général après la victoire ne veut pas quitter l'armée, ne peut se conduire avec modestie, ou ne sait pas se porter à ces voies extrêmes qui ont quelque chose d'honorable et de grand ; ils se bornent à rester indécis dans une ambiguïté de conduite au milieu de laquelle il est opprimé.

Une république qui veut éviter le tort de l'ingratitude n'a pas le même moyen qu'un prince peut mettre en usage. Ne pouvant commander les armées, elle est obligée d'en confier la conduite à un de ses citoyens. Mais je dois indiquer à celles-ci de suivre les principes dont l'observation rendit la république romaine moins ingrate que les autres ; ils tiennent aux institutions de ce peuple. Toute la ville, la noblesse et le peuple faisant son occupation du métier de la guerre, Rome enfantait dans tous les temps tant d'hommes courageux, tant de grands capitaines, que le peuple n'avait aucune occasion de s'en méfier. En effet leur nombre même servait à les contenir l'un par l'autre. Ils se conservaient si purs, ils craignaient tant d'inspirer le moindre ombrage, et par-là de donner occasion au peuple de leur faire injure en les soupçonnant d'ambition, qu'arrivés à la dictature, le moyen le plus sûr de s'illustrer dans cette place était l'abdication la plus prompte. Ainsi n'étant jamais craints, ils n'éprouvaient jamais d'ingratitude. Une république qui ne veut pas s'exposer à être ingrate doit donc se conduire comme Rome; et un citoyen qui veut fuir les cruelles atteintes de l'ingratitude doit observer ce que pratiquaient les Romains.

CHAPITRE XXXI.

Que les généraux romains ne furent jamais punis rigoureusement pour des fautes commises; ils ne le furent même pas quand leur ignorance et leurs mauvaises opérations avaient occasionné les plus grands dommages à la république.

Non-seulement les Romains furent moins ingrats, comme nous l'avons vu, que les autres républiques; mais en punissant leurs généraux, ils mirent dans le châtiment plus de bonté et plus de douceur. Avaient-ils commis la faute avec intention, ils les punissaient sans inhumanité; était-ce par ignorance, loin de les punir ils ne leur en accordaient pas moins d'honneurs et de récompenses. Cette conduite était habile. Ils étaient persuadés qu'il était d'une si grande importance pour ceux qui commandaient les armées d'avoir l'esprit libre, dégagé de toute inquiétude et prêt à prendre le meilleur parti sans être gêné par aucune considération étrangère, qu'ils ne voulaient pas ajouter à une chose en soi si difficile et si périlleuse de nouvelles difficultés et de nouveaux dangers, convaincus qu'alors nul homme ne serait capable d'agir avec vigueur.

Par exemple, ils envoyaient une armée en Grèce contre Philippe de Macédoine, ou en Italie contre des peuples qui avaient déjà remporté quelques victoires; le général qu'ils nommaient était d'abord pressé de tous les soins

divers qui accompagnent de pareilles entreprises. Or, si, l'esprit déjà tourmenté de soins naturellement très-graves et très-importants, il eût eu présents à la pensée les exemples de Romains mis en croix ou livrés à d'autres supplices pour avoir perdu des batailles, il eût été impossible à ce général, environné de tant de craintes, de prendre un parti courageux. Persuadée que la honte seule d'être vaincu était un très-grand supplice, Rome ne voulut pas effrayer ses généraux par une autre peine.

Voici un exemple de la manière dont ils punissaient les fautes commises avec intention. Sergius et Virginius étaient campés sous Véies; chacun d'eux commandait une division de l'armée: Sergius, celle placée du côté où pouvaient venir les Toscans, et Virginius celle qui était à l'opposé. Sergius, attaqué par les Falisques et par d'autres peuples, aima mieux se laisser rompre, se laisser mettre en fuite, plutôt que d'envoyer demander du secours à Virginius. D'un autre côté, Virginius, attendant que son collègue s'humiliât, aima mieux à son tour voir le déshonneur de son pays et la ruine de cette armée, que de le secourir. Rien de plus criminel sans doute que cette action, et de plus capable de faire juger avec désavantage la discipline romaine, si les deux coupables n'eussent pas été punis. Il est vrai qu'une autre république leur aurait infligé une peine capitale; celle-ci ne les condamna qu'à une amende; non que les Romains ne fussent bien convaincus que leur faute méritait une autre peine, mais parce qu'ils ne voulurent pas, pour les raisons que nous avons déduites, se départir de leurs anciens principes.

A l'égard des fautes commises par ignorance, il n'est pas d'exemple plus remarquable que celui de Varron, par la témérité duquel les Romains furent taillés en pièces par Annibal à cette fameuse bataille de Cannes, où la république courut risque de sa liberté. Cependant, comme ce fut par ignorance, et non avec intention, que Varron fut coupable, non-seulement on ne le punit pas, mais on lui rendit des honneurs, et tout le sénat alla à son retour le rece-

---

[1] Falisques ou *Falerii*, peuple de la Toscane, habitant la ville de *Falerium* et les environs, située à l'ouest ou sur la rive droite du Tibre, au même endroit que se trouve *Montefiascone*.

voir aux portes de Rome. Ils ne pouvaient pas le remercier de la bataille qu'il avait perdue; mais ils le remerciaient d'être revenu, et de n'avoir pas désespéré du salut de la république.

Quand Papirius Cursor voulut faire mourir Fabius pour avoir, contre son ordre, livré bataille aux Samnites, parmi les raisons que le père de Fabius opposait à l'obstination du dictateur, il faisait valoir celle-ci: que le peuple romain, après la défaite la plus sanglante, n'avait jamais traité ses généraux comme Papirius Cursor voulait traiter son fils victorieux.

CHAPITRE XXXII.

Qu'une république ou un prince ne doivent pas différer quand il s'agit de subvenir aux besoins de leurs sujets.

Lorsque Porsenna vint attaquer Rome pour y établir les Tarquins, le sénat craignait que le peuple n'aimât mieux accepter un roi que de soutenir la guerre; pour se l'assurer, il le délivra de l'impôt sur le sel et de toutes les charges qu'il supportait, et déclara que les pauvres travaillaient assez pour le bien public en élevant leurs enfants. Mais quoique cette mesure de générosité, prise seulement au moment du péril, ait réussi aux Romains, et qu'en reconnaissance le peuple se soit exposé à souffrir les horreurs d'un siége, et la faim et la guerre, que personne, sur la foi de cet exemple, n'attende pour se concilier le peuple que les moments du danger soient arrivés; car ce qui réussit aux Romains ne réussirait à aucun autre. C'est moins à vous qu'à vos ennemis que le peuple sentira qu'il doit vos libéralités; il craindra que le péril une fois passé, vous ne retiriez vos bienfaits arrachés par la force, et il ne vous en aura aucune obligation. La raison qui fit que ce parti réussit aux Romains, c'est que l'état était encore nouveau, et n'était pas bien affermi. Le peuple avait vu qu'on avait déjà publié d'autres lois qui étaient en sa faveur, comme celle de l'appel à son jugement; en sorte qu'il put croire que le bien qu'on lui faisait était moins l'effet de la crainte inspirée par l'ennemi que d'une disposition du sénat à l'obliger. D'ailleurs le souvenir des rois était

encore récent, et il se souvenait d'avoir été si méprisé, si avili par eux!

Mais comme de pareilles circonstances se rencontrent rarement, rarement aussi on verra réussir ces libéralités tardives. Une république ou un prince doivent prévoir d'avance les événements et les temps qui peuvent leur être contraires, de quels hommes ils peuvent avoir besoin dans ces moments difficiles, et se comporter avec eux de la manière dont ils voudraient s'être comportés quand le moment du danger arrivera. Tout gouvernement qui se conduit autrement se trompe profondément, surtout si c'est un prince qui ose se flatter qu'une fois le péril arrivé, il pourra se concilier les hommes par des bienfaits: non-seulement il ne s'affermit pas, mais il accélère sa ruine.

CHAPITRE XXXIII.

Quand un mal est parvenu au plus haut période dans un état, il est plus sage de temporiser que de heurter de front.

La république romaine croissait en force, en réputation, en territoire. Ses voisins, qui n'avaient pas d'abord prévu jusqu'à quel point cet état naissant pouvait leur être funeste, s'aperçurent, mais trop tard, de leur erreur; et, pour arrêter des progrès auxquels ils ne s'étaient pas opposés en commençant, ils se liguèrent, au nombre de quarante peuples au moins, contre Rome. Les Romains, après avoir eu recours à tous les moyens qu'ils avaient coutume d'employer dans les périls pressants, imaginèrent de créer un dictateur, c'est-à-dire, de donner à un magistrat de ce nom la faculté de prendre une résolution sans consulter l'avis de personne, et de faire exécuter ses ordonnances sans appel. Cette ressource, qui leur fut utile alors, et les fit triompher de tous les périls imminents, leur fut également du plus grand secours dans tous les autres événements critiques où ils se trouvèrent lors de l'accroissement de leur puissance et à quelque époque où la république ait été menacée.

On doit remarquer à ce sujet que lorsque, dans une république, on voit s'élever un principe destructeur qui prend assez d'accroissement pour inspirer des craintes, soit qu'il provienne d'une cause intérieure ou extérieure, il est infiniment plus simple de temporiser avec le mal que de chercher à l'extirper; car tout ce qu'on tente pour l'étouffer redouble souvent ses forces et accélère la violence qu'on en redoutait.

Ces principes de destruction dans une république viennent plus souvent du dedans que du dehors. On laisse prendre à un citoyen quelquefois plus d'autorité qu'il n'est convenable, ou bien on laisse altérer une loi qui faisait le nerf, pour ainsi dire, et l'âme de la liberté; on laisse le mal gagner jusqu'au point où il est plus dangereux de vouloir l'arrêter que de lui laisser un libre cours. Il est d'autant plus difficile à connaître dans sa naissance, qu'il est plus naturel aux hommes de favoriser tout ce qui commence. Ces faveurs s'attachent surtout à tout ce qui paraît briller de l'éclat des vertus, et surtout à la jeunesse. En effet, si dans une république on voit s'élever un jeune homme doué d'un esprit noble et de qualités extraordinaires, tous les yeux de ses concitoyens sont tournés vers lui, et ils concourent souvent à lui accorder sans mesure des honneurs et des préférences. Pour peu que ce jeune homme ait de l'ambition, réunissant ainsi les qualités dont la nature l'a doué et les faveurs de ses concitoyens, il parvient à un tel degré d'élévation, que lorsque ceux-ci s'aperçoivent de leur aveuglement, ils ont peu de moyens pour réparer le mal; et, lorsqu'ils veulent employer ceux qu'ils ont en leur pouvoir, ils ne font qu'affermir sa puissance. On pourrait citer mille exemples à l'appui de cette vérité. Je n'en prendrai qu'un, et cela dans notre propre ville.

Cosme de Médicis, qui jeta les fondements de la grandeur de cette maison à Florence, parvint à un tel degré de réputation et de faveur, que lui donnèrent sa rare prudence et l'ignorance de ses concitoyens, qu'il devint redoutable à l'état lui-même; en sorte que les autres citoyens croyaient dangereux de l'offenser, et plus dangereux encore de le laisser faire. A cette époque vivait Nicolas d'Uzzano, qui passait pour un homme d'état consommé. Il avait fait une première faute en ne prévoyant pas les dangers qui pouvaient naître de la puissance de

Cosme; mais il ne souffrit pas, tant qu'il vécut, qu'on en commit une seconde en s'efforçant de la détruire. Il jugea qu'un pareil essai amènerait la ruine de la liberté, comme l'événement le prouva bientôt après sa mort. Ceux qui lui survécurent, ne suivant pas ses conseils, se fortifièrent contre Cosme, et le chassèrent de Florence; d'où il arriva que ses partisans, irrités de cette injure, le rappelèrent bientôt après, et le rendirent maître de la république. Il ne fût jamais parvenu à ce degré de puissance sans la guerre ouverte qu'on lui déclara.

Même faute fut commise à Rome par rapport à César; ses rares qualités lui avaient valu la faveur de Pompée et des autres citoyens; mais cette faveur se changea ensuite par crainte. C'est ce que témoigne Cicéron lorsqu'il dit que Pompée commença trop tard à craindre César. Cette crainte fit qu'on s'occupa des moyens de s'en défendre, et ceux qu'on chercha à employer ne servirent qu'à accélérer la ruine de la république.

Je dis donc que puisqu'il est difficile de connaître ce mal à son origine, et cela par la séduction qu'on éprouve en faveur de tout ce qui commence, il est plus sage de temporiser lorsqu'on le connaît que de l'attaquer ouvertement. En prenant le parti de temporiser, ou le mal se consume de lui-même, ou du moins il n'éclate que beaucoup plus tard. Les magistrats qui veulent le détruire ou s'opposer à sa violence doivent surtout veiller et prendre garde à ne pas le fortifier en voulant l'affaiblir, et ne pas essayer d'éteindre, en soufflant dessus, un feu qu'ils ne feraient que rallumer. Ils doivent examiner la force du mal, et, s'ils se croient en état de le guérir, l'attaquer sans considération aucune, autrement, ne pas y toucher et se garder même de la seconder.

Il arriverait toujours, en pareil cas, ce que nous avons dit être arrivé aux voisins des Romains. Au point de puissance où Rome était parvenue, il eût été plus utile, par une paix artificielle, de chercher à l'adoucir, à la retenir dans de certaines limites, que de la forcer à trouver en elle-même des moyens de défense et d'attaque pour faire la guerre et s'agrandir. La ligue de tous ces peuples ne servit qu'à la forcer à plus d'union et d'ensemble, à lui faire imaginer de nouveaux moyens avec lesquels sa puissance put s'accroître plus promptement. Telle fut la création du dictateur, arme utile qui lui servit à surmonter tant de périls imminents, et à écarter tant de maux dans lesquels elle se serait précipitée.

CHAPITRE XXXIV.

Que la dictature fit toujours du bien, et jamais de mal à la république romaine. C'est l'autorité dont les citoyens s'emparent qui nuit à la liberté, et non celle qui est conférée par les suffrages du peuple.

Quelques écrivains ont blâmé Rome d'avoir créé la dictature. « Cette magistrature, disent-ils, avec le temps, amène la tyrannie. Le premier tyran qu'elle eut, en effet, la domina sous ce nom; et, sans ce nom fatal, César n'aurait pu trouver aucun titre public à l'abri duquel il eût pu colorer son usurpation. » Cette opinion, avancée sans examen, a été reçue sans raison. Ce ne fut ni le nom ni le rang de dictateur qui mit Rome aux fers; mais ce fut l'autorité usurpée par quelques citoyens pour se perpétuer dans le commandement. Si le nom de dictateur eût manqué à Rome, ils en eussent facilement pris un autre; car c'est la force qui donne des titres, et non les titres qui donnent la force.

Et l'on voit en effet que la dictature, tant qu'elle fut conférée par le peuple et non par les particuliers, produisit toujours les plus grands biens. Car ce qui nuit à une république, ce sont les magistrats qui se créent eux-mêmes l'autorité qui s'acquiert par des voies illégitimes, et non celle qui est obtenue par des voies régulières et légales. Cet ordre de choses fut si constant à Rome, que, pendant un temps considérable, on ne vit pas un dictateur qui ne fit le plus grand bien. Les raisons en sont évidentes.

Et d'abord, pour qu'un citoyen soit en état de nuire et de s'emparer d'une autorité extraordinaire, il faut d'abord le concours d'une infinité de circonstances qui ne se rencontrent point dans une république qui a conservé la pureté de ses mœurs. Il faut qu'il ait une grande fortune, qu'il puisse disposer de nombreux adhérents à son parti. Or, il n'est point de parti ou de faction là où les lois sont en vigueur; et quand

il y aurait une faction, de pareils hommes sont tellement redoutés, qu'ils ne peuvent jamais espérer de réunir en leur faveur des suffrages libres. De plus, le dictateur était temporaire, et non à perpétuité, et sa magistrature expirait avec l'affaire pour laquelle elle avait été créée. Son autorité consistait à pouvoir prendre par lui même tous les moyens d'écarter le péril présent, à tout faire sans être obligé de prendre conseil, à punir sans appel; mais il ne pouvait rien ordonner qui altérât la forme du gouvernement: ainsi diminuer l'autorité du sénat ou celle du peuple, détruire l'ancienne constitution, en établir une nouvelle, tout cela passait son pouvoir. Si l'on fait attention au peu de durée de sa dictature, aux limites de son autorité, aux mœurs encore pures des Romains, on verra qu'il était impossible qu'il outrepassât ses pouvoirs et qu'il nuisît à la république; et l'expérience prouve qu'au contraire Rome en tira les plus grands secours.

Cette partie de la constitution de Rome mérite vraiment d'être remarquée, et mise au nombre de celles qui contribuèrent le plus à la grandeur de son empire. Dans une organisation de cette nature, un état ne peut que difficilement échapper à des secousses extraordinaires. La marche du gouvernement dans une république est ordinairement trop lente. Aucun conseil, aucun magistrat ne pouvant rien faire par lui-même, et tous ayant presque toujours un besoin mutuel les uns des autres, il arrive que lorsqu'il faut réunir ces volontés, les remèdes sont tardifs et deviennent très-dangereux quand il faut les employer contre des maux qui en demandent de très-prompts.

Il suit de là que toutes les républiques doivent avoir dans leur constitution un pareil établissement. La république de Venise, qui mérite la réputation de sagesse dont elle jouit, a réservé à un petit nombre de citoyens une autorité qui, dans les besoins urgents, leur donne la faculté de s'accorder ensemble seulement pour prendre des déterminations jugées nécessaires. Quand une pareille institution manque dans une république, il faut, en suivant les voies ordinaires, voir la constitution périr, ou bien s'en écarter pour la sauver. Or, dans un état bien constitué, il ne doit survenir aucun événement pour lequel on ait besoin de recourir à des voies extraordinaires ; car si les moyens extraordinaires font du bien pour le moment, leur exemple fait un mal réel. L'habitude de violer la constitution pour faire le bien autorise ensuite à la violer pour colorer le mal. Une république n'est donc jamais parfaite si les lois n'ont pas pourvu à tout, tenu le remède tout prêt, et donné le moyen de l'employer. Et je conclus en disant que les républiques qui, dans les dangers imminents, n'ont pas recours ou à un dictateur ou à toute autre institution semblable, doivent y périr infailliblement.

Il est bon de remarquer avec quelle sagesse les Romains procédaient à la nomination du dictateur. Comme cette nomination avait quelque chose de pénible et de désagréable pour les consuls, qui, de chefs suprêmes, devenaient eux-mêmes soumis au nouveau magistrat, on supposa qu'elle pourrait faire naître de la part des citoyens un sentiment qui serait peu favorable pour ces mêmes consuls, et on voulut que le droit de l'élire appartînt à ceux-ci, persuadé qu'on était que, dans le danger, quand on serait forcé de recourir à cette puissance royale, les consuls s'y prêteraient ainsi plus volontiers et auraient moins de peine à s'y déterminer. En effet, le mal qu'on se fait à soi-même et par choix est infiniment moins douloureux que celui qu'on reçoit des autres. Encore même, dans les derniers temps, les Romains, au lieu de nommer un dictateur, en donnaient toute l'autorité à l'un des consuls ; ce que le sénat faisait en ces termes : « Que le consul pourvoie à ce que la république ne souffre aucun dommage. »

Pour revenir à mon sujet, je conclus que les voisins de Rome, cherchant à l'opprimer, ne servirent qu'à lui faire trouver non-seulement des moyens de défense, mais encore des moyens de les attaquer avec plus de force, plus de prudence et plus d'ensemble.

CHAPITRE XXXV.

Pourquoi, dans Rome, la création des décemvirs fut-elle nuisible à la liberté, quoiqu'ils eussent été nommés par les suffrages libres du peuple.

Le choix de dix citoyens nommés par le peuple pour faire des lois, et qui, avec le temps,

devinrent les tyrans de cette ville, et sans aucun ménagement y détruisirent la liberté, semble contredire ce que nous avons avancé plus haut : que la seule autorité nuisible à l'état est celle qu'on usurpe par force, et non celle qui est conférée par les suffrages de tout un peuple.

A cet égard, il y a deux choses à considérer, savoir : la manière de donner l'autorité, et le temps pour lequel elle est donnée. Quand on confie une autorité sans bornes pour un temps très-long (j'appelle ainsi un an et plus), elle sera toujours dangereuse, et produira des effets bons ou mauvais, selon les bonnes ou mauvaises qualités de ceux à qui elle sera confiée. Si l'on compare l'autorité des décemvirs avec celle des dictateurs, celle des premiers paraîtra bien plus étendue. La nomination du dictateur n'anéantissait ni les tribuns, ni les consuls, ni le sénat, ni leur autorité ; le dictateur ne pouvait pas la leur enlever. Quand même il eût pu priver un consul de sa charge, un sénateur de son état, il ne pouvait détruire le sénat entier, et lui-même faire des lois. En sorte que le sénat, les consuls, les tribuns, demeurant sur pied avec tout leur pouvoir, étaient comme autant de surveillants du dictateur, et l'empêchaient de sortir des bornes de ses fonctions. Il n'en fut pas de même dans la création des dix. Ils annulèrent les consuls et les tribuns. On leur donna le droit de faire des lois et tout ce que le peuple pouvait créer auparavant lui-même. Demeurés seuls, sans consuls, sans tribuns, sans appel au peuple, sans surveillants pour les observer, ils purent aisément, dès la seconde année de leur exercice, excités par l'ambition d'Appius, abuser de leur pouvoir.

Ainsi quand nous avons dit qu'une autorité donnée par les suffrages libres d'un peuple n'avait jamais été nuisible à aucune république, nous avons supposé que ce peuple ne se détermine jamais à la conférer sans les précautions convenables, ni pour un temps trop considérable ; mais quand, par erreur ou aveuglement, un peuple la donne aussi imprudemment que le firent les Romains dans cette occasion, il lui arrivera toujours ce qui arriva à ceux-ci.

La preuve est aisée à donner. Comparez les motifs qui firent sortir les décemvirs de leur devoir et qui y maintinrent les dictateurs ;

considérez de quelle manière se sont conduites les républiques qui ont passé pour être bien constituées, lorsqu'il s'est agi de donner l'autorité pour longtemps, Sparte à ses rois, Venise à ses doges, vous verrez dans ces deux états des surveillants placés sans cesse à côté d'eux pour empêcher les rois et les doges d'abuser de leur autorité. Il ne suffit pas ici que le peuple ne soit pas corrompu, parce qu'en très-peu de temps une autorité absolue parvient à le corrompre, en se faisant des amis et des partisans. Peu importe également que le nouveau tyran soit sans fortune et sans famille puissante : les richesses et toutes les autres faveurs courent au-devant du pouvoir, comme nous le verrons plus particulièrement en parlant de la création des décemvirs.

CHAPITRE XXXVI.

Que les citoyens qui ont été revêtus des plus grands emplois ne doivent pas dédaigner les moindres.

Sous le consulat de Marcus Fabius et de Manlius, les Romains remportèrent une victoire signalée sur les Véientins et les Étrusques. Dans ce combat périt Quintus Fabius, frère du consul ; et ce Quintus Fabius avait été lui-même consul l'année précédente.

On doit remarquer ici combien les institutions de Rome étaient propres à la porter à ce haut point de grandeur où elle arriva, et combien s'abusent les autres républiques qui s'éloignent de ces principes. Les Romains, quoiqu'ils fussent épris de la passion de la gloire, ne rougissaient pas d'obéir à ceux même qu'ils avaient commandés, ni de servir dans une armée qui avait été sous leurs ordres. Combien ces mœurs sont opposées à l'opinion, aux institutions, aux usages de nos temps modernes! A Venise, ils ont cette erreur de croire qu'un citoyen qui a exercé un emploi supérieur ne peut, sans se déshonorer, en accepter un moindre. Un tel préjugé, quand il serait honorable pour le particulier, serait sans utilité pour le public. La république ne doit-elle pas concevoir plus d'espérance, avoir plus de confiance en un citoyen qui descend d'un grade supérieur pour en exercer un moins important que dans celui qui d'un emploi inférieur monte

à un grade plus éminent? On ne peut raisonnablement compter sur celui-ci, à moins qu'il ne soit entouré d'hommes tellement respectables et vertueux qu'ils puissent, par leur sagesse et leur considération personnelle, diriger son inexpérience.

Si à Rome on avait eu le même préjugé qu'à Venise et dans les autres états modernes, et qu'un homme qui avait été une fois consul n'eût voulu retourner à l'armée qu'avec la qualité de consul, il en serait résulté une infinité d'inconvénients au préjudice de la liberté publique, et par rapport aux fautes qu'auraient commises les hommes nouvellement en place, et par rapport à leur ambition, qu'ils eussent pu exercer avec plus de facilité dès qu'ils n'auraient pas eu autour d'eux des hommes devant qui ils craignaient de sortir de leur devoir. Ils eussent été moins gênés sans doute, mais ce défaut de contrainte n'eût tourné qu'au détriment de l'intérêt public.

CHAPITRE XXXVII.

Des mouvements causés à Rome par la loi agraire; qu'il est très-dangereux dans une république de faire une loi qui ait un effet rétroactif et qui détruise une ancienne coutume de l'état.

Les anciens ont dit que les hommes s'affligeaient du mal et se lassaient du bien, et que ces deux affections différentes amenaient les mêmes résultats. En effet, toutes les fois que les hommes sont privés de combattre par nécessité, ils combattent par ambition. Cette passion est si puissante qu'elle ne les abandonne jamais, à quelque rang qu'ils soient élevés. La raison, la voici : la nature nous a créés avec la faculté de tout désirer et l'impuissance de tout obtenir; en sorte que le désir se trouvant toujours supérieur à nos moyens, il en résulte du dégoût pour ce qu'on possède et de l'ennui de soi-même. De là naît la volonté de changer. Les uns désirent acquérir, d'autres craignent de perdre ce qu'ils ont acquis; on se brouille; on en vient aux armes; et de la guerre vient la ruine d'un pays et l'élévation de l'autre.

Telle est en peu de mots l'histoire du peuple romain. Non content de s'affermir contre les nobles par la création du tribunat, qui lui fut dictée par la prudence, que lui suggéra cette première victoire remportée? Il commença à combattre par ambition; il voulut partager avec eux ce dont les hommes font le plus de cas, les honneurs et les richesses. De là ce délire qui fit naître les disputes sur la loi agraire, et qui enfin amena la ruine de la république.

Or, comme dans les républiques bien constituées l'état doit être riche et les citoyens pauvres, il fallait qu'à Rome la loi agraire fût vicieuse en quelque point : ou elle n'avait pas été dans le principe telle qu'on n'eût pas besoin de la retoucher tous les jours, ou l'on avait tant différé à la changer qu'il était dangereux de revenir sur le passé. Peut-être avait-elle été bien faite d'abord, mais les abus que le temps amène en avaient détruit les bons effets. De quelque manière qu'existât le vice, on ne parla jamais de cette loi à Rome sans exciter les plus grands troubles.

Cette loi avait deux points principaux : le premier défendait aux citoyens de posséder plus d'un certain nombre d'arpents ; le second voulait que les terres conquises fussent partagées au peuple.

C'étaient deux moyens d'attaquer les nobles. Ceux qui possédaient plus de bien que la loi n'en permettait, et la plupart des nobles étaient dans ce cas, devaient en être dépouillés; et le partage des terres au peuple leur était l'espoir de s'enrichir. Ces attaques, faites à des hommes puissants et qui croyaient en les repoussant combattre pour le bien public, toutes les fois qu'elles se renouvelaient, excitaient, comme nous l'avons dit, des troubles capables de renverser l'état. La noblesse employait et l'art, et la patience, et l'adresse, pour gagner du temps; tantôt elle envoyait une armée hors de Rome, tantôt au tribun qui la proposait elle opposait un autre tribun ; quelquefois elle cédait une partie ou bien elle envoyait une colonie sur le territoire qui était à partager. C'est ainsi que le pays d'Antium, dont le partage avait renouvelé la dispute, fut donné à une colonie qui alla s'y établir. Ce que dit Tite Live à ce sujet est même à remarquer : « qu'à peine trouva-t-on des hommes qui se fissent inscrire pour s'y rendre, tant cette populace aimait mieux désirer du bien à Rome qu'en posséder à Antium. »

Les mouvements occasionnés par cette loi se renouvelèrent de temps en temps, ainsi que la proposition de la loi même, jusqu'à ce que les Romains commencèrent à porter leurs armes aux extrémités de l'Italie, ou même loin de l'Italie. Alors ils parurent se calmer. Les terres conquises n'étaient pas sous les yeux du peuple ; elles étaient situées dans des pays où il ne lui était pas facile de les cultiver; elles étaient par conséquent moins désirées ; d'ailleurs, cette manière de punir les vaincus ne plaisait plus tant aux Romains, et quand ils se déterminaient à les dépouiller de leurs terres, ils y envoyaient des colonies.

Ces différents motifs assoupirent et les querelles et la loi qui les faisait naître jusqu'au temps des Gracques, qui la réveillèrent et occasionnèrent la ruine de la république. La puissance des grands, opposée à la loi, avait doublé dans cet intervalle, et il s'alluma entre le sénat et le peuple une haine si terrible, qu'on en vint aux armes; on répandit le sang; on ne connut plus de frein; on franchit toutes les barrières. Les magistrats furent impuissants pour remédier au mal; aucun des partis ne pouvant plus rien espérer de l'autorité, chacun d'eux ne se confia qu'en ses propres alliés, et ne chercha qu'à se donner un chef en état de le défendre. Dans l'excès de ce désordre, le peuple, dans sa fureur, jeta les yeux sur Marius, à raison de la réputation qu'il s'était acquise. Il le fit consul quatre fois, et il y eut si peu d'intervalles entre ses divers consulats qu'il eut le pouvoir de se nommer lui-même consul encore trois autres fois. La noblesse, qui n'avait rien à opposer à ce torrent, se tourna du côté de Sylla, et le fit chef de son parti : la guerre civile éclata ; et après bien des révolutions et des flots de sang répandus, la victoire se déclara pour les nobles. Ces fureurs se renouvelèrent sous César et sous Pompée; l'un, chef du parti de Marius, et l'autre, du parti de Sylla, occasionnèrent de nouveaux combats où César demeura vainqueur. Il fut le premier tyran de Rome, et la liberté disparut pour toujours.

Tels furent les commencements et la fin de cette fameuse loi agraire. Et quoique nous ayons avancé ailleurs que les divisions du sénat et du peuple aya'ent conservé la liberté dans Rome en provoquant plusieurs fois des lois qui lui étaient favorables; qu'on ne nous accuse pas d'être en contradiction avec nous-mêmes par l'issue qu'eurent les discussions sur la loi agraire. Je l'ai dit et je persiste toujours dans mon opinion, l'ambition de grands est telle, que si par mille voies et mille moyens divers, elle n'est pas réprimée dans un état, elle doit bientôt en entraîner la perte. Mais si les querelles à l'occasion de la loi agraire eurent besoin de trois cents ans pour conduire Rome à l'esclavage, elle y eût bien plus promptement été réduite si le peuple n'avait pas trouvé dans cette loi et dans d'autres objets d'ambition de quoi mettre un frein à l'ambition des nobles.

On voit encore par là que les hommes font bien plus de cas des richesses que des honneurs. La noblesse romaine ne fit que des efforts assez ordinaires pour retenir ceux-ci, mais dès que ses richesses furent attaquées, elle mit tant d'opiniâtreté à les défendre, que le peuple, pour assouvir la soif qu'il en avait à son tour, fut obligé de recourir aux moyens violents dont nous venons de parler. Les Gracques en furent les moteurs; en quoi leur intention fut plus louable que leur prudence. Essayer dans une république de corriger un abus fortifié par le temps, et pour cela proposer une loi qui ait un effet rétroactif, c'est montrer peu de sagesse; c'est, comme nous l'avons vu, accélérer les maux où l'abus vous conduisait. En temporisant, ou les progrès du mal sont plus lents, ou bien il se consume de lui-même avant d'arriver à son terme.

CHAPITRE XXXVIII.

Les républiques faibles sont irrésolues, et ne savent ni délibérer ni prendre un parti. Si quelquefois elles en prennent un, c'est plus par nécessité que par choix.

Une grande peste affligeait Rome : les Volsques et les Èques¹ crurent ce moment favorable pour l'accabler. Ces deux peuples lèvent une forte armée, et attaquent les Latins et les Herniques. Ceux-ci, ne pouvant souffrir le ravage de leurs terres, en donnèrent avis aux Romains,

¹ Les Èques étaient séparés des Volsques par le pays des Latins et des Herniques, et tous ces peuples étaient très-voisins de Rome.

les priant de venir à leur secours. Les Romains, affaiblis par la contagion, répondirent qu'ils n'étaient pas en état de leur en donner, et qu'ils prissent eux-mêmes les armes pour pourvoir à leur défense. On ne peut qu'admirer ici la prudence et la magnanimité du sénat, et cet esprit qui, dans l'une et l'autre fortune, voulut toujours diriger les délibérations des sujets de la république. Il ne rougit pas, quand la nécessité lui en faisait une loi, de prendre des résolutions contraires à ses principes ou à d'autres résolutions prises en d'autres circonstances.

En effet, d'autres fois le sénat avait souvent défendu à ces mêmes peuples de s'armer, et un sénat moins prudent aurait cru se dégrader en révoquant cette défense; mais celui-ci jugea les choses comme on doit les juger, et prit toujours pour le meilleur parti le moins mauvais qu'il y eût à prendre. Il savait sans doute que c'était un mal de ne pouvoir défendre ses sujets; il savait aussi que c'était un mal qu'ils pussent s'armer sans lui, par les raisons que nous avons déduites, et pour une infinité d'autres qui se comprennent aisément. Mais, persuadé que, ayant les ennemis sur leur terre, ils seraient forcés de s'armer, il s'arrêta au parti le plus honorable; il voulut les autoriser par sa permission à faire ce qu'ils auraient fait malgré lui, afin que, ayant désobéi une fois par nécessité, ils ne s'accoutumassent pas à désobéir par choix; et quoique ce parti paraisse pouvoir être pris par toute république, néanmoins celles qui sont faibles et mal conseillées n'eussent jamais su le prendre, ni se faire honneur de la nécessité.

Le duc de Valentinois avait pris Faënza et forcé Bologne à souscrire aux conditions d'un traité. Voulant ensuite retourner à Rome par la Toscane, il envoie un homme à Florence pour demander le passage pour lui et pour ses troupes. On délibéra dans cette ville sur le parti qu'il y avait à prendre, et personne ne fut de l'avis d'accorder le passage : en cela on ne suivit pas la politique des Romains; le duc avait des forces très-considérables, et les Florentins étaient trop faibles pour lui disputer l'entrée; il eût mieux valu pour leur honneur qu'il eût l'air de passer avec permission plutôt que par force. Elle en eut la honte tout entière; elle s'en serait épargné la plus grande partie si elle se fût conduite autrement; mais le plus grand défaut des républiques faibles est d'être irrésolues, en sorte que tous les partis qu'elles prennent leur sont dictés par la force; et s'il en résulte quelque bien, c'est moins l'ouvrage de leur prudence que de la nécessité qui les a déterminées. Je veux citer encore deux exemples: ce seront des événements arrivés dans notre ville et de notre temps, en 1500.

Louis XII, roi de France, ayant repris Milan, désirait rendre Pise aux Florentins pour toucher cinquante mille ducats que ceux-ci devaient lui donner lors de la restitution. Il y envoya son armée, commandée par le sire de Beaumont, dans lequel, quoique Français, les Florentins avaient la plus grande confiance. Ce général conduisit son armée entre Cascina et Pise pour se disposer à attaquer cette dernière ville. Il reçut des députés de Pise qui lui offrirent de rendre la place à l'armée française, pourvu qu'il leur promît, au nom du roi, de ne pas la rendre aux Florentins avant quatre mois. Les Florentins ne voulurent pas consentir à cet accommodement, et tout ce qui leur en revint, c'est qu'après avoir mis le siège, on fut obligé de le lever et de se retirer honteusement.

Ce refus des Florentins ne provenait que du peu de confiance qu'ils avaient en la parole du roi, entre les mains duquel, par suite de la faiblesse de leurs déterminations, ils avaient été obligés de se remettre; mais l'autre parti n'assurait pas davantage leur confiance. Ils ne voyaient pas qu'il valait bien mieux que le roi entrât dans Pise, parce que par-là il se mettait du moins en état de la rendre. Il pouvait sans doute la refuser; mais alors il mettait à nu sa perfidie; ne l'ayant pas, il ne pouvait que la leur promettre, et il leur fallait acheter cette promesse. Ils auraient donc bien mieux fait de consentir à ce que Beaumont l'eût reçue, sous quelque condition qu'on eût voulu la lui livrer. On en vit la preuve deux ans après, quand, la ville d'Arezzo s'étant révoltée, le roi de France envoya une armée aux Florentins, sous les ordres du sire d'Imbaut. Ce capitaine, s'étant approché de cette ville, entra bientôt en pourparler avec les habitants, qui consentaient à rendre la place à des conditions à peu près pareilles à celles des Pisans. Les Florentins refusèrent également d'y accéder; mais le sire d'Imbaut, qui vit bien la faute que leur sottise allait leur faire commettre, continua de traiter avec la ville sans la participation de leurs commissaires. Le traité fut conclu comme il le désirait, et par ce moyen il entra dans la ville avec ses troupes, en faisant entendre aux Florentins combien ils étaient peu sages et s'entendaient peu en affaires; que s'ils voulaient Arezzo, ils n'avaient qu'à le demander au roi, qui pouvait bien plutôt les satisfaire, y ayant ses troupes, qu'auparavant. On ne se lassait cependant pas à Florence de blâmer, de déchirer le sire d'Imbaut, jusqu'à ce qu'enfin on s'aperçut que, si Beaumont se fût conduit comme Imbaut, on aurait eu Pise comme on eut Arezzo.

Pour revenir à notre sujet, les républiques irrésolues ne prennent jamais que forcément un bon parti, parce que leur faiblesse les empêche de se décider dès qu'il se présente le moindre doute; et, si ce doute n'était pas levé par une violence utile qui les fixe malgré elles, elles flotteraient éternellement dans l'incertitude.

CHAPITRE XXXIX.

Les mêmes accidents arrivent quelquefois chez des peuples bien différents.

Quiconque compare le présent et le passé, voit que toutes les cités, tous les peuples ont toujours été et sont encore animés des mêmes désirs, des mêmes passions. Ainsi, il est facile, par un examen exact et bien réfléchi du passé, de prévoir dans une république ce qui doit arriver, et alors il faut ou se servir des moyens mis en usage par les anciens, ou, n'en trouvant pas d'usités, en imaginer de nouveaux, d'après la ressemblance des événements. Mais cet examen est négligé de la plupart des lecteurs, ou bien il est au-dessus de leur intelligence; si quelqu'un d'eux est capable de tirer de pareils résultats, ils sont toujours ignorés de ceux qui gouvernent, et par là on voit ramener en tous temps les mêmes maux et les mêmes révolutions.

Après l'année 1494, la ville de Florence, ayant perdu une partie de ses états, comme Pise et d'autres places, fut contrainte de faire la guerre à ceux qui les retenaient; et, comme ceux-ci étaient puissants, d'énormes dépenses furent le seul fruit qu'elle retira de cette guerre. Ces dépenses nécessitèrent des impôts, et ces impôts firent naître des plaintes de la part du peuple; et comme la guerre était conduite par un conseil de dix citoyens qu'on appelait *les dix de la guerre*, tout le peuple commença à les prendre en aversion, comme s'ils eussent été la cause et de cette guerre, et des dépenses qu'elle occasionnait. Il commença à se persuader qu'en se délivrant de ce conseil, il se délivrerait également de la guerre; de manière qu'au lieu de renouveler la commission des dix, on la laissa expirer sans leur donner des successeurs, et on remit leur pouvoir à la seigneurie [1]. Ce parti fut d'autant plus mauvais que non-seulement il ne fit pas finir ce fléau, comme on l'avait imaginé, mais qu'on enleva à l'état des hommes qui le dirigeaient avec sagesse. Il résulta tant de désordres de cette suppression, qu'on perdit Pise, Arezzo et plusieurs autres places, et que le peuple, s'apercevant de son erreur, et voyant que la cause du mal était la fièvre et non le médecin, récréa le conseil des dix.

Pareil caprice anima jadis l'esprit du peuple romain contre le nom de consul. Il voyait une guerre produire une nouvelle guerre. Nul moment de repos pour lui; et, au lieu de l'attribuer à l'ambition de ses voisins qui voulaient l'accabler, il en accusait celle des nobles, qui, ne pouvant opprimer le peuple dans Rome, où il était défendu par la puissance tribunitienne, voulaient, pour l'opprimer, le conduire hors des murs sous l'autorité des consuls, où il n'avait aucun appui. Il crut donc nécessaire, ou de supprimer les consuls, ou de borner tellement leur autorité, qu'elle ne pût s'étendre sur le peuple ni dans Rome, ni au-dehors. Le premier qui essaya d'introduire cette loi fut un Terentillus, tribun, qui proposa de créer un conseil de cinq membres pour examiner l'étendue de l'autorité consulaire, et pour la limiter. La noblesse fut vivement affectée de cette proposition; il lui parut que la majesté de l'empire allait être anéantie, et qu'il ne resterait plus pour elle aucun rang dans la république. Telle fut néanmoins l'obstination des tribuns,

[1] C'est ainsi que se nommait le conseil souverain.

que le nom consulaire fut aboli; et après quelques règlements, ils aimèrent mieux créer des tribuns avec la puissance consulaire que nommer des consuls : tant la haine du peuple s'attachait bien plus à leur nom qu'à leur autorité! Cet établissement subsista jusqu'à ce qu'on eût reconnu l'erreur; et, comme les Florentins étaient revenus aux dix, les Romains revinrent aux consuls.

***

CHAPITRE XL.

La création du décemvirat à Rome, et ce qu'il faut y remarquer; où l'on considère entre autres choses comment le même accident peut sauver ou perdre une république.

Je me propose d'examiner les événements qui furent la suite de la création des décemvirs à Rome; en conséquence il ne me paraît pas inutile de raconter d'abord tout ce qui arriva par suite de cette nomination, et ensuite d'examiner avec soin les parties qui sont les plus dignes de remarque. Elles sont nombreuses et d'une grande importance pour ceux qui veulent conserver la liberté d'une république, et pour ceux qui veulent l'asservir. Nous y verrons une infinité de fautes commises par le sénat et par le peuple, au préjudice de la liberté, et plusieurs erreurs commises par Appius, le chef des décemvirs, au détriment de la tyrannie qu'il avait intention d'établir à Rome.

Après une infinité de contestations et de disputes qui s'étaient élevées entre la noblesse et le peuple pour établir à Rome de nouvelles lois capables d'affermir davantage la liberté, il fut convenu d'envoyer Spurius Posthumius et deux autres citoyens à Athènes pour en rapporter les lois que Solon donna à cette ville, afin de pouvoir, sur ce modèle, en faire de nouvelles pour Rome. Ceux-ci de retour de Grèce, on s'occupa de nommer des hommes pour examiner et rédiger ces lois. On nomma dix citoyens pour un an, et de ce nombre fut Appius Claudius, homme éclairé, mais turbulent; et afin qu'aucune autorité, aucune considération ne pût troubler l'établissement de ces lois, tous les autres magistrats furent supprimés, et les tribuns, et les consuls, et l'appel au peuple ; en sorte que cette nouvelle magistrature était maîtresse souveraine dans Rome.

Appius attira bientôt à lui toute l'autorité de ses autres collègues, à raison de la faveur dont il jouissait auprès du peuple. Il avait pris des manières si populaires qu'il paraissait s'être fait dans son esprit et dans son caractère un changement miraculeux pour quiconque se rappelait combien auparavant il avait été cruel persécuteur du peuple. Ils se comportèrent d'abord d'une manière assez modeste ; ils n'avaient que dix licteurs qui marchaient devant celui qui faisait les fonctions de président; et quoiqu'ils eussent l'autorité la plus absolue, néanmoins ayant à punir un citoyen romain pour homicide, ils le citèrent devant le peuple et le firent juger par lui.

Les décemvirs écrivirent leurs lois sur dix tables, et avant de les décréter ils les exposèrent au public, afin que chacun pût les lire, les discuter, voir les défauts qu'elles pourraient avoir, pour les corriger. Cependant Appius fit adroitement répandre le bruit que si à ces dix tables on en ajoutait deux autres, elles en seraient bien plus parfaites. Cette opinion, accréditée, donna occasion au peuple de recréer les décemvirs pour un an. Il s'y porta d'autant plus volontiers qu'il se trouvait par-là dispensé de nommer des consuls : il crut même qu'il pouvait se passer de tribuns, espérant qu'il continuerait à être pris pour juge, d'après ce qui avait été pratiqué, comme nous venons de le voir, par les décemvirs.

Cette résolution une fois prise, toute la noblesse se mit en mouvement pour se faire nommer ; mais surtout Appius, pour se faire réélire. Il affectait tant de popularité dans ses démarches, qu'il commença à devenir suspect à ses collègues. « Ils ne pouvaient croire que tant » de douceur dans un caractère si fier fût sans » arrière-pensée. » Mais, craignant de s'opposer ouvertement à lui, ils se décidèrent à user d'adresse ; et quoiqu'il fût le plus jeune de tous, ils le chargèrent de proposer au peuple les futurs décemvirs, persuadés que, comme tous ceux à qui on avait donné cette marque de confiance, il ne se proposerait pas lui-même, et n'oserait braver la honte attachée à une pareille audace. « Appius se fit un moyen de l'obstacle, » il se nomma des premiers, au grand étonne-

ment et au grand déplaisir de la noblesse ; il désigna ensuite neuf autres individus à son choix.

Le renouvellement des décemvirs pour un an commença à faire voir à la noblesse et au peuple la faute qu'ils avaient commise. « Appius leva bientôt le masque, et laissa voir » son arrogance naturelle. Il n'eut besoin que de quelques jours pour animer ses collègues du même esprit. Afin d'effrayer et le sénat et le peuple, au lieu de douze licteurs, ils en prirent cent vingt. La consternation fut égale dans Rome pendant quelques jours ; mais bientôt les décemvirs prirent le parti de se jouer du sénat, et d'opprimer le peuple. Si quelqu'un, en effet, maltraité par un décemvir, en appelait à un autre, le jugement par appel était plus rigoureux que celui en première instance. « Le peuple, qui reconnaissait sa faute, atta- » chait tristement ses regards sur les nobles. » Il cherchait avec inquiétude à démêler quel- » que espoir de liberté dans les yeux de ceux- » là même dont il avait tant redouté la tyran- » nie, que pour l'éviter, il avait réduit la ré- » publique à l'état où elle se trouvait alors ». La noblesse, à son tour, voyait avec plaisir cette affliction du peuple, espérant que, « fati- » gué de ses magistrats actuels, il en viendrait » à désirer les consuls. »

Arriva la fin de l'année : les deux tables des lois étaient faites, mais non encore publiées. Les décemvirs en prirent occasion de se proroger dans leurs charges, et commencèrent à employer la violence dans l'exercice de leurs fonctions. Ils se firent des satellites des jeunes gens de la noblesse, à qui ils donnaient les biens de ceux qu'ils avaient condamnés. « Cette » jeunesse, corrompue par ces présents, pré- » férait à la liberté publique la licence dont on » la laissait jouir. »

Cependant les Sabins et les Volsques, à cette époque, s'armèrent contre les Romains. La frayeur que cette guerre inspira aux décemvirs leur fit sentir toute la faiblesse de leur autorité. Ils ne pouvaient faire la guerre sans le sénat ; et assembler le sénat leur paraissait être l'abandon de leur autorité. Ils furent forcés cependant de se déterminer pour ce dernier parti. Ce corps à peine rassemblé, plusieurs sénateurs, et particulièrement Valérius et Horatius, s'élèvent avec force contre l'autorité des dix.

C'en était fait de leur puissance, si le sénat, naturellement jaloux du peuple, avait voulu déployer son autorité; mais il craignait que si les décemvirs venaient à se démettre volontairement de leurs charges, on ne rétablît les tribuns. Il consentit donc à la guerre, et les armées se mirent en marche, commandées par une partie des décemvirs. Appius resta dans Rome pour la gouverner. C'est là que naquit sa violente passion pour Virginie; c'est là qu'il voulut l'enlever de force, et que Virginius, père de cette Romaine, la poignarda pour l'arracher à son ravisseur. De-là le soulèvement du peuple et de l'armée; de-là leur retraite sur le mont Sacré, qui dura jusqu'à ce que les décemvirs eussent abdiqué, qu'on eût créé et des tribuns et des consuls, et que Rome eût repris, avec sa liberté, son ancienne forme de gouvernement.

On remarquera d'abord que cette tyrannie fut produite à Rome par les mêmes causes qui, partout ailleurs, produisent presque toutes les tyrannies: trop grand désir de liberté chez le peuple, trop grand désir de commander chez les nobles. Quand les deux partis ne conviennent pas de faire une loi en faveur de la liberté, mais que l'un des deux se porte à favoriser un citoyen, c'en est fait d'elle: on n'a qu'un tyran. Le peuple et les nobles se réunirent pour créer les décemvirs, et pour leur donner une autorité aussi absolue: les uns afin de détruire les tribuns, et l'autre afin d'abolir le consulat. Une fois créés, le peuple se plut à favoriser Appius, parce qu'il crut voir en lui le soutien de ses droits et le fléau de la noblesse. Or, quand un peuple commet la faute d'élever quelqu'un pour qu'il abaisse le parti contraire, pour peu que ce favori soit habile, on le verra devenir tyran de tous les deux. Il se servira immanquablement du peuple pour attaquer la noblesse, et il ne se décidera à opprimer le peuple que lorsqu'il aura achevé d'abattre la première. Celui-ci a beau sentir alors qu'il est esclave, il ne lui reste plus à qui recourir.

Telle est la marche constamment tenue par tous ceux qui ont établi la tyrannie au sein d'une république; et si Appius avait su la suivre, sa puissance eût acquis plus de force et n'eût pas été si tôt renversée. Mais il se conduisit tout différemment, et avec on ne peut plus d'imprudence, pour maintenir sa tyrannie; il se fit l'ennemi de ceux qui lui avaient conféré ce pouvoir, et l'ami de ceux qui n'avaient nullement concouru à le lui donner, et qui n'auraient pas pu le lui conserver. Il perdit enfin ses amis, et chercha à s'en faire de nouveaux qui ne pouvaient être les siens: car, quoique les nobles aspirent à dominer, ceux d'entre eux qui n'ont point de part à la tyrannie sont les ennemis du tyran; celui-ci ne peut les gagner tous. L'ambition et l'avarice des uns est trop insatiable, et la richesse et les honneurs que l'autre peut donner trop insuffisants. C'est ainsi qu'Appius, abandonnant le peuple pour se lier avec la noblesse, commit manifestement une grande faute, et par rapport aux raisons ci-dessus alléguées, et parce qu'il est évident que toute violence a besoin pour se soutenir d'une force supérieure à celle qui veut la renverser. Aussi les tyrans qui ont le peuple pour ami et les grands pour ennemis ont une autorité bien plus solidement assise que ceux qui ne sont appuyés que par les grands. Avec la faveur du peuple ses forces intérieures lui suffisent pour se maintenir, comme elles suffirent à Nabis, tyran de Sparte, lorsqu'il fut attaqué, et par la Grèce entière, et par le peuple romain; il s'assura du petit nombre de nobles, et, chéri du peuple, il trouva les moyens de se défendre; il n'y serait jamais parvenu s'il eût eu le peuple pour ennemi.

Mais, n'ayant pour amis que les hommes d'un autre rang, nécessairement moins nombreux, leurs forces intérieures ne leur suffisent pas; ils ont besoin de s'en procurer du dehors. Ces forces sont de trois sortes: ou on se compose une garde d'étrangers; ou on arme les paysans qui rendent le même service qu'aurait fait le peuple de la ville; ou on se lie avec de puissants voisins qui vous défendent. C'est en employant ces moyens avec soin qu'un tyran pourrait encore se soutenir, quoiqu'il eût le peuple pour ennemi.

Mais Appius ne pouvait armer les campagnes, le peuple de la ville et celui des campagnes étaient le même à Rome; ce qu'il pouvait faire, il ne le sut pas, et il ruina sa puissance lorsqu'elle ne faisait que de grandir.

Le peuple et le sénat commirent des fautes

énormes en créant ces décemvirs, parce que, quoique nous ayons avancé, en parlant du dictateur, qu'une puissance qui s'érige d'elle-même est la seule à craindre pour la liberté, et jamais celle que le peuple établit, né nmoins le peuple, quand il fait des magistrats, doit les créer de manière qu'ils aient lieu d'appréhender s'ils venaient à abuser de leur pouvoir.

Au lieu d'élever ces barrières utiles autour d'eux, les Romains en créant les décemvirs les renversèrent toutes. Ils en firent les seuls magistrats; ils détruisirent tous les autres, et cela par un désir excessif de la part du peuple de voir le consulat aboli, et, de la part de la noblesse, par celui de se défaire des tribuns : ces deux partis en furent aveuglés au point de concourir à l'établissement le plus destructeur. « Les hommes, disait le roi Ferdinand, font » souvent comme certains petits oiseaux de » proie, que leur avidité naturelle acharne » tellement sur la victime qu'ils poursuivent, » qu'ils n'aperçoivent pas l'autre oiseau plus » grand et plus fort qui fond sur eux pour » les déchirer. »

On connaît à présent, ainsi que je m'étais proposé de le faire voir dans ce chapitre, dans quelles erreurs le désir de sauver la liberté précipita le peuple romain, et les fautes que commit Appius en voulant maintenir sa tyrannie.

CHAPITRE XLI.

Il est aussi imprudent qu'inutile de passer sans gradation, et de sauter, pour ainsi dire, de la modestie à l'orgueil, de la douceur à la cruauté.

Une des plus grandes maladresses d'Appius fut de changer trop promptement de formes et de caractère. Sa finesse à tromper le peuple en prenant des manières populaires était sans doute bien placée. Rien de plus adroit que sa conduite pour faire renouveler les décemvirs, que son audace à se nommer lui-même contre l'opinion de la noblesse, que son attention à se donner des collègues qui lui fussent dévoués. Mais rien de plus déplacé que de changer tout à coup de caractère, de se montrer l'ennemi du peuple d'ami qu'il avait paru, et de devenir

inabordable et superbe, de facile accès et d'affable qu'il était auparavant, et cela si promptement, que les moins attentifs pouvaient apercevoir sa fausseté sans pouvoir en donner la moindre excuse. Quiconque, de bon qu'il était, veut devenir méchant, doit y arriver par des gradations et des nuances. Il faut si bien ménager ce changement, l'accorder si bien aux circonstances, que les vieux amis qu'il vous fait perdre se trouvent si avantageusement remplacés par les nouveaux qu'il vous procure, que votre autorité n'en soit nullement affaiblie; autrement, dénué d'appuis, à découvert, vous êtes perdu sans ressource.

CHAPITRE XLII.

Combien les hommes peuvent aisément se corrompre.

Ajoutons encore une remarque à l'occasion du décemvirat : c'est que les hommes peuvent aisément se corrompre, et devenir vicieux, quoique d'un heureux naturel et bien élevés. Considérez toute cette jeunesse dont Appius s'était entouré, comme elle favorise la tyrannie pour le plus léger avantage qu'elle lui procure! Ce Quintus Fabius, un des seconds décemvirs, qui, homme estimable jusque là, aveuglé par un peu d'ambition et séduit par la méchanceté d'Appius, échange de bonnes mœurs contre des vices et devient semblable à son collègue. Ce tableau, bien soigneusement examiné par les législateurs des républiques ou des monarchies, leur fera prendre les mesures les plus propres à mettre un frein aux passions des hommes, et à leur ôter l'espérance de s'égarer impunément.

CHAPITRE XLIII.

Ceux qui combattent pour leur propre gloire sont bons et fidèles soldats.

On voit encore, dans le sujet que nous venons de traiter, la différence qui existe entre une armée satisfaite qui combat pour sa gloire, et une armée mal disposée et qui combat pour l'ambition d'autrui. Les armées romaines, toujours victorieuses sous les consuls, sont toujours battues sous les décemvirs. C'est sur ces mêmes motifs qu'on peut fonder l'inutilité des soldats mercenaires, qui n'ont d'autres raisons de résister que le faible intérêt de la solde que vous leur donnez. Or, ce motif est-il, peut-il être assez puissant pour les attacher à vous au point qu'ils se dévouent à la mort? Dans ces armées, sans affection pour celui qui les fait combattre, et qui les attache à lui, peut-il y avoir assez de courage pour résister à un ennemi tant soit peu courageux? Cet attachement, cette affection ne peuvent animer que des sujets; et quiconque veut conserver un état, une république, un royaume, ne peut espérer que d'eux sa sûreté. C'est ainsi qu'en ont usé tous ceux qui ont fait de grandes conquêtes à la tête de leurs armées. Les soldats romains avaient le même courage sous les décemvirs; mais, n'étant pas favorablement disposés pour leurs chefs, ils n'obtenaient pas les mêmes succès. Leurs tyrans détruits, à peine ils commencèrent à combattre en hommes libres, qu'ils sentirent renaître le même esprit qui les animait auparavant, et il leur valut les mêmes succès qu'ils avaient eus dans toutes leurs entreprises.

CHAPITRE XLIV.

Une multitude sans chef ne peut rien faire; et on ne doit pas se porter à des menaces avant de s'être emparé de l'autorité.

La mort tragique de Virginie avait déterminé la retraite du peuple en armes sur le mont Sacré; le sénat lui envoie des députés pour lui demander par quel ordre il avait abandonné ses drapeaux, et s'était retiré sur cette colline. L'autorité du sénat était si respectée que, le peuple se trouvant sans chef, personne n'osait répondre: « Et cependant, dit Tite-Live, il y » avait bien des choses à dire, mais on man- » quait de chef pour s'en charger. » Rien ne prouve mieux combien peu vaut une multitude sans chef.

Virginius connut bientôt la cause de ce silence. Il fit créer à l'instant vingt tribuns militaires, pour être les organes du peuple et traiter avec le sénat. Ils demandent aussitôt qu'on leur envoie Valérius et Horatius, auxquels ils diraient leurs volontés : ces deux sénateurs ne voulurent pas s'y rendre avant que les décemvirs n'eussent déposé leur autorité. Ils se rendent sur le mont Sacré, où était le peuple ; celui-ci demande le rétablissement de ses tribuns, l'appel de tous les magistrats, et qu'on lui livre les décemvirs pour les brûler vifs. Valérius et Horatius approuvent leurs premières demandes ; ils blâment la dernière comme impie. « Vous condamnez la cruauté, disent-ils, » et vous vous y abandonnez vous-mêmes . » Ils lui conseillent de ne pas faire mention des décemvirs, de s'emparer d'abord de leur autorité et de leur puissance, et les assurent que les occasions de s'en venger ensuite ne leur manqueraient pas.

On voit, par cet exemple, quelle folie et quelle imprudence il y a à demander une chose en avertissant d'avance que c'est pour en abuser. Il suffit d'obtenir d'un homme son arme, sans lui dire que c'est pour le tuer ; quand elle sera en votre pouvoir, vous serez à même d'en user.

CHAPITRE XLV.

Il est de mauvais exemple de ne pas observer une loi, surtout de la part de ceux qui l'ont faite, et rien de plus dangereux pour ceux qui gouvernent une ville que de renouveler chaque jour les offenses envers le peuple.

L'accord étant fait, Rome rétablie dans son ancienne forme de gouvernement, Virginius cite Appius devant le peuple pour défendre sa cause. Celui-ci parut accompagné de plusieurs nobles, Virginius ordonne qu'il soit mené en prison ; Appius élève la voix et dit qu'il en appelle au peuple. Virginius lui répond qu'il n'est pas digne de jouir d'un privilége qu'il avait détruit, et d'être protégé par ce même peuple qu'il a offensé. Appius réplique qu'on ne pouvait violer à son égard cette loi d'appel qu'on s'était montré si jaloux de renouveler. Cependant il fut mis en prison, et il prévint son jugement en se tuant lui-même. Les crimes d'Appius méritaient sans doute les plus grands supplices, mais ce n'en était pas moins attenter à la liberté que violer une loi tout récemment établie ; et je ne crois pas qu'il y ait de plus mauvais exemple dans une république que de faire une loi et de ne pas l'observer, surtout au moment où elle vient d'être rendue.

En 1494, l'état de Florence venait d'être réformé à l'aide de Jérôme Savonarola, dont les écrits prouvent la science, l'habileté, la prudence, le courage d'esprit. Parmi les lois qu'il fit établir pour assurer la liberté des citoyens, il y en avait une qui permettait d'en appeler au peuple de tous les jugements rendus pour crimes d'état, par les huit, ou par la seigneurie. Pour la faire passer il lui en coûta infiniment et de temps et de peine. Il arriva que, peu après qu'elle eut été publiée, cinq citoyens furent, pour crimes de cette nature, condamnés à mort par la seigneurie. Les condamnés ayant voulu en appeler au peuple, on ne le permit point; on viola complétement la loi. Cet événement contribua plus que tout autre à diminuer le crédit du frère Jérôme. Si cet appel était utile, il devait le faire observer; s'il ne l'était pas, il ne devait pas se donner tant de peine pour le faire admettre.

Cet événement fut d'autant plus remarqué, que dans toutes les prédications que frère Jérôme fit depuis que la loi avait été violée, il n'osa, ni condamner ceux qui y avaient manqué, ni les approuver; ce qui décela son esprit ambitieux et factieux, lui fit perdre de son crédit, et lui suscita beaucoup d'embarras.

Rien ne blesse si dangereusement un état que de réveiller tous les jours le ressentiment des citoyens par de nouvelles insultes qui se font à tels ou tels d'entre eux. C'est ce qui arriva à Rome après le décemvirat. Tous les dix, et une infinité d'autres citoyens, furent accusés et condamnés en divers temps; en sorte que la noblesse fut saisie de la plus grande terreur, et convaincue qu'on ne mettrait fin à toutes ces condamnations que par sa destruction entière. Ces dispositions auraient produit les plus mauvais effets, si le tribun Marius Duellius ne les eût sagement prévenues par une défense de citer ou d'accuser aucun citoyen romain pendant un an; ce qui rassura toute la noblesse.

On voit par cet exemple combien il est dangereux pour une république, ou pour un prince, de tenir, par des condamnations continuelles, sans cesse suspendus sur leurs sujets le soupçon, l'inquiétude et les alarmes. On ne peut

imaginer rien de plus pernicieux. Les hommes que vous placez dans cette terrible incertitude sur leur vie s'assurent à tout prix contre le péril, et, devenus bientôt plus hardis, se portent à tout comprendre. Il faut donc ou n'attaquer personne, ou exercer en une seule fois la rigueur qu'on croit nécessaire, puis rassurer ensuite les esprits par tout ce qui peut ramener le calme et la confiance.

CHAPITRE XLVI.

Les hommes s'élèvent d'une ambition à une autre. On songe d'abord à se défendre, et ensuite à attaquer.

Le peuple romain avait recouvré sa liberté, repris son rang dans l'état, et même acquis plus de puissance, par une infinité de lois qui l'avaient renforcée. Il semblait que la république dût jouir de quelque repos. L'expérience cependant fit voir tout le contraire. Il s'élevait tous les jours de nouvelles dissensions et de nouveaux troubles; et comme Tite-Live nous en donne la raison d'une manière très-judicieuse, rien ne me paraît plus convenable que de rapporter ses propres paroles. « Toujours, dit cet » historien, l'orgueil du peuple ou celui de la » noblesse s'élevait en proportion de l'abaisse- » ment du pouvoir opposé. Quand le peuple se » tenait dans de justes bornes, la jeune noblesse » commençait d'abord à l'insulter; les tribuns, » outragés eux-mêmes, ne pouvaient lui être que » d'un faible secours; les nobles, d'autre part, » sentaient bien que leur jeunesse donnait dans » l'excès; mais comme ils étaient convaincus de » l'impossibilité de se tenir dans les bornes, ils » aimaient mieux les voir franchies par les leurs » que par le peuple. Ainsi, le désir de la liberté » faisait qu'aucun des deux partis n'avait le des- » sus sans abaisser l'autre. » La nature de ces mouvements est telle, que quiconque vient à échapper à la crainte commence à l'inspirer. Les traits dont il se garantit, il les renvoie à l'instant à son adversaire, comme s'il était nécessaire qu'il y eût toujours un oppresseur et un opprimé.

On voit ici l'un des moyens par lesquels les républiques se perdent, et comment les hommes s'élèvent d'une ambition à une autre; et combien est vraie la maxime que Sallu·te met dans la bouche de César : « que les vices les plus destructeurs ont eu souvent la meilleure source, et sont dus à d'excellentes causes. »

S'il existe quelque citoyen ambitieux dans une république, il cherche d'abord, comme nous l'avons dit, à se mettre à l'abri de l'atteinte, non-seulement des particuliers, mais même des magistrats. Pour cela il se fait des amis, d'abord par des voies honnêtes en apparence, ou par des secours d'argent qu'il donne aux pauvres, ou par la protection accordée contre les puissants. Ces vertus simulées trompent sans peine tout le monde ; et comme on ne songe point à s'opposer à ces progrès, celui-ci persévère sans obstacle, et parvient à un degré où les particuliers le craignent, et les magistrats le ménagent. Arrivé à ce point sans qu'on se soit opposé à son élévation, il devient très-dangereux de le heurter de front, pour les raisons que nous avons énoncées plus haut, en parlant du péril qu'il y a à attaquer ouvertement un vice qui a déjà jeté de profondes racines. Il ne reste plus alors que le choix, ou de chercher à le détruire en courant risque d'une ruine soudaine, ou, en le laissant faire, de subir un esclavage assuré, à moins que la mort ou quelque autre événement ne vous en délivre. En effet, dès qu'on est arrivé au point où les citoyens et les magistrats ont peur de l'offenser, lui et ses amis, il n'y a qu'un pas à faire pour qu'ils forcent ces magistrats et les citoyens à attaquer, à poursuivre qui il leur plaira.

Qu'une des lois constitutives d'une république veille à ce que les citoyens ne puissent faire le mal sous l'ombre du bien ; qu'elle permette la mesure de crédit qui sert à la liberté et qui ne puisse lui nuire : nous en parlerons en son lieu.

CHAPITRE XLVII.

Que les hommes en masse, quoique sujets à se tromper sur les affaires générales, ne se trompent pas sur les particulières.

Le peuple romain commençait à se dégoûter du nom de consul ; il voulut ou que les plébéiens pussent parvenir au consulat, ou que l'autorité de ces magistrats fût limitée. La no-

blesse, pour ne pas avilir la majesté consulaire en accordant l'une ou l'autre de ces demandes, prit un terme moyen, et consentit à ce qu'il fût nommé quatre tribuns revêtus de la puissance consulaire, qui pussent être également choisis, et parmi les nobles, et parmi les plébéiens. Le peuple fut content de cet arrangement, qui lui parut détruire le consulat, et qui le ferait participer à cette suprême magistrature. On vit alors quelque chose de bien remarquable. Au moment de créer des tribuns, le peuple, qui pouvait les choisir tous plébéiens, les tira tous de l'ordre de la noblesse. « L'issue de ces comices, dit Tite-Live, apprit alors qu'autres étaient les esprits, dans la chaleur des prétentions aux honneurs, à la liberté, et autres ils étaient hors de toute passion et dans le calme, quand ils avaient à asseoir un jugement impartial. »

En examinant d'où peut venir cette différence je crois en avoir trouvé la cause : c'est que les hommes en masse, quoique sujets à se tromper sur les affaires générales, ne se trompent pas sur les particulières. Le peuple romain croyait généralement être digne du consulat ; il était la portion la plus nombreuse de la cité, la plus exposée à la guerre, celle qui par la force de son bras contribuait le plus à la maintenir libre et à la rendre puissante. Il crut, en se considérant pour ainsi dire en masse, cette demande très-raisonnable de sa part, et voulut l'obtenir à tout prix. Mais, obligé de porter un jugement sur chacun des candidats de son corps individuellement, il ne sentit que leur incapacité, et il décida qu'aucun d'eux n'était digne de remplir une place qu'il croyait mériter en général. Honteux de la faiblesse des siens, il a recours aux patriciens, en qui il reconnaît plus de talents. Tite-Live, admirant, non sans raison, une aussi sage décision, s'écrie : « Cette modestie, cette équité, cette grandeur d'âme, chez quels individus les trouverez-vous aujourd'hui ? elle était alors le partage de tout un peuple. »

A l'appui d'un tel exemple, on peut en apporter un autre bien remarquable : c'est ce qui se passa à Capoue après qu'Annibal eut défait les Romains à la bataille de Cannes. A cette occasion l'Italie entière était en mouvement ; Capoue surtout allait se soulever, par suite de la haine qui existait entre le sénat et le peuple. Pacuvius Calanus s'y trouvant alors premier magistrat pour le peuple romain, et prévoyant les troubles dont cette ville allait être agitée, forma le projet d'employer l'autorité de sa place à les concilier. Il assemble donc le sénat, leur parle de l'animosité du peuple contre eux et du danger qu'ils couraient d'être massacrés si la ville était livrée à Annibal, à la suite de la défaite que les Romains venaient d'essuyer. Il ajoute que, si on veut s'en rapporter à lui, il trouvera un moyen de réunir les deux ordres; mais que ce moyen consistait à les enfermer, eux, dans le palais, et à les mettre à la merci du peuple, qui, par cela même, disait-il, se déciderait à les sauver.

Les sénateurs s'en rapportent à sa prudence. Aussitôt Pacuvius renferme le sénat dans le palais, assemble le peuple et lui dit que le temps était enfin venu de dompter l'orgueil des nobles, et de se venger des injures qu'il en avait reçues, que pour cela il tenait le sénat enfermé dans le palais; mais comme il ne pensait pas qu'ils voulussent laisser la ville sans gouvernement, il était nécessaire, avant de se défaire des sénateurs anciens, d'en créer de nouveaux; en conséquence, qu'il avait mis dans une bourse les noms de tous les membres du sénat; qu'il les allait tirer un à un, et qu'ils feraient périr celui qui serait sorti après lui avoir préalablement nommé un successeur.

Il commence à tirer un nom de l'urne. A peine l'a-t-il nommé qu'il s'élève un murmure, un cri général contre ce sénateur. On l'accuse de cruauté, d'orgueil, d'arrogance. Pacuvius leur demande qu'on en mette un autre à sa place. Le tumulte s'apaise; après quelques moments de calme, le peuple propose quelqu'un; mais à ce nom les uns se mettent à siffler, d'autres à rire; celui-ci lui donne un ridicule, l'autre un tort; un autre l'accuse. Tous ceux qui sont proposés en remplacement sont hués l'un après l'autre, déclarés indignes d'être sénateurs. Alors Pacuvius, reprenant la parole : « Puisque vous pensez que cette ville ne » pourrait être gouvernée sans sénat, et que » vous ne vous entendez pas pour en établir un » nouveau, je pense que ce que vous ferez de » mieux sera de vous réconcilier avec l'ancien. » La peur que vous venez de leur faire aura

» tellement humilié leur orgueil, que vous » trouverez en eux cette douceur, cette huma- » nité que vous cherchez ailleurs. » Son avis prévalut. Il en résulta l'union de deux ordres; et l'erreur dans laquelle le peuple était tombé, il la découvrit au moment de se décider pour des particuliers à son choix.

Le peuple est encore sujet à se tromper lorsqu'il juge les événements et les causes en général, et pour ainsi dire en masse; mais quand il en vient au détail et au particulier il s'aperçoit bien de son erreur.

Après l'an 1514 et l'expulsion de Florence des principaux citoyens, cette ville n'avait aucune forme régulière de gouvernement; il y régnait une certaine licence ambitieuse qui faisait empirer les maux de la république. Des personnes du peuple, voyant l'état prêt à périr, et en ignorant la cause, accusaient l'ambition de quelques grands qui entretenaient ces désordres pour pouvoir établir un gouvernement à leur guise sur les ruines de la liberté. Elles se répandaient dans les maisons et les places publiques, disant du mal de certains citoyens, et promettant bien que, si jamais elles devenaient membres de la seigneurie, elles sauraient dévoiler les traîtres et les punir. Il arrivait souvent que ces hommes étaient élevés à la souveraine magistrature; et, là, voyant les choses de plus près, ils connaissaient la véritable cause des désordres, les dangers qui en résultaient et la difficulté d'y remédier. Ils s'apercevaient alors que c'était la faute des circonstances et non celle des hommes. Ils changeaient à l'instant et d'esprit, et de conduite, parce que la connaissance particulière qu'ils avaient acquise les tirait de l'erreur où ils étaient tombés en les considérant en général. Ceux qui les avaient entendus et vus si menaçants, n'étant que particuliers, et qui les voyaient ensuite tranquilles, gardant le silence, une fois arrivés à la suprême magistrature, les croyaient à leur tour tout à fait pervertis et corrompus par les grands. Ce changement se remarqua si souvent et sur tant d'individus qu'il donna naissance au proverbe : « Ces hommes, disait-on, ont un visage » pour la place publique, et un autre pour le » palais. »

De tous ces exemples, il résulte que la manière la plus prompte de faire ouvrir les yeux à un peuple est de mettre individuellement chacun à portée de juger par lui-même et isolément de l'objet qu'il n'avait jusque là apprécié qu'en masse. C'est ainsi qu'en usa Pacuvius à Capoue et le sénat à Rome.

Je crois aussi qu'on en peut conclure que jamais un homme sage ne doit appréhender le jugement du peuple sur les objets particuliers, comme la distribution des places et des dignités. C'est la seule chose sur laquelle le peuple ne se trompe jamais; ou s'il se trompe, c'est bien moins souvent que ne ferait un petit nombre d'hommes chargés de ces distributions. Je ne crois pas inutile de montrer dans le chapitre suivant l'innocente ruse employée par le sénat romain pour diriger, sans qu'il s'en doutât, le peuple dans ses choix.

CHAPITRE XLVIII.

Qui veut empêcher qu'une magistrature soit déférée à un homme vil ou méchant doit la faire demander par un homme plus vil et plus méchant encore, ou par ce qu'il y a dans l'état de plus illustre et de plus vertueux.

Quand le sénat craignait que le tribuniciat, avec puissance consulaire, fût donné à des plébéiens, il employait l'un de ces deux moyens: ou bien il faisait demander la place parce qu'il y avait de plus illustre à Rome; ou bien il engageait quelqu'un des plus obscurs et des plus vils plébéiens à se mettre sur les rangs avec ceux de cet ordre qui, méritant plus de considération, sollicitaient cette magistrature. Dans ce dernier cas le peuple aurait rougi d'accorder; dans le second, il avait honte de refuser. Ceci appuie le principe précédemment établi, que le peuple peut se tromper sur les choses en général, mais qu'il ne se trompe guère sur les individus.

CHAPITRE XLIX.

Si les villes libres dès leur origine, comme Rome, ont de la difficulté à trouver des lois qui les maintiennent en liberté, celles qui sont nées dans la servitude éprouvent l'impossibilité d'y réussir.

Combien il est difficile, en organisant une république, de la pourvoir de toutes les lois qui doivent la maintenir libre! Rien ne le prouve mieux que la marche de la république romaine. Quoiqu'elle eût reçu un grand nombre de lois de Romulus d'abord, ensuite de Numa, de Tullus Hostilius, de Servius, et enfin des décemvirs créés pour cet objet, néanmoins on découvrait, pour ainsi dire, à l'user de cette machine politique, de nouveaux besoins, qui nécessitaient de nouvelles lois.

De ce nombre, fut l'établissement des censeurs, qui furent un des plus solides appuis de la liberté tant que la liberté exista à Rome; et cela, parce que, juges souverains des mœurs, ils retardèrent plus que personne les progrès de la corruption.

On fit bien une faute lors de l'établissement de ces magistrats, en les nommant d'abord pour cinq ans; mais elle fut bientôt réparée par la sagesse du dictateur Mamercus, qui, par une nouvelle loi, réduisit la censure à dix-huit mois: changement dont les censeurs alors en charge furent tellement irrités, qu'ils le privèrent de l'entrée du sénat. Cette lâche vengeance excita l'indignation et du sénat et du peuple. Cependant, comme l'histoire ne dit pas que Mamercus eût les moyens d'échapper à leur vengeance, il faut ou que l'histoire ne soit pas complète, ou que la constitution de Rome ait été défectueuse en ce point; car un état n'est pas bien constitué lorsqu'un citoyen peut y être attaqué impunément pour avoir proposé une loi favorable à la liberté. Mais revenons.

Je disais que la création de cette nouvelle magistrature fait naître cette réflexion: que s'il est difficile aux états nés libres, mais dont les principes de liberté se sont relâchés d'eux-mêmes, comme à Rome, de trouver des lois capables de maintenir leur liberté, il n'est pas étonnant que des états qui ont commencé par être dépendants ou dans la servitude éprouvent, je ne dis pas de la difficulté, mais même une véritable impossibilité à se constituer de manière à pouvoir vivre à la fois libres et tranquilles. La république de Florence en est un exemple. Soumise dès son origine à l'empire romain, et ayant toujours vécu sous un gouvernement étranger tout le temps qu'elle fut dans la dépendance, elle ne pensa pas un seul instant à s'en tirer. L'occasion de secouer le joug étant enfin venue, on la vit se donner un commencement de constitution; mais, comme celle-ci fut un mélange des lois anciennes conservées et fondues avec les nouvelles, elle ne put être bonne : telle elle a existé pendant deux cents ans. Et Florence, dans les combats des partis qui l'ont perpétuellement agitée, n'a jamais rencontré une forme de gouvernement qui lui méritât le titre de république.

Les difficultés qui se sont opposées à Florence à l'établissement de la liberté sont les mêmes qu'éprouvent les villes qui ont commencé comme elle; et, quoique bien des fois le suffrage public et libre des citoyens ait donné à quelques citoyens le pouvoir le plus étendu pour réformer les lois, jamais ils n'ont eu pour but l'utilité commune, mais seulement celle de leur parti, et ces prétendues réformes n'ont amené que de nouveaux désordres.

Je vais prouver ce que j'avance par un exemple particulier. Un des objets les plus dignes de fixer l'attention d'un homme qui donne une constitution à une république, c'est d'examiner en quelles mains il remet le droit de vie et de mort sur les citoyens. La constitution de Rome était merveilleuse sur ce point. On pouvait ordinairement en appeler au peuple; et, s'il se rencontrait une occasion où il eût été dangereux de différer l'exécution par l'appel au peuple, on avait recours à un dictateur dont l'ordre absolu était exécuté sur-le-champ; mais ils n'avaient recours à ce moyen que dans les cas de nécessité.

Mais à Florence et dans les autres villes nées comme elles dans la servitude, c'était un étranger envoyé par le prince qui exerçait ce terrible droit. Quand elle fut devenue libre, cette autorité resta entre les mains d'un étranger que l'on appelait *capitaine*; mais la facilité qu'avaient à le corrompre les citoyens puissants fut la source des plus grands maux. Cette institution changea par les révolutions arrivées dans l'état, et on nomma huit citoyens pour exercer les fonctions de capitaine; ce qui fut de mal en pis, par les raisons que nous avons dites bien des fois : qu'un tribunal peu nombreux est toujours aux ordres d'un petit nombre de citoyens puissants.

Venise a su se garantir de cet abus. Le conseil des dix peut sans appel condamner à mort tout citoyen; mais, comme ceux-ci pourraient ne pas avoir assez de force pour punir les grands en crédit, quoiqu'ils en eussent l'autorité, on a établi les *quaranties*[1]. Ils ont voulu de plus que le conseil des *pregadi*, qui est le sénat, ait le droit de les juger; en sorte que, lorsqu'il y a un accusateur, il y a aussi des juges pour retenir les grands dans le devoir.

Si l'on a vu Rome, qui s'était elle-même donné des lois et qui y avait employé tant d'hommes sages et éclairés, forcée tous les jours par des événements imprévus à faire de nouveaux établissements pour maintenir sa liberté, est-il étonnant que d'autres villes dont les commencements ont été si vicieux trouvent des difficultés insurmontables à se procurer de meilleures lois?

CHAPITRE L.

Que nul conseil, nul magistrat ne doit pouvoir arrêter la marche des affaires dans un état.

Quintius Cincinnatus et Julius Mentus étaient consuls à Rome en même temps. La désunion qui régnait entre ces deux magistrats arrêtait toutes les affaires de cette république. En vain le sénat les pressait de nommer un dictateur qui pût remédier à l'effet de leur discorde. Divisés en tout, ils ne s'accordaient qu'en ce point, de ne pas vouloir de dictateur. Le sénat, à défaut d'autres moyens, fut obligé de recourir aux tribuns du peuple, et ceux-ci réunis au sénat forcèrent les consuls à obéir.

On remarque d'abord ici l'utilité du tribunat, qui, non-seulement servait de frein à l'ambition des grands quand elle se tournait contre le peuple, mais encore dans les excès qu'ils se permettaient entre eux.

Observez ensuite que jamais on ne doit dans un état abandonner à un petit nombre de citoyens l'exercice des fonctions, tellement nécessaires aux maintien de la république, que sans elles tout mouvement serait arrêté. Par exemple, si vous laissez à un conseil le pouvoir de distribuer certaines charges ou certaines

---

[1] Tribunaux composés de quarante juges. C'est la troisième chambre de ce nom, ou *quarantie criminelle*, qui est ici désignée.

prérogatives, ou que vous confiez à un magistrat telle partie d'administration, il faut, ou lui imposer la nécessité de s'en acquitter lui-même quoi qu'il arrive, ou établir qu'à son défaut il puisse et doive la faire remplir par un autre; autrement la constitution de cet état serait défectueuse en ce point, et l'exposerait aux plus grands dangers; on voit ce qu'il serait advenu à Rome, si l'autorité des tribuns n'avait pu être opposée à l'obstination des consuls.

Le grand conseil distribue à Venise les charges et les magistratures. Il arrivait quelquefois que par mécontentement, ou par l'effet de quelque fausse suggestion, il ne nommait pas des successeurs aux magistrats de la ville ni à ceux des provinces : de là le plus grand désordre. En un instant, et les pays sujets et la ville même manquaient d'autorités légitimes, et on ne pouvait rien obtenir si la majorité du conseil n'était ou satisfaite ou trompée. Cet inconvénient aurait eu les plus funestes suites, si des citoyens sages n'y eussent pourvu. Ils profitèrent d'une occasion favorable, pour faire passer une loi qui déclarait : que les magistratures, soit du dehors, soit du dedans, ne seraient jamais vacantes; les titulaires ne devaient les céder qu'à leurs successeurs arrivés et mis en place par eux. Ainsi fut ôté au grand conseil le pouvoir d'exposer l'état aux plus grands dangers, en arrêtant la marche des affaires publiques.

CHAPITRE LI.

Qu'une république ou un prince doit se porter à faire par générosité ce à quoi la nécessité contraint.

Les hommes prudents savent se faire toujours un mérite de ce que la nécessité les contraint de faire. Cette sage politique fut adroitement employée par le sénat romain, quand il ordonna que les citoyens qui, jusque-là, avaient fait la guerre à leurs dépens, fussent payés par le trésor public. Il voyait que par défaut de paie la guerre ne pouvait durer longtemps, et que par là on ne pouvait ni assiéger des villes, ni conduire les armées au loin. Le besoin de faire l'un et l'autre leur fit déclarer

qu'on donnerait une solde; mais il sut se faire honneur de ce à quoi il était forcé. Le peuple fut si touché de cette générosité qu'il se livra à des transports de joie inouïs; il crut recevoir une grâce telle qu'il n'eût jamais osé l'espérer, et qu'il n'eût jamais imaginé de la demander. En vain les tribuns cherchèrent-ils à diminuer à ses yeux le mérite du sénat, en lui faisant voir que cette générosité tendait à aggraver le peuple au lieu de le soulager, puisqu'il faudrait nécessairement mettre des impôts pour subvenir à cette dépense. Rien ne put diminuer la joie du peuple et sa reconnaissance comme d'un bienfait reçu. Le sénat sut l'augmenter adroitement par la manière dont il répartit l'impôt; car les contributions qu'il exigea de la noblesse furent les plus fortes et celles qui furent les premières acquittées.

CHAPITRE LII.

Pour réprimer les excès et le danger d'un ambitieux en crédit dans une république, il n'est pas de plus sûr moyen, ni qui fasse moins d'éclat, que d'occuper avant lui le chemin qui conduit à cette élévation.

On voit, par ce que nous venons de dire dans le chapitre précédent, le crédit que la noblesse avait acquis parmi le peuple, pour avoir paru lui rendre un service en lui accordant une paie, et par la manière dont il avait réparti l'impôt. Si elle eût su se maintenir dans cette faveur, toute semence de troubles eût été détruite; elle eût enlevé aux tribuns le crédit qu'ils avaient sur le peuple, et par conséquent leur autorité. Dans une république, et surtout dans celle où la corruption a déjà fait des progrès, le meilleur moyen, le plus facile, comme celui qui a le moins d'éclat pour s'opposer à l'ambition d'un citoyen, c'est d'occuper avant lui les voies par lesquelles il chemine pour arriver à son but. Cette sage politique, si elle eût été employée par les adversaires de Cosme de Médicis, eût mieux valu que de le chasser de Florence. S'ils avaient pris, comme lui, le parti de favoriser le peuple, ils faisaient tomber de ses mains les armes dont il se servait avec le plus de succès.

Pierre Soderini n'avait acquis le plus grand crédit dans cette même ville de Florence, que

par les soins qu'il prenait pour gagner l'affection du peuple; c'est ce qui le faisait passer
pour un des plus grands partisans de la liberté.
Ceux qui portaient envie à son crédit eussent
réussi bien plus facilement, d'une manière plus
honnête, moins dangereuse, moins désavantageuse à la république, en le devançant dans la
route qu'il avait suivie pour arriver à ce point
de puissance, qu'en l'attaquant de front, au
risque d'entraîner dans sa chute la ruine de la
république. Ils lui eussent d'abord fait tomber
des mains ces armes dont son ambition se servait; ce qui était fort aisé; ensuite ils l'eussent attaqué avec avantage dans tous les conseils, dans
toutes les délibérations publiques, et cela sans
ménagement comme sans crainte aucune. On
dira peut-être que si les ennemis de Soderini commirent une faute en lui laissant les
moyens de se concilier le peuple, il en commit
une autre lui-même à son tour, en ne s'emparant pas des mêmes moyens dont ses adversaires pouvaient se servir, et qui consistaient à
le faire regarder comme un homme dangereux
pour la liberté. Mais Soderini doit être excusé.
Il lui était très-difficile d'en venir à bout; il ne
pouvait leur ôter ces moyens en les employant
lui-même. En effet, ils consistaient uniqu-
ment à favoriser les Médicis: c'est par ces armes qu'on l'attaqua, et qu'enfin on le terrassa.
Or, Soderini pouvait il honnêtement prendre
ce part? pouvait il, sans détruire sa réputation,
détruire cette même liberté dont le peuple l'a-
vait établi le gardien? Ce changement ne pouvant ni se tenir secret, ni se faire tout d'un
coup, eût été plein de danger pour lui. Dès qu'il
se fût montré l'ami des Médicis, il serait devenu
suspect et odieux au peuple, et ses ennemis s'en
seraient servi avantageusement pour le perdre.

Il faut donc, avant de prendre un parti,
considérer ses inconvénients et ses dangers; et si
le désavantage l'emporte sur l'utilité, savoir y
renoncer, quand même on serait sûr d'y amener tous les suffrages. Se conduire autrement, ce serait s'exposer à ce qu'éprouva Cicéron qui, voulant détruire le crédit d'Antoine,
ne fit que l'accroître. En effet, Marc-Antoine
ayant été déclaré l'ennemi du sénat, avait rassemblé une armée composée en grande partie
des anciens soldats de César. Cicéron, pour lui
enlever ces soldats, engagea le sénat à se servir
d'Octave, et à l'envoyer avec les consuls et l'armée contre Antoine. Il prétendait que les soldats d'Antoine n'entendraient pas plustôt nommer Octave, le neveu de César, et qui portait
son nom, qu'ils abandonneraient le premier
pour se ranger sous les drapeaux du second,
et que, ainsi privé de leur secours, Antoine
serait facilement écrasé. Tout le contraire arriva. Antoine sut gagner Octave, qui laissa et
Cicéron et le sénat pour se liguer avec lui;
ce qui perdit pour toujours le parti des grands.
Rien n'était plus facile à prévoir. Il ne fallait
pas en croire Cicéron; mais il fallait redouter
le nom de César, qui avait détruit ses ennemis
avec tant de gloire, et établi à Rome une monarchie; il ne fallait attendre de lui ni de ses
partisans rien de favorable à la liberté.

CHAPITRE LIII.

Qu'un peuple souvent désire sa ruine, trompé par une
fausse apparence de bien; et qu'on le met facilement
en mouvement par des espérances séduisantes et des
promesses magnifiques.

Après la prise de Véies, il circula parmi le
peuple à Rome, qu'il serait utile pour la ville
que la moitié de ses habitants allât demeurer à
Véies. On faisait valoir la richesse de son territoire, le nombre de ses édifices et son voisinage
de Rome: on pouvait par ce moyen enrichir la
moitié des citoyens, sans déranger à raison de
cette proximité, le cours des affaires. Ce projet parut au sénat et aux plus sages des Romains, si désavantageux et même si funeste
qu'ils déclarèrent hautement qu'ils aimeraient
mieux mourir que d'y donner les mains. La
dispute s'échauffa entre les deux ordres. On
en serait venu aux armes et le sang aurait
coulé, si le sénat ne s'était fait comme un rempart des citoyens les plus vieux et les plus estimés; par la vénération que le peuple avait pour
eux, ils lui servirent de frein, et il ne poussa
pas plus loin ses excès. A ce sujet il faut remarquer deux choses: la première, que le
peuple, trompé souvent par de fausses apparences de bien, désire sa propre ruine; et,
si ce qui est bien et ce qui est mal ne lui est
pas démontré par quelqu'un en qui il ait confiance, la république se trouve exposée aux

plus grands dangers; mais, quand le hasard fait que le peuple n'a confiance en personne, ce qui arrive quelquefois lorsqu'il a été déjà trompé soit par les événements, soit par les hommes, il faut nécessairement que l'état périsse. C'est ce qui a fait dire au Dante, dans son traité de la monarchie, qu'on entend bien des fois le peuple dans l'ivresse, crier : « Vive » notre mort, périsse notre vie ! »

De ce défaut de confiance, il arrive quelquefois dans la république qu'on rejette les meilleurs partis. Les Vénitiens nous en ont fourni un exemple, quand, attaqués par tant d'ennemis réunis, ils ne purent, pour prévenir leur ruine, se résoudre à en gagner quelques-uns par la restitution de ce qu'ils avaient enlevé à d'autres, ce qui avait allumé contre eux la guerre et ligué tant de puissances.

Veut-on savoir ce qu'il est facile ou difficile de persuader à un peuple ? il faut faire cette distinction : ce que vous avez à lui persuader présente-t-il au premier abord, ou perte ou gain ? ou bien, semble-t-il magnanime ou lâche ? S'il y a apparence de magnanimité ou de gain, rien du plus aisé que de le persuader à la multitude, quoique la perte de la république et la ruine de l'état soient cachées sous ces belles apparences ; rien de si difficile, au contraire, s'il y a faiblesse ou perte apparentes, quoique l'avantage et le salut réels de l'état y soient attachés. Ce que je dis là est appuyé sur mille exemples tirés de l'histoire des Romains et de celle des Barbares, pris chez les anciens et chez les modernes.

Un des exemples les plus frappants est celui de Fabius Maximus. Quelle mauvaise opinion n'eut pas de lui le peuple romain quand il essaya de lui persuader qu'il était utile à la république de n'opposer que de la lenteur à l'impétuosité d'Annibal, et de soutenir cette guerre sans livrer un combat ! Le peuple ne vit que de la lâcheté dans ce conseil : il n'en démêlait pas l'utilité ; et Fabius ne trouvait pas d'assez fortes raisons pour la lui rendre sensible. Les peuples sont tellement aveuglés d'illusions brillantes, que les Romains, après avoir commis la faute énorme de donner au maître de la cavalerie pouvoir de livrer bataille sans le consentement du dictateur, après avoir vu, par une suite de ce pouvoir, l'armée sur le point d'être détruite

si la sagesse de Fabius ne l'eût secourue, cette expérience ne les rendit pas plus sages, et ne les empêcha pas de donner le consulat à Varron. Celui-ci n'avait pourtant d'autre mérite que d'aller dans toutes les places et dans tous les lieux publics de Rome, promettant de tailler en pièces Annibal sitôt qu'on lui permettrait de le combattre. La défaite de Cannes et presque la ruine de Rome furent la suite de cette imprudence.

Je vais citer un autre exemple pris dans l'histoire romaine. Annibal était en Italie depuis huit ou dix ans. Il n'était pas de province qu'il n'eût inondée du sang romain, lorsqu'un M. Centenius Penula, homme des plus vils, quoique revêtu autrefois de quelque grade dans la milice, se présente au sénat et lui promet de lui livrer sous peu Annibal mort ou vif, si on lui donne pouvoir de lever une armée de volontaires dans tel lieu de l'Italie qu'il jugerait convenable. Sa promesse parut téméraire au sénat ; persuadé cependant que s'il la méprisait et que le peuple ensuite en eût connaissance, c'en serait assez pour le porter aux plus grands excès il le lui accorda. Il aima mieux exposer aux plus grands dangers tous ceux qui suivaient cet insensé, qu'exciter de nouveaux mécontentements parmi le peuple, convaincu qu'une pareille proposition était faite pour lui plaire, et combien il serait difficile de l'en dissuader. Celui-ci, ayant donc rassemblé une multitude sans ordre et sans discipline, marcha vers Annibal, et à peine l'eut-il joint qu'il fut mis en déroute et taillé en pièces avec toute la horde qui l'avait suivi.

En Grèce, dans la ville d'Athènes, jamais Nicias, malgré sa sagesse et sa prudence, ne put persuader au peuple qu'il était très-dangereux de porter la guerre en Sicile. Cette guerre, entreprise contre l'avis des hommes éclairés et sages, entraîna la ruine d'Athènes.

Scipion, parvenu au consulat, demandait l'Afrique pour province et promettait de détruire Carthage. Le sénat ne voulait pas la lui accorder, fondé sur les principes de Fabius Maximus. Alors, il menaça de s'adresser au peuple. Il savait combien de pareilles propositions sont faites pour plaire à la multitude.

A tous ces exemples étrangers, je pourrais en citer d'autres tirés de notre histoire. Hercule Bentivoglio, gouverneur de Florence, et Antoine

Giacomini, après avoir battu ensemble à Saint-Vincent, Barthélemi d'Alviano, allèrent camper devant Pise. Cette entreprise fut résolue par le peuple sur les magnifiques promesses de Bentivoglio, malgré l'avis d'une infinité de gens sages et prudents. Ceux-ci ne purent jamais réussir à l'empêcher, emportés par la volonté de la multitude que les promesses brillantes du gouverneur avaient animée.

Je dis donc que le moyen le plus facile de ruiner une république où le peuple a du pouvoir, c'est de lui proposer des entreprises brillantes; car, dès qu'il a de l'autorité, il en use dans ces occasions, et l'opinion contraire de qui que ce soit ne sera en état de l'arrêter; mais si la ruine de l'état est la suite de ces entreprises, celle des chefs qui les conduisent est encore plus assurée. Le peuple s'attendait à des victoires, il ne trouve que des défaites; il n'en accuse ni la fortune ni l'impossibilité des succès, mais l'ignorance ou la malice des chefs, et le plus souvent ou il les fait mourir, ou il les emprisonne, ou il les exile. C'est ce qui arriva à une infinité de généraux lacédémoniens et athéniens. Leurs succès antérieurs ne leur sont alors d'aucun secours; leur dernier revers fait tout oublier. Tel fut le sort de notre Antoine Giacomini pour avoir échoué devant Pise, malgré ses promesses. Le peuple, qui s'était flatté du succès, le reçut si mal que, malgré ses nombreux services passés, il dut sa vie bien plutôt à la pitié de ceux qui gouvernaient, qu'à aucun souvenir de bienveillance de la part du peuple.

CHAPITRE LIV.

Combien est puissante l'autorité d'un grand homme pour calmer une multitude échauffée.

La seconde chose à remarquer sur le texte cité dans le précédent chapitre, c'est que rien n'est plus capable de calmer les mouvements d'une multitude animée, que le respect qu'on porte à un homme qui a du poids, de l'autorité, et qui se présente aux mutins; aussi ce n'est pas sans raison que Virgile a dit :

De vertus, de respects et d'ans environné,
Un grave personnage, au peuple mutiné
Apparaît..... Son aspect impose le silence;
Chacun prête l'oreille, et ressent sa présence.

Il faut donc que celui qui est à la tête d'une armée, ou le magistrat d'une ville où il vient de naître une sédition, sache se présenter à la multitude avec le plus de grâce et de dignité qu'il lui sera possible; et revêtu de toutes les marques de son grade pour inspirer plus de respect.

Deux factions, il y a quelques années, divisaient Florence; les fratesques et les enragés : c'est ainsi qu'on les désignait. On en vient aux armes. Les fratesques eurent du dessous. Un d'entre eux était Paul Antoine Soderini, citoyen très-considéré dans cette république. Le peuple armé se porte en foule à sa maison pour la piller. François, son frère, alors évêque de Volterra, et depuis cardinal, se trouva par hasard dans la maison d'Antoine. Au premier bruit qu'il entend, à la vue de la foule qui commençait à assiéger les portes, il se revêt de ses plus beaux habits, il met par-dessus son camail, et se présente à cette populace armée. Cet appareil, sa présence et ses discours leur imposent et les arrêtent. Il ne fut bruit pendant quelque jours dans toute la ville, que de la fermeté de ce prélat et de son succès.

Je conclus donc qu'il n'est pas de meilleur moyen pour apaiser une multitude soulevée que la présence d'un homme qui imprime le respect. On voit aussi, pour revenir à mon sujet, avec quelle obstination le peuple romain avait adopté le parti de passer à Véies, ébloui par les avantages apparents que ce projet lui présentait, et qui lui en cachait les inconvénients. On voit quels troubles et quels malheurs son entêtement aurait fait naître si le sénat n'eût employé des hommes graves et respectés du peuple, pour s'opposer à sa fureur.

CHAPITRE LV.

Combien il est aisé de faire marcher toutes choses dans une république où le peuple n'est pas encore corrompu; où l'égalité règne, il ne peut y avoir de monarchie; où l'égalité ne se trouve pas, il ne peut y avoir de république.

Nous avons assez longtemps discouru sur ce qu'on doit craindre ou espérer d'une ville corrompue. Cependant il ne me paraît pas inutile d'examiner une délibération du sénat au sujet du vœu fait par Camillus, de consacrer à Apollon la dixième partie du butin fait à Véies. Ce butin étant tombé dans les mains du peuple, il était impossible de savoir au juste à quoi il se montait. Le sénat ordonna à tous les citoyens d'apporter au trésor public la dixième partie de ce qu'ils avaient pris. Cette ordonnance ne fut point exécutée; et l'on prit d'autres moyens pour satisfaire Apollon et le peuple tout ensemble. On voit cependant combien le sénat comptait sur la probité des Romains, et combien il était persuadé que personne ne serait capable de retenir la moindre partie de ce qu'on lui ordonnait de rapporter. D'autre part : admirez ces hommes qui ne songent pas à frauder la loi en donnant moins qu'ils ne devaient donner, mais qui, pour s'en affranchir, aiment mieux témoigner hautement leur indignation. Cet exemple, et plusieurs autres que nous avons cités ci-dessus, prouvent la probité et la religion de ce peuple, et tout le bien que l'on pouvait en attendre.

En effet, là où cette probité ne règne pas, on ne peut attendre aucun bien. Aussi ne peut-on véritablement en attendre aucun des états corrompus comme le sont ceux d'Italie surtout; ni de ceux qui, comme la France et l'Espagne, le sont aussi quoiqu'à un moindre degré. Si dans ces deux monarchies on voit moins arriver de désordres et de troubles que l'Italie n'en voit naître tous les jours, ce n'est pas tant à la probité de ces peuples qu'il faut l'attribuer et qui est bien éloignée de sa pureté, qu'à ce qu'ils vivent sous un roi qui les tient réunis. Encore c'est moins par sa vertu ou son courage qu'il y parvient, que par la force des principes constitutifs de ces états, qui ne sont point encore altérés.

L'Allemagne seule nous présente encore des peuples remplis de probité et de religion, ce qui fait que plusieurs républiques y subsistent libres, et observent leurs lois avec tant de respect, que personne, soit citoyen, soit étranger, n'ose tenter de s'en rendre maître; et pour preuve que parmi ces peuples on trouve cette ancienne probité, je vais citer un fait en tout semblable à celui de Rome. Lorsque ces villes ont quelque dépense publique à faire, les magistrats, ou les conseils qui sont chargés

de la répartition, imposent sur chaque citoyen le huitième de ce qu'il possède, un, deux pour cent, plus ou moins. L'ordonnance publiée selon les formes usitées, chacun se présente au receveur, fait serment de payer exactement sa quotité, et jette dans une caisse ce qu'il croit devoir, sans avoir d'autre témoin que lui-même de l'exactitude de son paiement.

On peut conjecturer, par cet exemple, de la religion et de la probité de ces peuples. A coup sûr chacun paie exactement ce qu'il doit; s'il en était autrement, l'impôt ne rendrait pas la somme qu'on en attendait, et qu'on évalue d'après les anciennes impositions; or s'il ne rendait pas cette même valeur, on découvrirait la fraude, et celle-ci découverte, on prendrait d'autres mesures pour faire payer.

Cette probité est d'autant plus admirable qu'elle est devenue plus rare, et qu'on ne la voit déjà plus que dans ces heureuses contrées. On peut l'attribuer à deux causes : la première, est le peu de communication de ces peuples avec leurs voisins; ceux-ci ne vont point chez les Allemands; les Allemands ne vont point chez les étrangers, contents qu'ils sont des biens dont ils jouissent dans leur pays, des aliments qu'il produit et des laines de leurs troupeaux. Ce défaut de relations a préservé leur innocence de toute corruption. Ils n'ont pu, heureusement pour eux, prendre les mœurs ni des Français, ni des Espagnols, ni des Italiens, toutes nations infiniment corrompues.

La seconde cause à laquelle ces républiques doivent la pureté des mœurs et l'existence politique qu'elles ont conservée, c'est qu'elles ne souffrent pas chez elles qu'aucun citoyen vive en gentilhomme, ou le soit réellement; elles ont soin de maintenir au contraire la plus parfaite égalité, et sont les ennemies les plus déclarées des seigneurs et de la noblesse qui habite leur pays; et si par hasard quelqu'un d'eux tombe entre leurs mains, elles le font périr sans pitié, comme coupable de corrompre et de troubler leur état. Pour expliquer ce que j'entends par gentilhomme, je dirai qu'on appelle ainsi tous ceux qui vivent sans rien faire, du produit de leurs possessions, et qui ne s'adonnent ni à l'agriculture, ni à aucun autre métier ou profession. De tels hommes sont dangereux dans toute république et dans tout état. Plus dangereux encore sont ceux qui, outre leurs possessions en terre, ont encore des châteaux où ils commandent et des sujets qui leur obéissent. Le royaume de Naples, le territoire de Rome, la Romagne et la Lombardie fourmillent de ces deux espèces d'hommes; aussi jamais république, jamais état libre ne s'est formé dans ces provinces, peuplées de ces ennemis naturels de toute société politique raisonnable. Il serait impossible même d'y établir une république. Le seul moyen d'y faire régner quelque ordre serait d'y introduire le gouvernement monarchique. En effet, dans les pays où la corruption est si forte que les lois ne peuvent l'arrêter, il faut y établir en même temps une force majeure, c'est-à-dire, un roi qui appesantisse une main de fer et qui déploie un pouvoir absolu pour mettre un frein à l'ambition d'une noblesse corrompue.

La vérité de ces observations est prouvée par l'exemple de la Toscane. Dans un petit espace, on a vu subsister longtemps trois républiques : Florence, Sienne et Lucques. Les autres villes de la Toscane, quoique dans la dépendance de celles-ci, existent cependant avec des formes, une constitution et des lois qui maintiennent leur liberté, ou du moins qui y entretiennent le désir de la maintenir; et tout cela ne vient que de ce que dans cette province il y a très-peu de gentilshommes et qu'aucun n'y possède de châteaux. Il y règne au contraire tant d'égalité, qu'il serait fort aisé à un homme sage et qui connaîtrait la constitution des anciennes républiques, d'y établir un gouvernement libre. Mais tel a été le malheur de ce pays, qu'il ne s'est présenté jusqu'à présent aucun homme qui ait eu le pouvoir ou l'habileté de le faire.

On peut donc conclure de ce que nous avons avancé, que quiconque veut établir une république dans un pays où il y a beaucoup de gentilshommes, ne peut y réussir sans les détruire tous. Celui qui, au contraire, veut élever une monarchie dans un pays où l'égalité règne, ne pourra jamais y réussir, s'il ne tire pas de cet état d'égalité des hommes ambitieux et inquiets; s'il ne les crée pas gentilshommes, non-seulement de nom, mais de fait,

en leur donnant des châteaux, des possessions, des richesses et des sujets. Placé au milieu d'eux, celui-ci, par leur moyen, maintiendra sa puissance; eux se serviront du monarque pour satisfaire leur ambition, et tous les autres seront contraints de supporter un joug que la force seule peut les obliger à endurer. Car la force comprimante étant en rapport et en proportion avec la puissance comprimée, toutes les parties se tiendront respectivement à leur place.

Mais établir une république dans un pays plus propre à une monarchie, comme établir une monarchie dans un pays plus propre à une république, ne peut être que l'ouvrage d'un homme d'une capacité et d'une autorité peu communes. Beaucoup l'ont tenté, peu sont venus à bout de réussir. La grandeur de l'entreprise étonne les uns et arrête les autres, de manière qu'ils échouent presqu'en commençant.

A ce principe : qu'un pays rempli de gentilshommes ne peut pas se gouverner en république, on m'objectera peut-être l'exemple contraire de la république de Venise, dans laquelle les gentilshommes seuls peuvent parvenir aux emplois. Je répondrai à cela : que les gentilshommes vénitiens le sont plus de nom que de fait. Comme leurs richesses sont fondées sur le commerce et consistent en mobilier, ils n'ont ni grandes propriétés en terres, ni châteaux, ni juridiction sur des sujets. La noblesse n'est qu'un titre fait pour attirer la considération, le respect, et n'est nullement établi sur aucun des avantages dont les gentilshommes jouissent ailleurs. Venise est divisée en noblesse et en peuple, comme les autres républiques sont divisées en différentes classes sous des noms différents : les nobles y ont tous les honneurs, toutes les places; le peuple en est exclu; cette distribution ne détruit ni l'ordre, ni l'harmonie; nous en avons dit les motifs.

Établissez donc une république là où existait l'égalité, ou bien là où elle a été introduite; et au contraire, établissez une monarchie là où il existe une grande inégalité, autrement votre édifice sera sans proportion et peu durable,

CHAPITRE LVI.

Que les grands changements qui arrivent dans une ville
ou un état, sont toujours précédés de signes qui les annoncent et d'hommes qui les prédisent.

D'où cela vient-il? Je l'ignore; mais mille
exemples anciens et modernes prouvent que
jamais il n'arrive aucun grand changement dans
une ville ou un état, qui n'ait été annoncé
par des devins, des révélations, des prodiges,
ou des signes célestes. Pour ne pas en rapporter un exemple pris hors de chez nous,
on sait de quelle manière le frère Jérôme Savonarola prédit l'arrivée de Charles VIII en
Italie; et que dans toute la Toscane, principalement à Arezzo, on vit des hommes armés
qui se livraient combat dans les airs.

Chacun sait également que peu avant la
mort du vieux Laurent de Médicis, le tonnerre
tomba sur le haut du dôme, et cela avec tant
de fracas, que cet édifice en fut considérablement endommagé. Ne sait-on pas également
que, peu avant l'expulsion de Pierre Soderini,
créé gonfalonnier de Florence à vie, le palais
même fut frappé de la foudre. On pourrait
citer une infinité d'autres exemples que je
passe de peur d'ennuyer le lecteur. Je raconte-
rai seulement ce qui, d'après Tite-Live, précéda l'arrivée des Gaulois à Rome. Un plébéien,
nommé Marcus Ceditius, vint déclarer au sénat que, passant la nuit dans la rue Neuve, il
avait entendu une voix plus forte qu'une voix
humaine, lui ordonner d'avertir les magistrats
que les Gaulois venaient à Rome. Pour expliquer la cause de ces prodiges, il faudrait avoir
une connaissance des choses naturelles et surnaturelles que je n'ai pas. Il se pourrait peut-
être que l'air, d'après l'opinion de certains
philosophes, fût peuplé d'intelligences qui,
douées d'assez grandes lumières pour prédire
l'avenir, et touchées de compassion pour les
hommes, les avertissent par des signes, de se
mettre en garde contre le péril qui les menace. Quoi qu'il en soit, la vérité du fait existe,
et ces prodiges sont toujours suivis des changements les plus remarquables.

CHAPITRE LVII.

Que le peuple en masse est très-courageux; que séparé,
il est très-faible.

Après la ruine de Rome par les Gaulois,
plusieurs citoyens allèrent s'établir à Véies, et
cela contre la constitution et malgré la défense
du sénat. Celui-ci, pour remédier à ce désordre, ordonna sous des peines sévères, à tout
citoyen, de revenir habiter Rome. Ceux contre
lesquels ces ordres étaient lancés commencèrent par s'en moquer; cependant, le terme prescrit arrivé, chacun s'empressa d'obéir, et Tite-
Live dit à ce sujet : « De braves et séditieux
» qu'ils étaient ensemble, ils devinrent, cha-
» cun en particulier, soumis par crainte et
» obéissants. »

Ce trait peint on ne peut pas mieux le caractère de la multitude : souvent elle est audacieuse
et s'exhale en propos contre la décision de ses
princes; mais, la punition est-elle présente,
ils se défient mutuellement les uns des autres,
et tous s'empressent d'obéir.

Ainsi, quoi qu'on dise de la bonne ou de la
mauvaise disposition du peuple d'après ses
propos, n'en tenez nul compte; mais soyez en
mesure de le maintenir s'il est favorablement
disposé, et de ne le pas craindre s'il est dans
des dispositions contraires. Cependant, si ses dispositions défavorables venaient ou de la perte
de sa liberté ou de l'attachement qu'il avait
pour un ancien prince encore vivant, il faut
bien se garder de les mépriser; car, ce sont les
plus redoutables de toutes, et on a besoin de
la plus grande force pour les contenir. Mais
celles qui ont tout autre motif sont faciles à
modérer, lorsque le peuple n'a pas de chef qui
lui serve d'appui; car, s'il n'est rien de plus
effrayant qu'une multitude échappée et sans
chef, il n'est rien aussi de plus lâche. Quand
elle aurait les armes en main, vous la réduirez
aisément, si vous avez seulement une retraite
pour vous mettre à l'abri de sa première fougue. Bientôt, quand les esprits commencent
à se refroidir, chacun, sur le point de retourner à sa maison, commence à perdre sa confiance en ses propres forces, et pense à se sauver,
ou par la fuite, ou par un accommodement.

Aussi, un peuple soulevé qui veut éviter pareille issue, commence à se donner un chef

qui le dirige, qui le tienne uni, et s'occupe du soin de le défendre. C'est ce que fit le peuple romain quand, après la mort de Virginie, il quitta Rome et se donna vingt tribuns qui s'occupèrent de l'intérêt de tous. Tout peuple qui n'en agit pas ainsi éprouve ce que nous avons rapporté d'après Tite-Live : qu'une multitude en masse est courageuse, et qu'elle devient vile et lâche quand chaque individu vient à réfléchir sur son danger personnel.

CHAPITRE LVIII.

Qu'un peuple est plus sage et plus constant qu'un prince.

Rien n'est plus mobile, plus léger que la multitude ; c'est ce que Tite-Live, notre auteur, et les autres historiens, ne cessent d'affirmer. En effet, dans les divers traits qu'il raconte de ces hommes réunis, on voit cette multitude condamner un homme à mort, ensuite le pleurer amèrement et le désirer. Ainsi se conduisit le peuple romain par rapport à Manlius Capitolinus qu'il fit périr. « A peine le » peuple, dit l'historien, eut-il cessé de le crain- » dre, qu'il commença à le regretter. » Et, quand ce même historien raconte dans un autre endroit les événements qui suivirent, à Syracuse, la mort d'Hiéronyme, neveu d'Héron, il dit : « Tel est le caractère de la multitude, ou » elle sert avec bassesse, ou elle domine avec » insolence. »

En entreprenant de défendre une cause contre laquelle tous les historiens se sont déclarés, je me charge peut-être d'une tâche si difficile ou d'un fardeau si lourd, que je serai obligé de l'abandonner par impuissance, ou de courir le risque d'en être accablé. Mais, quoi qu'il en soit, je pense et je penserai toujours, que ce ne peut être un tort de défendre ses opinions quand on n'emploie d'autre autorité, d'autre force que celle de la raison.

Je dis d'abord que cette légèreté, dont les écrivains accusent la multitude, est aussi le défaut des hommes pris individuellement, et particulièrement celui des princes ; car quiconque n'est pas retenu par le frein des lois commettra les mêmes fautes qu'une multitude échappée ; et cela peut se vérifier aisément. Il y a eu des milliers de princes ; on compte le nombre des bons et des sages. Je ne parle au reste que de ceux qui étaient maîtres de secouer toute espèce de joug, et parmi ceux-là on ne peut mettre ni les rois qui vécurent en Égypte à l'époque antique où ce pays se gouvernait par ses lois, ni ceux qui vécurent à Sparte, ni ceux qui, de notre temps, naissent en France ; car cette monarchie est plus réglée par les lois qu'aucun autre état moderne. Les princes qui naissent sous de pareilles constitutions ne peuvent pas se mettre sur la ligne de ceux sur lesquels on peut étudier le caractère propre à tout prince, pour le comparer à celui du peuple. On doit mettre en parallèle avec ces princes un peuple gouverné comme eux par des lois ; c'est alors qu'on observera dans ce peuple la même bonté que dans ces princes, et on ne le verra ni obéir avec bassesse, ni commander avec insolence.

Tel fut le peuple romain tant que les mœurs se conservèrent pures. Soumis sans bassesse, il sut dominer sans orgueil, et dans les rapports avec les différents ordres et avec ses magistrats, il sut garder honorablement le rang qu'il tenait dans l'état. Fallait-il s'élever contre un ambitieux ? Manlius, et les décemvirs, et d'autres qui cherchèrent à l'opprimer, apprirent s'il en avait l'énergie. Fallait-il pour le salut public obéir à un dictateur, à des consuls ? il s'y résignait sans peine. S'il regretta Manlius après sa mort, c'est qu'il se rappelait des vertus, telles que leur souvenir sollicitait pour lui l'intérêt universel. Elles auraient produit le même effet sur un prince ; car, c'est l'opinion de tous les écrivains ; nous louons, nous admirons les vertus jusque dans nos ennemis. Si ce Manlius si regretté eût été rendu à la vie, le peuple romain l'eût encore jugé comme il l'avait fait une première fois ; il l'eût tiré de prison et l'eût encore condamné à mort. Enfin on a vu des princes tenus pour sages, regretter extrêmement des victimes de leur cruauté. Alexandre donna des regrets et des larmes à Clitus et à quelques autres de ses amis ; Hérode à Mariamne.

Mais ce que Tite-Live dit du caractère de la multitude ne peut s'appliquer à celle qui est réglée par des lois comme les Romains, mais bien à cette populace effrénée comme était celle de Syracuse, qui commettait tous les excès auxquels s'abandonnent aussi les princes furieux et sans frein, tels que Alexandre et Hérode, dans les occasions que nous avons citées.

On ne peut donc pas plus blâmer le caractère d'un peuple que celui d'un prince, parce que tous sont également sujets à s'égarer quand ils ne sont retenus par rien. Outre les exemples rapportés, je pourrais en citer une infinité d'autres. Combien n'y a-t-il pas eu de princes, de tyrans, d'empereurs romains, qui ont montré plus de légèreté et d'inconstance que telle populace qu'on voudra choisir?

Je conclus donc contre l'opinion commune, qui veut que le peuple, lorsqu'il domine, soit léger, inconstant, mobile, ingrat; et je soutiens que ces défauts ne sont pas plus naturels aux peuples qu'aux princes. Les en accuser également, est vérité; en excepter les princes, c'est erreur; car un peuple qui commande et qui est réglé par des lois est prudent, constant, reconnaissant, autant et même à mon avis plus que le prince le plus estimé pour sa sagesse. D'un autre côté, un prince qui s'est dégagé du frein des lois sera ingrat, changeant, imprudent, plus qu'un peuple placé dans les mêmes circonstances que lui. La différence de nuance qui existe entre eux ne vient pas de la diversité de leur naturel qui est absolument le même, et qui ne pourrait offrir des différences qu'à l'avantage du peuple, mais bien, du plus ou moins de respect que le peuple et le prince ont des lois sous lesquelles ils vivent. Or, si vous examinez le peuple romain, vous le verrez pendant quatre cents ans, ennemi de la royauté, mais passionné pour le bien public et pour la gloire de la patrie: mille exemples appuient cette vérité.

M'objectera-t-on l'ingratitude dont il paya les services de Scipion? Je répondrai en renvoyant au chapitre où j'ai prouvé qu'un peuple est moins ingrat qu'un prince. Quant à la prudence et à la stabilité, je soutiens qu'un peuple est plus prudent, plus constant et meilleur juge qu'un prince. Ce n'est pas sans raison qu'on dit que la voix du peuple est la voix de Dieu. On voit l'opinion publique pronostiquer les événements d'une manière si merveilleuse, qu'on dirait que le peuple est doué de la faculté occulte de prévoir et les biens et les maux. Quant à la manière de juger, on le voit bien rarement se tromper; quand il entend deux orateurs à talents égaux lui proposer deux partis opposés, il prouve, en se décidant pour le meilleur, qu'il est capable de discerner la vérité. S'il est entraîné quelquefois par des opinions qui montrent de la hardiesse ou qui présentent une apparence d'utilité, comme nous l'avons déjà dit, certes, un prince n'est-il pas plus souvent entraîné par ses propres passions plus nombreuses et plus irrésistibles que celles du peuple? Qu'on les compare dans le choix des magistrats! n'en fait-il pas d'infiniment meilleurs qu'un prince? Parviendra-t-on jamais à lui persuader d'élever à des dignités un homme infâme et de mœurs corrompues? et cependant quels moyens aisés de le persuader à un prince? Enfin, s'il a pris quelque chose en aversion, ne le voit-on pas persévérer dans sa haine et garder son opinion pendant des siècles? Les princes montrent-ils pareille constance? Et sur ces deux points, je veux que le peuple romain m'en fournisse la preuve.

Pendant plusieurs centaines d'années, parmi tant d'élections de tribuns, de consuls, il n'y eut pas quatre choix dont il eut à se repentir. Il eut tant d'horreur pour le nom de roi, que nul service rendu ne put faire échapper à sa vengeance le citoyen qui voulut l'usurper.

Ajoutons d'ailleurs, que les villes où les peuples gouvernent, font de rapides progrès en peu de temps, et bien plus grands que celles qui vivent sous des princes. Qu'on se rappelle Rome, après l'expulsion de ses rois; Athènes, après s'être délivrée des Pisistrates: cette différence ne peut naître que de la supériorité du gouvernement d'un peuple sur celui d'un prince. En vain, on m'objecterait ce que notre historien a dit dans l'endroit cité et ailleurs; car si on rassemble les défauts d'un peuple et d'un prince et leurs bonnes qualités respectives, vous verrez les peuples l'emporter infiniment dans le parallèle. Si les princes se montrent supérieurs pour créer des lois, donner une constitution à un pays, établir une nouvelle forme de gouvernement, les peuples leurs sont si supérieurs pour maintenir l'ordre établi, qu'ils ajoutent même à la gloire de leurs législateurs.

En somme et pour conclure, les monarchies et les gouvernements populaires, pour avoir une longue durée, ont eu besoin les uns et les autres d'être liés et retenus par des lois. Un prince qui n'a pour règle que sa volonté est un insensé. Un peuple qui peut faire tout ce qu'il veut n'est pas sage. Mais si vous comparez un prince et un peuple liés et enchaînés par des lois, vous verrez toujours plus de vertus dans le peuple, que dans le prince. Si vous les comparez tous les deux affranchis de toute contrainte des lois, vous verrez moins d'erreur dans le peuple que dans le prince; ses torts seront moins grands; il sera plus facile d'y remédier. Un homme de bien peut souvent par son éloquence ramener un peuple licencieux et mutin; mais nul ne peut faire revenir un prince, et l'on n'a d'autre moyen que la force. Que l'on juge de la gravité de leurs maladies respectives par la différence des remèdes. Pour guérir celle du peuple, il suffit souvent de quelques paroles; pour guérir celle du prince, il faut toujours employer le fer : lequel de ces deux maux jugera-t-on le plus dangereux?

Dans le moment où un peuple est le plus emporté, on ne craint pas tant les excès auxquels il peut s'adonner pour le moment, et on a moins peur du présent que du mal qui peut en provenir, puisque tant de troubles peuvent faire naître un tyran. Mais, chez les méchants princes, au contraire, c'est le mal du moment qu'on redoute, et on n'espère qu'en l'avenir; car on se flatte que l'excès de sa tyrannie peut amener quelque liberté; de manière que vous voyez la différence de l'un à l'autre; elle est du présent à l'avenir.

Les cruautés du peuple ne s'exercent que contre ceux qu'il soupçonne en vouloir au bien public; celles d'un prince sont au contraire dirigées contre ceux qu'il redoute comme ennemis de son intérêt particulier. Mais veut-on savoir d'où naît le préjugé défavorable au peuple, généralement répandu? C'est que tout le monde a la liberté d'en dire ouvertement le plus grand mal, même au moment où il domine avec le plus d'empire; au lieu que ce n'est qu'avec la plus grande circonspection et en tremblant qu'on parle mal d'un prince.

Il ne me paraît pas hors de propos, puisque le sujet m'y conduit, d'examiner dans le chapitre suivant, qui d'un peuple ou d'un prince est plus fidèle à ses alliances.

CHAPITRE LIX.

A qui d'un peuple ou d'un prince peut-on se fier davantage, comme allié.

Puisqu'on voit tous les jours un prince faire alliance avec un prince, une république avec une république, qu'également encore des princes s'allient avec des républiques, et celles-ci avec des princes, examinons lequel des deux est plus fidèle, plus constant, et sur qui il faut le plus compter, d'un prince ou d'une république. Après avoir tout pesé, je pense qu'ils se ressemblent en une infinité de cas, et qu'ils diffèrent en bien d'autres.

Je crois d'abord que ni l'un ni l'autre n'observeront fidèlement des traités dictés par la force; je crois que si l'un et l'autre voient leur état en danger, ils ne manqueront pas, pour le sauver, d'user de mauvaise foi et d'ingratitude. Démétrius, surnommé le Preneur de villes, avait rendu les plus grands services aux Athéniens. Vaincu, mis en fuite par ses ennemis, il se réfugie à Athènes, comme dans une ville amie et qu'il avait obligée; on refuse de l'y recevoir. Leur ingratitude toucha plus ce prince que la perte de son armée et de ses états. Pompée, mis en déroute en Thessalie par César, se réfugie en Égypte chez Ptolomée qu'il avait remis sur le trône : ce prince lui donne la mort. Ces deux traits d'ingratitude proviennent des mêmes motifs. Cependant nous voyons qu'il y eut plus d'humanité, moins d'ingratitude de la part de la république que de celle du prince.

Là où la crainte domine, là aussi la foi est gardée au même degré, soit de la part d'une république, soit de la part d'un prince; et si l'un ou l'autre s'expose à périr pour vous demeurer fidèle, ce seront encore les mêmes motifs qui pourront les y déterminer. Quant au prince : il peut se faire qu'il soit allié d'un prince puissant qui, s'il ne peut le secourir pour le moment, pourra du moins avec le temps le rétablir dans ses états. Il peut croire aussi qu'après s'être montré partisan de celui-ci qui se trouve vaincu, il ne pourrait obtenir une paix solide et sincère de la part de son vainqueur. Tels ont été les motifs des seigneurs napolitains, quand ils sont restés fidèles aux Français; et pour les républiques : tels furent autrefois les motifs de Sagonte en Espagne, qui s'exposa à sa ruine pour demeurer fidèle aux Romains ; tels ont été les motifs de Florence, lorsqu'en 1512 elle a suivi constamment le parti français.

Je crois même, après avoir tout mûrement balancé, que dans les occasions qui présentent un danger imminent, on trouvera communément plus de constance dans une république que dans un prince. Je suppose que celle-ci ait les mêmes intentions que le prince ; la lenteur de ses mouvements lui fera mettre plus de temps à se déterminer, et par conséquent elle vous sera moins promptement infidèle.

C'est par intérêt qu'on rompt les alliances ; et c'est en ceci que les républiques surpassent infiniment les princes en fidélité. On pourrait citer des exemples comme preuve que le plus petit intérêt détermine souvent un prince à manquer de foi, et d'autres qui prouveraient que les plus grands avantages n'ont pu déterminer des républiques à en manquer. Thémistocle annonça dans une assemblée qu'il avait un projet extrêmement utile à la république, mais qu'il ne pouvait dire tout haut, parce que son succès dépendait absolument du secret. Le peuple d'Athènes nomma Aristide pour en prendre connaissance, ne voulant se décider à l'adopter que d'après son rapport. Thémistocle effectivement en instruit Aristide ; il lui fait voir que l'armée des Grecs se reposant entièrement sur les traités, se trouvait dans une position où il était facile de la débaucher ou de la détruire, et par là de rendre les Athéniens arbitres de toute la Grèce. Aristide fait son rapport au peuple : il assure que rien n'est avantageux comme le projet de Thémistocle, mais il prévient en même temps que rien n'est plus contraire à la bonne foi ; à l'instant tout le peuple le rejette. Philippe de Macédoine à coup sûr n'eût pas eu ce scrupule, ni tant d'autres princes qui ont plus gagné par leur perfidie que par tout autre moyen.

Je ne parle pas de la rupture des traités à raison de leur inobservation : rien de plus ordinaire. Je n'aurai en vue que ceux que l'on rompt par des causes plus particulières. Je crois, par ce qui précède, avoir prouvé que le peuple étant moins sujet à se tromper qu'un prince, on peut se fier avec plus de sûreté à lui qu'à ce dernier.

CHAPITRE LX.

Que le consulat et tout autre magistrature à Rome se donnaient sans égard à l'âge.

On voit par la suite de l'histoire, que les Romains, depuis que les plébéiens purent prétendre au consulat, y admirent tous les citoyens, sans distinction d'âge et de naissance. Dans tous les temps on n'avait aucun égard à l'âge pour ces magistratures ; on ne considérait que le mérite, et on allait le chercher, soit qu'il se rencontrât dans une jeune homme ou dans un homme âgé. Valérius Corvinus nous en présente un exemple qui sert de preuve. Il fut élevé au consulat à vingt-trois ans. Ce même Valérius disait à son armée : « Le consulat est » le prix du mérite et non celui de la nais- » sance. » Si les Romains firent bien ou mal de se montrer indifférents sur ces deux qualités dans leurs consuls ; c'est une question à examiner.

Quant à la naissance, ce fut forcément que les Romains cessèrent d'y avoir égard ; et toute république, comme on l'a déjà dit, qui voudra avoir les mêmes succès que Rome, s'y verra forcée comme les Romains. On ne peut faire supporter à des hommes et des travaux et des privations que par l'espoir d'obtenir le prix de leurs peines ; il y aurait même du danger à leur ôter cet espoir. Il convenait donc que le peuple fût de bonne heure flatté de l'espérance de parvenir au consulat, et qu'il s'en nourrît pendant un temps, sans la voir se réaliser. L'espoir ne suffisant plus, il fallut en venir aux effets pour le satisfaire.

Quant à l'état qui n'associe pas son peuple à des destinées aussi glorieuses, il peut le traiter au gré de son caprice, ainsi que nous l'avons vu ailleurs. Mais celui qui veut entreprendre ce que Rome a exécuté ne doit point mettre cette distinction entre ses citoyens ; et si la question de la naissance est résolue, celle de l'âge l'est nécessairement aussi. Car un jeune homme, pour être élevé à une place qui demanderait la prudence d'un vieillard, ne peut ainsi s'attirer tous les suffrages que par quelque action extraordinaire. Or, s'il a fait briller tant de talents et de vertus par quelque action d'éclat, ce serait très-grand dommage que l'état fût obligé de s'en priver, et d'attendre que la vieillesse eût glacé son courage; sa force d'esprit, et cette activité dont elle eût pu tirer les plus grands avantages. On voit que Rome sut profiter ainsi des qualités de Valérius Corvinus, de Scipion, de Pompée et de beaucoup d'autres qui, très-jeunes encore, eurent les honneurs du triomphe.

LIVRE SECOND.

AVANT-PROPOS.

Tous les hommes louent le passé et blâment le présent, et souvent sans raison. Ils sont tellement partisans de ce qui a existé autrefois, que non-seulement ils vantent les temps qu'ils ne connaissent que par les tableaux que les historiens nous en ont laissés; mais, devenus vieux, on les entend prôner encore ce qu'ils se souviennent d'avoir vu dans leur jeunesse. Leur opinion est le plus souvent erronée. Or, voici, je pense, les principales causes de leur prévention.

La première, c'est qu'on ne connaît jamais la vérité tout entière sur le passé. On cache, le plus souvent, les événements qui déshonoreraient un siècle: et, quant à ceux qui sont faits pour l'honorer, on les amplifie, on les rend en termes pompeux et emphatiques. La plupart des écrivains obéissent tellement à la fortune des vainqueurs, que, pour rendre leurs triomphes plus éclatants, non-seulement ils exagèrent ses succès, mais la résistance même des ennemis vaincus; en sorte que les descendants des uns et des autres ne peuvent s'empêcher d'admirer les hommes qui ont figuré d'une manière aussi brillante, de les vanter et de s'y attacher.

La seconde raison, c'est que les hommes n'éprouvent aucun sentiment de haine qui ne soit fondé ou sur la crainte naturelle, ou sur l'envie. Ces deux puissants motifs n'existant plus dans le passé par rapport à nous, nous n'y trouvons ni qui nous puissions redouter, ni qui nous devions envier. Mais il n'en est pas ainsi des événements où nous sommes nous-mêmes acteurs, ou qui se passent sous nos yeux: la connaissance que nous en avons est entière et complète; rien ne nous en est dérobé. Ce que nous y apercevons de bien est tellement mêlé de choses qui nous déplaisent, que nous sommes forcés d'en porter un jugement moins avantageux que sur le passé, quoique souvent le présent mérite réellement plus de louanges et d'admiration. Je ne parle point des monuments des arts, dont le mérite brille de lui-même avec tant d'éclat que les temps peuvent à peine influer ou en bien ou en mal sur l'impression qu'ils produisent. Il n'est ici question que des actions de la vie et des mœurs des hommes qui ne portent point en soi des témoignages aussi évidents.

Je répéterai donc que rien n'est plus général que l'habitude de louer le passé, et de dénigrer le présent. Mais il n'est pas vrai que cette habitude trompe toujours. En effet, il faut bien quelquefois que nos jugements s'accordent avec la vérité, d'après le mouvement perpétuel des choses humaines, tendant sans cesse ou à descendre, ou à se relever.

On voit, par exemple, une ville, un état recevoir une constitution des mains d'un législateur habile, dont le talent leur fait faire pendant quelque temps des progrès vers la perfection. Quiconque vit alors dans cet état, et donne plus d'éloges au temps passé qu'au présent, se trompe certainement; et la raison de son erreur se trouve dans les causes que nous avons indiquées. Mais s'il existe dans cette même républ'que ou dans ce même état, à l'époque où celui-ci décline, alors il ne se trompe plus.

En réfléchissant sur la marche des choses humaines, j'estime que le monde se soutient dans le même état où il a été de tout temps; qu'il y a toujours même quantité de bien, même quantité de mal; mais que ce mal et ce bien ne font que parcourir les divers lieux, les diverses contrées. D'après ce que nous connaissons des anciens empires, on les voit tous s'altérer tour à tour par le changement qu'ils éprouvent dans leurs mœurs. Mais le monde était toujours le même. Il y avait cette différence : que les grandes qualités, les grandes vertus, placées d'abord en Assyrie, se transportèrent en Médie, qu'elles passèrent ensuite en Perse, et de là en Italie et à Rome; et si, après la chute de l'empire romain, il n'est sorti de ses ruines aucun empire durable et qui ait rassemblé toutes les vertus comme en un faisceau, on voit cependant cette masse de bien existante se distribuer entre plusieurs nations et les faire fleurir. Tel fut l'empire des Français, celui des Turcs, celui du soudan d'Égypte, aujourd'hui les peuples d'Allemagne; et avant eux, ces fameux Arabes qui firent de si grandes choses, et conquirent le monde entier après avoir détruit l'empire romain en Orient.

Les peuples de ces différents pays, qui ont remplacé les Romains après les avoir détruits, ont possédé ou possèdent encore les qual'tés que l'on regrette, et qui méritent les éloges qu'on leur donne. Ceux qui, nés dans ce pays, louent le passé plus que le présent, peuvent bien être dans l'erreur. Mais quiconque est né en Italie et en Grèce, et qui n'est pas devenu ou *ultramontain* en Italie, ou Turc en Grèce, celui-là a raison de blâmer le temps présent et de faire l'éloge du passé. Les siècles passés leur offrent des sujets d'admiration, et celui où ils vivent ne leur présente rien qui les dédommage de leur extrême misère, et de l'infamie d'un siècle où ils ne voient ni religion, ni lois, ni discipline militaire, et où règnent des vices de tout espèce; et, ces vices sont d'autant plus exécrables, qu'ils se montrent dans ceux qui siègent dans les tribunaux, qui occupent les places, qui ont l'autorité en main, et qui veulent être adorés.

Mais, pour revenir à notre sujet, les hommes se trompent quand ils décident lequel vaut le mieux du présent ou du passé, attendu qu'ils n'ont pas une connaissance aussi parfaite de l'un que de l'autre; le jugement que portent des vieillards sur ce qu'ils ont vu dans leur jeunesse, et qu'ils ont bien observé, bien connu, semblerait n'être pas également sujet à erreur. Cette remarque serait juste, si les hommes, à toutes les époques de leur vie, conservaient la même force de tête et de jugement, et s'ils étaient affectés des mêmes passions; mais ils changent : et, quoique les temps ne changent pas réellement, ils ne peuvent paraître les mêmes à des hommes qui ont d'autres passions, d'autres goûts et une autre manière de voir. Nous perdons beaucoup de nos forces physiques en vieillissant; et nous gagnons en jugement et en prudence; ce qui nous paraissait supportable ou bon dans notre jeunesse, nous paraît mauvais et insoutenable : nous devrions n'accuser de ce changement que notre jugement; nous en accusons les temps.

D'ailleurs, les désirs de l'homme sont insatiables : il est dans sa nature de vouloir et de pouvoir tout désirer; et sa fortune borne ses moyens d'acquérir. Il en résulte pour lui un mécontentement habituel, un profond dégoût de ce qu'il possède; c'est ce qui le fait blâmer le présent, louer le passé, désirer l'avenir, et tout cela sans aucun motif raisonnable.

Je ne sais pas si je ne mériterai pas d'être mis au nombre de ceux qui se trompent, en élevant si haut dans ces discours les temps des anciens Romains, et en censurant ceux où nous vivons. Et véritablement, si la vertu qui régnait alors, et le vice qui domine aujourd'hui, n'étaient pas plus manifestes que le jour qui nous éclaire, je serais plus retenu dans mes expressions, craignant de tomber dans l'erreur que je reproche aux autres. Mais la chose est si évidente pour tous les yeux, que je n'hésiterai pas à dire hardiment ce que je pense de ces temps-là et de ces temps-ci, afin d'exciter dans l'âme des jeunes gens qui liront mes écrits, le désir d'imiter les uns et de fuir l'exemple des autres, toutes les fois que le hasard leur en fournira l'occasion. C'est le devoir d'un honnête homme qui, par le malheur des temps et de la fortune, ne peut pas faire lui-même le bien, d'en donner aux autres des leçons. Peut-être que parmi ceux qu'il aura instruits, il s'en trouvera un plus favorisé du ciel, qui parviendra à l'opérer.

Nous avons parlé dans le livre précédent de la conduite des Romains dans les affaires intérieures : dans celui-ci nous traiterons de ce qu'ils ont fait pour l'accroissement de leur empire au dehors.

CHAPITRE PREIMER.

Laquelle a le plus contribué à la grandeur de l'empire romain, de la vertu ou de la fortune ?

Plusieurs écrivains, entre autres Plutarque, dont l'opinion est d'un très-grand poids, ont pensé que la fortune avait plus contribué que la vertu, à l'accroissement que prit l'empire de Rome. Une des plus fortes raisons qu'il en donne, c'est l'aveu même de ce peuple, qui, en élevant plus de temples à la Fortune qu'à aucun autre dieu, reconnaît par là avoir tenu d'elle toutes ses victoires. Il paraît que Tite-Live se range à cette opinion : rarement il fait parler un Romain de la vertu sans y joindre la fortune.

Non-seulement je ne suis point de cet avis, mais je le trouve même insoutenable. En effet, s'il ne s'est jamais trouvé de république qui ait fait autant de conquêtes que Rome, il est reconnu que jamais état n'a été constitué pour en faire en effet autant que celui-ci. C'est à la valeur de ses armées qu'elle a dû ses conquêtes ; mais c'est à la sagesse de sa conduite, à ce caractère particulier que lui imprima son premier législateur, qu'elle dut de les conserver, comme nous le prouverons tout au long dans plusieurs des chapitres suivants.

Mais, disent-ils, n'avoir jamais eu à la fois sur les bras deux puissances ennemies, n'est-ce pas plutôt l'effet du hasard, que celui du talent ou du courage ? Ils n'eurent guère avec les Latins que quand ils eurent tellement battu les Samnites, qu'ils durent, pour les protéger dans leur impuissance, entreprendre eux-mêmes la guerre en leur faveur. Ils ne combattirent les Toscans qu'après avoir soumis les Latins, et affaibli, par de fréquentes défaites, la puissance des Samnites. Si ces deux peuples, avec des forces encore intactes, se fussent unis contre Rome, il est probable qu'ils l'eussent détruite.

Mais de quelque manière que cela soit arrivé, il est certain que Rome n'eut jamais deux puissantes guerres à soutenir en même temps. Ou l'une s'éteignait au moment où l'autre s'allumait ou l'autre ne naissait qu'à l'instant où celle-ci prenait fin. C'est ce dont on peut se convaincre en examinant la suite et l'époque de chacune de ces guerres. En effet, sans parler de celles qui précédèrent la prise de la ville par les Gaulois, on voit que pendant qu'ils combattaient contre les Èques et les Volsques, et surtout tant que ces deux peuples furent puissants, aucun autre peuple ne s'éleva contre eux pour les attaquer en même temps. Ceux-ci domptés, s'éleva la guerre contre les Samnites ; et, quoique avant la fin de cette guerre les Latins se soient révoltés, cependant quand cette révolte éclata, les Samnites étaient déjà coalisés avec les Romains, et ce fut à l'aide de ceux-ci qu'ils abaissèrent l'orgueil des Latins. Ceux-là soumis, on vit se renouveler la guerre des Samnites ; mais de fréquentes défaites avaient affaibli leurs forces, lorsque se déclara la guerre d'Étrurie, aussi fut-elle bientôt terminée. A l'arrivée de Pyrrhus en Italie, les peuples du Samnium se soulevèrent de nouveau. Pyrrhus, battu et renvoyé en Grèce, la première guerre contre les Carthaginois commence : elle était à peine terminée que tous les Gaulois au de là et en de çà des Alpes fondirent sur les Romains, en tel nombre qu'il en fut fait un carnage effroyable entre Populonie et Pise, à l'endroit où se trouve la tour Saint-Vincent. Cette guerre finie, les Romains n'en eurent plus pendant vingt-cinq ans, que de peu d'importance ; car ils n'eurent à combattre que contre les Liguriens et le reste des Gaulois qui se trouvaient en Lombardie. Cet état dura jusqu'à la seconde guerre punique qui les occupa pendant seize ans : Rome la termina avec gloire, mais pour la voir remplacée par la guerre de Macédoine, par celle d'Antiochus et par celle d'Asie. Sortie victorieuse de toutes ces guerres, il n'exista dans le monde entier ni prince, ni république qui, seul ou réuni, pût arrêter le torrent de ses conquêtes.

Mais, avant cette dernière victoire, considérez

et l'ordre de ces guerres et la conduite des Romains: dans toutes vous y trouverez leur fortune accompagnée d'autant d'habileté, que de courage et de prudence; vous découvrirez même les motifs qui leur assuraient leur fortune. En effet, il est certain que si un prince ou un peuple parvient à un degré de réputation tel que ses voisins le craignent, il arrivera toujours qu'aucun d'eux ne l'attaquera, à moins d'y être forcé. En sorte qu'il sera, pour ainsi dire, au choix de ce peuple ou de ce prince redouté de faire la guerre à ceux de ses voisins qu'il lui conviendra, et d'apaiser adroitement les autres. Ceux-ci s'apaisent facilement, contenus en partie par la haute idée qu'ils ont de sa puissance, en partie trompés par les moyens même qu'il emploie pour les endormir. Les autres puissances plus éloignées, qui n'ont aucune relation avec eux, regarderont les soumissions ou les défaites de ceux-ci comme des événements qui leur sont trop étrangers pour pouvoir mériter leur intérêt.

Elles resteront dans cette erreur tant que l'incendie ne se propagera pas jusqu'à elles. La flamme venant à les gagner, elles n'ont d'autre moyen pour l'éteindre que leur propres forces, et elles leur suffisent d'autant moins, que la puissance qui attaque a accru les siennes par ses succès.

Je ne veux pas parler de l'impolitique des Samnites, qui restèrent spectateurs immobiles des victoires remportées par le peuple romain sur les Volsques et les Èques; et, pour éviter d'être prolixe, je m'arrêterai aux Carthaginois. Ils avaient déjà acquis à la fois réputation et puissance, quand les Romains combattaient encore les Samnites et les Toscans! Ils avaient soumis l'Afrique; la Sardaigne, la Sicile et une partie de l'Espagne étaient en leur pouvoir. Leur puissance, leur éloignement de Rome, firent qu'ils ne pensèrent ni à attaquer les Romains, ni à secourir les Samnites et les Étruriens. Ils se conduisirent même avec Rome comme on se conduit assez naturellement avec tout ce qui s'élève; ils se lièrent avec elle et recherchèrent son amitié. Ils ne s'aperçurent de leur erreur qu'après que les Romains, ayant soumis tous les peuples qui séparaient les deux empires, commencèrent à leur disputer et la Sicile et l'Espagne. Même aveuglement de la part

des Gaulois, et de la part de Philippe, roi de Macédoine, et de la part d'Antiochus. Chacun d'eux se persuada ou que les Romains seraient vaincus par celui d'entre eux qui occupait leurs forces dans le moment; ou qu'il serait à temps de les arrêter par la guerre ou par des traités. Je crois donc que la fortune qui suivit ici les Romains, aurait également secondé tout prince qui se serait conduit comme eux, et aurait su déployer autant de courage et d'habileté.

Il serait à propos de montrer la manière dont se conduisait le peuple romain quand il entrait sur le territoire ennemi, si nous ne l'avions déjà très-longuement expliqué dans le *Traité du prince*. Je dirai seulement en peu de mots quel art ils employèrent à se ménager des amis qui leur ouvrirent le chemin par où ils pussent arriver dans les pays dont ils méditaient la conquête, ou qui leur aidassent à s'y maintenir. Ainsi Capoue leur ouvrit l'entrée du Samnium; les Camertins, l'Étrurie; les Mamertins, la Sicile; les Saguntins, l'Espagne; Massinissa, l'Afrique; les Étoliens, la Grèce; Eumènes et d'autres princes, l'Asie; les Marseillais et les Éduens, la Gaule. Ainsi, ils ne manquèrent jamais de pareils appuis pour faciliter leurs entreprises, pour conquérir des provinces et pour les conserver. Les peuples qui suivront avec soin les mêmes principes verront qu'ils ont moins besoin de la fortune, que ceux qui négligeront de les observer.

Et, pour faire mieux sentir combien le courage et l'habileté servirent plus aux Romains pour conquérir leur empire que ne le fit la fortune, nous examinerons, dans le chapitre suivant, quels furent les peuples contre lesquels Rome eut à combattre, et combien ceux-ci mirent d'opiniâtreté à défendre leur liberté.

CHAPITRE II.

Quels furent les peuples que les Romains eurent à combattre, et combien ils furent opiniâtres à défendre leur liberté.

Les Romains n'éprouvèrent jamais autant d'obstacles à leurs conquêtes que de la part des petits peuples dont ils étaient entourés, et de quelques autres plus éloignés ; et cela par la passion que, dans les temps anciens, ces peuples avaient pour la liberté. Ils la défendirent avec tant d'acharnement, que le courage le plus extraordinaire était seul capable de les subjuguer. On sait, par une infinité d'exemples, à quels périls ils s'exposaient pour la maintenir ou pour la recouvrer, quelles vengeances ils tiraient de ceux qui la leur avaient ravie. Mais aussi la lecture de l'histoire nous fait connaître les dommages et les préjudices que reçoit une ville ou un peuple de la perte d'un bien aussi précieux.

Aussi, pour un pays qui peut aujourd'hui se vanter de posséder des villes libres, les temps anciens nous font voir une infinité de peuples jouissant de la liberté dans tous les pays. A l'époque dont nous parlons, l'Italie, à partir des montagnes qui séparent la Toscane de la Lombardie, jusqu'à sa pointe qui regarde la Sicile, était peuplée d'états libres: Étrusques, Romains, Samnites et une infinité d'autres, on ne voit pas qu'il y eût un seul roi, excepté ceux de Rome et Porsenna, roi d'Étrurie, dont la postérité s'éteignit ; nous ignorons comment l'histoire n'en fait pas mention, mais elle nous apprend que l'Étrurie était libre quand les Romains mirent le siége devant Véies ; et elle était si jalouse de sa liberté, elle haïssait tellement le nom de prince, que les Véiens s'étant donné un roi pour la défense de leur ville, et ayant demandé du secours aux Étrusques contre l'ennemi commun, ceux-ci, après s'être longtemps consultés, se décidèrent à refuser le secours qu'ils leur demandaient tant qu'ils obéiraient à un roi : ils crurent indigne d'eux de défendre la patrie de ceux qui l'avaient déjà livrée à un maître.

On découvre aisément d'où naît cette passion d'un peuple pour la liberté. L'expérience prouve que jamais les peuples n'ont accru et leur richesse et leur puissance que sous un gouvernement libre. Et vraiment, peut-on voir sans admiration, Athènes délivrée de la tyrannie des Pisistrates, s'élever dans l'espace de cent ans à un si haut point de grandeur? Mais ce qui est plus merveilleux encore, c'est celle à laquelle s'éleva Rome après l'expulsion de ses rois. Ces progrès sont faciles à expliquer :

c'est le bien général et non l'intérêt particulier qui fait la puissance d'un état ; et sans contredit on n'a en vue le bien public que dans les républiques : on ne s'y détermine à faire que ce qui tourne à l'avantage commun, et si par hasard on fait le malheur de quelques particuliers, tant de citoyens y trouvent de l'avantage, qu'ils sont toujours assurés de l'emporter sur ce petit nombre d'individus dont les intérêts sont blessés.

Le contraire arrive sous le gouvernement d'un prince : le plus souvent son intérêt particulier est en opposition avec celui de l'état. Aussi un peuple libre est-il asservi ; le moindre mal qui puisse lui arriver sera d'être arrêté dans ses progrès, et de ne plus accroître ni ses richesses, ni sa puissance : mais le plus souvent il ne va plus qu'en déclinant. Si le hasard lui donne pour tyran un homme plein d'habileté et de courage, qui recule les bornes de son empire, ses conquêtes seront sans utilité pour la république, et ne seront profitables et utiles qu'à lui. Élèvera-t-il aux places des hommes de talent, lui qui les tyrannise et qui ne veut pas avoir à les craindre ? Soumettra-t-il les pays voisins pour les rendre tributaires d'un état qu'il opprime ? Rendre cet état puissant n'est pas ce qui lui convient ; son intérêt est de tenir chacun de ses membres isolé, et que chaque province, chaque terre, ne reconnaisse que lui pour maître. Ainsi la patrie ne tire aucun avantage de ses conquêtes ; elles ne profitent qu'à lui seul.

Ceux qui voudront appuyer cette vérité d'une infinité d'autres preuves n'ont qu'à lire le traité de Xénophon sur la tyrannie.

Il n'est donc pas étonnant que les anciens peuples aient poursuivi les tyrans avec tant de fureur, qu'ils aient été épris de la liberté, et que son nom ait été si fort en vénération parmi eux. On en vit la preuve à la mort d'Hiéronyme, petit-fils d'Hiéron, à Syracuse. La nouvelle de cet événement arrivée à son armée, campée alors non loin de cette ville, y excita d'abord quelques mouvements. On prit les armes pour venger sa mort sur les meurtriers ; mais à peine eut-on appris qu'à Syracuse le cri public était : Liberté! transportée elle-même à ce nom, l'armée se calma à l'instant ; sa colère contre les tyrannicides s'apaisa, et elle ne s'occupa que des moyens d'établir un gouvernement libre à Syracuse.

Il n'est pas plus étonnant que ces mêmes peuples aient exercé les vengeances les plus terribles contre ceux qui les avaient privés de leur liberté : il y en a des exemples à l'infini. Je n'en rapporterai qu'un seul, arrivé à Corcyre, ville de Grèce, dans le temps de la guerre du Péloponèse. On sait qu'il régnait alors deux partis : l'un favorisait les Athéniens, l'autre était attaché aux intérêts des Lacédémoniens. Les villes mêmes se trouvaient divisées comme la Grèce entière. Il arriva qu'à Corcyre les nobles, ayant eu l'avantage, dépouillèrent le peuple de sa liberté. Mais le peuple et ses partisans ayant repris le dessus par le secours des Athéniens, on se saisit de tous les nobles, on leur lia les mains derrière le dos, on les renferma dans une prison qui pouvait les contenir tous, et, sous prétexte de les envoyer en exil en divers endroits, on les faisait mourir dans les plus cruels supplices. Ceux qui restaient encore, s'en étant aperçus, se déterminèrent à tout braver pour fuir une mort aussi ignominieuse. Armés de tout ce qu'ils purent se procurer, ils disputèrent l'entrée de la prison à ceux qui voulurent y pénétrer. Le peuple accourut à ce bruit, découvrit le toit du bâtiment où ils étaient renfermés, et les ensevelit sous ses ruines.

La Grèce fut encore le théâtre d'une infinité d'événements aussi tragiques et aussi remarquables. Ils fournissent la preuve qu'un peuple se venge plus cruellement contre ceux qui lui ont réellement enlevé sa liberté que contre ceux qui ont voulu la lui enlever.

Pour quelle raison les hommes d'à présent sont-ils moins attachés à la liberté que ceux d'autrefois? Pour la même raison, je pense, qui fait que ceux d'aujourd'hui sont moins forts; et c'est, si je ne me trompe, la différence d'éducation fondée sur la différence de religion. Notre religion, en effet, nous ayant montré la vérité et le seul chemin du salut, fait que nous mettons moins de prix à la gloire de ce monde. Les païens, au contraire, qui l'estimaient beaucoup, qui plaçaient en elle le souverain bien, mettaient dans leurs actions infiniment plus de force et d'énergie : c'est ce qu'on peut inférer de la plupart de leurs institutions, à

commencer par la magnificence de leurs sacrifices, comparée à l'humilité de nos cérémonies religieuses, dont la pompe, plus simple qu'imposante, n'a rien d'énergique ou de formidable. Leurs cérémonies étaient non-seulement pompeuses, majestueuses, mais on y joignait des sacrifices ensanglantés par le massacre d'une infinité d'animaux; ce qui rendait les hommes aussi féroces, aussi terribles, que le spectacle qu'on leur présentait. En outre, la religion païenne ne déifiait que des hommes d'une gloire mondaine, des généraux d'armées, des chefs de républiques. Notre religion couronne plutôt les vertus humbles et contemplatives que les vertus actives. Notre religion place le bonheur suprême dans l'humilité, l'abjection, le mépris des choses humaines; et l'autre, au contraire, faisait consister le souverain bien dans la grandeur d'âme, la force du corps et dans toutes les qualités qui rendent les hommes redoutables. Si la nôtre exige quelque force d'âme, c'est plutôt celle qui fait supporter les maux que celle qui porte aux grandes actions.

Il me paraît donc que ces principes, en rendant les peuples plus faibles, les ont disposés à être plus facilement la proie des méchants. Ceux-ci ont vu qu'ils pouvaient tyranniser sans crainte des hommes qui, pour aller en paradis, sont plus disposés à supporter des injures qu'à les venger. Mais si ce monde où nous vivons est amolli, si le ciel paraît ne devoir plus s'armer, n'en accusons que la lâcheté de ceux qui ont expliqué notre religion d'une manière plus commode pour la paresse que favorable à la vertu. S'ils avaient considéré que cette religion nous permet et la gloire et la défense de la patrie, ils auraient vu qu'elle nous ordonne d'aimer cette patrie, de l'honorer, et de nous exercer à toutes les vertus qui peuvent servir à la défendre.

Ces fausses interprétations, et la mauvaise éducation qui en est la suite, sont donc cause qu'on voit aujourd'hui bien moins de républiques qu'on n'en voyait autrefois, et que les peuples, par conséquent, ont moins d'amour pour la liberté. Je croirais cependant que ce qui y a bien plus contribué encore sont les conquêtes des Romains, dont l'empire a englouti toutes les républiques et tous les états libres; et quoique cet empire ait été dissous, ces états dispersés n'ont pu se rejoindre ni former des sociétés politiques, si ce n'est en bien peu d'endroits.

Quoi qu'il en soit, les Romains trouvèrent dans toutes les parties du monde une ligue de républiques armées et obstinées à la défense de leur liberté; ce qui prouve qu'ils ne les auraient jamais soumises sans une extrême habileté jointe au plus grand courage. Et pour nous borner à n'en donner, pour ainsi dire, qu'un échantillon, contentons-nous de l'exemple des Samnites; il paraît miraculeux. Ces peuples étaient, de l'aveu de Tite-Live, si puissants, ils étaient si braves, que jusqu'au consulat de Papirius Cursor, fils du premier Papirius, c'est-à-dire pendant quarante-six ans, ils résistèrent aux Romains, malgré leurs défaites sans nombre, le ravage de leurs terres, et le carnage et la destruction de leurs villes. Parcourez ce pays, couvert autrefois de peuples et de cités, vous n'y trouvez aujourd'hui qu'un désert; et alors il était si puissant, si bien gouverné, que s'il eût été attaqué par d'autres que des Romains il n'eût jamais été soumis.

Il est facile de déterminer la cause de deux états si différents. Autrefois ce pays était libre, aujourd'hui il est esclave; et les seuls états libres, dans tous les pays du monde, comme je l'ai déjà dit, peuvent avoir de grands succès. La population y est plus considérable, parce que les mariages y sont plus libres, et présentent plus d'avantages aux citoyens. Tout individu ne met volontiers au monde que les enfants qu'il croit pouvoir nourrir, sans crainte de voir enlever son patrimoine; et lorsqu'il sait que non-seulement ils naissent libres, et non esclaves, mais qu'ils peuvent, avec du talent, devenir chefs de leur république, on voit se multiplier à l'infini, et les richesses de l'agriculture, et celles de l'industrie. Chaque citoyen s'empresse d'accroître et d'acquérir des biens qu'il est assuré de conserver; et tous, à l'envi les uns des autres, travaillant au bien général par-là même qu'ils s'occupent de leur avantage particulier, les font élever l'un et l'autre au plus haut point de prospérité.

Le contraire en tout point arrive dans les pays où le peuple est esclave; et il est d'autant plus privé de tout bien que l'esclavage est plus rigoureux; or, de toutes les servitudes la plus dure est celle qui vous soumet une république, et cela par plusieurs motifs. Le premier, c'est que, comme les républiques durent plus longtemps que les autres états, on a moins d'espérance d'en sortir; le second, parce que le but d'une république est d'affaiblir et d'énerver tous les autres états pour accroître et fortifier le sien : c'est ce que ne fait point un prince, à moins qu'il ne soit un barbare, un vrai fléau, un destructeur de tout système social, comme le sont les princes d'Orient. Mais pour peu qu'il ait en partage quelque humanité et quelque bon sens même vulgaire, il aime également toutes les villes qui lui obéissent, et leur laisse et leur industrie, et à peu près leurs anciens établissements. Si elles ne peuvent pas s'accroître comme états libres, au moins ne dépérissent-elles pas dans la servitude : ceci doit s'entendre des villes conquises par un étranger. Nous avons déjà traité de celles qui sont soumises par un de leurs citoyens. Si on pèse attentivement sur toutes ces réflexions, on ne sera plus étonné de la puissance des Samnites pendant qu'ils étaient libres, ni de la faiblesse dans laquelle ils tombèrent en devenant esclaves. Tite-Live en rend témoignage en plusieurs endroits, et surtout dans la guerre d'Annibal, où il raconte que les Samnites, maltraités par une légion qui était à Nole, envoyèrent demander du secours à Annibal. Ces députés lui dirent dans leur harangue qu'ils avaient combattu les Romains pendant cent ans avec des généraux et des soldats tirés de leur nation, qu'ils avaient eu à soutenir plusieurs fois deux armées consulaires et deux consuls, et qu'ils étaient à présent réduits à un tel excès de faiblesse qu'ils pouvaient à peine se défendre contre une petite légion romaine établie à Nole.

CHAPITRE III.

Rome s'agrandit en ruinant les villes voisines et en accordant facilement aux étrangers la qualité de citoyens.

« Rome s'accroît cependant des ruines » d'Albe, » dit Tite-Live. Veut-on qu'une ville étende au loin sa domination, il faut employer tous les moyens possibles pour en augmenter considérablement la république, car jamais une ville ne deviendra puissante sans cette extrême population. On en vient à bout par deux moyens, la douceur ou la force : la douceur, quand vous ouvrez des voies aussi faciles qu'elles sont sûres aux étrangers qui veulent venir habiter chez vous, de manière qu'ils se plaisent à y rester ; la force, quand, détruisant toutes les villes voisines, vous obligez tous les habitants à venir s'établir dans la vôtre. Rome fut si fidèle à observer ce principe, que dès le temps de son sixième roi elle renfermait dans ses murs quatre-vingt mille hommes en état de porter les armes. Les Romains imitèrent un bon cultivateur qui, pour fortifier un jeune plant et lui faire porter des fruits qui viennent à maturité, en retranche les premiers rameaux, et par-là, retenant la sève dans le pied de l'arbre, le met en état de pousser des branches plus vigoureuses et plus productives.

L'exemple de Sparte et d'Athènes prouve la bonté et la nécessité d'un pareil moyen pour accroître et former un grand empire. Ces deux républiques étaient très-guerrières, et vivaient sous de très-bonnes lois ; elles ne s'étendirent cependant jamais autant que Rome, qui semblait bien moins policée et moins sagement constituée qu'elles. On ne peut attribuer cette différence qu'à la cause que nous avons indiquée. Rome, pour avoir ainsi accru sa population, pouvait mettre deux cent quatre-vingt-dix mille hommes sous les armes ; tandis que Sparte et Athènes ne passèrent jamais le nombre de vingt mille chacune.

Ce ne fut point par une plus heureuse situation que Rome obtint cet avantage sur ces deux villes, mais seulement par une différence de système de conduite. Lycurgue, fondateur de Sparte, convaincu que rien ne parviendrait plus facilement à corrompre ses lois que le mélange de nouveaux habitants, disposa tout pour éloigner les étrangers de sa ville. Outre qu'il leur défendit de s'y marier, qu'il leur refusa le droit de bourgeoisie, qu'il leur interdit toutes les facilités de communication qui rapprochent tous les hommes entre eux, il voulut, de plus, que dans sa république on ne fît usage que d'une monnaie de cuir, afin d'ôter à tout le monde l'envie d'y porter des marchandises ou d'y exercer quelque industrie.

Or, comme les actions des hommes, leurs procédés, ne sont que des imitations de la nature, et qu'il n'est ni possible ni naturel qu'une tige faible et déliée supporte de très-grosses branches, de même, une république petite et peu nombreuse ne peut tenir sous sa domination des royaumes plus étendus et plus puissants qu'elle. Si cependant elle s'en empare, elle éprouve le sort de l'arbre qui, chargé de branches plus fortes que le tronc, se fatigue à les soutenir et faiblit au moindre vent. C'est ce qui arriva à Sparte, qui s'était emparée de toutes les villes de la Grèce. A peine Thèbes se souleva-t-elle, que toutes les autres se soulevèrent également contre elle, et le tronc resta seul, privé de ses branches. Rome ne pouvait éprouver un pareil malheur : elle avait un tronc assez fort pour soutenir facilement les plus gros rameaux.

C'est donc à ce principe, et à quelques autres dont nous parlerons plus bas, que Rome dut sa grandeur et sa puissance. C'est ce que Tite-Live exprime par ces deux mots : « Rome » s'accroît cependant des ruines d'Albe. »

CHAPITRE IV.

Les républiques ont employé trois moyens pour s'agrandir.

Quiconque a observé attentivement l'histoire ancienne a dû voir que les républiques employaient trois moyens pour s'agrandir. Le premier est celui qu'employèrent les anciens Toscans : il consiste à ne former qu'une ligue de plusieurs républiques réunies entre elles : aucune alors ne conserve aucun degré de prééminence sur l'autre ; et en cas de conquête, les villes conquises deviennent autant d'associées à la ligue, de la même manière qu'en usent de notre temps les cantons suisses, et qu'en usèrent autrefois en Grèce les Achéens et les Étoliens. Mais comme les Romains firent souvent la guerre à ces Toscans, afin de faire mieux connaître le premier moyen, je vais donner quelques notions particulières sur ce peuple.

Avant l'établissement des Romains, les Étrusques en Italie étaient très-puissants et par mer et par terre ; et quoique nous n'ayons aucune histoire particulière de ce peuple, il reste encore quelque souvenir et quelque vestige de leur ancienne grandeur. On sait qu'ils envoyèrent sur le rivage de la mer

Supérieure [1] une colonie qu'ils appelèrent *Adria*, qui devint assez illustre pour donner son nom à cette mer que l'on nomme encore *Adriatique*. On sait aussi que leurs armes leur soumirent tout le pays qui s'étend depuis le Tibre jusqu'aux Alpes. Il est vrai que deux cents ans avant que les forces des Romains se fussent rendues redoutables, ce même peuple avait perdu la province appelée aujourd'hui Lombardie, qui leur fut enlevée par les Gaulois. Ceux-ci, forcés de quitter leur pays, ou attirés par la douceur des fruits d'Italie, et surtout par celle de ses vins, s'emparèrent de cette province sous la conduite de Bellovèse; ils mirent en déroute et chassèrent les habitants, y bâtirent un grand nombre de villes, et de leur nom l'appelèrent Gaule; c'est le nom qu'elle a porté jusqu'à ce que les Romains la subjuguèrent.

Les Étrusques vivaient donc dans une parfaite égalité, et employèrent pour s'agrandir le premier moyen dont nous avons parlé. Leur association était de douze villes, parmi lesquelles on comptait Clusium, Véies, Fiesole Arezzo, Volterra et autres, qui gouvernaient tout le pays. Leurs conquêtes ne purent dépasser l'Italie, et même une grande partie de cette contrée sut toujours s'en défendre, par les causes que j'expliquerai plus bas.

Le second moyen est de s'associer d'autres états, mais en se réservant le droit de souveraineté, le siége de l'empire, et la gloire de tout ce qui se fait en commun. Ce fut la méthode suivie par les Romains.

Le troisième enfin est de se faire des sujets des nations vaincues. C'est ainsi qu'en usèrent Athènes et Lacédémone.

De ces trois moyens, le dernier est parfaitement inutile, comme l'événement l'a bien prouvé pour ces deux républiques, qui ne périrent que pour avoir fait des conquêtes qu'elles ne pouvaient conserver. Car, vouloir gouverner par la force des villes conquises, surtout celles accoutumées à vivre libres, est un projet aussi difficile que dangereux; et à moins que vous ne soyez puissamment armé, vous ne parviendrez jamais à vous en faire obéir; vous ne sauriez tenir vos forces sur un pied respec-

table, sans vous donner des associés afin d'accroître considérablement votre population. Et Athènes et Sparte n'ayant suivi aucune de ces règles, leurs efforts furent absolument inutiles.

Rome, au contraire, pour avoir suivi le second système de conduite, s'éleva au plus haut degré de puissance; et comme elle fut la seule à le suivre constamment, elle fut aussi la seule qui parvint à ce haut point. Tous les associés qu'elle s'était donnés en Italie, et qui, sous beaucoup de rapports, vivaient dans une espèce d'égalité avec elle, mais vis-à-vis desquels elle s'était réservé le siége de l'empire et la conduite des entreprises en son nom; ces associés, dis-je, allaient, sans s'en apercevoir, prodiguer et leurs fatigues et leur sang, pour se mettre eux-mêmes sous le joug. A peine étaient-ils sortis d'Italie avec leurs armées qu'ils parvinrent à réduire les royaumes en provinces, à faire des sujets d'hommes qui, ayant été soumis sous des rois, ne se plaignirent pas de leur condition; comme ils avaient des gouverneurs romains, qu'ils avaient été vaincus par des armées appelées romaines, ils ne reconnaissaient d'autre souverain que Rome : en sorte que les associés de Rome qui étaient en Italie se trouvèrent en un instant entourés de sujets romains contenus et pressés par une ville extrêmement forte; et ils ne s'aperçurent du piége dans lequel ils étaient tombés et où ils vivaient depuis si longtemps qu'au moment où il ne fut plus temps d'en sortir, tant Rome avait accru sa puissance par l'acquisition de provinces étrangères! tant elle se trouvait de force, au moyen de l'immense population qu'elle pouvait armer! En vain, pour se venger des injures reçues, ces états associés conjurèrent contre elle; ils furent vaincus en fort peu de temps, et leur sort ne fit qu'empirer; d'associés ils devinrent sujets.

Ce système n'a été suivi, comme nous l'avons dit, que par les Romains; et une république qui veut s'agrandir ne doit pas en avoir d'autre; car l'expérience a prouvé qu'il n'y en a ni de plus sage, ni de plus sûr.

Le premier moyen dont nous avons parlé, celui des confédérations, comme celle des Étrusques, des Achéens, des Étoliens, et aujourd'hui celle des Suisses, est le meilleur, après celui employé par les Romains. S'il est lui-même un obstacle à des conquêtes, il en résulte deux avantages : le premier, c'est d'avoir rarement la guerre ; le second, la facilité de conserver ce qu'on peut avoir acquis. Ce qui empêche des états ainsi associés de s'agrandir, c'est qu'ils forment une république éparse, et dont le siége est placé en différents points : ce qui rend très-difficiles les moyens de délibération et de résolution commune. Ils éprouvent peu le besoin de dominer ; la nécessité de partager ce pouvoir avec un grand nombre de confédérés rend le désir de l'obtenir moins vif que pour une république qui se flatterait avec raison d'en jouir seule. D'ailleurs, elles ne peuvent se gouverner que par ce conseil général, et cette forme nécessite plus de lenteur dans les délibérations que n'en met un peuple dont les décisions partent d'un même centre. L'expérience nous apprend d'ailleurs que cette espèce de corps politique a des bornes au-delà desquelles il n'est pas d'exemple qu'il se soit jamais étendu ; il se compose de la réunion de douze ou quatorze états tout au plus. Parvenues à ce point, ces confédérations ne cherchent point à s'étendre, soit parce que c'est celui où elles croient pouvoir se secourir mutuellement, soit qu'elles n'y voient aucune utilité, pour les raisons que nous en avons apportées. En effet, il leur faudrait, ou recevoir dans leur confédération les états conquis, et cette multitude formerait confusion, ou bien il faudrait en faire des sujets. Comme elles voient de la difficulté à exécuter le premier, et qu'elles ne voient aucun avantage à adopter le second, elles ne mettent aucun prix à un accroissement de territoire.

Quand donc ces ligues se voient par leur nombre en état de vivre en sûreté, elles font deux choses : la première est de prendre de petits états sous leur protection, et par ce moyen elles se procurent des sommes d'argent faciles à partager ; la seconde est de combattre pour d'autres puissances, et de se mettre à la solde de tel ou tel prince, comme le font les Suisses, et comme on lit que faisaient les ligues que nous avons citées. Tite-Live nous en fournit une preuve, lorsqu'il raconte que Philippe, roi de Macédoine, s'étant abouché avec T. Quintius Flaminius pour traiter de la paix, en présence du préteur des Étoliens, Philippe, s'adressant à ce préteur, lui reprocha l'avarice et la perfidie des Étoliens qui ne rougissaient pas de fournir des troupes aux deux puissances ennemies, et dont on voyait souvent flotter les drapeaux à la fois dans les deux camps.

On voit par là que ces sortes de confédérations ont toujours adopté la même conduite, et sont arrivées toujours aux mêmes résultats. On voit de plus que la méthode de faire des sujets des pays conquis est aussi vicieuse que peu profitable, et que cette manière d'user de ses conquêtes, quand elles sont supérieures aux forces de l'état, l'entraîne bientôt à sa perte. Mais si cette méthode est mauvaise pour les républiques guerrières, combien plus est-elle pernicieuse pour celles qui sont sans armes, comme nos républiques d'Italie !

Tout ceci prouve l'excellence de la marche adoptée par les Romains, d'autant plus admirable que personne ne leur avait tracé la route, et que personne n'y a marché après eux. Quant aux confédérations, nous les voyons imitées par celles de Suisse et de Souabe. Et, comme nous le dirons à la fin de cet ouvrage, les sages principes de conduite des Romains, si bien adaptés au gouvernement intérieur ou extérieur, non-seulement n'ont pas été imités parmi nous, mais on n'en a tenu aucun compte, soit qu'on les crût fabuleux, impossibles, ou du moins peu avantageux à pratiquer de nos jours. Par un effet de cette cruelle ignorance dans laquelle nous avons été plongés, nous sommes devenus la proie de quiconque a voulu nous attaquer.

Mais s'il paraissait trop difficile d'imiter les Romains, au moins nous, Toscans, pouvions-nous plus facilement marcher sur les traces des anciens Étrusques. Si, par les raisons alléguées, ils ne purent pas former un empire aussi vaste que celui des Romains, ils purent acquérir en Italie le degré de puissance dont leur constitution les rendait susceptibles. Leur état fut pendant longtemps tranquille, glorieux, et par les richesses et par les armes, et par les mœurs et par la religion. Mais leur puissance et leur gloire, affaiblie d'abord par les Gaulois, fut anéantie par les Romains, et tellement anéantie, que, quoiqu'il n'y ait que deux mille ans aujourd'hui qu'ils formaient une république puissante, il en reste à peine quelque souvenir. C'est ce qui m'a fait rechercher d'où pouvait naître un pareil oubli des choses les plus remarquables : ce sera l'objet du chapitre suivant.

———

CHAPITRE V.

Que les changements de religion et de langue et les désastres des inondations et des pestes effacent la mémoire des choses.

On a répondu, je pense, aux philosophes qui soutenaient que le monde est éternel : que si une pareille existence était vraie, il faudrait que la mémoire des événements remontât à plus de cinq mille ans. Ce raisonnement serait juste si on ne voyait pas comment la mémoire des temps se perd et se détruit par divers accidents. De ces accidents partie vient des hommes, partie vient du ciel. Ceux qui viennent des hommes sont les changements de religion et de langue. S'établit-il une nouvelle secte, c'est-à-dire une religion nouvelle, son premier soin pour s'accréditer est de détruire l'ancienne ; et, quand les fondateurs de celle-ci parlent une langue différente, ils y parviennent facilement.

On peut reconnaître cette vérité en examinant la manière dont la religion chrétienne a procédé contre la religion païenne. Elle a détruit toutes les institutions, toutes les cérémonies, et effacé jusqu'au moindre souvenir de cette ancienne théologie. Il est vrai que le christianisme n'a pu réussir à nous ravir également la connaissance des belles actions des grands hommes qui ont fleuri sous le paganisme ; mais on ne doit l'attribuer qu'à la nécessité où il a été de conserver la langue latine pour faire connaître la nouvelle loi qu'il établissait, à en juger par les persécutions que les chrétiens ont fait endurer aux païens. S'ils avaient pu employer pour cet objet une nouvelle langue, il ne resterait pas la moindre trace des événements antérieurs.

Voyez la conduite de saint Grégoire et des autres chefs de la religion chrétienne ; avec quelle opiniâtre persévérance ils s'attachent à détruire tous les monuments de l'idolâtrie ! ils brûlent les ouvrages des poëtes, des historiens ; ils détruisent les statues, les tableaux ; ils altèrent ou abolissent tout ce qui pouvait conserver quelque souvenir de l'antiquité. Si,

pour seconder leurs efforts, ils avaient pu se servir d'une autre langue, en très-peu de temps on eût fait disparaître jusqu'à l'ombre des langues anciennes.

Ce que la religion chrétienne a voulu exécuter contre le paganisme, il est à croire que le paganisme l'a exécuté contre la religion établie avant lui ; et, comme des changements de cette nature ont eu lieu deux ou trois fois dans l'espace de cinq ou six mille ans, ils ont fait perdre la mémoire des temps qui ont pu précéder. Si on en découvre quelques vestiges, on les regarde comme des fables, on n'y ajoute aucune foi. C'est ce qui arrive à l'histoire de Diodore de Sicile, qui rend compte de quarante ou cinquante mille ans, et qui passe pour un mensonge, comme je suis moi-même porté à le penser.

Les accidents venus du ciel sont ceux qui détruisent les générations et réduisent la population de telle ou telle partie du monde à un petit nombre d'habitants : c'est ce qui est produit par la peste, par la famine et les inondations. Ce dernier fléau est celui qui se remarque le plus, soit parce qu'il est plus universel, soit parce que ceux qui échappent à ses ravages sont des montagnards grossiers, qui, n'ayant aucune connaissance de l'antiquité, ne peuvent la transmettre à leurs descendants ; et si parmi eux il s'est sauvé quelque homme instruit, il cache avec soin ce qu'il sait pour se faire admirer et se donner une réputation ; il le travestit selon son caprice ou ses vues, en sorte qu'il ne reste à ses successeurs que ce qu'il a bien voulu leur en montrer.

On ne peut douter que ces accidents n'arrivent de temps à autre : et d'abord toutes les histoires en sont pleines ; de plus, ils nous expliquent la cause de cet oubli de tant de choses anciennes. D'ailleurs, il paraît naturel que de tels fléaux aient lieu : la nature, comme la plupart des corps qu'elle renferme, a besoin de ces mouvements extraordinaires et spontanés qui la débarrassent de l'excès des matières superflues dont elle serait surchargée. Ainsi, lorsque le monde a surabondance d'habitants, lorsque la terre ne peut les nourrir, quand la malice et la fausseté humaines sont à leur comble, la nature, pour se débarrasser, se sert de l'un de ces trois fléaux. Les hommes ainsi réduits à un petit nombre et abattus par le malheur, trouvent plus facilement leur subsistance et deviennent meilleurs.

Ainsi l'Étrurie était, comme je l'ai déjà dit, un pays très-riche, très-puissant; la religion, la vertu y régnaient; elle avait ses mœurs, sa langue particulière; tout cela a été détruit par la puissance romaine; il n'en est resté que le nom.

CHAPITRE VI.

Comment les Romains faisaient la guerre.

Nous avons expliqué les moyens dont les Romains se servaient pour s'agrandir; il faut montrer à présent de quelle manière ils se conduisaient dans la guerre. On verra dans toutes leurs actions avec quelle prudence ils s'écartèrent des routes ordinaires pour se frayer un chemin plus facile à la souveraine grandeur.

L'intention de celui qui fait la guerre par choix ou par ambition est de conquérir, et de conserver ce qu'il a conquis; il se conduit de manière à enrichir à la fois son pays et le pays conquis, au lieu de les appauvrir. Il faut donc pour remplir ces divers objets avoir soin de dépenser peu, et de se proposer en tout le bien public pour objet; pour cela, il faut imiter la marche et la conduite des Romains. Le premier de leurs principes était de faire la guerre, comme disent les Français, courte et bonne. Comme ils mirent toujours de fortes armées en campagne, ils terminèrent très-promptement toutes leurs guerres contre les Latins, les Samnites, les Étrusques; et, si on veut faire attention à toutes celles qu'ils eurent à soutenir depuis la fondation de Rome jusqu'au siége de Véies, on verra qu'elles furent expédiées en six, dix ou vingt jours. Leur usage était, aussitôt la guerre déclarée, de marcher à l'ennemi avec une armée formidable, et de lui livrer aussitôt bataille. L'ennemi vaincu, pour empêcher le ravage de ses terres, en venait à un accommodement; on le condamnait à céder une certaine quantité de territoire qu'on distribuait à des particuliers, ou qu'on affectait à une colonie; celle-ci, placée sur la frontière ennemie, servait également de barrière pour les frontières des Romains. Il en résultait un double avantage: celui des colons qui jouissaient du produit des terres; celui de Rome, qui, sans dépense, se trouvait gardée.

Rien de plus sûr, de plus redoutable, de plus avantageux que cette conduite. En effet, tant que l'ennemi n'était pas en campagne, cette garde suffisait. Sortait-il pour accabler cette colonie avec des forces considérables, les Romains paraissaient également avec une armée aussi formidable, livraient bataille, la gagnaient, et ne rentraient dans leurs foyers, qu'après avoir imposé de plus dures conditions. Ainsi s'augmentaient de jour en jour, et leur réputation chez l'ennemi, et la force intérieure de la république.

Tels furent les principes qu'ils suivirent jusqu'après le siége de Véies, époque à laquelle ils changèrent de marche. Pour pouvoir soutenir des guerres plus longues, ils se déterminèrent alors à accorder une paie à leurs soldats, qui n'en avaient pas reçu dans les premières guerres dont la durée était fort courte. Mais quoiqu'ils donnassent une solde, que par là ils pussent soutenir des guerres plus longues, et qu'ils fussent forcés de rester plus longtemps en campagne, parce que leurs ennemis étaient plus éloignés, ils ne varièrent jamais ni sur le principe de terminer les guerres aussi promptement que le permettaient les temps et les lieux, ni sur la méthode d'envoyer des colonies; car, indépendamment de leur habitude, l'ambition des consuls qui n'avaient qu'un an à rester en charge, et de cette année six mois seulement à consacrer à la guerre, les portait à l'achever promptement pour obtenir les honneurs du triomphe. Quant aux colonies, les avantages infinis que le public en retirait les firent conserver.

Les Romains changèrent bien quelque chose à leur ancien usage relativement au butin dont ils furent plus avares que dans les premiers temps, soit parce qu'ils crurent moins nécessaire de l'abandonner à des soldats qui recevaient une paie, soit parce qu'il devint si considérable qu'ils voulurent en enrichir le trésor national seulement, afin que la république pût faire elle-même les plus grandes entreprises sans imposer les citoyens. Aussi le trésor devint-il très-riche en fort peu de temps.

Ces deux moyens, la réserve du butin et l'établissement des colonies, firent que Rome s'enrichissait par la guerre, qui est pour les autres états moins sages une cause de ruine. Ce fut à tel point qu'un consul ne semblait pas devoir mériter le triomphe s'il n'apportait pas au trésor public une grande quantité d'or et d'argent et des richesses de toute espèce.

C'est par une conduite aussi mesurée, en terminant promptement chaque guerre, en épuisant à la longue l'ennemi par des guerres renouvelées sans cesse, en détruisant ses armées, en ravageant son territoire, et en arrachant des traités avantageux, que les Romains augmentèrent tous les jours de plus en plus et leurs richesses et leur puissance.

CHAPITRE VII.

Quelle quantité de terrain les Romains accordaient-ils à chaque colon ?

Il est difficile de savoir au juste la quantité de terrain que les Romains accordaient à chaque colon. Je crois que cette quantité variait suivant les lieux où ils envoyaient la colonie. Mais on est persuadé que, de quelque manière et en quelque lieu que ce fût, ils n'en donnaient qu'une petite étendue : d'abord, afin de pouvoir envoyer plus d'hommes, avantage précieux, puisqu'ils devaient garder le pays; en second lieu, parce que les Romains étant pauvres chez eux, il n'eût pas été raisonnable que, hors de Rome, les citoyens s'accoutumassent à une prodigue abondance. Tite-Live nous apprend qu'en établissant une colonie à Véies, on distribua à chaque colon trois arpents et sept onces de terre.

Indépendamment de ces autres motifs, ils pensaient que ce n'était pas l'étendue de terrain qui enrichissait, mais bien la bonne culture. Il faut d'ailleurs qu'une colonie ait des champs communaux pour faire paître ses bestiaux, et des forêts d'où elle puisse tirer du bois de chauffage.

CHAPITRE VIII.

Pour quelles raisons les peuples abandonnent-ils leur patrie pour se répandre dans des pays étrangers ?

Puisque nous avons parlé de la manière dont les Romains faisaient la guerre, et de l'attaque que les Gaulois firent aux Étrusques, il ne me paraît pas étranger à ce sujet de remarquer qu'on peut distinguer deux différentes espèces de guerre, à raison de leur différente origine. L'une est due uniquement à l'ambition des princes ou des républiques qui cherchent à étendre leur empire : telles furent celles d'Alexandre-le-Grand, les guerres des Romains, et celles que se font deux puissances entre elles. Ces guerres sont quelquefois dangereuses, mais elles ne vont point jusqu'à chasser les habitants d'une province. En effet, la soumission des peuples suffit au vainqueur; la plupart du temps il les laisse vivre dans leurs propres maisons, et leur conserve leurs lois et leurs biens.

La seconde espèce de guerre a lieu quand un peuple entier, contraint par la famine ou par la guerre, abandonne ses femmes et ses enfants, et va chercher de nouvelles terres et une nouvelle demeure, non pour y dominer, comme ceux dont nous avons parlé plus haut, mais pour la posséder individuellement, après avoir battu et en avoir chassé les anciens habitans. Cette espèce de guerre est la plus affreuse, la plus cruelle, et c'est de celle-là que parle Salluste à la fin de l'histoire de Jugurtha, quand il dit que, Jugurtha vaincu, on entendit parler des mouvements que faisaient les Gaulois pour venir en Italie. Il remarque que le peuple romain n'avait combattu avec tous les autres peuples que pour savoir à qui resterait l'empire; mais que dans la guerre contre les Gaulois chacun combattait pour sa propre vie. Il suffit en effet à un prince ou à une république qui attaque un pays d'abattre les têtes qui commandent; mais des peuplades entières n'ayant pour vivre que ce qui nourrissait les autres doivent les détruire entièrement.

Les Romains eurent trois de ces terribles guerres à soutenir : la première est celle où Rome fut prise par ces mêmes Gaulois qui avaient enlevé la Lombardie aux Étrusques, comme nous l'avons déjà dit, et qui s'y étaient établis. Tite-Live donne deux causes de leur invasion. D'abord, ils étaient attirés par la douceur des fruits, et principalement par le vin que l'Italie produisait, et qu'ils n'avaient pas dans leur pays; en second lieu, la Gaule était si peuplée, qu'elle ne pouvait suffire à la nourriture de ses habitants. Leurs princes jugèrent nécessaire qu'une partie de la nation allât chercher une autre demeure : cette décision prise, on choisit pour chefs ou capitaines chargés de conduire l'émigration Bellovèse et Sigovèse, deux de leurs rois. Bellovèse vint en Italie, et Sigovèse passa en Espagne : c'est ce Bellovèse qui s'empara de la Lombardie et qui ensuite fit aux Romains la première guerre dont nous parlons.

La seconde guerre des Gaulois suivit de près la première des Carthaginois. Les Romains massacrèrent plus de deux cent mille Gaulois entre Piombino et Pise.

La troisième fut celle des Teutons et des Cimbres qui, ayant vaincu plusieurs armées romaines, furent entièrement défaits par Marius.

Les Romains sortirent donc victorieux de ces trois guerres épouvantables; il ne fallait rien moins que leur valeur : aussi, quand la vertu romaine eut disparu, quand les armées eurent perdu leur antique vaillance, leur empire fut détruit par des hordes semblables à celle-ci, Goths, Vandales, et autres barbares qui s'emparèrent de tout l'empire d'Occident.

Ces peuplades sortent de leur pays, comme nous l'avons dit, chassées par la faim, ou par la guerre, ou par quelque genre de fléau qui les accable, et qui les oblige d'aller chercher de nouvelles demeures. Quelquefois elles sont en si grand nombre qu'elles se débordent avec impétuosité sur les terres étrangères, en massacrent les habitants, s'emparent de leurs biens, fondent un nouvel empire, et changent le nom de leur pays même. C'est ce que fit Moïse, et ce que firent également les peuples qui s'emparèrent de l'empire romain. En effet, tous les noms nouveaux des provinces subsistant en Italie et dans les autres contrées de l'Europe ne leur ont été donnés que par ces nouveaux conquérants. Ainsi, la Lombardie s'appelait Gaule Cisalpine; la France était la Gaule Transalpine; elle est appelée France du nom

des Francs qui la conquirent. L'Esclavonie portait le nom d'Illyrie; la Hongrie, de Pannonie; l'Angleterre, de Bretagne; ainsi de tant d'autres qui ont changé de nom, et qu'il serait fastidieux d'énumérer. Moïse donna également le nom de Judée à la partie de la Syrie dont il s'empara.

J'ai dit plus haut que quelquefois certains peuples sont forcés par la guerre d'abandonner leur pays et de chercher de nouvelles terres. Je citerai l'exemple des *Maurusiens*, qui occupaient anciennement la Syrie. Ceux-ci, sur le point d'être attaqués par les Hébreux, et sentant qu'ils ne pourraient leur résister, aimèrent mieux se sauver en abandonnant leur propre pays, que de perdre à la fois et leur pays et leur vie. Ils passèrent donc en Afrique avec leurs femmes, leurs enfants, et s'y établirent en chassant les habitants qui l'occupaient auparavant; et ces mêmes hommes, qui n'avaient pas pu défendre leur patrie, s'emparèrent de celle des autres. Procope, qui suivit Bélisaire en Afrique dans la guerre contre les Vandales qui s'en étaient emparés, rapporte y avoir lu, sur des colonnes, l'inscription suivante : « Nous » *Maurusiens*, fuyant devant Jésus le brigand, » fils de Nava. » On voit par-là le motif de leur sortie de Syrie.

De pareils peuples chassés de leur pays, par la nécessité la plus cruelle, ne peuvent qu'être infiniment dangereux; et, si on ne leur oppose pas des armées formidables, ils l'emporteront toujours sur ceux qu'ils vont attaquer.

Mais, quand ces mêmes émigrants sont en petit nombre, le danger est alors bien moindre. Ne pouvant user de violence, ils emploient l'adresse pour s'emparer d'un petit coin de terre, et s'y maintenir comme alliés. C'est ainsi qu'en usèrent Énée, Didon, les Marseillais et plusieurs autres, qui n'ont pu se maintenir dans le pays où ils ont abordé que du consentement des hommes qui l'habitaient déjà.

Ces peuplades en masse, sont presque toutes sorties de la Scythie, pays froid et stérile, dont les innombrables habitants, ne pouvant trouver autour d'eux de quoi se nourrir, sont réduits à s'expatrier, et ont mille raisons qui les chassent et n'en ont pas une qui les retienne. Si depuis cinq cents ans la Scythie n'a plus fourni d'aliment à ces débordements de barbares sur le resté de l'Europe, cela vient de plusieurs causes. La première, c'est que plus de trente peuples en étaient déjà sortis lors de la décadence de l'empire romain. La seconde, c'est que l'Allemagne et la Hongrie, qui produisaient aussi de ces essaims d'hommes, ont tellement amélioré leur territoire, que les habitants peuvent y vivre à leur aise, sans être forcés d'en chercher de meilleur. D'ailleurs, ces deux nations, étant elles-mêmes très-belliqueuses, sont comme un rempart qui maintient les Scythes leurs voisins, qui n'ont plus d'espoir de pouvoir traverser leur pays et de les vaincre. On a vu souvent de grands mouvements de Tartares. Mais les Hongrois et les Polonais ont arrêté ces débordements; et ils se vantent avec raison que, sans les efforts de leurs armes, l'Italie et l'Église auraient souvent éprouvé le poids de ces hordes de Tartares. En voilà assez sur ces peuples.

CHAPITRE IX.

Quels sont les sujets ordinaires de guerre entre les souverains.

Le sujet de la guerre qui s'éleva entre les Samnites et les Romains, liés ensemble jusque-là, est celui qui occasionne ordinairement les ruptures entre les grandes puissances. Il naît quelquefois du hasard, ou bien il est préparé par la politique de celui qui veut faire la guerre. Entre les Samnites et les Romains, ce fut le hasard qui la fit naître. Car l'intention des Samnites, en attaquant les Sidicins [1] et les Campaniens, n'avait point été de faire la guerre aux Romains. Mais les Campaniens, vivement pressés, prirent le parti, contre l'opinion et le vouloir des deux peuples, de recourir aux Romains, et même de se donner à eux. Alors, ceux-ci, obligés de les défendre comme leur propre bien, furent engagés dans une guerre qu'ils crurent impossible d'éviter sans déshon-

neur. Les Romains étaient trop éclairés pour ne pas sentir qu'ils ne pouvaient pas défendre les Campaniens, quoique leurs amis, contre les Samnites, plus anciens amis encore. Mais il leur parut honteux de ne pas les soutenir comme sujets et comme se donnant à eux, persuadés que s'ils ne prenaient pas leur défense, ils éloigneraient à jamais tous les peuples qui auraient pu avoir envie de se soumettre à leur domination. Un peuple qui, comme celui de Rome, avait pour but bien plutôt la domination et la gloire que l'amour du repos, pouvait-il se refuser à une si belle occasion?

Ce fut une circonstance pareille, qui donna naissance à la première guerre contre les Carthaginois : les secours que les Romains donnèrent aux Messinois en Sicile. C'est encore au hasard qu'il faut l'attribuer.

Il n'en fut pas de même de la seconde. Lorsqu'Annibal, général des Carthaginois, attaqua en Espagne les Sagontins, amis de Rome, ce n'était pas à eux qu'il en voulait; il ne cherchait qu'une occasion de faire prendre les armes aux Romains, de les combattre, et de passer en Italie.

Cette manière d'allumer une guerre a toujours été usitée entre puissances qui veulent garder quelque mesure, et concilier leurs vues ambitieuses avec quelque respect et quelque fidélité à des traités. Si j'ai dessein de faire la guerre à un prince, malgré des capitulations fidèlement observées entre nous depuis longtemps, mais sous quelques prétextes, et en sachant donner à mes démarches la couleur convenable, j'attaquerai plutôt son ami que lui. Je sais que son ami étant attaqué, ou il prendra sa défense, et alors il me fournit l'occasion de lui faire la guerre comme j'en avais l'intention; ou il l'abandonnera, et alors il découvre et sa faiblesse et le peu de prix qu'on doit mettre à son alliance. L'un et l'autre de ces moyens doit lui faire perdre sa réputation, et rendre plus facile l'exécution de mes projets.

Nous devons remarquer à l'occasion de la résolution que prirent les Campaniens de se donner aux Romains, résolution qui engagea ceux-ci à la guerre, comme nous l'avons dit plus haut, nous devons remarquer, dis-je, que la seule ressource qui reste à un peuple qui quoique trop faible pour se défendre, ne veut

---

[1] Les Sidicins étaient les habitants de la ville de *Teanum*, aujourd'hui *Tiano* dans la Campanie (Terre de Labour), au nord de Capoue. On l'appelait *Teanum Sidicinum*, pour la distinguer d'une colonie romaine, appelée *Teanum Apulum*, située dans l'*Apulia* (la Pouille) sur le Frento. Les Sidicins faisaient partie des Osques.

int céder à qui l'attaque, c'est de se donner anchement à celui qu'il veut prendre pour on protecteur. Ainsi les Campaniens se donnè ent aux Romains; ainsi les Florentins se don èrent à Robert, roi de Naples, qui n'eût ja ais consenti à les défendre comme amis, et ui les protégea comme ses sujets contre les rces de Castruccio de Lucques, qui les op rimait.

CHAPITRE X.

ue l'argent n'est pas le nerf de la guerre, quoique ce soit l'opinion générale.

On peut commencer la guerre quand on veut, ais on ne la finit pas de même. Il est donc du evoir d'un prince, avant que de former une ntreprise, de mesurer ses forces, et de régler es projets d'après elles. Mais il doit être assez age pour ne pas se faire illusion dans cet exa en. Il se trompera toujours s'il calcule ses orces, soit d'après ses ressources d'argent, oit d'après la situation de son pays, soit d'a rès l'affection de ses sujets. Tous ces avanta es augmentent bien les forces, mais ne les donnent pas. Ils sont nuls, seuls, et par eux mêmes; ils ne peuvent servir sans le secours d'une armée à toute épreuve. Tous les trésors ne sont rien sans de bonnes troupes. La force d'un pays ne le défend pas seule; la fidélité, l'affection des hommes ne durent pas; comment les hommes continueraient-ils à vous être fidèles et affectionnés, lorsque vous ne pouvez continuer vous-mêmes à les défendre? Les montagnes, les lacs, les lieux les plus inaccessibles, devien nent d'un facile accès quand ils sont dépourvus de vaillants défenseurs. Les trésors, au lieu de vous servir, ne servent qu'à exciter de plus en plus contre vous la cupidité des ravisseurs.

Il n'y a pas d'opinion plus fausse que celle qui veut que l'argent soit le nerf de la guerre. Elle a été mise en avant par Quinte-Curce, à l'occasion de la guerre d'Antipater, roi de Macédoine, contre Lacédémone. Il raconte que, par défaut d'argent, le roi de Sparte fut obligé de livrer bataille : il fut vaincu. S'il eût pu différer de quelques jours, la nouvelle de la mort d'Alexandre serait arrivée; il serait resté vainqueur, et sans coup férir. Mais manquant

d'argent, et craignant que son armée, faute de paie, ne l'abandonnât, il fut obligé de hasarder la bataille; et Quinte-Curce en prend occasion de dire que l'argent est le nerf de la guerre.

Cette maxime est mise tous les jours en avant, et les princes, qui s'y confient plus qu'ils ne de vraient le faire, règlent leur conduite d'après ce préjugé. Il les aveugle au point de leur faire croire que de grands trésors suffisent pour les défendre. Ils ne voient pas que s'il en était ainsi Darius eût vaincu Alexandre; les Grecs eussent triomphé des Romains; de nos jours, le duc Charles-le-Téméraire eût battu les Suisses, et les Florentins n'eussent pas eu ré cemment tant de difficultés à venir à bout de François Marie, neveu de Jules II, dans la guerre d'Urbin.

Tous ceux que nous avons désignés ci-dessus ont été vaincus par ceux qui ont pensé que ce n'est pas l'argent qui est le nerf de la guerre, mais de bonnes troupes. Parmi des objets de curiosité que Crésus, roi de Lydie, faisait ad mirer à Solon l'Athénien, était un immense trésor. « Que pensez-vous de ma puissance? » lui dit ce prince, en le lui montrant. — « Ce » n'est point par cet amas d'or que j'en juge, » répliqua Solon; c'est avec le fer et non avec l'or » qu'on fait la guerre; un ravisseur qui aura plus » de fer que vous peut vous enlever vos trésors.»

Après la mort d'Alexandre-le-Grand, un es saim prodigieux de Gaulois fondit en Grèce, ensuite en Asie; ils envoyèrent des ambassa deurs au roi de Macédoine, pour traiter avec lui de la paix. Ce roi, pour leur donner une haute idée de sa puissance et pour les éblouir, étala devant eux son or et ses richesses. Les envoyés gaulois, qui avaient presque confirmé la paix, la rompirent, tant ils furent animés du désir de lui ravir cet or; et ces trésors, accumulés pour sa défense, furent la seule cause de sa perte.

Il y a peu d'années que les Vénitiens, ayant encore leur épargne pleine, furent dépouillés de leurs états, sans pouvoir tirer de leurs tré sors aucun moyen de défense.

Je m'élèverai donc contre le cri général. Ce n'est pas l'or, mais les bons soldats, qui sont le nerf de la guerre. L'or ne fait pas trouver de bonnes troupes, mais les bonnes troupes font trouver de l'or. Si les Romains avaient voulu faire la guerre plus avec de l'or qu'avec du fer, tous les trésors de l'univers ne leur auraient pas suffi, à en juger par la grandeur de leurs entreprises, et par les difficultés qu'ils y rencontrèrent; mais l'usage qu'ils faisaient du fer les empêchait de manquer d'or : les peuples, qui les redoutaient, leur apportaient leurs richesses jusque dans leur camp.

Si le roi de Sparte fut obligé de livrer bataille faute d'argent, c'est l'argent qui, dans cette circonstance, produisit un inconvénient que mille autres causes pouvaient occasionner. On a vu des armées manquer de vivres, par exemple, et entre la dure alternative de mourir de faim ou de hasarder un combat, choisir ce dernier parti comme le plus honorable, et comme celui qui prête le plus aux faveurs de la fortune. Il est arrivé souvent qu'un général, voyant l'armée de son ennemi près de recevoir des renforts, s'est déterminé à courir les chances d'une bataille, plutôt que d'attendre que, fortifié de ce secours, il ait à le combattre avec plus de désavantage encore. On a vu quelquefois, témoin ce qui arriva à Asdrubal, lorsque sur le Métaurus il se vit attaqué par Claudius Néron réuni à l'autre consul romain, qu'un capitaine, réduit à fuir ou à combattre, choisissait presque toujours le combat. Ce parti, quoique extrêmement douteux, lui présente cependant encore quelques chances de succès, tandis que l'autre ne lui offre qu'une perte assurée.

Il y a donc une infinité de raisons qui peuvent obliger un général à livrer bataille malgré lui, et le défaut d'argent peut en être une; mais l'argent n'est pas plus le nerf de la guerre que toutes les autres choses qui peuvent le réduire à cette fâcheuse nécessité.

Je le répéterai donc de nouveau : ce n'est pas l'or, mais les soldats qui font les succès en guerre. L'argent est sans doute un moyen, mais un moyen secondaire que de bons soldats ne manquent jamais de vous procurer, parce qu'il est aussi impossible que de bons soldats ne trouvent pas de l'or qu'il est impossible que de l'or procure de bons soldats. L'histoire nous le prouve en vingt endroits différents. L'exemple de Périclès conseillant aux Athéniens de faire la guerre à tout le Péloponèse, et leur persuadant qu'avec l'adresse et de l'argent ils resteraient vainqueurs, ne détruit pas cette preuve. En effet, les Athéniens obtinrent, il est

vrai, quelques succès, mais à la fin ils succombèrent, et la sagesse et le courage des soldats de Sparte l'emportèrent sur l'adresse et l'or des Athéniens.

Quel plus digne témoignage pouvons-nous apporter sur ce point que celui de Tite-Live, dans l'endroit où il examine si Alexandre eût vaincu les Romains, en supposant qu'il eût passé en Italie? Il établit que trois choses sont nécessaires à la guerre : des soldats nombreux et vaillants, de sages capitaines et du bonheur. Il examine ensuite lequel, des Romains ou d'Annibal, était le mieux pourvu de ces trois moyens; et il conclut sans dire un seul mot de ce prétendu nerf de la guerre, l'argent.

Les Campaniens, requis par les Sidicins de les secourir contre les Samnites, durent probablement mesurer leur puissance sur leur or, et non sur la bonté de leurs troupes. Aussi, après avoir pris le parti de les secourir, deux batailles perdues les forcèrent de se rendre tributaires des Romains, afin d'éviter leur ruine entière.

CHAPITRE XI.

Qu'il n'est pas sage de s'allier avec un prince qui a plus de réputation que de force.

Tite-Live, voulant faire connaître l'erreur des Sidicins en se confiant aux forces de Capoue, et la fausse opinion de cette ville en croyant pouvoir secourir les Sidicins, ne pouvait mieux rendre cette idée que par ces paroles : « Les Campaniens n'apportèrent au secours des Sidicins qu'un nom, au lieu de forces. » D'où l'on doit conclure que les alliances qui se font avec des princes qui, à raison de la distance des lieux, peuvent difficilement vous secourir, ou à qui les moyens de le faire manquent par leur mauvaise conduite ou par toute autre circonstance, ont bien plus d'éclat que d'utilité réelle.

C'est ce qui est arrivé de nos jours aux Florentins, lorsqu'en 1479 ils ont été attaqués par le pape et le roi de Naples. L'amitié du roi de France ne leur a prêté qu'un *grand nom au lieu de secours*. Autant en arriverait au prince qui se porterait à quelque entreprise, en se reposant sur l'alliance de Maximilien. L'amitié de cet empereur est encore une de celles qui, comme celle de Capoue pour les Sidicins, ne porterait qu'un grand nom au lieu de secours.

Les Capouans se trompèrent donc pour avoir eu une trop haute opinion de leurs forces, et telle est souvent l'imprudence des hommes, qu'incapables de se défendre euxmêmes, ils veulent cependant prendre en main la défense d'autrui. Telle fut la faute que commirent les Tarentins lorsque, voyant les deux armées des Samnites et des Romains en présence, ils envoyèrent des ambassadeurs au consul romain pour lui signifier qu'ils voulaient la paix entre les deux peuples, et lui déclarer qu'ils se montreraient l'ennemi de celui des deux qui la refuserait. Aussi le consul ne fit que rire de sa menace; et pour montrer aux Tarentins, de fait et non en paroles, de quelle réponse il les jugeait dignes, il fit sonner la charge en présence des ambassadeurs, et ordonna à son armée de marcher contre l'ennemi.

Nous avons dans ce chapitre parlé du mauvais parti que les princes prennent quelquefois de défendre les autres; je veux dans le suivant parler des moyens qu'on doit prendre pour se défendre soi-même.

CHAPITRE XII.

Lequel vaut mieux, lorsqu'on craint d'être attaqué, de porter la guerre chez son ennemi, ou de l'attendre chez soi.

J'ai entendu des hommes très-versés dans l'art de la guerre agiter cette question... « Supposant deux princes à peu près d'égale force, si le plus puissant déclare la guerre au plus faible, est-il plus avantageux pour ce dernier d'attendre sur ses terres son ennemi, que d'aller le chercher et de l'attaquer dans ses foyers? » Et ils ne manquaient pas de très-bonnes raisons pour et contre.

En faveur de l'opinion de ceux qui veulent qu'on attaque, on cite le conseil donné par Crésus à Cyrus. Ce prince étant arrivé sur les confins des Massagètes, pour leur faire la guerre, leur reine Tomyris lui fit demander le-

quel des deux partis il préférerait : ou de venir l'attaquer, et qu'alors elle l'attendrait, ou de l'attendre, s'il préférait qu'elle vînt ellemême le trouver. Dans le conseil, où la chose fut mise en délibération, Crésus, contre l'avis de tous les autres, fut d'avis qu'il fallait que Cyrus allât la trouver. En effet, si cette reine était vaincue loin de son royaume, il ne le lui enlèverait pas, parce qu'elle aurait le temps de se rétablir; mais si elle était défaite sur ses confins même, le vainqueur pourrait la poursuivre, et ne pas lui donner le temps de se rétablir. On allègue encore le conseil donné par Annibal à Antiochus, au moment où ce prince projetait de faire la guerre aux Romains. Ce général lui démontra que jamais ce peuple ne serait vaincu qu'en Italie, parce que là on pouvait tourner contre lui et ses alliés, et ses armes, et ses richesses; mais que le combattre hors de chez lui, c'était lui laisser disposer de l'Italie, c'est-à-dire, d'une source inépuisable de forces qui ne lui avaient jamais manqué au besoin. Il conclut qu'il était plus aisé de lui enlever Rome que l'empire, et l'Italie qu'aucune autre province. On cite encore Agathocle, qui, ne pouvant soutenir chez lui les attaques des Carthaginois, porta la guerre dans leur pays, et les contraignit à lui demander la paix. On cite enfin Scipion, qui, pour délivrer l'Italie, transporta la guerre en Afrique.

En faveur du sentiment contraire, on dit que le plus grand mal qu'on puisse faire à un ennemi, c'est de le tirer de ses foyers. On cite les Athéniens, toujours vainqueurs quand ils firent commodément la guerre dans leurs foyers, et qui perdirent leur liberté pour avoir eu l'imprudence de s'en éloigner, et de transporter leurs armées en Sicile. On cite les poëtes et les fables d'après lesquelles Antée, roi de Lybie, attaqué par l'Hercule égyptien, triompha toujours de son ennemi tant qu'il l'attendit dans l'intérieur de son royaume; mais qui, attiré hors de chez lui par l'adresse d'Hercule, perdit ses états et la vie. C'est ainsi que s'explique la fable d'Antée reprenant des forces toutes les fois qu'il touchait sa mère (la terre) et dont Hercule, qui s'en aperçut, ne put venir à bout qu'en l'enlevant de terre, et l'étouffant en l'air. On cite, parmi les modernes, Ferdinand, roi de Naples, qui passe pour un des plus sages princes de son temps. Ce prince ayant appris, deux ans avant sa mort, le dessein que Charles VIII, roi de France, avait formé de venir l'attaquer, fit une infinité de préparatifs; mais il fut attaqué de la maladie dont il mourut. Parmi les conseils qu'il donna en mourant à son fils Alphonse, il lui recommanda surtout d'attendre l'ennemi dans son royaume, et de ne jamais en retirer ses forces sous quelque prétexte que ce fût, afin d'avoir à les lui opposer tout entières. Alphonse ne suivit point ce conseil; il envoya une armée dans la Romagne; elle y périt sans combattre, et il perdit ses états. Les raisons qu'on donne ensuite pour appuyer l'une ou l'autre opinion sont que le courage qui attaque est plus animé que le courage qui se défend, ce qui donne plus de confiance aux troupes. On ôte aussi à l'ennemi la faculté de profiter d'une infinité d'avantages : les habitants dont on ravage les propriétés ne peuvent lui être d'aucun secours; la présence de l'ennemi l'oblige à des ménagements vis-à-vis de ses sujets, dont il n'ose exiger ni trop d'argent, ni trop de services; en sorte qu'on vient à tarir, comme le disait Annibal, la source qui mettait celui contre lequel est dirigée l'attaque à même de soutenir. D'ailleurs, les soldats de l'assaillant, se trouvant en pays ennemi, sentent plus la nécessité de combattre, et cette heureuse nécessité excite de plus en plus leur valeur.

D'un autre côté, on se procure bien des avantages en attendant son ennemi. On peut, quand on est bien assuré de ses approvisionnements, l'inquiéter infiniment sur les siens, ainsi que sur les moyens de se procurer une infinité de choses nécessaires à une armée. Par la connaissance plus particulière qu'on a du pays, on peut opposer une infinité d'obstacles à ses desseins. On peut l'attaquer avec plus de forces, parce qu'on peut facilement les réunir toutes, et qu'il n'a pu amener toutes les siennes. Enfin, on peut se refaire facilement après une bataille perdue; en effet, comme il se sauvera assez de soldats de votre armée, en raison de la facilité à trouver des retraites très-voisines, et que les renforts nécessaires pour réparer les pertes qu'a fait éprouver l'ennemi ne viennent jamais de loin, il arrive que vous

risquez toutes vos forces, sans risquer toute votre fortune, au lieu que dans une guerre éloignée, vous risquez toute votre fortune, sans mettre en jeu toutes vos forces. Quelques-uns, pour mieux affaiblir leur ennemi, l'ont laissé pénétrer quelques journées, s'emparer d'assez de territoire pour affaiblir son armée pour les garnisons qu'il est obligé d'y mettre, et le combattre ensuite avec plus d'avantage.

Mais, pour dire ce que j'en pense, je crois qu'il faut faire une distinction. Ou un état est rempli de défenseurs bien armés, comme autrefois l'était celui des Romains, comme l'est aujourd'hui celui des Suisses; ou bien il en est dépourvu, comme l'étaient autrefois les Carthaginois, et comme l'est celui de France, ou celui d'Italie. Dans ce dernier cas, on ne saurait tenir l'ennemi trop éloigné. Toutes vos forces consistant dans vos finances, et non dans vos troupes, vous êtes battus toutes les fois que vous ne pouvez pas retirer cet argent, par impôt ou autrement; et rien ne vous en empêche autant qu'une guerre dans vos propres foyers. Les Carthaginois en fournissent un exemple. Tant qu'ils furent en sécurité chez eux, ils trouvèrent assez de ressources dans leurs revenus pour faire la guerre aux Romains; attaqués sur leurs foyers, ils ne purent résister à Agathocle.

Les Florentins étaient si bien hors d'état de se défendre contre Castruccio de Lucques, parce qu'il leur faisait la guerre dans leurs propres foyers, qu'ils se virent obligés de se donner à Robert, roi de Naples. Mais après la mort de Castruccio, ces mêmes Florentins eurent le courage de porter la guerre chez le duc de Milan, et furent sur le point de le dépouiller de ses états. Autant ils montrèrent d'énergie loin de chez eux, autant ils étaient faibles sur leurs foyers.

Mais quand les peuples sont armés, comme l'étaient les Romains et aujourd'hui les Suisses, ils sont d'autant plus difficiles à vaincre qu'on les attaque de plus près. Ces états peuvent rassembler plus de forces pour repousser une invasion que pour porter la guerre chez leurs ennemis. L'autorité d'Annibal ne me touche que très-faiblement. Sa passion et son intérêt dictaient les conseils qu'il donnait à Antiochus. Si les Romains avaient essuyé dans le même espace de temps, dans les Gaules, les trois défaites qu'ils essuyèrent en Italie de la part d'Annibal, ils étaient vaincus sans retour. Ils n'auraient pu ni se servir des débris de leur armée, comme ils le firent en Italie, ni avoir pour se refaire et se rétablir les facilités qu'ils trouvèrent; et, avec ces mêmes forces, ils n'eussent jamais pu dans tout autre pays résister à l'ennemi comme ils le firent dans le leur. Jamais pour envahir une province ils n'envoyèrent plus de cinquante mille hommes; mais pour défendre leurs foyers contre les Gaulois, après la première guerre punique, ils en armèrent jusqu'à dix-huit cent mille. Ils n'auraient pas même pu les vaincre dans la Gaule Cisalpine comme ils les vainquirent en Étrurie, parce que l'éloignement des lieux les eût empêchés d'y conduire contre eux un si grand nombre de combattants, et d'y faire la guerre avec tous ces avantages. Les Cimbres mirent en déroute une armée romaine en Allemagne, et Rome ne put remédier à ce désastre. Mais lorsque ceux-ci arrivèrent en Italie, la faculté qu'avaient les Romains de réunir toutes leurs forces fit qu'ils les détruisirent. Les Suisses sont faciles à vaincre hors de leur pays, hors duquel ils ne peuvent envoyer plus de trente ou quarante mille hommes; mais les vaincre sur leurs propres foyers, où ils peuvent en armer cent mille, est chose très-difficile.

Je conclus donc de nouveau qu'un prince dont les états sont remplis de ces peuples nombreux et aguerris doit toujours attendre chez lui un ennemi puissant au lieu d'aller à sa rencontre; mais que celui qui a ses sujets désarmés et peu aguerris doit l'éloigner de son territoire le plus qu'il peut. Ainsi, l'un et l'autre se défendront mieux en prenant, chacun d'eux, un moyen différent.

CHAPITRE XIII.

Pour s'élever d'un état médiocre à une grande fortune, la ruse sert plus que la force.

Je pense que c'est chose qui arrive très-rarement ou même qui n'arrive jamais, de s'éle-ver d'un état médiocre à un rang très-élevé, sans employer ou la force, ou la mauvaise foi, à moins qu'on n'y parvienne par hérédité ou par donation. Je ne crois pas même que la force ait jamais suffi; mais on trouvera que la ruse seule y a fait quelquefois parvenir. C'est ce dont se convaincra quiconque lira la vie de Philippe de Macédoine, celle d'Agathocle de Sicile, et de plusieurs autres, qui, comme ceux-ci, de l'état le plus bas ou le plus médiocre sont parvenus au trône et à de très-grands empires. Xénophon démontre, dans la vie de Cyrus, la nécessité de tromper pour réussir. Voyez la première expédition qu'il fait faire à Cyrus, contre le roi d'Arménie. C'est un tissu de tromperies; et c'est uniquement par la ruse, et non par la force, qu'il le fait s'emparer de son empire. Xénophon n'en conclut autre chose, sinon qu'un prince qui veut parvenir à de grandes choses doit apprendre l'art de tromper. Le même Cyrus joue de mille manières Cyaxare, roi des Mèdes, son oncle maternel, et Xénophon a soin de remarquer que, sans cet heureux emploi de la fraude, jamais ce prince n'eût pu s'élever à ce haut degré de grandeur.

Je ne crois pas qu'il y ait jamais eu d'homme qui, d'un état obscur, soit parvenu à une grande puissance, en n'employant franchement que la force ouverte; mais j'en ai vu réussir par la ruse seule. C'est ainsi que s'y prit Jean Galeas Visconti, pour enlever l'état et la souveraineté de la Lombardie à Barnabò son oncle.

Ce que les princes sont obligés de faire dans les commencements de leur élévation, les républiques sont également forcées de le pratiquer jusqu'à ce qu'elles soient devenues assez puissantes pour n'avoir besoin de recourir qu'à la force. Et, comme Rome pour s'agrandir employa tous les moyens, soit par hasard, soit par choix, elle fit usage aussi de l'art de tromper. Pouvait-elle user d'une plus grande perfidie que celle qu'elle employa dans les commencements, en prenant, comme nous l'avons déjà remarqué, le titre d'alliée et de compagne, avec les Latins et d'autres peuples, ses voisins, dont elle fit réellement des esclaves? En effet, elle se servit de leurs armes pour dompter les autres peuples un peu plus éloignés de Rome, et acquérir la réputation d'une puissance redoutable. Ces peuples une fois vaincus, ses forces augmentèrent au point qu'il n'y en eût aucun à qui elle ne pût faire la loi.

Les Latins ne s'avisèrent qu'ils étaient entièrement esclaves, qu'après qu'ils eurent été témoins des deux défaites des Samnites, et de la nécessité où fut ce peuple d'accepter la paix. Cette victoire accrut infiniment la réputation des Romains, chez les princes éloignés; ils commencèrent à sentir le poids de leur nom avant de sentir celui de leurs armes. Elle excita la jalousie et la suspicion chez les peuples qui étaient témoins de leurs nombreux succès. Les Latins furent de ce nombre. Cette jalousie fut si active et l'effet de leurs alarmes si rapide, que non-seulement les Latins, mais les colonies romaines établies dans le Latium, et les Campaniens, dont Rome avait naguère pris la défense, conspirèrent tous contre le nom romain. Les Latins commencèrent cette guerre, comme nous avons vu que la plupart des guerres se commençaient; ce ne fut pas en attaquant les Romains, mais en secourant les Sidicins contre les Samnites, qui faisaient la guerre à ceux-ci avec le consentement des Romains.

Qu'il soit vrai que les Latins se soient portés à cette guerre, parce qu'ils s'aperçurent enfin de la mauvaise foi des Romains, Tite-Live ne permet pas de le révoquer en doute, lorsque, dans l'assemblée de ce peuple, il met dans la bouche d'Annius Setinus, leur préteur, ces paroles : « Car si à présent nous pouvons supporter la servitude sous le nom spécieux de confédération et d'égalité. »

On voit que les Romains, même dans les commencements de leur empire, ont mis en usage la mauvaise foi. Elle est toujours nécessaire à quiconque veut d'un état médiocre s'élever au plus grand pouvoir; elle est d'autant moins blâmable qu'elle est plus couverte, comme fut celle des Romains.

CHAPITRE XIV.

Que les hommes se trompent bien des fois, en croyant qu'à force de soumission on désarme l'orgueil.

On voit bien des fois la soumission plus nuisible qu'utile, surtout vis-à-vis des hommes insolents qui, ou par jalousie ou par tout autre motif, vous ont voué de la haine. Notre historien en donne la preuve à l'occasion de cette guerre entre les Romains et les Latins. Les Samnites s'étant plaints aux Romains de ce que les Latins les avaient attaqués, les Romains, qui désiraient ne pas irriter ceux-ci, ne voulurent pas leur défendre de continuer cette guerre; mais ce ménagement, au lieu de les apaiser, les anima davantage et les fit se déclarer plus promptement contre les Romains mêmes. La preuve se tire du discours de ce préteur latin, Annius, dont nous avons parlé, à la même assemblée : « Vous avez mis, leur dit-il, leur patience à l'épreuve, en leur refusant vos troupes; peut-on douter qu'ils n'aient ressenti cet affront? Ils l'ont dévoré pourtant. Ils ont appris que nous armions contre les Samnites leurs alliés; ils demeurent tranquilles dans leurs murs. D'où leur vient tant de retenue, si ce n'est de la connaissance qu'ils ont de nos forces et des leurs? » On voit clairement, par le texte de ce discours, jusqu'à quel point la patience des Romains avait rendu les Latins insolents.

Ainsi un prince ne doit jamais descendre de son rang; et, s'il ne veut pas se déshonorer, il ne doit jamais faire l'abandon volontaire que de ce qu'il peut ou qu'il croit pouvoir conserver. S'il est réduit au point de devoir l'abandonner malgré lui, il doit toujours préférer céder à la force, qu'à la crainte seule de la force. En effet, si la crainte lui fait faire des sacrifices, c'est dans la vue d'éviter la guerre; mais le plus souvent il ne l'évite pas. L'ennemi, qui aura découvert sa lâcheté dans cet abandon, ne s'en tient pas là : il exige d'autres sacrifices; son orgueil s'accroît à son égard en raison de sa mésestime; tandis que, d'autre part, ce prince voit ses défenseurs se refroidir sur ses intérêts, parce qu'il leur paraît faible ou lâche.

Mais, si au moment où vous découvrez les vues de votre ennemi, vous préparez vos forces pour vous défendre, quoique, dans le conflit, elles soient inférieures aux siennes, il ne vous en estime pas moins; les autres princes voisins vous en apprécient davantage; et tel se porte de lui-même à vous secourir, vous voyant prêt à vous défendre, qui n'en eût jamais été tenté s'il vous eût vu vous abandonner vous-même. Je suppose dans ce raisonnement que vous n'avez qu'un ennemi sur les bras; mais quand vous en avez plusieurs, c'est toujours un parti fort sage que d'abandonner quelque chose à l'un d'eux, ou pour le gagner dans le cas où la guerre serait déjà déclarée, ou pour le détacher du reste des ennemis ligués contre vous.

CHAPITRE XV.

Que les états faibles sont toujours indécis, et que la lenteur à se déterminer est toujours nuisible.

A l'occasion de la guerre des Latins contre les Romains, et de ce qui la produisit, nous remarquerons qu'en toute délibération il faut aller promptement au fait et ne pas rester toujours dans l'indécision et l'incertitude. Les Latins se conformèrent à ce principe lorsque, décidés à se détacher des Romains, ils délibérèrent sur ce qu'ils avaient à faire. Les mauvaises dispositions des Latins ne leur avaient pas échappé. Pour s'en assurer et pour voir s'il ne serait pas possible de les regagner sans tirer l'épée, ils leur firent demander d'envoyer à Rome huit de leurs citoyens, comme ayant quelque chose d'important à leur communiquer. Les Latins, bien convaincus qu'ils avaient fait une infinité de choses qui avaient dû déplaire aux Romains, tinrent une assemblée pour choisir ceux qui devaient être envoyés à Rome, et pour déterminer ce qu'ils auraient à dire. Comme on délibérait sur ce point : « Je crois, » dit Annius, leur préteur, qu'il nous importe » infiniment plus de délibérer sur ce qu'il faut » faire que sur ce qu'il faut dire; il sera facile, » quand vous serez décidés, d'accommoder les » paroles aux faits. »

Rien de plus vrai que cette maxime, et elle doit être pesée par tous les princes et toutes les républiques. Dans l'indécision et l'incertitude sur ce qu'on veut faire, il est impossible de s'expliquer; mais le parti une fois pris, la détermination de ce qu'on doit faire, fixement arrêtée, on trouve aisément des paroles.

J'ai d'autant plus volontiers appuyé sur cette observation, que j'ai vu souvent, qu'à la honte et au détriment de notre république, cette indécision avait nui aux affaires; et, dans les partis douteux où il faut de l'énergie pour se décider, cette indécision se manifestera toujours quand ce seront des hommes faibles qui auront à délibérer et à prononcer.

La lenteur et le retard dans les délibérations ne sont pas moins nuisibles que l'incertitude, surtout quand il s'agit de se décider en faveur d'un allié; cette lenteur, non-seulement le prive du secours, mais elle vous nuit à vous-même. Elle vient ordinairement du défaut de courage ou de forces, ou des intentions perfides de quelques citoyens qui, acharnés à perdre l'état, ou occupés de quelques vues particulières, arrêtent la marche des délibérations, les empêchent et les traversent de mille manières. En effet, les bons citoyens se gardent bien d'arrêter une délibération, même lorsqu'ils voient le peuple, par une ardeur insensée, se porter vers un parti dangereux, surtout lorsqu'il s'agit d'objets qui ne permettent aucun délai.

Après la mort d'Hiéron, tyran de Syracuse, la guerre étant plus animée que jamais entre les Romains et les Carthaginois, les Syracusains se disputaient entre eux sur celui de ces deux peuples dont Syracuse devait se déclarer amie. L'ardeur était telle des deux côtés opposés, que l'on restait dans l'indécision, et on ne prenait aucun parti, lorsqu'Appollonide, un des principaux citoyens, prouva, par un discours plein de sagesse, qu'on ne pouvait blâmer ni ceux qui proposaient l'alliance des Romains, ni ceux qui proposaient celle des Carthaginois; mais que rien au monde n'était plus blâmable que cette irrésolution, cette lenteur à prendre un parti qui amènerait infailliblement la ruine de la république; le parti, au contraire, une fois pris, quel qu'il fût, on pouvait en attendre quelque avantage. Tite-Live ne pouvait pas démontrer d'une manière plus évidente les inconvénients qui résultent de l'indécision.

La guerre des Latins en fournit encore un exemple. Les Laviniens, sollicités par eux de les secourir contre les Romains, mirent tant de lenteur à se décider, qu'à peine étaient-ils sortis de leur ville pour aller leur porter du secours, qu'on leur annonça la défaite des Latins. Ce qui fit dire à Milonius, leur préteur : « Que

» les Romains leur feraient payer cher le peu » de chemin qu'ils avaient fait. » En effet, s'ils se fussent décidés sur-le-champ ou à refuser ou à accorder leurs secours, dans le premier cas, ils n'irritaient pas les Romains contre eux, dans le second, la jonction de leurs forces faite à temps aurait pu fixer la victoire du côté des Latins ; mais, par leur lenteur à prendre une décision, ils ne pouvaient que perdre, quelle que fût cette décision.

Si les Florentins avaient connu la justesse et l'importance de ces principes, ils ne se seraient pas attiré tant de désagréments et tant de malheurs, lorsque Louis XII, roi de France, passa en Italie pour attaquer Ludovic, duc de Milan. Ce prince, ayant ce projet en vue, rechercha l'alliance des Florentins ; les envoyés qu'ils avaient près de lui convinrent qu'ils resteraient neutres ; que Louis XII, arrivé en Italie, prendrait leur état sous sa protection, et que la république aurait un mois pour garantir le traité. Mais cette ratification fut si fort retardée par ceux qui avaient la folie de favoriser le parti de Ludovic, que le roi eut le temps de remporter la victoire ; et lorsque les Florentins voulurent ratifier le traité, il s'y refusa, voyant bien que la nécessité seule, et non le penchant, les décidait en sa faveur. Cette fausse démarche coûta beaucoup d'argent à la république, et fut sur le point de la perdre entièrement. Même événement lui est arrivé une autre fois, et pour semblable faute. Le parti qu'elle prit était d'autant plus condamnable qu'il ne servit pas même à Ludovic. Si celui-ci eût été vainqueur, son ressentiment contre les Florentins eût été bien plus terrible que celui du roi.

J'avais déjà parlé, dans un autre chapitre, des maux qu'attirait pareille faiblesse sur une république. Néanmoins, l'occasion s'étant présentée, j'ai voulu répéter ce que j'en avais dit, parce qu'il me paraît que c'est une des maximes dont les gouvernements, comme le nôtre, doivent le plus faire leur profit.

CHAPITRE XVI.

Combien les armées modernes diffèrent des anciennes.

La victoire la plus décisive que les Romains aient jamais remportée dans aucune guerre sur aucun peuple, est celle qu'ils obtinrent contre les Latins, sous le consulat de Torquatus et de Décius. Ceux-ci, pour avoir perdu cette bataille, devinrent esclaves ; par conséquent les Romains le seraient devenus, s'ils n'eussent pas été vainqueurs. C'est l'avis de Tite-Live, qui remarque que tout était égal dans les deux armées, discipline, courage, acharnement, nombre de combattants, excepté les généraux ; qui, du côté des Romains, montrèrent plus d'habileté et d'héroïsme.

On remarque encore, dans le courant de cette journée, deux événements jusque-là sans exemple, et qui depuis ne se virent presque plus. Pour affermir le courage des soldats, les rendre plus dociles au commandement et plus déterminés dans l'action, l'un des deux consuls se tue lui-même, l'autre fait mourir son fils.

La ressemblance que Tite-Live trouve dans les deux armées consistait à avoir combattu longtemps ensemble, et à avoir même langue, même discipline, mêmes armes, même ordre de bataille, identité de nom pour les divisions et pour leurs chefs. Il fallait donc, tout étant égal d'ailleurs pour le courage et pour les forces, qu'il survînt quelque chose d'extraordinaire qui affermît et rendît plus opiniâtre la constance des uns que des autres ; car c'est à cette opiniâtreté que l'on doit les victoires, comme nous l'avons dit ailleurs : tant qu'elle anime les combattants, jamais une armée ne tourne le dos. Pour rendre ce sentiment plus durable chez les Romains que chez leurs adversaires, il fallut que le hasard se réunît au courage des consuls : et c'est ainsi que l'occasion fut donnée à Torquatus de faire mourir son fils, à Décius de se dévouer lui-même.

Tite-Live, en établissant ce parallèle des deux armées, nous apprend la composition de celle des Romains et leur ordre de bataille. Je ne répéterai point ici ce qu'il a dit fort au long ; mais je m'arrêterai sur ce que je crois important, et qui, pour avoir été négligé par tous les généraux de nos jours, a causé une infinité de désordres dans la formation de nos armées et dans nos dispositions de bataille.

On voit donc, par le texte de Tite-Live, qu'une armée romaine était composée de trois divisions principales, qu'on pourrait appeler trois brigades : la première, portait le nom de *hastaires* ; la seconde, de *princes* ; la troisième, de *triaires*. Chaque brigade avait sa cavalerie. Dans l'ordre de bataille, les hastaires formaient la première ligne ; en seconde ligne, et exactement derrière eux, se plaçaient les princes ; les triaires se rangeaient au troisième rang, dans la direction des mêmes files. La cavalerie de ces trois divisions occupait leur droite ou leur gauche : ces escadrons s'appelaient *ailes* ; soit de la forme qu'ils avaient, soit à raison du lieu qu'ils occupaient, paraissant comme des ailes attachées au corps d'armée. La première division des hastaires, qui faisait face à l'ennemi, marchait extrêmement serrée, pour être en état de le culbuter ou de soutenir ses efforts. Celle des princes n'étant pas la première à combattre, mais plutôt destinée à secourir les hastaires, au cas où ils seraient battus ou repoussés, loin d'être aussi serrée, avait au contraire ses rangs un peu lâches, afin de pouvoir y recevoir les premiers sans se rompre, quand ceux-ci étaient obligés de se replier. La troisième division des triaires avait ses rangs encore plus lâches et plus ouverts, pour pouvoir recevoir au besoin, et sans se rompre, les deux qui les précédaient.

Ces trois divisions ainsi disposées, on engageait le combat. Si les hastaires étaient repoussés ou vaincus, ils se retiraient dans les intervalles des rangs des princes, et ces deux divisions réunies commençaient l'attaque. Si l'ennemi forçait également ceux-ci de se replier, ils se logeaient dans les intervalles des rangs des triaires, et ces trois corps, n'en formant qu'un, renouvelaient le combat ; s'ils étaient vaincus tous les trois, alors, ne pouvant plus se rallier, la bataille était perdue. Aussi toutes les fois que les triaires combattaient, l'armée se trouvait en péril ; d'où vint le proverbe : « L'affaire en est aux triaires, » pour dire : on en est aux derniers moyens.

Les généraux de notre temps ayant abandonné les anciennes institutions militaires et l'ancienne discipline, ont également abandonné cet ordre de bataille, qui n'en est pas moins d'une grande importance. Un général qui dispose son armée de manière à pouvoir, dans une journée, la rallier jusqu'à trois fois, doit, avant d'être battu, avoir trois fois la fortune contraire, et avoir en tête un ennemi assez supérieur pour remporter trois fois la victoire ; mais quand on n'est en état que de soutenir un seul choc, comme le sont les armées chrétiennes, le plus petit désordre, le courage le plus médiocre peut vous l'arracher. Ce qui empêche nos armées de se rallier jusqu'à trois fois, c'est qu'elles sont privées du moyen de recevoir une division dans les lignes d'une autre ; cela vient de ce que les dispositions que l'on suit aujourd'hui entraînent l'un ou l'autre des défauts suivants : en effet, ou on range les bataillons côte à côte les uns des autres, de manière à présenter beaucoup de front et peu de profondeur ; et cette disposition affaiblit l'ordre de bataille en le rendant trop mince ; ou au contraire, voulant le rendre fort et profond, on suit la méthode des Romains ; et alors, si la première ligne est enfoncée, comme elle ne peut pas se retirer dans les intervalles de la seconde, elles se mêlent et se rompent l'une l'autre ; en effet, si la première est poussée, elle tombe sur la seconde qui ne peut avancer ; elle est empêchée de reculer par la troisième ; ainsi les trois lignes tombent les unes sur les autres, et il en résulte une telle confusion, que le plus léger accident peut causer la perte de toute l'armée.

A la bataille de Ravenne, où M. de Foix, général français, fut tué, bataille très-bien dirigée d'après nos idées modernes, les Français et les Espagnols prirent la première de ces deux dispositions ; c'est-à-dire, qu'ils formèrent leurs bataillons en les plaçant côte à côte les uns des autres, en sorte que les deux armées présentaient un très-grand front, sans aucune profondeur.

C'est l'ordre que nos généraux adoptent de préférence, quand ils se battent dans une vaste plaine, comme était celle de Ravenne. Ils sont si convaincus du désordre qu'occasionne la retraite d'une première ligne sur la seconde, qu'ils tâchent, quand ils le peuvent, d'éviter cet inconvénient, en élargissant leur front. Mais quand le pays est resserré, ils sont forcés d'adopter l'ordre profond, sans penser à en corriger les inconvénients.

C'est avec le même désordre qu'on les voit faire avancer la cavalerie dans le pays ennemi, pour le piller et pour faire tout autre manœuvre de guerre. A Santo Regolo et ailleurs, dans la guerre que les Florentins faisaient à Pise révoltée contre eux, après l'arrivée de Charles VIII, roi de France, en Italie, les premiers ne furent battus que par la faute de leur propre cavalerie. Elle était en avant, et, se trouvant repoussée par les ennemis, elle tomba sur l'infanterie, la rompit et obligea le reste de l'armée à prendre la fuite. Criaco del Borgo, ancien général de l'infanterie florentine, m'a souvent assuré qu'il n'avait jamais été rompu que par la cavalerie de notre armée. Les Suisses, qui sont nos maîtres dans nos guerres modernes, quand ils combattent surtout contre des Français, ont principalement attention de se ranger de côté, de manière que si la cavalerie vient à être repoussée, elle ne tombe pas sur l'infanterie.

Quoique ces principes paraissent faciles à saisir et à mettre en pratique, il n'est pas moins vrai qu'il ne s'est encore rencontré parmi les modernes aucun général qui ait adopté la méthode des anciens, ou corrigé celle d'aujourd'hui. Les armées à la vérité sont divisées en trois corps : avant-garde, corps de bataille, arrière-garde; mais les généraux ne font usage de ces divisions que pour la distribution des logements. Il est rare que pour l'usage ils ne les confondent pas ensemble, et ne leur fassent pas courir les mêmes hasards et de la même manière, un jour de bataille. Comme beaucoup d'entre eux, pour excuser leur ignorance, allèguent que la violence de l'artillerie ne permet pas aujourd'hui d'adopter les dispositions des anciens, je veux discuter cette matière dans le chapitre suivant, et examiner si en effet l'artillerie empêche qu'on ne suive leur méthode.

CHAPITRE XVII.

Comment on doit apprécier l'artillerie dans nos armées modernes, et si l'opinion qu'on en a généralement est fondée en raison.

En considérant, outre les objets dont nous venons de nous occuper, cette quantité de batailles rangées, ou *journées* suivant les Français, ou *faits d'armes*, suivant les autres, que les Romains ont livrées en différents temps, j'ai réfléchi sur l'opinion universellement établie qui veut que, si l'artillerie eût été en usage du temps des Romains, ce peuple n'aurait pu

conquérir si facilement qu'il le fit tant de provinces, rendu tant de nations tributaires, ni étendu sa domination sur autant d'états. On dit, qu'au moyen de ces bouches à feu, les hommes feraient en vain preuve de la force et de la valeur que nous admirons chez les anciens ; on ajoute qu'on vient plus difficilement à se joindre qu'on ne le faisait autrefois; qu'il est impossible de suivre les méthodes adoptées par eux, et qu'incessamment la guerre ne se fera plus qu'avec le canon.

Je pense qu'il convient d'examiner si ces opinions sont fondées : jusqu'à quel point l'artillerie a augmenté ou diminué la force des armées; si elle enlève ou procure aux grands généraux les occasions de se signaler par de belles actions.

Je commencerai par examiner la première proposition, où l'on établit que les armées romaines n'eussent jamais poussé si loin leurs conquêtes, si l'artillerie avait été connue de leur temps. Pour répondre, je dis : qu'à la guerre on se défend ou on attaque. Ainsi, premier sujet d'examen : est-ce à la défense, ou bien est-ce à l'attaque que l'artillerie est plus avantageuse ou plus nuisible ?

Quoiqu'il y ait à dire pour et contre, je crois néanmoins qu'elle fait sans comparaison plus de mal à celui qui se défend, et par conséquent qu'elle est plus utile à celui qui attaque. En effet, ou celui qui se défend est fortifié dans une place, ou il est retranché en pleine campagne : s'il est dans une place, celle-ci est petite comme elles le sont pour la plupart, ou bien elle est grande : dans la première supposition, celui qui se défend est entièrement perdu, parce qu'il n'est pas de muraille, quelque épaisse qu'elle puisse être, que le canon ne renverse en peu de jours; et, si celui qui se défend n'a pas assez d'espace pour pouvoir, en se retirant, creuser de nouveaux fossés, élever de nouveaux remparts, il est impossible qu'il résiste à l'ennemi qui se précipite par la brèche. L'artillerie lui servira très-peu dans cette occasion; car il est de principe que l'artillerie n'arrête jamais des hommes en masse qui se précipitent avec furie. On n'a jamais, dans aucune défense de place, soutenu l'impétuosité des Ultramontains. On soutient le choc des Italiens qui se présentent à l'attaque, non en masse, mais bien en petit nombre, peu serrés, nommant ces combats, *escarmouches*, terme très-significatif dans leur langue. Des hommes qui se présentent avec cette nonchalance et dans ce désordre à la brèche d'un mur hérissé d'artillerie, vont à une mort inévitable, et le canon a toujours contre eux le plus grand succès. Mais que des hommes réunis en bataillons serrés, dont les rangs se poussent l'un l'autre, montent à une brèche, ils enfoncent tout, à moins qu'ils ne soient arrêtés par des fossés, des remparts, car ils ne le sont point par l'artillerie. Ils perdent des hommes, sans doute, mais jamais assez pour les empêcher de remporter la victoire.

Quantité de villes prises d'assaut par les Ultramontains, et principalement la prise de Brescia, ont démontré cette vérité. Celle-ci s'était révoltée contre les Français; comme la citadelle tenait encor pour eux, les Vénitiens, pour soutenir les assauts que les Français pouvaient livrer à la place, avaient garni d'artillerie toutes les rues qui menaient de la ville à la citadelle : ils en avaient placé en front, sur les flancs, dans tous les endroits susceptibles d'en recevoir. M. de Foix ne tint nul compte de tout cet appareil; il sortit à pied de la citadelle, à la tête de ses troupes, passa au milieu de cette artillerie, se rendit maître de la ville, et on ne dit pas qu'il ait fait une perte considérable.

Ainsi, tout homme qui, se trouvant dans une petite place où l'on a fait brèche aux murs, se défend sans avoir du terrain derrière lui, pour pouvoir creuser de nouveaux fossés, élever de nouveaux remparts, se confie à tort en son artillerie, il sera bientôt forcé.

Supposons que vous défendiez une place d'une grande étendue, où vous ayez de quoi vous retirer : dans ce cas-là même, l'artillerie est plus avantageuse aux assiégeants qu'aux assiégés. En effet, pour que l'artillerie d'une place puisse nuire aux assiégeants, il faut nécessairement lui donner une certaine élévation au-dessus du terrain. Sans cette élévation, le plus petit retranchement, le plus petit rempart couvrira ceux-ci, de manière à ce que vous ne puissiez les inquiéter. En sorte que, obligé de vous élever et de placer votre artillerie, soit sur la banquette de votre rempart ou sur un

endroit élevé quelconque, vous éprouvez deux inconvénients : le premier, de ne pouvoir employer du canon de la grosseur et du calibre de celui des assiégeants, les grosses pièces ne pouvant se manier dans un espace trop étroit; le second, c'est que, quand même vous pourriez vous en servir, vous ne pouvez pas couvrir vos batteries de parapets aussi forts, aussi sûrs que ceux de vos ennemis, qui ont à leur disposition tout l'espace convenable. En sorte qu'il est impossible aux assiégés d'avoir des batteries élevées, lorsque les assiégeants ont quantité de gros canons; et, si les batteries sont basses, elles deviennent presque inutiles, comme nous l'avons déjà remarqué. Ainsi la défense des places se borne à l'emploi des bras, comme chez les anciens, et à la petite artillerie. Mais le peu d'avantage qu'on retire de cette dernière a des inconvénients, capables de balancer son utilité. Elle contraint à donner peu d'élévation aux remparts d'une place, et à l'enterrer, pour ainsi dire, dans les fossés. En sorte que, comme on ne vient aux coups de main que lorsque les remparts sont abattus ou les fossés comblés, les difficultés de la défense sont bien plus considérables encore qu'auparavant. Ainsi, comme je l'ai dit en commençant, l'artillerie est beaucoup plus utile à celui qui assiége une place qu'à celui qui est assiégé.

Dans le troisième cas (celui où l'on se détermine à se retrancher dans un camp pour n'être point obligé de livrer bataille ou pour ne la donner qu'avec avantage), je soutiens que dans cette circonstance vous n'avez pas avec votre artillerie plus de moyens de vous défendre et de combattre que n'en avaient les anciens, et quelquefois même cette arme moderne rend votre position plus désavantageuse. En effet, l'ennemi peut tourner vos retranchements; les prendre à dos; se donner l'avantage du terrain; en choisir un qui vous domine, comme cela peut se trouver; ou enfin se porter sur vous avant que vos retranchements ne soient achevés et en état de vous couvrir, vous forcer à les abandonner et à en sortir pour livrer bataille. C'est ce qui arriva aux Espagnols, à la bataille de Ravenne : ils étaient enfermés entre le Ronco et un retranchement dont la levée n'était pas assez haute; les Français se placèrent sur un terrain un peu plus élevé, et par la supériorité de leur artillerie, les forcèrent à quitter leurs retranchements et à livrer bataille [1].

Mais en supposant, comme il arrive la plupart du temps, que vous soyez retranché dans l'endroit le plus élevé des environs, que vos retranchements soient bons et solides, qu'enfin votre position et toutes les précautions que vous avez prises, vous empêchent d'être attaqué par l'ennemi, n'emploiera-t-on pas, dans ce cas, tous les moyens employés par les anciens, lorsqu'une armée s'était mise dans une position qui la rendait inattaquable? Envoyer ravager les terres de vos alliés par des partis; couper les vivres; les forcer enfin à quitter leurs retranchements et enfin à en venir à une bataille, dans laquelle, comme nous le verrons bientôt, l'artillerie ne produit pas un grand effet.

Si l'on considère donc la manière dont les Romains faisaient la guerre, si l'on réfléchit que leurs guerres étaient toutes offensives, on verra, par tout ce que nous venons de dire, qu'ils auraient eu bien plus d'avantage à se battre avec du canon, et que leurs conquêtes eussent été bien plus rapides.

Examinons la seconde raison que l'on met en avant; savoir : que depuis l'invention du canon, la valeur n'a plus occasion de se montrer comme anciennement. J'avoue que les hommes qui se présentent au feu en petit nombre, peu serrés, sont bien plus exposés qu'ils ne l'étaient autrefois lorsqu'ils avaient à monter à l'assaut par escalade, peu serrés pareillement et l'un après l'autre. J'avoue également que les généraux et les principaux officiers courent plus souvent risque de leur vie. En effet, ils peuvent être partout atteints par le canon, et en vain pour l'éviter se placeraient-ils dans les derniers rangs, ou se feraient-ils un rempart des meilleurs soldats. Il est rare cependant que de tels périls entraînent des pertes considérables. On ne tente pas d'escalader une place très-forte, et on ne s'amuse pas à lui donner de petits assauts; mais on l'assiége dans les

formes, comme faisaient les anciens. Même dans celles qu'on prend d'assaut, on ne se trouve pas plus exposé qu'autrefois. Car les anciens ne manquaient pas dans ce temps-là de moyens pour défendre les places, de machines pour tirer sur l'ennemi; et, quoiqu'elles agissent avec moins de bruit et de furie que le canon, elles n'en produisaient pas moins le même effet, celui de tuer des hommes.

Quant au danger d'être tués, auquel les généraux et les chefs sont plus exposés, dit-on, les vingt-quatre ans qu'a duré la dernière guerre en Italie, fournissent moins d'exemples de chefs tués que dix ans de guerre chez les anciens; car, excepté le comte Louis de la Mirandole, tué à Ferrare, lorsque les Vénitiens assiégeaient cette ville; et le duc de Nemours, tué à Cerignoles, il n'en est aucun qui soit mort d'un coup de feu. On sait que M. de Foix, mort à Ravenne, périt par le fer et non par le feu [1].

Si donc on voit les hommes d'aujourd'hui donner moins de preuves de valeur, ce n'est pas l'artillerie, mais la mauvaise discipline et la faiblesse des armées qu'il en faut accuser : dépourvues de force et de courage dans l'ensemble, elles ne sauraient en montrer dans chacune de leurs parties.

Quant à la troisième raison qu'on met en avant : qu'on n'en vient aujourd'hui réellement plus aux mains, et qu'à l'avenir la guerre se fera avec de l'artillerie; je soutiens que cette opinion est tout-à-fait fausse, et qu'elle passera pour telle au jugement de tous les généraux qui voudront mettre leurs troupes sur le même pied que celles des anciens. Quiconque voudra former une bonne armée, doit l'accoutumer, par des combats vrais ou simulés, à joindre l'ennemi, à faire avec lui le coup d'épée, à le saisir par le milieu du corps, et par les raisons qu'on dira tout-à-l'heure, à faire bien plus de fonds sur l'infanterie que sur la cavalerie. Quand la force d'une armée est dans l'infanterie et non dans la cavalerie, et que cette infanterie est accoutumée à combattre comme nous venons de le dire, alors l'artillerie

---

[1] Cette bataille, qui se donna en 1512, fut gagnée par Gaston de Foix, jeune héros de vingt-trois ans, qui périt pour avoir, avec plus de courage que de prudence et malgré les conseils du brave La Palice, essayé d'attaquer un corps d'Espagnols qui, après le combat, se retirait en bon ordre. Le *Ronco* est le *Bedesis* des anciens.

[1] Il fut percé de vingt-deux coups d'épée ou de lance. Le duc de Nemours, tué à la bataille de Cerignoles (dans la Pouille), qu'il perdit en 1503 contre les Espagnols, fut tué d'un coup d'arquebuse. Il était le fils de ce comte d'Armagnac qui fut décapité sous Louis XI.

devient de toute inutilité. Cette infanterie, en joignant de près l'ennemi, peut éviter les coups de canon plus aisément qu'elle n'était parvenue à éviter autrefois les éléphants, les chariots armés de faux, et tous les autres genres d'attaque inusités que les Romains eurent à essuyer, et contre lesquels ils surent se défendre. Ils eussent d'autant plus aisément évité les coups de canon, que le canon ne peut nuire aussi longtemps que les éléphants et les chariots. Ceux-ci portaient le désordre au milieu des rangs et dans le plus fort de la bataille. On ne tire le canon qu'avant de commencer le combat, encore même peut-on l'éviter, soit en se mettant à couvert, suivant la position du terrain, soit en se couchant ventre à terre. Cette précaution n'est pas même nécessaire, surtout contre les grosses pièces, qu'il est impossible de braquer assez juste pour que les coups, ou trop haut ou trop bas, puissent porter et vous atteindre. Quand les armées en sont aux mains, il est évident que ni les grosses, ni les petites pièces ne sauraient vous faire aucun mal. Si l'ennemi les fait placer devant lui, vous vous en emparez; si elles sont placées derrière, les coups de canon donneront sur lui avant de vous atteindre; s'il les place sur vos flancs, vous avez toujours la faculté d'aller droit à elles et de vous en emparer, comme dans la première supposition.

Tout ceci est incontestable et peut se prouver par des faits. On a vu les Suisses à Novare, en 1513, sans canons, sans cavalerie, attaquer l'armée française derrière des retranchements hérissés d'artillerie, et la mettre en déroute sans en être fort incommodés, et cela, parce qu'outre les raisons ci-dessus alléguées, l'artillerie, pour bien manœuvrer, a besoin d'être défendue, ou par des fossés, ou par des murailles, ou par des levées. S'il est autrement, si elle n'est défendue, comme dans les batailles rangées, que par des hommes, elle tombe au pouvoir de l'ennemi ou devient inutile. Est-elle enfin sur les flancs? elle ne peut alors manœuvrer que comme les machines à trait des anciens. Or, on avait toujours soin de placer celles-ci hors du gros de l'armée, pour qu'elles n'en rompissent pas les rangs; et toutes les fois qu'elles étaient poussées ou par de la cavalerie, ou par quelqu'autre troupe, elles se retiraient

derrière les légions. Ceux qui en usent autrement n'y entendent rien; ils comptent sur un appui qui leur manquera au besoin.

On ne peut disconvenir que les Turcs n'aient vaincu les Persans et les Égyptiens par le moyen de leur artillerie; mais ils ne le durent qu'à l'épouvante que le bruit inconnu du canon répandit dans la cavalerie ennemie.

Je conclus de ce que nous venons de dire : que l'artillerie est utile dans un armée conduite comme celle des anciens, et ayant la même valeur; mais sans ces qualités, elle ne servira de rien contre un ennemi courageux et qui saura se battre.

CHAPITRE XVIII.

Qu'il est prouvé par l'exemple des Romains qu'on doit faire plus de cas de l'infanterie que de la cavalerie.

On peut démontrer par le raisonnement et par une multitude de faits, que les Romains en toute occasion ont préféré l'infanterie à la cavalerie, et qu'ils ont fondé sur la première tout le succès de leurs entreprises. La bataille qu'ils livrèrent aux Latins, près du lac Regille [1], en fournit un exemple des plus frappants. L'armée romaine commençait à plier, les généraux firent mettre pied à terre à la cavalerie; ce nouveau renfort rétablit le combat, et leur procura la victoire. Rien ne prouve mieux que les Romains comptaient plus sur leurs soldats combattant à pied que sur les mêmes hommes combattant à cheval. Ils employèrent le même expédient dans plusieurs affaires, et il les servit à merveille dans les périls les plus pressants.

Qu'on ne m'oppose pas l'autorité d'Annibal qui, à la bataille de Cannes, voyant que les consuls avaient fait mettre pied à terre à la cavalerie, dit, en se moquant de cette manœuvre : « J'aimerais mieux qu'ils me les livrassent » tout liés. » Annibal était sans doute un grand général; et si la question doit se décider par l'autorité, je préférerais celle de la république romaine, de cette foule d'excellents capitaines qu'elle a produits, à celle d'Annibal tout seul : mais laissons l'autorité et appuyons-nous du raisonnement. L'homme à pied peut se porter en une infinité d'endroits où le cheval ne pour-

---

[1] Au-dessus de *Tusculum*, vers l'Anio; c'est là que le dictateur *Posthumius* défit les Latins.

rait passer : on peut obliger l'infanterie à garder ses rangs, et lui apprendre à se rallier quand elle est rompue; mais la cavalerie est plus difficile à se former, et ne se rallie plus quand elle les a perdus : parmi les chevaux, comme parmi les hommes, il s'en trouve de timides et de courageux. Souvent un cheval qui a peur est monté par un homme courageux, et un cheval courageux l'est par un poltron, disparité qui les rend tous les deux inutiles ou qui produit les plus grands désordres. Un bataillon bien formé rompra facilement un escadron, et l'escadron parviendra bien difficilement à rompre le bataillon.

Indépendamment des exemples particuliers des anciens et des modernes qui appuient cette opinion, elle se trouve étayée par les hommes qui ont étudié la marche et les progrès des sociétés. En effet, on fit d'abord la guerre uniquement avec de la cavalerie, et cela parce qu'on ignorait la manière de former un corps de fantassins; mais à peine cet art fut-il inventé, que l'on apprécia bientôt la supériorité de l'infanterie sur la cavalerie. Ce n'est pas que celle-ci ne soit très-utile dans les armées : elle est nécessaire pour aller à la découverte, battre et piller la campagne, poursuivre une armée en fuite, et enfin pour faire tête à la cavalerie de l'ennemi; mais le fondement, la force, le nerf d'une armée, c'est l'infanterie.

Aussi, de toutes les fautes commises par les princes italiens qui ont soumis ce beau pays à la domination des étrangers, la plus grande sans doute est d'avoir fait peu de cas de l'infanterie, et tourné toute leur attention vers la cavalerie : ce désordre a eu pour cause la mauvaise volonté des généraux et l'ignorance des souverains. Tous les gens de guerre, depuis vingt-cinq ans, n'ayant appartenu qu'à des aventuriers sans patrie, ces chefs ne s'occupèrent que des moyens de se rendre redoutables par les armes à des souverains qui n'étaient point armés. Comme il eût été difficile de pouvoir leur payer un grand nombre de fantassins, que d'ailleurs ils n'avaient pas de sujets qui leur fournissent une armée, et qu'un petit nombre de fantassins les aurait rendus peu redoutables, ils imaginèrent d'avoir de la cavalerie. Deux ou trois cents chevaux payés à un *Condottiere* le mettaient en crédit, et ce paiement

n'outre-passait pas les moyens de la plupart de nos souverains. Ainsi, pour remplir les vues d'intérêt et maintenir leur réputation, ils décrièrent absolument l'infanterie, et ils mirent la cavalerie dans le plus grand crédit; ce désordre s'accrut au point qu'on voyait à peine quelques fantassins dans les armées les plus nombreuses. Cet usage vicieux, et plusieurs autres causes qui concoururent dans le même temps, affaiblirent tellement nos armées, que l'Italie s'est toujours vue foulée aux pieds par les Ultramontains.

L'erreur de ceux qui préféreraient la cavalerie à l'infanterie se prouve encore mieux par un autre exemple des Romains.

Les Romains étaient campés devant Fora [1], dont ils faisaient le siége; un corps de cavalerie étant sorti de la ville pour attaquer leur camp, le maître de la cavalerie des Romains marcha à leur rencontre : on se battit. Au premier choc, le hasard voulut que les deux généraux fussent tués. Le combat ne continua pas moins entre ces deux corps demeurés sans chefs; mais les Romains, pour vaincre plus facilement leurs ennemis, mirent pied à terre, et forcèrent par-là les cavaliers ennemis, pour se défendre, à en faire autant : les Romains cependant remportèrent la victoire.

Rien ne prouve mieux que ce fait la supériorité de l'infanterie sur la cavalerie. Dans les autres exemples rapportés, les consuls faisaient mettre pied à terre à la cavalerie, pour secourir leur infanterie qui souffrait et avait besoin d'être soutenue. Ici, ce n'est point pour secourir l'infanterie ni pour combattre celle des ennemis; c'est dans un combat de cavalerie contre cavalerie, que, désespérant de vaincre, ils se flattent qu'en mettant pied à terre ils réussiront mieux.

Je prétends de plus qu'une infanterie bien formée ne peut être rompue qu'avec beaucoup de peine, et uniquement par une autre infanterie. Crassus et Marc-Antoine conduisirent une armée romaine dans le pays des Parthes, et s'y engagèrent fort avant. Ils avaient très-peu de chevaux et une infanterie considérable; ils avaient à combattre la cavalerie des Parthes qui était innombrable. Crassus fut tué avec une partie de l'armée; mais Marc-Antoine en

---

[1] Ville du Latium sur le Liris, au-dessus de *Fregellæ.*

sauva les débris avec beaucoup de valeur et d'habileté. Par cette défaite même, on voit combien l'infanterie est supérieure à la cavalerie. Dans un pays couvert et plat où l'on ne trouve point de montagnes, encore moins de rivières, éloigné de la mer, et dans un pays manquant de tout, Marc-Antoine, au dire même des Parthes, sauva très-habilement son armée, et leur nombreuse cavalerie ne tenta pas même de l'enfoncer. La mort de Crassus ne prouve même rien : les détails de son expédition démontrent qu'il fut plutôt trompé que vaincu. Les Parthes, au milieu même de sa plus grande détresse, n'essayèrent jamais de l'attaquer de front ; mais en voltigeant sans cesse sur ses ailes, en lui coupant les vivres, en l'amusant par de fausses promesses, ils le réduisirent à la dernière extrémité.

Je dois avoir d'autant moins de peine à persuader de la supériorité de l'infanterie sur la cavalerie, que l'histoire moderne nous présente une infinité d'exemples qui en offrent les témoignages les plus éclatants. On a vu neuf mille Suisses à Novare attaquer et battre dix mille hommes de cavalerie et autant de gens de pied. La cavalerie ne pouvait leur faire aucun mal ; quant à l'infanterie, composée en grande partie de Gascons et mal disciplinée, ils n'en faisaient aucun cas. On a vu également vingt-six mille hommes de la même nation attaquer, à Marignan, François Ier dont l'armée était de vingt mille chevaux et de quarante mille hommes d'infanterie, et pourvue de cent pièces de canon. S'ils ne remportèrent pas la victoire, comme à Novare, ils n'en combattirent pas moins courageusement pendant deux jours, et toute rompue qu'elle fût, la moitié de leur armée n'en parvint pas moins à se sauver.

Marcus Attilius Régulus osa, avec son infanterie, attendre non-seulement les chevaux numides, mais même les éléphants. Son audace ne fut pas couronnée de succès : cela ne prouve pas que la force de son infanterie ne fût pas telle, qu'un général habile la crût capable de surmonter ces obstacles.

Je redirai donc que, si vous voulez vaincre une bonne infanterie, il faut lui en opposer une meilleure ; sinon vous courez à une perte assurée.

Du temps de Philippe Visconti, duc de Milan, seize mille Suisses descendirent en Lombardie. Le duc envoya contre eux Carmignuola son général, avec environ mille chevaux et quelques fantassins. Ce commandant, qui ne connaissait pas la manière de se battre des Suisses, poussa contre eux sa cavalerie, espérant les rompre au premier choc ; mais, les trouvant immobiles, il perdit beaucoup de monde et se retira. Mais comme c'était un homme de guerre habile et courageux, et sachant trouver des ressources dans les circonstances, il revint promptement avec des troupes nouvelles, fit mettre pied à terre à ses gens d'armes, les plaça devant son infanterie et investit les Suisses, qui ne surent comment se défendre. Les gens d'armes de Carmignuola, à pied et armés de toutes pièces, entraient sans peine dans les rangs des Suisses et leur tuèrent un monde prodigieux, sans souffrir eux-mêmes aucun mal. Tous périrent dans cette armée malheureuse, excepté ceux que l'humanité du vainqueur voulut bien sauver.

Je crois que la plupart des hommes sont convaincus de la supériorité de l'infanterie, mais tel est le malheur des temps, que ni l'exemple des anciens ni celui des modernes, ni l'aveu même qu'on fait de ses erreurs, ne sauraient engager les princes de notre temps à se raviser. Ceux-ci ne veulent pas sentir que, pour rendre aux armes d'un état leur réputation et leur éclat, il faut faire revivre la discipline des anciens, s'y attacher, la remettre en honneur, afin que l'état lui doive à son tour la considération et la vie. Ils s'écartent sur ce point des principes de l'antiquité, comme ils s'en écartent sur d'autres objets. De là résulte que les conquêtes sont à charge à un état, au lieu d'ajouter à sa grandeur, comme nous le dirons plus bas.

CHAPITRE XIX.

Que les acquisitions d'une république mal constituée, et qui ne prend pas pour modèle de conduite celle des Romains, la mènent plutôt à sa ruine qu'à un accroissement de puissance.

Les fausses opinions appuyées sur de mauvais exemples, qui se sont introduites parmi nous dans ces siècles corrompus, empêchent les hommes de s'affranchir du joug de la routine. Aurait-on espéré pouvoir persuader à des Italiens, il y a trente ans, que neuf mille hommes d'infanterie attaqueraient et battraient en plaine dix mille hommes d'infanterie et autant de cavalerie. Cependant les Suisses l'ont fait à Novare, comme nous l'avons plusieurs fois rapporté. En vain l'histoire en fournit mille exemple, ils ne l'eussent jamais cru; ou du moins, s'ils n'avaient pu s'empêcher d'y ajouter foi, ils eussent dit qu'aujourd'hui les troupes sont bien mieux armées, et qu'un escadron de gens d'armes serait capable de percer des rochers, bien loin d'être arrêté par de l'infanterie.

C'est ainsi que par de faux raisonnements ils établissent de fausses maximes. Ils n'auraient pas voulu voir que Lucullus, avec une infanterie peu nombreuse, enfonça cent cinquante mille hommes de cavalerie du roi Tigrane, et que parmi celle-ci se trouvait un corps parfaitement semblable aux hommes d'armes de nos jours. Il a fallu que des Ultramontains soient venus nous démontrer notre erreur.

Comme on est obligé de convenir de la vérité de ce que l'histoire nous raconte de l'infanterie des anciens, on devrait également croire à ce qu'elle nous rapporte sur l'utilité des autres institutions en usage chez eux. Les princes et les républiques feraient alors bien moins de fautes; on soutiendrait plus valeureusement l'attaque de l'ennemi quand il vient fondre sur nous; on ne mettrait pas ses espérances dans la fuite, et ceux qui auraient en main le gouvernement des états seraient plus éclairés sur les moyens de s'agrandir ou sur ceux de se conserver. Les républiques sauraient : qu'accroître le nombre de ses citoyens; se donner des alliés, au lieu de sujets; établir des colonies pour garder les pays conquis; réunir au trésor public tout le butin; dompter l'ennemi par des incursions et des batailles, et non par des sièges; maintenir l'état riche et le citoyen pauvre; entretenir avec le plus grand soin la discipline militaire, sont les plus sûrs moyens d'agrandir un état et de se former un vaste empire; et si ces moyens ne leur convenaient pas, ils se convaincraient du moins quel emploi de tout autre moyen amène la ruine d'un état; ils mettraient un frein à toute ambi-

tion, en établissant de bonnes lois et de bonnes mœurs, en s'interdisant les conquêtes, en se bornant à se défendre et à y être toujours prêts. C'est ainsi que se conduisent les républiques d'Allemagne qui, par leur attachement à ces principes, ses ont conservées et se conservent libres depuis longtemps.

Lorsque j'ai établi la différence qui doit exister entre la constitution d'une république qui a pour objet de conquérir, et celle d'un état qui veut uniquement se conserver, j'ai dit qu'une petite république ne pouvait pas se flatter de demeurer tranquille et de jouir paisiblement de sa liberté. En effet, si elle n'attaque pas ses voisins, elle sera attaquée par eux, et cette attaque lui fera naître l'envie de conquérir et l'y forcera malgré elle. Quand même elle n'aurait pas d'ennemis étrangers, elle en verrait naître dans son sein, car c'est un malheur inévitable pour toutes les grandes cités.

Si les républiques d'Allemagne vivent tranquilles depuis longtemps, quoiqu'ayant peu d'étendue, il faut l'attribuer à des circonstances particulières au pays dans lequel elles sont situées, qui ne se retrouvent point ailleurs, et sans lesquelles elles ne pourraient jouir de cet avantage. La partie d'Allemagne dont je parle était soumise à l'empire romain, comme les Gaules et les Espagnes. Lors de la décadence de l'Empire, quand ses limites se trouvèrent bornées à celles de la Germanie, les plus puissantes de ces villes furent les premières qui profitèrent de la faiblesse ou des besoins des empereurs pour acheter d'eux leur liberté, moyennant la redevance annuelle d'un petit cens; bientôt et peu à peu toutes ces villes qui relevaient immédiatement de l'Empire, sans relever d'aucun autre prince, se trouvèrent pareillement affranchies.

Dans le même temps que ces villes se rachetaient des empereurs, des communautés secouaient le joug des ducs d'Autriche : telles furent Fribourg, les Suisses et plusieurs autres. Elles ont tellement prospéré et ont pris de si heureux accroissements, que loin de retourner sous la domination de leurs anciens maîtres, quelques-unes (je veux désigner les Suisses) sont devenues redoutables à leurs voisins.

L'Allemagne est donc partagée aujourd'hui

entre l'empereur, les princes, les Suisses et les républiques qu'on appelle villes libres ou impériales. Mais pourquoi, parmi tant d'états qui ont des formes de gouvernement si différentes, les guerres sont-elles rares; ou pourquoi, quand elles viennent à se manifester, sont-elles étouffées presque en naissant? Il faut l'attribuer à cette ombre d'empereur qui, sans avoir de force, jouit cependant parmi eux d'assez d'influence. Il se porte toujours pour médiateur ; et, interposant son autorité dans toutes les querelles, les termine promptement. La guerre la plus importante et qui s'est soutenue le plus longtemps, est celle des Suisses et des ducs d'Autriche ; et quoique l'empereur et le souverain d'Autriche ne soient depuis longtemps qu'une seule et même personne, il n'a pu vaincre le courage de ce peuple, et la seule force a dicté les conditions de leur traité mutuel.

Le reste de l'Allemagne a donné peu de secours aux empereurs contre les Suisses, soit parce que les villes libres ne sauraient inquiéter ceux qui veulent être libres comme elles, soit parce que les princes, ou pauvres ou jaloux de la puissance impériale, n'ont pu ou n'ont pas voulu favoriser son ambition.

Les villes impériales peuvent donc rester libres et se contenter d'un petit domaine ; la protection de l'Empire ne laisse aucun appât au désir de s'agrandir ; elles doivent vivre en paix dans leurs murs, à raison du voisinage de l'ennemi, prêt à les envahir si elles étaient agitées par des troubles intérieurs. Si la constitution de l'Allemagne était différente, elles chercheraient nécessairement à s'agrandir et à sortir de cet état de tranquillité.

Mais dans les autres pays, les circonstances n'étant pas les mêmes, il est impossible de se gouverner comme les villes impériales. Il faut se décider à s'agrandir ou par des ligues, ou par les moyens employés par les Romains : qui ne choisit pas entre ces deux voies court à sa perte. On peut fort bien étendre au loin sa domination sans accroître réellement ses forces ; et s'agrandir sans se fortifier, c'est se ruiner et se détruire.

Est-ce en effet se fortifier, que de s'appauvrir par des guerres et même par des victoires, et lorsque les conquêtes coûtent plus qu'elles ne produisent? Qu'on prenne l'exem-

ple des Vénitiens et des Florentins, qui ont été bien plus faibles après s'être emparés, les premiers de la Lombardie, et les seconds de la Toscane, qu'ils ne l'étaient lorsque la mer et six milles de territoire suffisaient à leur ambition. Le malheur de ces deux républiques est d'avoir voulu s'agrandir sans prendre les bons moyens. Elles méritent d'autant plus d'être blâmées, qu'elles ont moins d'excuses à donner, ayant eu sous les yeux les principes des Romains qu'elles auraient pu suivre, au lieu que les Romains, n'ayant pas eu de modèle, avaient eux-mêmes su trouver ces principes.

Il arrive quelquefois que les conquêtes sont nuisibles aux républiques les mieux constituées ; c'est lorsque les villes ou les pays conquis sont amollis par le luxe et les voluptés : les liaisons qui se forment alors doivent rendre les mœurs contagieuses pour les conquérants. C'est ce qu'éprouva Rome après la prise de Capoue, et c'est ce qu'éprouva plus tard Annibal ; et si cette ville eût été plus éloignée de Rome, et que l'indiscipline et la mollesse des soldats n'eût pu recevoir de si prompts remèdes ; si Rome elle-même eût eu le moindre germe de corruption, il n'est pas douteux que cette conquête n'eût n'entraîné la ruine de la république. Tite-Live nous en donne la preuve en s'exprimant ainsi « Capoue, le séjour de toutes les » voluptés, par conséquent si peu convenable » à la sévérité de la discipline militaire, avait » tellement amolli le cœur des soldats, qu'ils » perdirent le souvenir de Rome. »

Ainsi, de pareilles villes, des pays ainsi amollis, sans livrer bataille, sans répandre du sang, se vengent de leurs vainqueurs en leur donnant leurs mœurs corrompues et les disposant à se laisser vaincre par quiconque les attaquera ; et Juvénal l'avait très-bien senti, quand il dit dans une de ses satires, qu'au lieu de l'amour de la pauvreté, de la frugalité de ses antiques vertus, Rome avait pris les mœurs des étrangers qu'elle avait vaincus :

Le vice y règne en maître, et fruit de nos conquêtes,
De l'univers soumis, a vengé les défaites.

(*Sat.* VI.)

Si donc les conquêtes faillirent à perdre Rome dans les temps où elle se conduisait avec autant de sagesse et de prudence, à quels dangers n'exposeront-elles pas les états qui s'écartent de ces bons principes? Que sera-ce, si à toutes les fautes que nous avons remarquées ils joignent celle d'employer des soldats mercenaires ou auxiliaires? Nous verrons dans le chapitre suivant les dangers auxquels ils s'exposent.

———

CHAPITRE XX.

A quel péril s'exposent les princes ou les républiques qui se servent de troupes auxiliaires ou mercenaires.

Si jen'avais pas traité fort au long, dans un autre ouvrage [1], du peu d'avantage qu'on peut retirer des troupes mercenaires et auxiliaires, et de l'utilité d'employer une milice nationale, je développerais ici ce sujet; mais je me suis tant étendu sur cette matière, que je vais me resserrer extrêmement. Ce qui m'oblige à en dire un mot, c'est l'exemple frappant que rapporte Tite-Live du danger de se servir des troupes auxiliaires.

Je désigne sous le nom d'auxiliaires, les troupes qu'un prince ou une république envoient à votre secours, de manière que le commandement en reste à leurs généraux, et qu'ils continuent à en payer la solde. Or, voici ce que nous apprend Tite-Live. Les Romains, avec les troupes qu'ils avaient envoyées au secours des Campaniens, avaient défait en divers endroits deux armées Samnites. Capoue se trouvait délivrée de ses ennemis; mais pour empêcher qu'elle ne devînt de nouveau la proie des Samnites, après leur départ, les consuls y laissèrent deux légions pour la défendre. Ces légions, plongées dans l'oisivité, commencèrent à s'amollir, et passant bientôt de la mollesse à l'oubli de leur patrie et au manque de respect envers le sénat, elles formèrent le projet de prendre les armes, et de se rendre maîtresses du pays qu'elles avaient défendu par leur valeur. Des habitants assez lâches pour n'avoir pu eux-mêmes le défendre, leur parurent indignes de le posséder. Mais leur projet fut découvert; et nous verrons, lorsque nous parlerons des conjurations, de quelle manière celle-ci fut étouffée et punie.

Je répète donc que les troupes auxiliaires

sont la plus dangereuse espèce de troupes, puisque le prince ou la république qui les fait venir à son secours, n'exerce sur elles aucun pouvoir, mais que l'autorité reste tout entière à celui qui les envoie; puisque, d'après ma définition, les auxiliaires sont les troupes qu'un état vous envoie pour être commandées par ses généraux, marcher sous ses enseignes, recevoir de lui leur paie : telle était l'armée envoyée au secours de Capoue. Ces troupes, après la victoire, pillent ordinairement et l'allié qu'elles ont secouru, et l'ennemi qu'elles ont défait; et elles se conduisent ainsi, ou pour remplir les intentions perfides de leur maître, ou pour assouvir leur propre ambition. Quoique l'intention des Romains ne fût pas de violer les traités et les conventions qu'ils avaient faits avec Capoue, la facilité que les deux légions virent à s'en emparer fut telle, qu'elle leur en donna l'envie.

Que d'exemples j'en pourrais trouver! Mais celui-ci me suffira, en y ajoutant celui de la ville de Regium [1], dont les habitants furent privés de la vie et de la liberté, par une légion que les Romains y avaient envoyée en garnison.

Qu'un prince ou une république se déterminent donc à tout, plutôt que d'appeler des armées auxiliaires à leurs secours, et surtout de se mettre à leur discrétion. Tout traité avec son ennemi, toute convention, quelque dure qu'elle soit, lui sera moins funeste que ce dangereux parti. Si on lit attentivement et l'histoire ancienne et celle des temps modernes, on se convaincra qu'à peine y en a-t-il un qui ait tourné à bien, sur mille où l'on aura été trompé.

Et quelle occasion plus favorable peuvent trouver une république ou un prince ambitieux de s'emparer d'une ville ou d'une province, que celle où ils sont appelés pour la secourir? Quant à l'état dont l'ambition serait assez insensée pour appeler des étrangers, non-seulement dans l'intention de les faire servir à sa défense, mais afin de subjuguer ses voisins, ne cherche-t-il pas à acquérir un pays qu'il n'est pas en état de garder, et qui lui sera enlevé par les armées mêmes qui lui ont aidé à le conquérir? Mais l'ambition des hommes est telle, que pour

———

[1] Dans son traité sur l'Art de la Guerre.

[1] Ville du Brutium.

satisfaire l'envie du moment, ils ne pensent à aucun des maux qui doivent en résulter dans un prochain avenir. En ce point, comme dans une infinité d'autres dont nous avons parlé, l'exemple du passé n'est rien pour eux. Ils y verraient cependant, s'ils voulaient y faire quelque attention, que plus on se montre généreux envers ses voisins, moins on témoigne de désir de s'emparer de leur territoire, plus ils sont empressés à se jeter dans vos bras. La conduite des habitants de Capoue va nous le prouver.

CHAPITRE XXI.

Le premier préteur que les Romains établirent hors de Rome, quatre cents ans après qu'ils avaient commencé à faire la guerre, fut envoyé à Capoue.

Que les Romains employaient, pour étendre leur domination, des moyens bien différents de ceux qu'on emploie aujourd'hui dans la même intention, c'est ce que nous avons démontré par une infinité de preuves. Nous avons vu également comment ils laissaient aux peuples qu'ils ne détruisaient pas, la faculté de vivre sous leurs lois; qu'ils accordaient cet avantage non-seulement à ceux qui devenaient leurs alliés, mais encore à ceux qui se soumettaient comme sujets; qu'ils ne laissaient subsister chez eux aucune marque de l'autorité du peuple vainqueur, mais qu'ils les obligeaient à remplir certaines conditions; et tant qu'ils y étaient fidèles, ils étaient très-fidèles à leur tour à leur conserver et leur dignité et leur existence comme nation. On sait qu'ils suivirent cette méthode jusqu'au moment où ils sortirent de l'Italie, et commencèrent à réduire les royaumes et les républiques en provinces.

Nous avons ici un célèbre exemple : le premier préteur que les Romains établirent hors de Rome fut envoyé à Capoue; et cela, non par aucun motif ambitieux, mais à la prière même des habitants qui, ne pouvant s'accorder entre eux, crurent nécessaire d'avoir dans leur ville un citoyen romain pour y établir l'ordre et l'union. Les Antiates furent touchés de cet exemple; et pour remédier à de pareils maux, ils demandèrent aussi un préteur. Aussi Tite-Live, en parlant de cette nouvelle manière de commander,

dit-il « que la justice des Romains leur faisait » alors autant de conquêtes que leurs armes. »

On a vu combien cette conduite facilita l'agrandissement des Romains. Des villes accoutumées à jouir de la liberté, à se choisir des magistrats dans le nombre de leurs citoyens, sont plus tranquilles et plus contentes de vivre sous un gouvernement qu'elles ne voient point, quelque gênant qu'il soit d'ailleurs, qu'elles ne le seraient sous un maître dont la présence blesse leurs yeux et semble leur reprocher leur servitude. Il résulte de cet éloignement un autre avantage pour le prince : n'ayant pas dans sa main les officiers et les magistrats qui jugent au civil et au criminel, il n'est nullement chargé de l'odieux de leurs sentences, et par-là il prévient une infinité d'occasions de haine et de calomnies qui éclateraient contre lui.

La vérité de ce que j'avance peut se prouver par une infinité de faits anciens, mais surtout par un exemple récent en Italie. On sait que les rois de France s'étant plusieurs fois emparé de Gênes, y ont toujours envoyé des gouverneurs français pour y commander en leur nom; c'est seulement à présent, et plutôt par nécessité que par choix, qu'ils ont laissé cette ville se gouverner elle-même sous le commandement d'un Génois. Il n'est pas de doute que si de ces deux méthodes on recherche celle qui est la plus capable de maintenir avec sûreté l'autorité des rois de France, et de satisfaire les Génois, on ne trouve que c'est la dernière employée.

Il est d'ailleurs si naturel aux hommes de se jeter dans vos bras avec d'autant plus d'abandon que vous paraissez plus éloigné de penser à les assujettir! Ils redoutent d'autant moins que vous n'attentiez à leur liberté, que vous vous montrez à leur égard plus doux et plus humain. C'est cette amitié désintéressée et franche qui engagea ceux de Capoue à demander un préteur aux Romains. Si ceux-ci avaient témoigné la moindre envie d'y en envoyer un, la jalousie se serait emparée de leurs esprits et aurait aliéné tous les cœurs.

Mais qu'avons-nous besoin de chercher des exemples à Rome et à Capoue, quand nous en avons et en Toscane et à Florence? Chacun sait depuis combien longtemps Pistoia s'est soumise volontairement à la domination des Florentins; tandis que les villes de Pise, de Lucques et de Sienne conservent contre eux une haine implacable. Cette diversité d'affection ne vient pas de ce que ceux de Pistoia ne chérissent pas la liberté autant que ces autres peuples, ou qu'ils ne s'estiment pas autant qu'eux, mais seulement parce que les Florentins les ont toujours regardés comme des frères, et regardent les autres comme des ennemis. Aussi Pistoia a couru volontairement au-devant de leur administration, et les autres villes ont fait et font encore des efforts incroyables pour échapper à leur domination. Il n'est pas douteux que les Florentins régneraient aujourd'hui sur la Toscane, si, au lieu d'effaroucher leurs voisins, ils avaient cherché à se les attacher ou par des associations ou par des secours généreux. Je suis éloigné de penser qu'il ne faut jamais employer la force et les armes ; mais il faut n'y avoir recours qu'à la dernière extrémité et à défaut d'autres moyens.

CHAPITRE XXII.

Combien sont erronés souvent les jugements que les hommes portent des grandes choses.

Pour connaître combien souvent sont fausses les opinions des hommes, il suffit d'avoir été admis à quelqu'une de leurs assemblées délibérantes; elles auraient toutes les résultats les plus absurdes, si des hommes supérieurs ne prenaient soin de les diriger. Mais comme dans les républiques corrompues ou dans les moments de tranquillité, soit jalousie, soit ambition, on hait les hommes supérieurs, il s'en suit qu'on donne la préférence à ce qui est approuvé par l'erreur commune, ou à ce qui est proposé par des hommes plus jaloux de plaire au public que de travailler à ses intérêts. Cette erreur se découvre dans des moments de malheur, et on se jette par nécessité dans les bras de ces hommes qu'on avait négligés dans la prospérité, comme nous le démontrerons en son lieu, dans une partie de cet écrit.

Il y a encore des événements faits pour tromper aisément des hommes qui n'ont pas une expérience consommée : ces événements se présentent sous plusieurs faces si ressemblantes à la véritable, qu'elles rendent l'erreur très-

naturelle et très-facile. Telle fut l'erreur des Latins, d'après les conseils du préteur Numicius, après qu'ils eurent été défaits par les Romains; telle fut celle où l'on tomba en Italie, il y a quelques années, lorsque François Ier, roi de France, voulut conquérir le Milanais, défendu par les Suisses.

Après la mort de Louis XII, François, duc d'Angoulême, son successeur, désirait extrêmement recouvrer pour la France le duché de Milan, dont les Suisses s'étaient emparés quelques années auparavant par le secours de Jules II. Ce roi désirait avoir des alliés pour favoriser son entreprise ; et, outre les Vénitiens, que Louis XII avait déjà gagnés, il faisait solliciter et les Florentins, et le pape Léon X. L'alliance du pape et de Florence lui paraissait d'autant plus importante pour le succès de son entreprise, que le roi d'Espagne avait des troupes en Lombardie, et que l'empereur en entretenait à Vérone.

Cependant Léon X ne se rendit point aux vœux du roi; il suivit les conseils de ceux qui lui conseillaient de rester neutre; et lui faisaient envisager dans ce parti la victoire certaine de l'église. « L'église, lui disaient-ils, ne saurait » voir en Italie ni Français, ni Suisses; voulant » lui rendre sa liberté, elle doit vouloir également » la délivrer du joug de ces deux puissances : mais, trop faible pour les vaincre ou » ensemble ou séparément, il convient à l'église » d'attendre que l'un des deux ait terrassé l'autre, » pour tomber avec ses amis sur le vainqueur. » Il était impossible de trouver des circonstances plus favorables : les deux peuples étaient en présence ; le pape avait des troupes en bon état, avec lesquelles il pouvait se rapprocher des confins de la Lombardie, à très-peu de distance des deux armées, sous couleur de garder ses possessions ; il pouvait y rester tranquille, jusqu'à l'événement de la bataille, qui devait être sanglante pour les deux partis, et laisser le vainqueur si affaibli qu'il serait extrêmement facile au pape de l'attaquer et de le vaincre à son tour, et par-là de demeurer possesseur de la Lombardie et l'arbitre de l'Italie entière.

L'événement démontra la fausseté de cette opinion politique. Les Suisses furent vaincus après une sanglante bataille : le pape et les Espagnols, loin de se croire en état d'attaquer les Français, prirent la fuite ; et leur évasion n'aurait pas empêché leur perte, sans la bonté ou l'indifférence du roi, qui aima mieux faire la paix avec l'église que de courir après une seconde victoire.

Le parti que suivit Léon X était appuyé de motifs qui, vus séparément, ont un air de vérité et de justesse ; mais, réunis, ne présentent rien qui soit conforme à la vérité. En effet, il arrive rarement que le vainqueur perde beaucoup de monde : il n'en perd que dans la bataille et point dans la déroute. Or, dans l'ardeur du combat, quand les hommes se heurtent de front, il en tombe peu, parce que ces moments terribles ne durent pas longtemps. Mais, quand l'action durerait longtemps et qu'elle coûterait bien du sang au vainqueur, la réputation qui suit la victoire, la terreur qui marche devant lui et qui lui soumet tout, supplée bien aux guerriers qu'il a perdus. Une armée qui l'attaquerait, dans l'opinion qu'il est affaibli, se tromperait cruellement, à moins qu'elle ne fût assez forte pour le combattre en tout temps, même avant la victoire ; elle pourrait alors, suivant l'occurrence et les hasards, le vaincre ou être vaincue ; mais l'armée qui se serait déjà battue, et qui aurait été victorieuse une fois, aurait encore de l'avantage.

C'est ce que les Latins prouvèrent à leurs dépens pour avoir cru Numicius, et par les maux qu'ils souffrirent à la suite de cette erreur. L'armée romaine avait battu celle des Latins : Numicius allait criant partout dans le Latium, que c'était le moment d'attaquer les Romains, affaiblis par le combat qu'ils venaient de livrer ; qu'il ne leur restait de la victoire qu'un vain nom qui ne les empêchait pas d'avoir essuyé les mêmes pertes que s'ils avaient été vaincus, et que la moindre force qu'on leur opposerait suffirait pour les renverser. Ces peuples crurent Numicius et levèrent une nouvelle armée ; mais, vaincus tout aussitôt qu'ils se présentèrent, ils éprouvèrent tous les maux qu'éprouveront ceux qui s'attacheront à de semblables opinions.

CHAPITRE XXIII.

Combien les Romains évitaient les partis mitoyens, à l'égard de leurs sujets, quand ils croyaient avoir une décision à prendre.

« Telle était enfin la situation des Latins, » qu'ils ne pouvaient souffrir ni la paix, ni la » guerre. » De toutes les positions, pour une république ou un prince, la plus fâcheuse, sans doute, est celle où il ne peut ni goûter la paix, ni soutenir la guerre. C'est à ce triste état que sont réduits les peuples pour qui les conditions de la première sont trop dures, et la seconde impossible, sans devenir la proie de leurs alliés ou celle de leurs ennemis. On arrive à ces termes fâcheux, pour avoir suivi de mauvais conseils, pour avoir embrassé de mauvais partis, et pour avoir mal apprécié ses forces, comme nous l'avons fait voir plus haut.

En effet, un prince ou une république, qui sauront mesurer leurs forces, éviteront facilement la faute dans laquelle tombèrent les Latins. Ceux-ci ne surent jamais à propos faire la paix ou la guerre avec Rome, en sorte que la haine et l'amitié des Romains leur furent également préjudiciables : ils furent donc vaincus et réduits à l'extrémité par Manlius Torquatus d'abord, et ensuite par Camille. Ce dernier surtout, les ayant forcés à se livrer à la discrétion des Romains, mit des garnisons dans leurs villes, reçut de chacune d'elles des otages, et de retour à Rome, il fit voir au sénat tout le Latium au pouvoir du peuple romain.

La conduite du sénat dans ces circonstances est très-remarquable, et doit être méditée ; elle mérite de servir à jamais d'exemple aux princes qui se trouveront dans les mêmes circonstances. Aussi, je veux rapporter les paroles mêmes que Tite-Live met dans la bouche de Camille : elles nous apprendront à connaître les moyens dont ce peuple se servait pour chercher à s'agrandir, et combien, dans les occasions décisives, il renonçait aux partis mitoyens pour se jeter dans les extrêmes. Il faut d'abord se pénétrer de cette vérité : que l'art de gouverner ses sujets consiste à les tenir dans l'impuissance de vous nuire, ou d'en avoir même la volonté ; on y parvient ou par la rigueur, en leur ôtant la faculté, de changer de condition, ou par les bienfaits, qui leur en ôtent jusqu'au désir.

La proposition de Camille, et la résolution du sénat à ce sujet, expliquent fort bien ces distinctions. Voici les paroles de ce consul : « Les dieux immortels vous laissent tellement les maîtres du parti que vous avez à prendre, qu'il ne tient qu'à vous de décider s'il existera, ou non, un peuple latin : vous pouvez avoir avec le Latium une paix perpétuelle, en employant, à votre choix, ou la rigueur ou la clémence. Voulez-vous sévir contre des vaincus livrés à votre discrétion ? ce peuple va disparaître. Aimez-vous mieux, à l'exemple de vos aïeux, augmenter les forces de la république, en leur donnant le droit de cité ? jamais occasion plus glorieuse ne se présentera d'accroître le peuple romain. Certes, l'empire le plus assuré est celui où l'on obéit avec joie. Tandis que l'esprit de ce peuple est dans un état de stupeur, suspendu entre la crainte et l'espérance, achevez de vous en emparer à jamais, ou par la rigueur ou par les bienfaits. »

La délibération du sénat fut parfaitement conforme aux propositions de Camille ; on fit rechercher tout ce qu'il y avait de villes de quelque importance dans le Latium, et on les combla de bienfaits, ou on les détruisit. Aux premières, on accorda des exemptions et des priviléges ; on leur donna le droit de cité ; on leur fournit toute sorte de secours. Les secondes, traitées avec la plus extrême rigueur, virent leurs terres ravagées ; on leur envoya des colonies ; les habitants transplantés eux-mêmes à Rome, ou entièrement dispersés, furent privés par là de tous les moyens de nuire. Ainsi, dans les affaires de quelque importance les Romains évitèrent toujours, comme je l'ai dit, les partis mitoyens.

C'est leur exemple que tout état doit se proposer ; c'était celui que les Florentins eussent dû suivre, lorsque, en 1502, Arezzo et tout le Val de Chiana se révoltèrent. De pareilles mesures eussent affermi leur empire, et considérablement agrandi Florence, en lui procurant les produits de ces champs qui lui manquaient pour sa subsistance ; mais ils employèrent au contraire des partis moyens, toujours dangereux quand il s'agit de prononcer sur le sort des hommes. Ils exilèrent une partie des Arétins, ils en firent périr une autre ; ils les privèrent tous des priviléges et du rang dont ils

jouissaient dans la ville ; et cependant ils laissèrent subsister la ville entière ; et, si quelqu'un dans le conseil proposait de détruire Arezzo, ceux qui passaient pour les plus sages rejetaient cette proposition, comme injurieuse à la république : « Il semblerait, disait-on, que Florence ne ruinait cette ville, que parce qu'elle n'avait pas la force de la contenir. »

Cette raison est bien plus apparente que solide ; elle est de nature à prouver également qu'on ne devrait point ôter la vie à un paricide, à un scélérat, à un séditieux. En effet, le prince ne montre-t-il pas par-là qu'il n'est pas assez puissant pour contenir un seul homme ? Ceux qui ont de pareilles opinions ne voient pas que souvent des hommes pris séparément, ou même des villes tout entières, se rendent si coupables envers un gouvernement, que le prince est obligé, pour l'exemple et pour sa propre sûreté, de s'en défaire entièrement. L'honneur consiste à savoir et à pouvoir punir des coupables, et non à pouvoir les contenir en s'exposant à mille périls. Le prince qui ne traite pas un criminel de manière qu'il ne puisse plus le devenir est ou un ignorant, ou un lâche.

La bonté de la sentence que les Romains prononcèrent dans l'occasion dont nous venons de parler, se confirmerait au besoin par celle qu'ils prononcèrent également contre les Privernates. Il y a à cet égard deux choses à remarquer sur le texte de Tite-Live. La première : c'est qu'il faut détruire des sujets rebelles, ou les accabler de bienfaits ; la seconde, c'est combien le courage et la vérité ont de charmes et d'empire, développés en liberté devant des hommes sages. Le sénat était assemblé pour juger les habitants de Privernium [1], qu'on avait forcés par les armes de rentrer dans l'obéissance. Ils avaient envoyé plusieurs de leurs citoyens au sénat pour implorer sa clémence. Un sénateur leur ayant demandé : « Quelle peine il croyait que les Privernates avaient méritée ? —Celle que méritent, lui répondit l'autre, des hommes qui se croient dignes de la liberté. » —Mais, si nous usons de clémence, répliqua le consul, quelle espèce de paix pouvons-

---

[1] Ville des Volsques dans le Latium ; elle subsiste encore aujourd'hui dans *Piperno Vecchio* au nord de la nouvelle *Piperno*, dans la campagne de Rome.

» nous espérer de faire avec vous ? — Éternelle
» et sincère, si les conditions en sont bonnes ;
» et de peu de durée, si elles ne le sont pas ».
Quoique la fierté de cette réponse eût déplu à
quelques-uns, la partie la plus sage du sénat
s'écria : « Que c'était répondre en homme
» libre et courageux, et qu'on ne pouvait croire
» qu'un peuple comme un homme pussent res-
» ter autrement que par nécessité dans un état
» qui leur déplaisait ; qu'il n'y avait de paix
» solide que lorsque les esprits s'y soumet-
» taient volontairement, et qu'on se flatterait
» en vain de trouver fidèles ceux qu'on traite-
» rait en esclaves. » — Le décret du sénat fut
conforme à ces principes. On accorda aux
Privernates la qualité de citoyens romains, et
on leur dit, en leur conférant cet honneur :
« Que des hommes qui étaient si fortement
» occupés de leur liberté étaient vraiment di-
» gnes d'être Romains. » Tant ces âmes nobles
et généreuses furent charmées d'une réponse
aussi franche que courageuse ; toute autre eût
été fausse et digne du plus profond mépris.
On se trompe donc si on croit que les hommes,
surtout ceux qui sont libres ou qui croient
l'être, soient différents ; et les partis que l'on
prend par une suite de cette opinion ne sauraient être bons en eux-mêmes et satisfaire
ceux qui en sont l'objet ; ils occasionnent des
révoltes et le plus souvent la ruine des états.

Mais pour revenir à ma proposition, je conclus de ces deux exemples : qu'il n'y a que deux
partis à suivre, lorsqu'il s'agit de juger du sort
de villes puissantes et qui sont accoutumées
à vivre libres : il faut ou les détruire, ou les
combler de bienfaits ; tout parti moyen doit être
repoussé comme étant très-dangereux. Gardez-
vous d'imiter les Samnites qui, ayant enfermé
les Romains aux Fourches Caudines, méprisèrent l'avis de ce vieillard qui leur conseillait
de les massacrer tous, ou de les renvoyer avec
honneur. Ils prirent un milieu en les désarmant
et en les faisant passer sous le joug ; mais ils
les laissèrent partir, emportant la honte et la
rage dans le cœur. Les Samnites connurent
bientôt à leurs dépens combien l'avis du vieillard était salutaire, et combien leur détermination était pernicieuse, comme nous le prouverons plus au long dans un autre endroit.

CHAPITRE XXIV.

Les forteresses sont en général plus nuisibles qu'utiles.

Les sages de nos jours regarderont peut-être
comme bien inconsidérée la conduite des Romains qui, voulant s'assurer des peuples du
Latium et de la ville de Privernum, ne pensèrent pas à bâtir dans leur pays quelque place
forte qui les tînt en respect et répondît de leur
fidélité ; c'est en effet une maxime que j'entends répéter depuis bien longtemps à Florence
par nos sages : que Pise et les autres villes de
l'état ne peuvent être contenues que par des
citadelles. Sans doute, si les Romains avaient
pensé comme nos politiques, ils eussent construit des places fortes ; mais comme c'étaient
des hommes d'un bien autre courage, d'un
autre jugement, d'une autre puissance, ils se
gardèrent d'en bâtir. Et en effet, tant que
Rome fut libre, qu'elle suivit les anciens principes de son excellente constitution, jamais elle
n'éleva de forteresse pour contenir ou des
villes, ou des provinces ; elle se contenta d'en
conserver quelques-unes de celles qu'elle trouva
bâties. La conduite des Romains dans cette partie, et celle toute contraire de nos princes d'aujourd'hui, me paraissent devoir être examinées
et comparées pour déterminer s'il est bien ou
mal de construire des forteresses, et si elles
sont utiles ou nuisibles à celui qui les construit.

Il faut d'abord considérer les motifs qui font
élever des places fortes. Elles servent ou à s'opposer à des ennemis, ou à se défendre contre
des sujets. Dans le premier cas elles ne sont pas
nécessaires ; dans le second, elles sont nuisibles. Je vais m'attacher d'abord à démontrer la
seconde proposition.

Je dis donc que le prince ou la république
qui a peur de ses sujets et qui craint qu'ils ne
se révoltent n'éprouve ce sentiment que parce
qu'il s'est fait haïr. Les mauvais traitements
sont la source de cette haine ; la cause des
mauvais traitements, c'est l'opinion du prince
qui croit qu'il aura la force de contenir ses
sujets, ou le peu de sagesse et d'habileté de
celui qui les gouverne. Or, une des choses qui
donne aux princes une grande idée de leurs
forces, c'est d'avoir des places fortes mena-
çantes. Mais si les mauvais traitements qui produisent la haine naissent en grande partie de

la confiance que les princes ou les républiques ont dans leurs places fortes, celles-ci sont à coup sûr beaucoup plus nuisibles qu'utiles; car elles les rendent plus confiants, plus audacieux et plus hardis à offenser leurs sujets.

D'ailleurs les places fortes ne présentent pas la sûreté qu'on imagine. Quelque contrainte, quelque violence qu'on emploie pour contenir un peuple, il n'est que deux moyens d'en venir à bout : celui d'avoir toujours prête à mettre en campagne une bonne armée, comme les Romains; ou celui de le détruire, de le dissiper, de le diviser, de manière qu'il lui soit impossible de se rassembler pour vous nuire. En effet, lui enleverez-vous ses richesses? La misère fait trouver des armes. Le désarmerez-vous? La fureur lui en fournira de nouvelles. Ferez-vous périr tous les chefs en continuant à opprimer les autres? Les chefs renaissent comme les têtes de l'hydre. Construirez-vous des places fortes? Elles sont utiles il est vrai en temps de paix, puisqu'elles favorisent votre tyrannie; mais elles sont de la dernière inutilité en temps de lutte : assiégées à la fois et par l'ennemi étranger et par l'ennemi domestique, elles ne pourront résister à leurs efforts réunis.

Si jamais les places ont été peu utiles, c'est surtout aujourd'hui que la furie du canon empêche de défendre des lieux étroits où il est impossible d'élever de nouveaux remparts après que les premiers ont été détruits. Je veux suivre cette proposition pied à pied. Prince ou république, vous voulez tenir en respect vos sujets naturels, ou contenir un peuple conquis : je me tourne vers le prince, et je lui dis : « Rien » de plus inutile que cette place forte pour tenir » vos citoyens en respect; nous en avons dit les » raisons plus haut : vous deviendrez plus » prompt, plus hardi à les opprimer; mais l'op- » pression les animera tellement à votre ruine, » elle allumera chez eux contre vous un si vio- » lent désir de vengeance, que la place forte qui » a occasionné cette haine ne saura vous en dé- » fendre. »

Un Prince sage et bon, pour ne s'exposer jamais à cesser de l'être, pour ne pas donner à ses fils, ni l'occasion ni l'audace de devenir coupables, ne bâtira point de forteresses, afin que ceux-ci, loin de placer leur confiance

dans la force de leurs citadelles, la placent au contraire dans l'amour de leurs sujets.

Si François Sforce duc de Milan, prince réputé sage, fit bâtir une citadelle dans cette ville, ce n'est point en cela que j'admirerai sa sagesse, et les suites ont démontré que cette forteresse fut la perte de ses héritiers, loin de servir à leur sûreté. Persuadés qu'ils étaient à l'abri de tous les dangers, qu'ils pouvaient impunément outrager et citoyens et sujets, ils se permirent tous les genres de violence, ils devinrent si odieux, qu'ils perdirent leur principauté à la première attaque de l'ennemi; et cette forteresse, qui leur avait fait tant de mal pendant la paix, ne leur fut d'aucune utilité pendant la guerre. S'ils ne l'avaient pas eue, et si par les premières règles de la prudence, ils eussent ménagé leurs sujets, ils eussent découvert plutôt le péril, et s'en seraient d'abord retirés; ensuite ils eussent soutenu plus courageusement l'impétuosité des Français avec l'amour de leurs sujets, sans la forteresse, qu'ils ne la soutinrent avec une citadelle, mais sans le cœur de leurs sujets.

Les places fortes ne servent à rien : parce que, ou elles sont prises par la trahison de celui qui les garde, ou par force de la part de celui qui l'attaque, ou par famine. Si vous voulez en tirer quelque parti, et qu'elles vous servent à vous emparer d'un état que vous aurez perdu, il faut que vous ayez une armée pour attaquer l'ennemi qui vous a chassé. Mais si vous avez une armée, ne rentrerez-vous pas bien certainement dans vos états, même sans avoir de place forte? N'y rentrerez-vous pas d'autant plus aisément que vous serez aimé de vos sujets, bien plus que vous ne l'étiez sans doute pour les avoir maltraités, par une suite du fol orgueil que vous inspirait votre forteresse?

Aussi l'expérience a-t-elle fait voir que la citadelle de Milan n'a été d'aucun secours ni aux Sforces, ni aux Français, dans les temps de leurs malheurs. Elle a au contraire attiré sur eux une infinité de maux et de désastres, en les empêchant de chercher des moyens plus honnêtes de conserver ce duché.

Guido Ubaldo, duc d'Urbin, fils de Frédéric, capitaine très-estimé de son temps, avait été chassé de ses états par César Borgia, fils du pape Alexandre VI; un événement l'ayant mis à même d'y rentrer, il en fit raser toutes les forteresses, les regardant comme nuisibles. Ce prince, qui était aimé de ses sujets, n'en avait pas besoin pour les contenir, et il voyait qu'il ne pourrait défendre ces forteresses à moins de mettre une armée en campagne; il aima mieux les détruire.

Jules II chassa les Bentivoglio de Bologne, et y bâtit une citadelle; de là par son gouverneur, il faisait assassiner le peuple. Celui-ci se révolta. Jules perdit sa forteresse, qui ne lui servit de rien, et qui lui nuisit au contraire, d'autant plus qu'elle lui eût été utile s'il s'était conduit plus humainement.

Nicolas de Castello, père des Vitelli, retourné dans sa patrie dont il avait été exilé, fit aussitôt abattre deux forteresses, que Sixte IV y avait construites. Il jugea que l'amour du peuple serait plus utile à la conservation de son état, que la forteresse.

Mais l'exemple le plus récent, le plus remarquable en tout point, le plus capable de prouver qu'il est inutile de bâtir des forteresses, et avantageux de les démolir, est celui qui s'est vu de nos jours à Gênes. On sait qu'en 1507 cette ville se révolta contre Louis XII, roi de France. Il vint en personne avec toutes ses forces pour la reprendre, et, après l'avoir réduite, il y fit bâtir la forteresse la plus formidable que l'on eût encore élevée. En effet, elle était inattaquable tant par sa situation que par une infinité d'autres avantages, étant placée sur la cime d'une colline qui s'étend jusqu'à la mer, et que les Génois appellent Codefa, d'où elle battait tout le port et tout l'état de Gênes. Cependant, en 1512, les Français ayant été chassés d'Italie, Gênes se révolta malgré la citadelle, et Octavien Frégose, qui se mit à la tête du gouvernement de la ville, s'en empara par famine après un blocus de seize mois, où il déploya toutes les ressources de l'art. Tout le monde croyait qu'il la garderait pour se mettre à l'abri des événements; chacun le lui conseillait même; mais Frégose plus habile et plus sage, persuadé que l'amour des peuples sert plus à maintenir un prince dans ses états qu'une citadelle, la fit démolir. Et pour n'avoir pas établi sa puissance sur une forteresse, mais bien sur son courage et sur sa sagesse, il l'a conservée et la conserve encore aujourd'hui;

et au lieu qu'autrefois il suffisait d'une poignée d'hommes pour opérer une révolution à Gênes, on a vu Frégose être attaqué par dix mille hommes qui ne sont nullement parvenus à l'ébranler.

Ainsi la démolition de cette forteresse ne fit aucun tort à Octavien, et sa construction ne fut d'aucune utilité au roi de France. Lorsqu'il fut en état de venir en Italie, à la tête d'une armée, il n'eut pas besoin de place forte pour entrer à Gênes; mais il ne put garder Gênes avec sa forteresse, sans armée. Ainsi donc, le roi de France dépensa beaucoup d'argent à la faire construire, et fut très-humilié de la perdre; Octavien, au contraire, se couvrit de gloire en s'en emparant, et retira de grands avantages de sa démolition.

Mais venons aux républiques qui fortifient des places, non sur leur propre territoire, mais dans des pays conquis. Si, pour leur faire connaître l'erreur dans laquelle elles tombent, l'exemple des Français et de Gênes ne suffit pas, je citerai celui de Florence et de Pise. Lorsque les Florentins firent élever une citadelle pour contenir Pise, ils ne virent pas qu'une ville, de tout temps ennemie de Florence, une ville qui avait vécu libre, et qui dans sa rébellion trouvait la liberté pour refuge, ne pouvait être contenue que par la méthode des Romains, c'est-à-dire en l'associant à l'état, ou en la détruisant de fond en comble.

A l'arrivée du roi Charles en Italie, on vit bien ce qu'on devait attendre de ces places fortes; elles se donnèrent toutes à lui, soit par la trahison de leurs gouverneurs, soit par crainte d'un traitement plus fâcheux. S'il n'y avait pas eu de forteresse, les Florentins n'auraient pas fondé sur ce moyen l'espoir de contenir Pise, et le roi de France n'aurait jamais eu cette occasion de les priver de cette ville. Ils auraient mis en usage d'autres moyens qui leur auraient suffi pour la conserver jusqu'à l'époque de l'arrivée de ce prince; jamais du moins la résistance n'eût été aussi faible que le fut celle de ces places.

Je conclus donc: que pour contenir son propre pays, les forteresses sont dangereuses, et pour contenir des pays conquis, elles sont inutiles. Je ne veux pour moi que l'autorité des Romains: on les a vus toujours dans les pays qu'ils voulaient retenir par la force, raser et jamais élever de citadelles. Voudrait-on alléguer contre cette opinion l'exemple de Tarente chez les anciens, et celui de Brescia parmi les modernes, qui toutes deux ont été reprises sur leurs habitants révoltés, au moyen de leurs forteresses ? Je répondrai : que pour recouvrer Tarente, Fabius Maximus y fut envoyé au commencement de l'année, à la tête de toute son armée, et qu'il serait venu à bout de réduire Tarente, indépendamment de la forteresse ; il l'attaqua de ce côté-là, il est vrai, mais il eût trouvé d'autres moyens sans doute à défaut de celui dont il se servit. Or, je ne sais de quelle espèce de secours peut être une forteresse, si pour rentrer en possession du pays qu'elle devait garder, il y faut et une armée consulaire, et un Fabius Maximus pour la commander. Que les Romains auraient repris Tarente sans le secours de la citadelle, c'est ce qui est démontré par l'exemple de Capoue où ils n'en avaient pas, et dont ils s'emparèrent avec leur armée.

Mais venons à Brescia. Je dis que lorsqu'une ville se révolte et que la citadelle reste au pouvoir de l'ennemi, il est très-rare que cet ennemi ait dans son voisinage une armée aussi considérable que l'était celle des Français : c'est ce qui est arrivé lors de la révolte de Brescia. En effet, M. de Foix, leur général, était avec son armée à Bologne ; il n'eut pas plus tôt entendu parler de cette révolte, qu'il se met en marche ; il arrive dans trois jours à Brescia, et reprend la ville par le moyen de la citadelle. La forteresse de Brescia eut cependant besoin et d'un M. de Foix, et d'une armée qui la secourût en trois jours.

Ainsi, cet exemple opposé à ceux que nous avons déjà rapportés ne saurait suffire. Une infinité de forteresses ont été dans le cours de cette guerre, prises, reprises suivant qu'on était le plus fort ou le plus faible en campagne, non-seulement en Lombardie, mais dans le royaume de Naples et dans toute l'Italie.

On élève enfin des forteresses pour se mettre à l'abri des ennemis du dehors. A cela je réponds que rien n'est moins nécessaire pour les royaumes et pour les républiques qui entretiennent de bonnes armées, comme aussi rien de plus inutile à ceux qui n'en ont pas. Une bonne armée, sans places fortes, suffira pour vous défendre ; des places fortes, sans une bonne armée, vous laisseront sans défense.

Tout cela n'est-il pas prouvé par la conduite et l'expérience des peuples réputés les plus sages et les plus habiles, tels que les Romains et les Spartiates. Si les Romains ne fortifiaient point leurs villes, les Spartiates n'y souffraient pas même de murailles ; ils voulaient que le courage du soldat lui servît seul de mur et de défense. Un Athénien demandant à un Spartiate si les murailles d'Athènes ne lui paraissaient pas belles, celui-ci lui répondit : « Oui, » si elles ne contenaient que des femmes. »

Un prince qui a de bonnes armées peut avoir sur les côtes ou sur les frontières de son royaume des places capables d'arrêter l'ennemi pendant quelques jours, afin de lui donner le temps de rassembler ses forces. Cela peut être utile, mais nullement nécessaire. Mais quand un prince n'a pas une bonne armée, qu'il ait des forteresses à la frontière, et dans le milieu de ses états, elles lui seront partout également nuisibles ou inutiles ; nuisibles : parce que, ou on les lui prend facilement, et alors elles servent à lui faire la guerre, ou bien elles sont trop fortes pour que l'ennemi s'en empare, et il les laisse alors derrière lui et elles ne servent à rien ; car une armée qui ne trouve pas devant elle d'ennemi qui l'arrête, s'avance dans le pays sans s'embarrasser des villes et des citadelles qu'il est obligé de laisser. L'histoire ancienne nous en fournit plusieurs exemples, et on a vu Francesco Maria entrer dans le duché d'Urbin sans se mettre en peine de dix villes qu'il laissait derrière lui.

Concluons : qu'un prince qui a de bonnes armées peut se passer de bonnes places ; que celui qui n'a point d'armée doit se garder de bâtir des places ; la prudence exige qu'il fortifie la ville qu'il habite ; qu'il la fournisse de tout ce qui est nécessaire ; qu'il tienne les habitants disposés à bien recevoir l'ennemi, pour donner le temps, ou de traiter avec lui, ou de faire arriver des secours étrangers qui le délivrent. Tous les autres moyens sont dispendieux pendant la paix, inutiles pendant la guerre.

Si on examine attentivement tout ce que nous avons exposé, on se convaincra que la même sagesse qui dirigea toujours les Ro-

mains leur inspira le parti qu'ils prirent à l'é-
gard des Latins et des Privernates : au lieu de
s'attacher à des forteresses, ils eurent raison
d'employer des moyens plus sages et plus généreux.

CHAPITRE XXV.

*Que c'est prendre un mauvais parti que de profiter de la
désunion qui règne dans une ville pour l'attaquer et
s'en rendre maître.*

Il y avait tant de désunion dans la république romaine entre la noblesse et le peuple,
que les Véiens et les Étrusques crurent à la faveur de ces troubles pouvoir anéantir le nom
romain. Ils levèrent en conséquence une armée
et firent des excursions sur le territoire de
Rome. Le sénat envoya contre eux. Cn. Manlius et M. Fabius, qui campèrent tout près
des Véiens; ceux-ci, par des attaques continuelles, par les injures et les traits les plus piquants, ne cessaient d'assaillir l'armée romaine.
Ils poussèrent si loin la témérité et l'insolence
que les Romains oubliant leurs dissensions s'u-
nirent contre eux, leur livrèrent bataille et les
mirent en déroute.

On voit par cet exemple combien se trompent
les hommes dans la plupart des résolutions qu'ils
embrassent, et comment ils perdent ce qu'ils
s'étaient flattés de gagner. Les Véiens croyaient
vaincre les Romains en les attaquant désunis,
tandis que leur attaque fut cause de la réunion
de ces derniers, et cette réunion causa leur
perte; car les dissensions dans une république
viennent souvent de l'oisiveté qui suit la paix;
le premier cri de guerre devient aussi le signal
de l'union. Les Véiens, s'ils eussent été sages,
auraient d'autant plus éloigné la guerre qu'ils
voyaient Rome désunie, et n'auraient employé
pour lui nuire que les artifices d'une fausse paix;
ils consistent à se mettre dans la confidence d'une
ville divisée; à se porter pour médiateur entre
les deux partis jusqu'à ce qu'ils en viennent
aux armes: et quand l'épée est enfin tirée, à
donner de légers secours au parti le plus faible, soit dans le but de faire durer la guerre,
et de les laisser se consumer les uns par les autres, soit pour empêcher que la vue de forces
considérables ne vous fasse soupçonner de vou-

loir les opprimer et de les maîtriser tous les
deux également. Si vous suivez soigneusement
cette marche vous arriverez presque toujours
à votre but.

Ce ne fut qu'en usant d'un pareil moyen politique que la ville de Pistoia, comme nous l'avons
dit dans un autre discours et à une autre occasion, fut acquise à la république de Florence.
Cette ville était divisée; les Florentins favorisaient tantôt un parti, tantôt un autre, sans
en accabler aucun; ils l'amenèrent au point
que, fatiguée d'un état si tumultueux et si pénible, elle se livra volontairement à eux.

La ville de Sienne n'a jamais été si puissamment influencée par Florence que lorsque
celle-ci ne favorisait un parti que par de très-
faibles secours. En envoyait-elle de plus importants? toute la ville se réunissait pour défendre le gouvernement existant.

J'ajouterai encore un autre exemple. Philippe Visconti, duc de Milan, a bien des fois
profité de la division qui régnait dans Florence
pour nous déclarer la guerre; il a toujours
été battu; et cela si constamment, qu'il a été
forcé de s'écrier avec douleur que les folies
des Florentins lui coûtaient deux millions d'or.

Ainsi donc les Véiens et les habitants de l'É-
trurie se trompèrent en essayant de profiter
des troubles de Rome pour y porter la guerre;
ils furent vaincus. Ainsi se trompera toujours
quiconque, prenant leur conduite pour modèle,
se flattera de subjuguer un peuple placé dans de
pareilles circonstances.

CHAPITRE XXVI.

*Les témoignages de mépris et les injures n'attirent que
de la haine, sans profit pour qui les emploie.*

Je crois qu'une des grandes règles de la prudence humaine est de s'abstenir d'injurier ou
de menacer qui que ce soit; la menace ni
l'injure n'affaiblissent point un ennemi; mais
l'une l'avertit de se tenir en garde, l'autre ne
fait qu'accroître sa haine et le rend plus industrieux dans les moyens de vous offenser.

C'est ce qu'on voit par l'exemple des Véiens
dont nous avons parlé dans le chapitre précédent. Non contents de nuire aux Romains par
les maux que la guerre entraîne, ils ajoutèrent

l'insulte, l'outrage, les propos injurieux dont tout chef doit interdire l'usage à ses soldats ; car ils ne servent qu'à enflammer votre ennemi, l'exciter à la vengeance, sans lui ôter un seul moyen de vous nuire ; en sorte que ce sont autant d'armes qui tournent contre vous.

Nous allons en donner un exemple remarquable pris dans l'histoire d'Asie. Gabade, général des Perses, assiégeait depuis longtemps la ville d'Amide [1] : fatigué de la longueur du siége, il prend le parti de le lever. Déjà ses troupes étaient en marche, quand les assiégés, fiers de la victoire, accourent en foule sur les remparts et accablent son armée des plus cruelles injures ; il n'est sorte d'insulte, d'accusation ou de reproche d'ignorance, de poltronerie, de lâcheté qu'on ne lui fasse. Le général, justement irrité, change de résolution ; il recommence le siége : et tel fut l'effet de son indignation pour l'injure qu'il avait reçue, qu'en peu de jours il prit la ville d'assaut et passa tous les habitants au fil de l'épée.

C'est ce qui arriva aux Véiens qui, ne se contentant pas, comme nous l'avons dit, de faire la guerre aux Romains, les outrageaient de paroles, et s'avançaient jusque sur les fossés de leur camp pour leur dire des injures. Aussi ces mêmes Romains qui avaient pris les armes malgré eux, plus irrités de leurs insultes que fatigués de leurs assauts, contraignirent les consuls à donner bataille, et firent porter aux Véiens la peine de leur imprudente audace.

Il est donc du devoir d'un général ou du chef d'une république d'employer tous les moyens que la prudence lui suggérera pour empêcher le soldat et le citoyen de s'injurier entre eux, ou d'injurier l'ennemi. On a vu les maux que cette licence entraînait quand elle était dirigée contre l'ennemi : entre le soldat et le citoyen, c'est bien pis encore ; surtout si on n'a soin

d'en réparer promptement l'effet, comme les gens sages l'ont toujours pratiqué.

Des légions romaines laissées à Capoue conspirèrent contre cette ville, comme nous le dirons en son lieu ; elles y excitèrent une sédition qui fut apaisée par Valerius Corvinus. Parmi les conditions qui leur furent accordées, on statua des peines très-graves contre ceux qui leur reprocheraient cette sédition.

Tibérius Gracchus, nommé dans la guerre d'Annibal pour commander certain nombre d'esclaves qu'on avait armés à défaut d'hommes libres, fit décerner la peine de mort contre quiconque reprocherait à aucun d'entre eux leur servitude ; tant les Romains estimaient qu'il était dangereux, comme nous l'avons dit plus haut, de témoigner du mépris à des hommes et de les flétrir par la honte, parce que rien n'est plus capable de les irriter et d'exciter leur indignation que ces injures et ces reproches, qu'ils soient fondés ou non ! « Car des railleries amères, quand surtout elles sont appuyées » sur quelque chose de vrai, laissent dans le » cœur une blessure profonde. »

CHAPITRE XXVII.

Les princes et les républiques sages doivent se contenter de vaincre, car on perd parfois tout à vouloir trop gagner.

C'est l'insolence que vous donne la victoire obtenue, ou le faux espoir de l'obtenir, qui vous font user de paroles offensantes contre l'ennemi ; or ce faux espoir, quand il s'empare du cœur des hommes fait qu'ils agissent encore plus mal qu'ils ne parlent, leur fait dépasser le but, et perdre un bien assuré pour un mieux incertain. Comme ce sujet est de la plus grande importance, que la plupart des hommes y sont trompés au grand détriment de leurs affaires, et que des exemples me paraissent mettre ces vérités dans un plus grand jour que ne le feraient des raisonnements, j'en citerai plusieurs tirés des anciens et des modernes.

Annibal ayant vaincu les Romains à Cannes, envoya des députés à Carthage pour annoncer sa victoire et demander des secours. On disputa beaucoup dans le sénat sur ce qu'il y avait

---

[1] Amide, ville de Mésopotamie, bâtie sur une haute montagne, aux confins de l'Assyrie et située sur le bord du Tigre au confluent du Nymphius. C'est cette même Amide qui fut prise une autre fois par les Romains, par Sapor, roi de Perse. Ammien Marcellin nous a laissé le récit de ce siége, qui doit être d'autant plus exact que cet historien était lui-même dans la ville lorsqu'elle fut prise, et qu'il fut du très-petit nombre de ceux qui parvinrent à se sauver. (*Voyez Amm. Marc'l.*)

à faire. Hannon l'un des plus vieux et des plus éclairés des sénateurs, conseillait d'user avec sagesse de la victoire, en proposant la paix aux Romains. On pouvait l'obtenir à des conditions honorables, puisqu'on était vainqueur; il ne fallait plus l'espérer, si on venait à être battu. Le but des Carthaginois devait être de faire voir aux Romains qu'ils étaient assez puissants pour les combattre, et que satisfaits d'avoir vaincu, ils ne voulaient pas perdre cet avantage par l'espoir d'en obtenir un plus grand. Ce conseil fut rejeté; mais les Carthaginois en reconnurent la sagesse quand il ne fut plus temps.

Alexandre-le-Grand avait conquis tout l'Orient. La république de Tyr, ville célèbre, puissante dans ces temps-là, et bâtie comme Venise au milieu des eaux, voyant les succès et la grandeur de ce conquérant, lui envoya des ambassadeurs pour l'assurer de son affection, de son empressement à faire tout ce qui pourrait lui être agréable, et pour lui déclarer en même temps qu'elle ne pouvait le recevoir ni lui ni son armée sur son territoire. Alexandre, indigné de ce qu'une ville voulait fermer ses portes à celui à qui tout le monde s'empressait d'ouvrir les siennes, reçut très-mal les ambassadeurs, n'accepta pas leurs conditions et mit le siége devant la ville. Elle était bâtie sur la mer, abondamment pourvue de vivres et de toutes les munitions nécessaires; en sorte qu'Alexandre, après quatre mois de siége, s'avisa que cette ville dérobait plus de temps à sa gloire que les plus brillantes conquêtes ne lui en avaient coûté; il désira traiter avec les assiégés, et leur proposa les mêmes conditions qu'ils lui avaient demandées. Mais les Tyriens enorgueillis de leurs succès, non-seulement ne voulurent plus acquiescer à ces conditions, mais massacrèrent ses envoyés. Alexandre indigné reprend le siége avec tant de vigueur qu'il force la ville, la détruit, fait passer les habitants au fil de l'épée ou les fait esclaves.

En 1512, une armée espagnole vient sur le territoire de Florence, pour y faire rentrer les Médicis, et met la ville à contribution. Elle était attirée par des citoyens même, qui avaient promis qu'ils prendraient les armes, dès qu'ils verraient les Espagnols sur le domaine de la république. Ceux-ci y étant en effet entrés, ne voyant personne se déclarer en leur faveur, et commençant à manquer de vivres, proposèrent un accommodement. Mais le peuple de Florence, devenu insolent, ne voulut pas l'accorder : la perte de Prato et la ruine de la république furent la suite de ce refus.

La plus grande faute que puissent faire les princes attaqués par des ennemis dès longtemps plus puissants qu'eux est de rejeter un accommodement, surtout s'il leur est offert. Jamais les propositions ne seront assez dures pour qu'ils ne trouvent quelque avantage à les accepter, et que partie de la victoire ne leur soit acquise. Ainsi il devait suffire au peuple de Tyr de faire recevoir à Alexandre les mêmes conditions qu'il avait refusées auparavant; et cet avantage d'avoir forcé, les armes à la main, un si grand conquérant à condescendre à leur volonté, était pour eux une assez belle victoire. Il devait également suffire au peuple de Florence (et c'était un assez beau triomphe) d'avoir forcé l'armée espagnole à céder à quelques-unes de ses conditions, et d'en abandonner une partie. Le but de cette armée était en effet de changer le gouvernement, de le détacher de la France, et de lui faire payer des contributions. Que de ces trois points, les Espagnols eussent obtenu les deux derniers, et que le peuple de Florence eût gagné le premier, qui était la conservation de son gouvernement, c'eût été pour tous les deux un arrangement honorable et avantageux. Rien ne devait plus intéresser la république que de se conserver libre. Eût-on vu la victoire plus complète encore et comme certaine, on ne devait pas l'exposer aux hasards de la fortune, puisqu'il s'agissait de ses dernières ressources et de ce qu'elle avait de plus précieux, qu'un homme sage ne risque jamais, à moins d'y être forcé.

Annibal quitte l'Italie après seize ans de triomphes et de gloire; il est rappelé par les Carthaginois au secours de sa patrie : il trouve Siphax et Asdrubal entièrement défaits, le royaume de Numidie perdu, Carthage réduite à ses murailles, et n'ayant d'autre ressource que lui et son armée. Comme il savait que cette armée était effectivement la dernière ressource de son pays, il ne voulut pas la hasarder sans avoir tenté toutes les voies possibles d'accommodement; il ne rougit pas de demander la paix, convaincu que sa patrie n'avait pas d'autre refuge. Les Romains la lui refusèrent; il livra bataille, quoique presque assuré de la perdre, mais persuadé que la fortune pourrait favoriser son courage, ou que du moins sa gloire survivrait à sa fortune.

Si Annibal, un si grand général qui se voyait à la tête d'une armée encore entière, aima mieux traiter que combattre, quand il vit que de la perte de cette bataille dépendait la liberté de sa patrie, que doivent donc faire des généraux moins habiles, moins expérimentés qu'Annibal? Mais les hommes commettent toujours la faute de ne pas borner leurs espérances; ils bâtissent sans mesure sur ces frêles fondements, et voient crouler bientôt tout leur édifice.

CHAPITRE XXVIII.

Combien il est dangereux pour une république ou pour un prince de ne pas venger les torts faits au public ou aux particuliers.

On voit ce que peut produire l'indignation et à quel excès de vengeance elle peut conduire des hommes, par ce qui arriva aux Romains lorsqu'ils envoyèrent les trois Fabius vers les Gaulois sortis de leur pays pour attaquer les Étrusques et principalement Clusium. Les habitants de cette ville ayant demandé des secours à Rome, les Romains envoyèrent des ambassadeurs aux Gaulois pour leur signifier de ne pas faire la guerre à leurs alliés.

Ces ambassadeurs étaient plus capables d'agir que de parler; en sorte qu'étant arrivés sur les lieux au moment où le combat était engagé contre les Gaulois et les Étrusques, ils se jetèrent sur les premiers pour les combattre. Les Gaulois les ayant reconnus, tout leur ressentiment se tourna contre les Romains: il devint plus vif encore lorsque, après avoir envoyé des ambassadeurs au sénat pour se plaindre d'une telle attaque et demander qu'en réparation les trois Fabius leur fussent livrés, ils virent non-seulement qu'on les leur refusa, mais qu'on était si éloigné de les punir de toute autre manière, qu'on les nomma tribuns consulaires à l'assemblée des comices qui se tint alors. En voyant

porter aux honneurs des hommes qui méritaient d'être punis, ils crurent qu'on voulait les braver et les outrager formellement; l'effet de leur colère et de leur indignation fut d'attaquer Rome et de s'en emparer, à l'exception du Capitole. Ces événements malheureux, les Romains ne durent les imputer qu'à leur injustice: leurs ambassadeurs avaient violé le droit des gens, ils devaient être punis; on les récompensa.

On voit combien tout prince, toute république doit éviter de commettre une pareille injustice, non-seulement envers une nation, mais même envers un particulier; car, qu'un homme soit grièvement offensé, soit par un état, soit par un autre homme, et qu'il ne reçoive pas la réputation à laquelle il doit s'attendre, s'il vit sous une république, la ruine même de sa patrie, dût-elle être la suite de sa vengeance, ne l'arrêtera pas dans ses projets; et, s'il est né sous un prince, pour peu qu'il ait de l'élévation dans l'âme, il ne goûtera aucun repos qu'il ne soit venu à bout de se venger.

Il n'est pas d'exemple de cette vérité plus authentique et plus frappant que celui de Philippe, roi de Macédoine, père d'Alexandre. Il avait à sa cour un jeune seigneur, nommé Pausanias de la plus rare beauté. Attale, un des principaux officiers du roi en devint éperdument amoureux; l'ayant plusieurs fois pressé, sollicité de satisfaire sa passion, et, n'ayant trouvé en lui que l'horreur que devait lui inspirer une pareille proposition, il se décida à employer et la violence et la perfidie même, pour venir à bout de ses desseins. Il donne en conséquence un grand repas où Pausanias fut invité ainsi que plusieurs autres seigneurs de la cour. Quand le vin et la bonne chère eurent animé ou enivré les convives, il fit enlever Pausanias, le fit conduire dans un endroit retiré, et ne se contenta pas seulement d'assouvir ses infâmes désirs, mais il poussa l'outrage jusqu'à livrer ce jeune homme à la brutalité de plusieurs autres. Pausanias s'en plaignit à Philippe qui lui laissa pendant quelque temps l'espérance d'être vengé; et cependant, loin de remplir ces espérances, il nomma Attale gouverneur d'une province de la Grèce. Pausanias ne put voir élever aux honneurs un homme qui méritait une punition; toute son indignation se porta non contre celui de qui il avait reçu l'outrage, mais contre Philippe qui avait refusé de le venger. Le jour où Philippe célébrait les noces de sa fille avec Alexandre, roi d'Épire, au moment où il se rendait au temple, au milieu des deux Alexandre, l'un son gendre, l'autre son fils, Pausanias le poignarda.

Cet exemple, fort semblable à celui des Romains, doit faire sentir à tous ceux qui gouvernent qu'ils ne doivent jamais assez peu estimer un homme pour croire qu'on aura beau l'accabler d'outrages et d'injures, qu'il ne cherchera pas à se venger, au péril même de sa vie.

CHAPITRE XXIX.

La fortune aveugle l'esprit des hommes quand elle ne veut pas qu'ils s'opposent à ses desseins.

A considérer attentivement la marche et la liaison des choses humaines, on voit qu'il est des événements que le ciel même empêche les hommes de prévoir; or, si je prouve que Rome où il y avait tant de vertu, de religion et de si sages institutions, fournit des exemples de pareil aveuglement, sera-t-il étonnant de trouver de semblables traits chez des peuples infiniment moins favorisés de tous ces avantages?

Ceci est une preuve aussi remarquable qu'éclatante de la toute puissance du ciel sur les choses humaines. Tite-Live s'attache à la démontrer fort au long dans un discours très-éloquent. « Le ciel, dit-il, avait résolu dans sa » sagesse de faire connaître aux Romains sa » toute puissance : il permit d'abord la faute des » ambassadeurs qu'ils envoyèrent aux Gaulois; » et il mit à propos cette faute pour exciter ce » peuple à marcher contre les Romains; il vou- » lut ensuite qu'on n'employât à Rome, pour » s'opposer à cette guerre, rien qui fût digne » du nom romain. Il avait d'abord ordonné et » préparé l'exil de Camille à Ardées; le seul » citoyen en état d'arrêter des ennemis aussi » dangereux! Ensuite ce peuple qui, pour s'op- » poser aux Volsques et à d'autres peuples voi- » sins, avait si souvent créé un dictateur, ne » pense pas à en nommer un, lorsqu'il est atta- » qué par des Gaulois. Il fait des levées extrê- » mement faibles; il les fait sans beaucoup de » soin et il est si lent, si paresseux à prendre

» les armes, qu'à grand peine peut-il rencon- » trer les Gaulois sur les bords de l'Allia, seu- » lement à dix milles de Rome. Les tribuns po- » sèrent leur camp sans aucune des précautions » les plus usitées parmi eux, sans examiner le » terrain, sans s'entourer de fossés et de re- » tranchements, sans employer en un mot au- » cun des moyens dictés par la prudence divine » ou humaine. En se mettant en bataille, ils fi- » rent leurs lignes très-peu profonde, en sorte » que ni officiers ni soldats ne soutinrent en » rien l'honneur de la discipline romaine. Le » combat fut peu sanglant, mais c'est parce » qu'ils tournèrent le dos; sans attendre l'en- » nemi, ils s'enfuirent les uns à Véies, les au- » tres à Rome, où, sans entrer dans leurs » maisons, ils se réfugièrent au Capitole; en » sorte que le sénat, au lieu de songer à défen- » dre Rome, n'en fit pas seulement fermer les » portes. Partie des sénateurs s'enfuit, partie se » renferma avec le peuple dans ce même Capi- » tole. Il est vrai que pour défendre ce poste on » employa quelque méthode et quelque pru- » dence. On ne le remplit pas de gens inutiles; on » y mit toutes les provisions de bouche qu'on » pût trouver, afin de soutenir plus longtemps » le siége; la troupe inutile des veillards, des » femmes, des enfants, alla chercher un asile » chez les peuples voisins; le reste demeura au » milieu de Rome et fut la proie des vainqueurs. » En sorte que quiconque eût connu la conduite » de ce peuple tant d'années auparavant, et » l'eût vu agir dans ces moments, n'eût pas cru » que ce fût le même peuple romain. » Tite-Live termine le tableau de tous ces désordres par cette réflexion : « Tellement, dit-il, la fortune » aveugle les esprits des hommes, quand elle » ne veut pas qu'ils résistent à ses attaques! »

Rien n'est plus vrai que cette pensée. Aussi les hommes qui vivent habituellement dans les grandes prospérités ou les grands malheurs, méritent moins qu'on ne pense, ou de louange ou de blâme. On les verra la plupart du temps précipités dans la disgrâce, ou élevés au faîte du bonheur, conduits par une force supérieure qui leur ôte ou qui leur donne l'occasion de se conduire avec courage et intelligence. Telle est la marche de la fortune : quand elle veut conduire un grand projet à bien, elle choisit un homme d'un esprit et d'une âme assez élevée pour savoir profiter de l'occasion qu'elle lui présente. De même lorsqu'elle prépare le bouleversement et la ruine d'un empire, elle place des hommes capables d'en hâter la chute; et s'il y en avait quelqu'un d'assez fort pour l'arrêter, elle le fait massacrer, ou lui ôte tous les moyens de rien opérer d'utile.

On voit très-bien ici que la fortune avait dessein d'agrandir Rome, et de l'élever à ce haut point de gloire où elle parvint dans la suite; qu'elle crut nécessaire de lui faire éprouver une disgrace, comme nous le verrons dans le chapitre suivant, mais qu'elle ne voulut pas la détruire. Ainsi elle se contente de faire exiler Camille; mais elle n'ordonne point sa mort; elle fait prendre Rome, mais non le Capitole; aussi empêche-t-elle qu'on prenne aucune précaution sage pour défendre la ville, mais elle leur inspire les meilleures précautions pour défendre la citadelle. Pour que Rome soit prise par les Gaulois, elle permet que la plus grande partie des Romains battus sur l'Allia se rendent à Véies, et par là ôte tous les moyens de sauver la ville; mais elle prépare aussi tout ce qu'il faut pour qu'elle soit reprise; elle conduit une armée entière à Véies; place Camille à Ardée, afin que sous un général d'une réputation encore sans tache, et qui n'avait point participé à la défaite de ses concitoyens, elle pût former un corps capable de reconquérir sa patrie.

On pourrait citer des exemples modernes à l'appui de ces réflexions, mais je ne le crois pas nécessaire; celui des Romains doit suffire et je m'en tiendrai là. Je répète donc, comme une vérité incontestable et dont les preuves sont dans toute l'histoire, que les hommes peuvent seconder la fortune et non s'y opposer; ourdir sa trame, suivre ses fils et non les détruire. Je ne crois pas pour cela qu'ils doivent eux-mêmes se livrer au désespoir. Ils ignorent quel est son but; et comme elle n'agit que par des voies obscures et détournées, il leur reste toujours l'espérance; et cette espérance doit les soutenir, quelque traverse qu'ils éprouvent, quelques travaux qu'ils aient à surmonter.

CHAPITRE XXX.

Les républiques et les princes vraiment puissants n'achètent pas des alliés à prix d'argent; c'est par leur courage et la réputation de leurs forces qu'ils s'en attirent.

Les Romains étaient assiégés dans le Capitole, et quoiqu'ils attendissent des secours de Véies et de Camille, pressés de la faim, ils se déterminèrent à composer avec les Gaulois et à se racheter moyennant une certaine quantité d'or. On était occupé à exécuter le traité; déjà l'or était dans les balances, lorsque Camille survint avec son armée. « La fortune, dit l'historien, ne voulut pas que les Romains vécussent rachetés avec de l'or. »

Il est à remarquer que, non-seulement dans cette occasion, mais dans tout le reste de leur existence politique, jamais les Romains n'ont fait de conquêtes la bourse à la main, jamais ils ne firent la paix pour de l'argent, mais toujours ils durent leurs succès à la supériorité de leurs armes. Je ne crois pas qu'aucune autre république puisse se vanter d'en avoir fait autant. Parmi les signes les plus certains de la puissance d'un état, on doit compter la manière dont il vit avec ses voisins : si ceux-ci lui paient tribut pour l'avoir en leur faveur, soyez assuré qu'il est puissant; en reçoivent-ils au contraire un tribut, quoique inférieurs à lui, soyez convaincu de sa faiblesse.

Qu'on lise toute l'histoire romaine; on y verra que les Marseillais, les Éduens, l'île de Rhodes, Hiéron de Syracuse, les rois Eumènes et Massinissa, tous voisins de l'empire romain, pour s'assurer son amitié et sans lui demander d'autre récompense que sa protection, contribuaient à ses dépenses et à ses besoins par des tributs considérables.

On verra, au contraire, dans les états faibles, à commencer par celui de Florence dans le siècle passé, au moment de la plus grande splendeur, on verra, dis-je, qu'il n'existait pas de petit seigneur dans la Romagne qui ne reçût d'elle quelque pension. De plus, elle en donnait à Pérouse, à Castello et à ses autres voisins. Le contraire aurait eu lieu si Florence avait été guerrière et puissante; tous ses voisins, pour jouir de sa protection, se seraient rendus ses tributaires, et eussent, non pas cherché à lui vendre leur amitié, mais se seraient empressés à lui acheter la sienne.

Ce n'est pas aux seuls Florentins qu'on peut reprocher cette lâcheté, mais aux Vénitiens, au roi de France lui-même qui, avec un si grand royaume, se rend tributaire des Suisses et des rois d'Angleterre. C'est pour avoir craint d'armer et d'aguerrir leurs peuples que ce prince et les autres états dont nous avons parlé sont descendus à tant de bassesse ; c'est pour avoir préféré l'avantage apparent de pouvoir les opprimer, et d'éviter un danger [plus imaginaire que réel, à celui de former des établissements qui assurassent pour jamais la tranquillité de leurs états et le bonheur de leurs sujets. Une aussi lâche politique donne pour quelques moments une fausse paix, mais elle produit avec le temps misères, dommages, et ruine entière.

Il serait fastidieux de compter jusqu'à combien de fois les Florentins, les Vénitiens, les rois de France ont acheté la paix à prix d'argent, et combien de fois ils se sont soumis à une ignominie à laquelle les Romains ne se sont soumis qu'une fois. Il serait ennuyeux de nombrer les places et les pays que les Florentins et les Vénitiens ont acquis avec de l'argent. Ces sortes de marchés sont la source d'une infinité de désordres, et l'on défend mal avec le fer ce qu'on achète avec de l'or.

Les Romains se conduisirent ainsi tant qu'ils furent libres ; mais quand ils eurent fléchi sous des empereurs, et que leurs maîtres amollis préférèrent l'ombre des palais au soleil des camps, on les vit eux-mêmes se racheter tantôt des Parthes, tantôt des Germains, tantôt des peuples plus voisins ; et telle fut la cause qui amena la ruine de leur empire. Les empereurs se virent forcés à cette infamie pour avoir désarmé leurs peuples : d'où il résulte un plus grand mal encore, parce que plus l'ennemi s'avance dans l'intérieur de votre empire et plus il y trouve de faiblesse. Les princes qui en agissent ainsi accablent les provinces de l'intérieur pour se procurer sur les frontières des hommes capables d'en éloigner l'ennemi : de là vient que pour le tenir plus éloigné, ils paient des pensions ou des subsides aux souverains ou aux peuples voisins de ces mêmes frontières ; aussi ceux-ci opposent-ils d'abord à cet ennemi quelque résistance, mais aussitôt qu'il l'a surmontée, il n'éprouve plus d'obstacle. On ne voit pas que cette conduite soit contraire à tout bon principe. Ce qu'il faut tenir surtout en état de défense, de force et de vie, c'est le cœur d'un empire et non ses extrémités ; on peut avoir perdu celles-ci sans cesser d'exister, mais la vie tient à l'existence de celui-là ; or ces états tiennent armés les pieds et les mains, et laissent le cœur sans défense.

Florence nous a donné et nous donne tous les jours des preuves de ce que j'avance. Dès qu'une armée ennemie a passé les confins de la république et qu'elle approche du centre, rien n'est plus en état de l'arrêter.

Il n'y a pas longtemps que les Vénitiens nous ont fourni une pareille preuve de faiblesse, et si leur ville n'était pas entourée d'eau, elle n'existerait déjà plus. Les Français n'ont pas éprouvé si souvent les mêmes malheurs, parce que ce royaume est si considérable, qu'il a peu d'ennemis qui lui soient supérieurs ; cependant, quand les Anglais y entrèrent en 1515, la terreur fut générale ; le roi lui-même et tout le monde étaient persuadés qu'il suffisait de la perte d'une bataille pour lui faire perdre sa couronne.

Les Romains étaient bien différemment disposés : plus l'ennemi s'approchait de Rome, et plus il trouvait de résistance ; et lors de l'arrivée d'Annibal en Italie, après la perte de trois batailles et la mort de tant de grands capitaines et de soldats, ils parvinrent non-seulement à soutenir la guerre, mais à vaincre. Ce fut au soin d'armer et de défendre le cœur de l'état et non les extrémités, qu'ils durent et leurs succès et leur triomphe ; car le fondement de la puissance romaine était dans Rome même : c'était le peuple latin, les alliés de l'Italie et les colonies romaines ; c'est de cette pépinière d'hommes qu'ils tirèrent cette quantité de soldats qui leur suffit pour conquérir et gouverner le monde. Rien ne prouve davantage cette vérité que la demande d'Hannon aux envoyés d'Annibal à Carthage, après la bataille de Cannes. Ceux-ci relevaient les avantages de cette victoire : « Es-tu venu demander la paix » de la part du peuple romain ? demande Hannon ; les alliés latins, ou quelques colonies » ont-elles secoué le joug de la république ? » Les députés ayant répondu négativement : « Dans ce cas, réplique Hannon, la guerre n'est » que commencée. »

On voit ici (ce que nous avons eu soin de faire remarquer en bien des endroits) combien les principes des modernes sont différents de ceux des anciens; ils nous expliquent et ces pertes miraculeuses et ces conquêtes plus merveilleuses encore. En effet, là où la sagesse et le courage sont sans force, la fortune doit exercer sa puissance; et comme celle-ci est mobile et changeante, les républiques et les états qui sont sous son influence varient infiniment; et ils éprouveront les mêmes révolutions jusqu'à ce qu'enfin il s'élève un homme tellement épris des maximes anciennes, qu'il parvienne à asservir la fortune, et à lui enlever tous les moyens de manifester son extrême inconstance.

CHAPITRE XXXI.

Qu'il est dangereux de se fier à des exilés.

Il me paraît à propos de parler ici du danger qu'il y a à se fier à des hommes qui sont chassés de leur patrie: c'est un sujet qui se présente tous les jours à traiter, à ceux qui gouvernent des états. J'en parlerai d'autant plus volontiers que Tite-Live en rapporte un exemple fort mémorable dans son histoire, quoiqu'étranger à la question qu'il examine.

Quand Alexandre-le-Grand passa avec son armée en Asie, Alexandre roi d'Épire, son beau-frère et son oncle, vint également en Italie avec une armée. Il y fut appelé par les exilés de Lucanie qui promirent de lui livrer cette province. A peine, sur la foi de cette promesse, ce prince y est-il arrivé, que ces mêmes exilés l'assassinent, parce qu'on leur promet pour prix de sa mort de les laisser rentrer dans leur patrie.

On voit ici combien sont vaines la foi et la promesse des hommes exilés de leur pays. On doit sentir que la faculté de rentrer dans leur patrie par d'autres moyens que les secours que vous leur prêtez corrompra leur fidélité; ils ne manqueront pas de vous abandonner quelques promesses qu'ils vous aient faites, pour embrasser le parti qui leur est offert. Il n'est pas plus difficile de vous convaincre de la frivolité de leurs serments et de la fausseté des raisons apparentes qu'ils ont cherché à vous donner. Ils ont un désir si vif de rentrer dans leurs possessions, qu'ils croient à une infinité de choses qui sont réellement fausses, et qu'ils en ajoutent à dessein beaucoup d'autres tout aussi peu vraies; en sorte que ce qu'ils croient et ce qu'ils cherchent à vous faire croire vous fait, sur des espérances séduisantes, vous livrer à des dépenses inutiles ou à des entreprises qui occasionnent votre ruine.

Je n'en veux pour exemple que ce même Alexandre dont nous venons de parler, et l'Athénien Thémistocle qui, chassé de son pays, se réfugia en Asie chez Darius, et lui fit concevoir tant d'espérances magnifiques s'il voulait attaquer la Grèce, que ce prince se détermina à cette entreprise; mais ce Thémistocle s'étant bientôt aperçu que ses promesses surpassaient ses moyens, soit honte, soit crainte de supplice, s'empoisonna lui-même. Si un homme tel que Thémistocle a pu se tromper à ce point, on doit apprécier à quel point se trompent ceux qui, sans avoir ses talents, s'abandonnent bien plus que lui à la violence de leurs passions.

Un prince doit donc ne se livrer qu'avec la plus grande prudence à des entreprises conseillées par un exilé; car ordinairement on y perd son honneur ou son existence.

Comme on tente quelquefois de prendre des villes par ruse ou par intelligence, et qu'il est rare d'y réussir, il me paraît convenable d'en parler dans le chapitre suivant, et de donner un aperçu des différentes manières que les Romains employaient pour prendre des villes.

CHAPITRE XXXII.

De quelle manière les Romains attaquaient les villes.

L'occupation des Romains étant principalement la guerre, ils avaient trouvé les méthodes militaires les plus avantageuses quant à la dépense et sous tout autre rapport; aussi se gardaient-ils bien de faire un siége en règle. Ils pensaient qu'un siége entraînait tant de dépenses et d'inconvénients, qu'ils surpassaient de beaucoup l'avantage qui pouvait résulter de la prise d'une ville. Ils préférèrent donc toute autre méthode à celle d'assiéger les places, et parmi tant de guerres, dans l'espace de tant d'années, on trouve à peine quelques exemples de siége en forme.

La manière dont les Romains prenaient une place consistait ou à l'emporter ou à la recevoir à composition. Ils emportaient une ville ou tout à fait de force, ou moitié de force et moitié par adresse : la prise de force était par assaut et sans battre les murailles, ce qui s'appelait attaquer une ville en couronne, parce qu'avec toute l'armée ils entouraient la place, la battaient et l'escaladaient de toutes parts; un seul assaut de ce genre suffisait souvent pour emporter les plus fortes. C'est ainsi que Scipion prit Carthagène en Espagne [1]. Quand cet assaut ne réussissait pas, on battait les murailles avec le bélier et les autres machines de guerre. Quelquefois les Romains pratiquaient des chemins souterrains et entraient par ce moyen dans les villes assiégées; c'est ainsi qu'ils prirent Véies. Pour s'élever à la hauteur des murailles, ils construisaient des tours en bois; souvent ils faisaient des levées de terre qu'ils appuyaient sur les murs les plus extérieurs de la ville, afin de se battre de plain-pied avec l'ennemi.

Les assiégés étaient, par la première manière d'attaquer, jetés dans un péril plus imminent; c'était celle qui leur laissait le moins de ressources pour repousser l'ennemi. Obligés de défendre à la fois toutes leurs murailles, ils n'avaient jamais assez de troupes pour pouvoir en mettre partout et pour les relever; ou s'ils en avaient assez, la résistance n'étant pas égale sur tous les points, un seul poste forcé, tout le reste était perdu.

Aussi cette méthode réussissait-elle le plus souvent; mais quand ils étaient repoussés une première fois, ils ne la tentaient presque jamais une seconde, attendu qu'elle était dangereuse pour une armée qui, obligée de s'étendre considérablement, se serait trouvée hors d'état de repousser une sortie que les assiégés auraient pu faire; d'ailleurs ces sortes d'attaques fatiguaient extrêmement une armée et la mettaient dans un grand désordre. On ne la tentait guère qu'une fois, et encore même à l'improviste et en surprenant l'ennemi.

Lorsque les machines avaient fait une brèche à la muraille, on élevait par-derrière de nouveaux remparts, comme on le pratique encore aujourd'hui. Lorsque la place était minée, on faisait des contre-mines, et l'on y combattait l'ennemi l'épée à la main, ou on lui fermait le passage par différents moyens. Un de ceux qu'on employait le plus fréquemment consistait à remplir des tonneaux de toute sorte de plumes, et à y mettre le feu afin que la fumée et la puanteur empêchassent les assiégeants de pénétrer. Pour s'opposer à l'attaque faite par les tours, on s'efforçait de les brûler. A l'égard des levées de terres, on pratiquait une ouverture au pied de la muraille à l'endroit où la levée s'appuyait, et on tirait par-là toute la terre que l'ennemi y apportait; cette manœuvre empêchait l'ouvrage de s'élever.

On ne peut continuer longtemps ces sortes d'attaques; il faut, quand elles ne réussissent pas ou en changer, ou lever le siége. C'est ainsi que Scipion, à son arrivée en Afrique, ayant attaqué la ville d'Utique [1] sans pouvoir la forcer, l'abandonna aussitôt pour aller chercher l'armée des Carthaginois. C'est ainsi qu'il faut se conduire ou bien entreprendre le siége en forme. C'est ce que les Romains firent à Véies, à Capoue, à Carthage, à Jérusalem, dont ils s'emparèrent après un siége en règle.

Venons à la prise des villes par une force cachée : telle fut la prise de Palépolis [2], que les Romains emportèrent par intelligence avec les habitants. On a souvent tenté de prendre des villes par de pareils moyens, rarement ont-ils

[1] Carthagène ou *Carthago Nova*, ville bâtie par Asdrubal, général Carthaginois, sur le *Sinus Virgitanus*, aujourd'hui baie de Carthagène. On l'appela aussi *Carthago Spartaria* par rapport à sa situation sur le *Campus Spartarius*, ainsi nommé de la quantité de *spartinus*, ou genet d'Espagne, qui y croît abondamment, et dont on fait une infinité d'ouvrages dits de sparterie. Cette ville est la Carthagène de Murcie.

[1] Utique, ville d'Afrique sur la Méditerranée : c'était une colonie Tyrienne, plus ancienne que Carthage, son nom, d'après Bochart, signifiant *vieille*. Après la ruine de Carthage, elle devint la capitale et le centre de toutes les affaires des Romains en Afrique. Elle est célèbre par la mort de Caton. On l'appelle aujourd'hui Biserte, ou du moins cette dernière ville est bâtie à peu près à la même place qu'occupait Utique, et dans le royaume de Tunis.

[2] Palépolis était une ville de la Campanie, située tout auprès du lieu où Naples est bâtie.

réussi ; le moindre obstacle déconcerte le plan et les obstacles naissent de toutes parts. L'intelligence se découvre presque toujours avant l'exécution, et il est difficile qu'elle ne soit pas découverte, soit par l'infidélité de ceux qu'on met dans le secret, soit par la difficulté de la tramer avec un ennemi avec lequel on n'a aucun prétexte pour communiquer.

Mais quand même l'intelligence ne serait pas découverte au moment où on la pratique, on éprouverait une infinité d'obstacles lors de l'exécution. En effet, arrivez-vous avant le moment désigné, ou un peu trop tôt ou un peu trop tard? tout est perdu. Le moindre bruit imprévu se fait-il entendre, comme l'oie du Capitole, l'ordre convenu est-il changé; la plus petite faute, la plus légère erreur font avorter le projet.

Les ténèbres de la nuit sont un obstacle de plus, en ce qu'elles grossissent les dangers auxquels on se trouve exposé. Comme la plupart de ceux qu'on emploie à ces sortes d'entreprises n'ont aucune connaissance de la situation des lieux où on les conduit, le plus léger accident les remplit de frayeur, de trouble et de confusion : une ombre est capable de les mettre tous en fuite.

Personne n'a mieux réussi dans ces expéditions nocturnes qu'Aratus de Sicyone, général aussi habile et aussi brave dans ces sortes d'occasions, qu'il montrait peu de capacité et de courage dans celles de jour; ce qu'on doit plutôt attribuer à un talent particulier à ce capitaine, qu'à la facilité de réussir en général dans ces sortes d'entreprises, où on en essaie beaucoup et peu sont conduites à exécution.

Quant aux places qui se rendent, il faut observer que les compositions sont, ou volontaires, ou forcées : une ville se rend volontairement, quand elle est pressée par une force étrangère qui ne lui laisse aucun autre parti ; c'est un pareil motif qui força Capoue à se donner aux Romains. Quelquefois elle s'y détermine par le désir d'être bien gouvernée, séduite par l'exemple du bonheur dont un prince fait jouir les peuples qui se sont donnés à lui ; tels furent les motifs des Rhodiens, des Marseillais et de tant d'autres peuples qui s'étaient soumis volontairement aux Romains.

Quant à la reddition forcée d'une ville, elle arrive, ou à la suite d'un long siége, ou lorsqu'elle se voit accablée par des courses, des pillages et des pertes continuelles dont elle ne peut se débarrasser qu'en se rendant : c'est le moyen dont les Romains se servirent le plus fréquemment. Ils employèrent plus de quatre cent cinquante ans, à fatiguer leurs voisins d'incursions, de batailles continuelles, et à prendre, au moyen des traités, tous les avantages possibles sur eux, comme nous l'avons déjà dit. Ils revinrent sans cesse à ce moyen, quoiqu'ils essayassent, dans l'occasion, de tous les autres ; mais ceux-ci les dégoûtaient souvent par les dangers qu'ils présentaient, ou par leur insuffisance. Dans les siéges, ils craignaient les longueurs et la dépense ; dans les attaques de vive force, l'incertitude du succès et le péril : dans les intelligences, l'incertitude. Ils s'aperçurent que le gain d'une bataille assurait en un jour la conquête d'un royaume, et que pour s'emparer d'une ville obstinée à se défendre, on perdait sous ses murs des années entières.

CHAPITRE XXXIII.

Les Romains laissaient leurs généraux parfaitement maîtres de leurs opérations.

Je pense que pour lire avec fruit l'histoire de Tite-Live, nous ne devons négliger d'observer aucune des maximes de conduite du peuple et du sénat romain. Nous devons remarquer surtout l'autorité qu'ils confiaient aux consuls, aux dictateurs et aux autres généraux de leurs armées. Elle était extrêmement étendue, et le sénat ne se réservait que le droit de décider la guerre et de confirmer les traités de paix ; tout le reste, il le remettait à la disposition du consul. La guerre était-elle décidée par le sénat et par le peuple, contre les Latins, par exemple ; le consul était maître de toutes les opérations ; il pouvait livrer bataille ou ne pas la donner, assiéger ou non telle ou telle place.

Ceci est prouvé par mille exemples, mais surtout par ce qui arriva dans une expédition contre les Étrusques. Le consul Fabius les ayant vaincus à Sutirum [1], il résolut de passer avec son armée la forêt Cimine [2], afin de pénétrer bien avant dans l'Étrurie, et il ne demanda pas l'avis du sénat, quoiqu'il fût question de porter la guerre dans un pays nouveau, inconnu, et même dangereux : c'est ce qui est prouvé par la délibération du sénat. Il avait appris la victoire que Fabius avait remportée, et se doutait bien qu'il prendrait le parti de traverser la forêt dont nous avons parlé, pour pénétrer en Étrurie; mais, jugeant que cette guerre serait dangereuse et qu'il serait imprudent de la tenter, il envoya deux députés à Fabius pour l'en détourner. Ceux-ci trouvèrent en arrivant que le consul avait déjà passé la forêt et qu'il avait remporté une victoire, et, au lieu de s'opposer à cette expédition, ils rapportèrent la nouvelle de la conquête du consul et de la gloire qu'il y avait acquise.

Si on examine attentivement cette conduite, on la trouvera infiniment sage. Si le sénat avait voulu diriger les opérations du consul, de manière à lui faire passer pour ainsi dire de main en main tous les ordres qu'il avait à suivre, le consul, persuadé que la victoire ne lui appartiendrait pas tout entière, mais que le sénat la partagerait avec lui pour l'avoir guidé par ses conseils, serait devenu moins circonspect et moins actif. D'ailleurs ce corps se serait engagé par-là à donner des conseils dans des affaires qu'il ne pouvait pas connaître. Quoiqu'il fût composé d'hommes très-exercés au métier de la guerre, cependant leur absence des lieux et l'ignorance de mille particularités nécessaires à savoir pour donner des ordres les auraient jetés dans une infinité d'erreurs. Aussi voulait-il que le consul agît par lui-même, et que la gloire lui appartînt en propre; il était persuadé que le désir d'en acquérir l'exciterait à bien faire et lui servirait de règle.

J'ai remarqué d'autant plus volontiers cette conduite des Romains que je m'aperçois que les républiques de nos jours, et Venise et Florence, se conduisent bien autrement. Si leurs généraux, commissaires ou provéditeurs, veulent placer la plus petite batterie, elles veulent le savoir et les diriger. Cette méthode est digne de la conduite que ces républiques suivent dans tout le reste, et qui les ont amenées au point où nous les voyons à présent.

LIVRE TROISIÈME.

CHAPITRE PREMIER.

Veut-on qu'une religion ou une république durent long-temps, il faut les ramener souvent à leur principe.

Rien n'est si constant que cette vérité : que toutes les choses de ce monde ont un terme et des bornes à leur durée; mais celles-là seules accomplissent toute la carrière que le ciel leur a généralement destinée, qui ne se dérangent pas, mais qui sont au contraire tellement constituées, qu'elles n'éprouvent aucun changement, ou qu'elles n'en éprouvent que de salutaires. Comme il n'est question ici que de corps mixtes, tels que sont les religions et les républiques, je dis que les changements heureux qu'elles peuvent éprouver sont ceux qui les ramènent à leurs principes. Les corps les mieux constitués et qui ont une plus longue durée sont, ou ceux qui renferment dans leurs institutions même des moyens de se renouveler souvent, ou ceux qui arrivent à ce renouvellement par des accidents, des moyens étrangers et pris hors de leur constitution.

Il est encore une vérité plus claire que le jour : que ces mêmes corps doivent périr faute de renouvellement; or ce changement ne peut s'opérer qu'en les ramenant à leur principe.

Il faut donc que les principes des religions,

---

[1] Ancienne et fameuse colonie des Romains, et qui [fai]sait la clef de l'Étrurie du côté de Rome dont elle était [é]loignée d'environ vingt-quatre milles. Elle existe dans [S]utri, ville du patrimoine de Saint-Pierre.

[2] Cimine : il y avait un lac, une montagne, une forêt [d]e ce nom, près du lac Volsinius, aujourd'hui lac de [V]olsena en Toscane.

des républiques ou des monarchies aient en eux-mêmes, une force, un vie qui leur rende leur premier éclat, leur première vigueur ; et comme ce principe s'use et s'affaiblit par le temps, il faut de toute nécessité qu'il succombe si son action n'est souvent ranimée. C'est ainsi que les médecins disent, en parlant du corps humain : « qu'il se fait tous les jours quelque ⁙ nouvel amas d'humeurs qui a besoin d'être ⁙ guéri. »

Ce retour d'une république vers son principe est le produit d'un accident extérieur, ou l'effet d'un moyen intérieur réservé par la prudence. Pour donner un exemple du premier : on voit combien il était nécessaire que Rome fût prise par les Gaulois, si on voulait, pour ainsi dire, faire renaître cette république, et qu'en renaissant elle reprît une nouvelle vigueur, une nouvelle vie, et qu'elle ranimât la religion et la justice qui commençaient à perdre de leur pureté. C'est ce qu'on comprend très-bien à la lecture de Tite-Live, lorsqu'il remarque que toutes les cérémonies religieuses furent négligées au moment où l'on fit marcher l'armée contre les Gaulois et à l'époque où l'on créa des tribuns consulaires. De même, ne devait-on pas punir les trois Fabius pour avoir combattu les Gaulois contre le droit des gens, et non les élever, comme on le fit à la dignité de tribun ? On doit facilement présumer que les Romains commençaient à faire des sages institutions de Romulus et des autres rois, ses successeurs, moins de cas qu'il ne convenait à un état qui veut rester libre.

Il fallut donc cet accident, produit par une cause étrangère, pour faire reprendre une nouvelle vie aux différents ordres de l'état, pour faire comprendre au peuple romain qu'il était non-seulement nécessaire de maintenir la religion, de pratiquer la justice, mais encore qu'il devait honorer ses concitoyens, et faire plus de cas de leur sagesse et de leur courage que des avantages que la gloire et le mérite de ceux-ci semblaient leur ôter.

La leçon réussit complètement A peine Rome fut-elle reprise, qu'on renouvela toutes les institutions religieuses ; on punit les Fabius qui avaient combattu contre le droit des gens ; et ce peuple sut dès lors tellement apprécier la supériorité et le caractère de Camille, que le sénat et tous les ordres de citoyens, dépouillant toute jalousie, s'empressèrent de lui confier tous les intérêts de l'état.

Ainsi donc les hommes qui vivent en société, sous telle forme de gouvernement que ce soit, ont besoin d'être ramenés souvent vers eux-mêmes, ou aux principes de leurs institutions par des accidents externes ou internes. Quant à ces derniers, ils sont de deux sortes : ou il faut qu'ils soient l'effet d'une loi qui oblige tous les citoyens à rendre souvent compte de leur conduite, ou c'est un homme qui, par l'excellence de son caractère et la supériorité de ses vertus, supplée à ce que la loi n'a pas opéré. Ainsi le retour au bien, dans une république, dépend ou d'un homme ou d'une loi. Le moyen dont les Romains se servirent pour ramener la république à son principe, fut la loi qui créa des tribuns du peuple, celle qui nomma des censeurs, et toutes celles tendant à réprimer et l'ambition et l'insolence.

Pour donner de la vigueur et de la vie à ces sortes d'établissements, il faut un homme vertueux qui puisse opposer son courage à la puissance des transgresseurs. Les exemples les plus remarquables de pareils coups frappés par cette autorité, avant la prise de Rome, sont la mort des fils de Brutus, celle des décemvirs, celle de Spurius Mœlius, et, après la prise de Rome, la mort de Manlius Capitolinus, celle du fils de Manlius Torquatus, la punition infligée par Papirius Cursor à Fabius son maître de la cavalerie, et l'accusation contre les Scipion. Ces événements, aussi terribles qu'éloignés des règles ordinaires, n'arrivaient jamais sans ramener les hommes au premier principe de la république ; quand ils commencèrent à devenir plus rares, ils laissèrent à la corruption le temps de faire plus de progrès, et ne purent avoir lieu eux-mêmes, qu'en devenant plus dangereux et s'opérant avec plus de tumulte. Il serait à désirer qu'il ne se passât pas plus de dix ans, sans qu'on vît frapper un de ces grands coups ; cet espace de temps suffit bien pour changer les mœurs et altérer les lois ; et s'il ne survient pas un événement qui renouvelle le souvenir de la punition et remplisse les esprits d'une terreur salutaire, il se trouve bientôt tant de coupables qu'on ne peut plus les punir sans danger.

Les magistrats qui ont gouverné Florence, depuis 1434 jusqu'en 1494, disaient à ce propos, qu'il fallait tous les cinq ans se ressaisir du gouvernement; qu'autrement il serait très-difficile de le maintenir. Or, ressaisir le gouvernement voulait dire, selon eux, renouveler cette terreur et cette crainte dont ils avaient su frapper tous les esprits au moment où ils s'en étaient emparés, et où ils avaient puni avec la dernière rigueur ceux qui, d'après leurs principes, s'étaient conduits en mauvais citoyens. Mais comme le souvenir de pareilles atteintes s'efface bientôt, les hommes s'enhardissent à faire des tentatives contre l'ordre établi et à en médire, et c'est pour cela qu'il faut y remédier en ramenant le gouvernement à son principe.

Ce retour au principe est quelquefois, dans une république, un effet produit par un citoyen vertueux, et ne dépend d'aucune loi qui excite à de pareils efforts. Ses vertus, son exemple ont tant de force que les bons sont jaloux de l'imiter, et les méchants rougissent de ne pas le suivre. Ceux qui produisirent de pareils effets dans Rome, sont: Horatius Coclès, Scévola, Fabricius, les deux Décius, Régulus Attilius, et quelques autres dont les exemples de vertu rare, faisaient dans Rome le même effet qu'auraient produit des établissements et des lois. Et si tous les dix ans on avait frappé de pareils coups, ou reçu de tels exemples, nécessairement la corruption ne se serait jamais introduite à Rome : on la vit s'accroître sensiblement dès que l'une et l'autre de ces deux causes commencèrent à devenir plus rares. En effet après Régulus on ne donna plus de ces exemples éclatants de vertu; et quoique Rome ait encore produit les deux Caton, il y eut tant d'intervalle des Régulus à eux, et d'un Caton à l'autre, ils furent tellement seuls, que leur exemple fut perdu pour la république; le dernier des deux surtout la trouva tellement corrompue que sa vertu ne put ramener ses concitoyens. Ceci doit suffire pour les républiques.

Mais ce renouvellement n'est pas moins nécessaire pour les religions, et la nôtre même en fournit la preuve. Elle eût été entièrement perdue si elle n'eût pas été ramenée à son principe par saint François et saint Dominique.

Ceux-ci, par la pauvreté dont ils firent profession, et par l'exemple du Christ qu'ils prêchèrent, en ranimèrent les sentiments dans les cœurs où elle était déjà bien éteinte. Les nouveaux ordres qu'ils établirent furent si puissants, qu'ils empêchèrent que la religion ne fût perdue par les mœurs licencieuses des évêques et des chefs de l'Église. Ces ordres se maintiennent dans la pauvreté; et ils ont tant d'influence sur le peuple, par le moyen de la confession et de la prédication! Elle leur a servi à lui persuader qu'il est mal de médire de ceux qui gouvernent mal; qu'il est bon et utile de leur montrer obéissance, et de laisser à Dieu seul le soin de punir leurs égarements. Il est vrai que les gouvernants ne redoutant pas cette punition, qu'ils ne voient point et ne craignent point, se sont conduits de mal en pis. Ce renouvellement a donc conservé et conserve encore la religion.

Les monarchies ont aussi besoin de se renouveler et de ramener leurs lois à leurs principes, et le royaume de France nous fournit un exemple des bons effets qu'on doit en attendre. Cette monarchie des lois et des institutions est plus que toute autre monarchie connue soumise à l'empire. Les parlements et surtout celui de Paris, sont les gardiens de ces institutions et de ces lois. Ils ont soin de les renouveler de temps en temps par de grands exemples, contre quelque grand du royaume, ou même par des arrêts absolument en opposition à la volonté du roi. Et ce royaume s'est conservé jusqu'à présent, parce que ce corps a été un des plus constants à réprimer l'ambition de la noblesse; s'il la laissait impunie quelques instants, les désordres se multiplieraient à l'infini, et il en résulterait ou qu'on ne pourrait plus punir les coupables sans courir les plus grands risques, ou que la monarchie serait dissoute.

On peut donc en conclure que rien n'importe plus à une religion, à une république, à une monarchie que de reprendre l'éclat qu'elles avaient dans leur origine; qu'il faut faire en sorte que cet heureux effet soit plutôt le produit d'une bonne loi ou l'ouvrage d'un bon citoyen, que d'une cause étrangère, parce que quoique souvent ce remède soit très-utile, cependant il est quelquefois si dangereux à employer, comme on le voit par l'exemple de Rome, qu'il n'est pas du tout à désirer. Mais pour prouver combien les actions de quelques particuliers ont relevé l'éclat de Rome, et produit d'excellents effets dans cette république, je me propose d'en discourir dans ce troisième livre, par lequel je terminerai mes réflexions sur la première Décade de Tite-Live. Quoique les rois aient fait une multitude de belles actions, l'histoire en rend compte si fidèlement et si fort au long, que je les passerai sous silence; je ne parlerai des princes que dans ce qu'ils ont fait d'avantageux à leur intérêt particulier. Commençons par Brutus, père de la liberté.

CHAPITRE II.

Combien il y a de sagesse à jouer pour un temps la folie!

Personne n'a montré plus de prudence ni mérité plus de passer pour sage dans aucune de ses actions, quelque admirable qu'elle fût, que ne le mérita Junius Brutus en contrefaisant l'insensé; et quoique Tite-Live n'attribue cette résolution qu'au désir de vivre tranquille et de conserver son patrimoine, on peut néanmoins présumer d'après sa conduite, que son dessein fut d'être moins observé, et de délivrer sa patrie à la première occasion qui lui serait offerte. On découvre déjà son intention, à la manière dont il interprète l'oracle d'Apollon, quand il se laisse tomber pour baiser la terre, croyant par-là rendre les dieux favorables à ses projets. On ne peut plus en douter, lorsqu'on le voit auprès du corps même de Lucrèce, en présence du père, du mari et des autres parents de cette Romaine, arracher le premier le poignard de la plaie, et faire jurer tous ceux qui étaient présents, qu'ils ne souffriraient jamais de roi dans Rome.

Quel exemple ne présente-t-il pas à méditer à tous ceux qui sont mécontents d'un prince! Ils doivent d'abord examiner et mesurer leurs forces; s'ils sont assez puissants pour n'avoir pas besoin de se déguiser et de lui faire une guerre ouverte, qu'ils suivent cette voie, comme la moins dangereuse et la plus honorable. Mais s'ils sont dans des circonstances qui ne leur laissent pas les forces suffisantes pour l'atta-

quer, qu'ils emploient toute leur adresse à se concilier son amitié; tous les moyens qui peuvent les conduire à cette fin doivent être mis en usage; que sans cesse ils épient ses goûts, et qu'ils soient toujours prêts à s'amuser de ce qui peut lui plaire. Cette espèce d'intimité assure d'abord votre tranquillité, et vous fait partager sans danger avec le prince toute sa bonne fortune, comme elle vous fournit les occasions les plus favorables de satisfaire vos ressentiments.

Il est vrai que selon quelques-uns, il faut se tenir assez éloigné des princes pour ne pas risquer d'être enveloppé dans leur ruine, mais assez près cependant pour être à portée de profiter de leurs débris. Cette position moyenne serait la seule qu'il faudrait garder s'il était possible de s'y maintenir; mais comme je la crois impossible à conserver, je pense qu'il faut opter entre ces deux partis: ou de s'éloigner tout-à-fait, ou de se serrer tout près d'eux. Quiconque se conduit autrement, s'il est un personnage de quelque importance, s'expose continuellement au plus grand danger. Il ne lui suffira pas de dire: « je ne désire rien, » je ne veux que vivre tranquille sans demander » ni biens ni honneurs. » Ces excuses ne sont point admises. Les hommes d'une certaine classe ne se choisissent pas leur manière d'exister. Quand ce choix serait celui de leur cœur, et qu'ils seraient réellement sans ambition, on ne les en croirait pas. Veulent-ils fixément s'en tenir à leur choix, ils en seront empêchés. On ne le souffrira pas.

Il faut donc, comme Brutus, prendre le parti de contrefaire l'insensé; et on le contrefait en louant, parlant, voyant et agissant contre sa façon de penser et dans la seule vue de plaire au prince.

Nous avons parlé de la sagesse de Brutus dans les moyens qu'il employa pour rétablir la liberté de Rome; parlons à présent de sa sévérité dans le soin de la maintenir.

CHAPITRE III.

Qu'il était nécessaire à Brutus, pour maintenir la liberté nouvellement acquise, de massacrer ses enfants.

La sévérité de Brutus fut non-seulement utile, mais elle fut nécessaire pour maintenir à

Rome la liberté qu'il venait d'y établir. Certes, c'est un exemple rare dans l'histoire des événements humains, que de voir un père assis sur son tribunal, non-seulement condamner ses enfants à la mort, mais être présent à leur supplice.

Mais quiconque se sera nourri de la lecture des événements anciens, sentira que tout changement de gouvernement, soit d'une république en une tyrannie, ou d'une tyrannie en une république, doit être suivi et marqué de quelque coup terrible porté contre les ennemis de l'état présent. Qui s'élève à la tyrannie et ne fait pas périr Brutus; qui rétablit la liberté dans son pays et qui, comme Brutus, n'immole pas ses enfants, ne se soutient que bien peu de temps.

Comme j'ai traité déjà cette matière fort au long, je renvoie à ce que j'en ai dit. Je citerai seulement un exemple tiré de nos annales, et un des plus mémorables dans l'histoire de Florence : c'est celui de Pierre Soderini qui crut, à force de bonté et de patience, vaincre l'obstination de ces nouveaux fils de Brutus qui désiraient retourner sous une autre forme de gouvernement, et qui se trompa complétement; quoique sa prudence lui fît sentir la nécessité d'assurer par-là son pouvoir, et que la qualité de ses adversaires et leur ambition lui fournît souvent l'occasion de s'en défaire, il n'eut jamais le courage de s'y déterminer. Son projet, dont il a fait part il y a quelques années, était d'employer et de la douceur et de la patience, espérant par-là éteindre quelques inimitiés, et par des bienfaits désarmer quelques adversaires. Mais pour réussir par ces moyens il eût fallu qu'il s'emparât d'une autorité sans bornes, et que légalement même il détruisît toute égalité. Ce parti, quand même il n'en eût pas usé tyranniquement, aurait si généralement effrayé le peuple, qu'après sa mort celui-ci ne se serait jamais décidé à nommer après lui un gonfalonier à vie, sorte de gouvernement qu'il croyait pouvoir favoriser.

Les scrupules de Soderini étaient ceux d'un homme honnête et bon; mais de pareils motifs, louables en eux-mêmes, ne doivent jamais arrêter quand ils laissent propager un mal, qui étouffera jusqu'au bien que vous vouliez conserver. Soderini devait penser que quiconque jugerait ses œuvres et son intention par le succès, en cas qu'il eût le bonheur de réussir et de vivre, pourrait attester qu'il n'avait rien fait que pour l'avantage de son pays, et sans aucune vue d'ambition particulière; il pouvait surtout établir des lois qui empêcheraient ses successeurs de faire pour le mal ce qu'il aurait fait pour le bien; mais il fut dupe de son opinion : il ignora que la méchanceté ne se laisse ni dompter par le temps, ni désarmer par les bienfaits; et pour n'avoir pas su imiter Brutus, il perdit sa patrie, l'état, et sa gloire (1).

Il est aussi difficile de sauver une monarchie qu'une république : c'est ce que nous allons démontrer dans le chapitre suivant.

CHAPITRE IV.

Qu'un prince ne peut vivre en sûreté dans un état, tant que vivent ceux qu'il en a dépouillés.

L'assassinat de Tarquin l'Ancien par les enfans d'Ancus, celui de Servius-Tullius par Tarquin le Superbe, prouvent combien il est difficile et dangereux de dépouiller quelqu'un d'une couronne et de lui laisser la vie, même en cherchant à le gagner par des bienfaits. On voit combien Tarquin l'Ancien s'était faussement flatté de posséder juridiquement un trône qui lui avait été donné par le peuple et confirmé par le sénat. Il ne put croire que le ressentiment eût assez d'empire sur les fils d'Ancus pour les empêcher d'obéir à celui à qui Rome s'était soumise. Servius Tullius se trompa de même lorsqu'il crut gagner les fils de Tarquin par la force des bienfaits; en sorte que l'exemple du premier avertit tout prince, qu'il ne sera

---

1 Il paraît que Soderini manquait de cette vigueur de caractère qui, d'après notre auteur, eût été nécessaire dans sa position. On cite une épigramme de Macchiavelli contre lui, dans laquelle il le traite, avec plus de rigueur encore que dans son discours sur Tite-Live. Il suppose que, la nuit même de la mort de Soderini, son âme se présente aux enfers, qu'elle est repoussée par Pluton, qui lui crie : « Imbécile, toi l'enfer !... Va plutôt aux limbes avec les bambins. »

La notte che morì Pier Soderini,
L'alma n'andò dell' inferno alla bocca;
È Pluto la gridò : anima sciocca !
Ch' inferno. Va nel Limbo de' Bambini.

jamais en sûreté sur le trône tant qu'il laissera vivre ceux qui en ont été dépouillés; quant au second, il doit leur rappeler que jamais d'anciennes injures ne s'effacent par des bienfaits récents, surtout quand le bienfait est si fort au-dessous de l'injure.

Il n'est pas douteux que Servius Tullius manqua de sens et de prévoyance, en se persuadant que les fils de Tarquin se contenteraient d'être les gendres de celui dont ils croyaient devoir être les rois. Le désir de régner est si puissant, que non-seulement il domine et ceux qui sont nés pour le trône, et ceux qui naissent fort éloignés de ce haut rang. La femme de Tarquin le jeune, fille de Servius, en éprouva à tel point la fureur, qu'abjurant tout sentiment de piété filiale, elle souleva son mari contre son père et l'excita à lui arracher le trône et la vie; tant elle préféra d'être reine à n'être que la fille d'un roi !

Si donc Tarquin l'Ancien et Servius Tullius perdirent le trône pour ne s'être pas assurés de ceux sur qui ils l'avaient usurpé, Tarquin le Superbe le perdit pour n'avoir pas observé les lois établies par tous ses prédécesseurs. Nous l'allons prouver dans le chapitre suivant.

CHAPITRE V.

Qu'est-ce qui fait perdre le trône à un roi qui en jouit par succession.

Servius Tullius, assassiné par Tarquin le Superbe, ne laissait point d'héritier. Ce dernier pouvait régner avec sécurité; il n'avait point à redouter les dangers dont ses prédécesseurs avaient été les victimes. Quoique la manière dont il était monté sur le trône fût aussi illégitime qu'odieuse, cependant, s'il s'était conformé aux institutions anciennes, il aurait pu faire supporter son empire, et jamais ni le peuple ni le sénat ne se seraient soulevés pour l'en dépouiller.

Il ne fut pas chassé du trône, parce que Sextus son fils avait abusé de Lucrèce, mais parce qu'il méprisa les lois, qu'il gouverna tyranniquement, ayant attiré à lui toute l'autorité dont il dépouilla le sénat, et qu'il détourna, pour la construction de son palais, les sommes que ce corps employait avec tant de satisfaction à l'embellissement des lieux publics, tandis que le nouvel emploi qu'il en fit suscita encore la haine du peuple. En sorte que ce prince détruisit presque en un moment toute la liberté dont Rome jouissait sous ses anciens rois. Il ne se contenta pas d'offenser le sénat, il souleva contre lui le peuple, en l'employant à des travaux mécaniques bien différents de ceux auxquels ses prédécesseurs l'avaient occupé jusque-là. Ainsi Rome entière, indignée de ses traits d'orgueil et de cruauté, était disposée à secouer le joug à la première occasion qui se présenterait. Si l'affront fait à Lucrèce n'en eût pas été une favorable, on aurait saisi avec le même empressement la première qui se serait offerte. En effet, si Tarquin s'était conduit comme les autres rois, et que Sextus son fils se fût rendu coupable de ce crime, Brutus et Collatinus se seraient adressés à Tarquin pour demander justice de son fils et non au peuple romain.

Que les princes se pénètrent donc de cette vérité : qu'ils commencent à perdre le trône à l'instant même où ils violent les lois, où ils s'écartent des anciennes institutions, et où ils abolissent les coutumes sous lesquelles les hommes ont vécu si longtemps. Si, privés de leur rang, ils devenaient assez sages pour connaître avec quelle facilité les états se gouvernent quand les princes se conduisent avec sagesse, ils seraient bien plus douloureusement encore affectés de leur chute, et se condamneraient à des peines bien plus sévères même que celles qu'ils ont subies. Il est bien plus aisé de se faire aimer des bons que des mauvais, et d'obéir aux lois que de leur commander. Les rois qui voudront s'instruire de la manière de bien gouverner, n'auront que la peine de prendre pour modèle, la conduite des bons princes, tels que Timoléon de Corinthe, Aratus de Sicyone et plusieurs autres, dans l'exemple desquels ils trouveront autant de sécurité, de tranquillité, de bonheur, pour celui qui gouverne que pour celui qui obéit; or la facilité de les imiter leur en inspirera l'envie. Les peuples, quand ils sont bien gouvernés, ne cherchent ni ne désirent aucune autre liberté. C'est ce qu'éprouvèrent les deux princes que nous venons de nommer, et que l'on contraignit à régner tout le temps de leur vie, quoiqu'ils eussent manifesté plusieurs fois le désir de retourner à la vie privée.

Puisque dans ce chapitre et dans les deux précédents, nous avons parlé des soulèvements excités contre les princes, de la conspiration des fils de Brutus contre leur patrie, de celles qui firent périr Tarquin l'Ancien et Servius Tullius, nous croyons convenable de traiter un peu au long la matière des conspirations ; elle est digne de fixer l'attention des monarques et des sujets.

CHAPITRE VI.

Des conspirations.

Je n'ai pas cru devoir laisser ce sujet sans le traiter, tant les conspirations sont dangereuses et pour les sujets et pour les princes ! Elles ont fait périr et détrôner plus de souverains que les guerres ouvertes. En effet, peu d'individus sont en état de faire une guerre ouverte à un prince, mais chacun est à même de conspirer.

Il faut convenir aussi qu'il n'est pas d'entreprise plus dangereuse et plus téméraire pour les hommes qui s'y hasardent ; les périls les environnent de toutes parts. Aussi arrive-t-il que bien peu réussissent, pour une infinité qui sont formées.

Que les princes apprennent donc à se garantir des conspirations ; que les sujets s'y engagent avec plus de circonspection, ou plutôt qu'ils sachent vivre contents, sous les maîtres que le ciel leur a donnés. Je vais traiter ce sujet avec quelque étendue, afin de ne rien omettre de ce qui peut servir à l'instruction des uns et des autres.

C'est une maxime admirable que celle de Tacite qui dit : « Qu'il faut que les hommes » révèrent le passé, et se soumettent au pré- » sent ; qu'ils désirent les bons princes, et sup- » portent les autres tels qu'ils sont. » Se conduire autrement, c'est souvent se perdre soi-même et perdre également son pays.

Nous devons donc, pour entrer en matière, examiner d'abord contre qui se font les conspirations ; et nous trouverons que l'on conspire ou contre un état, ou contre un prince. Nous raisonnerons de ces deux espèces de conspirations, nous étant assez expliqués précédemment sur celles qui ont pour objet de livrer une place à un ennemi qui l'assiége, ou bien qui ont quelque rapport avec celles-là.

Nous commencerons par traiter des conspirations ourdies contre un prince, et d'abord nous nous arrêterons à leurs causes. Il en est un très-grand nombre, mais la plus importante de toutes, c'est la haine universelle. Un prince qui inspire ce sentiment général, doit sans doute être plus particulièrement haï de ceux qu'il a plus particulièrement offensés, et qui désirent se venger. Leur désir est encore accru par cette aversion universelle dont ils le voient devenir l'objet.

Un prince doit donc éviter d'exciter cette haine universelle. Ce qu'il faut qu'il fasse pour cela, nous l'avons dit ailleurs, et nous n'en parlerons pas ici. S'il parvient à s'en garantir, les offenses particulières seront pour lui moins dangereuses. Il est rare d'abord que des hommes mettent autant de prix, et soient assez sensibles à une injure, pour s'exposer à de si grands périls dans le dessein de s'en venger. D'ailleurs, quand ils auraient et l'énergie et la force pour les tenter, ils sont arrêtés par cette affection universelle qu'on a pour le prince.

Les divers outrages qu'on peut faire à un homme, consistent à attaquer ou ses biens, ou sa personne et sa vie, ou son honneur. Lorsqu'on outrage un homme dans sa personne, les menaces sont plus dangereuses que le coup. Les menaces même sont tout ce qu'il y a de dangereux, car le coup ne l'est pas ; et d'abord l'homme mort ne se venge pas ; ensuite ceux qui survivent, le plus souvent laissent ensevelir avec lui le desir de la vengeance. Mais celui qui est menacé et qui se voit pressé entre la nécessité ou de tout oser ou de tout souffrir, devient un homme très-dangereux pour le prince, comme nous le démontrerons en son lieu.

Après cette sorte d'outrages, ceux qui attaquent les biens et l'honneur, sont les plus cruels et les plus sensibles, et ceux dont les princes doivent le plus s'abstenir. Car on ne dépouille jamais assez un homme, pour qu'il ne lui reste un poignard pour se venger ; on ne peut jamais également assez le déshonorer, pour le priver de son ressentiment et d'un violent desir de vengeance. De l'insulte faite à l'honneur, il n'en est aucune qui soit aussi injurieuse que celle faite à l'honneur des femmes; et après cet outrage, le plus cruel est le mépris qu'on témoigne à un homme. Un outrage de cette nature arma Pausanias contre Philippe de Macédoine; c'est celui qui, sans contredit, a fait périr le plus de princes; et de notre temps Jules Belanti ne conspira contre Pandolfo, tyran de Sienne, que pour le punir de lui avoir enlevé une de ses filles après la lui avoir accordée en mariage. Le principal motif de la conspiration des Pazzi contre les Médicis fut l'héritage de Jean Bonromei, dont les Médicis avaient donné ordre qu'on les privât.

Il est un autre motif bien plus important qui fait conspirer les hommes contre un prince; c'est le désir de délivrer son pays de l'esclavage où il l'a réduit: c'est ce motif qui excita Brutus et Cassius contre César; c'est celui qui en a soulevé tant d'autres contre les Phalaris, les Denys et tant d'autres usurpateurs.

L'unique moyen qui reste à un tyran pour se préserver de ces attaques, c'est de déposer la souveraineté. Mais comme il n'y en a aucun qui prenne ce parti, il en est peu qui n'aient une fin tragique; de-là ces vers de Juvénal:

Il n'est point de tyran qu'au ténébreux asile,
La mort, dernier sommeil, guide d'un pas tranquille;
Toujours un fer vengeur les y précipita.

(Sat. X. v. 112—115.)

Les périls auxquels on s'expose dans les conspirations sont d'autant plus grands, que tous les moments ont leurs dangers; ceux où on forme et où on trame le complot, ceux où on l'exécute, et ceux qui suivent son exécution. Un homme conspire seul, ou bien avec plusieurs. Dans la première supposition, c'est moins une conspiration, que la ferme résolution prise par un homme d'ôter la vie à un prince. Des trois espèces de dangers que l'on court dans les conspirations, on évite le premier. En effet, avant l'exécution, l'auteur du projet ne court aucun risque; personne n'a son secret, il ne craint donc pas que son dessein parvienne aux oreilles du prince.

Tout individu peut concevoir un pareil projet, grand ou petit, noble ou plébéien, admis ou non dans la familiarité du prince, parce que tout homme trouve, quand il le veut bien, le moyen de l'aborder et par conséquent celui de satisfaire sa vengeance. Pausanias, dont nous avons parlé ailleurs, trouva le moyen de poignarder Philippe de Macédoine, au moment où celui-ci allait au temple environné de plus de mille gardes armés, et placé entre son fils et son gendre; mais Pausanias était d'une naissance distinguée et connu du prince. Un Espagnol pauvre et de la dernière classe du peuple frappa d'un couteau, au cou, Ferdinand roi d'Espagne. La blessure ne fut pas mortelle; mais on voit que cet homme n'en eut pas moins l'audace et l'occasion de frapper ce prince. Un derviche, espèce de prêtre chez les Turcs, leva un cimeterre sur Bajazet père du grand-seigneur régnant. Il ne le blessa pas, mais il eut l'audace, et de plus l'occasion de le tenter. Il n'est pas rare de trouver des gens qui forment de pareils projets, mais il en est bien peu qui les exécutent. Ceux-ci périssent tous, ou presque tous dans l'exécution, et on trouve bien peu de gens qui veuillent courir à une mort certaine.

Mais laissons ces projets formés par un seul, et parlons des conspirations tramées par plusieurs. Je dis qu'elles ont toutes pour auteurs les grands de l'état, ou des hommes amis du prince. Tous les autres, à moins qu'ils ne soient fous, ne peuvent chercher à former des conspirations. Ils manquent de tous les moyens de succès et d'espoir de réussite, qui sont nécessaires pour s'engager dans de pareilles entreprises. D'abord des hommes qui ne peuvent rien, n'ont pas de quoi s'assurer la fidélité de leurs complices. Nul ne peut consentir à suivre leur parti, sans l'espoir d'aucun de ces avantages qui déterminent les hommes à braver les plus grands périls; en sorte qu'à peine se sont-ils ouvert à deux ou trois personnes, qu'ils trouvent un accusateur qui les perd. En supposant qu'ils n'eussent pas d'accusateurs, ils éprouvent tant de difficultés dans l'exécution, l'accès auprès du prince est pour eux si difficile, qu'il est impossible qu'ils ne soient accablés dans l'exécution. Si les grands d'un état, qui ont un accès facile chez le prince, succombent eux-mêmes accablés par les difficultés sans nombre dont nous parlerons bientôt, on sent que ces difficultés doivent croître pour ceux-ci.

Mais comme les hommes ne perdent pas tout à fait le jugement lorsqu'il s'agit de leur vie ou de leurs biens, quand ils sont faibles, ils s'éloignent de cette espèce de dangers, et quand ils haïssent un prince ils se contentent de s'exhaler en reproches, en injures, et ils attendent leur vengeance d'un offensé plus puissant qu'eux. Si cependant il était quelqu'un de cette classe d'hommes qui eût osé faire pareille entreprise, on doit plutôt louer son intention que sa prudence.

On voit donc que tous ceux qui ont conspiré sont des grands ou des amis des princes; or les bienfaits excessifs leur en inspirent aussi souvent le dessein, que les cruelles injures. C'est par un pareil motif que Pérennius conspira contre Commode, Plautianus contre Sévère, Séjan contre Tibère. Tous ces favoris avaient été comblés par leurs maîtres de tant de biens, d'honneurs et de dignités, qu'il ne leur manquait plus que le trône pour combler leur puissance et leur ambition, et ils conspirèrent pour y monter. Leurs complots eurent l'issue que méritait leur ingratitude. Cependant dans ces derniers temps, nous avons vu réussir la conspiration de Jacques d'Appiano contre Pierre Gambacorti prince de Pise, cet Appiano, qui avait été élevé par ce prince et qui tenait ses biens et sa fortune de lui, et qui le dépouilla de ses états.

La conspiration de Coppola contre Ferdinand roi d'Aragon était encore de ce genre. Nous l'avons vu parvenir à un tel point de grandeur, qu'il ne lui manquait plus que le trône; pour l'obtenir il perdit la vie. Et certes, si jamais conspiration faite contre un prince par des grands doit avoir une heureuse issue, c'est celle qui a pour chef un favori qu'on pourrait regarder comme un second roi, et qui a tant de moyens de satisfaire son ambition. Mais cette ambition de régner qui les aveugle, les aveugle également dans la conduite de l'entreprise qui pouvait les conduire au trône; car s'ils savaient commettre ce crime avec prudence, il serait impossible qu'ils ne réussissent pas.

Il faut donc qu'un prince qui veut se préserver des conspirations se défie encore plus de ceux qu'il a comblés de faveurs, que de ceux qu'il a offensés. Ceux-là manquent d'occasions et de moyens; ceux-ci en ont à choix. La volonté, l'intention de ces deux espèces d'hommes, est la même; car la soif de régner est une passion autant et plus ardente que le désir de se venger. Il faut donc que les princes ne donnent à leurs favoris qu'assez d'autorité pour qu'il y ait toujours quelque intervalle entre eux et lui; qu'il reste toujours à ces derniers quelque chose à ambitionner; autrement ces princes seront victimes de leur imprudence, comme ceux que nous venons de citer.

Mais revenons à notre sujet. Nous disons donc qu'il faut que les conspirateurs soient des grands qui aient accès auprès du prince; cela posé, examinons quelles ont été les suites de conspirations ainsi entreprises, et pourquoi elles ont si rarement réussi. Or, comme nous l'avons dit plus haut, trois instants distincts dans les conspirations présentent trois espèces de périls : celui de la formation du complot; celui de son exécution, et celui qui le suit. La difficulté de sortir heureusement de ces trois pas les fait presque toujours échouer.

Et d'abord parlons des premiers dangers qui sont sans contredit les plus grands. Combien il faut de prudence et de bonheur pour n'être pas découvert au moment où l'on trame la conspiration! Elle se découvre, ou par des rapports ou par des conjectures.

Les rapports viennent ou du peu de foi ou du peu de prudence de ceux à qui on se confie : le peu de foi se rencontre souvent. En effet, vous ne pouvez vous confier qu'à vos affidés, qui pour vos intérêts s'exposent à la mort; ou bien à des mécontents qui veulent se venger du prince. De véritables amis, on peut en trouver un, deux; mais vous êtes obligé d'étendre votre confiance à bien plus d'individus, et il est impossible que vous en trouviez un plus grand nombre. Il faut d'ailleurs que l'affection qu'ils vous portent soit plus forte que l'image du péril et la crainte du supplice; d'ailleurs on se trompe souvent sur le degré d'attachement que l'on croit avoir inspiré à un ami; on ne peut en être assuré que par l'expérience même; mais l'expérience en cette matière est du plus grand danger. Quand même vous auriez éprouvé la fidélité de vos amis dans une occasion dangereuse, il n'en faudrait pas conclure qu'ils vous seraient également fidèles dans cette occasion-ci, infiniment plus périlleuse.

Si on mesure la fidélité d'un homme sur le mécontentement qu'il a contre un prince, i est facile encore de se tromper. A peine avez-vous manifesté votre projet, que vous donnez à ce mécontent les moyens de ne plus l'être; et, pour qu'il vous soit fidèle, il faut ou que sa haine soit bien forte, ou que votre autorité sur lui soit d'un grand poids. Aussi, voit-on une infinité de conspirations révélées et étouffées dès leur principe. Le secret gardé parmi une infinité de conjurés est un vrai miracle; on l'a vu cependant s'opérer dans la conspiration de Pison contre Néron, et de notre temps, dans celle des Pazzi contre Laurent et Julien de Medicis. Dans celle-ci il y avait plus de cinquante conjurés; elle fut conduite, sans être découverte, jusqu'à l'exécution.

On est découvert par défaut de prudence; quand un conjuré parle avec peu de précaution, de manière à être entendu d'un tiers, d'un esclave, par exemple, comme il arriva aux fils de Brutus, qui, lorsqu'ils complotaient avec les envoyés de Tarquin, furent entendus par un esclave qui les dénonça; ou bien quand, par légèreté, on communique son secret à une femme, à une maîtresse, ou à telle autre personne de peu d'importance. C'est ainsi que Dinnus, un des conjurés de Philotas contre Alexandre-le-Grand, fit part de son secret à Nicomaque, jeune garçon dont il était amoureux; celui-ci à Ciballinus, son frère, et Ciballinus au roi.

Quant aux découvertes de conspiration par conjectures, on en a un exemple dans la conspiration de Pison contre Néron. La veille du jour où l'empereur devait être poignardé, Scevinus, un des conjurés, fit son testament; il ordonna à son affranchi Melichius, d'aiguiser un vieux poignard tout rouillé; il donna la liberté à tous ses esclaves, leur fit distribuer de l'argent et ordonna qu'on préparât des bandes pour des blessures. Fondé sur des conjectures, Melichius l'accusa auprès de Néron. Scevinus fut arrêté ainsi que Natalis, autre conjuré avec qui on l'avait vu le jour précédent s'entretenir longtemps et secrètement. Comme leurs dépositions ne s'accordaient pas sur le sujet de l'entretien qu'ils avaient eu, ils furent forcés de confesser la vérité; la découverte de la conspiration entraîna la perte de tous les complices.

Il est impossible d'empêcher qu'une conspiration ne soit découverte par une de ces trois causes: trahison, imprudence, ou légèreté, quand le nombre des conjurés passe trois ou quatre. Dès qu'on en a arrêté plus d'un, toute la trame est découverte, parce qu'il est impossible que deux conjurés soient convenus ensemble de leurs réponses. Quand on a arrêté un homme assez courageux, il peut se servir de la force de son caractère pour taire les noms de ses complices; mais il faut que ceux-ci ne montrent pas moins de fermeté d'une autre manière, et leur fermeté consiste à demeurer tranquilles, à ne pas se trahir par la fuite; car dès que l'un d'entre eux manque de courage, qu'il soit arrêté, qu'il soit libre, la conspiration est dévoilée. Rien n'est si rare que ce qui arriva dans celle rapportée par Tite-Live, et tramée contre Hiéronyme, tyran de Syracuse. Théodore, un des conjurés, ayant été arrêté, eut la fermeté de taire les noms de ses complices, et accusa les amis du roi; d'un autre côté, les conjurés eurent tant de confiance dans le courage de Théodore, qu'aucun ne partit de Syracuse, on ne donna aucun signe de crainte.

On s'expose donc à tous ces divers périls: premièrement, pour tramer une conspiration, secondement, avant d'en venir à l'exécution. Quels moyens de les éviter? Les voici: le premier, le plus sûr et, pour mieux dire, l'unique, est de ne pas laisser aux conjurés le temps de vous accuser, et pour cela, il ne faut leur confier votre projet qu'au moment de l'exécution, et pas avant. Ceux qui en ont usé ainsi ont à coup sûr évité les dangers du premier pas, et souvent ceux des deux autres. Leur entreprise même a presque toujours réussi. Or, il est toujours au pouvoir d'un chef habile, de se procurer cet avantage; je vais le prouver par deux exemples.

Nelemate, ne pouvant supporter la tyrannie d'Aristotime, tyran d'Épire, rassembla dans sa maison la plupart de ses parents et de ses amis, et les exhorta à délivrer leur patrie. Quelques-uns demandèrent du temps pour se consulter ou pour se préparer. Nelemate fit fermer sa maison par ses esclaves, et s'adressant à ceux qu'il avait ainsi rassemblés: » Jurez, leur dit-» il, d'aller sur-le-champ exécuter ce que je » vous propose, ou je vous livre tous prison-» niers à Aristotime. » Effrayés de cette menace, ils jurent tous, sortent sans perdre un moment, et exécutent heureusement le projet de Nelemate.

Un mage s'était emparé par ruse du royaume de Perse. Otanès, un des grands du royaume, ayant soupçonné et découvert la tromperie, s'en ouvrit à six autres personnes de son rang, et leur déclara qu'il était tout prêt à venger la Perse de la tyrannie du mage. Quelqu'un d'eux demandent du temps : « Nous irons, leur dit » Darius, un de ceux qui avaient été convo- » qués, nous irons à l'instant même frapper le » tyran, ou je vais vous accuser tous. » Ils se lèvent aussitôt ; et tous, d'un commun accord, sans attendre le repentir, vont sur-le-champ exécuter leur projet.

Les Étoliens se conduisirent à peu près de même pour se défaire de Nabis, tyran de Sparte. Ils lui envoyèrent Alexamène, un de leurs citoyens, avec deux cents hommes et trente chevaux, en apparence pour le se- courir ; Alexamène avait seul le secret. Ils or- donnèrent à tous ceux qui étaient sous ses or- dres, de lui obéir en tout, sous peine d'exil. Alexamène, arrive à Sparte, ne communique le projet à sa troupe qu'au moment de tuer le tyran, et il en vient à bout.

C'est ainsi que tous ces chefs de conspira- tions surent éviter les périls qui précèdent l'exé- cution ; ainsi les éviteront ceux qui auront la prudence de les imiter ; chacun est en état de le faire ; c'est ce que je prouverai par l'exemple de Pison déjà cité. Pison était un très-grand personnage, fort considéré, un des hommes ad- mis à la familiarité du prince qui avait une très- grande confiance en lui. Néron allait manger souvent à la maison de campagne de Pison ; Pi- son pouvait donc facilement s'attacher des gens qui eussent du courage, de la tête, et capables enfin d'exécuter ce projet : tout grand seigneur a des moyens d'y réussir. Il lui eût fallu ensuite profiter du moment où Néron se serait trouvé dans ses jardins, leur découvrir son dessein ; les exciter, par des discours capables d'échauffer leur courage, à exécuter ce sur quoi ils n'avaient pas le temps de délibérer ; il était impossible que le complot ne réussît pas. Il est peu de conspirations, et à les bien examiner toutes, il n'en est point qu'on n'eût pu conduire avec cette prudence ; mais les hommes pour l'ordi-

naire peu habiles dans ces sortes d'affaires, commettent les fautes les plus lourdes, et cela n'est pas étonnant dans des événements aussi extraordinaires que des conspirations. On doit donc se garder de s'ouvrir, si ce n'est dans le plus pressant besoin et au moment même de l'exécution ; alors ne communiquez votre pro- jet qu'à un seul ami que vous ayez depuis long- temps éprouvé, et qui soit animé des mêmes passions que vous. Un seul ami de cette trempe se trouve plus facilement que plusieurs ; et par conséquent il y a moins de danger à lui confier son secret ; d'ailleurs, en supposant qu'il vînt à vous trahir, il est plus aisé de se défendre que lorsqu'il y a plusieurs conjurés. J'ai entendu dire à des hommes sages et consommés qu'on peut tout dire impunément à un seul homme ; la dénégation de l'un quand il n'y a pas d'écrit, vaut l'affirmation de l'autre ; mais dans tous les cas il faut se garder d'écrire, comme du plus grand écueil, car il n'existe pas de preuve plus convaincante contre un accusé, qu'un écrit de sa main.

Plautianus voulant faire poignarder l'empe- reur Sévère et Antonin son fils, chargea de l'exécution le tribun Saturninus. Celui-ci au lieu d'obéir résolut de le dénoncer ; mais persuadé qu'en l'accusant il serait moins cru que Plau- tianus, il exigea de lui un écrit qui pût attester les ordres qu'il avait reçus. Plautianus aveuglé par son ambition le lui donna ; le tribun s'en servit pour l'accuser et le convaincre. Sans cet écrit et d'autres indices, Plautianus n'eût jamais été confondu, tant il niait avec audace.

On peut donc repousser avec succès l'accu- sation d'un seul, lorsqu'on ne peut être con- vaincu par un écrit ou signature : c'est de cela surtout qu'il faut se garder. Parmi les conjurés de la conjuration de Pison, était une femme nommée Épicharis, ancienne maîtresse de Néron. Celle-ci jugeant que, pour le succès de l'entreprise, il était à propos de mettre dans la confidence le commandant de quelques tri- rèmes que Néron tenait auprès de lui pour sa garde, lui fit part de la conspiration sans nom- mer les conjurés ; ce commandant la trahit et l'accusa devant le prince ; mais Épicharis nia avec tant d'audace que Néron confus n'osa pas la condamner.

Il y a deux risques à se confier à un individu : le premier, qu'il ne vous dénonce volontairement ; le second, qu'étant arrêté sur quelque soupçon ou quelque indice, il ne vous accuse, convaincu lui-même et contraint d'avouer par la force des tourments. Mais il y a quelques moyens de repousser ces deux dangers : dans le premier cas, on peut tout rejeter sur la haine que l'accusateur a contre vous ; dans le second, sur la violence des tourments qui le forcent de mentir. La prudence consiste à ne s'ouvrir à personne et à suivre les exemples que nous avons déjà cités ; ou bien, quand vous ne pouvez faire autrement, ne vous livrez qu'à un seul, le danger est bien moins grand que de se confier à plusieurs.

Une autre nécessité peut vous forcer à faire au prince ce que vous voyez que le prince voudrait vous faire à vous-même ; et le péril est si pressant qu'il ne vous donne que le temps de pourvoir à votre sûreté.

Cette nécessité assure ordinairement le succès ; les deux traits suivants en fourniront la preuve. L'empereur Commode avait pour intimes confidents Létus et Électus, préfets du prétoire ; il avait également Martia pour maîtresse. Quelquefois ces trois personnes lui faisaient des reproches sur les excès dont il souillait et sa vie, et le trône ; il résolut de s'en défaire. En conséquence, il écrit sur une liste les noms de Martia, de Létus, d'Électus et de quelques autres qu'il devait faire périr la nuit suivante. Il met cette liste sous le chevet de son lit, et va se mettre au bain. Un enfant qu'il aimait beaucoup, en jouant dans sa chambre et sur le lit, trouve cette liste ; comme il sortait l'ayant à la main, il rencontre Martia qui la lui prend, la lit, et fait courir après Letus et Électus ; tous les trois voyant le danger qui les menace se déterminent à le prévenir, et, sans perdre de temps, la nuit suivante, ils poignardent Commode.

Caracalla était en Mésopotamie à la tête d'une armée ; il avait pour préfet Macrin citoyen paisible et peu guerrier. Comme les mauvais princes sont sans cesse à redouter qu'on ne leur fasse subir les peines qu'ils savent bien avoir méritées, Caracalla écrivit à Rome à son ami Maternianus de consulter les astrologues, pour savoir s'il y avait quelqu'un qui aspirât à l'empire, et de lui en donner avis. Maternianus

lui répond, et désigne Macrin ; mais la lettre, avant d'arriver à l'empereur, étant parvenue à celui-ci, lui fit sentir la nécessité ou de massacrer le prince avant qu'un nouvel avis n'arrivât de Rome, ou de périr lui-même. En conséquence, il donna à Martialis, un de ses centurions les plus affidés et dont Caracalla avait peu de jours auparavant fait périr le frère, l'ordre de poignarder le prince ; celui-ci l'exécuta avec le plus grand succès. Ainsi la nécessité qui vous force et ne laisse pas de temps, produit le même effet que le moyen employé, comme nous l'avons dit ci-dessus, par Nelemate en Épire.

On voit encore ici la preuve de ce que j'ai avancé au commencement de ce discours : que les menaces font plus de tort aux princes et donnent plus souvent lieu à des conspirations que les offenses mêmes ; c'est surtout ce dont ils doivent bien se garder. Il faut caresser les hommes, ou s'en assurer. Gardez-vous de les réduire jamais à l'alternative de périr eux-mêmes, ou de vous faire périr.

Quant aux dangers qui accompagnent l'exécution, ils proviennent de différentes causes : le changement d'ordre ; le défaut de courage dans ceux qui en sont chargés ; les fautes qu'ils commettent par imprudence ; celle de ne pas consommer le projet, en laissant la vie à quelques-uns de ceux qui devaient être massacrés.

Rien ne trouble davantage les hommes, ou n'arrête plus leurs desseins, que la nécessité de changer sur-le-champ l'ordre convenu, et, sans avoir le temps de la réflexion, de former des dispositions tout opposées ; mais si ce changement est dangereux, c'est surtout à la guerre et dans les conspirations. En effet, dans les actions de ce genre il faut surtout que chacun s'affermisse à exécuter la partie qui le concerne ; or, quand les hommes pendant plusieurs jours ont tourné leurs esprits vers l'emploi de certains moyens, et qu'il faut tout d'un coup en changer, leur en substituer d'autres, il est impossible qu'ils ne se troublent pas, et que le projet n'échoue. En sorte qu'il vaut mieux en pareil cas suivre l'ordre d'abord convenu, quoiqu'il ait quelque inconvénient, que de s'exposer à des embarras bien plus nombreux, inséparables du changement. Ceci ne doit avoir lieu que lorsqu'on est pressé par le temps ; mais quand on a le temps de réfléchir, on se dirige comme on veut.

On connaît la conspiration des Pazzi contre Laurent et Julien de Médicis. Ils devaient dîner chez le cardinal de Saint-Georges, et les conjurés avaient tout concerté pour les massacrer à ce dîner. On avait distribué les rôles : qui, s'était chargé de les frapper ; qui, de s'emperer du palais, et qui, de courir la ville et d'appeler le peuple à la liberté. Il arriva que les Pazzi, les Médicis et le cardinal, étant dans l'église cathédrale pour quelque solennité, on apprit que Julien ne dînerait pas ce jour-là chez le cardinal. Les conjurés s'assemblent à la hâte, et conviennent d'exécuter dans l'église même ce qu'ils avaient projeté de faire dans la maison du cardinal. Ceci changea toutes leurs dispositions. Jean-Baptiste Montesecco se refusa à concourir à ce meurtre dans l'église ; il fallut distribuer à d'autres personnes tous les rôles, et les nouveaux acteurs n'ayant pas eu le temps de s'y affermir, ils firent des fautes et succombèrent dans l'exécution.

Le manque de cœur vient ou du respect ou de la lâcheté de qui exécute. La majesté qui accompagne communément la personne des princes, le respect qu'ils inspirent, peuvent adoucir la fureur d'un meurtrier, et enchaîner pour ainsi dire tous ses sens. Marius avait été pris par les habitants de Minturnes qui envoyèrent un esclave pour le tuer. Celui-ci, frappé de l'aspect de ce grand homme et du souvenir de sa gloire, sentit son courage et ses forces lui manquer, pour commettre ce meurtre. Or, si un homme enchaîné, prisonnier, et accablé du poids de la mauvaise fortune, peut conserver une pareille influence à quel point ne doit-on pas redouter qu'un prince puisse l'exercer, quand il est libre, maître, revêtu de toute la pompe des ornements royaux, entouré d'un nombreux et magnifique cortége. Mais si cet appareil seul est capable de vous épouvanter, un accueil affable peut aussi vous désarmer.

Quelques-uns des sujets de Sitalcès, roi de Thrace, conspirèrent contre lui ; ils fixèrent un jour et se rendirent au lieu convenu, où était le prince ; là, nul ne fit aucun mouvement pour le frapper ; si bien qu'ils partirent sans avoir rien tenté, sans savoir ce qui les en avait empêchés, et s'accusant mutuellement de ce défaut d'action. Ils commirent la même faute plusieurs fois de suite, si bien enfin que la conspiration fut découverte, et qu'ils portèrent la peine du mal qu'ils avaient pu, et n'avaient pas voulu commettre.

Deux frères d'Alphonse, duc de Ferrare, conspirèrent contre lui ; ils se servirent pour l'exécution de leur complot, de Giannès, aumônier et musicien de ce prince. Celui-ci, à leur demande, amena plusieurs fois le duc au milieu d'eux, de manière qu'ils eurent chaque fois la faculté de le poignarder ; aucun d'eux n'en eût le courage. La conspiration fut découverte, et ils furent punis à la fois de leur scélératesse et de leur imprudence. Leur négligence à profiter de l'occasion offerte ne pouvait avoir que deux causes : ou la présence du prince leur en imposait, ou quelque acte de bonté de sa part les désarmait.

Ce qui fait manquer l'exécution de pareils complots, c'est toujours ou l'imprudence ou le manque de courage. Vous vous sentez saisis, frappés ; tout porte au cerveau cette confusion qui vous fait parler, agir tout autrement qu'on ne devrait. Et rien ne montre plus la réalité, l'existence de ce saisissement, de ce trouble que ce que Tite-Live raconte d'Alexamène, envoyé à Sparte par les Étoliens pour tuer Nabis. Le moment de l'exécution arrivé, ainsi que celui de découvrir aux soldats qu'il avait écrit ce qu'ils avaient à faire, l'historien ajoute ces paroles : « Il recueillit lui-même son esprit ; troublé de l'idée d'un si grand projet. » Il est impossible qu'un homme, quelque fermeté qu'il ait, quelque accoutumé qu'il soit à voir mourir les hommes et à verser le sang, ne soit troublé dans ces moments. Aussi ne doit-on choisir pour porter de pareils coups que des hommes éprouvés en pareilles rencontres, et ne pas se confier à d'autres, quelque courage qu'ils aient d'ailleurs dans les occasions importantes. Il n'est que l'homme qui a déjà éprouvé son courage qui puisse assurer qu'il n'en manquera pas. Le trouble peut faire tomber l'arme des mains, ou vous porter à dire des choses qui produisent le même effet.

Lucilla sœur de Commode, ordonna à Quintianus de tuer ce prince. Celui-ci attendit Commode à l'entrée de l'amphithéâtre, et s'approchant de lui, un poignard nu à la main : « Voilà, s'écria-t-il, ce que le sénat t'envoie. » Sur ces mots, il est arrêté même avant d'avoir levé le bras pour frapper.

Antoine de Volterre, envoyé comme nous l'avons dit, pour poignarder Laurent de Médicis, s'écria en l'approchant : « Ah, traître ! » Ce seul mot sauva Laurent, et perdit les conjurés.

Les conspirations contre un seul individu manquent le plus souvent pour les raisons que nous avons apportées. Mais avec quelle facilité ne manquent-elles pas, quand elles sont formées contre deux personnes ? Ces conspirations présentent tant de difficultés qu'il est presque impossible qu'elles réussissent. En effet, porter deux coups de cette nature et cela dans le même instant, en des lieux différents, est presque un miracle ; car exécuter ces entreprises en différents temps, ce serait vouloir les ruiner l'une par l'autre.

S'il est donc imprudent, téméraire, difficile de conspirer contre un seul prince, conspirer contre deux à la fois est une folie. Sans le respect que j'ai pour l'historien Hérodien, je ne pourrais croire, sur son témoignage, que Plautianus chargea le Centurion Suturnius de poignarder, lui seul, Sévère et Caracalla qui habitaient deux palais différents, tant ce fait me paraît invraisemblable !

De jeunes Athéniens conspirent contre Dioclès et Hippias, tyrans d'Athènes ; ils tuent Dioclès, manquent Hippias qui le venge. Chion et Léonide d'Héraclée, disciples de Platon, conspirent contre les tyrans Cléarque et Satire. Cléarque fut tué, mais Satire le vengea. Les Pazzi, dont nous avons déjà parlé plusieurs fois, ne se défirent que de Julien.

On doit donc se garder de conspirer contre plusieurs personnes. Ces sortes de complots ne produisent aucun bien ni pour soi, ni pour sa patrie, ni pour ses concitoyens ; ceux des tyrans qui restent sont encore plus cruels et rendent leur joug plus insupportable. Florence, Athènes, Héraclée, nous en ont fourni la preuve. Il est vrai que la conspiration de Pélopidas, pour délivrer Thèbes sa patrie, réussit malgré tous ces obstacles ; et ce n'est pas à deux tyrans seulement qu'il avait affaire, mais à dix : d'ailleurs loin d'avoir auprès d'eux un accès facile, il était

rebelle et banni : cependant il pénétra dans Thèbes, il parvint à les massacrer tous les dix, et à rendre la liberté à son pays. Mais il ne réussit ainsi que par l'entremise d'un certain Caron, conseiller intime des tyrans, qui lui facilita l'accès auprès d'eux, et par conséquent le succès de son entreprise.

Que son exemple cependant ne séduise personne ; son entreprise avait des difficultés insurmontables, et son succès tient du prodige ; aussi les historiens l'ont-ils célébrée comme un événement extraordinaire et sans exemple.

Une fausse crainte, un accident survenu au moment de l'exécution, font échouer les plans les mieux concertés. Le matin du jour où Brutus et les autres conjurés devaient assassiner César, il arriva que celui-ci eut une longue conversation avec l'un d'eux, Popilius Léna. Les autres qui s'en aperçurent se crurent trahis par lui. Ils furent sur le point de poignarder César sur-le-champ et sans attendre qu'il fût arrivé au sénat. Ils l'eussent fait, s'ils n'avaient pas vu finir la conversation sans que César fît aucun mouvement extraordinaire, ce qui les rassura.

Ces fausses craintes ne sont point à mépriser ; il faut les examiner avec soin, et cela d'autant mieux qu'il est plus aisé de se laisser surprendre. Qui se sent coupable, croit facilement qu'on parle de lui. On peut entendre un mot dit à tout autre intention, qui cependant vous trouble parce que vous le croyez dit pour vous ; vous pouvez en fuyant faire découvrir la conjuration ou la faire échouer en pressant mal à propos le moment de l'exécution. Tout cela doit arriver d'autant plus aisément, que les conjurés sont en plus grand nombre.

Quant aux accidents imprévus, on ne peut en donner une idée qu'en en citant des exemples, afin de mettre en garde contre leurs effets.

Jules Belanti de Sienne, dont nous avons déjà parlé, à l'occasion de sa haine contre Pandolfo, pour lui avoir enlevé sa fille, après la lui avoir donnée en mariage, Jules, dis-je, résolut de le tuer, et il choisit ainsi son moment. Pandolfo allait presque tous les jours visiter un de ses parents malades, et passait devant la maison de Jules. Celui-ci en ayant fait l'observation, apposta chez lui les conjurés pour tuer Pandolfo lors de son passage ; ils se cachent bien armés derrière la porte, tandis que l'un d'eux à la fenêtre devait faire signe au moment où il passerait et se trouverait devant la porte. Pandolfo vient en effet, le signal est donné; mais il avait rencontré un de ses amis avec lequel il s'était arrêté; quelques-uns de ceux qui étaient avec lui avaient toujours continué leur marche, et ayant aperçu quelques mouvements et entendu le bruit des armes, ils découvrirent l'embuscade, de manière que Pandolfo fut sauvé. Jules et les autres conjurés furent obligés de s'enfuir de Sienne. Cette rencontre fut un de ces événements qu'on ne peut prévoir et qui fit manquer l'entreprise de Jules. Ces sortes d'accidents sont rares, mais il est impossible d'y parer. On doit prévoir autant que possible ceux qui peuvent naître, et s'en garantir.

Il ne reste plus à parler que des dangers qui suivent l'exécution. Il n'y en a qu'un; le voici: c'est qu'il reste quelqu'un qui venge le prince mort. Il peut laisser en effet des frères, des enfants, des parents qui peuvent hériter de la principauté, qui sont épargnés ou par votre négligence ou par quelques-uns des motifs que nous avons rapportés plus haut, et qui se chargent de le venger. C'est ce qui arriva à Jean-André de Lampognano, qui, avec d'autres conjurés, tua le duc de Milan; il resta un fils et deux frères du mort, qui eurent le temps de le venger. Les conjurés n'ont à cet égard aucun reproche à se faire, parce qu'il n'y a pas de remèdes; mais ils ne méritent pas d'excuse, quand par imprudence ou par négligence ils laissent échapper quelqu'un.

Des conjurés de Forli tuèrent le comte de Forli, leur seigneur, et prirent sa femme et ses enfants encore en bas-âge. Ne croyant pas être en sûreté s'ils ne s'emparaient du château, et le gouverneur se refusant à le leur remettre, la comtesse Catherine (c'était le nom de cette femme) promit aux conjurés de le leur céder, s'ils voulaient l'y laisser entrer; elle leur proposa en même temps de garder ses enfants en ôtage. Ceux-ci, sur la foi de ce gage, y consentirent. Mais à peine la comtesse y fut-elle entrée, que de dessus les murs elle leur reprocha la mort de son mari, en les menaçant de toute espèce de vengeance; et pour leur montrer que ses enfants ne la touchaient guère, elle leur montra ses parties sexuelles, en leur criant: qu'elle avait de quoi en faire d'autres.

Ainsi les conjurés convaincus, mais trop tard, de la faute qu'ils avaient commise, par un exil perpétuel expièrent leur peu de prudence.

Mais de tous les dangers qui suivent l'exécution, il n'en est pas de plus certain ni de plus redoutable que l'affection portée par le peuple au prince mort. Pour des conjurés, il n'est pas à cela de remède, parce qu'ils ne peuvent jamais s'assurer de tout un peuple. Nous citerons en exemple César qui, pour s'être fait aimer du peuple, fut vengé par lui. Il chassa les conjurés de Rome; il fut cause qu'ils périrent tous violemment en divers temps et en divers lieux.

Les conspirations qui se font contre la patrie sont moins dangereuses pour ceux qui les tramènent, que celles qui sont formées contre des princes. Il n'y a pas beaucoup de périls à courir dans la conduite de l'entreprise, dans l'exécution des dangers sont les mêmes; après l'exécution il n'y en a aucun.

Très-peu de dangers dans la conduite du complot: en effet un citoyen peut aspirer à la souveraine puissance, sans manifester à personne son intention, et sans faire part de ses projets; si rien ne l'arrête, il peut parvenir heureusement à son but, ou si quelque loi contrariait ses vues, attendre un moment plus favorable et s'ouvrir une nouvelle voie. Ceci ne peut avoir lieu que dans une république que la corruption a déjà atteinte; car dans un état qui n'est pas corrompu, rien ne donnant lieu au développement d'aucun mauvais germe, de pareils projets ne peuvent venir à l'esprit d'aucun citoyen.

Les membres d'une république peuvent donc sans courir de grands dangers, par une infinité de voies et de moyens, aspirer à la souveraine puissance. Les républiques sont plus lentes, moins soupçonneuses, et par conséquent prennent moins de précautions que les princes. Elles ont plus d'égards pour les citoyens puissants, ce qui rend ceux-ci plus audacieux et plus ardents à conspirer. Tout le monde a lu la conjuration de Catilina écrite par Salluste. On sait qu'après qu'elle fut découverte, Catilina, non-seulement resta dans Rome, mais qu'il vint au sénat, et qu'il y insulta et le sénat et le consul; tant on conservait d'égards et de ménagements envers tous les citoyens! Même après son départ de Rome pour se rendre à l'armée qu'il avait sur pied, jamais Lentulus et les autres conjurés n'eussent été arrêtés, si l'on n'eut découvert des lettres de leur main qui portaient la conviction de leur crime. Hannon, un des plus puissants citoyens de Carthage aspirait à la tyrannie; il avait choisi le temps des noces d'une de ses filles pour empoisonner le sénat et s'emparer du pouvoir suprême; le complot fut découvert. Le sénat se borna à rendre un décret qui réglait la dépense des festins et des noces; tant ils crurent devoir ménager un citoyen tel qu'Hannon!...

Il est vrai que pour l'exécution d'une conspiration contre une république, il y a plus de périls à surmonter, plus d'obstacles à vaincre. Rarement les forces d'un conspirateur suffisent-elles contre tous; et peu sont à la tête d'une armée comme César, Agathocles, Cléomène et tant d'autres qui ont, en un instant, à force ouverte, asservi leur patrie. Pour ceux-ci l'exécution est aussi sûre que facile; mais ceux qui n'ont pas de pareilles forces doivent employer et la ruse et l'adresse ou se faire appuyer par des forces étrangères.

Quant à l'emploi des moyens d'adresse, en voici des exemples: Pisistrate, après la victoire qu'il avait remportée sur ceux de Mégare, extrêmement aimé du peuple d'Athènes, sort un matin de chez lui blessé; il accuse la noblesse de l'avoir attaqué par jalousie, et demande la permission de se faire suivre de gens armés pour sa sûreté. Ce premier pas vers la puissance l'y conduisit si sûrement, qu'en peu de temps il devint tyran d'Athènes.

Pandolfo Petrucci retourna à Sienne avec d'autres bannis; on le fit commandant de la garde de la place, emploi regardé comme subalterne et que les autres refusèrent. Cependant il sut si bien accroître sa considération, au moyen de ces hommes armés qui étaient sous ses ordres, qu'en peu de temps il se rendit absolu. Beaucoup d'autres ont employé des moyens semblables et sont parvenus sans danger, et en très-peu de temps, au souverain pouvoir.

Tous ceux qui, soit avec leurs propres forces, soit avec le secours de troupes étrangères, ont conspiré contre leur patrie, ont eu des succès différents, suivant les événements. Catilina que nous avons déjà cité, succomba; Hannon, dont nous avons déjà fait mention, n'ayant pas réussi

à se servir de poison, arma ses partisans, et ses affidés, au nombre de plusieurs mille, et il périt avec eux. Quelques-uns des premiers citoyens de Thèbes, voulant opprimer leur patrie, appelèrent à leur secours une armée de Sparte, et s'emparèrent de la souveraine autorité. Examinez toutes les conspirations formées contre des républiques, vous n'en trouverez aucune, ou du moins fort peu, qui aient échoué dans la conduite même du complot; mais c'est que dans l'exécution toutes réussissent ou manquent.

Une fois exécutées, elles n'entraînent point d'autres périls que ceux qui sont attachés à la nature du pouvoir suprême. Celui qui est parvenu à la tyrannie ne court que les dangers attachés au caractère de tyran, dont on ne peut se garantir que par les moyens que nous avons indiqués plus haut.

Voilà tout ce qui s'est présenté à mon esprit, lorsque j'ai voulu traiter le sujet important des conspirations. Si j'ai parlé de celles où l'on emploie le fer, et non de celles où l'on met le poison en usage, c'est que la marche des unes et des autres, est absolument la même. Il est vrai même que les dernières sont d'autant plus dangereuses que le succès en est plus incertain. Tout le monde n'a pas la commodité d'employer ce moyen; il faut donc s'entendre avec ceux qui le peuvent, et de là naît un très-grand danger: ensuite, par mille circonstances un poison n'est pas toujours mortel; c'est ce qui arriva à Commode. Ceux qui conspirèrent contre lui, voyant qu'il ne voulait pas prendre le breuvage qu'ils lui avaient présenté, et voulant cependant le faire périr, furent obligés de l'étrangler.

Le plus grand des malheurs qui puisse arriver à un prince, c'est que l'on conspire contre lui; car une conspiration le fait périr, ou le déshonore: si la conjuration réussit, il périt; si elle est découverte, il punit les conjurés; mais on croit toujours qu'elle est une invention du prince pour assouvir sa cruauté, son avarice, sa soif du sang et des biens de ceux qu'il a fait périr.

Je ne veux pas manquer de donner un avis important aux princes et aux républiques, contre qui on aurait conspiré. La conjuration est-elle découverte; il faut, avant de chercher à punir, en examiner mûrement la nature et l'importance, peser avec soin les moyens des conjurés et leurs moyens propres. Si on trouve le parti de ceux-ci puissant et redoutable, il ne faut pas se déclarer avant de s'être procuré des forces suffisantes pour l'accabler. Si on agissait autrement, on ne ferait que hâter sa ruine ; il convient donc de dissimuler avec le plus grand soin, car les conjurés se voyant découverts, se trouveraient forcés d'agir sans ménagement.

Nous citerons encore ici l'exemple des Romains. Ils avaient laissé à Capoue deux légions pour en défendre les habitants contre les Samnites ; les officiers, comme nous l'avons dit ailleurs, conspirèrent pour s'emparer de la ville. Cette nouvelle portée à Rome, on commande au nouveau consul Rutilius d'y pourvoir. Rutilius, pour endormir les conjurés, publia d'abord que le sénat laisserait les mêmes légions en garnison à Capoue. Dans cette persuasion, les soldats crurent qu'ils auroient tout le temps d'exécuter leur projet ; ils ne cherchèrent pas à l'accélérer, et demeurèrent dans cet état jusqu'au moment où ils virent que le consul les séparait les uns des autres. Cette démarche éveilla leurs soupçons, et fut cause qu'ils levèrent le masque et se mirent en devoir d'exécuter leurs projets.

On ne peut pas présenter un exemple qui serve davantage aux conspirateurs et à ceux contre qui on conspire. En effet, on voit d'une part combien les hommes se pressent peu lorsqu'ils croient avoir du temps devant eux, et combien ils se décident promptement, quand ils se trouvent forcés par la nécessité. De même un prince ou une république qui, pour leur avantage, veulent différer la découverte d'une conspiration, ne peuvent employer de meilleur moyen que de présenter avec art aux conjurés une occasion prochaine d'agir, afin qu'ils se déterminent à l'attendre, ou que, persuadés qu'ils auront du temps à eux, ils laissent au prince ou à la république celui de les accabler.

Qui s'est conduit autrement a accéléré sa perte : c'est ce que firent et le duc d'Athènes et Guillaume de Pazzi. Le duc devenu maître de Florence, instruit qu'il y avait une conspiration contre lui, fit arrêter, sans autre examen, un des conjurés. Cet éclat fit prendre à l'instant les armes aux autres, et le fit dépouiller de ses états.

Guillaume était commissaire dans le Val di Chiana, en 1501. Il apprend qu'on tramait à Arezzo une conspiration en faveur des Vitelli, pour enlever cette ville aux Florentins. Il s'y rend à l'instant, et sans faire attention aux forces des conjurés, sans mesurer les siennes, et sans préparatifs, par les conseils de son fils évêque de cette ville, il fait saisir un des conjurés. A l'arrestation de celui-ci, les autres prennent aussitôt les armes, secouent le joug des Florentins, et Guillaume, de commissaire qu'il était, devient leur prisonnier.

Mais quand la conspiration a peu de forces, on peut et on doit l'étouffer le plus promptement possible. Il ne faut pas imiter dans ce cas les deux exemples que nous allons citer, quoique directement opposés entre eux. Le premier nous est fourni par le duc d'Athènes qui, pour prouver combien il était assuré de l'attachement des Florentins, fit mourir un individu qui venait lui découvrir la conspiration tramée contre lui. L'autre est fournie par Dion de Syracuse qui, voulant éprouver quelqu'un dont il suspectait la fidélité, ordonna à Callipe, en qui il avait toute confiance, de faire semblant de vouloir conspirer contre lui.

L'un et l'autre de ces princes se trouvèrent mal de leur conduite. Le premier découragea les accusateurs et donna des moyens à qui voulut conspirer contre lui ; le second alla lui-même au-devant de sa perte, et se fit, pour ainsi dire, chef de la conjuration qui le fit périr. En effet, il en fit l'épreuve : Callipe, pouvant sans ménagement conspirer contre Dion, sut si bien ourdir sa trame, qu'il lui ôta et ses états et la vie.

CHAPITRE VII.

D'où vient que le passage de la liberté à la servitude, et de la servitude à la liberté, coûte quelquefois beaucoup de sang, et que quelquefois il n'en coûte pas du tout.

On demandera peut-être pourquoi les révolutions qui amènent un état à la liberté, ou qui le ramènent à la servitude, se font quelquefois sans aucune effusion de sang, tandis que les autres sont très-sanglantes. L'histoire en effet nous fait voir des changements pareils où on a vu périr des milliers d'hommes, tandis que d'autres se sont passés sans la plus légère offense. Telle fut à Rome la révolution qui fit passer les Romains du pouvoir des rois à celui des consuls : les Tarquins seuls furent chassés, et on ne fit d'injure à aucune autre personne. Cette différence dépend de ce que l'état qui change fait sa révolution avec ou sans violence. Quand elle se fait avec violence, il faut qu'un certain nombre de citoyens en souffre ; ceux-ci offensés brûlent de se venger, et ce désir de vengeance fait répandre du sang.

Mais quand ce changement s'est opéré du consentement général des citoyens, ils ne peuvent, lorsqu'ils le détruisent, en vouloir qu'à ceux qui s'en trouvent les chefs.

Tel était à Rome le gouvernement des rois, et l'expulsion des Tarquins devait suffire à la vengeance. Tel fut à Florence celui des Médicis ; leur expulsion en 1494 n'entraîna qu'eux dans leur ruine. Ces sortes de changements sont rarement dangereux ; mais les plus dangereux de tous sont ceux qui sont faits par des hommes animés d'un esprit de vengeance ; ils ont été toujours de nature à faire frémir d'étonnement et d'horreur. L'histoire en fournit trop d'exemples pour qu'il soit nécessaire d'en citer ici.

CHAPITRE VIII.

Quiconque veut opérer des changements dans une république doit examiner dans quel état elle se trouve.

Nous avons déjà dit qu'un mauvais citoyen ne pouvait opérer une révolution contre la liberté que dans une république corrompue ; outre les raisons que nous en avons données, les exemples de Spurius et de Manlius Capitolinus viennent à l'appui de cette vérité. Ce Spurius, homme ambitieux, voulant s'emparer du pouvoir suprême dans Rome, s'efforçait de gagner le peuple par des bienfaits multipliés : telle était la proposition de faire vendre au peuple les terres enlevées aux Herniques. C'est ce qui fit découvrir son ambition au sénat ; elle devint même si suspecte au peuple que Spurius lui ayant offert de lui donner les deniers provenus de la vente des blés qu'on avait fait venir de Sicile, il les refusa complétement, sentant que Spurius par là avait voulu lui payer sa liberté. Si ce peuple eût été corrompu, loin de refuser cette distribution, il eût en l'acceptant ouvert à la tyrannie de Spurius cette voie qu'il lui ferma.

L'exemple de Manlius Capitolinus a quelque

chose de plus frappant encore ; il prouve combien les plus belles qualités, les plus grands services rendus à l'état sont effacés par cette affreuse ambition de régner. On voit qu'elle eût sa source, chez Manlius, dans la jalousie qu'il conçut des honneurs accordés à Camille. Il fut tellement aveuglé par cette passion, que sans examiner l'état des mœurs de Rome, sans s'apercevoir que l'état sur lequel il avait à opérer n'était point encore apte à recevoir une forme de gouvernement vicieuse, il se mit à exciter des troubles contre le sénat et contre les institutions de son pays. C'est à cette occasion que se fit sentir l'excellence des lois et de la constitution de Rome. A l'instant de sa chute, pas un de ces nobles si ardents à se soutenir et à se défendre réciproquement entre eux ne fit un mouvement pour le servir ; pas un de ses parents ne fit une démarche en sa faveur ; et tandis que les autres accusés voyaient leur famille en deuil, les cheveux couverts de poussière et avec tout l'extérieur de la plus profonde tristesse, se montrer à côté d'eux pour exciter la commisération du peuple, Manlius ne vit aucun des siens paraître près de lui. Les tribuns si accoutumés à favoriser tout ce qui paraissait à l'avantage du peuple, et dont l'intérêt était d'autant plus marqué qu'il paraissait nuire à la noblesse, les tribuns, dans cette occasion, se réunirent aux nobles pour opprimer cet ennemi commun. Enfin le peuple qui, très-jaloux de son intérêt propre et passionné pour tout ce qui contrariait la noblesse, avait montré d'abord beaucoup de faveur à Manlius, au moment où celui-ci est cité par les tribuns qui portent sa cause à son tribunal, ce même peuple, de défenseur devenu juge, sans aucun ménagement, le condamne au dernier supplice.

J'avoue que je ne crois pas qu'il y ait dans l'histoire un seul fait qui prouve davantage l'excellence de la constitution romaine, que cet exemple où l'on voit un homme doué des plus belles qualités, un homme qui avait rendu les services les plus signalés et au public et aux particuliers, ne trouver personne qui fasse le plus petit mouvement pour embrasser sa défense. C'est que l'amour de la patrie avait dans tous les cœurs plus de pouvoir qu'aucun autre sentiment. Ayant plus d'égard aux dangers présents, auxquels l'ambition de

Manlius l'avait exposée, qu'à ses services passés, Rome ne vit que sa mort pour se délivrer de la crainte de ces dangers. « Telle fut, dit » Tite-Live, la fin de cet homme qui eût été » recommandable, s'il ne fût pas né dans un » pays libre. »

Sur ce fait deux considérations importantes : la première, c'est que dans une république corrompue, les moyens de parvenir à la gloire ne sont pas les mêmes que ceux qu'on suit dans une république dont la constitution se maintient; la seconde, qui rentre dans la première, c'est que les hommes dans leur conduite, et surtout dans les actions d'éclat, doivent examiner le siècle où ils vivent et s'accommoder au temps. Ceux qui s'en éloignent par un mauvais choix ou par quelque inclination naturelle, pour la plupart vivent malheureux; leurs actions ont une funeste issue; la prospérité accompagne au contraire ceux qui savent s'accommoder aux temps.

Sans contredit, d'après les paroles de notre historien, on peut conclure que si Manlius fût né aux temps de Marius et de Sylla où les cœurs étaient déjà corrompus, et où il eût pu les diriger d'après son ambition, il aurait eu les mêmes succès que Marius, Sylla et tous ceux qui depuis aspirèrent à la tyrannie. De même si Marius et Sylla fussent nés du temps de Manlius, leurs desseins eussent également été étouffés; car un homme peut bien par sa conduite et ses menées criminelles commencer à corrompre un peuple, mais il est impossible que sa vie soit assez longue pour qu'il puisse en recueillir le fruit; et quand bien même ce temps lui suffirait pour réussir, le caractère naturellement impatient des hommes, qui ne peuvent souffrir de retard dans leur jouissance, serait un obstacle à ses succès; en sorte que par trop d'empressement ou par erreur, on les verrait à contre-temps tenter leur entreprise et y échouer.

Il faut donc, pour usurper l'autorité dans un état libre et y établir la tyrannie, que déjà la corruption y ait fait des progrès, et que petit à petit, et de génération en génération, elle soit arrivée à un certain degré; or, tous les états sont nécessairement conduits vers ce point d'altération, quand de bons exemples ou de bonnes lois, comme nous l'avons dit plus haut, ne renouvellent pas, pour ainsi dire, la constitution et ne la ramènent pas à son principe.

Manlius eût donc passé pour un homme rare et infiniment recommandable, si le hasard l'avait fait naître dans un état corrompu. Ainsi tous ceux qui veulent faire quelque changement au gouvernement d'une république, soit en faveur de la liberté, soit en faveur de la tyrannie, doivent examiner attentivement quel est l'état où cette république se trouve, et juger par là de la difficulté de leur entreprise; car autant il est difficile et dangereux de vouloir rendre libre un peuple qui veut être esclave, autant il est difficile et dangereux de vouloir rendre esclave un peuple qui veut vivre libre.

Comme j'ai avancé ci-dessus que l'on devait, avant d'opérer, considérer la nature des temps dans lesquels on vit, et se conduire en conséquence, je vais développer plus au long cette maxime dans le chapitre suivant.

CHAPITRE IX.

Qu'il faut changer suivant les temps, si l'on veut toujours avoir des succès.

J'ai souvent observé que la cause du succès ou du non succès des hommes dépendait de leur manière d'accommoder leur conduite aux temps. On voit les uns procéder avec impétuosité, les autres avec prudence et circonspection; or, comme dans l'une et l'autre de ces marches, on ne suit pas la véritable route, on erre dans toutes les deux également. Celui qui se trompe le moins, et que la fortune seconde, est celui qui fait accorder, comme je l'ai dit, ses moyens avec le temps et les circonstances; mais on ne chemine jamais qu'entraîné par la force de son naturel.

Chacun sait avec quelle prudence, quel éloignement de toute impétuosité, de toute audace, Fabius Maximus conduisait son armée. Sa fortune voulut que son génie se trouva parfaitement d'accord avec les circonstances. En effet Annibal était arrivé jeune en Italie; il jouissait des premières faveurs du sort de la fortune, ayant déjà deux fois mis les Romains en déroute; cette république, se trouvant privée de ses meilleurs soldats, accablée de ses revers, ne pouvait que se féliciter d'avoir un général dont la lenteur et la circonspection arrêtât l'impétuosité de l'ennemi. De même Fabius ne pouvait trouver des circonstances plus favorables à son caractère, à son génie; or, c'est ce qui fut la cause de sa gloire. Veut-on avoir la preuve que Fabius se conduisit ainsi par caractère et non par choix; c'est que, incapable de changer de moyens et d'allure, il s'opposa fortement au dessein de Scipion qui proposait de passer en Afrique avec ces mêmes troupes, afin de terminer la guerre. En sorte que s'il eût été le maître, Annibal serait resté en Italie, faute de s'apercevoir que les temps étaient changés, et qu'il fallait changer aussi la manière de faire la guerre. Si Fabius eût été roi de Rome, celle-ci eût probablement succombé, parce qu'il n'aurait pas su plier sa conduite aux changements que les temps avaient éprouvés. Mais Rome était une république qui enfantait des citoyens de tous les caractères; et de même qu'elle produisit un Fabius, excellent lorsqu'il fallait traîner la guerre en longueur, de même elle produisit un Scipion lorsqu'il fut question de la terminer.

Ce qui assure aux républiques plus de vie, et une santé plus vigoureuse et plus longtemps soutenue qu'aux monarchies, c'est de pouvoir par la variété et la différence de génie de leurs citoyens, s'accommoder bien plus facilement que celles-ci aux changements que le temps amène. Un homme habitué à une certaine marche ne saurait en changer, comme nous l'avons dit; il faut nécessairement, quand les temps ne peuvent s'arranger avec ces principes, qu'il succombe. Pierre Soderini, que nous avons cité plusieurs fois, réglait sa conduite sur les principes de la douceur et de la bonté; il réussit et fit prospérer sa patrie, tant que les circonstances des temps se prêtèrent à ce régime modéré; mais, lorsqu'il arriva des époques où la patience et la modestie ne pouvaient convenir, il ne sut point changer de caractère; il se perdit, et perdit son pays. Le pape Jules II se livra pendant tout son pontificat à la fureur et à l'impétuosité de son caractère, et comme les circonstances s'accordaient à merveille avec cette façon d'agir, il réussit dans toutes ses entreprises; s'il était arrivé d'autres circonstances qui eussent demandé un autre génie, il se serait nécessairement perdu, parce qu'à coup sûr il n'eût changé ni de caractère, ni d'allure.

Deux choses s'opposent à de pareils changements : la première, c'est l'impossibilité où nous sommes de résister à la pente du naturel qui nous entraîne; la seconde, la difficulté de se persuader qu'après avoir eu les plus grands succès en se conduisant de telle manière, on pourra réussir également en suivant d'autres maximes de conduite; c'est ce qui fait que la fortune ne traite pas toujours également un homme; en effet, celle-ci change les circonstances, et lui ne change point sa méthode. Les états eux-mêmes périssent, comme nous l'avons expliqué plus haut, faute de changer comme les temps; mais ces changements sont plus lents dans les républiques, parce qu'ils s'y font plus difficilement. En effet, il faut qu'ils soient tels, qu'ils ébranlent l'état entier; et un homme seul, quel que soit son changement de conduite, ne suffit pas pour produire cet ébranlement.

Puisque nous avons fait mention de Fabius Maximus et de la manière dont il arrêta l'impétuosité d'Annibal, il me paraît à propos d'examiner, dans le chapitre suivant, si un général qui veut livrer bataille à quelque prix que ce soit peut y réussir, quoique le général ennemi se refuse à toute espèce d'action.

CHAPITRE X.

Qu'un général ne peut éviter une bataille, lorsque l'ennemi veut la livrer à quelque prix que ce soit.

« Cneus Sulpicius, nommé dictateur contre » les Gaulois, traînait la guerre en longueur, » n'osant se livrer au sort des combats contre » un ennemi dont le temps et le désavantage » du terrain détérioraient de jour en jour la » position. »

Quand une erreur est généralement adoptée par tous les hommes ou par la majeure partie d'entre eux, je crois que c'est faire une chose utile que de la réfuter souvent. Ainsi quoique je me sois élevé plusieurs fois contre notre habitude de nous éloigner des traces des anciens dans les objets importants, il ne me paraît pas inutile de me répéter ici. C'est surtout relativement à l'art de la guerre que nous devrions profiter de leurs principes; car on chercherait en vain dans nos armées une seule de ces maximes si fort appréciées chez eux.

Ce défaut vient de ce que les chefs des républiques et les princes ont abandonné à d'autres la conduite de leurs soldats, et pour éviter le danger se sont débarrassés de ce soin. Si l'on voit encore parfois quelques rois de notre temps marcher en personne, son exemple n'est pas capable de produire des changements qui méritent quelque éloge. Lorsqu'ils se montrent dans les camps, c'est plutôt pour y paraître avec pompe que pour un but utile. Encore ces princes, en se montrant quelquefois à leurs armées, en se réservant le titre du commandement, font-ils moins mal que les républiques, et surtout celles d'Italie, qui, obligées de s'en rapporter à autrui, et ne s'entendant à rien de ce qui tient à l'art militaire, veulent cependant, pour exercer la souveraineté, tout décider, et commettent les fautes les plus grossières. Quoique j'en aie relevé une infinité dans plusieurs endroits, je ne peux m'empêcher de parler d'une des plus importantes.

Lorsque ces princes lâches, ou ces républiques amollies, font partir un de leurs généraux, l'ordre le plus sage qu'ils croient pouvoir lui donner est de ne hasarder jamais de bataille, et de ne pas se laisser forcer à en venir à une action. Ils croient imiter par là la prudence du grand Fabius, dont la salutaire lenteur sauva la république romaine ; ils ne comprennent pas que la plupart du temps cette commission est inexécutable, ou qu'elle est dangereuse à remplir. Car on doit tenir pour assuré qu'un général qui veut tenir la campagne ne peut s'empêcher d'en venir aux mains avec un ennemi déterminé à combattre. Ainsi donner un tel ordre à un général, c'est lui enjoindre de livrer bataille à l'avantage de votre ennemi, et non au vôtre. Veut-on en effet tenir la campagne sans être obligé de se battre ; il faut mettre au moins cinquante milles entre l'ennemi et vous ; ensuite tellement éclairer sa marche et ses mouvements, que dès qu'il s'approche vous ayez le temps de vous éloigner. Le seul parti qui vous reste après celui-là est de vous enfermer dans une ville ; mais l'un et l'autre sont remplis d'inconvénients et de dangers. Si vous embrassez le premier, vous laissez le pays en proie au pillage ; et, certes, un prince courageux aimera mieux tenter le sort d'une bataille que de prolonger ainsi la guerre avec tant de désavantage pour ses sujets. Suivez-vous le second parti ; votre perte est inévitable, car en vous enfermant avec votre armée dans une ville, vous ne pouvez manquer d'être assiégé, et dans peu forcé par la famine de vous rendre. Ainsi éviter d'en venir aux mains par ces deux moyens est également dangereux.

Le parti que prit Fabius d'occuper des positions naturellement fortes, est bon, quand on a une armée assez courageuse pour que l'ennemi n'ose pas venir vous y attaquer. On ne peut pas dire que Fabius voulut éviter une bataille ; il voulait seulement la donner avec avantage. En effet si Annibal était allé le trouver, Fabius l'aurait attendu et aurait livré combat ; mais Annibal n'osa jamais livrer bataille de la manière qui eût convenu à Fabius ; ainsi l'un et l'autre évitaient également d'en venir aux mains. Si l'un des deux eût voulu combattre à tout prix, l'autre n'avait que trois partis à prendre : les deux dont nous avons déjà fait mention, et celui de la fuite.

La vérité de ce que j'avance se prouve par mille exemples ; mais la guerre des Romains contre Philippe de Macédoine, père de Persée, en fournit un des plus marquants. Philippe attaqué par les Romains résolut d'éviter le combat ; pour cela, voulant d'abord suivre l'exemple de Fabius, il se porta sur le sommet d'une haute montagne où il se fortifia extrêmement ; il se persuada que les Romains n'oseraient l'y attaquer. Mais ceux-ci l'y attaquèrent, l'en chassèrent, et l'obligèrent à fuir avec la plus grande partie de son armée. Ce qui le sauva et l'empêcha d'être entièrement défait, c'est que le pays était si mauvais, que les Romains n'osèrent l'y poursuivre.

Ainsi Philippe, déterminé à ne pas combattre, ainsi posté et campé près des Romains, se vit obligé de fuir devant eux. Ayant connu par expérience qu'il ne gagnerait rien à se tenir sur les hauteurs, et ne voulant pas se renfermer dans une place, il se détermina à suivre l'autre parti : celui de laisser entre eux et lui un intervalle de plusieurs milles ; en sorte que si les Romains étaient dans une province, il décampait dans une autre ; s'ils sortaient d'un pays, il y entrait. Mais voyant à la fin que cette manière de traîner la guerre en longueur ne faisait qu'empirer sa situation, et que son royaume et ses sujets étaient tour à tour dévastés par les ennemis et par lui, il se décida à tenter le sort des combats, et en vint à une affaire réglée.

Il est donc avantageux de ne pas combattre lorsqu'on a les avantages qu'avait l'armée de Fabius contre Annibal, ou, dans l'exemple actuel, celle de Sulpicius contre les Gaulois, c'est-à-dire lorsqu'on a une armée si redoutable, que l'ennemi n'ose venir vous attaquer dans vos retranchements, qu'il est sur votre territoire sans y être établi, de manière qu'il souffre pour ses subsistances. C'est alors un bon parti, parce que, d'après ce que remarque Tite-Live, « il est » utile de ne pas exposer sa fortune au sort » d'un combat, contre un ennemi dont le temps » et les désavantages du terrain, rendent la po- » sition tous les jours plus pénible. » Mais dans tout autre cas, on ne peut éviter d'en venir aux mains sans courir des dangers et sans se couvrir de honte ; fuir comme Philippe, c'est être vaincu ; c'est l'être même d'une manière d'autant plus humiliante, que vous avez moins fait preuve de courage. Si Philippe parvint à se sauver, c'est qu'il fut aidé par la nature du pays ; sans cette circonstance, lui comme tout autre eût été perdu sans ressource.

Personne ne refusera à Annibal d'avoir su parfaitement le métier de la guerre ; opposé à Scipion en Afrique, il eût prolongé la guerre, s'il eût trouvé de l'avantage à la prolonger ; et si, étant lui-même grand capitaine, il avait eu une excellente armée, il aurait fait ce que fit Fabius en Italie ; mais s'il ne le fit pas, on doit croire qu'il fut déterminé par des considérations importantes. En effet, un général qui se voit une armée composée de diverses nations, qu'il ne peut tenir longtemps rassemblée, soit par défaut d'argent, ou à raison du peu d'affection de ces peuples, serait un insensé de ne pas tenter la fortune avant que son armée se dissipe. Il est perdu s'il attend, ainsi il peut hasarder pour vaincre.

Mais ce qu'il doit surtout bien considérer, c'est que s'il faut qu'il perde une bataille, il doit du moins sauver sa gloire ; et certes, il y a bien plus de gloire à être accablé par la force qu'à l'être par tout autre motif ; ce fut ce qui détermina Annibal.

D'autre part, quand même Annibal eût voulu traîner la guerre en longueur, et que Scipion n'eût pas osé l'attaquer dans les lieux forts, le général romain, qui avait déjà vaincu Siphax, qui s'était rendu maître d'une grande partie de l'Afrique, n'éprouvait aucune privation ; il pouvait y rester et s'y maintenir avec autant de sûreté et de ressources qu'en Italie. Annibal n'était pas dans la même position par rapport à Fabius, ni les Gaulois par rapport à Sulpicius.

Un général peut d'autant moins éviter d'en venir aux mains, qu'il veut pénétrer dans le pays ennemi. Forcé de s'avancer, il ne peut s'empêcher de se battre quand l'ennemi vient à sa rencontre ; et s'il se retranche sous une ville, il s'impose bien plus encore la nécessité d'en venir aux mains. C'est ce qui est arrivé de nos jours à Charles, duc de Bourgogne, qui s'étant campé à Morat, y fut attaqué et battu par les Suisses. C'est ce qui arriva encore à cette armée française que les Suisses défirent à Novare où elle s'était retirée.

CHAPITRE XI.

Quiconque a de nombreux ennemis à combattre parviendra à les vaincre, quoiqu'il leur soit inférieur en force, s'il peut soutenir leur premier effort.

Les tribuns du peuple jouissaient à Rome d'une autorité très-étendue, mais nécessaire, comme nous l'avons dit plusieurs fois, pour mettre un frein à l'ambition des nobles, qui sans cela eût corrompu la république bien plus tôt encore qu'elle ne le fut. Néanmoins les institutions humaines recélant toujours en elles, ainsi qu'il a été observé ailleurs, quelque principe vicieux qui tend à faire naître des accidents imprévus, il est à propos d'obvier à cet inconvénient par des mesures nouvelles. Lorsque les tribuns abusèrent de leur pouvoir, et se firent redouter de la noblesse et de Rome entière, Appius Claudius, pour sauver la liberté qui était en péril, indiqua un moyen de se défendre de leur ambition. Comme il se trouvait toujours parmi eux quelque homme ou facile à intimider, ou corruptible, ou ami du bien public, il conseilla de l'opposer à ses collègues toutes les fois que ceux-ci voudraient faire passer quelque délibération contraire à la volonté du sénat. Cet expédient tempéra beaucoup une autorité aussi formidable, et fut longtemps utile à la république. C'est ce qui m'a fait penser que la présomption du succès est toujours en faveur de la puissance qui lutte seule contre plusieurs puissances réunies, quoique celles-ci lui soient supérieures en nombre et en force. Indépendamment de ce qu'il lui est plus facile qu'à elles de profiter d'une infinité de circonstances qui se présentent, elle trouvera toujours, avec un peu d'adresse, l'occasion de les affaiblir en faisant naître la division entre elles. Sans parler des exemples anciens qui seraient nombreux, je m'en tiens à ceux de notre temps. Toute l'Italie se ligua en 1484, contre les Vénitiens. Réduits aux dernières extrémités, ne pouvant plus tenir la campagne avec leur armée, ils surent gagner Louis Sforce, gouverneur de Milan, et faire avec lui un traité, par lequel non-seulement ils recouvrèrent les terres qu'ils avaient perdues, mais encore s'emparèrent d'une partie de la principauté de Ferrare. Leurs revers pendant la guerre se changèrent à la paix en avantages réels. On vit il y a peu d'années une ligue générale contre la France; mais l'Espagne s'en détacha avant la fin de la guerre, et traita avec cette puissance, ce qui obligea les autres confédérés à suivre bientôt son exemple.

Lors donc que plusieurs princes s'arment contre un seul, on doit présumer que ce dernier triomphera de leurs efforts, s'il a assez de talents militaires pour savoir soutenir le premier choc, et attendre les événements en gagnant du temps. S'il ne le sait point, il courra mille dangers. Les Vénitiens en sont la preuve. S'ils avaient pu, en 1508, arrêter l'armée française, et se procurer le temps d'attacher à leur parti quelques-uns de leurs ennemis, ils auraient échappé aux désastres qui les accablèrent; mais ils ne le purent pas, n'ayant point d'armées capables de leur rendre cet important service. Quand le pape eut recouvré ce qui lui appartenait, il entra dans leurs intérêts; l'Espagne en fit autant. Ces deux puissances leur auraient volontiers conservé leurs possessions en Lombardie contre l'invasion des Français, si elles l'avaient pu, afin d'empêcher la France de se rendre aussi formidable en Italie. Les Vénitiens devaient sacrifier une partie pour sauver l'autre. S'ils l'eussent fait avant la guerre, et au moment où ils n'y paraissaient point contraints,

c'eût été un parti très-sage, mais il devenait honteux, et d'un avantage peu certain, quand une fois la guerre fut commencée. Auparavant, peu de citoyens de Venise voyaient le péril; il y en avait encore moins qui vissent le remède, et personne n'était en état de donner un bon conseil.

Je reviens donc au principe de ce discours, en concluant, de l'exemple du sénat romain qui sauva la patrie de l'ambition des tribuns parce qu'ils étaient plusieurs : que tout prince attaqué par beaucoup d'ennemis fera échouer leurs projets, s'il vient à bout par une adroite politique d'introduire la mésintelligence parmi eux.

CHAPITRE XII.

Comment un habile général doit mettre ses soldats dans la nécessité de se battre, et procurer à ceux de l'ennemi tous les moyens de s'en dispenser.

Nous avons déjà montré combien les hommes tirent d'avantages de la nécessité, et combien d'actions glorieuses lui doivent leur origine. Sans elle, comme l'ont écrit quelques philosophes qui ont traité de la morale, les mains et la langue de l'homme, ces instruments si deffectifs de sa gloire, n'auraient développé qu'imparfaitement leurs facultés, et n'auraient point porté ses ouvrages à la hauteur et à la perfection à laquelle ils sont parvenus. Les anciens généraux d'armée, connaissant l'empire de cette nécessité et combien elle rendait leurs soldats déterminés à combattre, ne négligeaient aucun des moyens capables de leur faire sentir son puissant aiguillon. Ils faisaient d'un autre côté tout ce qui dépendait d'eux afin que l'ennemi ne fût jamais pressé par elle; combien de fois ne lui facilitaient-ils pas une retraite à laquelle ils auraient pu s'opposer, et qu'ils eussent soigneusement interdite à leurs troupes! Celui qui désire qu'une ville fasse une défense vigoureuse, qu'une armée se batte avec intrépidité, doit donc s'attacher surtout à placer les combattants sous l'invincible loi de la nécessité : c'est d'après elle qu'un habile général jugera du succès d'un siège qu'il veut entreprendre. Si la nécessité force les assiégés à se défendre, il doit regarder son entreprise comme très-difficile; mais s'ils n'ont que de faibles motifs de résistance, il comptera sur une victoire aisée. De là vient qu'il en coûte plus de peines pour soumettre un pays révolté, qu'il n'en a coûté pour le conquérir. N'ayant rien fait avant la conquête qui pût lui attirer un châtiment, il se rend sans inquiétude; mais après sa rébellion, le sentiment de son crime et la crainte d'en être puni rendent sa résistance plus opiniâtre.

On trouve aussi cet acharnement entre les princes et les états républicains voisins l'un de l'autre, et que des rivalités ou la soif de la domination rendent naturellement ennemis. L'exemple de la Toscane prouve que ces haines sont encore plus vives entre les républiques : il leur est plus difficile de se subjuguer à cause de l'émulation et de la jalousie dont elles sont réciproquement animées. En considérant les voisins de Florence et ceux de Venise, on ne s'étonnera point, comme le font plusieurs personnes, de ce que cette première ville a fait plus de dépenses et moins de conquêtes que l'autre. Les Vénitiens ont eu affaire à des voisins moins obstinés à se défendre, parce qu'ils étaient accoutumés à la domination d'un prince, et ne jouissaient point de la liberté. En effet, les peuples soumis au joug loin de redouter un changement de maîtres le désirent le plus souvent. Florence au contraire, environnée de villes libres, a trouvé beaucoup plus de difficultés à vaincre que n'en a trouvé Venise; celle-ci luttait à la vérité contre des voisins plus puissants, mais moins zélés pour leur défense.

Il me semble donc, pour rentrer dans mon sujet, qu'un capitaine qui assiége une place doit faire tous ses efforts pour affaiblir dans l'âme de ses défenseurs l'empire de la nécessité, et l'ardeur opiniâtre qu'elle inspire. S'ils craignent la vengeance, qu'il promette le pardon; s'ils sont inquiets sur leur liberté, qu'il se montre l'ennemi non du bonheur public, mais d'un petit nombre d'ambitieux qui le troublent. Ce moyen a souvent rendu le siège et la prise des villes plus faciles. De pareils artifices sont aisément appréciés, surtout par les gens sages, mais les peuples y sont toujours trompés. Aveuglés par l'espoir de la paix, ils ne voient point les piéges que l'on couvre du voile des promesses les plus séduisantes. Plusieurs cités sont tombées par cette voie dans la servitude. De nos jours, les Florentins, et dans les temps antérieurs, Crassus ainsi que son armée en furent les victimes. Il est vrai que ce général romain savait bien qu'il ne fallait point se fier aux promesses des Parthes, dont le but était d'ôter à ses soldats la nécessité de se défendre; mais il ne put les déterminer à se battre, comme on le voit dans l'histoire de sa vie, lorsqu'ils furent séduits par l'offre de la paix que leur faisaient leurs ennemis.

Les Samnites, infidèles aux traités, et dociles aux conseils de quelques ambitieux, se permirent des incursions et des pillages sur les terres des alliés des Romains. Ils envoyèrent ensuite à cette république des ambassadeurs pour offrir de rendre les objets enlevés, et de livrer les auteurs des désordres et du pillage. Leurs offres n'ayant point été admises, ces ambassadeurs revinrent dans leur patrie sans espoir d'accommodement. Alors Claudius Pontius, général de leur armée, fit voir dans un discours remarquable que les Romains voulaient absolument la guerre, et les réduisaient à la nécessité de la faire, malgré le désir qu'ils avaient de la paix. Il ajouta ces mots : « La » guerre est juste quand elle est nécessaire, » et le ciel doit favoriser les armes de ceux » qui n'ont plus d'espoir qu'en elle. » Cette nécessité lui faisait espérer la victoire, et ses soldats partageaient son sentiment.

Pour ne plus revenir sur ce sujet, je crois devoir citer les exemples les plus frappants tirés de l'histoire romaine. C. Manilius avait conduit son armée contre les Véiens : une partie des troupes de ceux-ci s'étant ouvert un passage dans ses retranchements, Manilius vola au secours des siens avec un détachement et fit fermer les issues de son camp. Les Véiens, se voyant alors dans l'impossibilité de se sauver, se mirent à combattre avec tant de fureur, qu'ils firent périr Manilius, et ils auraient détruit le reste de son armée, si un tribun n'avait eu la prudence d'ouvrir un passage à ces ennemis désespérés. On voit que les Véiens combattirent avec acharnement tant qu'ils y furent contraints par la nécessité; mais qu'aussitôt qu'une issue leur fut ouverte ils songèrent plutôt à fuir qu'à se battre.

Les Volsques et les Èques étaient entrés sur les terres des Romains; on envoya contre eux

les deux consuls. La bataille s'étant engagée,
l'armée des Volsques, commandée par Vetius
Messius, se trouva tout à coup renfermée entre
l'une des armées romaines, et ses propres retranchements occupés par l'autre; voyant qu'il
fallait ou périr ou se frayer une route le fer à
la main, Messius dit à ses soldats: « Suivez-
» moi; vous n'avez ni murs à escalader, ni fos-
» sés à franchir. Armés, vous n'avez à vaincre
» que des gens armés. Égaux en valeur, vous
» avez pour vous la nécessité, qui est *la*
» *dernière et la plus forte de toutes les ar-*
» *mes.* »

Tel est le nom que Tite-Live donne à la nécessité. Camille, le plus expérimenté des généraux romains, avait pénétré dans Véies avec
son armée. Afin de faciliter la prise de cette
ville, et lui ôter cette extrême nécessité de
se défendre, il ordonna, assez haut pour que
les Véiens pussent l'entendre, qu'on ne fît aucun mal à ceux qui seraient désarmés. Cet ordre ayant fait déposer les armes, la conquête
s'acheva presque sans effusion de sang. Plusieurs généraux imitèrent dans la suite l'exemple de Camille.

———

CHAPITRE XIII.

Qui doit inspirer plus de confiance ou d'un bon général
qui a une mauvaise armée, ou d'une bonne armée
commandée par un mauvais général.

Coriolan, exilé de Rome, se réfugie dans le
pays des Volsques d'où il revient à la tête d'une
armée pour se venger de ses concitoyens. Il se
retire ensuite, mais sa retraite est plutôt due à
sa tendresse pour sa mère qu'aux forces des Romains. « On reconnut alors, dit Tite-Live en cet
» endroit, que la république romaine était moins
» redevable de son agrandissement à la valeur
» de ses soldats, qu'à celle de ses généraux. »
Les Volsques, toujours vaincus jusque là, ne
furent vainqueurs que lorsqu'ils combattirent
sous les ordres de Coriolan.

Quoique Tite-Live avance ici cette opinion,
on voit cependant, dans plusieurs endroits de
son histoire, les soldats privés de général,
donner des preuves étonnantes de bravoure
et montrer après la mort des consuls plus d'ordre et d'intrépidité qu'auparavant. Ce fut ainsi

que l'armée des Romains en Espagne, lorsqu'elle eût perdu les deux Scipions qui la commandaient, sut non-seulement se sauver elle-
même par sa valeur, mais encore vaincre
l'ennemi et conserver cette province à la république.

En examinant ce sujet avec soin, on trouvera un grand nombre de batailles dont le succès est dû, tantôt à la seule valeur des soldats,
tantôt à celle des généraux, et on en conclura
probablement qu'ils ont besoin les uns des autres.

Mais on demande ce que l'on doit craindre
le plus, d'une bonne armée mal commandée,
ou d'un bon général qui n'a qu'une mauvaise
armée. En suivant le jugement de César, on
doit estimer bien peu l'un et l'autre. Lorsqu'il
alla en Espagne combattre Afranius et Pétréius,
qui avaient sous leurs ordres d'excellentes troupes, il dit « qu'il s'en inquiétait peu parce
» qu'il marchait contre une armée sans chef; »
désignant ainsi la faiblesse de ses généraux. Il
dit au contraire, quand il poursuivit Pompée
en Thessalie : « Je vais attaquer un chef sans
armée. »

On peut examiner une autre question ; savoir : s'il est plus aisé à un habile général de
former une bonne armée, qu'à celle-ci de former un bon général. Mais, par notre énoncé
même, ce problème n'offre point de difficulté;
car il est bien plus facile à beaucoup d'hommes
qui ont du mérite, d'en rencontrer ou d'en former un qui leur ressemble, qu'il ne l'est à un
seul d'en former plusieurs de ce genre. Lucullus
n'avait aucune expérience de la guerre lorsqu'il fut envoyé contre Mithridate. Placé à la
tête d'une bonne armée, qui avait déjà d'excellents officiers, il devint bientôt un habile
général. Les Romains, manquant de soldats,
armèrent une grande quantité d'esclaves, et
chargèrent du soin de les exercer Sempronius
Gracchus, qui en forma en peu de temps d'excellentes troupes. Lorsque Pélopidas et Épaminondas eurent, comme nous l'avons dit ailleurs,
affranchi Thèbes leur patrie du joug des Spartiates, ils firent bientôt des faibles Thébains
d'intrépides soldats, capables non-seulement
de résister aux Lacédémoniens, mais encore de
les vaincre.

Les choses paraissent donc égales des deux

côtés, puisqu'une armée et un général peuvent, d'après les faits cités, se rendre réciproquement à peu près les mêmes services. Cependant une bonne armée, qui n'a point à sa tête un chef en état de la diriger, devient ordinairement insolente et terrible à conduire. On peut le prouver par la conduite des troupes macédoniennes après la mort d'Alexandre, et par celle des soldats vétérans dans les guerres civiles des Romains. C'est ce qui me porte à croire que l'on doit compter beaucoup plus sur un général qui a le temps d'instruire des hommes, et la facilité de les armer, que sur des troupes sans discipline, et commandées par un chef qu'elles se sont donné tumultuairement.

Il faut donc décerner une double couronne aux généraux qui ont eu non-seulement à triompher des efforts de leurs ennemis, mais encore à former et à exercer leur armée, avant d'en venir aux mains avec eux. Ils ont fait éclater un double mérite dont la réunion est si rare, que beaucoup de guerriers auraient acquis bien moins de célébrité s'ils eussent t obligés d'en développer un semblable.

CHAPITRE XIV.

Effet que produisent au milieu d'une bataille des stratagèmes nouveaux et des paroles imprévues.

On a vu par une infinité d'exemples ce que peut un événement imprévu, causé par des choses nouvelles que l'on voit ou que l'on entend pendant une action dans la chaleur d'un combat ou d'une émeute; mais on peut citer surtout ce qui se passa dans la bataille des Romains contre les Volsques. Quintius voyant plier une aile de son armée, lui cria à haute voix de tenir ferme, parce que l'autre aile était victorieuse. Ces paroles ranimèrent le courage de ses soldats, et effrayèrent l'ennemi; Quintius fut vainqueur.

Si de tels discours font une grande impression sur des troupes bien disciplinées, ils en produisent bien plus encore sur une armée sans ordre, sans subordination, et elles suffisent quelquefois pour la mettre en déroute. Nous en avons eu de nos jours une preuve remarquable. Il y a quelques années, la ville de Pérouse était divisée par les factions des Oddi et des Baglioni. Les Oddi,

chassés de cette ville par leurs adversaires qui y dominaient, rassemblèrent une armée avec le secours de leurs amis. Secondés de leur partisans, ils viennent d'une de leurs terres voisines de Pérouse où ils s'étaient retirés, pénètrent de nuit dans cette ville, et, sans être découverts, s'avancent vers la place pour s'en rendre maîtres. Comme toutes les rues étaient fermées par des chaînes, leurs troupes se faisaient précéder d'un homme qui, avec une massue de fer, brisait ces barricades, afin que les chevaux pussent passer. Il ne restait plus à rompre que celle qui donnait sur la place; on criait déjà aux armes. Pressé par la foule qui le suivait, l'homme chargé de rompre ces chaînes, ne pouvant plus lever les bras ni se mouvoir à son aise, quelqu'un lui dit : *Reculez.* Ce mot *reculez* porté de rang en rang fait d'abord fuir les derniers ; tous les autres de proche en proche les imitent, et avec tant d'empressement, qu'ils se mettent d'eux-mêmes dans une déroute complète. C'est ainsi que le plus léger accident fit échouer le projet des Oddi. On doit en conclure que la discipline est nécessaire dans une armée, moins encore pour lui apprendre à combattre avec ordre, que pour l'empêcher de se rompre au moindre événement imprévu.

Une multitude tumultueuse est plus nuisible qu'utile à la guerre, parce que le plus léger bruit, un mot, un souffle, suffisent pour la mettre en désordre, et lui faire prendre la fuite. Un bon général doit donc s'appliquer surtout à bien désigner ceux qui recevront ses ordres pour les transmettre aux autres, et accoutumer ses soldats à n'écouter que les officiers chargés seuls de leur faire connaître ses volontés. L'inobservation de cette règle a souvent causé de grands malheurs.

Quant aux stratagèmes nouveaux, lorsque les armées sont aux prises, chaque général doit s'étudier à en inventer quelques-uns qui encouragent ses soldats, et portent l'effroi dans l'âme des ennemis. C'est un des moyens les plus efficaces d'obtenir la victoire. Sulpicius nous en offre un exemple. Ce dictateur, prêt à livrer bataille aux Gaulois, donna des armes à tous les valets qui se trouvaient dans son camp, les fit monter sur des mulets et d'autres bêtes de somme, ajouta des drapeaux aux armes qu'il leur avait données, afin qu'ils parussent être de la cavalerie; les plaça derrière une colline, en leur commandant de se découvrir et de se montrer à l'ennemi quand ils en recevraient l'ordre dans la plus grande chaleur du combat. Cet artifice remplit les vues de Sulpicius, et effraya tellement les Gaulois qu'ils perdirent la bataille.

Un bon général a donc deux choses à faire : la première est de tâcher de répandre l'alarme au milieu des ennemis par quelque ruse nouvelle; la seconde, de se tenir sur ses gardes afin de découvrir celles que l'ennemi pourrait employer contre lui, pour les rendre infructueuses. Le roi des Indes en usa ainsi avec Sémiramis. Cette princesse, voyant que le roi avait beaucoup d'éléphants, voulut lui montrer qu'elle n'était pas moins redoutable que lui de ce côté. Elle ordonna en conséquence qu'on en imitât un grand nombre avec des peaux de buffles et de vaches; elle chargea ces simulacres d'éléphants sur des chameaux, et les envoya en avant. Ce stratagème reconnu par le monarque indien devint non-seulement inutile, mais même préjudiciable à Sémiramis.

Le dictateur Mamercus faisait la guerre contre les Fidénates. Ceux-ci, pour effrayer l'armée romaine, firent sortir de leur ville, au plus fort de l'action, beaucoup de soldats portant des feux allumés au bout de leurs lances. Ils espéraient que les Romains, frappés de cette nouveauté, rompraient leurs rangs et se mettraient en désordre. Sur quoi il est bon d'observer ici que, lorsque de pareils piéges ont plus de réalité que de fiction, on peut avec assurance les étaler devant l'ennemi; le fort, comme on dit, pendant quelque temps emporte le faible; mais quand il s'y trouve plus de faux que de vrai, il est à propos, ou de ne les pas employer, ou de les tenir à une distance telle, qu'ils ne soient pas sitôt reconnus, comme le fit C. Sulpitius avec ses muletiers. Sans cela on découvre bientôt la faiblesse réelle cachée sous ces trompeuses apparences, qui se tournent alors contre vous, loin de vous servir. C'est ce qu'éprouva Sémiramis avec ses fantômes d'éléphants. Il en fut de même des feux des Fidénates : ils mirent d'abord un peu de trouble dans l'armée romaine, mais le dictateur étant accouru fit rougir ses soldats, en leur reprochant que la fumée les faisait fuir comme de vils animaux. « Retournez au combat, leur cria-t-il, et brûlez de

ses propres feux cette ville de Fidènes que vos bienfaits n'ont pu désarmer ». Ce reproche rendit inutile la ruse des Fidénates, et les Romains remportèrent la victoire.

————

CHAPITRE XV.

Il ne faut à une armée qu'un seul chef. Un plus grand nombre nuit.

Les Fidénates s'étant révoltés, massacrèrent la colonie que les Romains avaient envoyée dans leur ville. Pour tirer vengeance de ce sanglant outrage, les Romains créèrent quatre tribuns revêtus du pouvoir consulaire. Ils en retinrent un pour la garde de Rome; les trois autres eurent ordre de marcher contre les Fidénates et les Véiens. Ces chefs ne rapportèrent de cette expédition que le déshonneur, dont ils se couvrirent eux-mêmes par la mésintelligence qui les divisa. Cependant ils n'essuyèrent aucun échec, parce que la valeur de leurs soldats les en préserva. Les Romains instruits de ce désordre, eurent recours à la nomination d'un dictateur, afin qu'un seul chef rétablît le bon ordre que trois avaient renversé. On voit par là l'inutilité de plusieurs commandants dans une armée ou dans une ville assiégée. Tite-Live ne pouvait exprimer cette pensée plus clairement que par ces mots : « Trois tribuns investis du pouvoir consulaire, montrèrent combien il était inutile de confier le commandement de l'armée à plusieurs chefs; car divisés de sentiments, et chacun d'eux voulant faire prévaloir le sien, ils donnèrent lieu à l'ennemi de profiter de leur mésintelligence. »

Quoique cet exemple prouve assez l'inconvénient de la pluralité des chefs dans une armée, néanmoins pour mettre cette vérité dans un plus grand jour, j'en citerai encore d'autres, tirés des temps anciens et modernes. Lorsque Louis XII roi de France eut, en 1500, repris Milan, il fit passer ses troupes à Pise avec ordre de remettre cette ville aux Florentins, dont le gouvernement y envoya pour commissaires Jean-Baptiste Ridolfi et Luc-Antoine Albizzi. Comme Jean-Baptiste jouissait d'une grande réputation et était le plus âgé, Luc lui laissait le maniement de toutes les affaires; mais s'il ne développait pas son ambition en s'opposant aux vues de son collègue, il la faisait bien voir par son silence, son insouciance et l'air de mépris qu'il affectait pour tout ce qui se faisait. Inutile à l'armée soit pour l'action, soit pour le conseil, on eût cru qu'il n'avait aucun talent. Il prouva bientôt le contraire : quelque événement survenu ayant obligé Jean Baptiste de retourner à Florence, Luc resté seul déploya un courage, une habileté et une sagesse qui firent reconnaître en lui des qualités qui étaient demeurées ensevelies tant qu'il avait eu un collègue. Je veux encore citer à l'appui de ce sentiment le témoignage de Tite-Live. Cet historien, après avoir rapporté que les Romains envoyèrent contre les Èques Quintius et Aggrippa, ajoute que ce dernier pria son collègue de se charger seul de la conduite de la guerre, en lui disant : « Dans les affaires importantes, » il faut pour leur succès que la principale autorité réside en un seul. »

Nos princes et nos républiques modernes suivent une route opposée, en confiant à plusieurs commissaires ou à plusieurs chefs l'administration des lieux soumis à leur pouvoir, ce qui entraîne une confusion difficile à imaginer. On verrait, si l'on se donnait la peine d'y réfléchir, que telle est la principale cause des revers qu'éprouvent de notre temps les armées françaises et italiennes. Ces exemples doivent porter à conclure : qu'il vaut mieux mettre à la tête d'une expédition un seul chef d'une habileté ordinaire, que de la confier à deux hommes d'un grand mérite, en partageant également entre eux cette même autorité.

CHAPITRE XVI.

Dans les temps difficiles on recherche le mérite, mais quand tout est paisible, ce ne sont pas les hommes vertueux, mais ceux qui ont ou des richesses, ou des parents puissants, qui obtiennent le plus de faveur.

Les hommes d'un mérite extraordinaire ont toujours été et seront toujours négligés par les républiques dans les temps calmes. Jaloux alors de la réputation que ceux-ci se sont acquise par leurs vertus, les autres citoyens, pour la plupart, veulent être non-seulement leurs égaux, mais encore leur supérieurs. Thucydide, historien grec, en offre une preuve bien frappante. Cet écrivain dit que la république d'Athènes, après avoir obtenu l'avantage dans la guerre du Péloponèse, réprimé l'orgueil des Lacédémoniens et presque soumis la Grèce entière, fut tellement enflammée de la passion de la célébrité, qu'elle conçut le projet de s'emparer de la Sicile. Ce projet fut mis en délibération et souffrit de grandes difficultés. Alcibiade et quelques autres citoyens, dirigés par leur ambition plutôt que par des vues de bien public, l'appuyèrent, espérant que l'état leur en confierait l'exécution. Mais Nicias, l'un des citoyens les plus distingués d'Athènes, ne fut pas de cet avis; il crut que le moyen le plus propre à persuader le peuple devant lequel il parlait était de lui faire remarquer, qu'en s'opposant à cet entreprise, il travaillait contre son intérêt particulier, puisqu'il n'ignorait pas que beaucoup de citoyens, qui voulaient se montrer supérieurs à lui pendant la paix, n'oseraient pas même se montrer ses égaux si la guerre avait lieu.

On voit donc que c'est un vice ordinaire des républiques de faire peu de cas des gens de mérite, dans les temps de tranquillité : c'est pour ces hommes un double sujet de mécontentement, d'être privés du rang dont ils sont dignes, et de se voir associés, ou même subordonnés à des hommes d'une capacité inférieure, et fort au-dessous des places qu'ils occupent. Ce défaut des républiques y produit bien des maux. Les citoyens qui se sentent dépréciés si injustement, sachant que la prospérité et le calme dont jouit l'état, sont la cause de leur défaveur, suscitent des troubles et rallument le flambeau de la guerre, ce qui tourne toujours au détriment de la chose publique.

En réfléchissant aux moyens de remédier à ce mal, je crois en trouver deux. Le premier, serait d'entretenir les citoyens dans un état de pauvreté tel, qu'ils ne pussent, doués de richesses en même temps que de vertus, corrompre les autres et être eux-mêmes corrompus. Le second consisterait à diriger tellement ses vues du côté de la guerre, que l'on fut toujours dans la nécessité de la faire, et que l'on eût un besoin continuel des gens de mérite, comme il arriva à Rome dans ses commencements. Cette ville ne cessant point d'avoir des armées en campagne, offrait aux talents une carrière toujours verte. On ne pouvait ôter un emploi à celui qui méritait de le remplir, pour le donner à un autre qui en était indigne. Si on s'éloignait quelquefois de cette route par erreur ou dans le dessein de faire un essai, on y était promptement ramené par les désordres et le péril qui en résultaient. Mais les autres républiques qui sont différemment organisées, et qui ne prennent les armes que lorsqu'elles y sont contraintes, ne peuvent éviter cet inconvénient; tout, au contraire, les y fait tomber, et ce sera pour elles une source de calamités, toutes les fois que l'homme dont le mérite aura été méprisé sera sensible au plaisir de la vengeance, et aura de la considération et des partisans dans l'état. Rome s'en défendit pendant un certain temps; mais lorsqu'elle eut triomphé des Carthaginois et d'Antiochus, comme nous l'avons dit ailleurs, peu inquiète des autres guerres, elle crut pouvoir confier indifféremment la conduite de ses armées, non aux hommes les plus vertueux, mais à ceux qui avaient le mieux su se concilier la faveur populaire. Le consulat fut refusé plusieurs fois à Paul-Émile, et il ne l'obtint que lors de la guerre contre la Macédoine. Le danger de cette entreprise lui en fit déférer le commandement à l'unanimité.

Aucun citoyen de Florence ne s'était fait honneur dans les différentes guerres que cette ville eut à soutenir depuis 1494. Enfin, on en vit comme par hasard paraître un qui apprit de quelle manière on devait diriger les armées. Ce fut Antoine Giacomini. Tant que cette république eut des guerres périlleuses sur les bras, il ne trouva point de concurrents pour être commissaire ou chef des armées, et l'ambition des autres citoyens se tut; mais s'agissait-il d'une guerre qui promettait du crédit et des honneurs, sans présenter aucun danger, alors Giacomini avait tant de rivaux qu'il ne put même trouver une place parmi les trois commissaires choisis pour conduire le siège de Pise. En ne l'y envoyant point, on fit à l'état un mal qui peut n'être pas évident pour tous, mais qui n'en sera pas moins senti de ceux qui voudront y réfléchir. La ville de Pise, dénuée de munitions et de vivres, eût été bientôt forcée par un homme tel que Giacomini à se rendre à discrétion; mais elle sut profiter de la lenteur et de l'inexpérience de ceux qui dirigeaient ce siège pour le traîner en longueur, et fit acheter aux Florentins une conquête qu'ils devaient emporter de vive force. Certes, Antoine dut être très-sensible à cet outrage. Il fallait que sa patience et sa bonté fussent à toute épreuve, pour qu'il ne désirât point de s'en venger, soit par la ruine de l'état, s'il eût pu le faire, soit par la perte de quelques-uns de ses rivaux. Une république doit se mettre à l'abri d'un semblable danger, comme nous le montrerons dans le chapitre suivant.

CHAPITRE XVII.

Un état après avoir offensé un citoyen ne doit pas lui confier un commandement ou toute autre commission importante.

Une république doit avoir grand soin de ne pas confier à un citoyen grièvement offensé une commission importante. Claudius Néron va avec une partie de l'armée qu'il commandait contre Annibal, rejoindre dans la marche d'Ancône l'autre consul son collègue, et cela pour combattre Asdrubal, avant qu'il pût se réunir à ce premier général carthaginois. Le même Claudius Néron avait fait auparavant la guerre en Espagne contre ce même Asdrubal, et il avait réussi à le serrer de si près, lui et son armée, que ce général se trouvait réduit ou à combattre dans une position défavorable, ou à périr faute de subsistance; mais Asdrubal sut si bien l'amuser par des propositions d'accommodement, qu'il sortit de ce mauvais pas, et enleva à Claudius l'occasion qu'il avait eue de le perdre. Quand cette nouvelle parvint à Rome, le sénat et le peuple furent irrités contre Claudius. On se répandit contre lui en propos injurieux qui, en flétrissant son honneur, le remplirent d'indignation. Élevé depuis à la dignité de consul, et envoyé contre Annibal, il prit le parti périlleux dont nous venons de parler. En apprenant sa marche, Rome fut mécontente et inquiète jusqu'à l'instant où elle fut informée qu'il avait remporté la victoire sur Asdrubal. Interrogé dans la suite sur les motifs d'une résolution si hasardeuse, où il avait exposé, sans nécessité, la liberté de Rome, Claudius Néron répondit qu'il l'avait prise, bien assuré, ou d'effacer par le succès la tache que sa réputation avait reçue en Espagne, ou de se venger, s'il échouait dans son dessein, de la ville et des citoyens qui l'avaient offensé avec autant de cruauté que d'ingratitude.

Par l'impression que fit une telle injure sur un Romain, dans un temps où cette république n'était pas encore corrompue, on peut juger de l'effet qu'elle produirait sur le citoyen d'un état où les vertus seraient moins en honneur. L'on ne peut apporter de remèdes certains à de semblables maux qui se manifestent dans les républiques; il en résulte qu'il est impossible d'organiser un état de cette nature, de manière à perpétuer sa durée, parce que mille accidents imprévus concourent à sa ruine.

CHAPITRE XVIII.

Le plus grand talent d'un habile général est de savoir deviner les desseins de l'ennemi.

Épaminondas, général thébain, disait que la chose la plus nécessaire et la plus utile à un commandant d'armée était de connaître les intentions et les projets de l'ennemi. Plus une telle connaissance est difficile à acquérir, plus celui qui en vient à bout mérite d'éloges. Il est quelquefois plus aisé de découvrir les desseins de l'ennemi que de savoir ce qu'il fait, et plus difficile de savoir ce qu'il fait dans le moment et à peu de distance, que ce qui se passe dans l'éloignement. Il est arrivé plusieurs fois qu'après une bataille qui avait duré une journée entière, le vainqueur se croyait vaincu, et celui-ci se croyait vainqueur. Cette erreur a fait prendre des déterminations qui ont causé la perte de ceux qui les prenaient; c'est ainsi que s'est consommée celle de Brutus et de Cassius. L'aile commandée par le premier était victorieuse. Cassius, qui l'ignorait, se voyant vaincu, pensa que toute l'armée avait eu le même sort. Cette erreur le mit au désespoir, et il se tua lui-même.

Nous avons vu un exemple à peu près de ce genre à la bataille de Marignan, gagnée par François Ier, roi de France, contre les Suisses. La nuit étant survenue, ceux des Suisses qui n'avaient pas été entamés se crurent vainqueurs, parce qu'ils ignoraient que le reste de leur armée avait péri ou était en déroute.

Cette erreur les porta à attendre le lendemain matin pour engager de nouveau un combat qui leur fut si désavantageux, qu'ils ne purent eux-même se sauver. L'armée du saint-siége et de l'Espagne, trompée par eux, pensa y trouver sa perte; à cette fausse nouvelle, elle avait passé le Pô. Si elle se fût avancée, elle eût été faite prisonnière par les Français, qui avaient remporté la victoire.

L'armée des Romains et celle des Èques tombèrent dans la même erreur. Le consul Sempronius ayant attaqué ces derniers, la bataille dura toute la journée avec des succès divers de part et d'autre. A la nuit, chaque armée à moitié vaincue ne songea point à retourner dans son camp, et se retira sur des hauteurs voisines, pensant y être plus en sûreté. L'armée romaine se divisa en deux: une partie suivit le consul, et l'autre un centurion nommé Tempanius, dont la valeur avait dans ce combat sauvé les Romains d'une défaite entière. A la pointe du jour, le consul, sans rien savoir de ce qui se passait chez l'ennemi, se met en marche vers Rome: les Èques s'en retournent aussi. Dans la persuasion que l'ennemi était vainqueur, chacun cherchait à se retirer et se mettait peu en peine d'abandonner son camp. Tempanius, qui faisait aussi sa retraite avec l'autre partie de l'armée romaine, apprend, par quelques blessés de celle des Èques, que ceux-ci ont abandonné le leur; frappé de cette nouvelle, il rentre dans le camp des Romains qu'il sauve, il va ensuite piller celui des Èques, et revient triomphant dans Rome.

Cette victoire, comme on le voit, fut pour celui qui fut informé le premier du désordre de l'ennemi. Ceci nous prouve que deux armées qui se battent l'une contre l'autre peuvent être également maltraitées; la victoire dans ce cas restera à celui qui sera le premier informé du mauvais état dans lequel se trouve son ennemi. Je vais en citer un exemple domestique et récent. Les Florentins, en 1498, serraient de près la ville de Pise avec une armée nombreuse; les Vénitiens, qui l'avaient prise sous leur protection, ne voyant pas d'autre moyen de la sauver, résolurent de faire une diversion en attaquant les terres des Florentins avec d'autres troupes. Après en avoir rassemblé un corps considérable, ils pénètrent dans le Val di Lamona, s'emparent de Borgo di Marradi, et assiégent la forteresse de Castiglione qui le domine par sa position sur la colline. Instruits de cette expédition, les Florentins se décident à secourir Marradi, sans diminuer l'armée qu'ils avaient devant Pise; ils lèvent de nouvelles troupes d'infanterie et de cavalerie, les envoient de ce côté sous les ordres de Jacques d'Appiano, seigneur de Piombino, et du comte Rinuccio de Marciano. Ces troupes s'étant avancées sur la montagne qui domine Marradi, les Vénitiens levèrent le siége de Castiglione et se retirèrent dans Marradi. Les deux armées restèrent en présence pendant quelques jours; mais le défaut de vivres et d'autres provisions se faisant sentir, et chacun craignant de commencer l'attaque contre son ennemi dont il ignorait le mauvais état, prit la résolution de se retirer dans la matinée du lendemain. Les Vénitiens devaient aller du côté de Berzighella et de Faënza, et les Florentins vers Casaglia et Mugello. Le matin du jour suivant chacun se mit en mouvement; on avait déjà commencé à faire partir les bagages. Une femme, que sa vieillesse et sa pauvreté mettaient au-dessus de toute inquiétude, était sortie par hasard de Marradi pour venir voir des parents qu'elle avait dans l'armée des Florentins; lorsqu'elle y fut arrivée, elle apprit à leurs généraux la retraite des Vénitiens. Enhardis par cette nouvelle, ces officiers changèrent de résolution, et se mirent à la poursuite de l'ennemi, comme s'ils l'eussent forcé à se retirer; ils firent savoir ensuite à Florence qu'ils avaient repoussé les Vénitiens et obtenu sur eux tous les honneurs de la guerre. Ils ne durent cependant cette victoire qu'au bonheur d'avoir connu les premiers ce qui se passait chez l'ennemi; si les Vénitiens l'avaient su avant les Florentins, ils auraient été vainqueurs comme eux.

CHAPITRE XXIX.

Les voies de la douceur sont-elles préférables aux voies de la rigueur pour gouverner la multitude.

Pendant que Rome était en proie aux dissensions des nobles et du peuple, il survint une guerre; la république fit alors sortir Quintius et Appius Claudius à la tête de ses armées. Appius, naturellement cruel et dur dans le commandement, fut mal obéi de ses soldats, ce qui le contraignit à s'enfuir de sa province, comme s'il eût été vaincu. Quintius sut se faire obéir des siens par sa douceur et son affabilité, et il revint victorieux. Il semblerait de là qu'il vaut mieux gouverner un grand nombre d'hommes réunis avec des manières douces et affectueuses, qu'avec hauteur et dureté. Cependant Tacite, suivi en cela par plusieurs autres écrivains, manifeste une opinion contraire, lorsqu'il dit : « Pour régir la multitude, on doit » employer la sévérité plutôt que la douceur. »

Je crois que pour concilier ces deux sentiments, il faut examiner si vous avez à gouverner des hommes qui soient vos égaux ou vos sujets : s'ils sont vos égaux, vous ne pouvez vous borner aux voies de rigueur, ni à cette sévérité dont parle Tacite. Comme le peuple romain partageait la souveraineté avec la noblesse, un citoyen revêtu d'une autorité temporaire ne pouvait le conduire avec rudesse et dureté. On a souvent vu ceux des généraux romains qui se faisaient aimer de leurs soldats par la douceur de leur commandement, obtenir plus de succès que ceux qui ne leur inspiraient que de la crainte, à moins que ces derniers n'eussent d'ailleurs toutes les vertus qui firent pardonner à Manlius Torquatus son excessive sévérité. Quant à celui qui commande à des sujets tels que ceux dont parle Tacite, il doit user de sévérité plutôt que de douceur, pour prévenir l'insolence, et les empêcher de fouler aux pieds une autorité trop débonnaire; mais cette sévérité elle-même doit être tempérée de manière à éviter d'exciter la haine; car un prince ne gagne jamais rien à se faire haïr. Pour ne point faire naître cette haine, il doit respecter les propriétés de ses sujets; je ne dis pas leur sang, car jamais un prince auquel une cupidité féroce ne conseille pas le meurtre ne désire verser le sang, à moins d'y être contraint, et cette nécessité se présente rarement; mais l'envie de le répandre et les prétextes pour le faire ne lui manquent jamais quand le goût et l'espoir de la rapine le dominent; nous l'avons amplement démontré dans un de nos discours sur ce sujet. Ainsi Quintius est plus digne d'éloges qu'Appius, et l'opinion de Tacite ne peut être admise qu'en la resserrant dans de justes bornes, et en évitant d'en faire, comme Appius, une fausse application.

Puisque nous traitons des effets de la rigueur et de l'indulgence; il ne me semble point inutile de rappeler qu'un trait d'humanité eut plus de pouvoir que les armes sur l'esprit des Falisques.

CHAPITRE XX.

Un trait d'humanité fit plus d'impression sur les Falisques que toute la puissance des Romains.

Pendant que Camille était avec son armée auprès de la ville des Falisques, dont il faisait le siége, un maître chargé de l'éducation des enfants les plus distingués de la noblesse de cette ville crut pouvoir s'attirer, par une perfidie, la bienveillance de ce général et celle du peuple romain. Étant donc sorti de la ville avec ses élèves, sous prétexte de leur faire prendre de l'exercice, il les conduisit dans le camp, et les présenta à Camille, en lui disant : « qu'il » remettait entre ses mains des otages avec » lesquels il forcerait facilement la ville à se » rendre. » Non-seulement ce célèbre Romain n'accepta point son offre, mais il fit encore dépouiller ce traître de ses vêtements, lui fit lier les mains derrière le dos, le livra ensuite à ces enfants, et leur ordonna de le reconduire dans la ville en le frappant avec les verges qu'il leur avait fait distribuer à cet effet. Quand les Falisques surent ce qui venait de se passer, ils furent si touchés de la vertu et de l'humanité de Camille, qu'ils se décidèrent sur-le-champ à lui ouvrir les portes de leur ville, sans vouloir se défendre plus longtemps.

Cet exemple prouve qu'un trait d'humanité et de bienfaisance a quelquefois beaucoup plus d'empire sur l'esprit des hommes qu'une action marquée au coin de la violence et de la cruauté. Il prouve aussi que des provinces, des villes que les armes, l'appareil menaçant des machines de guerre, et le déploiement de toutes les forces humaines n'ont pu subjuguer, sont souvent vaincues par un acte d'humanité, de sensibilité, de respect pour les mœurs, ou de générosité. L'histoire en offre beaucoup d'autres exemples. Les armes des Romains ne pouvaient chasser Pyrrhus de l'Italie; Fabricius en lui dévoilant la perfidie de son médecin, qui avait offert aux Romains de l'empoisonner, l'en fit sortir par ce trait de grandeur d'âme. La prise de Car-

thagène ne fit point à Scipion l'Africain tant d'honneur en Espagne que l'exemple de continence qu'il y donna; en rendant à son mari une jeune et belle princesse dont il avait respecté l'innocence : cette action lui gagna tous les cœurs dans cette contrée. On voit aussi dans l'histoire que les peuples désirent vivement retrouver ces vertus dans les grands hommes; qu'elles sont l'objet de tous les éloges des écrivains, de ceux qui composent la vie des princes, et de ceux qui leur tracent des plans de conduite. Xénophon, entre autres, s'applique avec le plus grand soin à nous faire sentir combien l'affabilité, l'humanité de Cyrus, son constant éloignement pour la hauteur, la cruauté, la débauche et pour tous les vices propres à déshonorer l'homme, lui acquièrent de réputation, de vraie gloire et de triomphes. Cependant comme Annibal avec une conduite tout opposée se fit un nom célèbre et remporta de grandes victoires, il me semble à propos d'examiner dans le chapitre suivant, quelle en fut la cause.

CHAPITRE XXI.

Pourquoi Annibal, avec une conduite opposée à celle de Scipion, eut en Italie les mêmes succès que ce général romain en Espagne.

Je pense que l'on pourra s'étonner de voir quelques généraux obtenir, en suivant une route bien différente, les mêmes résultats que ceux qui se sont conformés aux règles dont nous venons de faire l'éloge. Il semble donc que la victoire ne dépend pas de telle ou telle conduite, et que les vertus louées dans le discours précédent ne rendent ni plus heureux, ni plus puissant, puisque la gloire et la réputation sont quelquefois le prix des vices contraires. Revenons au parallèle des deux hommes déjà cités, pour mieux éclaircir ma pensée.

Scipion, dès son entrée en Espagne, s'attacha ce pays par son humanité et se fit chérir et respecter des peuples de cette province; Annibal au contraire se comporta en Italie avec violence, cruauté et avarice; il y déploya tous les genres de perfidie. Cependant il y obtint les mêmes succès que Scipion avait obtenus en Espagne. Les villes, les peuples entiers de cette contrée se révoltèrent pour embrasser son parti.

En recherchant les causes de cette différence, on en trouve plusieurs, puisées dans la nature même des événements de ce genre. La première est fondée sur l'amour des hommes pour la nouveauté. Cette passion agit le plus souvent avec autant d'activité sur ceux dont le sort est heureux que sur ceux qui souffrent de leur position; car, comme nous l'avons dit, et avec vérité, les hommes se lassent du bien-être, comme ils s'affligent d'une situation contraire. Cette disposition des esprits fait donc, pour ainsi dire, tomber toutes les barrières devant celui qui, dans tout pays, les met à la tête d'un changement. S'il vient du dehors, on court au-devant de lui; s'il est du pays on l'environne, on grossit, on favorise son parti; quelles que soient sa marche et sa conduite, il fait des progrès rapides. En second lieu, deux grands mobiles font agir les hommes, l'amour et la crainte; en sorte que celui qui se fait aimer prend autant d'empire sur eux que celui qui se fait craindre. Souvent aussi la crainte rend leur soumission plus prompte et plus assurée. Le choix entre ces deux moyens importe donc peu à un général, pourvu qu'il soit assez courageux et assez habile pour se faire un grand nom parmi les hommes. Quand cette valeur et ce talent sont aussi supérieurs que l'étaient ceux d'Annibal et de Scipion, ils couvrent toutes les fautes que l'on peut commettre par un excès de douceur ou par un excès de sévérité.

L'envie d'inspirer de l'amour ou de la crainte, portée au-delà de ses justes bornes, peut produire beaucoup de maux et mener un prince à sa perte. Celui qui porte trop loin le désir de se faire aimer arrive bientôt au mépris, s'il dévie tant soit peu de la véritable route. La haine poursuit sans relâche celui qui est trop ardent à se faire craindre. S'il fait un faux pas, elle l'atteint sur-le-champ. Il n'est point donné à notre nature de pouvoir tenir exactement un juste milieu. Tout excès d'un côté ou de l'autre doit donc être racheté par un talent supérieur, tels qu'en étaient doués Annibal et Scipion; encore voyons-nous que la conduite de ces deux généraux leur valut à tous deux et tour à tour, et des disgrâces et des succès. Nous avons parlé de leurs succès, passons aux disgrâces qu'ils éprouvèrent,

Scipion eut le malheur de voir en Espagne ses soldats et une partie de ses alliés se révolter contre lui: cela vint uniquement de ce qu'il ne leur inspirait aucune crainte, car il y a dans les hommes une humeur inquiète qui est telle, que si l'on ouvre la plus petite porte à leur ambition, ils oublient à l'instant toute leur affection pour un prince que sa bonté leur avait fait chérir. Tel fut l'exemple que donnèrent les troupes et les alliés de Scipion, qui fut forcé, pour arrêter le mal, de recourir à ces voies de rigueur pour lesquelles il avait montré tant d'éloignement. Quant à Annibal, il ne paraît pas que sa cruauté et son peu de foi lui aient attiré des revers particuliers; mais on doit présumer que la ville de Naples, ainsi que plusieurs autres, ne demeurèrent fidèles aux Romains que par la peur qu'elles eurent de lui d'après cette réputation. Il est au moins bien certain que cela fit concevoir au peuple romain plus de haine pour lui, que pour aucun autre de ses ennemis. Rome, qui avait révélé à Pyrrhus, lors même qu'il était encore en Italie avec son armée, l'offre faite par son médecin, de l'empoisonner, poursuivit Annibal errant et désarmé avec tant d'acharnement, qu'elle le contraignit à se donner la mort. Il est vrai que si l'impiété, la perfidie et la cruauté d'Annibal, eurent pour lui des suites si funestes, il leur dut aussi un avantage très-grand et admiré par tous les historiens: celui de n'avoir vu s'élever dans une armée composée d'hommes de tant de nations différentes, ni dissensions entre eux, ni séditions contre leur chef. Cet ordre n'était dû qu'à la crainte générale qu'il inspirait; elle était si grande dans l'ame de ses soldats, que jointe à sa haute réputation, elle étouffait parmi eux jusqu'à l'idée d'une division ou d'un soulèvement.

Je pense donc qu'il doit être à peu près indifférent qu'un général emploie l'un ou l'autre des ces deux moyens, pourvu qu'il ait des qualités capables de tempérer l'effet des excès qu'il pourrait s'y permettre. Ce qui a été dit montre que tous les deux ont leurs défauts et leurs dangers, si l'on n'est pas soutenu par un talent supérieur.

Après avoir prouvé que les vertus estimables de Scipion et les actions odieuses d'Annibal produisirent les mêmes résultats, je crois devoir parler de deux citoyens romains qui acquirent également de la gloire avec une conduite différente, mais toujours digne d'éloges.

CHAPITRE XXII.

Comment la sévérité de Manlius Torquatus et la douceur de Valérius Corvinus les couvrirent également de gloire.

Rome eut en même temps deux guerriers célèbres, Manlius Torquatus et Valérius Corvinus. Également distingués par leur bravoure, leurs triomphes et leur réputation, ils durent ces avantages à une conduite égale contre l'ennemi, mais très-différente envers leurs armées. Manlius, toujours sévère, exigeait sans cesse des travaux pénibles de ses soldats. Valérius plein de douceur et d'affabilité commandait aux siens avec la bonté d'un père. Pour rendre les soldats obéissants, le premier fit périr son propre fils, l'autre ne fit jamais de mal à personne. Avec des manières si différentes, ils obtinrent les mêmes succès contre l'ennemi, en faveur de la république et pour leur intérêt particulier. Ils n'éprouvèrent jamais de la part de leurs soldats ni refus de combattre, ni soulèvement, ni opposition à leurs volontés, quoique Manlius commandât avec tant de dureté que l'on donnait le nom de *Manliana imperia* à tous les ordres qui se faisaient remarquer par une excessive sévérité. Il faut examiner pourquoi Manlius fut si rigide et Valérius si doux ; comment des chemins si opposés les menèrent au même but ; et quel est celui que l'on doit imiter pour suivre la route la meilleure et la plus avantageuse.

Si l'on observe bien le caractère de Manlius depuis l'instant où Tite-Live commence à parler de lui, on reconnaîtra que c'était un homme rempli de courage, de tendresse pour son père ainsi que pour sa patrie, et de respect envers ceux qui étaient au-dessus de lui. Ces vertus éclatèrent dans la défense de son père contre un tribun, dans son combat particulier avec un Gaulois dont il triompha, et dans ces paroles qu'il adresse au consul avant ce combat : « Je ne combattrai jamais l'ennemi sans vos » ordres, quand même je serais assuré de la » victoire. Un homme de ce caractère, parvenu au commandement, désire trouver des hommes qui lui ressemblent. Ses ordres, et la manière dont il en exige la stricte exécution,

portent l'empreinte de la vigueur de son âme. C'est une règle certaine, que celui qui donne des ordres sévères doit les faire exécuter avec rigidité ; autrement on le trompera. Observons à ce sujet que pour être obéi, il faut savoir commander ; ceux-là le savent qui, après avoir comparé leur force à celle de leurs inférieurs, commandent lorsqu'ils y trouvent les rapports convenables, et s'en abstiennent dans le cas contraire. Pour conserver le pouvoir dans une république par des voies de rigueur, il faut, disait un sage, que la force qui comprime soit en proportion avec celle qui est comprimée : cette autorité violente pourra se soutenir si la proportion existe ; mais on doit craindre chaque jour son renversement, si l'opprimé a plus de force réelle que l'oppresseur.

Revenons à ce qui fait la matière de ce discours. Il faut avoir l'âme forte pour donner des ordres qui portent ce caractère de vigueur, et alors on ne peut employer des moyens de douceur pour les faire exécuter ; celui qui n'a point cette trempe d'âme vigoureuse ne doit rien ordonner d'extraordinaire. En suivant la route commune, il se livrera sans péril à son penchant pour la douceur ; car les punitions ordinaires ne sont pas imputées à ceux qui commandent, mais aux lois et à la nécessité d'entretenir le bon ordre. On doit donc croire que Manlius fut forcé à tant de rigueur par l'excessive sévérité dans le commandement à laquelle le portait son caractère. Cette sévérité est utile à une république, parce qu'elle la ramène aux principes de son institution et à son antique vertu. Un état républicain ne craindrait jamais de périr, s'il était assez heureux, comme nous l'avons déjà dit, pour trouver souvent un homme qui, par son exemple, rendît à ses lois leur première vertu, et qui non-seulement l'empêchât de courir à sa décadence, mais encore le ramenât en sens contraire. Manlius contribua à retenir la discipline militaire dans Rome, par la rigidité avec laquelle il remplissait ses fonctions de général. Il obéissait d'abord à l'impulsion irrésistible de son naturel, et ensuite au désir d'assurer l'observation exacte de ce que ce naturel lui avait fait ordonner. Valérius de son côté pouvait s'abandonner à sa bonté naturelle, parce qu'il n'exigeait de ses soldats que de remplir des devoirs auxquels les armées étaient accoutumées. L'observation de cette discipline sagement réglée suffisait pour lui faire honneur, sans que ses soldats en fussent fatigués. Il n'était point obligé de punir, parce qu'il n'y avait point d'infracteurs de ces règles, et quand il s'en serait trouvé quelques-uns, on aurait attribué la punition aux lois faites pour maintenir l'ordre, et non à la dureté de celui qui commandait, ainsi que nous l'avons déjà observé. Valérius pouvait donc se livrer à son penchant pour la douceur de la manière la plus propre à lui réussir vis-à-vis de ses soldats et à les rendre contents. Voilà comme ces deux généraux, également obéis, parvinrent au même but par des routes différentes. En voulant les imiter, on s'expose à encourir la haine ou le mépris par ces excès auxquels une grande supériorité peut seule remédier, comme nous venons de le remarquer à l'occasion d'Annibal et de Scipion.

Il nous reste à examiner quelle est la plus louable de ces deux manières d'agir. Les éloges que les écrivains donnent à l'une et à l'autre me font penser que ce ne peut être l'objet d'une discussion. Néanmoins ceux qui tracent un plan de conduite pour un prince se rapprochent plus de Valérius que de Manlius. En rapportant plusieurs exemples de la bonté de Cyrus, Xénophon, que j'ai déjà cité, ne s'éloigne point de ce que Tite-Live dit de Valérius. Nommé consul pour marcher contre les Samnites, ce célèbre Romain, à la veille de livrer bataille, parla à ses soldats avec cette cordialité qui se reproduisait dans toute sa conduite. Après avoir rapporté son discours, Tite-Live ajoute : « Jamais général ne fut plus familier avec ses soldats. » Valérius partageait sans répugnance tous les » travaux militaires avec les derniers de l'armée. Dans ces exercices guerriers où l'on se » plaît à faire assaut de force et de vitesse, vainqueur ou vaincu, il conservait toujours le » même visage, la même affabilité. Jamais il ne » se refusait à se mesurer avec le premier qui » se présentait. On remarquait dans ses actions » une bonté qui ne fut jamais déplacée, et dans » ses discours autant d'égard pour la liberté » d'autrui que pour sa propre dignité. On le » retrouvait dans l'exercice des magistratures, » tel qu'il était en les sollicitant ; ce qui caractérise le mieux le véritable ami d'un gouvernement populaire. »

Cet historien ne donne pas moins d'éloges à Manlius, pour l'acte de sévérité par lequel il fit périr son fils, ce qui rendit l'armée si docile aux ordres du consul, que Rome lui dut sa victoire sur les Latins. Il s'étend sur ses louanges avec tant de complaisance, qu'après avoir retracé le plan de cette bataille, les périls auxquels les Romains furent exposés, les obstacles qu'ils eurent à vaincre, il conclut que Rome fut redevable de ce triomphe au seul mérite de Manlius. En comparant les forces de deux armées, il dit « que la victoire était assurée à celle » qui avait Manlius pour général. »

Ainsi, en consultant l'opinion des écrivains sur le sujet que nous traitons, il serait difficile de fixer notre jugement. Cependant, pour m'arrêter à quelque détermination, je dis que la conduite de Manlius me paraît plus digne d'éloges, et moins dangereuse dans un citoyen qui vit sous les lois d'une république ; elle tourne entièrement à l'avantage de l'état et ne peut jamais favoriser l'ambition particulière ; car en agissant ainsi on ne se fait point de créature. Sévère à l'égard de chacun, attaché uniquement au bien public, ce n'est point par de tels moyens qu'on s'attire de ces amis particuliers, que nous avons appelés plus haut des partisans. Ainsi une république doit regarder une pareille conduite comme très-louable, puisqu'elle ne peut avoir que l'utilité commune pour but, et qu'elle ne peut être soupçonnée de frayer une route à l'usurpation de la souveraineté.

On doit porter un jugement opposé sur la manière d'agir de Valérius. Quoiqu'elle ait le même effet quant au service public, elle doit inspirer des méfiances, et faire craindre que l'affection particulière qu'elle attire au général de la part de ses soldats, n'ait des suites funestes pour la liberté s'il restait longtemps à la tête des troupes. Si l'affabilité de Valérius n'eût aucun de ces dangereux résultat, c'est que les Romains n'étaient pas encore corrompus, et qu'il ne fut chargé du commandement ni à perpétuité, ni même pendant un long espace de temps.

Mais s'il était question de former un prince, comme dans Xénophon, nous prendrions Valérius pour modèle et non Manlius ; parce qu'un prince doit avoir en vue l'obéissance et l'amour de ses soldats ainsi que de ses sujets. Son exactitude à suivre les lois, l'opinion qu'on a de ses vertus lui concilient l'obéissance. Il gagne les cœurs par son affabilité, par sa douceur, par un gouvernement paternel, et par les autres qualités qu'on chérissait en Valérius, et que Xénophon loue dans Cyrus. L'affection du peuple pour un prince, le dévouement de l'armée à ses intérêts, sont parfaitement d'accord avec les principes du pouvoir dont il est revêtu. Mais dans une république, l'affection exclusive de l'armée pour son chef n'est, pour ainsi dire, point en harmonie avec les autres institutions qui obligent ce citoyen à vivre dans la soumission aux lois et aux magistrats.

On lit dans les anciennes histoires de Venise, que les galères de cette ville y étant rentrées, il s'éleva une rixe entre leurs équipages et le peuple. La querelle s'échauffa, et l'on en vint aux armes. Le force publique, le crédit des principaux citoyens, la crainte des magistrats, rien ne pouvait arrêter ce désordre, lorsque l'on vit tout-à-coup les gens de mer abandonner le combat et se retirer, à la simple apparition d'un gentilhomme qui avait gagné leur affection en les commandant l'année précédente. Leur prompte soumission rendit cet homme si suspect au sénat, que l'on s'assura de lui peu de temps après, et qu'il fut mis en prison, où on le fit périr.

Je conclus donc que les dispositions de Valérius, utiles dans un prince, sont pernicieuses dans un citoyen : pour l'état, parce qu'elles frayent un chemin à la tyrannie; pour lui-même, parce qu'en rendant ses intentions suspectes à ses concitoyens, elles obligent à prendre des précautions qui tournent à son détriment. Par la raison contraire, la sévérité de Manlius, nuisible aux intérêts d'un prince, est favorable à ceux d'un citoyen; et surtout à ceux de sa patrie. Il est rare qu'il en reçoive quelque préjudice, à moins que la haine qu'elle excite contre lui ne soit envenimée par les soupçons que le grand éclat de ses autres vertus peut inspirer, comme nous allons le voir au sujet de Camille.

CHAPITRE XXIII.

Causes du bannissement de Camille.

Nous venons de montrer qu'avec le caractère de Valérius on nuit à sa patrie et on se nuit à soi, mais qu'avec celui de Manlius on est utile à ses concitoyens, et quelquefois nuisible à soi-même. Camille en est la preuve. Ce général romain imitait plutôt dans sa conduite Manlius que Valérius. Aussi Tite-Live dit-il de lui « que » ses soldats haïssaient et admiraient ses ver- » tus. » Sa vigilance, son habileté, sa grandeur d'ame, l'ordre qu'il mettait dans ses expéditions et dans son commandement, enlevaient leur admiration. Leur haine était fondée sur ce qu'il montrait plus de rigueur dans les châtiments, que de générosité dans les récompenses.

Tite-Live rapporte plusieurs causes du mécontentement des soldats envers Camille. D'abord il ne voulut point leur partager avec le butin le produit de la vente des biens des Véiens, aimant mieux le réserver pour le trésor public. En second lieu, quand il rentra dans Rome en triomphe, il fit traîner son char par quatre chevaux blancs, ce qui lui attira le reproche d'avoir cherché par orgueil à s'égaler au soleil. Enfin le vœu qu'il avait fait de consacrer à Apollon la dixième partie du butin pris sur les Véiens le contraignit, afin de ne pas manquer à cet engagement sacré, à l'arracher en quelque sorte des mains des soldats qui s'en étaient déjà emparés.

Il est aisé de reconnaître dans cet exemple ce qui rend un chef odieux au peuple; c'est surtout la privation d'un avantage quelconque. Ce point mérite beaucoup d'attention. Si vous privez l'homme d'une chose utile, il ne l'oublie jamais; chaque besoin qu'il éprouve lui en rappelle le souvenir; comme les besoins renaissent tous les jours, son ressentiment se renouvelle de même.

Se montrer hautain et présomptueux est encore ce qui paraît le plus insupportable aux peuples, surtout à ceux qui jouissent de la liberté. Lors même que ces airs de faste et de hauteur ne leur nuisent en rien, ils prennent en aversion ceux en qui ils se trouvent. Les princes doivent donc éviter soigneusement cet écueil. S'attirer la haine, sans espoir d'en recueillir aucun avantage, c'est n'être guidé que par la témérité et l'imprudence.

———

CHAPITRE XXIV.

La prolongation du commandement militaire fit perdre à Rome sa liberté.

Si l'on étudie bien le gouvernement de la république romaine, on y découvrira deux causes de décadence : les disputes au sujet de la loi agraire sont la première ; l'autre vient de la prolongation des commandements. Si ces deux principes de destruction eussent été bien connus dès le commencent, et qu'on y eût apporté les remèdes convenables, la liberté aurait eu à Rome un règne plus long et probablement plus tranquille. Quoique la continuation des pouvoirs ne paraisse point avoir enfanté de troubles, on voit néanmoins, par les faits, combien nuisit à l'égalité civile, l'autorité que des citoyens acquièrent par de semblables déterminations.

On aurait évité ces inconvénients, si ceux dont on prorogea les magistratures eussent été aussi sages et aussi vertueux que L. Quintius. Sa vertu mérite de servir d'exemple. Le peuple, après avoir fait un accommodement avec le sénat, avait prolongé pour un an le pouvoir de ses tribuns, parce qu'il les avait crus propres à réprimer l'ambition des nobles. Le sénat par un sentiment de rivalité, et pour ne point paraître moins puissant que le peuple, voulut aussi continuer L. Quintius dans le consulat. Celui-ci s'opposa à ce dessein, en disant que l'on devait chercher à détruire les mauvais exemples, loin d'en augmenter le nombre par un autre plus mauvais encore ; et il demanda que de nouveaux consuls fussent nommés.

Si la bonté et la prudence de ce Romain eussent dirigé tous ses concitoyens, on n'eût pas laissé s'introduire l'usage de proroger les magistratures, usage qui conduisit à la prolongation des commandements militaires, et entraîna avec le temps la perte de cette république. P. Philo, fut le premier auquel on accorda une prolongation de ce genre. Comme l'année de son consulat expirait, le sénat, persuadé qu'il allait bientôt se rendre maître de la ville de Palépolis [1] dont il faisait le siége, le nomma proconsul au lieu de lui envoyer un successeur. Personne avant lui n'avait été revêtu de cette dignité. Quoique le sénat n'eût agi de la sorte qu'en vue du bien public, cet exemple causa dans la suite la perte de la liberté romaine. Plus les armées s'éloignèrent de Rome, plus il sembla nécessaire de proroger le pouvoir de leurs commandants ; ce que l'on fit en effet. Deux maux en résultèrent : premièrement moins de citoyens furent exercés au commandement, et la célébrité ne se réunit plus que sur quelques personnes. En second lieu, un général qui restait longtemps à la tête d'une armée la gagnait, et se l'attachait au point qu'elle oubliait le sénat, et ne connaissait plus que son chef. Ce fut ainsi que Sylla et Marius trouvèrent des soldats disposés à marcher sous leurs drapeaux, pour opprimer la république. Par ce moyen, César se rendit maître de sa patrie. Rome, en ne prolongeant pas les magistratures et les commandements, n'aurait peut-être point élevé si promptement l'immense édifice de sa puissance ; mais en supposant que ses conquêtes eussent été plus lentes, la perte de sa liberté se serait aussi avancée à pas moins précipités.

———

CHAPITRE XXV.

Pauvreté de Cincinnatus et de plusieurs citoyens romains.

Nous avons montré ailleurs que les lois les plus utiles dans un état qui veut être libre sont celles qui maintiennent les citoyens dans la pauvreté. L'expérience nous apprend que la pauvreté était encore très-grande dans Rome quatre cents ans après sa fondation, quoique l'on ne voie pas que l'on en ait jamais fait une loi expresse, d'autant plus que celle sur le partage des terres souffrit toujours beaucoup de contradictions. Ce qui contribua sûrement le plus à mettre la pauvreté en honneur, ce fut de voir qu'elle ne fermait la route à aucune magistrature, à aucune dignité, et que l'on recherchait le mérite sous quelque toit qu'il habitât ; les richesses

———

[1] Palépolis était une ville de la Campanie située tout auprès du lieu où Néapolis, aujourd'hui Naples, est bâtie. Les habitants de ces deux villes étaient originaires de Cumes.

alors paraissaient moins dignes d'envie. On en vit une preuve lorsque les Romains, informés que le consul Minutius était enveloppé par les Èques, et tremblant sur le sort de cette armée, eurent recours à la nomination d'un dictateur, dernière ressource des temps difficiles; ils choisirent L. Quintius Cincinnatus qui se trouvait en ce moment dans sa petite métairie, dont il cultivait lui-même les terres. Tite-Live a relevé ce trait par ces belles paroles : « Que l'on » prête encore l'oreille à ceux qui préfèrent les » richesses à tout sur la terre, et qui pensent » qu'il n'y a d'honneur et de vertu que là où » elles abondent avec affluence. » Les envoyés de Rome qui vinrent de la part du sénat apprendre à Cincinnatus sa nomination à la dignité du dictateur, et l'étendue des dangers qui menaçaient la république, trouvèrent ce grand homme conduisant lui-même la charrue pour cultiver ses champs qui n'excédaient pas quatre arpents. Il se revêtit à l'instant de sa toge, se rendit à Rome, rassembla une armée, et alla déliver Minutius. Quand il l'eut fait et qu'il eut vaincu et dépouillé l'ennemi, il ne souffrit point que l'armée qui s'était laissée investir eût part au butin : « Je ne veux point, leur » dit-il, que vous participiez aux dépouilles de » ceux dont vous avez pensé être la proie. » Il priva Minutius du consulat, et le réduisit à la qualité de lieutenant, en lui disant : « Tu res» teras dans ce grade, jusqu'à ce que tu aies » appris à être consul. » Il avait choisi pour maître de la cavalerie L. Tarquinius, que sa pauvreté obligea à combattre à pied. Remarquons avec soin combien la pauvreté était honorée à Rome, et comment quatre arpents de terre suffisaient pour vivre, à un citoyen aussi distingué que Cincinnatus; on la voit encore en honneur du temps de Marcus Régulus, qui demanda au sénat la permission de revenir d'Afrique où il commandait une armée, pour veiller sur sa métairie, détériorée par ceux qu'il avait chargé du soin de la faire valoir.

Deux observations importantes se présentent : l'une, sur la manière dont ces hommes si recommandables savaient goûter le bonheur au sein de la pauvreté. Contents des simples lauriers qu'ils cueillaient à la tête des armées, ils réservaient les richesses pour le trésor public; s'ils eussent été occupés du soin de s'enrichir à la guerre, ils se fussent mis peu en peine de la dégradation de leurs champs particuliers. L'autre observation est relative à la magnanimité de ces citoyens : placés à la tête d'une armée, ils déployaient une grandeur d'âme qui les élevait au-dessus de tous les princes. Ni monarchie, ni république, ne pouvaient leur en imposer; rien ne les étonnait; ils étaient inaccessibles à la crainte. Rentrés dans la vie privée, ils se montraient économes, modestes, attentifs à conserver leurs modiques propriétés, soumis aux magistrats et respectueux envers leurs anciens : un tel changement dans le même homme semble à peine concevable.

Cette pauvreté durait encore du temps de Paul-Émile, temps auquel on vit luire, en quelque sorte, les derniers beaux jours de cette république. Ce général, dont les triomphes enrichirent Rome, sut conserver cette médiocrité qui était encore tellement en honneur qu'une coupe d'argent qu'il donna à son gendre, en récompensant ceux qui s'étaient distingués à la guerre, fut la première pièce de ce métal qui entra dans sa maison. On pourrait démontrer par un discours fort étendu que la pauvreté est beaucoup plus utile que les richesses; qu'elle a rendu florissante des villes et des provinces; qu'elle a fait prospérer des religions, tandis que les richesses n'ont servi qu'à leur ruine; mais d'autres écrivains ont souvent traité cette matière.

CHAPITRE XXVI.

Comment les femmes sont la cause de la ruine d'un état.

Il s'éleva dans la ville d'Ardée [1] une sédition entre les patriciens et les plébéiens au sujet d'une riche héritière demandée en mariage par un homme de chacune de ces classes. Les tuteurs de cette fille, qui n'avait plus de père, voulaient la donner au plébéien; sa mère préférait le noble. Il en résulta des troubles si violents que l'on en vint aux armes. Chacun des deux rivaux furent vivement soutenus par celui

[1] Ardée, ancienne ville du Latium, et résidence du roi des Rutules, Turnus; ainsi appelée, si l'on en croit Martial, d'après l'excessive chaleur qu'il y faisait. Elle était plus ancienne que Rome et en fut depuis une colonie. Située à cinq lieues de la mer, à vingt de Rome, ce n'est aujourd'hui qu'un hameau.

des deux ordres auquel il appartenait. Le peuple ayant été vaincu, sortit de la ville, et envoya demander des secours aux Volsques. Les nobles eurent recours aux Romains. Les Volsques arrivèrent les premiers, et investirent Ardée. Les Romains, qui vinrent ensuite, les renfermèrent entre leur armée et la ville, et les réduisirent à manquer tellement de vivres, qu'ils furent contraints de se rendre à discrétion. Cette armée prise, ils entrent dans Ardée, mettent à mort les chefs de la sédition ; et y rétablissent le bon ordre.

Plusieurs choses sont à remarquer d'après cet événement. On voit d'abord que les femmes ont été cause de beaucoup de divisions et de calamités publiques, et ont souvent conduit les chefs d'un gouvernement à leur perte. La violence faite à Lucrèce dépouilla, comme nous l'avons déjà vu, les Tarquins de leur trône ; et l'attentat contre Virginie fit perdre aux décemvirs leur autorité. Aussi Aristote met-il au nombre des principales causes de la ruine des tyrans les outrages faits aux femmes, soit en les déshonorant, soit en les violant, soit par la séduction en corrompant les mœurs. Nous avons traité ce sujet avec beaucoup d'étendue dans le chapitre des conjurations. Que ceux qui gouvernent les états monarchiques ou républicains ne soient point indifférents sur cet objet, qu'ils fassent au contraire une sérieuse attention aux désordres qui peuvent en résulter ; et qu'ils n'attendent pas pour y remédier que la ruine de leurs états soit inséparable du remède. Ce fut ce qui arriva aux Ardéates. Après avoir laissé croître dans leur sein la rivalité dont nous venons de parler, au point d'enfanter la guerre civile, désirant ensuite rétablir l'union, ils furent obligés, d'appeler des étrangers à leur secours, ce qui est un grand acheminement à la servitude.

Passons au chapitre suivant, qui contiendra la seconde observation, relative à la manière de faire renaître la paix dans une ville.

CHAPITRE XXVII.

Moyen de rétablir l'union dans une ville. Il est faux que la désunion soit nécessaire pour y conserver son autorité.

La conduite des consuls romains dans le rétablissement de la paix chez les Ardéates offre un modèle à suivre pour parvenir au même but. Le seul moyen convenable est de faire périr les chefs de la sédition. Au reste, il n'est que trois moyens entre lesquels on puisse choisir.

Le premier est celui employé par les Romains. Les deux autres sont : ou le bannissement, ou la réconciliation, avec promesse de ne plus s'offenser. Des trois, ce dernier est le plus mauvais, le moins sûr et le plus inutile. Il est impossible, lorsque des dissensions ont entraîné beaucoup d'effusion de sang ou d'autres outrages aussi cruels, qu'une paix forcée soit durable. L'obligation de se voir tous les jours en face, les nouveaux sujets de querelles que les conversations habituelles peuvent enfanter, rendent bien difficiles les ménagements réciproques des uns envers les autres. On ne peut citer ici de meilleur exemple que celui de Pistoia. Deux factions, celle des Panciatichi et celle des Cancellieri divisaient il y a quinze ans cette ville, comme elles la divisent encore ; mais alors elles avaient les armes à la main, et aujourd'hui elles les ont déposées. Après beaucoup de dissensions, on en vint à l'effusion du sang, à la dévastation des maisons, au pillage des biens et à tous les autres genres d'hostilités. Les Florentins, chargés de remettre l'ordre dans cette ville, cherchèrent toujours à réconcilier les partis, et virent renaître toujours des troubles et des désordres plus considérables. Las de ce troisième moyen, ils eurent recours au second ; ils éloignèrent les chefs des factions, s'assurèrent des uns en les emprisonnant, des autres en les exilant en divers endroits, ce qui ramena une paix qui a duré et qui dure encore. Le succès du premier moyen eût été plus assuré ; mais il supposait une force et un courage impossible à trouver dans une république faible qui eut bien de la peine à employer le second.

Ce sont, comme je l'ai dit au commencement, de ces fautes que commettent les princes de nos jours. Lorsqu'ils ont à prendre un parti dans de grandes occasions, ils devraient examiner comment se sont conduits anciennement ceux qui se sont trouvés dans une position pareille. Mais la faiblesse des hommes actuels, produite par une éducation efféminée et par leur peu d'instruction, leur fait juger inhumaines ou impossibles à suivre les maximes des anciens. Combien sont loin de la vérité nos opinions modernes ; telle que celle avancée il n'y a pas longtemps, par des sages de notre ville, « qu'il fallait contenir Pistoia par les fac- » tions, et Pise avec des forteresses ! » Ils ne voyaient pas que ces deux moyens sont égale- ment inutiles. Je ne parle point des forteresses, l'ayant fait suffisamment plus haut ; mais je veux montrer qu'on ne gagne rien à entretenir la division dans les villes dont on a le gou- vernement entre les mains. Qu'il soit dans celles d'un prince ou d'une république, il leur est impossible d'obtenir l'affection des deux partis. Toutes les fois qu'il y a diversité de sentiments, il est naturel à l'homme d'en adopter un de pré- férence à l'autre. A la première guerre qui sur- vient, on perd une ville dont une partie est mé- contente, parce qu'il est alors impossible de résister aux ennemis du dedans et du dehors. Si c'est une république qui ait le gouvernement de cette ville, le moyen le plus sûr d'en cor- rompre les citoyens et de diviser la cité est de fomenter l'esprit de faction qui règne dans celle- ci. Chaque parti, ardent à se soutenir, n'omet aucun genre de corruption pour se procurer des protecteurs et des amis. De là deux grands in- convénients. D'abord un gouvernement qui change au gré des partis ne peut jamais être bon, ni par conséquent s'attacher une ville. En second lieu, l'esprit de discorde qu'une répu- blique y alimente s'introduit nécessairement dans son propre sein : le Biondo [1], en parlant de Florence et de Pistoia, rend hommage à cette vérité lorsqu'il dit : « Les Florentins, en voulant » rétablir la concorde dans Pistoia, se divisèrent » eux-mêmes. » Il est aisé de sentir les suites fu- nestes d'une semblable division. Florence per- dit, en 1501, Arezzo, le Val di Tevere et le Val di Chiana, qui lui furent enlevés par les Vitelli et par le duc de Valentinois. Un seigneur de Laon fut envoyé par le roi de France pour faire restituer à cette république tout ce dont elle avait été dépouillée. En parcourant tous les châteaux, ce seigneur ne trouva que des gens qui lui disaient qu'ils étaient du parti de Mar-

---

[1] *Il Biondo,* ou *Flavius Blondus,* historien qui mou- rut en 1465, après avoir écrit une histoire en latin, depuis la décadence de l'empire jusqu'en 1440. Elle passe pour être fort inexacte. On lui doit cependant d'a- voir été le premier à faire des recherches sur les antiqui- tés romaines.

zocco. Il blâma vivement cette manière de s'exprimer, en observant que si en France un des sujets se disait du parti du roi, il en se- rait puni, parce qu'une expression aussi dé- placée semblerait signifier qu'il existe dans ce pays des ennemis de ce monarque, qui veut que tout son royaume lui soit attaché, vive dans l'union, et ne connaisse point de partis.

Mais toutes ces diversités d'opinions et de manières de gouverner naissent de la faiblesse de ceux qui sont à la tête des gouvernements. Incapables de déployer de l'énergie et du cou- rage pour conserver leur états, ils ont recours à de semblables palliatifs. Cela leur réussit quel- quefois dans les temps paisibles ; mais au mi- lieu des orages politiques et des revers, ils re- connaissent que ce ne sont que des moyens illusoires.

CHAPITRE XXVIII.

Que l'on doit surveiller les actions des citoyens, parce que souvent telle action qui paraît vertueuse recèle un principe de tyrannie.

La ville de Rome souffrait de la famine, et les magasins publics ne suffisaient pas pour la faire cesser. Un citoyen nommé Spurius Me- lius, fort riche pour le temps, résolut de faire des provisions particulières de froment, et de le distribuer au peuple pour se concilier son affection. Cette libéralité, en attirant un concours nombreux, lui gagna tellement la fa- veur populaire que le sénat, désirant arrêter le mal avant qu'il eût pris plus de consistance, créa, uniquement contre Spurius, un dictateur qui le fit mettre à mort.

Ce trait prouve que des actions que l'on croit bonnes, et qu'il semblerait déraisonnable de blâmer, deviennent souvent très-mauvaises et fort dangereuses pour une république, si on n'y remédie promptement. Et pour développer cette idée, je dis qu'un état républicain ne peut sub- sister, ni se bien gouverner s'il n'a pas de citoyens qui sachent se distinguer ; mais que d'un autre côté, la considération qu'ils acquièrent conduit par fois l'état à la servitude. Pour prévenir cet inconvénient, il doit régler ses institutions de manière que l'on parvienne à cette considération par des voies conformes à ses intérêts, à sa liberté, et qui ne puissent lui devenir préjudiciables. Il doit aussi faire attention à celles que suivent les citoyens pour arriver à ce but; elles ne peuvent être que publiques ou particulières. On marche dans ces premières lorsque l'on se fait un nom en servant bien sa patrie par ses conseils, en la servant encore mieux par ses actions. On doit mettre à ce genre de services, à cette envie de s'illustrer, un tel prix qu'il honore et satisfasse celui qui l'obtient. La réputation qu'on acquiert par des moyens aussi purs et aussi simples ne peut être dangereuse pour l'état. Mais elle expose la république à de grands périls, et lui devient très-pernicieuse quand on l'obtient par des voies particulières. Je nomme ainsi les services rendus à des particuliers, en leur prêtant de l'argent, en mariant leurs filles, en les soutenant contre l'autorité des magistrats, et en leur donnant d'autres preuves d'obligeance qui attirent des partisans. De là naissent ensuite les coupables projets de corrompre les mœurs, et de faire violence aux lois. Une république bien réglée doit donc favoriser ceux qui ne cherchent à s'élever qu'en travaillant au bien général, et donner un frein à ceux qui seraient tentés de prendre une route opposée.

Ce fut ainsi que Rome, pour récompenser les premiers, institua les triomphes et les autres genres d'honneurs qu'elle décernait à ses citoyens. Elle autorisa au contraire les accusations contre ceux qui briguaient la faveur et le crédit en couvrant leurs desseins ambitieux de différents prétextes. Lorsque le peuple, aveuglé par l'apparence d'un avantage illusoire, rendait ce moyen insuffisant, on créait un dictateur dont le pouvoir absolu faisait bientôt peser le joug des lois sur la tête de celui qui avait osé le secouer. On en voit un exemple dans la punition de Spurius Mélius. Si des entreprises de cette nature restaient impunies, elles pourraient amener la ruine de la république, parce qu'il serait alors très-difficile de contenir l'ambition dans les bornes du devoir.

CHAPITRE XXIX.

Les fautes des peuples viennent de celles des princes.

Que les princes ne se plaignent point des fautes commises par les peuples soumis à leur autorité, car elles ne peuvent venir que de leur négligence ou de leurs mauvais exemples. En examinant les peuples que l'on a vus de nos jours livrés au brigandage et à d'autres vices de ce genre, on connaît qu'il faut en accuser leurs gouvernements, coupables des mêmes excès. Avant que le pape Alexandre VI eût délivré la Romagne des seigneurs auxquels elle obéissait, cette contrée était le repaire de tous les crimes. Les causes les plus légères y produisaient des meurtres et des pillages effroyables; ces désordres naissaient de la méchanceté des princes, et non, comme ceux-ci le disaient, du mauvais naturel de ces peuples. Ces princes étant pauvres, et voulant vivre avec le faste de l'opulence, étaient obligés d'avoir recours à tous les genres de rapines. Entre autres moyens infâmes de s'enrichir, ils employaient celui-ci: une loi nouvelle prohibitive d'un objet quelconque était promulguée par eux; à peine était-elle publiée, qu'ils étaient les premiers à en favoriser la transgression, et ils laissaient cette transgression impunie jusqu'à ce qu'il y eût un assez grand nombre de coupables; alors ils poursuivaient les infracteurs de la loi, non par zèle pour la loi, mais par cupidité, et dans l'espérance qu'ils se rachèteraient à prix d'argent de la punition qu'ils avaient encourue.

Parmi les maux nombreux qui résultaient de cette infamie, le plus grand était de voir les peuples s'appauvrir sans se corriger, de voir le plus fort tâcher ensuite de se dédommager aux dépens du plus faible. De là les excès cités plus haut, et qui doivent être imputés aux princes. Tite-Live confirme cette assertion, quand il raconte comment furent pris par des corsaires de Lipari, en Sicile, des ambassadeurs romains chargés de porter à Delphes la portion du butin de Véies, qui avait été consacrée à Apollon. Lorsque ces corsaires eurent amené dans leur villes les envoyés de Rome, Timasithée, chef de ces brigands, informé de la nature de ce don, du nom de ses auteurs et de sa destination, quoique né à Lipari, se conduisit en Romain; il représenta à son peuple qu'il y aurait de l'impiété à se saisir d'un pareil présent. Il renvoya donc, du consentement général, les ambassadeurs avec tout ce qui leur appartenait [1]. L'historien s'exprime ainsi à ce sujet; « Timasithée » remplit d'un respect religieux la multitude, » qui imite toujours l'exemple de ceux qui la » gouvernent. » Laurent de Médicis vient à l'appui de cette pensée en disant :

« Les peuples fixent toujours les yeux sur » leurs chefs : l'exemple de ceux qui sont à leur » tête est une loi pour eux [2]. »

CHAPITRE XXX.

Qu'un citoyen qui veut être utile à sa république par quelque action particulière doit d'abord imposer silence à l'envie. Moyen de défendre une ville à l'approche d'un ennemi qui la menace.

Le sénat apprenant que toute l'Étrurie avait fait de nouvelles levées de troupes pour venir attaquer Rome, et que les Latins ainsi que les Herniques, anciens alliés des Romains, s'étaient ligués avec les Volsques, ennemis implacables de la république, jugea cette guerre très-dangereuse. Camille, qui se trouvait tribun consulaire, pensa qu'il n'était pas nécessaire de créer un dictateur si ses collègues voulaient lui céder la principale autorité. Les autres tribuns y consentirent volontiers, « persuadés, dit Tite-Live, que leur dignité ne perdait rien de ce qu'ils ajoutaient à celle de Camille. » Celui-ci, se hâtant de profiter de leur déférence, fit aussitôt mettre sur pied trois armées. Il voulut marcher lui-même avec la première contre les Étrusques ; il mit à la tête de la seconde Quintus Servilius, avec ordre de rester aux environs de Rome pour s'opposer aux Latins et aux Herniques, s'ils tentaient quelques mouvements; Lucius Quintius eut le commandement de la troisième, destinée à garder la ville et à en défendre les portes à tout événement, ainsi qu'à protéger le sénat. Camille chargea en outre Horatius, l'un de ses collègues, de faire des provisions d'armes, de blé, et de tout ce dont on a besoin en temps de guerre. Il confia à Cornélius, qui était aussi tribun consulaire, le soin de présider le sénat et les assemblées du peuple, afin qu'il pût proposer les partis à prendre, selon les circonstances du moment. C'est ainsi que le salut de la patrie rendait alors ces tribuns également disposés à commander et à obéir.

On voit ici ce que fait un homme de bien habile et sage qui a de l'expérience, et de quelle utilité il peut être à ses concitoyens, quand sa bonté et ses vertus ont fait taire l'envie, qui empêche souvent les hommes d'être utiles en les privant de l'autorité nécessaire dans les occasions importantes. L'envie s'éteint de deux manières : d'abord, par les grands dangers ; chacun tremblant alors pour soi oublie toute ambition, et court se ranger sous les drapeaux du grand homme dont il espère son salut : ce fut ce qui arriva à Camille. Après avoir donné tant de preuves de son mérite éminent, avoir été honoré trois fois de la dictature, s'être montré, dans l'exercice de cette dignité, ami du bien public et non de son intérêt personnel, il avait enfin réussi à n'inspirer plus aucune inquiétude sur son élévation ; sa gloire était telle que l'on ne rougissait point de lui être inférieur. La réflexion de Tite-Live rapportée ci-dessus est donc très-judicieuse.

L'envie cesse de la seconde manière, lorsque la violence ou une mort naturelle enlèvent les hommes qui ont toujours été vos concurrents et vos rivaux de gloire et de réputation, et qui en vous voyant au-dessus d'eux ne pouvaient ni demeurer en repos, ni le supporter. Si de pareils hommes vivent dans une cité corrompue où l'éducation n'ait pu tempérer par quelques vertus leurs vicieuses inclinations, il sera impossible que rien les arrête. Ils consentiront à la ruine de leur patrie pour parvenir à leur but, et satisfaire leurs vœux criminels : de telles passions ne peuvent être étouffées que dans le sang de ceux qui les éprouvent. Lorsque la mort en délivre naturellement un homme vertueux, il doit s'applaudir d'un bonheur qui lui permet d'acquérir une gloire irréprochable, et de développer son mérite sans obstacles et sans périls ; mais s'il n'en est pas délivré ainsi, il doit chercher à l'être par tous les moyens possibles, et à s'affranchir de cette difficulté, avant de former aucune entreprise.

------

[1] Lipari est une île au nord de la Sicile, et qui en est pour ainsi dire une annexe.

[2] *E quel che fa il signor, fanno poi molti,*
Che nel signor son tutti gli occhi volti.

En lisant attentivement la Bible, on verra que Moïse fut contraint, pour assurer l'observation de ses lois et de ses institutions, à faire périr plusieurs personnes qui s'opposaient à ses desseins, poussées uniquement par l'envie. La nécessité de cette conduite était bien reconnue par le moine Jérôme Savonarola et par Antoine Soderini, gonfalonier de Florence. Le premier ne put la mettre en usage; il en fut empêché par sa profession, par le défaut de pouvoir, et par le défaut d'intelligence de ses partisans, qui n'entendaient pas les intérêts de leur propre autorité; néanmoins il fit tout ce qui dépendait de lui. Ses prédications sont remplies d'accusations et d'invectives contre les sages du monde; car il appelait ainsi les envieux et ceux qui contrariaient ses idées. Quant à Soderini, il croyait avec le temps imposer silence à l'envie, par son affabilité et ses bienfaits particuliers, ou lui échapper par sa bonne fortune. Comme il se voyait jeune encore et comblé de la faveur publique, par sa conduite même, il espérait pouvoir triompher de la jalousie de ses rivaux, sans mouvements, sans violence et sans troubles. Il ignorait que l'on ne peut rien attendre du temps, que la bonté est insuffisante, que la fortune change, et que l'envieuse malignité est implacable. Ces deux hommes trouvèrent leur perte, l'un dans l'ignorance; l'autre dans le défaut de moyens suffisants pour détruire les effets de cette odieuse passion.

Faisons à présent quelques remarques sur l'ordre établi par Camille, au-dedans et au-dehors, afin de pourvoir à la sûreté de Rome. C'est véritablement avec grande raison que les bons historiens, tels que Tite-Live, donnent un récit plus exact et plus détaillé de certains événements, afin que l'on y apprenne dans la suite comment on doit se défendre en pareille circonstance. Celui-ci donne lieu d'observer qu'il n'est pas de défense plus dangereuse et plus inutile, que celle qui se fait tumultuairement et sans ordre. On peut le prouver par la précaution même que prit Camille de lever un troisième corps de troupes réglées pour la garde de Rome. Plusieurs l'auraient jugée et la jugeraient encore superflue, persuadés que cette ville renfermant un peuple belliqueux et accoutumé à porter les armes, il aurait suffi de les lui faire prendre au besoin. L'opinion de Camille fut dif-

férente, et tout homme qui aura son expérience pensera comme lui. Ce général ne souffrit jamais qu'une multitude nombreuse prît les armes sans ordre et sans méthode. Tout homme préposé à la défense d'une ville doit avoir grand soin d'imiter son exemple. Qu'il choisisse d'abord et qu'il enrôle ceux qu'il veut armer, en leur faisant connaître les chefs auxquels ils doivent obéir, les lieux où ils doivent s'assembler, ou vers lesquels il faut marcher; qu'il commande ensuite aux autres de rester dans leurs maisons pour les garder, et veiller à leur sûreté. Ceux qui se prépareront ainsi à la défense d'une ville assiégée résisteront facilement à l'ennemi; autrement ils échoueront, en ne prenant point Camille pour modèle.

CHAPITRE XXXI.

Les grands hommes et les républiques bien constituées conservent le même courage au sein de la prospérité et dans les revers.

Parmi les traits admirables puisés par Tite-Live dans les actions et les discours de Camille pour tracer le portrait d'un grand homme, il lui met ces mots dans la bouche : « La dictature n'a point enflé mon courage, et l'exil ne l'a point abattu. » Ces paroles montrent que la fortune ne peut rien sur les grands hommes. Son inconstance, soit qu'elle les élève, soit qu'elle les abaisse, ne change point leurs dispositions, ni la fermeté d'esprit, tellement inséparable de leur caractère que chacun reconnaît sans peine qu'ils sont inaccessibles à ses coups.

La conduite des âmes faibles est bien différente. Enorgueillies et enivrées par la bonne fortune, elles attribuent tous leurs succès à des vertus qui leur furent toujours étrangères, et se rendent par là insupportables et odieuses à tout ce qui les environne. A peine le malheur se montre-t-il à leurs yeux, que de cet excès qui amène bientôt un changement de fortune, elles passent à un excès opposé, et deviennent viles et lâches. De là vient que les princes de ce caractère songent plutôt à fuir qu'à se défendre de l'adversité. Comme ils ont fait un mauvais usage de la prospérité, ils ne sont nullement en garde contre les revers.

Ces vertus et ces vices peuvent se rencontrer dans les républiques aussi bien que dans les particuliers. Rome et Venise en sont la preuve. Jamais l'infortune n'abattit le courage des Romains, et les succès ne les rendirent jamais insolents, comme on le vit clairement après la défaite de Cannes, et la victoire sur Antiochus. Cette défaite, quoique bien alarmante, puisqu'elle était la troisième qu'ils essuyaient, ne les jeta point dans un vil abattement; ils mirent de nouvelles armées en campagne, refusèrent de violer leurs institutions en rachetant les prisonniers, et n'envoyèrent point solliciter la paix auprès d'Annibal, ou dans Carthage. Repoussant toutes ces lâches pensées, ils ne songèrent qu'à combattre de nouveau, et suppléèrent à la disette d'hommes, en armant les vieillards et les esclaves. Le carthaginois Hannon apprenant cette conduite fit sentir au sénat, comme nous l'avons dit plus haut, combien peu il fallait se reposer sur le succès obtenu à la bataille de Cannes. Ainsi il est évident que les temps difficiles ne purent effrayer ni abattre les Romains.

D'un autre côté, l'insolence ne fut pas chez eux le fruit de la prospérité. Antiochus avant de livrer et de perdre une bataille, envoya demander la paix à Scipion; celui-ci exigea pour conditions qu'il se retirât dans la Syrie, et laissât le reste du pays à la disposition des Romains. Ce prince s'y refusa, en vint aux mains, et fut vaincu. Il renvoie alors des ambassadeurs à Scipion, avec ordre d'accepter toutes les conditions qui seraient imposées par le vainqueur. Ce général n'en imposa point d'autres que celles qu'il avait proposées avant le combat, en ajoutant : « Les défaites ne peuvent affaiblir le courage des Romains, et ils ne savent point abuser de la victoire. »

On a vu les Vénitiens tenir une conduite tout opposée. Dans la bonne fortune, qu'ils attribuaient à une habileté et à un courage qu'ils n'avaient pas, leur insolence alla au point d'appeler le roi de France le protégé de Saint-Marc. Ils méprisaient le saint-siége, trouvaient l'Italie trop petite pour eux, et osaient aspirer à se créer un empire semblable à celui des Romains. Mais dans la suite, la fortune les eût à peine abandonnés, qu'on les vit, après la demi-victoire remportée sur eux à Vaila par les Fran-

çais, non-seulement perdre leurs états par la rébellion, mais encore en faire avec bassesse et lâcheté des concessions nombreuses au pape et au roi d'Espagne. Ils portèrent l'avilissement au point d'envoyer des députés à l'empereur pour se reconnaître ses tributaires; ils écrivirent au souverain pontife des lettres remplies des soumissions les plus humiliantes, afin d'exciter sa compassion. Quatre jours et une demi-défaite suffirent pour les plonger dans cet excès d'abaissement. Leur armée après avoir soutenu un combat opérait sa retraite : la moitié environ fut attaquée et battue, mais l'un de leurs provéditeurs se sauva avec plus de vingt-cinq mille hommes de cavalerie et d'infanterie, qu'il ramena à Vérone. S'il y avait eu quelque germe de vertu dans l'ame des Véniliens et dans leurs institutions, ils pouvaient facilement réparer cet échec, et lutter de nouveau contre la fortune. Il était temps encore d'essayer de vaincre, de succomber avec moins d'ignominie, ou d'obtenir une paix plus honorable; mais une méprisable lâcheté causée par le vice de leurs institutions militaires leur fit perdre en un instant leurs états et toutes leurs forces.

Tel est le sort réservé à tous les gouvernements semblables à celui de Venise. L'insolence dans la prospérité, et l'abattement dans les revers, sont une suite des mœurs et de l'éducation. Si celle-ci est sans énergie, ils sont sans énergie comme elle; une éducation opposée donne à l'homme un caractère bien différent. En lui apprenant à mieux connaître le monde, elle lui apprend aussi à montrer moins d'ivresse dans les succès et moins d'abattement dans l'adversité. Ce que nous disons d'un seul homme peut s'appliquer aux citoyens d'une république, qui s'y forment tous d'après les mœurs qui y dominent.

Il ne me paraît point hors de propos de répéter ici ce que j'ai déjà dit ailleurs : que les armées bien composées sont l'appui le plus solide de tous les états, et qu'il ne peut y avoir sans elles ni lois sages, ni aucun établissement utile; on en retrouve la nécessité à chaque page de l'histoire romaine. On y voit aussi qu'un état ne peut avoir de bonnes troupes, si elles ne sont exercées, et qu'elles ne peuvent l'être, si elles ne sont pas composées de ses propres sujets. Il est impossible que l'on soit toujours en guerre. Les exercices doivent donc avoir lieu aussi en temps de paix; mais alors la dépense les rend impraticables quand l'armée est composée autrement que de citoyens.

Camille, comme nous l'avons rapporté plus haut, avait conduit son armée contre les Étrusques. Ses soldats en voyant les forces de l'ennemi en furent effrayés, et ne se crurent point en état de lui résister. Instruit de cette fâcheuse disposition, ce général se montre à ses soldats, et tâche de la détruire dans leur esprit, en parcourant tous les rangs et s'adressant à chacun d'eux en particulier. Il finit par leur dire pour tout ordre : « Que chacun de vous fasse ce » qu'il a appris, et ce qu'il est accoutumé de » faire. »

En réfléchissant sur la conduite et les paroles de Camille pour ranimer le courage de ses troupes, on sentira qu'il n'eût pu parler ni agir ainsi avec une armée qui n'eût pas été exercée et disciplinée pendant la paix et pendant la guerre. Des soldats qui n'ont rien appris ne peuvent inspirer aucune confiance à un général : il ne doit en attendre aucun service; un autre Annibal échouerait en commandant de pareilles troupes. Lorsque la bataille est engagée, le général ne peut se trouver partout. S'il n'a point auparavant rempli son armée de l'esprit qui l'anime, s'il ne lui a point appris à suivre ponctuellement ses ordres et ses dispositions, il ne peut éviter d'être vaincu.

Or donc, toute république qui imitera ces institutions et la discipline militaire des Romains, tout état dont les citoyens apprendront chaque jour, soit en public, soit en particulier, à développer leur courage, et à maîtriser la fortune, toute république ainsi organisée verra en tout temps reparaître chez elle le courage et la dignité romaine; mais une république désarmée, et qui compte moins sur sa valeur que sur les faveurs de la fortune, doit en éprouver toutes les vicissitudes, et avoir le sort de celle de Venise.

CHAPITRE XXXII.

Moyens employés pour rendre la paix impossible.

Circée et Velitra [1], colonies romaines, se révoltèrent, espérant être soutenues par les Latins. La défaite de ceux-ci trompa leur espoir. Alors plusieurs citoyens furent d'avis d'envoyer à Rome des députés pour implorer la clémence du sénat. Les auteurs de la rébellion s'y opposèrent, craignant que tout le châtiment ne retombât sur eux; et, afin de rendre les négociations de paix impossibles, ils excitèrent la multitude à prendre les armes, et à faire des incursions sur les terres des Romains.

Pour ôter à un peuple ou à un prince toute envie d'en venir à un accommodement, il n'y a certainement pas de moyen plus efficace ni plus durable, que de leur faire commettre quelque crime atroce contre celui avec lequel on veut les empêcher de se réconcilier.

Après la première guerre punique, les soldats que les Carthaginois avaient employés à la défense de la Sicile et de la Sardaigne revinrent en Afrique aussitôt que la paix fut conclue. Mécontents de leur paie, ils se soulevèrent contre Carthage, et s'étant donnés deux chefs, Matho et Spendius, ils envahirent plusieurs terres de cette république, et en livrèrent une grande partie au pillage. Les Carthaginois, voulant tenter toutes les autres voies avant d'en venir à celle des armes, leur envoyèrent Asdrubal qui avait été leur commandant, persuadés qu'à ce titre il aurait quelque pouvoir sur leur esprit; mais lorsqu'il fut arrivé, Matho et Spendius, pour ôter à ces troupes toute espérance de réconciliation avec les Carthaginois, et leur rendre la guerre inévitable, les déterminèrent à massacrer leur ancien général, ainsi que tous les citoyens de cette république qui étaient leurs prisonniers. Non-seulement elles les massacrèrent, mais encore elles ne consommèrent ce forfait qu'après leur avoir fait souffrir les tourments les plus affreux. Pour comble de scélératesse, une proclamation annonça à tous les Carthaginois qui tomberaient

[1] La première, près du promontoire de ce nom, était une colonie formée sous Tarquin-l'Ancien; la seconde, Velitra, qu'on retrouve dans *Veletri*, était la première ville des Volsques. C'était, selon Suétone, le berceau de la famille d'Auguste.

dans leurs mains une mort aussi barbare. Cette détermination, exactement suivie, rendit la guerre de ces rebelles contre Carthage aussi acharnée que féroce.

CHAPITRE XXXIII.

Pour gagner une bataille, il faut que les troupes soient remplies de confiance, soit en elles-mêmes, soit en leur général.

Pour rendre une armée victorieuse, il faut lui inspirer tant de confiance, qu'elle se croie assurée de vaincre, quelque chose qui arrive. On y parvient facilement quand les soldats sont bien armés, bien disciplinés, et qu'ils se connaissent mutuellement; mais tout cela exige qu'ils aient été élevés et qu'ils aient vécu ensemble.

Il faut aussi que le général mérite leur confiance par son habileté. Il est sûr de l'obtenir, s'ils reconnaissent en lui de l'ordre, une sage prévoyance, un courage à toute épreuve, et s'il sait tenir son rang avec la dignité qui lui convient. Pour y réussir, il doit punir à propos, ne pas fatiguer sa troupe inutilement, être fidèle à ses promesses, montrer la victoire comme aisée, et passer sous silence ou atténuer ce qui pourrait faire entrevoir le danger. Ces maximes bien suivies remplissent les troupes d'une assurance qui est le gage infaillible du succès.

Les Romains avaient coutume de recourir à la religion pour atteindre le même but : voilà pourquoi ils consultaient les augures et les auspices, avant de nommer les consuls, de lever des troupes, de les mettre en campagne et d'engager le combat. Sans cela un général habile et prudent n'eût jamais hasardé une action, craignant d'être bientôt vaincu, si ses soldats n'étaient assurés auparavant d'avoir le ciel pour eux. Un consul ou un autre commandant qui eût osé combattre contre les auspices eût été puni, comme le fut en effet Claudius Pulcher.

Quoique cet usage se retrouve à chaque page de l'histoire romaine, il est encore confirmé par les paroles que Tite-Live met dans la bouche d'Appius Claudius. Celui-ci en se plaignant au peuple de l'insolence de ses tribuns, et des moyens qu'ils employaient pour faire mépriser les auspices et les autres pratiques religieuses, ajoute : «Qu'ils se jouent maintenant, » s'ils le veulent, de ces pratiques; qu'im- » porte que les poulets ne mangent pas, qu'ils » sortent plus lentement de leur cage, qu'un » oiseau chante? ces choses sont peu impor- » tantes; c'est cependant en ne les méprisant » point que nos ancêtres ont porté si loin la » gloire de cette république. » En effet, elles sont le nœud de l'union et de la confiance des soldats, et par conséquent la première cause de la victoire. Néanmoins elles ne peuvent rien sans la valeur militaire.

Les Prenestins ayant déclaré la guerre aux Romains vinrent sur les bords de l'Allia; ils choisirent de préférence cet endroit où les Romains avaient été défaits par les Gaulois, pensant qu'il rappellerait des souvenirs capables d'inspirer la confiance à leurs soldats et la crainte à l'ennemi. Leur espoir paraissait assez fondé d'après les réflexions que nous avons faites plus haut; mais l'événement prouva que le véritable courage ne craint point d'aussi faibles obstacles. Tite-Live exprime bien cette pensée en faisant parler ainsi le dictateur au maître de la cavalerie; « Vous voyez que l'en- » nemi, comptant sur la fortune, s'est campé » près de l'Allia. Plus assuré de la force de vos » armes et de votre bravoure, enfoncez ses » plus épais bataillons. »

Il est certain qu'une valeur éprouvée, une sage discipline, une assurance obtenue par tant de victoires, ne peuvent être surmontées ou détruites chez de pareils hommes par des causes si légères : un vain fantôme ne leur fera point peur; un désordre momentané ne peut leur nuire. On en voit une preuve dans la guerre contre les Volsques. Les consuls, nommés tous deux Manlius, ayant envoyé imprudemment une partie de leurs troupes faire le dégât sur les terres de l'ennemi, il en résulta bientôt que ces troupes et celles qui étaient restées dans le camp se trouvèrent en même temps investies; mais les soldats triomphèrent de ce danger par leur propre bravoure, et non par l'habileté de leurs généraux. Aussi Tite-Live dit-il : « L'ar- » mée même sans chef se sauva par son in- » ébranlable courage.»

Je ne veux point omettre ici un expédient adroit de Fabius, lorsqu'il conduisit pour la première fois son armée dans l'Étrurie. Désirant lui inspirer une confiance dont il sentait le besoin en s'avançant dans un pays inconnu et contre un nouvel ennemi, il fit une harangue à ses soldats avant d'en venir aux mains. Après leur avoir exposé toutes les raisons qui pouvaient leur faire espérer la victoire, il ajouta « qu'il en aurait d'autres à leur donner, qui ne » leur laisseraient aucun doute sur ce succès, » s'il n'était dangereux de les révéler pour le mo- » ment. » Cet artifice, qui fut employé avec sagesse, mérite d'être imité.

CHAPITRE XXXIV.

Comment la réputation, la voix publique, l'opinion, concilient d'abord à un citoyen la faveur populaire. Le peuple fait-il pour les places de meilleurs choix que les princes?

Nous avons dit ailleurs comment Titus Manlius, surnommé depuis Torquatus, sauva son père L. Manlius d'une accusation dirigée contre lui par le tribun du peuple, Marcus Pomponius. Quoiqu'il eût employé un moyen qui avait quelque chose de violent et d'irrégulier, loin de l'en reprendre, chacun fut si touché de sa piété filiale, que dans la nomination des tribuns militaires, il fut choisi le second pour remplir cette dignité.

Cet événement doit nous porter, je pense, à examiner la conduite du peuple et son discernement dans le choix des hommes qu'il appelle aux emplois publics, afin de voir si nous avons eu raison d'avancer que ses choix sont meilleurs que ceux des princes. Selon moi, pour les former, il interroge la voix publique sur ceux qu'il veut élire, quand ils sont connus par leurs actions; s'ils ne le sont pas, il se dirige d'après les présomptions, et l'opinion qu'on a d'eux : cette opinion s'établit, ou d'après le mérite et les services éclatants de leurs pères qu'on doit espérer qu'ils l'imiteront, tant que l'on n'a pas de preuve du contraire, ou d'après leur conduite personnelle. Sous ce dernier rapport ils seront jugés favorablement, s'ils vivent dans la société d'hommes respectables, de bonnes mœurs, et d'une sagesse reconnue. Comme rien ne sert davantage à bien apprécier un homme que ses liaisons, celui qui fréquente une compagnie honnête doit acquérir une bonne réputation, parce qu'il est impossible qu'il ne se trouve pas entre elle et lui quelqu'analogie et des traits de ressemblance. Quelquefois aussi on se fait connaître avantageusement par quelque action extraordinaire qui obtient, quoique dans l'ordre de la vie privée, de la célébrité, et fait honneur à celui qui en est l'auteur.

Des trois routes qui mènent à une bonne réputation, cette dernière est la plus certaine; la présomption tirée du mérite des parents est si trompeuse, qu'elle ne fait pas une bien vive impression, et s'efface promptement, si elle n'est pas soutenue par les qualités personnelles de celui que l'on doit juger. Les liaisons sociales offrent une règle préférable à la précédente, mais bien inférieure à celle qui se fonde sur les actions individuelles. Tant qu'un homme n'en a pas quelques-unes en sa faveur, sa réputation n'est assise que sur la base toujours chancelante de l'opinion. Mais lorsqu'elle prend sa source dans certains traits de conduite, cette réputation acquiert dès son origine tant de force, qu'il faut dans la suite une conduite bien opposée pour la détruire. Ceux qui naissent dans une république doivent donc embrasser cette voie, et commencer à s'illustrer par quelqu'action d'éclat.

Ce fut dans ce dessein que l'on vit plusieurs Romains, dès leur jeunesse, proposer une loi avantageuse au peuple, accuser des citoyens puissants d'infraction à telle autre, et faire parler d'eux d'une manière avantageuse. Cette conduite est nécessaire non-seulement pour se faire un nom, mais encore pour le conserver, ou lui donner un nouveau lustre. Il faut alors multiplier ces actions d'éclat, comme le fit Manlius pendant tout le temps qu'il vécut. Ce Romain jeta les premiers fondements de sa réputation par la manière courageuse et extraordinaire dont il défendit son père; quelques années après il combattit un Gaulois, le mit à mort, et lui enleva ce collier d'or d'où lui vint le surnom de Torquatus; enfin, dans l'âge mûr, il fit périr son fils pour avoir combattu sans son ordre, quoiqu'il eut vaincu l'ennemi. Ces trois actions lui ont procuré, et lui procureront dans tous les siècles, plus de célébrité que ses victoires et ses triomphes, dont la gloire ne le cède à celle d'aucun autre Romain. La raison en est que Manlius eut beaucoup de rivaux de ses succès militaires, et n'en eut qu'un très-petit nombre, peut-être même aucun, de ses actions particulières.

Le grand Scipion ne s'illustra point autant par ses triomphes qu'en défendant dans un âge encore tendre son père sur le Tésin, en osant, après la défaite de Cannes, l'épée nue à la main, faire jurer à une partie de la jeunesse romaine qu'elle n'abandonnerait point l'Italie comme elle y paraissait déterminée. Ces deux preuves de courage furent le commencement de sa gloire, et firent croître les lauriers qu'il moissonna en Espagne et en Afrique. Il donna un nouvel éclat à son nom, en renvoyant une jeune princesse à son père et à son époux.

Une semblable conduite est nécessaire non-seulement à des citoyens qui veulent se distinguer dans une république pour parvenir aux honneurs, mais encore à un prince, pour soutenir sa dignité. Rien n'est plus propre à lui attirer l'estime et la vénération que des actions ou des paroles remarquables, dictées par l'amour du bien public, qui fassent briller sa magnanimité, sa justice, sa libéralité, et qui méritent d'être souvent répétées et célébrées par ses sujets.

Mais, pour revenir à notre première proposition, je dis: que lorsque le peuple commence à nommer à une place un citoyen d'après les trois motifs dont nous avons parlé, il suit une règle sage; mais son choix est encore bien mieux fondé lorsqu'il tombe sur quelqu'un qui s'est déjà fait connaître par des exemples de vertus souvent répétés; car alors il ne peut presque plus être sujet à l'erreur. Je ne parle ici que des emplois, que l'on donne à un homme avant que des preuves répétées aient bien établi sa réputation. Dans ce cas, les peuples ont moins à craindre que les princes, les effets de l'erreur ou de la corruption.

A la vérité, le peuple peut être trompé par la réputation, l'opinion et les actions dont il porte quelquefois un jugement plus avantageux qu'elles ne le méritent, ce qui n'arriverait point à un prince, parce qu'il serait prévenu et détrompé par les conseils qui l'environnent. Mais les fondateurs des républiques sagement organisées n'ont point voulu que les peuples fussent privés de ces sortes de conseils. D'après

leurs réglements, si, dans la nomination des places les plus importantes, et où il était dangereux d'appeler des hommes incapables de les remplir, on voyait le peuple disposé à faire un mauvais choix, il était permis, et même honorable à tout citoyen de faire connaître à l'assemblée l'incapacité du sujet, afin que le peuple plus instruit pût mieux diriger ses suffrages.

Un discours, que fit au peuple Fabius Maximus pendant la seconde guerre punique, prouve que cet usage existait à Rome. Dans la création des consuls, la faveur populaire semblait se tourner vers T. Octacilius. Fabius, jugeant un pareil candidat fort au-dessous de cette dignité dans des temps aussi difficiles, se déclara ouvertement contre lui, dévoila son insuffisance, et fit tomber les suffrages sur quelqu'un qui en était plus digne.

Ainsi le peuple se dirige dans l'élection de ses magistrats par les témoignages de capacité les moins douteux qu'il soit possible d'avoir. Il est moins sujet à l'erreur que les princes, lorsqu'il est conseillé comme eux; et tout citoyen qui veut se concilier sa faveur doit, à l'exemple de Manlius, chercher à l'obtenir par quelque action digne d'être citée.

CHAPITRE XXXV.

Danger de conseiller une entreprise, toujours proportionné à la grandeur de cette entreprise.

L'examen du péril auquel s'expose le chef d'une entreprise nouvelle qui intéresse beaucoup de monde, la difficulté de la diriger, de l'amener à son terme et de l'y soutenir, seraient une matière trop longue et trop difficile à traiter ici. En réservant cette discussion pour un autre moment, je ne parlerai que du danger de ceux qui prennent sur eux de conseiller à une république ou à un prince une entreprise majeure et importante, en se chargeant de toutes les suites qu'elle peut avoir. Comme les hommes jugent d'après l'événement, si elle échoue on en accuse l'auteur, si elle réussit il en est loué; mais ici la récompense n'égale jamais la peine.

Au rapport de quelques voyageurs qui reviennent de ce pays, Selim, sultan actuel de Constantinople, se disposait à porter la guerre en Syrie et en Égypte, lorsque l'un de ses pachas, voisin de la Perse, l'excita à marcher contre cet empire. Déterminé par ce conseil, l'empereur se mit en route avec une armée très-nombreuse; quand elle arriva dans ces régions immenses, où se trouvent de vastes déserts et fort peu d'eau, elle y éprouva tous les maux qui avaient jadis causé la perte de tant d'armées romaines; quoique toujours victorieuse de l'ennemi, elle souffrait horriblement; la peste et la famine en détruisirent une grande partie. Selim, indigné contre le pacha qui l'avait conseillé, le fit périr.

L'histoire offre un grand nombre d'exemples de citoyens envoyés en exil, pour avoir conseillé des entreprises qui avaient eu une fâcheuse issue. Quelques citoyens de Rome proposèrent de prendre l'un des consuls parmi les plébéiens : le premier que l'on nomma, étant sorti à la tête d'une armée, fut battu; les auteurs de ce projet eussent été punis, si le parti qui l'avait fait adopter eût été moins puissant. Il faut avouer que la position de ceux qui dirigent une république ou un prince est très-épineuse : ils trahissent leur devoir s'ils ne leur donnent pas tous les conseils qu'ils croient salutaires; s'ils les donnent, ils exposent leur crédit et même leur vie; car tous les hommes sont tellement aveugles, qu'ils ne jugent d'un conseil bon ou mauvais que par l'événement.

En réfléchissant sur la route que l'on doit tenir pour éviter ce double écueil de l'infamie ou du danger, je n'en vois pas d'autre que de proposer les choses avec modération, de ne point se les rendre personnelles, d'en dire son avis sans passion, de le défendre avec calme et modestie; de manière que si la république ou le prince se décide à le suivre, il paraisse que ce soit volontairement, et non pour céder à vos instances importunes. En se conduisant ainsi, il n'est pas probable que le peuple ou le prince vous sachent mauvais gré d'une résolution qui n'a pas été prise contre le vœu du plus grand nombre. C'est lorsqu'un avis a beaucoup de contradicteurs qu'il devient dangereux; car si les suites en sont fâcheuses, tous se réunissent pour vous accabler. La route que je trace fait perdre la gloire que l'on acquiert en donnant, seul contre tous, un conseil qui vient à être justifié par le succès; mais on en est dédom-

magé par deux autres avantages. Le premier est de ne courir aucun risque; le second se trouve dans l'honneur qui vous revient si l'opinion de ceux qui ont fait rejeter celle que vous proposiez avec beaucoup de ménagement entraîne des malheurs. Quoique vous ne puissiez vous réjouir d'une gloire acquise par vous aux dépens de votre république ou de votre prince, on doit cependant en tenir quelque compte.

Je ne crois pas que l'on puisse indiquer un parti plus sage : garder le silence et ne point manifester son sentiment serait se rendre inutile à l'état sans éviter le péril, et s'exposer à devenir bientôt suspect; on pourrait même éprouver le sort d'un ami de Persée, roi de Macédoine. Ce prince vaincu par Paul Émile fuyait avec quelques amis; comme on rappelait ce qui s'était passé, l'un d'eux fit remarquer à Persée beaucoup de fautes qu'il avait faites et qui avaient causé sa ruine. « Traître! lui dit le » roi en se retournant, tu attendais donc pour » me les montrer qu'il ne fût plus temps d'y » porter remède! » et en disant ces mots, il le tua de sa propre main.

Ainsi fut puni ce courtisan, de s'être tu lorsqu'il devait parler, et d'avoir parlé lorsqu'il devait se taire; il n'échappa point au danger, quoiqu'il n'eût pas donné de conseils. Je pense donc qu'il faut s'en tenir au plan de conduite que j'ai proposé.

CHAPITRE XXXVI.

Pourquoi a-t-on regardé les anciens Gaulois, et regarde-t-on encore les Français comme étant plus que des hommes au commencement d'un combat, et moins que des femmes vers la fin.

L'audace de ce Gaulois qui défiait les Romains sur les bords de l'Anio [1], et son combat avec Titus Manlius, me rappellent ce que Tite-Live a dit plusieurs fois : que les Gaulois, au commencement d'une action, étaient plus que

[1] Aujourd'hui il Teverone qui se jette dans le Tibre à trois milles de Rome. C'était à son embouchure dans ce fleuve qu'était située une ville plus ancienne que cette capitale du monde, et dont il ne reste rien : Antemnæ, qui avait pris son nom de sa position sur cette rivière ante amnem. Ses eaux, qui dans leur course forment trois superbes lacs, se précipitaient autrefois à Tibur, aujourd'hui Tivoli,

des hommes, mais que dans la suite du combat, ils devenaient moins que des femmes.

En recherchant la cause de cette différence, plusieurs l'ont attribuée à la nature de leur tempérament. Je suis de leur avis; mais il n'en faut pas conclure que l'on ne puisse soumettre ces dispositions naturelles à une discipline qui soutienne jusques à la fin de l'action cette valeur qui les rend si terribles au commencement.

Je distingue, pour le prouver, trois sortes de troupes : les unes joignent l'ardeur guerrière à la discipline qui soutient cette ardeur et produit la véritable bravoure. Telles étaient celles des Romains. L'histoire loue sans cesse l'ordre admirable que la discipline militaire avait introduit avec le temps dans leurs armées; car dans une armée sagement organisée, personne ne doit faire quoi que ce soit, que d'après la règle. Aussi, en examinant la conduite des armées des Romains, si dignes d'être prises pour modèle, puisqu'elles ont conquis l'empire du monde, on verra que tout était soumis au consul. On ne mangeait, on ne dormait, on ne s'approvisionnait jamais sans son ordre; enfin, on ne pouvait sans lui faire l'action la plus indifférente, soit militaire, soit civile. Des armées où ces règles ne sont point en vigueur méritent à peine d'en porter le nom. Si elles paraissent quelquefois s'en rendre dignes, elles en sont plutôt redevables à une fureur, à une impétuosité aveugle, qu'à une véritable bravoure.

Mais une valeur bien réglée déploie ses forces à propos et avec mesure; aucun obstacle ne peut l'abattre, ni même l'effrayer. Le bon ordre fait sans cesse renaître ses forces, son ardeur et ses espérances de succès; espérances qui ne la trompent jamais, tant que ce même ordre subsiste.

On voit arriver le contraire dans les armées où domine cette fureur qui ne connaît aucune discipline. Telles étaient celles des Gaulois. Quand cette impétuosité sur laquelle ils comptaient ne leur donnait point la victoire au premier choc, comme elle n'était pas soutenue par une valeur disciplinée, et ne trouvait hors d'elle-même aucun motif d'assurance, elle se refroidissait au point qu'ils finissaient toujours par être vaincus. Il en était bien autrement chez les Romains. Rassurés sur les dangers par le bon ordre qui régnait au milieu d'eux, pleins de confiance dans la victoire, fermes à leur poste, ils combattaient avec une bravoure opiniâtre, qui ne se démentait jamais pendant toute la durée du combat; même la chaleur de l'action enflammait de plus en plus leur courage.

La troisième espèce d'armée est celle qui n'a ni valeur naturelle, ni discipline militaire; les troupes actuelles de l'Italie sont de ce genre. Entièrement inutiles, elles ne vaincront jamais, à moins qu'elles ne tombent sur quelque armée qu'un accident imprévu mette en fuite. Sans aller chercher d'autres exemples, on est témoin chaque jour de toutes les preuves qu'elles donnent de leur lâcheté. Afin de montrer à chacun, en m'appuyant de l'autorité de Tite-Live, la différence qui se trouve entre de bonnes et de mauvaises troupes, je rapporterai le discours de Papirius Cursor, lorsqu'il voulut punir Fabius, maître de la cavalerie : « Que » personne, dit ce dictateur, ne craigne ni les » hommes, ni les dieux; que l'on méprise les » ordres des généraux; qu'on néglige les auspi- » ces; que les soldats dénués de toute provi- » sion se répandent çà et là sans distinction » de pays ami ou ennemi; oubliant leur ser- » ment, qu'ils en rompent les liens à leur gré; » qu'ils désertent leurs drapeaux abandonnés; » qu'ils ne se rendent point à l'ordre; qu'ils » veuillent indifféremment combattre le jour ou » la nuit, dans une position favorable ou dés- » avantageuse, avec ou sans l'ordre du gé- » néral; qu'ils ne soient fidèles à garder, ni » leurs enseignes, ni leurs rangs; alors on ne » verra qu'un assemblage confus et aveugle, » plus semblable à un vil ramas de brigands » qu'à une milice imposante et majestueuse. »

Il est facile de juger d'après ce discours laquelle de ces dernières qualifications peut convenir à nos troupes, et combien elles sont loin de mériter le nom d'armée, ainsi que d'imiter ou la valeur disciplinée des Romains, ou seulement l'ardeur impétueuse des Gaulois.

———

CHAPITRE XXXVII.

De petits combats sont-ils nécessaires avant d'en venir à une action générale. Si on veut les éviter, comment faut-il s'y prendre pour connaître un ennemi auquel on a affaire pour la première fois.

Il paraît que dans toutes les actions des hommes, outre les difficultés générales qu'on éprouve lorsqu'on veut les mener à bien, on trouve toujours quelque mal particulier sans cesse à côté du bien, et s'unissant tellement avec lui, qu'il est impossible d'obtenir l'un sans l'autre. Le tableau de la vie humaine en offre sans cesse la preuve. Le bien s'obtient avec beaucoup de peine, à moins que la fortune empressée à vous secourir ne vous prête des forces assez considérables pour surmonter cet obstacle naturel et ordinaire. Le combat de Manlius avec les Gaulois m'a rappelé cette vérité. « Cette action, dit Tite-Live, fut tellement décisive » pour le succès de la guerre, que les Gaulois, » après avoir abandonné précipitamment leur » camp, se retirèrent du côté de Tibur, et de » là dans la Campanie. »

J'observe d'abord qu'un bon général doit se refuser à tout ce qui, étant de peu d'importance, pourrait néanmoins produire un mauvais effet dans son armée. Il faut être téméraire à l'excès pour hasarder un combat, où, sans employer toutes ses forces, on expose toute sa fortune, comme je l'ai dit plus haut, en blâmant la méthode de garder les défilés.

En second lieu, je crois qu'un général obligé de faire la guerre contre un ennemi nouveau, et qui a de la réputation, doit, s'il est sage, avant d'en venir à une bataille réglée, procurer à ses soldats l'occasion de s'essayer avec cet ennemi par des escarmouches, afin qu'en apprenant peu à peu à le connaître et à le combattre, ils se dégagent de la terreur que le bruit de sa renommée leur avait inspirée. C'est un devoir bien essentiel et presque indispensable pour un général. Il ne peut se dissimuler qu'il marche à une perte évidente, s'il ne détruit point dans l'âme de ses soldats l'impression de frayeur que la réputation de l'ennemi y a fait naître.

Lorsque les troupes romaines commandées par Valérius Corvinus allèrent combattre les Samnites, ennemi nouveau contre lequel elles ne s'étaient pas encore mesurées, ce général commença à les aguerrir par de légers combats, « de peur, dit Tite-Live, qu'une guerre nou- » velle et un ennemi inconnu ne leur causas- » sent de l'effroi. » On court aussi cependant un grand danger, c'est celui d'augmenter la crainte et le découragement des soldats, s'ils viennent à être vaincus dans ces escarmouches. Il en résulte alors un effet opposé à celui que l'on avait en vue ; car, au lieu de les rassurer, on les jette dans l'abattement. C'est donc là une de ces mesures où le mal est si près du bien, où ils sont même tellement confondus, qu'il est aisé de rencontrer l'un en croyant embrasser l'autre.

Je dis à ce sujet qu'un général habile doit éviter avec un soin extrême tout ce qui pourrait décourager ses troupes, et rien n'y serait plus propre que de débuter par un échec. Qu'il n'engage donc point de petits combats, et qu'il ne les permette pas, à moins qu'il n'y voie un avantage considérable et une espérance certaine de victoire ; qu'il n'entreprenne pas de garder des défilés où une partie de son armée lui serait inutile ; il ne doit conserver que les places dont la perte entraînerait la sienne, et disposer leur défense de manière que si elles étaient assiégées, il puisse les secourir avec toutes ses forces ; qu'il ne se charge pas du soin de défendre les autres. La perte de tout ce que l'on abandonne sans que l'armée ait éprouvé de revers ne ternit point la gloire des armes et n'enlève pas l'espoir de vaincre ; mais la perte devient un malheur réel, quand vous avez voulu défendre ce qu'on vous a pris, et qu'on a connu votre intention à cet égard. Cet événement de peu d'importance vous enlève, pour ainsi dire, comme aux Gaulois, toute espérance de succès pendant la durée de la guerre.

Philippe, roi de Macédoine, père de Persée, habile dans la profession des armes, et fort renommé de son temps, se voyant attaqué par les Romains, jugea qu'il lui serait impossible de défendre la totalité de ses états. Il prit donc la sage résolution d'en abandonner une partie après l'avoir dévastée, convaincu que s'il échouait dans le projet de la défendre, la perte de sa réputation lui ferait plus de tort, que celle des pays qu'il laissait à la discrétion de l'ennemi, comme un objet peu important. Dans la position difficile où se trouvèrent les Romains après la bataille de Cannes, ils refusèrent des secours à plusieurs de leurs alliés et de leurs sujets, en les exhortant à pourvoir eux-mêmes à leur sûreté le mieux qu'ils le pourraient. Ce parti est plus prudent que celui d'une défense infructueuse qui vous fait perdre des amis et des forces; l'autre du moins ne vous enlève que des amis.

Mais, pour revenir aux escarmouches dont nous avons parlé, je dis que si un général est obligé d'en tenter quelques-unes contre un ennemi nouveau, il ne doit le faire qu'avec une telle assurance du succès, qu'il ne lui reste aucune crainte. Il suivrait encore une voie plus sûre en imitant Marius. Les Cimbres, peuple féroce, s'avançaient vers l'Italie avec le dessein de la piller. Leur barbarie, leur nombre, la victoire qu'ils avaient remportée sur une armée romaine, répandaient l'effroi sur leur route. Marius, envoyé contre eux, pensa qu'avant d'en venir aux mains, il devait chercher à dissiper la terreur qu'un pareil ennemi avait inspirée à ses troupes. En général expérimenté, il place plusieurs fois son camp, de manière que son armée pût voir passer celle des Cimbres. Il voulut que ses soldats, couverts de leurs retranchements, vissent et s'accoutumassent à regarder en face cet ennemi, afin que la vue d'une multitude en désordre, embarrassée dans sa marche, et dont une partie portait des armes inutiles, tandis que l'autre était désarmée, les rassurât, et leur fit naître le désir d'engager le combat.

Cette sage conduite du général romain doit être imitée avec soin par ceux qui ne veulent pas courir les dangers dont nous avons parlé ci-dessus, et faire comme les Gaulois: « Que » la crainte produite par un événement peu » important engagea à se retirer du côté de » Tibur et dans la Campanie. »

Puisque nous avons cité Valérius Corvinus dans ce discours, je veux tracer d'après ses paroles, dans le chapitre suivant, l'idée que l'on doit se faire d'un général.

CHAPITRE XXXVIII.

Qualités nécessaires à un général pour obtenir la confiance de ses soldats.

Nous avons dit précédemment que Valérius Corvinus avait été envoyé à la tête d'une armée contre les Samnites, ennemis des Romains. Outre les escarmouches employées par ce général pour rassurer ses soldats, et leur faire connaître ce nouvel ennemi, il voulut encore, avant d'engager une action décisive, haranguer son armée. En rappelant à ses troupes leur valeur et la sienne propre, il n'omit rien pour les convaincre du peu de cas qu'elles devaient faire d'un tel ennemi. Les paroles que Tite-Live met dans sa bouche offrent le portrait d'un général digne de la confiance de ceux qu'il commande. « Considérez, dit Valérius à » ses soldats, sous quel chef, sous quels auspices vous marchez au combat; celui que » vous écoutez n'est-il qu'un beau discoureur? Redoutable seulement par ses paroles, est-il peu exercé dans les travaux militaires? Ne sait-il pas lancer lui-même des » traits, précéder les drapeaux, ou combattre » au plus fort de la mêlée? Ce sont, non ses » discours, mais ses actions, non ses ordres » seuls, mais ses exemples que vous propose » de suivre un général que sa valeur a trois » fois élevé au consulat, et comblé de gloire. »

Ces paroles indiquent la route à tenir pour mériter le titre de général. Celui qui en prendra une autre, loin de se distinguer dans cette place où la fortune et l'ambition peuvent l'avoir conduit, s'y couvrira de honte. Ce sont, non les titres qui honorent les hommes, mais les hommes qui honorent les titres.

Nous avons montré, en commençant à traiter ce sujet, comment les grands généraux employaient des moyens extraordinaires pour rassurer même de vieilles troupes, lorsqu'elles avaient affaire à un ennemi inconnu. Quelles précautions ne doit-on donc pas prendre lorsque l'on commande de nouvelles levées qui n'ont jamais vu l'ennemi en face! De quelle frayeur ne doit pas être saisi ce dernier genre de troupes en présence d'un ennemi quelconque, si celles qui ont vieilli dans le métier des armes ne sont point à l'abri de ses atteintes devant un nouvel ennemi.

Néanmoins on a souvent vu la prudence triompher de tous ces obstacles sous d'habiles généraux, tels que Gracchus et Épaminondas, dont nous avons fait mention dans un autre endroit. Ces deux guerriers surent, le premier chez les Romains, l'autre dans Thèbes, vaincre avec des troupes neuves des soldats vétérans et bien exercés. Ils commençaient à former ces nouvelles levées par des combats simulés pendant plusieurs mois, afin de les accoutumer à l'obéissance et à l'ordre; ensuite ils les menaient avec la plus grande confiance sur un véritable champ de bataille. Un guerrier expérimenté ne désespérera donc jamais de former de bonnes troupes toutes les fois que les hommes ne lui manqueront point. Un prince qui a des hommes et qui manque de soldats doit accuser non leur lâcheté, mais son indolence et son peu d'habileté.

CHAPITRE XXXIX.

Il faut qu'un général connaisse le pays où il fait la guerre.

La connaissance générale et particulière du pays et de ses sites différents est l'une des plus nécessaires à un général d'armée; sans elle il ne peut former aucune entreprise. Mais si toutes les sciences ne s'acquièrent que par beaucoup de pratique, celle-ci en exige beaucoup plus encore; il n'est pas d'exercice plus capable de conduire à ce but que celui de la chasse; aussi a-t-elle fait souvent l'occupation de ces anciens héros qui gouvernèrent le monde de leur temps, et dont les écrivains de l'antiquité disent qu'ils furent élevés dans les forêts. La chasse, outre la connaissance détaillée d'un pays, donne une infinité d'autres connaissances très-utiles à la guerre.

Xénophon rapporte dans la vie de Cyrus, que ce prince, sur le point d'attaquer le roi d'Arménie, s'entretenait avec ses guerriers de cette attaque, comme de l'une de ces parties de chasse qu'ils avaient souvent faites ensemble; il rappelait à ceux qu'il plaçait en embuscade sur des montagnes, qu'ils ressemblaient aux chasseurs qui vont tendre des filets dans les bois; les troupes qui battaient la plaine, il les comparait à ceux qui lancent la bête pour la faire tomber dans le piége. Nous citons cet exemple pour montrer, d'après Xénophon, que la chasse offre une image de la guerre, ce qui la rend un exercice honorable et nécessaire pour les grands. Il n'est pas de meilleure manière d'apprendre à bien connaître un pays, car l'on acquiert une connaissance exacte des lieux où l'on se livre à cet exercice. Une contrée que l'on s'est rendue familière facilite l'étude topographique des autres; en effet toutes ont entre elles, soit dans leur ensemble, soit dans leurs différentes parties, une certaine conformité, qui fait que l'on passe aisément de la connaissance de l'une à celle de l'autre.

Mais ce genre d'instruction demande beaucoup plus de temps et de travail, quand on n'a pas au moins la connaissance pratique d'un pays. Celui qui la possède juge au premier coup-d'œil de l'étendue d'une plaine, de l'élévation d'une montagne, de l'issue d'un vallon, et de tous les autres détails que l'expérience lui a appris à bien apprécier. Tite-Live confirme cette vérité par un exemple : Publius Décius servait en qualité de tribun dans l'armée que le consul Cornélius commandait contre les Samnites. Ce consul s'étant engagé dans une vallée où les Romains pouvaient facilement être enfermés par l'ennemi, Décius, qui vit tout le danger de cette position, lui dit : « Voyez-vous, Cornélius, cette pointe qui s'élève au-dessus du camp des Samnites? C'est là que nous pouvons espérer de trouver notre salut, si nous nous hâtons de nous en rendre maîtres, puisque l'ennemi a été assez maladroit pour ne pas le faire. » Avant de rapporter ces paroles, l'historien dit que : « P. Décius avait remarqué au-dessus du camp ennemi une colline d'un accès difficile pour une armée marchant avec ses bagages, mais facile pour des troupes légères. » Envoyé par le consul avec trois mille hommes pour occuper ce poste, il sauva l'armée. Désirant ensuite profiter de la nuit pour en sortir, et se sauver ainsi que ses soldats, il dit à quelques soldats : « Suivez-moi, afin que nous examinions, tandis qu'il nous reste encore un peu de jour, où sont placés les postes de l'ennemi, et par quel endroit nous pourrons nous retirer. » De crainte que son vêtement d'officier ne le fit remarquer, il se couvrit d'une casaque de simple soldat pour faire toutes ses reconnaissances.

Ce passage doit prouver à ceux qui le liront avec attention combien il est avantageux et nécessaire à un commandant d'armée de connaître la nature du pays. Si Décius n'en eût pas été aussi instruit, il n'eût pu juger de quel prix il était pour l'armée romaine de s'emparer de cette colline, ni discerner de si loin si elle était accessible; après y être parvenu, il n'eût pu reconnaître à une grande distance ni les issues favorables pour rejoindre le consul malgré les ennemis dont il était environné, ni les lieux gardés par les Samnites. Il fallait donc absolument que Décius possédât cette parfaite connaissance des localités, qui l'aida à sauver l'armée romaine en s'emparant de cette colline, et à se sauver ensuite lui-même, ainsi que ceux qui l'avaient suivi, en trouvant le moyen d'échapper à l'ennemi qui l'entourait.

———

CHAPITRE XL.

A la guerre, la ruse mérite des éloges.

Quoique la ruse soit répréhensible partout ailleurs, elle est cependant très-honorable à la guerre; on loue le général qui lui doit la victoire, comme celui qui l'a remportée à force ouverte. Le jugement qu'en portent ceux qui ont écrit la vie des grands hommes en est une preuve; ils comblent d'éloges Annibal, et les autres généraux qui se sont le plus distingués en ce genre. Les exemples en sont si souvent répétés, que je n'en rappellerai aucun; je me contenterai d'observer que je ne confonds point cette ruse avec la perfidie qui rompt la foi donnée et les traités conclus, perfidie qui sera toujours déshonorante, quand même on lui devrait la conquête d'un état, ou d'un royaume entier.

Je désigne par cette ruse les stratagèmes que l'on emploie contre un ennemi imprudent, et qui constituent proprement l'art de la guerre. Tel fut celui dont se servit Annibal, quand il feignit de prendre la fuite auprès du lac de Trasimène pour enfermer le consul avec son armée, et lorsqu'il fit attacher du feu aux cornes de ses bœufs, afin de se tirer des mains de Fabius Maximus; tel fut aussi celui de Pontius, général des Samnites, pour attirer les Romains dans les défilés des Fourches Caudines. Après avoir caché son armée derrière une montagne, il fit conduire des troupeaux assez nombreux dans la plaine par plusieurs de ses soldats, déguisés en pâtres; ils furent pris par les Romains. Interrogés sur le lieu où se trouvait l'armée des Samnites, ils s'accordèrent tous à répondre qu'elle assiégeait la ville de Nocera. Les consuls, ajoutant foi à cette réponse, entrèrent dans les défilés de Caudium, et y furent promptement investis par les Samnites.

Cette victoire, due à la ruse, aurait été très-glorieuse pour Pontius, s'il eût suivi les conseils de son père. Celui-ci voulait, ou que l'on renvoyât les Romains entièrement libres, ou qu'on les fît périr tous, sans prendre de parti moyen, parti toujours pernicieux dans les affaires d'état, comme nous l'avons dit ailleurs, qui ne donne pas un ami de plus, et ne fait pas un ennemi de moins.

———

CHAPITRE XLI.

Il faut défendre la patrie, soit avec ignominie, soit avec gloire. Tous moyens sont bons, pourvu qu'elle soit défendue.

Les consuls et l'armée romaine étaient, comme nous l'avons dit dans le chapitre précédent, investis par les Samnites. Ces ennemis leur proposèrent les conditions les plus honteuses, comme de les faire passer sous le joug, et de les renvoyer à Rome désarmés. De pareilles propositions jetèrent les consuls dans la stupeur et l'armée dans le désespoir; mais L. Lentulus, l'un des lieutenants, dit que pour sauver la patrie, il n'en fallait repousser aucune; il ajouta que, le salut de Rome reposant sur cette armée, il croyait que l'on devait la sauver à tout prix; que la défense de la patrie est toujours bonne, quelques moyens que l'on y emploie, honteux ou honorables, n'importe; que Rome en conservant cette armée, aurait toujours le temps de racheter cette honte; mais que si elle périssait, fût-ce même avec gloire, c'en était fait de Rome et de sa liberté. Son avis fut adopté.

Ce trait est digne des remarques et des réflexions de tout citoyen qui se trouve obligé de donner des conseils à sa patrie. S'il s'agit de délibérer sur son salut, il ne doit être arrêté par aucune considération de justice ou d'injustice, d'humanité ou de cruauté, de honte ou de gloire. Le point essentiel qui doit l'emporter sur tous les autres, c'est d'assurer son salut et sa liberté. Les Français suivent cette maxime dans leurs discours et dans leurs actions, en défendant la majesté du roi de France et la grandeur de ce royaume; il n'est rien qu'ils souffrent aussi impatiemment que d'entendre dire que telle chose est honteuse pour leur roi, quelque parti qu'il prenne, ou dans la bonne ou dans la mauvaise fortune; leur roi, selon eux, est toujours au-dessus de la honte, qu'il soit vainqueur ou vaincu; « tout cela, disent-ils, est d'un roi. »

CHAPITRE XLII.

Les promesses arrachées par la force ne doivent point être sacrées.

Lorsque les consuls furent de retour dans Rome avec leurs troupes désarmées, après l'affront reçu aux Fourches Caudines, le premier qui ouvrit en plein sénat l'avis de ne point observer la paix faite à Caudium fut le consul Sp. Posthumius. Il assura que le peuple romain n'y était pas tenu; que cet engagement n'obligeait que lui et ceux avec lesquels il l'avait contracté; qu'il suffirait au peuple, pour s'affranchir de toute obligation, de le renvoyer prisonnier chez les Samnites, ainsi que tous ceux qui avaient pris part avec lui à ce traité. Il soutint cet avis avec tant de chaleur, qu'il fut adopté par le sénat. On les renvoya donc tous prisonniers chez les Samnites, en protestant de la nullité de l'accord conclu. La fortune fut si favorable à Posthumius, que l'ennemi le laissa revenir dans Rome, où son revers lui attira plus de gloire que Pontius n'en recueillit chez les Samnites pour prix de sa victoire.

Il y a deux objets à remarquer ici: le premier est, qu'un général peut se faire honneur dans toute affaire quel qu'en soit l'événement: s'il est vainqueur sa gloire est toute naturelle; s'il est vaincu, il peut encore en acquérir, soit en prouvant que cet échec ne doit pas lui être imputé, soit en le couvrant de quelque action d'éclat. La seconde observation est, qu'il n'y a pas de honte à violer les promesses arrachées par la force. On peut rompre sans se déshonorer les engagements relatifs à l'intérêt public, toutes les fois que la force qui a obligé à les contracter ne subsiste plus. L'histoire en offre beaucoup d'exemples, et il s'en présente encore tous les jours. Non-seulement les princes comptent pour rien les engagements qu'ils ont été forcés de prendre, aussitôt que la force cesse d'agir, mais ils n'observent pas même les autres, quand les motifs qui les y ont déterminés n'existent plus. Nous n'examinerons point en cet endroit si cette conduite convient à un prince, si elle est digne d'éloges ou de blâme; nous avons amplement discuté cette question dans le Traité du Prince.

CHAPITRE XLIII.

Les habitants d'un même pays conservent toujours à peu près le même caractère.

Les hommes sages disent avec raison que, pour prévoir l'avenir, il faut consulter le passé, parce que les événements de ce monde ont en tout temps des rapports bien marqués avec ceux des temps qui les ont précédés. Produits par des hommes qui sont et qui ont toujours été animés des mêmes passions, ils doivent nécessairement avoir les mêmes résultats. Il est vrai que l'on est plus ou moins vertueux, tantôt dans un pays, tantôt dans un autre, selon la forme que l'éducation donne aux mœurs publiques.

Ce qui doit porter à juger de l'avenir par le passé, c'est de voir une nation conserver si longtemps le même caractère, être constamment avare ou de mauvaise foi, et développer sans cesse les mêmes vices ou les mêmes vertus. En lisant avec attention l'histoire de Florence dans les temps antérieurs et même dans ceux qui sont plus rapprochés de nous, on y verra que les Allemands et les Français sont remplis d'avarice, de mauvaise foi, d'orgueil et de cruauté, reproches qu'ils ont toujours mérité de notre part. Quant au manque de foi, personne n'ignore combien de fois les Florentins ont donné de l'argent au roi Charles VIII, sous la promesse de leur rendre la citadelle de Pise; promesse qu'il fit toujours et qu'il ne réalisa jamais. Ce prince montra, en agissant ainsi peu de bonne foi et beaucoup d'avarice.

Mais ne rappelons point ces événements encore tout récents. Chacun peut avoir entendu parler de ce qui arriva dans la guerre que Florence eut à soutenir contre les Visconti, ducs de Milan. Cette ville, n'ayant plus d'autres ressources, appela l'empereur en Italie, persuadée que sa réputation et ses forces accableraient la Lombardie. Ce prince promit de s'y rendre avec des troupes nombreuses, d'attaquer les Visconti, et de défendre les Florentins, à condition que ceux-ci lui donneraient cent mille ducats avant son départ, et pareille somme lorsqu'il serait entré en Italie. La condition fut acceptée et entièrement remplie, ce qui n'empêcha pas l'empereur, aussitôt qu'il fut à Vérone, de s'en retourner sans avoir rien fait, alléguant pour excuse, que les Florentins n'avaient pas été fidèles à leurs engagements. Si donc Florence n'eût pas été contrainte par la nécessité, ou emportée par la passion, et qu'elle eût étudié et connu les anciennes mœurs des barbares, elle ne se fût point laissé tromper dans cette occasion, ainsi que dans beaucoup d'autres; elle aurait vu que ce caractère n'était pas changé, et qu'il produisait les mêmes effets en toutes circonstances et à l'égard de toute nation.

L'histoire nous apprend que les Étrusques en firent autrefois l'expérience. Accablés par les Romains, mis plusieurs fois en déroute, se voyant hors d'état de résister à leurs forces, ils appelèrent à leur secours les Gaulois Cisalpins, et convinrent de leur donner une somme d'argent, à condition qu'ils uniraient leurs forces aux leurs et marcheraient ensemble contre les Romains. Les Gaulois prirent l'argent des Étrusques et refusèrent de s'armer en leur faveur, disant « qu'on ne les avait pas payés pour faire la » guerre aux Romains, mais pour se racheter » des ravages qu'ils s'étaient engagés à ne pas » faire dans l'Étrurie. »

Ce fut ainsi que les peuples de cette contrée perdirent à la fois leur argent et l'espérance des secours qu'ils s'en étaient promis, perte dont ils furent redevables à l'avarice et à la mauvaise foi des Gaulois. L'exemple des anciens et des nouveaux habitants de la Toscane prouve donc que les Gaulois et les Français se sont toujours conduits de la même manière, et fait assez connaître le degré de confiance que les princes peuvent leur accorder.

CHAPITRE LXIV.

L'audace et la précipitation emportent souvent ce que l'on n'obtiendrait point par des moyens ordinaires.

Les Samnites, pressés vivement par les Romains, sentirent qu'ils ne pouvaient plus, avec leurs seules forces, tenir la campagne devant eux. Ils se décidèrent, après avoir laissé des troupes pour garder leurs places, à passer avec toutes les autres dans l'Étrurie. Ils espéraient que leur présence obligerait les peuples de cette contrée, malgré leur trève avec les Romains, à reprendre les armes contre eux, ce qu'ils avaient refusé aux instances des ambassadeurs Samnites. Dans les entretiens qu'ils eurent avec les Étrusques, pour expliquer surtout les motifs qui leur avaient remis les armes à la main, ils se servirent d'une expression remarquable, en disant qu'ils s'étaient révoltés contre les Romains, « parce que la paix était plus » à charge à des hommes asservis, que la » guerre à des hommes libres. » Ils déterminèrent les Étrusques à s'armer, moitié par persuasion, moitié par la crainte qu'inspirait leur armée.

Concluons de là que, si un prince veut obtenir quelque chose d'un autre, il ne doit point, quand l'occasion le permet, lui donner le temps de délibérer. Qu'il tâche de le convaincre de la nécessité de se décider promptement. Celui-ci en sera convaincu, s'il voit qu'un refus ou des temporisations peuvent exciter sur-le-champ une indignation dangereuse. Ce moyen a très-bien réussi de nos jours à Jules II vis-à-vis des Français, à Gaston de Foix, général du roi de France, à l'égard du marquis de Mantoue.

Jules voulait chasser les Bentivoglio de Bologne, et, dans ce projet, il croyait avoir besoin du secours des Français, et de la neutralité des Vénitiens. Après avoir sollicité longtemps ces deux puissances dont il n'avait obtenu que des réponses évasives et incertaines, il se décida à brusquer les événements, de manière à les amener forcément à sa volonté. Il part en effet de Rome avec toutes les troupes qu'il peut rassembler, marche vers Bologne, et il envoie demander aux Vénitiens la neutralité, et au roi de France des secours. Pressés par le peu de temps qu'ils avaient pour délibérer, craignant d'irriter ce pontife s'ils refusaient ou s'ils temporisaient, ceux-ci acquiescent aussitôt à sa demande. Le roi lui fit passer des troupes, et les Vénitiens restèrent neutres.

Gaston de Foix était à Bologne avec son armée, lorsqu'il apprit la révolte de Brescia. Il avait à choisir entre deux chemins pour aller faire rentrer cette place dans le devoir. L'un se trouvait sur les possessions du roi, mais il était long et pénible ; l'autre plus court, traversait les états du marquis de Mantoue. Il fallait passer non-seulement sur les terres de ce seigneur, mais encore sur des espèces de chaussées élevées entre les lacs et les marais dont ce pays est couvert, et fermées par des forts et autres moyens de défense. Décidé à prendre cette dernière route, Gaston, pour vaincre toute difficulté, et ne pas laisser le temps au marquis de délibérer, se mit en marche sur-le-champ avec son armée, et lui fit signifier qu'il eût à lui ouvrir tous les passages. Les clefs lui en furent envoyées à l'instant par le marquis de Mantoue effrayé et surpris de cette résolution brusque et inattendue. Il ne les eût jamais accordées, si Gaston eût mis moins de vivacité dans ses démarches. En effet, il avait un prétexte plausible pour se refuser à une semblable demande ; il était entré dans la ligue des Vénitiens et du pape, et l'un de ses fils était au pouvoir de ce pontife ; mais il y acquiesça, parce qu'il se vit serré de près si promptement qu'il n'eut pas le temps de la réflexion.

Ce furent des causes de ce genre dont nous avons développé plus haut toute la force, qui obligèrent les Étrusques intimidés par la présence de l'armée des Samnites, à reprendre les armes, quoiqu'ils s'y fussent constamment refusés auparavant.

CHAPITRE XLV.

Est-il plus avantageux de soutenir d'abord le choc de l'ennemi et de l'attaquer ensuite vivement que de commencer le combat avec impétuosité ?

Les deux consuls romains, Décius et Fabius, faisaient la guerre, l'un contre les Samnites, l'autre contre les Étrusques. Comme ils livrèrent bataille en même temps, il est à propos d'examiner quelle est la meilleure des deux méthodes suivies par ces généraux.

Décius s'élança sur l'ennemi de toutes ses forces et avec toute l'impétuosité possible. Fabius se contenta de soutenir son premier choc. Persuadé qu'une attaque mesurée lui serait plus avantageuse, il réserva l'ardeur impétueuse de ses troupes pour l'instant où la fougue et le premier feu de l'ennemi se ralentiraient. L'événement fut beaucoup plus favorable au plan de conduite de Fabius, qu'à celui de Décius. Voyant ses soldats épuisés par leurs premiers efforts, et plus disposés à fuir qu'à combattre, Décius, jaloux d'acquérir par le trépas la gloire prête à lui échapper par la perte de la bataille, se dévoua, à l'exemple de son père, pour les légions romaines. Lorsque Fabius l'apprit, il voulut obtenir en vivant une gloire aussi brillante que son collègue l'avait acquise par sa mort. Déployant donc avec vigueur toutes les forces qu'il avait réservées pour cet instant du combat, il remporta la victoire la plus signalée.

Cet exemple prouve que la méthode de Fabius est la plus sûre et la plus digne d'être suivie.

CHAPITRE XLVI.

Pourquoi le même caractère se conserve-t-il assez long-temps dans les familles.

Les villes diffèrent souvent les unes des autres non-seulement par leurs mœurs et leurs institutions, mais encore par leurs habitants, qui sont tous d'un caractère plus dur ou plus doux. Ce n'est pas entre les villes seulement que l'on remarque cette différence ; elle se retrouve aussi entre les familles d'une même cité. Toutes les villes justifient la vérité de cette assertion ; Rome en offre beaucoup d'exemples. Les Manlius étaient d'un naturel sévère et inflexible; la douceur et une affabilité populaire distinguaient les Publicola; les Appius étaient ambitieux et ennemis du peuple. Chaque famille se faisait remarquer par un caractère qui lui était particulier. Cette différence ne vient pas seulement du sang, puisqu'il s'altère nécessairement par la diversité des alliances; il faut plutôt l'attribuer à l'éducation, qui varie d'une famille à une autre. Les jugements en bien ou en mal, qu'un enfant entend porter dès ses plus tendres années, doivent être comptés pour beaucoup; ces premières impressions se gravent profondément dans son cœur, et deviennent la règle de ses actions aux différentes époques de sa vie. Eût-il été possible sans cela que tous les Appius développassent les mêmes inclinations, et fussent agités des mêmes passions? Tite-Live fait cette observation sur plusieurs d'entre eux, mais spécialement au sujet de cet Appius, qui revêtu de la censure, et voyant que son collègue, selon le vœu de la loi, abdiquait au bout de dix-huit mois, refusa de l'imiter, alléguant que, d'après la première loi faite par les censeurs, il pouvait conserver cette magistrature pendant cinq ans. Quoique l'on convoquât plusieurs assemblées pour cette affaire, et qu'elle excitât beaucoup de tumulte, on ne put vaincre l'obstination d'Appius; il resta en fonctions contre le gré du peuple et de la majeure partie du sénat.

En lisant le discours qu'il fit contre P. Sempronius, tribun du peuple, on y remarquera toute l'insolence des Appius, et en même temps la douceur et la bonté dont une infinité de citoyens donnèrent l'exemple, pour obéir aux lois et témoigner leur respect envers les auspices.

CHAPITRE XLVII.

L'amour de la patrie doit faire oublier à un bon citoyen les inimitiés particulières.

Le consul Manlius fut blessé dans un combat en faisant la guerre aux Samnites. Comme sa blessure exposait son armée, le sénat crut nécessaire d'envoyer à sa place Papirius Cursor, avec la qualité de dictateur; mais il fallait que cette dignité lui fût conférée par Fabius qui se trouvait alors à la tête des armées en Étrurie. Comme il était ennemi de Papirius, le sénat

craignit qu'il ne s'y refusât. Il le fit donc conjurer par deux députés, de sacrifier ses haines personnelles à l'intérêt public, en nommant ce dictateur. L'amour de la patrie l'emporta dans le cœur de Fabius, quoique l'on vît par son silence, et par beaucoup d'autres preuves, combien cette nomination lui était pénible.

Tel est l'exemple que doivent imiter tous ceux qui veulent être regardés comme bons citoyens.

CHAPITRE XLVIII.

Une faute trop marquée et trop grossière de la part de l'ennemi doit faire soupçonner un piége.

Fulvius, lieutenant de l'armée romaine en Étrurie, était chargé du commandement en l'absence du consul que quelques cérémonies religieuses avaient appelé à Rome. Les Étrusques désirant l'attirer dans un piége, placèrent une embuscade à peu de distance de son camp. Ils déguisèrent ensuite des soldats en pâtres, et les envoyèrent avec beaucoup de troupeaux qu'ils conduisirent par leur ordre à la vue des Romains. Ils s'approchèrent jusque sous leurs retranchements: cet excès de confiance qui n'était point naturelle étonna Fulvius. Il vint à bout de découvrir l'artifice, et fit échouer le projet des Étrusques.

Ce trait prouve qu'un général d'armée doit être en méfiance, lorsqu'il voit l'ennemi faire une faute trop grossière. Elle cache sûrement un piége, parce qu'il n'est point raisonnable de supposer les hommes aussi imprudents. Mais souvent le désir de vaincre aveugle au point que l'on n'est frappé que des objets qui semblent favorables.

Les Gaulois, après avoir vaincu les Romains sur l'Allia, marchèrent vers Rome. Quoiqu'ils trouvassent les portes de cette ville ouvertes et sans gardes, ils passèrent un jour et une nuit sans oser y entrer; ils craignaient que ce ne fût un piége, ne pouvant se persuader que les Romains fussent assez lâches, et assez mal avisés, pour abandonner leur patrie.

Lorsque les Florentins allèrent, en 1508, assiéger Pise, Alphonse de Mutolo, citoyen de cette ville, qui était leur prisonnier, promit de leur en livrer une porte, s'ils voulaient lui rendre sa liberté. Ils y consentirent. Afin de paraître fidèle à sa promesse, Mutolo revint ensuite plusieurs fois, en conférer avec les députés des commissaires de l'armée. Il se rendait à ces conférences non en secret, mais à découvert, et accompagné de plusieurs Pisans, qu'il laissait seulement à l'écart, lorsqu'il voulait s'entretenir avec les Florentins. Cette circonstance devait faire reconnaître sa duplicité, parce qu'il n'était pas vraisemblable qu'il eût osé traiter une affaire de ce genre aussi ouvertement, s'il l'eût fait de bonne foi. L'envie de devenir maîtres de Pise aveugla tellement les Florentins, que sur l'avis de cet imposteur, ils s'avancèrent vers la porte de Lucques où, par une suite de sa double trahison, ils perdirent malheureusement plusieurs de leurs officiers, et une grande partie de leurs troupes.

CHAPITRE XLIX.

Une république qui veut se conserver libre doit prendre chaque jour de nouvelles précautions. Services qui méritèrent à Q. Fabius le surnom de Maximus.

Nous avons déjà dit que les républiques doivent nécessairement voir naître chaque jour dans leur sein des maux qui exigent des remèdes dont l'efficacité réponde à l'étendue de ces mêmes maux. Si jamais une cité en éprouva d'étranges et d'inattendus, ce fut celle de Rome. Tel fut le complot que toutes les dames romaines parurent avoir formé de faire périr leurs maris, tant il s'en trouva qui les avaient déjà empoisonnés ou qui avaient préparé du poison pour commettre ce crime. On peut aussi mettre de ce nombre la conjuration des Bacchanales, découverte dans le temps de la guerre contre la Macédoine, et à laquelle plusieurs milliers d'hommes et de femmes avaient déjà pris part. Elle serait devenue fort dangereuse pour cette ville, si elle n'eût pas été découverte, ou que les Romains n'eussent pas été accoutumés à punir des coupables lors même qu'ils étaient en très-grand nombre.

Quand on n'aurait pas une infinité d'autres preuves de la grandeur et de la puissance de cette république, on en serait convaincu par la manière dont elle sut châtier les crimes. Elle ne craignit point de faire périr juridiquement une légion et une ville entière; d'exiler dix-huit mille hommes, en leur imposant des conditions si extraordinaires que l'exécution ne semblait pas possible pour un seul, loin de l'être pour un si grand nombre. Ce fut ainsi qu'elle relégua en Sicile les soldats qui s'étaient laissé vaincre à la bataille de Cannes, en leur ordonnant de manger debout, et de ne point loger dans les villes. Mais le plus terrible des châtiments, était de décimer les armées, en faisant mourir, par la voie du sort, un homme sur dix. On ne pouvait trouver de manière plus effrayante pour punir une multitude; car lorsqu'elle commet des fautes dont l'auteur est inconnu, on ne peut la châtier tout entière, parce que le nombre des coupables est trop grand. Infliger des peines à une partie, et laisser l'autre impunie, c'est se rendre injuste envers les premiers, et encourager les seconds à mal faire encore. Mais lorsque tous ont mérité la mort, et que l'on se contente de les décimer par la voie du sort, ceux que le sort destine au supplice ne peuvent se plaindre que de sa rigueur, ceux qui lui échappent doivent craindre à l'avenir de se rendre coupables, de peur d'en être une autre fois les victimes.

Quoique ces sortes de maladies aient dans une république des suites funestes, elles ne sont pas mortelles, parce que l'on a presque toujours le temps d'y remédier. Il n'en est pas de même de celles qui attaquent les fondements de l'état; elles entraîneraient sa ruine, si une main habile n'en arrêtait les progrès. La générosité avec laquelle les Romains accordaient le droit de cité à des étrangers, avait attiré dans Rome beaucoup de nouvelles familles. Elles exerçaient déjà une si grande influence dans les élections, que le gouvernement commençait à s'altérer sensiblement, et à s'éloigner des institutions et des hommes, que l'on avait coutume d'honorer auparavant. Quintus Fabius qui était alors censeur, s'en apercevant, renferma dans quatre tribus les familles qui faisaient naître ce désordre, afin que resserrées dans des bornes aussi étroites, elles ne pussent corrompre Rome entière. Fabius avait bien apprécié la nature du mal, et y avait apporté, sans trouble, un remède convenable. Sa conduite parut si digne d'éloges, qu'elle lui mérita le surnom de Maximus.

LE PRINCE.

NICOLAS MACCHIAVELLI

AU

MAGNIFIQUE LAURENT DE MÉDICIS,

FILS DE PIERRE DE MÉDICIS.

Ceux qui veulent gagner les bonnes grâces d'un prince ont coutume de lui offrir ce qu'ils possèdent de plus rare, ou ce qu'ils croient être le plus de son goût, comme des pierres précieuses, des étoffes d'or, des chevaux et des armes d'un prix proportionné à la grandeur de celui à qui ils en font hommage. Le désir que j'ai de me présenter à vous avec un gage de mon dévouement, ne m'a fait trouver parmi tout ce que je possède rien que j'estime davantage, ou qui soit plus précieux pour moi, que la connaissance des actions des hommes célèbres; connaissance acquise par une longue expérience des temps modernes, et par la lecture assidue des anciens. Les observations que j'ai été à même de faire avec autant d'exactitude que de réflexion et de soins, je les ai rassemblées dans le petit volume que je vous adresse; et quoique je juge cet ouvrage peu digne de vous être offert, je compte cependant assez sur votre bonté, pour espérer que vous voudrez bien l'agréer. Considérez que je ne puis vous offrir rien de mieux, que de vous procurer les moyens d'acquérir en très-peu de temps, une expérience qui m'a coûté tant de peine et tant de dangers.

Vous ne trouverez dans cet opuscule, ni un style brillant et pompeux, ni aucun de ces vains ornements dont les auteurs cherchent à embellir leurs ouvrages. Si le mien a le bonheur de vous intéresser, ce sera uniquement par l'importance du sujet, et peut-être aussi par la solidité des réflexions, autant que par la vérité des faits qui y sont rapportés.

Il paraîtra peut-être téméraire à moi, né dans une condition obscure, d'oser donner des règles de conduite à ceux qui gouvernent. Mais comme ceux qui ont à dessiner des pays montagneux se placent dans la plaine, et sur des lieux élevés lorsqu'ils veulent lever la carte d'un pays plat, de même, je pense qu'il faut être prince pour bien connaître la nature et le caractère du peuple, et plébéien pour bien connaître les princes.

J'ose donc espérer que vous accueillerez ce faible hommage, en appréciant l'intention qui me fait vous l'offrir, et que vous rendrez justice au désir ardent que j'ai de vous voir remplir avec éclat, les hautes destinées auxquelles votre fortune et vos grandes qualités vous appellent. Si, du rang où vous êtes élevé, vous daignez jeter un regard de bonté sur moi, sur les persécutions auxquelles je suis en butte, vous vous convaincrez de mon innocence, et de l'injustice de mes ennemis.

CHAPITRE PREMIER.

Combien il y a de sortes de principautés, et par quels moyens les acquiert-on.

Tous les états, toutes les souverainetés qui ont ou qui ont eu autorité sur des hommes, ont été et sont ou des républiques ou des principautés.

Les principautés se distinguent en héréditaires dans la même maison qui règne depuis longtemps, ou en nouvelles.

Parmi les nouvelles, les unes sont ou entièrement nouvelles, comme l'était celle de François Sforce à Milan ; ou bien, ce sont comme des membres réunis à l'état héréditaire du prince qui les acquiert ; tel est le royaume de Naples à l'égard du roi d'Espagne.

Ces états ainsi acquis, ou vivaient sous un prince, ou jouissaient de leur liberté. On s'en rend maître, ou par les armes d'autrui, ou par les siennes propres, ou par quelque événement heureux, ou par son courage et son talent.

CHAPITRE II.

Des principautés héréditaires.

Je ne parlerai pas ici des républiques ; j'en ai traité amplement ailleurs [1] ; je ne m'arrêterai qu'à la principauté seule ; et en suivant les divisions que je viens d'indiquer, j'examinerai comment on doit gouverner ces sortes d'états et les conserver.

Je dirai d'abord qu'on a bien moins de diffi-

---

[1] Dans ses discours sur Tite-Live.

culté à maintenir les états héréditaires accoutumés à la famille de leur prince, que les états nouveaux. En effet, il suffit à ce prince de ne pas outrepasser l'ordre et les mesures établies par ses prédécesseurs et de céder à propos aux événements, en sorte qu'avec une habileté ordinaire, il se maintiendra toujours dans ses états, à moins qu'il n'en soit dépouillé par une force infiniment supérieure ; et dans ce cas-là même il pourra s'y rétablir pour peu que l'occupant éprouve des revers de fortune. Nous avons pour exemple, en Italie, le duc de Ferrare, qui n'a résisté aux Vénitiens en 1484, et au pape, Jules II, en 1510, que parce qu'il était ancien souverain dans ce duché [1]. Le prince naturel, ayant moins d'occasion et de nécessité de vexer ses sujets, en doit être plus aimé ; or, si des vices extraordinaires ne le font point haïr, il est naturel qu'ils aient de l'inclination pour lui. C'est dans l'ancienneté et la longue durée d'un gouvernement, que se perdent ou les souvenirs, ou les occasions d'un changement ; car chaque mutation laisse des pierres d'attente pour une nouvelle.

CHAPITRE III.

Des principautés mixtes.

Mais c'est dans une principauté nouvelle que se trouvent les difficultés. Et d'abord si elle n'est pas toute nouvelle, mais qu'elle soit comme un membre incorporé à une autre souveraineté, ce qu'on peut appeler souveraineté mixte, ses mutations naissent des difficultés qu'éprouvent naturellement les principautés nouvelles ; or, dans celle-ci les sujets changent volontiers de maîtres, croyant gagner au changement. Cette opinion leur fait prendre les armes contre celui qui gouverne ; ils se trompent cependant, et ils s'aperçoivent bientôt que leur situation n'a fait qu'empirer. Cette détérioration de leur position est une suite naturelle et nécessaire du changement même qu'ils viennent d'éprouver. En effet, tout nouveau prince est forcé de vexer plus ou moins ses nouveaux sujets, soit par la présence des gens de guerre qu'il est obligé d'y tenir, ou par une infinité

---

[1] Alphonse d'Est, que Jules II excommunia et voulut dépouiller de son duché.

d'autres maux qu'entraîne après soi une acquisition nouvelle ; en sorte que vous avez pour ennemis tous ceux que vous avez offensés en occupant cette principauté, et vous ne pouvez conserver pour amis ceux qui vous y ont placés. En effet vous ne pouvez remplir les espérances qu'ils avaient conçues de vous ; vous ne pouvez également employer vis-à-vis d'eux des moyens rigoureux, étant leur obligé : car quoiqu'un prince soit en force, il a besoin de la faveur des habitants d'une province pour y entrer. Mais c'est pour cette raison que Louis XII, roi de France, s'empara promptement de Milan et le perdit tout aussitôt. Les forces seules de Ludovic Sforce suffirent pour l'arracher une première fois d'entre ses mains. Mais le peuple, qui avait ouvert les portes au roi, se trouvant bientôt détrompé de l'espérance qu'il avait eue d'un meilleur sort, se dégoûta bientôt du nouveau prince.

Il est bien vrai qu'après avoir reconquis un pays rebelle, on ne le perd pas si facilement. Le prince prend occasion de la rébellion, pour être moins réservé sur les moyens qui peuvent lui assurer sa conquête. Il punit les coupables, surveille les suspects et se fortifie dans les endroits les plus faibles. Aussi, pour faire perdre le Milanais à la France la première fois, il ne fallut que quelque mouvement sur ses confins de la part de Ludovic Sforce ; mais pour le lui enlever à la seconde, on eut besoin de se liguer avec d'autres états contre les Français, de détruire leurs armées et de les chasser de l'Italie ; tout cela par les motifs que nous venons d'énoncer.

Néanmoins le Milanais fut enlevé une première et une seconde fois, à son nouveau maître. Nous avons parlé des raisons générales qui devaient le lui faire perdre la première fois ; il nous reste à examiner les motifs de la seconde, et à parler des moyens qu'avait à employer le roi de France, ou tout autre prince qui se serait trouvé dans la même situation que lui, pour pouvoir se maintenir mieux qu'il ne le fit.

Je dis donc que les états conquis pour être réunis à ceux qui appartiennent depuis longtemps au conquérant, sont ou ne sont pas limitrophes de ces derniers, et qu'ils ont ou n'ont pas la même langue. Dans le premier cas, rien de si facile que de le contenir, surtout si les habitants ne sont pas accoutumés à vivre libres. Pour le posséder sûrement il suffit d'avoir éteint la lignée des anciens princes. En leur conservant, dans tout le reste, leurs anciennes coutumes et leurs mœurs, pourvu qu'il n'y ait pas antipathie nationale, ceux-ci vivent tranquillement sous leur nouveau prince : c'est ainsi que nous avons vu la Bourgogne, la Bretagne, la Gascogne et la Normandie depuis si longtemps unies pareillement à la France. Quoiqu'il y ait quelque différence dans le langage, néanmoins les habitudes, les mœurs s'y ressemblent et peuvent se concilier. Pour qui acquiert ces sortes d'états et veut les conserver, il suffit de deux conditions : l'une, que la famille de l'ancien souverain soit éteinte ; l'autre, de ne point altérer leurs lois, ni augmenter leurs impôts ; en peu de temps ces nouveaux états se marient et se confondent, de manière à ne faire qu'un avec l'ancien.

Mais quand on acquiert la souveraineté d'un pays qui diffère du sien, par la langue, les mœurs et les dispositions intérieures, c'est là que se trouvent les difficultés, et qu'il faut avoir pour s'y maintenir autant de bonheur que d'habileté.

L'un des plus grands moyens et des plus prompts à employer par le nouveau prince, serait d'y aller habiter : c'est ce qui en rendrait la possession et plus durable et plus sûre. Ainsi en a usé le Turc par rapport à la Grèce ; malgré toutes les précautions qu'il eût prises pour conserver ce pays sous sa domination, il n'y serait pas parvenu s'il n'était allé l'habiter. Étant sur les lieux, on voit naître les désordres et on y remédie tout aussitôt. Quand on est absent, on ne les connaît que lorsqu'ils sont si grands, qu'il n'y a plus de remède. En outre, cette nouvelle province n'est point pillée par ceux qui y commandent en votre nom. Les nouveaux sujets jouissent de l'avantage d'un prompt recours au prince ; ils ont plus d'occasions de l'aimer s'il veut se bien conduire, ou de le craindre s'il veut se conduire autrement. Parmi les étrangers celui qui voudrait attaquer cet état, est retenu par la très-grande difficulté qu'il y a à l'enlever à un prince qui l'habite.

Un autre moyen excellent, c'est d'envoyer des colonies dans une ou deux places qui soient comme les clefs du pays. Il faut ou employer cette mesure, ou y tenir beaucoup de troupes,

Ces colonies coûtent peu au prince. Elles ne font tort qu'à ceux que l'on veut punir ou qu'on redoute, et à qui on a enlevé, et leurs terres, et leurs maisons, pour les donner à de nouveaux habitants; comme ils forment le plus petit nombre, et qu'ils sont par là dispersés et appauvris, ils ne peuvent jamais nuire. D'un autre côté, tous ceux à qui on ne fait aucun tort, se tiennent naturellement en repos, ou craignent, s'ils venaient à remuer, le sort de ceux qu'on a dépouillés. D'où je conclus que ces colonies coûtent peu, sont plus fidèles au prince, ne blessent que le petit nombre d'individus qui, étant dépouillés et dispersés, sont hors d'état de nuire, comme je l'ai déjà dit; car on ne doit pas perdre de vue qu'il faut ou gagner les hommes, ou s'en défaire. Ils peuvent se venger des offenses légères, mais les graves offenses leur en ôtent la faculté. Or, l'offense faite à un homme doit être telle, que le prince n'ait pas à en redouter la vengeance.

Mais si, au lieu de colonies, vous y tenez de nombreuses troupes, vous dépensez infiniment plus, et tous les revenus du pays se consomment en frais de garde et de défense, en sorte que le prince a plus perdu que gagné à l'acquérir. Les torts qu'il fait sont d'autant plus grands, qu'ils s'étendent indistinctement à tous les habitants, qu'il fatigue par les marches, les logements et le passage de ses troupes. Cette incommodité se fait sentir à tous; ils deviennent tous ses ennemis, et des ennemis dangereux; car, quoique battus, ils restent dans leurs propres foyers. Par toute sorte de raisons cette garde est aussi inutile que les colonies que nous avons proposées sont avantageuses.

Le nouveau souverain d'un état distant et différent du sien, doit encore se faire le défenseur et le chef des princes voisins les plus faibles, s'étudier en même temps à affaiblir l'état voisin le plus puissant; il doit empêcher surtout que dans aucun cas, nul étranger aussi puissant que lui, n'y mette les pieds; car il y en arrivera qui seront appelés par les mécontents, ou par ambition, ou par crainte: comme on vit les Étoliens appeler les Romains en Grèce; et, dans toutes les provinces où ils entrèrent, ils furent toujours appelés par les habitants du pays. La raison en est simple : toutes les fois qu'un étranger puissant entre dans un pays, tous ceux qui, dans ce pays-là même, sont moins forts que lui, se réunissent au nouveau venu, par un motif d'envie qui les anime contre quiconque était plus puissant qu'eux. Quant à ces petits états, l'étranger n'a à faire aucun frais pour se les attirer, ils font corps à l'instant d'eux-mêmes avec lui; il faut seulement qu'il se garde de leur laisser prendre trop de force. Il peut facilement avec ses troupes, et avec leurs secours, affaiblir, abaisser les plus puissants, pour rester toujours maître dans le pays. Celui qui ne saura pas mettre ces moyens en usage, perdra bientôt tout ce qu'il avait acquis; il doit éprouver une infinité de peines, de difficultés et d'embarras, tant qu'il le gardera.

Les Romains, dans les provinces dont ils s'emparèrent, mirent soigneusement ces moyens en pratique; ils envoyèrent des colonies, ils protégèrent les moins puissants sans accroître leurs forces, ils diminuèrent celle des grands qu'ils pouvaient redouter, et ils ne permirent à aucun étranger, qu'ils eussent pu craindre, d'y acquérir de l'influence. Je ne veux pour exemple que la province de Grèce : par eux, les Achéens et les Étoliens furent soutenus, la puissance des Macédoniens fut affaiblie, et Antiochus fut chassé; tous les services des Achéens et des Étoliens ne leur firent pas obtenir le moindre accroissement à leur domaine; quelque moyen de persuasion qu'employât Philippe, ils ne voulurent jamais le recevoir pour ami qu'à la condition de l'affaiblir; ils redoutaient trop Antiochus pour consentir à ce qu'il conservât quelque souveraineté dans cette province.

Les Romains, dans cette occasion, firent ce que doit faire tout prince sage qui, non-seulement doit remédier aux maux présents, mais encore prévenir les maux à venir. En les prévoyant de loin, on y remédie aisément; mais si l'on attend qu'ils vous aient atteint, il n'est plus temps, et la maladie est devenue incurable. Il advient alors ce qui arrive aux médecins dans la cure de l'éthisie, qui, dans le commencement, est facile à guérir et difficile à connaître, mais, par le laps du temps, quand on ne l'a ni découverte, ni traitée dans le principe, elle devient facile à connaître et difficile à guérir. Même chose arrive dans les affaires d'état; en les prévoyant de loin, ce qui n'appartient qu'à un homme habile, les maux qui pourraient en provenir se guérissent promptement; mais quand, pour ne les avoir pas prévus, on les laisse croître au point que tout le monde les aperçoit, il n'y a plus de remède.

Aussi, les Romains, prevoyant de loin les inconvénients, y paraient aussitôt, et ils ne les laissèrent jamais empirer pour éviter une guerre. Ils savaient que la guerre ne s'évite pas, mais que c'est toujours au grand avantage de l'ennemi qu'on la diffère. D'après ces principes, ils voulurent la faire, et contre Philippe, et contre Antiochus en Grèce, pour n'avoir pas à se défendre eux-mêmes contre ces princes en Italie. Ils pouvaient alors sans contredit l'éviter contre tous les deux; ils ne le voulurent pas; et ils ne trouvèrent pas convenable de mettre en pratique cette maxime des sages de nos jours, qui consiste à *attendre du bénéfice du temps*. Ils ne firent usage que de leur courage et de leur prudence; en effet, le temps chasse tout devant lui, et il peut amener le bien comme le mal, et le mal comme le bien.

Mais revenons à la France, et examinons si elle a suivi en rien les principes que nous venons d'exposer. Je ne parlerai point de Charles VIII, mais bien de Louis XII, comme du prince qui, ayant dominé plus longtemps en Italie, nous a mieux laissé suivre et connaître sa marche, et vous verrez qu'il a fait le contraire de tout ce qu'il fallait pour conserver un état si différent du sien.

Louis fut appelé en Italie par l'ambition des Vénitiens qui voulaient se servir de lui pour s'emparer de la moitié de la Lombardie. Je ne veux pas blâmer cette entrée du roi en Italie, et le parti qu'il prit alors. Voulant commencer à y mettre le pied, n'y ayant point d'amis, l'inconduite de son prédécesseur Charles lui ayant même fermé toutes les portes, il fut forcé de profiter de l'alliance qui se présentait, et son entreprise lui eût réussi s'il n'avait pas commis de fautes dans le reste de sa conduite. Ce roi recouvre bientôt la Lombardie, et avec elle, la réputation que Charles avait perdue. Gênes se soumet, les Florentins obtiennent son amitié, et tous s'empressent à la lui demander : le marquis de Mantoue, le duc de Ferrare, les Bentivogli[1] la comtesse de Forli, les sei-

gneurs de Faënza, Pesaro, Rimini, Camerino, Piombino, ceux de Lucques, de Pise, de Sienne, etc. C'est alors que les Vénitiens purent s'apercevoir de l'imprudente témérité du parti qu'ils avaient pris, eux qui, pour acquérir deux places en Lombardie, faisaient le roi de France maître des deux tiers de l'Italie.

Avec quelle facilité le roi, s'il eût su observer les règles ci-dessus indiquées, pouvait se maintenir puissant en Italie, conserver et défendre tous ses amis? Ceux-ci, en trop grand nombre pour n'être pas faibles, redoutaient l'église et les Vénitiens; et, étaient obligés par intérêt de s'attacher à lui : par leur secours il pouvait facilement se fortifier contre tout ce qui pouvait rester de puissances dangereuses.

Mais il ne fut pas plus tôt à Milan qu'il suivit une marche toute contraire : il donna du secours au pape Alexandre pour envahir la Romagne. Il ne s'aperçut pas qu'en prenant ce parti il s'affaiblissait lui-même; qu'il se privait d'amis qui s'étaient jetés dans ses bras; qu'il agrandissait l'Église en ajoutant au spirituel, qui donne tant de force à la puissance romaine, le temporel d'un état si considérable. Cette première faute commise, il fut contraint de la poursuivre, jusqu'à ce que, pour mettre des bornes à l'ambition de ce même Alexandre, et pour qu'il ne s'emparât pas de la Toscane, il fut obligé de revenir en Italie.

Non content d'avoir agrandi l'Église, de s'être privé de ses alliés naturels, désirant s'emparer du *royaume de Naples*, il fait la folie de le partager avec le roi d'Espagne. Il était seul arbitre de l'Italie, il s'y donne un rival, un concurrent auquel les mécontents et les ambitieux puissent avoir recours; et, tandis qu'il eût pu laisser dans ce royaume un roi qui eût été son tributaire, il en chasse celui-ci, pour en placer un autre assez puissant pour le chasser lui-même !

Rien n'est si ordinaire et si naturel que le désir d'acquérir, et quand les hommes peuvent le satisfaire, ils en sont plutôt loués que blâmés. Mais quand ils n'ont que la volonté sans avoir la faculté d'acquérir, là pour eux le blâme suit l'erreur. Si le roi de France, avec ses propres forces, pouvait attaquer le royaume de Naples, il devait le faire; mais s'il ne le pouvait pas, il ne devait pas le partager; et si le

[1] Seigneurs de Bologne.

partage qu'il fit de la Lombardie avec les Vénitiens mérite quelque excuse, parce que ceux-ci lui avaient fourni le moyen de mettre le pied en Italie, ce partage de Naples ne mérite que le blâme, puisqu'il n'était excusé par rien.

Louis commit donc cinq fautes capitales en Italie; il accrut la force d'une grande puissance; il en détruisit de petites; il y appela un étranger très-puissant; il ne vint point y habiter; il ne fit pas usage de colonies. Malgré ces fautes, avec le temps il eût pu se soutenir, s'il n'en eût pas commis une sixième : ce fut de dépouiller les Vénitiens. Sans doute s'il n'eût pas agrandi l'état de l'Église, ni appelé l'Espagne en Italie, il eût été nécessaire d'affaiblir les états de Venise; mais, ayant pris le premier parti, il ne devait jamais consentir à leur ruine. Ceux-ci, étant toujours puissants, auraient empêché les autres de rien entreprendre sur la Lombardie; les Vénitiens n'y eussent jamais consenti, à moins qu'on ne les en eût rendus les maîtres. L'intérêt des autres n'était pas de l'ôter à la France pour en enrichir Venise, et ils n'auraient pas eu le courage de les attaquer toutes les deux.

Si on objecte que le roi Louis céda à Alexandre VI la Romagne et à l'Espagne un trône pour éviter une guerre, je répondrai par ce que j'ai déjà dit : qu'on ne doit jamais laisser subsister un désordre pour éviter une guerre; vous ne l'évitez pas, vous ne faites que la différer à votre grand désavantage. Si quelques autres allèguent sa promesse au pape, de faire pour lui cette entreprise, à condition qu'il lèverait par une dispense tout obstacle à son mariage [1], et qu'il donnât le chapeau à l'archevêque de Rouen [2]; ma réponse se trouve à l'article ci-dessous, où je parlerai de la foi du prince, et comment il doit la garder.

Le roi Louis a donc perdu la Lombardie pour n'avoir observé aucune des précautions prises par ceux qui se sont emparés de quelque souveraineté et qui ont voulu s'y maintenir. Rien de moins miraculeux que cet événement; rien

au contraire de plus naturel, de plus ordinaire et de plus conséquent. C'est ainsi que je m'en expliquai à Nantes avec le cardinal d'Ambroise, lorsque le Valentinois, c'est ainsi qu'on appelait communément César Borgia, fils du pape Alexandre, occupait la Romagne. Ce cardinal me disant que les Italiens ne s'entendaient pas à faire la guerre, je lui répondis : « que les Français n'entendaient rien en politique, parce que, » s'ils s'y connaissaient, ils n'eussent pas laissé » venir l'Église à cet état de grandeur. » On a vu par expérience, que l'accroissement de cette puissance et de celle d'Espagne en Italie n'est due qu'à la France, et celle-ci n'a dû sa ruine dans ce pays, qu'à la même cause. D'où l'on tire cette règle générale qui ne trompe jamais ou bien rarement : que le prince qui procure l'élévation d'une autre puissance, ruine la sienne. Cette nouvelle puissance est le produit de l'adresse ou de la force, et l'un et l'autre de ces deux moyens sont bien suspects à qui est devenu puissant.

CHAPITRE IV.

Pourquoi le royaume de Darius, conquis par Alexandre, resta à ses successeurs après sa mort.

A considérer les difficultés qu'on éprouve à conserver un état nouvellement conquis, on pourrait s'étonner qu'Alexandre-le-Grand étant devenu maître de l'Asie en peu d'années, et, étant mort sans avoir eu presque le temps de l'occuper, tout cet état ne se soit pas révolté. En effet, ses successeurs s'y maintinrent, et n'éprouvèrent à le conserver, d'autre difficulté que celle que fît naître entre eux leur propre ambition particulière.

Je réponds à cela, que toutes les principautés dont il nous reste quelque trace dans l'histoire, sont gouvernées de deux manières différentes: ou par un prince absolu, devant qui tous les autres sont esclaves, et à qui, comme ministres et par grâce, il accorde la faculté de l'aider à gouverner son royaume; ou bien par un prince et des grands : ces derniers ne gouvernent pas par la faveur du prince, mais seulement par un droit inhérent à l'ancienneté de leur race. Ils ont aussi des états et des sujets particuliers qui les reconnaissent pour leurs seigneurs, et qui ont pour eux une affection particulière.

---

[1] Avec Anne de Bretagne. Nardi dit à cette occasion que le pape Alexandre VI et le roi Louis XII se servaient tous deux réciproquement du spirituel pour acquérir le temporel, Alexandre pour procurer la Romagne à son fils, Louis pour unir la Bretagne à sa couronne.

[2] Depuis cardinal d'Amboise.

Dans les pays gouvernés par un prince et des esclaves, le prince a infiniment plus d'autorité. En effet, dans tous ses états il n'est personne qui reconnaisse d'autre souverain que lui; et si les sujets obéissent à d'autres, c'est comme à ses ministres, à ses officiers, sans avoir pour eux aucune affection particulière. La Turquie et la France fournissent de notre temps des exemples de ces deux espèces de gouvernement. Toute la monarchie turque est gouvernée par un maître, près de qui tous les autres sont esclaves. Il distingue son royaume en différents *sangiacs*, et y envoie divers administrateurs; il les change, les rappelle à son gré; mais le roi de France est placé au milieu d'une foule d'anciens nobles, ayant des sujets qui les reconnaissent, et qui leur sont attachés, et ayant des prérogatives que le roi ne pourrait leur enlever sans danger.

Si l'on veut examiner l'une et l'autre de ces deux souverainetés, on trouvera qu'il y a de grandes difficultés à surmonter pour s'emparer d'un royaume gouverné comme celui du Turc; mais qu'une fois conquis, rien de si facile que de le conserver. Il est difficile de s'emparer d'un tel état, parce que celui qui veut l'entreprendre ne peut être appelé par les grands de ce royaume, ni compter sur la rébellion et les secours de ceux qui entourent le prince. On en conçoit facilement le motif par ce que nous avons dit de son organisation. En effet, tous étant ses esclaves, ses obligés, on parvient plus difficilement à les corrompre; et, quand même ils seraient gagnés, on en tirerait peu de secours, ceux-ci ne pouvant entraîner le peuple avec eux, par les raisons que nous avons alléguées. Ainsi, quiconque attaque les Turcs doit s'attendre à les trouver unis; et il doit plus compter sur ses propres forces que sur leur division. Mais une fois vaincus, et leurs armées mises en déroute de manière à ne pouvoir être remises sur pied, on n'a à craindre que la famille du prince. Celle-ci, une fois éteinte, il ne reste personne à redouter, tous les autres étant sans crédit auprès du peuple; et, comme le vainqueur, avant le combat, ne pouvait rien espérer d'eux, après la victoire, il ne peut avoir rien à craindre.

Il en est tout autrement dans les royaumes gouvernés comme la France: ici on peut entrer facilement en gagnant quelques grands du royaume, parmi lesquels il se trouve toujours des mécontents, et des hommes qui aiment le changement. Ceux-ci peuvent vous en ouvrir les portes, vous en faciliter la conquête; mais ensuite, si vous voulez vous y maintenir, vous éprouvez des difficultés à l'infini et de la part de ceux que vous avez conquis, et de la part de ceux qui vous y ont aidé. Ici, il ne suffit pas d'éteindre la race du prince, il reste encore les grands de l'état, qui se mettent à la tête des nouveaux partis; et, comme vous ne pouvez ni les contenter, ni les détruire, vous perdrez cette conquête, à la première et souvent à la plus légère occasion.

Or, si vous examinez de quelle nature était le gouvernement de Darius, vous le trouverez semblable à celui du Turc. Aussi, Alexandre fut-il obligé de l'attaquer de vive force et de toutes parts, pour l'empêcher de tenir la campagne. Mais, après la victoire et la mort de Darius, ce royaume resta à Alexandre, sans qu'il dût craindre de le perdre, par les motifs que nous en avons apportés. Et, si ses successeurs avaient été unis, ils eussent pu en jouir aussi paisiblement: en effet, cet empire ne vit naître d'autres troubles que ceux qu'ils y suscitèrent eux-mêmes.

Quant aux états gouvernés comme la France, on ne peut espérer de les posséder si paisiblement. Les fréquents soulèvements de l'Espagne, des Gaules et de la Grèce contre les Romains, n'étaient dus qu'au nombre de petits princes dont ces états étaient remplis. Tant que les premiers subsistèrent, la possession de ce pays fut incertaine, chancelante pour les Romains; mais ces seigneurs une fois détruits, et le souvenir même de leur puissance effacé, les forces des Romains et la continuité de leur domination les en rendirent possesseurs assurés: ces princes purent ensuite se diviser, et combattre entre eux; chacun forma des prétentions sur telle partie de ces provinces, suivant l'autorité qu'il avait su y prendre; mais, ces provinces, la maison de leur prince une fois éteinte, ne reconnurent plus d'autre maître que les Romains.

En faisant attention à toutes ces différences, on ne s'étonnera pas de la facilité que trouva Alexandre à conserver les états de l'Asie dont il s'était emparé et des difficultés qu'ont eu certains autres conquérants à conserver leurs conquêtes comme Pyrrhus et autres; ce qu'il ne faut attribuer ni à la bonne, ni à la mauvaise conduite du vainqueur; mais à la différence de gouvernement des états conquis.

————

CHAPITRE V.

Comment il faut gouverner les villes ou les principautés qui avant que d'être conquises se gouvernaient par leurs propres lois.

Quand les états que l'on acquiert, placés dans les circonstances que nous avons décrites, sont accoutumés à se régir par leurs lois et à vivre libres, celui qui s'en est emparé a trois moyens pour les conserver.

Le premier est de les détruire.

Le second, d'aller les habiter.

Le troisième, de leur laisser leurs lois, de tirer un tribut et d'établir un petit nombre de personnes, pour former un gouvernement qui lui conserve ce pays en paix. Ce nouveau gouvernement créé par le prince, sait qu'il ne subsiste que par sa faveur et sa puissance, et il est intéressé à tout faire pour le maintenir. D'ailleurs on parvient plus facilement à se conserver une ville accoutumée à jouir de sa liberté, en n'y employant qu'un petit nombre de ses citoyens, que par tout autre moyen.

Les Lacédémoniens et les Romains nous fournissent des exemples de ces diverses manières de contenir un état.

Les premiers régirent Athènes et Thèbes en y créant un gouvernement composé de peu de personnes; néanmoins ils reperdirent ces deux villes.

Les Romains, pour s'assurer de Capoue, de Carthage et de Numance, les détruisirent, et ne les perdirent pas.

Ils voulurent au contraire tenir la Grèce comme l'avaient tenue les Spartiates, en lui rendant sa liberté et lui laissant ses lois: ce moyen ne leur réussit pas; en sorte qu'ils furent forcés de détruire plusieurs villes de cette province pour la contenir, car il n'y a vraiment pas d'autre moyen sûr pour les conserver. Quiconque devient maître d'une ville accoutumée à jouir de sa liberté et qui ne la détruit pas, doit s'attendre à être détruit par elle. Dans toutes ses révoltes, elle a toujours le cri de liberté pour ralliement et pour refuge, et ses anciennes institutions, que ni la longueur du temps, ni les bienfaits ne peuvent effacer; quoi qu'on fasse, quelque précaution que l'on prenne, si on ne divise les habitants et qu'on ne les disperse, ce nom de liberté ne sort jamais de leur cœur et de leur mémoire, non plus que leurs anciennes institutions, mais tous y recourent aussitôt à la moindre occasion. Voyez ce qu'a fait Pise, après tant d'années passées sous le joug des Florentins.

Mais lorsque les villes ou les provinces sont accoutumées à vivre sous un prince, et que la race de celui-ci est éteinte, déjà pliées à l'obéissance, privées de leur ancien souverain, incapables de s'accorder pour s'en donner un nouveau, et encore moins susceptibles de devenir libres, elles sont plus lentes à prendre les armes, et elles présentent au prince plus de moyens de se les attacher et se les assurer.

Dans les républiques, au contraire, la haine est et plus active et plus forte; le désir de vengeance plus animé, et le souvenir de leur ancienne liberté ne leur laisse ni ne peut leur laisser un seul instant de repos; en sorte que le plus sûr moyen est de les détruire ou de venir y résider.

————

CHAPITRE VI.

Des nouveaux états qu'un prince acquiert par sa valeur et ses propres armes.

Qu'on ne s'étonne pas si dans ce que je vais dire des principautés nouvelles, et du prince, et de l'état, je ne cite que des exemples fournis par de très-grands personnages. Les hommes suivent presque toujours les routes déjà battues par d'autres, et ne se conduisent dans leurs actions que par imitation; or, comme on ne peut tenir en tout la même route, ni parvenir à la hauteur de ceux qu'on prend pour modèles, un homme sage doit ne suivre que les chemins tracés par des hommes supérieurs et imiter ceux qui ont excellé, afin que s'il ne les égale pas en tout, il en approche du moins en quelques points. Il doit faire comme ces prudents tireurs d'arc qui, trouvant le point auquel ils se proposent d'arriver trop éloigné, et appréciant la force de leur arme, visent plus haut que le but, uniquement pour pouvoir l'atteindre.

Je dirai d'abord que dans une principauté nouvelle en tout, le plus ou le moins de difficultés qu'on éprouve à se maintenir, dépend des qualités personnelles de celui qui l'a acquise. De particulier devenir prince suppose d'avance ou bonheur ou talent, et la plupart des difficultés doivent s'aplanir avec l'un ou l'autre de ces deux moyens. Néanmoins celui qui compte le moins sur la fortune se soutiendra toujours beaucoup mieux; ce qui donne dans ce cas à ce nouveau prince une plus grande facilité encore, c'est que, n'ayant point d'autres états, il est obligé de venir habiter celui-ci.

Pour en venir à ceux qui, par leur courage ou leurs talents seuls, sont devenus princes, je dirai qu'il faut placer au plus haut rang Moïse, Cyrus, Romulus, Thésée, etc. Il semble d'abord qu'on ne devrait pas parler de Moïse, qui ne fut que l'exécuteur des ordres du ciel; il mérite cependant notre admiration, ne fût-ce que pour avoir été choisi par Dieu pour communiquer ses volontés aux hommes.

Mais, en examinant attentivement Cyrus et les autres qui ont acquis ou fondé des royaumes, on les trouvera dignes de tout éloge. On verra que leur conduite et la marche que chacun d'eux a suivie, ne paraissent pas différentes de celles de Moïse, quoiqu'il eût un si grand maître. Leur vie et leurs actions prouveront également qu'ils n'avaient dû à la fortune que l'occasion qu'elle leur fournit d'introduire la forme de gouvernement qui leur parut convenable. Sans l'occasion, leur talent et leur courage eussent été inutiles; et sans leurs qualités personnelles, l'occasion se serait en vain présentée.

Il fallait donc que Moïse trouvât les Israélites esclaves en Égypte et opprimés par les Égyptiens, afin de les disposer à le suivre pour sortir d'esclavage. Il fallait que Romulus ne pût être élevé dans Albe et fût exposé en naissant, pour pouvoir devenir roi de Rome, et fondateur de ce puissant empire. Cyrus devait trouver les Perses mécontents de l'empire des Mèdes, et les Mèdes amollis par une longue paix. Thésée ne pouvait faire preuve de son courage, s'il n'eût pas trouvé les Athéniens dispersés. Ces occasions fournirent à ces hommes des moyens de succès, et leur talent sut mettre à profit une occasion qui rendît leur patrie à jamais célèbre et en assurât la prospérité.

Ceux qui deviennent princes par des moyens pareils à ceux de ces grands personnages acquièrent une souveraineté avec beaucoup de difficultés, mais la conservent sans peine. Les difficultés qu'ils éprouvent naissent en partie des changements qu'ils sont obligés d'introduire pour établir leur gouvernement et s'y asseoir avec sûreté. Or, rien n'est plus difficile, ni d'un succès plus douteux, ni plus dangereux à exécuter, que l'introduction de lois nouvelles. Celui qui l'entreprend a pour ennemis tous ceux qui se trouvent bien des lois anciennes; et ne trouve que de faibles défenseurs dans ceux à qui les lois nouvelles seraient avantageuses. Cette tiédeur naît en partie de la crainte de leurs adversaires, à qui l'ancien ordre de choses est utile, en partie, de l'incrédulité des hommes qui n'ont de confiance dans les choses nouvelles que lorsque l'utilité leur en est démontrée par une longue expérience. D'où il suit que toutes les fois que ceux qui sont ennemis de l'ordre nouveau ont occasion de l'attaquer, ils s'en acquittent en gens de parti, et que les autres le défendent mollement; en sorte que le prince court autant de dangers par la nature de ses ennemis que par celle de ses défenseurs.

Pour traiter cette question à fond, il faut examiner si ces innovateurs font ces changements par eux-mêmes, ou s'ils dépendent d'autrui; c'est-à-dire, si, pour opérer ils ont besoin d'employer la persuasion, ou s'ils peuvent mettre en jeu la force. Dans le premier cas, ils n'obtiennent jamais de succès. Mais, quand ils sont indépendants et qu'ils peuvent contraindre, rarement manquent-ils de réussir. De là vient que tous les prophètes armés triomphent et que ceux qui sont sans armes succombent. Outre les raisons que nous en avons apportées, le caractère des peuples est mobile, facile à entraîner vers une opinion, mais il est difficile de l'y maintenir. Il faut que les dispositions à son égard soient tellement prises, qu'au moment où il ne croit plus, on puisse le forcer à croire. Moïse, Cyrus, Thésée et Romulus n'auraient pas pu faire observer longtemps leurs constitutions, s'ils eussent été désarmés. C'est ce qui arriva de nos jours au frère Jérôme Savonarole, qui vit ruiner ses projets au moment où la multitude n'ayant plus confiance en lui, il manqua de moyens pour l'obliger à en avoir encore, et pour en inspirer aux plus incrédules. Les premiers éprouvent, il est vrai, de grands obstacles, des dangers à chaque pas, et il leur faut du talent et du courage pour les surmonter; mais ces difficultés une fois vaincues, ils commencent à être en vénération après s'être défaits de leurs envieux, et se maintiennent puissants, tranquilles et honorés.

Après des exemples fournis par de si grands personnages je veux en citer un moindre, mais qui a pourtant quelque rapport avec les précédents, et qui tiendra lieu de beaucoup d'autres semblables que je pourrais ajouter; il s'agit du Syracusain Hiéron. Celui-ci, de particulier devint prince de Syracuse, et ne dut à la fortune que la seule occasion; en effet, les Syracusains opprimés le choisirent pour être leur capitaine, et il mérita d'être leur prince. Dans sa conduite privée il fut tel que tous ceux qui en ont écrit disent qu'il ne lui manquait pour régner qu'un royaume. Il cassa l'ancienne milice, en organisa une autre tout entière; il abandonna les anciennes alliances, s'en fit de nouvelles, et comme ses amis et ses soldats lui étaient entièrement dévoués, il lui fut facile de bâtir sur de pareils fondements; en sorte qu'il eut beaucoup de peine à acquérir, mais peu à conserver.

CHAPITRE VII.

Des principautés nouvelles qui s'acquièrent avec les forces et le secours d'autrui, ou qu'on doit à sa bonne fortune.

Ceux qui de particuliers deviennent princes seulement par les faveurs de la fortune ont peu de peine à réussir, mais infiniment à se maintenir. Nul obstacle ne les arrête sur le chemin et ils arrivent vite; mais tous les obstacles naissent après qu'ils sont assis. Tels sont tous ceux qui acquièrent un état ou au moyen d'argent, ou par la faveur d'un puissant monarque. Tels furent ces hommes que Darius plaça en Grèce dans les villes de l'Ionie et de l'Hellespont,

et dont il fit des souverains, pour sa sûreté et pour sa gloire; tels étaient ces empereurs, qui de particuliers parvenaient à l'empire en corrompant des soldats. Ceux-ci ne se soutiennent uniquement que par la volonté et la fortune de qui les éleva: deux bases également mobiles et peu sûres. Ils ne savent ni ne peuvent conserver ce rang. Ils ne savent: parce qu'à moins d'être un homme de grand génie ou de grand courage, quiconque a vécu particulier, naturellement ignore l'art de commander; ils ne peuvent, parce qu'ils n'ont point de troupes sur l'attachement et la fidélité desquelles ils puissent compter. D'ailleurs, les états qui se forment si subitement, comme tout ce qui dans la nature naît et croît si vite, ne peuvent avoir pris racine et s'être appuyés de manière à empêcher que le premier vent contraire, la première tempête ne les renverse; à moins que ceux, comme nous l'avons dit, qui sont si subitement devenus princes, n'aient des talents si supérieurs qu'ils trouvent d'abord les moyens de conserver ce que la fortune leur a mis en main, et qu'après être devenus princes ils ne sachent se faire des appuis que les autres s'étaient faits avant de le devenir.

A l'occasion de ces deux manières de devenir souverain, ou par un effet de la fortune, ou par son talent, je veux citer deux exemples de nos jours: ceux de François Sforce et de César Borgia.

Le premier, par des moyens légitimes et sa grande habileté, de particulier devint duc de Milan, et il conserva, sans beaucoup de peine, ce qui lui avait tant coûté à acquérir.

César Borgia, appelé communément le duc de Valentinois, acquit une souveraineté par la fortune de son père, et la perdit dès que son père n'exista plus; cependant il mit tout en œuvre, il employa tous les moyens qu'un homme habile et prudent doit mettre en usage, pour asseoir ses états qu'il ne tenait que de la fortune et des armes d'un autre. Sans doute il est possible à un homme supérieur qui n'a pas encore jeté ses fondemens de les jeter après; mais ce n'est qu'avec bien de la peine de la part de l'architecte, et de danger pour l'édifice. Si on veut examiner toute la conduite du duc, on verra tout ce qu'il fit, et tout ce qu'il avait fait pour jeter les fondemens de sa future puissance. Cet examen ne sera rien moins que superflu; car je ne saurais donner à un prince nouveau, rien de mieux que les actions et l'exemple de celui-ci à suivre. S'il ne réussit pas, malgré toutes ces mesures, ce ne fut pas sa faute, mais bien l'effet d'une mauvaise fortune constante à le persécuter.

Alexandre VI voulant donner à son fils une souveraineté en Italie, devait éprouver de grands obstacles pour le moment, et en prévoir de plus grands pour l'avenir. D'abord, il ne voyait aucun moyen de le faire souverain d'aucun état, qui ne fût état de l'Église. S'il se déterminait à en démembrer un, il savait que le duc de Milan et les Vénitiens n'y consentiraient jamais, puisque déjà Faënza et Rimini étaient sous la protection de Venise; il voyait en outre que les armées d'Italie, et spécialement celles dont il eût pu se servir, étaient entre les mains de ceux qui devaient redouter l'agrandissement du pape. Il ne pouvait donc y compter, puisqu'elles étaient au pouvoir des Orsini, des Colonne et de leurs partisans.

Il fallait donc renverser cet ordre de choses et bouleverser les états d'Italie, pour pouvoir s'assurer la souveraineté d'une partie. Cela lui fut facile. Les Vénitiens, pour d'autres motifs, s'étaient déterminés à rappeler les Français en Italie. Le pape ne s'opposa pas du tout à leur projet; il le favorisa même, en se prêtant à casser le premier mariage de Louis XII. Ce roi passe donc en Italie avec les secours des Vénitiens, et du consentement d'Alexandre. A peine est-il à Milan, que le pape obtient de lui des troupes pour s'emparer de la Romagne, qu'il acquiert par le renom des armes du roi auquel il était allié.

Le duc ayant donc acquis la Romagne et abattu les Colonne, voulait conserver à la fois et accroître sa principauté. Il ne se fiait pas à des troupes qui lui paraissaient peu sûres, et il comptait peu sur la volonté de la France; c'est-à-dire qu'il craignait que les Orsini, dont il s'était servi, ne lui manquassent au moment, et non-seulement ne l'empêchassent d'acquérir, mais ne s'emparassent de ce qu'il avait conquis.

Il avait la même conduite à redouter de la part de la France; il avait eu une preuve du peu de fond qu'il pouvait faire sur les Orsini, quand,

après la prise de Faënza, il attaqua Bologne, où il les vit se conduire mollement. Et quant au roi, il avait jugé ses intentions, lorsque après la prise du duché d'Urbin, il fit une invasion en Toscane, dont le roi l'obligea à se désister. Le duc prit alors la résolution de ne dépendre ni de la fortune, ni des armes d'autrui.

Il commença d'abord à affaiblir les partis Orsini et Colonne à Rome, en attirant à lui et en gagnant tous les gentilshommes attachés à ces deux maisons par de l'argent, des gouvernements, des emplois, suivant leur rang, en sorte qu'en peu de mois leur affection, affaiblie pour les autres, se tourna en entier vers le duc. Il avait dispersé les Colonne avec infiniment de succès et de ménagement. Il attendit l'occasion de perdre les Orsini. Ceux-ci s'apercevant un peu tard que la puissance du duc et celle de l'Église feraient leur ruine, tinrent une diète à la Magione dans le Pérousin, d'où s'ensuivit la révolte d'Urbin, les mouvements de la Romagne, et les dangers infinis que courut le duc, et qu'il surmonta, à l'aide des Français. Ses affaires une fois rétablies, il ne voulut plus se fier ni à la France, ni à aucune autre force extérieure; et pour n'avoir rien à risquer, il n'employa plus que la ruse, et sut tellement dissimuler ses intentions, que les Orsini se réconcilièrent avec lui par l'entremise du seigneur Paul. Il ne manqua pas d'user avec celui-ci de tous les moyens qu'il fallait pour se l'assurer, par des présents en habits, en argent et en chevaux; les autres furent assez dupes pour se mettre entre ses mains à Sinigaglia. Ayant donc exterminé les chefs et fait ses amis de leurs partisans, le duc avait jeté de solides fondements à sa puissance. Il possédait toute la Romagne et le duché d'Urbin; il avait gagné l'affection de ces deux peuples (surtout du premier) qui goûtaient déjà les avantages de son gouvernement. Comme cette dernière circonstance est digne de remarque, et qu'en ce point il mérite d'être imité, je ne veux pas la laisser passer sous silence.

Après que le duc se fut emparé de la Romagne, il trouva qu'elle avait été gouvernée par une infinité de petits princes, qui s'étaient plus occupés de dépouiller leurs sujets que de les gouverner, et qui, sans force eux-mêmes, avaient plus servi à les jeter dans le trouble qu'à les faire vivre en paix. Le pays était infesté de brigands, déchiré par des factions, et livré à tous les désordres, à tous les excès. Il sentit que pour y rétablir la tranquillité, et l'ordre, et le soumettre à l'autorité du prince, il fallait un gouvernement vigoureux. En conséquence, il y plaça pour gouverneur Ramiro d'Orco, homme cruel, mais actif, à qui il donna la plus grande latitude de pouvoir. Celui-ci, en peu de temps, apaisa les mouvements, réunit tous les partis, et s'acquit le grand renom d'avoir pacifié tout le pays. Le duc, bientôt après cependant, ne jugea pas nécessaire de déployer une rigueur et une autorité si excessive et qui serait devenue odieuse. Il érigea, au milieu de la province, un tribunal civil, présidé par un homme qui jouissait de l'estime publique, auprès duquel chaque ville enverrait son avocat. Il s'était aperçu que les cruautés de Ramiro lui avaient attiré quelque haine; pour se laver de tout reproche aux yeux des peuples et gagner leur affection, il voulut leur prouver qu'ils ne devaient pas lui attribuer les cruautés qu'on avait pu commettre, mais les attribuer au caractère féroce de son ministre. En conséquence, il saisit la première occasion favorable à son projet, et il fait pourfendre, un matin, Ramiro, et fait exposer son corps, au milieu de la place de Césène, sur un pieu, ayant tout auprès un coutelas ensanglanté. L'horreur de ce spectacle, en satisfaisant les esprits, les glaça tout à la fois d'étonnement et d'effroi.

Mais revenons à notre sujet. Le duc se trouvait très-puissant; il s'était délivré, en grande partie, des ennemis présents, employant contre eux des armes à son choix, en détruisant des voisins puissants qui pouvaient lui nuire. Il ne lui restait pour assurer et accroître sa conquête, que de n'avoir pas à redouter le roi de France. Il savait que ce prince, qui s'était, quoique tard, aperçu de son erreur, ne souffrirait pas son agrandissement. En conséquence, il chercha d'abord à se faire des alliances nouvelles; il tergiversa avec la France au moment où les Français s'étaient portés à Naples contre les Espagnols qui assiégeaient Gaëte. Son dessein était de se fortifier contre eux; et certes, il y eût réussi, si Alexandre VI eût vécu encore. Telle fut sa conduite dans les affaires présentes.

Mais il avait encore plusieurs dangers à redouter pour l'avenir; il devait craindre que le nouveau pape ne lui fût opposé, et ne cherchât à lui enlever ce que son prédécesseur lui avait donné; il s'occupa de parer à ces dangers. Premièrement, il détruisit la race de tous les seigneurs qu'il avait dépouillés, afin d'enlever au futur pape le prétexte de le dépouiller lui-même; en second lieu, il s'attacha tous les gentilshommes de Rome, afin de contenir le pape par eux; troisièmement, il se fit le plus de créatures qu'il put dans le sacré collége; quatrièmement enfin, il résolut d'acquérir tant d'états, de souveraineté et de puissance, avant la mort de son père, qu'il put résister à une première attaque.

De ces quatre moyens, il en avait employé trois avant la mort d'Alexandre, et il avait tout disposé pour mettre le quatrième en usage. En effet, des seigneurs qu'il avait dépouillés, il en massacra le plus grand nombre, et peu lui échappèrent. Il avait gagné tous les gentilshommes romains. Il avait le plus grand parti dans le collége des cardinaux: quant à ses acquisitions, il pensait à se rendre maître de la Toscane; il possédait déjà Pérouse, Piombino, Pise, qui s'étaient mises sous sa protection, et dont il n'avait qu'à prendre possession. Il n'avait plus à ménager les Français; ceux-ci avaient été chassés par les Espagnols, du royaume de Naples, et chacun de ces deux peuples devait nécessairement solliciter son amitié. Lucques et Sienne ne pouvaient manquer de céder bientôt, partie par haine des Florentins, partie par crainte. Les Florentins ne pouvaient se défendre. Tous ces projets lui auraient réussi, et avaient déjà commencé à s'exécuter la même année où Alexandre mourut. Il acquérait tant de force et de réputation, qu'il se serait soutenu par lui-même, sans dépendre de la fortune ou de la puissance d'autrui.

Mais Alexandre VI mourut cinq ans après qu'il avait commencé à tirer l'épée. Il laissa son fils avec le seul état de la Romagne, bien consolidé; toutes ses autres conquêtes étaient absolument en l'air, entre deux puissantes armées; lui-même était attaqué d'une maladie mortelle. Le duc avait tant d'habileté et de courage, il connaissait si bien les hommes qu'il devait s'attacher ou perdre, les fondements qu'il avait su jeter en peu de temps, étaient si solides, que s'il n'eût pas eu ces deux armées ennemies, ou qu'il eût été bien portant, il eût surmonté toutes les autres difficultés.

La preuve que ces fondements étaient bons, c'est que la Romagne lui fut fidèle et l'attendit pendant plus d'un mois, où il fut, quoiqu'à demi-mort, en sûreté à Rome ; et, quoique les Baglioni, les Vitelli et les Orsini s'y fussent rendus, ils n'osèrent pas le poursuivre. Il parvint sinon à faire élire celui qu'il voulait pour pape, du moins à empêcher qu'on n'élût celui qu'il voulait écarter. Si dans le temps où Alexandre mourut il n'eût pas été malade, tout lui eût été facile. Il me dit, le jour où Jules II fut nommé : qu'il avait pensé à tous les obstacles qui pouvaient naître à la mort de son père et qu'il y avait remédié ; mais qu'il n'avait pas prévu qu'à sa mort, il serait lui-même en danger de mourir.

En rassemblant toutes ces actions du duc, je ne saurais lui reprocher d'avoir manqué à rien ; et il me paraît qu'il mérite qu'on le propose, comme je l'ai fait, pour modèle à tous ceux qui, par fortune ou par les armes d'autrui, sont arrivés à la souveraineté avec de grandes vues et de plus grands projets. Sa conduite ne pouvait être différente ; la seule chose qui s'opposa à ses desseins fut la mort trop prompte d'Alexandre et la maladie dont lui-même fut attaqué. Quiconque donc juge nécessaire dans une principauté nouvelle de s'assurer de ses ennemis, de se faire des amis, de vaincre ou par force ou par ruse, de se faire aimer et craindre des peuples, suivre et respecter par le soldat, de détruire tous ceux qui peuvent ou doivent lui nuire, de créer des lois nouvelles pour les substituer à d'anciennes, d'être à la fois sévère et reconnaissant, magnanime et libéral, de se défaire d'une milice à laquelle on ne peut se fier et de s'en former une nouvelle, de se conserver tellement l'amitié des princes et des rois qu'ils aiment à vous faire du bien et qu'ils redoutent de vous avoir pour ennemi : celui-là, dis-je, ne peut pas trouver des exemples plus récents que ceux que présente Borgia.

Seulement on peut le reprendre quant à l'élection de Jules II au pontificat. Il ne pouvait pas, comme nous l'avons déjà dit, faire nommer un homme comme il l'eût voulu, mais il pouvait du moins donner l'exclusion à un autre : or, il ne devait jamais consentir à l'exaltation de l'un des cardinaux auxquels il avait nui, et qui, devenus pontifes, auraient eu à le redouter ; car les hommes nous offensent ou par haine, ou par crainte. Ceux qu'il avait offensés étaient entre autres Saint-Pierre-aux-Liens, Colonne, Saint-Georges, Ascagne. Tous les autres venant à être élus, avaient à le craindre, excepté celui de Rouen et les Espagnols : ces derniers tenaient à lui par des liens de parenté et des services, et le cardinal d'Amboise soutenu par la France, était trop puissant pour le craindre.

Le duc devait donc d'abord essayer de faire nommer un Espagnol, et ne pouvant y réussir, il fallait qu'il consentît à la nomination de l'archevêque de Rouen, et jamais à celle de Saint-Pierre-aux-Liens. C'est une erreur de croire que chez les grands personnages les services nouveaux fassent oublier les anciennes offenses. Le duc commit donc une faute lors de cette élection, et fut lui-même la cause de son entière ruine.

CHAPITRE VIII.

De ceux qui, par des crimes, sont arrivés à la souveraineté.

Comme on peut parvenir à la souveraineté de deux manières, sans que ce soit en tout l'effet de la fortune, ou du mérite et de l'habileté, je crois devoir en parler ici. L'examen de l'un de ces moyens serait cependant bien mieux placé à l'article des républiques. De ces deux voies, on suit la première en parvenant ou s'élevant à la souveraineté par quelque scélératesse ; et la seconde, quand un simple particulier est porté par ses concitoyens au rang de prince de son pays.

Je vais citer deux exemples du premier moyen, l'un ancien, et l'autre moderne ; sans les approfondir autrement ou les apprécier, ils suffiront à qui se trouverait dans la nécessité de les imiter. Agathocle, sicilien, simple particulier, sorti même de l'état le plus infime et le plus bas, s'éleva au trône de Syracuse. Fils d'un potier de terre, il marqua par des crimes tous les degrés de sa fortune; mais il se conduisit avec infiniment d'habileté, et tant de courage, de force d'esprit et de corps, que s'étant adonné aux armes il parvint par tous les grades de la milice, à la place de préteur de Syracuse. Une fois élevé à ce rang, il résolut de le garder, de se faire souverain, et de retenir par violence et sans dépendre de qui que ce soit, ce qu'on lui avait accordé de plein gré. Il s'entendit sur son projet et eut des intelligences avec Amilcar, qui commandait l'armée des Carthaginois en Sicile. Agathocle assemble un matin le peuple et le sénat de Syracuse, comme pour délibérer sur les affaires publiques. A un signal donné, il fait massacrer par ses soldats tous les sénateurs et les plus riches parmi le peuple, et ceux-ci morts, il s'empare de la souveraineté et en jouit sans aucune opposition de la part des citoyens. Deux fois défait par les Carthaginois et enfin assiégé par eux dans Syracuse, non-seulement il s'y défend, mais il n'y laisse qu'une partie de ses troupes, et avec les autres, passant en Afrique, il presse tellement les Carthaginois, que bientôt ils lèvent ce siége, et que, réduits à l'extrémité, ils sont forcés de se contenter de l'Afrique et de lui abandonner la Sicile.

Qu'on examine la conduite d'Agathocle, on n'y verra rien ou très-peu de chose au moins qu'on puisse attribuer à la fortune; ce n'est point par faveur, mais en parcourant tous les grades militaires auxquels il était arrivé à travers mille contre-temps et mille dangers, qu'il parvient à la souveraineté, et il s'y soutient en prenant des partis aussi hardis que dangereux. Il n'y a point non plus de vertu à massacrer ses concitoyens et à livrer ses amis, à être sans foi, sans pitié, sans religion; tout cela peut faire arriver à la souveraineté, mais non à la gloire.

A considérer dans Agathocle son intrépidité à affronter des dangers, son habileté à en sortir, sa fermeté, sa grandeur d'âme à supporter ou à surmonter l'adversité, on ne voit pas d'abord comment il pourrait être réputé inférieur au plus grand capitaine; néanmoins, son inhumanité, sa cruauté féroce, les crimes infinis qu'il a commis empêchent de le compter parmi les hommes grands. On ne peut donc attribuer ni à sa fortune, ni à sa vertu, ce qu'il parvint à acquérir sans elles.

De notre temps, sous le pape Alexandre VI, Oliverotto de Fermo, ayant, encore enfant, perdu son père et sa mère, fut élevé par un oncle maternel, Jean Fogliani, et dès sa première jeunesse, placé sous Paul Vitelli pour apprendre l'art de la guerre, et parvenir à quelque grade distingué; après la mort de Paul, il servit sous Vitellozzo, son frère, et en très-peu de temps, à raison de son courage et de son habileté, il parvint aux premiers honneurs militaires; mais, trouvant au-dessous de lui de servir, il voulut, à l'aide de quelques citoyens qui préféraient l'esclavage à la liberté de leur pays, et soutenu par Vitellozzo, s'emparer de Fermo, sa patrie. Il écrit à Jean Fogliani qu'ayant été longtemps hors de sa maison, il voulait venir le voir ainsi que son pays, et en quelque sorte reconnaître son patrimoine; que, comme il avait travaillé pour s'acquérir de la réputation, il désirait que ses concitoyens se convainquissent par eux-mêmes qu'il n'avait pas perdu son temps, et qu'en conséquence il voulait se présenter à eux d'une manière distinguée et accompagné de cent cavaliers, de ses amis et de ses serviteurs, et qu'il le priait d'engager les habitants de Fermo à le recevoir honorablement, ce qui lui ferait plaisir à lui, et honorerait à son oncle qui avait pris soin de son éducation.

Jean Fogliani ne manqua pas de remplir les intentions de son neveu; il le fit recevoir d'une manière distinguée par les habitants de Fermo, et le logea dans sa maison. Là, Oliverotto employa un jour à préparer tout ce qui devait servir à la réussite de ses coupables desseins. Il donne un grand repas, auquel il invite Jean Fogliani et les premiers de la ville. Après ce dîner et au milieu des réjouissances qui suivent ces sortes de fêtes, Oliverotto amène exprès la conversation sur un sujet sérieux; il parle de la puissance du pape Alexandre, et de son fils Borgia, et de leurs entreprises. Giovanni et les autres disaient à leur tour leur avis, quand il se lève à l'instant en disant que c'était matière à traiter dans un lieu plus secret. Il se retire aussitôt dans une chambre, où son oncle et les autres le suivent. A peine y étaient-ils assis, que des soldats armés et qui étaient cachés sortent et massacrent Giovanni et tous les autres. Après quoi, Oliverotto monte à cheval, parcourt la ville assiége le palais du suprême magistrat, le force à lui obéir et à établir un gouvernement dont il est le prince; il met à mort tous les mécontents qui auraient pu lui nuire; il établit de nouvelles lois civiles et militaires; et dans l'espace d'un an, il parvient à consolider sa puissance à tel point, que non-seulement il était sûrement assis à Fermo, mais qu'il était devenu formidable à tous ses voisins. Son expulsion eût été aussi difficile que celle d'Agathocle, s'il ne se fût pas laissé tromper par le Valentinois, qui l'enveloppa à Sinigaglia, comme nous l'avons dit, avec les Orsini et les Vitelli, un an après qu'il eut commis son parricide; il y fut étranglé avec Vitellozzo, son maître dans l'art de la guerre et de la scélératesse.

On pourrait s'étonner qu'Agathocle et d'autres comme lui, aient pu vivre longtemps en paix dans leur patrie, ayant à se défendre contre des ennemis extérieurs, sans que jamais aucun de leurs concitoyens aient conspiré contre eux, tandis que d'autres nouveaux princes, à raison de leurs cruautés, n'ont jamais pu se maintenir, même en temps de paix, encore moins en temps de guerre. Je crois que cela tient au bon ou au mauvais usage qu'on fait de la cruauté. On peut la dire bien employée, (si l'on peut appeler bien ce qui est mal) lorsqu'elle ne s'exerce qu'une seule fois, qu'elle est dictée par la nécessité de s'assurer la puissance, et qu'on n'y a recours ensuite que pour l'utilité du peuple. Les cruautés mal exercées sont celles qui, quoique peu considérables en commençant, croissent au lieu de s'éteindre. Ceux qui n'emploieront que les premières, peuvent espérer de se les faire pardonner et devant Dieu et par les hommes, comme le fit Agathocle. Ceux qui en usent autrement ne peuvent se maintenir.

Il faut donc que l'usurpateur d'un état y commette en une seule fois, toutes les cruautés que sa sûreté nécessite, pour n'avoir pas à y revenir: c'est en ne les renouvelant pas qu'il s'assure ses nouveaux sujets, et qu'il se les attache par des bienfaits. Si, par timidité ou mauvais conseil, on agit autrement, il faudra sans cesse avoir le poignard à la main; alors, il y a impossibilité de compter sur des sujets que des attaques récentes et répétées empêchent de prendre confiance en vous; car, je le répète, ces offenses doivent être faites toutes en une fois, afin qu'ayant moins de temps pour les ressentir elles blessent moins; mais les bienfaits doivent se verser petit à petit et un à un, afin qu'on les savoure mieux. Il faut surtout qu'un prince vive avec ses sujets, de manière qu'aucun événement ne puisse le faire varier de conduite avec eux, soit en bien, soit en mal. Si c'est en mal que vous avez à agir, vous n'êtes plus à temps, du moment où la fortune vous est contraire; et, si vous employez le bien, ils ne vous savent pas gré d'un changement qu'ils jugent être forcé.

CHAPITRE IX.

Des principautés civiles.

Mais pour en venir à un autre point, on peut devenir prince de son pays par la faveur de ses concitoyens et sans employer la violence ni la trahison. C'est ce que j'appellerais principauté civile. Il n'est pas nécessaire pour y parvenir d'avoir un mérite rare ni un bonheur extraordinaire, mais seulement une heureuse adresse. Or, on s'élève à la souveraine magistrature ou par la bienveillance du peuple, ou par celle des grands. Car les différents partis qui peuvent diviser un état se réduisent à ces deux éléments qui naissent, l'un de l'aversion du peuple pour le gouvernement oppressif des nobles, l'autre, du désir qu'ont ceux-ci de gouverner le peuple et de l'opprimer. Or, cette diversité de vues et d'intérêts donne lieu à une lutte qui amène ou la principauté, ou la liberté ou la licence.

La principauté vient ou du peuple ou des grands, selon que la fortune en décide; car les premiers, s'ils se sentent un peu vivement pressés par le peuple, ne trouvent souvent d'autre moyen pour le subjuguer, que de mettre en avant l'un d'entre eux qu'ils font nommer prince, pour pouvoir à l'ombre d'une autorité reconnue, se livrer au besoin qu'ils ont de dominer. De son côté, le peuple, plutôt que de céder à son ennemi, prend d'ordinaire le parti de lui opposer un plébéien dont il espère appui et protection.

Celui qui parvient à la principauté par la faveur des nobles, s'y maintient avec beaucoup de peine, parce qu'il a autour de lui des hommes, qui, se croyant encore ses égaux, se soumettent difficilement à son autorité. Au contraire, celui qui est élevé à cette dignité par le vœu du peuple, s'y trouve seul; et, parmi ceux qui l'entourent, il en est peu qui osassent lui résister.

Outre cela, on peut, sans injustice, contenter le peuple, non les grands : ceux-ci, cherchant à exercer la tyrannie, celui-là seulement à l'éviter. D'ailleurs, un prince qui aurait contre lui les nobles, peut aisément, vu leur petit nombre, les contenir dans le devoir; mais comment pourrait-il s'assurer de l'obéissance et de la fidélité du peuple, si celui-ci séparait ses propres intérêts des siens.

Sans doute, le prince doit s'attendre à être abandonné d'un peuple qui ne l'affectionne point, comme il le serait des grands contre le vœu et le gré desquels il gouvernerait. Jusquelà tout est égal; mais à l'égard de ces derniers, comme ils savent calculer les événements et en profiter, le prince doit compter qu'au premier revers de fortune, ils se tourneront contre lui, pour s'en faire un mérite auprès du vainqueur.

Enfin, c'est une nécessité pour le prince de vivre toujours avec le même peuple, mais non pas avec les mêmes nobles, qu'il peut à son gré élever ou perdre, combler de faveurs, ou disgracier. Mais pour jeter un plus grand jour sur cette matière, il est à propos d'examiner les deux points de vue sous lesquels le prince doit considérer les grands. Et d'abord ils s'attachent en entier à sa fortune ou non. Ceux qui font preuve pour lui de dévouement et de zèle doivent être honorés et chéris, pourvu, toutefois, qu'ils ne soient point gens de rapine. Parmi ceux qui évitent de montrer trop d'attachement à la fortune du prince, les uns se conduisent ainsi par faiblesse et par timidité, les autres par calcul et par des vues particulières d'ambition. Le prince doit chercher à tirer parti des premiers, surtout s'ils ont d'ailleurs du talent, d'autant qu'on peut toujours s'en faire honneur dans la prospérité, et que dans l'adversité, des hommes de ce caractère sont rarement à craindre. Quant aux autres, le prince doit s'en méfier comme d'ennemis déclarés, qui non contents de l'abandonner si la fortune lui devenait contraire, n'hésiteraient point à tourner leurs armes contre lui.

Celui donc qui a été porté à la principauté civile par la faveur du peuple, doit s'efforcer de conserver son affection, ce qui est toujours facile, puisque le peuple ne demande rien que de n'être point opprimé. Mais celui qui devient prince par la faveur des grands et contre le vœu du peuple, doit avant toute chose tenter de la gagner; et il y réussira en le protégeant contre ceux qui cherchent à le dominer.

Les hommes étant d'ordinaire plus sensibles au bien qu'ils reçoivent de ceux dont ils n'attendaient que du mal, on ne peut douter que le peuple ne s'attache à un prince qui le traite bien, plus encore que s'il l'avait lui-même porté au rang suprême. Or, on peut gagner la bienveillance du peuple par divers moyens, qu'il serait inutile de déduire ici, vu la difficulté de donner une règle applicable aux différentes circonstances.

L'affection du peuple est la seule ressource qu'un prince puisse trouver dans l'adversité. Lorsque Nabis, prince de Sparte, fut attaqué par l'armée victorieuse des Romains et par les autres états de la Grèce, il n'eut qu'à s'assurer d'un petit nombre de citoyens; s'il avait eu le peuple pour ennemi, ce moyen ne lui eût certainement pas suffi.

Vainement m'opposera-t-on le proverbe qui dit : « Que c'est faire fonds sur la boue que de compter sur le peuple. » Cela peut être vrai à l'égard d'un citoyen en butte à des ennemis puissants, ou opprimé par les magistrats, comme l'éprouvèrent les Gracques à Rome et Georges Scali à Florence; mais un prince qui ne manque ni de courage, ni d'une certaine adresse, et qui, loin de se laisser abattre par la mauvaise fortune, sait par sa fermeté autant que par de sages dispositions, maintenir l'ordre dans ses états, un tel prince ne se repentira jamais d'avoir fait fonds sur l'affection du peuple.

Un prince court à sa ruine en voulant devenir absolu, surtout s'il ne gouverne point par lui-même : car alors il se trouve dans la dépendance de ceux à qui il a confié son autorité, qui, aux premiers mouvements, ou refusent de lui obéir, ou même se soulèvent contre lui; et alors il n'est plus temps de songer à se rendre absolu, soit parce que le prince ne sait à qui se fier, soit parce que citoyens et sujets, tous sont accoutumés à obéir aux magistrats, et qu'ils ne sauraient reconnaître d'autre autorité. La condition du prince dans de pareilles conjonctures est d'autant plus fâcheuse, qu'il ne peut se régler sur l'état des choses qui a lieu dans les temps ordinaires, et lorsqu'on a sans cesse besoin de recourir à son autorité; car alors tout le monde s'empresse autour de lui et se montre disposé à mourir pour sa défense, parce que cette mort à laquelle on veut courir est éloignée; mais dans les revers de fortune, si l'occasion se présente de montrer un tel dévouement, le prince éprouve, et malheureusement trop tard, combien cette ardeur était peu sincère. Or, cette épreuve est d'autant plus hasardeuse qu'on ne la fait pas deux fois.

Un prince sage doit donc se conduire de manière que, dans tous les temps, et de quelque manière que ce soit que l'état ait besoin des citoyens, ceux-ci soient disposés à le servir avec zèle et fidélité.

CHAPITRE X.

Comment on doit mesurer les forces des gouvernements.

Il importe aussi dans l'étude des différents gouvernements dont je viens de parler, d'examiner si le prince est assez puissant pour se défendre au besoin par ses propres forces et sans recourir à celles de ses alliés. Pour mieux éclaircir ce point, je remarquerai que ceux-là seuls peuvent se maintenir d'eux-mêmes, qui ont assez d'hommes ou assez d'argent pour mettre une armée en campagne et livrer bataille à celui qui les attaquera. Mais bien triste, au contraire, est la condition d'un prince réduit à s'enfermer dans la capitale de son pays, et à y attendre l'ennemi. J'ai déjà traité le premier point, et j'aurai occasion d'y revenir.

Quant au second, je ne puis qu'avertir les princes de fortifier et d'approvisionner la ville où ils résident, et de ne point se mettre en peine du reste; car s'ils ont su se ménager l'affection du peuple, comme je l'ai dit et le dirai encore par la suite, je ne pense pas qu'ils aient rien à craindre. Les hommes n'aiment point à s'embarquer sans quelque apparence de succès, dans des entreprises difficiles, et il n'est jamais

prudent d'attaquer un prince qui tient la capitale de son pays dans un bon état de défense, et qui n'est point haï du peuple.

Les villes d'Allemagne jouissent d'une liberté très-étendue; elles ont un territoire peu considérable, et obéissent à l'empereur quand il leur plaît, ne craignant point d'être attaquées par lui ni par d'autres, parce qu'elles ont toutes de fortes murailles, de grands fossés, de l'artillerie et des munitions pour un an, en sorte que le siége de ces villes serait long et pénible. Ajoutez à cela que pour nourrir le petit peuple, sans toucher au trésor public, elles ont toujours en réserve du travail à lui donner pour ce même espace de temps; d'ailleurs les troupes y sont régulièrement exercées aux évolutions militaires, et les règlements à cet égard y sont aussi sages que bien observés.

Ainsi donc un prince qui a une capitale bien fortifiée, et dont les habitants sont affectionnés, ne peut être attaqué avec avantage, parce que les choses de ce monde sont tellement sujettes au changement, qu'il est presque impossible à un ennemi de tenir un an devant une place ainsi défendue.

Mais dira-t-on, le peuple qui a ses biens audehors, et qui voit saccager ses terres, ne perdra-t-il point patience, et l'affection qu'il porte au prince tiendra-t-elle si longtemps contre l'intérêt de conserver ses propriétés et contre les incommodités d'un long siége? Je réponds à cela qu'un prince à la fois habile et puissant surmontera aisément ces obstacles, soit en faisant espérer au peuple que le siége ne peut durer, soit en lui faisant craindre le ressentiment et la rapacité du vainqueur, soit en s'assurant adroitement de ceux qui parlent trop haut.

Ajoutez à cela que l'ennemi dévaste le pays au moment même qu'il y entre, et lorsque les assiégés sont plus animés, plus disposés à se défendre. Le prince doit donc à cet égard être exempt de crainte, parce que la première chaleur une fois passée, les habitants voyant que tout le mal est fait et qu'il n'y a plus de remède, montreront d'autant plus d'ardeur à défendre leur prince, qu'ils ont fait plus de sacrifices pour lui. Car qui ne sait que les hommes s'attachent autant par le bien qu'ils font, que par celui qu'ils reçoivent?

Toutes ces considérations me portent à croire

qu'un prince, pour peu qu'il ait d'habileté, réussira sans peine à soutenir le courage des assiégés, pourvu toutefois que la place ne manque pas de vivres et de moyens de défense.

CHAPITRE XI.

Des principautés ecclésiastiques.

Il ne me reste plus à parler que des principautés ecclésiastiques, qui sont plus aisées à conserver qu'à acquérir. La raison en est, d'une part, qu'on n'y parvient que par le mérite ou par la fortune; de l'autre, que cette espèce de gouvernement a pour base d'anciennes institutions religieuses qui sont tellement puissantes que le prince s'y maintient sans beaucoup de peine, de quelque manière qu'il gouverne.

Les princes ecclésiastiques sont les seuls qui possèdent des états sans les défendre, et des sujets sans les gouverner. Ils sont les seuls dont les terres soient respectées et dont les sujets n'aient ni la pensée, ni les moyens de se soustraire à leur domination; en un mot, il n'y a pour les princes de bonheur et de sécurité que dans cette espèce d'états. Comme ils sont gouvernés par des moyens sur-humains et auxquels notre faible raison ne peut atteindre, ce serait présomption et témérité à moi d'en parler.

Cependant, si l'on me demande comment la puissance temporelle de l'Église s'est accrue depuis le pontificat d'Alexandre VI, au point de faire trembler aujourd'hui un roi de France, de le chasser d'Italie et d'écraser les Vénitiens, tandis qu'avant cette époque, non-seulement les potentats de ce pays, mais même les simples barons et les moindres seigneurs redoutaient si peu l'évêque de Rome, du moins quant au temporel; je n'hésiterai point à répondre, quoique les faits que je vais rapporter soient assez connus.

Avant que Charles [1] roi de France, entrât en Italie, la souveraineté de ce pays était partagée entre le roi de Naples, le pape, les Vénitiens, le duc de Milan et les Florentins. La politique de ces princes se bornait à empêcher que

les puissances étrangères ne pénétrassent en Italie, et qu'aucun d'eux ne s'agrandît.

Ceux d'entre ces états qui donnaient le plus d'ombrage étaient le pape et les Vénitiens. Pour contenir ces derniers, il n'avait fallu rien moins qu'une ligue de tous les autres, comme on le vit dans la défense de Ferrare. Quant au pape, on se servait des barons romains qui, étant partagés en deux factions, les Orsini et les Colonne, avaient toujours les armes à la main pour venger leurs querelles jusque sous les yeux du pontife, dont l'autorité ne pouvait que souffrir de cet état de guerre intestine.

Il s'élevait bien de temps à autre des papes qui, tels que Sixte-Quint, réprimaient ces abus; mais la courte durée du pontificat ne permettait pas d'en détruire la cause. Les efforts de ces pontifes se bornaient à humilier pour quelque temps une des deux factions, qu'on voyait se relever sous son successeur. C'est ainsi que la puissance des papes usait ses forces, et perdait toute considération au-dedans et au-dehors.

C'est dans cet état de choses qu'Alexandre VI fut élevé à la chaire pontificale. Aucun de ceux qui l'ont précédé ou suivi n'a montré, aussi bien que lui, tout ce qu'un pontife peut faire avec des hommes et de l'argent. J'ai dit ailleurs tout ce qu'il fit à l'occasion de l'entrée des Français en Italie, et par le duc de Valentinois; sans doute son intention était moins d'agrandir l'Église que le duc, mais elle n'en profita pas moins, à la mort de ce seigneur et du pontife.

Jules II successeur d'Alexandre, trouva donc l'état de l'Église accru de toute la Romagne, et les factions des barons romains éteintes par l'habileté et le courage de son prédécesseur, qui lui apprit encore l'art de thésauriser. Jules enchérit dans tous ces points sur Alexandre VI. Il ajouta Bologne aux terres du saint-siége, mit les Vénitiens hors d'état de lui nuire et chassa les Français de l'Italie : succès d'autant plus glorieux que ce pape avait travaillé pour l'Église et non pour enrichir les siens.

Jules laissa les Orsini et les Colonne au point où il les avait trouvés à son exaltation, et quoique les germes des anciennes divisions subsistassent encore, ils ne purent éclater sous un gouvernement puissant, et qui eût la sage politique d'éloigner du cardinalat l'une et l'autre de ces maisons. C'était tarir la source des dissensions qui jusqu'à son prédécesseur avaient déchiré l'Église, parce que les cardinaux se servent du crédit et de l'influence que leur donne cette dignité, pour fomenter au dedans et au dehors des troubles auxquels les seigneurs de l'une et l'autre faction sont obligés de prendre part; en sorte qu'il est vrai de dire que la discorde qui est entre les barons vient toujours de l'ambition des prélats.

Le pontife régnant a donc trouvé l'Église au plus haut degré de puissance. Mais si Alexandre et Jules l'ont affermie par leur courage, tout nous promet que Léon X couronnera l'œuvre par sa bonté et par mille autres qualités précieuses.

CHAPITRE XII.

Des différentes espèces de milice et des soldats mercenaires.

Ayant traité en détail des différentes espèces d'états politiques que je m'étais proposé de faire connaître, et recherché les causes de leur prospérité comme de leur décadence, ainsi que les moyens par lesquels plusieurs les ont acquis ou conservés, il ne me reste à parler que des ressources que présentent les différentes espèces de milice, soit pour l'attaque, soit pour la défense.

J'ai déjà dit que les princes doivent donner à leur puissance des bases solides, s'ils veulent qu'elle soit durable. Or, les principaux fondements des états, soit anciens, soit nouveaux, soit mixtes, sont les bonnes lois et les bonnes troupes; mais comme il ne peut y avoir de bonnes lois sans de bonnes troupes, et que ces deux éléments de la puissance politique ne vont jamais l'un sans l'autre, il me suffira de parler de l'un des deux.

Les troupes qui servent à la défense d'un état sont ou nationales, ou étrangères, ou mixtes. Celles de la seconde classe, soit qu'elles servent en qualité d'auxiliaires ou comme mercenaires, sont inutiles et dangereuses, et le prince qui fera fond sur de tels soldats ne sera jamais en sûreté, parce qu'ils sont toujours désunis, ambitieux, sans discipline et peu fidèles, braves contre les amis, lâches en présence de l'ennemi, et n'ayant ni crainte de Dieu, ni bonne foi envers les hommes; en sorte que le prince ne peut retarder sa chute qu'en différant de mettre leur courage à l'épreuve. Et, pour tout dire d'un mot, elles pillent l'état en temps de paix comme le ferait l'ennemi en temps de guerre. Comment en serait-il autrement? ces sortes de troupes ne pouvant servir un état que pour l'intérêt d'une paie, qui n'est jamais assez forte pour la leur faire acheter aux dépens de leur vie, elles veulent bien servir en temps de paix; mais sitôt que la guerre est déclarée, il est impossible de les retenir sous leurs drapeaux.

C'est un point qu'il serait aisé de prouver, puisque la ruine de l'Italie ne vient aujourd'hui que de la confiance qu'elle a mise dans des troupes mercenaires, qui d'abord rendirent quelques services, mais qui donnèrent la mesure de leur bravoure dès que les étrangers parurent. Aussi Charles, roi de France, se rendit-il maître de l'Italie avec un peu de craie; et ceux qui disaient que nos péchés en étaient la cause, accusaient vrai. C'est effectivement nos fautes qui nous ont valu ce malheur, ou plutôt celles des princes qui au fait en ont porté la peine.

Pour jeter un nouveau jour sur cette matière, j'observe qu'on ne peut se fier aux chefs de ces troupes, qu'ils soient bons ou mauvais officiers; dans le premier cas, parce qu'ils ne croient pouvoir s'élever qu'en opprimant le prince qui les emploie, ou en opprimant les autres contre son vœu; dans le second, parce qu'ils ne peuvent que hâter la ruine de l'état qu'ils servent si mal.

On dira peut-être que tout autre capitaine qui aura les armes à la main fera de même; sur quoi j'ajoute que l'état qui fait la guerre est ou monarchique ou républicain. Dans le premier cas, c'est au prince à se mettre à la tête des armées; dans le second, la république doit donner le commandement de ses troupes à l'un de ses citoyens. S'il n'y est point propre, elle doit en nommer un autre; et s'il est bon capitaine, elle doit le tenir dans une telle dépendance qu'il ne puisse outre-passer ses ordres.

Il est constant que les états, soit républicains, soit autres, peuvent faire par eux-mêmes de très-grandes choses, et que les milices mercenaires ne peuvent que nuire aux uns et aux autres. Et à l'égard des républiques, j'ajouterai qu'elles se garantissent mieux de l'oppression de celui qui commande leurs troupes, lorsqu'au lieu de milices étrangères elles emploient celles du pays. Rome et Sparte se sont maintenues libres pendant plusieurs siècles, avec des milices nationales, et aujourd'hui les Suisses ne sont si libres que parce qu'ils sont eux-mêmes bien armés.

On peut citer pour preuve de ce que j'ai avancé sur le danger d'employer des troupes étrangères, les Carthaginois et les Thébains. Les premiers, quoiqu'ils eussent pour capitaines leurs propres citoyens, furent sur le point de succomber sous la tyrannie des milices étrangères qu'ils avaient à leur solde, à la fin de leur première guerre contre les Romains; et, quant aux Thébains, on sait que Philippe de Macédoine, s'étant fait donner le commandement de leurs troupes à la mort d'Épaminondas, n'eut qu'à vaincre les ennemis de cette république, pour l'asservir.

Jeanne II, reine de Naples, se voyant abandonnée par Sforce qui commandait ses troupes, fut contrainte, pour conserver ses états, de se jeter entre les bras du roi d'Aragon. Et François Sforce son fils, après avoir battu les Vénitiens à Caravaggio, ne se joignit-il pas à eux pour opprimer les Milanais qui lui avaient confié le commandement de leurs troupes à la mort de leur duc Philippe?

On me dira peut-être que les Vénitiens et les Florentins n'ont agrandi leurs états respectifs que par les milices étrangères qu'ils avaient à leur solde, et que leurs généraux les ont toujours bien servis sans qu'aucun d'eux se soit fait leur souverain. Je réponds à cela que les Florentins ont eu beaucoup de bonheur : car ceux de leurs capitaines dont ils pouvaient redouter l'ambition, ou n'ont point vaincu, ou ont rencontré des obstacles, ou ont porté leurs vues ailleurs. On peut mettre dans la première classe John Hawkwood[1], dont par conséquent la fidélité ne fut jamais mise à l'épreuve. Mais comment ne voit-on pas que s'il eût vaincu, les Florentins se trouvaient à sa discrétion?

Si les Baccio et Sforce n'entreprirent rien

[1] Voy. l'Histoire de Florence, liv. I, p. 20.

contre l'état qu'ils servaient, c'est qu'étant rivaux, ils se surveillaient réciproquement. On sait que le fils de ce dernier tourna son ambition contre la Lombardie, et Braccio contre l'état ecclésiastique et le royaume de Naples. Mais venons à ce que nous avons vu depuis peu.

Les Florentins donnèrent le commandement de leurs troupes à Paul Vitelli, homme très-prudent, et qui, d'une condition privée, fut élevé à ce poste où il s'acquit une grande réputation. Si ce général eût pris Pise, c'en était fait de la liberté des Florentins, ou de leur existence politique, car il n'avait, pour les perdre, qu'à passer au service de leurs ennemis.

Quant aux Vénitiens, ils n'ont jamais dû leurs succès qu'à leurs propres armes, je veux dire à la guerre maritime. Car l'époque de leur décadence est celle où ils ont voulu combattre par terre et prendre les mœurs et les coutumes des autres peuples d'Italie.

Cependant ils eurent peu à redouter l'ambition de leurs généraux, tant que leurs possessions en terre-ferme furent peu considérables, parce qu'ils se soutenaient encore par l'éclat de leur ancienne puissance; mais ils s'aperçurent de leur faute quand ils se furent étendus, et qu'ils eurent battu le duc de Milan sous la conduite de Carmagnola; car, voyant que c'était un très-habile homme, mais qu'il cherchait à traîner la guerre en longueur, ils jugèrent bien qu'ils ne devaient plus s'attendre à vaincre, puisque ce général ne le voulait pas; d'un autre côté, ne pouvant le licencier sans perdre ce qu'ils avaient conquis par sa valeur, ils prirent le parti de le faire assassiner.

Les Vénitiens eurent depuis, pour généraux, Barthélemi de Bergame, Robert de Saint-Séverin et le comte Pitigliano, avec qui ils avaient à craindre de perdre plutôt que de gagner, comme il leur arriva dans l'affaire de Vaïla, où ils ensevelirent le fruit de huit cents ans de peines et de travaux. Les succès qu'on obtient avec ces milices sont lents et faibles, mais leurs défaites sont soudaines et tiennent presque du prodige.

Puisque ces exemples m'ont conduit à parler de l'Italie, et de la triste expérience qu'elle a faite du danger d'employer les milices étrangères, je vais reprendre les choses de plus haut, afin que la connaissance de leur origine et de leurs progrès, serve du moins à en prévenir les effets les plus fâcheux. On doit d'abord se rappeler que lorsque l'Empire eut perdu le pouvoir et la considération dont il avait joui jusqu'alors en Italie, et que l'autorité du pape y prit de la consistance, ce pays fut divisé en plusieurs états.

La plupart des grandes villes prirent les armes contre la noblesse, qui, appuyée par l'empereur, les faisait gémir sous la plus cruelle oppression. Le pape les seconda dans leurs entreprises, et accrut par-là sa puissance temporelle.

D'autres tombèrent sous la domination de leurs citoyens; en sorte que l'Italie devint sujette de l'Église et de quelques républiques. Les princes ecclésiastiques, étrangers au métier de la guerre, se servirent les premiers de troupes mercenaires. Alberic de Como, né dans la Romagne, est celui qui mit le plus en crédit cette espèce de milice. C'est à son école que se formèrent les Braccio et Sforce, qui alors étaient les arbitres de l'Italie. A ceux-ci ont succédé tous ceux qui, jusqu'à présent, ont commandé les armées dans ce pays.

C'est à leurs hauts faits que l'on dut de voir l'Italie envahie par Charles VIII, pillée et dévastée par Louis XII, opprimée par Ferdinand et insultée par les Suisses. Les chefs de ces milices commencèrent par mettre de côté l'infanterie, d'abord pour se rendre eux-mêmes plus nécessaires, ensuite parce que n'ayant point d'états et ne subsistant que de leur industrie, il ne pouvaient rien entreprendre avec un petit corps d'infanterie, ni en nourrir un plus considérable. Ils trouvaient donc mieux leur compte à la cavalerie, dont un nombre même médiocre les faisait vivre avec honneur. A peine comptait-on deux mille fantassins dans une armée de vingt mille hommes. Ajoutez à cela que pour rendre leur métier moins pénible, et surtout moins périlleux, ils s'étaient mis sur le pied de ne point se tuer réciproquement dans les escarmouches, se contentant de faire des prisonniers, qu'encore ils renvoyaient sans rançon. Ils ne faisaient jamais d'assaut la nuit, et l'assiégé ne faisait jamais également de sortie pendant la nuit; ils ne campaient que dans la belle saison, enfin, ils ne faisaient point de retranchement dans leur camp. Une discipline aussi bizarre, inventée pour échapper au danger et à la crainte, rendit l'Italie esclave, et lui fit perdre la considération dont elle avait joui jusqu'alors.

CHAPITRE XIII.

Des troupes auxiliaires, mixtes et nationales.

Les troupes auxiliaires sont celles qu'un prince emprunte de ses alliés pour le secourir et le défendre. C'est ainsi que le pape Jules II, ayant fait, dans l'entreprise de Ferrare, la triste expérience du danger d'employer des milices mercenaires, eut recours à Ferdinand, roi d'Espagne, qui s'engagea par un traité à lui envoyer des secours de troupes.

Cette espèce de milice peut être utile à celui qui l'envoie, mais elle est toujours funeste au prince qui s'en sert; car si elle est battue, il en supporte la perte, et si elle est victorieuse, il est à sa merci. L'histoire ancienne est remplie de faits qui viennent à l'appui de ce que j'avance. Mais pour me borner à un exemple récent, Jules II voulant s'emparer de Ferrare, s'avisa de confier le soin de cette expédition à un étranger; mais il survint, heureusement pour lui, un incident auquel il dut de ne point porter la peine d'une telle imprudence. C'est que ses troupes auxiliaires ayant été défaites à Ravenne, le vainqueur se vit inopinément attaqué par les Suisses qui le mirent en fuite; en sorte que ce pontife échappa et à l'ennemi qui venait d'être vaincu à son tour, et à ses troupes auxiliaires qui avaient eu peu de part au gain de la bataille.

Les Florentins, voulant assiéger Pise et se trouvant dépourvus de milices nationales, prirent dix mille Français à leur service, faute qui leur attira plus de maux qu'ils n'en avaient éprouvé jusqu'alors. L'empereur de Constantinople, menacé par ses voisins, fit entrer en Grèce dix mille Turcs, qu'il n'en put faire sortir à la fin de la guerre; et cette province fut asservie aux infidèles.

Celui donc qui veut se mettre hors d'état de vaincre, n'a qu'à employer cette espèce de milice qui est encore pire que les troupes mercenaires, parce qu'elle forme un seul corps et est sous l'obéissance d'autrui. Au contraire, ces dernières étant levées par celui qui les emploie et à sa solde, et ne formant pas un seul corps, peuvent moins aisément lui nuire après qu'elles ont vaincu son ennemi; leur chef nommé par le prince lui-même ne peut prendre tout à coup assez d'autorité sur ceux qu'il commande, pour tourner ses armes contre lui. Enfin je crois qu'il faut autant redouter la valeur des troupes auxiliaires, que la lâcheté des mercenaires; et un prince sage aimera mieux être battu avec ses propres troupes que de vaincre avec des troupes étrangères, d'autant que ce n'est pas une véritable victoire que celle qu'on remporte par des secours étrangers.

Je ne me lasserai jamais de citer en preuve de mes assertions, l'exemple de César Borgia. Il se rendit maître d'Imola et de Forli avec des troupes auxiliaires toutes françaises; mais voyant qu'il ne pouvait compter sur leur fidélité, il eut recours aux milices mercenaires dont il crut avoir moins à craindre, et que commandaient les Orsini et les Vitelli. Mais ce prince ne trouvant pas dans ces troupes plus de sûreté que dans les autres, prit le parti de s'en défaire, et ne se servit depuis, que de ses propres soldats.

Or si l'on veut connaître l'extrême différence qu'il y a entre ces deux espèces de milices, il n'y a qu'à comparer les campagnes de ce duc, lorsqu'il avait à sa solde les Orsini et les Vitelli, avec celles qu'il fit à la tête de ses propres troupes; car on ne connut jamais toute son habileté que lorsqu'il fut maître absolu de ses soldats.

Je voulais m'en tenir aux exemples tirés de l'histoire moderne de l'Italie; mais celui d'Hiéron de Syracuse dont j'ai déjà parlé, vient tellement à mon objet, que je ne crois pas pouvoir l'omettre. Cette ville lui avait confié le commandement de ses troupes qui étaient composées d'étrangers et à sa solde. Ce général ne tarda pas à reconnaître combien peu on devait attendre de cette milice mercenaire dont les chefs se conduisaient à peu près comme nos Italiens. Mais voyant qu'il ne pouvait sans danger ni s'en servir, ni la licencier, il prit le parti de la faire toute tailler en pièces, et il fit ensuite la guerre avec ses propres troupes.

Je rapporterai aussi une figure tirée de l'ancien Testament. David s'étant offert pour aller combattre le redoutable Philistin Goliath, Saül pour accroître son ardeur l'arma de son épée, de son casque et de sa cuirasse; mais David lui dit que ces armes l'incommoderaient plus qu'elles ne lui serviraient, et déclara qu'il ne voulait combattre son ennemi qu'avec sa fronde et son couteau.

Enfin les milices étrangères ou sont à charge, ou vous abandonnent au moment où elles pourraient vous servir, ou même se tournent contre celui qui les emploie. Charles VII, père de Louis XI, après avoir par sa valeur délivré la France des Anglais, convaincu de la nécessité de combattre avec ses propres troupes, établit par toute la France des compagnies d'ordonnance, de cavalerie et d'infanterie. Louis XI, son fils, cassa depuis celles d'infanterie auxquelles il substitua les Suisses. Cette faute, que commirent aussi ses successeurs, est la source des maux de cet état, comme on le voit aujourd'hui; car ces rois, en accréditant la milice helvétique, ont avili leur propre milice qui, accoutumée à combattre à côté des Suisses, ne croit pas pouvoir vaincre sans eux; en sorte que les Français n'osent ni se mesurer avec les Suisses, ni faire la guerre sans eux.

Les armées françaises sont donc en partie mercenaires, et en partie nationales ou propres. Ce mélange les rend meilleures que les troupes, ou toutes mercenaires, ou toutes auxiliaires, mais inférieures de beaucoup à celles qui sont levées dans le pays même; et il suffit de l'exemple que je viens de rapporter, pour prouver que la France serait invincible, si l'on y eût maintenu les dispositions militaires établies par Charles VII. Mais telle est l'imprudence des hommes, que quand ils entreprennent une chose ils n'en voient que les avantages; mais souvent un venin secret est caché sous ces belles apparences, comme dans la fièvre étique dont j'ai déjà parlé.

Ainsi, le prince qui ne connaît les maux que lorsqu'il n'est plus temps de les prévenir, n'est pas vraiment sage, et cette sagesse est donnée à bien peu d'entre eux.

La première cause de la décadence de l'empire des Romains fut d'avoir pris des Goths à leur solde, ce qui mit en crédit ces barbares aux dépens des milices romaines.

Un prince qui ne peut défendre ses états qu'avec des troupes étrangères se trouve donc à la merci de la fortune et sans ressource dans l'adversité. C'est une maxime généralement reçue, qu'il n'y a rien de si faible que la puissance qui n'est pas appuyée sur elle-même, c'est-à-dire qui n'est pas défendue par ses propres citoyens, ou par ses sujets, mais par des étrangers, soit alliés, soit soldés. Il sera aisé de mettre sur pied une milice nationale, si l'on emploie les moyens dont se servirent avec tant d'habileté Philippe, père d'Alexandre-le-Grand, et plusieurs autres états, soit monarchiques, soit républicains, dont j'ai parlé dans mes précédents écrits, et auxquels je renvoie le lecteur.

CHAPITRE XIV.

Des devoirs d'un prince par rapport à la milice.

Les princes doivent donc faire de l'art de la guerre leur unique étude et leur seule occupation; c'est là proprement la science de ceux qui gouvernent. Par elle on se maintient dans ses états; par elle aussi de simples particuliers s'élèvent quelquefois au rang suprême; tandis qu'on voit souvent les princes en déchoir honteusement, pour s'être laissé amollir dans un lâche repos. Oui, je le répète, c'est en négligeant cet art qu'on perd ses états, et c'est en le cultivant qu'on les conquiert.

François Sforce, de simple particulier, devint duc de Milan, parce qu'il avait une armée à sa disposition; et ses enfants, pour s'être écartés de cette règle, de ducs qu'ils étaient devinrent de simples particuliers. Il ne faut point s'en étonner; car, d'abord, rien n'est plus propre à faire perdre la considération dont jouit un prince, que de n'être point à la tête de ses troupes; et la chose dont un prince doit surtout se garder, c'est d'être avili, ainsi que je le prouverai par la suite.

On ne peut établir aucune proportion entre des hommes, dont les uns sont armés et les autres sans armes; aussi, serait-il absurde de voir ceux-ci commander, et les autres obéir. Il ne peut y avoir pour le maître désarmé, repos ni sûreté parmi des serviteurs armés; les uns ayant du mépris et l'autre des soupçons, il est impossible de vivre en harmonie avec de tels sentiments. En un mot, un prince qui ne connaît point l'art de la guerre ne peut être estimé de ses troupes, ni se fier à elles.

C'est donc une nécessité aux princes de s'adonner entièrement à l'art de la guerre, qui comprend l'étude ou le travail de tête, et l'exercice militaire. Pour commencer par ce dernier, le prince doit veiller à ce que ses troupes soient bien disciplinées et régulièrement exercées. La chasse le rompra, mieux que toute autre chose, à la fatigue et à toutes les intempéries de l'air. Cet exercice lui apprendra en outre à observer les sites et les positions, à connaître la nature des fleuves et des marais, à mesurer l'étendue des plaines, et la pente des montagnes. C'est ainsi qu'il acquerra la connaissance de la topographie du pays qu'il a à défendre, et qu'il s'habituera à reconnaître facilement les lieux où la guerre pourra le porter; car les plaines et les vallées de la Toscane, par exemple, ressemblent plus ou moins à celles des autres pays. J'en dis autant des rivières et des marais; en sorte que l'étude d'un pays conduit à la connaissance des autres.

Or, cette étude est une des plus utiles à ceux qui commandent les armées. Un général qui la néglige ne saura jamais ni trouver l'ennemi, ni conduire ses troupes, ni camper, ni livrer à propos bataille. Les historiens grecs et romains louent, et avec raison, Philopémen, prince des Achéens, pour son application à l'étude de l'art militaire pendant la paix. Dans ses voyages, il s'arrêtait avec ses amis, et leur demandait laquelle des deux armées aurait l'avantage, si l'une d'elles était postée sur telle ou telle colline, et l'autre dans tel ou tel endroit; comment celle qu'il supposait commandée par lui-même pourrait joindre l'autre, et lui livrer bataille; comment il devrait s'y prendre pour faire sa retraite, ou pour poursuivre l'ennemi, s'il se retirait. Il leur proposait ainsi tous les cas qui peuvent arriver à la guerre, écoutait leurs avis avec attention, donnait le sien et le motivait. Aussi, rarement lui arrivait-il d'être surpris par des événements imprévus.

Quant à la partie de l'art militaire qu'on apprend dans le cabinet, le prince doit lire l'histoire, et donner une attention particulière aux exploits des grands capitaines et aux causes de leurs victoires et de leurs défaites; mais surtout il doit suivre l'exemple de quelques grands hommes qui, s'étant proposé un modèle, se sont attachés à marcher sur ses traces. C'est ainsi qu'Alexandre-le-Grand s'est immortalisé en s'efforçant d'imiter Achille; César, en imitant Alexandre; et Scipion, Cyrus. Car si l'on se donne la peine de comparer la vie du héros romain avec celle de Cyrus, écrite par Xénophon, on verra que Scipion fut, comme son modèle, généreux, affable, humain et continent.

C'est ainsi qu'un prince sage doit se conduire et s'occuper en temps de paix, afin que si la fortune vient à changer, il puisse se mettre en garde contre ses coups.

CHAPITRE XV.

Ce qui fait louer ou blâmer les hommes, et surtout les princes.

Il s'agit maintenant de voir comment un prince doit se conduire envers ses sujets et envers ses amis. Cette matière ayant déjà été traitée par d'autres, je crains bien qu'on ne me taxe de présomption si j'ose la considérer d'une manière différente de la leur; mais, comme mon objet est d'écrire pour ceux qui jugent sainement, je vais parler d'après ce qui est, et non d'après ce que le vulgaire imagine.

On se figure souvent des républiques et d'autres gouvernements qui n'ont jamais existé. Il y a si loin de la manière dont on vit à celle dont on devrait vivre, que celui qui tient pour réel et pour vrai ce qui devrait l'être sans doute, mais qui malheureusement ne l'est pas, court à une ruine inévitable. Aussi je ne craindrai pas de dire que celui qui veut être tout à fait bon avec ceux qui ne le sont point, ne peut manquer de périr tôt ou tard. Un prince qui veut se maintenir doit donc apprendre à n'être pas toujours bon, pour être tel que les circonstances et l'intérêt de sa conservation pourront l'exiger.

Ainsi, mettant de côté les idées fausses qu'on se fait des princes, et ne m'arrêtant qu'à celles qui sont vraies, je dis: qu'on ne parle jamais d'un homme, quel qu'il soit, mais surtout d'un prince, sans lui attribuer quelque mérite ou quelque tort, une bonne ou une mauvaise qualité; l'un est libéral, l'autre avare; celui-ci donne volontiers, l'autre est avide; en un mot, on est ou homme d'honneur ou sans foi, ou efféminé et pusillanime ou courageux et entreprenant, ou humain ou cruel, ou affable ou hautain, ou sage ou livré à la débauche, ou fourbe ou de bonne foi, ou facile ou dur et revêche, ou grave ou étourdi, ou religieux ou impie.

Sans doute il serait très-heureux, pour un prince surtout, de réunir toutes les bonnes qualités; mais comme notre nature ne comporte point une si grande perfection, il lui est nécessaire d'avoir assez de prudence pour se préserver des vices et des défauts qui pourraient le perdre; et, quant à ceux qui ne peuvent compromettre sa sûreté et la possession de ses états, il doit s'en garantir, si cela est en son pouvoir; mais, si cela est au-dessus de ses forces, il peut moins s'en tourmenter, et veiller entièrement sur ceux qui pourraient causer sa ruine. Il ne doit pas craindre d'encourir quelque blâme pour les vices utiles au maintien de ses états; parce que, tout bien considéré, telle qualité qui paraît bonne et louable le perdrait inévitablement, et telle autre paraît mauvaise et vicieuse, qui fera son bien-être et sa sûreté.

CHAPITRE XVI.

De la libéralité et de la parcimonie.

Pour commencer par les premières qualités dont je viens de parler, je remarque qu'il est bon de passer pour libéral, mais qu'il est dangereux d'exercer cette libéralité de manière que vous parveniez à n'être plus ni craint, ni respecté. Je m'explique: En effet, si le prince n'est libéral que comme il convient de l'être, c'est-à-dire, avec choix et mesure, il contentera peu de gens et passera pour avare. Un prince qui veut qu'on vante sa libéralité ne regarde à aucune sorte de dépense; mais alors il se voit souvent réduit, pour maintenir cette réputation, à surcharger ses sujets d'impôts, et à recourir à toutes les ressources de la fiscalité, ce qui ne peut manquer de le rendre odieux; sans compter que le trésor public s'épuisant par ses prodigalités, il perd tout crédit, et court le risque de perdre ses états au premier revers de fortune, sa libéralité lui ayant fait plus d'ennemis que d'amis, comme il arrive toujours. D'un autre côté, il ne peut revenir sur ses pas, et rentrer dans l'ordre sans être taxé d'avarice.

Puis donc qu'un prince ne peut être libéral qu'à ce prix, il doit se mettre peu en peine de ce qu'on pourra le taxer de parcimonie et d'avarice; d'autant que lorsqu'on verra que ses revenus suffisent à sa dépense, qu'il est en état de défendre ses états, et de faire même des entreprises utiles, sans établir de nouveaux impôts, ceux à qui il n'ôte rien, et c'est le grand nombre, le trouveront suffisamment libéral. Ceux qui seraient tentés de l'accuser d'avarice, parce qu'il ne leur donne pas tout ce qu'ils lui demandent, ne sont jamais très-nombreux. De notre temps, nous n'avons vu faire de grandes choses qu'à ceux qui ont passé pour être avares; tous les autres ont succombé. Jules II parvint au pontificat par ses largesses; mais il jugea que, pour pouvoir faire la guerre au roi de France, il lui était peu utile de conserver la réputation de libéralité qu'elles lui avaient acquise. Ses épargnes l'ont mis en état de soutenir toutes les guerres, sans nouveaux impôts. Le roi d'Espagne, aujourd'hui régnant, ne fût jamais venu à bout de toutes ses entreprises, s'il s'était mis en peine de ce qu'on pourrait dire sur sa parcimonie.

Ainsi un prince, pour ne pas devenir pauvre, pour pouvoir défendre ses états s'ils sont attaqués, pour ne pas surcharger ses sujets de nouveaux impôts, doit peu craindre d'être taxé d'avarice, puisque ce prétendu vice fait la stabilité et la prospérité de son gouvernement.

« Mais, dira-t-on, César n'est parvenu à l'empire que par ses largesses; c'est par ce même moyen que tant d'autres se sont élevés. » A cela je réponds que la condition d'un prince est tout autre que celle d'un homme qui veut parvenir. Si César eût vécu plus longtemps, il eût perdu cette réputation de libéralité qui lui avait frayé le chemin à l'empire, ou il se serait perdu lui-même en voulant la conserver.

On compte cependant quelques princes qui ont fait de grandes choses avec leurs armées, et qui se sont distingués par leur libéralité; mais c'est parce que leurs largesses n'étaient point à la charge du trésor public. Tels ont été Cyrus, Alexandre et César. Le prince doit user avec économie de son bien et de celui de ses sujets; mais il doit être prodigue de celui qu'il a pris sur l'ennemi, s'il veut être aimé de ses troupes. Il n'est pas de vertu qui s'use, pour ainsi dire, autant elle-même que la générosité. Celui qui est trop libéral ne le sera pas longtemps; il deviendra pauvre et avili, à moins qu'il n'écrase ses sujets d'impôts et de taxes; mais alors il leur devient odieux. Or, le prince ne doit rien craindre autant que d'être haï, si n'est d'être méprisé; et la libéralité conduit à ce double écueil; et s'il fallait choisir entre deux excès, il faudrait mieux être peu libéral que de l'être trop, puisque le premier, s'il est peu honorable, n'entraîne pas du moins comme l'autre, la haine et le mépris.

CHAPITRE XVII.

De la cruauté et de la clémence; et s'il vaut mieux être aimé que craint.

Je passe maintenant aux autres qualités requises dans ceux qui gouvernent. Un prince, il n'y a aucun doute, doit être clément; mais à propos et avec mesure. César Borgia passa pour cruel; mais c'est à sa cruauté qu'il dut l'avantage de réunir la Romagne à ses états, et de rétablir dans cette province la paix et la tranquillité, dont elle était privée depuis longtemps. Et, tout bien considéré, on avouera que ce prince fut plus clément que le peuple de Florence, qui, pour éviter de passer pour cruel, laissa détruire Pistoie. Quand il s'agit de contenir ses sujets dans le devoir, on ne doit pas se mettre en peine du reproche de cruauté, d'autant qu'à la fin le prince se trouvera avoir été plus humain, en faisant un petit nombre d'exemples nécessaires, que ceux qui, par trop d'indulgence, encouragent des désordres qui entraînent avec eux le meurtre et le brigandage. Car ces tumultes bouleversent l'état, au lieu que les peines infligées par le prince ne portent que sur quelques particuliers.

Mais cela est vrai surtout d'un prince nouveau, qui ne peut guère éviter le reproche de cruauté, toute domination nouvelle étant pleine de dangers. Aussi Didon, dans Virgile, s'excuse-t-elle de la sévérité, par la nécessité où l'a réduite l'intérêt de se soutenir sur un trône qu'elle ne tenait pas de ses aïeux.

De mes naissants états l'impérieux besoin
Me force à ces rigueurs : ma prudence a pris soin
D'entourer de soldats mes nombreuses frontières.
(*Énéide*, liv. 1., traduc. de Delille.)

Il ne faut cependant pas qu'un prince ait peur de son ombre, et écoute trop facilement les rapports effrayants qu'on lui fait. Il doit au contraire être lent à croire et à agir, sans toutefois négliger les lois de la prudence. Il y a un milieu entre une folle sécurité et une défiance déraisonnable.

On a demandé s'il valait mieux être aimé que craint, ou craint qu'aimé. Je crois qu'il faut de l'un et de l'autre; mais comme ce n'est pas chose aisée que de réunir les deux, quand on est réduit à un seul de ces deux moyens, je crois qu'il est plus sûr d'être craint que d'être aimé. Les hommes, il faut le dire, sont généralement ingrats, changeants, dissimulés, timides et âpres au gain. Tant qu'on leur fait du bien ils sont tout entiers à vous; ils vous offrent leurs biens, leur sang, leur vie, et jusqu'à leurs propres enfants, comme je l'ai déjà dit, lorsque l'occasion est éloignée; mais si elle se présente, ils se révoltent contre vous. Et le prince qui, faisant fond sur de si belles paroles, néglige de se mettre en mesure contre les événements, court risque de périr, parce que les amis qu'on se fait à prix d'argent, et non par les qualités de l'esprit et de l'âme, sont rarement à l'épreuve des revers de la fortune, et vous abandonnent dès que vous avez besoin d'eux. Les hommes en général sont plus portés à ménager celui qui se fait craindre que celui qui se fait aimer. La raison en est que cette amitié, étant un lien simplement moral et de devoir après un bienfait, ne peut tenir contre les calculs de l'intérêt; au lieu que la crainte a pour objet une peine dont l'idée lâche malaisément prise. Cependant le prince ne doit pas se faire craindre de manière que, s'il ne peut se concilier l'amour, il ne puisse du moins échapper à la haine, parce qu'on peut se tenir aisément dans un milieu. Or, il lui suffit, pour ne point se faire haïr, de respecter les propriétés de ses sujets et l'honneur de

leurs femmes. S'il se trouve dans la nécessité de faire punir de mort, il doit en exposer les motifs, et surtout ne pas toucher aux biens des condamnés. Car les hommes, il faut l'avouer, oublient plutôt la mort de leurs parents que la perte de leur patrimoine. D'ailleurs, il se présente tant de tentations de s'emparer des biens, lorsqu'une fois on a commencé à vivre de rapine! au lieu que les occasions de répandre le sang sont rares et manquent plutôt.

Mais, lorsque le prince est à la tête de son armée, et qu'il a à commander à une multitude de soldats, il doit se mettre peu en peine de passer parmi eux pour cruel, parce que cette réputation lui est utile pour maintenir ses troupes dans l'obéissance, et pour prévenir toute espèce de faction.

Annibal, entre autres talents admirables, avait éminemment celui de se faire craindre des troupes; jusque-là qu'ayant conduit dans un pays étranger une armée très-considérable et composée de toute espèce de gens, il n'eut pas à punir le moindre désordre et la plus légère faute contre la discipline, ni dans la bonne, ni dans la mauvaise fortune; ce qu'on ne peut attribuer qu'à son extrême sévérité et aux autres qualités qui le faisaient respecter et craindre du soldat, et sans lesquelles son habileté et son courage eussent été inutiles.

Cependant il s'est trouvé des écrivains, peu judicieux, à mon avis, qui, tout en rendant justice à ses talents et à ses grandes actions, en condamnent le principe. Mais rien ne le justifie mieux à cet égard que l'exemple de Scipion, l'un des plus grands capitaines dont l'histoire fasse mention. Son extrême indulgence envers les troupes qu'il commandait en Espagne occasionna des désordres, et enfin une révolte qui lui valut de la part de Fabius Maximus, en plein sénat, le reproche d'avoir perdu la milice romaine. Ce général ayant laissé impunie la conduite barbare d'un de ses lieutenants envers les Locriens, un sénateur, pour le justifier, remarqua qu'il y avait des hommes à qui il était plus aisé de ne pas faillir eux-mêmes que de punir les fautes d'autrui. Cet excès d'indulgence eût terni avec le temps la réputation et la gloire de Scipion, s'il eût continué à commander et qu'il eût conservé ces mêmes dispositions; mais, loin de lui nuire, elle tourna tout entière à sa gloire, parce qu'il vivait sous le gouvernement du sénat.

Je conclus donc, en revenant à ma première question : s'il vaut mieux être aimé que craint? que les hommes aimant à leur guise, à leur volonté, et craignant au contraire au gré de celui qui les gouverne, un prince doit, s'il est sage, ne compter que sur ce qui est à sa disposition; mais il doit surtout, ainsi que je l'ai déjà observé, s'étudier à se faire craindre sans se faire haïr.

CHAPITRE XVIII.

Si les princes doivent être fidèles à leurs engagements.

Il est sans doute très-louable aux princes d'être fidèles à leurs engagements; mais parmi ceux de notre temps qu'on a vu faire de grandes choses, il en est peu qui se soient piqués de cette fidélité, et qui se soient fait un scrupule de tromper ceux qui se reposaient en leur loyauté.

Vous devez devez donc savoir qu'il y a deux manières de combattre, l'une avec les lois, l'autre avec la force. La première est propre aux hommes, l'autre nous est commune avec les bêtes; mais lorsque les lois sont impuissantes, il faut bien recourir à la force; un prince doit savoir combattre avec ces deux espèces d'armes; c'est ce que nous donnent finement à entendre les anciens poëtes dans l'histoire allégorique de l'éducation d'Achille et de beaucoup d'autres princes de l'antiquité, par le centaure Chiron, qui sous la double forme d'homme et de bête apprend à ceux qui gouvernent, qu'ils doivent employer tour-à-tour l'arme propre à chacune de ces deux espèces, attendu que l'une sans l'autre ne saurait être d'aucune utilité durable. Or, les animaux dont le prince doit savoir revêtir les formes sont le renard et le lion. Le premier se défend mal contre le loup, et l'autre donne facilement dans les piéges qu'on lui tend. Le prince apprendra du premier à être adroit, et de l'autre à être fort. Ceux qui dédaignent le rôle de renard n'entendent guère leur métier; en d'autres termes, un prince prudent ne peut ni ne doit tenir sa parole, que lorsqu'il le peut sans se faire tort, et que les circonstances dans lesquelles il a contracté un engagement subsistent encore.

Je n'aurais garde de donner un tel précepte, si tous les hommes étaient bons; mais comme ils sont tous méchants et toujours prêts à manquer à leur parole, le prince ne doit pas se piquer d'être plus fidèle à la sienne; et ce manque de foi est toujours facile à justifier. J'en pourrais donner dix preuves pour une, et montrer combien d'engagements et de traités ont été rompus par l'infidélité des princes, dont le plus heureux est toujours celui qui sait le mieux se couvrir de la peau du renard. Le point est de bien jouer son rôle, et de savoir à propos feindre et dissimuler. Et les hommes sont si simples et si faibles que celui qui veut tromper trouve aisément des dupes.

Pour ne citer qu'un seul exemple, pris dans l'histoire de notre temps : le pape Alexandre VI se fit toute sa vie un jeu de tromper; et malgré son infidélité bien reconnue, il réussit dans tous ses artifices. Protestations, serments, rien ne lui coûtait; jamais prince ne viola aussi souvent sa parole et ne respecta moins ses engagements. C'est qu'il connaissait parfaitement cette partie de l'art de gouverner.

Il n'est donc pas nécessaire à un prince d'avoir toutes les bonnes qualités dont j'ai fait l'énumération, mais il est indispensable de paraître les avoir; j'oserai même dire qu'il est quelquefois dangereux d'en faire usage, quoiqu'il soit toujours utile de paraître les posséder. Un prince doit s'efforcer de se faire une réputation de bonté, de clémence, de piété, de fidélité à ses engagements, et de justice; il doit avoir toutes ces bonnes qualités, mais rester assez maître de soi pour en déployer de contraires, lorsque cela est expédient. Je pose en fait qu'un prince, et surtout un prince nouveau, ne peut exercer impunément toutes les vertus, parce que l'intérêt de sa conservation l'oblige souvent à violer les lois de l'humanité, de la charité et de la religion. Il doit être d'un caractère facile à se plier aux différentes circonstances dans lesquelles il peut se trouver. En un mot, il lui est aussi utile de persévérer dans le bien, lorsqu'il n'y trouve aucun inconvénient, que de savoir en dévier, lorsque les circonstances l'exigent. Il doit surtout s'étudier à ne rien dire qui ne respire la bonté, la justice, la bonne foi et la piété; mais cette dernière qualité est celle qu'il lui importe le plus de paraître posséder, parce que les hommes en général jugent plus par leurs yeux que par aucun des autres sens. Tout homme peut voir; mais il est donné à très-peu d'hommes de savoir rectifier les erreurs qu'ils commettent par les yeux. On voit aisément ce qu'un homme paraît être, mais non ce qu'il est réellement; et ce petit nombre d'esprits pénétrants n'ose contredire la multitude, qui d'ailleurs a pour elle l'éclat et la force du gouvernement. Or, quand il s'agit de juger l'intérieur des hommes, et surtout celui des princes, comme on ne peut avoir recours aux tribunaux, il ne faut s'attacher qu'aux résultats; le point est de se maintenir dans son autorité; les moyens, quels qu'ils soient, paraîtront toujours honorables, et seront loués de chacun. Car le vulgaire se prend toujours aux apparences, et ne juge que par l'événement. Or, le vulgaire, c'est presque tout le monde, et le petit nombre ne compte que lorsque la multitude ne sait sur quoi s'appuyer.

Un prince encore régnant, mais qu'il ne me convient pas de nommer, ne prêche jamais que la paix et la bonne foi. Mais s'il eût observé l'une et l'autre, il eût perdu plus d'une fois sa réputation et ses états[1].

CHAPITRE XIX.

Qu'il faut éviter d'être haï et méprisé.

J'ai traité séparément des principales qualités dont un prince doit être doué. Pour abréger, je comprendrai toutes les autres sous ce titre général, savoir : qu'un prince doit se garder soigneusement de tout ce qui peut le faire mépriser ou haïr.

Rien, à mon avis, ne rend un prince odieux, autant que la violation du droit de propriété, et aussi le peu de respect qu'il a pour l'honneur des femmes de ses sujets. Les gouvernés sont toujours contents du prince, lorsqu'il ne touche ni à leurs biens, ni à leur honneur; et pour lors il n'a plus à combattre que les prétentions d'un petit nombre d'ambitieux, dont il vient aisément à bout.

Un prince est méprisé lorsqu'il passe pour

inconstant, léger, pusillanime, irrésolu et efféminé, défauts dont il doit se garder comme d'autant d'écueils, en s'efforçant de montrer de la grandeur, du courage, de la gravité et de la force dans toutes ses actions. Ses décisions dans les affaires entre particuliers doivent être irrévocables, afin que personne n'ose se flatter de le tromper, ni de le faire changer d'avis. C'est ainsi qu'il se conciliera l'estime de ses sujets et qu'il préviendra les atteintes qu'on voudrait porter à son autorité. Il en redoutera moins aussi l'ennemi du dehors, parce qu'on ne va pas attaquer de gaîté de cœur un prince qui est révéré de ses sujets ; car ceux qui gouvernent ont toujours deux espèces d'ennemis, ceux du dehors et ceux du dedans. Il repoussera les premiers avec de bons amis et de bonnes troupes ; et quant aux autres, qui ne sait qu'on a toujours des amis quand on a de bons soldats! D'ailleurs la paix du dedans ne peut être troublée que par les conspirations, qui ne sont dangereuses que lorsqu'elles sont encouragées, et soutenues par les étrangers. Mais ces derniers n'oseront remuer, si le prince se conforme aux règles que j'ai tracées, et soit l'exemple de Nabis, tyran de Sparte.

Quant aux sujets, si le dehors est tranquille, le prince n'a à craindre que les conspirations secrètes, qu'il déjouera ou même préviendra en évitant tout ce qui peut le faire ou mépriser ou haïr, comme je l'ai dit assez au long. D'ailleurs on ne conspire guère que contre les princes dont la ruine et la mort seraient agréables au peuple; on ne s'exposerait pas, sans cela, à tous les dangers qu'entraînent de telles résolutions.

L'histoire est remplie de conjurations; mais combien en compte-t-on qui aient été couronnées du succès? On ne conspire pas seul, et ceux avec qui on partage les périls de l'entreprise sont des mécontents, qui souvent par l'espoir d'une bonne récompense de celui dont ils avaient à se plaindre, dénoncent les conjurés, et font avorter leurs desseins. Ceux qu'on est obligé d'associer à la conjuration se trouvent entre la tentation d'un gain considérable, et la crainte d'un grand danger; en sorte que pour garder le secret confié, il faut être ou un ami tout extraordinaire, ou l'ennemi irréconciliable du prince.

[1] Macchiavelli veut parler ici de Ferdinand V, roi d'Aragon et de Castille. C'était par ce moyen qu'il avait acquis les royaumes de Naples et de Navarre.

Mais pour réduire la question à ses termes les plus simples, je dis : qu'il n'y a du côté des conjurés que crainte, jalousie et soupçon ; tandis que le prince a pour lui l'éclat et la majesté du gouvernement, les lois, les habitudes et ses amis particuliers, sans parler de l'affection que le peuple porte naturellement à ceux qui le gouvernent. En sorte que les conjurés ont à craindre, avant, et après l'exécution de leurs desseins, puisque le peuple étant contre eux, il ne leur reste aucune ressource. Je pourrais apporter en preuve de ce que j'avance mille faits recueillis par les historiens ; mais je me contenterai d'un seul dont la génération passée a été témoin. Annibal Bentivogli, aïeul de celui d'aujourd'hui et prince de Bologne, avait été tué par les Canneschi, en sorte qu'il ne restait de cette famille que Jean Bentivogli qui était encore au berceau. Le peuple se soulève contre les conjurés, et massacre toute la famille des meurtriers ; et pour montrer encore mieux leur attachement aux Bentivogli, comme il n'en restait aucun qui pût prendre la place d'Annibal, les Bolonais réclament auprès du gouvernement de Florence un fils naturel du prince dont ils venaient de venger la mort, lequel vivait dans cette ville sous le nom d'un artisan qui passait pour son père, et lui confièrent la direction des affaires, jusqu'à ce que Jean Bentivogli fût en âge de gouverner.

Le prince a donc peu à craindre les conspirations, lorsque son peuple lui est affectionné ; mais aussi il ne lui reste aucune ressource, si cet appui vient à lui manquer. Contenter le peuple et ménager les grands, voilà la maxime de ceux qui savent gouverner.

La France tient le premier rang parmi les états bien gouvernés. Une des institutions les plus sages qu'on y remarque, c'est sans contredit celle des parlements, dont l'objet est de veiller à la sûreté du gouvernement et à la liberté des sujets. Les auteurs de cette institution, connaissant d'un côté l'insolence et l'ambition des nobles, de l'autre les excès auxquels le peuple peut se porter contre eux, ont cherché à contenir les uns et les autres, mais sans l'intervention du roi, qui n'eût pu prendre parti pour le peuple sans mécontenter les grands, ni favoriser ceux-ci sans s'attirer la haine du peuple. Pour cet effet, ils ont institué une au-

torité qui, sans que le roi eût à s'en [...] put mépriser l'insolence des grands et fav[...] le peuple. Il faut convenir que rien n'es[t] propre à donner de la consistance au g[ouver]nement et assurer la tranquillité publiqu[e...] princes doivent apprendre par-là à se ré[...] la distribution des grâces et des empl[ois...] laisser aux magistrats le soin de décer[ner...] peines, et en général la disposition des [...] qui peuvent exciter le mécontentement.

Un prince, je le répète, doit montrer [...] considération pour les grands, mais sa[ns s'at]tirer la haine du peuple. On m'opposera [peut]être le sort de plusieurs empereurs ro[mains] qui ont perdu l'empire ou même la vie, [quoi]qu'ils se fussent conduits avec sagesse et e[...] déployé assez d'habileté et de courage. [Pour] répondre à cette objection, je crois devo[ir exa]miner le caractère de quelques-uns de ces [empe]reurs, tels que Marc-Aurèle le philosophe[, Com]mode son fils, Pertinax, Julien, Sévèr[e, An]tonin, Caracalla son fils, Macrin, Hélioga[bale,] Alexandre et Maximin. Cet examen m[e con]duira naturellement à exposer les cau[ses de] leur chute, et à justifier ce que j'ai d[it] dans ce chapitre, sur la conduite que d[oivent] tenir les princes.

Il faut d'abord observer que les emp[ereurs] romains n'avaient pas seulement à ré[primer] l'ambition des grands et l'insolence du p[euple,] ils eurent encore à combattre l'avarice [et la] cruauté des soldats. Plusieurs de ces [princes] périrent pour avoir échoué devant ce d[ouble] écueil, d'autant plus difficile à éviter, [qu'on] ne peut satisfaire l'avidité des troupes [sans] mécontenter le peuple qui soupire ap[rès la] paix, autant que les autres après la guer[re, en] sorte que les uns voulaient un prince pa[cifique] et les autres un prince qui aimât la g[uerre,] qui fût avide, insolent et cruel, no[n sans] doute à leur égard, mais vis-à-vis du p[euple,] pour avoir double paie et pour pouvoir as[souvir] leur avarice et leur cruauté ; or ceux des [empe]reurs romains à qui la nature avait refu[sé cet] odieux caractère, ou qui n'avaient pas s[u se le] donner, périrent presque tous misérabl[ement] par l'impuissance où ils se trouvèrent d[e tenir] le peuple et les légions en bride. A [la] plupart d'entre eux, principalement ceu[x dont] la fortune était nouvelle, désespérant d[...]

voir concilier des intérêts si opposés, prirent-ils le parti de se tourner du côté des troupes, se mettant peu en peine de mécontenter le peuple. Et ce parti était le plus sûr; car dans l'alternative d'exciter la haine du grand nombre ou du petit nombre, il faut se déterminer en faveur du plus fort. Voilà pourquoi ceux des Césars qui s'étaient élevés d'eux-mêmes, ayant besoin d'une faveur extraordinaire pour se maintenir, s'attachèrent aux troupes plutôt qu'au peuple, et ne succombèrent jamais, que parce qu'ils ne surent pas conserver leur affection.

Marc-Aurèle le philosophe, Pertinax et Alexandre, princes recommandables par leur clémence, leur amour pour la justice et la simplicité de leurs mœurs, périrent tous, à l'exception du premier qui vécut et mourut honoré, parce qu'étant parvenu à l'empire par voie d'hérédité, il n'en avait obligation ni aux troupes, ni au peuple, ce qui, joint à ses autres qualités, le rendit cher à tous et lui facilita les moyens de les contenir dans le devoir. Mais Pertinax ayant voulu soumettre à une discipline sévère, et bien différente de celle que faisait observer Commode son prédécesseur, les légions romaines, contre le vœu desquelles d'ailleurs il avait été nommé empereur, périt peu de mois après son élévation, victime de leur haine, et peut-être aussi du mépris qu'inspirait son grand âge. Et il est à remarquer que l'on encourt la haine en faisant le bien, comme en faisant le mal : aussi un prince qui veut se maintenir est souvent forcé, comme je l'ai déjà dit, à être méchant. Car, lorsque le parti dont il croit avoir besoin est corrompu, que ce soit le peuple, les grands, ou les troupes, il faut à tout prix le contenter, et dès lors renoncer à faire le bien.

Mais venons à Alexandre dont la clémence a obtenu beaucoup d'éloges de la part des historiens, ce qui ne l'empêcha pas d'être méprisé, à cause de sa mollesse, et parce qu'il se laissait gouverner par sa mère. L'armée conspira contre ce prince, qui était si bon et si humain que, dans le cours d'un règne de quatorze ans, il ne fit mourir personne sans jugement. Cependant il périt de la main de ses soldats. D'un autre côté, Commode, Sévère, Caracalla et Maximin s'étant livrés à tous les excès, pour satisfaire l'avarice et la cruauté des troupes,

n'eurent pas un sort plus heureux, à l'exception pourtant de Sévère qui régna paisiblement, quoique pour satisfaire l'avidité des troupes il opprimât le peuple; mais ce prince avait d'excellentes qualités qui lui conciliaient à la fois l'affection du soldat et l'admiration du peuple. Or, comme il s'était élevé d'une condition privée à l'empire, et que par cette raison il peut servir de modèle à ceux qui se trouveraient dans la même situation, je crois devoir dire en peu de mots, comment il revêtit tour à tour les formes du lion et du renard, ces deux animaux dont j'ai déjà parlé.

Sévère, connaissant la lâcheté de l'empereur Julien, persuada à l'armée qu'il commandait en Illyrie, de marcher sur Rome pour venger la mort de Pertinax qui avait été massacré par la garde prétorienne. C'est sous ce prétexte, et sans qu'on se doutât qu'il prétendît à l'empire, que ce général arriva en Italie, avant qu'on y eût des nouvelles de son départ. Il entre dans Rome, et le sénat intimidé le nomme empereur et fait mourir Julien. Mais il avait encore deux obstacles à surmonter pour être maître de tout l'empire. Pescennius Niger et Albinus qui commandaient, l'un en Asie, l'autre en Occident, étaient tous les deux ses compétiteurs; le premier venait même d'être proclamé empereur par ses légions. Sévère voyant qu'il ne pouvait les attaquer tous deux à la fois sans danger, prit le parti de marcher contre Niger, et de tromper Albinus en lui offrant de partager avec lui l'autorité; ce que celui-ci accepta sans hésiter. Mais à peine eut-il vaincu et fait mourir Pescennius Niger et pacifié l'Orient, que de retour à Rome, il se plaignit amèrement de l'ingratitude d'Albinus, qu'il ne craignit pas d'accuser d'avoir attenté à ses jours, « ce qui l'obligeait, dit-il, de passer les Alpes pour le punir de reconnaître ainsi ses bienfaits. » Sévère arrive dans les Gaules, et Albinus perd à la fois l'empire et la vie.

Si l'on examine avec attention la conduite de cet empereur, on verra qu'il est difficile de réunir à un si haut degré la force du lion et la finesse du renard. Il sut se faire craindre et respecter des troupes autant que du peuple; mais l'on ne s'étonnera point de voir un homme nouveau se maintenir dans un poste si difficile, si l'on considère que c'est en commandant l'estime et l'admiration, qu'il désarma la haine que ses rapines devaient exciter.

Antonin Caracalla son fils avait aussi nombre d'excellentes qualités qui le rendaient cher aux légions et le faisaient respecter du peuple; il était homme de guerre, et infatigable ennemi de la mollesse et de la bonne chère, ce qui le rendit l'idole de l'armée; mais ce prince porta la férocité à un tel point, que peuple, soldats et jusqu'à ses propres officiers, lui vouèrent une haine irréconciliable. Il périt de la main d'un centurion; faible vengeance pour tout le sang qu'il avait fait répandre dans Rome et dans Alexandrie, où aucun des habitants n'échappa au carnage!

Sur quoi je remarque que les princes peuvent difficilement se prémunir contre de tels attentats. Leur vie appartient à quiconque ne craint point de mourir; mais comme ces attentats sont fort rares, les princes doivent peu s'en inquiéter. Ils doivent cependant éviter d'offenser grièvement ceux qui approchent de leur personne. C'est la faute que commit Antonin, en retenant parmi ses gardes-du-corps un centurion dont il avait fait mourir le frère d'une mort ignominieuse, et à qui il ne cessait de faire des menaces, ce qui lui coûta la vie.

Quant à Commode, il lui suffisait pour se maintenir de suivre les traces de son père, à qui seul il avait l'obligation de l'empire; mais comme il était cruel, brutal, et avide, la discipline qui régnait dans les armées fit bientôt place à la licence la plus effrénée; s'étant d'ailleurs rendu méprisable aux troupes par le peu de soin qu'il prenait de sa dignité, jusque-là qu'il ne rougissait pas de descendre dans l'arène, et d'y combattre avec les gladiateurs; il périt dans une conspiration provoquée par la haine et le mépris qu'il s'était attirés par ses bassesses, son avarice et sa férocité. Il me reste à parler de Maximin.

Les légions s'étant défait d'Alexandre, qu'elles trouvaient trop efféminé, mirent en sa place Maximin, qui était grand guerrier; mais Maximin étant devenu méprisable et odieux, il perdit bientôt l'empire et la vie. La bassesse de sa naissance (on savait qu'il avait gardé les troupeaux en Thrace), le peu d'empressement qu'il avait

mis à venir à Rome pour y prendre possession de l'empire, mais surtout les cruautés qu'il avait commises, par ses lieutenants, soit dans la capitale, soit dans le reste de l'empire, le rendirent si vil et si odieux, que l'Afrique, ensuite le sénat, le peuple romain et toute l'Italie conspirèrent contre lui, et furent secondés par sa propre armée, qui, lasse de ses cruautés, et fatiguée de la longueur du siége d'Aquilée, lui ôta la vie avec d'autant moins de crainte, qu'elle le voyait détesté de tout le monde.

Je ne parlerai ni d'Héliogabale, ni de Macrin, ni de Julien, qui périrent couverts d'opprobre. Mais, pour conclure, je dirai que les princes de notre temps n'ont pas besoin d'user de si grands ménagements avec leurs troupes, parce qu'elles ne forment point, comme Rome, un corps indépendant, comme une puissance dans l'état, et qu'ils n'ont rien à en redouter toutes les fois qu'elles sont traitées avec les égards convenables. A Rome, il fallait surtout contenter les soldats; mais, dans nos états modernes, c'est le peuple dont il importe de mériter l'affection, comme étant le plus fort et le plus puissant. Je n'en excepte que ceux de Turquie et d'Égypte. On sait que le grand-seigneur est obligé d'avoir sur pied une armée de douze mille hommes d'infanterie et de quinze mille de cavalerie, qui fait la sûreté et la force de ce gouvernement, et dont par conséquent il lui importe sur toutes choses de conserver l'affection. Il en est de même du soudan d'Égypte, dont les troupes ont, pour ainsi dire, le pouvoir en main, et qu'il est par conséquent obligé de traiter avec beaucoup de ménagements, et souvent aux dépens du peuple, dont il n'a rien à craindre. Ce gouvernement ne ressemble à aucun autre, si ce n'est peut-être au pontificat romain. On ne peut le qualifier ni d'héréditaire, ni de nouveau, puisqu'à la mort du soudan, ce ne sont pas ses enfants qui règnent, mais celui qui est élu par ceux qui en ont le droit; d'un autre côté, cette institution est trop ancienne pour qu'on puisse regarder un tel gouvernement comme nouveau. Aussi, le prince élu n'éprouve pas plus de peine à se faire reconnaître, que le pape à Rome.

Mais, pour revenir à mon sujet, je dis que si on l'examine bien attentivement, on verra que les empereurs romains dont on peut m'objecter le malheureux sort, n'ont péri que parce qu'ils se sont rendus odieux ou méprisables. Voilà pourquoi plusieurs d'entre eux ont éprouvé, soit en bien, soit en mal, un sort si différent de celui qu'avaient éprouvé ceux-là même d'après les exemples desquels ils se conduisaient. C'est ainsi qu'Alexandre et Pertinax, qui s'étaient élevés d'eux-mêmes, se perdirent pour avoir voulu marcher sur les traces de Marc-Aurèle, qui, parvenu à l'empire par voie d'hérédité, n'en avait obligation ni aux légions, ni aux troupes. Caracalla, Commode et Maximin périrent également pour avoir voulu se régler sur l'empereur Sévère, dont ils étaient loin d'égaler l'habileté.

Un prince nouveau doit donc se conduire différemment de Marc et de Sévère; mais il peut apprendre du premier comment on s'élève, et de l'autre, par quels moyens on peut se maintenir.

CHAPITRE XX.

Si les forteresses et autres moyens qui paraissent utiles aux princes le sont réellement.

Il y a des princes qui, pour se maintenir dans leurs états, désarment leurs sujets; d'autres entretiennent la division dans les provinces soumises à leur domination; quelques-uns même se font des ennemis à dessein; quelques autres s'efforcent de gagner ceux qui, au commencement de leur règne, leur étaient suspects; celui-ci fait construire des forteresses, et celui-là fait démolir celles qui subsistent. Il n'est pas aisé de déterminer ce qui est bon ou nuisible à cet égard, sans entrer dans l'examen des différents états auxquels on pourrait appliquer les règles à établir; je me contenterai donc d'en parler d'une manière générale, et telle que le sujet l'exige.

Un prince nouveau n'a jamais désarmé ses sujets; loin de là, il s'empresse de les armer s'il les trouve sans armes, et rien n'est mieux entendu; car, dès lors, ces armes sont toutes à lui. Ceux qui lui étaient suspects sont désormais attachés à sa cause, ceux qui lui étaient fidèles continuent à l'être, et tous ses sujets deviennent ses partisans.

Sans doute, il est impossible d'armer tout le monde; mais le prince qui sait s'attacher ceux qu'il arme n'a rien à craindre des autres. Les premiers lui en sont plus affectionnés à cause de la préférence, et les autres l'excusent sans peine, parce qu'ils supposent naturellement plus de mérite à ceux qui courent plus de danger. Mais un prince qui désarme ses sujets les offense, en les portant à croire qu'il se méfie d'eux, et rien n'est plus propre à exciter leur haine. Ajoutez à cela, qu'une telle mesure met le prince dans la nécessité d'avoir recours à la milice mercenaire, dont j'ai exposé assez au long tous les dangers. D'ailleurs, cette ressource, fût-elle sans inconvénient, serait toujours insuffisante contre un ennemi puissant, et des sujets suspects.

Aussi, voit-on toujours ceux qui s'élèvent d'eux-mêmes à la souveraine magistrature armer leurs nouveaux sujets. Mais, s'il s'agissait de réunir un état nouveau à un état ancien ou héréditaire, le prince alors devrait désarmer ses nouveaux sujets, à l'exception toutefois de ceux qui se seraient déclarés pour lui avant la conquête. Encore lui convient-il de les amollir et de les énerver peu à peu, afin de concentrer dans l'état ancien toute la force militaire.

Nos ancêtres, et particulièrement ceux qui ont passé pour sages, disaient qu'il fallait contenir Pistoie par des factions domestiques, et Pise par des forteresses. Aussi, négligeaient-ils rarement de fomenter des divisions dans les villes dont les habitants étaient suspects. Cette politique était bien entendue, vu l'état de fluctuation où se trouvaient les choses en Italie à cette époque. Mais elle serait déplacée aujourd'hui, parce qu'une ville divisée ne pourra jamais tenir contre l'ennemi, qui ne manquerait pas d'attirer à lui une des deux factions, et par elle, de se rendre maître de la place.

Les Vénitiens, par un effet de cette même politique, favorisaient tour à tour les Guelfes et les Gibelins dans les villes soumises à leur domination; et, quoiqu'ils ne les laissassent jamais en venir aux mains, ils ne cessaient d'entretenir des divisions qui les détournaient de la pensée de se révolter; mais cette république ne tira pas de cette conduite le fruit qu'elle en avait attendu; car ses armées ayant été battues à Vaïla, une de ces factions osa prétendre à la dominer et y réussit.

Cette politique est toujours la ressource de la faiblesse, et un prince puissant ne souffrira jamais de telles divisions, qui ont sans doute moins d'inconvénients en temps de paix, où elles lui donnent le moyen de distraire les sujets de toute idée de rebellion, mais qui, en temps de guerre, mettent à nu l'impuissance de l'état, qui n'a pas craint d'y avoir recours.

C'est en surmontant les obstacles que les princes s'agrandissent ; et la fortune n'a pas de meilleur moyen pour élever un prince nouveau, que de lui susciter des ennemis et de lui faire éprouver des difficultés, qui irritent son génie, exercent son courage et lui servent comme autant d'échelons pour parvenir à un haut degré de puissance. Aussi, plusieurs pensent-ils qu'il est quelquefois bon à un prince de se faire des ennemis, qui, le forçant à sortir d'un repos dangereux, lui attirent l'estime et l'admiration de ses sujets, tant rebelles que fidèles.

Les princes, et surtout les princes nouveaux, ont souvent trouvé plus de zèle et de fidélité dans ceux de leurs sujets qui, au commencement de leur règne, leur étaient suspects, qu'en ceux sur qui, à cette époque, ils croyaient pouvoir se reposer avec confiance : Pandolphe Petrucci, prince de Sienne, employait moins volontiers ceux-ci que les autres. Mais il est difficile d'établir des règles générales sur un objet qui varie selon les circonstances. Je remarquerai seulement que, si les hommes que le prince avait pour ennemis dans les premiers temps de son règne ont besoin de sa protection et de son appui, il pourra les gagner aisément, et que ses nouveaux partisans lui seront d'autant plus fidèles, qu'ils voudront effacer par leurs services les préventions défavorables que leur conduite passée avait fait naître. Ceux au contraire qui ne se sont jamais trouvés en opposition d'intérêts avec le prince le servent avec cette mollesse et cette négligence que produit la sécurité.

Mais, puisque mon sujet m'y conduit naturellement, je remarquerai que ceux qui sont parvenus par la faveur du peuple doivent rechercher la cause et les motifs de cette bienveillance. Si c'est en haine du gouvernement ancien, plus que par l'intérêt qu'inspire le prince, il lui sera mal aisé de se maintenir dans l'affection de ses sujets, par la difficulté de les contenter.

Il suffit de jeter les yeux sur l'histoire, soit ancienne, soit moderne, pour se convaincre qu'il est plus facile de gagner l'amitié de ceux qui supportaient sans peine l'ancien gouvernement, quoique cependant ils fussent ses ennemis, que de ceux qui ne l'ont aidé à se rendre maître de l'état, que par suite de leur caractère difficile et remuant, qui ne leur permettait pas de tolérer les abus de l'administration passée.

Les princes font construire des forteresses pour se maintenir plus facilement dans leurs états souvent menacés par les ennemis du dedans, et pour pouvoir soutenir les premiers efforts d'une révolte. Cette méthode est très-ancienne et me paraît bonne ; cependant on a vu de nos jours Nicolas Vitelli faire démolir deux forteresses de Città di Castello, pour la sûreté de cet état. Gui d'Ubaldo, duc d'Urbin, ayant recouvré son duché d'où César Borgia l'avait chassé, en fit raser toutes les forteresses, pour s'y maintenir plus facilement. Les Bentivogli en firent autant à Bologne, lorsque cet état rentra sous leur domination.

Les forteresses sont donc utiles ou inutiles, selon les circonstances ; et, si d'un côté elles servent, elles nuisent de l'autre. Ainsi, un prince qui craint plus ses sujets que les étrangers doit fortifier ses villes ; dans le cas contraire, il doit s'en passer. Le château que François Sforce fit construire à Milan a plus nui et nuira plus à cette maison, qu'aucun des désordres sous lequel a gémi ce duché.

Il n'y a pas de meilleure forteresse que l'affection du peuple, parce qu'un prince haï de ses sujets doit s'attendre à voir l'ennemi du dehors courir à leur secours, dès qu'il les verra courir aux armes. On ne voit pas que les fortifications aient servi aux princes de notre temps, si ce n'est peut-être à la comtesse de Forli, qui, après la mort de son époux, le comte Jérôme, se vit par ce moyen en mesure d'attendre les secours que lui envoyait l'état de Milan, et de recouvrer le sien ; encore même fut-elle bien servie par les circonstances qui ne permettaient pas à ses sujets d'être secourus par les étrangers. Mais, ayant été depuis attaquée par César Borgia, ses sujets, en se joignant à ce prince, durent le convaincre, mais trop tard, que la meilleure forteresse, c'est l'affection des peuples.

Je le répète donc, les forteresses peuvent servir aussi bien que nuire; mais une chose qui ne sert jamais et nuit toujours, c'est de se faire haïr.

CHAPITRE XXI.

Par quels moyens un prince se fait estimer.

Rien n'est plus propre à faire estimer un prince que les grandes entreprises, et en général les actions extraordinaires. Ferdinand, roi d'Espagne, qui est aujourd'hui sur le trône, peut être considéré comme un prince nouveau, puisque de simple roi d'un état faible, ce prince est devenu, par tout ce qu'il a fait de grand, le premier roi de la chrétienté. Or, si l'on examine ses actions, on les trouvera toutes empreintes d'un caractère de grandeur, et quelques-unes même tout à fait extraordinaires.

A peine monté sur le trône, ce prince porta ses armes contre le royaume de Grenade; et cette guerre fut le fondement de sa grandeur. Les grands de Castille, ne pensant qu'à combattre, étaient loin de s'occuper d'innovations politiques, et de s'apercevoir de l'autorité que ce prince acquérait tous les jours aux dépens de la leur, en entretenant, avec les deniers de l'église et du peuple, les armées qui l'ont élevé à ce haut degré de puissance. Ensuite, pour pouvoir former des entreprises encore plus éclatantes, il se couvrit adroitement du masque de la religion, et par une pieuse cruauté, il chassa les Maures de ses états. Ce trait de politique est vraiment déplorable et sans exemple.

Ferdinand se couvrit aussi du manteau de la religion pour attaquer successivement l'Afrique, l'Italie et la France, nourrissant toujours les projets les plus vastes et les plus capables d'appeler l'attention de ses sujets sur les événements de son règne. C'est ainsi que ce prince a su conjurer les orages qui se formaient sur sa tête, et que nous l'avons vu atteindre son but, sans éprouver d'obstacles de la part de ses sujets.

Il est encore très-utile à un prince de décerner de temps en temps des peines, et d'accorder des récompenses, qui jettent un grand éclat et qui s'impriment fortement dans les esprits. Barnabo, seigneur de Milan, est à cet égard un exemple à suivre. En général, ceux qui gouvernent doivent s'efforcer de paraître grands dans toutes leurs actions, et éviter dans leurs sentiments tout ce qui porterait le caractère de l'indécision, et de la faiblesse. Un prince qui ne sait pas être ou tout-à-fait ami, ou tout-à-fait ennemi, se conciliera difficilement l'estime de ses sujets. Deux puissants voisins se font-ils la guerre; il doit se déclarer pour l'un d'eux, sans quoi il deviendra la proie du vainqueur; et le vaincu applaudissant à sa ruine, il ne lui restera aucune ressource; car le vainqueur ne peut vouloir d'un ami douteux qui l'abandonnerait au premier revers de fortune, et le vaincu ne peut lui pardonner d'avoir été spectateur tranquille de sa défaite.

Lorsque Antiochus passa en Grèce, où les Étoliens l'avaient appelé pour en chasser les Romains, il envoya des ambassadeurs aux Achéens, amis de ces derniers, pour les engager à rester neutres. Les Romains, au contraire, demandaient qu'on se déclarât pour eux. La chose étant mise en délibération dans le conseil des Achéens, l'envoyé des Romains prit la parole après celui d'Antiochus, et dit: « On » vous conseille de prendre le parti de la neu- » tralité comme le plus sûr; et moi je vous as- » sure qu'il n'y en a pas de pire; car vous » resterez inévitablement à la discrétion du » vainqueur quel qu'il soit, et vous avez ainsi » contre vous deux chances pour une. »

Ce ne sont jamais nos amis et nos alliés, mais bien nos ennemis qui demandent de nous la neutralité. Ce parti de la neutralité est celui qu'embrassent le plus souvent les princes irrésolus qu'effraient les dangers présents, et c'est celui qui, le plus souvent aussi, les conduit à leur ruine. Lorsque le prince se déclare hautement pour l'un des deux partis, il se l'attache par le lien de la reconnaissance, et doit peu craindre de se trouver à sa discrétion, s'il est vainqueur; d'abord parce que les hommes sont rarement assez dépourvus d'honneur, pour payer les bienfaits par une ingratitude si révoltante; ensuite parce que la victoire est rarement complète, au point de mettre le vainqueur en état de violer toutes les lois de la bienséance. Si, au contraire, celui dont le prince a épousé la fortune est vaincu, il peut se relever et reconnaître avec le temps cette marque de préférence et d'estime.

Enfin, si les deux états qui se font la guerre sont tels que le prince n'ait point à craindre le vainqueur, il doit encore se déclarer, pour concourir ainsi à la ruine d'un état voisin, avec celui qui l'aiderait à se maintenir s'il était sage; d'autant que ce dernier, s'il est vaincu, se trouve à sa discrétion. Mais, puisque je raisonne dans la supposition que le prince ne peut rien craindre du vainqueur quel qu'il soit, celui contre lequel il prend parti sera nécessairement vaincu.

Or, un prince ne doit jamais, excepté le cas où il y serait forcé par les circonstances, comme je l'ai déjà dit, prendre parti pour un état voisin plus puissant que lui, parce qu'il se met ainsi à sa discrétion, s'il est vainqueur. C'est ainsi que les Vénitiens se perdirent pour s'être alliés sans nécessité à la France contre le duc de Milan. Les Florentins, au contraire, ne peuvent être blâmés d'avoir embrassé le parti du pape et du roi d'Espagne, lorsque ceux-ci firent marcher leurs troupes contre la Lombardie, parce qu'en cela ils obéirent à la loi de la nécessité, ainsi que je l'ai prouvé en son lieu. Au reste, il n'y a point de parti parfaitement sûr, et souvent on n'évite un danger que pour en courir un plus grave. La prudence humaine consiste à éviter le pire.

Les princes doivent honorer les talents et protéger les arts, principalement le commerce et l'agriculture. Il leur importe surtout de rassurer ceux qui les exercent contre la crainte d'être surchargés d'impôts et de se voir dépouillés de leurs terres après les avoir améliorées par une bonne culture; enfin, ils ne doivent pas négliger de donner au peuple, en certain temps de l'année, des fêtes et des spectacles, comme aussi d'honorer de leur présence les assemblées des différents corps de métier, et de déployer dans ces occasions leur magnificence et leur bonté; mais en évitant tout ce qui pourrait compromettre la dignité du rang auquel ils sont élevés.

CHAPITRE XXII.

Des ministres.

Un des points les plus importants, et qui donne la mesure de la sagesse de ceux qui gouvernent, c'est le choix des ministres. Un prince qui place bien sa confiance n'est jamais un prince ordinaire. Aussi est-ce par-là qu'on le juge, les talents qu'il peut avoir d'ailleurs ne pouvant être mis en évidence que dans des occasions qui ne se présentent pas souvent. Tous ceux qui connaissaient Antoine de Vénafre ne pouvaient s'empêcher de rendre justice au jugement et à la sagesse de Pandolphe Pétrucci qui avait fait choix d'un si habile homme pour administrer ses états.

Or, il y a trois sortes d'esprits : les uns savent découvrir ce qu'il leur importe de connaître; d'autres savent discerner facilement ce que d'autres leur présentent; enfin il en est qui n'entendent ni par eux, ni par autrui. Les premiers sont excellents; les seconds sont bons; et les autres parfaitement nuls. Pandolphe appartenait au moins à la seconde classe. Car lorsqu'un prince sait distinguer ce qui est utile d'avec ce qui est nuisible, il peut, sans être un homme de génie, juger la conduite de ses ministres, et la louer ou la blâmer; en sorte que ceux-ci, bien convaincus qu'ils ne peuvent le tromper, le servent avec zèle et fidélité.

Mais quels sont les moyens de connaître les ministres? En voici un qui est infaillible. C'est de voir s'ils s'occupent plus de leurs intérêts propres, que de ceux de l'état. Un ministre doit être tout entier à la chose publique, et n'entretenir jamais le prince de ses affaires particulières. C'est au prince à s'occuper des intérêts du ministre qui s'oublie pour ainsi dire lui-même, et à le combler de biens et d'honneurs; par ce moyen il lui ôtera la pensée de rechercher d'autres richesses et d'autres dignités; mais surtout il le portera à craindre et à éloigner tout changement funeste au souverain qu'il sert. C'est le seul moyen d'établir entre le prince et ses ministres une confiance qui leur est également utile et honorable.

CHAPITRE XXIII.

Comment on doit fuir les flatteurs.

Je ne dois pas oublier de parler d'un mal contre lequel les princes doivent être toujours en garde, et qu'ils ne peuvent éviter que par une très-grande prudence, et ce mal est la flatterie qui règne dans toutes les cours. Les hommes ont tant d'amour-propre et ont une si bonne opinion d'eux-mêmes, qu'il est bien difficile de se préserver d'une telle contagion; et d'ailleurs, en voulant l'éviter, on court le risque de se faire mépriser. Car les princes n'ont d'autre moyen d'écarter les flatteurs, que de montrer que la vérité ne peut les offenser; mais si chacun a la liberté de parler haut, que devient le respect dû à la majesté du souverain? Un prince prudent doit tenir un juste milieu, en choisissant des hommes sages, auxquels seuls il donnera la liberté de lui dire la vérité, mais seulement sur les choses qu'il demandera. Il doit sans doute les interroger, entendre leurs avis sur tout ce qui le touche, mais se déterminer ensuite d'après sa propre opinion, et se conduire de manière à convaincre tout le monde, que plus on lui parle librement et plus on lui plaît. Quant aux autres, le prince ne doit pas les entendre, mais suivre la route qu'il s'est tracée, sans s'en détourner.

Un prince qui en agit autrement, ou se perd en écoutant les flatteurs, ou est sujet à varier sans cesse, ce qui lui fait perdre toute considération. Je veux citer à l'appui de cette doctrine un trait de l'histoire de notre temps. Le prêtre Luc disait de l'empereur Maximilien son maître, aujourd'hui régnant, qu'il ne prenait conseil de personne, et que cependant il n'agissait jamais d'après ses propres opinions. En cela il suit une route diamétralement opposée à celle que je viens de tracer. Car comme ce prince ne fait part de ses projets à aucun de ses ministres, les observations viennent au moment même où ils doivent s'exécuter; en sorte que, pressé par le temps et vaincu par des contrariétés qu'il n'avait pas prévues, il cède aux avis qu'on lui donne. Or, je le demande, quel fond peut-on faire sur un prince qui défait aujourd'hui ce qu'il a fait la veille?

Un prince doit toujours demander des conseils; mais quand il lui plaît et non quand il plaît aux autres; en sorte que personne n'ose lui donner des conseils qu'il ne demande pas. Il doit être grand questionneur et écouter avec attention; et s'il voit qu'on hésite à lui tout dire, il doit en témoigner du mécontentement.

C'est se tromper grossièrement que de croire qu'un prince sera moins estimé parce qu'il prend conseil d'autrui, et qu'on le jugera incapable de voir par lui-même; car un prince qui manque de lumières ne saurait jamais être bien conseillé, à moins qu'il n'ait le bonheur de rencontrer un ministre très-habile sur qui il se déchargerait de tous les soins du gouvernement; mais alors il courrait risque de se voir dépouiller de ses états par celui à qui il aurait si imprudemment confié son autorité; et si au lieu d'un seul conseiller le prince en a plusieurs, comment pourra-t-il, s'il est dépourvu de lumières, concilier les avis divers de ses ministres, qui peut-être s'occuperont plus de leurs intérêts propres que de ceux de l'état, et sans qu'il s'en doute? Les hommes étant d'ailleurs assez généralement méchants, ne se tournent au bien que lorsqu'ils y sont forcés. D'où je conclus: que les bons conseils, de quelque part qu'ils viennent, ne sont dus qu'à la sagesse du prince, et que la sagesse du prince n'est pas le fruit de la bonté des conseils.

CHAPITRE XXIV.

Pourquoi les princes d'Italie ont perdu leurs états.

Un prince, quoique ouveau, se maintiendra aussi aisément dans ses états que celui qui règne par droit d'hérédité, s'il se conduit d'après les maximes que je viens d'exposer; et sa condition est peut-être même préférable, à certains égards, à celle du prince héréditaire, parce que, comme on examine avec plus d'attention la conduite d'un prince nouveau, s'il gouverne avec sagesse son mérite lui conciliera l'estime et l'affection des peuples plus que ne ferait la légitimité de sa domination. On sait d'ailleurs que les hommes s'arrêtent bien plus au présent qu'au passé, et ne cherchent point à changer, quand ils se trouvent bien; un prince qui remplit bien ses devoirs ne doit jamais craindre de manquer de défenseurs. La nouvèauté de sa fortune, loin d'être un motif pour le faire estimer moins, doublera au contraire sa gloire, par les obstacles qu'il aura eus à vaincre, et que son mérite seul lui a fait surmonter ; autant son règne acquiert d'éclat, par les bonnes lois qu'il a établies, par l'institution d'une milice imposante, par les amis utiles qu'il s'est faits, et par des exploits éclatants, autant celui qui perd, par sa faute, des états héréditaires, est-il déconsidéré et avili.

Si l'on examine la conduite du roi de Naples, du duc de Milan et d'autres qui ont perdu les leurs de notre temps, on verra qu'ils ont tous commis une grande faute, en négligeant d'instituer une milice nationale; de plus, ils ne paraissent pas s'être mis en peine de gagner l'affection des peuples et de s'assurer des grands; car il n'y a guère que des erreurs de ce genre qui puissent perdre un état capable de mettre une armée en campagne. Philippe de Macédoine, non le père d'Alexandre-le-Grand, mais celui qui fut défait par Titus Quintius, avait un état bien peu considérable, si on le compare à ceux de Rome et de la Grèce, dont il eut à soutenir les efforts combinés. Cependant il résista à ces grandes puissances, et pendant plusieurs années que dura la guerre, il perdit seulement quelques villes; mais ce prince était homme de guerre, et de plus il sut se faire aimer du peuple, et ménager les grands.

Ce n'est donc point à la fortune que nos princes d'Italie doivent s'en prendre s'ils ont perdu leurs états, mais à leur lâcheté et à leur imprévoyance. Car ils étaient si loin de croire à la possibilité d'une telle révolution dans leur fortune, ce qui est assez ordinaire aux gouvernements dont la tranquillité n'a pas été troublée de quelque temps, que lorsqu'ils ont vu approcher l'ennemi ils ont pris la fuite au lieu de se défendre, comptant que les peuples, supportant impatiemment l'insolence du vainqueur, ne tarderaient pas à les rappeler. Ce parti, à défaut d'autres, est sans doute bon; mais il est honteux de négliger ainsi les moyens honorables d'échapper à sa perte, et de se laisser tomber, dans l'espérance qu'on vous relèvera, espérance d'ailleurs souvent vaine; mais fût-elle fondée, celui qui compte sur un appui étranger trouvera un maître dans son défenseur. C'est dans lui-même et dans son courage qu'un prince doit chercher des ressources contre la mauvaise fortune.

CHAPITRE XXV.

Combien la fortune influe sur les choses de ce monde; et comment on peut lui résister.

Je sais que plusieurs ont cru et croient encore que les choses de ce monde sont gouvernées, soit par la providence divine, soit par le hasard, d'une manière telle que la prudence humaine ne peut rien contre les événements; en sorte qu'il est inutile de s'en mettre en peine, et de chercher à les prévenir ou à les diriger. Les révolutions dont nous avons été et dont nous sommes encore témoins sont bien propres à accréditer cette opinion, contre laquelle j'ai quelquefois moi-même bien de la peine à me défendre, lorsque je considère combien ces événements passent toutes nos conjectures. Cependant, comme nous avons un libre arbitre, il faut, ce me semble, reconnaître que le hasard ne gouverne pas tellement le monde que la prudence humaine n'ait quelque part à tout ce que nous voyons arriver.

Je comparerais volontiers la puissance aveugle du hasard à un fleuve rapide qui, venant à se déborder, inonde la plaine, déracine les arbres, renverse toutes les habitations et entraîne au loin les terres qui bornaient son lit, sans qu'on ose ou qu'on puisse s'opposer à sa fureur; ce qui n'empêche pas que lorsqu'il est rentré dans ses limites on ne puisse construire des digues et des chaussées, pour prévenir de nouveaux débordements. Il en est de même de la fortune : elle exerce sa puissance, lorsqu'on ne lui oppose aucune barrière.

Si l'on jette les yeux sur l'Italie, qui est le théâtre de ces changements et qui les a provoqués, on verra que c'est un pays sans défense. Si, à l'exemple de l'Allemagne, de l'Espagne et de la France, elle se fût mise en mesure de résister à ses ennemis, elle n'aurait pas été envahie par les étrangers; ou du moins cette irruption eût été moins considérable.

Je n'en dirai pas davantage sur les moyens généraux de vaincre la mauvaise fortune; mais, pour me borner à quelques particularités, je remarquerai qu'il n'est pas rare aujourd'hui de voir des princes tomber d'un état prospère dans l'infortune, sans qu'on puisse attribuer leurs disgrâces à aucun changement dans leur conduite ou dans leur caractère. Je crois que cela tient à des causes que j'ai déduites ci-dessus assez au long ; savoir : que les princes qui comptent trop sur la fortune doivent périr lorsqu'elle les abandonne.

Les princes qui règlent leur conduite sur les temps sont rarement malheureux, et la fortune ne change que pour ceux qui ne savent pas se conformer aux temps. La preuve de ce que j'avance est dans la diversité des routes que tiennent ceux qui courent après la gloire ou après les richesses ; l'un poursuit son objet à l'aventure, l'autre avec mesure et prudence ; celui-ci emploie la ruse, celui-là la force ; l'un est impatient, l'autre sait attendre ; or, on en voit qui réussissent par ces moyens divers et contraires ; souvent de deux personnes qui suivent la même route, l'une arrive et l'autre s'égare. La différence des temps peut seule expliquer ces bizarreries des événements.

Ce sont aussi les circonstances qui décident si un prince se conduit bien ou mal en telle ou telle occasion. Il est des temps où une extrême prudence est nécessaire ; il en est d'autres où le prince doit savoir donner quelque chose au hasard ; mais rien n'est plus difficile que de changer à propos de conduite et de caractère, soit parce qu'on ne sait pas résister à ses habitudes et à ses penchants, soit parce qu'on ne peut se résoudre à quitter une route qui nous a toujours bien conduits.

Jules II, d'un naturel violent et emporté, réussit dans toutes ses entreprises, sans doute parce que les circonstances dans lesquelles ce pontife gouvernait l'église demandaient un prince de ce caractère. On se rappelle encore sa première invasion du territoire de Bologne, du vivant de Jean Bentivoglio. Les Vénitiens, l'Espagne et la France en prirent de l'ombrage, mais n'osèrent remuer ; les premiers, parce qu'ils ne se sentaient pas assez forts pour résister à un pontife de ce caractère ; l'Espagne, parce qu'elle avait à recouvrer le royaume de Naples ; et la France, outre l'intérêt de ménager Jules II, voulait encore humilier les Vénitiens ; en sorte qu'elle accorda sans hésiter à ce pape les secours qu'il lui avait demandés.

C'est ainsi que Jules II réussit dans une entreprise où la prudence et la circonspection eussent été hors de saison. Il aurait infailliblement échoué s'il eût donné à l'Espagne et aux Vénitiens le temps de se reconnaître, et à la France celui de l'amuser par des excuses et des délais.

Jules II porta dans toutes ses entreprises ce même caractère de violence, et ses succès l'ont pleinement justifié à cet égard ; mais peut-être ne vécut-il pas assez pour éprouver l'inconstance de la fortune ; parce que s'il fût survenu des temps où il eût fallu se conduire avec prudence et circonspection, il eût inévitablement trouvé sa ruine dans cette inflexibilité de caractère et dans cette impétuosité qui lui étaient si naturelles.

De tout cela il faut conclure : que ceux qui ne savent pas changer de méthode lorsque les temps l'exigent, prospèrent sans doute tant que leur marche s'accorde avec celle de la fortune ; mais qu'ils se perdent dès que celle-ci vient à changer, faute par eux de suivre cette déesse aveugle dans ses variations.

Au reste, je pense qu'il vaut mieux être trop hardi que trop circonspect, parce que la fortune est d'un sexe qui ne cède qu'à la violence, et qui repousse quiconque ne sait pas oser ; aussi se déclare-t-elle plus souvent pour ceux qui sont jeunes, parce qu'ils sont hardis et entreprenants.

CHAPITRE XXVI.
Exhortation à délivrer l'Italie des étrangers.

Lorsque je passe en revue les objets exposés dans ce livre, et que j'examine si les circonstances dans lesquelles nous nous trouvons seraient favorables à l'établissement d'un gouvernement nouveau, qui serait aussi honorable pour son auteur qu'avantageux à l'Italie, il me semble qu'aucun temps ne fut et ne sera jamais plus propre à l'exécution d'une si glorieuse entreprise.

S'il a fallu que le peuple d'Israël fût esclave en Égypte, pour apprécier les rares talents de Moïse ; que les Perses gémissent sous l'oppression des Mèdes pour connaître toute la magnanimité et tout le courage de Cyrus ; enfin, si les Athéniens n'ont vivement senti la grandeur des bienfaits de Thésée, que parce qu'ils avaient éprouvé les maux attachés à la vie errante et vagabonde; il a fallu aussi, pour apprécier les talents et le mérite d'un libérateur de l'Italie, que notre malheureux pays ait été plus cruellement maltraité que la Perse; que ses habitants aient été dispersés plus encore que les Athéniens; enfin, qu'ils aient été sans lois et sans chefs, pillés, déchirés et asservis par les étrangers.

Sans doute il s'est élevé quelquefois des hommes d'un tel mérite, qu'on a pu les croire envoyés de Dieu pour délivrer la terre; mais la fortune jalouse semble avoir pris à tâche de les abandonner au milieu de leur course [1]; en sorte que notre infortunée patrie gémit encore et sèche dans l'attente d'un libérateur qui mette fin aux dévastations de la Lombardie, de la Toscane et du royaume de Naples. Elle demande au ciel de susciter un prince qui l'affranchisse du joug humiliant et odieux des étrangers, qui ferme les nombreuses plaies dont elle est depuis si longtemps affligée, et sous l'étendard duquel elle puisse marcher contre ses cruels oppresseurs.

Mais sur qui l'Italie peut-elle jeter les yeux, si ce n'est sur votre illustre maison, qui visiblement favorisée du ciel et de l'église, dont le gouvernement lui est confié, possède en outre la sagesse et la puissance nécessaires pour se charger d'une si noble entreprise? Et je ne puis croire que l'exécution de ce projet vous paraisse présenter des obstacles insurmontables, si vous considérez que les grands princes sur lesquels vous pouvez vous régler n'étaient que des hommes, quoique leur mérite les ait élevés au-dessus des autres. Et, certes, aucun d'eux ne s'est trouvé dans une position aussi favorable que celle où vous vous trouvez. Dois-je ajouter que la justice étant ici de votre côté, leur cause ne pouvait être plus légitime que la vôtre, ni Dieu être plus pour eux que pour vous? Toute guerre est juste dès qu'elle est nécessaire; et il y a de l'humanité à prendre les armes pour la défense d'un peuple dont elles sont l'unique ressource. Toutes les circonstances concourent à faciliter l'exécution d'un si beau dessein, et il suffit, pour l'accomplir, de

marcher sur les traces des grands hommes que j'ai eu occasion de vous citer dans le cours de cet ouvrage. Faut-il que le ciel parle? Il a déjà manifesté ses volontés par des signes éclatants. On a vu la mer entr'ouvrir ses abîmes, une nuée tracer le chemin à suivre, l'eau jaillir du rocher, et la manne tomber du ciel. C'est à nous à faire le reste, puisque Dieu en faisant tout sans nous, nous dépouillerait de l'action de notre libre arbitre, et, en même temps de la portion de gloire qui nous est réservée.

Si aucun de nos princes n'a jusqu'ici pu faire ce qu'on attend de votre illustre maison, et si l'Italie a été constamment malheureuse dans ses guerres, c'est qu'elle n'a pas su remplacer, par de nouvelles institutions militaires, l'ancienne manière de combattre, qui depuis longtemps n'est plus de saison.

Rien n'honore tant un prince nouveau que les nouvelles lois et les nouvelles institutions qu'il établit, quand celles-ci sont bonnes et qu'elles portent un caractère de grandeur. Or on conviendra que l'Italie prête infiniment à de nouvelles formes. Ses habitants sont loin de manquer de courage; mais ils manquent de chefs; la preuve en est dans les duels et autres combats particuliers où les Italiens sont très-habiles, tandis que leur valeur dans les batailles semble presque éteinte; ce qu'on ne peut attribuer qu'à la faiblesse des officiers, qui ne savent pas se faire obéir par ceux qui connaissent ou pensent connaître le métier de la guerre, jusque-là qu'on a vu les plus grands capitaines de notre temps dont les ordres n'étaient jamais exécutés avec exactitude et célérité. Voilà pourquoi dans les guerres que nous avons eues depuis vingt ans, les armées levées en Italie ont été presque toujours battues. Qu'il me suffise de rappeler le Taro, Alexandrie, Capoue, Gênes, Vaïla, Bologne et Mestri.

Si donc votre illustre maison veut se régler sur ceux de nos ancêtres qui ont délivré leur pays de la domination des étrangers, elle doit, avant tout, instituer une milice nationale, la seule dont on puisse garantir la bonté et la fidélité; et quoique chaque soldat en soit bon, tous deviendront encore meilleurs, quand ils verront leur propre prince les mener lui-même au combat, les honorer et les récompenser.

Il est donc nécessaire d'avoir des troupes

---

[1] C'est le moine Savonarole qu'il a en vue.

levées dans le pays même, si on veut le mettre à l'abri de l'invasion des étrangers. L'infanterie suisse est très-estimée, ainsi que l'infanterie espagnole; mais l'une et l'autre ont des défauts, que l'on peut éviter dans la formation de la nôtre, ce qui la rendrait supérieure à celle de ces deux états. Les Espagnols ne peuvent soutenir le choc des escadrons, et les Suisses ne tiennent pas contre une infanterie qui est aussi déterminée qu'elle à ne pas lâcher le pied.

En effet, on a vu et on verra longtemps que les bandes espagnoles ne sauraient résister à la cavalerie française, et que l'infanterie suisse peut être battue par l'infanterie espagnole. Si on me contestait ce dernier point, je rappellerais la bataille de Ravenne, où l'infanterie espagnole en vint aux prises avec les troupes allemandes qui combattent dans le même ordre que les Suisses. Or, les premiers s'étant jetés avec la vivacité qui leur est ordinaire, et à l'abri de leurs boucliers, au travers des piques des Allemands, ceux-ci furent obligés de plier; ils eussent été entièrement défaits, sans la cavalerie qui vint fondre sur les Espagnols.

Il s'agit donc d'instituer une milice qui n'ait ni le défaut de l'infanterie suisse, ni celui de l'infanterie espagnole, et qui puisse tenir contre la cavalerie française. Rien n'est plus propre à faire estimer un prince nouveau et à illustrer son règne.

L'occasion qui se présente est trop belle pour la laisser échapper, et il est temps que l'Italie voie briser ses chaînes. Avec quelles démonstrations de joie et de reconnaissance ne recevraient-elles pas leur libérateur, ces malheureuses provinces qui gémissent depuis si longtemps sous le joug d'une domination odieuse! Quelle ville lui fermerait ses portes, et quel peuple serait assez aveugle pour refuser de lui obéir? Quels rivaux aurait-il à craindre? Est-il un seul Italien qui ne s'empressât de lui rendre hommage? Tous sont las de la domination de ces barbares. Que votre illustre maison, forte de toutes les espérances que donne la justice de notre cause, daigne former une si noble entreprise, afin que, marchant sous vos étendards, notre nation reprenne son ancien éclat, et que sous vos auspices elle puisse chanter avec Pétrarque:

Virtù contra furore
Prenderà l'arme, e fia 'l combatter corto,
Che l'antico valore,
Negl' italici cuor non é ancor morto[1].

FIN DU PRINCE.

PENSÉES DIVERSES.

I.

Les hommes qui, dans les républiques, exercent un art mécanique ne sont jamais en état de commander en princes, lorsqu'ils sont élevés aux magistratures, parce qu'ils n'ont jamais appris qu'à obéir. Il faut donc ne confier le commandement qu'aux citoyens qui n'ont jamais obéi qu'aux rois et aux lois, comme sont ceux qui vivent de leurs propres revenus.

II.

Les Romains, sur le point de livrer bataille aux Gaulois, pour soutenir le premier choc et rendre vains les premiers coups de leurs adversaires, mirent, contre leur coutume, les lanciers en tête, afin que l'ennemi, occupé à abattre les lances, et arrêté par ce corps, perdît son ardeur et son impétuosité premières.

III.

Amilcar, pendant une marche, ayant été attaqué de deux côtés par les ennemis, changea soudainement son ordre de bataille, c'est-à-dire qu'il fit aller en queue ceux qui étaient en tête, et venir en tête ceux qui étaient en queue. Les deux divisions ennemies s'imaginant qu'Amilcar fuyait, se mirent en désordre pour le

---

[1] Petrarca. Canzone XVI, vers 93 — 96.

poursuivre ; mais , ayant été attaquées pendant leur marche par ceux qui changeaient de position d'après l'ordre du général, elles furent aisément vaincues.

IV.

Domitien examinait les jours de naissance des sénateurs, et faisait périr ceux dont le sort était favorable, et qui étaient susceptibles de monter à l'empire. Il aurait fait mourir Nerva, son successeur, si un astrologue, son ami, ne lui eût persuadé qu'il ne courait aucun danger, attendu que Nerva, étant déjà fort âgé, ne pouvait vivre encore longtemps ; et c'est ce qui fut cause que Nerva lui succéda.

V.

Antonin-le-Pieux répondit à un délateur : « C'est en vain que vous fatiguez les empereurs » de vos délations, vous ne parviendrez jamais » à leur faire tuer leur successeur. »

VI.

Quelqu'un ayant accusé Licinius devant Trajan de vouloir l'assassiner, Trajan alla seul dîner chez l'accusé, et le lendemain il dit devant l'accusateur : « Hier Licinius pouvait me » tuer. »

VII.

Trajan, ayant donné la charge de préfet du prétoire à Licinius, lui ceignit l'épée en disant : « Je te donne cette épée pour me défendre si je » suis un bon empereur, et pour me tuer si je » suis un méchant. »

VIII.

On doit exercer les sujets d'un pays dans le métier des armes, depuis dix-sept ans jusqu'à trente, et les faire ensuite émérites ; car passé cet âge les hommes deviennent indociles et ne veulent plus obéir : ils croissent en méchanceté et diminuent en force.

FIN DES PENSÉES DIVERSES

ET DU TOME PREMIER DE MACCHIAVELLI.

TABLE DES MATIÈRES

CONTENUES DANS CE VOLUME.

FIN DE LA TABLE DES MATIÈRES DU TOME PREMIER.